도시정비법의 쟁점

박 지 환

박영사

머리말

이 책은 정비사업을 다루는 실무자가 도시정비법의 각종 쟁점을 이해하고 판단하는 데 도움이 될 수 있도록 여러 법적 쟁점을 정리하여 제시하고자 하는 것입니다.

도시정비법은 정부 정책과 사회적 이슈에 따라 개정이 자주 이루어지고 공법과 사법, 선행절차와 후행절차, 그리고 여러 당사자가 얽혀 있다 보니 법령을 명백하게 해석하여 적용하기가 쉽지 않습니다. 특히 문언의 통상적인 의미만으로는 구체적으로 타당한 결론을 도출하기 어렵거나 미처 예상하지 못했던 상황이 종종 발생하기도 합니다. 결국 실무에서 기존의 여러 하급심 판례의 내용을 확인하는 것이 중요해집니다. 각 쟁점에 대해 하급심에서 누적된 판단은 향후 소송에 이르렀을 때 법원의 판단을 미리 가늠해 봄으로써 법적 위험을 최소화하고 주장의 강약을 조절할 수 있는 판단 근거가 될 수 있기 때문입니다. 시중에서 그러하듯이 맥락을 따지지 않고 일부 판례의 내용을 마치 확정된 법리처럼 주장하는 것은 분명 지양해야 하지만, 단 몇 건의 판례에서도 그 주장과 판단을 통해 현재 쟁점을 풀어갈 수 있는 실마리를 얻기도 합니다.

여기서는 판결서 사본 제공신청, 인터넷 열람으로 입수하거나 판례 검색서비스에서 확인한 여러 판결을 기초로 정비사업에서 실무상 다투어지는 쟁점을 되도록 다수적 판단으로 정리하였습니다. 다수 입장을 확인하기 어려운 쟁점은 안정적인 해석론으로 정리하되, 구체적으로 타당한 결론을 낼 수 있는 실마리가 담겨 있는 판례도 같이 소개하였습니다. 독자분들이 판결 · 결정의 내용을 직접 확인할 수 있도록 주식회사 엘박스와 협업하여 이 책에서 인용하는 1,400여 건의 판결 · 결정은 모두 엘박스(https://lbox.kr/)에서 검색할 수 있도록 하였습니다.

이 책은 도시정비법의 각종 법적 쟁점을 31개의 주제로 분류하였습니다. 실제 분쟁에 이르는 쟁점 위주로 정리하면서 공공시행이나 규정의 내용 정도만 살펴보게 되는 부분은 최소화하고, 정비사업조합이 시행하는 재개발사업과 재건축사업 위주로 담았음을 밝혀 둡니다. 한편 정비사업 실무에서 늘 문제가 되고 있으나 많은 논의를 찾기 어려운 주제인 토지등소유자가 시행하는 재개발사업, 재건축사업의 상가 독립정산제, 종교부지의 대토 등은 향후 논의의 실마리를 더하는 취지에서 별도 항목으로 분류한 후 제 나름의 판단으로 기존 판례에서 나타난 쟁점을 세분화하여 정리하였습니다.

이 책이 출간될 수 있도록 도와주시고 편집과 교정에 많은 신경을 써 주신 박영사 임직원분들, 변호사로서의 제 삶과 업무에 많은 도움을 주시는 법무법인(유한) 세종의 여러 전문가 · 직원분들, 법정과 현장에서 의견과 변론을 주고받으며 많은 고민을 같이하는 여러 변호사님과 조합 관계자분들께 깊은 감사를 드립니다. 끝으로 이 자리를 빌려 늘 저를 믿고 함께 해주는 소중한 가족에게 고마움을 전합니다.

2022. 6.

박지환 드림

일러두기

이 책에서 법령, 판결, 법률문헌의 인용방법은 사법정책연구원, 법률문헌의 인용방법 표준안(증보판) (2017)을 따른다.

각종 법령명은 법제처의 약칭 기준에 따르되, 「도시 및 주거환경정비법」 관련 규정은 다음과 같이 줄여서 쓴다.

도시 및 주거환경정비법: 도시정비법 또는 법
도시 및 주거환경정비법 시행령: 시행령 또는 령
도시 및 주거환경정비법 시행규칙: 시행규칙 또는 규칙
구 도시재개발법(2002. 12. 30. 법률 제6852호 도시및주거환경정비법 부칙 제2조로 폐지): 구 도시재개발법
구 주택건설촉진법(2002. 12. 30. 법률 제6852호 도시및주거환경정비법 부칙 제18조로 개정되기 전의 것): 구 주택건설촉진법
서울특별시 도시 및 주거환경정비 조례: 서울시 정비조례
정비사업 계약업무 처리기준: 계약업무 처리기준
정비사업의 시공자 선정기준(2018. 2. 9. 국토교통부고시 제2018-101호 정비사업 계약업무 처리기준 부칙 제3조 제1항으로 폐지): 구 시공자 선정기준
주택재건축정비사업조합 표준정관(구 건설교통부가 2006. 8. 25. 개정하여 공표한 것): 구 표준정관

이 책에서 인용하는 각종 판결과 결정은 확정되었거나 상급심에서 해당 쟁점에 대한 판단이 바뀌지 않은 것이다. 항소심 판결이 해당 쟁점에 대해 제1심의 판결 이유를 인용하는 경우에는 독자의 편의를 위해 제1심의 사건번호도 괄호 안에 같이 표시하였다. 이 책에서 인용하는 판결 · 결정의 내용은 모두 엘박스(https://lbox.kr/)에서 확인할 수 있다.

참고문헌

이 책의 각 주제에서 공통적으로 인용하는 단행본은 다음과 같으며, "차흥권, 449"와 같이 [ ]안의 약어로 인용한다. 각 주제에서 참고한 논문 등 참고자료는 각 주제의 끝 부분에 따로 모아서 쓴다.

강신은, 재개발 · 재건축 개정조문 해설, 도시개발신문 (2018) [강신은]

맹신균, 도시 및 주거환경정비법 해설(제4판 전면개정판), 법률&출판 (2018) [맹신균]

문선희, 재개발 재건축 조합운영과 조합임원, 좋은 땅 (2020) [문선희]

범현, 도시정비법의 주요쟁점, 박영사 (2021) [범현]

서울행정법원 실무연구회, 행정소송의 이론과 실무 Ⅰ –도시정비 및 보건 · 의료–, 사법발전재단 (2021) [서울행정법원 실무연구회]

송현진 · 유동규, 재개발 · 재건축 이론과 실무, 진원사 (2013) [송현진 · 유동규]

안광순, 도시정비법 해설(상권), 진원사 (2020) [안광순(상)]

안광순, 도시정비법 해설(하권), 진원사 (2020) [안광순(하)]

유삼술 · 이종만, 재개발재건축의 입문, 하우징헤럴드 (2011) [유삼술 · 이종만]

윤성철, 도시재건축의 법적쟁점, 육법사 (2002) [윤성철]

이우재, 조해 도시 및 주거환경정비법(상) –주택재건축사업을 중심으로–, 진원사 (2009) [이우재(상)]

이우재, 조해 도시 및 주거환경정비법(하) –주택재건축사업을 중심으로–, 진원사 (2009) [이우재(하)]

전재우, 조문해설 도시 및 주거환경정비법, 박영사 (2020) [전재우]

차흥권, 재개발재건축 실무해설(개정판), 법률신문사 (2020) [차흥권]

차례

제 1 장 정비계획, 정비구역의 지정

제 2 장 정비사업의 시행

제 3 장 조합의 설립

제 8 장 사업의 완료

제 1 장

정비계획, 정비구역의 지정

[1] 정비구역의 지정

I. 기본계획의 수립

1. 기본계획의 의의 및 법적 성격

도시 · 주거환경정비기본계획(이하 '기본계획')은 국토계획법 제2조 제3호에 따른 도시 · 군기본계획 등 상위계획의 이념과 내용이 정비사업을 통해 실현될 수 있도록 도시정비의 미래상과 목표를 명확히 설정하고 실천 전략을 구체적으로 제시하는 행정계획이다(기본계획 수립 지침 제2절).[1]

기본계획은 도시 · 군기본계획의 하위계획으로 도시 · 군기본계획상 토지이용계획과 부문별 계획 중 도시 · 주거환경의 정비에 관한 내용을 반영하여야 하고, 정비계획의 상위계획으로 유형별 정비구역 지정대상과 정비방향, 정비기반시설 기준, 개발밀도 기준, 정비방법 등 정비사업의 기본원칙 및 개발지침을 제시한다(기본계획 수립 지침 1-3-1, 1-3-3). 기본계획은 국토계획법의 도시 · 군기본계획과 도시관리계획(도시정비법상 정비계획) 중간영역에 위치하면서 행정계획을 더욱 세밀하게 수립하는 기준이 된다.

기본계획은 특별시장 등이 도시 및 주거환경을 정비하고 개량하기 위한 기본방향을 제시하는 것으로서, 그에 후속되는 정비계획의 수립 및 정비구역 지정의 지침이 되는 것일 뿐 그 자체로 국민의 권리 · 의무에 직접적인 영향을 미치지 않는다(대법원 2013. 2. 14. 선고 2011두23757 판결, 대법원 2014. 1. 16. 선고 2012두2214 판결). 따라서 기본계획의 수립 또는 변경은 항고소송의 대상이 되는 행정처분에 해당하지 않으며(위 대법원 2011두23757 판결),[2] 기본계획에서 정한 주택접도율 등의 기준이 기본계획 수립 지침 또는 시 · 도조례에서 정한 기준보다 완화되었다 하더라도 그 자체로 기본계획의 효력이 좌우되는

---

1 기본계획의 작성기준 및 작성방법을 정한 국토교통부 훈령인 「도시 · 주거환경정비기본계획 수립 지침」을 '기본계획 수립 지침'으로 줄여서 쓰기로 한다.

2 기본계획에 따른 정비예정구역에서 건축물의 건축 등 일정한 행위제한이 가능하나(법 제19조 제7항), 이는 시장 · 군수등의 별도의 행위제한 고시에 의한 것이므로 기본계획 자체로 국민의 권리 · 의무를 직접 제한한다고 보기 어렵다[서울고등법원 2015. 7. 10. 선고 2015누35606 판결(제1심은 서울행정법원 2015. 1. 29. 선고 2014구합67000 판결)].

것도 아니다(위 대법원 2012두2214 판결).

2. 기본계획의 수립권자 등

기본계획은 특별시 · 광역시 · 특별자치시 · 특별자치도 · 시 단위로 수립한다. 특별시장 · 광역시장 · 특별자치시장 · 특별자치도지사 또는 시장이 기본계획의 수립권자로서 10년 단위로 기본계획을 수립하여야 하며, 5년마다 타당성을 검토하여 그 결과를 기본계획에 반영하여야 한다(법 제4조).

광역자치단체인 도(道)는 기본계획의 수립 단위가 아니므로 시(市)별로 시장이 기본계획을 수립하되, 대도시(서울특별시 · 광역시 및 특별자치시를 제외한 인구 50만 이상 대도시)가 아닌 시는 도지사가 기본계획을 수립할 필요가 없다고 인정하는 경우에는 기본계획을 수립하지 아니할 수 있고, 대도시의 시장이 아닌 시장은 기본계획을 수립하거나 변경하려면 도지사의 승인을 받아야 한다(법 제4조 제1항 단서, 제7조 제2항).

3. 기본계획의 내용

기본계획에는 정비사업의 기본방향, 정비사업의 계획기간, 인구 · 건축물 · 토지이용 · 정비기반시설 · 지형 및 환경 등의 현황, 주거지 관리계획, 토지이용계획 · 정비기반시설계획 · 공동이용시설설치계획 및 교통계획, 녹지 · 조경 · 에너지공급 · 폐기물처리 등에 관한 환경계획, 사회복지시설 및 주민문화시설 등의 설치계획, 도시의 광역적 재정비를 위한 기본방향, 정비예정구역의 개략적 범위, 단계별 정비사업 추진계획(정비예정구역별 정비계획의 수립시기 포함), 건폐율 · 용적률 등에 관한 건축물의 밀도계획, 세입자에 대한 주거안정대책, 그 밖에 주거환경 등을 개선하기 위하여 필요한 사항으로서 시행령으로 정하는 사항 등이 포함되어야 한다(법 제5조 제1항, 시행령 제5조). 기본계획의 작성기준과 작성방법은 국토교통부 훈령인 기본계획 수립 지침에서 정한다(법 제5조 제3항).

4. 기본계획의 수립절차

가. 기초조사 및 기본계획의 입안

기본계획의 수립권자는 도시 · 주거환경정비의 측면에서 시가 갖고 있는 문제의 파악 및 기본계획수립의 기초자료로 활용하기 위하여 기초조사를 실시하며, 자연환경, 인문환경, 인구, 경제 · 산업, 토지이용, 주거, 재정 각 항목별로 도시 · 군기본계획 및 도시 · 군관리계획 등 관련 계획 등에 관한 내용을 조사한다(기본계획 수립 지침 제3장). 기본계획의 수립권자는 기초자료를 토대로 도시정비법 제5조 제1항 각 호, 시행령 제5조 각 호에서 정한 사항을 포함하여 기본계획을 입안한다.

나. 주민공람 및 지방의회 의견청취

기본계획의 수립권자는 기본계획을 수립하거나 변경하려는 경우에는 14일 이상 미리 공람의 요지 및 장소를 해당 지방자치단체의 공보 및 인터넷에 공고하고 공람장소에 관계 서류를 갖추어 두는 방법으로 공람하여야 한다(법 제6조 제1항, 시행령 제6조 제1항). 기본계획의 수립권자는 작성된 기본계획안에 대하여 관련분야 전문가와 주민대표 및 관계기관이 참석하는 공청회를 개최할 수 있다(기본계획 수립 지침 5-2-1 등). 주민은 공람기간 이내에 기본계획의 수립권자에게 서면(전자문서 포함)으로 의견을 제출할 수 있으며, 기본계획의 수립권자는 제출된 의견을 심사하여 타당하다고 인정되는 때에는 이를 채택하고, 채택하지 아니한 경우에는 의견을 제출한 주민에게 그 사유를 알려주어야 한다(법 제6조 제1항, 시행령 제6조 제2항, 제3항).

기본계획의 수립권자는 주민공람과 함께 지방의회의 의견을 들어야 하며, 이 경우 지방의회는 기본계획의 수립권자가 기본계획을 통지한 날부터 60일 이내에 의견을 제시하여야 하며 의견제시 없이 60일이 지난 경우 이의가 없는 것으로 본다(법 제6조 제2항).

시행령 제6조 제4항에서 정하는 기본계획의 경미한 사항을 변경하는 경우에는 주민공람과 지방의회의 의견청취 절차를 거치지 아니할 수 있다(법 제6조 제3항).

다. 기본계획의 확정 · 고시

기본계획의 수립권자 중 특별시장 · 광역시장 · 특별자치시장 · 특별자치도지사 또는 대도시의 시장은 관계 행정기관의 장과 협의한 후 지방도시계획위원회의 심의를 거쳐 기본계획을 수립 또는 변경한다. 대도시의 시장이 아닌 시장은 기본계획을 수립하거나 변경하려면 도지사의 승인을 받아야 하며, 도지사는 관계 행정기관의 장과 협의한 후 지방도시계획위원회의 심의를 거쳐 대도시의 시장이 아닌 시장이 승인 신청한 기본계획을 수정 · 보완하여 승인할 수 있다(법 제7조 제1항 본문, 제2항 본문, 기본계획 수립 지침 5-3-5).

시행령 제6조 제4항에서 정하는 기본계획의 경미한 사항을 변경하는 경우에는, 기본계획의 수립권자 중 특별시장 · 광역시장 · 특별자치시장 · 특별자치도지사 또는 대도시의 시장은 관계 행정기관의 장과의 협의 및 지방도시계획위원회의 심의를 거치지 아니하고, 대도시의 시장이 아닌 시장은 도지사의 승인을 받지 아니할 수 있다(법 제7조 제1항 단서, 제2항 단서).

기본계획의 수립권자는 기본계획을 수립하거나 변경한 때에는 지체 없이 해당 지방자치단체의 공보에 기본계획의 요지, 기본계획서의 열람 장소를 포함하여 공시하고 일반인이 열람할 수 있도록 하여야 한다(법 제7조 제3항, 제4항, 시행규칙 제2조 제1항). 기본계획의 수립권자는 기본계획을 고시한 때에는 국토교통부장관에게 고시내용에 기본계획서를 첨부하여 보고하여야 한다(법 제7조 제4항, 시행규칙 제2조 제2항).

5. 기본계획의 변경절차

기본계획의 변경절차는 수립절차와 같으나, 기본계획의 경미한 사항을 변경하는 경우 주민공람, 지방의회 의견청취, 관계 행정기관의 장과의 협의 및 지방도시계획위원회의 심의, 도지사의 승인 절차를 생략할 수 있다(법 제6조 제3항, 제7조 제1항 단서, 제2항 단서).[3]

도시정비법은 정비구역의 지정 및 정비계획의 수립에 관하여 기본계획에 적합한 범위 안에서 소정의 요건 및 절차를 거치도록 정하고 있을 뿐 정비구역과 정비예정구역의 관계에 관한 규정은 두지 않고 있다. 따라서 기본계획 단계에서 그 내용 중 일부를 변경하는 경우는 기본계획 변경절차를 거쳐야 하나, 이미 수립된 기본계획에서 정한 정비예정구역의 범위 안에서 정비구역을 지정하는 경우에는 정비구역의 지정을 위한 절차를 거치는 외에 따로 기본계획을 먼저 변경하여야 한다고 볼 수 없다(대법원 2013. 10. 24. 선고 2011두28455 판결).

6. 정비예정구역

가. 정비예정구역의 의의 및 법적 성격

정비예정구역은 정비구역으로 지정할 예정인 구역으로서(법 제5조 제9호), 종전에는 실무상 관행으로 정비예정구역이라는 표현을 사용하였으나 도시정비법이 2009. 2. 6. 법률 제9444호로 개정되면서 법률에 그 개념이 정의되었다.

정비예정구역은 향후 지정 · 고시되는 정비구역의 개략적인 기준이 된다. 정비예정구역은 주거환경개선사업 시행을 위해 동의를 받아야 하는 토지 또는 건축물의 소유자 등의 기준이 되고(법 제24조 제3항), 기본계획에서 정한 정비예정구역별 정비계획의 수립시기는 재건축사업 정비계획 입안을 위한 안전진단 실시 시기(법 제12조), 토지등소유자의 정비계획의 입안 제안(법 제14조 제1항 제1호) 등의 기준이 된다. 정비예정구역등에서 시장 · 군수등의 별도 고시가 있으면 건축물의 건축, 토지의 분할 등의 행위가 제한될 수 있다(법 제19조 제7항).

---

3 시행령 제6조(기본계획의 수립을 위한 공람 등) ④ 법 제6조 제3항 및 제7조 제1항 단서에서 "대통령령으로 정하는 경미한 사항을 변경하는 경우"란 각각 다음 각 호의 경우를 말한다.

1. 정비기반시설(제3조 제9호에 해당하는 시설은 제외한다. 이하 제8조 제3항 · 제13조 제4항 · 제38조 및 제76조 제3항에서 같다)의 규모를 확대하거나 그 면적을 10퍼센트 미만의 범위에서 축소하는 경우
2. 정비사업의 계획기간을 단축하는 경우
3. 공동이용시설에 대한 설치계획을 변경하는 경우
4. 사회복지시설 및 주민문화시설 등에 대한 설치계획을 변경하는 경우
5. 구체적으로 면적이 명시된 법 제5조 제1항 제9호에 따른 정비예정구역(이하 "정비예정구역"이라 한다)의 면적을 20퍼센트 미만의 범위에서 변경하는 경우
6. 법 제5조 제1항 제10호에 따른 단계별 정비사업 추진계획(이하 "단계별 정비사업 추진계획"이라 한다)을 변경하는 경우
7. 건폐율(「건축법」 제55조에 따른 건폐율을 말한다. 이하 같다) 및 용적률(「건축법」 제56조에 따른 용적률을 말한다. 이하 같다)을 각 20퍼센트 미만의 범위에서 변경하는 경우
8. 정비사업의 시행을 위하여 필요한 재원조달에 관한 사항을 변경하는 경우
9. 「국토의 계획 및 이용에 관한 법률」 제2조 제3호에 따른 도시 · 군기본계획의 변경에 따라 기본계획을 변경하는 경우

그러나 정비예정구역은 기본계획에 포함되는 사항으로서, 기본계획은 그 자체로 대외적인 구속력이 없고(대법원 2013. 2. 14. 선고 2011두23757 판결 등), 기본계획에 포함되는 정비예정구역의 내용은 그 개략적인 범위와 정비계획의 수립시기 등 단계별 정비사업 추진계획이므로 정비예정구역도 직접적으로 대외적인 구속력이 인정되기 어려울 것으로 생각된다. 토지등소유자에게 정비예정구역의 지정을 요구할 수 있는 법규상 또는 조리상의 신청권이 있다고 볼 근거도 없다.[4] 그러나 건축행위 제한과 달리 지역주택조합원 모집행위는 정비예정구역이 정해지면 다른 처분 없이 곧바로 금지된다(법 제19조 제8항). 또한 정비구역등의 기속적 해제 또는 직권해제의 대상은 '정비예정구역 또는 정비구역'인 '정비구역등'인데(법 제20조, 제21조), 정비예정구역을 해제하는 행위는 단순히 기본계획을 철회하는 정도에 불과한 것이 아니라 정비사업의 본격적인 추진을 위해 토지등소유자가 이미 준비를 진행하는 상황에서 다시 종전의 상태로 되돌리는 구체적인 조치이므로 국민의 권리 · 의무에 직접 영향을 미칠 수 있다는 점에서 행정처분으로 보아 항고소송으로 다툴 수 있어야 한다.[5] 따라서 정비예정구역은 일정 범위에서 대외적 구속력 내지 행정처분성이 문제될 수 있을 것으로 생각된다.

나. 정비예정구역의 행위제한

(1) 건축물의 건축, 토지의 분할행위 제한 고시

2002. 12. 30. 법률 제6852호로 제정된 도시정비법은 정비구역의 지정고시가 있은 날부터 정비계획의 내용에 적합하지 아니한 건축물 또는 공작물의 설치를 제한하였으나(구법 제5조), 정비예정구역에 대해서는 별도의 제한을 두지 않았다. 따라서 정비구역이 지정되기 전에 건축물을 신축하거나 토지를 분할하여 분양권을 늘리는 이른바 지분쪼개기가 문제가 되었고, 도시정비법이 2009. 2. 6. 법률 제9444호로 개정되면서 정비예정구역 등에 대한 행위제한 규정이 신설되었다(구법 제5조 제7항). 기본계획이 확정 · 고시되기 이전에 기본계획을 공람중인 경우도 포함된다.

국토교통부장관, 시 · 도지사, 시장, 군수 또는 자치구의 구청장은 비경제적인 건축행위 및 투기 수요의 유입을 막기 위하여 기본계획을 공람 중인 정비예정구역 또는 정비계획을 수립 중인 지역에 대해 3년 이내의 기간(1년의 범위에서 한 차례만 연장할 수 있다)을 정하여 건축물의 건축, 토지의 분할을 제한할 수 있다(법 제19조 제7항). 행위를 제한하려고 하는 경우 제한지역 · 제한사유 · 제한대상행위 및 제한기간을 미리 고시하여야 하는데, ⓐ 국토교통부장관이 행위를 제한하려고 하는 경우 시장 · 군수등의 의견을 듣고 중앙도시계획위원회의 심

4 서울고등법원 2015. 7. 10. 선고 2015누35606 판결(제1심은 서울행정법원 2015. 1. 29. 선고 2014구합67000 판결).

5 정비예정구역 해제처분의 취소를 구한 사건에서 본안을 판단한 사례로 서울고등법원 2015. 1. 14. 선고 2014누52796 판결, 서울고등법원 2018. 9. 6. 선고 2018누32486 판결 등 참고; 정비예정구역 해제처분의 처분성에 대한 판단은 위 서울고등법원 2014누52796 판결의 제1심인 서울행정법원 2014. 5. 22. 선고 2013구합63667 판결 참고.

의를 거쳐 관보에 게재하고, ⓑ 시 · 도지사가 행위를 제한하려고 하는 경우에는 시장 · 군수등의 의견을 듣고 지방도시계획위원회의 심의를 거쳐 해당 지방자치단체의 공보에 게재하고, ⓒ 시장, 군수 또는 자치구의 구청장이 행위를 제한하려고 하는 경우 지방도시계획위원회의 심의를 거쳐 해당 지방자치단체의 공보에 게재하는 방법으로 한다(시행령 제16조 제1항 내지 제4항).

위 고시에 따라 행위가 제한된 지역에서 건축물의 건축, 토지의 분할행위를 하려는 자는 시장 · 군수등의 허가를 받아야 한다(시행령 제16조 제5항).

⑵ 주택법 등 다른 법령에 의한 개발사업의 제한 여부

기본계획은 정비계획의 입안권자 등 행정청에 대해서는 일정한 구속력을 가지므로, 행정청은 기본계획이 수립된 지역에서는 주택법 등 다른 법령에 의한 개발사업을 일정부분 제한하여야 할 것이나, 도시정비법 제19조 제7항의 행위제한은 건축물의 신축, 토지의 분할로 한정되는 것이므로 다른 개발사업의 진행을 제한하기 위해서는 별도의 근거가 필요하다.

통상 정비예정구역 또는 정비구역에서 지역주택조합사업이 문제되는데, 지역주택조합사업을 추진하는 시행대행사 등이 토지등소유자들에게 지지부진한 정비사업에 대한 대안으로 지역주택조합사업을 제시하면서 조합원을 모집하거나 토지에 대한 매매계약 등을 체결하면서 정비사업 추진이 더욱 어려워지는 경우가 자주 발생하였다. 이에 도시정비법이 2018. 6. 12. 법률 제15676호로 개정되면서 정비예정구역 또는 정비구역에서 지역주택조합의 조합원 모집행위를 금지하고 그 위반에 따른 벌칙 규정을 신설하였다(법 제19조 제8항, 제138조 제1항 제1호).

Ⅱ. 정비계획 수립 및 정비구역 지정

1. 정비계획 및 정비구역의 의의

정비구역은 정비사업을 계획적으로 시행하기 위하여 도시정비법 제16조에 따라 지정 · 고시된 구역을 의미한다(법 제2조 제1호). 정비계획(도시 · 주거환경 정비계획)은 기본계획에 적합한 범위 안에서 정비구역을 계획적이고 체계적으로 정비하기 위하여 수립하는 행정계획이다(정비계획 수립 지침 1-2-1).[6]

정비구역의 지정은 대상구역을 확정하는 것일 뿐 정비사업의 구체적인 내용을 정하지 않으므로, 정비구역의 지정에 부가하여 정비계획의 수립이라는 정비구역내 사업의 지침이 되는 구속적 행정계획을 수반하여야 한다.[7] 따라서 도시정비법상 정비구역의 지정은 반드시 정비계획의 결정과 동시에 이루어져야 하고, 정비구역 지정과 정비계획 결정은 일체로

---

6 정비계획의 작성기준 및 작성방법을 정한 국토교통부 훈령인 「도시 · 주거환경 정비계획 수립 지침」을 '정비계획 수립 지침'으로 줄여서 쓰기로 한다.

7 이우재(상), 136.

서 도시관리계획의 효력이 발생한다.

정비계획은 기본계획에 적합한 범위 안에서 수립하여야 한다. 그러나 기본계획은 대외적 구속력이 없으므로(대법원 2013. 2. 14. 선고 2011두23757 판결 등), 정비계획이 기본계획에서 정한 기준과 다르다는 사정만으로 정비구역 지정처분이 위법하게 되는 것은 아니다(대법원 2014. 1. 16. 선고 2012두2214 판결).

2. 정비구역 지정의 법적 성격

가. 행정처분

기본계획과 달리 정비계획은 도시관리계획의 일종으로서, 정비계획 결정 및 정비구역 지정 등이 이루어지면 별도의 행위제한 고시가 없더라도 정비구역내 건축물의 건축 등의 행위가 제한되는 등 국민의 권리 · 의무를 직접 제한하게 되고, 행정청도 정비계획에 위반하여 행정행위를 할 수 없으므로 항고소송의 대상인 처분에 해당한다.[8] 정비구역 지정처분을 항고소송으로 다툴 수 있다는 점은 이견이 없다.

정비계획 결정 및 정비구역 지정은 그 고시가 효력을 발생하는 날에 행정처분이 있음을 알았다고 보아야 하므로, 정비구역 지정처분 등에 취소소송은 그 처분이 고시되고 5일이 경과한 때부터 90일이 경과한 후에 제기하여야 한다(대법원 2012. 10. 25. 선고 2011두19536 판결).[9] 정비계획은 대부분 정비사업이 진행되면서 비로소 다툼이 발생하고 취소소송의 제소기간도 짧으므로 주로 무효확인을 구하는 항고소송으로 다투게 된다.

나. 계획재량

정비계획 수립 및 정비구역 지정은 정비사업의 시행 여부와 그 내용을 결정하는 행정계획으로서, 고도의 전문적 · 기술적 판단을 기초로 하여 도시 및 주거환경의 정비 · 개량이라는 특정한 행정목표를 달성하기 위하여 서로 관련되는 행정수단을 종합 · 조정함으로써 장래의 일정한 시점에 일정한 질서를 실현하기 위한 활동기준을 설정하는 것이라 할 것이어서 관할 행정청이 정비계획 수립 및 구역 지정을 하는 데에 비교적 광범위한 형성의 자유를 가진다. 다만 그 형성의 자유에는 그 행정계획에 관련되는 자들의 이익을 공익과 사익 사이에서는 물론이고 공익 상호간과 사익 상호간에도 정당하게 비교 교량하여야 한다는 제한이 있으므로, 행정주체가 행정계획을 입안 · 결정하면서 이익형량을 전혀 행하지 아니하거나 이익형량의 고려 대상에 마땅히 포함시켜야 할 사항을 누락한 경우 또는 이익형량을 하였으나 정당성과 객관성이 결여된 경우에는 그 행정계획결정은 형량에 흠이 있어 위법하게 된다(대법원 2010. 7. 15. 선고 2008두9270 판결).

---

8 맹신균, 72; 안광순(상), 71; 전재우, 33.

9 「행정 효율과 협업 촉진에 관한 규정」 제6조 제3항(구 「사무관리규정」 제8조 제2항)은 공고문서는 그 고시 또는 공고가 있는 후 5일이 경과한 날부터 효력이 발생한다고 정하고 있다.

위와 같은 계획재량의 일반론적 한계에도 불구하고, 정비계획 수립 및 정비구역의 지정은 광범위한 형성의 자유가 인정되므로, 그 재량권의 한계를 일탈하거나 재량권을 남용하였다는 등의 특별한 사정이 인정되지 않는 한 위법하다고 보기 어려울 것이다.

Ⅲ. 정비계획의 입안 요건

1. 정비계획의 입안대상지역

정비계획의 입안권자(특별시장, 광역시장, 특별자치시장, 특별자치도지사, 시장, 군수, 자치구의 구청장)는 주거환경개선사업, 재개발사업, 재건축사업의 각 요건에 해당하는 지역에 대해 정비계획을 입안할 수 있다(법 제8조 제1항, 시행령 제7조 제1항 [별표 1]).

시행령 제7조 제1항 [별표 1] 제2호에서 정하는 재개발사업의 입안대상지역은 다음과 같다.

2. 재개발사업을 위한 정비계획은 노후·불량건축물의 수가 전체 건축물의 수의 3분의 2(시·도조례로 비율의 10퍼센트포인트 범위에서 증감할 수 있다) 이상인 지역으로서 다음 각 목의 어느 하나에 해당하는 지역에 대하여 입안한다. 이 경우 순환용주택을 건설하기 위하여 필요한 지역을 포함할 수 있다.
   가. 정비기반시설의 정비에 따라 토지가 대지로서의 효용을 다할 수 없게 되거나 과소토지로 되어 도시의 환경이 현저히 불량하게 될 우려가 있는 지역
   나. 노후·불량건축물의 연면적의 합계가 전체 건축물의 연면적의 합계의 3분의 2(시·도조례로 비율의 10퍼센트포인트 범위에서 증감할 수 있다) 이상이거나 건축물이 과도하게 밀집되어 있어 그 구역 안의 토지의 합리적인 이용과 가치의 증진을 도모하기 곤란한 지역
   다. 인구·산업 등이 과도하게 집중되어 있어 도시기능의 회복을 위하여 토지의 합리적인 이용이 요청되는 지역
   라. 해당 지역의 최저고도지구의 토지(정비기반시설용지를 제외한다)면적이 전체 토지면적의 50퍼센트를 초과하고, 그 최저고도에 미달하는 건축물이 해당 지역 건축물의 바닥면적합계의 3분의 2 이상인 지역
   마. 공장의 매연·소음 등으로 인접지역에 보건위생상 위해를 초래할 우려가 있는 공업지역 또는 「산업집적활성화 및 공장설립에 관한 법률」에 따른 도시형공장이나 공해발생정도가 낮은 업종으로 전환하려는 공업지역
   바. 역세권 등 양호한 기반시설을 갖추고 있어 대중교통 이용이 용이한 지역으로서 「주택법」 제20조에 따라 토지의 고도이용과 건축물의 복합개발을 통한 주택 건설·공급이 필요한 지역
   사. 제1호 라목 또는 마목에 해당하는 지역

시행령 제7조 제1항 [별표 1] 제3호에서 정하는 재건축사업의 입안대상지역은 다음과 같다.

> 3. 재건축사업을 위한 정비계획은 제1호 및 제2호에 해당하지 않는 지역으로서 다음 각 목의 어느 하나에 해당하는 지역에 대하여 입안한다.
> 가. 건축물의 일부가 멸실되어 붕괴나 그 밖의 안전사고의 우려가 있는 지역
> 나. 재해 등이 발생할 경우 위해의 우려가 있어 신속히 정비사업을 추진할 필요가 있는 지역
> 다. 노후·불량건축물로서 기존 세대수가 200세대 이상이거나 그 부지면적이 1만 제곱미터 이상인 지역
> 라. 셋 이상의 「건축법 시행령」 별표 1 제2호 가목에 따른 아파트 또는 같은 호 나목에 따른 연립주택이 밀집되어 있는 지역으로서 법 제12조에 따른 안전진단 실시 결과 전체 주택의 3분의 2 이상이 재건축이 필요하다는 판정을 받은 지역으로서 시·도조례로 정하는 면적 이상인 지역

무허가건축물의 수, 노후 · 불량건축물의 수, 호수밀도, 토지의 형상 또는 주민의 소득수준 등 정비계획의 입안대상지역 요건은 필요한 경우 시행령 제7조 제1항 [별표 1] 제1호부터 제3호까지 규정한 범위에서 시 · 도조례로 따로 정할 수 있으며, 부지의 정형화, 효율적인 기반시설의 확보 등을 위하여 필요하다고 인정되는 경우에는 지방도시계획위원회의 심의를 거쳐 제1호부터 제3호까지 규정에 해당하는 정비구역의 입안대상지역 면적의 100/110 이하의 범위에서 시 · 도조례로 정하는 바에 따라 제1호부터 제3호까지의 규정에 해당하지 않는 지역을 포함하여 정비계획을 입안할 수 있다(시행령 제7조 제1항 [별표 1] 제4호).

시행령 제7조 제1항 [별표 1]이 정하는 주거환경개선사업, 재개발사업, 재건축사업의 요건에 해당하지 않더라도, 건축물의 상당수가 붕괴나 그 밖의 안전사고의 우려가 있거나 상습 침수, 홍수, 산사태, 해일, 토사 또는 제방 붕괴 등으로 재해가 생길 우려가 있는 지역에 대해서는 정비계획을 입안할 수 있다(시행령 제7조 제1항 [별표 1] 제5호).

2. 노후 · 불량건축물

가. 노후 · 불량건축물의 기준

(1) 건축물이 훼손되거나 일부가 멸실되어 붕괴, 그 밖의 안전사고의 우려가 있는 건축물

건축물이 훼손되거나 일부가 멸실되어 붕괴, 그 밖의 안전사고의 우려가 있는 건축물은 노후 · 불량건축물에 해당한다(법 제2조 제3항 (가)목).

(2) 내진성능이 확보되지 아니한 건축물 중 중대한 기능적 결함 또는 부실 설계 · 시공으로 구조적 결함 등이 있는 건축물

내진성능이 확보되지 아니한 건축물 중 중대한 기능적 결함 또는 부실 설계 · 시공으로

구조적 결함 등이 있는 건축물로서 대통령령으로 정하는 건축물은 노후 · 불량건축물에 해당한다(법 제2조 제3항 ㈏목). 시행령 제2조 제1항은 위 노후 · 불량건축물은 건축물을 건축하거나 대수선할 당시 건축법령에 따른 지진에 대한 안전 여부 확인 대상이 아닌 건축물로서, ⓐ 급수 · 배수 · 오수 설비 등의 설비 또는 지붕 · 외벽 등 마감의 노후화나 손상으로 그 기능을 유지하기 곤란할 것으로 우려되는 건축물, ⓑ 도시정비법 제12조 제4항에 따른 안전진단기관이 실시한 안전진단 결과 건축물의 내구성 · 내하력(耐荷力) 등이 같은 조 제5항에 따라 국토교통부장관이 정하여 고시하는 기준에 미치지 못할 것으로 예상되어 구조 안전의 확보가 곤란할 것으로 우려되는 건축물로 정하고 있다.[10]

⑶ 주거환경이 불량한 곳에 위치하고 건축물을 철거하고 새로운 건축물을 건설하는 경우 건설에 드는 비용과 비교하여 효용의 현저한 증가가 예상되는 건축물

주변 토지의 이용 상황 등에 비추어 주거환경이 불량한 곳에 위치하고 건축물을 철거하고 새로운 건축물을 건설하는 경우 건설에 드는 비용과 비교하여 효용의 현저한 증가가 예상되는 건축물로서 대통령령으로 정하는 바에 따라 시 · 도조례로 정하는 건축물은 노후 · 불량건축물에 해당한다(법 제2조 제3항 ㈐목). 시행령 제2조 제2항은 시 · 도조례로 정할 수 있는 노후 · 불량건축물을 ⓐ 건축법 제57조 제1항에 따라 해당 지방자치단체의 조례로 정하는 면적에 미치지 못하거나 도시 · 군계획시설 등의 설치로 인하여 효용을 다할 수 없게 된 대지에 있는 건축물,[11] ⓑ 공장의 매연 · 소음 등으로 인하여 위해를 초래할 우려가 있는 지역에 있는 건축물, ③ 해당 건축물을 준공일 기준으로 40년까지 사용하기 위하여 보수 · 보강하는 데 드는 비용이 철거 후 새로운 건축물을 건설하는 데 드는 비용보다 클 것으로 예상되는 건축물로 정하고 있다.

⑷ 도시미관을 저해하거나 노후화된 건축물

도시미관을 저해하거나 노후화된 건축물로서 대통령령으로 정하는 바에 따라 시 · 도조례로 정하는 건축물은 노후 · 불량건축물에 해당한다(법 제2조 제3항 ㈑목). 시행령 제2조 제3항은 시 · 도조례로 정할 수 있는 건축물을 ⓐ 준공된 후 20년 이상 30년 이하의 범위에서 시 · 도조례로 정하는 기간이 지난 건축물,[12] ⓑ 국토계획법 제19조 제1항 제8호에 따른 도시 · 군기본계획의 경관에 관한 사항에 어긋나는 건축물로 정하고 있다.

구 도시정비법(2012. 2. 1. 법률 제11293호로 개정되기 전의 것) 제2조 제3호 (다)목은 "도시

---

10 안전진단을 위한 기준으로 국토교통부 고시인 「주택 재건축 판정을 위한 안전진단 기준」이 제정 · 시행되고 있다.

11 서울시 정비조례 제4조 제2항은 위 규정의 노후 · 불량건축물을 "건축대지로서 효용을 다할 수 없는 과소필지 안의 건축물로서 2009년 8월 11일 전에 건축된 건축물"로 정하고 있다.

12 서울시 정비조례 제4조 제1항 [별표 1]은 위 기간을 공동주택과 공동주택 이외의 건축물로 나누고 공동주택은 다시 순공년도와 층수로 구분하여 20~30년의 기간을 정하고 있다.

미관의 저해, 건축물의 기능적 결함, 부실시공 또는 노후화로 인한 구조적 결함 등으로 인하여 철거가 불가피한 건축물로서 대통령령으로 정하는 바에 따라 시 · 도조례로 정하는 건축물"로 정하였는데, '철거가 불가피한 건축물'에 대한 입증을 놓고 정비구역 지정처분에 대한 많은 다툼이 있었다. 대법원 2012. 6. 18. 선고 2010두16592 전원합의체 판결은 시행령으로 정한 20년 등의 기간(연수)이 경과하였다는 사정만으로 바로 '노후화로 인하여 철거가 불가피한 건축물'에 해당된다고 볼 수 없고, 그로 인하여 준공된 후 20년 등이 지난 건축물로서 건축물이 노후화되고 구조적 결함 등이 발생하여 철거가 불가피한 건축물로 해석해야 한다고 보았다.[13] 따라서 경과 연수만으로 노후 · 불량건축물인지 여부를 판단하는 것은 위법하며(대법원 2013. 3. 14. 선고 2011두21713 판결 등), 준공된 후 20년 등의 기간 경과 기준을 충족하더라도 현장조사 등을 통하여 개개 건축물이 철거가 불가피한 건축물인지 여부에 대한 검토 등을 하여 노후 · 불량건축물인지 판단하여야 한다. 그러나, 건축물별로 철거가 불가피한 정도인지 판단하기 어렵고, 20년 등의 연수만 경과하면 노후 · 불량건축물로 간주해 온 종전 실무상 정비구역 지정처분에 대해 많은 다툼이 발생하였다.[14] 그 즈음 도시정비법이 2012. 2. 1. 법률 제11293호로 개정되면서 "철거가 불가피한"을 삭제하였으며, 이후 2017. 2. 8. 법률 제14567호로 전부 개정되면서 "구조적 결함 등이 있는"도 삭제하여 정비구역 지정 요건을 간소화하였다.

나. 노후 · 불량건축물의 수

무허가건축물의 수 등 정비구역 지정을 위한 구체적인 기준은 시 · 도조례에서 정한다(시행령 제7조 제1항 [별표 1] 제4호).

노후 · 불량건축물 등의 판단기준 등을 정한 시 · 도조례가 도시정비법령 등 상위법령의 위임을 벗어난 것인지에 많은 다툼이 있으나, 조례는 광범위한 재량이 있는 것으로서 상위법령의 위임 규정의 문언적 의미의 한계를 벗어났거나 위임 규정에서 사용하고 있는 용어의 의미를 넘어 그 범위를 확장하거나 축소하여서 위임 내용을 구체화하는 단계를 벗어나 새로운 입법을 하였다는 등의 사정이 없다면 쉽게 무효로 볼 수 없다(대법원 2012. 10. 25. 선고 2010두25077 판결 등). 따라서 시 · 도조례에서 노후 · 불량건축물에 해당하는 건축물의 크기나 연면적을 고려하지

---

13 위 대법원 2010두16592 전원합의체 판결이 선고되기 전에도 대법원 2010. 7. 15. 선고 2008두9270 판결 등은 20년 경과 기준은 노후 · 불량건축물을 판단하는 일응의 기준을 제시한 것이라고 보기도 하였다. 위 대법원 2010두16592 전원합의체 판결은 노후 · 불량건축물 등에 관한 종전 대법원 판단을 변경한 것이 아니다. 전원합의체에서 판결한 것은 보충의견이 법령 해석에 덧붙여 정책적 요소까지 고려하여 결론을 도출하였기 때문으로 보인다.

14 다만 위 대법원 2010두16592 전원합의체 판결 선고 이후에도 '노후화로 인하여 철거가 불가피한 건축물'이라는 사정을 조사하지 않은 채 정비구역 지정처분을 하였더라도 그 하자가 외형상 객관적으로 명백하다고 볼 수 없어 당연무효는 아니라고 보는 경우가 많았다(대법원 2012. 10. 25. 선고 2011두19536 판결, 대법원 2013. 2. 14. 선고 2011두23757 판결 등).

않고 그 수만을 규정하고 있다 하더라도 도시정비법령에서 정하는 정비구역의 지정요건을 완화하였거나 재산권의 본질적 내용을 침해한다고 볼 수 없고(대법원 2012. 10. 25. 선고 2011두10355 판결), 내용 연수만으로 노후·불량건축물을 판단하도록 한 규정이 도시정비법령의 위임범위를 벗어나 무효라고 보더라도 그 무효에 관한 대법원 판결이 있거나 그 위법 여부가 해석상 다툼의 여지가 없을 정도로 명백하다고 인정되는 경우가 아닌 한 그 하자가 객관적으로 명백하다고 할 수 없어 그 조례 규정에 따른 정비구역 지정처분이 당연무효 사유가 된다고 볼 수 없다(대법원 2012. 10. 25. 선고 2011두19536 판결).

노후·불량건축물 산정과 관련하여, 하나의 건축물대장에 함께 등재되어 있기는 하나 각 건축물이 다른 건축물의 부속건축물이라기보다는 구조적·기능적·경제적으로 각 독립된 건축물인 경우 각각을 하나의 노후·불량건축물로 산정하고(대법원 2012. 8. 30. 선고 2012두4524 판결), 이미 철거된 건축물은 노후·불량건축물 산정에서 제외하는 것이 타당하다.[15]

Ⅳ. 정비계획의 수립 및 정비구역의 지정 절차

1. 정비계획의 입안권자

정비계획 수립과 정비구역 지정은 일체로 이루어지므로 정비구역의 지정권자가 정비계획의 결정권자가 된다. 정비구역의 지정권자는 특별시장, 광역시장, 특별자치시장, 특별자치도지사, 도(道)의 시장 또는 군수이다(법 제8조 제1항).[16]

정비구역의 지정권자는 정비구역의 지정을 위하여 직접 정비계획을 입안할 수 있지만(법 제8조 제4항), 특별시·광역시는 구청장등(자치구의 구청장 또는 광역시의 군수)이 정비계획을 입안하여 특별시장·광역시장에게 정비구역 지정을 신청하여야 한다(법 제8조 제5항).[17]

---

15 서울고등법원 2010. 7. 22. 선고 2009누17362 판결, 서울고등법원 2012. 6. 29. 선고 2011누38188 판결.

16 광역시의 군(郡)은 광역시장이 정비구역의 지정권자이다.

17 구 도시정비법(2017. 2. 8. 법률 제14567호로 전부 개정되기 전의 것)에서는 ⓐ 특별시·광역시는 구청장등(자치구의 구청장 또는 광역시의 군수)이 정비계획을 수립하여 특별시장·광역시장에게 정비구역지정을 신청하면 특별시장·광역시장이 정비구역을 지정하고(구법 제4조 제1항, 제5항), ⓑ 그 이외의 지역은 특별자치시장, 특별자치도지사, 도(道)의 시장 또는 군수가 직접 정비계획을 수립하여 정비구역을 지정할 수 있었다(구법 제4조 제3항, 제5항). 따라서 정비계획을 수립하는 주체는 특별자치시장, 특별자치도지사, 도(道)의 시장 또는 군수 또는 (특별시·광역시의) 구청장등이며, 2017. 2. 8. 법률 제14567호로 전부 개정된 도시정비법도 '정비계획의 입안권자'는 '특별자치시장, 특별자치도지사, 시장, 군수 또는 구청장등'으로 정의하고 있다(법 제9조 제3항). 현행 도시정비법 제8조 제4항이 '특별시장·광역시장·특별자치시장·특별자치도지사·시장 또는 군수(광역시의 군수는 제외)'인 '정비구역의 지정권자'가 직접 정비계획을 입안할 수 있다고 정하고 있으나, 특별시·광역시의 경우 정비계획 입안을 위한 주민공람, 지방의회 의견청취는 구청장등이 하여야 하므로 종전과 같이 구청장등이 정비계획을 입안하여 특별시장·광역시장에게 정비구역 지정을 신청하는 구조로 보는 것이 타당한 것으로 생각된다.

2. 정비계획의 입안 제안

가. 정비계획 입안 제안의 취지

정비계획의 입안권자는 특별자치시장, 특별자치도지사, 시장, 군수 또는 구청장등의 행정청이지만, 각 시 · 도는 조례를 통해 토지등소유자의 2/3 이상의 동의를 얻어 주민이 직접 정비계획을 수립하고 시장 · 군수등에게 정비구역 지정을 요청하는 제도인 주민제안 제도를 도입하였고[18] 현실적으로 대부분의 정비계획은 주민제안으로 이루어졌다. 다만 주민이 직접 정비계획안을 수립하는 경우 공익성이 담보되기 어렵고 실제 정비계획 수립과정에서 상당 부분 변경될 수밖에 없는 문제가 있었고, 도시정비법이 2009. 2. 6. 법률 제9444호로 개정되면서 그 요건을 제한하는 취지로 주민제안 제도를 법정화하였다(구법 제4조 제3항).[19]

위 규정은 종전에 정비계획의 수립이 관할관청의 독자적 판단에 맡겨져 있다 보니 관할관청이 정비계획의 수립 및 정비구역의 지정을 고려하지 않는 경우에는 주민들이 정비사업의 시행을 원하더라도 그러한 의견을 공식적으로 개진할 수 있는 제도가 마련되어 있지 않았던 사정을 고려하여, 주민들이 관할관청에 정비사업의 시행을 바라는 의견을 개진하고 정비구역지정 여부에 관한 관할관청의 판단에 필요한 자료를 제공할 수 있도록 하기 위한 취지로 볼 수 있다.[20]

나. 정비계획 입안 제안의 법적 성격

먼저, 정비계획의 입안 제안이 법규상 또는 조리상 신청권에 해당되는지 문제된다. 입안 제안이 행정청에게 행위 발동을 요구할 법규상 또는 조리상 신청권에 해당된다면, 입안 제안에 따른 정비계획 수립을 거부한 것은 항고소송의 대상이 되는 행정처분에 해당하고 일정한 처분의무가 있음에도 정비계획 수립을 하지 않는 것은 위법한 부작위로서 부작위위법확인으

---

18 구 서울시 정비조례(2007. 12. 26. 서울특별시 조례 제4601호로 개정되기 전의 것) 제6조(정비구역지정의 입안을 위한 주민제안) ①「도시 및 주거환경 정비법」제13조의 규정에 의하여 승인받은 조합설립추진위원회는 관할 구청장에게 정비구역지정에 대한 입안을 제안할 수 있다.
② 제1항의 규정에 불구하고 토지등소유자의 경우에도 관할 구청장에게 정비구역지정에 대한 입안을 제안할 수 있다. 이 경우 당해지역 토지등소유자의 3분의 2 이상의 동의를 얻어야 한다.
③ 제2항의 규정에 의한 동의자수의 산정방법 및 절차 등에 관하여는 영 제28조의 규정을 준용하되, 법 제13조 제2항의 규정에 의하여 조합설립추진위원회의 구성에 동의한 자는 정비구역지정의 입안제안에 동의한 것으로 본다.

19 종전에는 정비예정구역 단계에서 승인받은 추진위원회가 토지등소유자의 동의를 받아 주민제안을 추진하였으나, 도시정비법이 위와 같이 2009. 2. 6. 법률 제9444호로 개정되면서 추진위원회는 정비구역지정 고시 이후에 구성할 수 있도록 명문으로 정하면서(구법 제13조 제2항), 추진위원회가 주민제안을 추진할 수 없도록 하였다. 정비계획 입안 제안 제도의 도입 경위에 대한 설명은 유삼술 · 이종만, 153-158 참고.

20 서울고등법원 2014. 12. 9. 선고 2014누49714 판결(제1심은 서울행정법원 2014. 4. 17. 선고 2013구합56287 판결).

로 다툴 수 있다.[21] 그러나 정비계획은 구청장등이 입안한 후 주민공람 등의 절차를 거쳐 정비구역의 지정권자에게 정비구역의 지정을 신청하여 수립되는 것으로서 토지등소유자에게 직접 신청권을 부여한 것으로 보기 어렵고, 문언상으로도 정비계획의 입안권자에게 입안을 제안하는 것을 불과하여 단지 입안 또는 지정 신청을 촉구하는 의미로 보는 것이 타당하다.[22]

다음으로, 입안 제안을 거쳐 정비계획이 수립되었는데 그 입안 제안이 법령 또는 조례가 정한 토지등소유자의 동의요건을 충족하지 못하는 경우 수립된 정비계획에 절차상 하자가 있다고 볼 수 있는지 문제된다. 그러나 정비계획의 입안 및 정비구역 지정 신청은 구청장등의 권한으로서 그 재량에 따라 하는 것이고 토지등소유자에 대해서는 주민공람 등으로 의견을 청취하는 것 이외에 입안 제안을 필수적 절차로 두고 있지 않으므로, 구청장등이 토지등소유자의 입안 제안에 구속된다고 볼 수 없다(조례에 따른 입안 제안에 대한 대법원 2013. 3. 14. 선고 2011두21713 판결 참고).[23] 따라서 입안 제안의 어떠한 하자가 정비계획의 절차상 하자는 아니라고 보는 것이 타당하다.[24]

다. 정비계획 입안 제안의 요건

토지등소유자는 ⓐ 기본계획에서 정한 단계별 정비사업 추진계획상 정비예정구역별 정비계획의 입안시기가 지났음에도 불구하고 정비계획이 입안되지 아니하거나 정비예정구역별 정비계획의 수립시기를 정하고 있지 아니한 경우,[25] ⓑ 토지등소유자가 도시정비법 제26조 제1항 제7호 및 제8호에 따라 토지주택공사등을 사업시행자로 지정 요청하려는

---

21 정비계획의 입안권자가 토지등소유자의 입안(변경) 제안을 받아들이지 않을 경우 거부처분에 해당하여 항고소송으로 다툴 수 있다는 견해로 서울행정법원 실무연구회, 15; 대법원 2015. 3. 26. 선고 2014두42742 판결은 국토계획법상 도시계획시설결정에 이해관계가 있는 주민으로서는 도시시설계획의 입안권자 내지 결정권자에게 도시시설계획의 입안 내지 변경을 요구할 수 있는 법규상 또는 조리상의 신청권이 있고, 이러한 신청에 대한 거부행위는 항고소송의 대상이 되는 행정처분에 해당한다고 보았다.

22 도시정비법 제14조(구법 제4조 제3항 또는 제4항)의 입안 제안에 대한 판단으로 서울고등법원 2014. 12. 9. 선고 2014누49714 판결(제1심은 서울행정법원 2014. 4. 17. 선고 2013구합56287 판결), 부산지방법원 2018. 11. 16. 선고 2017구합24456 판결; 도시정비법상 입안 제안이 도입되기 전 시 · 도조례에 의한 주민제안에 대한 판단으로 서울고등법원 2009. 12. 17. 선고 2009누14448 판결(제1심은 서울행정법원 2009. 4. 30. 선고 2007구합26278 판결), 광주고등법원 2010. 1. 14. 선고 2009누1579 판결, 서울고등법원 2011. 8. 19. 선고 2010누40313 판결.

23 위 대법원 2011두21713 판결은 도시정비법에 정비계획 입안 제안에 관한 규정인 신설되기 전 사안으로, 추진위원회가 조례에 따라 구청장에게 한 정비구역지정 신청 제안의 효력을 판단한 것이다.

24 서울고등법원 2013. 1. 18. 선고 2012누15359 판결, 서울고등법원 2014. 12. 9. 선고 2014누49714 판결(제1심은 서울행정법원 2014. 4. 17. 선고 2013구합56287 판결), 부산지방법원 2018. 11. 16. 선고 2017구합24456 판결 등.

25 구 도시정비법(2017. 2. 8. 법률 제14567호로 전부 개정되기 전의 것) 제4조 제4항 제1호는 그 수립시기가 1년(시 · 도조례로 그 이상의 연수로 정하는 경우에는 그 연수로 한다) 이상 경과하였음에도 불구하고 정비계획이 수립되지 않은 경우로 정하고 있었다.

경우,[26] ⓒ 대도시가 아닌 시 또는 군으로서 시 · 도조례로 정하는 경우,[27] ⓓ 정비사업을 통하여 공공지원민간임대주택을 공급하거나 임대할 목적으로 주택을 주택임대관리업자에게 위탁하려는 경우로서 도시정비법 제9조 제1항 제10호 각 목을 포함하는 정비계획의 입안을 요청하려는 경우, ⓔ 토지등소유자(조합이 설립된 경우에는 조합원)가 2/3 이상의 동의로 정비계획의 변경을 요청하는 경우,[28] ⓕ 토지등소유자가 공공재개발사업 또는 공공재건축사업을 추진하려는 경우 중 어느 하나에 해당하는 경우에는 정비계획의 입안권자에게 정비계획의 입안을 제안할 수 있다(법 제14조 제1항 제1호, 제2호, 제3호, 제4호, 제6호, 제7호).

시장 · 군수등은 천재지변 등 불가피한 사유로 긴급하게 정비사업을 시행할 필요가 있는 경우 토지주택공사등 또는 토지등소유자 · 민관합동법인 · 신탁업자의 지정개발자를 사업시행자로 지정하여 정비사업을 시행하게 할 수 있는데(법 제26조 제1항 제1호, 제27조 제1항 제1호), 이 경우 사업시행자가 되려는 자는 정비계획의 입안권자에게 정비계획의 입안을 제한할 수 있다(법 제14조 제1항 제5호).

라. 정비계획 입안 제안의 절차

토지등소유자가 정비계획의 입안권자에게 정비계획의 입안을 제안하려는 경우 토지등소유자의 2/3 이하 및 토지면적 2/3 이하의 범위에서 시 · 도조례로 정하는 비율 이상의 동의를 받아야 한다(시행령 제12조 제1항).[29] 위 토지등소유자의 동의는 토지등소유자 및 동의자 수를 산정할 때 시행령 제33조 제1항이 적용된다는 점 이외에는 도시정비법령상 별도의 제한은 없고, 입안 제안은 단지 정비계획의 입안권자에게 입안을 촉구하는 의미를 가진다는 점에서 구체적인 방법은 각 시 · 도조례에서 별도로 정할 수 있을 것이다.

정비계획의 입안을 제안하는 토지등소유자는 시 · 도조례로 정하는 비율 이상의 토지등소유자의 동의를 받은 후 시 · 도조례로 정하는 제안서 서식에 정비계획도서, 계획설명서, 그 밖의 필요한 서류를 첨부하여 정비계획의 입안권자에게 제출하여야 한다(시행령 제12조 제1항). 정비계획의 입안권자는 제안일부터 60일 이내에 정비계획에 대한 반영여부를 제안자에게 통보하여야 하며(부득이한 사정이 있는 경우에는 한 차례만 30일을 연장할 수 있다), 그 제안을 정비

26 시장 · 군수등은 해당 정비구역의 국 · 공유지 면적 또는 국 · 공유지와 토지주택공사등이 소유한 토지를 합한 면적이 전체 토지면적의 1/2 이상으로서 토지등소유자의 과반수가 시장 · 군수등 또는 토지주택공사등을 사업시행자로 지정하는 것에 동의하는 때 또는 해당 정비구역의 토지면적 1/2 이상의 토지소유자와 토지등소유자의 2/3 이상에 해당하는 자가 시장 · 군수등 또는 토지주택공사등을 사업시행자로 지정할 것을 요청하는 때에는 토지주택공사등을 사업시행자로 지정하여 정비사업을 시행하게 할 수 있다(법 제26조 제1항 제7호, 제8호).

27 도(道)의 군(郡) 및 대도시가 아닌 시는 기본계획을 반드시 수립하여야 하는 것이 아니므로(법 제4조 제1항), 기본계획에 따른 정비계획의 수립시기가 정해져 있지 않은 경우 시 · 도조례로 별도로 정하도록 한 것이다.

28 다만 정비계획의 경미한 사항을 변경하는 경우에는 토지등소유자의 동의절차를 거치지 않고 입안 제안을 할 수 있다(법 제14조 제1항 제6호 단서). 이미 수립된 정비계획을 토지등소유자의 의견을 반영하여 변경하도록 하기 위한 것으로서, 도시정비법이 2017. 2. 8. 법률 제14567호로 전부 개정되면서 도입되었다.

29 서울시 정비조례 제10조 제1항은 토지등소유자의 60% 이상 및 토지면적의 1/2 이상의 동의로 정하고 있다.

계획에 반영하는 경우에는 제안서에 첨부된 정비계획도서와 계획설명서를 정비계획의 입안에 활용할 수 있다(시행령 제12조 제2항, 제3항).

3. 정비계획의 내용

정비계획에는 정비사업의 명칭, 정비구역 및 그 면적, 도시 · 군계획시설의 설치에 관한 계획, 공동이용시설 설치계획, 건축물의 주용도 · 건폐율 · 용적률 · 높이에 관한 계획, 환경보전 및 재난방지에 관한 계획, 정비구역 주변의 교육환경 보호에 관한 계획, 세입자 주거대책, 정비사업시행 예정시기, 공공지원민간임대주택 및 임대관리 위탁주택에 관한 사항, 주거 · 상업 · 업무 등의 기능을 결합하는 등 복합적인 토지이용을 증진시키기 위하여 필요한 건축물의 용도에 관한 계획, 국토계획법에 따른 주거지역 및 용적률에 관한 사항, 국토계획법에 따른 지구단위계획에 관한 사항(필요한 경우로 한정한다), 그 밖에 정비사업의 시행을 위하여 필요한 사항으로서 대통령령으로 정하는 사항이 포함되어야 한다(법 제9조 제1항).

시행령 제8조 제2항은 그 밖의 정비사업의 시행을 위하여 필요한 사항으로, 도시정비법 제17조 제4항에 따른 현금납부에 관한 사항, 도시정비법 제18조에 따라 정비구역을 분할, 통합 또는 결합하여 지정하려는 경우 그 계획, 도시정비법 제23조 제1항 제2호에 따른 방법으로 시행하는 주거환경개선사업의 경우 도시정비법 제24조에 따른 사업시행자로 예정된 자, 정비사업의 시행방법, 기존 건축물의 정비 · 개량에 관한 계획, 정비기반시설의 설치계획, 건축물의 건축선에 관한 계획, 홍수 등 재해에 대한 취약요인에 관한 검토 결과, 정비구역 및 주변지역의 주택수급에 관한 사항, 안전 및 범죄예방에 관한 사항, 그 밖에 정비사업의 원활한 추진을 위하여 시 · 도조례로 정하는 사항을 정하고 있다.

정비계획의 작성기준 및 작성방법은 국토교통부 훈령인 정비계획 수립 지침에서 정한다(법 제9조 제4항).

4. 정비계획의 수립절차

가. 기초조사 및 정비계획의 입안

특별시장, 광역시장, 특별자치시장, 특별자치도지사, 시장, 군수 또는 자치구의 구청장은 정비계획을 입안하는 경우 주민 또는 산업의 현황, 토지 및 건축물의 이용과 소유현황, 도시 · 군계획시설 및 정비기반시설의 설치현황, 정비구역 및 주변지역의 교통상황, 토지 및 건축물의 가격과 임대차 현황, 정비사업의 시행계획 및 시행방법 등에 대한 주민의 의견, 그 밖에 시 · 도조례로 정하는 사항을 조사하여 시행령 제7조 제1항 [별표 1]이 정하는 정비구역의 수립 요건에 적합한지 여부를 확인하여야 한다(시행령 제7조 제2항 본문). 정비계획의 입안 내용을 변경하려는 경우에는 변경내용에 해당하는 사항을 조사 · 확인하여야 한다(시행령 제7조 제2항 단서). 사업시행자(사업시행자가 둘 이상인 경우에는 그 대표자)에게 위 기초조사를 하게 할 수 있다(시행령 제7조 제3항).

기초조사는 정비계획 수립에 기본이 되는 자료로써 조사내용의 충실도에 따라 정비계획 수립에 많은 영향을 줄 수 있으므로 상세하고 정확하게 조사하여야 한다(정비계획 수립 지침 3-1-1). 기초조사를 거치지 않고 수립한 정비계획은 그 수립에 절차상 하자가 있는 것이나 취소사유에 불과하고 무효사유에는 해당되지 않는다(구 도시계획법상의 도시계획결정을 위한 기초조사절차에 대한 대법원 1990. 6. 12. 선고 90누2178 판결 참고).[30]

나. 주민공람 및 지방의회 의견청취

정비계획의 입안권자는 정비계획을 입안하거나 변경하려면 주민에게 서면으로 통보한 후 주민설명회 및 30일 이상 주민에게 미리 공람의 요지 및 장소를 해당 지방자치단체의 공보등에 공고하고, 공람장소에 관계 서류를 갖추어 두는 방법으로 공람하여야 한다(법 제15조 제1항, 시행령 제13조 제1항).[31] 주민은 공람기간 이내에 정비계획의 입안권자에게 서면(전자문서 포함)으로 의견을 제출할 수 있고, 정비계획의 입안권자는 제출된 의견을 심사하여 채택할 필요가 있다고 인정하는 때에는 이를 채택하고, 채택하지 아니한 경우에는 의견을 제출한 주민에게 그 사유를 알려주어야 한다(법 제15조 제1항, 시행령 제13조 제2항, 제3항).

정비계획의 입안권자는 주민공람과 함께 지방의회의 의견을 들어야 한다. 이 경우 지방의회는 정비계획의 입안권자가 정비계획을 통지한 날부터 60일 이내에 의견을 제시하여야 하며, 의견제시 없이 60일이 지난 경우 이의가 없는 것으로 본다(법 제15조 제2항).

시행령 제13조 제2항에서 정하는 정비계획의 경미한 사항을 변경하는 경우에는 주민에 대한 서면통보, 주민설명회, 주민공람 및 지방의회의 의견청취 절차를 거치지 아니할 수 있다(법 제15조 제3항).

정비계획의 입안권자는 정비기반시설 및 국유 · 공유재산의 귀속 및 처분에 관한 사항이 포함된 정비계획을 입안하려면 미리 해당 정비기반시설 및 국유 · 공유재산의 관리청의 의견을 들어야 한다(법 제15조 제4항).

정비계획의 입안에 있어 해당 정비계획안의 내용을 공람하도록 한 것은 다수 이해관계자의 이익을 합리적으로 조정하여 국민의 권리자유에 대한 부당한 침해를 방지하고 행정의 민주화와 신뢰를 확보하기 위하여 국민의 의사를 그 과정에 반영시키는 데 있다(국토계획법의 도시관리계획 입안에 대한 대법원 2015. 1. 29. 선고 2012두11164 판결 등 참고). 따라서 만약 주민공람 등의 절차를 거치지 않았다면 정비계획은 절차상 하자가 있다고 볼 수 있다.

다. 정비계획의 결정 및 정비구역의 지정 고시

정비구역의 지정권자는 지방도시계획위원회의 심의를 거쳐 정비구역을 지정 또는 변

30 맹신균, 101; 안광순(상), 134.

31 기본계획 수립절차(법 제6조)와 달리 서면 통지 및 주민설명회를 의무적으로 실시하여야 한다.

경지정할 수 있다. 다만 정비계획의 경미한 사항의 변경에 해당하는 경우에는 지방도시계획위원회의 심의를 거치지 아니할 수 있다(법 제16조 제1항).

정비구역의 지정권자는 정비구역을 (변경)지정하거나 정비계획을 (변경)결정한 때에는 정비계획을 포함한 정비구역 지정의 내용을 해당 지방자치단체의 공보에 고시하여야 한다. 이 경우 토지이용규제법 제8조에 따른 지형도면(지적이 표시된 지형도에 지역 · 지구등을 명시한 도면)을 작성하여 함께 고시하여야 한다(법 제16조 제2항).

정비구역의 지정권자는 정비계획을 포함한 정비구역을 지정 · 고시한 때에는 해당 정비구역과 관련된 도시 · 군계획 및 기본계획의 주요 내용, 정비계획의 요약, 도시 · 군관리계획 결정조서를 포함하여 국토교통부장관에게 보고하여야 하고, 관계 서류를 일반인이 열람할 수 있도록 하여야 한다(법 제16조 제3항, 시행규칙 제4조).

5. 정비계획의 변경절차

정비계획의 변경절차는 수립절차와 같으나, 정비계획의 경미한 사항을 변경하는 경우 정비계획 입안권자의 주민에 대한 서면통보, 주민설명회, 주민공람 및 지방의회의 의견청취 절차 및 정비구역 지정권자의 지방도시계획위원회의 심의 절차를 생략할 수 있다(법 제15조 제3항, 제16조 제1항 단서).

> 시행령 제13조(정비구역의 지정을 위한 주민공람 등) ④ 법 제15조 제3항에서 "대통령령으로 정하는 경미한 사항을 변경하는 경우"란 다음 각 호의 어느 하나에 해당하는 경우를 말한다.
>
> 1. 정비구역의 면적을 10퍼센트 미만의 범위에서 변경하는 경우(법 제18조에 따라 정비구역을 분할, 통합 또는 결합하는 경우를 제외한다)[32]
> 2. 정비기반시설의 위치를 변경하는 경우와 정비기반시설 규모를 10퍼센트 미만의 범위에서 변경하는 경우
> 3. 공동이용시설 설치계획을 변경하는 경우
> 4. 재난방지에 관한 계획을 변경하는 경우
> 5. 정비사업시행 예정시기를 3년의 범위에서 조정하는 경우
> 6. 「건축법 시행령」 별표 1 각 호의 용도범위에서 건축물의 주용도(해당 건축물의 가장 넓은 바닥면적을 차지하는 용도를 말한다. 이하 같다)를 변경하는 경우
> 7. 건축물의 건폐율 또는 용적률을 축소하거나 10퍼센트 미만의 범위에서 확대하는 경우
> 8. 건축물의 최고 높이를 변경하는 경우
> 9. 법 제66조에 따라 용적률을 완화하여 변경하는 경우

---

32 구 시행령(2018. 2. 9. 대통령령 제28628호로 전부 개정되기 전의 것) 제12조 제1호는 "정비구역면적의 10퍼센트 미만의 변경인 경우"로만 정하고 있었으나, 시행령이 위 2018. 2. 9. 대통령령 제28628호로 전부 개정되면서 정비구역의 분할, 통합, 결합을 경미한 사항에서 제외하였다.

10. 「국토의 계획 및 이용에 관한 법률」 제2조 제3호에 따른 도시·군기본계획, 같은 조 제4호에 따른 도시·군관리계획 또는 기본계획의 변경에 따라 정비계획을 변경하는 경우
11. 「도시교통정비 촉진법」에 따른 교통영향평가 등 관계법령에 의한 심의결과에 따른 변경인 경우
12. 그 밖에 제1호부터 제8호까지, 제10호 및 제11호와 유사한 사항으로서 시·도조례로 정하는 사항을 변경하는 경우

6. 정비구역 지정 · 고시의 효과

가. 정비사업 범위의 확정

정비구역이 지정 · 고시되면 정비사업을 시행할 사업구역 및 토지등소유자가 확정되고, 토지등소유자 과반수의 동의를 받아 추진위원회를 구성할 수 있게 되어(법 제31조 제1항) 정비사업을 본격적으로 진행할 수 있게 된다.

나. 지구단위계획구역의 의제 등

정비구역의 지정 · 고시가 있는 경우 해당 정비구역 및 정비계획 중 국토계획법 제52조 제1항 각 호의 어느 하나에 해당하는 사항은 국토계획법 제50조에 따라 지구단위계획구역 및 지구단위계획으로 결정 · 고시된 것으로 보고(법 제17조 제1항), 국토계획법에 따른 지구단위계획구역에 대하여 도시정비법 제9조 제1항 각 호의 사항을 모두 포함한 지구단위계획을 (변경)결정 · 고시하는 경우 해당 지구단위계획구역은 정비구역으로 지정 · 고시된 것으로 본다(법 제17조 제2항).[33] 이는 정비계획과 지구단위계획을 이중으로 수립하지 않도록 하기 위한 것이다.

다. 행위제한

정비구역의 지정 · 고시가 있으면 정비구역에서 건축물의 건축 등 일정한 행위를 하려는 자는 시장 · 군수등의 (변경)허가를 받아야 한다(법 제19조 제1항). 정비구역에서 지정된 지역에서 정비계획에 적합하지 아니한 건축물이나 공작물의 설치를 제한함으로써 정비계획에 맞는 정비구역 관리와 정비구역의 지정 · 고시 후 정비계획에 적합하지 아니한 건축 등으로 인한 분쟁이 발생하는 것을 예방하여 정비사업의 원활한 추진을 도모하기 위한 규정이다.[34]

정비구역에서 허가를 받아야 하는 사항은 ⓐ 건축물(건축법 제2조 제1항 제2호에 따른 건축물로서 가설건축물을 포함)의 건축 · 용도변경, ⓑ 공작물(인공을 가하여 제작한 시설물로서 건축물은 제외)의 설치, ⓒ 토지의 형질변경(절토 · 성토 · 정지 · 포장 등의 방법으로 토지의 형상을 변경하는

33 국토계획법 제52조는 지구단위계획구역의 지정목적을 이루기 위하여 지구단위계획에 포함될 사항을 정한 것이다. 도시정비법 제9조 제1항은 정비계획에 포함되어야 할 사항을 정한 것으로서 같은 항 제11호에서 국토계획법 제52조 제1항 각 호의 사항에 관한 계획은 필요하면 정비계획에 포함하도록 하고 있다.

34 송현진 · 유동규, 189; 이우재(상), 171.

행위, 토지의 굴착 또는 공유수면의 매립), ⓓ 토석의 채취(흙 · 모래 · 자갈 · 바위 등의 토석을 채취하는 행위), ⓔ 토지분할, ⓕ 물건을 쌓아놓는 행위(이동이 쉽지 아니한 물건을 1개월 이상 쌓아놓는 행위), ⓖ 죽목의 벌채 및 식재이다(법 제19조 제1항, 시행령 제15조 제1항). 다만 재해복구 또는 재난수습에 필요한 응급조치를 위한 행위 등의 경우에는 허가를 받지 아니하고 할 수 있다(법 제19조 제2항, 시행령 제15조 제3항).

허가에 관하여 도시정비법에 규정된 사항을 제외하고는 국토계획법 제57조(개발행위허가의 절차), 제58조(개발행위허가의 기준), 제59조(개발행위에 대한 도시계획위원회의 심의), 제60조(개발행위허가의 이행 보증 등), 제62조(준공검사)를 준용하며, 위 허가를 받은 경우에는 국토계획법 제56조에 따라 허가를 받은 것으로 본다(법 제19조 제5항, 제6항).

시장 · 군수등은 허가를 받지 않고 건축물의 건축 등을 한 자에게 원상회복을 명할 수 있고, 명령을 받은 자가 그 의무를 이행하지 아니하는 때에는 행정대집행법에 따라 대집행할 수 있다(법 제19조 제4항). 도시정비법 제19조 제1항을 위반하여 (변경)허가를 받지 아니하거나 거짓, 그 밖의 부정한 방법으로 (변경)허가를 받아 행위를 한 자는 2년 이하의 징역 또는 2천만원 이하의 벌금에 처한다(법 제137조 제2호).

라. 국 · 공유재산의 처분 제한

정비구역의 국유 · 공유재산은 정비사업 외의 목적으로 매각되거나 양도될 수 없다(법 제98조 제3항). 정비구역은 지정 고시일부터 효력을 갖는 것이므로 정비구역 지정 · 고시 이후에 매각하거나 양도할 수 없다는 의미로 볼 수 있다.[35]

마. 아파트지구개발기본계획 등에 대한 경과규정

(1) 구 도시재개발법에 따른 재개발사업

도시정비법이 제정되기 전 재개발사업을 규율했던 구 도시재개발법은 재개발기본계획을 수립한 후 재개발기본계획에 적합한 범위에서 도시관리계획으로 재개발구역을 지정하도록 하였다(구 도시재개발법 제3조, 제4조). 2002. 12. 30. 법률 제6852호로 제정된 도시정비법은 경과규정을 두어 구 도시재개발법에 따라 수립된 재개발기본계획은 도시정비법의 기본계획으로 보고, 구 도시재개발법에 따라 지정된 재개발구역은 도시정비법의 정비구역(주택재개발구역, 도시환경정비구역)으로 보도록 하였다(구법 부칙(2002. 12. 30.) 제4조 제2항, 제5조 제2항).

---

35 구 도시정비법(2021. 8. 10. 법률 제18388호로 개정되기 전의 것) 제101조 제2항은 국 · 공유지의 무상양여 등이 이루어지는 주거환경개선구역 등에서 국가 또는 지방자치단체가 소유하는 토지는 '정비구역지정의 고시가 있은 날부터' 정비사업 외의 목적으로 양도되거나 매각될 수 없다고 별도로 정하고 있었다. 그러나 도시정비법 제98조 제3항과 내용이 중복되는 것이어서 도시정비법이 위 2021. 8. 10. 법률 제18388호로 개정되면서 삭제되었다[최시억, "도시 및 주거환경정비법 일부개정법률안 검토보고", 국토교통위원회 (2021. 6.), 11-12, 유경준의원 대표발의안(2108627, 2021. 3. 8.) 부분].

(2) 구 주택건설촉진법 등에 따른 아파트지구의 재건축사업

1970년대 도시주택난이 심화되자 1976년경 아파트 건설을 촉진하고자 용도지구로서 아파트지구를 제도화하고 잠실, 반포 등 한강변 저습지를 위주로 아파트지구를 지정하였다. 구 주택건설촉진법은 아파트지구로 지정된 곳에 아파트지구개발기본계획을 수립하여 해당 아파트지구안의 토지의 소유자 또는 조합이 아파트지구개발사업을 시행하도록 하였다(구 주택건설촉진법 제20조 내지 제22조).

2002. 12. 30. 법률 제6852호로 제정된 도시정비법은 경과규정을 두어 구 국토계획법에 의한 아파트지구 및 구 주택건설촉진법에 의한 종전 규정에 의하여 재건축을 추진하고자 하는 구역으로서 지구단위계획으로 결정된 구역은 도시정비법에 의한 정비구역(주택재건축구역)으로 보며, 구 주택건설촉진법에 의해 수립된 아파트지구개발기본계획과 지구단위계획은 정비계획으로 보도록 하였다(구법 부칙(2002. 12. 30.) 제5조 제3항, 구 시행령 부칙(2003. 6. 30.) 제9조 제1항). 이후 2003. 5. 29. 구 주택건설촉진법을 주택법으로 개정하면서 아파트지구 및 아파트지구개발사업을 폐지하였으나, 그 부칙으로 종전에 구 도시계획법에 의해 지정된 아파트지구의 개발에 관해서는 종전의 규정에 의한다는 경과규정을 두었다(구 주택법 부칙 (2003. 5. 29.) 제9조).

종전 아파트지구는 정비구역으로, 종전 아파트지구개발기본계획은 정비계획으로 간주되므로 종전 아파트지구에서 재건축사업을 하는 경우 별도의 정비구역 지정 · 고시나 정비계획의 수립이 필요하지 않다(대법원 2019. 3. 14. 선고 2018두56787 판결). 종전에 수립한 아파트지구개발기본계획은 현재도 유효하며, 통상 "○○아파트지구 개발기본계획(정비계획) 변경"처럼 정비계획과 나란히 취급하면서 정비계획 변경 절차로 변경하고 있다.[36]

(3) 구 주택건설촉진법에 따라 조합이 설립된 지역의 재건축사업

2002. 12. 30. 법률 제6852호로 제정된 도시정비법은 구 주택건설촉진법에 따른 재건축사업에 대해 경과규정을 두어, 위 제정법률 시행 전에 구 주택건설촉진법 제44조 제1항에 따라 시장 · 군수의 인가를 받아 조합이 설립된 경우에는 재건축하고자 하는 지역을 구 도시정비법 제4조의 규정에 의하여 지정된 정비구역으로 보도록 하였다(구법 부칙(2002. 12. 30.) 제5조 제4항).

7. 정비구역의 분할 · 통합 · 결합

정비구역의 지정권자는 정비사업의 효율적인 추진 또는 도시의 경관보호를 위해 필요하다고 인정하는 경우 정비구역을 분할 · 통합 · 결합하여 지정할 수 있다(법 제18조 제1항). 종전에는 정

---

36 주택법이 2016. 1. 19. 법률 제13805호로 전부 개정된 이후에도 경과규정은 남아 그대로 유지되며[주택법 부칙(2016. 1. 19.) 제19조], 「서울특별시 아파트지구개발기본계획 수립에 관한 조례」 등 관련 규정도 시행 중이다. 다만 20년전 폐지된 아파트지구를 현재도 그대로 유지하는 것은 국토계획법 또는 도시정비법의 체계와 맞지 않는 문제가 있어 최근에는 지구단위계획체계로 편입하고자 하고 있다.

비구역의 분할 및 결합만 도시정비법에서 명문으로 정하였고 정비구역의 통합은 정비구역의 지정 또는 정비계획의 내용으로 예정된 것이었으나[37] 도시정비법이 2017. 2. 8. 법률 제14567호로 전부 개정되면서 정비구역의 분할 · 통합 · 결합의 개념을 구분하여 정의하였다.

① 정비구역의 분할은 하나의 정비구역을 둘 이상의 정비구역으로 분할하는 것으로서, 정비구역의 면적이 대규모이거나 효율적인 추진을 위해 단계적으로 개발하는 것이 바람직한 경우, 정비사업을 순차적으로 시행할 필요가 있는 경우에 할 수 있다(정비계획 수립 지침 4-12-1). 주로 도심지역의 재개발사업(구 도시환경정비사업)에서 상업건물의 수요에 맞춰 하나의 구역을 여러 개의 지구로 분할하는 방법으로 시행되었다.

② 정비구역의 통합은 서로 연접한 정비구역을 하나의 정비구역으로 통합하는 것이다.

③ 정비구역의 결합은 서로 연접하지 아니한 둘 이상의 구역(정비예정구역)[38] 또는 정비구역을 하나의 정비구역으로 결합하는 것이다. 도시의 경관보호를 위하여 하나의 정비구역으로 결합하여 시행하는 것이 효율적인 경우에 할 수 있다(정비계획 수립 지침 4-12-1). 서울시 정비조례에서 정한 내용을 예를 들면, 자연경관지구 또는 최고고도지구로 지정되어 일반적인 재개발사업으로는 진행이 어려운 A구역(저밀관리구역)을 다른 B구역(고밀개발구역)과 결합하여 도시경관보호 등을 위해 A구역에서 활용하지 못하는 용적률(=기본계획용적률-관리목표용적률)에 상응하는 용적률(이전대상연면적으로 환산한 B구역의 이전대상용적률)을 B구역으로 이전한다.

정비구역의 분할 · 통합 · 결합은 정비구역을 변경지정하는 방법에 의하며, 경미한 사항의 변경으로 할 수 없다(시행령 제13조 제4항 제1호).[39] 정비구역을 분할 · 통합 또는 결합하여 지정하려는 경우 그 계획을 정비계획의 내용에 포함하여야 한다(법 제9조 제1항 제2호, 시행령 제8조 제3항 제2호, 정비계획 수립 지침 제12절). 정비구역의 분할 · 통합 · 결합의 시행방법과 절차에 관한 세부사항은 시 · 도조례로 정하는데(법 제18조 제2항), 서울시 정비조례는 정비구역의 결합 위주로 정하고 있다.

---

37 종전에 정비구역의 분할만 정하고 있었으나 도시정비법이 2009. 2. 6. 법률 제9444호로 개정되면서 제34조에 "정비구역의 분할 및 결합"이라는 제목으로 "서로 떨어진 2 이상의 구역 또는 정비구역을 제4조 제1항에 따라 하나의 정비구역으로 지정 신청할 수 있다"고 정하여 서로 연접하지 않은 정비구역의 결합도 인정하였다. 서로 연접한 정비구역의 통합은 명문의 규정은 없으나 실무에서는 당연히 인정되는 것으로 이해하고 있었다(강신은, 131).

38 도시정비법 제18조 제1항 제3호의 "구역(제8조 제1항에 따라 대통령령으로 정하는 요건에 해당하는 구역으로 한정한다)"은 정비예정구역을 의미하는 것으로서, 정비구역의 결합은 정비구역이 지정되지 않은 정비예정구역을 결합하여 하나의 정비구역으로 지정하는 것까지 포함한다[안광순(상), 157].

39 종전에는 정비구역의 분할 · 결합을 정비계획의 경미한 변경사항으로 정하고 있었으나(구 시행령 제12조 제9호), 시행령이 2018. 2. 9. 대통령령 제28628호로 전부 개정되면서 정비구역의 분할 · 통합 · 결합을 경미한 변경사항에서 제외하였다(시행령 제13조 제4항). 정비구역의 분할 · 통합 · 결합이 정비사업의 사업성과 직접적으로 연관되는 등 토지등소유자의 권리에 상당한 영향을 미치는데 따른 것으로서, 분할 · 통합 · 결합을 위해 정비계획을 변경할 때 주민에 대한 서면통보, 주민공람, 주민설명회, 지방의회 의견청취 절차를 거쳐야 한다.

[2] 정비구역의 해제

Ⅰ. 정비구역 해제

2008년경부터 부동산 경기가 오랜 기간 침체되면서 사업성 저하, 주민 갈등 등으로 인해 정비사업이 지연되거나 중단되는 경우가 발생하였다. 이에 서울시의 뉴타운 출구 전략 등과 맞물려 도시정비법이 2012. 2. 1. 법률 제11293호로 개정되면서 정비구역 해제 등에 관한 규정을 신설하였다(구법 제4조의3, 제16조의2). 위 일부개정법률은 ⓐ 토지등소유자 과반수의 동의 등 일정한 요건을 갖추면 추진위원회 구성승인 또는 조합설립인가를 바로 취소하고 정비구역을 해제하거나(구법 제16조의2), ⓑ 추진위원회가 추진위원회 승인일로부터 2년이 되는 날까지 조합설립인가를 신청하지 않는 등 일정한 사유가 발생하면 기속적으로 정비구역등을 해제하거나(구법 제4조의3 제1항, 이른바 '일몰제'),[1] ⓒ 정비사업의 시행에 따른 토지등소유자의 과도한 부담이 예상되는 경우 정비구역의 지정권자가 재량으로 정비구역등을 직권해제할 수 있도록 한 것이다(구법 제4조의3 제4항).

위 일부개정법률이 시행된 이후 평소 정비사업을 반대해 온 비상대책위원회 등이 토지등소유자 과반수 동의를 받아 조합설립인가취소를 신청하거나 시장이나 구청장이 정책적 판단에 따라 적극적으로 직권해제를 추진하면서 상당수 정비구역이 해제되거나 다른 사업으로 전환되었다.[2] 그 과정에서 토지등소유자 사이에서 많은 분쟁이 발생하였지만, 현재도 정비사업에 대한 뚜렷한 대안을 찾기 힘든 상황이다.

도시정비법이 2017. 2. 8. 법률 제14567호로 전부 개정되면서 종전 규정 중 정비구역의 기속적 해제(법 제20조), 직권해제(법 제21조)는 그대로 남았으며, 2020. 3.경에도 일몰제 연장을 놓

---

1 도시정비법 제20조(구법 제4조의3 제1항)는 일정한 사유가 발생하면 정비구역의 지정권자의 다른 재량 판단의 여지없이 정비구역등을 해제하여야 하는데, 도시정비법 제21조(구법 제4조의3 제4항)에 따라 재량으로 하는 직권해제와 구분하여 여기서는 '기속적 해제'로 쓰기로 한다.

2 서울시의 경우 2019년 말까지 서울 관할의 뉴타운 · 재개발사업 683곳 중 절반을 훨씬 넘는 394곳의 정비구역이 해제되었다[서울경제, "뉴타운 출구전략 끝낸 市, 정비사업 기조 바꾸나", 서울경제, https://www.sedaily.com/NewsVIew/1Z013F2QVT (2020. 3. 1. 17:59 수정)].

고 많은 논의가 있었다. 여기서는 현재 시행되는 규정을 위주로 살펴보기로 한다.

Ⅱ. 정비구역등의 해제 사유

1. 토지등소유자 신청에 의한 조합설립인가취소

도시정비법이 2012. 2. 1. 법률 제11293호로 개정되면서 신설된 구 도시정비법 제16조의2는 일정 수 이상의 토지등소유자의 동의로 조합 또는 추진위원회의 해산을 신청하는 경우 시장·군수는 추진위원회 승인 또는 조합설립인가를 취소하도록 하였다(구법 제16조의2 제1항). 위와 같이 추진위원회 승인 또는 조합설립인가가 취소되면 정비구역등이 해제된다(구법 제4조의3 제1항 제5호). 다만 이 규정은 2016. 1. 31.까지만 유효하고(구법 부칙(2012. 2. 1.) 제2조 제1항 (2014. 12. 31. 법률 제12957호로 개정된 것)),[3] 2017. 2. 8. 법률 제14567호로 전부 개정되면서 이 규정은 더 이상 유지되지 않았다.

구 도시정비법 제16조의2 제1항은 추진위원회 구성 또는 조합설립에 동의한 조합원 1/2 이상 2/3 이하의 범위에서 시·도조례로 정하는 비율 이상의 동의 또는 토지등소유자 과반수의 동의로 조합의 해산을 신청하면 시장·군수는 추진위원회 승인 또는 조합설립인가를 취소하여야 한다고 정하여 규정 자체가 일의적이고 다른 재량판단의 여지가 없다. 따라서 정비사업에 반대하는 토지등소유자가 전체 토지등소유자 과반수의 동의서를 받아 해산을 신청하면 일응 조합설립인가 등이 취소될 수 있었다.[4]

그러나 통상 동의율이 50%를 간신히 넘긴 상태에서 해산신청이 이루어지면서, 시장·군수의 조합설립인가취소처분에 대한 취소소송에서 일부 동의서의 적법성(진정성립), 토지등소유자 수 산정방법 등을 다투어 동의율이 과반수 미달하는 것인지가 쟁점이 되었다. 특히 도시정비법이 위 2012. 2. 1. 법률 제11293호로 개정될 당시 동의서 작성방식이 '인감날인 및 인감증명서 첨부'에서 '지장날인, 자필서명 및 신분증명서 사본 첨부'로 변경되었는데(구법 제17조 제1항), 자필서명은 토지등소유자 본인이 해야 하는 것인지, 동의서의 무인 또는 서명이 불분명하고 확인불가능한 경우 어떤 증명이 있으면 동의서를 적법하다고 볼 수 있는지 등을 놓고 많은 다툼이 있었다.[5]

---

3 도시정비법이 2012. 2. 1. 법률 제11293호로 개정되면서 위 규정이 신설될 당시에는 유효기간을 2014. 1. 31.까지로 정하였으나[구법 부칙(2012. 2. 1.) 제2조], 도시정비법이 2014. 1. 14. 법률 제12249호 및 2014. 12. 31. 법률 제12957호로 각 개정되면서 위 부칙 규정을 개정하여 유효기간을 각 1년씩 연장하였다.

4 서울시 정비조례 등 시·도조례는 위 규정의 "조합 설립에 동의한 조합원의 2분의 1 이상 3분의 2 이하의 범위에서 시·도조례로 정하는 비율"을 통상 과반수로 정하였다. 그러나 거의 대부분의 해산신청은 조합설립에 동의한 조합원 과반수가 아닌 전체 토지등소유자 과반수의 동의를 근거로 이루어졌다.

5 정비사업에 반대하는 자가 토지등소유자인 가족이나 지인의 동의서를 대신 작성하는 경우가 많았는데, 지장은 토지등소유자 본인의 것을 날인하여야 한다는 점은 대체로 인식하고 있었으나 서명은 일반거래계의 관념대로 위임을 받으면 가능하다는 식으로 생각하여 작성자가 서명까지 대신하는 경우도 많았다. 일부 판결에서는 토지등소유자 본인의 위임이 있으면 적법하다고 보기도 하였으나, 서울고등법원 2015. 7. 28. 선고

2. 정비구역등의 기속적 해제

가. 일정한 사유에 의한 기속적 해제(일몰제)

정비구역의 지정권자는 토지등소유자가 정비구역 지정 · 고시일로부터 2년이 되는 날까지 추진위원회의 승인을 신청하지 않거나 추진위원회가 추진위원회 승인일로부터 2년이 되는 날까지 조합설립인가를 신청하지 않는 등의 사유가 발생하는 경우 정비구역등을 해제하여야 한다(법 제20조). 도시정비법 제20조 제1항 각 호가 정한 일정한 사유가 발생하는 경우 곧바로 정비구역등을 해제하여야 하고, 위 각 사유는 객관적인 사실로서 판단되는 것이어서 정비구역 지정권자의 다른 재량 판단의 여지가 없다. 다만 정비구역의 지정권자가 토지등소유자 30/100 이상의 동의에 의한 연장요청에 따라 2년의 범위에서 정비구역 해제를 유예하는 것은 정비구역 지정권자의 재량에 의한다.

나. 정비구역등의 기속적 해제 사유

(1) 정비사업의 사업단계별 기속적 해제 사유

정비구역의 지정권자가 정비구역등을 기속적으로 해제해야 하는 경우는 정비구역 지정, 추진위원회 승인, 조합설립인가, 사업시행계획인가 각 단계별로 정해진 기간 동안 다음 단계의 시행을 하지 못하는 경우이다. 조합이 시행하는 재개발사업 · 재건축사업을 기준으로 보면, ⓐ 정비구역 지정 예정일부터 3년이 되는 날까지 정비구역이 지정되거나 않거나 그 지정을 신청하지 않는 경우 ⓑ 정비구역으로 지정 · 고시된 날부터 2년이 되는 날까지 추진위원회 승인을 신청하지 않는 경우, ⓒ 추진위원회가 추진위원회 승인일로부터 2년이 되는 날까지 조합설립인가를 신청하지 않는 경우, ⓓ 조합이 조합설립인가를 받은 날부터 3년이 되는 날까지 사업시행계획인가를 신청하지 않는 경우가 이에 해당한다. 도시정비법 제20조 제1항 각 호의 내용을 사업 단계별로 분리하여 보면 다음과 같다.

① 정비예정구역에 대하여 기본계획에서 정한 정비구역 지정 예정일부터 3년이 되는 날까지 특별자치시장, 특별자치도지사, 시장 또는 군수가 정비구역을 지정하지 아니하거나 구청장등이 정비구역의 지정을 신청하지 아니하는 경우 정비구역의 지정권자는 정비구역등을 해제하여야 한다(법 제20조 제1항 제1호).

② 조합이 시행하는 재개발사업 · 재건축사업에서 정비구역으로 지정 · 고시된 날부터 2년이 되는 날까지 추진위원회의 승인을 신청하지 아니하는 경우 정비구역의 지정권자는 정비구역등을 해제하여야 한다(법 제20조 제1항 제2호 (가)목).

③ 조합이 시행하는 재개발사업 · 재건축사업에서 ⓐ 공공지원의 방법으로 추진위원회

2014누4278 판결을 비롯한 대부분의 판결은 구 도시정비법 제17조 제1항의 '자필서명'의 문언에 충실하게 토지등소유자 본인이 한 서명만 적법하다고 보았다.

를 구성하지 않고 시행하는 정비사업은 정비구역으로 지정 · 고시된 날부터 3년이 되는 날까지 조합설립인가를 신청하지 않는 경우, ⓑ 추진위원회가 추진위원회 승인일로부터 2년이 되는 날까지 조합설립인가를 신청하지 않는 경우 정비구역의 지정권자는 정비구역등을 해제하여야 한다(법 제20조 제1항 제2호 ㈏목, ㈐목).

④ ⓐ 조합이 시행하는 재개발사업 · 재건축사업에서 조합이 조합설립인가를 받은 날부터 3년이 되는 날까지 사업시행계획인가를 신청하지 않는 경우, ⓑ 토지등소유자가 시행하는 재개발사업(구 도시환경정비사업)에서 토지등소유자가 정비구역으로 지정 · 고시된 날부터 5년이 되는 날까지 사업시행계획인가를 신청하지 아니하는 경우 정비구역의 지정권자는 정비구역등을 해제하여야 한다(법 제20조 제1항 제2호 ㈑목, 제3호).

⑵ 사업단계별 시행기간의 기산점

도시정비법 제20조 제1항 각 호에 따른 정비구역등의 기속적 해제는 앞 단계로부터 2년부터 5년까지 각 정한 기간 동안 다음 단계의 시행을 하지 못하는 경우로 정하고 있다. 이 규정은 도시정비법이 2012. 2. 1. 법률 제11293호로 개정되면서 신설된 것으로서 ⓐ 위 개정규정의 시행일인 2012. 2. 1. 이전에 정비구역등이 지정된 정비사업은 위 2012. 2. 1.부터 기간을 기산하거나(제1호, 제2호 ㈎목, ㈏목, 제3호) 위 개정규정이 적용되지 않는 것(제2호 ㈐목, ㈑목)을 원칙으로 하였으나(구법 부칙(2012. 2. 1.) 제12조), ⓑ 이후 도시정비법 2015. 9. 1. 법률 제13508호로 한 차례 개정되면서 위 2012. 2. 1. 이전에 정비계획이 수립된 정비사업에서도 추진위원회가 일정 기간 내에 조합설립인가를 신청하지 못하는 경우 정비구역을 해제하도록 적용례를 신설하였다(구법 부칙(2015. 9. 1.) 제2조 제2항). 각 개정 법률의 부칙 적용례에 따른 구분은 다음과 같다.[6·7]

---

6 구 도시정비법(2017. 2. 8. 법률 제14567호로 전부 개정되기 전의 것) 부칙 중 위 규정에 대한 적용례인 구법 부칙(2015. 9. 1.) 제2조 제1항은 전부개정법률의 부칙(2017. 2. 8.) 제5조 제2항으로, 구법 부칙(2015. 9. 1.) 제2조 제2항은 전부개정법률의 부칙(2017. 2. 8.) 제5조 제3항으로 다시 옮겨왔으나(위 부칙 제5조 제3항의 '제1항에도 불구하고'는 '제2항에도 불구하고'의 오기로 보인다), 기존 정비구역은 기간을 2012. 2. 1.부터 기산하도록 한 구법 부칙(2012. 2. 1.) 제12조는 위 전부개정법률 부칙으로 옮겨오지 않았다. 아래 표에서는 종전의 논의를 반영하여 위 구법 부칙까지 같이 기재하였다.

7 도시정비법이 2017. 2. 8. 법률 제14567호로 전부 개정되기 전에는 도시환경정비사업을 주택재개발사업과 분리하여 규정하고 있었다. 종전에는 토지등소유자가 시행하는 도시환경정비사업에 대해서만 정비구역의 기속적 해제를 정하고 있었으나, 도시정비법이 2015. 9. 1. 법률 제13508호로 개정되면서 종전의 도시환경정비사업을 토지등소유자가 시행하는 경우(구법 제4조의3 제1항 제3호 ㈎목) 이외에 조합이 시행하는 경우(구법 제4조의3 제1항 제3호 ㈏목, ㈐목)에 관한 규정을 신설하였고, 조합이 시행하는 도시환경정비사업에 대한 규정은 위 일부개정법률의 시행일인 2016. 3. 2. 이후 최초로 정비계획(변경수립은 제외)을 수립하는 경우부터 적용되도록 하였다[구법 부칙(2015. 9. 1.) 제3조]. 도시정비법이 2017. 2. 8. 법률 제14567호로 전부 개정되어 구 도시환경정비사업을 재개발사업으로 통합하였고, 도시환경정비사업에 관한 종전 규정 중 토지등소유자가 시행하는 경우는 전부개정법률 제20조 제1항 제3호로 남고, 조합이 시행하는 경우는 재개발사업에 관한 규정(법 제20조 제2호 ㈐목, ㈑목)으로 통합되었다. 다만 조합이 시행하는 구 도시환경정비사업에 대한 구법 부칙의 적용례는 전부개정법률로 옮겨와 위 2016. 3. 2. 이후 최초로 정비계획(변경수립은 제

표 1 ‖ 사업단계별 시행의 요건과 기산점

규정	사업 단계	적용례	기산점 및 기간
제1호	정비구역 지정, 지정 신청	2012. 2. 1. 당시 기본계획이 수립된 경우	2012. 2. 1.로부터 3년 [구법 부칙(2012. 2. 1.) 제12조]
		2012. 2. 1. 이후 기본계획이 수립된 경우	정비구역 지정 예정일부터 3년
제2호 (가)목	추진위원회 승인 신청	2012. 2. 1. 당시 정비구역이 지정된 경우	2012. 2. 1.로부터 2년 [구법 부칙(2012. 2. 1.) 제12조]
		2012. 2. 1. 이후 정비구역이 지정된 경우	정비구역 지정 · 고시일로부터 2년
제2호 (나)목	조합설립인가 신청 (추진위원회 미구성)	2012. 2. 1. 당시 정비구역이 지정된 경우	2012. 2. 1.로부터 3년 [구법 부칙(2012. 2. 1.) 제12조]
		2012. 2. 1. 이후 정비구역이 지정된 경우	정비구역 지정 · 고시일로부터 3년
제2호 (다)목	조합설립인가 신청 (추진위원회 구성)	2012. 1. 31. 이전 정비계획이 수립된 경우	2016. 3. 2.부터 4년 [법 부칙(2017. 2. 8.) 제5조 제3항]
		2012. 2. 1. 이후 최초로 정비계획을 수립(변경수립은 제외)하는 경우[8]	추진위원회 승인일로부터 2년[9] [법 부칙(2017. 2. 8.) 제5조 제2항]
제2호 (라)목	사업시행계획인가 신청 (조합 시행)	2012. 1. 31. 이전 정비계획이 수립된 경우	(적용 안 됨) [법 부칙(2017. 2. 8.) 제5조 제2항]
		2012. 2. 1. 이후 최초로 정비계획을 수립(변경수립은 제외)하는 경우	조합설립인가일로부터 3년 [법 부칙(2017. 2. 8.) 제5조 제2항]
제3호	사업시행계획인가 신청 (토지등소유자 시행 재개발사업)	2012. 2. 1. 당시 정비구역이 지정된 경우	2012. 2. 1.로부터 5년 [법 부칙(2017. 2. 8.) 제5조 제1항]
		2012. 2. 1. 이후 정비구역이 지정된 경우	정비구역 지정 · 고시일로부터 5년

외)을 수립한 경우부터 이 규정이 적용되도록 하였다[법 부칙(2017. 2. 8.) 제4조].

8 위 부칙 규정의 '정비계획의 수립'을 정비구역의 지정 · 고시로 보는 견해도 있으나, 도시정비법 본칙 및 부칙은 '정비계획의 수립'과 '정비구역의 지정 · 고시'를 구분하고 있으므로, 위 부칙 규정은 정비계획의 수립은 정비구역의 지정 · 고시가 아닌 시장, 군수 또는 구청장이 정비계획을 수립하는 때(직접 또는 내부 위임전결 규정 등에 따라 결재가 완료된 시점 또는 주민설명회 개최 등을 위해 이를 외부에 공고하는 시점)로 보는 것이 타당하다(법제처 2015. 4. 16. 15-0097 해석례).

9 정비구역 지정 전에 정비예정구역에서 구성 · 승인된 추진위원회(2009. 2. 6. 법률 제9444호로 개정된 구 도시정비법 제13조 제1항의 시행일인 2009. 2. 6.로부터 3개월내에 구성승인을 신청하여 승인을 받은 추진위원회)는 추진위원회 승인이 적법하다 하더라도 정비구역 지정 없이는 조합설립인가를 신청할 수 없으므로 이 규정이 적용되지 않는다고 보는 것이 타당하다(법제처 2021. 12. 1. 21-0520 해석례).

다. 기속적 해제의 유예(일몰기한 연장)

도시정비법 제20조 제1항에 정한 사유에 해당하더라도, 정비구역의 지정권자는 ⓐ 정비구역등의 토지등소유자(조합을 설립한 경우에는 조합원)가 30/100 이상의 동의로 도시정비법 제20조 제1항 제1호부터 제3호까지의 규정에 따른 해당 기간이 도래하기 전까지 연장을 요청하는 경우, ⓑ 정비사업의 추진 상황으로 보아 주거환경의 계획적 정비 등을 위하여 정비구역등의 존치가 필요하다고 인정하는 경우에는 해당 기간을 2년의 범위에서 연장하여 정비구역등을 해제하지 않을 수 있다(법 제20조 제6항).

정비사업의 필요성이 높은 지역임에도 사업이 장기간 지연되는 사정으로 예외 없이 정비구역이 해제하는 것이 불합리하는 점에서, 도시정비법이 2015. 9. 1. 법률 제13508호로 개정되면서 일몰기한 연장을 위해 구 도시정비법 제4조의3 제3항 단서로 신설된 규정이다. 이 규정의 문언과 취지상 정비구역 지정권자는 재량으로 유예 여부를 결정할 수 있다.[10] 서울특별시장은 조합설립인가신청 기한인 2020. 3. 2.를 즈음하여 유예를 신청한 정비사업에 대해 해당 정비사업의 필요성과 연장을 요청한 토지등소유자의 비율, 의견 등을 감안하여 결정하였다.[11]

정비구역 해제의 유예를 1회 이외에 추가로 더 연장할 수 있는지 논란이 있으나, 법제처는 위 도시정비법 제20조 제6항은 그 요청의 시기를 "제1항 제1호부터 제3호까지의 규정에 따른 해당 기간의 도래 전"으로 제한하고 있고, 일몰기한을 계속해서 연장할 수 있다고 본다면 장기간 지연되는 정비사업의 출구전략을 마련하기 위해 도시정비법 제20조 제1항에서 정비구역등 해제 일몰기한을 규정한 취지가 훼손된다는 점에서 1회만 유예가 가능하다는 법령해석을 제시한 바 있다.[12]

3. 정비구역등의 직권해제

가. 지정권자의 재량에 의한 정비구역등 직권해제

정비구역의 지정권자는 정비사업의 시행으로 토지등소유자에게 과도한 부담이 발생할 것으로 예상되는 경우 등에는 지방도시계획위원회의 심의를 거쳐 정비구역등을 해제할 수 있다(법 제21조). 도시정비법 및 시·도조례로 정하는 일정한 사유가 발생하면 정비구역의 지정권자가 재량으로 정비구역의 해제 여부를 결정하도록 한 것이다.

---

10 서울고등법원 2018. 9. 21. 선고 2018누30480 판결(제1심은 서울행정법원 2017. 12. 8. 선고 2017구합60192 판결).

11 2012. 1. 31. 이전 정비계획이 수립된 정비구역은 2016. 3. 2.로부터 4년인 2020. 3. 2.까지 조합설립인가를 신청하지 않으면 정비구역이 해제되는데[법 제20조 제1항 제2호 ㈐목, 법 부칙(2017. 2. 8.) 제5조 제3항], 서울지역에서 이 규정이 적용되는 40곳의 정비사업 중 대부분은 위 2020. 3. 2.까지 조합설립인가를 신청하거나 토지등소유자의 동의를 받아 연장을 요청하여 유예 결정을 받아 정비사업을 진행하고 있다.

12 법제처 2020. 5. 11. 20-0072 해석례, 법제처 2020. 5. 11. 20-0187 해석례.

정비구역의 지정권자는 정비구역의 직권해제에 대해 광범위한 재량을 갖고, 토지등소유자의 해제 요청, 주민의견조사 절차 등에서 확인된 토지등소유자의 의사를 기초로 지방도시계획위원회의 심의 등 내부절차를 거쳐 직권해제를 결정한다면 그 자체로 일응 적법한 재량을 행사한 것으로 볼 수 있다. 다만 행정주체의 재량은 무제한적으로 인정되는 것이 아니므로,[13] 정비구역의 지정권자가 재량을 적법하게 행사하였고 도시정비법 제21조 제1항 각 호가 정한 "정비사업의 추진 상황으로 보아 지정 목적을 달성할 수 없다고 인정하는 경우" 등에 해당된다는 점은 정비구역의 지정권자가 스스로 입증하여야 하고, 재량이 일탈 · 남용으로서 위법한지도 다투어질 수 있다. 따라서 토지등소유자의 해제 요구 이외에 다른 절차에서 그 사유를 심사하여 적법하게 재량권을 행사하였다는 점에 대한 입증이 없는 경우,[14] 그 재량 행사가 일탈 · 남용으로서 위법한 경우[15] 등은 직권해제 처분의 효력이 상실될 수 있다. 다만 실제 거의 대부분의 사례에서는 정비구역의 지정권자의 광범위한 재량에 근거하여 직권해제처분에 관한 재량행사가 적법하다고 판단되었다.

도시정비법 제21조 제1항 제1호 및 제2호의 직권해제 사유는 시 · 도조례로 구체화되는 것으로서 각 시 · 도조례는 토지등소유자의 해제 요청, 주민의견조사 절차 등을 정하고 있다. 정비구역의 지정권자가 시 · 도조례에서 정한 기준에 부합하지 않는데도 직권해제 사유를 인정하여 정비구역의 지정을 해제하였다면 특별한 사정이 없는 한 정비구역의 해제라는 재량권을 행사함에 있어 고려 대상에 마땅히 포함시켜야 할 사항을 누락하였거나 정당성과 객관성을 결여한 것으로 보아 중대한 하자가 있는 경우에 해당한다고 볼 것이나, 반대로 시 · 도조례에서 정한 기준에 부합하더라도 지정권자가 반드시 정비구역의 지정을 해제하여야 하는 것은 아니고 도시계획위원회의 심의를 거쳐 정비구역의 해제 여부를 결정하게 된다. 정비구역의 지정권자는 조례(조례 위임에 따른 세부규정) 제 · 개정, 직권해제 사유 판단 등을 통해 상당한 재량을 가진다.[16]

---

13 행정주체는 구체적인 행정계획을 입안 · 결정할 때 비교적 광범위한 형성의 자유를 가지나 그 형성의 자유가 무제한적이라고 할 수는 없고, 행정계획에서는 그에 관련되는 자들의 이익을 공익과 사익 사이에서는 물론이고 공익 사이에서나 사익 사이에서도 정당하게 비교 · 교량하여야 한다는 제한이 있으므로, 행정주체가 행정계획을 입안 · 결정할 때 이익형량을 전혀 행하지 아니하거나 이익형량의 고려 대상에 마땅히 포함시켜야 할 사항을 누락한 경우 또는 이익형량을 하였으나 정당성과 객관성이 결여된 경우에는 그 행정계획 결정은 이익형량에 하자가 있어 위법하게 될 수 있다(대법원 2011. 2. 24. 선고 2010두21464 판결, 대법원 2014. 7. 10. 선고 2012두2467 판결, 대법원 2018. 10. 12. 선고 2015두50382 판결 등 참고). 또한 행정청의 재량행위라 하더라도 그것이 사실오인 등에 근거한 것이라고 인정되는 경우에는 이는 재량권을 일탈 · 남용한 것으로서 위법하다(대법원 2001. 7. 27. 선고 99두2970 판결, 대법원 2001. 7. 27. 선고 99두8589 판결, 대법원 2008. 12. 11. 선고 2007두18215 판결 등 참고).

14 서울고등법원 2020. 12. 24. 선고 2020누42059 판결.

15 수원고등법원 2020. 11. 11. 선고 2020누10070 판결, 서울고등법원(춘천) 2021. 10. 13. 선고 2020누911 판결.

16 서울고등법원 2018. 10. 30. 선고 2017누68723 판결, 서울고등법원 2020. 9. 11. 선고 2020누31479 판결.

나. 토지등소유자의 과도한 부담 또는 정비구역 지정 목적 달성 불가로 인한 직권해제

(1) 시 · 도조례로 구체화되는 직권해제 사유

정비구역의 지정권자는 시 · 도조례가 정하는 기준에 따라 ⓐ 정비사업의 시행으로 토지등소유자에게 과도한 부담이 발생할 것으로 예상되거나, ⓑ 정비사업의 추진 상황으로 보아 지정 목적을 달성할 수 없다고 인정하는 경우에는 지방도시계획위원회의 심의를 거쳐 정비구역등을 해제할 수 있다(법 제21조 제1항 제1호, 제2호).[17] 이 규정은 직권해제 사유를 '과도한 부담', '정비구역 지정 목적 달성 불가' 등 불확정적 개념으로 두면서 구체적인 기준은 곧바로 시 · 도례로 위임하고 있으므로, 결국 각 시 · 도조례에서 정하는 요건에 따라 정비구역 해제 여부 등을 판단하게 된다.

각 시 · 도조례는 사업추진에 대한 주민 의사, 사업성, 추진상황, 주민갈등 및 정체 정도 등 일반적인 요건을 제시하면서, ⓐ 조합설립인가 신청, 사업시행계획인가 신청, 관리처분계획인가 신청 등 특정 단계의 사업이 일정기간 이상 진행되지 않는 경우, ⓑ 총회가 일정 기간 개최되지 않거나 조합임원 궐위, 분쟁, 정비사업비 부족 등으로 정비사업이 진행되지 않는 경우 등을 요건으로 정하고 있다. 또한 ⓒ 과반수 이상의 토지등소유자의 해제 요청 등을 하나의 요건으로 정하거나,[18] ⓓ 토지등소유자의 해제 요청을 대체하거나 보완하는 절차로 주민의견조사 절차를 두기도 한다.[19]

문화재 보호구역, 역사문화환경 보존지역 관련 내용까지 포함하여 직권해제 사유를 상세하게 정하고 있는 서울시 정비조례 제14조의 내용은 다음과 같다.

> 서울시 정비조례 제14조(정비구역등의 직권해제 등) ① 시장은 법 제21조 제1항 제1호 및 제2호에 따라 정비구역 또는 정비예정구역(이하 "정비구역등"이라 한다)의 지정을 해제하려는 경우에는 사업추진에 대한 주민 의사, 사업성, 추진상황, 주민갈등 및 정체 정도, 지역의 역사·문화적 가치의 보전 필요성 등을 종합적으로 고려하여야 한다.
> ② 법 제21조 제1항 제1호의 "정비사업의 시행으로 토지등소유자에게 과도한 부담이 발생할 것으로 예상되는 경우"란 제80조에 따라 추진위원회 위원장(이하 "추진위원장"이라 한다)이나 조합임원 또는 신탁업자가 입력한 정비계획 등으로 산정된 추정비례율(표준값을 말한다)이 80퍼센트 미만인 경우로서 제6항에 따라 의견을 조사하여 사업찬성자가 100분의 50 미만인 경우를 말한다.

17 위 규정(구법 제4조의3 제4항)이 신설될 당시에는 시 · 도조례에 그 기준을 위임하지 않은 채 토지등소유자의 과도한 부담 발생 등 추상적 요건만을 정하여 활용되기 어려웠으나, 도시정비법이 2015. 9. 1. 법률 제13508호로 개정되면서 구체적인 기준을 시 · 도조례에 위임하였고(구법 제4조의3 제4항 후단 신설), 이후 각 시 · 도의 조례가 직권해제에 관한 기준을 정하면서 위 규정에 따른 직권해제가 이루어졌다.

18 부산시 정비조례, 대구시 정비조례, 광주시 정비조례, 대전시 정비조례, 수원시 정비조례, 고양시 정비조례, 부천시 정비조례, 성남시 정비조례, 안산시 정비조례, 안양시 정비조례 등.

19 서울시 정비조례, 인천시 정비조례, 광주시 정비조례, 수원시 정비조례 등.

③ 법 제21조 제1항 제2호에서 "정비구역등의 추진 상황으로 보아 지정 목적을 달성할 수 없다고 인정되는 경우"란 다음 각 호의 어느 하나에 해당하는 경우를 말한다.

1. 정비예정구역으로서 다음 각 목의 어느 하나에 해당하는 경우
   가. 정비구역 지정요건이 충족되지 않은 경우
   나. 관계 법령에 따른 행위제한이 해제되거나 기한이 만료되어 사실상 정비구역 지정이 어려운 경우
2. 추진위원장 또는 조합장이 장기간 부득이한 사유로 직무를 수행할 수 없거나 주민 갈등 또는 정비사업비 부족으로 추진위원회 또는 조합 운영이 사실상 중단되는 등 정비사업 추진이 어렵다고 인정되는 경우
3. 자연경관지구, 최고고도지구, 문화재 보호구역, 역사문화환경 보존지역 등이 포함된 구역으로서 다음 각 목의 어느 하나에 해당되는 경우
   가. 추진위원회가 법 제31조에 따른 추진위원회 승인일(최초 승인일을 말한다)부터 3년이 되는 날까지 법 제35조, 영 제30조, 시행규칙 제8조를 모두 준수한 조합 설립인가를 신청(첨부 서류를 모두 갖춘 신청으로 한정한다)하지 않는 경우
   나. 사업시행자가 법 제35조에 따른 조합설립인가(최초 설립인가를 말한다)를 받은 날 또는 법 제26조 제2항, 제27조 제2항에 따른 사업시행자 지정을 받은 날이나 법 제25조에 따라 공동으로 정비사업을 시행하기로 한 날부터 4년이 되는 날까지 법 제50조, 시행규칙 제10조를 모두 준수한 사업시행계획인가를 신청(첨부 서류를 모두 갖춘 신청으로 한정한다)하지 않는 경우
   다. 사업시행자가 법 제50조에 따른 사업시행계획인가(최초 인가를 말한다)를 받은 날부터 4년이 되는 날까지 법 제74조, 시행규칙 제12조를 모두 준수한 관리처분계획인가를 신청(첨부 서류를 모두 갖춘 신청으로 한정한다)하지 않는 경우
   라. 추진위원회 또는 조합이 총회를 2년 이상 개최(법 또는 「정비사업 조합설립추진위원회 운영규정」에 따른 의사정족수를 갖춘 경우로 한정한다)하지 않는 경우
4. 법 제20조 제2항에 따라 구청장이 정비구역등의 해제를 요청하지 않는 경우

(2) 시 · 도조례의 한계

도시정비법 제21조 제1항 후단이 같은 항 제1호, 제2호의 구체적인 기준을 시 · 도조례에 위임한 것은 각 시 · 도별로 도시기능을 회복하거나 주거환경을 정비할 필요성이나 노후 · 불량건축물을 개량함에 있어 소요되는 각종 비용이 상이하고, 정비구역의 지정으로 인한 토지등소유자의 재산권 제약이 시 · 도민들에게 미치는 정도 등도 다름을 고려하여 각 시 · 도의 구체적인 상황, 여건에 맞게 토지등소유자의 정비구역 해제에 대한 동의비율 등의 기준을 설정하도록 한 취지로 해석된다.[20] 또한 조례에서 정한 사유가 발생한다고 하

20 서울고등법원 2018. 11. 8. 선고 2018누62081 판결(제1심은 수원지방법원 2018. 8. 16. 선고 2017구합

여 바로 정비구역이 해제되는 것이 아니고 정비구역의 지정권자가 일정한 재량으로 판단하는 것이다.

따라서 도시정비법 규정의 문언 자체를 벗어난다는 특별한 사정이 없는 한 시 · 도조례의 규정 자체로 바로 상위법령을 위반하였다고 보기 어려울 것이다. 예외적으로, 구 서울시 정비조례(2019. 9. 26. 서울특별시 조례 제7372호로 개정되기 전의 것) 제14조 제3항 제5호가 "도시계획위원회에서 구역지정 이후 여건변화에 따라 해당구역 및 주변지역의 역사 · 문화적 가치 보전이 필요하다고 인정하는 경우"를 도시정비법 제21조 제1항 제2호의 "정비구역등의 추진 상황으로 보아 지정 목적을 달성할 수 없다고 인정되는 경우"의 하나로 정한 것은 수권 규정에서 사용하고 있는 용어의 의미를 넘어 그 범위를 확장하거나 축소하여서 위임 내용을 구체화하는 단계를 벗어나 새로운 입법을 한 것으로서 무효라고 판단된 바 있다.[21]

⑶ 시 · 도조례에 의한 토지등소유자 과반수 동의 등 요건

시 · 도조례에서 도시정비법 제21조 제1항 제1호 또는 제2호에 따른 직권해제 사유로 토지등소유자 과반수 동의에 의한 해제요청 등을 정하는 경우가 많다.[22] 직권해제 처분을 다투는 경우 토지등소유자의 동의서의 진정성립, 동의요건 등을 따져 동의율을 충족하였는지가 문제된다.

① 시 · 도조례에서 토지등소유자 과반수 동의에 의한 해제요청 등을 직권해제 사유로 정하더라도 이는 정비구역의 지정 목적 달성 불가 등을 구체화한 것이거나 도시정비법 제21조 제1항 제5호 및 제6호를 완화하여 적용한 것으로서 도시정비법의 위임 범위를 벗어났다고 보기 어려울 것으로 생각된다.[23]

② 일부 시 · 도조례는 더 나아가 토지등소유자의 수가 아닌 "토지면적(국 · 공유지 제외) 1/2 이상의 토지등소유자의 동의"와 같이 면적 기준으로 정하기도 한다. ⓐ 대토지 소유자들의 상당수가 정비사업을 반대하면 사실상 정비사업을 추진하기 어렵고, 국 · 공유지를

70145 판결), 서울고등법원 2019. 12. 19. 선고 2019누45908 판결(제1심은 인천지방법원 2019. 5. 31. 선고 2018구합51694 판결) 등.

21 서울행정법원 2017. 12. 21. 선고 2016구합82737 판결, 서울고등법원 2018. 11. 28. 선고 2018누34451 판결(제1심은 서울행정법원 2017. 12. 15. 선고 2017구합63986 판결); 서울시 정비조례가 2016. 3. 24. 서울특별시 조례 제6188호로 개정되어 직권해제에 관한 규정을 신설할 당시 제4조의3 제3항 제6호로 도입된 내용이다. 이후 서울시 정비조례가 2018. 8. 19. 서울특별시 조례 제6899호로 전부 개정되면서 제14조 제3항 제5호로 옮겨왔으며, 서울시 정비조례가 위 2019. 9. 26. 서울특별시 조례 제7372호로 개정되면서 삭제되었다.

22 토지등소유자 과반수 동의에 의한 해제요청을 사유로 한 직권해제는 도시정비법 제21조 제1항 제5호, 제6호에서 별도로 정하고 있는데, 위 규정은 도시정비법이 2019. 4. 23. 법률 제16383호로 개정되면서 신설된 것으로서 그 이전에 직권해제 규정을 둔 시 · 도조례는 위와 같은 일정한 수의 토지등소유자의 동의에 의한 해제 요청을 도시정비법 제21조 제1항 제2호의 직권해제 사유로 정하고 있다.

23 서울고등법원 2019. 12. 19. 선고 2019누45908 판결.

제외하더라도 상위법령에 위반된다고 볼 수 없으며 정비구역의 해제권자는 도시계획위원회 심의 등 절차를 거쳐 그 재량으로서 해제 여부를 결정하는 것이므로 그 조례 규정 자체가 무효라고 보기는 어려울 것으로 생각된다.[24] ⓑ 그러나 토지등소유자의 수가 아닌 소유하고 있는 토지의 면적비율에 의해서만 정비구역등의 해제가 가능하도록 할 경우 3/4 이상의 토지등소유자의 동의로 조합이 설립되어 시작된 정비사업이 소수의 대토지 소유자들의 의사만으로 중단될 위험이 있고, 도시정비법 제21조 제1항 제5호 및 제6호가 일정한 비율 이상의 토지등소유자의 동의로 정비구역의 해제를 요청하는 경우를 정비구역 직권해제 사유로 추가하면서도 사업시행계획인가 신청이 이루어지지 않은 단계로 제한한 것은 정비사업이 일정 단계를 넘어 진척된 이후에는 토지등소유자를 비롯한 관계자들의 사업시행에 대한 신뢰가 형성된다는 점을 고려한 것으로서, 소수의 대토지 소유자들에 의한 정비구역 해제는 정비사업의 진행 정도에 따라 제한할 필요성이 크다.[25]

③ 시 · 도조례에서 토지등소유자 수 산정방법, 동의의 방법, 철회방법 등은 도시정비법 제36조 및 시행령 제33조에 따르도록 정하는 경우가 많다.[26] 시 · 도조례에서 토지등소유자 수 산정방법 등을 별도로 정하지 않았더라도 토지등소유자의 개념과 산정방법을 달리 볼 이유가 없으므로 다른 규정이 없는 한 시행령 제33조 등을 (유추)적용하는 것이 타당하다.[27]

(4) 시 · 도조례에 따른 주민의견조사 절차

상당수의 조례는 직권해제를 위한 주민의견 청취 절차를 정비구역 지정절차와 유사하게 "시장 · 군수는 해제하고자 하는 정비구역등의 토지등소유자에게 해제사유와 절차를 알리고, 30일 이상 주민의견을 수렴하여 그 결과를 참작하여야 한다"는 정도로 정하고 있으나, 일부 조례는 별도의 주민의견조사를 정하고 있다.[28] 서울시 정비조례는 도시정비법 제

24 서울고등법원 2019. 1. 18. 선고 2018누52473 판결, 서울고등법원 2019. 12. 19. 선고 2019누45908 판결, 수원고등법원 2020. 11. 11. 선고 2020누10070 판결.

25 서울고등법원 2020. 12. 24. 선고 2020누42059 판결은 토지면적 과반수의 토지등소유자의 동의만으로 도시정비법 제21조 제1항 제1호, 제2호의 직권해제 사유가 성립하였다고 보기 어렵다고 보면서, 토지등소유자의 동의 이외의 다른 사정은 고려하지 않은 정비구역 직권해제 처분은 위법하다고 판단하였다.

26 부산시 정비조례, 인천시 정비조례, 부천시 정비조례, 안산시 정비조례 등.

27 서울고등법원 2018. 11. 8. 선고 2018누62081 판결(제1심은 수원지방법원 2018. 8. 16. 선고 2017구합70145 판결); 위 서울고등법원 2018누62081 판결은 조례 및 해제기준으로 정한 토지면적 50/100을 초과하는 토지등소유자의 동의가 있었음을 이유로 한 정비구역 직권해제 처분에 대해 정비구역 지정 해제에도 구 시행령 제28조가 (유추)적용된다고 보아 공유자들이 대표자를 선임하지 않거나 일부만 동의서를 작성하여 제출하였음에도 그 지분면적만큼 동의한 토지면적을 산정한 것은 위법하다고 판단하였다.

28 서울시 정비조례, 인천시 정비조례, 수원시 정비조례 등; 구 서울시 정비조례(2018. 7. 19. 서울특별시 조례 제6899호로 전부 개정되기 전의 것) 제4조의3 제3항 제4호는 같은 항 제3호 각 목(현행 서울시 정비조례 제14조 제3항 제3호 각 목)의 어느 하나에 해당되고 당해 구역의 토지등소유자 1/3 이상이 해제 요청하는 경우로서 제6항에 따라 의견을 조사하여 사업찬성자가 50/100 미만인 경우를 직권해제 사유 중 하나로 정하고 있었으나, 2017. 12. 31.까지만 한시적으로 운용되었다[구 서울시 정비조례 부칙(2017. 1. 5.) 제2조(2017.

21조 제1항 제1호에 따른 직권해제 사유(정비사업의 시행으로 토지등소유자에게 과도한 부담이 발생할 것으로 예상되는 경우)를 추정비례율이 80% 미만인 경우로서 주민의견조사에서 사업찬성자가 50/100 미만인 경우로 정하면서, 구청장은 해당 정비구역등의 토지등소유자의 의견을 조사하여 그 결과를 시장에게 통보하도록 하고 있다(서울시 정비조례 제14조 제2항, 제6항 등). 서울시의 주민의견조사 절차는 서울특별시장의 주민의견조사 대상 구역 통보, 조사인명부 확정공고, 주민의견조사 시행공고, 우편조사 시행, 현장투표 시행, 개표 및 결과 공고, 구청장의 주민의견조사 결과 통보의 순서로 이루어진다.[29]

이러한 주민의견조사는 일정 비율 이상의 토지등소유자의 동의에 의한 해제 요청을 대신하거나 보완하는 절차로서, 정비구역 지정권자가 정비구역등 직권해제 여부를 판단함에 있어 그 재량판단의 한 기준을 정한 것으로 볼 수 있다. 특히 조례에서 주민의견조사 결과에서 일정 비율 이하의 찬성 또는 일정 비율 이상의 반대를 충족하여야 해제할 수 있다고 정한 경우, 그 주민의견조사 결과 요건을 충족하지 못하였다면 정비구역의 지정권자는 정비구역 지정을 해제할 수 없다고 해석하는 것이 타당하다.

> 서울시 정비조례 제14조(정비구역등의 직권해제 등) ② 법 제21조 제1항 제1호의 "정비사업의 시행으로 토지등소유자에게 과도한 부담이 발생할 것으로 예상되는 경우"란 제80조에 따라 추진위원회 위원장(이하 "추진위원장"이라 한다)이나 조합임원 또는 신탁업자가 입력한 정비계획 등으로 산정된 추정비례율(표준값을 말한다)이 80퍼센트 미만인 경우로서 제6항에 따라 의견을 조사하여 사업찬성자가 100분의 50 미만인 경우를 말한다.
>
> 인천시 정비조례 제13조(정비구역등의 직권해제 등) ② 법 제21조 제1항 제2호의 "정비구역등의 추진 상황으로 보아 지정 목적을 달성할 수 없다고 인정되는 경우"란 다음 각 호의 어느 하나에 해당하는 경우를 말한다.
> 2. 다음 각 목의 어느 하나에 해당되고 그 구역의 토지등소유자 100분의 30 이상(추진위원회가 구성된 경우에는 토지등소유자 100분의 15 이상)이 정비구역등의 해제를 요청하는 경우로서 제7항에 따라 의견을 조사하여 정비사업의 추진을 반대하는 자가 토지등소유자의 100분의 50 이상(추진위원회가 구성된 경우에는 토지등소유자 100분의 30 이상)인 경우
>
> 수원시 정비조례 제12조(정비예정구역 또는 정비구역의 해제 등) ② 제1항의 시행에 필요한 사항은 다음 각 호와 같다.
> 2. 정비구역 해제요건 및 추진절차는 다음 각 목과 같다.

3. 23. 서울특별시 조례 제6452호로 개정된 것)]. 서울지역은 이 규정을 근거로 정비구역 해제 신청이 이루어지는 경우가 많았다.

29 서울특별시(도시재생본부), 정비구역 등 직권해제 관련 주민의견조사 안내서, (2016. 5.) 참고.

> 가. 시장은 제1호가목을 충족하는 경우 토지등소유자의 의견조사를 실시할 수 있다. 의견조사는 우편조사 3회를 실시하여 50퍼센트 이상 의견이 회수된 경우 개봉하여 다수의견에 따라 해제 여부를 결정하며, 정비구역 해제를 찬성하는 의견이 많을 때에는 도시계획위원회 심의를 거쳐 정비구역을 해제할 수 있다.

주민의견조사 기간 및 그 연장, 우편투표 · 현장투표 방법, 결과에 대한 판단방법 등은 각 조례 및 위임규정, 조사주체의 결정 등에 따르는 것으로서 도시정비법 제36조의 토지등소유자의 동의방법 등을 그대로 적용하여야 한다고 볼 근거는 없고, 사소한 절차상 하자가 있다 하더라도 그 결과에 영향을 미치기 어려운 경우가 많은 것으로 보인다.[30]

다. 토지등소유자의 해제 요청에 따른 직권해제

(1) 추진위원회가 구성되지 않은 구역에서 토지등소유자 30/100 이상이 정비구역등의 해제를 요청하는 경우

정비구역의 지정권자는 추진위원회가 구성되지 않은 구역에서 토지등소유자 30/100 이상이 정비구역등의 해제를 요청하는 경우 지방도시계획위원회의 심의를 거쳐 정비구역등을 해제할 수 있다(법 제21조 제1항 제3호).

이 규정은 요건을 시 · 도조례에 위임하지 않고 법률에서 일의적으로 정하고 있으며, 정비구역의 지정권자는 지방도시계획위원회의 심의 등 내부 절차를 거쳐 재량으로 직권해제 여부를 결정할 수 있다.

(2) 주거환경개선사업의 정비구역의 지정 목적을 달성할 수 없고 토지등소유자 과반수가 정비구역 해제에 동의하는 경우

정비구역의 지정권자는 주거환경개선사업의 정비구역이 지정 · 고시된 날부터 10년 이상 경과하고, 추진 상황으로 보아 지정 목적을 달성할 수 없다고 인정되는 경우 토지등소유자 과반수의 정비구역의 해제에 동의하면 지방도시계획위원회의 심의를 거쳐 정비구역등을 해제할 수 있다(법 제21조 제1항 제4호).[31]

---

30 주민의견조사의 하자를 이유로 직권해제처분이 위법하다고 본 사례로 서울고등법원 2020. 9. 11. 선고 2020누31479 판결 참고. 위 서울고등법원 2020누31479 판결은 상당수의 주민에 대한 주민의견조사 우편물이 반송된 상태에서 별도로 주소를 확인하거나 전화나 문자메시지로 통지하는 절차 없이 바로 공시송달한 것은 선량한 관리자의 주의를 다하여 송달받은 자의 주소를 조사하였음에도 이를 알지 못하였거나 송달이 불가능한 경우에 해당한다고 볼 수 없고, 적법절차에 따라 실시되지 않은 주민의견조사에 기초한 직권해제처분은 위법하다고 보았다.

31 도시정비법이 2012. 2. 1. 법률 제11293호로 개정되면서 정비구역 해제에 관한 구 도시정비법 제4조의3을 신설할 당시에는 직권해제사유가 아닌 기속적 해제사유로 정하면서 그 요건을 15년 이상 경과, 토지등소유자 2/3 이상의 동의로 정하고 있었으나(구법 제4조의3 제1항 제4호), 도시정비법이 2015. 9. 1. 법률 제13508호로 개정되면서 직권해제사유로 정하는 한편 기간을 10년 이상 이상으로 완화하였으며(구법 제4조의3 제4항 제4호), 다시 2019. 4. 23. 법률 제16383호로 개정되면서 동의율도 과반수로 완화하였다(법 제21조

이 규정은 기준과 요건을 시 · 도조례에 위임하지 않고 법률에서 직접 정하고 있는데, 정비구역의 지정권자는 지방도시계획위원회의 심의 등 내부 절차에서 "추진 상황으로 보아 지정 목적을 달성할 수 없다고 인정되는 경우"인지를 판단하여 재량으로 직권해제 여부를 결정할 수 있다.

(3) 추진위원회 구성 또는 조합설립에 동의한 일정 비율 이상의 토지등소유자 또는 토지등소유자 과반수의 동의로 정비구역의 해제를 요청하는 경우

정비구역의 지정권자는 ⓐ 추진위원회 구성 또는 조합설립에 동의한 토지등소유자의 1/2 이상 2/3 이하의 범위에서 시 · 도조례로 정하는 비율 이상의 동의로 정비구역의 해제를 요청하거나, ⓑ 추진위원회가 구성되거나 조합이 설립된 정비구역에서 토지등소유자 과반수의 동의로 정비구역의 해제를 요청하는 경우 지방도시계획위원회의 심의를 거쳐 정비구역등을 해제할 수 있다. 이 규정에 따른 정비구역의 해제는 사업시행계획인가를 신청하지 않는 경우로 한정된다(법 제21조 제1항 제5호, 제6호).

일정한 비율 이상의 토지등소유자의 요청으로 정비구역을 해제할 수 있도록 한 위 규정은 도시정비법이 2019. 4. 23. 법률 제16383호로 개정되면서 신설된 규정이다. 각 시 · 도례는 이 규정 제5호에서 위임받은 비율을 전체 토지등소유자 과반수 또는 1/2 이상, 추진위원회 구성 또는 조합설립에 동의한 토지등소유자의 1/2 이상(2/3 이상) 등으로 정하고 있다.

Ⅲ. 정비구역등의 해제 절차

1. 정비구역등의 기속적 해제 절차

도시정비법 제20조 제1항 각 호의 어느 하나에 해당하는 경우, 정비구역의 지정권자(특별시장, 광역시장, 특별자치시장, 특별자치도지사, 시장 · 군수)는 직접 정비구역등을 해제하여야 하며, 구청장등(자치구의 구청장, 광역시의 군수)은 특별시장 · 광역시장에게 정비구역등의 해제를 요청하여야 한다(법 제20조 제1항, 제2호).[32]

제1항 제4호).

32 도시정비법이 2017. 2. 8. 법률 제14567호로 전부 개정되기 전에는 ⓐ 특별시 · 광역시는 구청장등(자치구의 구청장 또는 광역시의 군수)이 특별시장 · 광역시장에게 정비구역등의 해제를 요청하면 특별시장 · 광역시장이 지방도시계획위원회의 심의를 거쳐 정비구역등을 해제하고(구법 제4조의3 제1항, 제3항), ⓑ 그 이외의 지역은 특별자치시장, 특별자치도지사, 도(道)의 시장 또는 군수가 직접 지방도시계획위원회의 심의를 거쳐 정비구역등을 해제할 수 있었다(구법 제4조의3 제1항, 제3항). 현행 도시정비법 제20조, 제21조는 '특별시장 · 광역시장 · 특별자치시장 · 특별자치도지사 · 시장 또는 군수(광역시의 군수는 제외)'인 '정비구역의 지정권자'가 정비구역등을 해제할 수 있다고 정하고 있으나, 특별시 · 광역시의 경우 정비구역등 해제를 위한 주민공람, 시방의회 의견청취는 구청장등이 하여야 하므로 종전과 같이 구청장등의 해제 요청에 따라 특별시

특별자치시장, 특별자치도지사, 도(道)의 시장 · 군수가 직접 정비구역을 해제하려는 경우에는 특별자치시장, 특별자치도지사, 도(道)의 시장 · 군수가, 특별시 · 광역시의 구청장등이 특별시장 · 광역시장에게 정비구역등의 해제를 요청하는 경우에는 구청장등이 30일 이상 주민에게 공람하여 의견을 들어야 한다(법 제20조 제3항).

특별자치시장, 특별자치도지사, 도(道)의 시장 · 군수 또는 구청장등은 위 주민공람을 하는 경우 지방의회의 의견을 들어야 하며, 이 경우 지방의회는 정비구역의 지정권자, 구청장등이 정비구역등의 해제에 관한 계획을 통지한 날부터 60일 이내에 의견을 제시하여야 하고, 의견제시 없이 60일이 지난 경우 이의가 없는 것으로 본다(법 제20조 제4항).

정비구역의 지정권자는 정비구역등의 해제를 요청받거나 정비구역등을 직접 해제하려면 지방도시계획위원회의 심의를 거쳐야 한다. 다만 도시재정비법 제5조에 따른 재정비촉진지구에서는 도시재생위원회의 심의를 거쳐 정비구역등을 해제하여야 한다(법 제20조 제5항).

정비구역의 지정권자는 도시정비법 제20조 제5항에 따라 정비구역등을 해제하거나 도시정비법 제20조 제5항에 따라 기간을 연장하여 해제하지 아니하는 경우 그 사실을 해당 지방자치단체의 공보에 고시하고 국토교통부장관에게 통보하여야 하며, 관계 서류를 일반인이 열람할 수 있도록 하여야 한다(법 제20조 제7항).

2. 정비구역등의 직권해제 절차

정비구역등을 직권해제하는 경우 기속적 해제 절차에 관한 규정 중 일부가 준용된다(법 제21조 제2항). 따라서 정비구역의 지정권자는 도시정비법 제21조 제1항 각 호의 사유에 해당하는 경우 주민공람(법 제20조 제3항), 지방의회 의견청취(법 제20조 제4항), 지방도시계획위원회 등의 심의(법 제20조 제5항)를 거쳐 정비구역등의 해제 여부를 결정한 후, 그 사실을 해당 지방자치단체의 공보에 고시하고 국토교통부장관에게 통보하여야 하며, 관계 서류를 일반인이 열람할 수 있도록 하여야 한다(법 제20조 제7항).[33]

장 · 광역시장이 정비구역등을 해제하는 구조로 보는 것이 타당한 것으로 생각된다. 서울시 정비조례는 구청장등이 기속적 해제사유가 있음에도 해제 요청을 하지 않는 경우를 직권해제 사유로 정하고 있다(서울시 정비조례 제14조 제3항 제4호).

33 정비구역등의 직권해제에서는 구청장등(자치구의 구청장, 광역시의 군수)의 해제 요청 절차를 정하고 있지 않으나, 서울시 정비조례는 구청장등이 시장에게 정비구역등의 해제를 요청할 수 있도록 하면서, 기속적 해제사유가 있음에도 구청장등이 정비구역등의 해제를 요청하지 않는 경우를 도시정비법 제21조 제1항 제2호에 의한 직권해제 사유로 정하고 있다(서울시 정비조례 제14조 제3항 제4호, 제4항).

Ⅳ. 정비구역등 해제에 따른 법률관계

1. 정비구역등 해제의 효력

가. 추진위원회 구성승인 또는 조합설립인가의 취소 간주

도시정비법 제20조 및 제21조에 따라 정비구역등이 해제된 경우에는 정비계획으로 변경된 용도지역, 정비기반시설 등은 정비구역 지정 이전의 상태로 환원된 것으로 본다(법 제22조 제1항 본문). 다만 주거환경개선사업의 정비구역이 직권해제된 경우(법 제21조 제1항 제4호) 정비구역의 지정권자는 정비기반시설의 설치 등 해당 정비사업의 추진 상황에 따라 환원되는 범위를 제한할 수 있다(법 제22조 제1항 단서).

정비구역등이 해제 · 고시된 경우 추진위원회 구성승인 또는 조합설립인가는 취소된 것으로 보고,[34] 시장 · 군수등은 해당 지방자치단체의 공보에 그 내용을 고시하여야 한다(법 제22조 제3항).

나. 주거환경개선정비구역 등으로 지정

정비구역의 지정권자는 정비구역등이 해제된 경우 ⓐ 해제된 정비구역등을 개량방식의 주거환경개선정비구역(법 제23조 제1항 제1호)으로 지정할 수 있고 이 경우 위 주거환경개선정비구역은 기본계획에 반영된 것으로 보며(법 제22조 제2항), ⓑ 도시재생법에 따른 도시재생선도지역으로 지정하도록 국토교통부장관에게 요청할 수 있다(법 제21조의2).

2. 매몰비용의 부담

가. 매몰비용 관련 쟁점

정비구역등이 해제되고 추진위원회 구성승인 또는 조합설립인가가 취소되어 더 이상 정비사업을 진행하기 어렵게 되는 경우 그동안 정비사업의 진행 과정에서 소요된 비용(이하 '매몰비용')의 처리가 문제된다. 정비사업조합은 일반분양수입금이 들어오기 전까지는 스스로 채무를 변제할 자력이 없기 때문에 제3자에 의한 지급 또는 보조가 아니고서는 매몰비용을 충당하기 어렵다.

도시정비법은 정비구역등 직권해제에 관해 정비구역의 지정권자 등이 그 비용 중 일부를 보조하도록 하고 있으나, 어느 정도 증빙을 갖추고 신청한 경우에도 상당히 부족한 수준의 보조금만이 인정되고 있다. 특히 수십억원을 넘는 금액을 대여한 시공자는 보조금으로 매몰비용을 충당하기 어렵고 채권보전을 위한 일응의 조치로서 대여금을 연대보증한 조합임원을 상대로 가압류 및 지급청구를 할 수밖에 없는데, 정비사업이 이미 무산된 상황

34 도시정비법이 2017. 2. 8. 법률 제14567호로 전부 개정되기 전에는 취소 간주 규정을 두지 않고 취소하여야 한다고 정하여 별도의 취소처분을 예정하고 있었다(구법 제16조의2 제1항 제3호).

에서 조합임원에게 수십억원의 과도한 부담을 지우는 것은 늘 문제가 될 수밖에 없다. 매몰비용을 부담하게 된 조합임원들이 다른 일반 조합원들 상대로 사전구상금을 청구하면서 일반 조합원들이 매몰비용을 분담하는지도 문제되어 왔다.

나. 매몰비용의 보조

(1) 시 · 도조례에 따른 보조금 지급

정비구역등이 도시정비법 제21조에 따라 직권해제되어 추진위원회 구성승인 또는 조합설립인가가 취소되는 경우, 정비구역의 지정권자는 해당 추진위원회 또는 조합이 사용한 비용의 일부를 대통령령으로 정하는 범위에서 시 · 도조례로 정하는 바에 따라 보조할 수 있다(법 제21조 제3항).

시행령 제17조는 보조의 범위를 정비사업전문관리 용역비, 설계 용역비, 감정평가비용, 그 밖에 추진위원회 및 조합이 도시정비법 제32조, 제44조 및 제45조에 따른 업무(추진위원회 업무, 총회 소집 및 총회 의결)를 수행하기 위하여 사용한 비용으로서 시 · 도조례로 정하는 비용으로 정하면서, 그 비용의 보조 비율 및 보조 방법 등에 필요한 사항은 시 · 도조례로 정하도록 하고 있다. 서울시 정비조례의 경우 설립인가 취소된 조합의 대표자가 조합설립인가 취소 고시가 있는 날부터 6개월 이내에 구청장에게 신청하면 구청장이 사용비용검증위원회 또는 사용비용재검증위원회의 검증을 거쳐 결정된 금액의 70% 이내의 범위에서 보조금을 지급할 수 있도록 하고 있다(서울시 정비조례 제15조).

보조금 교부는 수익적 행정행위로서 교부대상의 선정과 취소, 그 기준과 범위 등에 관하여 행정청에 상당히 폭넓은 재량이 부여되는 것으로서(대법원 2019. 10. 31. 선고 2017두62600 판결), 행정청은 보조금 지급 범위에 관하여 재량을 갖고, 예산의 범위 내에서만 지원이 가능한 상황에서 공정한 예산의 분배를 위해서는 구체적이고 엄정한 기준에 의하여 정비사업 사용비용을 인정할 필요가 있고 그 기준을 정하는 것 역시 행정청의 재량이다.

보조금 지원신청에 대해 행정청이 전부 거부하거나 일부 금액만 지급하기로 결정한 경우 그 결정을 항고소송으로 다투어야 하고,[35] 지급거부된 부분을 보조금지급청구 등 당사자소송으로 곧바로 청구하는 것은 부적법하다(위 대법원 2017두62600 판결).

(2) 매몰비용의 손금산입 특례

도시정비법은 정비구역등 해제에 따라 추진위원회 구성승인 또는 조합설립인가가 취소되는 경우 시공자 · 설계자 또는 정비사업전문관리업자 등이 조합등에 대한 채권을 포기하는 대신 세제혜택을 받을 수 있도록 조세특례제한법에 따른 손금산입을 인정하는 규정

35 보조금 지급절차에서 보조금 지급 결정(보조금액 결정 통보)이 항고소송의 대상인 행정처분에 해당하고, 보조금지급계획, 이의신청 절차 등은 별도의 행정처분에 해당하지 않는다(인천지방법원 2020. 11. 12. 선고 2018구합52239 판결).

을 두고 있다(법 제133조, 조세특례제한법 제104조의26).

다. 매몰비용의 조합원 분담

(1) 조합 채권자에 대한 책임 부담 여부

정비사업조합은 공법상의 권리의무 관계에 서 있는 사단법인으로서(법 제38조 제1항, 대법원 2007. 4. 27. 선고 2007도694 판결 등) 정비사업조합과 조합원은 각 별도의 권리·의무의 주체이다. 따라서 조합이 해산되더라도 조합의 채무는 조합이 그 재산의 범위 내에서만 책임을 지는 유한책임이고, 구성원인 조합원은 개인재산으로 조합의 채무를 부담하지 않는 것이 원칙이다. 조합원들이 조합의 청산절차를 진행하지 않은 것이 책임재산 감소행위로서 조합 채권자에 대한 불법행위가 된다고 볼 이유도 없다.[36]

다만 예외적으로 조합임원이 조합의 대여금 채무 등에 대해 연대보증한 경우 그 조합임원은 연대보증인으로서 주채무를 상환할 의무를 부담한다. 연대보증한 조합임원이 조합에 대하여 사전·사후구상금 채권을 취득하나, 그 조합임원에 대한 구상의무는 조합 및 공동연대보증인이 부담할 뿐 일반 조합원이 부담하지 않는다.

한편 아래 **(2) 조합에 대한 채무 부담 여부**와 같이 조합이 총회 의결로서 조합원들에게 분담금 채무를 확정하여 발생시킨 상황을 전제할 경우, 조합의 채권자(사전구상권을 취득한 조합임원 포함)가 채권자대위권을 행사하여 조합을 대위하여 조합원들에게 직접 분담금의 지급을 구할 수 있는지가 문제된다. 이 경우 채무자인 조합의 무자력은 다툼 없는 사실로 볼 수 있을 것이나, 행정주체인 조합이 정관에 따라 조합원에 대하여 부과하는 정비사업비 부과·징수권은 행정처분적 성질을 갖는 것이어서 채권자대위권을 행사할 피대위채권으로 보기 어려우므로(토지구획정리조합의 조합원에 대한 경비부과징수권의 대위청구에 관한 대법원 2002. 5. 28. 선고 2000다5817 판결 참고), 대위청구는 부적법하다고 생각된다.[37] 별도의 청산절차를 거쳐 구체적인 분담비율이 정해지지 않는 이상, 장래이행의 소로서 청산금 지급을 구하기 위한 미리 청구할 필요가 인정되기 어렵고(대법원 2019. 8. 14. 선고 2017다201378 판결), 향후 총회 의결에서 조합원들의 분담금에 관한 사항은 달라질 수 있는 것이어서 확인의 이익이 있다고 보기도 어렵다(지역주택조합 조합원에 대해 분담금 지급의무 확인청구에 관한 대법원 2014. 11. 13. 선고 2009다38155 판결 참고).

---

36 서울고등법원 2015. 10. 8. 선고 2015나2017706 판결(제1심은 서울서부지방법원 2015. 1. 29. 선고 2014가합2341 판결), 서울중앙지방법원 2018. 10. 17. 선고 2015가합553346 판결, 서울고등법원 2020. 4. 23. 선고 2019나2027947 판결(제1심은 서울북부지방법원 2019. 5. 22. 선고 2017가합28430 판결).

37 서울중앙지방법원 2016. 8. 18. 선고 2014가합561296 판결, 서울고등법원 2018. 4. 12. 선고 2017나2039946 판결; 반대로 조합의 조합원에 대한 부과금 청구, 비용분담 청구는 사법상의 금전청구권을 행사하는 것이어서 민사소송으로 대위청구가 가능하다고 본 사례로 서울고등법원 2016. 10. 28. 선고 2015나2066753 판결.

⑵ 조합에 대한 채무 부담 여부

단체가 제3자에게 부담하는 채무와 구성원이 단체에 대해 부담하는 채무는 별개의 채무로서, 구성원의 단체에 대한 분담금채무는 단체가 제3자에게 부담하는 채무를 규약 및 총회 의결로서 구성원이 분담할 채무를 결정하여 의결한 때 비로소 확정적으로 발생한다(주택조합의 조합원 개발분담금 부담에 관한 대법원 1997. 11. 14. 선고 95다28991 판결, 대법원 1998. 10. 27. 선고 98다18414 판결 등 참고).[38]

정비사업조합의 경우 총회에서 조합의 채무에 대한 조합원의 분담방법과 분담금을 구체적으로 정하여 의결하거나, 정관에 조합의 채무에 대한 조합원의 분담방법이 구체적으로 정해진 경우에는 별도의 총회 의결 없이도 분담금 부담이 가능하다고 볼 수 있다.[39] 그러나 현실적으로 정비사업이 무산된 상황에서 조합원들이 총회에서 매몰비용을 분담하기로 의결할 것을 기대하기 어렵다. 정관에 매몰비용 부담 여부나 그 금액 산정 방법을 미리 정하지도 않는다.

조합의 채무를 구성원인 조합원들이 어떻게 분담할 것인지는 총회에서 조합의 자산과 부채를 정산하여 조합원들에게 납부하여야 할 금액을 결정하고 이를 조합원에게 분담시키는 결의를 한 때 비로소 확정하여 발생하므로, 위와 같은 총회 의결 등을 절차를 거치지 않는 한 조합의 조합원들에 대한 정산금청구권이 발생하였다고 보기 어렵다.[40]

이에 대하여 도시정비법 및 정관에 따른 정비사업비 분담의무를 근거로 매몰비용도 분담해야 한다는 주장도 있다. 그러나 조합이 정관에 따라 조합원에게 부과 · 징수할 수 있는 '정비사업비'는 조합이 사업시행자로서 행정주체인 공법인의 지위를 가지고 정비사업을 계속하는 것을 전제로 한 것으로서, 청산과정에서 조합채무를 변제하기 위해 필요한 비용이 정관에서 부과 · 징수할 수 있도록 한 정비사업비에 포함된다고 해석할 수 없다(대법원 2019. 8. 9. 선고 2017다224289 판결, 대법원 2019. 8. 9. 선고 2017다224296 판결).

또한 한편 도시정비법 및 정관의 청산금 부담 등에 관한 규정을 근거로 매몰비용 역시 분담하여야 한다는 주장도 있다. 그러나 정관 등의 청산금 부과 · 징수는 사업완료에 따른 청산절차를 정한 것으로서 조합이 중도에 해산되는 경우에 곧바로 적용되기 어렵다. ⓐ 조합원이 비용납부의무를 부담하는 청산금(구 표준정관 제10조)은 토지 또는 건축물을 분양받은 자가 종전에 소유하고 있던 토지 또는 건축물의 가격과 분양받은 토지 또는 건축물의 가격사이에 차이가 있는 경우 그 차액을 의미하는 것으로서(법 제89조 제1항, 구 표준정관 제54조) 공사완료 전 조합설립인가가

---

38 정비사업조합에 대한 판단으로 서울고등법원 2014. 8. 28. 선고 2014나5649 판결(대법원 2015. 1. 15.자 2014다65748 판결로 심리불속행 기각), 서울고등법원 2017. 5. 19. 선고 2016누35504 판결(제1심은 인천지방법원 2016. 1. 14. 선고 2015구합52122 판결), 부산고등법원 2020. 9. 24. 선고 2020나51092 판결 등.

39 성중탁, "도시정비사업조합 해산을 둘러싼 법적 쟁점", 인권과 정의 제465호 (2017. 5.), 76.

40 인천지방법원 부천지원 2015. 12. 18. 선고 2015가합600 판결, 서울고등법원 2017. 5. 19. 선고 2016누35504 판결(제1심은 인천지방법원 2016. 1. 14. 선고 2015구합52122 판결), 부산고등법원 2020. 9. 24. 선고 2020나51092 판결 등.

취소되는 경우에 조합원이 위 정관 규정을 이유로 조합의 잔존채무를 부담한다고 보기 어렵다(대법원 2019. 8. 9. 선고 2017다224296 판결, 대법원 2019. 8. 14. 선고 2017다201378 판결 등). ⓑ 정관의 채무변제 및 잔여재산의 처분에 관한 규정(구 표준정관 제58조)은 준공인가 후 조합을 해산하는 경우 청산 후 남은 채무 및 잔여재산을 어떻게 처분할지를 정한 규정으로서 중도에 법인의 목적 달성 불능을 이유로 한 해산의 경우에는 적용되지 않는다(대법원 2019. 8. 14. 선고 2017다201378 판결).

법 제89조(청산금 등) ① 대지 또는 건축물을 분양받은 자가 종전에 소유하고 있던 토지 또는 건축물의 가격과 분양받은 대지 또는 건축물의 가격 사이에 차이가 있는 경우 사업시행자는 제86조 제2항에 따른 이전고시가 있은 후에 그 차액에 상당하는 금액(이하 "청산금"이라 한다)을 분양받은 자로부터 징수하거나 분양받은 자에게 지급하여야 한다.

구 표준정관 제54조(청산금 등) ① 토지 또는 건축물을 분양받은 자가 종전에 소유하고 있던 토지 또는 건축물의 가격과 분양받은 토지 또는 건축물의 가격사이에 차이가 있는 경우에는 조합은 이전고시일 후에 그 차액에 상당하는 금액(이하 "청산금"이라 한다)을 분양받은 자로부터 징수하거나 분양받은 자에게 지급하여야 한다. 다만, 분할징수 및 분할지급에 대하여 총회의 의결을 거쳐 따로 정한 경우에는 관리처분계획인가후부터 이전고시일까지 일정기간별로 분할징수하거나 분할 지급할 수 있다.

구 표준정관 제10조(조합원의 권리·의무) ① 조합원은 다음 각호의 권리와 의무를 갖는다.
5. 정비사업비, 청산금, 부과금과 이에 대한 연체료 및 지연손실금(이주지연, 계약지연, 조합원 분쟁으로 인한 지연 등을 포함함)등의 비용납부의무

구 표준정관 제34조(정비사업비의 부과 및 징수) ① 조합은 사업시행에 필요한 비용을 충당하기 위하여 조합원에게 공사비 등 주택사업에 소요되는 비용(이하 "정비사업비"라 한다)을 부과·징수할 수 있다.
② 제1항의 규정에 의한 정비사업비는 총회의결을 거쳐 부과할 수 있으며, 추후 사업시행구역안의 토지 및 건축물 등의 위치·면적·이용상황·환경 등 제반여건을 종합적으로 고려하여 관리처분계획에 따라 공평하게 금액을 조정하여야 한다.

구 표준정관 제58조(채무변제 및 잔여재산의 처분) 청산 종결 후 조합의 채무 및 잔여재산이 있을 때에는 해산당시의 조합원에게 분양받은 토지 또는 건축물의 부담비용 등을 종합적으로 고려하여 형평이 유지되도록 공정하게 배분하여야 한다.

참고자료

성중탁, "도시정비사업조합 해산을 둘러싼 법적 쟁점", 인권과 정의 제465호 (2017. 5.)

제 2 장

정비사업의 시행

[3] 토지등소유자가 시행하는 재개발사업

I. 구 도시환경정비사업

1. 구 도시환경정비사업의 취지

구 도시환경정비사업(도시정비형 재개발사업, 도심재개발사업)은 재개발사업 중 상업지역·공업지역 등에서 도시기능의 회복 및 상권활성화 등을 위하여 도시환경을 개선하기 위한 사업이다(법 제2조 제2호 (나)목).[1]

구 도시환경정비사업은 주로 도심 지역의 업무·판매시설, 오피스텔 등을 신축하는 것을 목적으로 한다. 서울의 경우 도심재개발사업, 도시환경정비사업 또는 도시정비형 재개발사업으로 지정되었거나 지정되어 있는 정비구역(분할된 지구 포함)의 50% 이상이 종로구와 중구에 위치하고, 그 이외에 마포구, 영등포구, 용산구 일대의 부도심에 나누어져 있다.

구 도시환경정비사업의 기본적인 법적 규율과 취급은 주택재개발사업과 다르지 않으나, 조합을 구성하지 않고 토지등소유자가 직접 사업시행자로서 정비사업을 시행할 수 있다는 점에서 차이를 보인다. 토지등소유자가 직접 사업을 시행하면 조합 구성과 운영에 다른 각종 법적·행정적 규제를 받지 않고, 최초 사업시행계획인가에서 토지등소유자의 동의요건을 갖춘 사업시행자(토지등소유자)는 그 이후 사업시행계획 변경, 관리처분계획 작성·변경 등에서 토지등소유자의 동의를 쉽게 갖출 수 있으므로 사업시행자인 토지등소유자의 주도로 정비사업을 신속하게 진행할 수 있다. 서울 종로구, 중구에서 시행한 구 도시환경정비사업은 대부분 토지등소유자가 시행하는 방식으로 이루어졌다.

---

1 현행 도시정비법에서 종전 도시환경정비사업이 재개발사업의 한 유형으로 편입되면서 종전 주택재개발사업과 구분 짓는 명칭이 없고, 서울시 정비조례는 주택정비형 재개발사업과 도시정비형 재개발사업으로 구분한다(서울시 정비조례 제3조). 토지등소유자가 시행하는 구 도시환경정비사업은 법령에서 "법 제25조 제1항 제2호에 따라 토지등소유자가 재개발사업을 시행하는 경우" 정도로 특정하고 있다. 여기서는 구분이 필요한 부분에서 '토지등소유자가 시행하는 재개발사업' 또는 '(토지등소유자가 시행하는) 구 도시환경정비사업'으로 쓰기로 한다.

2. 구 도시환경정비사업에 대한 규율의 변경

가. 구 도시재개발법 및 2002년 제정법률의 규율

구 도시재개발법은 재개발사업을 도심재개발사업, 주택재개발사업, 공장재개발사업으로 구분하는 한편, 모든 재개발사업은 원칙적으로 조합 또는 '토지등의 소유자'가 시행할 수 있도록 하였다(구 도시재개발법 제8조). 그러나 실제 조합이 아닌 토지등의 소유자가 시행하는 경우는 주로 도심재개발사업으로 한정되었다.

2002. 12. 30. 법률 제6852호로 제정된 구 도시정비법은 종전 재개발사업 중 도심재개발사업과 공장재개발사업을 도시환경정비사업이라는 별도의 유형으로 분리하였다. 도시정비법은 주택재개발사업과 달리 도시환경정비사업은 토지등소유자가 사업을 시행하는 방법을 남겨 놓았는데, 이는 소필지 소유자가 수백 명씩 존재하는 주택밀집지역의 주택재개발사업과 달리 도시환경정비사업은 대체로 5인 이하의 대토지 소유자와 몇몇의 소필지 소유자가 존재하는 지역에서 비교적 소규모로 진행되기 때문에, 이해관계인이 많지 않고 대토지 소유자 위주로 사업이 진행될 수 있어 굳이 조합을 결성할 필요성이 크지 않다는 점을 고려한 것이다.[2] 구 도시환경정비사업은 대토지 소유자인 토지등소유자가 조합 구성에 따른 제약을 받지 않고 사업을 주도적으로 진행할 수 있기 때문에, 대토지 소유자가 신속하고 원활하게 상업시설 등을 건축하는 것에 대한 특례를 남겨 놓은 것으로 생각된다.

나. 2017년 전부개정법률의 규율

2017. 2. 8. 법률 제14567호로 전부 개정된 도시정비법은 도시환경정비사업을 종전의 주택재개발사업과 함께 다시 재개발사업으로 정의하였다. 2017년 전부개정법률에서 바뀐 내용은 다음과 같다.

① 구 도시정비법은 주택재개발사업과 도시환경정비사업을 구분하여 주택재개발사업은 주거지역내 공동주택 위주로 공급하도록 정하고 있었으나(구법 제6조 제2항), 준주거지역 · 상업지역이 혼재한 주택재개발사업까지 공동주택 위주로 공급하도록 정하는 것은 도시군계획에 의한 용도지역 지정목적에 부합하지 않는 측면이 있었다. 이에 2017년 전부개정법률은 재개발사업에서 주택 및 복리시설 외에 도심부의 특성을 고려하여 다양한 건축물을 공급할 수 있도록 주택재개발사업과 도시환경정비사업을 통합하였다.[3]

---

2 헌법재판소 2011. 8. 30. 선고 2009헌바128, 148 전원재판부 결정.

3 김수홍, "도시 및 주거환경정비법 일부 · 전부개정법률안 검토보고", 국토교통위원회 (2016. 11.), 23, 민홍철의원 대표발의안(2001642, 2016. 8. 18.) 부분; 구 도시정비법 제6조(정비사업의 시행방식)는 구 도시환경정비사업은 "인가받은 관리처분계획에 따라 건축물을 건설하여 공급하는 방법에 의한다"라고 하여 특별한 제한을 두지 않았으나(제4항), 구 주택재개발사업은 "인가받은 관리처분계획에 따라 주택, 부대 · 복리시설 및 오피스텔을 건설하여 공급[하는] 방법에 의한다"라고 정하는 한편, 오피스텔은 준주거지역 · 상업지역에 한해 전체 건축물 연면적의 30%의 범위에서만 허용되었다(제2항, 제7항). 2017년 전부개정법률 제2조 제2

② 종전에는 도시환경정비사업을 토지등소유자가 시행하는 것에 제한을 두지 않아 조합 방식과 토지등소유자 방식을 선택할 수 있었다. 토지등소유자가 직접 도시환경정비사업을 시행할 수 있도록 한 것은 시행지구 규모가 작고 토지등소유자 수가 적어 1인의 대토지 소유자가 정비사업을 주도적으로 시행하는 것이 더 효율적이기 때문인데, 토지등소유자가 많은 경우에도 조합 방식에 따른 규제를 회피하기 위해 의도적으로 토지등소유자 방식을 채택하는 경우가 있었다. 이에 2017년 전부개정법률은 토지등소유자 방식은 정비구역의 토지등소유자가 20인 미만인 경우에만 허용하였다.[4] 위 개정규정은 위 전부개정법률의 시행일인 2018. 2. 9. 이후 최초로 정비계획의 입안을 위한 공람을 실시하는 경우부터 적용되므로(법 부칙(2017. 2. 8.) 제7조), 종전 도시환경정비사업에는 적용되지 않는다.

Ⅱ. 사업시행자

1. 사업시행자인 토지등소유자의 지위

가. 사업시행계획인가를 받은 토지등소유자의 사업시행자 지위

구 도시환경정비사업(도시정비형 재개발사업)으로 지정된 정비구역에서 다른 토지등소유자의 동의를 받아 사업시행계획인가를 신청하여 그 인가를 받은 토지등소유자는 사업시행자의 지위를 부여받아 정비사업을 시행할 수 있다.

정비사업을 시행하려는 토지등소유자는 사업시행계획인가로 행정주체의 지위를 부여받는다(대법원 2013. 6. 13. 선고 2011두19994 판결). 이때 토지등소유자는 정비구역 내에 토지 등을 소유하고 있기만 하면 1인이 단독으로 또는 수인이 공동하여 그 수에 관계없이 재개발사업을 시행할 수 있다(대법원 2011. 6. 30. 선고 2010두1347 판결).[5] 2인 이상의 토지등소유자가 공동으로 다른 토지등소유자로부터 사업시행계획인가를 위한 동의를 받아 사업시행자가 되거나, 토지등소유자 과반수의 동의를 받아 건설업자 등과 공동으로 사업을 시행할 수 있다(법 제25조 제2항 제2호).

나. 사업시행자인 토지등소유자와 정비구역내 다른 토지등소유자의 관계

조합은 그 구성원인 조합원과 별개의 법인격이기는 하나, 조합은 조합원으로 구성된

항은 구 주택재개발사업과 구 도시환경정비사업을 구분하지 않고 "재개발사업은 정비구역에서 제74조에 따라 인가받은 관리처분계획에 따라 건축물을 건설하거나 공급[하는] 방법에 의한다"라고 정하여, 구 도시환경정비사업과 구 주택재개발사업 모두 오피스텔 공급 등의 제한을 받지 않는다.

4 20인 기준은 주택법상 주택조합의 조합원은 20명 이상이어야 한다는 주택법 시행령 제20조 제5항을 참고한 것이다(강신은, 38).

5 통상 사업을 시행하는 토지등소유자는 대토지를 소유한 상법상 회사(부동산개발업자), 관계인들이 설립한 프로젝트금융투자회사(PFV), 토지소유자들로부터 토지 등을 위탁받은 신탁업자이다. 토지등소유자들이 구성한 비법인사단이 사업시행자가 되는 경우도 있다.

단체로서 총회 의결로 의사를 결정하며, 사업시행에 따른 손익은 분담금, 청산금 등을 통해 조합원에게 최종귀속된다. 결국 조합이 시행하는 정비사업에서 손익의 귀속주체라는 관점에서 본 사업시행자는 조합원으로 볼 수 있다.[6]

토지등소유자가 시행하는 재개발사업도 사업시행자가 아닌 다른 토지등소유자는 자신의 토지를 현물출자하고 추후 분담금을 부담하여 신축 건물의 상가 · 오피스텔을 공급받게 되므로, 이 점에서는 조합이 시행하는 경우와 다르지 않다. 따라서 재개발사업을 시행하는 '토지등소유자'는 개별적인 토지등소유자가 아니라, 정비구역내 토지등소유자들로 구성된 비법인사단으로서 조합과 대등하게 사업시행자가 되는 단체를 의미하는 것으로 볼 수도 있다.[7] 사업시행자인 토지등소유자를 비롯하여 정비구역내 토지등소유자들은 규약에 구속되므로 조합 설립 절차가 생략되고 단체의 운영이 간소화된 형태로 조합을 갈음하는 토지등소유자들의 단체가 사업을 시행한다는 것이다.

그러나 실질적인 손익 귀속 주체는 별론으로 하고 해당 사업의 권한과 책임을 가진 개발사업의 주체인 사업시행자는 '사업시행계획인가에서 사업시행자로 지정된 토지등소유자 1인'이고, 토지등소유자가 시행하는 재개발사업의 사업 구조는 '다른 토지등소유자들의 동의를 받아 행정주체의 지위를 취득한 토지등소유자가 규약에 따른 제한을 받으면서 자신의 비용과 책임으로 사업을 시행하는 사업'으로 보는 것이 좀 더 실질에 맞다.[8] 사업시행계획인가를 받은 토지등소유자는 행정주체의 지위에서 자신의 이름과 권한으로 수용, 사업시행계획 변경, 관리처분계획 수립 · 변경, 이전고시 등의 행정처분을 발령하고, 자신의 이름과 계산으로 사업비용을 조달하거나 공사도급계약 체결을 비롯하여 정비사업 시행에 관한 각종 업무를 진행한다. 사업시행자가 아닌 다른 토지등소유자도 토지를 현물출자한 후 비례율로 평가된 권리가액을 기준으로 공급을 받는다는 점에서 사업손익을 배분받

6 대법원 2017. 10. 31. 선고 2017두40068 판결은 재개발정비구역내 타인의 주거용 건축물에 세입자로 거주하는 조합원은 주거이전비 지급대상이 아니라고 보면서 "주택재개발사업에서 조합원은 사업 성공으로 인한 개발이익을 누릴 수 있고 그가 가지는 이해관계가 실질적으로는 사업시행자와 유사할 뿐 아니라, 궁극적으로는 공익사업 시행으로 생활의 근거를 상실하게 되는 자와는 차이가 있다"는 점을 근거로 들고 있다.

7 김종보, "도시환경정비사업에서 시행자와 사업절차의 특수성", 법학논문집 제31집 제1호 (2007), 666-671.

8 토지등소유자들 사이에 단체적 법률관계가 성립한다고 하여 반드시 사업시행자와 연관지어 볼 필요는 없는 것으로 생각된다. 대법원 2011. 6. 30. 선고 2010두1347 판결은 "도시환경정비사업을 시행하고자 하는 토지등소유자는 사업구역 내에 토지 등을 소유하고 있기만 하면 1인이 단독으로 또는 수인이 공동하여 그 수에 관계없이 도시환경정비사업을 시행할 수 있고, 반드시 사업구역 내의 토지등소유자 전원이 공동으로 도시환경정비사업을 시행하여야 하는 것은 아니[다]"라고 보아 사업시행자는 대내외적인 권한을 가진 토지등소유자로 보았다. 구 도시정비법 시행령 제41조 제4항 제3호는 비용분담에 관한 사항을 규약에 정함에 있어 '사업시행자인 토지등소유자'와 '사업시행자가 아닌 토지등소유자'를 구별하여 규정하고 있었다. 서울고등법원 2010. 10. 7. 선고 2010누13441 판결은 민법상 비법인사단인 토지등소유자의 단체가 사업시행자이므로 그 단체를 피고로 하여야 한다는 주장에 대해, 반드시 사업구역내 토지등소유자 전원이 공동으로 사업시행자가 되어야 하는 것이 아니라고 보아 그 주장을 명시적으로 배척하였다.

는 것이기는 하나, 대부분의 사업손익은 사업시행자인 토지등소유자 1인에게 귀속하기 때문에 손익 귀속의 주체 문제는 상당부분 희석된다.

한편 사업시행자인 토지등소유자는 정비구역내 토지등소유자 1인에 불과하고 정비사업과 관계없이 성립하는 법인인데, 동시에 다른 토지등소유자에게 신축건물을 공급할 정비사업의 사업시행자의 지위를 갖는다는 것은 쉽게 이해가 되지 않는 면이 있다. 구 도시환경정비사업은 애초 대토지소유자에게 수용 등 행정주체의 권한을 부여하여 정비사업을 원활하게 진행하도록 하려는데 목적이 있기 때문에 사인(私人)인 대토지소유자 1인을 사업시행자로 보아 간편하게 처리하려 한 것으로 보이고, 결국 토지등소유자가 시행하는 재개발사업은 토지등소유자 1인이 다른 토지등소유자의 동의에 근거하여 정비사업을 시행할 행정주체의 지위를 취득한 것으로 보는 것이 종전 실무 운영과 맞는 것으로 생각된다.

2. 사업시행자 지정

구 도시환경정비사업(도시정비형 재개발사업)으로 지정된 정비구역에서 다른 토지등소유자의 동의를 받아 사업시행계획인가를 신청하여 그 인가를 받은 토지등소유자는 사업시행자의 지위를 부여받아 정비사업을 시행할 수 있다.

공공시행자, 지정개발자가 시행하는 경우와 비교해 볼 때, ⓐ 정비사업과 관계없이 이미 성립한 법인이 인가권자의 처분으로 정비사업의 사업시행자 지위를 부여받는다는 점은 동일하나, ⓑ 별도의 사업시행자 지정 처분 없이 사업시행계획인가로서 바로 사업시행자 지위를 부여받는다는 점에서 차이가 있다. 결국 토지등소유자가 시행하는 재개발사업에서 사업시행계획인가는 사업시행자 지정 처분의 성격도 갖는다고 볼 수 있다.[9]

3. 사업시행자 변경

가. 사업시행자 변경을 위한 사업시행계획변경인가

특정 토지등소유자가 사업시행계획인가를 받아 사업시행자가 된 이후에도 사업시행자가 변경될 수 있다. 사업을 위해 설립한 프로젝트금융투자회사가 단독 또는 종전 사업시행자와 공동으로 사업시행자가 되는 경우, 사업자금의 담보 등을 위해 담보신탁 또는 처분신탁을 설정한 후 종전 토지 및 건축물의 소유권을 취득한 수탁자가 사업시행자가 되는 경우, 신축 건축물을 인수할 예정인 법인을 준공 전에 사업시행자로 변경하는 경우, 종전 사업시행자인 토지등소유자의 회생 · 파산으로 종전 토지 및 건축물에 대한 권리가 양도된 경우 등 다양한 사유로 사업시행자를 변경할 필요가 있다. 이 같은 사업시행자의 변경은

---

9 이렇게 본다면 사업시행계획인가서 및 고시문 중 해당 토지등소유자를 '사업시행자의 성명 및 주소'에 기재한 부분을 사업시행자 지정으로 볼 수 있다.

사업시행계획변경인가의 방법으로 한다.

사업시행계획변경인가 방식으로 사업시행자를 변경하는 것은 도시정비법이 예정하고 있는 것은 아니나, 토지등소유자가 시행하는 재개발사업에서 사업시행계획인가는 행정주체의 지위를 부여하는 설권적 처분이므로, 행정청이 사업시행계획변경인가로 다른 토지등소유자를 사업시행자로 변경하였다면 그 토지등소유자가 사업시행자의 지위를 부여받는 것으로 볼 수 있다.[10·11]

① 사업시행자의 변경은 새로운 사업시행(예정)자가 종전 사업시행자인 토지등소유자의 토지 및 건축물을 양수한 후, 도시정비법령 및 규약이 정하는 방법에 의해 사업시행자를 종전 사업시행자에서 새로운 사업시행(예정)자로 변경하는 사업시행계획을 수립하여 종전 사업시행자와 공동으로 사업시행계획변경인가를 신청하면, 행정청이 사업시행자를 변경하는 내용의 사업시행계획변경인가를 하는 방법으로 한다.[12]

② 사업시행계획에서 사업시행자의 명칭 또는 사무소 소재지를 변경하는 것은 경미한 변경사항이기는 하나(법 제50조 제1항 단서, 시행령 제46조 제9호), 사업시행자 변경은 단순히 명칭 또는 주소지를 변경하는 것이 아니고 사업시행계획변경인가는 종전 사업시행자와 법인격이 다른 새로운 토지등소유자에게 사업시행자의 지위를 부여하는 설권적 행위이므로 시장·군수등의 인가를 받아야 한다. 따라서 사업시행자를 변경하는 사업시행계획변경인가는 규약이 정하는 바에 따라 토지등소유자 과반수의 동의를 받아야 하며, 행정청이 인가한 때 비로소 효력이 발생한다.

나. 사업시행자 변경에 따른 권리·의무의 승계

도시정비법 제129조(구법 제10조)는 "사업시행자와 정비사업과 관련하여 권리를 갖는 자의 변동이 있은 때에는 종전의 사업시행자와 권리자의 권리·의무는 새로 사업시행자와 권리자로 된 자가 승계한다"고 정하고 있다. 권리자(정비사업과 관련하여 권리를 갖는 자)인 조합원 지위가 이전·승계된 경우 종전 조합원(양도인)과 조합 사이의 분양신청 등 각종 절차, 처분, 사법상 권리·의무관계 등이 양도인에게 그대로 승계된다는 점은 특별한 이견이 없다. 정비사업이 폐지되지 않고 사업시행자가 변경된 경우에도 ⓐ 새로운 사업시행자는 종전 사업시행자와 조합원 등 사이의 공법·사법적 권리·의무관계를 그대로 승계하고, ⓑ 종전

10 사업시행계획인가서 및 고시문 중 '사업시행자의 성명 및 주소'의 변경 내용을 기재한 부분을 사업시행자 변경지정으로 볼 수 있다.

11 김종보, "정비사업의 좌초와 시행자 변경", 행정법연구 제50호 (2017. 8.), 71은 "사업시행인가로 인해 사업시행자가 같이 정해지는 정비사업의 경우 사업시행자의 변경 방법이 사업시행인가의 변경이 될 수밖에 없다"고 보고 있다.

12 정비사업 사업시행자의 지위는 인가권자의 행정처분으로 부여되는 것이므로, 사업을 시행하려는 토지등소유자 사이의 매매 등 양수만으로 사업시행자의 지위가 이전되지 않는다(법제처 2005. 11. 4. 05-0060 해석례).

사업시행자에 대한 처분은 일정한 범위에서 새로운 사업시행자에게 승계된다고 보는 것이 타당하다.[13]

도시정비법 제129조의 사업시행자 변경을 반드시 도시정비법 제24조부터 제28조까지 정한 사업시행자 변경으로 한정하여 볼 이유는 없으므로, 토지등소유자가 시행하는 재개발사업에서 사업시행계획변경인가로 사업시행자가 변경된 경우도 위 규정을 근거로 종전 사업시행자와 다른 토지등소유자들 사이의 권리 · 의무가 새로운 사업시행자에게 승계된다고 볼 수 있다고 생각된다. 또한 통상 규약에서 사업시행자가 변경되면 새로운 사업시행자가 종전 사업시행자의 권리 · 의무를 승계하도록 정하고 있고, 다른 토지등소유자의 종전 토지 및 건축물에 대한 소유권 등의 권리는 사업시행자가 변경되었더라도 달라지지 않으므로 도시정비법령 및 관리처분계획을 매개로 한 사업시행자인 토지등소유자와 다른 토지등소유자의 법률관계는 그대로 유지되는 것으로 볼 수 있다.

Ⅲ. 사업시행계획인가

1. 사업시행계획인가의 성격

가. 최초 사업시행계획인가

(1) 사업시행자 지위를 부여하는 설권적 처분

기존에 사업시행자가 지정되지 않은 재개발사업에서 토지등소유자가 사업시행계획인가를 신청하여 그 인가처분을 받는 경우, 사업시행계획인가는 단순히 사업시행계획에 대한 보충행위로서 성질을 가지는 것이 아니라 도시정비법상 정비사업을 시행할 수 있는 권한을 가지는 행정주체의 지위를 부여하는 일종의 설권적 처분의 성격을 가진다(대법원 2013. 6. 13. 선고 2011두19994 판결).

따라서 사업시행계획의 내용이나 동의율 등의 하자를 다투는 경우 행정청을 상대로 사업시행계획인가를 다투어야 한다.[14] 사업시행자(토지등소유자)가 행정주체의 지위를 가지기 전에 수립한 사업시행계획은 인가처분의 요건 중 하나에 불과할 뿐 항고소송의 대상이 되는 독립된 행정처분에 해당하지 않는다(위 대법원 2011두19994 판결).

(2) 조합이 시행하는 정비사업과의 차이

조합이 시행하는 정비사업은 정비사업조합(추진위원회)이 토지등소유자 동의 등 요건과 절차를 갖추어 관할 행정청으로부터 조합설립인가를 받음으로써 사업시행자의 지위를 얻

13 자세한 내용은 [4]신탁업자가 시행 또는 대행하는 정비사업 II.1.다.(1)사업시행자 변경에 따른 권리 · 의무의 승계 범위 참고.

14 사업시행계획인가를 설권적 처분으로 본 대법원 2013. 6. 13. 선고 2011두19994 판결 이전에는 동의율을 충족하지 못한 것은 인가처분 자체의 하자로 보아 사업시행계획인가를 다투는 것은 적법하다고 보기도 하였다(서울고등법원 2010. 10. 7. 선고 2010누13441 판결).

게 되는 반면, 토지등소유자가 시행하는 재개발사업은 사업을 시행하려는 토지등소유자가 다른 토지등소유자의 동의를 얻어 사업시행계획인가를 신청하는 단계에서 사업시행자가 구체적으로 드러나고 관할 행정청으로부터 사업시행계획인가를 받음으로써 사업시행자의 지위를 얻게 된다(헌법재판소 2011. 8. 30. 선고 2009헌바128, 148 전원재판부 결정).

행정주체인 조합이 수립하여 인가 · 고시된 사업시행계획은 독립적 행정처분이고, 행정청의 인가처분은 강학상 인가로서 조합의 사업시행계획에 대한 법률상의 효력을 완성시키는 보충행위에 해당하므로 인가처분은 그 자체에 흠이 있는 경우에만 다툴 수 있는 것이 원칙이다(대법원 2001. 12. 11. 선고 2001두7541 판결 등). 이에 반해 토지등소유자가 시행하는 재개발사업은 별도의 조합설립행위 및 조합설립인가 없이 토지등소유자가 사업시행계획인가를 받은 때 비로소 행정주체의 지위를 갖는다는 점에서 다르다.

나. 사업시행계획변경인가

사업시행계획인가를 받은 토지등소유자가 도시정비법령 및 규약이 정하는 바에 따라 사업시행계획을 변경하여 인가처분을 받은 경우, 사업시행변경계획은 토지등소유자가 행정주체의 지위에서 수립한 것으로서 이해관계인에 대한 구속적 행정계획인 행정처분에 해당한다. 따라서 토지등소유자가 시행하는 개개발사업에서도 일반적인 조합 방식과 마찬가지로 사업시행변경계획의 하자는 사업시행변경계획을 대상으로 다투고, 행정청의 인가처분은 그 인가절차 자체에 하자가 있을 때 다툴 수 있다.

그러나 사업시행변경계획이 사업시행자를 변경하는 내용인 경우에는, 사업시행계획변경인가는 최초 사업시행계획인가와 마찬가지로 새로운 사업시행자(토지등소유자)에게 정비사업을 시행할 수 있는 권한을 가지는 행정주체의 지위를 부여하고 그에 상응하여 종전 사업시행자인 토지등소유자에 대한 권한 부여를 철회하는 것이므로 사업시행자 변경에 관해서는 설권적 처분의 성격을 갖는다고 볼 수 있다. 따라서 새롭게 사업시행자가 된 토지등소유자의 행정주체의 지위를 제거하기 위해서는 인가처분 자체도 다투어야 할 것으로 생각된다.

2. 사업시행계획(변경)인가의 신청

사업시행자가 되려는 토지등소유자는 도시정비법 제52조에 다른 사업시행계획서에 규약과 시행령 제10조 제2항에 정하는 서류를 첨부하여 시장 · 군수등에게 제출하고 사업시행계획인가를 받아야 한다(법 제50조 제1항). 이때 토지등소유자는 사업시행계획인가를 신청하기 전에 사업시행계획서에 대하여 토지등소유자 3/4 이상 및 토지면적 1/2 이상의 동의를 받아

야 한다(법 제50조 제6항 본문).[15]

사업시행자인 토지등소유자가 종전에 인가받은 사업시행계획을 변경하고자 하는 경우 규약이 정하는 바에 따라 토지등소유자 과반수의 동의를 받은 후 시장 · 군수등에게 사업시행계획의 변경인가를 신청한다(법 제50조 제6항 단서).

사업시행자인 토지등소유자가 종전에 인가받은 사업시행계획 중 도시정비법 제50조 제1항 단서에 따른 경미한 사항만을 변경하는 경우에는 토지등소유자의 동의를 반드시 받을 필요가 없다(법 제50조 제6항 단서). 사업시행자인 토지등소유자는 규약이 정하는 방법에 따라 사업시행계획을 변경한 후 시장 · 군수등에게 신고하여야 한다.

3. 토지등소유자의 동의

가. 동의 정족수

토지등소유자가 사업시행자가 되기 위해서는 사업시행계획인가를 신청하기 전에 사업시행계획서에 대하여 토지등소유자의 3/4 이상 및 토지면적의 1/2 이상의 동의를 받아야 한다(법 제50조 제6항). 사업시행자인 토지등소유자가 인가받은 사항을 변경하려는 경우에는 규약으로 정하는 바에 따라 토지등소유자의 과반수의 동의를 받아야 하며, 도시정비법 제50조 제1항 단서에 따른 경미한 사항만을 변경하는 경우에는 토지등소유자의 동의를 필요로 하지 않는다.

사업시행계획인가를 위한 토지등소유자의 동의요건에 관한 규정은 몇 차례 개정되었다. 도시정비법이 2005. 3. 18. 법률 제7392호로 개정되면서 동의요건을 법률에서 정하지 않고 규약에서 정하도록 하였으나, 헌법재판소가 법률유보 내지 의회유보원칙에 위배된다고 보아 단순위헌 결정하여 효력을 상실하였다(헌법재판소 2011. 8. 30. 선고 2009헌바128, 148 전원재판부 결정, 헌법재판소 2012. 4. 24. 선고 2010헌바1 전원재판부 결정).[16]

이후 도시정비법이 2009. 2. 6. 법률 제9444호로 개정되면서 종전과 달리 일정 비율 이상의 토지 면적 소유자들의 동의를 요건에서 제외하고 오로지 토지등소유자 3/4 이상의 동의만 받도록 하였다. 위 동의요건을 적용하면 소수 토지의 소유자들이 인원 수가 많다는 이유로 정비사업을 좌지우지하면서 대토지 소유자들이 오히려 차별받는 문제가 발생한다. 이 같은 이유로 2017. 2. 8. 법률 제14567호로 전부 개정되면서 조합설립동의요건과 동일하게 토지 면적 1/2 이상의 토지등소유자 동의를 요건으로 다시 추가하였다. 위 개정규정

15 도시정비법 제50조 제1항은 사업시행자의 지위를 전제하고 있으나, 토지등소유자가 시행하는 재개발사업은 별도의 조합설립 절차 없이 토지등소유자가 사업시행계획인가 신청을 할 때 비로소 사업시행자가 구체적으로 드러나는 것이므로, 아직 사업시행자의 지위에 있지 않은 토지등소유자가 도시정비법 제50조 제1항에 따라 사업시행계획인가를 신청하면 된다고 볼 수 있다.

16 위 위헌결정 당시에는 이미 도시정비법이 2009. 2. 6. 법률 제9444호로 개정되어 동의 정족수를 법률에서 정하고 있었다.

에 따라 강화된 동의요건은 위 전부개정법률의 시행일인 2018. 2. 9. 이후 최초로 사업시행계획인가를 신청하는 경우부터 적용된다(법 부칙(2017. 2. 8.) 제10조 제2항).

표 2 ▎사업시행계획인가 동의요건의 변천

개정 법률	사업시행계획인가 동의요건
구 도시재개발법 제22조	② 토지등의 소유자 또는 조합이 제1항의 규정에 의하여 시행인가를 신청할 때에는 재개발구역안의 토지면적의 3분의 2 이상의 토지소유자의 동의와 토지소유자 총수 및 건축물소유자 총수의 각 3분의 2 이상에 해당하는 자의 동의를 얻어야 한다.
2002. 12. 30. 법률 제6852호 제정법률 제28조	④ 사업시행자(시장 · 군수 또는 주택공사등을 제외한다)는 제1항의 규정에 의한 사업시행인가를 신청하기 전에 사업시행계획서의 내용에 대하여 미리 정비구역안의 토지면적의 3분의 2 이상의 토지소유자의 동의와 토지등소유자의 5분의 4 이상의 동의를 얻어야 한다. 다만 ... 제1항 단서의 규정에 의한 경미한 사항의 변경인 경우에는 토지소유자와 토지등소유자의 동의를 필요로 하지 아니한다.
2005. 3. 18. 법률 제7392호 일부 개정법률 제28조	④ 사업시행자(시장 · 군수 또는 주택공사등을 제외한다)는 사업시행인가를 신청(인가받은 내용을 변경하거나 정비사업을 중지 또는 폐지하고자 하는 경우를 포함한다)하기 전에 미리 정관등이 정하는 바에 따라 토지등소유자(주택재건축사업인 경우에는 조합원을 말하며, 이하 이 항에서 같다)의 동의를 얻어야 한다 ...
2007. 12. 21. 법률 제8785호 일부 개정법률 제28조	⑤ (개정 전 제4항이 제5항으로 옮겨 옴)
2009. 2. 6. 법률 제9444호 일부 개정법률 제28조	⑦ 제8조 제3항에 따라 도시환경정비사업을 토지등소유자가 시행하고자 하는 경우에는 사업시행인가를 신청하기 전에 제30조에 따른 사업시행계획서에 대하여 토지등소유자의 4분의 3 이상의 동의를 얻어야 한다. 다만, 인가받은 사항을 변경하고자 하는 경우에는 규약이 정하는 바에 따라 토지등소유자의 과반수의 동의를 얻어야 하며, 제1항 단서에 따른 경미한 변경인 경우에는 토지등소유자의 동의를 필요로 하지 아니한다.
2017. 2. 8. 법률 제14567호 전부 개정법률 제50조	④ 토지등소유자가 제25조 제1항 제2호에 따라 재개발사업을 시행하려는 경우에는 사업시행계획인가를 신청하기 전에 사업시행계획서에 대하여 토지등소유자의 4분의 3 이상 및 토지면적의 2분의 1 이상의 토지소유자의 동의를 받아야 한다. 다만, 인가받은 사항을 변경하려는 경우에는 규약으로 정하는 바에 따라 토지등소유자의 과반수의 동의를 받아야 하며, 제1항 단서에 따른 경미한 사항의 변경인 경우에는 토지등소유자의 동의를 필요로 하지 아니한다.
2021. 3. 16. 법률 제17943호 일부 개정법률 제50조	⑥ (개정 전 제4항이 제6항으로 옮겨 옴)

나. 동의자수 산정 방법

토지등소유자가 시행하는 재개발사업에서 토지등소유자 및 동의자 수를 산정하는 방법은 조합이 시행하는 경우와 기본적으로 동일하다.[17] 이하에서는 사업시행자인 토지등소유자 측의 동의자 수 산정에 적용되는 몇 가지 내용만을 다룬다.

(1) 토지등소유자가 정비구역 지정 후에 정비사업을 목적으로 취득한 토지 또는 건축물

토지등소유자가 시행하는 재개발사업은 사업시행자가 될 토지등소유자가 정비구역지정 이후에 정비사업을 목적으로 토지 또는 건축물을 취득하여 1인이 다수의 토지 또는 건축물을 소유하는 형태가 되더라도, 정비구역 지정 이후에 취득한 토지 또는 건축물은 정비구역 지정 당시의 소유형태를 기준으로 토지등소유자 수를 산정한다(시행령 제33조 제1항 제1호 (다)목 단서).[18] 재개발사업을 시행하려는 토지등소유자는 사업시행계획인가 신청에 앞서 적극적으로 토지 또는 건축물을 매수하게 되는데, 위와 같은 사업시행자에 대해서 다른 토지등소유자들과 마찬가지로 단지 사업시행계획인가시를 기준으로 그 토지등소유자 수를 산정하게 될 경우 정비사업을 시행하기 위해 토지 또는 건축물을 취득하였음에도 그 전부에 대해 1인의 토지등소유자만으로만 산정하여 사업시행계획인가를 위해 필요한 동의요건을 갖추기 어렵게 된다. 사업시행자의 지위를 취득한 후에도 계속 토지 또는 건축물을 매수하게 되는데, 사업시행계획변경인가를 신청할 때도 같은 문제가 발생한다. 이와 같은 불합리한 결과를 방지하기 위해 위와 같은 단서 규정이 마련되었다.[19·20]

---

17 자세한 내용은 **[8]토지등소유자의 동의 IV.토지등소유자 및 동의자 수 산정 방법** 참고.

18 위 시행령 제33조 제1항 제1호 ㈐목 단서의 문언은 "정비구역 지정 당시의 토지 또는 건축물의 소유자를 토지등소유자의 수에 포함하여 산정하되, 이 경우 동의 여부는 이를 취득한 토지등소유자에 따른다"라는 것인데, 결국 사업시행자가 토지 또는 건축물을 취득한 경우에는 그 토지등소유자의 수는 정비구역 지정 당시의 수가 유지된다는 취지로 볼 수 있다. 여기서는 '단서 규정'으로 약칭한다.

19 위 단서 규정의 취지는 "도시환경정비사업을 시행하려는 토지등소유자가 사업시행인가 신청에 앞서 적극적으로 토지 또는 건축물을 매수할수록 동의대상자 및 동의자인 토지등소유자의 수가 줄어들어 결과적으로 동의율이 낮아지는 불합리한 결과를 방지하기 위한 것"(대법원 2015. 6. 11. 선고 2013두14337 판결, 대법원 2015. 6. 11. 선고 2013두15262 판결) 또는 "위 시행령 규정은 사업시행인가의 신청요건을 쉽게 갖출 수 있도록 하고, 시행인가신청을 하고자 하는 자로 하여금 사업수행에 필요한 토지의 취득을 촉진하기 위하여 마련된 것"(서울고등법원 2010. 10. 7. 선고 2010누13441 판결)으로 설명된다.

20 구 도시재개발법 시행 당시에는 법령상 별도의 규정은 없이 서울특별시의 「도심재개발 행정실무」, 각 사업별 사업규약에서 이 같은 사업시행자에 대한 특례를 인정하여 왔다. 구 도시재개발법을 승계한 도시정비법은 제정 당시에는 별도의 규정을 두고 있지 않았으나 시행령이 2005. 5. 18. 대통령령 제18830호로 개정되면서 단서 규정이 도입되었다. 다만 위 개정 시행령 규정(제28조 제1항 제1호 ㈐목 단서)은 현재와 같은 "정비구역 지정 당시의 토지 또는 건축물의 소유자[를] ... 토지등소유자의 수에 포함하여 산정한다"가 아닌 "종전 소유자[를] ... 토지등소유자의 수에 포함하여 산정한다"로 되어 있어 위 '종전 소유자'가 사업시행자가 매수한 토지 또는 건축물의 직전 소유자인지, 아니면 정비구역 지정 당시의 소유자인지를 놓고 다툼이 있었다(서울행정법원 2010. 10. 21. 선고 2009구합31656 판결은 '정비구역 지정 당시의 소유자'로 보았다). 법제처는 '종전 소유자'란 '정비구역 지정 당시의 소유자'라는 법령해석을 제시하였고(법제처 2013. 2. 25. 회신 12-

① 위 단서 규정은 사업시행자에 대한 토지등소유자 수 산정시점을 '정비구역 지정 당시'로 정하고 있는데, 정비구역이 2 이상의 지구로 분할되면서 정비구역 변경지정이 이루어졌다고 하더라도, 그 토지등소유자 산정은 '정비구역 변경지정일'이 아닌 '최초 정비구역 지정일'로 보는 것이 타당하다.[21] 지구 분할은 사업의 효율적인 추진을 위한 것으로서 새로운 정비구역 지정으로 보기 어렵고, 지구 분할 전에 토지 등을 취득한 사업시행(예정)자에게 지구 분할을 기준으로 1인의 토지등소유자의 지위만을 인정하는 것은 사업시행자에게 불측의 손해를 안기고 위 단서 규정의 취지에도 맞지 않으므로, 단서 규정의 '정비구역 지정 당시'는 '최초 정비구역 지정일'로 해석하는 것이 합리적이다.

② 위 단서 규정은 "재개발사업으로서 법 제25조 제1항 제2호에 따라 토지등소유자가 재개발사업을 시행하는 경우"의 문언과 그 취지로 볼 때 토지등소유자가 시행하는 재개발사업(구 도시환경정비사업)에 적용되는 것임이 명백하고, 조합이 시행하는 재개발사업에서 위 단서 규정을 근거로 토지등소유자 수를 산정하기 어렵다.[22]

(2) 재개발사업을 시행하려는 토지등소유자가 담보신탁 또는 처분신탁을 설정한 토지 또는 건축물

토지등소유자가 시행하는 재개발사업은 1인의 토지등소유자가 스스로 자금을 조달하여 사업을 진행한다. 사업시행자인 토지등소유자는 대출에 대한 담보를 위해 신탁회사와 담보신탁 또는 처분신탁계약을 체결한 후, 그 소유 토지 또는 건축물을 신탁회사에 위탁하고 대외적인 소유권자인 신탁회사로 하여금 사업시행계획(변경)인가를 받아 사업을 진행하도록 한다. 이때 신탁재산의 대내외적인 소유권은 모두 수탁자에게 귀속되기 때문에(대법원 2013. 1. 24. 선고 2010두27998 판결 등), 시행령 제33조 제1항 제1호 (다)목이 예정한 여러 토지 및 건축물의 소유권이 모두 신탁회사 1인에게 귀속됨으로 인해 사업시행자 측의 동의자 수가 감소하는 문제가 발생한다.

이에 대해 대법원은 구 도시환경정비사업을 시행하려는 토지등소유자가 그 소유 또는

0672 해석례), 시행령이 2014. 9. 24. 대통령령 제25633호로 개정되면서 현재와 같은 규정이 되었다.

21 서울고등법원 2010. 10. 7. 선고 2010누13441 판결, 서울행정법원 2010. 10. 21. 선고 2009구합31656 판결.

22 예외적인 상황이기는 하나 조합 방식에서도 위 단서 규정과 같이 토지등소유자 수를 산정할 필요가 있기는 하다. 가령 조합이 시행하는 구 도시환경정비사업에서 정비사업조합이 협의, 수용 등의 방법으로 토지 등을 취득한 후 정비사업에 반대하는 토지등소유자들이 과반수 토지등소유자들의 동의를 모아 조합해산을 신청한 경우(구법 제16조의2 제1항, 2012. 2. 1. 법률 제11293호로 신설되어 2016. 1. 31.까지 한시적으로 적용) 신청시를 기준으로 보면, 전체 토지등소유자의 수는 정비사업조합의 협의, 수용 등의 과정에서 감소하였으므로 일부 토지등소유자의 신청만으로 조합해산을 위한 과반수 찬성을 비교적 쉽게 달성할 수 있다. 구 도시환경정비사업은 주택재개발사업에 비해 토지등소유자 수가 적어 이런 불합리한 문제가 발생할 가능성이 더 높다. 다만 위 단서 규정의 취지나 문언상 조합 방식에 위 단서 규정을 적용하기 어렵고, 조합 설립 이후 조합원이 아닌 토지등소유자의 동의를 받는 처분은 많지 않으므로 특별히 문제되기는 어렵다.

새로 취득한 토지 또는 건축물에 대하여 담보신탁 또는 처분신탁을 설정한 경우, 사업시행자로서 사업시행계획인가를 신청하는 토지등소유자는 수탁자가 아닌 위탁자이며, 토지등소유자의 자격 및 동의자수도 위탁자를 기준으로 산정한다고 판단하였다(대법원 2015. 6. 11. 선고 2013두14337 판결, 대법원 2015. 6. 11. 선고 2013두15262 판결). 토지등소유자가 시행하는 구 도시환경정비사업에서 시행령 제33조 제1항 제1호 (다)목와 같이 토지등소유자가 사업시행계획인가 신청에 앞서 적극적으로 토지 또는 건축물을 매수할수록 동의 대상자 및 동의자인 토지등소유자의 수가 줄어들어 결과적으로 동의율이 낮아지는 불합리한 결과를 방지할 필요가 있고, 토지등소유자가 구 도시환경정비사업의 시행을 위하여 부동산을 신탁한 경우 구 도시환경정비사업의 시행 및 토지등소유자의 동의 절차에서는 해당 부동산에 관한 소유권 등의 행사 및 그 사업 시행에 직접 이해관계를 가지는 종전 토지등소유자인 위탁자가 주체가 되어 그의 의견이 반영될 수 있도록 하는 것이 타당하다는 것이다.

⑶ 국가 또는 지방자치단체의 동의 간주

국가 또는 지방자치단체의 동의는 반드시 서면 등에 의하여 명시적으로 표시될 필요가 없으며, 조합설립 동의의 경우 해당 정비사업조합에 대한 설립을 인가하는 관할관청이 대표하는 지방자치단체가 정비구역 내에 토지를 소유하는 경우에 그 지방자치단체는 조합설립인가를 통하여 해당 정비사업조합의 설립에 동의한 것으로 볼 수 있고, 국가 또는 정비구역 지정권자가 대표자로 있는 지방자치단체가 정비사업 자체나 해당 정비사업조합에 의한 사업추진에 대하여 명시적으로 반대의 의사를 표시하거나 반대하였다고 볼 수 있는 행위를 하지 아니하였다면 국가 또는 지방자치단체는 관할관청의 인가에 의하여 이루어지는 해당 정비사업조합의 설립에 동의한 것으로 볼 수 있다(대법원 2014. 4. 14. 선고 2012두1419 전원합의체 판결).

토지등소유자가 시행하는 재개발사업에서 사업시행(변경)계획의 인가신청을 위한 토지등소유자의 동의에서도 관할관청이 대표하는 지방자치단체의 동의는 그 인가처분으로서 간주되고, 국가 또는 정비구역 지정권자가 대표자로 있는 지방자치단체는 사업추진에 대하여 명시적으로 반대의 의사를 표시하거나 반대하였다고 볼 수 있는 행위를 하지 아니하였다면 그 역시 동의가 간주된다고 볼 수 있다.[23] 구 도시재개발법에 따라 토지소유자가 시행하는 도심재개발사업에서 위 토지등소유자가 신청한 사업시행계획 인가신청에 대해 관할관청(인가관청)의 동의가 간주되었다(대법원 2005. 3. 11. 선고 2004두138 판결).

---

23 위 대법원 2012두1419 전원합의체 판결은 조합설립 동의에 대한 사안이나, "토지 또는 건축물 소유자인 국가 또는 지방자치단체의 정비사업조합 설립을 비롯한 정비사업의 추진에 관한 동의의 의사는 반드시 서면 등에 의하여 명시적으로 표시될 필요는 없다"고 판시하여 반드시 서면에 의하여 명시적으로 표시할 필요가 없는 동의는 조합설립 동의로 국한되지 않는다고 볼 수 있다.

다. 동의 방법

정비사업을 시행하려는 토지등소유자의 사업시행계획인가 신청에 대한 동의 또는 철회는 조합설립동의 등과 마찬가지로 서면동의서에 토지등소유자가 성명을 적고 지장을 날인한 후 주민등록증, 여권 등 신원을 확인할 수 있는 신분증명서의 사본을 첨부하는 방법으로 한다(법 제36조 제1항 제10호).[24] 동의에 대한 철회는 정비사업을 시행하려는 토지등소유자가 사업시행계획인가를 신청하기 전까지 할 수 있다(시행령 제33조 제2항 제1호).

라. 동의 정족수의 판단 시점

사업시행계획인가를 위한 동의 정족수 및 동의율은 그 인가신청시를 기준으로 판단한다(대법원 2015. 6. 11. 선고 2013두14337 판결, 대법원 2015. 6. 11. 선고 2013두15262 판결 등). 정비사업을 시행하려는 토지등소유자는 인가신청 전에 사업시행계획서에 대한 토지등소유자들의 동의를 받아야 하고 그 동의에 대한 철회는 인가신청시까지만 가능하므로(법 제50조 제6항, 시행령 제33조 제2항 제1호), 도시정비법령은 인가신청시를 기준으로 동의 여부를 결정하도록 하고 있는 점, 인가신청 후 인가처분 사이의 기간에도 토지등소유자는 언제든지 자신의 토지 및 건축물 등을 처분하거나 분할·합병하는 것이 가능한데, 행정청이 처분일을 기준으로 다시 일일이 소유관계를 확인하여 정족수를 판단하기는 현실적으로 어려울 뿐만 아니라 처분시점이 언제냐에 따라 동의율이 달라질 수 있는 점, 만일 처분일을 기준으로 동의율을 산정하면 인가신청 후에도 소유권변동을 통하여 의도적으로 동의율을 조작하는 것이 가능하게 되는 점 등을 고려하면 인가를 위한 동의 정족수는 인가신청시를 기준으로 판단하는 것이 타당하다.[25]

따라서 원칙적으로 정비사업을 시행하려는 토지등소유자가 행정주체의 지위를 부여받은 최초 사업시행계획인가는 그 인가신청시를 기준으로, 사업시행자인 토지등소유자가 사업시행계획을 변경(사업시행자 변경 포함)하기 위한 변경인가는 그 변경인가신청시를 기준으로 동의 정족수를 판단한다.

그러나 토지등소유자는 조합원과 달리 지분쪼개기를 방지하는 규정이 따로 없어 공유지분 양수 등의 방법으로 토지등소유자 수가 늘어나는 문제가 있다. 이에 도시정비법이 2022. 6. 10. 법률 제18941호로 개정되면서 토지등소유자가 시행하는 재개발사업에서 토지등소유자 수 산정기준일 등에 대한 도시정비법 제36조의2의 특례를 신설하였으며, 위 개정규정은 위 일부개정법률의 시행일인 2022. 12. 11. 이후 최초로 정비계획의 변경을 제안하거나 사업시행계획인가를 신청하는 경우부터 적용한다(법 부칙(2022. 6. 10.) 제3조). 따라서 2022. 12.

---

24 서울시 정비조례는 법정동의서 서식을 정하고 있다(서울시 정비조례 시행규칙 제12조 제1항 [별지 제20호 서식]).

25 위 대법원 2013두14337 판결은 조합설립인가신청에 관한 대법원 2014. 4. 24. 선고 2012두21437 판결을 인용하여 사업시행계획인가신청의 경우에도 인가신청시를 기준으로 동의 정족수를 판단한다고 보고 있다. 위 대법원 2012두21437 판결의 논거 중 일부는 사업시행계획인가신청에도 그대로 적용할 수 있다.

11. 이후 최초로 사업시행계획인가를 신청하는 경우 그 직전에 정비구역 변경지정 · 고시가 있는 경우는 그 변경지정 · 고시일, 변경지정 · 고시가 없거나 정비구역 지정 · 고시 후에 정비사업을 목적으로 취득한 토지 또는 건축물에 대해서 정비구역 지정 · 고시일을 기준으로 토지등소유자 수를 산정하며, 위 산정기준일 이후 1명의 토지등소유자로부터 토지 또는 건축물의 소유권이나 지상권을 양수하여 여러 명이 소유하게 된 때에는 그 여러 명을 대표하는 1명을 토지등소유자로 본다.

Ⅳ. 규약

1. 규약의 효력

규약은 사업시행자인 토지등소유자가 정비사업의 시행을 위해 정해야 하는 것으로서, 통상 '사업규약', '자치규약' 등으로 부른다. 정비사업을 시행하려는 토지등소유자가 사업시행계획에 대한 인가신청을 할 때 사업시행계획서에 규약을 첨부하여야 하며(법 제50조 제1항), 시공자 선정, 사업시행계획의 변경인가는 규약에 따른다(법 제29조 제5항, 제50조 제6항).

도시정비법은 규약을 정관, 시행규정과 함께 '정관등'으로 정의하여 정비사업의 각종 절차에서 조합 정관과 유사하게 취급한다.

사업시행계획인가를 받은 토지등소유자 1인이 토지를 현물출자한 다른 토지등소유자들과 일종의 단체를 구성한다는 관점에서 보면 규약은 조합 정관과 같이 자치규범의 성격을 갖는다고 볼 수 있다.[26] 단체 관계를 전제하지 않는다 하더라도 사업시행자인 토지등소유자는 다른 토지등소유자의 동의를 받아 작성한 규약에 따라 정비사업을 시행하는 제약을 받으므로, 규약은 사업시행자가 아닌 다른 토지등소유자의 권리를 보호하기 위해 도시정비법으로 특별한 효력을 부여하는 취지로도 볼 수 있다.

도시정비법은 정비사업조합의 구성과 운영을 자세히 정하는 한편 정관에 위임할 사항도 구체적으로 정하고 있으나, 토지등소유자가 시행하는 재개발사업에 대해서는 사업시행계획인가를 변경하려면 "규약으로 정하는 바에 따라 토지등소유자의 과반수의 동의를 받아야 [한다]"는 점 이외에는 특별히 정하고 있지 않다(법 제50조 제6항 단서).[27] 따라서 도시정비법에서 직접 '사업시행자' 또는 '토지등소유자'의 권리 · 의무로 정한 사항 이외에는 규약이 정하는 방

---

26 서울고등법원 2010. 2. 2. 선고 2009누20238 판결은 규약이 해당 정비구역내 토지등소유자들을 규율하는 자치규범이므로 규약이 일정한 동의요건을 갖추어 성립하였다면 정비구역내 토지등소유자가 그 규약에 동의하였는지를 불문하고 효력이 미친다고 보았다.

27 규약으로 총회에서 일반 의사 · 의결정족수(토지등소유자 과반수 출석과 출석 토지등소유자 과반수 찬성)로 의결하도록 정하고 있다 하더라도, 사업시행계획의 변경인가신청은 도시정비법이 정한 대로 토지등소유자 과반수의 동의가 있어야 한다. 위 도시정비법 제50조 제4항 단서의 '규약으로 정하는 바에 따라'는 의결의 방법과 절차 정도를 의미하는 것으로 해석된다.

법으로 정비사업을 시행할 수 있다.

2. 규약의 작성 및 변경

도시정비법은 규약의 작성에 대한 토지등소유자의 동의요건 등을 별도로 정하고 있지는 않다. 종전 판결에서는 사단법인의 정관 변경에 관한 민법 제42조 제1항을 유추적용하여 토지등소유자 2/3 이상의 동의를 요한다거나,[28] 규약의 작성은 조합의 설립과 유사하므로 조합설립에 관한 동의 정족수 규정을 유추하여 그 동의를 받아야 한다고 보기도 하였다.[29] 정비사업을 시행하려는 토지등소유자는 사업시행계획서에 규약을 첨부하여 인가신청을 하여야 하고 그 인가신청 전에 사업시행계획서에 대해 토지등소유자의 동의를 받도록 한 점을 놓고 보면(법 제50조 제1항, 제6항), 규약은 사업시행계획인가 신청과 동일한 토지등소유자의 동의를 받아야 할 것으로 생각된다.[30]

규약의 변경도 별도로 정해져 있지 않으나, 종전 사업시행계획의 인가신청 과정에서 규약이 성립하여 효력을 갖게 되었으므로 규약이 정한 변경 절차와 요건에 따르면 될 것으로 생각된다.[31]

3. 규약의 내용

현재 시행되는 도시정비법령에는 규약에서 정할 사항을 따로 정하고 있지 않으나, 구 시행령(2018. 2. 9. 대통령령 제28628호로 전부 개정되기 전의 것) 제41조 제4항은 사업시행계획서에 첨부할 자료인 '토지등소유자가 자치적으로 정하여 운영하는 규약'에서 정할 내용을 정하고 있었다. 조합 정관에 준하여 사업의 내용, 사업시행자의 권한, 사업시행자가 아닌 토지등소유자의 권리 · 의무 및 총회 의결, 분양절차 등을 정하는 경우도 많은 것으로 보인다.

구 시행령 제41조(사업시행계획서의 작성) ④ 제2항 제13호의 규정에 의한 규약에는 다음 각호의 사항중 당해 정비사업에 필요한 사항이 포함되어야 한다.

1. 정비사업의 종류 및 명칭
2. 주된 사무소의 소재지

---

28 서울고등법원 2009. 12. 11. 선고 2009누14844 판결, 서울고등법원 2010. 7. 23. 선고 2009누21071 판결, 서울행정법원 2010. 10. 21. 선고 2009구합31656 판결.

29 대법원 2011. 6. 30. 선고 2010두1347 판결[다만 이 판결 사안은 사업시행계획 인가신청에 대한 토지등소유자들의 동의 정족수를 법률에 정하지 않고 규약에 위임한 구 도시정비법(2005. 3. 18. 법률 제7392호로 개정되어 2009. 2. 6. 법률 제9444호로 개정되기 전의 것)이 적용되는 것이다].

30 사업시행계획 인가신청에 토지등소유자 3/4 이상의 동의를 필요로 하는 구 도시정비법(2009. 2. 6. 법률 제9444호로 개정되어 2017. 2. 8. 법률 제14567호로 전부 개정되기 전의 것)이 적용된 사안에서는 서울행정법원 2021. 4. 12. 선고 2011구합14364 판결.

31 통상 전체 토지등소유자 과반수 출석과 출석 토지등소유자 과반수 찬성이라는 일반 의결정족수로 정하고 있다.

3. 비용부담에 관한 사항(사업시행자인 토지등소유자와 사업시행자가 아닌 토지등소유자의 비용부담이 균형을 잃지 아니하도록 하는 내용과 부담하는 비용의 납부시 기·납부방법 등에 관한 사항이 포함되어야 한다) 4. 업무를 대표할 자 및 임원을 정하는 경우에는 그 자격·임기·업무분담·선임방법 및 업무대행에 관한 사항 5. 총회 및 대의원회 등의 조직에 관한 사항 6. 회의에 관한 사항 7. 토지등소유자의 권리·의무에 관한 사항 8. 제31조 제4호 내지 제10호의 사항 9. 규약 및 사업시행계획서의 변경에 관한 사항

V. 사업의 시행

1. 총회 등의 구성 및 운영

통상 규약에는 전체 토지등소유자들로 구성된 의사결정기관인 총회를 예정하고 있으나, 조합이 시행하는 정비사업의 총회와 달리 임의적인 기관에 불과하다. 따라서 도시정비법의 조합 총회 구성 및 운영에 관한 각종 규정은 직접 적용되지 않으며,[32] 사업시행계획인가신청 과정에서 작성한 규약에 따르면 된다. 다만 규약에서 총회 운영을 조합에 준하여 정하는 경우도 많고, 규정이 없더라도 도시정비법의 조합에 관한 규정이나 민법의 사단법인에 관한 규정을 준용할 수 있을 것이다.

효율적인 의사결정을 위해 조합의 이사회 또는 대의원회 정도에 해당하는 '운영위원회' 등 별도의 기관을 두기도 한다.

2. 시공자 선정

정비사업의 계약체결은 일반경쟁입찰이 원칙이고, 그 계약의 방법 및 절차는 계약업무처리기준(국토교통부고시)으로 정해져 있다(법 제29조 제1항, 제3항). 또한 정비사업 공공지원의 시행을 위한 방법과 절차, 기준, 시공자 선정시기 등 필요한 사항은 시 · 도조례로 정할 수 있으며(법 제118조), 서울특별시는 조례로 조합이 시행하는 정비사업을 공공지원 대상사업으로 정하면서 공공지원 시공자 선정기준(서울특별시 고시)으로 시공자 선정방법 등을 정하고 있다(서울시 정비조례 제73조 등).

그러나 토지등소유자가 시행하는 재개발사업은 도시정비법 제29조 제1항에도 불구하

32 사업시행계획인가에 대한 동의서가 총회 이후에 비로소 제출되었다 하더라도 규약에 따른 요건만 갖추면 유효하다(대법원 2011. 6. 30. 선고 2010두238 판결).

고 사업시행계획인가를 받은 후 규약에 따라 시공자를 선정하도록 하여(법 제29조 제5항), 도시정비법 제29조의 일반경쟁입찰 원칙(제1항), 계약업무 처리기준의 적용(제3항)이 배제되는 것으로 해석된다. 또한 서울특별시의 공공지원 대상사업은 '조합이 시행하는 정비사업'이므로, 토지등소유자가 시행하는 재개발사업은 공공지원 시공자 선정기준의 적용을 받지 않는다.[33]

결국 토지등소유자가 시행하는 재개발사업에서 시공자 선정은 시기(사업시행계획인가를 받은 후)의 제한만 받으며, 그 이외에는 규약이 정하는 총회 의결 등을 거치면 될 것으로 생각된다.

다만 도시정비법은 시공자 선정 등에 관해 금품, 향응 또는 그 밖의 재산상 이익 제공 등을 금지하고 그 위반시 형사처벌하도록 정하고 있는데(법 제135조 제2호, 제132조), 이 규정의 적용대상은 '제29조에 따른 계약 체결'이므로 제29조 제5항에 따라 시공자를 선정하는 토지등소유자가 시행하는 재개발사업 역시 위 규정이 적용된다.

참고자료

김종보, "도시환경정비사업에서 시행자와 사업절차의 특수성", 법학논문집 제31집 제1호 (2007)
김종보, "정비사업의 좌초와 시행자 변경", 행정법연구 제50호 (2017. 8.)

33 서울시 정비조례 제73조(공공지원의 대상사업) 법 제118조 제1항에서 "시 · 도조례로 정하는 정비사업"이란 법 제25조에 따른 조합이 시행하는 정비사업(조합이 건설업자 또는 등록사업자와 공동으로 시행하는 사업을 포함한다)을 말한다. 다만 법 제16조에 따라 정비구역 지정 · 고시가 있은 날의 토지등소유자의 수가 100명 미만으로서 주거용 건축물의 건설비율이 50퍼센트 미만인 도시정비형 재개발사업은 제외한다.

[4] 신탁업자가 시행 또는 대행하는 정비사업

I. 신탁 방식의 정비사업

1. 신탁업자의 정비사업 시행 또는 대행의 취지

도시정비법은 2015년, 2016년 개정을 통해 신탁업자가 정비사업을 시행 또는 대행할 수 있는 근거를 마련하였다. 신탁업자가 일정 비율 이상의 토지등소유자의 동의 및 신탁계약을 갖추면, 조합과 같은 사업시행자로서 정비사업을 시행하거나, 조합 등 종전 사업시행자는 그대로 남은 채 사업대행자로서 대행사항에 관해 사업시행자의 권한을 행사할 수 있다.

신탁업자가 사업시행자로 지정되어 정비사업을 시행하는 경우 사업시행자의 지위와 권한은 조합과 다르지 않으며, 정비사업의 중요한 사항에 관해 전체 토지등소유자로 구성된 토지등소유자 전체회의 의결을 받아야 하는 등 단지 조합을 대체하는 법적 주체로서 입법된 측면이 있다. 또한 신탁업자는 사업시행에 따른 신탁보수만을 받을 수 있고 정비사업의 이익과 손실은 시행규정과 신탁계약을 통해 토지등소유자에게 최종 귀속된다는 점에서, 신탁업자가 사업을 시행하는 것은 사실상 사업을 대행하는 것에 가까운 것으로 생각된다.

사업대행 방식은 사업대행자가 사업시행자의 업무를 집행하고 재산을 관리한후 사업시행이 완료되면 사업시행자에게 그 보수 또는 비용을 청구하는 방식으로서, 시행대행자로 하여금 시행사업으로 인한 과중한 책임은 경감하고, 시행사업에 대한 전문성이 있는 시행대행자의 시행대행방식을 통한 조력을 활용하여 사업시행사의 시행사업을 원활하고 효율적으로 진행하기 위한 취지로 볼 수 있다. 종전의 사업대행자 제도는 기존의 사업시행자를 변경하거나 사업승인을 취소하지 않고 정비사업의 완료를 위해 해당 정비사업의 시행을 기존의 사업시행자가 아닌 다른 자에게 강제위임하는 취지였으나,[1] 도시정비법이 일정 비율 이상의 토지등소유자의 동의 및 신탁계약을 갖춘 신탁업자가 사업을 대행할 수 있도

1 용석남, "신탁방식의 정비사업에 관한 연구", 석사학위 논문, 서울대학교 (2020), 71; 이우재(상), 205.

록 하면서 활용의 범위가 넓어졌다. 조합이 이미 설립되어 있으나 시공자 선정, 사업자금 조달 등에 어려움을 겪는 사업장에서 사업대행방식이 널리 활용되고 있다.

2. 신탁업자가 시행 또는 대행하는 정비사업 범위

신탁업자가 토지등소유자의 동의를 받아 시행할 수 있는 정비사업은 재개발사업과 재건축사업이다. 도시정비법상의 정비사업 중 주거환경정비사업은 시장 · 군수등이 직접 시행하거나 시장 · 군수등으로부터 사업시행자 지정을 받은 토지주택공사등, 민관합동법인이 시행할 수 있을 뿐 신탁업자가 시행할 수 있는 근거는 없다(법 제24조 제1항, 제2항).[2] 2017. 2. 8. 법률 제14569호로 구 도시정비법에서 분리되어 제정된 소규모주택정비법은 가로주택정비사업, 소규모재건축사업 또는 소규모재개발사업에서 도시정비법과 동일하게 신탁업자를 사업시행자로 지정할 수 있도록 하고 있고, 토지등소유자 전체회의에 관한 도시정비법 제48조를 준용한다(소규모주택정비법 제19조, 제56조).

신탁업자가 토지등소유자의 동의를 받아 대행할 수 있는 정비사업은 재개발사업과 재건축사업이다(법 제28조 제1항). 소규모주택정비법은 2017. 2. 8. 법률 제14569호로 제정될 당시에는 대행에 관한 규정을 두고 있지 않았으나 사업대행의 필요성은 재개발사업 · 재건축사업과 동일하므로, 2019. 8. 20. 법률 제16496호로 개정되면서 가로주택정비사업, 소규모재건축사업 및 소규모재개발사업의 사업대행자 지정에 관해 도시정비법 제28조를 준용하도록 하는 방법으로 대행 방식을 허용하였다(소규모주택정비법 제19조, 제56조).

3. 신탁업자의 정비사업 시행 또는 대행에 관한 규정의 개정 경과

가. 신탁업자의 정비사업 시행에 관한 규정

2002. 12. 30. 법률 제6852호로 제정된 도시정비법은 시장 · 군수가 정비구역안의 토지면적의 1/3 이상의 토지를 신탁받은 부동산신탁회사를 사업시행자로 지정하여 정비사업을 시행할 수 있도록 하였으나 그 사유가 천재 · 지변 그 밖의 불가피한 사유로 인하여 긴급히 정비사업을 시행할 필요가 있다고 인정되는 때 등으로 한정하여 실제 신탁업자가 지정개발자로 정비사업을 시행하기는 어려웠다(구법 제8조 제3항, 구 시행령 제14조 제1항 제3호).[3] 이후 도시정비법이 2005. 3. 18. 법률 제7392호로 개정되어 건설업자등이 재개발조합과 재개발사업을 공동으

---

2 구 도시정비법(2017. 2. 8. 법률 제14567호로 전부 개정되기 전의 것) 제8조 제4항은 사업시행자 지정에 관한 정비사업을 "정비사업(주거환경개선사업은 제외한다. 이하 이 조 및 제9조에서 같다)"으로 정의하여 주거환경개선사업을 명시적으로 제외하고 있었고, 현행 도시정비법은 주거환경개선사업의 시행자(제24조)와 재개발사업 · 재건축사업의 시행자(제25조~제27조)를 분리하여 규정하고 있다.

3 위 제정법률은 구 도시재개발법의 제3개발자 제도(구 도시재개발법 제10조 제1항, 구 도시재개발법 시행령 제19조)를 그대로 승계한 것이다.

로 시행할 수 있도록 하면서 신탁업자도 재개발조합과 공동으로 사업을 시행할 수 있게 되었으나(구법 제8조 제1항) 실제 활용된 사례는 없었다.[4]

이후 도시정비법이 2015. 9. 1. 법률 제13508호로 개정되면서 긴급히 정비사업을 시행할 필요가 없더라도 조합설립을 위한 동의요건 이상의 토지등소유자가 신탁업자를 사업시행자로 지정하는 것에 동의하면 시장 · 군수가 신탁업자를 지정개발자로 지정하여 정비사업을 시행할 수 있도록 하였다(구법 제8조 제4항 제8호). 부동산 경기침체로 사업성 부족과 자금조달의 어려움으로 정비사업의 추진이 장기간 지연되고 있고 조합임원의 전문성 부족과 비리로 분쟁중인 사업장이 지속적으로 증가하고 있는 상황에서, 신탁업자가 정비사업에 실질적으로 참여할 수 있도록 함으로써 정비사업에 소요되는 자금을 안정적으로 확보하고, 투명한 사업관리로 주민 간의 갈등을 최소화하며, 전문적인 사업관리로 시공자와의 교섭력을 확대하여 정비사업을 활성화하기 위해 입법한 것이다.[5]

나. 신탁업자의 정비사업 대행에 관한 규정

도시정비법은 종전에 장기간 정비사업이 지연되거나 권리관계에 대한 분쟁 등으로 인하여 정비사업을 계속 추진하기 어렵다고 인정하는 때에는 시장 · 군수가 직접 또는 지정개발자로 하여금 해당 조합 또는 토지등소유자를 대신하여 정비사업을 시행하도록 하는 사업대행자에 관한 규정을 두고 있었다.[6] 그 당시 입법취지는 알기 어려우나, 정비사업이 어려움에 처한 경우 정비구역을 해제하는 대신 끝까지 정비사업을 완료할 수 있도록 보완하는 제대로 도입된 것으로 생각해 볼 수 있다.[7] 그러나 사업대행을 할 수 있는 요건이 제한적이고, 토지등소유자의 특별한 요청이 없음에도 시장 · 군수가 사업대행을 결정하여 적극적으로 정비사업에 개입하기도 어렵기 때문에 실제로 사업대행개시결정이 이루어진 사례는 드물었다.

도시정비법이 2016. 1. 27. 법률 제13912호로 개정되면서 토지등소유자 과반수의 동의로 요청하는 경우 토지주택공사등, 지정개발자를 사업대행자로 지정할 수 있도록 하였

4 이 부분 경과는 김유정, "신탁방식 정비사업의 개선방향", 건설법연구 제2호 (2019. 10.), 8-10, 용석남, 앞의 글, 39-41을 참고한 것이다.

5 김수홍, "도시 및 주거환경정비법 일부개정법률안 검토보고", 국토교통위원회 (2015. 4.), 44, 이완영의원 대표발의안(1912721, 2014. 11. 27.) 부분; 도시정비법이 위와 같이 신탁업자에 대한 사업시행자 지정에 관한 규정(구법 제8조 제4항 제8호)을 신설하면서 토지등소유자의 정의(구법 제2조 제9호), 사업시행자 지정 동의 방법(구법 제8조 제8항, 제9항), 시공자의 선정시기(구법 제11조 제3항), 토지등소유자 전체회의 관련 규정(구법 제11조 제3항, 제26조의2) 신탁업자의 시행규정 관련 규정(구법 제30조의2), 신탁업자의 매도청구(구법 제39조 제3호) 등에 관한 규정을 신설하거나 개정하였다.

6 위 제정법률은 구 도시재개발법의 사업대행 관련 규정(구 도시재개발법 제9조 제4항, 구 도시재개발법 시행령 제14조, 제15조)을 그대로 승계한 것이다.

7 김종보 · 최종권, "신탁방식의 정비사업에서 신탁업자의 권한과 책임", BFL 제94호 (2019. 3.), 11.

는데(구법 제9조 제1항 제2호),[8] 지정개발자에 해당될 수 있는 신탁업자도 위 규정을 통해 사업대행 방식으로 정비사업에 참여할 수 있게 되었다.

Ⅱ. 신탁업자가 시행하는 정비사업

1. 신탁업자에 대한 사업시행자 지정

가. 신탁업자에 대한 사업시행자 지정 요건

(1) 재개발사업 · 재건축사업의 정비구역

도시정비법상 신탁업자를 지정개발자로서 사업시행자로 지정할 수 있는 정비사업은 재개발사업과 재건축사업으로서(법 제28조 제1항), 사업시행자 지정에 앞서 재개발사업 또는 재건축사업의 요건을 갖춘 정비구역 지정 · 고시가 먼저 이루어져야 한다. 정비구역으로 간주되는 아파트지구의 주구 중 일부 동(棟)을 제외한 나머지 동의 구분소유자들의 동의로 사업시행자 지정을 받은 경우 해당 주구가 재건축사업의 사업범위인 주택단지로서 해당 주구 전체 구분소유자를 기준으로 동의를 갖추어야 하는지가 문제되기도 한다.

정비구역 지정 이전에 미리 사업시행자 지정 동의를 받은 것이 가능한지 다툼이 있을 수 있으나, 사업시행자 지정을 위해서는 정비구역 전체 면적 대비 1/3 이상의 신탁 및 조합설립을 위한 동의요건 이상의 토지등소유자의 동의를 필요로 하므로 사업대상 토지 및 토지등소유자를 확정하기 위한 정비구역 지정이 먼저 이루어져야 하고, 대표적인 사업시행자인 조합 역시 정비구역 지정 이후에 설립에 대한 동의를 받을 수 있다는 점에서 사업시행자 지정 동의는 정비구역이 지정되어 토지등소유자가 확정된 이후에 가능하다고 보는 것이 타당하다.[9]

(2) 토지면적 1/3 이상의 토지를 신탁받은 신탁업자

신탁업자가 정비구역의 토지 중 정비구역 전체 면적 대비 1/3 이상의 토지를 신탁받으면 지정개발자로서 요건을 갖춘다(법 제27조 제1항, 시행령 제21조 제3호). 신탁업자가 긴급하게 정비사업을 시행할 필요로 인해 사업시행자로 지정되는 것이 아니라면 도시정비법 제27조 제1항 제3호가 정

8 김수흥, "도시 및 주거환경정비법 일부개정법률안 검토보고", 국토교통위원회 (2015. 11.), 54, 김경협의원 대표발의안(1917261, 2015. 10. 29.) 부분.

9 조합설립 동의를 정비구역 지정 이후에 받을 수 있는 것은 동의서를 접수할 추진위원회 구성 자체가 정비구역 지정 · 고시 이후에 가능하기 때문이기도 하다(법 제31조 제1항). 구 도시정비법(2009. 2. 6. 법률 제9444호로 개정된 것) 제13조 제1항, 제2항은 추진위원회 구성 시기를 명문으로 제한하지 않아 정비예정구역 단계에서 추진위원회가 구성승인되기도 하였으나, 대법원 2009. 10. 29. 선고 2009두12297 판결 등은 추진위원회가 구성되려면 그 전제로 토지등소유자의 범위가 확정될 필요가 있고, 그 토지등소유자의 범위를 확정하기 위하여는 정비구역의 지정 및 고시가 선행되어야 한다고 보았는바, 사업시행자 지정 동의도 동일하게 볼 수 있다.

한 토지등소유자의 동의를 갖추어야 하므로, 이 규정에 따른 신탁은 사업시행자 지정을 위한 토지등소유자의 동의와 병렬적으로 갖추어야 한다.

신탁으로 인한 재산권 행사의 제한 문제로 인해 사업시행자 지정 요건을 거의 갖추기 전까지는 개별 토지등소유자들과 신탁계약을 체결하기 쉽지 않다. 또한 재개발사업은 국·공유지의 비중이 높은 경우가 많은데, 사업시행자 지정을 위한 토지등소유자의 동의(법 제27조 제1항 제3호)는 조합설립에 대한 동의요건(법 제35조)을 따르는 것이어서 사업시행자 지정처분으로서 국가 또는 지방자치단체가 동의하였다고 볼 여지가 있지만, 이 규정에 따른 신탁은 "정비구역 전체 면적 대비 1/3 이상의 토지"에 대해 받아야 하는 것이고 국·공유지의 신탁까지 간주할 근거는 없으므로 상당한 비율의 토지등소유자로부터 신탁을 받아야 하는 문제가 있다.

⑶ 사업시행자 지정을 위한 토지등소유자의 동의

신탁업자가 사업시행자로 지정되기 위해서는 도시정비법 제35조에 따른 재개발사업 또는 재건축사업의 조합설립을 위한 동의요건 이상에 해당하는 자로부터 동의를 받아야 한다(법 제27조 제1항 제3호). 신탁업자가 조합을 대신하여 정비사업을 시행하는 점을 감안하여 조합설립과 동일한 동의요건을 정한 것으로 보이며, 사업시행자 지정 동의는 조합설립 동의와 동일하게 취급된다.

① 재개발사업은 토지등소유자의 3/4 이상 및 토지면적의 1/2 이상의 토지소유자의 동의(법 제35조 제2항)를, 공동주택 재건축사업은 주택단지의 공동주택의 각 동별 구분소유자의 과반수 동의와 주택단지의 전체 구분소유자의 3/4 이상 및 토지면적의 3/4 이상의 토지소유자의 동의(법 제35조 제3항)를 각 충족하여야 한다. 재건축사업에서 정비구역 내에 주택단지가 아닌 지역(단독주택지)이 포함되어 있는 경우 조합설립을 위해서는 주택단지는 도시정비법 제35조 제3항에 의한 동의를, 주택단지가 아닌 지역은 도시정비법 제35조 제4항에 의한 동의(토지 또는 건축물 소유자의 3/4 이상 및 토지면적의 2/3 이상의 토지소유자의 동의)를 각 충족하여야 하는데(대법원 2012. 10. 25. 선고 2010두25107 판결), 사업시행자 지정 동의도 동일하게 보아야 할 것으로 생각된다.

② 사업시행자 지정 동의는 조합설립 동의와 동일하게 도시정비법 제36조 및 시행령 제33조에서 정하는 토지등소유자의 동의·철회 방법, 토지등소유자 및 동의자 수 산정방법 등이 적용된다(법 제36조 제1항 제5호).[10]

③ 사업시행자 지정에 필요한 토지등소유자의 동의는 법정동의서인 신탁업자 지정 동의서(시행규칙 제6조 [별지 제2호 서식])에 동의를 받는 방법으로 하며, 신탁업자 지정 동의서에 포함되어야 하는

10 토지등소유자의 동의 철회는 해당 동의에 따른 인·허가등을 신청하기 전까지만 할 수 있으므로(시행령 제33조 제2항 제1호), 신탁업자가 사업시행자 지정 신청을 한 이후에 한 동의 철회는 효력이 없다(서울동부지방법원 2020. 9. 29.자 2020카합10292 결정).

사항(법 제27조 제4항)은 조합설립 동의서에 포함될 사항(시행령 제30조 제2항)을 기준으로 정관을 대신하여 시행규정을 첨부하고 신탁업자가 토지등소유자가 개별적으로 체결하는 신탁계약의 내용을 포함하도록 하고 있다.[11] '건축물의 철거 및 새 건축물의 건설에 드는 공사비 등 정비사업에 드는 비용' 등 신탁업자 지정 동의서의 필요적 기재사항이 불충분하더라도 법정동의서로 작성하는 이상 조합설립 동의와 마찬가지로 그 내용이 더 구체적이지 않다는 이유로 바로 무효로 보기 어렵고, 신탁업자 지정 동의서에 확정된 시행규정을 첨부해야 한다거나 토지등소유자 전체회의에서 변경할 수 없는 것은 아니라고 보는 것이 타당하다.[12] 사업시행자 지정 동의에는 신탁계약의 내용도 포함되어야 하는데, 문언상 신탁계약서가 아닌 '신탁계약의 내용'을 포함하도록 하고 있으므로 동의서 접수와 같이 신탁계약 체결을 진행하지 않는 이상 반드시 확정된 신탁계약서까지 동의서에 첨부해야 한다고 볼 근거는 없는 것으로 생각된다.

④ 신탁업자는 사업시행자 지정에 필요한 동의를 받기 전에 토지등소유자별 분담금 추산액 및 산출근거, 그 밖에 추정분담금의 산출 등과 관련하여 시·도조례로 정하는 사항을 토지등소유자에게 제공하여야 하는데(법 제27조 제3항), 추진위원회가 조합설립에 필요한 동의를 받기 전 토지등소유자에게 일정한 정보를 제공해야 하는 것(법 제35조 제10항, 시행령 제32조)과 같은 취지로 볼 수 있다.[13]

(4) 일반경쟁입찰 등 계약 체결 절차 준수 여부

추진위원회 또는 사업시행자인 조합이 계약을 체결하려면 원칙적으로 일반경쟁입찰에 부쳐야 한다(법 제29조 제1항). 그러나 사업시행자 지정은 시장·군수등이 일정한 요건을 갖춘 신탁업자를 사업시행자로 지정하는 행정처분에 의하는 것으로서 추진위원회 또는 조합이 체결

11 도시정비법 제27조(재개발사업·재건축사업의 지정개발자) ④ 제1항 제3호에 따른 토지등소유자의 동의는 국토교통부령으로 정하는 동의서에 동의를 받는 방법으로 한다. 이 경우 동의서에는 다음 각 호의 사항이 모두 포함되어야 한다.
1. 건설되는 건축물의 설계의 개요
2. 건축물의 철거 및 새 건축물의 건설에 드는 공사비 등 정비사업에 드는 비용(이하 "정비사업비"라 한다)
3. 정비사업비의 분담기준(신탁업자에게 지급하는 신탁보수 등의 부담에 관한 사항을 포함한다)
4. 사업 완료 후 소유권의 귀속
5. 정비사업의 시행방법 등에 필요한 시행규정
6. 신탁계약의 내용

12 신탁업자 지정 동의서의 기재에 대한 쟁점은 조합설립 동의서와 동일하게 볼 수 있다. 조합설립 동의서 기재사항의 누락·불충분은 **[7]조합 설립 II.4.나.조합설립 동의서 기재와 조합설립 동의의 효력** 참고, 정관(안) 첨부·변경에 관해서는 **[7]조합 설립 II.4.가.(4)정관** 참고. 조합 정관과 마찬가지로 시행규정도 토지등소유자 전체회의에서 확정할 사항이다(법 제48조 제1항 제1호).

13 서울시 정비조례 제80조 제3항은 신탁업자가 토지등소유자에게 제공하여야 할 정보를 추진위원회가 조합설립에 필요한 동의를 받기 전에 분담금 추정 프로그램으로 산출하여 토지등소유자에게 제공하여야 하는 정보(법 제35조 제10항, 시행령 제32조)와 동일하게 정하고 있다.

하는 계약에 해당하지 않으므로 일반경쟁입찰에 부쳐야 할 필요는 없다고 보는 것이 타당하다.

한편 신탁업자가 사업시행자 지정 동의 등을 받기 위해서는 기존에 정비사업을 추진하던 추진위원, 조합임원 등의 적극적인 협조가 필요하고, 통상 추진위원회 등이 경쟁입찰의 방법으로 특정 신탁업자를 예비 사업시행자로 선정한 후 사업시행자 지정 동의를 받기에 앞서 양해각서 또는 사업약정 등의 형태로 신탁업자 및 기존 정비사업 추진주체간 일정한 약정을 체결하게 된다.

① 신탁업자가 사업시행자로 지정되면 추진위원회 구성승인, 조합설립인가는 취소된다는 점에서 예비 사업시행자 선정을 조합설립 또는 정비사업을 위한 계약으로 보기는 어려운 면이 있으나, 구성승인 또는 조합설립인가가 취소되기 전까지 사업약정 등에 따라 추진위원회 또는 토지등소유자에게 일정한 협조의무 및 부수되는 각종 권리 · 의무가 발생한다는 점에서 일응 추진위원회 또는 조합의 계약으로 보아 경쟁입찰에 의하도록 하는 것이 타당하다.

② 신탁업자가 사업시행자 지정 요건(지정개발자 요건)을 갖추기 위한 신탁계약은 개별 토지등소유자와 체결하는 것이므로 추진위원회 또는 조합이 체결하는 계약으로 볼 수는 없다. 다만 신탁계약은 토지등소유자의 권리 · 의무에 직접 영향을 미치는 것이므로, 사업약정 등에서 신탁계약의 주요한 내용을 확정할 필요가 있다.

나. 사업시행자 지정 · 고시

(1) 사업시행자 지정 · 고시 절차

시장 · 군수등은 정비구역의 토지면적 1/3 이상의 토지를 신탁받고 조합설립을 위한 동의요건 이상의 토지등소유자로부터 사업시행자 지정에 대한 동의를 갖춘 신탁업자를 사업시행자로 지정할 수 있다(법 제27조 제1항). 신탁업자에게 사업시행자로서 정비사업을 시행할 권한을 부여하는 것이므로 설권적 처분으로 강학상 특허에 해당하고, 시장 · 군수등은 신탁업자에게 정비사업을 시행할 수 있는 권한을 부여할지 여부를 결정할 수 있으므로 원칙적으로 재량행위에 해당한다고 볼 것이다.[14]

시장 · 군수등은 사업시행자 지정을 하는 때에는 정비사업의 종류 및 명칭, 법인인 신탁업자의 명칭, 주된 사무소의 소재지 및 대표자의 성명 · 주소, 정비구역(도시정비법 제18조에 따라 정비구역을 둘 이상의 구역으로 분할하는 경우에는 분할된 각각의 구역)의 위치 및 면적, 정비사업의 착수예정일과 준공예정일을 해당 지방자치단체의 공보에 고시하여야 하고(법 제27조 제2항 본문, 시행령 제20조 제1항), 토지등소유자에게 위와 같이 고시한 내용을 통지하여야 한다(시행령 제20조 제2항).

14 용석남, 앞의 글, 60.

⑵ 사업시행자 지정 · 고시에 따른 효력

신탁업자는 사업시행자로 지정 · 고시된 때 해당 정비사업의 사업시행자의 지위를 취득한다. 도시정비법령은 사업대행개시결정(시행령 제22조)과 달리 그 절차 및 고시에 따른 효과를 별도로 정하고 있지 않으나, 사업시행자로 지정 · 고시된 신탁업자는 조합과 마찬가지로 해당 정비사업의 사업시행자로서 권한과 지위를 부여받은 것이므로 도시정비법령에서 사업시행자에 관해 정해진 규정을 그대로 적용할 수 있을 것이다.

사업시행자 지정 · 고시로 기존의 추진위원회 및 조합에 의한 사업시행은 유지할 필요가 없으므로, 해당 정비구역에 추진위원회가 구성되거나 조합이 설립되어 있는 경우에는 지정의 고시일 다음 날 추진위원회 구성승인 또는 조합설립인가가 취소된 것으로 본다(법 제27조 제5항 전단).

⑶ 사업시행자 지정 취소 등

도시정비법령은 시장 · 군수등의 사업시행자 지정처분 취소에 대해 별도로 정하고 있지 않고, 사업시행자인 신탁업자는 토지등소유자로 구성된 단체가 아니라 정비사업과 관계없이 별도로 성립하는 법인이므로 정관의 조합 해산 규정이나 민법 제78조의 사단법인 해산 규정이 적용될 이유가 없다.

따라서 신탁업자가 시행하는 정비사업은 원칙적으로 시행규정에서 정하는 사업시행의 중지 또는 폐지의 방법에 의해서만 사업이 중단될 수 있다. 사업시행자 지정 처분은 행정법의 일반법리에 따라 지정처분에 위법 · 부당의 원시적 하자가 있는 경우 직권취소가 가능하고, 사정변경 등 후발적 사유가 있는 경우 철회의 성격을 갖는 취소는 가능할 것이나, 관련 법령에 명문으로 그 사유를 정하지 않았으므로 직권취소 또는 철회는 이익형량, 신뢰보호원칙 등에 따라 제한된다고 볼 수 있다.

다. 추진위원회, 조합 등의 종전 권리 · 의무 승계

⑴ 사업시행자 변경에 따른 권리 · 의무의 승계 범위

정비사업의 사업시행자 또는 권리자의 변동과 관련하여, 구 도시재개발법 제6조 제2항은 "시행자와 권리자의 변동이 있을 때에는 이 법 또는 이 법에 의한 명령이나 규약 · 정관 또는 시행규정이 정하는 바에 의하여 종전의 시행자와 권리자가 행하거나 시행자와 권리자에 대하여 행한 처분 · 절차 기타의 행위는 새로이 시행자와 권리자로 된 자가 행하거나 새로이 시행자와 권리자로 된 자에 대하여 행한 것으로 본다"고 정하고 있었고, 도시정비법 제129조(구법 제10조)는 "사업시행자와 정비사업과 관련하여 권리를 갖는 자의 변동이 있은 때에는 종전의 사업시행자와 권리자의 권리 · 의무는 새로 사업시행자와 권리자로 된 자가 승계한다"고 정하고 있다.

'정비사업과 관련하여 권리를 갖는 자(권리자)'는 '조합원 등'을 의미하는 것으로서(대법원 2019. 2. 28. 선고

(2016다 255613 판결), 조합원 지위가 이전 · 승계된 경우 종전 조합원(양도인)과 조합 사이의 분양신청 등 각종 절차, 처분, 사법상 권리 · 의무관계 등이 양수인에게 그대로 승계된다는 점은 특별한 이견이 없다(구 도시재개발법의 분양신청에 관한 대법원 1995. 6. 30. 선고 95다10570 판결, 대법원 1999. 4. 13. 선고 98두19230 판결 등 참고). 다툼이 있는 부분은 정비사업이 폐지되지 않고 사업시행자가 변경된 경우이다.[15]

① 새로운 사업시행자와 조합원 등과의 관계에서, 새로운 사업시행자는 종전 사업시행자와 조합원 등 사이의 공법 또는 사법상 권리 · 의무관계를 그대로 승계한다고 보는 것이 타당하다.[16]

② 새로운 사업시행자와 인가관청의 관계에서도, 사업시행자의 변경이 종전에 이미 진행된 정비사업을 폐지하고 그 효력을 소급하여 상실시키는 것이 아니라면, 종전 사업시행자에 대한 처분은 일정한 범위에서 새로운 사업시행자에게 승계된다고 보는 것이 타당하다.

③ 새로운 사업시행자와 종전 사업시행자의 채권자의 관계에서, 새로운 사업시행자와 종전 사업시행자 모두 사업시행자에 해당하고 재개발 또는 재건축사업이라는 사업방식은 변동이 없는 것이라면[17] 새로운 사업시행자가 도시정비법 제129조 등에 따라 종전 사업시행자의 권리 · 의무를 승계한다고 볼 수도 있을 것이다.[18] 다만 구 도시재개발법 제6조 제2항은 승계범위를 '처분 · 절차 기타의 행위'로 정하고 있었고 도시정비법 제129조(구법 제10조)의 문언이 달라진 것이 경제사회적 여건의 변화를 반영하거나 법률이념의 변천에 따라 종전 규정에 의한 승계의 범위를 확장하기 위한 것은 아니므로, 위 도시정비법 제129조의 규정이 종전 사업시행자의 대외적인 채권 · 채무의 승계까지 정한 것은 아니라고 볼 수도 있을 것

15 여러 조합이 동시에 설립되어 사업시행자 지위를 승계하는 경우는 상정하기 어렵고, 조합의 설립인가가 무효확인 또는 취소되면 해당 조합이 행정주체 또는 사업시행자의 지위에서 한 처분 등은 소급하여 효력을 상실하고 청산절차가 남는 것이므로, 새로운 조합이 다시 설립된다 하더라도 종전 조합의 권리 · 의무를 승계한다고 보기 어렵다. 실제 정비사업에서 사업시행자 변경이 문제되는 경우는 ⓐ 공공시행자, 지정개발자가 사업시행자로 지정되어 종전 조합을 갈음하여 사업을 시행하는 경우, ⓑ 토지등소유자가 시행하는 재개발사업(구 도시환경정비사업)에서 사업시행계획변경인가를 통해 사업을 시행하는 토지등소유자가 변경되는 경우 정도일 것으로 생각된다.

16 분양신청 등 공법상 절차, 처분 등의 효력이 승계되므로 사업시행자가 분양절차를 다시 해야 한다고 볼 이유는 없을 것으로 생각된다(인천지방법원 2017. 10. 27. 선고 2017가단206853 판결). 대법원 2009. 7. 9. 선고 2007다83649 판결은 사용대차와 같은 사법상의 권리 · 의무관계도 새로운 사업시행자가 승계한다고 보았다.

17 서울북부지방법원 2007. 6. 21. 선고 2006가합3886 판결은 구 도시재개발법이 적용되는 사안에서 서울특별시가 시행한 자력재개발방식의 재개발사업이 조합이 시행하는 합동재개발방식으로 변경되었더라도 양자는 개발방식이 완전히 다른 점 등을 이유로 조합이 종전 사업시행자인 지방자치단체의 권리 · 의무가 승계되지 않는다고 보았다.

18 법제처는 사업상의 매매계약에 의한 사업시행자 지위의 양도 · 양수는 구 도시정비법 제10조의 사업시행자 변동에 해당되지 않는다고 보면서, 구 도시정비법 제8조 제4항(공공시행자, 지정개발자 사업시행자 지정) 또는 제9조(사업대행자 지정)의 규정에 의한 시행자 변동이 있는 경우 구 도시정비법 제10조에 따른 권리의무의 승계가 적용될 수 있다고 보았다(법제처 2005. 11. 4. 05-0060 해석례).

으로 생각된다.[19]

⑵ 신탁업자의 종전 추진위원회, 조합 채무의 승계 여부

사업시행자 지정 · 고시가 이루어지면 종전 추진위원회 또는 조합은 구성승인 또는 설립인가가 취소된다. 이 경우 종전 추진위원회 또는 조합이 협력업체 등 제3자에게 부담하는 채무를 새로 사업시행자가 된 신탁업자가 승계하는 것인지 문제된다. 신탁업자가 예비사업시행자 선정 전후로 종전 정비사업 추진주체와 사업약정 등을 체결하는 과정에서 종전 사업비를 대지급한 후 정비사업비로 편입시키기도 하나, 별도의 약정이 없거나 우발채무 등이 발생한 경우에도 신탁업자가 당연히 승계하여 이행하여야 하는지가 문제된다.

① 추진위원회의 업무와 관련된 권리 · 의무는 조합이 포괄승계하나(법 제34조 제3항, 운영규정 고시 제5조 제2항), 위 도시정비법 제34조 제3항(구법 제15조 제4항)은 조합설립을 목적으로 하는 추진위원회가 조합이 설립되어 등기를 마치면 그 목적을 달성하여 소멸하면서 종전 추진위원회가 행한 업무와 관련된 권리와 의무는 새로 설립된 조합에게 포괄승계된다는 것을 정한 것으로서(대법원 2016. 12. 15. 선고 2013두17473 판결), 사업시행자로 지정 · 고시된 신탁업자는 추진위원회의 조합설립업무에 따라 설립된 조합이 아니므로 위 규정에 따라 종전 추진위원회의 권리 · 의무를 포괄승계한다고 보기 어렵다.[20]

② 도시정비법 제129조(구법 제10조)를 근거로 채권 · 채무가 승계되는지도 문제되나, ⓐ 추진위원회는 '사업시행자'가 아니고 위 규정의 '정비사업과 관련하여 권리를 갖는 자'는 '조합원 등'을 의미하므로(대법원 2019. 2. 28. 선고 2016다255613 판결), 추진위원회의 종전 채무가 위 규정을 이유로 신탁업자에게 승계된다고 보기 어렵다.[21] ⓑ 조합과 신탁업자는 위 규정의 '사업시행자'에 해당하고 재개발 또는 재건축사업이라는 사업방식은 변동이 없는 것이어서 신탁업자가 위 규정에 따라 조합의 권리 · 의무를 승계한다고 볼 수도 있을 것이다. 다만 종전 구 도시재개발법 제6조 제2항은 승계범위를 '처분 · 절차 기타의 행위'로 정하고 있었고 도시정비법 제129조(구법 제10조)가 경제사회적 여건의 변화를 반영하거나 법률이념의 변천에 따라 종전 규정에 의한 승계의 범위를 확장하기 위한 것은 아닌 것으로 볼 수 있으므로, 신탁업자가 위 도시정비법 제129조의 규정을 이유로 종전 사업시행자인 조합의 대외적인 채권 · 채무까지 그대로 승계할 이유는 없다고 볼 수도 있을 것으로 생각된다.

19 서울중앙지방법원 2015. 1. 15. 선고 2014가합6270 판결(종전 조합이 해산하고 LH가 정비사업을 시행한 사안), 서울고등법원 2019. 2. 13. 선고 2018나2022433 판결(시장정비사업의 사업시행자가 변경된 사안) 등.

20 서울중앙지방법원 2021. 2. 18. 선고 2019가합511524 판결, 서울동부지방법원 2021. 9. 30. 선고 2019가합112036, 114315 판결.

21 서울중앙지방법원 2021. 2. 18. 선고 2019가합511524 판결.

(3) 신탁업자가 사업약정 등에 따라 부담하는 책임의 성격

신탁업자가 추진위원회 등 종전 정비사업 추진주체와 양해각서 또는 사업약정 등을 체결하면서 일정한 채무를 부담 또는 승계하기로 한 경우 그 책임의 성격에 따라 이행청구의 상대방 등이 달라질 수 있다.

① 신탁업자, 추진위원회 및 협력업체 3자간 일정한 채무를 승계 또는 부담하기로 합의한 경우, 신탁업자가 추진위원회의 종전 계약상 지위를 포괄승계하는 계약인수가 아니라면 대체로 면책적 채무인수 정도로 볼 수 있을 것이다. 어느 경우이든 협력업체는 신탁업자에 대해 곧바로 종전 추진위원회에 대한 채권을 청구할 수 있다.

② 협력업체의 합의 또는 채무인수에 대한 승낙이 없는 경우 이행인수 또는 병존적 채무인수로 볼 수 있을 것인데, 그 판별 기준은 계약 당사자에게 제3자 또는 채권자가 계약 당사자 일방 또는 채무인수인에 대하여 직접 채권을 취득케 할 의사가 있는지 여부에 달려 있다 할 것이고, 인수의 대상으로 된 채무의 책임을 구성하는 권리관계도 함께 양도된 경우이거나 채무인수인이 그 채무부담에 상응하는 대가를 얻을 때에는 특별한 사정이 없는 한 원칙적으로 이행인수가 아닌 병존적 채무인수로 보아야 한다(대법원 2008. 3. 13. 선고 2007다54627 판결 등 참고). ⓐ 병존적 채무인수인 경우 협력업체는 추진위원회 및 신탁업자를 상대로 곧바로 종전 채권의 이행을 청구할 수 있을 것이나,[22] ⓑ 이행인수인 경우 협력업체는 신탁업자에게 직접 청구할 수 없고 추진위원회를 대위하여 청구하는 것이 가능하다.

2. 신탁업자의 사업시행 권한과 제한

가. 사업시행의 지위와 권한

사업시행자란 정비사업을 시행하는 자로서(법 제2조 제8호), 형식적인 측면에서 보면 법률에 의해 사업시행자의 지위가 부여된 자를 의미하나, 실질적인 측면에서 보면 개발사업에서 발생하는 개발이익의 최종 귀속주체이면서 개발사업의 법적책임과 불이익도 귀속되는 주체를 의미를 의미한다.[23]

신탁업자는 시장 · 군수등의 사업시행자 지정 · 고시로 정비사업의 사업시행자의 지위가 부여되며, 신탁업자의 이름으로 사업시행계획 작성 · 변경, 관리처분계획 수립 · 변경,

---

22 서울중앙지방법원 2021. 2. 18. 선고 2019가합511524 판결은 해당 사안에서 신탁업자가 정비사업의 사업시행자로 지정되기 위하여 추진위원회에 채무 승계에 대한 동의서를 제출하였고, 신탁업자는 사업시행자로 지정됨으로써 위탁자인 토지등소유자와 권리관계를 형성하며 추진위원회가 기존에 수행한 업무를 토대로 정비사업을 시행함으로써 정비사업의 완료에 따른 개발이익 등을 얻을 수 있을 것으로 보이는 점을 근거로 병존적 채무인수로 판단하였다. 다만 이행인수인지 병존적 채무인수인지는 각 사안에서 확정채무를 승계하기로 한 것인지, 추진위원회 요청이 있어야 대지급하는 것인지 등 구체적인 내용에 따라 달라질 것으로 생각된다.

23 김종보 · 최종권, 앞의 글, 8.

이전고시 등의 행정처분을 하고 토지등소유자에 대해 공권적 지위에 기한 법률관계를 형성할 수 있다. 사업시행자로 지정 · 고시된 신탁업자가 해당 정비사업의 사업시행자의 지위에서 공권적 권한을 행사할 수 있다는 점은 정비사업조합, 토지등소유자(구 도시환경정비사업 사업시행자), 공공개발자(시장 · 군수등, 토지주택공사등) 등 다른 사업시행자와 다르지 않다.

그러나 신탁업자가 갖는 사업시행자의 권한은 시행규정 또는 토지등소유자 전체회의의 의결을 통해 형성되는 토지등소유자의 의사에 따라 제한을 받으며, 손익의 최종 귀속주체는 토지등소유자이고 신탁업자는 사업대행에 따른 보수를 받는 것에 불과하다.

즉 신탁업자는 도시정비법상 사업시행자로서 대외적인 권리 · 의무의 귀속주체이고 행정주체의 지위를 갖는다는 점에서는 조합 등 다른 사업시행자와 동일하나, 그 실질은 정비사업을 대행하는 것에 가깝다고 볼 수 있다.[24]

나. 시행규정에 따른 사업의 운영

(1) 조합 정관에 준하는 시행규정의 작성

신탁업자가 단독으로 정비사업을 시행하는 경우 ⓐ 정비사업의 종류 및 명칭, ⓑ 정비사업의 시행연도 및 시행방법, ⓒ 비용부담 및 회계, ⓓ 토지등소유자의 권리 · 의무, ⓔ 정비기반시설 및 공동이용시설의 부담, ⓕ 공고 · 공람 및 통지의 방법, ⓖ 토지 및 건축물에 관한 권리의 평가방법, ⓗ 관리처분계획 및 청산(분할징수 또는 납입에 관한 사항을 포함), ⓘ 시행규정의 변경, ⓙ 사업시행계획서의 변경, ⓚ 토지등소유자 전체회의, ⓛ 그 밖에 시 · 도조례로 정하는 사항을 포함하는 시행규정을 작성해야 한다(법 제53조).[25]

시행규정은 사업시행자로 지정될 신탁업자가 작성하는 것이지만, 그 확정과 변경은 토지등소유자 전체회의에서 의결하여야 하며(법 제48조 제1항 제1호), 사업시행자 지정 동의서에 포함되어야 한다(법 제27조 제4항 제5호). 통상 시행규정은 조합 정관에 준하여 마련된 표준안 등을 기초로 각 정비사업에 맞게 수정하고 있다. 시행규정에서는 도시정비법 제48조에 따라 조합 총회에 준하여 설치해야 하는 토지등소유자 전체회의 이외에도 조합의 대의원회에 상응하는 기관으로 정비사업위원회 등을 두기도 한다.

(2) 시행규정에 따른 사업시행의 제한

시행규정은 시장 · 군수등, 토지주택공사등 또는 신탁업자가 단독으로 정비사업을 시행하는 경우 작성하여야 하는 것으로서, 신탁업자가 토지등소유자로부터 받은 사업시행자 지정 동의에 포함되고(법 제27조 제4항 제5호), 신탁업자는 시행규정에 따라 정비사업을 시행한다.

도시정비법은 시행규정을 조합 정관, 토지등소유자가 시행하는 재개발사업의 규약과

---

24 용석남, 앞의 글, 51.

25 서울시 정비조례는 그 밖에 시 · 도조례 정하는 사항을 건축물의 철거에 관한 사항, 주민 이주에 관한 사항, 토지 및 건축물의 보상에 관한 사항, 주택의 공급에 관한 사항으로 정하고 있다(서울시 정비조례 제29조).

함께 '정관등'으로 정의하여 정비사업의 각종 절차에서 조합 정관과 유사하게 취급한다. 조합원으로 구성된 조합의 정관은 자치규범의 성격을 갖는 것이나, 신탁업자와 토지등소유자는 공동시행 관계처럼 보더라도 그들 간의 단체 관계를 구성하기는 어렵다. 사업시행자인 신탁업자는 다른 토지등소유자의 동의를 받아 작성한 시행규정에 따라 정비사업을 시행하는 제약을 받으므로, 시행규정은 토지등소유자의 권리를 보호하기 위해 도시정비법으로 특별한 효력을 부여하는 취지로 볼 수 있다.

다. 토지등소유자 전체회의에 의한 사업시행 권한의 제한

(1) 토지등소유자 전체회의의 구성

토지등소유자 전체회의는 해당 정비구역의 토지등소유자(재건축사업의 경우에는 신탁업자를 사업시행자로 지정하는 것에 동의한 토지등소유자) 전원으로 구성된다(법 제48조 제1항). 정비사업의 중요한 사항을 토지등소유자 전체회의에서 의결하도록 함으로써 토지등소유자의 의사를 반영하고 권리를 보호하려는 목적으로 설치하는 것으로서,[26] 별도의 설립행위 없이도 토지등소유자를 구성원으로 하여 당연히 성립한다고 볼 수 있다.

토지등소유자 전체회의는 사업시행자가 직권으로 소집하거나 토지등소유자 1/5 이상의 요구로 사업시행자가 소집하고 그 소집 절차 · 시기 및 의결방법은 도시정비법 제44조 제5항, 제45조 제3항, 제4항, 제7항, 제9항을 준용하며(법 제48조 제2항, 제3항), 총회의 소집 절차 · 시기, 의결정족수, 총회의 의결방법, 서면의결권 행사 및 본인확인방법 등을 구체적으로 정하는 시행규정은 통상 조합 정관에 준하여 정하고 있으므로 결국 토지등소유자 전체회의의 구성과 운영은 조합 총회처럼 취급할 수 있을 것이다.

(2) 토지등소유자 전체회의의 권한

사업시행자인 신탁업자는 별도의 독자적인 법인이고 토지등소유자는 신탁업자의 구성원이 아니므로, 토지등소유자 전체회의를 조합 총회와 같은 의사결정기관이라고 볼 근거는 없다. 그러나 도시정비법은 토지등소유자 전체회의 의결사항을 조합 총회의 의결사항에 준하여 정하면서 신탁업자가 토지등소유자 전체회의 의결에 따르도록 하고 있고(법 제48조 제1항),[27] 토지등소유자 전체회의가 시공자를 직접 선정할 수 없으나 토지등소유자 전체회의가 추천한 자를 사업시행자가 시공자로 선정하도록 하는 등(법 제29조 제8항), 토지등소유자 전체회의에 조합 총회에 준하는 의사결정기관의 권한을 부여하고 있다.

토지등소유자 또는 토지등소유자 전체회의를 사업시행자인 신탁업자의 구성원이나 기

---

26 김수홍, "도시 및 주거환경정비법 일부개정법률안 검토보고", 국토교통위원회 (2015. 4.), 44, 이완영의원 대표발의안(1912721, 2014. 11. 27.) 부분.

27 시장 · 군수등 또는 토지주택공사등이 시행하는 정비사업에서 토지등소유자로 구성되는 주민대표회의는 일정한 사항에 대해 '의견을 제시'하는데 그친다는 점에서 차이가 있다.

관으로 볼 수 없지만, 신탁업자가 사업시행자로서 행사하는 권한은 도시정비법상 명문의 규정에 따라 토지등소유자 전체회의 의결에 따른 제한을 받는 취지로 볼 수 있을 것으로 생각된다.

(3) 토지등소유자 전체회의 의결사항

사업시행자는 시행규정의 확정 · 변경 등 일정한 사항에 대해 토지등소유자 전체회의의 의결을 거쳐야 한다(법 제48조 제1항). 시장 · 군수등이 대해 의견을 제시하는데 그치는 주민대표회의와 달리[28] 토지등소유자 전체회의는 사업시행자인 신탁업자가 일정한 사항에 대해 그 의결을 받아야 하므로 토지등소유자 전체회의의 의결을 임의적인 것으로 볼 수 없고, 토지등소유자 전체회의의 의결을 거치지 않은 사업의 시행은 효력이 없다고 보는 것이 타당하다.[29]

토지등소유자 전체회의의 의결사항은 조합 총회의 의결사항에 준하여 정하고 있다.

① 조합이 시행하는 경우 정관의 확정은 창립총회의 업무이나, 신탁업자가 시행하는 정비사업은 창립총회 절차를 따로 두지 않으므로 시행규정(안)의 확정도 토지등소유자 전체회의의 의결사항에 포함된다. 도시정비법령은 시행규정의 경미한 변경에 대해 따로 정하고 있지 않으나, 시행규정에서 정관의 경미한 변경에 관한 규정(시행령 제38조 등)을 준용하여 정할 수 있을 것으로 본다.

② 조합 총회의 전속적 의결사항인 시공자 · 설계자 · 감정평가법인등 · 정비사업전문관리업자의 선정 · 변경(법 제45조 제1항 제5호, 제6호) 중 시공자를 제외한 나머지 협력업체의 선정 · 변경은 토지등소유자 전체회의의 의결사항에 포함되지 않는다. 협력업체 선정은 본래 사업시행자의 업무이자 권한이고 토지등소유자 전체회의를 사업시행자인 신탁업자의 어떠한 기관으로 보기는 어렵다는 점을 전제한 것으로 생각된다. 그러나 계약업무 처리기준에서 시공자 · 설계자 · 감정평가법인등 · 정비사업전문관리업자의 선정 · 변경에 해당하는 계약은 토지등소유자 전체회의의 의결을 거치도록 하고 있고(계약업무 처리기준 제15조 제1항), 토지등소유자 전체회의의 의결사항인 "정비사업전문관리업자와의 계약 등 토지등소유자의 부담이 될 계약"이 넓게 적용될 여지가 있어서 경우에 따라서는 여전히 토지등소유자 전체회의의 의결을 거쳐야 하는 것으로 볼 수 있다.

③ 토지등소유자 전체회의 의결사항으로 '시공자 선정 및 변경'이 있으나, 신탁업자는 토지등소유자 전체회의가 '추천'한 자를 시공자로 선정하여야 하는 것이므로(법 제29조 제7항, 제8항), 위 선정 및 변경은 신탁업자를 구속하는 추천에 관한 사항을 의미하는 것으로 볼 수 있다.

28 주민대표기구의 시공자 추천에 관한 의견은 사업시행자에 대하여 구속력이 인정되나 그 이외에 도시정비법 제26조 제4항 각 호가 정한 사항에 관하여 주민대표기구가 사업시행자에게 의견을 제시하더라도 사업시행자는 사업시행계획서에 포함되는 시행규정을 정할 때 이를 반영하도록 노력하는 것으로 족하고 구속력이 인정되지 않는다(대법원 2016. 5. 12. 선고 2013다1570 판결).

29 용석남, 앞의 글, 66.

표 3 ‖ 토지등소유자 전체회의 및 조합 총회의 의결사항

토지등소유자 전체회의 의결사항 (법 제48조 제1항)	조합 총회 의결사항 (법 제45조 제1항)
1. 시행규정의 확정 및 변경	1. 정관의 변경(제40조 제4항에 따른 경미한 사항의 변경은 이 법 또는 정관에서 총회의결사항으로 정한 경우로 한정한다)
2. 정비사업비의 사용 및 변경	3. 정비사업비의 세부 항목별 사용계획이 포함된 예산안 및 예산의 사용내역[30]
3. 정비사업전문관리업자와의 계약 등 토지등소유자의 부담이 될 계약	4. 예산으로 정한 사항 외에 조합원에게 부담이 되는 계약
4. 시공자의 선정 및 변경	5. 시공자 · 설계자 및 감정평가법인등(제74조 제4항에 따라 시장 · 군수등이 선정 · 계약하는 감정평가법인등은 제외한다)의 선정 및 변경. 다만, 감정평가법인등 선정 및 변경은 총회의 의결을 거쳐 시장 · 군수등에게 위탁할 수 있다.
(없음)	6. 정비사업전문관리업자의 선정 및 변경
(없음)	7. 조합임원의 선임 및 해임
5. 정비사업비의 토지등소유자별 분담내역	8. 정비사업비의 조합원별 분담내역
6. 자금의 차입과 그 방법 · 이자율 및 상환방법	2. 자금의 차입과 그 방법 · 이자율 및 상환방법
7. 제52조에 따른 사업시행계획서의 작성 및 변경(제50조 제1항 본문에 따른 정비사업의 중지 또는 폐지에 관한 사항을 포함하며, 같은 항 단서에 따른 경미한 변경은 제외한다)	9. 제52조에 따른 사업시행계획서의 작성 및 변경(제50조 제1항 본문에 따른 정비사업의 중지 또는 폐지에 관한 사항을 포함하며, 같은 항 단서에 따른 경미한 변경은 제외한다)
8. 제74조에 따른 관리처분계획의 수립 및 변경(제74조 제1항 각 호 외의 부분 단서에 따른 경미한 변경은 제외한다)	10. 제74조에 따른 관리처분계획의 수립 및 변경(제74조 제1항 각 호 외의 부분 단서에 따른 경미한 변경은 제외한다)
9. 제89조에 따른 청산금의 징수 · 지급(분할징수 · 분할지급을 포함한다)과 조합 해산 시의 회계보고	11. 제89조에 따른 청산금의 징수 · 지급(분할징수 · 분할지급을 포함한다)과 조합 해산 시의 회계보고
10. 제93조에 따른 비용의 금액 및 징수방법	12. 제93조에 따른 비용의 금액 및 징수방법
11. 그 밖에 토지등소유자에게 부담이 되는 것으로 시행규정으로 정하는 사항	13. 그 밖에 조합원에게 경제적 부담을 주는 사항 등 주요한 사항을 결정하기 위하여 대통령령 또는 정관으로 정하는 사항

30 구 도시정비법(2019. 4. 23. 법률 제163873호로 개정되기 전의 것) 제45조 제1항 제3호는 '정비사업비의 사용'으로 정하고 있었으며, '정비사업비의 변경'은 시행령 제42조 제1항 제4호에서 정한 총회 의결사항이다.

라. 신탁계약을 통한 개별 토지등소유자와의 관계

신탁업자가 지정개발자 요건을 갖추고 사업시행자 지정 이후 정비사업을 원활히 추진하기 개별 토지등소유자와 신탁계약을 체결한다. 신탁업자는 토지등소유자로부터 토지 또는 건축물을 위탁받아 정비사업을 시행하여 아파트를 신축하여 분양 · 임대한 후 비용 및 신탁보수를 제외한 나머지 수익을 토지등소유자에게 귀속시키는 것이므로, 토지신탁(개발신탁)에 해당한다.[31] 실제 체결하는 신탁계약('토지신탁계약서(정비사업)' 등)도 기본적인 토지신탁계약서를 따르되, 특약사항 등에서 정비사업에 맞는 내용을 둔다.

신탁계약은 위탁자 겸 수익자인 토지등소유자와 수탁자인 신탁업자 사이에 신탁재산인 정비구역내 토지 또는 건축물에 대해 체결되는 것으로서, 원칙적으로 개별 토지등소유자와 신탁업자 사이의 개별적인 법률관계이다. 그러나 다수의 토지등소유자가 신탁재산만을 다르게 하여 동일한 내용의 신탁계약을 체결하고, 신탁업자가 사업시행자로 지정된 이후에는 여러 토지등소유자와 신탁업자의 법률관계는 단체적인 법률관계로 묶이고,[32] 사업시행자는 시행규정을 통해 여러 신탁관계를 하나의 신탁으로 처리하게 된다.

마. 2인 이상의 신탁업자의 공동 사업시행

도시정비법은 2인 이상의 신탁업자가 공동으로 사업시행자로 지정될 수 있는지에 대해 명문의 규정을 두고 있지 않으나, 실무상 2인 이상의 신탁업자를 사업시행자로 지정할 수 있다고 본다. 도시정비법상 2인 이상의 신탁업자의 사업시행에 대한 명문의 규정이 없으므로 불가능하다는 입장도 있으나, 명문의 허용 규정이 없다고 하여 금지된다고 해석할 이유는 없다.[33] 2인 이상의 신탁업자는 신탁법상 공동수탁자로서, 위탁자 겸 수익자인 토지등소유자가 사업시행자에 대한 갖는 권리 · 의무는 신탁업자가 1인인 경우와 다르지 않아 토지등소유자에게 특별히 손해가 발생할 이유도 없다.

신탁법상 수탁자가 여럿인 경우 신탁재산은 수탁자들의 합유로 하며, 신탁행위로 달리 정하거나 보존행위가 아니라면 신탁사무의 처리는 수탁자가 공동으로 한다(신탁법 제50조 제1항, 제3항). 따라서 사업시행자 지정 동의 및 신탁계약을 공동수탁자가 공동으로 받은 후 신탁재산에 합

---

31 토지신탁(계약)은 일반적으로 "토지소유자가 부동산신탁회사에게 토지를 신탁하고 부동산신탁회사가 수탁자로서 신탁된 토지상에 건물을 신축하거나 택지를 조성하는 등 적절한 개발행위를 한 후 토지 및 지상건물을 일체로 분양 또는 임대하여 그 수입에서 신탁회사의 투입비용을 회수하고 수익자에게 수익을 교부하는 취지의 계약"을 의미한다(대법원 2006. 6. 9. 선고 2004다24557 판결; 용석남, 앞의 글, 16).

32 김종보 · 최종권, 앞의 글, 18.

33 토지등소유자가 시행하는 재개발사업(구 도시환경정비사업)도 명문의 규정이 없으나 2인 이상의 토지등소유자가 공동으로 사업시행계획인가를 받아 사업시행자가 되기도 하며, 대법원 2011. 6. 30. 선고 2010두1347 판결도 "도시환경정비사업을 시행하고자 하는 토지등소유자는 사업구역 내에 토지 등을 소유하고 있기만 하면 1인이 단독으로 또는 수인이 공동하여 그 수에 관계없이 도시환경정비사업을 시행할 수 있다"고 보아 종전 실무에 따른 법률관계를 인정하였다.

유등기를 하고, 신탁계약에서 따로 정하지 않은 사항은 공동수탁자가 공동으로 처리하되 공동수탁자간 협의를 통해 자금 차입 및 관리, 정비사업 진행에 관한 권한 · 업무 배분 등 내부관계를 정할 수 있다.

공동수탁자 1인에 대한 의사표시는 다른 수탁자에게도 효력이 있고, 수탁자들이 신탁사무의 처리에 관하여 제3자에게 부담한 채무는 연대하여 변제할 책임이 있다(신탁법 제50조 제4항, 제51조 제1항). 따라서 2인 이상의 신탁업자가 공동으로 사업을 시행하는 경우에도 그 신탁업자들에 대한 관계에서 토지등소유자 등은 사실상 1인의 신탁업자를 상대로 하는 것과 동일한 형태로 처리할 수 있어야 한다.

3. 신탁업자의 정비사업 시행

가. 도시정비법령의 규정에 따른 정비사업 시행

(1) 도시정비법령 중 사업시행자 등에 관한 규정 적용

신탁업자는 단독으로 정비사업을 시행하는 사업시행자로서 원칙적으로 자체적인 결정에 따라 정비사업의 각종 절차를 진행할 수 있으나, 시행규정에 따른 절차 · 내용상 제한을 받고, 도시정비법 및 시행규정에 따른 토지등소유자 전체회의 의결사항은 그 의결을 받아야 한다(법 제48조). 그 이외에는 도시정비법이 주체 또는 상대방을 사업시행자로 정한 규정을 그대로 적용하면 될 것이다.

도시정비법은 조합 이외의 사업시행자(공공시행자, 지정개발자 등) 등이 정비사업을 시행하는 경우를 감안하여 사업의 주체를 '사업시행자'로 정하고 있다. 따라서 사업시행자인 신탁업자는 사업시행계획의 작성 · 인가(법 제50조), 분양신청절차(법 제72조), 관리처분계획의 수립 · 인가(법 제74조), 관리처분계획에 따른 처분(법 제79조), 이전고시(법 제86조) 등 정비사업의 각 절차를 수행할 수 있다. 마찬가지로 사업시행자에 대응하는 이해관계인을 조합원이 아닌 '토지등소유자'로 정하거나 '정관등'으로 정한 규정도 그대로 적용할 수 있다.[34] 신탁업자가 사업을 시행하는 경우 위탁자를 토지등소유자 또는 조합원으로 보도록 한 것도 신탁업자와 토지등소유자의 관계는 조합과 조합원의 관계로 취급하려는 취지로 볼 수 있다(법 제2조 제9호, 제39조 제1항).

신탁업자는 사업시행자 지정을 받은 때 사업시행자의 지위를 취득하므로 사업시행자 지정 · 고시를 조합설립인가 · 고시와 동일하게 취급할 수 있다. 신탁업자 등 지정개발자는

34 '정관등'은 조합의 정관, 사업시행자인 토지등소유자가 자치적으로 정하는 규약, 시장 · 군수등, 토지주택공사등 또는 신탁업자가 작성한 시행규정을 포괄하는 개념이다(법 제2조 제11호). 도시정비법령은 사업시행계획인가신청(법 제50조 제1항), 재분양신청(법 제72조 제5항), 관리처분계획의 내용(법 제79조 제4항, 시행령 제62조 제3호, 제63조 제2항), 청산금 · 비용조달(법 제89조 제2항, 시행령 제76조 제1항) 등에서 지정개발자의 사업시행을 고려하여 정관등으로 정하고 있다.

사업시행자 지정 · 고시 후에 시공자를 선정할 수 있고(법 제29조 제6항),[35] 신탁업자 사업시행자 지정에 동의하지 않는 것은 조합설립에 동의하지 않는 것과 동일하게 매도청구의 대상이 되며(법 제64조), 조합원 자격에 관한 규정에서 사업시행자 지정을 조합설립인가시로 본다(법 제39조 제1항).

⑵ 토지분할 청구 등 조합이 시행하는 경우를 전제로 한 규정의 적용 여부

도시정비법령은 주로 조합이 사업을 시행하는 경우를 예정하여 정하기 때문에, 조합에 관한 규정이 신탁업자가 시행하는 정비사업에서도 적용 · 준용될 수 있는지가 향후 계속 문제될 것으로 보인다. 총회 등 조합 방식에 특유한 사항은 필요에 따라 준용되는 것(법 제48조 제3항 등) 이외에 직접 적용될 이유는 없으나, 토지분할 청구 등 추진위원회 구성, 조합설립 등을 전제로 한 규정을 적용 여부가 문제될 수 있다.

재건축사업에서 토지분할을 청구할 수 있는 주체는 ⓐ 사업시행자 또는 ⓑ 추진위원회이다(법 제67조). ⓐ 신탁업자는 사업시행자에 해당하기는 하나 위 토지분할은 도시정비법 제35조 제3항의 조합설립의 동의요건을 충족하지 못한 상태에서 조합설립인가 등을 받기 위한 것이므로 신탁업자가 일부 동(棟)의 반대로 도시정비법 제27조 제1항 제3호의 사업시행자 지정 요건을 충족하지 못하는 경우에는 직접 적용되기 어렵다. ⓑ 한편 종전 추진위원회가 토지분할을 청구하였다 하더라도 신탁업자가 추진위원회의 지위를 포괄승계하는 것이 아니므로 그 토지분할 청구의 효과가 미치지 않는 것은 물론 소송수계를 할 근거도 없다. 신탁업자가 시행하는 재건축사업에서도 토지분할 청구를 할 필요가 있으나, 도시정비법 제67조의 규정을 적용하기는 어려운 것으로 생각된다.[36]

⑶ 신탁업자가 시행하는 정비사업에 대한 별도 규정의 적용

위탁자를 토지등소유자 또는 조합원으로 보거나 사업시행자 지정에 동의하지 않은 자에게 매도청구를 행사할 수 있도록 한 것은 조합이 시행하는 경우와 동일하게 취급하기 위한 것이나, 신탁업자가 시행하는 정비사업에 대한 별도로 규정을 두고 있기도 하다.

① 공공시행자(시장 · 군수등, 토지주택공사등), 지정개발자는 사업시행자 지정 · 고시 후 경쟁입찰 등의 방법으로 선정할 수 있으나, 주민대표회의 또는 토지등소유자 전체회의 의결로 추천한 자를 선정하여야 한다(법 제29조 제6항, 제7항, 제8항). 주민대표회의 또는 토지등소유자 전체회의에서 시공자를 추천하기 위한 경쟁입찰의 방법은 시행령 제24조 제4항에서 별도로 정하

35 조합이 시행하는 경우는 조합설립인가 이후에 시공자를 선정할 수 있으므로(법 제29조 제4항) 사실상 동일하게 취급한 것이나, 서울지역에서 조합은 사업시행계획인가 이후에 시공자를 선정할 수 있기 때문에(서울시 정비조례 제77조 제2항), 신탁업자가 시행하는 정비사업은 시공자 선정 시기를 앞당길 수 있다.

36 사업시행자 지정도 조합설립과 동일한 요건을 갖추어야 하고 정비사업의 활성화를 위해 도입한 신탁업자의 사업시행자 지정제도의 취지에 비추어 사업시행자로 지정 · 고시된 신탁업자가 도시정비법 제67조에 따라 토지분할을 청구할 수 있다는 견해로 안광순(하), 199.

고 있다.[37] 시공자 선정은 본래 사업시행자의 업무이자 권한이고 토지등소유자가 사업시행자인 신탁업자의 구성원도 아니므로 토지등소유자 전체회의가 직접 시공자를 선정할 근거는 없으나, 신탁업자가 토지등소유자 전체회의 추천에 따라 시공자를 선정하도록 하여 토지등소유자의 의사가 그대로 반영되도록 하였다.

② 신탁업자 등 지정개발자는 경미한 사항의 변경이 아닌 한 사업시행계획인가를 신청하기 전에 토지등소유자의 과반수의 동의 및 토지면적의 1/2 이상의 토지소유자의 동의를 받아야 한다(법 제50조 제7항).[38] 한편 신탁업자의 사업시행계획서의 작성 및 변경(경미한 변경 제외)은 토지등소유자 전체회의의 의결을 받아야 하는 사항에 해당한다(법 제48조 제1항 제7호). 지정개발자에 대해 사업시행계획인가 신청을 위해 토지등소유자 동의를 받도록 하면서 지정개발자에 해당하는 신탁업자에 대해 토지등소유자 전체회의의 의결을 받도록 정하면서 절차가 중복된 것으로 보인다. 토지등소유자 전체회의 의결사항이라고 하여 토지등소유자 동의 규정의 적용을 배제하기 어렵고, 동의서 방식과 총회 의결 방식은 준별되는 것으로서 토지등소유자 전체회의로 서면동의를 갈음할 수 없으므로(조합설립변경인가에 관한 대법원 2013. 10. 24. 선고 2012두12853 판결 참고), 토지등소유자의 서면동의 및 토지등소유자 전체회의 의결은 각각 갖추어야 할 것으로 생각된다.[39]

나. 비용의 분담 및 개발이익의 귀속

신탁업자는 정비사업의 시행자로서 원칙적으로 정비사업을 부담하고(법 제92조 제1항), 차입형 토지신탁의 수탁자로서 개발행위를 위한 비용을 조달하여 부담하고, 통상 시행규정에도 사업시행자가 정비사업비를 조달하고 필요한 경우 금융기관 또는 사업시행자의 고유계정으로부터 차입할 수 있도록 정하고 있다. 또한 신탁업자는 대외적인 계약 등을 체결하는 법적 주체이고, 신탁사무를 처리하는 과정에서 부담하는 채무에 대한 이행책임은 신탁재산의 한도 내로 제한되는 것이 아니라 수탁자의 고유재산에도 미치는 것이므로(대법원 2004. 10. 15. 선고 2004다31883, 31890 판결), 정비사업비의 조달과 그 책임은 신탁업자가 우선하여 부담하여야 한다.[40]

한편 사업시행자가 개발이익의 최종 귀속주체라는 기본적인 개념은 조합이 시행하는 경우와 마찬가지로 수정된다. 조합이 시행하는 정비사업의 손익은 사업시행자인 조합에

37 일반경쟁입찰 · 제한경쟁입찰 또는 지명경쟁입찰 중 하나의 방법으로, 일간신문 1회 공고, 현장설명회 개최, 합동홍보설명회를 개최한 후 토지등소유자를 대상으로 제출된 입찰서에 대한 투표를 실시하고 그 결과를 반영하여 추천한다.

38 이때 토지등소유자의 동의는 도시정비법 제36조의 적용대상이 아니므로 동의서 작성방법 및 철회 등은 토지등소유자의 진정한 의사를 확인할 수 있는 방법에 의하면 될 것으로 보인다. 자세한 내용은 **[8]토지등소유자의 동의 III.도시정비법 제36조 제1항에서 정하지 않은 토지등소유자의 동의 방법** 참고.

39 안광순(하), 76.

40 물론 신탁업자가 도시정비법 제93조, 시행규정에 따라 토지등소유자에게 정비사업비 부담금을 부과할 수 있기는 하나, 특별한 경우가 아니라면 토지등소유자에게 부과하여 받기 어렵다. 결국 조합이 시행하는 경우와 마찬가지로 분양계약을 통해 분담금으로서 지급받는 방법으로 하여야 한다.

귀속되지만 조합은 정비사업이 종료되면 해당 정비사업의 손익은 청산금에 의해 조합원들에게 최종적으로 귀속시킨다. 신탁업자가 시행하는 정비사업의 손익도 사업시행자인 신탁업자에게 우선적으로 귀속되지만 신탁업자는 토지등소유자들 사이의 내부 관계에서는 시행규정 및 신탁계약이 정한 대로 정비사업 손익에 대한 정산절차를 거쳐 비용, 신탁보수 등을 제외한 나머지 손익이 토지등소유자에게 최종적으로 귀속된다.

Ⅲ. 신탁업자가 대행하는 정비사업

1. 신탁업자에 대한 사업대행개시결정

가. 신탁업자에 대한 사업대행개시결정의 요건

(1) 토지면적 1/3 이상의 신탁 및 사업대행자 지정을 위한 조합원 과반수의 동의

시장 · 군수등은 토지등소유자의 과반수, 조합이 설립된 경우에는 조합원 과반수의 동의로 요청하는 경우 등에는 지정개발자에게 해당 조합 또는 토지등소유자를 대신하여 정비사업을 시행하게 할 수 있다(법 제28조 제1항). 신탁업자의 경우 정비구역의 토지 중 정비구역 전체 면적 대비 1/3 이상의 토지를 신탁받아 지정개발자의 요건을 갖추고, 사업대행에 대한 토지등소유자 또는 조합원 과반수의 동의를 받으면 사업대행자로 지정될 수 있다(법 제28조 제1항 제2호, 제27조 제1항, 시행령 제21조 제1항 제3호).

정비구역 토지의 1/3 이상의 토지를 신탁받아 지정개발자의 요건을 갖추어야 한다는 점은 사업시행자 지정과 동일하나, 사업대행자로 지정되는 요건이 도시정비법 제35조의 조합설립에 대한 동의요건보다 완화된 토지등소유자 또는 조합원 과반수의 동의이다. 사업시행자 지정에 대한 동의와 달리 토지등소유자 및 동의자 수 산정방법에 관한 시행령 제33조 제1항만 직접 적용되고 법정동의서 서식도 정해져 있지 않으므로, 동의서 작성방법 및 철회 등은 토지등소유자의 진정한 의사를 확인할 수 있는 방법으로 하면 될 것으로 보인다.[41]

(2) 일반경쟁입찰 등 계약 체결 절차 준수 여부 등

사업시행자인 조합이 계약을 체결하려면 원칙적으로 일반경쟁입찰에 부쳐야 한다(법 제29조 제1항). 그러나 사업대행자 지정은 시장 · 군수등이 일정한 요건을 갖춘 신탁업자에 대한 사업대행개시결정처분으로 하는 것으로서 일반경쟁입찰에 부쳐야 할 필요는 없다고 보는 것이 타당하다.

한편 사업대행 방식은 사업시행자인 조합은 그대로 존속한 채 신탁업자가 조합을 대행

---

41 안광순(상), 218; 자세한 내용은 **[8]토지등소유자의 동의 III.도시정비법 제36조 제1항에서 정하지 않은 토지등소유자의 동의 방법** 참고.

하여 사업을 시행하는 것이므로, 통상 조합이 경쟁입찰의 방법으로 특정 신탁업자를 예비 사업대행자로 선정한 후 사업대행에 관한 사업약정(사업대행계약) 등을 체결하며, 시장·군수등이 사업대행개시결정에서 고시하는 대행사항도 위 사업약정 등에 근거하고 있다. 위 사업약정 등은 계속 존속하는 조합이 특정 신탁업자와 대행에 관한 권리·의무를 정하는 것이므로, 예비 사업대행자 선정은 경쟁입찰에 의하여야 한다.

사업대행 방식은 사업시행 자체를 변경하는 것이 아니고, 사업대행자 지정도 인가권자인 시장·군수등의 사업대행개시결정이라는 별도의 처분에 의하는 것이므로 정관에 사업대행에 관한 규정이 있어야 한다거나 정관의 사업시행 방식에 관한 규정이 대행방식을 허용하지 않는 취지로 보기 어렵다.[42]

나. 사업대행개시결정·고시 등

(1) 사업대행개시결정·고시 절차

시장·군수등은 정비구역의 토지면적 1/3 이상의 토지를 신탁받고 토지등소유자 과반수 또는 조합원 과반수로부터 사업대행에 대한 동의를 받은 신탁업자에게 해당 조합 또는 토지등소유자를 대신하여 정비사업을 시행하게 할 수 있다(법 제28조 제1항). 시장·군수등은 사업대행개시결정을 한 경우에는 정비사업의 종류 및 명칭, 법인인 신탁업자의 명칭, 주된 사무소의 소재지 및 대표자의 성명·주소, 정비구역(도시정비법 제18조에 따라 정비구역을 둘 이상의 구역으로 분할하는 경우에는 분할된 각각의 구역)의 위치 및 면적, 정비사업의 착수예정일과 준공예정일, 사업대행개시결정을 한 날, 사업대행자, 대행사항을 해당 지방자치단체의 공보에 고시하여야 하고(법 제28조 제4항, 시행령 제22조 제1항), 토지등소유자 및 사업시행자(조합)에게 위와 같이 고시한 내용을 통지하여야 한다(시행령 제22조 제2항).

(2) 사업대행개시결정·고시에 따른 효력

사업시행자는 사업대행개시결정의 고시를 한 날의 다음 날부터 사업대행완료를 고시하는 날까지 자기의 이름 및 사업시행자의 계산으로 사업시행자의 업무를 집행하고 재산을 관리한다. 이 경우 법 또는 법에 따른 명령이나 정관등으로 정하는 바에 따라 사업시행자가 행하거나 사업시행자에 대하여 행하여진 처분·절차 그 밖의 행위는 사업대행자가 행하거나 사업대행자에 대하여 행하여진 것으로 본다(시행령 제22조 제3항).

42 인천지방법원 2017. 7. 5.자 2017카합10138 결정, 청주지방법원 2020. 3. 16.자 2019카합50252 결정 등; 통상 정관에는 시행방법과 관하여 구 도시정비법의 공공시행자 규정 정도만을 반영하여 "조합은 조합원의 과반수 동의를 얻어 시장·군수등 또는 법 제2조 제10호의 규정에 의한 주택공사등과 공동으로 사업을 시행할 수 있다" 정도만 정하고 있어서(구 표준정관 제5조 제4항), 사업대행에 직접 적용될 만한 내용은 없다.

(3) 사업대행의 완료 절차

사업대행자는 도시정비법 제28조 제1항 각 호의 사업대행의 원인이 된 사유가 없어지거나 이전고시에 따른 등기를 완료한 때에는 사업대행을 완료하여야 한다. 이 경우 시장 · 군수등이 아닌 사업대행자는 미리 시장 · 군수등에게 사업대행을 완료할 뜻을 보고하여야 한다(시행령 제23조 제1항).

시장 · 군수등은 사업대행을 완료한 때에는 제22조 제1항 각 호의 사항(사업대행개시결정에서 고시할 사항)과 사업대행완료일을 해당 지방자치단체의 공보등에 고시하고, 토지등소유자 및 사업시행자에게 각각 통지하여야 한다(시행령 제23조 제2항).

사업대행자는 사업대행완료의 고시가 있은 때에는 지체 없이 사업시행자에게 업무를 인계하여야 하며, 사업시행자는 정당한 사유가 없는 한 이를 인수하여야 한다. 위 인계 · 인수가 완료된 때에는 사업대행자가 정비사업을 대행할 때 취득하거나 부담한 권리와 의무는 사업시행자에게 승계된다(시행령 제23조 제3항, 제4항). 사업대행자는 사업대행의 완료 후 사업시행자에게 보수 또는 비용의 상환을 청구할 때에 그 보수 또는 비용을 지출한 날 이후의 이자를 청구할 수 있다(시행령 제23조 제5항).

다. 조합이 종전에 수행한 업무의 효력

신탁업자가 사업을 대행하여 시행한다 하더라도, 사업시행자인 조합은 그대로 남고 신탁업자의 업무도 사업대행개시결정에서 정한 대행사항으로 한정된다. 따라서 사업시행과 달리 사업대행은 조합이 종전에 수행한 각종 업무와 절차는 그대로 효력을 유지하며, 업무에 따라서 사업시행자가 행하거나 사업시행자에 대하여 행하여진 처분 · 절차 그 밖의 행위는 사업대행자가 행하거나 사업대행자에 대하여 행하여진 것으로 볼 수 있는 것이다(시행령 제22조 제3항 후단).

2. 신탁업자의 사업대행 권한과 제한

가. 사업대행자의 지위와 권한

(1) 대행사항의 범위 및 제한

사업대행자의 권한은 사업대행개시결정에서 정한 대행사항으로 한정된다. 대행사항은 사업대행개시결정을 하는 시장 · 군수등이 그 재량으로서 정하는 것이나, 조합과 신탁업자가 미리 체결하는 사업약정(사업대행계약서)의 내용과 해당 정비사업의 상황 등을 감안하여 정하는 것으로 보인다. 통상 대행사항을 "사업시행계획서의 수립 및 변경, 사업시행계획서의 수립 및 변경, 공사도급계약 체결 및 변경, 자금의 차입 및 조달, ... 기타 도시정비법령 및 조합정관에서 정한 업무"와 같이 정비사업 전반으로 정하는 것으로 보이나, 신탁업자가 자금의 조달, 사업 관리 등 조합을 보조하는 취지로 사업대행을 하는 경우에는 "정비사업비 조달 및 정비사업조합을 차주로 하는 주택도시보증공사 보증부 대출 실행, 사업 전반 관리, 시공사 · 감리자 등 용역업체 선정, 계약체결, 용역비 관리 등, ... 기타 도시정비법령 및 조합정관에서 정한 업무"와 같이 그 범위를 한정하여 정하는 경우도 있다.

시장 · 군수등이 아닌 사업대행자는 재산의 처분, 자금의 차입 그 밖에 사업시행자에게 재산상 부담을 주는 행위를 하려는 때에는 미리 시장 · 군수등의 승인을 받아야 한다(시행령 제22조 제4항). 토지등소유자 또는 조합원의 이익 보호를 위해 시장 · 군수등이 감독권을 행사하도록 한 취지로 보이며, 위 승인처분은 사업대행개시결정과 마찬가지로 시장 · 군수등의 재량으로 볼 수 있다. 다만 도시정비법 및 정관이 정한 총회 의결사항에 해당하는 경우 위 승인처분과 별도로 총회 의결을 받아야 하는지 다툼이 있다.

(2) 사업대행자인 신탁업자와 사업시행자인 조합의 지위와 권한의 관계

사업대행자는 사업대행개시결정 고시일의 다음 날부터 사업대행완료 고시일까지 자기의 이름으로 조합의 업무를 집행하고 재산을 관리하고, 도시정비법 또는 도시정비법에 따른 명령이나 정관등으로 정하는 바에 따라 사업시행자가 행하거나 사업시행자에 대하여 행하여진 처분 · 절차 그 밖의 행위는 사업대행자가 행하거나 사업대행자에 대하여 행하여진 것으로 본다(시행령 제22조 제3항).

따라서 사업대행자인 신탁업자는 사업시행자의 단순한 보조자가 아닌 독자적인 권리 · 의무를 가지는 법적 주체이며, 대행사항에 대해 최종적인 의사결정권한을 갖는다.[43] 다만 그 권한은 사업대행개시결정에서 정한 대행사항으로 한정되고 사업대행이 완료되면 대행사항에 관한 권리와 의무는 사업시행자인 조합에게 승계된다는 점에서 신탁업자의 권한은 한정적 · 한시적이며 이 점에서 사업시행자인 조합이 직접 시행하는 경우와 다르다.

신탁업자가 자기의 이름과 권한으로 시행하는 대행사항에 관해서는, 원칙적으로 조합의 사업시행자의 권한은 배제된다고 볼 수 있다. 그러나 사업시행자의 지위 자체가 소멸하는 것은 아니며, 대행사항도 사업대행이 완료되면 그 권리와 의무를 곧바로 승계한다는 점에서 대행사항에 대한 권한과 책임 역시 소멸하였다고 보기 어렵다. 특히 신탁업자가 수행하는 각종 업무가 사업대행개시결정에서 정한 대행사항이 맞는지, 시장 · 군수등의 승인을 받아야 하는 것인지를 명백하게 알기 어렵기 때문에 신탁업자가 대행하여 시행하는 중에도 조합의 권한이 없다고 단정하기 어렵다.

결국 대행사항에 관해 사업대행자에게 독자적이고 최종적인 의사결정권한을 부여하는 시행령 제22조의 규정에도 불구하고, 사업대행자인 신탁업자와 사업시행자인 조합의 사업

43 대구고등법원 2021. 8. 12. 선고 2020나24770 판결.

시행에 관한 지위와 권한은 병존하는 것으로 취급하는 것이 필요하다.[44·45] 신탁업자와 조합의 권한행사가 상충하는 경우 적법한 대행사항이라면 신탁업자의 권한행사가 우선한다고 볼 수 있을 것이나 이는 사후적으로 판단할 수 있는 것이다.

나. 총회 의결 등 사업시행자 내부의 의사결정 필요 여부

(1) 총회 의결 등에 관한 쟁점

사업대행개시결정의 고시에서 대행사항으로 정하지 않은 사항은 사업대행자가 대행할 권한이 없으므로 본래의 사업시행자인 조합이 도시정비법 및 정관이 정하는 대로 총회 의결 등을 거쳐 결정하여 집행하여야 한다. 문제는 사업대행자인 신탁업자가 사업대행개시결정의 고시에서 대행사항으로 정한 사항을 시행함에 있어 사업시행자인 조합의 총회 의결 등을 절차를 거쳐야 하는지 여부이다.

총회 의결 등을 거쳐야 한다고 본다면, 신탁업자가 이미 시장 · 군수등의 사업대행개시결정을 통해 대행사항에 관한 권한을 취득하였음에도 다시 조합 내부의 의사결정에 구속될 뿐 아니라, 총회 의결을 거치지 않거나 그 결의에 하자가 있는 경우 사업대행자인 신탁업자의 각종 처분 및 절차의 효력에 영향을 미치는 문제가 있다. 또한 도시정비법령 및 정관이 정한 총회의 의결사항은 대부분 시행령 제22조 제4항에 따라 시장 · 군수등의 승인을 받아야 하는 사항인 재산의 처분, 자금의 차입, 그 밖에 사업시행자에게 재산상 부담을 주는 행위에 해당한다는 점에서 총회 의결 및 시장 · 군수등의 승인의 절차를 이중으로 거쳐야 한다는 결론에 이르게 된다.

(2) 시행령 제22조에 의한 사업대행자의 권한 행사 방법

시장 · 군수등로부터 사업대행자로 지정받은 자는 자기의 이름으로 사업시행자의 업무를 집행하고, 사업시행자가 행하였거나 사업시행자에 대하여 행하여진 처분 · 절차 그 밖의 행위는 사업대행자가 행하거나 사업대행자에 대하여 행하여진 것으로 보므로(시행령 제22조 제3항), 대행사항에 관해서는 사업대행자가 사업시행자의 권한과 지위를 대신한다고 볼 수 있다. 사업시행자인 조합이 정비사업을 수행할 수 있는 권한과 지위는 인가권자인 시장 · 군수등의 조합설립인가에 따라 부여되는 것인데, 시장 · 군수등이 사업대행개시결정으로서 종전 조합설립인가에 따라 사업시행자에게 부여한 권한과 지위를 일부 제한하는 의미로도 볼

---

44 대구고등법원 2021. 8. 12. 선고 2020나24770 판결은 조합과 신탁업자가 공동사업주체로서 원고들이 구하는 일조방해로 인한 손해배상책임을 중첩적으로 부담한다고 보았다.

45 조합원이나 협력업체 입장에서는 의사표시 또는 소송의 상대방(피고)을 누구로 해야 하는지 문제로 귀결된다. 적법한 대행사항이라면 원칙적으로 신탁업자만을 상대로 하여도 될 것이나, 신탁업자의 업무가 적법한 대행사항인지를 미리 판단하기 어렵고 나중에 사업대행이 완료되면 종전 권리 · 의무는 조합에 면책적으로 승계된다. 따라서 중요한 의사표시나 소 제기는 조합과 신탁업자 모두를 상대로 하여야 할 것으로 생각된다.

수 있을 것이다. 특히 시장 · 군수등이 아닌 사업대행자는 재산의 처분, 자금의 차입 그 밖에 사업시행자에게 재산상 부담을 주는 행위를 하려는 때에는 미리 시장 · 군수등의 승인을 받아야 하는데(시행령 제22조 제4항), 이는 사업대행자가 사업시행자의 내부의사결정이 아닌 시장 · 군수등의 감독에 따라 종전 사업시행자를 대신하는 권한을 행사한다는 취지로 볼 수 있다.

위 시행령 제22조 제3항 및 제4항(구 시행령 제17조)은 사업대행개시의 사유가 "장기간 정비사업이 지연되거나 권리관계에 관한 분쟁 등으로 해당 조합 또는 토지등소유자가 시행하는 정비사업을 계속 추진하기 어렵다고 인정하는 경우"(구법 제9조 제1항, 법 제28조 제1항 제1호)만 있던 당시부터 있었던 규정으로서, 위와 같이 조합이 정상적으로 운영되기 어려운 상황에서 사업대행을 하는 것을 전제한 것으로 보인다. 장기간 정비사업 지연 또는 분쟁으로 인하여 사업대행자가 지정된 경우에는 사업시행자인 조합의 총회 의결 등을 받기가 어려우므로 사업대행자가 총회 의결 등을 받을 필요 없이 위 시행령 제22조에 따라 시장 · 군수등의 일정한 감독에 따라 사업을 대행할 수 있다고 보는 것이 해석상 자연스러운 것으로 생각된다.[46]

⑶ 도시정비법 제28조 제1항 제2호에 따라 사업대행자가 지정된 경우에도 조합의 총회 의결 등을 갖추어야 하는지 여부

조합원 과반수의 동의에 따라 신탁업자가 사업대행자로 지정된 경우에도 도시정비법령 및 정관에 정한 총회 의결사항에 대해 총회 또는 대의원회의 의결을 거쳐야 하는지가 문제된다.

① 총회 의결 등이 필요 없다고 보는 입장에서는, 시행령 제22조 제4항이 재산의 처분, 자금의 차입, 그 밖에 사업시행자에게 재산상 부담을 주는 행위를 하려는 때에는 미리 시장 · 군수등의 승인을 받도록 한 것은 조합 총회 의결 등에 관한 규정이 사업대행자에게 적용되지 않는 것을 전제한 것이고, 신탁업자가 지정개발자로서 사업시행자로 지정된 경우에는 시공자 선정 등에 관해 토지등소유자 전체회의의 의결을 받도록 하고 있으나 사업대행자인 경우에는 별도로 토지등소유자의 의사를 반영하는 절차를 정하지 않은 점을 놓고 보면 사업대행자에게는 총회 의결 등의 절차가 적용되지 않는다고 볼 수 있다.[47]

② 총회 의결 등이 여전히 필요하다는 입장에서 보면, 사업대행 방식에서 사업의 손익은 조합에게 귀속되는데 조합 및 총회의 기능이 상실되지 않았다면 조합 스스로 총회 의결 등으로 사업대행자의 업무를 적절히 관리 · 감독하고 조합원의 권리를 보호할 필요가 있고, 특히 조합설립 동의요건을 충족하여 사업시행자로 지정된 경우에도 토지등소유자 전체회의 의결로 그 권한 행사에 제한을 받는데 반해 조합원 과반수의 동의로 지정된 사업대행자가 총회 의결 없이 곧바로 사업을 대행할 수 있다고 보는 것은 균형이 맞지 않는 문제

46 용석남, 앞의 글, 87.

47 이상의 근거는 용석남, 앞의 글, 82-83의 적용 부정설에 대한 설명에서 인용한 것이다.

가 있다.[48] 이러한 입장에서는 시행령 제22조가 총회 의결사항 등에 관한 도시정비법 제45조 등의 적용을 배제하지는 않는다고 보아야 한다.

이 문제는 조합이 여전히 기능할 수 있는 경우에도 사업대행자 지정이 가능하도록 도시정비법을 개정하면서 사업대행자의 권한 행사에 관한 시행령 제22조(구 시행령 제17조) 등에 총회 의결과의 관계를 명시적으로 정하지 않은 점에서 비롯된다. 조합 및 총회가 여전히 기능할 수 있다면 사업지정자 방식에 대해 조합원 보호를 위한 절차가 필요하다는 점에서 여전히 총회 의결 등이 필요하다고 보아야 할 것이나, 시행령 제22조 등의 본래 취지는 인가권자인 시장·군수등의 처분에 의해 일정한 범위에서 종전 사업시행자인 조합의 권한을 배제하고 사업대행자로 하여금 시행하도록 한 것이라는 점에서 도시정비법 제28조 제1항 제2호에 의한 사업대행자 지정의 경우에도 제1호와 마찬가지로 반드시 총회 의결 등이 필요한 것은 아니라고 볼 여지도 있을 것으로 생각된다.[49]

다만 시장·군수등이 사업대행개시결정이나 재산의 처분, 자금의 차입 그 밖에 사업시행자에게 재산상 부담을 주는 행위에 대한 승인처분을 하면서 총회 의결 등 도시정비법이 정한 절차를 준수할 것을 요구하는 경우 결국 총회 의결등을 받아야 한다는 점은 달라지지 않는다.[50] 또한 신탁업자가 수행하는 업무가 모두 적법한 대행사항에 포함되는지 미리 명확히 알기 어렵고, 신탁업자의 권한은 한정적·한시적이어서 사업대행자인 신탁업자와 사업시행자인 조합의 사업시행에 관한 지위와 권한은 병존하는 것으로 취급하여야 할 필요가 있기 때문에 결국 사업시행자인 조합 측도 총회 의결 등의 내부절차를 거칠 필요가 있다. 따라서 정상적으로 조합이 기능한다면 여전히 총회 의결 등을 거쳐야 할 것으로 생각된다.[51]

3. 신탁업자의 정비사업 시행

가. 정비사업의 시행

사업대행자인 신탁업자는 사업대행개시결정에서 정한 사항에 대해 자기의 이름과 조

---

48 용석남, 앞의 글, 87.

49 가령 사업대행자 지정 동의 당시에는 조합이 정상적으로 기능하였으나 사업 진행과정에서 조합 내분으로 총회 등 절차를 거치기 어렵게 된 경우 위 시행령 제22조의 본래 취지를 근거로 시장·군수등의 승인처분으로서 사업대행자가 총회 의결 등 없이 사업을 진행해야 하는 상황도 발생할 수 있다.

50 사업대행개시결정고시에서 도시정비법 등 관련 규정에 위반되는 사업대행자의 대행사항은 효력이 없다는 점을 명시하면서 대행사항에 대해 사업시행자와 협의를 하여야 한다는 점을 따로 정하기도 하며, 조합과 신탁업자가 미리 체결한 사업약정 등에서 대의원회 또는 총회 의결을 받도록 정하는 경우도 있다.

51 대행사항은 총회결의를 받을 필요가 없다는 관점에서 보면 신탁업자의 사업시행은 어디까지나 시장·군수등의 사업대행개시결정 및 승인처분에 근거한 것이므로 ⓐ 총회결의가 위법하다 하더라도 바로 승인처분과 그에 따른 사업시행이 위법하다고 단정할 수 없고, ⓑ 신탁업자가 사업을 대행하던 중 조합이 정상적으로 운영되지 않더라도 신탁업자는 시장·군수등의 승인처분 등이 근거하여 총회결의 없이도 정상적으로 정비사업을 시행할 수 있을 것이다.

합의 계산으로 사업시행자의 업무를 집행하고 재산을 관리한다(시행령 제22조 제3항). 대행사항에 관해서는 사업시행자의 단순한 보조자가 아닌 독자적인 권리 · 의무를 가지는 법적 주체이고 대행사항에 대해 최종적인 의사결정권한을 가지나,[52] 조합이 사업시행자의 지위를 상실하고 않고 사업대행완료 후 대행업무의 권리 · 의무를 승계한다는 점에서 신탁업자와 조합이 병존하면서 사업을 시행하는 관계로 보는 것이 타당하다.

나. 비용의 분담 및 개발이익의 귀속

신탁업자는 사업시행자는 아니나 조합이 비용을 조달하기 어렵고 비용조달, 전문성 부족 등을 이유로 사업대행을 하게 된 것이므로 신탁업자가 스스로 비용을 조달할 필요가 있다. 신탁업자의 비용조달에 관한 내용은 사업약정, 신탁계약으로 일부 구체화된다.

신탁업자가 대행하는 정비사업에서 개발이익의 최종 귀속주체는 조합 또는 조합원이다. 시행령 제23조는 손익 정산 등에 대한 별도의 명문 규정을 두어, 사업대행자는 자기의 이름 및 사업시행자의 계산으로 사업시행자의 업무를 집행하고 재산을 관리하며, 사업대행완료의 사업대행완료의 고시가 있은 때에는 지체 없이 사업시행자에게 업무를 인계하여야 하고, 사업대행자는 사업시행자에게 보수 또는 비용의 상환을 청구할 때에 그 보수 또는 비용을 지출한 날 이후의 이자를 청구할 수 있도록 하고 있다.

참고자료

김유정, "신탁방식 정비사업의 개선방향", 건설법연구 제2호 (2019. 10.)
김종보·최종권, "신탁방식의 정비사업에서 신탁업자의 권한과 책임", BFL 제94호 (2019. 3.)
박근용, "신탁업자의 정비사업 시행참여에 관한 법적 연구", 금융법연구 제12권 제1호 (2015)
용석남, "신탁방식의 정비사업에 관한 연구", 석사학위 논문, 서울대학교 (2020)
이강만, "신탁방식 정비사업의 법률문제", 2019 율촌 부동산신탁 세미나, 법무법인(유) 율촌 (2019. 11. 1. 발표)

52 대구고등법원 2021. 8. 12. 선고 2020나24770 판결.

제 3 장

조합의 설립

[5] 추진위원회 구성

I. 추진위원회의 지위와 법적 성격

1. 추진위원회의 의의 및 지위

도시정비법이 제정되기 이전에도 조합이 설립되기 전에 토지등소유자들이 이른바 조합설립추진위원회를 구성하여 활동하였으나, 추진위원회는 구 도시재개발법 또는 구 주택건설촉진법이 정하지 않는 임의단체에 불과하여 관련 법령에 따른 규제를 받지 않았고, 하나의 정비구역에 여러 추진위원회가 난립하여 경쟁하면서 정비사업에 지장을 초래하였다. 이에 2002. 12. 30. 법률 제6852호로 제정된 도시정비법은 추진위원회의 구성과 업무를 정하는 한편, 시장 · 군수의 승인을 받은 추진위원회만 조합설립 업무를 할 수 있도록 하여 종전의 폐단을 시정하고자 하였다.

추진위원회는 추진위원으로 구성된 비법인사단에 해당하나, 추진위원회는 조합설립인가의 신청권을 가지고(법 제35조 제2항, 제3항), 추진위원회가 행한 업무와 관련된 권리와 의무는 조합에 포괄승계되고(법 제34조 제3항), 하나의 정비구역 안에서 하나의 추진위원회만 조합설립 업무를 할 수 있는 등(법 제13조 제2항, 제137조 제4호) 조합설립에 있어 특별한 법적 지위를 인정받는다(대법원 2009. 10. 29. 선고 2009두12297 판결 등).

2. 추진위원회의 법적 성격

도시정비법이 시행되기 이전에는 추진위원회에 대한 명문의 규정이 없어 단체성의 정도에 따라 민법상 조합 또는 비법인사단으로 구분하여 보는 견해가 통설이었다. 추진위원회는 조합설립이라는 고유한 목적을 가지고, 대표기관인 추진위원장과 운영규정을 두고, 추진위원의 가입 · 탈퇴에 따른 변경에 관계없이 단체 그 자체로 존속하는 등 단체의 주요한 사항이 확정되어 있으므로 비법인사단으로 보면 될 것이다.

도시정비법에 의한 추진위원회는 조합의 설립을 목적으로 하는 비법인사단으로서(대법원 2009. 1. 30. 선고 2008두14869 판결, 대법원 2014. 4. 14. 선고 2012두1419 전원합의체 판결 등), 소송상 당사자능력과 등기능력이 인정될 수 있다. 다만 추진위원회가 추진위원으로 구성되는 비법인사단의 실체를 갖고 있다 하더라도, 구성원이 아닌 토지등소유자의 동의에 의해 설립되고 구성원인 추진위원들의 의결로는 해산할 수 없는 등 다른 단체와는 본질적인 차이가 있다(대법원 2009. 1. 30. 선고 2008두14869 판결). 따라서 추진위원회를 비법인사단으로 보더라도 그 구성과 운영은 도시정비법령에 따라야 하고, 민법상 사단법인에 관한 규정은 도시정비법령 및 운영규정에 직접적인 규정이 없는 사항에 한해 적용된다고 보아야 한다.

Ⅱ. 추진위원회 구성

1. 추진위원회 구성의무

조합을 설립하려는 경우 토지등소유자 과반수의 동의를 받은 추진위원회를 구성하여 시장·군수등의 승인을 받아야 하고 조합설립인가의 신청은 추진위원회가 하는 것이므로(법 제31조 제1항, 제35조 제2항, 제3항), 조합 방식으로 재개발사업·재건축사업을 하기 위해서는 추진위원회 구성이 필수적이다.[1]

다만 시장·군수등이 정비사업에 대해 공공지원을 하려는 경우에는 추진위원회를 구성하지 않고 바로 조합을 설립할 수 있으며, 이 경우 토지등소유자 또는 그 대표자가 도시정비법령상의 추진위원회 또는 추진위원장의 업무를 갈음한다(법 제31조 제4항, 제118조, 시행령 제27조 등).

2. 추진위원회 구성시기

가. 현행 도시정비법에 따른 구성시기의 제한

도시정비법 제31조 제1항은 "정비구역 지정·고시 후" 추진위원회 구성 및 승인을 받도록 하여 추진위원회는 정비구역 지정·고시 이후에 토지등소유자의 동의를 받아 구성할 수 있다는 점을 명확히 하고 있다. 따라서 정비구역이 지정·고시되기 전에 이루어진 추진위원회에 대한 구성승인처분은 중대·명백한 하자가 있어 당연무효로 볼 것이다.[2]

나. 2009년 일부 개정 전의 구성시기의 제한

구 도시정비법(2009. 2. 6. 법률 제9444호로 개정되기 전의 것) 제13조 제2항은 추진위원회 구성의 시기에 대해서는 별도로 정하지 않았고, 건설교통부장관이 2003. 9. 2.자로 시행·하달한 「정비사업조합설립추진위원회 업무처리기준」은 해당 지역이 기본계획에 반영되어

---

1 도시정비법령, 운영규정 고시 등에서 '설립(승인)' 또는 '구성(승인)'이라는 용어를 혼용하여 왔다. 여기서는 조합설립인가와 구분하고 도시정비법 제31조(조합설립추진위원회의 구성·승인), 시행규칙 제7조(추진위원회의 구성승인 신청 등) 등 현재 시행되는 법령의 문언에 맞춰 '구성(승인)'으로 쓰기로 한다.

2 안광순(상), 336; 차흥권, 162.

있는 경우에는 정비구역 지정전이라도 추진위원회 승인이 가능하도록 하여[3] 관행적으로 정비구역 지정 · 고시되기 전에도 토지등소유자의 동의를 받아 추진위원회 구성승인을 받았다. 다만 이 경우 토지등소유자의 범위가 확정되지 않은 채 구성승인이 이루어지는 문제가 있어 그 구성승인처분의 효력에 대해 다툼이 있었다.

대법원은 정비구역의 지정 및 고시 없이 행하여지는 시장 · 군수등의 조합설립추진위원회 구성승인은 정비사업에 관한 제반 법률관계가 불명확 · 불안정하게 되어 정비사업의 추진이 전반적으로 혼란에 빠지고 그 구역 안에 토지 등을 소유하는 사람의 법적 지위가 부당한 영향을 받을 현저한 우려가 있으므로 허용될 수 없고, 그 하자는 중대할 뿐만 아니라 객관적으로 명백하다고 보았다(대법원 2009. 10. 29. 선고 2009두12297 판결, 대법원 2014. 6. 12. 선고 2012두12051 판결). 그러나 정비예정구역이 지정된 후 추진위원회가 정비예정구역에 의하여 확정된 토지등소유자 과반수의 동의를 얻어 구성승인처분을 받은 사안에서 구 도시정비법령이 토지등소유자의 동의 시기를 정비구역 지정 · 고시 이후로 제한하는 규정을 두고 있지 않으므로 그 하자가 중대 · 명백하지 않다고 보기도 하였다(대법원 2010. 9. 30. 선고 2010두9358 판결, 대법원 2013. 5. 24. 선고 2011두14937 판결 등).[4] 대법원의 입장은 도시 · 주거환경정비기본계획(정비예정구역) 지정 · 고시 여부에 따른 차이로 설명되고 있다.[5]

도시정비법이 2009. 2. 6. 법률 제9444호로 개정되면서 추진위원회 구성승인 시기를 정비구역 지정 · 고시 후에 명문으로 정하였다(구법 제13조 제2항). 위 개정규정은 위 일부개정법률 시행일인 2009. 8. 7. 이후 최초로 추진위원회 구성승인을 신청한 경우에 적용되나, 유예기간을 두어 위 2009. 8. 7. 이후 3개월 이내에 추진위원회 구성 승인을 신청을 하는 경우에는 종전의 규정에 따른 토지등소유자의 동의도 적법한 것으로 보았다(구법 부칙(2009. 2. 6.) 제1조 단서, 제3조).

3. 추진위원회 구성을 위한 토지등소유자의 동의

가. 동의요건

추진위원회를 구성하기 위해서는 토지등소유자 과반수의 동의를 받아야 한다(법 제31조 제1항).

---

3 「정비사업조합설립추진위원회 업무처리기준」
2. 추진위원회 구성시기
2-1. 추진위원회는 다음에 해당하는 시기에 승인이 가능함
① 도시 · 주거환경정비기본계획이 수립되어 있지 아니한 경우 및 도시 · 주거환경정비기본계획 수립대상이 아닌 시의 경우에는 정비구역 지정 후
② 도시 · 주거환경정비기본계획이 수립되어 있는 경우에는 동 기본계획에 반영된 후
③ 정비구역 지정대상이 아닌 지역의 경우는 언제라도 가능

4 대법원 2014. 6. 12. 선고 2012두12051 판결은 기본계획(정비예정구역)이 고시된 후 받은 추진위원회 구성승인처분을 당연무효로 보았으나, 위 사안은 재개발사업으로 예정된 정비예정구역에서 재건축사업의 추진위원회가 구성승인을 받은 것이다.

5 김선희, "도시정비법상 추진위원회와 관련한 제반 법률문제", 사법 제23호 (2013), 161-162; 안광순(상), 337; 유삼술 · 이종만, 252; 차흥권, 162.

추진위원회 구성에 동의하는 주체는 '토지등소유자'로서, 도시정비법 제2조 제9호가 정하는 바에 따라 재개발사업은 정비구역에 위치한 토지 또는 건축물의 소유자 또는 그 지상권자, 재건축사업은 정비구역에 위치한 건축물 및 그 부속토지의 소유자가 동의할 수 있다. 재건축사업에서 주택단지가 아닌 지역이 정비구역에 포함된 때에는 조합설립을 위해 그 지역의 토지 또는 건축물 소유자의 3/4 이상 및 토지면적의 2/3 이상의 토지소유자의 동의를 받아야 하는데(법 제35조 제4항), 이는 재건축사업의 조합원이 될 수 없는 토지 또는 건축물만을 소유하는 자가 재건축조합의 설립에 중대한 이해관계가 있는 점을 고려하여 조합설립에 일정한 동의를 받도록 별도로 정한 것이므로, 추진위원회 구성에 관해서 토지 또는 건축물만을 소유하는 자는 토지등소유자가 아니므로 동의권이 없다고 보는 것이 타당하다.[6]

나. 동의 방법

(1) 동의의 방법

추진위원회 구성을 위한 토지등소유자의 동의는 서면동의서에 토지등소유자가 성명을 적고 지장(指章)을 날인하는 방법으로 하며, 주민등록증, 여권 등 신원을 확인할 수 있는 신분증명서의 사본을 첨부하여야 한다(법 제36조 제1항). 다만 토지등소유자가 해외에 장기체류하거나 법인인 경우 등 불가피한 사유가 있다고 시장 · 군수등이 인정하는 경우에는 토지등소유자의 인감도장을 찍은 서면동의서에 해당 인감증명서를 첨부하는 방법으로 할 수 있다(법 제36조 제2항).[7]

추진위원회 구성동의서는 시장 · 군수등이 검인한 서면결의서를 사용하여야 한다(법 제36조 제3항).[8]

(2) 동의의 철회 방법

추진위원회 구성을 위한 동의의 철회도 동의와 동일하게 서면철회서에 토지등소유자가 성명을 적고 지장을 날인하는 방법으로 하며, 주민등록증, 여권 등 신원을 확인할 수 있는 신분증명서의 사본을 첨부하여야 하고(법 제36조 제1항), 서면철회서를 동의의 상대방인 추진위원회(추진위원회 구성동의서를 받은 토지등소유자) 및 시장 · 군수등에게 내용증명의 방법으로 발송하여야 한다(시행령 제33조 제3항, 제4항).

추진위원회 구성에 대한 동의의 철회 또는 반대 의사표시는 해당 동의에 따른 추진위원회 구성승인을 신청하기 전까지 할 수 있다(시행령 제33조 제2항 제1호).

---

6 안광순(상), 342.

7 자세한 내용은 [8]토지등소유자의 동의 II.1.동의 방법 참고.

8 자세한 내용은 [8]토지등소유자의 동의 II.1.나.추진위원회 구성동의서 및 조합설립 동의서에 대한 검인 참고.

⑶ 동의의 간주 및 그에 대한 반대 의사표시

추진위원회 구성에 동의한 토지등소유자는 조합의 설립에 동의한 것으로 본다(법 제31조 제2항 본문). 토지등소유자가 간주된 동의가 본인의 의사에 반하는 경우 반대 의사표시로서 동의 간주의 효력을 배제할 수 있고, 그 방식은 동의의 철회와 동일하다(법 제36조 제1항, 시행령 제33조 제2항 내지 제4항).

⑷ 동의의 승계

추진위원회의 구성에 동의한 자로부터 토지 또는 건축물을 취득한 자는 추진위원회의 구성에 동의한 것으로 본다(시행령 제33조 제1항 제3호).

다. 토지등소유자 및 동의자 수 산정 방법

추진위원회 구성에 대한 토지등소유자의 동의는 도시정비법 제36조 제1항이 정하는 동의로서 토지등소유자 및 동의자 수의 산정은 시행령 제33조 등이 정하는 바에 따르며, 국 · 공유지, 무허가건축물 등은 조합설립에 대한 동의와 동일하다.[9]

라. 추진위원회 구성동의서의 기재사항

추진위원회 구성을 위해 토지등소유자의 동의를 받는 자는 법정동의서인 조합설립추진위원회 구성 동의서(시행규칙 제7조 제2항 [별지 제4호 서식], 이하 '추진위원회 구성동의서')에 추진위원장, 추진위원회 위원, 추진위원회의 업무 및 운영규정을 미리 쓴 후 토지등소유자의 동의를 받아야 한다(시행령 제25조 제1항).

추진위원회 구성동의서의 법정동의서 서식은 시행령 제25조 제1항의 추진위원회 업무가 그대로 기재되어 있으므로 필요적 기재사항을 누락할 일이 적다.[10] 다만 추진위원회 명단이나 운영규정은 별도로 첨부해야 하는데, 대법원 2011. 7. 28. 선고 2011두2842 판결은 개별적으로 추진위원회 명단을 동의서에 첨부하지 않았다 하더라도 당시 추진위원으로 활동하며 조합설립을 준비하던 사람들을 그대로 추진위원으로 인정하거나 아니면 그들에게 필요한 범위 내에서 추진위원을 선임 · 변경할 수 있도록 위임하는 취지가 포함되어 있다고 볼 수 있으므로 그러한 하자가 명백하여 구성승인처분이 당연무효라고 볼 수 없다고 보았다.

마. 동의내용 등에 대한 설명 · 고지 의무

추진위원회 구성을 위해 토지등소유자의 동의를 받으려는 자는 동의를 받기 전에 동의

---

9 자세한 내용은 **[8]토지등소유자의 동의 Ⅳ.토지등소유자 및 동의자 수 산정 방법** 참고.

10 법정동의서는 종전에 정비사업조합설립추진위원회 운영규정(국토해양부고시 2009. 8. 13. 제2009-549호로 개정되기 전의 것)의 별지 서식으로 정하고 있었으나, 시행규칙이 2009. 8. 13. 국토해양부령 제157호로 개정되면서 시행규칙이 정하는 별지 서식으로 편입되었다. 법정동의서 서식은 추진위원회 업무를 "(1) 정비사업전문관리업자, 설계자 선정(필요시), (2) 개략적인 사업시행계획서의 작성, (3) 조합설립 인가를 받기 위한 준비업무, (4) 조합정관 초안 작성, (5) 조합설립을 위한 토지등소유자의 동의서 받기, (6) 조합설립을 위한 창립총회의 개최"로 기재하고 있다.

를 받으려는 사항 및 목적, 동의로 인하여 의제되는 사항, 동의의 철회 또는 반대의사 표시의 절차 및 방법을 설명 · 고지하여야 한다(법 제31조 제3항, 시행령 제25조 제2항).[11] 법정동의서에는 시행령 제25조 제2항이 정하는 사항을 사전에 충분히 설명 · 고지 받았다는 점을 확인하도록 되어 있으므로, 추진위원회 구성동의서 작성 자체로 설명 · 고지의무는 이행된 것으로 볼 수 있을 것이다.

Ⅲ. 추진위원회 구성승인

1. 추진위원회 구성승인의 법적 성격

가. 보충적 행정행위

도시정비법상 시장 · 군수등의 구성승인을 받은 추진위원회만이 조합설립 동의서 징구, 창립총회 개최, 조합설립인가신청 등 조합설립 업무를 할 수 있으므로, 시장 · 군수등의 구성승인은 비법인사단에게 일정한 권한과 지위를 부여하는 설권적 처분으로 볼 여지가 있다.[12] 그러나 대법원은 설권적 처분인 조합설립인가와 달리 추진위원회 구성을 승인하는 처분은 조합의 설립을 위한 주체에 해당하는 비법인사단인 추진위원회를 구성하는 행위를 보충하여 그 효력을 부여하는 처분이라고 보았다(대법원 2013. 1. 31. 선고 2011두11112, 11129 판결, 대법원 2014. 4. 14. 선고 2012두1419 전원합의체 판결 등).

구성승인처분을 보충적 행정행위(강학상 인가)로 본다면 추진위원회가 토지등소유자 과반수의 동의를 받지 못하는 등 도시정비법령이 정한 요건을 갖추지 못한 것은 설립 자체의 하자로서 보충적 행정행위인 구성승인처분을 다툴 소의 이익이 없다고 볼 수도 있을 것이나, 대법원은 토지등소유자 동의의 하자는 추진위원회 설립 자체에 관한 하자임과 동시에 구성승인처분에 관한 하자로도 볼 수 있다고 보았는바(대법원 2009. 6. 25. 선고 2008두13132 판결), 기본행위인 추진위원회 구성동의 등의 하자를 이유로 여전히 구성승인처분을 직접 다툴 수 있을 것이다.

나. 기속행위

대법원은 추진위원회 구성승인신청을 받은 시장 · 군수등은 승인신청서에 첨부된 첨부된 첨부서류에 의하여 해당 추진위원회의 구성에 대하여 토지등소유자의 1/2 이상의 동의가 있고, 추진위원회가 위원장을 포함한 5인 이상의 위원으로 구성되어 있음을 확인할 수 있다면 그 추진위원회의 설립을 승인하여야 한다고 보아 시장 · 군수등의 구성승인처분은 기속행위로 판단하였다(대법원 2008. 7. 24. 선고 2007두12996 판결, 대법원 2009. 6. 25. 선고 2008두13132 판결 등). 따라서 추진위원회 구성 승인을 받으려는 자가 도시정비법령이 정하는 바에 따라 토지등소유자 과반수의 동의를 받아 구성승

11 또한 추진위원회 구성에 대한 동의는 조합설립에 대한 동의로 간주되는데(법 제31조 제2항 본문), 추진위원회는 조합설립에 대한 동의철회(법 제31조 제2항 단서에 따른 반대의 의사표시를 포함한다) 및 조합설립 동의서의 필수적 기재사항(시행령 제30조 제2항 각 호)에 관한 사항을 조합설립인가 신청일 60일전까지 추진위원회 구성에 동의한 토지등소유자에게 등기우편으로 통지하여야 한다(시행령 제29조 제1항).

12 이우재(상), 381.

인을 신청하면 시장 · 군수등은 그 신청을 승인하여야 한다.

2. 추진위원회 구성승인의 절차

가. 추진위원회 승인신청

토지등소유자 과반수의 동의를 받아 추진위원회 구성 승인을 받으려는 자는 조합설립 추진위원회 승인신청서(시행규칙 제7조 제1항 [별지 제3호 서식])에 토지등소유자의 명부, 토지등소유자의 동의서, 추진위원회 위원장 및 위원의 주소 및 성명, 추진위원회 위원 선정을 증명하는 서류를 첨부하여 시장 · 군수등에게 제출하여야 한다(법 제31조 제1항, 시행규칙 제7조).

나. 시장 · 군수등의 심사

시장 · 군수등은 토지등소유자의 추진위원회 구성동의서 등 신청서 첨부서류를 심사하여야 한다. 토지등소유자 동의의 하자는 추진위원회 설립 자체에 관한 하자임과 동시에 구성승인처분에 관한 하자에 해당하는 것이므로(대법원 2009. 6. 25. 선고 2008두13132 판결), 관할관청은 그 동의요건을 제대로 갖추었는지 여부에 관하여 심사를 하여야 한다. 그 심사는 승인신청서에 첨부된 동의서 등의 서류가 적법하게 구비되었는지, 토지등소유자의 과반수 동의요건을 충족하는지 여부를 심사하는 방법으로 하며, 그 과정에서 승인요건을 충족하지 못하는 하자를 발견하면 보완을 명하고, 보완이 이루어지지 아니하면 승인신청을 반려하여야 한다.[13]

조합설립인가의 경우 행정청이 처분일을 기준으로 다시 일일이 소유관계를 확인하기 현실적으로 어려울 뿐 아니라 처분시점이 언제냐에 따라 동의율이 달라질 수 있으므로 그 동의 정족수는 처분시가 아닌 신청시를 기준으로 판단하여야 하는데(대법원 2014. 4. 24. 선고 2012두21437 판결), 추진위원회 승인신청의 경우도 같은 이유로 그 동의 정족수는 신청시를 기준으로 판단하는 것이 타당하다.[14]

여러 추진위원회에 대하여 중복하여 동의한 중복동의자의 처리에 대하여 관계법령에는 아무런 규정이 없으나, 중복동의를 허용하는 경우에는 복수의 추진위원회 설립이 가능하게 되어 이로 인한 혼란이 초래될 우려가 있으므로 중복동의한 토지등소유자의 의사를 최대한 존중하되 중복동의를 허용함으로 인하여 발생할 수 있는 문제점을 최소화하는 방향으로 중복동의자 문제를 처리하는 것이 합리적이라고 할 것이므로, 중복동의자의 기본적인 의사는 자신들의 중복동의를 각각 유효한 것으로 처리하여 복수의 추진위원회 중 어느 것이라도 피고로부터 설립을 위한 승인을 받아도 무방하다고 해석하는 것이 타당하고, 다만 일방의 추진위원회 설립이 적법하게 승인된 경우에는 아직 승인을 받지 못한 다른 추

---

13 서울고등법원 2008. 1. 8. 선고 2007누15904 판결.

14 부산고등법원 2007. 7. 6. 선고 2006누3841 판결, 서울고등법원 2008. 1. 8. 선고 2007누15904 판결.

진위원회에 대한 동의는 무효로 처리하는 것이 타당하다.[15]

다. 추진위원회 승인처분

추진위원회 승인처분은 기속행위로서, 시장 · 군수등은 추진위원회 승인신청이 요건을 갖추었다고 판단되면 추진위원회의 구성을 승인하여야 한다.

3. 추진위원회 구성승인의 변경

가. 변경승인의 필요성 및 방법

도시정비법상 추진위원회는 조합과 달리 변경승인에 대한 별도의 규정이 없다. 그러나 추진위원장, 감사, 추진위원의 변경은 물론 정비구역의 축소 · 확장 등 사업의 내용이 변경된 경우 종전 구성승인을 실효시키기보다는 변경승인을 통해 추진위원회의 동일성을 유지하는 것이 타당하므로, 종전 추진위원회 구성승인이 실효되었다는 등의 특별한 사정이 없는 한 추진위원회는 토지등소유자의 동의 등 일정한 요건을 갖추어 시장 · 군수등에게 추진위원회 구성 변경승인을 신청할 수 있고, 추진위원회 구성에 관한 승인권한을 가지는 시장 · 군수등은 변경승인의 권한이 있다(대법원 2014. 2. 27. 선고 2011두2248 판결 등).

구성변경승인의 방법과 절차는 구성승인과 동일하게 볼 수 있을 것이다. 운영규정 고시와 표준운영규정은 추진위원 또는 운영규정의 변경을 조합설립변경절차와 유사하게 승인과 신고 사유로 구분하고 있다.

나. 구성 변경의 사유

(1) 정비구역의 변경

대법원 2014. 2. 27. 선고 2011두2248 판결 등은 추진위원회가 구성승인을 받을 당시 정비예정구역보다 정비구역이 확대되어 지정된 경우, 당초의 추진위원회 구성승인이 당연 실효되었다고 볼 수 있는 등의 특별한 사정이 없는 한 추진위원회는 토지등소유자의 동의 등 일정한 요건을 갖추어 시장 · 군수등에게 추진위원회 구성 변경승인을 신청할 수 있다고 보았다. 위 대법원 2011두2248 판결 등은 구 도시정비법에 따라 정비예정구역에서 추진위원회가 승인된 후 정비구역이 정비예정구역과 다르게 지정 · 고시된 사안에 대한 것이나,[16] 현행 도시정비법상 추진위원회 구성승인 당시의 정비구역이 확대되거나 축소된 경우에도 동일하게 볼 수 있을 것이다.[17]

정비구역이 확대 · 축소된 경우 추진위원회는 변경된 전체 정비구역의 토지등소유자

---

15 서울고등법원 2008. 1. 8. 선고 2007누15904 판결, 서울행정법원 2009. 9. 25. 선고 2009구합9192 판결.

16 자세한 내용은 II.2.나.2009년 일부 개정 전의 구성시기의 제한 참고.

17 안광순(상), 358.

과반수의 동의를 충족해야 한다. 변경된 정비구역을 기준으로 새로운 동의서를 받아 변경 승인신청하는 경우라면 문제가 없지만, 추가된 구역의 토지등소유자만의 동의서를 추가로 받는 것도 적법한지, 즉 기존 동의자로부터 변경된 내용에 대한 추가 동의를 받지 않아도 되는 것인지 문제될 수 있다.

① 정비구역 면적이 종전 정비구역 및 이를 기초로 한 정비사업과 동일성을 인정하기 어려울 정도로 변경된 경우에는 종전 동의자들이 변경된 구역의 추진위원회 구성에 당연히 동의한 것으로 단정할 수 없으므로 종전 동의자들을 포함하여 전체 정비구역의 토지등소유로부터 새로 동의를 받아야 한다고 보는 것이 타당하다.[18]

② 그러나 종전 동의는 정비구역의 범위에 대한 동의에 중점을 둔 것이라기보다는 정비사업에 참가한다는 의사와 추진위원회의 추진위원들을 신임한다는 의사에 중점을 둔 것이라고 할 것이고, 위와 같은 정비사업에 참가한다는 의사와 추진위원회의 추진위원들을 신임한다는 의사는 정비구역이 확대되었다고 하더라도 여전히 유효하다고 볼 수 있다. 따라서 정비사업의 동일성을 인정하기 어려울 정도가 아니라면, 추가된 구역의 토지등소유자들만의 동의를 얻었다 하더라도 추진위원회 변경승인을 유효하다고 볼 수 있을 것으로 생각된다.[19]

⑵ 추진위원장, 감사, 추진위원의 변경

추진위원장, 추진위원 등 추진위원회의 구성원은 추진위원회 구성동의 및 승인신청의 내용을 이루는 것으로서, 추진위원장 등을 새로 선임하면 종전 구성승인을 변경할 필요가 있다. 추진위원회(단체)의 운영규정에 따라 추진위원회(기관) 또는 주민총회의 의결을 거쳐 추진위원장, 감사, 추진위원을 선임하면, 시장 · 군수등에게 위원의 주소 및 성명, 추진위원회 위원 선정을 증명하는 서류를 첨부하여 변경승인을 신청하여야 한다. 운영규정 고시 제4조 제2항은 추진위원회 설립승인 후에 추진위원장 및 감사를 변경하고자 하는 경우 시장 · 군수등의 승인을 받아야 하며 그 밖의 경우 시장 · 군수등에게 신고하여야 한다고 하여, 추진위원장 및 감사의 선임은 시장 · 군수등의 승인이 필요한 것으로 정하고 있다.

추진위원회 단체 내부에서는 추진위원장 등은 선임 즉시 또는 전임자의 임기만료 이후 그 지위에 따른 직무를 수행할 수 있다고 볼 수 있다. 추진위원회는 비법인사단이므로 대표권 제한을 공시할 방법은 없으나, 표준 운영규정 제18조 제3항은 위 운영규정 고시 제4조 제2항과 맞물려 추진위원장 및 감사의 경우 시장 · 군수등의 승인이 있은 후에, 그 밖의 위원의 경우 시장 · 군수등에게 변경신고를 한 후에 대외적으로 효력이 발생한다고 정하고 있다.

---

18 서울고등법원 2020. 12. 9. 선고 2018누76387 판결.

19 서울고등법원 2010. 12. 10. 선고 2010누9572 판결.

(3) 운영규정의 변경

운영규정은 추진위원회 구성동의 및 승인신청의 내용을 이루는 것으로서, 운영규정을 변경하면 종전 구성승인을 변경할 필요가 있다. 추진위원회는 주민총회 의결을 거쳐 운영규정을 변경한 후 시장 · 군수등에게 신고하여야 한다(표준운영규정 제10조 제2항).

운영규정은 도시정비법령의 범위에서 효력을 갖는 것이므로, 운영규정이 법령의 개정으로 변경되어야 할 경우 운영규정의 개정절차에 관계없이 변경되는 것으로 본다. 다만, 관계법령의 내용이 임의규정인 경우에는 그러하지 아니하다(표준운영규정 제37조 제3항).

4. 추진위원회 구성승인에 대한 쟁송

가. 원고적격

추진위원회 구성에 동의하지 않은 토지등소유자도 추진위원회 구성승인처분(설립승인처분)을 다툴 법률상 이익이 있는지와 관련하여, 대법원 2007. 1. 25. 선고 2006두12289 판결은 ⓐ 정비구역 안에서 복수의 추진위원회에 대한 승인은 허용되지 않고, ⓑ 추진위원회가 행한 업무와 관련된 권리와 의무는 조합이 포괄승계하며, ⓒ 재개발사업의 경우 정비구역 내의 토지등소유자는 도시정비법 제39조 제1항(구법 제19조 제1항)에 의하여 당연히 그 조합원이 되므로 추진위원회 설립승인처분에 대하여 도시정비법에 의하여 보호되는 직접적이고 구체적인 이익을 향유하므로 그 설립승인처분의 취소소송을 제기할 원고적격이 있다고 보았다. 재건축사업의 경우 ⓒ 추진위원회 구성 또는 조합설립에 동의하지 않는 한 조합원이 되지 않는 점에서 차이가 있으나, 조합이 설립된 후 조합원이 되지 않으면 결국 본인의 의사에 반하여 현금청산의 대상이 된다는 점에서 추진위원회 구성에 동의하지 않은 토지등소유자도 추진위원회 구성승인을 다툴 법률상 이익이 있다고 보는 것이 타당하다.

나. 쟁송의 대상, 방법 및 소의 이익

(1) 구성승인처분에 대한 취소소송 제기

대법원은 시장 · 군수등이 추진위원회 구성을 승인하는 처분은 조합의 설립을 위한 주체에 해당하는 비법인사단인 추진위원회를 구성하는 행위를 보충하여 그 효력을 부여하는 보충적 행정행위에 해당한다고 보았다(대법원 2013. 1. 31. 선고 2011두11112, 11129 판결 등). 따라서 추진위원회 구성동의서의 내용 또는 동의율 등의 하자는 원칙적으로 추진위원회 구성 또는 설립행위의 무효확인을 다투는 민사소송에 의하여야 할 것이나, 대법원 2009. 6. 25. 선고 2008두13132 판결은 토지등소유자 동의의 하자는 추진위원회 설립 자체에 관한 하자임과 동시에 구성승인처분에 관한 하자로도 볼 수 있다고 보았는바, 기본행위인 추진위원회 구성동의 등의 하자를 이유로 여전히 구성승인처분을 직접 다툴 수 있을 것이다.

(2) 조합설립인가에 따른 소의 이익 소멸

조합설립에 대한 인가가 이루어진 경우 종전 추진위원회 구성승인처분의 효력을 다툴 수 있는지 다툼이 있으나 대법원은, 구성승인처분은 조합설립인가와는 법률요건과 효과가 다른 독립적인 처분이기 때문에 추진위원회 구성승인처분에 대한 취소 또는 무효확인 판결의 확정만으로는 이미 조합설립인가를 받은 조합에 의한 정비사업의 진행을 저지할 수 없으므로 조합설립인가를 다투는 것과 별도로 추진위원회 구성승인처분에 대하여 취소 또는 무효확인을 구할 법률상 이익은 없다고 보았다(대법원 2013. 1. 31. 선고 2011두11112, 11129 판결, 대법원 2013. 6. 13. 선고 2010두10488, 10495 판결).

추진위원회 구성승인처분의 하자를 이유로 조합설립인가의 효력을 다툴 수 있는지에 대해, 대법원은 추진위원회 구성승인처분과 조합설립인가는 목적, 성격과 요건을 달리하는 것으로서 조합설립인가는 추진위원회 구성승인처분이 적법 · 유효할 것을 전제로 하는 것이 아니어서 이미 소멸한 추진위원회 구성승인처분의 하자를 들어 조합설립인가가 위법하다고 볼 수 없으나, 추진위원회 구성승인처분의 위법이 도시정비법상 하나의 정비구역 내에 하나의 추진위원회로 하여금 조합설립의 추진을 위한 업무를 수행하도록 한 추진위원회 제도의 입법취지를 형해화할 정도에 이르는 경우에 한하여 그 추진위원회의 조합설립인가 신청행위가 위법 · 무효이고, 나아가 이에 기초한 조합설립인가의 효력을 다툴 수 있다고 보았다(대법원 2013. 12. 26. 선고 2011두8291 판결, 대법원 2014. 4. 24. 선고 2012두29004 판결, 대법원 2014. 5. 29. 선고 2012두6650 판결, 대법원 2015. 2. 26. 선고 2012두19045 판결).

참고자료

김선희, "도시정비법상 추진위원회와 관련한 제반 법률문제", 사법 제23호 (2013)

[6] 추진위원회 조직과 운영

I. 추진위원회의 조직과 구성

1. 대표기관

추진위원회는 추진위원장 1인과 감사를 두어야 하고, 부위원장은 임의로 둘 수 있다(운영규정 고시 제2조 제2항).

추진위원장은 추진위원회의 기관으로서 추진위원회를 대표한다. 다만 추진위원회의 안건이 위원장이 자기를 위한 추진위원회와의 계약이나 소송에 관련되었을 경우, 위원장의 유고로 인하여 그 직무를 수행할 수 없을 경우, 위원장의 해임에 관한 사항인 경우 해당 안건에 관하여 부위원장, 추진위원 중 연장자 순으로 추진위원회를 대표한다(표준운영규정 제17조 제1항, 제6항).[1] 추진위원장이 사임되거나 해임되어 궐위인 경우에는 부위원장, 추진위원 중 연장자 순으로 추진위원회를 대표한다(표준운영규정 제18조 제6항).[2]

2. 추진위원회와 주민총회

가. 추진위원회의 구성원 및 토지등소유자의 지위

추진위원회가 추진위원장 등 5명 이상의 추진위원으로 구성되는 비법인사단으로서, 추진위원회의 구성원은 추진위원이라는 점은 일견 명백하다(대법원 2009. 1. 30. 선고 2008두14869 판결). 문제는 추진위원회에서 토지등소유자의 지위를 어떻게 보아야 하는지이다.

도시정비법령상 추진위원회(단체)는 그 구성 및 운영규정에 토지등소유자 과반수의 동의를 받아야 시장·군수등으로부터 승인처분을 받을 수 있고(법 제31조 제1항), 그 업무 중 일정한

---

1 이때 "추진위원회를 대표한다"는 기본적으로, 해당 안건에 대해서는 추진위원회 소집권한을 가지고 의장으로서 회의를 진행한다는 것을 의미한다(대법원 2016. 8. 29. 선고 2016다221030 판결).

2 이때 "추진위원회를 대표한다"는 추진위원장이 궐위된 상태이므로 특정 안건에 한정되지 않고 추진위원장의 직무를 대행한다는 의미로 보는 것이 타당하다.

사항은 토지등소유자의 동의를 받아야 하거나 토지등소유자가 운영경비를 부담하게 될 수도 있으며(법 제32조 제4항, 제34조 제2항),[3] 추진위원회 업무 중 일정한 사항은 토지등소유자에게 공개·통지하도록 하고 있다(시행령 제29조). 그러나 주민총회 등 토지등소유자가 추진위원회(단체)의 구성 및 운영에 직접 관여할 수 있는 방법은 예정하고 있지 않으며, 토지등소유자가 추진위원을 직접 해임하는 것이 아니라 교체 및 해임을 요구할 수 있는 것으로 정하고 있다(법 제33조 제3항 전단).

이에 반해 표준운영규정은 추진위원으로 구성된 추진위원회(단체가 아닌 기관인 추진위원회) 이외에 토지등소유자로 구성된 주민총회라는 기관을 별도로 두어 조합 총회에 준하는 권한을 부여하고 있고, 토지등소유자는 주민총회에서 출석·발언 및 의결할 수 있는 것은 물론 추진위원장, 감사를 직접 선임할 수 있도록 하고 있다.[4] 도시정비법령과 달리 토지등소유자가 직접 주민총회를 소집하여 추진위원을 해임할 수 있다고 정하고 있기도 하다.

표준운영규정이 도시정비법령이 예정한 범위를 넘어 토지등소유자가 추진위원회(단체)의 구성과 운영 중 일정 사항에 직접 관여할 수 있도록 한 것은 추진위원회의 업무가 향후 설립되는 조합에 포괄승계되는 점을 고려하여 토지등소유자의 이해관계를 충실히 반영하도록 하기 위한 취지로 보이나, 그렇다고 추진위원회를 토지등소유자로 구성된 단체라고 보기는 어렵다. 추진위원이 조합의 임원 또는 대의원의 지위를 갖는 것이라면 토지등소유자가 추진위원의 선임·종임을 결정할 수 있어야 하는데, 운영규정으로 특별히 정하는 추진위원장, 감사를 제외한 나머지 추진위원의 선임·보궐선임은 토지등소유자가 관여할 여지가 없이 추진위원들이 자체적으로 결정한다는 것은 추진위원회의 구성원은 추진위원이라는 기본적인 사항을 전제한 것이다.

이렇게 본다면, 주민총회 등에 관한 운영규정의 취지는 단체의 규약으로 단체의 구성원이 아닌 토지등소유자에게 일정 사항에 대한 결정권한을 위임하여 그 결정에 구속된다는 취지로 보는 것이 타당한 것으로 생각된다.[5]

나. 추진위원회와 주민총회의 지위 및 권한

표준운영규정에 따라 작성되는 추진위원회의 운영규정은 토지등소유자로 구성된 주민총회라는 별도의 기관을 두면서, 추진위원회(기관)는 조합의 대의원회, 주민총회는 조합의

---

3 다만 현재 시행되는 시행령에서는 추진위원회가 토지등소유자의 별도 동의를 받아야 할 업무는 없고, 추진위원이 아닌 토지등소유자가 추진위원회의 운영경비를 납부하는 경우도 흔치 않다. 위 도시정비법 제32조 제4항, 제34조 제2항은 추진위원회 운영에 대한 토지등소유자의 일정한 관여를 예정한 정도의 취지로 볼 수 있다.

4 표준운영규정은 단체와 단체의 의결기관을 모두 '추진위원회'로 표현하고 있는데, 여기서는 설명을 위해 구분이 필요한 경우 '(단체)'와 '(기관)'을 덧붙여 쓰기로 한다.

5 이우재(상), 393-401은 추진위원회(단체)는 추진위원회 구성에 동의한 토지등소유자로 구성된 단체로서, 주민총회는 그 토지등소유자로 구성된 의결기관이고 추진위원회(기관)는 집행기관이라고 보고 있다.

총회에 준하여 구성하고 있으며, 특히 추진위원장 · 감사의 선임 · 변경 · 보궐선임 · 연임, 운영규정의 변경, 정비사업전문관리업자 및 설계자의 선정 및 변경 등 추진위원회(단체)의 주요한 업무는 주민총회의 의결사항으로 정하고 있다. 이 같은 이유로 주민총회를 조합의 총회와 같이 추진위원회(단체)의 최고의사결정기관처럼 볼 여지가 있다.[6]

그러나 운영규정에 따라 비로소 구성되는 주민총회는 추진위원회(기관)와는 별개의 기관으로서, 운영규정에서 주민총회를 둔다는 규정 및 주민총회의 의결사항에 관한 규정을 두어야 비로소 주민총회가 추진위원회(단체)의 의사결정기관으로서 그 조직이나 운영에 대해 의결할 수 있으며, 주민총회를 추진위원회(단체)의 당연한 의사결정기관으로 볼 수 없다.[7] 오히려 추진위원회(단체)의 구성원은 추진위원이라는 관점에서 보면, 추진위원으로 구성된 추진위원회(기관)가 사단법인의 사원총회에 해당하는 기관으로서 정관(운영규정)에 달리 정하지 않는 한 원칙적으로 추진위원회(단체)의 모든 의사를 결정할 수 있다고 생각된다.

실무적으로 주민총회를 조합의 총회에 준하여 운영하고 있고 운영규정은 추진위원회(기관)와 주민총회의 권한을 구분하고 있으므로 실제 추진위원회(기관)와 주민총회의 법적 성격이 문제될 일은 많지 않다. 다만 운영규정에서 주민총회의 의결사항으로 정하지 않은 사항이나, 적법하게 변경되지 않은 운영규정에서 새롭게 주민총회의 의결사항으로 정한 사항에 대해 주민총회가 의결한 경우 주민총회의 법적 성격에 따라 주민총회 결의의 효력이 달라질 수 있다.

3. 추진위원

가. 추진위원의 구성

(1) 추진위원의 수

추진위원의 수는 토지등소유자의 1/10 이상으로 하되, 토지등소유자가 50인 이하인 경우에는 추진위원을 5인으로 하며, 추진위원이 100인을 초과하는 경우에는 토지등소유자의 1/10 범위 안에서 100인 이상으로 할 수 있다(운영규정 고시 제2조 제2항, 이하 '최소 위원의 수'). 운영규정 고시 및 표준운영규정에서 정하는 추진위원의 수는 다음과 같이 구분된다.

---

6 구 주택건설촉진법에 의한 재건축사업에서 '재건축추진위원회'는 말 그대로 일부 토지등소유자(추진위원)로 구성된 단체이고 주민총회는 추진위원회가 전체 토지등소유자를 상대로 개최하는 일종의 집회였다. 그러나 2002년 제정된 도시정비법이 추진위원회를 법정화하면서 국토교통부장관 고시로 제시한 표준운영규정은 주민총회를 조합의 총회에 준하는 추진위원회(단체)의 기관으로 정하였다. 통상 주민총회는 조합 총회에 준하여 취급하고 있으며, 계약업무 처리기준 제15조도 주민총회를 조합 총회에 준하여 보고 있다.

7 서울중앙지방법원 2017. 12. 1. 선고 2014가합550265 판결; 사단법인의 총회는 최고의사결정기관으로서 정관으로 별도로 위임한 사항을 제외한 사단법인의 모든 사무에 대해 당연히 결정권한을 갖는데(민법 제68조), 주민총회를 추진위원회(단체)의 사원총회로 본다면 운영규정을 정하지 않거나 별도로 정하지 않은 사항에 대해서도 당연히 주민총회가 의결할 수 있게 되는 것이다.

① 운영규정에서 정하는 추진위원의 수는 운영규정 고시 제2조 제2항에서 정하는 '최소 위원의 수'를 충족하여야 한다.

② '재적위원'은 추진위원 중 현재 재임중인 현원을 의미한다. 다만 추진위원이 임기 중 궐위되어 운영규정 고시 제2조 제2항이 정하는 최소 위원의 수에 미달하게 된 경우 운영규정의 재적위원의 수는 위 최소 위원의 수로 본다(표준운영규정 제15조 제3항 전단 괄호 부분).

③ '위원정수'는 운영규정에 따라 확정된 추진위원의 수를 의미한다(표준운영규정 제18조 제4항).

(2) 재적위원의 수가 위원정수 또는 최소 위원의 수에 미달하는 경우 추진위원회 의결 등의 효력

추진위원의 사임, 임기만료 등으로 인해 결원이 발생한 경우 추진위원장 · 감사를 제외한 추진위원은 추진위원회에서 보궐선임하여 충원할 수 있다(표준운영규정 제25조 제1항 제1호). 다만 재적위원의 수가 위원정수 또는 최소 위원의 수에 미달하는 경우 보궐선임을 비롯한 추진위원회의 결의가 의사정족수를 충족하지 못해 위법한지가 문제될 수 있다.

종전에는 재적위원의 수가 운영규정에서 정하는 위원정수에 미달한다 하더라도 의사정족수를 위원정수를 기준으로 보아야 한다고 보기 어렵고, 추진위원의 다수가 궐위되었음에도 불구하고 고의적으로 보궐선임을 해태하여 잔존 추진위원만으로는 토지등소유자의 이익을 제대로 대변할 수 없게 되는 등 추진위원회의 역할과 기능을 상실하였다고 볼 만한 특별한 사정이 없는 한 추진위원회의 결의는 적법하다고 보았다.[8]

그러나 운영규정 고시가 2012. 8. 2. 국토해양부고시 제2012-457호로 개정되면서 재적위원이 운영규정 고시 제2조 제2항에서 정한 최소 위원의 수에 미달하는 경우 재적위원의 수는 최초 위원의 수로 본다는 규정을 신설하였다(표준운영규정 제15조 제3항 전단 괄호 부분). 따라서 재적위원의 수가 최소 위원의 수에 미달하는 경우에는 재적위원의 수가 아닌 최소 위원의 수를 기준으로 그 과반수가 출석하여야 개의 및 의결이 가능하다.

나. 추진위원의 자격과 임기

(1) 추진위원의 자격요건 및 결격사유

추진위원의 자격은 운영규정으로 정한다. 표준운영규정은 추진위원은 추진위원회 설립에 동의한 자 중에서 선출하도록 하고, 위원장 · 부위원장 및 감사는 그 자격을 더 제한하여 ⓐ 피선출일 현재 사업시행구역 안에서 3년 이내에 1년 이상 거주하고 있는 자(다만, 거주의 목적이 아닌 상가 등의 건축물에서 영업 등을 하고 있는 경우 영업 등은 거주로 본다), ⓑ 피선출일 현재 사업시행구역 안에서 5년 이상 토지 또는 건축물(재건축사업의 경우 토지 및 건축물을 말한다)을 소유한 자 중 어느 하나에 해당하여야 한다고 정하고 있다(표준운영규정 제15조 제2항).

---

8 서울북부지방법원 2010. 12. 22.자 2010카합1287 결정, 서울고등법원 2013. 1. 18. 선고 2012나54906 판결 등.

추진위원의 결격사유는 조합임원의 결격사유 규정을 준용하고, 운영규정 고시도 동일한 결격사유를 정하고 있다(법 제33조 제5항, 제43조 제1항, 운영규정 고시 제2조 제3항). ⓐ 미성년자 · 피성년후견인 또는 피한정후견인, ⓑ 파산선고를 받고 복권되지 아니한 자, ⓒ 금고 이상의 실형을 선고받고 그 집행이 종료(종료된 것으로 보는 경우를 포함)되거나 집행이 면제된 날부터 2년이 지나지 아니한 자, ⓓ 금고 이상의 형의 집행유예를 받고 그 유예기간 중에 있는 자, ⓔ 도시정비법을 위반하여 벌금 100만원 이상의 형을 선고받고 10년이 지나지 아니한 자는 추진위원이 될 수 없다. 표준운영규정 제16조 제1항 제5호는 "법 또는 관련 법률에 의한 징계에 의하여 면직의 처분을 받은 날부터 2년이 경과되지 아니한 자"도 결격사유로 정하고 있으나, 도시정비법상 징계 또는 면직에 관한 규정은 없으므로 실제 적용되기 어렵다.[9·10]

(2) 결격에 따른 당연퇴임

추진위원이 도시정비법, 운영규정 고시 또는 운영규정이 정하는 결격사유에 해당하게 되거나 선임 당시 그에 해당하는 자이었음이 판명되거나, 추진위원장 · 부위원장 및 감사가 선임 당시에 거주요건 등의 자격을 충족하지 않은 것으로 판명된 경우 당연퇴임한다(법 제33조 제5항, 제43조 제2항, 표준운영규정 제16조 제2항). 다만 당연퇴임한 추진위원이 퇴임 전에 관여한 행위는 효력을 잃지 않는다(법 제33조 제5항, 제43조 제3항, 표준운영규정 제16조 제3항).

(3) 겸직금지의무

표준운영규정 제17조 제8항은 추진위원은 동일한 목적의 사업을 시행하는 다른 조합 · 추진위원회 또는 정비사업전문관리업자 등 관련단체의 임원 · 위원 또는 직원을 겸할 수 없다는 겸직금지규정을 두고 있다. 이는 겸직 자체를 결격사유로 정한 것이라기보다는 겸직금지를 해소할 의무를 부과하고 그 의무를 이행하지 않을 경우 해임사유가 될 수 있다고 보는 것이 타당하다.[11]

다. 추진위원의 선임

(1) 추진위원회 구성승인 이전의 추진위원 선임

추진위원회 구성승인 이전 추진위원장, 감사, 추진위원의 선임 등에 대해서는 별도의 제한이 없으며, 추진위원회 구성동의를 받기 위해서는 동의서에 추진위원장과 추진위원 등을 미리 써야 하므로 주민총회 의결 등에 관한 규정 등이 적용되지도 않는다(시행령 제25조 제1항). 따라서 추진위원회 구성승인 이전의 추진위원장, 감사, 추진위원은 임의단체인 추진위원

9 결격사유는 엄격하게 해석하여야 하므로 '해임'을 '징계에 의하여 면직의 처분을 받은 경우'로 볼 수 없다(수원지방법원 안양지원 2010. 10. 22.자 2010카합139 결정).

10 추진위원회가 자체적으로 운영규정에서 징계와 면직규정을 둔다면 이에 따른 결격사유가 인정될 수 있다는 견해로 맹신균, 154; 안광순(상), 388; 이우재(상), 407.

11 조합임원의 겸직금지의무에 관한 **[12]조합임원의 구성, 자격 및 권한 II.3.조합임원의 겸직금지의무** 참고.

회가 자체 규약(운영규정안)에 따라 선임할 수 있다.

(2) 임기만료에 의한 후임 추진위원 선임 또는 연임

추진위원회 구성승인 이후 추진위원장, 감사의 선임은 주민총회의 의결사항이며(표준운영규정 제21조 제1호), 나머지 추진위원의 선임은 추진위원회에서 할 수 있다.

추진위원장, 감사의 연임은 주민총회의 의결사항이며(표준운영규정 제15조 제3항, 제21조 제1호), 나머지 추진위원의 연임은 추진위원회에서 재적위원(추진위원회의 위원이 임기 중 궐위되어 위원 수가 최소 위원의 수에 미달되게 된 경우에는 최소 위원의 수) 과반수의 출석과 2/3 이상의 찬성으로 의결한다(표준운영규정 제15조 제3항). 대법원 2010. 11. 11. 선고 2009다89337 판결은 추진위원장이나 감사의 임기가 만료한 경우 추진위원회가 새로운 입후보자등록공고 등의 절차를 밟아 주민총회에 추진위원장, 감사의 선임 안건을 상정하든지, 그렇지 아니하고 주민총회에 위원장, 감사의 연임 안건을 상정할 것인지를 선택할 수 있으며, 토지등소유자들의 위원장이나 감사에 대한 선출권 내지 피선출권은 주민총회에서 임기가 만료된 위원장이나 감사를 연임하는 안건에 관하여 이를 부결하는 내용의 반대 결의가 이루어진 다음에 새로운 추진위원으로서 위원장이나 감사를 선임하는 결의를 하는 경우에 보장하면 충분하고, 추진위원회가 주민총회에 임기가 만료된 추진위원장이나 감사를 연임하는 안건을 상정하는 때 입후보자등록공고 등의 절차를 거치지 않았다고 하더라도 토지등소유자의 추진위원장이나 감사에 대한 선출권 내지 피선출권을 침해하였다고 볼 수 없다고 판단하였다. 위 대법원 2009다89337 판결은 임기가 만료된 이후의 연임결의를 한 사안에 대한 판단으로서, 임기만료 이후에도 연임결의는 적법하다고 볼 수 있다.

추진위원의 선임방법은 추진위원회에서 정하되, 동별 · 가구별 세대수 및 시설의 종류를 고려하여야 한다(표준운영규정 제15조 제6항). 서울지역 추진위원회는 서울시 표준선거관리규정에 따른 선거관리규정을 작성하여야 한다.

(3) 임기만료전 궐위에 따른 보궐선임

추진위원장, 감사가 임기만료 전 궐위된 경우 주민총회의 의결로서 보궐선임할 수 있다(표준운영규정 제15조 제5항, 제21조 제1호). 나머지 추진위원의 보궐선임은 추진위원회에서 재적위원 과반수 출석과 출석위원 2/3 이상의 찬성으로 할 수 있다(표준운영규정 제15조 제5항, 제25조 제1항 제1호). 보궐선임된 위원의 임기는 전임자의 잔임기간으로 한다(표준운영규정 제15조 제5항 후단).

라. 추진위원의 해임

(1) 추진위원 해임 권한

추진위원회는 추진위원으로 구성된 비법인사단으로서 규약(운영규정) 및 사원총회(추진위원회) 의결에 따라 그 구성원인 추진위원을 해임할 수 있다.

한편 도시정비법은 토지등소유자는 추진위원회 운영규정에 따라 추진위원회에 추진위원의 교체 및 해임을 요구할 수 있다고 정하고 있다(법 제33조 제3항 전단, 제4항). 추진위원이 아닌 토지등소유자는 추진위원회(단체)의 구성원이 아니므로 직접 추진위원에 대한 해임 의결을 할 수 없지만, 그 해임을 요구할 수 있도록 하여 토지등소유자의 의사가 반영되도록 하기 위한 취지로 볼 수 있다.[12] 그러나 표준운영규정은 위 해임 · 교체 요구에 따라 추진위원회를 소집하는 것 이외에도 조합임원 해임과 마찬가지로 토지등소유자가 직접 주민총회를 소집하여 해임 의결을 하는 방법도 정하고 있다.

(2) 추진위원회의 해임 의결

추진위원회는 ⓐ 추진위원장이 필요하다고 인정하는 경우, ⓑ 토지등소유자 1/10 이상이 소집을 청구하는 경우, ⓒ 재적 추진위원 1/3 이상이 소집을 청구하는 경우에 추진위원장 등이 소집할 수 있다(표준운영규정 제24조 제1항). 추진위원 해임에 관해서는 토지등소유자의 해임요구가 있는 경우 재적위원 1/3 이상의 동의로 소집할 수 있다는 내용을 별도로 정하는데(표준운영규정 제18조 제4항), 이는 일반적인 소집절차 중 ⓒ의 방법에 토지등소유자의 해임요구라는 총회 소집 목적을 특정한 것으로 보이므로 추진위원회 소집을 위해서는 추진위원장, 감사 등에 대한 소집청구 등의 절차는 거쳐야 할 것으로 생각된다.[13]

추진위원회의 일반 의결정족수는 재적위원 과반수 출석과 출석위원 과반수의 찬성이지만(표준운영규정 제26조 제1항), 토지등소유자의 해임요구에 따라 재적위원 1/3 이상의 동의로 소집된 추진위원회에서는 위원정수의 과반수 출석과 출석위원 2/3 이상의 찬성이 있어야 해임될 수 있다(표준운영규정 제18조 제4항). 이는 추진위원회 소집 방법에 관계없이 추진위원 해임 의결 요건을 일반적으로 강화한 것으로 생각된다.

(3) 주민총회의 해임 의결

주민총회는 토지등소유자 1/5 이상이 그 소집을 청구하였음에도 추진위원장 및 감사가 정당한 이유 없이 소집하지 않는 경우 그 소집을 청구한 자의 대표가 시장 · 군수등의 승인을 얻어 소집할 수 있는데(표준운영규정 제20조 제2항, 제3항), 추진위원 해임에 관해서는 토지등소유자 1/10 이상의 발의로 소집할 수 있도록 별도로 정하고 있다(표준운영규정 제18조 제4항).

토지등소유자 1/10 이상의 발의로 소집된 주민총회에서 토지등소유자 과반수의 출석과 출석 토지등소유자 과반수의 찬성으로 해임할 수 있으나, 추진위원 전원을 해임하는 경

---

12 안광순(상), 396; 이우재(상), 409는 추진위원회(단체)는 토지등소유자로 구성된 단체이고 추진위원회(기관)는 업무집행기관이라는 관점에서 민법상 위임의 법리에 따라 위임의 해지를 인정한 것으로 보고 있다.

13 서울중앙지방법원 2010. 7. 21.자 2010카합714 결정, 서울고등법원 2011. 7. 7. 선고 2010나108809 판결(제1심은 서울중앙지방법원 2010. 10. 14. 선고 2010가합26238 판결), 서울북부지방법원 2015. 5. 8.자 2015카합20032 결정.

우에는 토지등소유자 과반수의 찬성이 있어야 한다(표준운영규정 제18조 제4항).

(4) 해임사유

운영규정은 해임사유를 "위원이 직무유기 및 태만 또는 관계법령 및 이 운영규정에 위반하여 토지등소유자에게 부당한 손실을 초래한 경우에는 해임할 수 있다"는 정도로 정하고 있다(표준운영규정 제18조 제1항).

조합원 발의에 의한 조합임원 해임은 도시정비법 개정 취지상 정관으로도 해임사유를 제한할 수 없다고 볼 여지가 있어 해임사유의 범위에 다툼이 있으나,[14] 추진위원 해임은 조합임원 해임과 같이 해석할 법률상의 근거는 없다.[15] 다만 추진위원을 일종의 수임인으로 보면 위임의 법리상 위임인은 자유롭게 해지할 수 있고, 운영규정에서 정하는 해임사유도 포괄적인 것이므로, 해임결의의 적법성을 폭넓게 인정할 여지가 크다.

(5) 추진위원회의 추진위원장, 감사 해임 의결 가능 여부

주민총회가 아닌 추진위원회에서 추진위원장 또는 감사를 해임할 수 있는지 실무상 상당한 다툼이 있었다. 추진위원회는 '위원'을 해임할 수 있으므로(표준운영규정 제18조 제4항), 위원인 추진위원장 또는 감사 역시 추진위원회에서 해임할 수 있다고 볼 수 있으나, 주민총회의 의결사항인 '위원장 · 감사의 선임 · 변경 · 보궐선임 · 연임'(표준운영규정 제21조 제1호)에는 '해임'이 포함된다고 보는 것이 해석상 합리적이다. 운영규정의 해석에 대한 판단에는 해당 사안에서 추진위원들이 추진위원장을 축출한 것이 정당한가에 대한 평가도 반영되면서 여러 하급심 판결에서 판단이 엇갈렸다.

이에 대해 대법원 2016. 8. 29. 선고 2016다221030 판결은 종전의 논의를 정리하여, 추진위원장 · 감사의 '해임'은 '연임', '보궐선임'과 달리 주민총회 의결에 의한다는 명시적인 규정을 두고 있지 않고, 추진위원장 · 감사의 '변경'은 그 문언상 해임과 선임을 함께 하는 경우를 지칭하는 것으로 해석하는 것이 타당하므로,[16] 추진위원장 · 감사의 해임은 주민총회가 아닌 추진위원회의 의결사항에 해당한다고 판단하였다.

---

14 자세한 내용은 **[16]해임총회 IV.1.나.해임사유** 참고.

15 구 도시정비법(2012. 2. 1. 법률 제11293호로 개정되기 전의 것) 제13조 제5항은 조합원 발의에 의한 조합임원 해임 규정(구법 제23조 제4항)을 포함한 구 도시정비법 제23조를 추진위원회 위원에 관하여 준용한다고 정하여 추진위원회 · 주민총회 소집절차, 해임사유 등을 조합임원의 경우와 동일하게 볼 수 있는지 다툼이 있었다. 그러나 구 도시정비법 제23조 제4항을 준용한다 하더라도 토지등소유자가 발의하여 소집한 주민총회에 한정하여 적용된다고 보는 경우가 많았고, 도시정비법이 2012. 2. 1. 법률 제11293호로 개정되면서 구 도시정비법 제23조 제4항을 준용대상에서 제외하였다(구법 제13조 제5항).

16 다만, 선임절차는 별도의 입후보절차가 필요하고 해임이 선행되어야 한다는 점에서 해임과 선임이 동시에 이루어지는 '변경'은 실제 상정하기 어렵다.

마. 추진위원의 직무수행정지, 직무대행

(1) 직무수행 정지 의결

임기가 만료된 추진위원은 그 후임자가 선임될 때까지 그 직무를 수행한다(표준운영규정 제15조 제4항). 사임 또는 해임절차가 진행 중인 추진위원이 새로운 추진위원이 선출되어 취임할 때까지 직무를 수행하는 것이 적합하지 아니하다고 인정될 때에는 추진위원회 의결에 따라 그의 직무수행을 정지할 수 있다(표준운영규정 제18조 제6항).

(2) 직무대행자 선임

추진위원의 직무수행이 정지된 경우 추진위원장이 그 추진위원의 직무를 수행할 자를 임시로 선임할 수 있다(표준운영규정 제18조 제6항). 추진위원장의 직무수행이 정지된 경우에는 부위원장, 추진위원 중 연장자 순으로 추진위원장의 직무를 대행한다(표준운영규정 제18조 제6항, 제17조 제6항).

Ⅱ. 추진위원회의 업무

1. 추진위원회의 업무범위 및 권한

가. 추진위원회의 업무범위

도시정비법령은 추진위원회의 업무를 조합설립을 위한 업무인 정비사업전문관리업자 · 설계자의 선정 및 변경, 개략적인 정비사업 시행계획서의 작성, 조합설립인가를 받기 위한 운영규정의 작성, 조합설립 동의서의 접수, 창립총회 개최, 조합 정관 작성 등으로 정하고 있다(법 제32조 제1항, 시행령 제26조).

> 법 제32조(추진위원회의 기능) ① 추진위원회는 다음 각 호의 업무를 수행할 수 있다.
> 1. 제102조에 따른 정비사업전문관리업자(이하 "정비사업전문관리업자"라 한다)의 선정 및 변경
> 2. 설계자의 선정 및 변경
> 3. 개략적인 정비사업 시행계획서의 작성
> 4. 조합설립인가를 받기 위한 준비업무
> 5. 그 밖에 조합설립을 추진하기 위하여 대통령령으로 정하는 업무
>
> 시행령 제26조(추진위원회의 업무 등) 법 제32조 제1항 제5호에서 "대통령령으로 정하는 업무"란 다음 각 호의 업무를 말한다.
> 1. 법 제31조 제1항 제2호에 따른 추진위원회 운영규정의 작성
> 2. 토지등소유자의 동의서의 접수
> 3. 조합의 설립을 위한 창립총회(이하 "창립총회"라 한다)의 개최
> 4. 조합 정관의 초안 작성
> 5. 그 밖에 추진위원회 운영규정으로 정하는 업무

나. 추진위원회와 주민총회의 권한

표준운영규정은 추진위원회를 조합의 대의원회, 주민총회를 조합의 총회에 준하여 그 의결사항을 구분하고 있다(표준운영규정 제21조, 제25조).

그러나 추진위원회는 추진위원으로 구성되는 비법인사단이고, 전체 토지등소유자로 구성되는 주민총회는 운영규정에 의해 비로소 설치되는 기관으로서 조합 총회와 같은 최고의사결정기관으로 볼 수 없다. 주민총회는 운영규정에 의해 추진위원회의 권한 중 일부를 행사하게 되는 특수한 기관으로서, 그 권한 및 업무는 운영규정에 정한 것으로 한정된다고 보는 것이 타당하다.

표 4 ❙ 추진위원회와 주민총회의 의결사항

추진위원회(기관)의 의결사항 (표준운영규정 제25조 제1항)	주민총회의 의결사항 (표준운영규정 제21조)
1. 위원(위원장 · 감사를 제외한다)의 보궐선임	1. 추진위원회 승인 이후 위원장 · 감사의 선임 · 변경 · 보궐선임 · 연임
	2. 운영규정의 변경
2. 예산 및 결산의 승인에 관한 방법	
3. 주민총회 부의안건의 사전심의 및 주민총회로부터 위임받은 사항	7. 조합설립추진과 관련하여 추진위원회에서 주민총회의 의결이 필요하다고 결정하는 사항
4. 주민총회 의결로 정한 예산의 범위 내에서의 용역계약 등	3. 정비사업전문관리업자 및 설계자의 선정 및 변경
	5. 제30조에 따른 개략적인 사업시행계획서의 변경
5. 그 밖에 추진위원회 운영을 위하여 필요한 사항	

다. 업무범위 위반의 효력

추진위원회의 기능과 권한을 규정한 도시정비법 제32조(구법 제14조)는 강행규정으로서, 조합을 설립하여 인가받는데 필요한 정도의 기능 또는 업무만을 수행하는 추진위원회가 자신의 기능과 권한을 넘어 조합 총회의 의결을 거쳐야 하는 사항에 대해 계약을 체결하는 것은 그 이후에 설립되는 조합의 조합원들의 권리를 침해하고 위 규정에 위배되는 것으로서 무효이다(대법원 2013. 5. 9. 선고 2013다9512 판결 등).[17]

---

17 서울고등법원 2012. 12. 5. 선고 2012나28372 판결(위 대법원 2013다9512 판결의 원심), 서울고등법원 2010. 5. 27. 선고 2009나54531 판결(대법원 2010. 10. 28.자 2010다50403 판결로 심리불속행 기각) 등 참고.

2. 정비사업전문관리업자의 선정 및 변경

가. 선정 시기

정비사업전문관리업자의 선정은 시장 · 군수등으로부터 추진위원회 구성승인을 받은 이후에 할 수 있다(법 제32조 제2항). 구 도시정비법(2009. 2. 6. 법률 제9444호로 개정되기 전의 것) 제14조 제2항은 선정 시기를 별도로 정하지 않았는데, 추진위원회가 구성승인을 받기 전에 추진위원장이 되고자 하는 토지등소유자가 별다른 법적 규율을 받지 않고 임의로 계약을 체결하면서 여러 부조리에 노출되는 문제가 발생하자, 도시정비법이 2009. 2. 6. 법률 제9444호로 개정되면서 그 시기를 명문화한 것이다.[18]

도시정비법 제32조 제2항은 강행규정으로 보아야 하므로,[19] 추진위원회 구성승인 전에 이루어진 정비사업전문관리업자의 선정 및 계약 체결은 무효로 보는 것이 타당하다.[20]

나. 선정 방법

추진위원회가 정비사업전문관리업자를 선정하기 위해서는 도시정비법 제29조 제1항에 따른 경쟁입찰 또는 수의계약(2회 이상 경쟁입찰이 유찰된 경우로 한정한다)의 방법으로 선정해야 한다(법 제32조 제2항). 정비사업전문관리업자의 선정 및 변경은 주민총회의 의결사항이므로(표준운영규정 제21조 제3호), 계약업무 처리기준이 정하는 바에 따라 주민총회에서 선정하면 될 것이다. 정비사업전문관리업자를 관련 규정에서 정하는 경쟁입찰의 방법으로 선정하지 않은 것은 강행규정에 위반하여 무효이다(대법원 2016. 6. 23. 선고 2013다58613 판결, 대법원 2019. 12. 27. 선고 2019다259272 판결).[21]

시행령이 2009. 8. 11. 대통령령 제21679호로 개정되기 전에는 정비사업전문관리업자의 선정에는 추진위원회 구성에 동의한 토지등소유자 과반수의 동의가 별도로 필요하였으나(구법 제14조 제3항, 구 시행령 제23조 제1항 제2호), 주민총회에서 경쟁입찰의 방법으로 선정하였음에도 다시 별도의 토지등소유자 과반수의 동의가 필요하다고 보는 것은 불필요한 절차를 반복하는 것이었다.[22] 이에 시행령이 2009. 8. 11. 대통령령 제21679호로 개정되면서 해당 규정을 삭제하여 주

---

18 유삼술 · 이종만, 282.

19 시장 · 군수등의 추진위원회 승인을 받지 아니하고 정비사업전문관리업자를 선정한 자는 3년 이하의 징역 또는 5천만원 이하의 벌금에 처한다(법 제136조 제3호).

20 전재우, 163.

21 위 대법원 2013다58613 판결, 위 대법원 2019다259272 판결은 구 도시 및 주거환경정비법(2009. 2. 6. 법률 제9444호로 개정되기 전의 것) 제14조 제2항에 따라 운영규정이 정하는 경쟁입찰의 방법으로 정비사업전문관리업자를 선정하도록 한 사안이다.

22 유삼술 · 이종만, 284; 위 시행령 규정이 적용되던 사안에 대해 대법원 2012. 9. 13. 선고 2010다55705 판결은 주민총회 의결과 토지등소유자 동의는 별개의 절차이므로 주민총회 결의는 인감도장이 날인되고 인감증명서가 첨부된 서면동의서 방식이 아니더라도 적법하다고 보면서, 다만 위와 같은 방식으로 별도의 토지등소유자의 동의를 적법하게 받지 않고서는 정비사업전문관리업자와의 선정계약 체결 등의 업무수행에 나아갈 수 없을 뿐이라고 보았다.

민총회의 의결로 바로 정비사업전문관리업자를 선정하게 되었다.

다. 추진위원회에서 선정한 정비사업전문관리업자의 조합 승계 여부

(1) 추진위원회에서 선정한 정비사업전문관리업자의 조합 승계 여부

정비사업전문관리업자는 조합의 비전문성을 보완하여 정비사업을 효과적으로 추진하기 위한 업무를 추진하는 자로서, 통상 추진위원회 단계부터 조합설립, 사업시행계획 작성 · 인가, 관리처분계획 수립 · 인가 등 정비사업의 모든 과정을 보조하게 된다. 실무적으로 추진위원회 단계에서 선정한 정비사업전문관리업자는 다른 사정이 없는 한 설립된 조합에도 승계되는 것으로 보아 업무를 처리하여 왔다.

그러나 추진위원회에서 조합 단계의 업무까지 포함하여 정비사업전문관리업자를 선정할 수 있는지 종전에 계속 다툼이 있었고, 법제처가 "추진위원회의 업무범위에 '조합의 업무범위에 속하는 업무를 정비사업전문관리업자에게 위탁하거나 그에 관하여 자문을 받기로 한 것'은 포함되지 않는다"는 법령해석을 밝히면서 여전히 실무상 많은 논란이 있다.[23] 이 쟁점은 조합이 설립된 이후 추진위원회에서 선정했던 정비사업전문관리업자에 대해 별도의 선정 절차를 거치지 않고도 그대로 선정 및 계약의 효력이 승계되는지 문제로 귀결된다.

① 승계를 부정하는 입장에서는, 정비사업전문관리업자의 선정은 추진위원회의 업무 중 하나이기는 하나 조합이 설립된 이후에는 총회의 전속적 의결사항이며(법 제45조 제1항 제6호, 제46조 제5항, 시행령 제43조 제5호), 추진위원회는 조합을 설립하고 인가받는데 필요한 정도의 기능 및 업무만을 수행하므로(법 제32조 제1항), 도시정비법 제32조 제1항 제1호에 따른 추진위원회의 정비사업전문관리업자 선정은 추진위원회가 수행할 수 있는 업무를 지원하는 범위로 한정된다고 본다. 정비사업전문관리업자의 업무는 사업전반에 중대한 영향을 미치는 것으로서, 추진위원회가 조합의 업무에 해당하는 부분까지 체결한 용역계약이 그대로 조합이 승계된다면 이후 설립되는 조합에 소속될 조합원들의 권리를 침해할 여지가 있다.[24]

② 승계를 긍정하는 입장에서는, 정비사업전문관리업자의 선정은 추진위원회의 기능 중 하나라는 점, 추진위원회가 행한 업무와 관련된 권리와 의무는 조합이 포괄승계하는데 추진위원회가 정비사업전문관리업자를 선정한 것이 도시정비법 또는 조합 정관에 정하는

---

23 법제처 2019. 9. 6. 19-0206 해석례.

24 서울고등법원 2012. 12. 5. 선고 2012나28372 판결, 서울고등법원 2021. 1. 29. 선고 2020나2015551 판결; 이우재(상), 434는 "도정법 제24조 제3항의 규정에 의한 총회의 결의사항들은 추진위원회의 권한이 아니라 향후 결성되는 조합 총회의 고유한 권한으로 남겨져 있는 것으로서 추진위원회가 이러한 행위를 하더라도 조합이나 조합원 총회가 반드시 그러한 행위에 구속되어 권리, 의무를 부담하는 것은 아니[다]"라고 보고 있다; 이형석, "재개발 · 재건축 관련 분쟁일반 –조합원 총회를 중심으로–", 제257기 건설법(재개발 · 재건축) 특별연수, 대한변호사협회 변호사연수원 (2018. 8. 11. 발표), 185와 전재우, 312는 조합이 설립된 이후에는 총회에서 다시 선정해야 한다고 본다.

범위를 벗어난 것으로 볼 수 없다는 점 등을 근거로 추진위원회가 정비사업전문관리업자를 선정한 것이 조합에도 승계된다고 본다.[25] 이렇게 보면, 조합 총회의 의결사항인 '정비사업전문관리업자의 선정 및 변경'은 추진위원회가 정비사업전문관리업자를 선정하지 않았으나 이후 조합이 새로 정비사업전문관리업자를 선정하는 경우를 의미한다고 볼 수 있다.

추진위원회의 업무를 원칙적으로 조합설립에 관한 것으로 한정하고 조합 단계의 정비사업전문관리업자 선정을 조합 총회의 전속적 의결사항으로 정한 도시정비법 규정의 해석상, 감정평가업법인등의 경우처럼 법령 개정 과정에서 업무범위를 확장할 수 있다는 점이 드러나지 않는 이상, 추진위원회는 조합설립 이후의 업무에 관해서는 정비사업전문관리업자를 선정하거나 계약을 체결할 수 없고 그 계약의 효력이 조합에 바로 미친다고 보기 어려운 것으로 생각된다. 조합은 정비사업전문관리업자를 원칙적으로 경쟁입찰의 방법으로 선정해야 하므로 추진위원회의 종전 선정행위를 추인하는 것도 적법하다고 보기 어렵다.

다만 위와 같이 승계되지 않는다고 본다면, 업무의 연속성이 훼손되고 조합설립인가 이후 다시 총회를 개최하여 경쟁입찰의 방법으로 정비사업전문관리업자를 선정할 때까지 업무의 공백이 그대로 발생한다. 조합이 추진위원회의 정비사업전문관리업자 선정행위를 그대로 승계하더라도 언제든 선정취소 및 계약해지를 할 수 있으므로 조합원들의 선택권을 크게 침해한다고 보기도 어렵다. 법령 해석상 다툼의 여지가 크기 때문에 정비사업전문관리업자도 감정평가업법인등처럼 일정한 예외를 명문으로 정할 필요가 있다고 생각된다.

(2) 추진위원회가 체결한 용역계약 중 조합단계 업무 부분의 효력

조합설립 이후의 조합의 업무범위에 해당하는 용역은 조합 총회에서 별도의 선정절차를 거쳐 정비사업전문관리업자를 선정하여야 하므로, 종전에 추진위원회가 정비사업 전 과정에 대해 용역계약을 체결하였더라도 조합의 업무에 해당하는 부분은 무효로 보게 된다.[26]

① 조합에서 추인 의결을 하여 무효인 부분의 효력을 되살릴 수 있는지 문제가 될 수 있으나, 선정 및 계약체결이 (일부)무효가 되는 것은 추진위원회의 기능과 권한을 정한 강행규정인 도시정비법 제32조를 위반한 데 따른 것이고 조합에서 정비사업전문관리업자 선정은 경쟁입찰의 방법으로 하므로, 종전 추진위원회의 선정 및 계약 체결을 추인하더라도

25 서울행정법원 2009. 4. 7. 선고 2008구합31444 판결, 의정부지방법원 2021. 4. 12.자 2021카합5075 결정, 전주지방법원 2021. 5. 27. 선고 2020구합2827 판결 등; 송현진 · 유동규, 526은 정비사업전문관리업자는 주로 추진위원회 단계에서 선정되므로 총회 의결에 관한 규정은 조합에 포괄승계되는 추진위원회가 행한 업무와 관련된 권리 · 의무관계를 재확인하는 의미로 보고 있다.

26 정비사업전문관리업자의 업무수행 및 용역대금 지급은 통상 조합설립, 건축심의, 사업시행계획인가, 관리처분계획인가 등 정비사업 단계별로 구분되고, 종전 계약이 중도에 해지 · 해제되더라도 그때까지 수행한 업무에 대해서는 용역대금 등을 정산하는 것이 당사자의 의사이므로 선정 및 계약은 전부무효가 아닌 일부무효로 볼 가능성이 높다.

조합에 효력이 미친다고 보기 어렵다.

② 추진위원회의 업무와 관련된 권리 · 의무는 조합이 포괄승계하는데(법 제34조 제3항), 종전 정비사업전문관리업자가 추진위원회 단계에서 수행한 업무는 유효한 선정 및 계약이 근거한 것이므로 그 용역비채무 등은 조합이 부담한다. 종전 정비사업전문관리업자가 조합 단계에서 업무를 수행하였다면, 비록 종전 용역계약 중 조합 단계의 업무 부분은 효력이 없으나 조합은 정비사업전문관리업자의 용역을 제공받았으므로 정당한 용역비 상당의 부당이득을 반환할 의무를 부담한다고 볼 수 있다.[27]

3. 설계자의 선정 및 변경

가. 선정 방법

추진위원회가 설계자를 선정하기 위해서는 경쟁입찰 또는 수의계약(2회 이상 경쟁입찰이 유찰된 경우로 한정한다)의 방법으로 선정해야 한다(법 제29조 제1항). 설계자의 선정 및 변경은 주민총회의 의결사항이므로(표준운영규정 제21조 제3호), 계약업무 처리기준이 정하는 바에 따라 주민총회에서 선정하면 될 것이다.

나. 추진위원회에서 선정한 설계자의 조합 승계 여부

추진위원회에서 선정한 설계자가 조합이 설립된 이후 다시 별도의 선정절차를 거치지 않고 그대로 업무를 수행할 수 있는지는 정비사업전문관리업자와 동일하게 문제될 수 있으나, 관련 규정의 개정 경위를 살펴보면 그대로 승계할 수 있는 것으로 해석된다. 이하에서는 먼저 관련 규정의 개정 경과를 먼저 살펴보기로 한다.

(1) 관련 규정의 개정 경과

추진위원회 단계의 설계자 선정은 본래 개략적인 사업시행계획서를 작성하기 위한 것이었다. 2002. 12. 30. 법률 제6852호로 제정된 도시정비법 및 시행령은 추진위원회의 설계자 선정에 대해 별도의 규정을 두지 않았고, 표준운영규정에서 '개략적인 정비사업 시행계획서의 작성'을 위하여 필요한 경우 건축사사무소 등과 추진위원회 운영기간[28]을 초과하지 않는 범위에서 용역계약을 체결하도록 하였다(구 표준운영규정(2003. 6. 30. 건설교통부고시 제2003-165호로 제정 · 고시된 것) 제5조 제2항). 이렇게 추진위원회 단계에서 선정된 건축사사무소의 계약기간을 제한한 이유는, 조합 단계의 설계자는 사업계획승인 도서 및 착공도서 등을 작성하게 되어 조합 및 조합원들에게 미치는 영

27 조합의 총회결의가 무효라면 종전 결의에 기한 계약 역시 적법한 총회 의결을 거치지 않은 것으로 효력이 없으나, 조합과 협력업체 사이에 부당이득반환관계가 성립하여 여전히 이행의 문제는 남는다. 자세한 내용은 **[15]총회의 의결 IV.3.무효인 총회결의에 기한 계약의 효력** 참고.

28 표준운영규정 제7조(추진위원회 운영기간) 추진위원회의 운영기간은 추진위원회 승인일부터 법 제34조 제4항에 따라 조합설립인가 후 조합에 회계장부 및 관련서류를 인계하는 날까지로 한다.

향이 크므로 종전에 선정한 건축사사무소가 자동적으로 수행하는 것을 방지하기 위한 것이었다.[29]

그 이후 추진위원회가 실제 운영되는 과정에서 시공자 · 철거업자 또는 감정평가업자 등과 속칭 가계약 형태로 계약을 체결하고 사업비용 등을 지원받으면서 해당 업체를 단절하지 못하고 조합에서 부득이 그대로 승계하게 되는 문제가 발생하자, 운영규정 고시가 2006. 8. 25. 건설교통부고시 제2006-330호로 개정되면서 추진위원회 업무범위를 초과하는 업무나 계약, 용역업체의 선정 등은 조합에 승계되지 않는다는 점을 명시하는 한편(운영규정 고시 제6조), 표준운영규정 제5조 제4항에 "시공자 · 철거업자 · 감정평가업자 · 설계자(제2항에 의한 건축사무소 등과의 용역계약을 제외한다)의 선정 등 조합의 업무에 속하는 부분은 추진위원회의 업무범위에 포함되지 아니한다"고 정하였다. 이 과정에서 추진위원회 단계에서 선정하는 설계자는 개략적인 사업시행계획서 작성에 한정된 것임이 다시 명확해졌다.

그러나, 개략적인 사업시행계획서를 작성하는 건축사사무소가 조합설립 이후 사업계획 승인 도서를 작성하는 것이 효율적이고 설계자의 용역단가가 전체 정비사업에서 차지하는 비중이 크지 않은 점을 고려하여, 도시정비법이 2010. 4. 15. 법률 제10268호로 개정되면서 '설계자의 선정 및 변경'을 범위를 한정하지 않고 추진위원회의 업무범위로 정하였다(구법 제14조 제2의2). 운영규정 고시도 2010. 9. 16. 국토해양부고시 제2010-633호로 개정되면서 표준운영규정은 위 일부개정법률에 따라 추진위원회 업무로 '설계자의 선정 및 변경'을 정하는 한편(표준운영규정 제5조 제1항 제1호), 추진위원회 단계에서 선정하는 건축사사무소의 업무범위를 제한하는 종전 규정을 삭제하였다.[30] 위 일부개정법률의 입법 취지는 추진위원회 단계에서 선정한 설계자가 조합이 구성된 이후에도 사업계획 승인 도서 작성 등의 업무를 수행할 수 있도록 한 것이다.[31]

⑵ 추진위원회에서 선정한 설계자의 조합 승계 여부

설계자의 선정 및 변경은 총회의 의결사항이기는 하나(법 제45조 제1항 제5호), 2010. 4. 15. 법률 제

---

29 이 부분의 법령 및 운영규정 고시의 개정 경위는 유삼술 · 이종만, 284-286을 참고한 것이다.

30 제5조 제2항("추진위원회는 제1항 제3호의 사업시행계획서의 작성을 위하여 필요한 경우 건축사사무소 등과 용역계약을 체결할 수 있다. 이 경우 계약기간은 제7조의 운영기간을 초과하지 아니하여야 한다")을 전부 삭제하고, 제5조 제4항["시공자 · 철거업자 · 감정평가업자 · 설계자(제2항에 의한 건축사무소 등과의 용역계약을 제외한다)의 선정 등 조합의 업무에 속하는 부분은 추진위원회의 업무범위에 포함되지 아니한다"]에서 "설계자(제2항에 의한 건축사무소 등과의 용역계약을 제외한다)"를 삭제하였다.

31 유삼술 · 이종만, 286; 당초 김성태의원 대표발의안에는 "조합설립을 위한 사업계획서 작성 및 사업시행계획서 작성을 위한 설계자의 선정 및 변경"으로 되어 있었으나, 대안 수립 과정에서 "설계자의 구체적인 업무범위의 설정은 계약당사자인 추진위원회와 설계자간 이루어지는 계약사항이므로 구체적으로 업무범위를 한정하여 규정할 필요는 없는 것으로 보이고, 추진위원회의 업무 규정에 설계자의 구체적 업무내용을 규정하는 것도 부적절한 것으로 보[인다]"는 이유로 "조합설립을 위한 사업계획서 작성 및 사업시행계획서 작성을 위한"을 삭제하였다[임병규, "도시 및 주거환경정비법 일부개정법률안 검토보고", 국토해양위원회 (2010. 2.), 18, 김성태의원 대표발의안(1805444, 2009. 7. 13.) 부분].

10268호로 개정된 구 도시정비법 등의 입법 취지는 추진위원회에서 선정하는 설계자도 조합 단계의 사업계획 승인 도서 작성 등의 업무를 수행할 수 있도록 한 것이다. 따라서 추진위원회에서 설계자를 선정하여 조합 업무에 속하는 부분을 포함하여 설계용역계약을 체결하더라도 유효하며, 이후 설립되는 조합에 승계된다고 볼 수 있다.[32] 이렇게 본다면, 도시정비법 제45조 제1항 제5호에 따라 총회 의결을 받아야 하는 '설계자의 선정 및 변경'은 종전에 설계자를 선정하지 않은 상태에서 새로이 설계자를 선정하는 경우, 또는 종전의 설계자 선정을 취소하고 새로 설계자를 선정하는 경우 등에 적용된다고 볼 것이다.

4. 감정평가법인등의 선정

도시정비법령은 감정평가법인등의 선정을 추진위원회 업무로 정하고 있지 않으며, 종전 · 종후자산평가 등은 조합의 업무에 속하는 것이므로 추진위원회가 감정평가법인등을 선정할 이유는 없다. 다만 조합설립 동의를 위하여 도시정비법 제35조 제8항에 따른 추정분담금을 산정하기 위해 필요한 경우 감정평가업자를 선정할 수 있다(표준운영규정 제5조 제4항).

만약 추진위원회가 추정분담금을 산정하기 위해 감정평가업자를 선정하고자 한다면, 운영규정에서 주민총회 의결사항으로 정하고 있지 않으므로 추진위원회에서 통상적인 의결로 선정할 수 있을 것이다.

5. 시공자의 선정

가. 추진위원회의 시공자 선정 가능 여부

시공자 선정은 추진위원회의 업무로 규정되어 있지 않으며(법 제32조 제1항 각 호, 시행령 제26조 각 호), 오히려 조합이 설립된 이후에 선정하여야 한다는 점은 명백하다(법 제29조 제4항). 대법원은 시공자의 선정은 추진위원회 또는 추진위원회가 개최한 토지등소유자 총회(주민총회, 창립총회)의 권한범위에 속하는 사항이 아니라 조합 총회의 고유권한이라고 보았다(대법원 2008. 6. 12. 선고 2008다6298 판결, 대법원 2012. 4. 12. 선고 2009다22419 판결 등).

따라서 추진위원회의 주민총회 또는 창립총회에서 시공자를 선정한 결의는 무효이다(위 대법원 2008다6298 판결 등). 추진위원회를 상대로 시공자를 선정한 주민총회 결의의 무효확인을 구하는 소를 제기하여 소송계속 중 조합이 설립되었다 하더라도, 조합이 별도의 총회 의결로 새로이 시공자를 선정하기 전까지는 종전 주민총회 결의의 효력을 다툴 확인의 이익이 있다(위 대법원 2009다22419 판결).

---

32 국토교통부도 2019. 11. 5. 서울시(주거정비과)의 질의에 대한 관원회신으로 추진위원회에서 선정한 설계자는 운영규정에서 업무범위를 명시적으로 규정하고 있지 않으므로 조합에 승계된다고 보았다["추진위서 선정한 설계자는 조합에 승계 가능", 위클리한국주택경제신문, https://www.arunews.com/news/articleView.html?idxno=11598, (2019. 11. 7. 11:28)].

나. 조합 총회의 추인 가능 여부

(1) 재개발사업에서 2006. 8. 25. 이전에 구성승인을 받은 추진위원회가 한 시공자 선정행위의 추인결의

구 도시정비법(2005. 3. 18. 법률 제7392호로 개정되어 2006. 5. 24. 법률 제7960호로 개정되기 전의 것) 제11조 제1항 및 제2항은 주택재건축정비사업조합은 사업시행인가를 받은 후 경쟁입찰의 방법으로 시공자를 선정하여야 한다고 정하고 있었으나, 주택재개발사업조합에 대해서는 별도의 제한을 두지 않았다. 이후 2006. 5. 24. 법률 제7960호로 개정된 구 도시정비법 제11조는 제1항에서 주택재개발정비사업조합 및 도시환경정비사업조합은 조합설립인가를 받은 후 경쟁입찰의 방법으로 시공자를 선정하여야 한다고 정하면서, 그 부칙 제2항(시공자 선정에 관한 적용례)은 "제11조 제2항의 개정규정 중 주택재개발사업, 도시환경정비사업의 경우는 이 법 시행 후 최초로 추진위원회 승인을 얻은 분부터 적용한다"라고 규정하였다.[33]

대법원은 위 2006년 일부개정법률의 시행일인 2006. 8. 25. 이전에 구성승인을 받은 추진위원회가 설립준비를 하여 설립된 주택재개발사업조합은 건설교통부장관이 정하는 경쟁입찰의 방법에 의하지 아니하고 조합 총회의 의결만으로 시공자를 선정할 수 있다고 볼 수 있고, 추진위원회가 개최한 주민총회 또는 토지등소유자 총회에서 장차 설립될 조합의 시공자를 선정하는 내용의 결의를 한 경우 그 결의의 효력 및 그 결의와 관련한 권리와 의무도 조합에 포괄승계되므로, 조합이 정관의 규정에 근거하여 추진위원회가 선정한 시공자를 추인결의하는 것을 적법하다고 보았다(대법원 2012. 4. 12. 선고 2009다26787 판결, 대법원 2013. 11. 14. 선고 2011다22085 판결 등).

(2) 추진위원회 시공자 선정행위의 일반적인 추인 가능 여부

조합 총회의 추인을 인정한 대법원 2012. 4. 12. 선고 2009다26787 판결은 제한적인 상황에서만 적용되는 것이다. 위 대법원 2009다26787 판결이 추인결의를 인정한 근거를 보면, ⓐ 주택재개발정비사업 또는 도시환경정비사업의 추진위원회가 2006. 8. 25. 이전에 최초로 구성승인을 받은 경우에는 도시정비법령상 시공자 선정시기나 경쟁입찰 등의 방법이 제한되지 않으므로 조합 총회 의결만으로도 시공자를 선정할 수 있는데, ⓑ 조합의 정관에 주민총회에서 공개경쟁입찰로 선정한 시공자는 조합 총회의 의결을 얻음으로써 본 정관에 의하여 선정된 시공자로 본다고 정하고 있고,[34] ⓒ 추진위원회가 운영규정 등에 따

---

33 시공자 선정 시기 및 방법에 관한 도시정비법의 변천에 대해서는 **[18]시공자 선정 I.2.가.(2)2005년 일부개정법률** 참고.

34 정관에는 통상 "... 단, 정비사업의 시공자 선정기준이 시행되기 이전에 주민총회에서 공개경쟁입찰의 방법으로 선정된 시공자의 경우 조합 총회의 의결을 거침으로써 본 정관에 의해 선정된 시공자로 본다", "단, 도시 및 주거환경정비법 시행전에 주민총회에서 공개경쟁입찰로 선정한 시공자에 대해서는 본 정관 제12조를 적용하지 아니하면 총회의 결의를 얻음으로써 본 정관에 의하여 선정된 시공자로 본다"처럼 정하였다.

른 경쟁입찰 등 적법한 절차를 거쳐 시공자를 선정하였다면, 조합 총회에서 정관 규정에 따른 총회 의결(종전 추진위원회의 시공자 선정결의를 그대로 승인 또는 추인하는 의결)을 한 것으로서 보아 비로소 종전 시공자 선정이 유효하다는 취지이다.

시공자의 선정은 조합 총회의 고유권한이며, 도시정비법이 2005. 3. 18. 법률 제7392호로 개정되기 전 또는 2006. 5. 24. 법률 제7960호로 개정된 이후에는 주택재개발사업의 경우에도 조합설립인가 또는 사업시행계획인가 이후에 가능하므로, 조합 총회에서 추진위원회의 시공자 선정을 추인할 수 있는 것은 위 대법원 2009다26787 판결 사안의 종전법이 적용되는 경우로 한정된다고 보는 것이 타당하다.[35]

6. 개략적인 정비사업의 시행계획서 작성

추진위원회가 작성해야 하는 개략적인 정비사업 시행계획서(개략적인 사업시행계획서)는 조합설립 동의서의 필수적 기재사항에 해당하는 내용인 "용적률 · 건폐율 등 건축계획, 건설예정 세대수 등 주택건설계획, 철거 및 신축비 등 공사비와 부대경비, 사업비의 분담에 관한 사항, 사업완료 후 소유권의 귀속에 관한 사항"을 포함하여 작성되어야 한다(표준운영규정 제30조).

개략적인 사업시행계획서의 작성은 추진위원회에서 하지만, 그 변경은 주민총회의 의결을 거쳐야 한다(표준운영규정 제21조 제5항).

추진위원회는 작성 · 변경된 개략적인 사업시행계획서를 토지등소유자가 쉽게 접할 수 있는 장소에 게시하거나 인터넷 등을 통하여 공개하고, 필요한 경우에는 토지등소유자에게 서면통지를 하는 등 토지등소유자가 그 내용을 충분히 알 수 있도록 하여야 한다(표준운영규정 제9조 제1항 제3호).

7. 창립총회 개최 등 조합설립인가를 받기 위한 준비업무

추진위원회는 조합설립인가를 받기 위한 준비업무와 조합설립 동의서의 접수, 조합의 설립을 위한 창립총회의 개최, 조합 정관의 초안 작성 등의 업무를 수행한다(법 제32조 제1항, 시행령 제26조).[36]

---

35 추진위원회 시공자 선정에 대한 추인결의를 적법하게 본 부산고등법원 2009. 5. 19. 선고 2008나13746, 13753 판결, 서울고등법원 2009. 9. 22. 선고 2009나30351 판결, 서울고등법원 2010. 4. 15. 선고 2009나87814 판결, 서울고등법원 2010. 8. 19. 선고 2009나46202 판결, 서울고등법원 2011. 4. 28. 선고 2010나60655 판결, 서울고등법원 2011. 7. 19. 선고 2010나123341 판결 등도 위 대법원 2009다26787 판결과 같이 종전법이 적용되는 사안이다. 대법원 2012. 4. 12. 선고 2010다10986 판결은 종전 추진위원회의 시공자 선정결의는 조합 총회에서 추인할 수 있다고 판시하면서 추인결의의 요건 자체는 논하고 있지 않아 일반적으로 추인이 가능한 것처럼 보이기도 하나, 제1심(서울서부지방법원 2009. 4. 24. 선고 2008가합15780 판결)을 보면 같은 날 선고된 위 대법원 2009다26787 판결과 동일하게 종전법이 적용되는 사안임을 알 수 있다.

36 이에 관한 자세한 내용은 **[7]조합 설립 II.조합설립을 위한 토지등소유자의 동의, III.창립총회의 개최, IV.조합설립인가** 참고.

8. 운영규정의 작성 및 변경

가. 운영규정의 성격 및 효력

(1) 운영규정의 성격

추진위원회는 운영규정에 따라 운영하여야 한다(법 제34조 제2항). 운영규정은 토지등소유자 과반수의 동의를 받아 작성되는 것으로서, 추진위원회와 추진위원 사이의 내부관계를 정한 자치규범이면서 주민총회에 관한 토지등소유자의 권리 · 의무에 관한 사항도 정한다.

(2) 운영규정의 내용

도시정비법 제34조 제1항, 시행령 제26조 제1항은 추진위원의 선임방법 및 변경 등 운영규정에 포함될 내용을 정하고 있으나, 위 도시정비법령의 내용을 반영하여 표준운영규정이 고시되어 있으므로 운영규정은 표준운영규정에 따라 작성하게 된다.

(3) 운영규정 고시 및 표준운영규정의 법적 성격

국토교통부장관이 도시정비법 제34조 제1항에 따라 고시한 「정비사업 조합설립추진위원회 운영규정」은 7개 조항으로 이루어진 고시 부분(이하 '운영규정 고시')과 각 추진위원회가 운영규정을 작성함에 있어 기준이 되는 [별표] 운영규정안(이하 '표준운영규정')으로 구성된다.[37] 운영규정 고시 등이 법규적 효력을 갖는지 여부는 추진위원회 업무가 고시 규정 등에 위반된 때 그 업무의 효력이 있는지 문제로 귀결된다.

① 운영규정 고시는 도시정비법 제34조 제1항의 위임에 따라 국토교통부장관이 운영규정을 제정하는 추진위원회나 토지등소유자가 준수할 내용을 담아 고시한 것으로서, 추진위원회나 토지등소유자에게 직접 그 효력이 미치는 법규명령에 해당한다고 본다.[38·39]

② 표준운영규정은 표준정관과 같이 일종의 예시로서 제시된 것으로서 추진위원회는 재개발사업 여부, 사업특성 · 지역상황을 고려하여 표준운영규정을 수정 및 보완할 수 있으므로(운영규정 고시 제3조 제2항 내지 제4항) 표준운영규정은 하나의 예시일 뿐 그 자체로 법규적 효력을 갖지는 않는다.[40·41] 추진위원회는 운영규정을 작성 · 변경할 때 표준운영규정 중 제1조 · 제3조 ·

37 「정비사업 조합설립추진위원회 운영규정」은 2003. 6. 30. 건설교통부 고시 제2003-165호 제정되어 고시된 이래 표준운영규정의 내용 변경을 위주로 7차례 개정되었다. 「정비사업조합설립추진위원회 업무처리기준」은 제정된 도시정비법의 시행을 즈음하여 건설교통부장관이 2003. 9. 2.자로 시행 · 하달한 행정지침이다.

38 송현진 · 유동규, 300; 유삼술 · 이종만, 276; 이우재(상), 338; 전재우, 187.

39 부산고등법원 2009. 4. 16. 선고 2008나16905 판결, 서울중앙지방법원 2011. 5. 19. 선고 2010가합114166 판결.

40 이우재(상), 341; 표준운영규정도 운영규정 고시의 일부로서 법규명령에 해당하나 강행규정과 임의규정으로 구분된다는 견해로 안광순(상), 383.

41 서울북부지방법원 2010. 10. 14.자 2010카합932 결정, 서울중앙지방법원 2011. 5. 19. 선고 2010가합114166 판결, 서울고등법원 2011. 7. 7. 선고 2010나108809 판결(제1심은 서울중앙지방법원 2010. 10. 14.

제4조 · 제15조와 다르게 정할 수 없는데(운영규정 고시 제3조 제2항 제1호), 이는 운영규정 고시의 법규적 효력에 따른 것이다.

나. 운영규정의 작성 및 변경

(1) 운영규정의 작성

시장 · 군수등에게 추진위원회 구성승인을 신청하기 위해서는 운영규정에 대한 토지등소유자의 과반수의 동의를 받아야 하며(법 제31조 제1항 제2호), 추진위원회 구성동의서에는 운영규정이 첨부된다(시행규칙 제7조 제2항 [별지 제4호 서식]). 따라서 운영규정은 추진위원회 구성승인을 신청하기 전에 미리 추진위원회 구성동의서와 함께 토지등소유자의 과반수의 동의를 받아 작성되어야 한다.

따라서 추진위원회의 업무인 '운영규정의 작성'(법 제32조 제1항 제5호, 시행령 제26조 제1항)은 현재 시행되는 도시정비법령에서는 '변경'의 의미이다.[42]

(2) 운영규정의 변경

추진위원회 구성승인 신청 당시 작성한 운영규정은 토지등소유자 1/4 이상 또는 추진위원회의 의결로 발의하여 주민총회 의결로 변경할 수 있으며, 운영규정이 변경된 경우에는 추진위원회는 시장 · 군수등에게 그 변경을 신고하여야 한다(표준운영규정 제10조, 제21조 제2호).

추진위원회의 운영규정은 도시정비법령, 운영규정 고시에 위반되는 것은 효력이 없으며, 개정된 도시정비법령이 강행규정인 경우 운영규정의 변경절차와 관계없이 운영규정이 변경된 것으로 본다(표준운영규정 제37조 제3항). 표준운영규정은 운영규정 고시 제3조에 따라 각 추진위원회가 작성해야 할 구체적인 운영규정에 관하여 하나의 예시를 정한 것에 불과하므로, 고시된 표준운영규정이 변경되었다고 하더라도 운영규정 고시 제3조 제2항에서 그대로 확정하도록 한 조항이 아니라면 추진위원회 운영규정의 내용도 당연히 변경된다고 보기는 어렵다.[43]

선고 2010가합26238 판결).

42 구 도시정비법(2009. 2. 6. 법률 제9444호로 개정되기 전의 것) 제13조 제2항은 시장 · 군수등에게 추진위원회 구성승인을 신청할 때 운영규정에 대한 토지등소유자의 동의를 받도록 정하고 있지 않았고, 운영규정 고시(2009. 8. 13. 국토해양부고시 제2009-549호로 개정되기 전의 것) 제3조 제1항은 운영규정은 추진위원회 구성승인(설립승인)시 작성하지 않더라도 추진위원회 업무를 추진하기 전에 추진위원회 구성에 동의한 토지등소유자 2/3 이상의 동의를 얻어 작성할 수 있었다. 따라서 종전에는 일단 추진위원회 구성동의를 받은 후 다시 운영규정에 대한 동의를 받아 작성하는 것도 가능하였으며, 대법원 2008. 7. 24. 선고 2007두12996 판결이 "추진위원회의 설립승인 당시까지 반드시 추진위원회 운영규정이 마련되어 있을 필요는 없[다]"고 본 것도 종전법에 따른 것이다. 그 당시 표준운영규정 제5조 제1항 제5호가 "운영규정의 작성(다만, 추진위원회 설립승인시 토지등소유자의 과반수의 동의를 얻은 운영규정을 작성하여 시장 · 군수 또는 자치구의 구청장에게 신고한 경우는 제외한다) 및 변경"으로 정한 것은 추진위원회 업무범위인 '운영규정의 작성'은 추진위원회 업무를 추진하기 전 작성하는 경우를 의미한다는 것을 정리한 것이다. 다만 운영규정 고시가 2009. 8. 13. 개정된 이후에도 위 표준운영규정 제5조 제1항 제5호의 문구는 그대로 남아 있다.

43 서울북부지방법원 2010. 10. 14.자 2010카합932 결정.

9. 추진위원회의 업무 중 토지등소유자의 동의를 받아야 하는 사항

도시정비법 제32조 제4항은 추진위원회가 수행하는 업무의 내용이 토지등소유자의 비용부담을 수반하거나 권리 · 의무에 변동을 발생시키는 경우로서 대통령령으로 정하는 사항에 대하여는 그 업무를 수행하기 전에 대통령령으로 정하는 비율 이상의 토지등소유자의 동의를 받아야 한다고 정하고 있다. 토지등소유자 과반수의 동의만으로 구성되는 추진위원회에서 이루어진 자금 차용 등이 향후 설립될 조합의 조합원들로 하여금 그들의 직접적 의사 관여 없이 비용을 부담하게 하거나 권리 · 의무에 영향을 미치게 되는 점을 고려하여 추진위원회의 행위에 제한을 두는 것으로서 강행규정이다.[44] 토지등소유자의 동의는 추진위원회 또는 주민총회의 의결과는 별개 절차로서 토지등소유자의 동의와 주민총회 결의를 각각 갖추어야 하고, 토지등소유자의 동의와 주민총회 결의를 모두 갖추지 못한 용역계약 등은 효력이 없다(대법원 2012. 9. 13. 선고 2010다55705 판결, 대법원 2019. 12. 27. 선고 2019다259272 판결, 대법원 2020. 11. 12. 선고 2017다216905 판결).

그러나 추진위원회 또는 주민총회에서 의결을 받는 사항임에도 다시 별도의 토지등소유자의 동의를 받도록 하는 것은 토지등소유자의 이중적인 동의를 받아야 하는 것이 되고 사업지연의 원인이 되었다.[45] 토지등소유자의 동의를 받아야 하는 사항은 점차 축소되었고 현행 시행령에는 토지등소유자를 받아야 하는 사항을 별도로 정하고 있지 않다.[46]

---

44 서울고등법원 2017. 1. 25. 선고 2015나2044340 판결.

45 유삼술 · 이종만, 293.

46 종전의 표준운영규정 제8조는 구 시행령 제23조가 정하는 업무에 더하여 운영규정의 변경, 위원장 · 부위원장 및 감사의 선정 및 변경 등에 별도의 토지등소유자의 동의를 받도록 하였으나, 운영규정 고시가 2006. 8. 25. 건설교통부고시 제2006-330호로 개정되면서 토지등소유자의 동의를 받아야 하는 사항을 구 시행령 제23조와 동일하게 정하였다.

표 5 ▎추진위원회 업무 중 토지등소유자의 동의를 받아야 하는 사항

개정 시행령	규정 내용
2003. 6. 30. 대통령령 제18044호 제정령 제23조[47]	① 법 제14조 제3항의 규정에 의하여 추진위원회는 업무의 내용이 비용부담을 수반하는 것이거나 권리 · 의무에 변동을 발생시키는 것인 때에는 다음 각호의 기준에 따라 토지등소유자의 동의를 얻어야 한다. 이 경우 다음 각호의 사항외의 사항에 대하여는 추진위원회 운영규정이 정하는 바에 의한다. 1. 토지등소유자의 과반수 또는 추진위원회의 구성에 동의한 토지등소유자의 2/3 이상의 동의가 필요한 사항 가. 추진위원회 운영규정의 작성 나. 정비사업을 시행할 범위의 확대 또는 축소 2. 추진위원회의 구성에 동의한 토지등소유자의 과반수의 동의가 필요한 사항 가. 법 제69조의 규정에 의한 정비사업전문관리업자(이하 "정비사업전문관리업자"라 한다)의 선정 나. 개략적인 사업시행계획서의 작성 ② 제28조 제1항 · 제2항 및 제4항의 규정은 제1항의 규정에 의한 토지등소유자의 동의자수 산정에 관하여 이를 준용한다.
2009. 8. 11. 대통령령 제21679호 일부개정령 제23조	① 법 제14조 제4항에 따라 추진위원회는 정비사업의 시행범위를 확대 또는 축소하려는 때에는 토지등소유자의 과반수 또는 추진위원회의 구성에 동의한 토지등소유자의 2/3 이상의 토지등소유자의 동의를 받아야 한다. ② 삭제
2018. 2. 9. 대통령령 제28628호 전부개정령	(관련 규정 없음)

10. 추진위원회의 회계 등

추진위원회는 운영규정에 따라 운영하여야 하고 토지등소유자는 운영에 필요한 경비를 운영규정에 따라 납부하여야 하며(법 제34조 제2항), 추진위원회 운영규정에는 토지등소유자의 운영경비 납부, 추진위원회의 운영자금의 차입, 추진위원회 운영경비의 회계에 관한 사항을 정하도록 하고 있다(법 제34조 제1항 제5호, 제6호, 시행령 제28조 제1항 등). 표준운영규정은 제6장(제31조 내지 제33조)에서 추진위원회의 회계와 재원조달, 운영경비의 부과 및 징수에 관한 규정을 두고 있다.

서울지역의 추진위원회는 서울특별시장이 고시하는 「서울특별시 정비사업 조합 등 표준 예산 · 회계규정」에 따른 예산회계처리규정을 제정 · 운영하여야 한다(법 제118조 제6항, 서울시 정비조례 제83조 제1항).

47 구 시행령 제23조는 2005. 5. 18. 대통령령 제18830호로 한 차례 더 개정되었는데, 제2항에서 준용하는 조문 중 구 시행령 제28조 제2항이 같은 조 제1항 제3호로 편입됨에 따라 준용 조항을 변경한 것으로서 내용은 동일하다.

추진위원회는 사용경비를 기재한 회계장부 및 관계 서류를 조합설립인가일부터 30일 이내에 조합에 인계하여야 하는데(법 제34조 제4항), 그 인계 전까지 납부 또는 지출된 금액과 계약 등으로 지출될 것이 확정된 금액의 합이 3억 5천만원 이상인 경우, 인계되기 전 7일 이내에 외부감사법 제2조 제7호 및 제9조에 따른 감사인의 회계감사를 받기 위하여 시장 · 군수등에게 회계감사기관의 선정 · 계약을 요청하여야 하며, 그 감사결과를 회계감사가 종료된 날부터 15일 이내에 시장 · 군수등 및 해당 조합에 보고하고 조합원이 공람할 수 있도록 하여야 한다(법 제112조 제1항 제1호, 시행령 제88조 제1호).

Ⅲ. 추진위원회 회의의 소집과 운영

1. 추진위원회 회의의 소집

가. 추진위원회 회의의 소집권자

추진위원회는 추진위원장이 필요하다고 인정하는 때에 소집한다(표준운영규정 제24조 제1항 본문). 다만 토지등소유자 1/10 이상이 추진위원회의 목적사항을 제시하여 소집을 청구하거나 재적 추진위원 1/3 이상이 회의의 목적사항을 제시하여 청구하는 때에는 추진위원장은 해당일로부터 14일 이내에 추진위원회를 소집하여야 한다(표준운영규정 제24조 제1항 단서 각 호).

위 소집청구가 있는 경우로서 추진위원장이 14일 이내에 정당한 이유 없이 추진위원회를 소집하지 아니하는 때에는 감사가 지체 없이 추진위원회를 소집하여야 하고, 감사가 소집하지 아니하는 때에는 소집을 청구한 자의 공동명의로 추진위원회를 소집한다(표준운영규정 제20조 제3항).

감사는 추진위원회의 재산관리 또는 업무집행이 공정하지 못하거나 부정이 있음을 발견하였을 때에는 추진위원회에 보고하기 위하여 추진위원장에게 추진위원회 소집을 요구하여야 한다. 이 경우 감사의 요구에도 불구하고 추진위원장이 회의를 소집하지 아니하는 경우에는 감사가 직접 추진위원회를 소집할 수 있다(표준운영규정 제17조 제3항).

한편 위원의 해임 · 교체는 재적위원 1/3 이상의 발의로 소집된 추진위원회에서 의결할 수 있으며, 발의자 대표의 임시사회로 선출된 자가 추진위원회의 소집 및 진행에 있어 추진위원장의 권한을 대행한다(표준운영규정 제18조 제4항, 제5항).

나. 추진위원회 회의의 소집통지

추진위원회의 소집은 회의개최 7일 전부터 회의목적 · 안건 · 일시 및 장소를 기재한 통지서를 추진위원에게 송부하고, 게시판에 게시하여야 한다. 다만 사업추진상 시급히 추진위원회의 의결을 요하는 사안이 발생하는 경우에는 회의 개최 3일 전에 이를 통지하고 추진위원회 회의에서 안건상정여부를 묻고 의결할 수 있다. 이 경우 출석위원 2/3 이상의 찬성으로 의결할 수 있다(표준운영규정 제24조 제3항).

추진위원회는 위와 같이 소집통지된 안건에 대해서만 의결할 수 있다(표준운영규정 제25조 제2항).

2. 추진위원회 회의의 운영

추진위원회의 운영은 주민총회에 관한 운영규정을 준용한다(표준운영규정 제26조 제4항, 제23조).

추진위원장이 추진위원회를 대표하고 추진위원회 회의의 의장이 되나, ⓐ 추진위원장이 자기를 위한 추진위원회와의 계약이나 소송에 관련되었을 경우, 추진위원장의 유고로 인하여 그 직무를 수행할 수 없을 경우, 추진위원장의 해임에 관한 사항(표준운영규정 제17조 제6항) 또는 ⓑ 추진위원장이 소집청구에도 불구하고 14일 이내에 정당한 이유 없이 추진위원회를 소집하지 않아 감사가 소집하는 경우(표준운영규정 제24조 제2항 전문)에는 부위원장, 추진위원장 중 연장자 순으로 추진위원회를 대표한다.

추진위원장 및 감사가 소집청구에 응하지 않아 소집을 청구한 자의 공동명의로 추진위원회를 소집하는 경우에는 발의자 대표의 임시사회로 선출된 자가 의장이 된다(표준운영규정 제24조 제2항 후문).

3. 추진위원회 회의의 의결 방법

가. 의사정족수와 의결정족수

추진위원회는 운영규정에서 특별히 정한 경우를 제외하고 재적위원 과반수의 출석으로 개의하고 출석위원 과반수의 찬성으로 의결한다(표준운영규정 제26조 제1항 본문).

의사정족수 산정의 기준이 되는 재적위원은 원칙적으로 사임, 임기만료 등으로 궐위된 추진위원을 제외한 현원을 의미한다. 표준운영규정은 재적위원의 수를 산정하는데 있어 별도의 예외를 정하고 있다.

① 추진위원회의 위원 수가 운영규정 고시 제2조 제2항에서 정한 최소 위원에 미달하게 되는 경우 재적위원의 수는 위 고시에서 정한 최소 위원의 수로 본다(표준운영규정 제15조 제3항). 따라서 일부 추진위원이 임기만료 등을 궐위되더라도 추진위원회를 개의하기 위해서는 운영규정 고시에서 정한 최소 위원의 과반수가 출석하여야 한다.

② 감사는 재적위원에는 포함되나 의결권을 행사할 수 없다(표준운영규정 제26조 제3항).

표준운영규정은 추진위원 해임은 '위원정수'로 의사정족수를 산정하는데, 위원정수는 운영규정에 따라 확정된 위원의 수를 의미한다(표준운영규정 제18조 제4항 괄호 부분). 추진위원의 해임 · 교체는 재적위원 1/3 이상의 동의로 소집된 추진위원회에서 위원정수의 과반수 출석과 출석위원 2/3 이상의 찬성으로 해임할 수 있으며, 해임대상이 된 추진위원은 위원정수에서 제외된다(표준운영규정 제18조 제4항, 제5항).

그 이외에 표준운영규정에서 의사 · 의결정족수를 달리 정하고 있는 의결사항은 다음과 같다.

① 추진위원장 · 감사를 제외한 추진위원의 연임은 추진위원회에서 재적위원 과반수의 출석과 출석위원 2/3 이상의 찬성으로 의결할 수 있다(표준운영규정 제15조 제3항).

② 추진위원장 · 감사를 제외한 추진위원이 임기 중 궐위된 경우에는 추진위원회에서 재적위원 과반수 출석과 출석위원 2/3 이상의 찬성으로 보궐선임할 수 있다(표준운영규정 제15조 제5항 전단).

③ 추진위원회의 소집은 회의 개최 7일 전까지 회의목적 · 안건 · 일시 및 장소를 통지 · 공고하여야 하나, 사업추진상 시급히 추진위원회의 의결을 요하는 사안이 발생하는 경우에는 회의 개최 3일 전에 이를 통지하고 추진위원회 회의에서 안건상정여부를 묻고 재적위원 과반수 출석과 출석위원 2/3 이상의 찬성으로 의결할 수 있다(표준운영규정 제24조 제3항 후단).[48]

④ 주민총회 소집결과 정족수에 미달하여 재소집하였음에도 여전히 정족수에 미달되는 때에는 추진위원회가 재적위원 2/3 이상의 출석과 출석위원 2/3 이상의 찬성으로 의결하여 주민총회 결의를 갈음할 수 있다(표준운영규정 제22조 제5항, 제26조 제1항 단서).

나. 의결권의 제한

추진위원은 자신과 관련된 해임 · 계약 및 소송에 대해서는 의결권을 행사할 수 없다(표준운영규정 제25조 제3항). 해당 추진위원이 추진위원회에 출석한 경우 의사정족수의 출석에는 포함되나, 해당 안건에 대해서는 의결정족수의 출석위원에 포함되지 않는다(주식회사 이사회의 의사 · 의결정족수에 관한 대법원 1991. 5. 28. 선고 90다20084 판결 참고).

감사는 재적위원에는 포함되나 의결권을 행사할 수 없다(표준운영규정 제26조 제3항). 따라서 감사는 의사정족수에는 포함되나 의결정족수의 출석위원에는 포함되지 않는다.

다. 의결 방법

추진위원은 대리인을 통해 출석할 수 없으나, 서면으로 회의에 출석하거나 의결권을 행사할 수 있고, 이 경우 의사정족수 산정에 있어 출석한 것으로 본다(표준운영규정 제26조 제2항).

4. 의사록의 작성 및 공개

추진위원회의 의사록에는 위원장 · 부위원장 및 감사가 기명날인하여야 하고, 위원의 선임과 관련된 의사록을 시장 · 군수등에게 송부하고자 할 때에는 위원의 명부와 그 피선자격을 증명하는 서류를 첨부하여야 한다(표준운영규정 제27조).

추진위원장은 추진위원회 의사록이 작성되거나 변경된 후 15일 이내에 토지등소유자가 알 수 있도록 인터넷과 그 밖의 방법을 병행하여 공개하여야 하고, 의사록 및 관련 자료는 속기록 · 녹음 또는 영상자료를 만들어 청산시까지 보관하여야 한다(법 제124조 제1항 제3호, 제125조 제1항).

---

48 표준운영규정 제24조 제3항은 의결정족수(출석위원 2/3 이상의 찬성)만 정하고 있으나, 일반 의사정족수로서 재적위원 과반수 출석도 물론 충족되어야 한다.

Ⅳ. 주민총회의 구성과 운영

1. 주민총회의 구성

주민총회는 토지등소유자 전원으로 구성되는 의결기관으로서, 도시정비법령이 예정한 기관이 아니고 운영규정에 의하여 비로소 구성된다(표준운영규정 제20조 내지 제23조).[49]

2. 주민총회의 권한

표준운영규정 제21조는 주민총회의 의결사항을 다음과 같이 정하고 있다.

표준운영규정 제21조(주민총회의 의결사항) 다음 각 호의 사항은 주민총회의 의결을 거쳐 결정한다. 1. 추진위원회 승인 이후 위원장·감사의 선임·변경·보궐선임·연임 2. 운영규정의 변경 3. 정비사업전문관리업자 및 설계자의 선정 및 변경 4. 삭제[50] 5. 제30조에 따른 개략적인 사업시행계획서의 변경 6. 제31조 제5항에 따른 감사인의 선정 7. 조합설립추진과 관련하여 추진위원회에서 주민총회의 의결이 필요하다고 결정하는 사항

주민총회는 운영규정에 의해 비로소 설치되는 것으로서 추진위원회의 당연한 의사결정기관으로 볼 수 없고, 적법하게 성립한 운영규정에서 주민총회의 구성 및 의결사항을 정해야 비로소 주민총회에서 추진위원회의 조직이나 운영에 관한 내용을 의결할 수 있을 것이다.[51] 따라서 주민총회는 운영규정에서 정한 사항에 대해서만 의결할 수 있다고 보는 것이 타당하다.

3. 주민총회의 소집 및 운영

추진위원회는 추진위원으로 구성되는 비법인사단으로서 주민총회는 사원총회에 해당하지 않으나, 운영규정은 주민총회의 소집과 운영을 추진위원회 또는 조합 총회에 준하여 정하고 있다.

---

49 도시정비법령은 의사록의 공개(법 제124조 제1항 제3호)와 속기록 보관(법 제125조 제1항)에서만 주민총회를 예정하고 있다.

50 종전에는 "제28조 제2항의 규정에 의한 정비사업전문관리업자와의 계약체결(변경체결을 포함하되, 금전적인 부담이 수반되지 아니하는 변경체결을 제외한다.)"이라고 정하고 있었으나, 운영규정 고시가 2010. 9. 16. 국토해양부고시 제2010-633호로 개정되면서 삭제되었다.

51 서울중앙지방법원 2017. 12. 1. 선고 2014가합550265 판결.

가. 주민총회의 소집

(1) 주민총회의 소집권자

주민총회는 추진위원장이 필요하다고 인정하는 경우에 개최한다(표준운영규정 제20조 제2항 본문). 다만 토지등소유자 1/5 이상이 주민총회의 목적사항을 제시하여 청구하거나 추진위원 2/3 이상으로부터 개최요구가 있는 때에는 추진위원장은 해당일로부터 2월 이내에 주민총회를 개최하여야 한다(표준운영규정 제20조 제2항 단서 각 호).

위 개최 청구 또는 요구가 있는 경우로서 추진위원장이 2개월 이내에 정당한 이유 없이 주민총회를 소집하지 아니하는 때에는 감사가 지체 없이 주민총회를 소집하여야 하고, 감사가 소집하지 아니하는 때에는 소집을 청구한 사람의 대표가 시장 · 군수등의 승인을 얻어 소집한다(표준운영규정 제20조 제3항). 발의자 대표가 시장 · 군수등의 승인을 받지 않고 민법 제70조 제2항, 제3항에 근거하여 법원의 소집허가를 받아 주민총회를 열 수 있는지에 대해, ⓐ 추진위원회는 비법인사단이므로 위 민법 규정에 따라 주민총회 소집허가를 받을 수 있다고 보는 견해도 있으나,[52] ⓑ 주민총회는 비법인사단의 사원총회가 아니고 운영규정에 의해 구성되고 권한이 부여되는 특수한 기관에 불과하여 운영규정이 정한 시장 · 군수등의 승인 이외에 민법 제70조에 따른 법원의 허가를 받아 소집할 근거는 없는 것으로 생각된다.

표준운영규정은 임기만료된 추진위원의 후임의 선임 및 추진위원의 해임을 위한 주민총회 소집에 대해 별도의 규정을 두고 있다.

① 추진위원의 임기가 만료되었음에도 추진위원회에서 임기가 만료된 추진위원의 후임자를 임기만료 2개월 이내에 선임하지 않는 경우 토지등소유자 1/5 이상이 시장 · 군수등의 승인을 얻어 주민총회를 소집하여 추진위원을 선임할 수 있다(표준운영규정 제15조 제4항).

② 위원의 해임은 토지등소유자 1/10 이상의 발의로 소집된 주민총회에서 의결할 수 있으며, 발의자 대표의 임시사회로 선출된 자가 해임총회의 소집 및 진행에 있어 추진위원장의 권한을 대행한다(표준운영규정 제18조 제4항, 제5항).[53]

(2) 주민총회 안건에 대한 추진위원회의 사전 의결

주민총회를 개최하거나 일시를 변경하는 경우에는 주민총회의 목적 · 안건 · 일시 · 장소 · 변경사유 등에 관하여 미리 추진위원회의 의결을 거쳐야 한다. 다만 소집을 청구한 사람의 대표가 시장 · 군수등의 승인을 얻어 소집하는 경우에는 의결을 거칠 필요가 없다(표준운영규정 제20조 제4항).

---

52 안광순(상), 410; 서울북부지방법원 2007. 3. 19.자 2007카합283 결정.

53 주민총회에서 임시사회로 선출되기 이전에 해당 주민총회(해임총회)의 소집을 할 수는 없으므로 발의자 대표가 소집할 수 있다고 보면 될 것이다.

⑶ 주민총회 소집통지

주민총회의 소집은 회의개최 14일 전부터 회의목적 · 안건 · 일시 및 장소 등을 게시판에 게시하여야 하고, 토지등소유자에게 회의개최 10일전까지 등기우편으로 발송 · 통지하여야 하며, 등기우편이 반송된 경우 지체 없이 1회에 한하여 추가 발송한다(표준운영규정 제20조 제5항). 주민총회는 위와 같이 소집통지된 안건에 대해서만 의결할 수 있다(표준운영규정 제20조 제6항).

나. 주민총회의 회의 운영

주민총회의 운영은 운영규정 및 의사진행의 일반적인 규칙에 따른다(표준운영규정 제23조 제1항). 표준운영규정은 의장이 토지등소유자가 아닌 자가 주민총회에 참석하여 발언하거나, 의사진행을 방해하려는 자에 대하여 발언의 정지 · 제한 또는 퇴장을 명할 수 있도록 하고 있다.

다. 주민총회의 의결 방법

⑴ 의사정족수와 의결정족수

주민총회는 도시정비법 및 운영규정이 특별히 정한 경우를 제외하고 ⓐ 추진위원회 구성에 동의한 토지등소유자 과반수 출석으로 개의하고 ⓑ 출석한 토지등소유자(추진위원회 구성에 동의하지 않은 토지등소유자 포함)의 과반수 찬성으로 의결한다(표준운영규정 제22조 제1항). 추진위원회 구성에 동의하지 않은 토지등소유자는 ⓐ 의사정족수에서 제외되므로 주민총회는 추진위원회 구성에 동의한 토지등소유자의 과반수만 출석하면 개의할 수 있는 반면,[54] ⓑ 주민총회에 출석하여 의결할 수 있으므로 의결정족수에는 포함된다.[55]

주민총회의 의사 · 의결정족수는 운영규정으로 별도로 정할 수 있다. 표준운영규정은 추진위원 해임에 대해 별도의 의사 · 의결정족수를 정하고 있는데, 토지등소유자 1/10 이상의 발의로 소집된 주민총회에서 토지등소유자 과반수 출석과 출석 토지등소유자 과반수의 찬성으로 추진위원을 해임할 수 있으나, 추진위원 전원을 해임할 경우 토지등소유자 과반수의 찬성이 필요하다(표준운영규정 제18조 제4항). 통상의 의결과 달리 추진위원회 구성에 대한 동의 여부와 상관없이 전체 토지등소유자 과반수의 출석 또는 찬성을 요구하고 있다.

---

54 따라서 추진위원회 구성에 동의하지 않는 토지등소유자가 서면결의서를 제출하였다 하더라도 의사정족수에 포함되지 않는다(광주고등법원 2008. 10. 29. 선고 2008나5317 판결).

55 추진위원회 구성에 동의하지 않는 토지등소유자도 주민총회에 출석하여 발언 · 의결할 수 있고, 추진위원을 선임 · 선출할 수 있도록 하고 있다(표준운영규정 제13조 제1항 제1호, 제2호). 추진위원회 구성에 동의하지 않는 토지등소유자에게도 의결권 등을 부여한 것은, 추진위원회의 업무수행으로 인한 권리 · 의무가 추후 조합에 포괄승계되면서 미동의 토지등소유자에게도 그 승계에 따른 효력이 미칠 수 있으므로, 추진위원회의 중요한 의사결정에 대하여 의결권을 행사하기에 충분한 만큼의 이해관계를 가지고 있기 때문이다(유삼술 · 이종만, 301).

(2) 의결 방법

토지등소유자는 서면 또는 운영규정이 정하는 대리인을 통하여 의결권을 행사할 수 있다. 서면에 의한 의결권 행사는 의사 · 의결정족수 산정에 있어 출석한 것으로 보고 그 서면에 의한 출석은 안건내용에 대한 의사를 표시하여 주민총회 전일까지 추진위원회에 도착하도록 하여야 한다. 출석을 대리인으로 하고자 하는 경우에는 위임장 및 대리인 관계를 증명하는 서류를 추진위원회에 제출하여야 한다(표준운영규정 제22조 제2항 내지 제4항).

토지등소유자가 주민총회에서 의결권을 행사하는 것은 도시정비법 제36조에서 정하는 토지등소유자의 동의와는 다른 것으로서, 그 의결은 추진위원회 운영규정에 따른 의결요건을 갖추는 것만으로 충분하고 도시정비법 제36조(구법 제17조, 구 시행령 제28조 제4항)에 따른 서면동의 방법을 갖출 필요가 없으므로(대법원 2012. 9. 13. 선고 2010다55705 판결), 운영규정이 별도로 정하지 않는 한 토지등소유자의 진정한 의사가 표시될 수 있는 방법으로 하면 될 것이다.

라. 주민총회 재소집과 추진위원회의 의결

주민총회 소집결과 정족수에 미달되는 때에는 재소집하여야 하며, 재소집의 경우에도 정족수에 미달되는 때에는 추진위원회 회의로 주민총회를 갈음할 수 있고, 주민총회를 갈음하는 의결사항은 재적위원 2/3 이상의 출석과 출석위원 2/3 이상의 찬성으로 의결한다(표준운영규정 제22조 제5항, 제26조 제1항 단서).

마. 의사록의 작성 및 공개

주민총회의 의사록에는 위원장 · 부위원장 및 감사가 기명날인하여야 하고, 위원의 선임과 관련된 의사록을 시장 · 군수등에게 송부하고자 할 때에는 위원의 명부와 그 피선자격을 증명하는 서류를 첨부하여야 한다(표준운영규정 제27조).

추진위원장은 주민총회 의사록이 작성되거나 변경된 후 15일 이내에 토지등소유자가 알 수 있도록 인터넷과 그 밖의 방법을 병행하여 공개하여야 하고, 의사록 및 관련 자료는 속기록 · 녹음 또는 영상자료를 만들어 청산시까지 보관하여야 한다(법 제124조 제1항 제3호, 제125조 제1항).

V. 추진위원회의 해산 및 업무의 승계

1. 조합설립에 따른 추진위원회 해산

가. 조합설립에 따른 추진위원회의 당연 소멸

추진위원회는 조합설립인가일까지 업무를 수행할 수 있으며, 조합이 설립되면 모든 업무와 자산을 조합에 인계하고 해산한다(운영규정 고시 제5조 제1항, 표준운영규정 제36조 제1항). 조합설립인가를 받은 조합이 설립등기를 마쳐 법인으로 성립하게 되면 추진위원회는 별도의 해산 결의 없이 당연히 해산

된다.[56]

추진위원회가 행한 업무와 관련된 권리와 의무는 조합에 모두 포괄승계되므로 추진위원회는 별도의 청산절차를 진행할 필요 없이 소멸하나, 그 후 조합설립인가가 법원의 판결에 의하여 취소된 경우에는 추진위원회가 지위를 회복하여 다시 조합설립인가신청을 하는 등 조합설립추진 업무를 계속 수행할 수 있다(대법원 2016. 12. 15. 선고 2013두17473 판결).

나. 추진위원회 해산을 위한 업무

추진위원회는 수행한 업무를 도시정비법 제44조에 따른 총회에 보고하여야 한다(법 제34조 제3항, 운영규정 고시 제5조 제2항, 표준운영규정 제36조 제2항). 실무적으로 창립총회에서 보고하고 있는데, 창립총회는 주민총회 또는 토지등소유자 총회에 불과하고(대법원 2012. 4. 12. 선고 2010다10986 판결) '도시정비법 제44조에 따른 총회'에 해당하지 않으나, 이는 단순한 보고사항이므로 조합설립 등의 효력에는 영향이 없을 것이다.

추진위원회는 사용경비를 기재한 회계장부 및 관계 서류를 조합설립인가일부터 30일 이내에 조합에 인계하여야 하는데(법 제34조 제4항), 그 인계 전까지 납부 또는 지출된 금액과 계약 등으로 지출될 것이 확정된 금액의 합이 3억 5천만원 이상인 경우, 인계되기 전 7일 이내에 외부감사법 제2조 제7호 및 제9조에 따른 감사인의 회계감사를 받기 위하여 시장·군수등에게 회계감사기관의 선정·계약을 요청하여야 하며, 그 감사결과를 회계감사가 종료된 날부터 15일 이내에 시장·군수등 및 해당 조합에 보고하고 조합원이 공람할 수 있도록 하여야 한다(법 제112조 제1항 제1호, 시행령 제88조 제1호).

2. 조합의 추진위원회 업무 승계

가. 조합의 포괄승계

추진위원회의 업무와 관련된 권리·의무는 조합이 포괄승계한다(법 제34조 제3항, 운영규정 고시 제5조 제2항). 포괄승계는 조합이 적법하게 성립되는 것을 전제한 것이므로, 조합설립인가가 무효인 경우에는 포괄승계의 효력이 발생하지 않는다.[57]

추진위원회를 상대로 한 소가 계속되던 중 조합이 설립되었다면, 조합은 추진위원회의 법률상의 지위를 승계하므로 소송수계하여 소송상 당사자의 지위도 승계한다.

---

56 그 이외에도 추진위원회는 정비구역등의 해제·고시되면 구성승인이 취소되고(법 제22조 제3항), 조합설립인가 전이라도 추진위원회 구성동의자 2/3 이상 또는 토지등소유자 과반수 동의를 받아 시장·군수등에게 신고하여 해산할 수 있다(운영규정 고시 제5조 제3항, 대법원 2009. 1. 30. 선고 2008두14869 판결은 해산신고의 주체는 추진위원회로 한정되지 않고 추진위원회 해산에 동의한 토지등소유자 과반수의 대표자도 해산신고를 할 수 있다고 보았다). 해산에 따른 청산절차는 민법상 사단법인의 청산절차를 준용한다(표준운영규정 제37조 제1항).

57 법제처 2011. 6. 2. 11-0104 해석례.

나. 조합이 포괄승계에 따라 부담하는 권리 · 의무

(1) 포괄승계되는 권리 · 의무의 범위

운영규정 고시 제6조는 "이 운영규정이 정하는 추진위원회의 업무범위를 초과하는 업무나 계약, 용역계약의 선정 등은 조합에 승계되지 않는다"고 정하고 있고, 표준운영규정 제36조 제2항도 "추진위원회가 그 업무범위 내에서 행한 업무와 관련된 권리와 의무는 조합이 포괄승계한다"고 하여 포괄승계되는 것은 추진위원회 업무범위 내에서 행한 업무로 한정되는 것처럼 정하고 있다.

그러나 포괄승계는 종전 권리자의 모든 권리와 의무가 하나의 취득원인에 의해 일시에 이전하는 것을 의미하는데, 권리 · 의무 중 일부만 승계한다고 보는 것은 포괄승계의 취지에 맞지 않고 법적 안정성을 해할 우려가 있다. 만약 추진위원회가 제3자와 체결한 계약이 추진위원회의 업무범위를 벗어나 조합에 승계되지 않는다면 계약 당사자인 추진위원회는 별도의 청산절차 없이 당연히 소멸하였으므로 제3자는 종전 계약의 이행 또는 원상회복을 구할 상대방이 없게 된다. 제3자가 추진위원회의 내부절차나 업무범위 해당 여부를 명확히 판단할 수도 없는데, 업무범위 해당 여부로 승계 여부를 가려야 한다면 제3자가 예상치 못한 손해를 입게 되고 추진위원회가 체결하는 각종 계약은 늘 이행이 유동적인 상태로 남게 된다.

추진위원회가 제3자가 체결한 계약이 그 업무범위를 벗어난 것이라면 강행규정에 위반하여 효력이 없다. 따라서 조합은 종전 추진위원회가 행한 업무의 유 · 무효를 불문하고 그 외관상 형성된 권리 · 의무 일체를 포괄승계하되, 종전 추진위원회의 업무범위를 벗어난 것은 효력이 없으므로 조합은 그 무효에 따른 권리 · 의무만을 부담한다고 보는 것이 타당하다. 대법원 2012. 4. 12. 선고 2009다22419 판결 등이 "비법인사단인 추진위원회가 행한 업무와 관련된 권리와 의무는 비록 추진위원회가 행한 업무가 사후에 관계 법령의 해석상 추진위원회의 업무 범위에 속하지 아니하여 효력이 없다고 하더라도 구 도시정비법 제16조에 의한 조합설립인가를 받아 법인으로 설립된 조합에 모두 포괄승계된다고 봄이 타당하다"고 본 것도 이와 같은 맥락으로 생각된다(대법원 2012. 4. 12. 선고 2009다22419 판결, 대법원 2012. 4. 12. 선고 2009다26787 판결, 대법원 2012. 4. 12. 선고 2010다10986 판결). 이렇게 본다면 운영규정 고시 제6조는 포괄승계의 범위를 제한하는 것이 아니라, 추진위원회에 대해 효력이 없는 계약의 이행의무는 당연히 조합도 부담하지 않는다는 점을 확인한 취지로 볼 것이다.

(2) 조합이 포괄승계에 따라 부담하는 권리 · 의무의 범위

추진위원회의 업무범위는 도시정비법 제32조, 시행령 제26조, 운영규정이 정한 사항 이외에도 기본적으로 조합설립을 추진하기 위한 업무로 한정된다는 제한을 받는다. 또한 추진위원회가 용역계약 등을 체결하기 위해서는 운영규정이 정하는 추진위원회, 주민총회 의결 등의 절차를 거쳐야 한다.

① 추진위원회의 종전 용역계약 등이 그 업무범위에 속하고 적법한 절차를 거쳐 유효한 것이라면 조합은 그에 따른 권리 · 의무를 포괄승계하여 용역대금 지급 등의 의무를 이행하여야 한다. 종전 용역계약 등이 절차위반 등으로 인해 효력이 없다면 조합은 그 무효에 따른 부당이득반환 등의 원상회복절차를 이행하면 될 것으로 생각된다.

② 추진위원회의 종전 용역계약 등이 그 업무범위를 벗어난 것이라면 효력이 없으므로 용역업체 등은 조합을 상대로 종전 용역계약 등의 유효를 전제로 한 이행청구나 지위확인을 구할 수 없다. 다만 종전 용역계약에 따라 조합 단계에서 이미 이행된 것이 있다면 조합을 상대로 부당이득반환 등의 원상회복을 구할 수 있을 것으로 생각된다.

참고자료

이형석, "재개발·재건축 관련 분쟁일반 -조합원 총회를 중심으로-", 제257기 건설법(재개발·재건축) 특별연수, 대한변호사협회 변호사연수원 (2018. 8. 11. 발표)

[7] 조합 설립

I. 조합설립행위

1. 정비사업조합의 법적 성격

정비사업조합은 다수의 사원(조합원)으로 구성된 사단법인으로서, 법인으로서 설립등기를 한 때 성립한다(법 제38조 제1항, 제2항).

또한 도시정비법이 정한 토지등소유자의 동의를 갖추어 시장 · 군수등의 인가를 받으면 사람의 단체(사단법인)를 넘어, 관할 행정청의 감독 아래 정비구역 안에서 정비사업을 시행하는 목적 범위 내에서 법령이 정하는 바에 따라 일정한 행정작용을 행하는 행정주체의 지위를 갖게 된다(대법원 2009. 9. 24. 선고 2008다60568 판결, 대법원 2009. 10. 15. 선고 2009다30427 판결 등).

2. 조합설립행위

가. 조합설립행위

민법상 사단법인을 설립하려면 2인 이상의 설립자가 법인의 근본규칙을 정한 정관을 작성하여 기명날인하여야 한다(민법 제40조). 이 같은 이유로 정관작성행위를 사단법인의 설립행위로 보며, 정비사업조합의 설립인가신청서에도 정관을 첨부하도록 하고 있다(법 제35조 제2항). 다만 단체의 설립은 요식행위인 정관 작성행위 이외에 구성원의 확정, 총회 및 대표기관의 구성 등을 필요로 하므로, 조합원 명부, 창립총회 회의록, 임원 · 대의원의 자격 증명 서류 등을 갖추어야 한다(시행규칙 제8조 제2항). 또한 정비사업조합은 임의로 가입할 수 없고 정비구역내 토지등소유자로서 조합원의 자격을 갖춘 자만이 구성원이 될 수 있으므로, 구성원을 확정하기 위해 조합원의 자격을 증명하는 서류, 토지 · 건축물 또는 지상권을 여럿이서 공유하는 경우에는 그 대표자의 선임동의서 등도 갖추어야 한다.

정비사업조합은 시장 · 군수등의 인가를 거쳐 설립등기를 마친 때 성립하는 것이나, 조합설립을 위한 조합원간의 합의, 정관의 작성 등 내부적 권리관계는 시장 · 군수등의 인가가 있기 전이라도 조합설립행위라는 기본행위에 의하여 바로 효력이 있다고 볼 수 있다.

나. 종전 재건축 결의와의 비교

구 주택건설촉진법에 의한 재건축사업은 집합건물법이 적용되면서, ⓐ 구 주택건설촉진법 제44조에 따른 조합설립행위(창립총회 개최, 조합규약 작성 등)와 ⓑ 집합건물법 제47조에 따른 재건축 결의(설계개요, 사업비, 비용의 분담, 신축건물의 구분소유권 귀속에 대한 결의)를 모두 갖추어야 했다. 통상 재건축 결의에 대한 서면동의서를 받은 뒤 창립총회에서 재건축 결의와 함께 정관 제정, 임원 선임 등의 조합설립 의결을 하였는데, 창립총회라는 외형상 1개의 집회에서 같이 이루어지는 하나 ⓐ 재건축조합의 조합설립행위와 ⓑ 관리단집회의 재건축 결의는 주체와 요건이 다른 각 별도의 행위로서 구분되는 것이다.[1]

2002년 제정된 도시정비법은 ⓐ 종전 재개발사업 · 재건축사업의 조합설립행위와 ⓑ 종전 재건축사업의 재건축결의를 하나로 묶어 조합설립의 요건으로 정하였다. ⓐ 정관 작성, 창립총회 개최, 임원 선임 등 조합설립행위는 조합설립인가신청을 위해 필요한 서류이고(법 제35조 제2항, 시행규칙 제8조 제2항), ⓑ 재건축결의는 조합설립 동의서의 필요적 기재사항으로서(시행령 제30조 제2항) 재건축사업과 재개발사업 모두 조합설립인가신청을 위해 필요한 요건이다.[2] 여러 판결은 종전 재건축사업에 관한 대법원 판례를 인용하면서 "'재건축결의' 당시와 비교하여 조합원들의 이해관계에 중대한 영향을 미칠 정도로 실질적으로 변경된 경우"와 같이 여전히 '재건축 결의'를 언급하고 있으나, 종전 재건축사업의 '재건축 결의'의 내용(집합건물법 제47조 제3항 각 호)은 도시정비법에서 '조합설립 동의'의 내용(시행령 제30조 제2항 각 호)으로 편입되었으므로 종전 '재건축 결의'는 '조합설립 동의'로 보는 것이 타당한 것으로 생각된다.[3]

Ⅱ. 조합설립을 위한 토지등소유자의 동의

1. 동의의 요건

가. 재개발사업의 조합설립 동의요건

재개발사업의 추진위원회가 조합을 설립하려면 토지등소유자의 3/4 이상 및 토지면적

---

1 대법원 2006. 2. 23. 선고 2005다19552, 19569 판결.

2 이를 하나의 조합설립행위로 규율한 것으로 보거나[안광순(상), 434], 조합설립행위(정관작성행위)와 조합설립인가신청을 위한 요건 내지 구비서류로 구분하기도 한다(송현진 · 유동규, 382).

3 하나의 예로, 종전에 재건축사업의 매도청구는 집합건물법 제48조를 준용하도록 하면서 집합건물법 제48조의 "재건축의 결의"는 "조합설립에 대한 동의"로 보도록 하였다(구법 제39조). 도시정비법이 2017. 2. 8. 법률 제14567호로 전부 개정되면서 집합건물법 제48조에 해당하는 내용을 도시정비법이 직접 규정하였는데 종전과 같이 집합건물법 제48조의 "재건축의 결의", "재건축에 참가"에 해당하는 부분은 "조합설립에 대한 동의"로 규정하였다.

의 1/2 이상의 토지등소유자의 동의를 받아야 한다(법 제35조 제2항).

구 도시재개발법은 토지소유자와 건축물소유자를 구분하여 각 별도의 동의요건을 갖추어야 했으나,[4] 2002. 12. 30. 법률 제6852호로 제정된 도시정비법은 토지등소유자라는 단일한 개념으로 동의요건을 정하였으며, 다시 2009. 2. 6. 법률 제9444호로 개정되면서 재건축사업과 같이 토지면적에 대한 동의요건을 도입하였다.

표 6 ❙ 재개발사업의 조합설립 동의요건의 변천

개정 법률	동의요건
구 도시재개발법 제12조	② 토지소유자 총수 및 건축물소유자 총수의 각 2/3 이상의 동의
2002. 12. 30. 법률 제6852호 제정법률 제16조	① 토지등소유자 4/5 이상의 동의
2007. 12. 21. 법률 제8785호 일부개정법률 제15조	① 토지등소유자 3/4 이상의 동의
2009. 2. 6. 법률 제9444호 일부개정법률 제16조	① 토지등소유자의 3/4 이상 및 토지면적의 1/2 이상의 토지소유자의 동의
2017. 2. 8. 법률 제14567호 전부개정법률 제35조	② 토지등소유자 3/4 이상 및 토지면적의 1/2 이상의 토지등소유자의 동의

나. 재건축사업의 조합설립 동의요건

(1) 주택단지의 조합설립 동의요건

재건축사업의 추진위원회가 조합을 설립하려면 주택단지의 공동주택의 각 동별 구분소유자의 과반수 동의와 주택단지 전체 구분소유자의 3/4 이상 및 토지면적의 3/4 이상의 토지등소유자의 동의를 받아야 한다. 이때 복리시설은 분산상가 등 여러 동으로 나누어져 있다 하더라도 전체를 하나의 동으로 보며, 구분소유자가 5인 이하인 동은 해당 동의 구분소유자 과반수 동의를 받을 필요가 없다(법 제35조 제3항).

2002년 제정된 도시정비법은 재건축사업의 조합설립 동의요건을 구 주택건설촉진법에 따라 각 동별 구분소유자 및 의결권, 주택단지의 전체 구분소유자 및 의결권으로 나누어 정하였으나, 점차 동의율을 완화하는 방향으로 개정되었고, 2009. 2. 6. 법률 제9444호로 개정되면서 집합건물법에서 유래한 의결권(전유면적 비율) 대신 재개발사업과 같이 토지면적

4 구 도시재개발법은 조합설립(제12조)과 사업시행의 인가(제22조)에서 토지 소유자와 건축물 소유자의 동의요건을 구분하고 있었다. 현재의 조합설립(변경) 인가신청서(시행규칙 제8조 제1항 [별지 제5호 서식]), 사업시행계획(인가, 변경 · 중지 · 폐지인가)신청서(시행규칙 제10조 제1호 [별지 제8호 서식])도 토지소유자와 건축물소유자 등을 구분하여 기재하도록 하고 있다.

을 동의요건으로 정하여 현재에 이르고 있다.[5]

표 7 ‖ 재건축사업의 조합설립 동의요건의 변천

개정 법률	주택단지 동의요건	주택단지가 아닌 부분
구 주택건설촉진법 제44조의3	⑦ 주택단지 안의 각 동별(복리시설은 하나의 동으로 본다) 구분소유자 및 의결권의 각 2/3 이상 및 주택단지안의 전체 구분소유자 및 의결권의 4/5 이상의 동의	(없음)
2002. 12. 30. 법률 제6852호 제정법률 제16조	② 주택단지안의 공동주택의 각 동(복리시설의 경우에는 주택단지안의 복리시설 전체를 하나의 동으로 본다)별 구분소유자 및 의결권의 각 2/3 이상의 동의와 주택단지안의 전체 구분소유자 및 의결권의 각 4/5 이상의 동의	④ 주택단지가 아닌 지역안의 토지 또는 건축물 소유자의 4/5 이상 및 토지면적의 2/3 이상의 토지소유자의 동의
2007. 12. 21. 법률 제8785호 일부개정 법률 제16조	② 주택단지안의 공동주택의 각 동(복리시설의 경우에는 주택단지안의 복리시설 전체를 하나의 동으로 본다)별 구분소유자 및 의결권의 각 2/3 이상의 동의(공동주택의 각 동별 세대수가 5 이하인 경우는 제외한다)와 주택단지안의 전체 구분소유자 및 의결권의 각 3/4 이상의 동의	④ 주택단지가 아닌 지역안의 토지 또는 건축물 소유자의 3/4 이상 및 토지면적의 2/3 이상의 토지소유자의 동의
2009. 2. 6. 법률 제9444호 일부개정 법률 제16조	② 주택단지안의 공동주택의 각 동(복리시설의 경우에는 주택단지안의 복리시설 전체를 하나의 동으로 본다)별 구분소유자의 2/3 이상 및 토지면적의 1/2 이상의 토지소유자의 동의(공동주택의 각 동별 구분소유자가 5 이하인 경우는 제외한다)와 주택단지안의 전체 구분소유자의 3/4 이상 및 토지면적의 3/4 이상의 토지소유자의 동의	④ 주택단지가 아닌 지역안의 토지 또는 건축물 소유자의 3/4 이상 및 토지면적의 2/3 이상의 토지소유자의 동의
2016. 1. 27. 법률 제13912호 일부개정 법률 제16조	② 주택단지안의 공동주택의 각 동(복리시설의 경우에는 주택단지안의 복리시설 전체를 하나의 동으로 본다)별 구분소유자의 과반수 동의(공동주택의 각 동별 구분소유자가 5 이하인 경우는 제외한다)와 주택단지안의 전체 구분소유자의 3/4 이상 및 토지면적의 3/4 이상의 토지소유자의 동의	④ 주택단지가 아닌 지역안의 토지 또는 건축물 소유자의 3/4 이상 및 토지면적의 2/3 이상의 토지소유자의 동의

5 구분소유자의 토지면적은 집합건물 대지면적에서 전유부분 면적 비율에 따른 대지사용권 지분에 해당하는 면적으로 산정한다.

2017. 2. 8. 법률 제14567호 전부개정 법률 제35조	③ 주택단지안의 공동주택의 각 동(복리시설의 경우에는 주택단지안의 복리시설 전체를 하나의 동으로 본다)별 구분소유자의 과반수 동의(공동주택의 각 동별 구분소유자가 5 이하인 경우는 제외한다)와 주택단지안의 전체 구분소유자의 3/4 이상 및 토지면적의 3/4 이상의 토지소유자의 동의	④ 주택단지가 아닌 지역안의 토지 또는 건축물 소유자의 3/4 이상 및 토지면적의 2/3 이상의 토지소유자의 동의

하나의 정비구역이 여러 주택단지로 이루어진 경우 동의요건 중 '주택단지 전체 구분소유자의 3/4 이상 및 토지면적의 3/4 이상의 토지등소유자의 동의'를 주택단지별로 갖추어야 하는지, 아니면 여러 주택단지를 통틀어 하나의 동의율로 갖추면 되는지가 문제된다.

도시정비법상 '주택단지'는 주택의 건설사업 또는 해당 주택이 건립된 부지의 대지조성사업을 할 당시 하나의 사업계획으로 승인받아 주택이 건설되거나 대지가 조성되었는지의 여부로 판단하는 것이므로(법 제2조, 대법원 2009. 1. 15. 선고 2008다40991 판결, 대법원 2010. 4. 8. 선고 2009다10881 판결),[6] 원칙적으로 주택단지별로 동의율을 판단해야 한다고 볼 수 있다.

그러나, '하나의 주택단지'로 정한 구 주택건설촉진법 제44조의3 제7항과 달리 도시정비법 제35조 제3항은 '주택단지'로만 정하고 있고,[7] 주택단지별로 동의율을 판단하게 되면 소규모 주택단지의 구분소유자들이 재건축사업 조합설립의 동의 여부를 좌지우지할 수 있어 의결권에 큰 차이를 보이게 되고, 소규모 주택단지 구분소유자들의 의사는 각 동별 동의요건으로도 충분히 반영될 수 있으므로 구체적 타당성 측면에서 정비구역 안에 존재하는 주택단지들 전체를 일괄하여 동의율을 갖추면 되는 것으로 해석할 여지도 있다.[8]

---

6 도시정비법 제2조(정의) 이 법에서 사용하는 용어의 뜻은 다음과 같다.
7. "주택단지"란 주택 및 부대시설 · 복리시설을 건설하거나 대지로 조성되는 일단의 토지로서 다음 각 목의 어느 하나에 해당하는 일단의 토지를 말한다.
가. 「주택법」 제15조에 따른 사업계획승인을 받아 주택 및 부대시설 · 복리시설을 건설한 일단의 토지
나. 가목에 따른 일단의 토지 중 「국토의 계획 및 이용에 관한 법률」 제2조 제7호에 따른 도시 · 군계획시설(이하 "도시 · 군계획시설"이라 한다)인 도로나 그 밖에 이와 유사한 시설로 분리되어 따로 관리되고 있는 각각의 토지
다. 가목에 따른 일단의 토지 둘 이상이 공동으로 관리되고 있는 경우 그 전체 토지
라. 제67조에 따라 분할된 토지 또는 분할되어 나가는 토지
마. 「건축법」 제11조에 따라 건축허가를 받아 아파트 또는 연립주택을 건설한 일단의 토지

7 주택단지의 개념에 관한 대법원 2009. 1. 15. 선고 2008다40991 판결 등은 구 주택건설촉진법의 '하나의 주택단지' 해석에 관한 대법원 2005. 6. 24. 선고 2003다55455 판결을 인용하며 위와 같이 판단하였는데, 각 판결 사안은 아파트, 연립주택, 복합상가, 일반점포가 대지조성사업을 할 때 하나의 사업계획으로 승인받아 하나의 주택단지로 볼 수 있는 것이었다.

8 서울고등법원 2019. 7. 9. 선고 2018누69525 판결; 위 서울고등법원 2018누69525 판결과 같이 본다면, 여러 주택단지에 산재하는 부대복리시설도 그 전부를 '하나의 동'으로 보아 동의요건을 판단할 수 있을지도 문제될 것이다.

(2) 주택단지가 아닌 지역의 조합설립 동의요건

주택단지가 아닌 지역이 정비구역에 포함된 때에는 주택단지가 아닌 지역의 토지 또는 건축물 소유의 3/4 이상 및 토지면적의 2/3 이상의 토지등소유자의 동의를 받아야 한다(법 제35조 제4항).

이때 '토지 또는 건축물의 소유자'는 재건축사업의 토지등소유자인 '정비구역에 위치한 건축물 및 그 부속토지의 소유자'(법 제2조 제9호 (나)목)와 구별되는 것으로서 토지 및 건축물의 소유자뿐만 아니라 토지만을 소유한 자, 건축물만을 소유한 자 모두를 포함하는 의미로 본다(대법원 2012. 10. 25. 선고 2010두25107 판결). 정비구역내 존치지역의 건축물 및 부속토지의 소유자라 하더라도 동의를 받는 대상에서 제외할 근거가 없고 정비사업에 대해 이해관계가 있으므로 정비구역에 포함되어 있는 이상 그 소유 건축물 또는 토지를 포함하여 동의율을 산정하여야 한다(대법원 2014. 5. 16. 선고 2011두27094 판결).

주택단지의 동의요건(법 제35조 제3항)과 주택단지가 아닌 지역의 동의요건(법 제35조 제4항)의 관계는 ⓐ 정비구역이 주택단지로만 구성된 경우에는 도시정비법 제35조 제3항에 의한 동의만 얻으면 되고, ⓑ 정비구역에 주택단지가 아닌 지역이 포함되어 있을 경우에는 주택단지에 대하여는 도시정비법 제35조 제3항에 의한 동의를 얻어야 하지만, 주택단지가 아닌 지역에 대하여는 이와 별도로 같은 조 제4항에 의한 동의를 얻어야 하며, ⓒ 정비구역에 주택단지가 전혀 포함되지 아니한 경우에는 같은 조 제3항에 의한 동의를 얻어야 한다고 본다(대법원 2012. 10. 25. 선고 2010두25107 판결).

다. 동의 정족수의 판단 기준

조합설립 동의의 동의 정족수(동의율)를 충족했는지는 처분시가 아닌 인가신청시를 기준으로 판단한다(대법원 2014. 4. 24. 선고 2012두21437 판결 등).

그런데, 시행령 제27조 제1항은 추진위원회는 도시정비법 제35조 제2항부터 제4항까지의 규정에 따른 동의를 받은 후 조합설립인가를 신청하기 전에 창립총회를 개최하여야 한다고 정하고 있으므로,[9] 위 규정에 따라 조합설립을 위한 동의 정족수는 창립총회를 개최하기 전에도 갖춰야 한다고 볼 수 있다.[10]

2. 동의의 방법

가. 동의의 방법

조합설립을 위한 토지등소유자의 동의는 서면동의서에 토지등소유자가 성명을 적고 지장(指章)을 날인하는 방법으로 하며, 주민등록증, 여권 등 신원을 확인할 수 있는 신분증

---

9 시행령이 2009. 8. 11. 대통령령 제21679호로 개정되면서 구 시행령 제22조의2로 신설된 내용이다. 위 개정규정은 위 일부개정령의 시행일인 2009. 8. 11. 이후 최초로 창립총회를 소집요구하는 분부터 적용되었다[구 시행령 부칙(2009. 8. 11.) 제3조].

10 창립총회 이후 추가로 제출된 조합설립 동의서의 효력에 대해서는 **III.5.나.창립총회 개최 이후 제출된 조합설립 동의서의 효력** 참고.

명서의 사본을 첨부하여야 한다(법 제36조 제1항). 다만 토지등소유자가 해외에 장기체류하거나 법인인 경우 등 불가피한 사유가 있다고 시장 · 군수등이 인정하는 경우에는 토지등소유자의 인감도장을 찍은 서면동의서에 해당 인감증명서를 첨부하는 방법으로 할 수 있다(법 제36조 제2항).[11]

조합설립 동의서는 시장 · 군수등이 검인한 서면결의서를 사용하여야 하며(법 제36조 제3항),[12] 조합설립인가의 무효 또는 취소소송 중에 동의서를 추가 또는 보완하여 조합설립변경인가를 신청하거나 법원의 판결로 조합설립인가의 무효 또는 취소가 확정되어 조합설립인가를 다시 신청하는 때에는 종전의 적법한 동의서를 재사용할 수 있다(법 제37조).[13]

나. 동의의 철회 방법

(1) 동의의 철회 방법

조합설립동의의 철회도 동의와 동일하게 서면철회서에 토지등소유자가 성명을 적고 지장을 날인하는 방법으로 하며, 주민등록증, 여권 등 신원을 확인할 수 있는 신분증명서의 사본을 첨부하여야 하고(법 제36조 제1항), 서면철회서를 동의의 상대방인 추진위원회 및 시장 · 군수등에게 내용증명의 방법으로 발송하여야 한다(시행령 제33조 제3항, 제4항).

(2) 동의의 철회 제한

도시정비법 제36조 제1항 각 호 등에서 정한 토지등소유자의 동의(의제된 동의를 포함)의 철회 또는 반대의 의사표시는 원칙적으로 해당 동의에 따른 인 · 허가 등을 신청하기 전까지 할 수 있다(시행령 제33조 제2항 제1호). 그러나 조합설립에 대한 동의 철회는 더 제한을 받는데, 조합설립 인가신청 당시의 정비사업의 중요내용에 변경이 없는데도 일방적인 동의 철회에 의하여 정비사업의 시행이 무산되어 경제적 손실이 크게 발생하는 것을 방지하고 사업시행의 안정성을 확보하기 위한 것이다(대법원 2012. 12. 13. 선고 2011두21218 판결). 조합설립 동의에 대한 철회의 제한은 조합설립 동의 이후 조합설립동의의 내용(시행령 제30조 제2항에 따라 동의서에 필요적으로 기재할 사항)이 변경되었는지 여부에 따라 구분된다.[14 · 15]

---

11 자세한 내용은 **[8]토지등소유자의 동의 II.1.동의 방법** 참고.

12 자세한 내용은 **[8]토지등소유자의 동의 II.1.나.추진위원회 구성동의서 및 조합설립 동의서에 대한 검인** 참고.

13 자세한 내용은 **[8]토지등소유자의 동의 II.1.다.동의서의 재사용** 참고.

14 시행령 제30조(조합설립인가신청의 방법 등) ② 제1항에 따른 동의서에는 다음 각 호의 사항이 포함되어야 한다.
1. 건설되는 건축물의 설계의 개요
2. 공사비 등 정비사업비용에 드는 비용(이하 "정비사업비"라 한다)
3. 정비사업비의 분담기준
4. 사업 완료 후 소유권의 귀속에 관한 사항
5. 조합 정관

15 종전에는 조합설립동의의 사항이 변경되지 않으면 철회를 할 수 없도록 정하였으나, 시행령이 2012. 7. 31. 대통령령 제24007호로 개정되면서 조합설립동의의 사항이 변경되지 않았더라도 최초로 동의한 날부터 30일 또는 창립총회 이전까지는 철회가 가능한 것으로 정하였다(구 시행령 제28조 제4항).

① 조합설립 동의 이후 조합설립동의의 내용이 변경된 경우에는 조합설립인가신청 전까지 철회할 수 있다(시행령 제33조 제2항 제1호, 제2호 (나)목 괄호 부분).[16]

② 조합설립 동의 이후 조합설립동의의 내용이 변경되지 않은 경우에는 ⓐ 최초로 동의한 날부터 30일이 지났거나 ⓑ 조합설립을 위한 창립총회가 개최된 이후에는 철회할 수 없다(시행령 제33조 제2항 제2호 (나)목).

표 8 ▎조합설립 동의 철회 제한 관련 시행령 규정

현행 시행령
제33조(토지등소유자의 동의자 수 산정 방법 등) ② 법 제12조 제2항 및 제36조 제1항 각 호 외의 부분에 따른 동의(법 제26조 제1항 제8호, 제31조 제2항 및 제47조 제4항에 따라 의제된 동의를 포함한다)의 철회 또는 반대의사 표시의 시기는 다음 각 호의 기준에 따른다. 1. 동의의 철회 또는 반대의사의 표시는 해당 동의에 따른 인·허가 등을 신청하기 전까지 할 수 있다. 2. 제1호에도 불구하고 다음 각 목의 동의는 최초로 동의한 날부터 30일까지만 철회할 수 있다. 다만, 나목의 동의는 최초로 동의한 날부터 30일이 지나지 아니한 경우에도 법 제32조 제3항에 따른 조합설립을 위한 창립총회 후에는 철회할 수 없다. 가. 법 제21조 제1항 제4호에 따른 정비구역의 해제에 대한 동의 나. 법 제35조에 따른 조합설립에 대한 동의(동의 후 제30조 제2항 각 호의 사항이 변경되지 아니한 경우로 한정한다)
구 시행령(2016. 2. 29. 대통령령 제27029호로 개정되기 전의 것)[17]
제28조 ④ 토지등소유자는 법 제12조 및 제17조 제1항 전단의 동의(법 제8조 제4항 제7호·제13조 제3항 및 제26조 제3항에 따라 동의가 의제되는 경우를 포함한다)에 따른 인·허가 등의 신청 전에 동의를 철회하거나 반대의 의사표시를 할 수 있다. 다만, 법 제16조에 따른 조합설립의 인가에 대한 동의 후 제26조 제2항 각 호의 사항이 변경되지 아니한 경우로서 다음 각 호의 어느 하나에 해당하는 경우에는 철회할 수 없다. 1. 조합설립에 최초로 동의한 날부터 30일이 지난 경우 2. 제22조의2 제1항에 따라 창립총회를 개최한 경우

(3) 동의의 철회가 가능한 조합설립동의 내용의 변경

조합설립 동의 이후 조합설립동의의 내용(시행령 제30조 제2항 각 호에 따라 동의서에 필요적으로 기재할 사항)이 변경되었는지 여부에 따라 철회가 가능한 시기가 달라진다. 다만 건설되

---

16 조합설립인가가 판결에 의하여 취소되거나 무효 확인되었다는 사정만으로는 인가신청 후에 한 조합설립 동의의 철회가 유효하다고 할 수 없다(대법원 2012. 11. 29. 선고 2011두518 판결).

17 현행 시행령 규정은 본문, 단서의 구조가 복잡한데, 정비구역 해제 동의 철회 제한에 관한 내용이 추가되기 전인 2016. 2. 29. 개정 전의 규정을 보면 취지가 명확하다.

는 건축물의 설계, 공사비 등 조합설립동의의 내용은 조합설립 동의를 받은 과정에서 달라질 수 있는데, 동의 철회를 제한한 취지상 철회가 가능한 변경의 의미는 제한적으로 볼 필요가 있다.

종전 대법원 2005. 6. 24. 선고 2003다56441 판결 등은 비록 동의서 포함 사항의 내용이 일부 변경되었다고 하더라도 사회통념상 종전의 동의서 포함 사항과의 동일성이 인정되는 경우에는, 여전히 종전의 동의서에 의한 동의는 변경된 내용에 따른 조합설립인가에 대한 동의로서 유효하므로 토지등소유자는 종전 동의서에 의한 동의를 철회할 수 없다고 보았다(대법원 2005. 6. 24. 선고 2003다56441 판결, 대법원 2014. 3. 13. 선고 2012두14095 판결). 위와 같이 동의서에 필요적으로 기재할 사항이 변경되었는지 여부는 토지등소유자가 동의철회서를 제출한 시점을 기준으로 판단하며, 동의철회 이후에 발생한 사정들은 적법한 철회사유가 되지 않는다(대법원 2012. 12. 13. 선고 2011두21218 판결). 위 대법원 판결들은 철회가 가능한 예외 규정을 두기 전인 구 시행령이 적용되는 사안이나 현재 도시정비법령에서도 위 대법원 2003다56441 판결 등의 설시를 동일하게 적용할 수 있을 것이다.

한편 정관은 문구 자체가 변경되면 일응 변경으로 볼 수 있고, 대법원 2014. 1. 16. 선고 2011두12801 판결은 동의서의 정관(안)이 창립총회에서 변경된 경우 "토지등소유자가 구 도시정비법 시행령이 정한 동의의 철회의 시기와 방법 등 절차에 따라 동의를 철회하지 않는 한 그 동의서의 효력은 유지된다"고 보아 정관(안)의 변경은 원칙적으로 철회가 가능한 것으로 해석될 여지는 있다. 그러나 조합설립 동의에 대한 철회를 제한하는 취지를 고려하면 토지등소유자들이 정비사업에 참여할지 여부의 의사를 결정함에 필요한 사항이 실질적으로 변경된 것이 아니라면 철회가 제한된다고 보는 것이 타당하다(대법원 2015. 5. 14. 선고 2013두9298 판결). 따라서, 창립총회에서 확정된 정관이 당초 초안에 비해 관계 법령 개정에 따른 일부 조항의 변경, 문구 수정 등에 불과하여 토지등소유자들이 정비사업에 참여할지 여부를 결정하는데 필요한 사항이 변경되지 않은 경우,[18] 조합설립 동의서를 받을 당시 정관(안)이 마련되어 있지 않았다 하더라도 구 국토교통부 표준정관을 배포하여 표준정관과 거의 동일하게 정관이 작성될 것이라는 점을 예측할 수 있었고 실제 표준정관과 거의 동일한 정관을 창립총회에서 확정한 경우[19] 등은 철회가 가능한 정관의 변경으로 보기 어려울 것이다.

다. 동의의 간주, 승계

(1) 동의의 간주 및 그에 대한 반대 의사표시

추진위원회 구성에 동의한 토지등소유자는 조합의 설립에 동의한 것으로 본다(법 제31조 제2항 본문). 토지등소유자가 간주된 동의가 본인의 의사에 반하는 경우 반대 의사표시로서 동의 간주

18 대전고등법원 2011. 5. 26. 선고 2010누1437 판결, 대전고등법원 2011. 7. 21. 선고 2010누2874 판결.

19 서울고등법원 2011. 8. 25. 선고 2011누11145 판결(제1심은 인천지방법원 2011. 2. 22. 선고 2010구합2092 판결).

의 효력을 배제할 수 있고, 그 방식은 동의의 철회와 동일하다(법 제36조 제1항, 시행령 제33조 제2항 내지 제4항).[20]

(2) 국가 또는 지방자치단체의 동의 간주

국가 또는 지방자치단체는 인감도장이나 인감증명서를 갖춘 서면으로 동의서를 작성할 수 없으므로 조합설립 동의는 반드시 서면 등에 의해 명시적으로 표시될 필요가 없다. ⓐ 인가권자가 대표하는 지방자치단체는 조합설립인가를 통해 조합설립에 동의한 것으로 볼 수 있고, ⓑ 국가 또는 정비구역 지정권자가 대표자로 있는 지방자치단체는 정비사업 자체나 해당 정비사업조합에 의한 사업추진에 대하여 명시적으로 반대의 의사를 표시하거나 반대하였다고 볼 수 있는 행위를 하지 아니하였다면 관할관청의 인가에 의하여 이루어지는 해당 정비사업조합의 설립에 동의한 것으로 볼 수 있다(대법원 2012. 10. 11. 선고 2012두4081 판결, 대법원 2014. 4. 14. 선고 2012두1419 전원합의체 판결 등).[21]

(3) 동의의 승계

추진위원회의 구성 또는 조합의 설립에 동의한 자로부터 토지 또는 건축물을 취득한 자는 추진위원회의 구성 또는 조합의 설립에 동의한 것으로 본다(시행령 제33조 제1항 제3호). 토지등소유자가 조합설립 동의서를 제출한 후 인가신청 전에 소유 토지를 양도하였다면 양수인 역시 조합설립에 동의한 것으로 본다(대법원 2014. 2. 13. 선고 2011두21652 판결).

3. 토지등소유자 및 동의자 수 산정 방법

이 부분은 **[8]토지등소유자의 동의 IV.토지등소유자 및 동의자 수 산정 방법** 참고.

4. 조합설립 동의서의 내용

가. 조합설립 동의서에 기재할 사항

(1) 시행령 및 법정동의서 서식에 따른 기재사항

조합설립 동의서는 건설되는 건축물의 설계의 개요, 공사비 등 정비사업비용에 드는 비용(정비사업비), 정비사업비의 분담기준, 사업 완료 후 소유권의 귀속에 관한 사항, 조합정관이 포함되어야 한다(시행령 제30조 제2항 각 호).

---

20 반대 의사표시는 간주된 동의에 따른 인·허가 신청 전까지 하여야 한다(법 제31조 제2항 단서). 조합설립 동의 간주의 반대 의사표시에 철회 시기의 제한 규정(시행령 제33조 제2항 제2호 (나)목)을 적용할지가 문제되는데, 법 제31조 제2항 단서가 명시적으로 인·허가 신청 전까지로 정하여 행사기간을 보장하고 있으므로 위 시행령 규정에도 불구하고 조합설립인가신청 전까지 가능하다고 보는 것이 타당하다. 자세한 내용은 **[8]토지등소유자의 동의 II.4.가.(2)반대 의사표시** 참고.

21 가령 특별시·광역시 자치구 소유의 공유지는 해당 자치구의 구청장이 한 조합설립인가를 통해 동의한 것으로 보고, 국유지 또는 특별시·광역시 소유의 공유지(시유지)는 국가기관 또는 정비구역의 지정권자인 특별시장·광역시장이 명시적으로 정비사업에 반대하지 않았다면 동의한 것으로 본다는 것이다. 자세한 내용은 **[8]토지등소유자의 동의 II.4.가.(3)국가 또는 지방자치단체의 동의 간주** 참고.

시행규칙 제8조 제3항 [별지 제6호 서식]의 법정동의서 서식(조합설립 동의서)은 시행령 제30조 제2항이 정하는 필요적 기재사항 이외에도 동의자의 인적사항, 소유권 현황, 조합장 선정동의, 추진위원회가 작성한 개략적인 사업시행계에 대한 동의 등이 포함된다.

(2) 건설되는 건축물의 설계의 개요, 공사비 등 정비사업비용에 드는 비용

조합설립 동의서의 법정동의서 서식(시행규칙 제8조 제3항 [별지 제6호 서식])은 '신축건축물의 설계개요'란에 대지 면적, 건축 연면적, 규모, 비고 등을 기재하도록 하고 있고, 통상 규모란에는 신축 아파트 및 부대복리시설의 층수, 동수 등을, 기타란에는 용적률 등을 기재하고 있다. '공사비 등 정비사업에 드는 비용'란은 철거비, 신축비, 그 밖의 비용, 합계 등을 기재하도록 하고 있고, 통상 각 항목의 추산액을 기재하고 있다.

그림 1 ‖ 조합설립 동의서

1. 조합설립 및 정비사업 내용

가. 신축건축물의 설계개요	대지 면적 (공부상 면적)	건축 연면적	규 모	비 고
	m^2	m^2		
나. 공사비 등 정비사업에 드는 비용	철거비	신축비	그 밖의 비용	합 계

조합설립 동의서의 필요적 기재사항을 정한 취지는 토지등소유자들의 정비사업에 대한 예측가능성을 높여 분쟁을 방지하기 위한 것으로서, 신축건축물의 설계 개요 또는 공사비 등 정비사업에 드는 비용 등이 기재되지 않은 조합설립 동의서는 필요적 기재사항을 누락한 것으로서 무효이다(대법원 2010. 1. 28. 선고 2009두4845 판결).

또한 위 사항이 일부 기재되어 있다 하더라도, 동의서에 기재하여야 하는 '사업계획의 개요'는 적어도 정비구역 안의 토지등소유자가 해당 정비사업에 대한 동의 여부를 판단함에 지장이 없을 정도이어야 할 것이므로, 동의서에 기재되는 '건설되는 건축물의 설계의 개요'는 건물 전체의 용도, 전유부분의 용도, 건축면적, 연면적, 구조, 건폐율, 용적률 등을 명기하여 건축비용의 개략적인 산정이 가능한 정도의 것이어야 하고, '건축물의 철거 및 신축에 소요되는 비용의 개략적인 금액'은 인가신청 당시의 견적액으로서 토지등소유자의 동의 여부 판단에 지장이 없는 범위 내에서 어느 정도 개산액의 산출은 있어야 한다.[22]

22 부산고등법원 2009. 1. 23. 선고 2008누3883 판결.

다만 추진위원회가 작성하는 '개략적인 정비사업 시행계획서'에 신축건축물의 개략적인 설계개요로서 대지면적, 연면적, 용적률, 건폐율, 층수, 평형 및 전용면적에 따른 아파트 세대 수, 근린생활시설 면적 등이 기재되어 있으므로 시행계획서 등의 기재와 종합하면 조합설립 동의를 위한 충분한 정보가 제공된 것으로 볼 수도 있을 것이다.[23]

(3) 정비사업비의 분담기준, 사업 완료 후 소유권의 귀속에 관한 사항

조합설립 동의서의 법정동의서 서식(시행규칙 제8조 제3항 [별지 제6호 서식])은 '나목(공사비 등 정비사업에 드는 비용)에 따른 비용의 분담'과 '신축건축물 구분소유권의 귀속에 관한 사항'의 일부 사항을 정하면서, 구체적인 분담금 추산방법, 분양방법은 예시를 제시하고 있다. 법정동의서 서식은 일반적인 내용을 기재한 것이어서 특별히 수정할 일이 없고, 예시로 제시된 분담금 추산방법 등도 법정동의서 서식에서 제시한 수준으로 기재하고 있다.

다. 나목에 따른 비용의 분담

1) 조합정관에 따라 경비를 부과·징수하고, 관리처분시 임시청산하며, 조합청산시 청산금을 최종 확정합니다.
2) 조합원 소유 자산의 가치를 조합정관이 정하는 바에 따라 산정하여 그 비율에 따라 비용을 부담합니다.
3) 분양대상자별 분담금 추산방법(예시)
   분양대상자별 분담금 추산액 = 분양예정인 대지 및 건축물의 추산액 - (분양대상자별 종전의 토지 및 건축물의 가격 × 비례율*)

* 비례율 = (사업완료 후의 대지 및 건축물의 총 수입 - 총사업비) / 종전의 토지 및 건축물의 총 가액

라. 신축건축물 구분소유권 귀속에 관한 사항

※ 개별 정비사업의 특성에 맞게 정합니다. 다만, 신축 건축물의 배정은 토지소유자의 의사가 최대한 반영되도록 하되, 같은 면적의 주택 분양에 경합이 있는 경우에는 종전 토지 및 건축물의 가격 등을 고려하여 우선 순위를 정하거나 추첨에 따르는 등 구체적인 배정방법을 정하여 향후 관리처분계획을 수립할 때 분양면적별 배분의 기준이 되도록 합니다.

(예시)

1) 사업시행 후 분양받을 주택 등의 면적은 분양면적(전용면적+공용면적)을 기준으로 하고, 대지는 분양받은 주택 등의 면적 비례에 따라 공유지분으로 분양합니다.
2) 조합정관에서 정하는 관리처분계획에 관한 기준에 따라 주택을 소유한 조합원의 신축 건축물에 대한 분양면적 결정은 조합원의 신청규모를 우선적으로 고려하되, 같은 규모에서 경합이 있는 경

23 서울행정법원 2010. 6. 10. 선고 2009구합45433 판결.

우에는 종전 토지 및 건축물의 가격이 높은 순서에 따르고, 동·호수는 전산추첨으로 결정합니다.
3) 조합원에게 우선분양하고 남는 잔여주택 및 상가 등 복리시설은 관계법령과 조합정관이 정하는 바에 따라 일반분양합니다.
4) 토지는 사업완료 후 지분등기하며 건축물은 입주조합원 각자 보존등기합니다.

(4) 정관

시행령 제30조 제2항 제5호는 조합 정관이 조합설립 동의서에 포함되어야 한다고 정하고 있으나, 조합설립 동의서의 법정동의서 서식(시행규칙 제8조 제3항 [별지 제6호 서식])은 '조합정관 승인'에 대해 정하면서 달리 정관을 첨부하도록 되어 있지 않다.

3. 조합정관 승인

「도시 및 주거환경정비법」 제35조에 따라 정비사업 조합을 설립할 때 그 조합정관을 신의성실의 원칙에 따라 준수하며, 조합정관이 정하는 바에 따라 조합정관이 변경되는 경우 이의 없이 따릅니다.
* 조합정관 간인은 임원 및 감사 날인으로 대체합니다.

법정동의서 중 정관에 관한 사항은 정관에 포함될 구체적 내용에 대한 동의를 얻기 위한 취지라기보다는 조합의 운영과 활동에 관한 자치규범으로서 정관을 마련하고 그 규율에 따르겠다는 동의를 얻기 위한 취지로 해석되고, 정관에 관한 의견의 수렴은 창립총회에서 충분히 이루어질 수 있으므로 굳이 조합설립에 관한 동의를 받을 때 동의서에 정관 초안을 첨부하여 그 내용에 관한 동의까지 받도록 요구할 필요가 없을 뿐만 아니라 이를 요구하는 것은 절차상 무리인 측면도 있으므로, 추진위원회가 정관 초안을 첨부하지 아니한 채 법정동의서와 같은 서식에 따른 동의서에 의하여 조합설립에 동의를 받는 것을 적법하다(대법원 2013. 12. 26. 선고 2011두8291 판결, 대법원 2014. 5. 29. 선고 2012두18677 판결, 대법원 2014. 5. 29. 선고 2012두6650 판결). 또한 추진위원회가 작성한 정관 초안의 내용이 창립총회에서 변경되었다고 하더라도 조합설립인가 신청시 제출된 토지등소유자의 동의서만으로 조합설립인가 여부를 심사하는 것으로 충분하다(대법원 2014. 1. 16. 선고 2011두12801 판결).

나. 조합설립 동의서 기재와 조합설립 동의의 효력

(1) 필요적 기재사항의 누락

조합설립 동의서의 필요적 기재사항으로 '건설되는 건축물의 설계의 개요' 등을 정한 취지는 토지등소유자들의 정비사업에 대한 예측가능성을 높임으로써 분쟁을 방지하기 위한 것으로서, 시행령 제30조 제2항 각 호에서 정한 신축건축물의 설계개요 또는 공사비 등 정비사업에 드는 비용 등이 기재되지 않은 조합설립 동의서는 필요적 기재사항을 누락한 것으로서 무효이며, 조합설립인가에 중대 · 명백한 하자가 있는 것으로서 당연무효에 해당할 수 있다(대법원 2010. 1. 28. 선고 2009두4845 판결).

대법원 2010. 10. 28. 선고 2009다29380 판결 등은 동의 당시에는 '건축물철거 및 신축비용 개산액'란이 공란이었으나 조합설립인가신청을 위해 행정청에 제출된 조합설립 동의서에는 위 공란이 모두 기재되어 있었던 경우에는 동의 당시 공란이었고 사후에 보충되었다는 사정만으로 바로 조합설립인가를 당연무효로 볼 수 없다고 판단하였다(대법원 2010. 10. 28. 선고 2009다29380 판결, 대법원 2010. 12. 23. 선고 2010두16578 판결, 대법원 2013. 5. 23. 선고 2010두24975 판결). 다만 조합설립 동의서의 필요적 기재사항을 정한 취지에 비추어 토지등소유자에게 '건설되는 건축물의 설계의 개요' 등의 정보조차 제공되지 않은 경우, 토지등소유자의 개별적인 동의 없이 보충된 경우[24] 등은 중대 · 명백한 하자로 볼 수 있을 것이다.[25]

한편 2016. 7. 28. 이후 최초로 추진위원회 승인을 받은 경우로서 시장 · 군수등의 검인을 받은 조합설립 동의서를 사용하는 경우는 기재누락이 더 문제되기 어려울 것으로 생각된다(법 제36조 제3항).[26]

(2) 필요적 기재사항의 불충분

법정동의서를 규정한 취지는 동의서 서식을 법령에서 정하여 그 사용을 강제함으로써 동의서의 서식이나 내용을 둘러싼 분쟁을 미연에 방지하는데 있다. 조합설립 동의서의 법정동의서 서식(시행규칙 제8조 제3항 [별지 제6호 서식])은 도시정비법 제35조 제9항, 시행령 제30조 제1항의 위임에 따른 것으로서 법적 구속력이 있고, 동의서에 비용분담의 기준이나 소유권의 귀속에 관한 사항이 더 구체적이지 않다는 이유로 무효라고 할 수 없다(대법원 2010. 2. 25. 선고 2009다66686 판결, 대법원 2013. 12. 26. 선고 2011두8291 판결, 대법원 2014. 4. 24. 선고 2012두29004 판결 등).

따라서 ⓐ 동의서에 기재할 내용은 '개략적인 금액'으로서 구체적인 산정근거까지 기재하여야 하는 것은 아니고, 구체적인 비용 항목이 일부 누락되었다는 사정만으로 개략적인

24 창립총회에서 "조합설립 동의서 작성 및 내용에 동의하되, 건축개요 및 철거, 신축에 소요되는 개략적인 금액 등에 관한 사항, 사업시행계획서(안)에 대한 작성 및 변경은 대의원회에 위임하여 신속한 조합설립인가가 될 수 있도록 한다"라는 의결을 한 후 추진위원회가 위 결의를 근거로 조합설립 동의서의 공란을 한꺼번에 기재한 사안에서, 부산고등법원 2010. 7. 14. 선고 2010누1071 판결은 조합설립 동의서는 토지등소유자의 개별 의사가 표시된 문서이기 때문에 동의서의 공란에 대한 보충 역시 해당 토지등소유자 각각으로부터 개별적으로 받아야 하므로 창립총회 결의로 모든 동의서를 일괄적으로 보충할 수 없으나, 위 창립총회에 출석하여 위 의결에 찬성한 토지등소유자는 보충권한을 조합 측에 부여한 것으로 볼 수 있다고 판단하였다. 다만 의결에 찬성한 것을 보충권한을 부여한 것으로 볼 수 있을지는 개별 사안마다 의결 내용 및 당사자의 의사 등을 따져야 해서 다르게 판단될 여지가 큰 것으로 생각된다.

25 이 같은 중대 · 명백한 하자는 처분의 무효를 주장하는 원고가 입증하여야 한다. 서울고등법원 2017. 1. 24. 선고 2016누40025 판결은 창립총회 이전에 안내책자를 통해 확정된 내용을 알 수 있었고 인가신청시까지도 철회하지 않았다는 사정을 들어 추진위원회가 일부 토지등소유자에게만 동의를 받지 않고 동의서를 보충하였다는 주장을 배척하였다.

26 자세한 내용은 [8]토지등소유자의 동의 II.1.나.추진위원회 구성동의서 및 조합설립 동의서에 대한 검인 참고.

금액 산정이 잘못되었다고 단정하기 어렵다.[27] ⓑ 다만 대지면적 등 형식적인 기재사항을 사실상 누락한 것과 같은 정도로 잘못 기재한 경우에는 동의서에 하자가 있다고 볼 수 있다.[28]

(3) 필요적 기재사항이 아닌 사항의 누락 또는 불충분

조합설립 동의의 하자로 이어지는 기재 누락은 필요적 기재사항에 관한 것이다. 따라서 ⓐ 조합설립 동의서에 토지등소유자별로 구체적인 분담금 추산액이 기재되지 않았거나 추진위원회가 그 서식 외에 토지등소유자별로 분담금 추산액 산출에 필요한 구체적인 정보나 자료를 충분히 제공하지 않았다는 사정만으로는 조합설립 동의를 무효로 볼 수 없고(대법원 2020. 9. 7. 선고 2020두38744 판결), ⓑ 조합설립 동의서를 받기 전에 '개략적인 사업시행계획서'를 배부하거나 첨부하지 아니하였다고 하여 동의가 무효라고 할 수 없다(대법원 2014. 5. 29. 선고 2012두18677 판결). 또한 ⓒ 필요적 기재사항이 아닌 정비구역 면적의 기재 누락 등이 있다고 하여 바로 조합설립인가에 하자가 있다고 보기 어려울 것이다.[29]

5. 동의를 받기 전 추정분담금 등의 정보제공

가. 추진위원회의 추정분담금 등의 정보제공의무

추진위원회는 조합설립에 필요한 동의를 받기 전에 토지등소유자별 분담금 추산액 및 산출근거, 그 밖에 추정부담금의 산출 등과 관련하여 시 · 도례로 정하는 정보를 토지등소유자에게 제공하여야 한다(법 제35조 제8항, 시행령 제32조).

정비사업의 비용분담은 토지등소유자가 해당 정비사업의 참여여부를 결정함에 있어 중요한 기준이 되는 것으로 조합설립 동의의 핵심적인 내용이나, 조합설립 동의서에 기재되는 정비사업비와 그 분담기준은 개략적으로 기재되고 분양대상자별 분담금 추산방법의 예시만을 제시하고 있어 토지등소유자가 조합설립 동의서 제출 당시 개략적인 비용분담액을 예측하기 어려운 문제가 있었다. 그러나 종전자산평가는 사업시행계획인가의 고시일을 기준으로 하는 것이고, 분양대상자별 분담금은 관리처분계획 수립 단계에서야 구체적인 금액을 알 수 있는 것이므로 조합 설립 단계에서 정확한 평가액을 산정하기 어렵다. 이에 시 · 도에서 토지등소유자별 분담금 추산액 및 산출근거, 그 밖에 추정부담금의 산출 등의 정보를 제공하도록 한 것이다.[30] 시행령의 위임에 따라 서울시는 정비사업 종합정보관리시스템(https://cleanup.seoul.go.kr), 경기도는 GRES 경기도 추정분담금 시스템(https://gres.

27 서울고등법원 2011. 7. 22. 선고 2010누30231 판결.

28 서울고등법원 2019. 9. 27. 선고 2019누37662 판결.

29 서울고등법원 2019. 9. 27. 선고 2019누37662 판결.

30 도시정비법이 2012. 2. 1. 법률 제11293호로 개정되고, 그 위임에 따라 시행령이 2012. 7. 31. 대통령령 제24007호로 개정되면서 신설된 규정이다.

gg.go.kr)을 운영하고 있다.

추진위원회는 추정분담금 등 정보를 조합설립 동의를 받기 전에 토지등소유자에게 제공하여야 하는데(법 제35조 제8항), 이미 추진위원회 구성승인에 동의한 토지등소유자는 별도로 반대의 의사표시를 하지 않는 한 조합설립 동의가 간주되므로(법 제31조 제2항) 동의전 정보제공이라는 절차가 완전히 성립하지 않는 문제가 있다. 다만 실무적으로 추진위원회 구성승인에 동의한 토지등소유자에게도 조합설립 동의를 별도로 받고 있고, 동의가 간주된다 하더라도 토지등소유자는 조합설립인가신청 전까지 반대의 의사표시를 할 기회가 보장되어 있으므로 추진위원회 구성승인 동의 이후에 추정분담금 등 정보가 제공된다고 하여 다시 조합설립 동의를 받을 이유는 없는 것으로 생각된다.[31]

나. 추정분담금 등 정보제공에 관한 조합설립 동의의 효력

시 · 도지사가 제공하는 추정분담금 등의 정보는 조합이 입력한 자료를 기초로 이루어지는 것이나, 토지등소유자별 분담금을 조합설립 단계에서 정확히 추산하기 어렵고, 특히 토지등소유자별 종전자산가격의 평가는 공시지가를 기준으로 간이한 방법에 의한 산정이 이루어질 수밖에 없다. 조합설립 단계에서 제공받은 추정분담금이 향후 관리처분계획 수립 단계에서 확인되는 분담금과 상당한 차이를 보이면서 많은 분쟁이 발생한다.

추진위원회가 추정분담금 정보를 제공하지 않거나 불충분하게 제공한 경우 조합설립 동의가 무효인지 문제되나, 대법원 2020. 9. 7. 선고 2020두38744 판결은 추진위원회가 법정동의서에 의해 토지등소유자로부터 조합설립 동의를 받았다면 그 조합설립 동의는 도시정비법령에서 정한 절차와 방식을 따른 것으로서 적법 · 유효한 것이라고 보아야 하고, 단지 그 서식에 토지등소유자별로 구체적인 분담금 추산액이 기재되지 않았다거나 추진위원회가 그 서식 외에 토지등소유자별로 분담금 추산액 산출에 필요한 구체적인 정보나 자료를 충분히 제공하지 않았다는 사정만으로 개별 토지등소유자의 조합설립 동의를 무효라고 볼 수는 없다고 판단하였다.[32]

---

31 법제처 2020. 2. 26. 회신 19-0688 해석례(법제처는 이 쟁점에 대한 종전의 법제처 2017. 6. 22. 회신 17-0123 해석례의 입장을 변경하였다).

32 위 대법원 2020두38744 판결은 추진위원회가 조합설립 동의를 받는 단계에서는 종전자산 및 종후자산에 관한 감정평가를 거치지 않은 상태이므로 정비사업 비용과 수입에 관한 대략적 추산조차도 어렵고, 설령 추진위원회가 토지등소유자별 분담금 추산액이나 비례율에 관하여 어떤 구체적인 수치나 자료를 제시한다고 하더라도 그것은 예측 · 전망치일 뿐이라는 점을 감안하였다.

Ⅲ. 창립총회의 개최

1. 창립총회의 의의 및 성격

가. 창립총회의 의의

창립총회는 추진위원회가 조합을 설립하기 위해 토지등소유자가 집회하여 조합 정관을 확정하고 조합임원과 대의원을 선임하는 등 조합의 구성과 운영을 의결하는 회의를 의미한다. 창립총회는 조합설립인가를 신청하기 위한 필수적 절차이다(법 제32조 제3항).

나. 창립총회의 성격

창립총회는 조합설립 이전 단계에서 개최되는 것이라는 점에서 토지등소유자 전원으로 구성되는 주민총회와 유사하나, 창립총회에서 조합의 구성과 운영방식을 의결하고 주민총회와 달리 그 절차의 방법을 별도로 정하고 있다는 점에서 조합의 총회와도 유사한 면이 있다. 창립총회를 조합의 총회로 본다면 시공자 선정 추인이나 협력업체 계약 체결과 같은 총회의 권한사항을 창립총회에서 의결할 수 있다고 볼 수 있을 것이다. 그러나 대법원 2012. 4. 12. 선고 2010다10986 판결 등은 조합설립인가는 정비사업을 시행할 수 있는 권한을 갖는 행정주체(공법인)의 지위를 부여하는 일종의 설권적 처분이므로, 조합설립인가를 받아 설립등기를 마치기 전에 개최된 창립총회에서 이루어진 결의는 조합의 결의가 아니라 주민총회 또는 토지등소유자 총회의 결의에 불과하다고 보았다.

위 대법원 2010다10986 판결은 창립총회가 주민총회 또는 토지등소유자 총회라고 보았는데, 창립총회는 주민총회와 구성 및 결의 방법이 다르다는 점에서 법령에서 정한 별도의 토지등소유자 총회라고 보는 것이 타당하다. 주민총회는 ⓐ 도시정비법령이 아닌 추진위원회 운영규정에서 예정한 기관으로서, ⓑ 재개발사업과 재건축사업을 구분하지 않고 구역내 토지등소유자 전원으로 구성되고, ⓒ 추진위원회 구성에 동의한 토지등소유자 과반수 출석으로 개의하되 동의하지 않은 토지등소유자도 포함하여 출석한 토지등소유자 과반수 찬성으로 의결한다(표준운영규정 제20조 내지 제22조). 이에 반해 창립총회는 ⓐ 도시정비법령에서 정한 기관으로서 추진위원회 운영규정의 적용을 받지 않고, ⓑ 조합원이 될 토지등소유자로 구성되고, ⓒ 조합원이 될 토지등소유자의 과반수 출석과 토지등소유자 과반수 찬성으로 의결한다(법 제32조 제3항, 시행령 제27조). 따라서 창립총회가 주민총회가 마찬가지로 조합설립인가전 단계의 토지등소유자로 구성된 회의체로서 그 의결사항 중 일부가 중복된다 하더라도, 법령에서 정한 별도의 토지등소유자 총회로서[33] 주민총회에 관한 추진위원회 운영규정 등이 직접 적용되기 어려울 것이다.

---

33 주민총회의 성격과 조합총회의 성격을 조금씩 나누어 갖는 특수한 성격의 총회라는 견해로 안광순(상), 370.

다. 2009년 법령 개정 경위

2009. 2. 6. 개정되기 전의 구 도시정비법은 창립총회에 아무런 규정을 두고 있지 않았고, 시행령도 '조합의 설립을 위한 창립총회의 개최'를 추진위원회 업무로만 정하고 있을 뿐 창립총회의 시기나 방법은 정하지 않았다. 조합설립에 대한 토지등소유자의 동의는 본래 총회 의결이 아닌 동의서 제출로 이루어지는 것이므로 창립총회를 반드시 개최하여야 한다고 볼 수도 없었다.[34] 이로 인하여 추진위원회가 토지등소유자들의 동의(재건축 결의)를 확보하지 않은 상태에서 일단 사업설명회 성격의 창립총회를 개최하거나, 창립총회를 조합의 총회로 보아 조합설립인가 이후에 하여야 할 시공자 선정 추인 의결을 하는 경우도 많았다.

이에 2009. 2. 6. 법률 제9444호로 개정된 구 도시정비법 제14조 제3항은 조합설립인가를 신청하기 전에 대통령령으로 정하는 방법과 절차에 따라 조합설립을 위한 창립총회를 개최하여야 한다고 정하였고, 위 일부개정법률 시행에 맞춰 2009. 8. 11. 대통령령 제21679호로 개정된 구 시행령 제22조의2는 창립총회의 소집, 업무범위, 의결정족수를 정하는 한편 추진위원회는 조합설립을 위한 동의를 받은 후 조합설립인가의 신청 전에 창립총회를 개최하여야 한다고 명확히 규정하였다.[35]

따라서 위 일부개정령 시행일인 2009. 8. 11. 이후 소집요구하는 창립총회는 ⓐ 조합설립인가 신청을 위해 필수적인 절차로서 ⓑ 창립총회를 개최하기 전에 조합설립에 대한 동의요건을 갖추어야 한다(법 제35조 제1항, 시행령 제27조 제1항). 공공지원으로 추진위원회를 구성하지 아니하고 바로 조합을 설립하는 경우도 동일하다(시행령 제27조 제6항).

2. 창립총회의 소집

가. 소집권자

창립총회는 추진위원장이 직권 또는 토지등소유자 1/5 이상의 요구로 소집한다. 다만 토지등소유자 1/5 이상의 소집요구에도 불구하고 추진위원장이 2주 이상 소집요구에 응하지 아니하는 경우 소집요구한 자의 대표가 소집할 수 있다(시행령 제27조 제3항).

도시정비법 제31조 제4항 전단에 따라 공공지원으로 추진위원회를 구성하지 않고 바로 조합을 설립하는 경우에는 토지등소유자의 대표자가 창립총회를 소집할 수 있다(시행령 제27조 제3항).

추진위원장의 임기가 만료된 경우에도 창립총회를 소집할 수 있는지, 또는 추진위원장이 유고인 경우 그 직무대행자가 창립총회를 소집할 수 있는지 문제된다. 추진위원회의 운영규정에는 임기가 만료된 위원은 그 후임자가 선임될 때까지 직무를 수행하도록 하고, 추

34 이우재(상), 439.

35 위 개정규정은 위 일부개정령의 시행일인 2009. 8. 11. 이후 최초로 창립총회를 소집요구하는 분부터 적용된다[구 시행령 부칙(2009. 8. 11.) 제3조].

진위원장이 유고 또는 해임으로 직무를 수행할 수 없는 경우의 직무대행자를 정하고 있으나(표준운영규정 제15조 제4항, 제18조 제6항), 추진위원회는 임기가 만료된 위원의 후임자를 임기만료 전 2개월내에 선임하여야 하고, 위원이 자의로 사임하거나 해임되는 경우 지체 없이 새로운 위원을 선출하도록 하고 있으므로(표준운영규정 제15조 제4항, 제18조 제3항), 추진위원장의 임기만료 또는 유고시 창립총회를 개최하기 위해서는 주민총회를 먼저 소집하여 추진위원장을 선임하여야 하는 것이 아닌지 문제될 수 있다.[36] 그러나 운영규정에 임기만료 후 업무수행 또는 직무대행에 관한 규정을 두고 있는 이상 임기만료된 추진위원장이 후임자가 선임될 때까지 그 직무를 수행하거나 추진위원장의 유고로 직무대행자가 선임된 상태에서 지체 없이 추진위원장을 선임하지 않았다는 사정만으로 바로 소집절차의 하자로 보기 어렵다고 보는 것이 타당하다.[37] 임기만료된 추진위원장이 조합설립인가신청을 하였다 하더라도 마찬가지로 볼 것이다.[38]

나. 창립총회 소집 절차

창립총회는 추진위원장(추진위원회를 구성하지 않은 경우에는 토지등소유자의 대표자)의 직권 또는 토지등소유자 1/5 이상의 요구로 추진위원장이 소집한다. 추진위원회(추진위원회를 구성하지 않은 경우에는 토지등소유자의 대표자)는 창립총회 14일 전까지 회의목적 · 안건 · 일시 · 장소 · 참석자격 및 구비사항 등을 인터넷 홈페이지를 통하여 공개하고, 토지등소유자에게 등기우편으로 발송 · 통지하여야 한다(시행령 제27조 제2항).

3. 창립총회의 의결사항

가. 시행령에 따른 창립총회 의결사항

시행령 제27조 제4항 각 호에 따른 창립총회의 의결사항은 조합정관의 확정(제1호), 조합임원의 선임(제2호), 대의원의 선임(제3호), 그 밖의 필요한 사항으로 사전에 통지한 사항(제4호)이다.

조합의 임원이나 대의원 전부를 반드시 창립총회에서 선임할 필요는 없다고 할 것이므로, 창립총회에서 임원 선임의 결의가 부결되었다는 사정만으로 창립총회가 무효라고 볼 수는 없다(대법원 2014. 10. 30. 선고 2012두25125 판결).[39] 이 경우 조합(추진위원회)은 일단 선임된 일부 조합임원으로

---

36 추진위원장의 선임, 보궐선임은 주민총회의 의결사항이어서(표준운영규정 제21조 제1호), 추진위원회에서 바로 선임할 수도 없다.

37 임기만료된 추진위원장의 창립총회 소집이 적법하다고 본 사례로 서울고등법원 2012. 7. 18. 선고 2011누39075 판결, 수원지방법원 2013. 6. 13. 선고 2011구합12192 판결; 직무대행자의 창립총회 소집이 적법하다고 본 사례로 부산고등법원(창원) 2015. 4. 3. 선고 2014누130 판결, 서울행정법원 2018. 2. 2. 선고 2017구합6808 판결.

38 대법원 2014. 2. 27. 선고 2011두23566 판결(원심은 서울고등법원 2011. 8. 19. 선고 2010누30323 판결).

39 위 대법원 2012두25125 판결이 위와 같이 판단한 근거는 조합설립인가신청서에 첨부하는 서류 중 임원 · 대의원에 관한 것이 "창립총회에서 임원 · 대의원을 '선임한 때에는' 선임된 자의 자격을 증명하는 서류"이므로

조합설립인가와 등기를 마친 후 창립총회가 아니라 통상의 정기 · 임시총회를 개최하여 조합임원을 추가로 선임하면 될 것이다.

창립총회 의결사항 중 그 밖의 필요한 사항으로 통상 추진위원회의 계약 승계, 기수행 업무 추인 등을 의결하고 있다.

나. 정관의 확정

창립총회에서 조합 정관을 확정해야 한다(시행령 제27조 제4항 제1호).

정관 확정을 위한 의결정족수는 토지등소유자(재건축사업의 경우 조합설립에 동의한 토지등소유자)의 과반수 출석과 출석한 토지등소유자 과반수 찬성으로 본다(시행령 제27조 제5항). 추진위원회가 조합을 설립하기 위해서는 토지등소유자 3/4 이상 등 일정한 동의를 받아 정관 등을 첨부하여 시장 · 군수등의 인가를 받아야 하고(법 제35조 제2항, 제3항), 조합 총회에서 정관을 변경하기 위해서는 조합원 과반수 또는 조합원 2/3 이상의 찬성이 필요하지만(법 제40조 제3항), 창립총회에서는 시행령이 정하는 의결정족수로 정관을 확정하는 것이므로 정관 확정에 조합설립을 위한 동의요건을 갖출 필요는 없다고 본다.[40]

조합설립 동의서에 정관을 포함하여야 하나(시행령 제30조 제2항 제5호), 조합정관에 관한 의견의 수렴은 창립총회에서 충분히 이루어질 수 있으므로 추진위원회가 정관 초안을 첨부하지 아니한 채 법정동의서와 같은 서식에 따른 동의서에 의하여 조합설립에 동의를 받는 것은 적법하고(대법원 2013. 12. 26. 선고 2011두8291 판결 등), 추진위원회가 작성한 정관 초안의 내용이 창립총회에서 변경되었다고 하더라도 조합설립인가 신청시 제출된 토지등소유자의 동의서만으로 조합설립인가 여부를 심사하는 것으로 충분하다(대법원 2014. 1. 16. 선고 2011두12801 판결).

창립총회에서 확정한 정관이 조합설립 동의서를 받을 당시의 정관 초안과 다른 경우 시행령 제33조 제2항 제2호 ㈏목에 따른 동의의 철회 제한을 적용받지 않는다고 볼 여지도 있으나, 정관의 문구가 변경되었다고 하여 시행령 제33조 제2항 제2호 ㈏목의 변경에 해당한다고 볼 수 없고, 조합정관에 있는 토지등소유자들이 정비사업에 참여할지 여부의 의사

(시행규칙 제8조 제2항 제1호 ㈒목), 반드시 임원이나 대의원을 창립총회에서 선임해야 하는 것으로 볼 필요는 없다는 것이다. 다만 창립총회에서 임원을 선임할 것이 예정되어 있고(시행령 제27조 제4항 제2호, 제5항) 임원은 조합의 등기사항으로서(법 제38조 제2항, 시행령 제36조 제5호) 조합이 설립되기 위해서는 반드시 임원이 필요하다. 특히 조합의 기관은 조합장으로서(법 제42조 제1항) 정관에 따라 조합장을 직무대행할 이사마저 없다면 통상적인 총회도 개최하기 어려우므로 아무 임원도 선임되지 못하였다면 창립총회가 적법하다고 보기 어려운 것으로 생각된다. 일단 위 대법원 2012두25125 판결 사안은 조합장 선임 안건만 부결된 것이었다.

40 서울고등법원 2011. 8. 25. 선고 2011누11145 판결; 창립총회 업무범위 및 의결정족수 등을 정한 구 시행령(2009. 8. 11. 대통령령 제21679호로 개정된 것) 제22조의2가 신설되기 전에도, 창립총회에서 정관 확정을 위한 결의는 특별한 법령의 제한이 없는 한 추진위원회 운영규정, 정관 등에서 정한 정족수의 의결로서 충분하다고 본 사례로 서울고등법원 2011. 7. 22. 선고 2010누30231 판결.

를 결정함에 필요한 사항이 변경된 것이 아니라면 여전히 철회가 제한된다고 보는 것이 타당하다.[41]

4. 창립총회의 의결방법

창립총회는 정비구역내 전체 토지등소유자(재건축사업은 조합설립에 동의한 토지등소유자)의 과반수 출석과 출석한 토지등소유자 과반수 찬성으로 의결한다(시행령 제27조 제5항 본문).

다만 조합임원 및 대의원의 선임은 확정된 정관에서 정하는 바에 선출하도록 되어 있다(시행령 제27조 제5항 단서). 조합임원 및 대의원에 다수의 후보자가 입후보한 경우 다수득표자순으로 선임하는 것이 합리적이므로 정관으로 따로 정하도록 하되, 설립되는 조합의 정관은 설립등기시부터 효력이 발생하는 점을 고려하여 창립총회의 앞선 절차에서 확정된 정관에 따라 선임할 수 있도록 정한 것이다.

창립총회는 토지등소유자 10/200 이상이 직접 출석하여야 한다(법 제45조 제6항 단서). 이때 직접 출석은 서면결의서로 출석을 대신하는 경우는 제외하고, 토지등소유자 본인 또는 대리인이 참석한 것을 인정하면 될 것이다.[42]

5. 창립총회 하자 관련 쟁점

가. 조합설립인가의 절차상 하자

창립총회는 추진위원회가 조합을 설립하기 위해 토지등소유자가 집회하여 조합의 정관을 확정하고 조합임원 · 대의원을 선임하는 등 조합의 구성과 운영을 의결하는 주민총회 또는 토지등소유자 총회로서, 조합설립인가 신청에 앞서 필수적으로 개최해야 하는 절차이다. 따라서 창립총회의 하자는 조합설립인가의 절차상 하자에 해당한다.

나. 창립총회 개최 이후 제출된 조합설립 동의서의 효력

시행령 제27조 제1항은 "추진위원회는 법 제35조 제2항부터 제4항까지의 규정에 따른 동의를 받은 후 조합설립인가를 신청하기 전에 법 제32조 제2항에 따라 창립총회를 개최하여야 한다"고 정하여, 창립총회를 개최하기 전에 조합설립 동의요건을 갖추도록 하고 있다.[43]

그런데, 창립총회 당시에는 일응 조합설립 동의요건을 충족하는 것으로 판단하였으나 일부 조합설립 동의서가 무효로 되거나 철회되어 동의 정족수에 미달할 경우, 조합설립 동의를 추가로 받으면 다시 창립총회를 개최해야 하는지 또는 종전 창립총회 이후에 제출된 조

---

41 자세한 내용은 II.2.나.(2)동의의 철회 제한 참고.

42 자세한 내용은 [15]총회의 의결 III.2.나.(4)직접 출석으로 인정되는 경우 참고.

43 창립총회 개최일이 아닌 소집공고일까지 동의 정족수를 갖추어야 한다는 주장도 있으나, 시행령 제27조 제1항을 그와 같이 해석하기 어렵다(부산고등법원 2013. 8. 23. 선고 2013누574 판결).

합설립 동의서는 다시 창립총회를 개최하지 않으면 효력이 없다고 볼 것인지가 문제된다.

① 시행령 제27조 제1항의 문언상 조합설립을 위한 동의는 창립총회를 개최하기 전에 받아야 하므로, 종전 창립총회 이후에 제출된 조합설립 동의서는 다시 창립총회를 개최하지 않은 한 동의 정족수에 포함되지 않는다고 볼 수 있다.[44]

② 그러나 토지등소유자의 조합설립 동의 의사는 조합설립 동의서 기재 자체로 확인되는 것임에도 동의서를 추가하였다는 사정만으로 창립총회를 다시 개최해야 한다고 보는 것은 형식적인 절차를 반복하는 것에 불과하다. 또한 조합설립인가의 동의 정족수는 인가신청시를 기준으로 판단하는데(대법원 2014. 4. 24. 선고 2012두21437 판결), 위 ①과 같이 볼 경우 동의 정족수를 인가신청시가 아닌 창립총회 개최시를 기준으로 판단하게 되는 문제가 있다. 따라서 동의서가 창립총회 이후 제출되었다 하더라도 동의 정족수 판단시점인 인가신청시까지 제출된 이상 동의서 자체를 무효로 볼 이유는 없다고 보는 것이 타당하다.[45] 이 경우 창립총회를 다시 개최하지 않더라도 ⓐ 창립총회 당시 동의율을 갖추지 못했다는 사정은 동의서 효력이 아닌 조합설립인가의 절차상 하자 문제로 보거나,[46] ⓑ 시행령 제27조 제1항 및 위 대법원 2012두21437 판결의 취지를 종합하여 창립총회 개최시와 인가신청시에 각각 동의 정족수를 갖추었다면 그 사이에 추가 제출 또는 철회 등으로 동의율이 증감되었더라도 조합설립인가는 동의 정족수를 갖춘 것으로서 적법하다고 볼 수 있을 것으로 생각된다.[47]

Ⅳ. 조합설립인가

1. 조합설립인가의 법적 성격

도시정비법이 제정되기 이전 구 도시재개발법에 따른 재개발사업의 조합은 행정주체의 지위에 있다고 보았으나,[48] 구 주택건설촉진법에 따른 재건축사업의 조합은 불량 · 노후

44 법제처 2011. 11. 24. 회신 11-0587 해석례는 "창립총회 당시 조합설립 동의요건에 미달한 것으로 판명된 경우, 조합설립에 대한 토지등소유자의 동의요건에 미달한 수가 극히 소수에 불과하고, 추진위원회가 통상적인 방법에 따라 토지등소유자를 산정하여 동의요건을 충족하였다는 판단에 따라 창립총회를 개최한 경우로서 다시 창립총회를 개최하는 것이 지극히 불합리하다고 판단되는 등의 특별한 사정이 있는 경우는 별론으로 하고, 추가로 조합설립에 대한 동의를 받아 토지등소유자의 4분의 3 이상 및 토지면적의 2분의 1 이상의 토지소유자의 동의요건을 충족하였더라도 원칙적으로 다시 창립총회를 개최하여야 할 것입니다"라는 입장을 밝혔다.

45 수원지방법원 2015. 8. 12. 선고 2014구합52771 판결, 서울고등법원 2016. 8. 16. 선고 2016누33690 판결, 서울행정법원 2017. 8. 11. 선고 2016구합73429 판결 등.

46 조합설립무효확인소송이라면 추가된 동의자 수, 창립총회 개최 경위 등을 따져 중대 · 명백한 하자인지를 다투게 될 것이다.

47 서울고등법원 2015. 11. 13. 선고 2015누32911 판결.

48 대법원 1996. 2. 15. 선고 94다31235 전원합의체 판결 등.

한 주택의 소유자들이 재건축을 위하여 구성한 사법상 단체이고, 인가처분은 재건축조합 설립행위를 보충하여 법률적 효력을 완성하는 보충행위로 보았다.[49] 그러나 2002년 제정된 도시정비법은 재개발사업과 재건축사업을 공통의 절차로 일원화하여 규율하였고, 2009년 이후 도시정비법 시행에 따른 쟁점을 정리하는 일련의 판결 선고 과정에서 대법원 2009. 9. 24. 선고 2008다60568 판결은 "조합설립인가처분은 단순히 사인들의 조합설립행위에 대한 보충행위의 성질을 갖는 것에 그치는 것이 아니라 법령상 요건을 갖출 경우 도시 및 주거환경정비법상 주택재건축사업을 시행할 수 있는 권한을 갖는 행정주체(공법인)의 지위를 부여하는 일종의 설권적 처분의 성격을 갖는다"고 판단하였다.[50]

따라서 조합설립결의는 조합설립인가라는 행정처분을 하는 데 필요한 요건 중 하나에 불과한 것이어서, 조합설립결의에 하자가 있다면 그 하자를 이유로 직접 항고소송의 방법으로 조합설립인가의 취소 또는 무효확인을 구하여야 하고, 이와는 별도로 조합설립결의 부분만을 따로 떼어내어 그 효력 유무를 다투는 확인의 소를 제기하는 것은 부적법하다(위 대법원 2008다60568 판결 등).[51]

구 주택건설촉진법에 따라 재건축조합에 대한 조합설립인가가 이루어졌다 하더라도 도시정비법이 시행되고 해당 재건축조합이 구 도시정비법 부칙(2002. 12. 30.) 제10조 제1항에 따라 설립등기를 마친 후에는 재건축조합을 행정주체(공법인)로 보게 되고,[52] 위와 같은 조합설립인가도 위 부칙 제3조에 의하여 일종의 설권적 처분으로 의제되어 그 처분의 당부를 항고소송으로 다투어야 한다(대법원 2014. 2. 27. 선고 2011두11570 판결).[53]

---

49 대법원 2000. 9. 5. 선고 99두1854 판결 등.

50 대법원 2009. 9. 17. 선고 2007다2428 전원합의체 판결은 재건축조합은 공법인이나 행정주체로서 재개발·재건축조합이 행정주체로서 수립한 관리처분계획은 구속적 행정계획으로서 행정처분에 해당한다고 보았다. 그 직후 대법원 2009. 9. 24. 선고 2008다60568 판결이 재건축사업의 조합설립인가의 설권적 처분성을 인정하는 한편, 대법원 2009. 9. 24.자 2009마168, 169 결정이 임원지위를 다투는 소송은 조합과 조합원 사이의 내부관계로서 사법상의 법률관계에 속한다고 보았다. 이후 대법원 2010. 12. 9. 선고 2010두1248 판결이 인가·고시된 사업시행계획은 구속적 행정계획으로서 독립된 행정처분이고 행정청의 인가행위는 법률상의 효력을 완성시키는 보충행위라고 판단하는 등 도시정비법의 공법과 사법 적용에 대한 일련의 판결이 선고되었다.

51 이 판결 선고 이후 재건축조합의 설립을 다투기 위해 민소소송으로 제기된 재건축결의무효확인소송 등이 항고소송으로 이송되었다.

52 구 도시정비법 부칙(2002. 12. 30.) 제10조(조합의 설립에 관한 경과조치) ① 종전법률에 의하여 조합 설립의 인가를 받은 조합은 본칙 제18조 제2항의 규정에 의하여 주된 사무소의 소재지에 등기함으로써 이 법에 의한 법인으로 설립된 것으로 본다.

53 구 도시정비법 부칙(2002. 12. 30.) 제3조(일반적 경과조치) 이 법 시행 당시 도시재개발법·도시저소득주민의주거환경개선을위한임시조치법 및 주택건설촉진법의 재건축 관련 규정(이하 "종전법률"이라 한다)에 의하여 행하여진 처분·절차 그 밖의 행위는 이 법의 규정에 의하여 행하여진 것으로 본다.

2. 조합설립인가의 절차

가. 조합설립인가의 신청

추진위원회는 도시정비법 제35조 제2항부터 제4항까지 규정에 의한 토지등소유자의 동의를 받아 필요서류를 첨부하여 시행규칙 제8조 제1항 [별지 제5호 서식]의 조합설립(변경) 인가신청서를 작성하여 시장 · 군수등에게 인가신청을 하여야 한다(법 제35조 제2항 내지 제4항, 시행규칙 제8조).

조합설립 인가신청서에 첨부하는 서류는 ⓐ 정관, ⓑ 조합원 명부 및 해당 조합원의 자격을 증명하는 서류, ⓒ 공사비 등 정비사업에 드는 비용을 기재한 토지등소유자의 조합설립 동의서 및 동의사항을 증명하는 서류, ⓓ 창립총회 회의록 및 창립총회참석자 연명부, ⓔ 토지 · 건축물 또는 지상권을 여럿이서 공유하는 경우에는 그 대표자의 선임 동의서,[54] ⓕ 창립총회에서 임원 · 대의원을 선임한 때에는 선임된 자의 자격을 증명하는 서류,[55] ⓖ 건축계획(주택을 건축하는 경우에는 주택건설예정세대수를 포함), 건축예정지의 지번 · 지목 및 등기명의자, 도시 · 군관리계획상의 용도지역, 대지 및 주변현황을 기재한 사업계획서이다(법 제35조 제2항, 시행규칙 제8조 제1호). 그 밖의 시 · 도조례로서 정하는 서류로는 정비구역의 위치도 현황사진, 정비구역의 토지 및 건축물의 지형이 표시된 지적현황도, 재건축사업의 경우 매도청구대상자명부 및 매도청구계획서 등이 있다(서울시 정비조례 제19조).

나. 시장 · 군수등의 심사

(1) 동의서 등 심사 방법

시장 · 군수등은 조합설립인가신청서가 접수되면 조합설립 동의서가 도시정비법 제36조가 정하는 방식을 갖추어 작성하였는지, 적법한 조합설립 동의서로 도시정비법 제35조 제2항부터 제4항까지의 규정이 정하는 동의 정족수(동의율)를 갖추었는지, 인가신청에 필요한 첨부서류가 모두 첨부되었는지를 심사한다.

도시정비법령이 서면동의서의 요건을 정한 취지는 서면에 의하여 토지등소유자의 동의 여부를 명확하게 함으로써 동의 여부에 관하여 발생할 수 있는 관련자들 사이의 분쟁을 미연에 방지하고, 나아가 행정청으로 하여금 재건축조합설립인가신청 시에 제출된 동의서에 의하여서만 동의요건의 충족 여부를 심사하도록 함으로써 동의 여부의 확인에 불필요하게 행정력이 소모되는 것을 막기 위한 데 있다(대법원 2010. 1. 28. 선고 2009두4845 판결, 대법원 2013. 11. 14. 선고 2011두5759 판결, 대법원 2014. 4. 14. 선고 2012두1419 전원합의체 판결, 대법원 2020. 9. 7. 선고 2020두38744 판결 등).

---

54 통상 개별 조합설립 동의서에 첨부하고 있다.

55 대법원 2014. 10. 30. 선고 2012두25125 판결은 위 규정이 "임원 · 대의원을 '선임한 때'에는"으로 되어 있다는 점은 근거로 조합임원이나 대의원을 반드시 창립총회에서 선임할 필요는 없고 창립총회에서 조합장 등 조합임원 선임의 결의가 부결되었다 하더라도 창립총회가 무효라고 볼 수 없다고 판단하였다. 자세한 내용은 III.3.가.시행령에 따른 창립총회 의결사항 참고.

따라서 행정청은 토지등소유자의 동의 여부를 심사할 때 동의서에 도시정비법 제36조 제1항의 법정사항이 모두 포함되어 있는지를 기준으로 심사하여야 한다. 조합설립인가신청을 받은 행정청은 ⓐ 시행규칙 제8조 제3항에 규정된 [별지 제6호 서식] 조합설립 동의서(법정동의서)에 토지등소유자의 동의를 받았는지, ⓑ 토지등소유자가 성명을 적고 지장(지장)을 날인한 경우에는 신분증명서 사본이 첨부되었는지, 예외적으로 토지등소유자의 인감증명서를 첨부한 경우에는 그 동의서에 날인된 인영과 인감증명서의 인영이 동일한지를 확인하여야 한다(대법원 2020. 9. 7. 선고 2020두38744 판결). 구 도시정비법이 적용되는 경우 동의서의 진정성립은 동의서에 날인된 인영과 인감증명서의 인영이 동일한 것인지를 기준으로 심사한다(대법원 2010. 1. 28. 선고 2009두4845 판결 등).

성명 기재, 지장날인, 신분증명서 사본 첨부 중 어느 하나라도 충족하지 못하는 동의서는 무효로 처리하여야 하며 행정청이 임의로 유효한 동의로 처리할 수 없으며(대법원 2010. 1. 28. 선고 2009두4845 판결, 대법원 2013. 11. 14. 선고 2011두5759 판결), 동의의사를 추단할 수 있는 행위나 외관이 있다고 하여 동의한 것으로 보는 것은 허용되지 않는다(대법원 2014. 4. 14. 선고 2012두1419 전원합의체 판결).

(2) 동의서 내용에 대한 심사

동의서에 '건설되는 건축물의 설계의 개요'나 '건축물의 철거 및 신축에 소요되는 비용의 개략적인 금액'와 같은 필요적 기재가 누락되어 있음에도 이를 유효한 동의로 처리할 수 없으며, 조합설립인가가 필요적 기재사항이 누락된 동의서에 의한 것이라면 당연무효이다(대법원 2010. 1. 28. 선고 2009두4845 판결, 대법원 2011. 11. 10. 선고 2011두14883 판결 등).

다만 조합설립 동의서의 필요적 기재사항이 사후 보충되었다는 사정만으로 바로 조합설립인가가 당연무효라 볼 수 없는데,[56] 인가관청은 제출된 창립총회 회의록에 도시정비법에 따른 적법한 총회결의가 이루어졌는지 여부 등을 확인할 의무가 있을 뿐 창립총회 회의록에 기재된 모든 내용을 검토할 의무는 없으므로, 창립총회 회의록 기재만으로 인가관청이 필요적 기재사항이 누락되거나 부적법하게 사후보충된 사실을 간과했다고 보기는 어려울 것이다.[57]

법정동의서를 규정한 취지는 동의서 양식을 법령에서 정하여 그 사용을 강제함으로써 동의서의 양식이나 내용을 둘러싼 분쟁을 미연에 방지하는데 있으므로, 동의서에 비용분담의 기준이나 소유권의 귀속에 관한 사항이 더 구체적이지 않다는 이유로 무효라고 할 수 없다(대법원 2010. 2. 25. 선고 2009다66686 판결, 대법원 2013. 12. 26. 선고 2011두8291 판결 등). 행정청이 조합설립인가신청을 심사하면서 조합설립 동의서에 기재된 사업비용의 적정성 여부까지 구체적으로 심사할 의무는 없다고 보는 것이 타당하다.[58] 추진위원회가 토지등소유자에게 제공해야 하는 추정분담금 추산액은 예측 · 전

56 자세한 내용은 II.4.나.(1)필요적 기재사항의 누락 참고.

57 서울고등법원 2011. 12. 23. 선고 2011누2585 판결.

58 서울행정법원 2010. 8. 20. 선고 2009구합56044 판결.

망한 것에 불과하므로, 그러한 예측 · 전망이 합리적이고 타당한지를 행정청이 심사하는 것도 적절하지 않다(대법원 2020. 9. 7. 선고 2020두38744 판결).

⑶ 동의서 진정성에 대한 심사

조합설립 동의서의 진정성에 대한 심사는 ⓐ 인감 날인 및 인감증명서를 첨부하는 방식에서는 동의서에 날인된 인영과 인감증명서의 인영이 동일한 것인지를 심사하여야 하는 것이나(대법원 2010. 1. 28. 선고 2009두4845 판결 등), ⓑ 자필서명 · 지장날인 및 신분증명서 사본을 첨부하는 방식에서는 적법한 신분증명서 사본이 첨부되어 있는지(대법원 2020. 9. 7. 선고 2020두38744 판결), 서명, 날인이 누락 · 불분명하거나 외관상 변조된 흔적이 있는지를 위주로 심사하게 된다.

다. 시장 · 군수등의 보완 요구

⑴ 보완 요구 절차

시장 · 군수등은 조합설립인가신청에 구비서류의 미비 등 흠이 있는 경우에는 보완에 필요한 상당한 기간을 정하여 지체 없이 신청인인 추진위원회에게 보완을 요구하여야 하고, 추진위원회가 위 기간 내에 보완을 하지 아니하였을 때에는 그 이유를 구체적으로 밝혀 접수된 신청을 되돌려 보낼 수 있다(행정절차법 제17조 제5항, 제6항).

행정청은 주로 조합설립 동의서가 도시정비법 제36조가 정한 방식을 갖추어 작성하였는지 여부를 위주로 심사하게 되는데, 조합설립 동의서의 자필서명, 지장날인 등이 불분명하거나 긁거나 덧대어 고친 흔적이 있는 경우에는 보완을 구해야 한다.

⑵ 보완의 한계

행정청으로부터 보완 요구를 받은 추진위원회는 인가 또는 반려처분이 있기 전까지는 다른 법령등에 특별한 규정이 있거나 성질상 할 수 없는 경우가 아닌 한 그 신청의 내용을 보완 · 변경하거나 취하할 수 있다(행정절차법 제17조 제8항). 또한 조합설립인가의 요건으로서 관할 행정청에 제출되는 조합설립동의는 '사인의 공법상 행위'에 해당하고, 사인의 공법행위는 명문으로 금지되거나 성질상 불가능한 경우가 아닌 한 그에 의한 행정행위가 행하여질 때까지 자유로이 보정이 가능하다고 볼 수 있다(대법원 2012. 12. 13. 선고 2011두21218 판결).

동의 정족수를 인가신청시를 기준으로 판단하도록 한 것은 행정청이 처분일을 기준으로 다시 일일이 소유관계를 파악하기 현실적으로 어렵고 인가신청 이후 처분시까지 의도적으로 동의율을 조작하는 것은 방지하기 위한 것으로서 동의 정족수 산정에 한정되는 것이고, 인가신청 당시 동의서를 제출하여 동의 정족수에 포함되었다면 인가처분이 있을 때까지 이미 제출한 동의서 등의 하자를 보완하는 것은 사인의 공법상 행위에 대한 대한 보정으로 허용되고 행정처분의 위법 판단의 기준시점을 처분시로 보는 법리에도 부합한다.

그러나 조합설립 동의서를 보완하는 것을 넘어 추가로 받는 것은 제한된다. 조합설립 동의가 동의 정족수(동의율)를 충족했는지는 인가신청시를 기준으로 판단하는 것이므로, 인가신청후 처분시까지 추가로 제출된 조합설립 동의서는 동의 정족수 산정에 포함될 수 없다(대법원 2014. 4. 24. 선고 2012두21437 판결). 따라서 추진위원회가 인가신청을 취하하기 전에 인가신청시를 기준으로 동의서의 무효 또는 부족으로 동의 정족수를 충족하지 못하는 것이 확인될 경우 원칙적으로 보완 요구를 할 수 없고 반려하여야 한다.

라. 인가처분

(1) 인가처분의 기속행위성

시장·군수등은 인가신청에 대한 심사를 거쳐 인가처분을 한다. 조합설립인가는 공법상 지위를 부여하는 설권적 처분이기는 하나, 조합설립인가신청이 도시정비법령상의 적법한 요건을 갖추었다면 인가처분을 해야 하는 기속행위로 보는 것이 타당하다(추진위원회 설립 승인에 대한 대법원 2008. 7. 24. 선고 2007두12996 판결 등 참고).[59]

(2) 부관 부가가능성

조합설립인가를 기속행위로 본다면 원칙적으로는 도시정비법령에 별도의 규정을 두지 않는 이상 조건부로 조합설립인가를 하는 것은 불가하다고 보아야 한다.[60] 조합은 조합설립인가를 통해 행정주체로서 정비사업을 수행하면서 조합원, 협력업체 등 다수와 이해관계를 형성하게 되는데, 행정주체의 지위가 조건부로 인정되는 것이라면 법적 안정성을 해칠 우려가 있다.

실무적으로 조합설립인가에서 조건이라는 명목으로 도시정비법령에 따르도록 하거나 일정한 의무를 부과한다. 인가조건을 준수하지 않으면 조합설립인가가 당연 실효되는 취지라면 인가조건은 조합설립인가의 해제조건으로서 조합설립인가의 실효가 문제될 수 있으나, 인가조건을 성실히 이행하도록 의무를 부여하면서 인가조건을 불이행하는 경우 직권취소 등 불이익처분을 할 수 있다는 취지라면 인가조건은 부담부 행정행위로서 조합설립인가가 곧바로 실효되지 않는다(대법원 2019. 3. 14. 선고 2018두56787 판결).[61] ⓐ 인가관청이 기속행위로서 원칙적으로 조건을 붙일 수 없는 조합설립인가에 정관 변경을 조건으로 부가하였다 하더라도 그

---

59 송현진·유동규, 400; 안광순(상), 465; 이우재(상), 620.

60 송현진·유동규, 400; 이우재(상), 620.

61 위 대법원 2018두56787 판결의 제1심인 서울행정법원 2017. 6. 30. 선고 2015구합80345 판결은 조합설립인가에 부가된 "사업계획 승인 신청 전까지 공유물분할을 완료할 것"이라는 조건은 그 인가조건을 준수하지 않은 경우 조합설립인가가 당연히 실효된다는 내용이 명시적으로 규정되어 있지 않아 인가조건의 불이행을 조합설립인가에 대한 해제조건을 정한 것으로 단정하기 어렵고, 오히려 인가조건을 성실히 이행할 의무를 부여하면서 인가조건을 불이행하는 경우에는 직권취소 등 불이익 처분을 할 수 있음을 명시하고 있으므로 당연실효를 전제하고 있지 않고 일정한 작위의무를 지우는 부담부 행정행위로 보는 것이 상당하다고 보았다.

정관 변경은 도시정비법령에 위반되는 내용을 적법하게 정정하는 것으로서 별도의 결의를 받지 않아도 무방하므로 조합설립인가가 위법하다고 보지 않은 경우,[62] ⓑ 인가관청이 조합설립인가를 하면서 대의원 수는 법정 재적대의원 수에 맞추도록 조건을 부가하고 실제 조합설립인가 후 총회를 개최하여 대의원을 보충한 것은 조합설립인가의 효력에 영향을 미치지 않는다고 본 경우,[63] ⓒ 창립총회의 임원선출에 대해 다툼이 있는 사안에서 인가관청이 조합설립인가에 "사업시행인가전까지 임원선출에 대한 하자치유 또는 경찰 수사결과에 따른 행정조치 이행"라는 조건을 부가하였다 하더라도 조합의 임원선출의 적법성이 조합설립인가의 불가분적 요소라고 볼 수 없으므로 위 조건은 단지 부담에 해당하고, 위 조건이 무효라 하더라도 조합설립인가까지 무효라고 보기 어렵다고 본 경우[64] 등을 참고할 수 있을 것이다.

(3) 인가처분에 따른 효력

조합설립인가를 받은 조합은 도시정비법상 정비사업을 시행할 수 있는 권한을 갖는 행정주체(공법인)의 지위를 부여받는다.

조합이 정비사업을 시행하는 경우 주택법 제54조(주택의 공급)를 적용할 때는 조합을 주택법 제2조 제10호의 사업주체로 보며, 조합설립인가일로부터 주택법 제4조에 따른 주택건설사업 등의 등록을 한 것으로 본다(법 제35조 제6항).

(4) 토지등소유자에 대한 통지

조합은 조합설립인가를 받은 때에는 정관으로 정하는 바에 따라 토지등소유자에게 그 내용을 통지하고 이해관계인이 열람할 수 있도록 하여야 한다(시행령 제30조 제2항).

마. 조합설립등기

조합은 법인으로서, 조합설립인가를 받은 날부터 30일 이내에 주된 사무소 소재지에서 ⓐ 설립목적, ⓑ 조합의 명칭, ⓒ 주된 사무소의 소재지, ⓓ 설립인가일, ⓔ 임원의 성명 및 주소, ⓕ 임원의 대표권을 제한하는 경우에는 그 내용, ⓖ 도시정비법 제41조 제5항 단서에 따른 전문조합관리인을 선정한 경우에는 그 성명 및 주소를 등기하는 때에 성립한다(법 제38조 제1항, 제2항, 시행령 제36조). 조합설립등기는 조합의 성립요건이면서 대항요건의 효력을 갖는다.

---

62 서울고등법원 2011. 7. 22. 선고 2010누30231 판결.

63 서울고등법원 2011. 5. 12. 선고 2010누27631 판결(제1심은 서울행정법원 2010. 8. 12. 선고 2010구합13838 판결); 위 서울고등법원 2010누27631 판결 사안은 인가관청이 대의원 추가 선임을 조건으로 부가하였으나, 창립총회에서 반드시 임원·대의원 전원을 선임할 필요는 없고 임원·대의원의 선임은 조합설립인가신청서에 첨부하는 서류라는 점에서 이 쟁점은 조건이 아닌 처분 자체의 효력 문제로 귀결되는 것이다.

64 서울중앙지방법원 2016. 1. 28. 선고 2013가합561930 판결.

3. 조합설립인가의 효력

가. 추진위원회 구성승인의 하자에 따른 조합설립인가의 효력

조합의 설립은 적법하게 구성승인을 받은 추진위원회가 하는 것인데, 추진위원회 구성승인처분에 중대 · 명백한 무효사유가 있거나 하자가 있어 취소된 경우 해당 추진위원회가 받은 조합설립인가도 그 하자를 승계하여 무효 또는 취소사유가 있게 되는 것은 아닌지 문제된다.

대법원 2013. 12. 26. 선고 2011두8291 판결 등은, ⓐ 조합설립인가는 추진위원회 구성승인처분이 적법 · 유효할 것을 전제로 한다고 볼 것은 아니므로, 구 도시정비법령이 정한 동의요건을 갖추고 창립총회를 거쳐 주택재개발조합이 성립한 이상 이미 소멸한 추진위원회 구성승인처분의 하자를 들어 조합설립인가가 위법하다고 볼 수 없으나, ⓑ 다만 추진위원회 구성승인처분의 위법사유가 도시정비법상 하나의 정비구역 내에 하나의 추진위원회로 하여금 조합설립의 추진을 위한 업무를 수행하도록 한 추진위원회 제도의 입법 취지를 형해화할 정도에 이르는 경우에 한하여 그 추진위원회의 조합설립인가 신청행위가 위법 · 무효이고, 나아가 이에 기초한 조합설립인가의 효력을 다툴 수 있다고 보았다(대법원 2013. 12. 26. 선고 2011두8291 판결 등).[65]

따라서, 정비구역이 지정 · 고시되기 이전에 추진위원회 구성승인처분이 이루어진 경우,[66] 추진위원회가 구성승인을 받을 당시의 정비예정구역보다 정비구역이 확대되거나 정비(예정)구역 변경전에 징구된 토지등소유자의 동의를 기초로 추진위원회 구성승인을 받은 경우,[67] 정비예정구역을 달리 하는 두 개의 조합설립추진위원회가 구성 · 승인되었다가 하나의 재정비촉진구역으로 지정됨에 따라 통합된 조합설립추진위원회가 승인 또는 변경승인을 받지 않고 창립총회를 개최한 경우[68] 등은 추진위원회 구성승인에 하자가 있다 하더라도 그 하자가 도시정비법상 추진위원회 제도의 입법 취지를 형해화할 정도에 이르는 위법사유라고 볼 수 없으므로 추진위원회의 조합설립인가 신청행위가 위법 · 무효라거나 조합설립인가가 위법하다고 할 수 없다.

---

65 위 대법원 2011두8291 판결 등이 조합설립인가는 추진위원회 구성승인처분이 적법 · 유효할 것을 전제로 하지 않는다고 판단한 것은 추진위원회 구성승인처분은 비법인사단인 추진위원회를 구성하는 행위를 보충하여 그 효력을 부여하는 처분인데 반해, 조합설립인가는 행정주체(공법인)의 지위를 부여하는 설권적 처분이고, 추진위원회 구성동의보다 더 엄격한 동의요건을 갖추고, 창립총회 결의를 통해 정관을 확정하고 임원을 선출하는 등 단체결성행위를 거쳐 성립하는 조합에 관한 것이기 때문에 추진위원회 구성승인처분의 위법만을 들어 조합설립인가의 위법을 인정할 수 없다는 것이다.

66 대법원 2013. 12. 26. 선고 2011두8291 판결, 대법원 2014. 2. 13. 선고 2011두21652 판결.

67 대법원 2013. 12. 26. 선고 2011두8291 판결, 대법원 2014. 2. 27. 선고 2011두2248 판결, 대법원 2014. 4. 24. 선고 2012두29004 판결.

68 대법원 2014. 5. 29. 선고 2012두6650 판결.

나. 조합설립인가의 하자 치유

조합이 조합설립인가를 받아 설립되었으나 소송 과정에서 일부 조합설립 동의서가 무효이어서 동의 정족수에 다툼이 있는 경우, 조합이 토지등소유자들로부터 조합설립 동의서를 추가로 받으면 종전 조합설립인가의 하자가 치유되었다고 볼 수 있는지가 문제된다.

행정행위의 하자의 치유는 행정행위의 성립 당시의 하자를 사후에 보완하여 하자없는 적법한 행위로 그 효력을 유지시키는 것이다. 그러나, 하자 있는 행정행위의 치유는 행정행위의 성질이나 법치주의 관점에서 볼 때 원칙적으로 허용될 수 없는 것이고, 예외적으로 행정행위의 무용한 반복을 피하고 당사자의 법적 안정성을 위해 이를 허용하는 때에도 국민의 권리나 이익을 침해하지 않는 범위에서 구체적 사정에 따라 합목적적으로 인정되어야 한다(토지보상법 이의재결의 하자 치유에 대한 대법원 2002. 7. 9. 선고 2001두10684 판결 참고).

조합설립인가에 일부 조합설립 동의서가 무효이어서 동의 정족수에 미달하지 못하는 하자가 있다 하더라도 다시 조합설립 동의를 받는 등 요건을 보완하면 조합설립인가를 다시 받을 수 있고, 조합설립인가가 취소될 경우 종전 조합설립인가에 의해 설립된 조합이 행한 정비사업의 효력이 문제되어 법적 안정성을 침해할 수 있다는 점에서 일응 하자의 치유를 인정할 여지도 있을 것이다. 그러나 대법원 2010. 8. 26. 선고 2010두2579 판결, 대법원 2012. 12. 13. 선고 2011두21218 판결은 조합설립인가는 설권적 처분의 성질을 갖고 있고 흠의 치유를 인정하더라도 원고들을 비롯한 토지등소유자들에게 아무런 손해가 발생하지 않는다고 단정할 수 없다고 보아 하자의 치유를 부정하였다.[69] 이에 반해, 대법원 2010. 7. 15. 선고 2009다63380 판결은 부족한 정족수가 근소하고 상당한 기간내에 추가동의를 받아 정족수를 충족한 경우에는 하자가 치유된다고 보았으나, 위 대법원 2009다63380 판결은 매도청구 최고를 위한 조합설립 동의(재건축 결의)인 조합설립변경인가의 하자가 문제된 사안에서 바로 추가 동의서 보완이 이루어지고 재차 조합설립변경인가까지 이루어져 종전의 하자가 치유되어 매도청구가 적법하다고 본 것이었고 행정행위의 하자 치유에 관한 요건을 판단한 것이 아니어서 일반화할 수 없을 것으로 생각된다.[70]

따라서 조합설립인가에 동의 정족수 부족 등의 하자가 있는 경우 조합설립 동의서를 추가하여 종전 조합설립인가가 여전히 유효함을 주장하기는 어렵고, 조합설립인가와 동일한 요건을 갖추어 조합설립변경인가를 받는 것이 타당하다.

69 자세한 논거는 위 대법원 2010두2579 판결의 원심인 서울고등법원 2009. 12. 23. 선고 2009누8429 판결 참고.

70 하자의 치유를 부정한 대법원 2010. 8. 26. 선고 2010두2579 판결, 대법원 2012. 12. 13. 선고 2011두21218 판결은 조합설립인가의 취소 또는 무효확인을 구한 사안에서 하자의 치유가 직접 쟁점이 된 것이었다.

V. 조합설립변경인가

1. 조합설립변경인가의 법적 성격

조합설립인가를 받은 사항 중 정관의 변경에 대한 인가는 기본행위를 보충하여 법률상 효력을 완성시키는 강학상 인가에 해당한다(대법원 2007. 7. 24.자 2006마635 결정, 대법원 2014. 7. 10. 선고 2013도11532 판결). 정관은 단체의 규범으로서 원칙적으로 총회 의결 등 단체 내부절차로 변경할 수 있으나, 관련 법령에서 별도의 인가절차를 정하고 있다면 그 인가는 변경된 규범의 효력을 보충(완성)하는 취지로 보는 것이 타당하기 때문이다. 따라서, 변경된 정관은 인가를 받은 때부터 효력이 발생하고 총회의 의결이 있었던 때로 소급하지 않으며(대법원 2007. 7. 24.자 2006마635 결정, 대법원 2014. 7. 10. 선고 2013도11532 판결),[71] 인가처분에 하자가 없다면 기본행위인 정관변경의 하자를 이유로 인가처분의 취소 또는 무효확인을 구할 수 없다.

한편, 조합설립인가를 받은 사항 중 '정비사업비의 분담기준' 등 조합설립동의 내용(재건축결의 내용)의 변경에 대한 인가는 본래 설권적 처분인 조합설립인가를 변경하는 것이므로 마찬가지로 설권적 처분으로 보는 것이 타당하다. 대법원은 조합설립변경인가는 당초 조합설립인가에서 이미 인가받은 사항의 일부를 수정 또는 취소 · 철회하거나 새로운 사항을 추가하는 것으로서 유효한 당초 조합설립인가에 근거하여 설권적 효력의 내용이나 범위를 변경하는 성질을 가지고(대법원 2014. 5. 29. 선고 2011다46128, 2013다69057 판결, 대법원 2014. 5. 29. 선고 2011두25876 판결 등), 선행 조합설립인가가 취소 또는 무효확인되더라도 후행 조합설립변경인가가 새로운 조합설립인가의 요건을 갖춘 경우에는 조합설립인가의 효력이 인정되어 매도청구 등 정비사업을 계속할 수 있다고 보았다(대법원 2013. 2. 28. 선고 2012다34146 판결, 대법원 2014. 5. 29. 선고 2011다46128, 2013다69057 판결 등).

2. 조합설립변경인가의 대상

조합이 인가받은 사항을 변경하고자 하는 때에는 총회에서 조합원 2/3 이상의 찬성으로 의결하고 시장 · 군수등의 인가를 받아야 한다(법 제35조 제5항 본문). 이때 조합설립인가를 받은 사항은 ⓐ 재건축 결의에 해당하는 조합설립 동의사항(시행령 제30조 제2항 제1호 내지 제4호), ⓑ 정관(시행령 제30조 제2항 제5호), ⓒ 조합원, 선임된 조합임원 · 대의원 등(시행규칙 제8조 제2항 제1호 각 목)인데, ⓐ 재건축 결의에 해당하는 조합설립 동의사항 중 '건설되는 건축물의 설계 개요' 및 '공사비 등 정비사업비용에 드는 비용(정비사업비)'은 조합설립인가내용의 경미한 변경사항이며(법 제35조 제5항 단서, 시행령 제31조 제5호, 제6호), ⓑ 정관은 도시정비법 제40조 제3항이 별도로 정하는 총회 의결로서 변경하며, ⓒ 조합원(조합원의 범위), 임원 ·

71 다만, 정관의 내용 형성은 기본행위인 총회 의결에서 이루어지기 때문에, 조합 총회의 의결이 실질적으로 정관의 내용을 변경하는 것으로서 정관 변경을 위한 의결정족수를 갖추었다면 총회 의결 당시에 조합 내부적으로 업무집행기관을 구속하는 규범의 효력은 갖추었다고 볼 수 있다(대법원 2018. 3. 13. 선고 2016두35281 판결).

대의원 등의 변경은 경미한 변경사항에 해당한다(법 제35조 제5항 단서, 시행령 제31조 제3호, 제4호, 제7호). 따라서 조합설립인가를 받은 사항 중 도시정비법 제35조 제3항 본문에 따라 조합원 2/3 이상의 찬성 및 시장·군수등의 인가를 받아야 하는 사항은 '정비사업비의 분담기준' 및 '사업 완료 후 소유권의 귀속에 관한 사항'(시행령 제30조 제2항 제3호, 제4호) 정도이다.[72]

구 주택건설촉진법에 따른 재건축사업에서 재건축결의가 사회통념상 동일성을 벗어나 변경되면 재건축결의를 다시 받아야 하는 것으로 보았고, 2002년 제정된 도시정비법이 적용되는 경우에도 비용부담 등에 관한 재건축결의의 내용이 실질적으로 변경되면 토지등소유자의 동의를 다시 갖추어 조합설립변경인가를 받아야 할 사항으로 보았다. 그러나 실질적 변경 등의 기준이 모호하고 총회 의결이 아니라 조합설립과 동일한 토지등소유자의 서면동의를 받은 것은 불필요한 낭비를 초래하였다. 이에 대법원 2009. 1. 30. 선고 2007다31884 판결 등은 조합설립 동의(재건축 결의)의 내용이 실질적으로 변경된 경우에도 정관 변경에 관한 규정을 유추적용하여 총회에서 조합원 2/3 이상의 동의를 갖추면 적법하다고 보면서, 조합설립변경의 동의 방법 등에 대한 타당한 해법을 인정하였다.

따라서 조합설립변경인가는 주로 별도의 총회 의결을 받는 정관 변경에 관하여 이루어졌고, 토지등소유자의 서면동의를 받은 경우는 종전 조합설립인가의 효력에 다툼이 있어 조합설립인가와 동일한 요건과 방식을 갖추어 조합설립변경인가를 받은 정도였다.

도시정비법이 2017년 전부 개정되면서 종전보다 동의율을 낮춘 조합원 2/3 찬성의 총회 의결로서 조합설립인가사항을 변경할 수 있도록 하였으나,[73] '정비사업비의 분담기준' 및 '사업 완료 후 소유권의 귀속에 관한 사항' 등은 관리처분계획 수립 단계에서 구체화되는 것이어서 여전히 조합설립인가변경 절차로 직접 변경할 필요는 적고, 조합설립 당시와 비교하여 실질적으로 변경되었다 하더라도 총회에서 조합원 2/3 이상의 동의를 받아야 한다는 점에서 종전과 동일하게 볼 수 있다.

3. 조합설립변경인가의 절차

종전에는 조합설립변경인가를 신청하려면 조합설립과 동일한 동의 정족수의 토지등소유자의 서면동의서를 받아야 했으나(구법 제16조 제1항, 제3항), 도시정비법이 2017. 2. 8. 법률 제14567호로 전부 개정되면서 총회 의결 방식으로 변경되었다. 조합이 인가받은 사항을 변경하고자 하

---

72 조합임원 또는 대의원의 변경, 건설되는 건축물의 설계 개요의 변경, 정비사업비의 변경은 시행령이 2008. 12. 17. 대통령령 제21171호로 개정되면서 경미한 변경사항이 되었다(구 시행령 제27조 제2호의2, 제2호의3, 제2호의4 신설).

73 개정 경위와 관련하여, 조합이 설립된 이후에도 조합원의 동의가 아닌 토지등소유자 또는 구분소유자의 동의를 받도록 한다는 것은 옳지 않고, 인가받을 사항을 조합이 설립된 이후에 변경하는 것에 조합설립에 준하는 엄격한 동의율을 요구할 필요가 없다는 점을 고려하여 조합원 2/3 이상의 찬성의 총회 의결로 정한 것이라는 강신은, 146 참고.

는 때에는 총회에서 조합원 2/3 이상의 찬성으로 의결하고 변경내용을 증명하는 서류를 첨부하여 시장 · 군수등의 인가를 받아야 한다(법 제35조 제5항 본문, 시행규칙 제8조 제1항, 제2항 제2호).

도시정비법이 2017. 2. 8. 법률 제14567호로 전부 개정되면서도 정비구역에 포함되어 있는 주택단지가 아닌 지역의 토지 또는 건축물 소유자에 대해서는 별도의 단서를 두어 변경인가시에도 여전히 토지 또는 건축물 소유자의 3/4 이상 및 토지면적의 2/3 이상의 토지소유자의 동의를 받도록 하고 있었는데,[74] 주택단지가 아닌 지역의 토지등소유자는 조합원으로서 조합설립변경인가를 위해 총회 의결권을 행사하는 동시에 별도의 동의절차를 거쳐야 하는 문제가 있었다. 이에 도시정비법이 2019. 4. 23. 법률 제16383호로 개정되면서 구 도시정비법 제35조 제4항의 단서를 삭제하여 재개발사업, 주택단지의 재건축사업과 동일하게 규정하였다.

4. 조합설립변경인가의 효력

가. 선행 조합설립(변경)인가의 하자에 따른 후행 조합설립변경인가의 효력

조합설립변경인가는 당초 조합설립인가에서 이미 인가받은 사항의 일부를 수정 또는 취소 · 철회하거나 새로운 사항을 추가하는 것으로서 유효한 당초 조합설립인가에 근거하여 설권적 효력의 내용이나 범위를 변경하는 성질을 갖는다(대법원 2014. 5. 29. 선고 2011다46128, 2013다69057 판결, 대법원 2014. 5. 29. 선고 2011두25876 판결 등).

따라서 당초 조합설립인가가 쟁송에 의하여 취소되었거나 무효인 경우에는 이에 터 잡아 이루어진 조합설립변경인가도 원칙적으로 효력을 상실하거나 무효이며, 당초 조합설립인가 이후 여러 차례 조합설립변경인가가 있었다가 중간에 행하여진 선행 조합설립변경인가가 쟁송에 의하여 취소되었거나 무효인 경우에 후행 조합설립변경인가의 효력도 무효이다(대법원 2014. 5. 29. 선고 2011다46128, 2013다69057 판결, 대법원 2014. 5. 29. 선고 2011두25876 판결 등).

나. 조합설립인가의 효력을 갖는 조합설립변경인가

(1) 조합설립인가의 효력을 갖는 조합설립변경인가

조합설립인가가 동의 정족수를 충족하지 못하는 등의 사유로 효력에 다툼이 있는 경우 실무적으로 종전 조합설립과 동일한 방식과 절차로 조합설립변경인가를 신청하고 있다.

대법원은 조합설립인가의 위법 여부 또는 효력 유무에 관한 다툼이 있어 조합이 처음부터 다시 조합설립인가에 관한 절차를 밟아 조합설립변경인가를 받았고, 그 조합설립변

---

74 구 도시정비법(2019. 4. 23. 법률 제16383호로 개정되기 전의 것) 제35조(조합설립인가 등) ④ 제3항에도 불구하고 주택단지가 아닌 지역이 정비구역에 포함된 때에는 주택단지가 아닌 지역의 토지 또는 건축물 소유자의 4분의 3 이상 및 토지면적의 3분의 2 이상의 토지소유자의 동의를 받아야 한다. 이 경우 인가받은 사항을 변경하려는 때에도 또한 같다.

경인가가 새로운 조합설립인가의 요건을 갖춘 경우에는 그에 따른 효과가 있으며, 조합은 조합설립변경인가의 효력에 의하여 정비사업을 계속 진행할 수 있다고 보았다(대법원 2014. 5. 29. 선고 2011다46128, 2013다69057 판결, 대법원 2014. 5. 29. 선고 2011두25876 판결 등). 도시정비법 제37조가 "조합설립인가의 무효 또는 취소소송 중에 일부 동의서를 추가 또는 보완하여 조합설립변경인가를 신청하는 때"에 유효성이 다툼이 없는 토지등소유자의 동의서를 다시 사용할 수 있는 특례를 마련한 것도 종전 실무를 반영한 것이다.

(2) 조합설립인가의 효력을 갖기 위한 요건

조합설립인가변경처분이 새로운 조합설립인가의 효력을 갖기 위해서는 조합이 토지등소유자로부터 새로 법정사항이 포함된 동의서에 의한 동의를 받는 등 처음부터 다시 조합설립인가에 관한 절차를 밟고, 조합설립변경인가의 신청 전에 총회를 새로 개최하여 조합정관의 확정·조합임원의 선임 등에 관한 결의를 하는 등 조합설립인가에 필요한 실체적·절차적 요건을 모두 갖추어야 한다(대법원 2014. 5. 29. 선고 2013두18773 판결).

① 조합설립(변경)인가 신청을 하려면 토지등소유자의 동의(조합설립 동의서)를 다시 받아야 하는데, 도시정비법 제37조가 동의서 재사용에 대한 특례를 마련하여 일정한 요건을 갖추면 종전의 유효한 동의서는 재사용할 수 있게 되었다.[75]

② 조합설립을 위한 필수적 절차인 창립총회는 조합의 총회가 아니라 주민총회 또는 토지등소유자 총회이므로(대법원 2012. 4. 12. 선고 2010다10986 판결) 조합의 총회가 창립총회를 대신하여 조합설립 결의를 할 수 있는지가 문제되는데, 대법원 2014. 5. 29. 선고 2013두18773 판결 등은 새로 개최된 총회의 의사결정은 종전의 조합설립인가의 신청 전에 이루어진 창립총회의 결의를 추인하는 결의를 하거나 총회의 진행 경과 등에 비추어 그러한 추인의 취지가 포함된 것으로 볼 수 있는 사정이 있으면 충분하다고 보았다(대법원 2014. 5. 29. 선고 2013두18773 판결, 대법원 2014. 6. 26. 선고 2011다38318 판결 등).[76]

③ 종전에는 조합설립인가와 조합설립변경인가는 모두 토지등소유자의 동의(서면동의서)를 받는 방식으로 이루어졌으나, 도시정비법이 2017. 2. 8. 법률 제14567호로 전부 개정되면서 조합설립변경인가는 총회 의결을 받도록 변경되었다(법 제35조 제3항). 종전 대법원 2013. 2. 28. 선고 2012다74816 판결 등의 취지는 조합설립변경인가가 조합설립인가의 실체적·절차적 요건을 모두 갖추면 조합설립인가의 효력을 가질 수 있다는 것인데, 종전에도 토지등소유자 동의서 등을 보완하여 조합 총회를 개최하여 종전 창립총회 결의를 추인하고 종전

75 자세한 내용은 **[8]토지등소유자의 동의 II.1.다.동의서의 재사용** 참고.

76 창립총회가 조합설립을 위한 필수적인 절차이기는 하나, 종전 조합설립인가가 판결에 의하여 취소나 무효로 확정되지 않은 단계에서 새로 조합설립추진위원회를 구성하고 창립총회를 개최하여 별개의 조합을 다시 결성할 것을 요구하는 것은 현실적으로 불가능하거나 무용한 절차를 강요하는 것이다. 서울고등법원 2013. 8. 16. 선고 2012누31856 판결은 조합설립인가가 무효라고 하더라도 그 설립인가의 전제로서 이루어진 창립총회의 결의까지 당연히 무효로 될 수 없다는 관점에서 접근하였다.

조합 업무를 추인하는 취지로 의결을 한 후 명목상 조합설립변경인가를 신청하여 인가를 받는 방법도 가능하였다(대법원 2014. 5. 29. 선고 2013두18773 판결). 2017년 전부개정법률이 적용되는 경우에도 조합설립인가를 위해 토지등소유자 동의가 필요하다는 점은 달라지지 않으므로, 종전과 동일하게 취급할 수 있을 것으로 생각된다.

다. 변경인가의 형식으로 이루어진 조합설립변경신고의 효력

행정청이 신고사항인 조합설립인가내용의 경미한 변경을 신고절차가 아닌 변경인가 형식으로 처분을 한 경우 그 성질은 신고사항을 변경하는 내용의 신고를 수리하는 의미에 불과하다(대법원 2010. 12. 9. 선고 2009두4555 판결). 따라서 그 변경인가의 적법 여부 역시 변경인가의 절차 및 요건의 구비 여부가 아니라 신고 수리에 필요한 절차 및 요건을 구비하였는지 여부에 따라 판단하여야 한다(대법원 2013. 10. 24. 선고 2012두12853 판결).

이 경우 신고를 수리하는 의미에 불과한 후행 조합설립변경인가가 있다고 하더라도 설권적 처분인 선행 조합설립인가를 다툴 소의 이익은 여전히 있다(대법원 2012. 10. 25. 선고 2010두25107 판결, 대법원 2013. 10. 24. 선고 2012두12853 판결 등).

Ⅵ. 조합설립변경신고

1. 도시정비법상 신고의 법적 성격

가. 수리를 요하는 신고와 수리를 요하지 않는 신고

본래의 신고는 ⓐ 수리를 요하지 않는 신고로서, 신고서, 구비서류 및 법령등에 규정된 형식상의 요건을 갖춰 신고를 하면 신고서가 접수기관에 도달한 때 신고 의무가 이행된 것으로 본다(행정절차법 제40조, 강학상 '자기완결적 신고'). 그러나 ⓑ 신고로 되어 있음에도 행정청의 수리가 있어야 비로소 효력이 발생하는 이른바 '수리를 요하는 신고'도 학설과 개별 판결에 따라 인정되고 있다. 위 2가지 유형의 신고는 신고의 효력발생시기, 신고수리 또는 반려행위의 행정처분성 등에서 차이가 있는데, 수리를 요하지 않는 신고라 하더라도 행정청이 그 신고를 반려하였다면 미신고행위에 대한 행정명령, 행정형벌의 법적 불이익을 그대로 안게 되므로 반려행위 등에 대해 항고소송으로 다툴 수 있는 범위를 점차 넓게 해석하고 있다.

이에 대하여, 법령의 문언은 수리를 요하는 신고와 수리를 요하지 않는 신고를 구분하지 않고 대부분 "...를 하려는 자는 신고하여야 한다"와 같이 규정되어 있기 때문에, 신고의 유형을 구분하려면 행정청이 형식적 요건 이외에 실질적 요건도 심사하는지, 그 신고가 허가에서 분리되거나 허가에서 신고로 변경된 것인지와 같은 입법적인 연혁까지 판단하여야 한다. 법제처는 2016년 신고제 합리화 정비사업을 추진하면서 법령의 문언을 정비하여 ⓐ 수리를 요하지 않는 신고는 현재와 같이 "...신고하여야 한다"와 같이 규정하고, ⓑ 수리를 요하는 신고는 수리 여부 통지 및 수리간주에 대한 규정을 추가함으로서 수리행위가

필요한 신고임을 명확하게 구분하고자 하였다.[77]

나. 도시정비법상 신고에 대한 종전 논의 및 2021년 법률 개정

도시정비법의 신고는 ⓐ 조합설립인가내용의 경미한 변경(법 제35조 제5항 단서), ⓑ 정관의 경미한 변경(법 제40조 제4항), ⓒ 사업시행계획의 경미한 변경(법 제50조 제1항 단서), ⓓ 관리처분계획의 경미한 변경(법 제74조 제1항 각 호 외의 부분 단서)에서 정하고 있다. 이 중 ⓑ 정관의 경미한 변경의 신고는 대체로 수리를 요하지 않는 신고로 보고,[78] 나머지는 사항별로 달리 보되 대체로 수리를 요하는 신고로 보아 수리가 있어야 효력이 발생하는 것으로 취급하였다.

그러나 도시정비법이 2021. 3. 16. 법률 제17943호로 개정되면서 조합설립인가내용, 정관, 사업시행계획 및 관리처분계획의 각 경미한 변경에 대한 신고에 대해 수리 통지 의무 및 수리간주 규정을 신설함으로써 수리를 요하는 신고임을 명확히 하였다(법 제35조 제5항, 제6항, 제40조 제5항, 제6항, 제50조 제2항, 제3항, 제74조 제2항, 제3항).[79] 따라서 종전의 논의와 상관없이 위 일부개정법률의 시행일인 2021. 3. 16. 이후의 신고는 모두 수리를 요하는 신고로서 신고가 수리된 때 효력이 발생한다고 볼 것이다.

> 법 제35조(조합설립인가 등) ⑤ 제2항 및 제3항에 따라 설립된 조합이 인가받은 사항을 변경하고자 하는 때에는 총회에서 조합원의 3분의 2 이상의 찬성으로 의결하고, 제2항 각 호의 사항을 첨부하여 시장·군수등의 인가를 받아야 한다. 다만, 대통령령으로 정하는 경미한 사항을 변경하려는 때에는 총회의 의결 없이 시장·군수등에게 신고하고 변경할 수 있다.
> ⑥ 시장·군수등은 제5항 단서에 따른 신고를 받은 날부터 20일 이내에 신고수리 여부를 신고인에게 통지하여야 한다. <신설 2021. 3. 16.>
> ⑦ 시장·군수등이 제6항에서 정한 기간 내에 신고수리 여부 또는 민원 처리 관련 법령에 따른 처리기간의 연장을 신고인에게 통지하지 아니하면 그 기간(민원 처리 관련 법령에 따라 처리기간이 연장 또는 재연장된 경우에는 해당 처리기간을 말한다)이 끝난 날의 다음 날에 신고를 수리한 것으로 본다. <신설 2021. 3. 16.>

2. 조합설립변경신고의 법적 성격

대법원은 조합설립인가내용의 경미한 변경에 대해 행정청이 신고절차가 아닌 변경인가 형식으로 처분을 한 경우 그 성질은 신고사항을 변경하는 내용의 신고를 수리하는 의미

77 박송이, "신고제 합리화 정비사업", 법제 (2017. 9.), 189-200.

78 서울고등법원 2011. 11. 10. 선고 2011누23865 판결.

79 개정이유는 "국민생활 및 기업활동과 밀접하게 관련되어 있는 인허가 및 신고 민원의 처리절차를 법령에서 명확하게 규정함으로써 관련 민원의 투명하고 신속한 처리와 일선 행정기관의 적극행정을 유도하기 위하여, 주택재개발사업 등 정비사업을 위한 조합설립, 사업시행 및 관리처분계획 등의 인가 사항 중 경미한 사항의 변경신고가 수리가 필요한 신고임을 명시[한다]"이다(위 일부개정법률 개정이유).

하는 것으로서 그 적법 여부는 신고 수리에 필요한 절차 및 요건을 구비하였는지 여부에 따라 판단한다고 하여 조합설립변경신고를 일응 수리를 요하는 신고행위로 보았다(대법원 2013. 10. 24. 선고 2012두12853 판결 등). 다만 시행령 제31조 각 호의 경미한 변경사항을 일괄적으로 수리를 요하는 신고로 볼 것은 아니고, 총회 또는 대의원회 결의 등 도시정비법 또는 정관이 정한 변경절차가 필요한 사항의 변경은 수리를 요하는 신고로서, 그 이외의 사항은 자기완결적 신고로서 수리를 요하지 않는다는 등의 구분도 가능한 것으로 생각된다.[80]

그런데 도시정비법이 2021. 3. 16. 법률 제17943호로 개정되면서 신고 수리 및 수리간주 규정을 신설하였는바(법 제35조 제6항, 제7항), 조합설립인가내용의 경미한 변경에 대한 신고를 수리를 요하는 신고로 정한 입법 목적이 명백하므로 위 일부개정법률의 시행일인 2021. 3. 16. 이후로는 수리를 요하는 신고로 보아야 한다.

3. 조합설립변경신고의 대상

조합설립인가내용의 경미한 변경은 총회 의결 없이 시장 · 군수등에게 신고하고 변경할 수 있다. 시행령 제31조에서 정하는 조합설립인가내용의 경미한 변경사항은 다음과 같다.

> 시행령 제31조(조합설립인가내용의 경미한 변경) 법 제35조 제5항 단서에서 "대통령령으로 정하는 경미한 사항"이란 다음 각 호의 사항을 말한다.
> 1. 착오·오기 또는 누락임이 명백한 사항
> 2. 조합의 명칭 및 주된 사무소의 소재지와 조합장의 성명 및 주소(조합장의 변경이 없는 경우로 한정한다)
> 3. 토지 또는 건축물의 매매 등으로 조합원의 권리가 이전된 경우의 조합원의 교체 또는 신규가입
> 4. 조합임원 또는 대의원의 변경(법 제45조에 따른 총회의 의결 또는 법 제46조에 따른 대의원회의 의결을 거친 경우로 한정한다)[81]
> 5. 건설되는 건축물의 설계 개요의 변경

80 법 또는 정관에 따라 변경절차가 필요하지 않고 단순한 사실의 신고에 불과한 때에는 수리를 요하지 않는 신고로 볼 수 있다는 견해로 안광순(상), 476; 조합임원 및 대의원의 변경, 건설되는 건축물의 설계 개요의 변경, 건축물의 철거 및 신축에 소요되는 비용의 개략적 금액의 변경(정비사업비의 변경)은 수리를 요하는 신고이고, 나머지는 수리를 요하지 않는 신고라는 견해로 맹신균, 272; 다만 종전 대법원 판결 사안은 전부 수리를 요하는 신고로 본 것이다. 대법원 2013. 10. 24. 선고 2012두12853 판결은 "건설되는 건축물의 설계 개요의 변경", "건축물의 철거 및 신축에 소요되는 비용의 개략적 금액의 변경"은 시행령 제42조(구 시행령 제34조)에 따라 총회 의결을 요하므로 그 신고(변경인가신청)는 수리를 요하는 신고로서 적법한 총회 의결을 거쳤는지를 판단하여야 한다고 보았으나, 대법원 2010. 12. 9. 선고 2009두4555 판결의 "토지 등 건축물의 매매 등으로 인하여 조합원의 권리가 이전되거나 추가 동의서가 제출되어 동의자 수가 변경[된 것]"은 별도의 절차를 필요로 하지 않음에도 수리를 요하는 신고로 판단되었다.

81 구 시행령(2018. 2. 9. 대통령령 제28628호로 전부 개정되기 전) 제27조 제2의2호는 "조합임원 또는 대의원의 변경(조합장은 법 제24조에 따라 총회의 의결을 거쳐 변경인가를 받아야 한다)"으로 정하고 있었다.

6. 정비사업비의 변경[82]
7. 현금청산으로 인하여 정관에서 정하는 바에 따라 조합원이 변경되는 경우
8. 법 제16조에 따른 정비구역 또는 정비계획의 변경에 따라 변경되어야 하는 사항. 다만, 정비구역 면적이 10퍼센트 이상의 범위에서 변경되는 경우는 제외한다.
9. 그 밖에 시·도조례로 정하는 사항

시 · 도조례로 경미한 변경사항을 정할 수 있는데(시행령 제31조 제9호), 서울시 정비조례에서 정하는 경미한 변경사항은 다음과 같다.

서울시 정비조례 제21조(조합설립인가내용의 경미한 변경) 영 제31조 제9호에서 "그 밖에 시·도조례로 정하는 사항"이란 다음 각 호의 사항을 말한다.
1. 법령 또는 조례 등의 개정에 따라 단순한 정리를 요하는 사항
2. 사업시행계획인가 또는 관리처분계획인가의 변경에 따라 변경되어야 하는 사항
3. 매도청구대상자가 추가로 조합에 가입함에 따라 변경되어야 하는 사항
4. 그 밖에 규칙으로 정하는 사항

서울시 정비조례 시행규칙 제10조(조합설립인가 내용의 경미한 변경) 조례 제21조 제4호에서 "그 밖에 규칙으로 정하는 사항"이란 사업시행계획인가 신청예정시기의 변경을 말한다.

4. 조합설립변경신고의 절차

도시정비법 제35조 제5항 단서는 조합설립인가의 경미한 사항을 변경하려는 때에는 총회의 의결 없이 시장 · 군수등에게 신고하고 변경할 수 있다고 정하고 있는데, 경미한 변경사항도 도시정비법령 및 정관에 따라 총회 의결을 필요로 하는 경우가 있다. 따라서 위 규정의 "총회의 의결 없이"는 총회를 무조건 개최하지 않는다는 취지가 아니라 '조합원 2/3 이상의 총회 의결 없이'라는 의미이고,[83] 신고로서 족한 경미한 사항의 변경이라 하더라도 법령이나 정관에서 총회의 의결대상으로 정한 것은 신고에 앞서 총회 의결을 거쳐야 한다(대법원 2014. 5. 29. 선고 2011두33051 판결).[84]

조합이 도시정비법령 또는 정관이 정하는 절차에 따라 조합설립인가내용의 경미한 사

82 구 시행령(2012. 7. 31. 대통령령 제24007호로 개정되기 전) 제27조 제2의4호는 "건축물의 철거 및 신축에 소요되는 비용의 개략적인 금액의 변경"으로 정하고 있었다.

83 강신은, 146.

84 강신은, 146; 안광순(상), 477; 위 대법원 2011두33051 판결은 조합설립변경인가를 총회 의결이 아닌 토지등소유자의 서면동의에 의하도록 한 구 도시정비법이 적용되는 사안이나, 판시한 취지는 현행법에서도 동일하게 볼 수 있다.

항을 변경한 후 시장 · 군수등에게 그 신고를 하면, 시장 · 군수등은 그 신고를 받은 날부터 20일 이내에 신고수리 여부를 통지하여야 한다(법 제35조 제6항). 시장 · 군수등이 위 20일의 기간 내에 신고수리 여부 또는 민원 처리 관련 법령에 따른 처리기간의 연장을 신고인에게 통지하지 아니하면 그 기간(민원 처리 관련 법령에 따라 처리기간이 연장 또는 재연장된 경우에는 해당 처리기간)이 끝난 날의 다음 날에 신고를 수리한 것으로 본다(법 제35조 제7항).[85]

5. 조합설립변경신고의 효력

조합설립변경신고를 수리가 필요하지 않는 신고로 보면, 신고는 단순한 신고의무 이행에 불과한 것이어서 도시정비법령 또는 정관이 정한 절차에 따라 변경한 때 그 효력이 발생한다.[86]

조합설립변경신고를 수리를 요하는 신고로 보거나 2021. 3. 16. 이후의 신고로서 도시정비법 제35조 제6항, 제7항이 적용되면, 인가권자가 신고를 수리한 때 비로소 효력이 발생한다.

Ⅶ. 조합설립(변경)인가에 대한 쟁송

1. 원고적격

조합설립(변경)인가신청에 대한 거부(반려)처분이 있으면 처분의 상대방인 추진위원회 또는 조합이 그 거부(반려)처분을 다툴 수 있는 것은 물론이다. 조합설립(변경)인가의 직접 상대방이 아닌 제3자라 하더라도 그 인가처분으로 인하여 법률상 보호되는 이익을 침해당한 경우 그 처분의 취소나 무효확인을 구하는 행정소송을 제기할 수 있다.

정비구역내 토지등소유자는 조합설립에 대한 동의 여부와 상관없이 조합의 정비사업 과정에서 직접적인 권리의 변동이 발생하므로 조합설립인가를 다툴 법률상 이익이 있다고 볼 것이다.

① 재개발사업에서 토지등소유자는 조합설립에 동의하였는지 여부를 불문하고 조합원의 지위를 가지고, 정비사업에 따른 수용, 사용수익의 제한 등 재산권 행사와 관련하여 직접적인 구체적 이익을 침해당할 수 있으므로 인가처분의 취소를 구할 법률상 이익이 있다(추진위원회 구성승인처분에 대한 대법원 2007. 1. 25. 선고 2006두12289 판결, 대법원 2009. 10. 29. 선고 2009두12228 판결 참고).

② 재건축사업에서 조합설립에 동의하지 않은 정비구역내 토지등소유자도 매도청구,

---

85 "민원 처리 관련 법령에 따른 처리 기간의 연장"은 개별법에서 처리 지연 사유 통지에 대한 규정이 있으면 그에 따르되, 별도의 규정이 없는 경우 일반법인 민원처리법 시행령 제21조 등에 의해 처리 기간을 연장할 수 있다는 취지이다(박송이, 앞의 글, 198).

86 정관 변경에 관한 서울고등법원 2011. 10. 10. 선고 2011누23865 판결 참고.

현금청산 등 재산권 행사에 제한이 수반되므로 동일하게 인가처분을 다툴 법률상 이익이 있다고 볼 수 있다. 재건축사업에서 조합설립에 동의한 토지등소유자라 하더라도 조합원이기에 앞서 토지등소유자로서 적법한 정비사업조합에 의해 정비사업이 적법하고 원활하게 수행되는데 도시정비법이 보호하는 직접적이고 구체적인 법률상 이익이 있다.[87]

③ 재개발사업 · 재건축사업에서 분양신청을 하지 않아 조합원 지위를 상실한 현금청산대상자도, 조합설립인가가 중대 · 명백한 하자로 무효가 되면 정비사업 시행에 따라 상실하게 될 토지 · 건축물 또는 그 밖의 권리를 유지할 수 있으므로 조합설립인가의 무효확인을 구할 법률상 이익이 있다.[88]

정비구역내 토지등소유자가 아니라 하더라도 정비사업 과정에서 직접적인 권리의 변동이 발생한다면 조합설립인가를 다툴 법률상 이익이 있다고 볼 것이다.

④ 재개발사업의 임차인도 조합설립인가를 받은 조합이 사업시행자로서 사업시행계획인가를 받게 되면 그 권리를 수용당할 수 있으므로, 조합설립인가의 무효확인을 구할 법률상 있다고 보는 것이 타당하다.[89]

2. 쟁송의 대상, 방법 및 소의 이익

가. 조합설립인가

조합설립인가는 행정주체(공법인)의 지위를 부여하는 설권적 처분으로서, 이에 대한 쟁송은 항고소송으로 하여야 한다(대법원 2009. 9. 24. 선고 2008다60568 판결 등).[90] 구 주택건설촉진법에 따라 설립된 재건축조합에 대한 조합설립인가가 이루어졌다 하더라도 동일하다(대법원 2014. 2. 27. 선고 2011두11570 판결).

나. 창립총회 등 조합설립결의

조합설립결의는 조합설립인가라는 행정처분을 하는 데 필요한 요건 중 하나에 불과한 것이어서, 조합설립결의에 하자가 있다면 그 하자를 이유로 직접 항고소송의 방법으로 조합설립인가의 취소 또는 무효확인을 구하여야 하고, 이와는 별도로 조합설립결의 부분만을 따로 떼어내어 그 효력 유무를 다투는 확인의 소를 제기하는 것은 원고의 권리 또는 법률상의 지위에 현존하는 불안 · 위험을 제거하는 데에 가장 유효 · 적절한 수단이라 할 수 없어 특별한 사정이 없는 한 확인의 이익은 인정되지 아니한다(대법원 2009. 9. 24. 선고 2008다60568 판결 등).

다만 인가처분이 있기 전이라면 공법상 당사자소송으로 창립총회결의무효확인의 소 등을 제기하는 것은 가능하다. 창립총회결의무효확인 등 당사자소송이 진행중에 조합설립

---

87 서울고등법원 2011. 5. 18. 선고 2010누20654 판결, 서울고등법원 2019. 5. 30. 선고 2018누52060 판결.

88 서울고등법원 2010. 12. 15. 선고 2010누19456 판결.

89 서울고등법원 2010. 11. 25. 선고 2010누7989 판결.

90 그동안 민사소송으로 제기된 재건축결의무효확인소송이 위 대법원 2008다60568 판결 선고 이후 차례로 항고소송으로 이송되었다.

인가가 있으면 행정소송법에 따라 추진위원회를 상대로 하는 당사자소송을 인가권자를 상대로 하는 항고소송으로 하는 소의 변경을 신청하고, 법원이 소의 변경을 허가할 수 있다(행정소송법 제42조, 제14조). 이때 인가권자에 대한 항고소송은 추진위원회에 대한 당사자소송을 제기한 때 제기한 것으로 보아 그 제소기간 도과 여부를 판단한다(행정소송법 제21조 제4항, 제14조 제4항).

다. 조합설립변경인가

(1) 선행 조합설립(변경)인가와 후행 조합설립변경인가의 관계

종전 행정처분(이하 '종전처분')을 변경하는 내용의 행정처분(이하 '변경처분')이 뒤따르는 경우, ⓐ 종전처분이 변경처분에 흡수되거나, ⓑ 변경처분은 변경된 범위에서 각 병존하거나, ⓒ 반대로 변경처분이 종전처분에 역으로 흡수되는 관계를 생각해 볼 수 있고, 과세처분 쟁송에서는 다양한 상황에 대한 논의와 판례가 축적되어 있다. 이와 같이 어떤 처분을 다투어야 하는지는 소의 이익과 제소기간의 문제로 귀결된다.

조합설립변경인가는 설권적 처분이고 도시정비법이 2017년 전부 개정되기 전에는 조합설립인가와 동일하게 토지등소유자의 동의를 갖춰야 했으므로 후행 조합설립변경인가는 선행 조합설립(변경)인가를 흡수하는 새로운 처분으로 볼 여지도 있다.[91] 그러나 조합설립변경인가의 신청은 그 변경된 내용만을 첨부하여 이루어지고,[92] 변경처분과 종전처분의 관계에 대한 일반론을 판시한 대법원 2015. 11. 19. 선고 2015두295 전원합의체 판결[93] 선고 이전의 대법원 판결도 ⓐ 조합설립변경인가는 선행 조합설립인가에서 이미 인가받은 사항의 일부를 수정 또는 취소 · 철회하거나 새로운 사항을 추가하는 것으로서 유효한 선행 조합설립인가에 근거하여 설권적 효력의 내용이나 범위를 변경하는 성질을 갖는 것으로서(대법원 2014. 5. 29. 선고 2011두25876 판결), ⓑ 조합설립변경인가는 변경된 부분에 대해서만 효력이 있고(대법원 2014. 5. 16. 2011두

---

91 최초 조합설립인가 이후 수 차례의 조합설립변경인가가 이루어지게 되는데, 아래에서 설명하는 판례들은 해당 사건에서 쟁점이 되는 조합설립변경인가를 기준으로 그 이전의 조합설립인가나 조합설립변경인가를 '당초', '종전', '선행'의 수식어를 붙여 구분하고 있다. 여기서는 조합설립인가와 여러 변경처분의 선후관계와 변경범위에 따른 효력을 설명하는 것이어서 '선행', '후행'으로 용어를 통일하였으며, 큰따옴표("")로 직접 인용하는 부분이 아닌 한 판례의 문구도 같이 수정하였다.

92 시행규칙 제8조(조합의 설립인가 신청 등) ② 법 제35조 제2항 제2호에서 "정비사업비와 관련된 자료 등 국토교통부령으로 정하는 서류"란 다음 각 호의 구분에 따른 서류(전자문서를 포함한다)를 말한다.
1. 설립인가: 다음 각 목의 서류
가.~바. (생략)
2. 변경인가: 변경내용을 증명하는 서류

93 대법원 2015. 11. 19. 선고 2015두295 전원합의체 판결은 "기존의 행정처분을 변경하는 내용의 행정처분이 뒤따르는 경우, 후속처분이 종전 처분을 완전히 대체하는 것이거나 주요 부분을 실질적으로 변경하는 내용인 경우에는 특별한 사정이 없는 한 종전처분은 효력을 상실하고 후속처분만이 항고소송의 대상이 되지만, 후속처분의 내용이 종전처분의 유효를 전제로 내용 중 일부만을 추가 · 철회 · 변경하는 것이고 추가 · 철회 · 변경된 부분이 내용과 성질상 나머지 부분과 불가분적인 것이 아닌 경우에는, 후속처분에도 불구하고 종전처분이 여전히 항고소송의 대상이 된다"라는 일반론을 판시하였다.

(13736 판결), ⓒ 선행 조합설립인가가 쟁송에 의하여 취소되거나 무효로 확정된 경우에는 이에 기초하여 이루어진 후행 조합설립변경인가도 원칙적으로 그 효력을 상실하거나 무효라고 보아(대법원 2014. 5. 29. 선고 2011두25876 판결), 선행 조합설립(변경)인가는 후행 변경인가에 의해 변경되지 않은 범위에서, 후행 조합설립변경인가는 변경된 범위에서 각 병존한다고 볼 수 있을 것이다.[94]

(2) 선행 조합설립(변경)인가가 취소되거나 무효인 경우

조합설립변경인가는 선행 조합설립인가에서 이미 인가받은 사항의 일부를 수정 또는 취소 · 철회하거나 새로운 사항을 추가하는 것으로서 유효한 선행 조합설립인가에 근거하여 설권적 효력의 내용이나 범위를 변경하는 성질을 가지므로, 선행 조합설립인가가 쟁송에 의하여 취소되었거나 무효인 경우에는 이에 터 잡아 이루어진 후행 조합설립변경인가도 원칙적으로 효력을 상실하거나 무효이다(대법원 2014. 5. 29. 선고 2011다46128, 2013다69057 판결).

조합설립인가 이후 여러 차례 조합설립변경인가가 있었다가 중간에 행하여진 선행 조합설립변경인가가 쟁송에 의하여 취소되었거나 무효인 경우에 후행 조합설립변경인가의 효력도 마찬가지이다(위 대법원 2011다46128 판결).

(3) 후행 조합설립변경인가가 선행 조합설립(변경)인가의 일부만 변경한 경우

후행 조합설립인가가 선행 조합설립(변경)인가의 일부만 변경한 경우, 다투고자 하는 내용에 따라 소를 제기할 조합설립(변경)인가가 달라질 것이다.

① 조합설립인가에서 인가받은 사항을 변경하는 조합설립변경인가는 선행 조합설립인가가 유효하게 존재함을 전제로 그중 인가받은 사항을 일부 변경하는 처분으로서 원칙적으로 그 변경된 부분에 대해서만 효력이 있는 것이므로, 특별한 사정이 없는 한 후행 변경인가가 있다고 하더라도 선행 조합설립인가를 다툴 소의 이익이 소멸된다고 볼 수는 없다(대법원 2014. 5. 16. 선고 2011두13736 판결).

② 조합설립인가 이후 여러 차례 조합설립변경인가가 이루어진 경우에도 조합설립인가와 선행 조합설립변경인가 중 후행 조합설립변경인가로 변경 · 취소되지 않은 부분은 여전히 그 무효를 다투고 취소를 구할 소의 이익이 있다.[95]

③ 조합설립변경인가라는 형식으로 처분을 하였다고 하더라도 그 내용이 경미한 사항의 변경인 경우, 대법원 2012. 10. 25. 선고 2010두25107 판결 등은 그 성질은 선행 조합

---

94 대법원 2010. 12. 9. 선고 2009두4555 판결은 "경미한 사항의 변경에 대한 신고를 수리하는 의미에 불과한 변경인가처분에 설권적 처분인 조합설립인가가 '흡수'된다고 볼 것은 아니다"라고 보았으나, 그 이후 같은 쟁점에 대한 대법원 2012. 10. 25. 선고 2010두25107 판결은 "경미한 사항의 변경에 대한 신고를 수리하는 의미에 불과한 변경인가처분이 있다고 하더라도 설권적 처분인 조합설립인가를 다툴 소의 이익이 소멸된다고 볼 수는 없다"라고 판단하여 종전과 다르게 접근하였다.

95 대법원 2014. 5. 16. 선고 2011두13736 판결은 조합설립인가와 그 이후의 정관 변경, 조합원 변경, 정비구역 확장에 관한 각 조합설립변경인가는 각자 다툴 소의 이익 있다고 보았다.

설립인가와는 별개로 경미한 사항의 변경에 대한 신고를 수리하는 의미에 불과한 것이므로, 경미한 사항의 변경에 대한 신고를 수리하는 의미에 불과한 후행 조합설립변경인가가 있다고 하더라도 설권적 처분인 선행 조합설립인가를 다툴 소의 이익이 여전히 있다고 보았다(대법원 2012. 10. 25. 선고 2010두25107 판결, 대법원 2013. 10. 24. 선고 2012두12853 판결 등). 경미한 사항의 변경이더라도 종전에 인가받은 사항의 변경이라는 점은 동일하고 단지 신고 수리와 인가라는 형식적 차이만 있는 것인데, 위 대법원 2010두25107 판결 등의 취지는 그 실질이 설권적 행위를 변경한 것이 아니라면 선행 (변경) 인가처분은 여전히 소로서 다툴 수 있다는 것으로 해석해야 할 것으로 생각된다.

(4) 후행 조합설립변경인가가 선행 조합설립(변경)인가를 완전히 대체하거나 주요 부분을 실질적으로 변경하는 경우

후행 조합설립변경인가가 선행 조합설립(변경)인가를 완전히 대체하는 것이거나 주요 부분을 실질적으로 변경하는 경우에는 선행 조합설립(변경)인가는 효력을 상실하고, 후행 조합설립변경인가만을 항고소송으로 다툴 수 있는 것이 원칙적인 형태이다(대법원 2015. 11. 19. 선고 2015두295 전원합의체 판결 참고).

따라서 선행 조합설립변경인가 이후 적법한 절차를 거쳐 선행 변경인가를 받은 내용을 모두 포함하여 이를 변경하는 취지의 후행 조합설립변경인가를 받은 경우, 선행 조합설립변경인가는 취소 · 철회되고 변경된 후행 조합설립변경인가가 새로운 조합설립변경인가가 된다. 이 경우 선행 조합설립변경인가는 더 이상 존재하지 않는 처분이거나 과거의 법률관계가 되므로 특별한 사정이 없는 한 그 취소를 구할 소의 이익이 없다(대법원 2013. 10. 24. 선고 2012두12853 판결). 선행 조합설립변경인가가 쟁송에 의하여 취소되거나 무효로 확인된 경우라도 후행 조합설립변경인가가 선행 조합설립변경인가에 의해 변경된 사항을 포함하여 새로운 조합설립변경인가의 요건을 갖춘 경우에는, 조합설립인가와 새로운 조합설립변경인가의 요건을 갖춘 후행 조합설립변경인가의 효력에 의하여 정비사업을 계속 진행할 수 있으므로 후행 조합설립변경인가를 무효라고 볼 수 없다(대법원 2014. 5. 29. 선고 2011두25876 판결).

다만 조합설립인가에 하자가 있어 새로이 조합설립인가 처분을 받는 것과 동일한 요건과 절차를 거쳐 후행 조합설립변경인가를 받는 경우 조합설립인가의 유효를 전제로 매도청구권 행사, 시공자 선정에 관한 총회결의, 사업시행계획의 수립, 관리처분계획의 수립 등과 같은 후속행위를 하였다면, 조합설립인가 처분이 무효로 확인되거나 취소될 경우 그것이 유효하게 존재하는 것을 전제로 이루어진 위와 같은 후속행위 역시 소급하여 효력을 상실하게 되므로, 특별한 사정이 없는 한 위와 같은 형태의 후행 조합설립변경인가가 있다고 하여 선행 조합설립인가 처분의 무효확인을 구할 소의 이익이 소멸된다고 볼 수는 없다(대법원 2012. 10. 25. 선고 2010두25107 판결, 대법원 2014. 5. 16. 선고 2011두27094 판결 등). 선행 조합설립인가가 취소 또는 철회되지 않은 채 조합이 여전히 선행 조합설립인가의 유효를 주장하고 있어 선행 조합설립인가의 효력이 소멸되었음이 객관적으로 확정되지 아니한 경우(대법원 2012. 12. 13. 선고 2011두21010 판결), 선행 조합설립변경인가에 기초하

여 사업시행계획의 수립 등 후속행위를 한 후 선행 조합설립변경인가의 내용을 모두 포함하여 변경하는 후행 조합설립변경인가를 받은 경우(대법원 2013. 10. 24. 선고 2012두12853 판결) 등도 소의 이익이 있다.

3. 무효와 취소

조합설립(변경)인가의 제소기간이 도과하거나 민사소송에서 조합설립(변경)인가의 위법을 다투기 위해서는 조합설립(변경)인가가 당연무효이어야 한다. 통상 조합설립인가는 이미 제소기간이 한참 도과한 시점에서 다툼이 드러나는 경우가 많고, 매도청구 등 민사소송에서 재건축조합이 매도청구를 행사할 권한이 없다거나 제척기간이 도과했다는 항변을 위해 조합설립인가를 다투는 경우가 많기 때문에 주로 중대 · 명백한 하자가 있는 당연무효인지가 문제된다.

행정처분이 당연무효라고 하기 위해서는 처분에 위법사유가 있다는 것만으로는 부족하고 그 하자가 법규의 중요한 부분을 위반한 중대한 것으로서 객관적으로 명백한 것이어야 하며 하자가 중대하고 명백한 것인지 여부를 판별할 때에는 그 법규의 목적, 의미, 기능 등을 목적론적으로 고찰함과 동시에 구체적 사안 자체의 특수성에 관하여도 합리적으로 고찰하여야 한다(대법원 1997. 6. 19. 선고 95누8669 전원합의체 판결, 대법원 2002. 12. 10. 선고 2001두4566 판결 등 참고). 행정처분의 당연무효를 주장하여 그 무효확인을 구하는 행정소송에서 행정처분이 무효인 사유를 주장 · 증명할 책임은 원고에게 있다(대법원 1992. 3. 10. 선고 91누6030 판결, 대법원 2010. 5. 13. 선고 2009두3460 판결 등 참고).

행정청이 어느 법률관계나 사실관계에 대하여 어느 법률의 규정을 적용하여 행정처분을 한 경우에 그 법률관계나 사실관계에 대하여는 그 법률의 규정을 적용할 수 없다는 법리가 명백히 밝혀져 그 해석에 다툼의 여지가 없음에도 불구하고 행정청이 위 규정을 적용하여 처분을 한 때에는 그 하자가 중대하고 명백하다고 할 것이나, 법률관계나 사실관계에 대하여 그 법령의 규정을 적용할 수 없다는 법리가 명백히 밝혀지지 아니하여 그 해석에 다툼의 여지가 있는 때에는 행정관청이 이를 잘못 해석하여 행정처분을 하였더라도 이는 그 처분 요건사실을 오인한 것에 불과하여 그 하자가 명백하다고 할 수 없다(대법원 2010. 9. 30. 선고 2010두9358 판결, 대법원 2015. 5. 28. 선고 2012두18554 판결 등 참고).

4. 조합설립인가 취소의 효력

가. 사업시행자 지위의 소급적 상실

조합설립인가가 법원의 재판에 의해 무효확인 또는 취소된 경우 조합설립인가는 소급하여 효력을 상실하고, 해당 정비사업조합 역시 조합설립인가 당시로 소급하여 도시정비법상 정비사업을 시행할 수 있는 행정주체인 공법인의 지위를 상실한다. 따라서 해당 정비사업조합이 조합설립인가 취소 전에 도시정비법상 적법한 행정주체 또는 사업시행자로서 한 결의 등 처분은 달리 특별한 사정이 없는 한 소급하여 효력을 상실한다(대법원 2012. 3. 29. 선고 2008다95885 판결, 대법원 2012. 11. 29. 선고 2011두518 판결).

다만 효력 상실로 인한 잔존사무의 처리와 같은 업무는 여전히 수행되어야 한다. 따라서 ⓐ 종전에 결의 등 처분의 법률효과를 다투는 소송에서 당사자 지위까지 함께 소멸한다고 할 수는 없고(대법원 2012. 3. 29. 선고 2008다95885 판결), ⓑ 종전의 조합은 청산사무가 종료될 때까지 청산의 목적범위 내에서 권리 · 의무의 주체가 되고, 조합원 역시 청산의 목적범위 내에서 종전 지위를 유지하며, 정관 등도 그 범위 내에서 효력을 가진다(대법원 2012. 11. 29. 선고 2011두518 판결). ⓒ 정비사업조합은 도시정비법상의 적법한 조합설립인가가 있었는지 여부와 상관없이 비법인사단의 실체를 가지므로, 조합설립인가가 사후적으로 취소되어 소급하여 효력을 상실한다고 하더라도 사법상 권리 · 의무의 주체인 비법인사단으로서 행한 사법상 계약의 효력까지 조합설립인가 당시로 소급하여 소멸한다고 볼 이유는 없다.[96]

나. 추진위원회의 지위 회복

조합설립인가를 받은 조합이 설립등기를 마쳐 법인으로 성립하게 되면 추진위원회는 목적을 달성하여 소멸하지만, 그 후 조합설립인가가 법원의 판결에 의하여 취소된 경우에는 추진위원회가 지위를 회복하여 다시 조합설립인가신청을 하는 등 조합설립추진 업무를 계속 수행할 수 있다(대법원 2016. 12. 15. 선고 2013두17473 판결).

참고자료

박송이, “신고제 합리화 정비사업”, 법제 (2017. 9.)

---

96 서울고등법원 2019. 11. 19. 선고 2018나2026077, 2019나2033980 판결(제1심은 서울서부지방법원 2018. 4. 26. 선고 2017가합30798 판결).

[8] 토지등소유자의 동의

I. 토지등소유자의 동의의 개요

1. 토지등소유자의 동의

도시정비법은 조합설립 등 각종 절차에서 토지등소유자의 동의를 받도록 하고 있으며, 동의 또는 철회의 방법까지 구체적으로 정해놓기도 한다. 이는 공익사업인 정비사업의 법적 안정성을 확보하고 토지등소유자의 의결권이 왜곡되는 것을 방지하기 위한 것으로 볼 수 있다.[1]

도시정비법에서 정하는 토지등소유자의 동의는 주로 추진위원회 구성, 조합 설립, 공공시행자 · 지정개발자 지정 등 사업시행자 지위를 부여하는 절차에서 필요하다. 그러나 사업시행자가 지정된 이후에도 토지등소유자의 권리 · 의무에 중대한 영향을 미치거나(용적률 완화를 위한 현금납부 등), 개별적으로 이해관계를 갖는 토지등소유자의 의사를 확인하여야 하는 경우(존치 · 리모델링 동의 등) 별도의 토지등소유자의 동의를 필요로 한다. 조합이 설립된 이후에는 총회 의결로서 토지등소유자(조합원)의 의사 확인이 가능한데, 동의서 방식과 총회 의결 방식은 준별되는 것이므로 총회 의결로 토지등소유자의 동의를 대신할 수 없고(대법원 2013. 10. 24. 선고 2012두12853 판결),[2] 관련 법령상 총회 의결과 별도로 토지등소유자의 동의를 받도록 하고 있다면 총회 의결과 토지등소유자의 동의를 모두 갖추어야 한다.[3]

---

1 안광순(상), 284.

2 집합건물법의 관리단집회 결의는 반드시 현실적으로 소집 · 개최되어야 하는 것은 아니고 서면결의로도 가능하다는 점에서 차이가 있다(집합건물법 제41조 제1항, 대법원 2006. 12. 8. 선고 2006다33340 판결 등). 다만 동의를 받는 토지등소유자의 범위가 조합원이라면 총회 의결을 대신하여 굳이 별도의 서면동의를 받을 이유는 없을 것이다. 종전에 사업시행계획 변경, 정관 변경, 조합설립변경은 토지등소유자(조합원)의 동의를 받도록 하였으나, 도시정비법이 개정되면서 차례로 총회 의결 방식으로 변경되었다.

3 예를 들어, 추진위원회가 수행하는 업무의 내용이 토지등소유자의 비용부담을 수반하거나 권리 · 의무에 변동을 발생시키는 경우로서 대통령령이 정하는 사항은 토지등소유자의 동의를 받아야 하는데(법 제32조 제4항), 이때 토지등소유자의 동의는 추진위원회 또는 주민총회의 의결과는 별개 절차로서 토지등소유자의 동

2. 동의 방법의 구분

도시정비법령은 토지등소유자의 동의에 관한 여러 규정을 두고 있다. 동의서 작성 방법(법 제36조 제1항 내지 제3항), 동의의 철회 또는 반대의 의사표시 방법(시행령 제33조 제2항 내지 제4항), 토지등소유자의 동의자 수 산정 방법(시행령 제33조 제1항) 등을 정하고 있는데, 각 규정마다 적용되는 범위가 조금씩 다르다. 아래에서는 도시정비법 제36조 제1항 각 호의 사항에 대한 동의를 위주로 살펴보기로 한다.

가. 도시정비법 제36조 제1항에서 동의 방법 등을 정하는 토지등소유자의 동의

도시정비법 제36조 제1항의 각 호에서 정한 사항에 대한 동의는 그 동의, 철회 또는 간주된 동의에 대한 반대의 의사표시의 방법(방식)과 제한, 동의자 수 산정방법이 정해져 있다(법 제36조 제1항, 제4항, 시행령 제33조). 법령에서 정한 방법에 따르지 않은 토지등소유자의 동의는 원칙적으로 효력이 없다. 도시정비법 제36조 제1항의 각 호에서 정하는 사항은 다음과 같다.

> 법 제36조(토지등소유자의 동의방법 등) ① 다음 각 호에 대한 동의(동의한 사항의 철회 또는 제26조 제1항 제8호 단서, 제31조 제2항 단서 및 제47조 제4항 단서에 따른 반대의 의사표시를 포함한다)는 서면동의서에 토지등소유자가 성명을 적고 지장(指章)을 날인하는 방법으로 하며, 주민등록증, 여권 등 신원을 확인할 수 있는 신분증명서의 사본을 첨부하여야 한다.
>
> 1. 제20조 제6항 제1호에 따라 정비구역등 해제의 연장을 요청하는 경우
> 2. 제21조 제1항 제4호에 따라 정비구역의 해제에 동의하는 경우
> 3. 제24조 제1항에 따라 주거환경개선사업의 시행자를 토지주택공사등으로 지정하는 경우
> 4. 제25조 제1항 제2호에 따라 토지등소유자가 재개발사업을 시행하려는 경우[4]
> 5. 제26조 또는 제27조에 따라 재개발사업·재건축사업의 공공시행자 또는 지정개발자를 지정하는 경우
> 6. 제31조 제1항에 따라 조합설립을 위한 추진위원회를 구성하는 경우
> 7. 제32조 제4항에 따라 추진위원회의 업무가 토지등소유자의 비용부담을 수반하거나 권리·의무에 변동을 가져오는 경우[5]
> 8. 제35조 제2항부터 제5항까지의 규정에 따라 조합을 설립하는 경우
> 9. 제47조 제3항에 따라 주민대표회의를 구성하는 경우
> 10. 제50조 제6항에 따라 사업시행계획인가를 신청하는 경우
> 11. 제58조 제3항에 따라 사업시행자가 사업시행계획서를 작성하려는 경우[6]

의와 주민총회 결의를 각각 갖추어야 한다.

4 제4호의 동의는 토지등소유자가 시행하는 재개발사업(구 도시환경정비사업)에서 사업시행자인 토지등소유자가 건설업자 등과 공동으로 사업을 시행하는 것에 대한 동의를 의미한다. 토지등소유자가 사업시행계획인가를 받아 단독으로 사업시행자가 되는 것에 대한 토지등소유자의 동의는 제10호에서 정하고 있다.

5 현행 시행령은 토지등소유자의 동의를 받아야 하는 추진위원회의 업무에 대해 별도로 정하고 있지 않다. 자세한 내용은 **[6]추진위원회 조직과 운영 II.9.추진위원회의 업무 중 토지등소유자의 동의를 받아야 하는 사항** 참고.

6 정비계획에서 계획되지 않은 존치 또는 리모델링에 대한 내용이 포함되는 사업시행계획서를 작성하는 경우에

나. 도시정비법 제36조 제1항 등에서 동의 방법 등을 정하지 않은 토지등소유자의 동의

도시정비법, 시행령, 시행규칙, 조례 등에서 따로 작성 방법이나 법정동의서를 정하지 않았다면 토지등소유자의 진정한 의사를 확인할 수 있는 방법으로 작성하면 되며, 그 철회 역시 특별한 제한을 받지 않는다. 동의율 산정을 위한 토지등소유자 및 동의자수 산정 방법은 시행령 제33조 제1항을 유추적용하면 될 것이다.

3. 법정동의서

가. 시행규칙 또는 조례에 따른 법정동의서

도시정비법 시행규칙 또는 조례 시행규칙 등에서 구체적인 기재사항 등 동의서 서식을 미리 정하여 별지 서식으로 정해둔 경우가 있다(이하 '법정동의서').[7]

도시정비법 제36조 제1항 각 호에서 정한 사항 중 도시정비법 제27조 제1항 제3호에 따라 신탁업자를 사업시행자로 지정하는 것에 대한 신탁업자 지정 동의서(시행규칙 제6조 [별지 제2호 서식]), 도시정비법 제31조 제1항에 따라 조합설립을 위한 추진위원회를 구성하는 것에 대한 정비사업 조합설립추진위원회 구성동의서(시행규칙 제7조 제2항 [별지 제4호 서식]), 도시정비법 제35조 제2항에서 제4항까지의 규정에 따라 조합을 설립하는 것에 대한 조합설립 동의서(시행규칙 제8조 제3항 [별지 제6호 서식]),[8] 도시정비법 제50조 제5항에 따라 토지등소유자가 도시환경정비사업을 시행하기 위해 사업시행계획을 수립하는 것에 대한 사업시행계획인가 동의서(서울시 정비조례 시행규칙 제12조 [별지 제20호 서식]) 등이 정해져 있다.

도시정비법 제36조 제1항 각 호에서 정하지 않은 사항 중에서도 도시정비법 제12조 제2항에 따른 재건축사업 입안제안을 위한 안전진단 요청을 위한 동의서(시행규칙 제3조 제1항 [별지 제1호 서식]), 시행령 제12조에 따른 정비계획(변경)의 입안제안에 대한 동의(서울시 정비조례 시행규칙 제4조 [별지 제7호 서식]), 도시정비법 제78조 제3항, 서울시 정비조례 제39조 제3항에 따른 관리처분계획 타당성 검증 요청 동의서(서울시 정비조례 제39조 [별지 제4호 서식]) 등이 정해져 있다.

이러한 법정동의서는 동의서 양식을 법령에서 정하여 그 사용을 강제함으로써 동의서의 양식이나 내용을 둘러싼 분쟁을 미연에 방지하려는 것이다(대법원 2013. 12. 26. 선고 2011두8291 판결, 대법원 2014. 4. 24. 선고 2012두29004 판결 등).

적용된다. 자세한 내용은 **[26]재건축사업의 상가 처리방안 III.사업시행계획서의 존치 또는 리모델링** 참고.

7 '법정동의서'의 의미를 좀 더 넓게 보아 도시정비법 제36조 및 시행령 제33조에서 동의서 작성 방법, 동의·철회 방법 등을 정한 동의서로 보기도 한다[안광순(상), 284]. 다만, 일반적으로 법정(法定) 동의서는 구체적인 서식이 정해진 것을 의미하고, 대법원 2013. 12. 26. 선고 2011두8291 판결 등도 "시행규칙 제7조 제3항 별지 제4호의2의 서식(이하 '법정동의서'라 한다)"처럼 정의하고 있다. 이 책에서는 일반적인 사용례에 따라 시행규칙 별지 서식 등에서 서식을 정한 동의서를 법정동의서라고 하기로 한다.

8 도시정비법 제36조 제1항 제8호는 "제35조 제2항부터 제5항까지의 규정에 따라 조합을 설립하는 경우"로 정하고 있으나 토지등소유자의 동의는 제35조 제2항부터 제4항까지로 한정된다. 제35조 제5항은 조합설립변경인가에 대한 동의로서, 도시정비법이 2017. 2. 8. 법률 제14567호로 전부 개정되면서 종전의 '토지등소유자의 동의'가 '총회에서 조합원 2/3 이상의 찬성'으로 변경되었다.

나. 법정동의서의 효력 및 작성 방법

시행규칙 등이 정하는 법정동의서는 상위 법령의 위임에 따른 것으로서 법적 구속력이 있으므로, 해당 동의서는 법정동의서 양식으로 작성되어야 한다. 법정동의서 양식은 관련 규정에 따라 동의서에 기재할 사항이 예문으로 들어가 있는데, 관련 규정에 따라 동의서에 기재할 사항이 더 구체적이지 않다는 이유로 동의를 무효로 볼 수 없다(대법원 2013. 12. 26. 선고 2011두8291 판결, 대법원 2014. 4. 24. 선고 2012두29004 판결 등).

Ⅱ. 도시정비법 제36조 제1항에서 정한 토지등소유자의 동의 방법

1. 동의 방법

가. 동의서의 작성

(1) 기본 방법

도시정비법 제36조 제1항 각 호에서 정한 토지등소유자의 동의는 서면동의서에 토지등소유자가 성명을 적고 지장(指章)을 날인하는 방법으로 하며, 주민등록증, 여권 등 신원을 확인할 수 있는 신분증명서의 사본을 첨부하여야 한다(법 제36조 제1항). 다만 토지등소유자가 해외에 장기체류하거나 법인인 경우 등 불가피한 사유가 있다고 시장·군수등이 인정하는 경우에는 토지등소유자의 인감도장을 찍은 서면동의서에 해당 인감증명서를 첨부하는 방법으로 할 수 있다(법 제36조 제2항).

(2) 여럿이 공유하는 토지 또는 건축물에 대한 동의 방법

토지등소유자 수 산정에 있어 여럿이 부동산을 공유하는 경우 그 공유자 여럿을 대표하는 1인을 토지등소유자로 산정한다(시행령 제33조 제1항 제1호 ㈎목, ㈏목, ㈑목, 제2호 ㈎목, ㈐목). 토지등소유자의 동의는 공유물의 처분행위의 성격을 가지므로 원칙적으로 공유자 전원의 동의가 필요하다.[9] 통상 공유자들 중 대표자로 선임된 공유자가 다른 공유자들의 대표자 선임 동의서를 첨부하여 자신의 이름으로 동의서를 작성하여 제출하게 된다.[10]

여럿이 공유하는 토지 또는 건축물에 대해서는 ⓐ 공유자들이 대표자를 선임하여 그

---

9 서울고등법원 2018. 11. 8. 선고 2018누62081 판결 등; 전통시장법 제2조에 따른 전통시장 및 상점가는 공유자는 3/4 이상의 동의를 받은 1인을 토지등소유자로 산정하는 예외를 두고 있다(시행령 제33조 제1항 제1호 ㈎목 단서).

10 추진위원회 표준운영규정 제13조 제5항은 "소유권을 수인이 공동 소유하는 경우에는 그 수인은 대표자 1인을 대표소유자로 지정하고 별지 서식의 대표소유자선임동의서를 작성하여 추진위원회에 신고하여야 한다. 이 경우 소유자로서의 법률행위는 그 대표소유자가 행한다"라고 정하고 있고, 조합설립인가신청서에도 '토지·건축물 또는 지상권을 여럿이서 공유하는 경우에는 그 대표자의 선임 동의서'를 첨부하도록 하고 있다(법 제35조 제2항 제2호, 시행규칙 제8조 제2항).

대표자가 동의하거나, ⓑ 공유자들 사이에 대표자가 선임되지 않았더라도 공유자 전원이 동의서를 작성하여 제출하거나(대법원 2017. 2. 3. 선고 2015두50283 판결 등), 또는 ⓒ 공유자 중 일부만이 대표자를 선임하여 조합설립에 동의하고 나머지 공유자들은 개별적으로 동의하는 경우[11] 토지등소유자 1인의 유효한 동의로 볼 수 있다. 다만 공유자 중 일부만이 동의한 경우라면 유효한 동의로 볼 수 없다(위 대법원 2015두50283 판결 등).

토지등소유자의 동의가 면적 요건을 구성하는 경우에도 그 동의는 공유물의 처분행위로서 공유자 전원의 의사합치를 요구하는 것이고 동의자 수 산정과 다르게 볼 이유가 없다. 따라서 일부 공유자가 대표자 선임 없이 단독으로 동의서를 제출하였다면 동의자 1인으로 산정되지 않는 것은 물론 그 지분면적도 동의대상 토지면적에 포함되지 않는 것이 타당하다.[12]

공유자의 대표자 선임은 동의의 효력에 관한 것이므로 대표자 선임 여부에 따라 달라지는 것은 동의율의 분자에 해당하는 '동의자 수'만 해당한다. 동의율의 분모에 해당하는 '토지등소유자 수'는 인가신청 당시 객관적인 소유형태를 기준으로 산정되는 것이므로 특정 토지 또는 건축물은 그 공유자들 사이의 대표자 선임 여부에 상관없이 1인이 토지등소유자로 산정한다.

⑶ 권리능력없는 사단의 동의 방법

교회, 사찰, 종중과 같은 권리능력 없는 사단은 법인과 달리 인감증명을 발급받을 수 없어 도시정비법 제36조 제2항에 따라 동의서를 작성할 수 없고, 그 재산은 구성원이 집합체로서 소유하는 총유인데 구성원 전원이 법정동의서를 작성하는 것도 현실적으로 불가능하다.

이 경우 권리능력 없는 사단의 대표자가 그 대표자 자격 및 대표자 본인이 작성하였음을 증명하는 개인 인감증명 등의 서류를 첨부하거나 권리능력 없는 사단의 직인을 날인하고 그 직인의 진정 성립을 증명하는 서류를 첨부하는 등 적절한 방법으로 권리능력 없는 사단을 대표하여 동의를 하면 된다고 볼 수 있다. 그리고 도시정비법령이 규정한 서면동의 방법의 입법취지 등을 고려하면, 권리능력 없는 사단이 위와 같은 서면동의의 요건을 갖추어 동의서를 제출한 경우에 대표자의 조합설립 동의서 제출 경위, 동의서 제출 전후 구성원들의 의견, 동의서 제출 이후의 구체적인 정황 등 제반 사정에 비추어 구성원들의 총의(總意)가 반영되어 동의가 이루어진 것으로 인정될 수 있다면 그 동의를 유효하다고 보아야 한다(대법원 2014. 5. 29. 선고 2011다46128, 2013다69057 판결, 대법원 2014. 5. 29. 선고 2011두25876 판결, 대법원 2014. 5. 29. 선고 2012두18677 판결 등).

---

11 서울고등법원 2011. 3. 29. 선고 2010누38105 판결; 국가 또는 지방자치단체가 공유자인 경우 국가 또는 지방자치단체의 동의 간주는 이렇게 볼 수 있다.

12 서울고등법원 2018. 11. 8. 선고 2018누62081 판결; 법제처 2011. 12. 8. 회신 11-0666 해석례.

따라서 교회의 등기부상 대표자가 조합설립 동의서에 대표자로서 서명하고 대표자 개인과 교회의 인감을 날인하고 개인의 인감증명서를 첨부하거나, 또는 교회의 등기부상 대표자가 조합설립 동의서에 개인으로 서명하고 개인의 인감증명서를 첨부한 경우에도 달리 교인들의 총의에 반하여 동의가 이루어진 것이 아니라면 적법하게 볼 수 있다.

⑷ 국 · 공유지 재산관리청의 동의 방법

국가 또는 지방자치단체는 정비구역내 토지 또는 건축물의 소유자로서 동의를 받아야 하는 토지등소유자에 해당하나, 인감도장이나 인감증명서를 갖출 수 없고, 도시정비법령은 국가 또는 지방자치단체의 법정동의서 작성에 대해서는 별도의 규정을 두고 있지 않다. 국가 또는 지방자치단체가 정비사업과 관련하여 여러 권한과 역할을 부여받고 있는 특수한 지위에 있는 점을 고려하면, 국가 또는 지방자치단체의 동의는 반드시 서면 등에 의하여 명시적으로 표시될 필요가 없다(대법원 2014. 4. 14. 선고 2012두1419 전원합의체 판결).[13]

나. 추진위원회 구성동의서 및 조합설립 동의서에 대한 검인

조합설립을 위한 추진위원회의 구성에 대한 동의나 조합 설립에 대한 동의는 시장 · 군수등이 검인한 서면동의서를 사용하여야 하고, 검인을 받지 아니한 서면동의서는 효력이 없다(법 제36조 제3항). 동의서에 검인을 받으려는 자는 동의서에 필요적 기재사항을 기재한 후[14] 관련 서류를 첨부하여 시장 · 군수등에게 검인을 신청하여야 하고, 시장 · 군수등은 동의서 기재사항의 기재 여부 등 형식적인 사항을 확인하고 해당 동의서에 연번을 부여한 후 검인을 하여야 한다(시행령 제34조).

동의서 위 · 변조 등에 관련한 분쟁을 예방하고 음성적 거래를 차단하기 위해 구 도시정비법이 2016. 1. 27. 법률 제13912호로 개정되면서 도입된 것이다.[15] 위 개정규정에 대한 부칙 적용례에 따르면 ⓐ 추진위원회 구성동의는 위 일부개정법률의 시행일인 2016. 7. 28. 이후 최초로 정비계획을 수립하는 경우부터 검인제도를 적용하고 ⓑ 조합설립 동의는 2016. 7. 28. 이후 최초로 추진위원회 승인을 받은 경우부터 검인제도를 적용하되,[16] 종전

13 위 대법원 2012두1419 전원합의체 판결은 조합설립 동의에 대한 사안이나, "토지 또는 건축물 소유자인 국가 또는 지방자치단체의 정비사업조합 설립을 비롯한 정비사업의 추진에 관한 동의의 의사는 반드시 서면 등에 의하여 명시적으로 표시될 필요는 없다"라고 판시하여 반드시 서면에 의하여 명시적으로 표시할 필요가 없는 동의는 조합설립 동의로 국한되지 않는다고 볼 수 있다.

14 검인대상인 추진위원회 구성동의서와 조합설립 동의서는 동의서 기재사항 및 법정동의서 서식이 정해져 있다.

15 다만 조합설립 동의서 서식에 연번란(행정기관에서 부여한 연번범위, 연번)이 들어간 것은 시행규칙이 2018. 2. 9. 국토교통부령 제491호로 전부 개정되면서이다. 추진위원회 구성동의서는 시행규칙이 2009. 8. 13. 국토해양부령 제157호로 개정될 당시부터 연번을 기재하도록 하였다(구 시행규칙 제6조 제2항 [별지 제2호의2 서식]).

16 즉, 추진위원회가 2016. 7. 28. 이전에 구성승인을 받은 경우에는 조합설립 동의를 언제 받는지와 상관없이 검인된 동의서를 사용할 필요가 없다(대구지방법원 2017. 12. 22. 선고 2017구합20844 판결, 수원지방법원

규정에 따라 조합 설립에 동의한 것으로 간주된 추진위원회 동의자의 서면동의서는 유효한 것으로 본다(법 부칙(2017. 2. 8.) 제8조).

다. 동의서의 재사용

(1) 동의서 재사용 특례의 취지

조합설립 등에 대한 동의를 받아 인가신청을 하였으나 인가신청이 반려되거나 보완지시에 따라 신청을 철회하면 종전에 제출한 동의서를 반환받고 보완하여 다시 신청하게 된다. 다시 인가신청을 할 때 종전의 동의서 중 유효한 것을 그대로 다시 사용하는 것을 위법하다고 보기 어렵다. 토지등소유자가 동의를 철회하였거나 인가신청 내용 자체가 변경되었다는 등의 사정이 없는 한, 단지 인가신청 시기만 달라진 것이므로 인가신청에 동의한다는 토지등소유자의 의사를 다르게 볼 이유가 없다.

그러나 조합설립인가를 받은 이후에는 조합설립인가에 대한 취소 또는 무효확인의 소가 제기되어 그 인용판결이 확정된 경우 다시 요건을 갖추어 인가를 신청하거나 그 소송도중 조합설립 동의서를 보완하여 변경인가를 신청하고자 하는 경우, 종전의 유효한 동의서를 반환받아 다시 사용할 수 있는지는 근거를 찾기 어렵다. 유효한 동의서에 대해서까지 징구 등의 절차를 새롭게 진행해야 한다고 보는 것은 지나친 사회 · 경제적 낭비를 야기하는 것이므로, 도시정비법이 2015. 9. 1. 법률 제13508호로 개정되면서 동의서 재사용의 특례인 구법 제17조의2를 신설하였다(2016. 3. 2.부터 시행).

(2) 조합설립인가의 무효 또는 취소소송 중에 동의서를 추가 또는 보완하여 조합설립변경인가를 신청하는 때

종전 조합설립인가의 위법 여부 또는 효력 유무 등에 관한 다툼이 있어 처음부터 다시 조합설립인가에 관한 절차를 밟아 조합설립변경인가를 받은 경우 그 조합설립변경인가는 새로운 조합설립인가의 효력이 있다(대법원 2014. 5. 29. 선고 2013두18773 판결 등).

특례 규정에 따라, 조합은 조합설립(변경)인가를 받은 후 조합설립(변경)인가의 무효 또는 취소소송 중에 동의서 위조, 동의 철회, 동의율 미달 또는 동의자 수 산정방법에 관한 하자 등으로 다툼이 있는 경우 일부 동의서를 추가 또는 보완하여 위와 같은 취지로 조합설립변경인가를 신청할 때 동의서의 유효성에 다툼이 없는 토지등소유자의 동의서를 다시 사용할 수 있다(법 제37조 제1항 제1호). 이때 조합은 ⓐ 토지등소유자에게 기존 동의서를 다시 사용할 수 있다는 취지와 반대 의사표시의 절차 및 방법을 서면으로 설명 · 고지하고, ⓑ 위 서면에 60일 이상의 반대의사 표시기간을 명백히 적어서 토지등소유자에게 부여하여야 한다(법 제37조 제2항 제1호, 제3항, 시행령 제35조 제1호).

안산지원 2020. 7. 17.자 2020카합50081 결정; 법제처 2020. 10. 6. 20-0361 해석례).

⑶ 법원의 판결로 조합설립인가의 무효 또는 취소가 확정되어 조합설립인가를 다시 신청하는 때

조합이 조합설립인가를 받아 법인으로 성립하면 추진위원회는 목적을 달성하여 소멸하는 것이나, 조합설립인가가 법원의 판결에 의해 취소되면 종전 추진위원회가 지위를 회복하여 다시 조합설립인가신청을 하는 등 조합설립추진 업무를 계속 수행할 수 있다(대법원 2016. 12. 15. 선고 2013두17473 판결). 특례 규정에 따라, 추진위원회는 동의서의 유효성에 다툼이 없는 토지등소유자의 동의서를 다시 사용하여 조합설립인가를 다시 신청할 수 있다(법 제37조 제1항 제2호).[17]

추진위원회가 동의서를 다시 사용하려면 ⓐ 토지등소유자에게 기존 동의서를 다시 사용할 수 있다는 취지와 반대의사 표시의 절차 및 방법을 서면으로 설명 · 고지하고, ⓑ 위 서면에 90일 이상의 반대의사 표시기간을 명백히 적고, ⓒ 정비구역, 조합정관, 정비사업비, 개인별 추정분담금, 신축되는 건축물의 연면적 등 정비사업의 변경내용을 포함하여 토지등소유자에게 부여하여야 한다. 또한 ⓓ 정비구역 면적의 변경, 정비사업비의 증가(생산자물가상승률분, 도시정비법 제73조에 따른 현금청산 금액 제외), 신축되는 건축물의 연면적 변경이 모두 10/100 미만이어야 하고, ⓔ 조합설립인가의 무효 또는 취소가 확정된 조합과 새롭게 설립하려는 조합이 추진하려는 정비사업의 목적과 방식이 동일하고, ⓕ 조합설립의 무효 또는 취소가 확정된 날부터 3년 내에 새로운 조합을 설립하기 위한 창립총회를 개최하여야 한다(법 제37조 제2항, 제3항, 시행령 제35조 제2호).

⑷ 도시정비법 제37조 위반의 효력

도시정비법 제37조가 정한 2가지 사유로 동의서를 다시 사용하는 경우에는 이 규정이 정한 절차와 요건을 갖추어야 하고, 이를 갖추지 못하면 동의서의 효력이 문제될 수 있다.

다만 이 규정의 입법취지가 "무분별한 동의서의 재사용을 방지하고, 동의서 재사용에 대하여 토지등소유자에게 반대의사를 표시할 기회를 부여함으로써 동의의사의 철회를 실질적으로 보장하고, 이를 통해 궁극적으로 토지등소유자의 조합설립에 관한 자유로운 의사표시를 보장하기 위한 것"이라는 점에 비추어 보면,[18] 이 규정의 절차가 실질적으로 보장되었음을 이유로 유효하다고 볼 여지는 있을 것으로 생각된다.

⑸ 도시정비법 제37조에서 정하지 않은 사유 이외의 동의서 재사용

도시정비법 제37조는 토지등소유자의 동의 중 조합설립에 대한 동의로 한정하여 "조합설립인가의 무효 또는 취소소송 중에 동의서를 추가 또는 보완하여 조합설립변경인가를

17 동의서 재사용 특례 규정은 위 대법원 2013두17473 판결이 선고되기 전 하급심에서 추진위원회의 지위 회복에 다툼이 있던 당시에 도입된 것이다. 이 규정은 위 대법원 2013두17473 판결에 따라 도입된 것이 아니며, 오히려 위 대법원 2013두17473 판결이 이 규정을 근거 중 하나로 언급하였다.

18 서울행정법원 2018. 11. 23. 선고 2018구합64610 판결.

신청하는 때"와 "법원의 판결로 조합설립인가의 무효 또는 취소가 확정되어 조합설립인가를 다시 신청하는 때"로 나누고, 토지등소유자에게 의사에 반하지 않도록 반대 의사표시의 기회를 부여하고 종전 신청과의 동일성이 유지되도록 하는 등 자세한 규정을 두고 있다.

이 규정이 동의서 재사용의 대상과 방법을 특정하였기 때문에, 이 규정에서 정하지 않은 다른 동의서를 재사용하는 것은 금지되는지도 문제된다. 이에 대해, 도시정비법 제37조가 조합설립 이외의 동의에 직접 적용된다고 보기 어렵고,[19] 위 개정규정이 시행되었다고 하여 개정 전의 도시정비법이 조합설립 동의서의 재사용을 금지하고 있었다거나 그 재사용이 불가능함을 전제로 하고 있었다고 보기 어려운 것이므로[20] 종전에도 특별한 제한이 없었던 동의서의 재사용이 이 규정으로 인해 제한된다고 볼 이유는 없는 것으로 생각된다.[21]

라. 동의서의 작성방법 및 효력

(1) 서명, 지장날인 및 신분증명서 사본 첨부를 갖추지 못한 동의서의 효력

도시정비법령이 서면동의서의 요건을 정한 취지는 서면에 의하여 토지등소유자의 동의 여부를 명확하게 함으로써 동의 여부에 관하여 발생할 수 있는 관련자들 사이의 분쟁을 미연에 방지하고, 나아가 행정청으로 하여금 재건축조합설립인가신청 시에 제출된 동의서에 의하여서만 동의요건의 충족 여부를 심사하도록 함으로써 동의 여부의 확인에 불필요하게 행정력이 소모되는 것을 막기 위한 데 있다(대법원 2010. 1. 28. 선고 2009두4845 판결, 대법원 2013. 11. 14. 선고 2011두5759 판결, 대법원 2014. 4. 14. 선고 2012두1419 전원합의체 판결, 대법원 2020. 9. 7. 선고 2020두38744 판결 등).

따라서 행정청은 토지등소유자의 동의 여부를 심사할 때 동의서에 도시정비법 제36조 제1항의 법정사항이 모두 포함되어 있는지를 기준으로 심사하여야 한다. 조합설립인가신청을 받은 행정청은 ⓐ 시행규칙 제8조 제3항에 규정된 [별지 제6호 서식] 조합설립 동의서(법정동의서)에 토지등소유자의 동의를 받았는지, ⓑ 토지등소유자가 성명을 적고 지장을 날인한 경우에는 신분증명서 사본이 첨부되었는지, 예외적으로 토지등소유자의 인감증명서를 첨부한 경우에는 그 동의서에 날인된 인영과 인감증명서의 인영이 동일한지를 확인하여야 한

19 정비구역 지정해제요청 동의에 대한 판단으로 수원지방법원 2018. 8. 16. 선고 2017구합70145 판결, 서울고등법원 2018. 9. 6. 선고 2018누32486 판결(제1심은 서울행정법원 2017. 11. 24. 선고 2017구합56018 판결) 참고. 위 수원고등법원 2017구합70145 판결 등은 정비구역 해제요청이 반려되자 해제동의서를 돌려받아 보완한 후 다시 제출한 사안으로, 시행중인 도시정비법 제37조(구법 제17조의2)가 해제동의에는 적용되지 않는다고 판단하였다. 다만 신청이 반려되면 동의서를 돌려받아 보완하여 다시 제출하는 것은 종전에도 가능하다고 해석되었으며, 위 특례 규정은 조합설립인가가 일단 있은 후 사후적으로 효력이 문제되는 경우에 대한 것으로서, 위 수원고등법원 2017구합70145 판결 등의 사안에 직접 적용될 여지는 없는 것으로 생각된다. 한편 위 수원고등법원 2017구합70145 판결 등은 재사용이 적법하다는 근거로, 정비구역 해제요청의 내용이 바뀌지 않았고 해제요청자의 당초 의사에 변동을 초래할 만한 특별한 사정이 존재하지 않는다는 점도 제시하고 있다.

20 서울고등법원 2017. 8. 16. 선고 2017누35792 판결.

21 안광순(상), 492.

다(대법원 2020. 9. 7. 선고 2020두38744 판결). 구 도시정비법이 적용되는 경우 동의서의 진정성립은 동의서에 날인된 인영과 인감증명서의 인영이 동일한 것인지를 기준으로 심사한다(대법원 2010. 1. 28. 선고 2009두4845 판결 등).

성명 기재, 지장날인, 신분증명서 사본 첨부 중 어느 하나라도 충족하지 못하는 동의서는 무효로 처리하여야 하고 행정청이 임의로 유효한 동의로 처리할 수 없으며(대법원 2010. 1. 28. 선고 2009두4845 판결, 대법원 2013. 11. 14. 선고 2011두5759 판결), 동의의사를 추단할 수 있는 행위나 외관이 있다고 하여 동의한 것으로 보는 것은 허용되지 않는다(대법원 2014. 4. 14. 선고 2012두1419 전원합의체 판결).

(2) 작성일자 등이 누락 · 불분명한 동의서의 효력

법률이 정한 동의 방식인 자필서명, 지장날인, 신분증명서 사본 첨부를 갖추지 못한 동의서는 무효이나, 그 이외에 인적사항, 소유권 현황, 작성일자 등은 기재하지 않거나 잘못 기재하였다고 하더라도 작성자의 동의 의사가 확인된다면 동의서를 무효라고 보기 어렵다. 추진위원회, 조합이 동의서 서식에 소유권 현황 등을 미리 채워 놓고 토지등소유자로부터 서명과 지장날인을 받기도 하는데, 서명란에서 토지등소유자 본인의 서명과 지장날인이 확인된다면 소유권 현황 등의 필체가 다르다는 점이 동의서 자체의 효력에 영향을 미치기 어렵다.

나머지 기재사항 중 주로 작성일자가 문제된다. 작성일자는 도시정비법 제36조가 정하는 기재사항은 아니나, 위 · 변조 주장의 근거가 되며 경우에 따라서는 동의서 작성방식이 달라지기도 한다. 그러나 행정청이 작성일자를 기준으로 동의서의 유 · 무효를 심사하지 않고 동의서는 작성된 때가 아니라 추진위원회 또는 조합에 제출된 때 효력을 갖기 때문에 작성일자는 동의서의 필수요건에 해당하지 않는다. 따라서 작성일자가 기재되어 있지 않거나 필체가 다르다는 사정만으로 동의서를 무효로 볼 수 없다.[22]

(3) 구법 방식으로 작성한 동의서

구 도시정비법(2012. 2. 1. 법률 제11293호로 개정되기 전의 것) 제17조 제1항은 토지등소유자의 동의는 서면동의서에 인감도장을 날인하고 인감증명서를 첨부하도록 하고 있었으나, 절차 간소화 등을 이유로 자필서명과 지장날인 및 신분증명서 사본 첨부 방식으로 대체되었다.[23]

22 서울고등법원 2010. 7. 9. 선고 2009누32422 판결(제1심은 서울행정법원 2009. 9. 24. 선고 2008구합34184 판결), 서울행정법원 2010. 11. 12. 선고 2009구합57238 판결, 서울고등법원 2011. 4. 13. 선고 2010누6672 판결 등.

23 종전에는 동의서에 인감도장을 날인하고 인감증명서를 첨부하도록 하였는데, 주민센터에서 인감증명서를 발급받으려면 본인 또는 대리인의 신분확인과 위임이 필요하고 본인 발급 여부도 표시되므로, 인감증명서 발급 및 인감도장 소지(날인) 자체로 본인의 의사가 충분히 추단될 수 있었다. 따라서 행정청은 동의서에 날인된 인감도장의 인영이 인감증명서와 일치하는지만 확인하면 되었다(대법원 2010. 1. 28. 선고 2009두4845 판결 등). 도시정비법이 2012. 2. 1. 법률 제11293호로 개정되면서 작성 방법을 변경한 것은 종전 방

위 일부개정법률은 부칙에 적용례를 두어 “제17조 제1항의 개정규정은 이 법 시행 후 최초로 토지등소유자의 동의를 받는 분부터 적용한다”라고 정하였다(구법 부칙(2012. 2. 1.) 제4조). 위 부칙의 해석과 관련하여, 조합설립 동의서를 위 일부개정법률의 시행일인 2012. 8. 2. 앞뒤로 받은 경우, 위 2012. 8. 2. 이후에 구법에 따라 작성한 동의서가 유효한지가 문제된다.

① 동의서의 작성일을 기준으로 위 2012. 8. 2. 이전에 작성되었으면 구법에 따른 인감도장 날인 등을, 위 2012. 8. 2. 이후에 작성되었으면 개정법에 따른 자필서명 · 지장날인 등을 갖추어야 한다고 보는 것이 간명한 해석이고 다수의 입장으로 보인다.[24]

② 그러나 부칙 제4조는 “최초로” 동의서를 받는 분부터 적용한다고 정하고 있는데, 하나의 안건으로 동의서를 받던 중 법률이 개정되었다는 이유로 동의서의 작성방법을 다르게 해야 한다면 혼란과 분쟁이 발생할 수 있으므로 위 2012. 8. 2. 이전에 토지등소유자의 동의서를 받기 시작한 안건은 구법이 그대로 적용되는 것으로 볼 수 있다. 또한 구법의 동의 방식이나 개정법의 동의 방식은 모두 토지등소유자 동의 여부를 정확하게 반영할 수 있는 방법이라는 점에서 차이가 없다는 점에서 관련 규정이 개정되었다 하더라도 그 적용례를 엄격히 적용할 필요성도 크지 않다.[25] 동의서의 작성일자를 제대로 쓰지 않거나 써진대로 인정하기 어려운 경우가 많은데, 불분명한 작성일을 기준으로 작성방법을 완전히 달리하여야 한다고 보는 것은 사실관계 확인을 위해 더 많은 주장 · 증명으로 다투어야 하는 문제가 있다.

⑷ 소유권이전등기전 양수인이 작성한 동의서

토지 또는 건축물에 대한 매매계약이 체결된 후 소유권이전등기가 마쳐지기 전에 양수인이 작성한 동의서가 간혹 문제된다. 등기로 인한 물권변동의 효력이 생기기 전이므로 양수인을 토지 또는 건축물의 ‘소유자’인 토지등소유자로 보기 어려울 수 있으나, 정비사업에 대한 실질적인 이해관계를 갖는 자는 양도인이 아닌 양수인이고, 동의서 작성 이후 실제 등기가 이루어졌다면 종전에 작성한 동의서도 유효하다고 보는 것이 타당하다. 유효하

식이 인감증명서 발급사실, 위 · 변조 등을 놓고 다툼이 많기 때문이라고 하나, 자필 서명, 지장 날인 방식도 다툼의 여지가 크다. 자필 서명, 지장 날인은 본인이 한 것인지를 행정청 등 제3자가 바로 확인하기 어렵기 때문에, 결국 행정청은 신분증명서 사본 첨부에 중점을 두고 서명과 무인은 단지 동의서에 분명하게 보이는지, 다른 의심할 사정이 없는지 정도만을 심사하게 된다. 이로 인하여 실무적으로 동의서 위 · 변조는 객관적인 근거가 없어도 의심만 되면 “육안으로 보기에도 다르다”며 일단 주장부터 하고 보는 경향도 있다. 자필 서명, 지장 날인 방식으로 다툼이 줄지는 않으나, 다툼이 있는 경우 사후적인 필적감정, 인영감정으로 객관적인 입증이 가능하다는 정도의 의미가 있다고 생각된다.

24 서울고등법원 2016. 8. 16. 선고 2016누33690 판결, 서울고등법원 2017. 5. 17. 선고 2017누37002 판결, 부산고등법원 2018. 1. 17. 선고 2017누22497 판결(제1심은 부산지방법원 2017. 6. 22. 선고 2016구합21221 판결) 등.

25 서울고등법원 2014. 10. 2. 선고 2013누49458 판결, 서울고등법원 2016. 3. 17. 선고 2015나2007976 판결.

다고 보는 근거는 양수인이 등기를 마치고 부동산을 취득한 후 조합원 자격이 없는 상태에서 한 자신의 동의를 추인하였다고 보거나,[26] 동의 정족수는 인가신청시를 기준으로 판단하므로 인가신청을 할 때 적법한 소유권을 갖추고 있었다면 유효하거나[27] 또는 하자가 치유된다고 보는 것을 생각해 볼 수 있다.

2. 동의의 철회 방법

가. 철회 방법

도시정비법 제36조 제1항 각 호에서 정한 토지등소유자의 동의의 철회는 서면철회서에 토지등소유자가 성명을 적고 지장(指章)을 날인하는 방법으로 하며, 주민등록증, 여권 등 신원을 확인할 수 있는 신분증명서의 사본을 첨부하여야 한다(법 제36조 제1항). 다만 토지등소유자가 해외에 장기체류하거나 법인인 경우 등 불가피한 사유가 있다고 시장 · 군수등이 인정하는 경우에는 토지등소유자의 인감도장을 찍은 서면철회서에 해당 인감증명서를 첨부하는 방법으로 할 수 있다(법 제36조 제2항).

토지등소유자는 서면철회서를 동의의 상대방 및 시장 · 군수등에게 내용증명의 방법으로 발송하여야 한다. 이 경우 시장 · 군수등이 철회서를 받은 때에는 지체 없이 동의의 상대방에게 철회서가 접수된 사실을 통지하여야 하고, 그 철회나 반대의 의사표시는 그 의사표시가 동의의 상대방에게 도달한 때 또는 시장 · 군수등이 동의의 상대방에게 철회서가 접수된 사실을 통지한 때 중 빠른 때에 효력이 발생한다(시행령 제33조 제3항, 제4항).

나. 철회의 제한

(1) 동의 철회 기한

도시정비법 제12조 제2항에 따른 재건축사업 정비계획 입안을 위한 안전진단에 대한 동의[28] 및 도시정비법 제36조 제1항 각 호에서 정한 토지등소유자의 동의(의제된 동의 포함)의 철회 또는 반대의 의사표시는 해당 동의에 따른 인 · 허가 등을 신청하기 전까지 할 수 있다(시행령 제33조 제2항 제1호).

(2) 정비구역 해제에 대한 동의의 철회

도시정비법 제21조 제1항 제4호에 따른 정비구역 해제에 대한 동의는 인 · 허가 신청 전이라 하더라도 최초로 동의한 날부터 30일까지만 철회할 수 있다(시행령 제33조 제2항 제2호 (가)목).

---

26 서울고등법원 2015. 11. 13. 선고 2015누32911 판결.

27 서울고등법원 2019. 6. 13. 선고 2018누64421 판결.

28 시행령 제33조 제2항에 따라 철회 시기 · 방법이 제한되는 동의는 도시정비법 제36조 제1항 각 호에서 정한 동의 이외에 도시정비법 제12조 제2항에 따른 재건축사업 정비계획 입안을 위한 안전진단에 대한 동의도 포함된다.

⑶ 조합설립에 대한 동의의 철회

조합설립에 대한 동의의 철회는 사업시행의 안정성을 확보하기 위해 더 제한을 받는다. 동의서에 필요적으로 기재할 사항이 변경되지 않았다면 인·허가 신청 전이라 하더라도 최초로 동의한 날부터 30일이 지났거나 창립총회가 개최된 이후에는 철회할 수 없다(시행령 제33조 제2항 제2호 (나)목).[29]

다. 철회의 철회

일정한 처분을 위한 토지등소유자의 동의는 사인의 공법행위로서 명문으로 금지되거나 성질상 불가능한 경우가 아닌 한 민법의 의사표시나 법률행위에 관한 규정을 적용할 수 있다. 토지등소유자가 종전 철회의 의사를 다시 철회하여 동의의 효력을 되살리는 것도 가능한 것으로 생각된다.

다만 동의 또는 철회의 의사표시는 절차적 안정을 위해 도시정비법 제36조 등이 정하는 방식대로 이루어져야 하므로, 철회의 철회도 본래의 법정동의서나 자필서명·지장날인 및 신분증명서 사본을 첨부한 서면(임의 서식) 등 도시정비법 제36조 등이 정하는 방식을 갖추어야 한다. 또한 종전의 철회는 인가를 신청할 때 확정되므로, 철회의 철회는 인가신청 이전에 이루어져야 효력이 있다고 생각된다.

라. 철회·반대의 제한 취지 및 효과

도시정비법령은 철회의 방법과 시기를 제한하고 있는데, 이같이 철회의 방법을 정한 것은 인가신청 후 동의 철회로 그동안 진행해 왔던 절차가 무용화되는 것을 막고 절차가 원활하게 진행되도록 함과 아울러, 토지등소유자의 동의철회 여부를 명확하게 함으로써 동의철회 여부에 관하여 발생할 수 있는 관련자들 사이의 분쟁을 미연에 방지하며, 나아가 행정청으로 하여금 인가신청 전에 제출된 동의철회서에 의하여서만 동의철회 여부를 심사하도록 함으로써 동의 여부의 확인에 불필요하게 행정력이 소모되는 것을 막기 위한 것이다(대법원 2012. 9. 27. 선고 2010두28649 판결 등).

따라서 관련 규정에서 정한 동의 철회의 시기와 방법 등 절차를 따르지 않은 동의의 철회는 효력이 없고 종전 동의의 효력은 그대로 유지된다(대법원 2012. 9. 27. 선고 2010두28649 판결, 대법원 2014. 1. 16. 선고 2011두12801 판결). 행정청이 동의 철회를 한 토지등소유자의 실질적 의사를 추단하여 동의철회를 유효한 것으로 처리할 수 없다(위 대법원 2010두28649 판결).

---

29 자세한 내용은 [7]조합 설립 II.2.나.동의의 철회 방법 참고.

3. 동의 정족수의 판단 기준

가. 인가신청시 기준

토지등소유자의 동의를 받아 인가신청을 하여 그 인가처분이 있는 경우 동의 정족수는 처분시가 아닌 인가신청시를 기준으로 판단한다(대법원 2014. 4. 24. 선고 2012두21437 판결, 대법원 2015. 6. 11. 선고 2013두15262 판결 등).[30]

조합설립 동의의 경우 인가신청시에 동의서를 제출하도록 하고 있고 그 동의의 철회는 인가신청 전에만 가능하여 인가신청시를 기준으로 동의 여부를 결정하도록 하고 있는 점, 인가신청 후 처분 사이의 기간에도 토지등소유자는 언제든지 자신의 토지 및 건축물 등을 처분하거나 분할, 합병하는 것이 가능한데, 대규모 재개발사업에 대한 조합설립인가신청의 경우 행정청이 처분일을 기준으로 다시 일일이 소유관계를 확인하여 정족수를 판단하기는 현실적으로 어려울 뿐만 아니라 처분시점이 언제냐에 따라 동의율이 달라질 수 있는 점, 만일 처분일을 기준으로 동의율을 산정하면 인가신청 후에도 소유권변동을 통하여 의도적으로 동의율을 조작하는 것이 가능하게 되어 재개발사업과 관련한 비리나 분쟁이 양산될 우려가 있는 점 등을 근거로 하고 있다(위 대법원 2012두2143 판결).

나. 개별 규정에 따른 예외

개별 규정에서 동의 정족수의 기준 시점을 따로 정한 경우는 그에 따라 판단하여야 한다. 주거환경개선사업에서 토지주택공사등을 사업시행자로 지정하는 경우에는 정비계획의 공람공고일을 기준으로 토지등소유자 과반수의 동의를 받도록 하고 있다(법 제24조 제1항).

도시정비법이 2022. 6. 10. 법률 제18941호로 개정되면서 토지등소유자가 시행하는 재개발사업에서 토지등소유자 수 산정기준일 등에 대한 특례를 신설하였다. 따라서 2022. 12. 11. 이후 최초로 정비계획의 변경을 제안하거나 사업시행계획인가를 신청하는 경우에는 정비구역 지정 · 고시일 또는 변경지정 · 고시일을 기준으로 토지등소유자 수를 산정한다(법 제36조의2, 법 부칙(2022. 6. 10.) 제3조).

---

30 조합설립 동의에 대해서는 대법원 2014. 4. 24. 선고 2012두21437 판결 등, 토지등소유자가 시행하는 재개발사업(구 도시환경정비사업)의 사업시행계획인가에 대한 동의에 대해서는 대법원 2015. 6. 11. 선고 2013두15262 판결 등, 정비구역 지정해제 요청 동의에 대해서는 서울고등법원 2019. 5. 24. 선고 2018누74374 판결 등, 조합설립인가취소 신청(조합해산 신청)을 위한 동의에 대해서는 부산고등법원 2015. 10. 21. 선고 2015누20541 판결(제1심은 부산지방법원 2015. 1. 9. 선고 2014구합626 판결) 등 참고.

4. 동의의 간주 및 승계

가. 동의의 간주(의제) 및 그에 대한 반대 의사표시

(1) 동의의 간주

도시정비법은 토지등소유자의 동의를 간소화하기 위해 토지등소유자가 특정 절차에 동의한 경우 후속 절차에서도 동의한 것으로 간주하는 규정을 두고 있다. ⓐ 정비계획의 입안제안에 동의한 토지등소유자는 재개발사업 · 재건축사업의 공공시행자 지정 요청에 동의한 것으로 보고(법 제26조 제1항 제8호 본문), ⓑ 추진위원회 구성에 동의한 토지등소유자는 조합의 설립에 동의한 것으로 보며(법 제31조 제2항 본문), ⓒ 주민대표회의 구성에 동의한 토지등소유자는 토지주택공사등의 사업시행자 지정에 동의한 것으로 본다(법 제47조 제4항 본문).

(2) 반대 의사표시

토지등소유자가 간주된 동의가 본인의 의사에 반하는 경우 반대 의사표시로서 동의 간주의 효력을 배제할 수 있고, 그 방식은 도시정비법 제36조 제1항 각 호에서 정한 동의의 철회와 동일하다(법 제36조 제1항, 시행령 제33조 제2항 내지 제4항).

반대 의사표시는 간주된 동의에 따른 인 · 허가 신청 전까지 하여야 한다(법 제26조 제1항 제8호 단서, 제31조 제2항 단서, 제47조 제4항 단서). 조합설립에 대한 동의는 시행령 제30조 제2항 각 호에 따라 동의서에 필요적으로 기재할 사항이 변경되지 않으면 최초로 동의한 날부터 30일이 지났거나 창립총회가 개최된 이후에는 철회할 수 없는데(시행령 제33조 제2항 제2호 (나)목), 추진위원회 구성에 대한 동의로 조합설립에 대한 동의가 간주되는 경우에도 위 시행령 제33조 제2항 제2호 (나)목에 따른 제한을 받는지가 문제된다. 법률(법 제31조 제2항 단서)이 명시적으로 반대 의사표시를 조합설립인가를 신청하기 전까지 할 수 있다고 하여 행사 기한을 보장하고 있음에도 시행령(시행령 제33조 제2항 제2호 (나)목)으로 그 시기가 제한된다고 보는 것은 상위 규범 규정에 저촉되고, 조합설립 동의서의 필요적 기재사항을 알지 못하는 추진위원회 구성에 동의한 토지등소유자에게 최초 동의일로부터 30일이 도과하였다는 이유로 반대 의사표시를 제한하는 것은 불합리하므로 조합설립인가 신청시까지 반대 의사표시가 가능하다고 보는 것이 타당하다.[31]

(3) 국가 또는 지방자치단체의 동의 간주

국가 또는 지방자치단체는 정비구역내 토지 또는 건축물의 소유자로서 동의를 받아야 하는 토지등소유자에 해당하나, 인감도장이나 인감증명서를 갖출 수 없고, 도시정비법령은 국가 또는 지방자치단체의 법정동의서 작성에 대해서는 별도의 규정을 두고 있지 않다. 국가 또는 지방자치단체가 정비사업과 관련하여 여러 권한과 역할을 부여받고 있는 특수한 지위에 있는 점을 고려하면, 국가 또는 지방자치단체의 동의는 반드시 서면 등에 의하

31 안광순(상), 309; 수원지방법원 안산지원 2017. 9. 29.자 2017카합10069 결정.

여 명시적으로 표시될 필요가 없다(대법원 2014. 4. 14. 선고 2012두1419 전원합의체 판결).

그럼 국가 또는 지방자치단체의 동의 여부를 어떻게 확인할 수 있는지가 문제된다.

조합설립 동의의 경우, 국가와 지방자치단체가 정비사업 시행과 관련하여 여러 공적 권한과 역할을 부여받고 있음과 아울러 공공복리 실현을 위하여 정비사업을 지원하고 사업의 추진에 협조할 의무를 지고 있는 점 등에 비추어 보면, ⓐ 해당 정비사업조합에 대한 설립을 인가하는 관할관청이 대표하는 지방자치단체가 정비구역 내에 토지를 소유하는 경우에 그 지방자치단체는 조합설립인가를 통하여 해당 정비사업조합의 설립에 동의한 것으로 볼 수 있고, ⓑ 국가 또는 정비구역 지정권자가 대표자로 있는 지방자치단체가 해당 정비구역 내에 국·공유지를 소유하는 경우에 정비기본계획의 수립 및 정비구역의 지정으로부터 관할 관청의 구체적인 조합설립인가에 이르기까지의 과정에서 협의 절차 등을 통하여 정비사업 자체나 해당 정비사업조합에 의한 사업추진에 대하여 명시적으로 반대의 의사를 표시하거나 반대하였다고 볼 수 있는 행위를 하지 아니하였다면, 관할관청의 인가에 의하여 이루어지는 해당 정비사업조합의 설립에 동의한 것으로 볼 수 있을 것이다(대법원 2012. 10. 11. 선고 2012두4081 판결, 대법원 2014. 4. 14. 선고 2012두1419 전원합의체 판결 등).

조합설립에 대한 동의가 아니더라도, 토지등소유자의 동의에 의해 이루어지는 인가신청에 대해 관할관청이 인가처분을 하였다면 관할관청은 그 인가처분으로서 간주되고, 국가 또는 정비구역 지정권자가 대표자로 있는 지방자치단체는 사업추진에 대하여 명시적으로 반대의 의사를 표시하거나 반대하였다고 볼 수 있는 행위를 하지 아니하였다면 그 역시 동의가 간주된다고 볼 수 있을 것이다. 조합설립에 대한 동의 이외에도 조합설립추진위원회 구성에 대한 관할관청의 동의를 간주하거나(대법원 2013. 5. 24. 선고 2011두14937 판결), 구 도시재개발법에 따라 토지소유자가 시행하는 도심재개발사업에서 위 토지등소유자가 신청한 사업시행계획 인가신청에 대해 관할관청(인가관청)의 동의를 간주하기도 하였다(대법원 2005. 3. 11. 선고 2004두138 판결).

국가 또는 지방자치단체가 아닌 공공기관은 동의서를 명시적으로 제출하지 않더라도 소유토지에 대한 매수협의를 하는 등 정비사업에 대한 찬성(동의) 의사가 드러나는 경우 묵시적인 동의 의사가 있다고 볼 수 있다. 그러나 공공기관은 법인인감증명서 발급을 통한 동의서 작성이 가능하고, 공공기관이 소유하는 토지 등은 국유재산법 또는 공유재산법에 따른 국·공유지가 아니어서 국가 또는 지방자치단체에 관한 위 대법원 2012두1419 전원합의체 판결 등을 근거로 동의를 간주하기 어렵다. 대법원 2012. 12. 13. 선고 2011두21218 판결은 준정부기관인 한국철도시설공단이 소유하는 토지는 국·공유지에 해당하지 않고 한국철도시설공단이 그 소유 재산에 대해 처분에 관하여 독자적인 결정권을 가지므로 묵시적 동의를 간주할 수 없다고 판단한 바 있다.[32]

---

32 구체적인 근거는 원심인 서울고등법원 2011. 7. 22. 선고 2010누30231 판결 참고.

나. 동의의 승계

추진위원회의 구성 또는 조합의 설립에 동의한 자로부터 토지 또는 건축물을 취득한 자는 추진위원회의 구성 또는 조합의 설립에 동의한 것으로 본다(시행령 제33조 제1항 제3호).

종전 소유자가 추진위원회의 구성에 동의한 경우 그로부터 토지 또는 건축물을 취득한 자는 추진위원회 승인 신청 전까지 동의를 철회할 수 있고(시행령 제33조 제2항 제1호), 종전 소유자의 추진위원회의 구성에 대한 동의로 조합설립에 대한 동의가 간주되는 경우 그로부터 토지 또는 건축물을 취득한 자는 조합설립인가 신청 전까지 반대의 의사표시를 할 수 있다(법 제31조 제2항 단서).[33]

Ⅲ. 도시정비법 제36조 제1항에서 정하지 않은 토지등소유자의 동의 방법

1. 동의 방법

도시정비법령상 토지등소유자의 동의를 받도록 되어 있으나 도시정비법 제36조 제1항 각 호에서 정한 동의가 아니라면 위 규정이 정한 자필서명 · 지장날인 및 신분증명서 사본 첨부 방식이 적용되어야 한다고 볼 수 없다(대법원 2014. 7. 10. 선고 2012다68644 판결).[34] 시행규칙 또는 조례 등에서 동의 방법이나 법정동의서 서식을 정한 경우 그에 따르되,[35] 따로 정한 방법이 없다면 토지등소유자의 진정한 의사를 확인할 수 있는 방법으로 작성하면 된다.

2. 동의의 철회 방법

시행령 제33조 제2항부터 제4항까지의 규정은 동의 철회의 시기 및 방법 등을 정하고 있으며, 그 적용대상에는 도시정비법 제36조 제1항 각 호의 사항에 대한 동의 이외에 도시정비법 제12조 제2항에 따른 재건축사업 입안제안을 위한 안전진단에 대한 동의도 포함된다.

이 규정에서 정하지 않은 토지등소유자의 동의는 단체적 의사표시에 대한 동의 및 그 철회의 기본 법리에 따르면 된다. 결의에 대한 동의는 결의 등이 유효하게 성립하기 전까

33 동의의 승계가 이루어진 경우에도 토지 또는 건축물을 취득한 자는 시행령 제33조 제2항 제2호 ㈏목이 아닌 법 제31조 제2항 단서에 따라 조합설립 인가신청 전까지 반대의사를 표시할 수 있다고 보여진다. 자세한 내용은 II.4.가.(2)반대 의사표시 참고.

34 도시정비법이 2009. 2. 6. 법률 제9444호로 개정되기 전에는 동의 방법도 시행령에서 정하고 있었다(구법 제17조, 구 시행령 제28조 제4항). 위 대법원 2012다68644 판결은 구 시행령 제28조 제4항에서 동의 방법(인감도장 날인하고 인감증명서를 첨부한 서면)은 위 규정에서 정한 동의사항(구법 제13조, 제14조, 제16조, 제20조, 제28조)에만 적용되고 다른 의결이나 동의에는 적용되지 않는다고 보았다.

35 도시정비법 제36조 제1항 각 호에서 정하지 않은 토지등소유자의 동의 중 도시정비법 제12조 제2항에 따른 재건축사업 입안제안을 위한 안전진단 요청을 위한 동의(시행규칙 제3조 제1항 [별지 제1호 서식]), 시행령 제12조에 따른 정비계획(변경)의 입안제안에 대한 동의(서울시 정비조례 시행규칙 제9조 [별지 제7호 서식]), 도시정비법 제78조 제3항, 서울시 정비조례 제39조 제3항에 따른 관리처분계획 타당성 검증 요청 동의(서울시 정비조례 제39조 제3항 [별지 제4호 서식]) 등은 법정동의서 서식이 마련되어 있다.

지 철회할 수 있으며, 철회의 의사표시는 동의의 의사표시와 마찬가지로 정관에서 다르게 정하지 않는 이상 반드시 일정한 절차와 방식에 따라서만 하여야 하는 것은 아니며 철회의 의사를 분명히 추단할 수 있는 행위나 외관이 있는 것으로 충분하다고 보고 있다(대법원 2002. 3. 11.자 2002그12 결정, 대법원 2008. 8. 21. 선고 2007다83533, 83540 판결 등 참고).

따라서 시행령 제33조 제2항부터 제4항까지의 규정의 적용을 받지 않는 동의의 철회는 그 동의에 따른 사업시행자 등의 신청 등이 이루어지기 전까지 할 수 있고,[36] 철회의 의사를 분명히 확인할 수 있으면 그 방법에 제한을 받지 않는다고 볼 수 있다.

3. 토지등소유자 및 동의자 수 산정 방법

토지등소유자 및 동의자 수 산정 방법에 대해 정하고 있는 시행령 제33조 제1항이 적용되는 대상은 도시정비법 제36조 제1항 각 호의 사항에 대한 동의 이외에 도시정비법 제12조 제2항에 따른 재건축사업의 입안제안을 위한 안전진단에 대한 동의, 도시정비법 제28조 제1항에 따른 재개발사업 · 재건축사업의 사업대행자 지정 요청에 대한 동의, 시행령 제12조에 따른 정비계획 입안제안에 대한 동의, 시행령 제14조 제2항에 따른 용적률 완화를 위한 현금납부에 대한 동의, 시행령 제27조에 따른 창립총회의 토지등소유자의 동의이다.

그 이외의 토지등소유자의 동의는 관련 법령이나 조례 등에서 따로 정하고 있는 것이 있다면 그에 따르고,[37] 따로 정하지 않았다면 토지등소유자의 개념과 산정방법을 달리 볼 이유가 없으므로 시행령 제33조(구 시행령 제28조) 규정을 (유추)적용하는 것이 타당하다.[38]

Ⅳ. 토지등소유자 및 동의자 수 산정 방법

토지등소유자 및 동의자 수 산정 방법을 정한 시행령 제33조 제1항은 이 규정이 적용대상으로 정한 동의[39] 이외에도 다른 토지등소유자 동의에서 (유추)적용될 수 있다.

---

36 조합의 총회결의 등은 단체적 의사표시의 외관이 갖추어지는 결의가 있은 때 효력이 발생하는 것이므로 그 결의가 있기 전까지 철회할 수 있다고 볼 것이나, 토지등소유자의 동의가 어떠한 처분에 대한 요건인 경우에는 동의 정족수는 처분시가 아닌 인가신청시를 기준으로 판단하는 점(대법원 2014. 4. 24. 선고 2012두21437 판결 등)에 비추어 그 처분의 신청시까지 철회가 가능하다고 보는 것이 타당하다.

37 개별 조례에서 토지등소유자의 동의자 수 산정방법 등 절차는 시행령 제33조(구 시행령 제28조)를 준용하도록 하는 경우도 있다.

38 서울고등법원 2018. 11. 8. 선고 2018누62081 판결은 "정비구역지정 해제에 관하여도 정비구역지정과 동일한 산정방법 및 절차에 따라 토지등소유자의 의사를 확인할 경우 토지등소유자의 의사가 보다 공정하고 합리적인 방식으로 반영될 수 있는 점을 더하여 보면, 정비구역지정 해제에서의 동의자수 산정에도 구 도시정비법 시행령 제28조가 (유추)적용되는 것으로 해석함이 타당하다"고 보았다.

39 도시정비법 제12조 제2항에 따른 재건축사업의 입안제안을 위한 안전진단에 대한 동의, 도시정비법 제28조 제1항에 따른 재개발사업 · 재건축사업의 사업대행자 지정 요청에 대한 동의, 도시정비법 제36조 제1항 각 호의 사항에 대한 동의, 시행령 제12조에 따른 정비계획 입안제안에 대한 동의, 시행령 제14조 제2항에 따

1. 토지등소유자 수 산정의 기본 원칙

가. 관련 규정

도시정비법 제36조 제4항은 토지등소유자의 동의자 수 산정방법을 시행령에 위임하고 있고, 그 위임에 따른 도시정비법 시행령 제33조 제1항은 하나 또는 다수의 토지 또는 건축물을 1인 또는 여럿이 소유하거나 지상권자가 있는 경우 등에 대한 산정방법을 정하고 있다.[40]

> 법 제36조(토지등소유자의 동의방법 등) ④ 제1항, 제2항 및 제12조에 따른 토지등소유자의 동의자 수 산정 방법 및 절차 등에 필요한 사항은 대통령령으로 정한다.
>
> 시행령 제33조(토지등소유자의 동의자 수 산정 방법 등) ① 법 제12조 제2항, 제28조 제1항, 제36조 제1항, 이 영 제12조, 제14조 제2항 및 제27조에 따른 토지등소유자(토지면적에 관한 동의자 수를 산정하는 경우에는 토지소유자를 말한다. 이하 이 조에서 같다)의 동의는 다음 각 호의 기준에 따라 산정한다.
>
> 1. 주거환경개선사업, 재개발사업의 경우에는 다음 각 목의 기준에 의할 것
>
> 가. 1필지의 토지 또는 하나의 건축물을 여럿이서 공유할 때에는 그 여럿을 대표하는 1인을 토지등소유자로 산정할 것. 다만, 재개발구역의 「전통시장 및 상점가 육성을 위한 특별법」 제2조에 따른 전통시장 및 상점가로서 1필지의 토지 또는 하나의 건축물을 여럿이서 공유하는 경우에는 해당 토지 또는 건축물의 토지등소유자의 4분의 3 이상의 동의를 받아 이를 대표하는 1인을 토지등소유자로 산정할 수 있다.
>
> 나. 토지에 지상권이 설정되어 있는 경우 토지의 소유자와 해당 토지의 지상권자를 대표하는 1인을 토지등소유자로 산정할 것
>
> 다. 1인이 다수 필지의 토지 또는 다수의 건축물을 소유하고 있는 경우에는 필지나 건축물의 수에 관계없이 토지등소유자를 1인으로 산정할 것. 다만, 재개발사업으로서 법 제25조 제1항 제2호에 따라 토지등소유자가 재개발사업을 시행하는 경우 토지등소유자가 정비구역 지정 후에 정비사업을 목적으로 취득한 토지 또는 건축물에 대해서는 정비구역 지정 당시의 토지 또는 건축물의 소유자를 토지등소유자의 수에 포함하여 산정하되, 이 경우 동의 여부는 이를 취득한 토지등소유자에 따른다.
>
> 라. 둘 이상의 토지 또는 건축물을 소유한 공유자가 동일한 경우에는 그 공유자 여럿을 대표하는 1인을 토지등소유자로 산정할 것

른 용적률 완화를 위한 현금납부에 대한 동의, 시행령 제27조에 따른 창립총회의 토지등소유자의 동의.

40 시행령 제33조의 표제는 '토지등소유자의 동의자 수 산정방법'이나 동의율의 분모가 되는 '토지등소유자 수 산정방법'도 물론 동일하다. 여기서는 별도로 구분할 필요가 없다면 '토지등소유자 수'로 줄여 쓰기로 한다.

2. 재건축사업의 경우에는 다음 각 목의 기준에 따를 것
   가. 소유권 또는 구분소유권을 여럿이서 공유하는 경우에는 그 여럿을 대표하는 1인을 토지등소유자로 산정할 것
   나. 1인이 둘 이상의 소유권 또는 구분소유권을 소유하고 있는 경우에는 소유권 또는 구분소유권의 수에 관계없이 토지등소유자를 1인으로 산정할 것
   다. 둘 이상의 소유권 또는 구분소유권을 소유한 공유자가 동일한 경우에는 그 공유자 여럿을 대표하는 1인을 토지등소유자로 할 것
3. 추진위원회의 구성 또는 조합의 설립에 동의한 자로부터 토지 또는 건축물을 취득한 자는 추진위원회의 구성 또는 조합의 설립에 동의한 것으로 볼 것
4. 토지등기부등본·건물등기부등본·토지대장 및 건축물관리대장에 소유자로 등재될 당시 주민등록번호의 기록이 없고 기록된 주소가 현재 주소와 다른 경우로서 소재가 확인되지 아니한 자는 토지등소유자의 수 또는 공유자 수에서 제외할 것
5. 국·공유지에 대해서는 그 재산관리청 각각을 토지등소유자로 산정할 것

나. 소유형태에 따른 토지등소유자 산정

도시정비법 시행령 제33조 제1항은 토지등소유자의 수를 산정함에 있어 1인이 다수의 부동산을 소유하더라도 1인의 토지등소유자로 산정하고, 여럿이 하나 또는 다수의 부동산을 공유하는 경우에도 그 공유자의 대표자를 1인의 토지등소유자로 산정한다. 이 규정에 따르면 "토지의 필지별 또는 토지 · 건물의 소유자, 공유자가 서로 다를 경우"에는 소유형태에 따라 토지등소유자를 구분하여 소유형태별 부동산마다 1인이 토지등소유자로 산정된다(대법원 2010. 1. 14. 선고 2009두15852 판결, 대법원 2013. 11. 14. 선고 2011두5759 판결 등).

도시정비법 시행령 제33조 제1항 각 호, 각 목의 규정 등을 종합하면, 토지등소유자의 수는 원칙적으로 소유형태(공유형태)에 따라 구분되는 개념이다. 다만 구체적인 쟁점에서 "별도의 토지등소유자의 지위를 부여할 필요성이 있는지 여부"에 따라 달라질 수 있다.[41]

다. 공유자의 대표자를 1인의 토지등소유자로 산정하는 취지

도시정비법 시행령 제33조 제1항은 1인이 단독으로 여러 부동산을 소유하는 경우에는 "토지등소유자를 1인으로 산정한다"로 하면서(제1호 (다)목, 제2호 (나)목), 여럿이 부동산을 공유하는 경우에는 "그 공유자 여럿을 대표하는 1인을 토지등소유자로 산정한다"고 하고 있는데(제1호 (가)목, (라)목, 제2호 (가)목, (다)목), 그 취지는 공유하는 부동산에 대해 1인의 토지등소유자로 산정하되 그 대표자에게 토지등소유자의 지위를 부여한다는 것으로서, 대표자가 선정되어야 비로소 1인의 토지등소유자

41 대법원 판례로 소유형태에 따른 구분의 예외를 인정한 사례로 IV.2.다.(3)공유자 전원이 공유부동산 이외에 각 별도의 부동산을 단독 소유하는 경우, IV.2.라.지상권자가 있는 경우의 토지등소유자 수 등 산정, IV.4.다.(3)토지등소유자가 시행하는 재개발사업에서 수탁자 1인이 다수의 토지 또는 건축물을 위탁받은 경우가 있다.

로 산정하는 것이 아니다.[42] 따라서 공유자들이 대표자를 선임하지 않았더라도 공유하는 부동산에 대해서 1인의 토지등소유자로 산정하며, 공유자 전원이 동의서를 제출하였다면 해당 공유부동산의 토지등소유자가 동의한 것으로 볼 수 있으나, 공유자 중 일부만 동의서를 제출한 것은 유효하지 않다(대법원 2017. 2. 3. 선고 2015두50283 판결).

또한 다수의 공유자들이 누구를 대표자로 선정하는지에 따라 토지등소유자 수가 달라지지 않는다. 부동산별로 서로 다른 대표자를 선정하고 대표자의 수만큼 토지등소유자의 수를 인정하게 된다면 대표자의 선정결과에 따라 토지등소유자의 수가 달라지는 불합리가 발생하여 공유자에 의하여 토지등소유자의 수가 조작되는 결과를 야기할 수 있으므로, 동일한 수인이 다수의 부동산을 공유하는 경우 그와 같은 공유자들은 공유하고 있는 다수의 부동산에 대한 대표자를 같은 사람으로 선정하든지, 대표자를 선정하지 아니하고 다수의 부동산에 대한 동의 여부의 의사를 한 번만 표시할 수 있다는 제한을 받는다고 보는 것이 타당하다.[43]

2. 재개발사업 토지등소유자 수의 기본 산정 방법

가. 토지등소유자의 범위

주거환경개선사업 및 재개발사업의 토지등소유자는 정비구역에 위치한 토지 또는 건축물의 소유자 또는 그 지상권자를 의미한다(법 제2조 제9호 (가)목).

나. 1인이 다수의 토지 또는 건축물을 소유하는 경우

(1) 일반적인 산정방법

1인이 다수 필지의 토지 또는 다수의 건축물을 소유한 경우에는 그 소유 필지나 건축물의 수에 관계없이 1인의 토지등소유자로 산정한다(시행령 제33조 제1항 제1호 (다)목 본문).

(2) 토지등소유자가 시행하는 재개발사업에서 사업시행자가 소유하는 토지 또는 건축물

토지등소유자가 시행하는 재개발사업(구 도시환경정비사업)에서 사업시행자가 될 토지등소유자가 정비구역 지정 이후에 정비사업을 목적으로 토지 또는 건축물을 취득하여 1인이 다수의 토지 또는 건축물을 소유하는 형태가 되더라도, 정비구역 지정 이후에 취득한 토지 또는 건축물에 대해서는 정비구역 지정 당시의 소유형태를 기준으로 토지등소유자 수를 산정한다(시행령 제33조 제1항 제1호 (다)목 단서).[44]

---

42 대표자가 선정되어야 비로소 1인의 토지등소유자로 산정되는 것이라면, 공유자의 의견이 서로 엇갈리는 등의 사유로 대표자를 선정하지 못한 경우에 토지등소유자의 자격을 부여받지 못하는 불합리한 결과가 발생하게 되므로, 위 규정은 토지등소유자의 수를 공유자의 수만큼 인정할 것인지 아니면 1인으로 할 것인지 여부에 대한 규정을 볼 수 있다(서울행정법원 2009. 9. 25. 선고 2009구합9192 판결). 토지등소유자의 수는 동의율 산정에 기초가 되는 것이므로, 객관적인 소유형태에 따라 구분하는 것이 타당하다.

43 서울행정법원 2009. 9. 25. 선고 2009구합9192 판결.

44 자세한 내용은 [3]토지등소유자가 시행하는 재개발사업 III.3.나.동의자수 산정 방법 참고.

다. 공유관계인 토지등소유자의 동의자 수 산정

(1) 공유형태에 따른 구분

동일한 공유자가 하나 또는 다수의 부동산을 공유하는 경우, 즉 소유형태(공유형태)가 동일한 부동산에 대해서는 그 대표자를 1인의 토지등소유자로 산정한다(시행령 제33조 제1항 제1호 (가)목, (라)목).[45] 이때 "대표자를 1인의 토지등소유자로 산정한다"의 의미는 해당 부동산에 대해 1인의 토지등소유자로 산정하되 공유자의 대표자에게 토지등소유자의 지위를 부여한다는 것이므로, 부동산별로 각각 다른 대표자를 선정할 수 없고,[46] 공유자는 공유하고 있는 하나 또는 다수의 부동산에 대해 대표자를 동일한 사람으로 선정하여야 한다.

다만 공유형태가 달라지는 경우에는 그 소유형태가 다르므로 각 별도의 토지등소유자로 산정한다(시행령 제33조 제1항 제1호 (라)목, 대법원 2010. 1. 14. 선고 2009두15852 판결, 대법원 2013. 11. 28. 선고 2012두15777 판결).[47]

(2) 공유자 중 일부가 공유부동산 이외에 별도의 부동산을 단독 소유하는 경우

1인이 하나 또는 다수의 부동산을 단독 소유하면서 다른 사람과 하나 또는 다수의 부동산을 공유하는 경우에는, 그 소유형태가 다르므로 각 별도의 토지등소유자로 산정된다(대법원 2010. 1. 14. 선고 2009두15852 판결, 대법원 2014. 5. 29. 선고 2012두18677 판결, 대법원 2015. 3. 20. 선고 2012두23242 판결 등).[48·49]

(3) 공유자 전원이 공유부동산 이외에 각 별도의 부동산을 단독 소유하는 경우

위 (2) 사안과 달리, 공유자 전원이 각 별도의 부동산을 단독 소유하는 경우, 공유자들이 각각 단독 소유하는 부동산과 공유부동산은 그 소유형태가 다르나, 공유자들은 이미 단독부동산에 대해 각각 토지등소유자의 지위가 인정되므로 공유부동산에 대해서는 토지등

---

45 구 시행령 제28조 제1항 제1호는 동일한 공유자가 1필지의 토지 또는 하나의 건축물을 공유하는 경우((가)목)에 대해서만 정하고 있었으나, 동일한 공유자가 수개의 필지 또는 둘 이상의 건축물을 공유하는 경우도 동일하게 보는 대법원 2010. 1. 14. 선고 2009두15852 판결 이후 시행령이 2018. 2. 9. 대통령령 제28628호로 전부 개정되면서 현재의 (라)목이 신설되었다.

46 단순히 '선정된 대표자'가 토지등소유자가 된다고 볼 경우, 공유자들이 공유하는 여러 부동산에 대해 각각 다른 사람으로 대표자를 선정하면 그 선정결과에 따라 토지등소유자 수가 조작되는 결과가 초래되어 1인의 토지등소유자의 지위만을 인정한 시행령 제33조 제1항 제1호 (가)목, (라)목의 취지에 반한다.

47 위 시행령 제33조 제1항 제1호 (라)목은 "둘 이상의 토지 또는 건축물을 소유한 공유자가 '동일'한 경우에는 그 공유자 여럿을 대표하는 1인을 토지등소유자로 산정"한다고 하여, 그 공유자가 '동일하지 않은 경우' 각 별도의 토지등소유자로 산정함을 전제하고 있다.

48 대법원 2014. 5. 29. 선고 2012두18677 판결에서 별도의 토지등소유자로 산정한 사례는 다음과 같다.
① a토지는 A, B, C, D, E, F 6인의 공동소유이나 그 지상의 b건축물은 A의 단독소유인 경우, a토지와 b건축물은 그 소유형태가 달라 각각 별도의 토지등소유자로 산정한다[판결이유 6.가.2)].
② c, d토지는 G의 단독소유이고, e토지는 G, H의 공동소유로서 G가 대표자로 선정되었고, G가 c, d토지 및 e토지에 대해 조합설립동의서를 각 제출한 경우, c, d 토지 및 e토지에 대해 각각 별도의 토지등소유자 및 동의로 산정한다[판결이유 6.가.3)].

49 대법원 2015. 3. 20. 선고 2012두23242 판결은 "토지의 공유자 중 일부가 지상 건축물을 단독 소유하는 경우 토지와 건축물은 각각 1인이 토지등소유자로 산정되어야 한다"고 보았다.

소유자가 추가로 산정되지 않는다(대법원 2014. 5. 29. 선고 2011두2286 판결). 이 경우에도 각각 토지등소유자의 지위를 인정하면 1인 또는 수인이 다수의 부동산을 소유하더라도 1인의 토지등소유자로 산정되는 것과 형평이 맞지 않고, 공유부동산에 관하여 토지등소유자를 별도로 인정하지 않는다고 하더라도 위 각 부동산에 관련된 소유자 내지 공유자들 중 토지등소유자의 지위가 인정되지 아니하는 불이익을 입는 사람은 없다는 것을 근거로 들 수 있다.

라. 지상권자가 있는 경우의 토지등소유자 수 등 산정

(1) 토지등소유자 수 산정

토지에 지상권이 설정되어 있는 경우에는 토지의 소유자와 해당 토지의 지상권자를 대표하는 1인을 토지등소유자로 산정한다(시행령 제36조 제1항 제1호 (나)목).

지상권이 담보목적으로 설정된 것이라 하더라도 지상권은 타인의 토지에서 건물 기타의 공작물이나 수목을 소유하는 것이 아니라 타인의 토지를 사용하는 것을 본질적 내용으로 하는 것으로서 저당부동산의 담보가치를 확보하기 위한 지상권의 취득도 가능하고, 법상 특별히 건물 기타 공작물이나 수목을 소유하기 위한 지상권과 달리 취급할 근거가 없기 때문에 토지등소유자 산정에 포함되는 것이 타당하다.[50]

다만 토지 및 건축물이 동일인의 소유이고 토지에 대해 지상권이 설정되어 있는 경우,[51] 토지는 소유자 및 지상권자가, 건축물은 소유자가 각 토지등소유자로서 토지와 건축물은 그 소유형태가 달라지게 되나, 토지와 건축물을 각 별도의 토지등소유자로 산정하지 않고 1인의 토지등소유자로 산정한다(대법원 2015. 3. 20. 선고 2012두23242 판결). 지상권자의 법적 지위가 토지 공유자와 동일하다고 볼 수 없고, 토지에 지상권이 설정되어 있는 경우 토지소유자와 지상권자를 대표하는 1인을 토지등소유자로 산정하도록 규정한 취지는 지상권자에게 동의 여부에 관한 대표자 선정에 참여할 권한을 부여함으로써 자신의 이해관계를 보호할 수 있도록 하기 위한 것이므로, 더 나아가 토지등소유자 수의 산정에서까지 지상권자를 토지 공유자와 동일하게 볼 필요는 없다는 것이다.

(2) 동의자 수 산정

토지에 지상권이 설정되어 있는 경우에는 토지의 소유자와 해당 토지의 지상권자를 대표하는 1인을 토지등소유자로 산정하는데(시행령 제36조 제1항 제1호 (나)목), 이는 지상권이 설정된 토지의 경우 지상권자에게 동의 여부에 관한 대표자 선정에 참여할 권한을 부여함으로써 자신의 이해

---

50 부산고등법원 2007. 7. 6. 선고 2006누3841 판결, 서울행정법원 2009. 9. 25. 선고 2009구합9192 판결, 부산고등법원 2013. 8. 23. 선고 2013누574 판결 등.

51 통상 지상권은 토지와 건축물의 소유자가 다른 경우에 설정하는 것이므로, 이 판결사안과 같이 토지와 건축물이 동일인의 소유인데 토지에 대해 제3자의 지상권이 설정되는 경우는 다소 이례적이다. 위 대법원 2012두23242 판결 사안은 지하철 6호선의 설치를 위해 서울특별시도시철도공사가 지상권을 설정한 경우이다.

관계를 보호할 수 있도록 하기 위한 것이다(대법원 2015. 3. 20. 선고 2012두23242 판결). 지상권자의 대표자 선임 동의나 별도의 동의 없이 토지소유자가 단독으로 한 동의는 효력이 없다.

3. 재건축사업 토지등소유자 수의 기본 산정 방법

가. 토지등소유자의 범위

재건축사업의 토지등소유자는 정비구역에 위치한 건축물 및 그 부속토지의 소유자로서(법 제2조 제9호 (나)목), 재개발사업과 달리 토지만을 소유하거나 지상권만을 취득한 경우는 토지등소유자에서 제외된다. 시행령 제33조 제1항 제2호의 구분소유권은 주택단지에서 집합건물법에 따른 대지권이 있는 구분소유권을 의미하며, 소유권은 주택단지가 아닌 지역에서 건축물 및 그 대지를 모두 소유한 경우를 의미한다.

나. 1인이 둘 이상의 소유권 또는 구분소유권을 소유하는 경우

1인이 둘 이상의 소유권 또는 구분소유권을 소유하고 있는 경우에는 소유권 또는 구분소유권의 수에 관계없이 토지등소유자를 1인으로 산정한다(시행령 제33조 제1항 제2호 (나)목).

다. 여러 명이 소유권 또는 구분소유권을 공유하는 경우

소유권 또는 구분소유권이 여러 명의 공유에 속하는 경우에는 그 여러 명을 대표하는 1인을 토지등소유자로 산정하여야 한다(시행령 제33조 제1항 제2호 (가)목). 이때 "대표자를 1인의 토지등소유자로 산정한다"의 의미는 해당 부동산에 대해 1인의 토지등소유자로 산정하되 공유자의 대표자에게 토지등소유자의 권한을 부여한다는 것이므로, 부동산별로 각각 다른 대표자를 선정할 수 없고, 공유자들은 공유하고 있는 하나 또는 다수의 부동산에 대해 대표자를 동일한 사람으로 선정하여야 한다는 점은 앞서 재개발사업과 동일하다.

둘 이상의 소유권 또는 구분소유권을 소유한 공유자가 동일한 경우에는 그 공유자 수인을 대표하는 1인을 토지등소유자로 하여야 한다(시행령 제33조 제1항 제2호 (다)목).

4. 소재불명자, 국 · 공유지, 다가구주택 등의 산정 방법

가. 소재불명자

(1) 단독소유인 경우 토지등소유자의 수에서 제외

소재불명자(토지등기부등본 · 건물등기부등본 · 토지대장 및 건축물관리대장에 소유자로 등재될 당시 주민등록번호의 기록이 없고 기록된 주소가 현재 주소와 다른 경우로서 소재가 확인되지 아니한 자)는 토지등소유자의 수 또는 공유자의 수에서 제외한다(시행령 제33조 제1항 제4호). 이는 의사 확인이 어려운 토지등소유자를 조합설립 동의 절차에서 동의 대상자에서 제외함으로써 사업 진행을 원활하게 하려는 것이다(대법원 2014. 5. 29. 선고 2012두11041 판결, 대법원 2017. 2. 3. 선고 2015두50283 판결).

이같이 소재불명자를 토지등소유자 산정에서 제외하기 위해서는 ⓐ 토지등기부등본 등 공부상 주민등록번호의 기재가 없고 ⓑ 공부에 기재된 주소가 현재 주소와 다르며 ⓒ 현재의 소재가 확인되지 아니할 것이라는 요건을 갖추어야 한다. 한편 소재가 확인되지 아니한다는 이유만으로 토지등소유자의 수에서 제외되는 토지 또는 건축물 소유자는 자신의 의사가 전혀 반영되지 아니한 채 소유물이 처분되는 결과에 이를 수 있다는 점을 고려할 때 적용에 신중을 기해야 하고, 토지등소유자의 소재를 확인하기 위한 가능하고도 충분한 노력을 다하였음에도 확인할 수 없음이 분명한 경우이어야 한다(대법원 2014. 5. 29. 선고 2012두11041 판결).

다만 추진위원회 또는 조합이 적극적으로 주민등록번호나 소재, 주소를 파악하기 어렵고, 인가관청도 그 주소와 소재를 탐색적으로 조사할 의무까지 있다고 보기는 어려우므로, 실제 소송과정에서 입증은 다양한 방법이 고려될 수 있다. 행방불명자로 처리된 토지소유자의 소재가 확인되지 않아 종합토지세를 부과하지 못하였다든지, 추진위원회가 토지소유자에게 추진위원회설립동의서를 포함한 우편물을 내용증명우편으로 발송한 후 수취인불명 등의 사유로 반송되었다는 등의 사유가 있다면 일응 입증되었다고 볼 수 있을 것이다.[52] 또한 토지등소유자가 사망한 후 상속등기가 이루어지지 않았다면 사망자의 주민등록번호를 알더라도 상속인들의 주소, 소재를 파악하기 어려우므로 이 역시 소재불명으로 보아 토지등소유자 산정에서 제외하는 것이 타당하다.

⑵ 공유자 중 일부가 소재불명인 경우 토지등소유자 수 등 판단 방법

소재불명자가 제외되는 경우는 그 소재불명자가 단독소유인 경우뿐만 아니라 공유자 중 일부인 경우도 포함된다(시행령 제33조 제1항 제4호).

구 시행령 제28조 제1항 제4호는 토지등소유자가 소재불명인 경우 "토지등소유자의 수에서 제외할 것"으로만 정하고 있어, 공유자 중 일부가 소재불명인 경우 그 부동산 자체를 토지등소유자 산정에서 제외해야 하는 것인지 다툼이 있었다. 대법원 2017. 2. 3. 선고 2015두50283 판결은 공유자 중 일부가 소재불명자인 경우 해당 부동산에 대해 유효한 동의를 할 수 없다는 점은 단독소유자가 소재불명인 경우와 다르지 않고, 공유자 중 일부가 소재불명자인 토지는 조합설립 동의가 처음부터 불가능하므로 구 시행령 제33조 제1항 제4호에 따라 조합설립 동의 대상이 되는 토지 또는 건축물 소유자 수에서 제외하여야 한다고 보았다.

그러나 이후 2018. 2. 9. 대통령령 제28628호로 전부 개정된 시행령 제33조 제1항 제4호는 "토지등소유자의 수 또는 '공유자 수'에서 제외할 것"으로 정하여 공유자에서만 제외할 수 있도록 하였다. 따라서 현행 시행령 규정에서는 공유자 중 일부가 소재불명인 경우

52 부산고등법원 2007. 7. 6. 선고 2006누3841 판결, 서울고등법원 2008. 1. 8. 선고 2007누15904 판결, 서울고등법원 2010. 12. 10. 선고 2010누9572 판결.

종전의 대법원 2015두50283 판결처럼 그 공유하는 토지 등을 동의대상에서 아예 제외할 것이 아니라, 소재불명인 공유자만 제외하고 나머지 공유자들을 1인의 토지등소유자로 산정된다고 보는 것이 타당하다.[53]

나. 국 · 공유지

국 · 공유지는 그 재산관리청 각각을 토지등소유자를 산정한다(시행령 제33조 제1항 제5호). 가령 등기상 소유자가 '국(국토교통부)'와 '국(기획재정부)'로 되어 있는 토지는 같은 국유지라 하더라도 재산관리청이 다르므로 각각 별도의 토지등소유자로 산정한다.[54]

국 · 공유지에 대한 토지등소유자의 동의는 반드시 서면 등에 의하여 명시적으로 표시될 필요가 없다(대법원 2014. 4. 14. 선고 2012두1419 전원합의체 판결). 조합설립에 대한 동의의 경우, 관할관청은 인가처분으로서, 국가 또는 정비구역 지정권자가 대표자로 있는 지방자치단체는 사업추진에 대하여 명시적으로 반대의 의사를 표시하거나 반대하였다고 볼 수 있는 행위를 하지 아니하였다면 그 역시 동의한 것으로 볼 수 있으며(위 대법원 2012두1419 전원합의체 판결), 추진위원회 구성 승인에 대한 동의, 토지등소유자가 시행하는 재개발사업의 사업시행계획인가 신청에 대한 동의 등에서도 동일하게 볼 수 있을 것이다.[55]

다. 신탁

(1) 수탁자 1인으로 산정

신탁법상 신탁재산의 그 대내외적인 소유권은 모두 수탁자에게 귀속되기 때문에(대법원 2013. 1. 24. 선고 2010두27998 판결 등 참고), 신탁업자가 정비구역내 여러 토지등소유자들로부터 그 소유 토지 및 건축물을 위탁받아 그 등기를 마치면 토지등소유자는 수탁자인 신탁업자 1인으로 산정되는 것이 원칙이다.

(2) 신탁업자가 사업시행자로 지정된 경우

도시정비법 제27조 제1항에 따라 신탁업자가 사업시행자로 지정된 경우에는 토지등소유자가 정비사업을 목적으로 신탁업자에게 신탁한 토지 또는 건축물에 대해서는 위탁자를 토지등소유자로 본다(법 제2조 제9호 단서). 따라서 이 경우에는 위탁자별로 토지등소유자를 산정하여야 한다.

---

53 안광순(상), 318; 차흥권, 235; 시행령 개정 취지는 "공유자 중 소재확인이 되지 않는 경우에는 공유자에서 제외하여 대표자 선정 불가에 따른 다른 공유자의 권리 침해를 방지"하기 위한 것이다[국토교통부 주택정비과, "도시 및 주거환경정비법 시행령 전부개정령안 주요조문별 설명자료" (2018. 1.), 8].

54 종전에는 재산관리청별로 산정한다는 예외 규정이 없었기 때문에 대법원 2014. 4. 14. 선고 2012두1419 전원합의체 판결은 원칙적으로 소유자를 기준으로 보아 국(기획재정부)과 국(국토교통부)을 국가 1인의 토지등소유자로 산정하였다. 시행령이 2010. 7. 15. 대통령령 제22277호로 개정되면서 재산관리청별로 산정하는 규정을 신설하였다(구 시행령 제28조 제1항 제5호).

55 사세한 내용은 II.4.가.(3)국가 또는 지방자치단체의 동의 간주 참고.

⑶ 토지등소유자가 시행하는 재개발사업에서 수탁자 1인이 다수의 토지 또는 건축물을 위탁받은 경우

재개발사업(구 도시환경정비사업)을 시행하려는 토지등소유자가 그 소유 또는 새로 취득한 토지 또는 건축물에 대하여 담보신탁 또는 처분신탁을 설정한 경우, 사업시행자로서 사업시행계획인가를 신청하는 토지등소유자 및 신청에 필요한 동의를 얻어야 하는 토지등소유자는 수탁자가 아닌 위탁자이며, 토지등소유자의 자격 및 동의자 수도 위탁자를 기준으로 산정한다(대법원 2015. 6. 11. 선고 2013두15262 판결, 대법원 2015. 6. 11. 선고 2013두14337 판결). 즉 신탁으로 인해 다수의 토지 또는 건축물의 사법상 소유권이 수탁자 1인에게 귀속되었다 하더라도, 토지등소유자 산정은 수탁자 1인이 아니라 위탁자를 기준으로 산정되어야 한다.[56]

⑷ 다른 유형의 정비사업에서 수탁자 1인이 다수의 토지 또는 건축물을 위탁받은 경우

위 대법원 2013두15262 판결 등의 취지처럼 토지등소유자를 위탁자로 기준으로 산정하는 것을 토지등소유자가 시행하는 재개발사업(구 도시환경정비사업)이 아닌 다른 유형의 정비사업에도 적용할 수 있는지 문제된다.

① 담보신탁 등이 설정된 경우에도 정비사업의 직접적인 이해관계를 갖는 자로서 정비사업에 따른 이익과 비용이 최종적으로 귀속되는 주체는 위탁자이므로 토지등소유자의 동의, 조합원의 의결은 위탁자의 의견이 반영되도록 할 필요가 있고, 토지등소유자를 위탁자로 본다 하더라도 제3자의 관계는 민법, 신탁법, 부동산등기법등 물권변동에 원리에 따라 규율가능하므로 제3자와의 거래안전이 저해될 우려는 크지 않다. 다수의 토지등소유자(위탁자)가 동일한 신탁회사에 부동산을 신탁한 경우, 다수의 위탁자 사이에 의견이 불일치할 때 수탁자를 기준으로 토지등소유자 1인으로 본다면 위탁자의 의사가 왜곡되고, 동일한 신탁회사에 위탁하였다는 우연한 사정으로 나머지 토지등소유자에 비해 의결권이 희석되는 문제가 발생한다. 따라서 구체적 타당성 측면에서는 위탁자를 토지등소유자로 볼 필요가 있는 것으로 생각된다.[57]

② 그러나, 위 대법원 2013두15262 판결 등은 토지등소유자가 시행하는 재개발사업(구 도시환경정비사업)에서 토지등소유자가 사업을 시행하기 위해 취득한 토지 또는 건축물을 담보신탁 또는 처분신탁하는 경우에 시행령 제33조 제1항 제1호 ㈐목 단서(구 시행령 제28조 제1항 제1호 ㈐목 단서)의 취지와 구 도시환경정비사업의 시행을 위한 부동산 신탁의 특수성을 감안하여 토지등소유자 수 산정의 예외를 인정한 것이다.[58] 신탁재산은 대내외적인 소유권이 모두 수탁자에게

56 자세한 내용은 **[3]토지등소유자가 시행하는 재개발사업 III.3.나.(2)재개발사업을 시행하려는 토지등소유자가 담보신탁 또는 처분신탁을 설정한 토지 또는 건축물** 참고.

57 서울고등법원 2014. 9. 19. 선고 2014나2121 판결, 서울고등법원 2017. 7. 11. 선고 2016누54710 판결(제1심은 인천지방법원 2016. 6. 23. 선고 2015구합53026 판결) 등.

58 수탁자를 기준으로 토지등소유자를 산정하면 위탁자들의 동의권 · 의결권이 왜곡되고 희석된다는 점은 어떤

완전히 귀속되고 위탁자와 수탁자 내부관계에서 소유권이 위탁자에게 유보되어 있지 않으며(대법원 2002. 4. 12. 선고 2000다70460 판결 등 참고), 도시정비법령에서 위탁자를 토지등소유자로 보는 것은 신탁업자가 지정개발자로 사업시행자로 되는 경우뿐이므로(법 제2조 제9항 단서), 별도의 규정이 없는 다른 상황에서는 신탁법의 기본 법리에 맞게 대내외적인 소유권자인 수탁자를 기준으로 토지등소유자 수를 산정하여야 할 것으로 생각된다.[59]

라. 무허가건축물

무허가건축물은 원칙적으로 관계 법령에 의하여 철거되어야 할 것인데도 그 소유자에게 조합원 자격을 부여하여 결과적으로 재개발사업의 시행으로 인한 이익을 향유하게 하는 것은 위법행위를 한 자가 이익을 받는 결과가 되어 허용될 수 없고, 재개발사업의 원활한 시행을 위하여는 정비구역 안의 무분별한 무허가주택의 난립을 규제할 현실적 필요성이 적지 않으므로 도시정비법령상 조합원의 자격이 부여되는 건축물에 무허가건축물은 원칙적으로 포함되지 않는다. 다만 토지등소유자의 적법한 동의 등을 거쳐 설립된 재개발조합이 각자의 사정 내지는 필요에 따라 일정한 범위 내에서 무허가건축물 소유자에게 조합원 자격을 부여하도록 정관으로 정하는 경우에 그 예외가 인정된다(대법원 2009. 9. 24.자 2009마168, 169 결정, 대법원 2009. 10. 29. 선고 2009두12228 판결, 대법원 2012. 12. 13. 선고 2011두21218 판결 등).[60]

무허가건축물 소유자에 대해 조합원 지위가 인정되면 그에 선행하는 토지등소유자 지위 역시 인정된다고 볼 수 있다.[61] 토지등소유자 자격이 부여되는 건축물은 원칙적으로 적법한 건축물을 의미하므로 무허가건축물 소유자는 원칙적으로 토지등소유자 및 그에 따른 조합원 지위가 인정되지 않는 것이나, 정관에서 그 소유자에게 조합원 자격을 부여하는 경우 해당 무허가건축물에 대해 해당 정비사업에 일정한 지위를 갖는 건축물로 인정하는 것이다.

다만 적법하게 설립된 재개발조합 정관에서 일정한 범위 내에서 무허가건축물 소유자에게 조합원 자격을 부여한 경우에 비로소 조합원의 지위가 인정되는 것이므로, 정관에 명문의 규정이 있어야 하는 것은 물론, 일단 토지 또는 적법한 건축물 소유자들의 동의로 조

유형의 정비사업도 동일하다. 다만 토지등소유자가 시행하는 재개발사업(구 도시환경정비사업)은 다른 유형의 정비사업에 비해 토지등소유자의 수 자체가 적고 통상적으로 사업시행자가 될 토지등소유자가 다른 토지등소유자의 토지 등을 매수하면서 사업시행권을 취득하기 때문에 원활한 사업진행을 위해 별도의 규정을 둔 것이다. 주택재개발사업도 위탁자의 동의권 · 의결권이 왜곡되고 희석되는 문제가 있으나, 전체 토지등소유자(조합원) 수에 비해 신탁이 이루어지는 경우가 많지 않아 별도의 규정을 고려하지 않았던 것으로 보인다.

59 서울고등법원 2010. 12. 10. 선고 2010누9572 판결, 서울남부지방법원 2016. 9. 22. 선고 2016가합101069 판결.

60 서울시 정비조례에 의해 조합원 자격이 인정되는 특정무허가건축물(기존무허가건축물)에 대해서는 **[9]조합원 지위 및 자격 II.1.다.(2)무허가건축물 소유자에 대한 서울시 정비조례의 규정** 참고.

61 위 대법원 2009마168 결정, 대법원 2009두12228 판결, 대법원 2011두21218 판결 등은 조합원 지위에 대한 일반론을 설시하고 있으나 실제 판단은 조합설립에 대해 동의권을 갖는 토지등소유자의 지위에 대한 것이다.

합이 설립되어 그 정관의 효력이 발생한 이후의 토지등소유자 수 등 산정에서 무허가건축물 소유자들을 포함시킬 수 있다.[62] 최초 조합설립 단계에서 무허가건축물 소유자의 동의를 적법한 동의로 볼 수 없다(위 대법원 2009마168 결정, 대법원 2009두12228 판결, 대법원 2011두21218 판결).[63]

마. 미등기 · 멸실 건축물

⑴ 적법하게 건축허가를 받아 신축하였으나 사용승인이 나지 않거나 등기가 되지 않은 건축물

적법하게 건축허가를 받아 신축하였으나 아직 사용승인이 나지 않거나 등기가 되지 않은 건축물도 별도의 절차를 거치면 소유권보존등기를 마칠 수 있는 적법한 건축물이므로 토지등소유자 산정의 대상이 되는 건축물로 볼 수 있는 것으로 생각된다.[64] 이 경우 토지를 소유하지 않더라도 미사용승인 또는 미등기 건축물을 소유한 자는 주거환경개선사업, 재개발사업에서 토지등소유자 1인으로 산정되고, 주택단지가 아닌 재건축사업에서는 조합원 지위 취득을 위한 토지등소유자의 지위는 인정되지 않으나 조합설립 동의의 대상에는 포함된다.

⑵ 공부상 등재되어 있으나 멸실된 건축물

건축물이 공부상 등재되어 있으나 철거 등으로 멸실되었다면 종전 소유자를 토지등소유자로 볼 수 없고, 추진위원회 구성 승인신청, 조합설립인가신청에 대한 동의에서 제외하는 것이 타당하다.[65]

다만 언제 멸실되었는지에 따라 달리 볼 수 있는데, ⓐ 정비구역 지정 전에 이미 멸실된 것이라면 정비사업에 대한 이해관계를 인정할 여지가 없고, ⓑ 반대로, 관리처분계획 인가 · 고시 이후에 멸실된 것이라면 종전의 소유권은 이미 인가 · 고시된 관리처분계획에 따라 신축 건축물을 분양받을 권리로 잠정적으로 변환되었으므로 토지등소유자 또는 조합원의 지위는 그대로 남는다.[66] ⓒ 정비구역 지정 이후 관리처분계획 인가 · 고시 이전에 멸실된 경우, 사업시행과정에서 철거된 것이라면 토지등소유자 또는 조합원의 지위를 인정

---

62 서울고등법원 2018. 2. 7. 선고 2017누32854 판결은 토지등소유자의 신청에 의한 조합해산(조합설립인가취소처분) 사건에서, 조합설립인가 이후 정관이 효력이 발생하여 정관에 따라 기존 무허가건축물 소유자들에게 토지등소유자의 지위가 부여되었으므로 위 조합설립인가취소처분 당시 기존 무허가건축물 소유자는 토지등소유자에 포함된다고 보았다.

63 위 대법원 2011두21218 판결은 조합 정관에 기존 무허가건축물 소유자를 조합원으로 인정하는 규정이 있었다 하더라도, 조합이 설립되기 이전부터 무허가건축물 소유자가 구 도시정비법 제2조 제9호 ㈎목에 규정된 토지등소유자에 포함되어 당연히 조합원의 자격을 갖는다고 볼 수는 없다고 판단하였다.

64 맹신균, 228; 안광순(상), 321.

65 부산고등법원 2007. 7. 6. 선고 2006누3841 판결, 서울고등법원 2010. 10. 14. 선고 2009누37205 판결, 서울고등법원 2016. 8. 16. 선고 2016누33690 판결.

66 서울고등법원 2013. 8. 16. 선고 2012누31856 판결.

할 필요가 있으나 명확한 근거는 찾기 어려운 것으로 생각된다.[67]

바. 집합건물

(1) 집합건물법상 구분건물의 토지등소유자 수 등 산정

구분건물은 구분소유권별로 소유형태를 따져 토지등소유자를 산정한다.

집합건물법상의 구분소유권은 구조상 구분된 전유부분에 대한 소유권에 공용부분 및 대지에 대한 전유부분 면적에 따른 지분이 수반되는 형태로 나타난다(집합건물법 제2조). 이때 대지는 구분소유자가 각 전유부분 면적에 따라 지분을 갖는 공유 형태가 되나, 구분소유자는 그 대지에 대한 분할을 청구할 수 없고 대지사용권은 전유부분에 처분에 따르는 것으로서 전유부분과 종속적 일체불가분성이 인정되므로(집합건물법 제8조, 제20조), 독립된 소유권의 객체가 될 수 없다. 따라서 구분소유권을 기초로 토지등소유자를 구분하는 재건축사업은 물론 재개발사업에서도 집합건물의 구분소유권은 건축물과 토지를 분리하지 않고 토지등소유자 산정을 위한 단일한 대상으로 파악되어, 구분건물과 대지사용권인 공유지분에 관하여 별도의 토지등소유자를 산정하지 않는다.

1동의 건물에 대하여 구분소유가 성립하기 위해서는 객관적 · 물리적인 측면에서 1동의 건물이 존재하고 구분된 건물부분이 구조상 · 이용상 독립성을 갖추어야 할 뿐 아니라 1동의 건물 중 물리적으로 구획된 건물부분을 각각 구분소유권의 객체로 하려는 구분행위가 있어야 한다. 구분건물이 물리적으로 완성되기 전에도 건축허가신청이나 분양계약 등을 통하여 장래 신축되는 건물을 구분건물로 하겠다는 구분의사가 객관적으로 표시되면 구분행위의 존재를 인정할 수 있고, 이후 1동의 건물 및 그 구분행위에 상응하는 구분건물이 객관적 · 물리적으로 완성되면 아직 그 건물이 집합건축물대장에 등록되거나 구분건물로서 등기부에 등기되지 않았더라도 그 시점에서 구분소유가 성립한다(대법원 2013. 1. 17. 선고 2010다71578 전원합의체 판결).

한편 구조상 독립성을 갖추기 어려운 상가건물의 구분점포는 그 요건을 완화하여 ⓐ 용도가 건축법 제2조 제7호의 판매시설 및 같은 항 제8호의 운수시설이고, ⓑ 경계를 명확하게 알아볼 수 있도록 표지가 바닥에 견고하게 설치되고, ⓒ 구분점포별로 부여된 건물번호 표지가 견고하게 부착되어 있으면 집합건물법에 따른 구분건물로 인정될 수 있다(집합건물법 제1조의2).

(2) 집합건물법상 구분건물로 등기되어 있으나 구분건물의 실질을 갖추지 못한 경우

구조상의 구분에 의하여 구분소유권의 객체 범위를 확정할 수 없는 경우에는 구조상의

---

67 서울행정법원 2007. 1. 17. 선고 2005구합33975 판결, 서울고등법원 2008. 1. 24. 선고 2006누8732 판결은 토지등소유자가 시행하는 도심재개발사업(구 도시환경정비사업)에서 관리처분계획이 인가 · 고시되기 전에 사업시행자가 일부 건축물을 철거한 경우, 그 멸실된 건축물의 종전 소유자(권리의 양수인)는 무권리자로 취급될 수 없고 권리의 포기 등 다른 특별한 사정이 없는 한 사업시행변경인가신청에 대한 동의 등 재개발사업과 관련한 일정한 권리 주장을 할 수 있는 지위를 보유한다고 보았다.

독립성이 있다고 할 수 없고, 구분소유권의 객체로서 적합한 요건을 갖추지 못한 건물의 일부는 그에 관한 구분소유권이 성립할 수 없으므로, 건축물관리대장상 독립한 별개의 구분건물로 등재되고 등기부상에도 구분소유권의 목적으로 등기되어 있더라도, 그 등기는 그 자체로 무효이다(대법원 2020. 2. 27. 선고 2018다232898 판결). 이 경우 기존 구분건물에 대한 등기는 합동으로 인하여 생겨난 새로운 건물 중에서 위 구분건물이 차지하는 비율에 상응하는 공유지분 등기의 효력만 인정되므로(대법원 2010. 3. 22.자 2009마1385 결정), 구분소유자 전원을 위 건축물 및 대지에 대한 공유자로서 1인의 토지등소유자로 산정하여야 한다.[68]

다만 인접한 구분건물 사이에 설치된 경계벽이 일정한 사유로 제거됨으로써 각 구분건물이 구분건물의 구조상 및 이용상의 독립성을 상실하게 되었다고 하더라도, 각 구분건물의 위치와 면적 등을 특정할 수 있고 사회통념상 그것이 구분건물의 복원을 전제로 한 일시적인 것일 뿐만 아니라 그 복원이 용이한 것이라면, 각 구분건물은 구분건물의 실체를 상실한다고 쉽게 단정할 수는 없고, 아직도 그 등기는 구분건물을 표상하는 등기로서 유효하다고 볼 수 있으므로(대법원 2020. 2. 27. 선고 2018다232898 판결), 구분건물에 대한 토지등소유자 산정은 실제 복원 가능성 등을 놓고 다툴 여지가 있을 것이다.

(3) 집합건물법상 구분건물의 등기를 갖추지 못하였으나 구분건물의 실질을 갖춘 경우

구분건물이 물리적으로 완성되기 전에도 건축허가신청이나 분양계약 등을 통하여 장래 신축되는 건물을 구분건물로 하겠다는 구분의사가 객관적으로 표시되면 구분행위의 존재를 인정할 수 있고, 이후 1동의 건물 및 그 구분행위에 상응하는 구분건물이 객관적 · 물리적으로 완성되면 아직 그 건물이 집합건축물대장에 등록되거나 구분건물로서 등기부에 등기되지 않았더라도 그 시점에서 구분소유가 성립한다(대법원 2013. 1. 17. 선고 2010다71578 전원합의체 판결). 시행령 제33조 제1항 제2호 (가)목이 "주택재건축사업의 경우 소유권 또는 구분소유권이 여러 명의 공유에 속하는 경우에는 그 여러 명을 대표하는 1명을 토지등소유자로 산정할 것"이라고 규정한 것은 여러 명이 부동산에 관하여 통상의 공유관계를 형성하고 있는 경우에는 그 공유 목적 부동산이 동일하기 때문에 조합설립 절차의 편의를 도모하는 관점에서 공유자들을 대표하는 1명의 동의 의사를 확인하여도 무방하다는 데 그 취지가 있는 것인데, 공동주택 등에 관하여 구분소유가 성립한 경우에는, 공동주택 등이 구분건물이 아닌 일반건물로 등기되어 있는 관계로 구분소유자들이 구분등기를 마치지 못하고 형식상 공동주택 등에 관하여 공유등기를 마쳤더라도 구분소유자들은 구조상 · 이용상 독립성을 갖춘 별개의 부동산을 각각 소유하고 있기 때문에 통상의 공유처럼 위 시행령 제33조 제1항 제2호 (가)목을 적용하여 구분소유자들을 대표하는 1명만을 토지등소유자로 산정하여 동의요건 충족 여부를 가릴 것이 아니다(대법원 2019. 11. 15. 선고 2019두46763 판결). 이 경우 통상의 구분건물로서 구분소유권별로 소유형태

68 서울행정법원 2009. 9. 25. 선고 2009구합9192 판결.

를 따져 각각의 토지등소유자를 산정하게 된다.[69]

사. 1세대

조합원 수를 산정할 때 여러 명의 토지등소유자가 1세대에 속하거나 부부, 19세 미만의 직계존·비속 관계인 경우 그 여러 명을 대표하는 1명을 조합원으로 보지만(법 제39조 제1항 제2호), 토지등소유자 수를 산정할 때는 조합원처럼 산정할 근거가 없으므로 각 1인의 토지등소유자로 산정한다(대법원 2012. 12. 13. 선고 2011두21218 판결).

아. 다가구주택

다가구주택은 건축법 제2조 제2항, 같은 법 시행령 제3조의4 [별표 1]에 따른 단독주택이다. 다가구주택은 단독건물 및 대지를 여러 명이 공유하는 것이므로, 다세대주택 등 공동주택으로 건축물대장의 전환이 있지 않는 한 구조·이용상 독립성을 갖추고 지분등기를 한 것이라 하더라도 시행령 제33조 제1항 제1호 ㈎목에 따라 공유자(소유자) 모두를 1인의 토지등소유자로 산정하는 것이 타당하다. 시·도조례 및 정관으로 종전 다가구주택의 공유자에게 분양대상자 지위를 인정하기도 하나,[70] 단독조합원의 지위까지 부여하는 것은 아니므로 공유자 전원에게 1인의 조합원 지위만 부여되고(대법원 2011. 3. 10. 선고 2010두12361 판결), 토지등소유자도 공유자별로 산정할 근거가 없다.[71]

자. 환지예정지

구 도시재개발법 시행 당시 대부분의 주택개량재개발사업은 조합원으로 구성된 조합이 노후·불량주택을 전면철거한 후 공동주택을 신축하는 합동재개발방식으로 이루어졌으나, 일부 사업장은 자력재개발방식으로 진행되었다. 자력재개발방식은 시장·군수등이 사업구역내 구획을 정리하여 그 토지를 사업구역내 토지등의 소유자들에게 배분하고 토지등의 소유자들이 그 토지에 스스로 비용을 들여 건물을 신축하는 것으로서 환지방식에 해당한다. 자력재개발방식에서 환지의 방법은 도시개발법(구 토지구획정리법)에 따르는데, 위 방식으로 사업이 진행되어 환지예정지 지정처분이 있으면 그 지정을 받은 자는 지정받은 토지 등에 대해 일종의 잠정적 권리를 취득한다.

도시정비법은 시장·군수등은 토지등소유자의 4/5 이상의 요구가 있으면 자력재개발방식(환지방식)에서 합동재개발방식(관리처분방식)으로 사업방식의 전환을 승인할 수 있도록

---

69 위 대법원 2019두46763 판결 사안은, 집합건물법이 제정되기 이전인 1982년 상가건물을 신축하여 보존등기를 마친 후 각 호수, 위치 및 면적을 특정하여 54개의 상가호실로 분양하면서 공유지분에 관한 소유권이전등기를 마쳐주었으며, 각 소유자들은 분양받은 상가호실을 독립적으로 처분하였고, 각 상가 호실은 구조상·이용상 독립성을 갖추고 과세, 종전·종후자산평가도 각 상가 호실별로 이루어진 것이다.

70 자세한 내용은 **[25]관리처분계획의 내용 및 수립기준 II.3.가.다가구주택 공유자** 참고.

71 서울행정법원 2010. 6. 10. 선고 2009구합45433 판결.

하고 있다(법 제123조 제1항, 시행령 제93조). 이 경우 종전 자력재개발방식에서 환지예정지 지정을 받은 자의 지위에 대해서는 별도로 정하고 있지 않으나,[72] 주택의 공급은 환지예정지증명원으로 소유 내역을 증명하게 하거나 환지예정지의 권리가액을 종전자산가격과 같이 취급하는 등 환지 예정지 지정을 받은 자가 일정한 분양권이 있음을 전제하고 있다(시행령 제59조 제3항, 제63조 제1항 제4호, 제7호). 또한 구 시행령(2018. 2. 9. 대통령령 제28628호로 전부 개정되기 전의 것) 제14조 제2항 제2호는 지정개발자 추천을 위한 토지등소유자 50% 이상의 추천과 관련하여 그 토지등소유자를 "토지등소유자(사업시행방식이 전환된 경우로서 당해 정비구역안에 환지예정지를 지정받은 자가 있는 경우에는 환지예정지 지정을 받은 자를 포함하고 당해 환지예정지의 소유자를 제외)"로 정의하는 등 일정한 토지등소유자의 지위까지 인정하였다.

사업방식이 변경되기 전 종전의 주택개량재개발사업에서 환지예정지 지정을 받은 자는 비록 정비구역내 특정 토지 또는 건축물의 현재 소유자는 아니나, 해당 정비사업에 대해 일정한 권리와 지위를 취득한 자이므로 도시정비법상 일정한 토지등소유자 및 조합원의 지위를 인정할 수 있다(대법원 2014. 6. 26. 선고 2012두18998 판결).[73·74]

다만 환지예정지 지정을 받은 자는 정비구역의 토지 또는 건축물의 현재 소유자가 아니고, 도시정비법령은 분양을 예정하고 있을 뿐 분양 자체를 직접 정하고 있지 않다. 따라서 환지예정지 지정을 받은 자에 대한 주택공급은 시·도조례 및 정관 등에 따라야 할 것으로 생각된다.[75]

72 서울시 정비조례는 2003. 12. 30. 서울특별시 조례 제4167호로 제정될 당시부터 환지를 지정받은 자(환지예정지 지정을 받은 자)를 분양대상자로 정하고 있었다.

73 위 대법원 2012두18998 판결의 원심인 서울고등법원 2012. 7. 18. 선고 2011누39075 판결은 도시정비법이 환지예정지 지정을 받은 자를 지상권자에 준하는 지위를 부여한 것이라고 보았다.

74 자력재개발방식은 토지등의 소유자가 스스로 건물신축 비용을 조달해야 하는 문제로 인해 대부분 장기간 사업이 보류되다가 결국 합동재개발방식으로 전환되었다. 시장·군수등의 전환승인처분으로 사업시행 방식이 전환되었다 하더라도 이는 종전의 자력재개발방식의 환지예정지 지정처분의 효력이 그대로 유지됨을 전제로 하는 것이므로 종전에 환지예정지 지정을 받은 자의 지위를 부인할 이유는 되지 못한다[서울고등법원 2018. 5. 31. 선고 2016누81521 판결(제1심은 서울행정법원 2016. 11. 24. 선고 2015구합68918 판결)].

75 환지예정지 지정을 받은 자에 대한 주택의 공급에 대해서는 **[25]관리처분계획의 내용 및 수립기준 II.3.다.환지예정지 지정을 받은 자** 참고.

제 4 장

조합의 구성 및 운영

[9] 조합원 지위 및 자격

I. 조합원의 개념

조합원은 법인인 조합의 구성원으로서, 해당 정비사업의 토지등소유자만이 조합원이 될 수 있는 자격을 갖는다. 재개발사업은 조합이 설립되면 토지등소유자가 조합원이 되는 강제가입제를 취하지만, 재건축사업은 조합설립에 동의한 토지등소유자만이 조합원이 되는 임의가입제를 취한다.

조합원은 신축 건축물을 분양받을 권리, 총회에 참석하여 발언하고 의결할 권리, 조합 임원 · 대의원을 선임하거나 선임될 권리를 가지고, 권리에 상응하여 토지 등의 현물출자 의무, 정비사업비 · 청산금 등의 납무의무, 이주 및 철거의무 등의 의무를 부담한다. 이 중 신축 건축물을 분양받을 권리는, 정비사업이 조합원이 종전자산을 출자하고 구 주택의 철거와 공사비 등을 투입하여 공동주택 등을 새로이 건설한 후 조합원에게 배분되고 남는 공동주택 등을 일반에게 분양하여 발생한 개발이익을 조합원들 사이의 출자 비율에 따라 나누어 가지는 사업이라는 점에서 조합원의 가장 본질적이고 중대한 권리에 해당하다.

Ⅱ. 조합원의 자격

1. 정비구역의 토지등소유자

가. 재개발사업의 토지등소유자

정비사업의 조합원은 해당 정비사업의 토지등소유자로 한다(법 제38조 제1항 본문 전단). 재개발사업의 토지등소유자는 정비구역에 위치한 토지 또는 건축물의 소유자 또는 그 지상권자이고(법 제2조 제9호 (가)목), 조합원 강제가입제를 취하는 재개발사업에서는 조합설립 동의 여부와 상관없이 토지등소유자는 조합원이 되는 것이므로, 재개발사업의 조합원은 정비구역에 위치한 토지 또는 건축물의 소유자 또는 그 지상권자이다.

재개발사업의 지상권자는 토지등소유자로서 조합원의 자격을 갖지만, 독립하여 1인의 토지등소유자가 될 수 없고 토지의 소유자와 함께 대표자를 선정하여 1인의 토지등소유자로 산정되며(시행령 제33조 제1항 제1호 (나)목),[1] 관리처분계획에 따른 분양대상자에서도 제외된다(시행령 제63조 제1항 제3호).

나. 재건축사업의 토지등소유자

정비사업의 조합원은 해당 정비사업의 토지등소유자로 한다(법 제38조 제1항 본문 전단). 재건축사업의 토지등소유자는 정비구역에 위치한 건축물 및 그 부속토지의 소유자이고(법 제2조 제9호 (나)목), 조합원 임의가입제를 취하는 재개발사업에서는 조합설립에 동의하여야 조합원이 될 수 있으므로, 재건축사업의 조합원은 정비구역에 위치한 건축물 및 그 부속토지의 소유자 중 조합설립에 동의한 자이다.

재건축사업에서 토지 또는 건축물만을 소유한 자는 토지등소유자 및 조합원이 될 수 없고(대법원 2012. 10. 25. 선고 2010두25107 판결), 정관에서 조합원 자격을 부여한다고 정하더라도 효력이 없다.[2] 재건축사업에서 주택단지가 아닌 지역의 토지 또는 건축물 소유자는 조합설립 동의의 대상인데(법 제35조 제4항), 그 중 토지 또는 건축물만을 소유한 자도 재건축조합의 성립에 중대한 이해관계가 있어 조합설립 동의의 대상이 된다 하더라도 재건축사업의 토지등소유자는 아니므로 조합원이 될 수 없다(대법원 2012. 10. 25. 선고 2010두25107 판결 등).

다. 정관에 의한 무허가건축물 소유자의 조합원 지위 인정

(1) 무허가건축물 소유자에 대한 조합원 지위 인정 여부

무허가건축물은 원칙적으로 관계 법령에 의하여 철거되어야 할 것인데도 그 소유자에게 조합원 자격을 부여하여 결과적으로 재개발사업의 시행으로 인한 이익을 향유하게 하는 것은 위법행위를 한 자가 이익을 받는 결과가 되어 허용될 수 없고, 재개발사업의 원활한 시행을 위하여는 정비구역 안의 무분별한 무허가주택의 난립을 규제할 현실적 필요성이 적지 않으므로 도시정비법령상 조합원의 자격이 부여되는 건축물에 무허가건축물은 원칙적으로 포함되지 않는다. 다만 토지등소유자의 적법한 동의 등을 거쳐 설립된 재개발조합이 각자의 사정 내지는 필요에 따라 일정한 범위 내에서 무허가건축물 소유자에게 조합원 자격을 부여하도록 정관으로 정하는 경우에 그 예외가 인정된다(대법원 2009. 9. 24.자 2009마168, 169 결정, 대법원 2009. 10. 29. 선고 2009두12228 판결, 대법원 2012. 12. 13. 선고 2011두21218 판결 등).[3]

---

1 또한 지상권자는 토지등소유자 수를 산정할 때 토지 소유자와 동일하게 취급되지 않는다. 대법원 2015. 3. 20. 선고 2012두23242 판결 등의 자세한 내용은 **[8]토지등소유자의 동의 IV.2.라.지상권자가 있는 경우의 토지등소유자 수 등 산정** 참고.

2 서울중앙지방법원 2009. 1. 30. 선고 2006가합102586, 2008가합82327 판결.

3 무허가건축물 소유자에 대해 조합원 지위가 인정되면 그에 선행하는 토지등소유자 지위 역시 인정된다고 볼 것이다. 자세한 내용은 **[8]토지등소유자의 동의 IV.4.라.무허가건축물** 참고.

재개발조합이 정관으로 정하면 무허가건축물 소유자에 대해 예외적으로 조합원 지위를 인정할 수 있다는 것은 구 도시재개발법에 따른 재개발사업에서부터 인정되어 온 것으로서,[4] 서울시 정비조례 등은 정관에서 특정무허가건축물 소유자의 조합원 및 분양대상자 지위를 인정하도록 하고 있다. 서울지역 조합은 조례 규정에 따라 정관에서 기존무허가건축물 또는 특정무허가건축물 소유자는 자신의 소유임을 입증하는 경우에 조합원으로 인정한다는 규정을 두고 있다.

무허가건축물 소유자가 조합원 지위를 갖기 위해서는 제정 또는 개정된 정관에 시 · 도조례가 정하는 범위에서 무허가건축물 소유자에 대해 조합원 지위를 인정하는 규정이 있어야 하고, 제정 또는 개정된 정관이 효력을 발생한 이후에 비로소 조합원의 지위가 인정된다. 따라서 그 정관이 효력이 발생하기 전에는 토지등소유자 또는 조합원으로서 권리를 행사할 수 없고(위 대법원 2009마168 결정 등), 정관의 규정 없이 시 · 도조례만으로 바로 토지등소유자나 조합원 지위가 인정되지도 않는다(위 대법원 2009두12228 판결).

⑵ 무허가건축물 소유자에 대한 서울시 정비조례의 규정

현행 서울시 정비조례는 특정무허가건축물에 대해 정관으로 정하는 경우 조합원 및 분양대상자 지위를 인정할 수 있도록 정하고 있다. 위 조례는 정관에서 정할 사항으로 '특정무허가건축물 소유자의 조합원 자격'을 포함하고, 주거용으로 사용하고 있는 특정무허가건축물 중 조합의 정관등에서 정한 건축물을 분양대상으로 정하고 있다(서울시 정비조례 제22조 제2항, 제36조 제1항 제2호). 이러한 특정무허가건축물은 구청장 또는 동장이 발행한 기존무허가건축물확인원이나 그 밖에 소유자임을 증명하는 자료로 소유 여부 및 소유권 취득일을 확인한다(서울시 정비조례 제34조 제4호).

위와 같이 조합원 및 분양대상자 지위가 인정되는 특정무허가건축물은 토지보상법 시행규칙 부칙(2002. 12. 31.) 제5조에 따른 '1989년 1월 24일 당시의 무허가건축물등'을 의미한다(서울시 정비조례 제2조 제1항). 그 이외의 무허가건축물은 '신발생무허가건축물'로서 특정무허가건축물과 같이 조합원 및 분양대상자 지위가 인정되지 않는 것은 물론, 국 · 공유지 우선매각, 세입자에 대한 임대주택 공급에서도 제외된다(서울시 정비조례 제2조 제2호, 제46조 제1항 제1호, 제55조 제1항 제1호).

종전에는 '기존무허가건축물'의 소유자에 대해 조합원 및 분양대상자 지위를 인정하였으나,[5] 대법원 2009. 9. 24.자 2009마168, 169 결정 이후 무허가건축물에 대한 정의와 관

---

4 대법원 1999. 7. 27. 선고 97누4975 판결 등.

5 구 서울시 정비조례(2011. 5. 26. 서울특별시 조례 제5102호로 개정되기 전의 것) 제2조(정의) 이 조례에서 사용하는 용어의 정의는 「도시 및 주거환경정비법」(이하 "법"이라 한다) 제2조 각 호와 같으며, 그 밖에 용어의 정의는 다음 각 호와 같다.

1. "기존무허가건축물"이란 다음 각 목의 어느 하나에 해당하는 무허가건축물을 말한다.

가. 1981년 12월 31일 현재 무허가건축물대장에 등재된 무허가건축물

나. 1981년 제2차 촬영한 항공사진에 나타나 있는 무허가건축물

다. 재산세 납부대장 등 공부상 1981년 12월 31일 이전에 건축하였다는 확증이 있는 무허가건축물

련 규정을 정리하기 위해 서울시 정비조례가 2011. 5. 26. 서울특별시 조례 제5102호로 개정되면서 정관에 의해 조합원 및 분양대상자 지위가 인정될 수 있는 무허가건축물을 '특정무허가건축물'로 다시 정의하였다. 위 일부개정조례의 시행일인 2011. 5. 26. 이후 최초로 정비구역의 지정을 위한 주민공람을 하는 경우는 위 일부개정조례의 특정무허가건축물 규정이 적용되고, 그에 해당하지 않는 경우는 종전 기존무허가건축물 규정에 따른다(서울시 정비조례 부칙(2018. 7. 19.) 제7조).

2. 1인의 조합원으로 산정되는 여러 명의 토지등소유자

가. 도시정비법 제39조 제1항의 취지

도시정비법 제39조 제1항 본문은 정비사업의 조합원은 토지등소유자로 하되, 각 호의 어느 하나에 해당하는 때에는 그 여러 명을 대표하는 1명을 조합원으로 보도록 하고 있다. 원칙적으로 토지등소유자 1인을 조합원 1인으로 보되(전단), 도시정비법 제39조 제1항 각 호에 해당하는 경우에는 수인의 토지등소유자일지라도 1인의 조합원으로 산정하다는 취지이다(후단). 조합원 수 산정방법을 정한 도시정비법 제39조 제1항은 강행규정으로서, 정관으로 다르게 정하는 것은 무효로 보는 것이 타당하다.

나. 토지 또는 건축물의 소유권과 지상권이 여러 명의 공유에 속한 때

토지 또는 건축물의 소유권과 지상권이 여러 명의 공유에 속한 때에는 그 여러 명을 대표하는 1명을 조합원으로 본다(법 제39조 제1항 제1호). 조합원 수 산정에 앞선 토지등소유자 수 산정에서, 재개발사업에서 토지 또는 건축물을 여럿이 공유하는 경우에는 그 공유자 여럿을 대표하는 1인을 토지등소유자로 산정하고(시행령 제33조 제1항 제1호 (가)목, (라)목), 재건축사업에서는 소유권 또는 구분소유권을 여럿이 공유하는 경우에는 그 공유자 여럿을 대표하는 1인을 토지등소유자로 산정한다(시행령 제33조 제1항 제2호 (가)목, (다)목).[6] 정관에 "대표자 1인을 대표조합원으로 지정하고 별지 2의 대표조합원 선임동의서를 작성하여 조합에 신고하여야 하며, 조합원으로서의 법률행위는 그 대표조합원이 행한다"와 같이 정하고 있다(구 표준정관 제9조 제3항).

이 규정의 취지는 공유자 전원을 1인의 조합원로 보되 공유자 전원을 대리할 대표조합원 1인을 선출하여 그 1인을 조합에 등록하도록 함으로써 조합 운영의 절차적 편의를 도모함과 아울러 조합규약이나 총회결의 등에서 다르게 정하지 않는 한 공유자 전원을 1인의 조합원으로 취급하여 그에 따른 권리분배 등의 범위를 정하겠다는 의미로 볼 수 있다(대법원 2009. 2.

라. 1982년 4월 8일 이전에 사실상 건축된 연면적 85제곱미터 이하의 주거용건축물로서 1982년 제1차 촬영한 항공사진에 나타나 있거나 재산세 납부대장 등 공부상 1982년 4월 8일 이전에 건축하였다는 확증이 있는 무허가건축물

6 도시정비법 제39조 제1항 제1호에 따른 조합원 수 산정은 토지등소유자 수 산정과 일치한다. 이는 토지 또는 건축물 등을 공유하는 여러 명의 토지등소유자에 대해 토지등소유자 및 조합원을 1인으로 산정한다는 취지를 재확인한 것으로 볼 수 있다.

12. 선고 2006다 53245 판결 등 참고).

다. 여러 명의 토지등소유자가 1세대에 속하는 때

(1) 1세대에 속하는 여러 명의 토지등소유자의 조합원 수 산정

여러 명의 토지등소유자가 1세대에 속하는 경우에는 그 여러 명을 대표하는 1명을 조합원으로 본다(법 제39조 제1항 제2호 전단).

도시정비법은 제정 당시부터 1세대가 1이상의 주택을 소유한 경우 1주택을 공급하도록 하고 있었는데(구법 제48조 제1항 제6호, 법 제72조 제1항 제6호), 조합설립 이후 세대분할로 분양대상자가 늘어나는 문제를 방지하기 위한 규정이다. 토지등소유자와 달리 조합원 수 산정을 위한 별도의 규정으로서, 역으로 1세대에 속하는 여러 토지등소유자를 토지등소유자 1인으로 산정할 수는 없다(대법원 2012. 12. 13. 선고 2011두21218 판결). 따라서 여러 명의 토지등소유자가 1세대에 속하거나 부부 또는 직계존·비속관계인 경우 조합원은 1인으로 산정하여 총회에서는 조합원 1인으로서 의사·의결정족수를 구성하지만, 조합설립변경인가 또는 정비구역 해제 신청 등 토지등소유자의 동의를 필요로 하는 경우에는 각 토지등소유자 1인으로서 동의 정족수를 구성한다.

(2) 1세대의 기준

'1세대'는 주민등록법상 세대별 주민등록표상 하나의 세대로 등재되어 있는 자를 의미하나, ⓐ 배우자 또는 미혼인 19세 미만의 직계비속은 그 등재 여부와 상관없이 1세대로 보며, ⓑ 1세대로 구성된 여러 명의 토지등소유자가 조합설립인가 후 세대를 분리한 경우 이혼 및 19세 이상의 자녀의 분가(세대별 주민등록을 달리하고, 실거주지를 분가한 경우로 한정)를 제외하고는 1세대로 본다(법 제39조 제1항 제2호 후단).

도시정비법은 1세대 구성의 기준시점(이혼 또는 분가의 종기)을 따로 정하고 있지 않다. 분양대상자는 관리처분계획기준일(분양신청기간이 만료하는 날)을 기준으로 확정되는데, 분양대상자가 확정된 이후의 시점을 1세대의 기준일로 규정한다면 분양대상자의 변동이 발생하는 문제가 발생하므로 1세대는 분양신청기간 만료일을 기준으로 판단하는 것이 타당하다.[7]

이 규정은 1세대를 "동일한 세대별 주민등록표상 하나의 세대로 등재"된 것으로 정의하고 있다. ⓐ 1세대를 '실질적으로 같은 세대를 이루어 거주하는 경우'로 해석할 근거는 찾기 어렵고 조합이 실질적인 내용까지 판단할 것을 기대하기 어려우나,[8] ⓑ 이 규정의 취지는 조합원들 사이의 권리관계를 균형 있게 조정하고 투기수요를 차단하여 국민의 주거안정을 확보하기 위한 것으로서 공부상 기재만으로 형식적으로 판단할 것이 아니라 실제

7 서울행정법원 2017. 2. 10. 선고 2016구합64975 판결, 서울행정법원 2019. 3. 21. 선고 2018구합62812 판결.

8 서울고등법원 2017. 9. 21. 선고 2017누52001 판결(제1심은 서울행정법원 2017. 5. 19. 선고 2016구합75135 판결).

로 같은 주소지에서 생계를 함께 하였는지를 기준으로 볼 필요도 있다.[9]

라. 조합설립인가 후 1명의 토지등소유자로부터 토지 또는 건축물의 소유권이나 지상권을 양수하여 여러 명이 소유하게 된 때

(1) 조합설립인가 후 양수에 따른 조합원의 수 산정

조합설립인가(조합설립인가 전에 신탁업자를 사업시행자로 지정한 경우에는 사업시행자의 지정) 후 1명의 토지등소유로부터 토지 또는 건축물의 소유권이나 지상권을 양수하여 여러 명이 소유하게 된 경우에는 그 여러 명을 대표하는 1명을 조합원으로 본다(법 제39조 제1항 제3호). 이 규정은 조합설립인가 전 다수의 부동산을 소유하고 있던 조합원 1인이 조합설립인가 이후 부동산을 제3자에게 처분하는 등으로 조합원이 무분별하게 증가되거나 투기세력이 유입되는 것을 차단하고, 사업성 악화를 방지하고 기존 조합원의 재산권을 보호하기 위한 것이다.

재건축사업의 경우에는 여러 개의 구분소유권 또는 건축물 및 그 부속토지를 소유한 1명의 토지등소유자로부터 양수하여 여러 명이 소유하게 된 때를 의미한다. 종전의 토지등소유자가 그 소유 토지 또는 건축물 전부를 양도한 경우에는 조합원 지위 자체가 양도되어 조합원의 수에 변함이 없으므로, 이 규정은 토지등소유자가 그 소유 토지 또는 건축물 중 일부를 다른 사람에게 양도하여 양도인과 양수인 각각 조합원이 될 수 있는 경우에 대한 것이다.

토지등소유자는 소유형태를 기준으로 구분하고 토지등소유자의 동의 정족수는 인가신청시를 기준으로 판단하므로(대법원 2014. 4. 24. 선고 2012두21437 판결 등), 토지등소유자의 수 및 동의자 수는 그 동의가 요건인 인가처분의 신청시를 기준으로 소유형태에 따라 산정한다. 따라서 토지등소유자 1인이 자신이 소유하는 토지 또는 건축물 중 일부를 다른 사람에게 양도한 경우 인가신청시를 기준으로 보면 토지등소유자의 수는 늘어나게 된다. 이에 반해, 조합원의 수는 이 규정에 따라 조합설립인가 이후에 양도 등으로 있더라도 그 대표자 1인만을 조합원으로 산정함으로써 종전보다 늘어나지 않는다.

(2) 경과규정에 따른 예외

이 규정은 도시정비법이 2009. 2. 6. 법률 제9444호로 개정되면서 구법 제19조 제1항 본문으로 신설된 것으로서(이하 '2009년 일부개정법률') 위 개정 당시 별도의 경과규정을 두지 않았다. 이로 인하여 부동산 투기로 보기 어려운 양도마저 제한되는 문제가 발생하자, 도시정비법이 2011. 9. 16. 법률 제11059호로 개정되면서 2009년 일부개정법률에 부칙 제10조를 신설하여 이 규정에 관한 경과규정을 두었다. 이후 도시정비법이 2012. 2. 1. 법률 제

9 서울고등법원 2012. 10. 25. 선고 2012누10798 판결(제1심은 서울행정법원 2012. 3. 23. 선고 2011구합32331 판결), 인천지방법원 2019. 4. 25. 선고 2018구합52611 판결.

11293호로 개정되면서 위 2009년 일부개정법률의 부칙 제10조를 한 차례 개정하였다.[10]

도시정비법이 2017. 2. 8. 법률 제14567호로 전부 개정되면서 위 2009년 일부개정법률의 부칙 제10조를 위 전부개정법률의 부칙 제31조로 옮겨왔다(법 부칙(2017. 2. 8.) 제31조).

> 법 부칙(2017. 2. 8.) 제31조(조합원 자격에 관한 경과조치) 제39조 제1항 제3호의 개정규정에도 불구하고 제35조의 개정규정에 따라 조합설립인가를 받은 정비구역에서 다음 각 호의 어느 하나에 해당하는 경우에는 조합원 자격의 적용에 있어서는 종전의 「도시 및 주거환경정비법」(법률 제9444호 도시 및 주거환경정비법 일부개정법률로 개정되기 전의 법률을 말한다)에 따른다.
> 1. 다음 각 목의 합이 2 이상을 가진 토지등소유자로부터 2011년 1월 1일 전에 토지 또는 건축물을 양수한 경우
>   가. 토지의 소유권
>   나. 건축물의 소유권
>   다. 토지의 지상권
> 2. 2011년 1월 1일 전에 다음 각 목의 합이 2 이상을 가진 토지등소유자가 2012년 12월 31일까지 다음 각 목의 합이 2(조합설립인가 전에 종전의 「임대주택법」 제6조에 따라 임대사업자로 등록한 토지등소유자의 경우에는 3을 말하며, 이 경우 임대주택에 한정한다) 이하를 양도하는 경우
>   가. 토지의 소유권
>   나. 건축물의 소유권
>   다. 토지의 지상권

⑶ 공공기관 지방이전 등 시책에 따라 이전하는 공공기관이 소유한 토지 또는 건축물의 양수한 자에 대한 예외

국가균형발전법 제18조에 따른 공공기관 지방이전 및 혁신도시 활성화를 위한 시책(이하 '혁신도시시책')에 따라 이전하는 공공기관이 소유한 토지 또는 건축물을 양수한 경우에는 그 양수인(공유의 경우 대표자 1인)을 조합원으로 본다(법 제39조 제1항 단서). 공공기관이 소유한 토지 또는 건축물을 여러 사람이 양수한 경우에는 그 양수인 각각을 조합원으로 산정한다.

조합설립인가 이후 1인의 토지등소유자로부터 토지 또는 건축물을 양수하여 수인이 소유하게 된 때에는 그 여러 명을 조합원 1인으로 산정하는 것이 원칙이나(법 제39조 제1항 제3호), 혁신도시시책에 따라 이전하는 공공기관이 보유한 주택을 양수하는 모든 사람에게 조합원의 자격을 부여하여 양수한 주택의 수만큼 분양을 허용하는 특례를 부여함으로써 공공기관의 자산매각을 신속하게 처리하기 위해 입법되었다. 이 개정규정은 도시정비법이 2016. 1. 27.

10 3주택 이상을 소유한 다주택자가 주택을 매매하는 경우 2주택까지(임대사업자의 경우 3주택까지) 조합원 지위의 양도를 허용하는 취지에서 2009년 일부개정법률의 부칙 제10조 제2항의 각 호 외의 부분을 개정하였다.

법률 제13912호로 개정되면서 구법 제19조 제1항 단서로 신설된 것으로서 위 일부개정법률의 시행일인 2016. 1. 27.부터 2년인 2018. 1. 26.까지만 유효하므로(법 부칙(2017. 2. 8.) 제2조), 위 2018. 1. 26.까지 양수받은 자에게만 적용된다.

3. 대표조합원 아닌 토지등소유자의 조합원 지위 및 수분양권

토지등소유자 수 산정에서 여러 명의 토지등소유자가 1인의 토지등소유자로 산정되는 경우 그 여러 명의 토지등소유자를 대표하는 1인이 조합원이 된다. 토지등소유자 수 산정에서 여러 명의 토지등소유자가 각각의 토지등소유자로 산정된다 하더라도 도시정비법 제39조에 따라 그 여러 명의 토지등소유자가 1인의 조합원으로 산정되는 경우에는 그 여러 명의 토지등소유자를 대표하는 1인이 조합원이 된다. 이 경우 대표조합원이 아닌 토지등소유자에게 분양신청권 등 조합원의 권리 · 의무가 인정되는지가 문제된다.

가. 1인의 조합원으로 산정되는 여러 명의 토지등소유자의 관계

구 주택건설촉진법상 재건축사업에 관한 대법원 2009. 2. 12. 선고 2006다53245 판결은 ⓐ 재건축조합의 규약에서 공유자 중 1인을 조합원으로 등록하도록 한 것은 대표자 1인 외의 나머지 공유자를 재건축조합과의 사단적 법률관계에서 완전히 탈퇴시켜 비조합원으로 취급하겠다는 취지로 해석할 수는 없고, ⓑ 공유자 전원을 1인의 조합원으로 보되 공유자 전원을 대리할 대표조합원 1인을 선출하여 그 1인을 조합에 등록하도록 함으로써 조합 운영의 절차적 편의를 도모함과 아울러, 조합규약이나 총회결의 등에서 다르게 정하지 않는 한 공유자 전원을 1인의 조합원으로 취급하여 그에 따른 권리분배 등의 범위를 정하겠다는 의미로 보아야 하며, ⓒ 대표조합원을 비롯한 공유자들은 다른 일반조합원에 대한 관계에서뿐 아니라 공유자들 상호간의 관계에서도 형평이 유지되도록 개발이익 등을 분배받을 권리가 있다고 보았다.

구 주택건설촉진법과 달리 도시정비법은 법령에서 직접 분양대상 조합원과 분양권의 수를 세부적으로 정하고 있지만, 위 대법원 2006다53245 판결에서 판시한 대표자 아닌 토지등소유자의 지위는 도시정비법에서도 그대로 유효하다고 볼 수 있다.[11] 여러 명의 토지등소유자를 1인의 토지등소유자 또는 1인의 조합원으로 산정한다는 것은 여러 명의 토지등소유자가 조합원 1인의 지위를 준공유한다는 취지로 볼 수 있다.

나. 여러 명의 토지등소유자의 조합원 지위 및 권한 행사 방법

(1) 대표조합원을 선정한 경우 대표조합원과 나머지 토지등소유자의 지위 및 권한

조합원 1인으로 산정되는 여러 명의 토지등소유자는 조합원 1인의 지위를 준공유하는

11 안광순(상), 528; 차흥권, 186.

관계에 있고, 대표조합원이 선정된 경우에는 원칙적으로 대표조합원이 조합원의 권한을 행사하되 나머지 토지등소유자도 조합원의 지위는 유지하는 것으로 볼 수 있다.

대표조합원 1인은 나머지 토지등소유자로부터 조합원 권한의 행사를 위임받은 것으로서,[12] 총회 의결권 행사, 분양계약 체결 등 조합원의 권리를 단독으로 행사한다.[13] 정관에 대표조합원을 선정하여 조합에 신고하고 조합원의 법률행위는 대표조합원이 행하도록 정하고 있는데,[14] 조합은 신고된 대표조합원 1인에게 총회 소집 통지, 분양신청 통지 등을 하고 대표조합원으로부터 서면결의서, 분양신청 등을 받으면 된다.

대표조합원이 아닌 토지등소유자도 조합원 지위는 그대로 유지하므로, 조합임원이 될 수 있다고 볼 수 있고[15] 원고로서 총회결의의 효력을 다툴 법률상 이익도 있다. 또한 대표조합원 선정은 위임행위로서 다른 토지등소유자가 선정을 철회하면 대표조합원의 지위는 소멸된다고 보아야 하는데, 이 경우 위임을 철회한 토지등소유자는 종전 대표조합원의 조합원 지위(권한 행사)를 다툴 수 있다.[16]

⑵ 대표조합원을 선정하지 않은 경우 조합원 지위 및 권한 행사 방법

여러 명의 토지등소유자가 1인의 대표조합원을 선정하여 조합에 신고하도록 한 것은 조합 운영의 절차를 편의를 도모하기 위한 것이므로, 여러 명의 토지등소유자가 대표조합원을 선정하지 않았다 하더라도 조합원 1인의 지위는 그대로 인정되어야 한다. 대표조합원을 선정하는 경우와 조합원의 권한 행사 방법에서 차이가 있을 뿐이다.

정관에서 대표조합원을 선정하지 않은 경우에 대한 별도의 규정을 두지 않는 한 조합이 임의로 특정 토지등소유자를 대표조합원으로 취급할 수 없다. 따라서 총회소집 통지, 분양신청 통지 등은 부득이 여러 명의 토지등소유자 전부에게 하여야 할 것으로 생

---

12 가족 등 공유자 사이에서는 특정 1인이 명시적인 수권행위 없이도 대표조합원으로서 의결권 등을 행사하는 경우가 많은데, 대표조합원 신고가 없더라도 토지등소유자의 관계, 종전의 조합원 권리 행사 등을 따져 위임(수권행위)을 넓게 인정할 여지가 있었다. 그러나 대법원 2021. 9. 30. 선고 2021다230144 판결은 대표조합원이 선임동의서가 제출되지 않은 서면결의서는 적법한 의결권 행사에 해당하지 않는다고 보았는바, 명시적인 위임이 필요하다고 해석된다.

13 이런 점에서 이 규정의 "수인을 대표하는 1인을 조합원을 본다"는 수인의 토지등소유자가 조합을 상대로 분양계약체결권한을 행사하기 위해서는 대표조합원을 선정해야 한다는 선행 요건을 정한 것으로 볼 수 있다(부산지방법원 2021. 4. 7. 선고 2019가합50737 판결).

14 구 표준정관 제9조(조합원의 자격 등) ③ 1세대로 구성된 세대원이 각각 주택 등을 소유하고 있는 경우 및 하나의 (구분)소유권이 수인의 공유에 속하는 때에는 그 수인을 대표하는 1인을 조합원으로 본다. 이 경우 그 수인은 대표자 1인을 대표조합원으로 지정하고 별지 2의 대표조합원선임동의서를 작성하여 조합에 신고하여야 하며, 조합원으로서의 법률행위는 그 대표조합원이 행한다.

15 서울서부지방법원 2010. 6. 4.자 2010카합808 결정, 부산지방법원 2018. 10. 26. 선고 2018구합22853 판결, 서울고등법원 2019. 10. 10.자 2019라20204 결정.

16 인천지방법원 2017. 1. 20. 선고 2016가합2839 판결, 서울행정법원 2019. 4. 25. 선고 2018구합64351 판결.

각된다.[17]

여러 명의 토지등소유자가 서면결의서 제출, 분양신청 등 조합원의 권리를 행사하기 위해서는 여러 명의 토지등소유자 전원이 합치된 의사표시를 하여야 하는지, 아니면 공유물의 관리행위로서 공유지분 과반수로서 의사표시를 할 수 있는지 다툼이 있다.

① 공유자의 의결권 행사와 관련하여 대법원 2021. 9. 30. 선고 2021다230144 판결은 공유자 전부가 총회에 참석하여 동일한 내용의 의결권을 행사하거나 동일한 내용의 서면결의서를 제출하는 등의 특별한 사정이 없는 한 대표조합원을 지정하여 조합에 대표조합원 선임동의서를 서면으로 제출하여야 한다고 보았다.[18] 따라서 대표조합원이 선정되지 않은 경우에는 여러 명의 토지등소유자 전원이 일치된 의사표시를 하여야 적법한 조합원 권리 행사로 볼 수 있다.

② 분양신청 또는 분양계약 체결과 관련하여, 토지등소유자는 각각 분양대상자로서 분양계약체결권한도 인정된다고 볼 여지도 있으나,[19] 여러 명의 토지등소유자는 조합원 1명의 분양권이 인정되는 것이고 토지등소유자(공유자)마다 분양 또는 현금청산 여부를 다르게 볼 수 없다. 따라서 대표조합원을 선임하지 않은 경우 토지등소유자 전원이 공동으로 분양신청 등을 하여야 하고, 토지등소유자 중 일부가 단독으로 분양신청 등을 할 수 없다고 생각된다.[20]

다. 여러 명의 토지등소유자의 수분양권

(1) 조합원 1인으로 산정되는 여러 명의 토지등소유자의 분양 관련

정비사업의 주택 공급은 큰 틀에서 '조합원 1명 또는 1세대 = 1주택 공급'으로 볼 수 있다. 여러 명의 토지등소유자가 조합원 1인으로 산정되는 경우, 실무적으로 대표조합원을

---

17 서울동부지방법원 2011. 9. 22.자 2011카합1196 결정, 서울고등법원 2020. 6. 4. 선고 2019누52913 판결.

18 앞서 토지등소유자 동의에 관한 대법원 2017. 2. 3. 선고 2015두50283 판결은, 공유자 전원의 동의로 선임된 대표자가 조합설립에 동의하거나 대표자의 선임 없이 공유자 전원이 조합설립에 동의할 것을 요하고, 그 중 일부만 조합설립에 관하여 동의한 경우에는 유효한 조합설립 동의가 아니라고 보았다. 위 대법원 2021다230144 판결도 같은 맥락으로 보인다.

19 서울고등법원 2020. 11. 27. 선고 2019누49931 판결; 다만 위 서울고등법원 2019누49931 판결은 토지등소유자가 각자 지분별로 분양계약을 체결하거나 각 토지등소유자마다 분양 또는 현금청산이 달라질 수 있다는 취지가 아니다. 위 서울고등법원 2019누49931 판결은 원고가 자신의 지분비율에 따른 분양계약을 체결할 수 있는 조합원 지위(주위적 청구)가 아니라 다른 토지등소유자와 공동으로 분양계약을 체결할 수 있는 조합원 지위(예비적 청구)를 인정한 것으로서, 분양계약을 체결하기 위해서는 조합이 해당 토지등소유자들에게 대표조합원을 선정할 것을 요구하여 선정된 대표조합원과 분양계약을 체결하거나, 정관이나 관리처분계획에 공동계약체결에 대한 근거를 두어야 한다고 보았다. 분양계약체결에 관한 권한 자체는 인정하지만, 결국 일부 토지등소유자가 단독으로 분양계약을 체결하여 성립시킬 수 없다고 보는 것은 동일하다고 생각된다.

20 부산지방법원 2018. 10. 26. 선고 2018구합22853 판결, 수원지방법원 2018. 11. 22. 선고 2018구합63083 판결, 부산지방법원 2021. 4. 7. 선고 2019가합50737 판결.

포함한 여러 명의 토지등소유자는 1주택을 공급받아 각자의 지분별로 소유권을 확보한다. 이러한 수분양권은 조합원 지위, 분양대상자 지위 또는 분양신청권 등과 구분된다.

여러 명의 토지등소유자는 모두 조합원의 지위를 갖되(이른바 '공동조합원'), 조합원의 권한을 위임받은 1인의 대표조합원이 조합원의 권한을 대표하여 행사한다. '분양신청권' 또는 '분양계약체결권한'의 경우, ⓐ 대표조합원이 아닌 나머지 토지등소유자도 조합원의 지위는 그대로 유지하므로 준공유의 형태로 그 권리 또는 권한을 갖는다고 볼 수 있으나, ⓑ 실제로 분양신청서 제출, 분양계약 체결 등 외관상 드러나는 행위는 대표조합원이 단독으로 하는 것이므로 구체적인 분양신청권 또는 분양계약체결권한은 대표조합원에게 있다고 보아도 무방하다.

도시정비법령, 조례 또는 실무에서 사용하는 '분양대상자'는 본래 '분양을 받는 토지등소유자' 정도의 의미로서 주택을 지분으로라도 공급받는 경우도 당연히 분양대상자에 해당될 것으로 생각되나, 경우에 따라서는 주택을 단독으로 공급받을 자격이 있는 자(1주택 공급대상자) 또는 대표조합원 등을 의미하기도 한다. 도시정비법은 분양신청 주체, 분양신청 통지 상대방 등을 조합원이 아닌 토지등소유자로 정하고 있는데(법 제72조 제1항, 제3항, 제74조 제4항, 시행령 제63조 제1항 제3호 등), 위 규정의 문언을 놓고 대표조합원이 아닌 토지등소유자가 분양대상자인지가 다투어지기도 하나, 위 규정이 '조합원'이 아닌 '토지등소유자'로 표현한 것은 공공시행자, 지정개발자, 토지등소유자가 조합을 구성하지 않고 정비사업을 시행하는 경우까지 포괄하기 위한 것일 뿐 조합원과 토지등소유자를 구별하는 취지로 입법한 것으로 보기 어렵다.[21] 대표조합원이 아닌 토지등소유자도 주택을 공급받는 자에 해당하고, 분양대상자인지 여부는 구체적인 쟁점에서 그 분양대상자의 의미에 따라 다르게 볼 수 있을 것으로 생각된다.

⑵ 조합설립인가 후 1명의 토지등소유자로부터 소유권 등을 양수하여 여러 명이 소유하게 된 경우의 수분양권

도시정비법 제39조 제1항 제3호는 조합설립인가(조합설립인가 전에 신탁업자를 사업시행자로 지정한 경우에는 사업시행자의 지정) 후 1명의 토지등소유자로부터 토지 또는 건축물의 소유권이나 지상권을 양수하여 여러 명이 소유하게 된 경우 1인의 조합원으로 산정하도록 하고 있다. 같은 조항의 제1호(공유), 제2호(같은 세대)와 달리 토지등소유자들 사이에 인적관계가 없고, 대개는 단독조합원 자격을 있을 것으로 잘못 판단하여 양도가 이루어지는 것이어서 대표조합원 선정에 다툼이 자주 발생한다.

도시정비법 제39조 제1항 제3호도 공유 또는 같은 세대와 마찬가지로 토지등소유자들이 지분별로 주택을 공급받는 것으로 볼 수 있다. 이에 대해 양도인, 양수인 각자 분양신청

---

21 법제처 2010. 2. 22. 10-0010 해석례.

권이 있고 분양대상자임을 이유로 1주택씩 공급받을 수 있다고 본 사례도 있었다.[22] 그러나 대표조합원이 아닌 나머지 토지등소유자도 조합원, 분양대상자의 지위에 있으나 분양신청권 등의 행사가 대표조합원으로 한정되는 것일 뿐이므로 분양신청권 등을 공급대상주택과 직접 연관 지을 이유는 없고, 각각 별도의 주택공급을 인정할 경우 지분쪼개기 등으로 제도의 취지를 잠탈할 우려는 제1호, 제2호와 다르지 않다. 이 경우에도 토지등소유자 전원이 1인의 조합원으로서 1인의 분양대상자 지위를 가진다(대법원 2023. 2. 23. 선고 2020두36724 판결).[23]

4. 투기과열지구내 양수인의 조합원 자격 취득 제한

가. 투기과열지구내 양수인의 조합원 자격 취득 제한의 취지

(1) 투기과열지구내 양수인의 조합원 자격 취득 제한의 취지

투기과열지구로 지정한 지역에서 재건축사업은 조합설립인가 후, 재개발사업은 관리처분계획의 인가 후 해당 정비사업의 건축물 또는 토지를 양수한 자는 조합원이 될 수 없다(법 제39조 제2항 본문). 재개발사업 · 재건축사업에 대한 투기수요를 차단하여 국민의 주거 안정을 확보하기 위한 것이다.[24]

이 규정은 투기과열지구의 건축물 또는 토지 소유권 양도 자체를 금지한 것이 아니라 그 양수인이 조합원이 될 수 없다는 것을 정한 것이다. 양수인은 조합원이 될 수 없으므로 분양신청을 할 수 없는 것은 물론 양도인의 종전 조합원의 지위 양수를 전제로 한 조합원의 권리 · 의무를 행사할 수 없고, 결국 도시정비법 제73조에 따라 현금청산된다(법 제39조 제3항).[25]

이 규정은 양수인이 조합원 자격 자체를 취득할 수 없도록 하는 것은 물론, 강제성을 확보하기 위해 별도의 벌칙규정을 두어, 거짓 또는 부정한 방법으로 도시정비법 제39조 제

---

22 광주고등법원 2020. 1. 23. 선고 2018누6415 판결(같은 사건으로 광주고등법원 2020. 1. 23. 선고 2018누6446 판결), 광주지방법원 2020. 7. 9. 선고 2020구합10074 판결.

23 앞서 양수인에게 별도의 분양권을 인정한 판결 중 광주고등법원 2018누6415 판결이 상고심에서 심리불속행으로 기각되면서 대법원이 별도의 분양권을 인정한 것인지를 놓고 실무상 다툼이 있었으나, 서울행정법원 2020. 8. 21. 선고 2019구합74836 판결, 인천지방법원 2021. 10. 14. 선고 2021구합52987 판결, 수원고등법원 2021. 11. 12. 선고 2021누13618 판결(제1심은 수원지방법원 2021. 7. 15. 선고 2019구합72909 판결) 등은 여전히 1개의 분양권만 인정된다고 보았다. 대법원 2023. 2. 23. 선고 2020두36724 판결은 관련 규정이 투기세력 유입에 의한 정비사업의 사업성 저하를 방지하고 기존 조합원의 재산권을 보호하기 위해 조합원 지위 및 분양대상자격을 제한하였던 것이므로 양수인에게 별도의 조합원 또는 분양대상자 지위가 인정되지 않는다는 점을 명확히 하여 기존의 논의를 정리하였다.

24 대법원 2008. 4. 24. 선고 2007두25855 판결, 헌법재판소 2008. 9. 25. 선고 2004헌마155, 237 전원재판부 결정.

25 양도인의 종전 조합원의 지위가 양도되지 않는다는 측면에서 '조합원 지위의 양도 제한', '조합원의 자격 이전 제한'이라고도 하나, 도시정비법 제39조가 조합원의 자격 등을 다루고 있고 위 제39조 제3항이 "제2항 각 호 외의 부분 본문에 따라 조합원의 자격을 취득할 수 없는 경우"로 표현하고 있으므로 여기서는 '조합원 자격 취득 제한'으로 용어를 정리하였다.

2항을 위반하여 조합원 자격을 취득한 자와 조합원 자격을 취득하게 해준 토지등소유자 및 조합의 임직원(전문조합관리인) 또는 도시정비법 제39조 제2항을 회피하여 분양주택을 이전 또는 공급받을 목적으로 건축물 또는 토지의 양도 · 양수 사실을 은폐한 자는 3년 이하의 징역 또는 3천만원의 벌금에 처하도록 하고 있다(법 제136조 제6호, 제7호).

⑵ 투기과열지구내 양수인의 조합원 자격 취득 제한의 연혁

투기과열지구내 양수인의 조합원 자격 취득 제한 규정은 도시정비법이 2003. 12. 31. 법률 제7056호로 개정되면서 신설되었다(구법 제19조 제2항, 제3항). 이 신설 규정은 투기과열지구의 재건축사업에서 조합설립인가 후 양수인의 조합원 자격 취득을 제한하면서, 세대원 전원이 이주하는 경우 등 몇 가지 예외를 두었다. 그러나 이 규정은 투기목적이 없는 경우도 양도가 불가능하여 재산권을 과도하게 제약한다는 비판을 받았고, 이후 부동산 경기에 따라 조합원 자격을 취득할 수 있는 예외 사유를 추가하여 규제를 완화하거나, 반대로 다시 예외 사유의 적용대상을 줄여 규제를 강화하기도 하는 등 수 차례 개정되었다.

이 규정의 제 · 개정은 부동산 경기와 궤를 같이 한다. 2002년부터 강남의 재건축아파트를 중심으로 주택가격이 상승하자 2002. 8. 25. 구 주택건설촉진법을 개정하여 전매 등을 제한할 수 있는 투기과열지구에 대한 규정을 신설하였고, 2003. 9. 5. '재건축시장 안정화대책'을 발표하면서 그 대책의 일환으로 2003. 12. 23. 도시정비법을 개정하여 이 규정을 신설하였다. 이후 선의의 피해자 방지를 위해 대체로 예외 사유를 확대하는 방향으로 도시정비법 및 시행령을 몇 차례 개정되다가, 차츰 부동산경기가 하강하면서 안정되자 2011년까지 투기과열지구가 차례대로 지정해제되면서 이 규정은 사실상 사문화되었다. 그런데 2017년 다시 부동산경기가 상승하면서 여러 차례 부동산대책이 시행되었고, 2017년 8 · 3 부동산대책을 통해 투기과열지구를 다시 지정하는 한편,[26] 2017. 10. 24. 도시정비법을 개정하여 재개발사업에도 관리처분계획인가 후 양수인의 조합원 자격 취득을 제한하는 한편 1세대 1주택자 등의 예외를 신설하였다.

⑶ 투기과열지구내 양수인의 조합원 자격 취득 제한의 예외

투기과열지구내 양수인의 조합원 자격 취득 제한 제도는 2003. 12. 31. 법률 제7056호로 도시정비법을 개정하여 신설한 이래 도시정비법이 6차례, 시행령이 6차례씩 개정되면서(부칙 개정 포함, 타법개정 제외) 각 규정의 해석과 적용시기가 상당히 복잡해졌다.

기본적으로 도시정비법 제39조 제2항 본문에 해당하면 양수인은 조합원 지위를 취득할 수 없는 것이나, ⓐ 위 본문의 양수에 해당하지 않거나 ⓑ 위 본문 개정 당시 부칙의 적용례에 해당하는 경우 조합원 지위를 취득할 수 있다. ⓒ 한편 위 본문 규정의 예외로서 도

---

26 국토교통부 공고 제2017-1173호, "투기과열지구 지정", 주택정책과(2017. 8. 3.).

시정비법 제39조 제2항 각 호 및 시행령 제37조 제3항 각 호의 사유에 해당하는 경우에는 양수인이 조합원 지위를 취득할 수 있다. 위 ⓐ 양수의 범위, ⓑ 부칙의 적용례, ⓒ 도시정비법 제39조 제2항 각 호 등의 예외사유는 조합원 지위를 취득할 수 있는 각 별도의 사유에 해당한다.

나. 도시정비법 제39조 제2항 본문에 따른 조합원 지위 취득 제한

(1) 양수에 따른 조합원 자격 취득 제한의 확정

주택법 제63조 제1항에 따른 투기과열지구로 지정한 지역에서 ⓐ 재건축사업은 조합설립인가 이후, ⓑ 재개발사업은 관리처분계획인가 이후 해당 정비사업의 건축물 또는 토지를 양수한 자는 도시정비법 제39조 제1항에도 불구하고 원칙적으로 조합원이 될 수 없다(법 제39조 제2항 본문).

양수인은 토지 또는 건축물을 양수한 때 조합원 자격을 취득할 수 없다는 것이 확정된다.[27] 투기과열지구 지정이 해제되었다면 그 이후의 양수는 이 규정을 적용을 받지 않는 것이나, 지정 당시에 이미 양수가 이루어져 그 즉시 조합원이 될 수 없어 현금청산대상자가 된 상태라면, 그 이후 투기과열지구 지정이 해제되었다 하더라도 양수인이 다시 조합원의 자격을 취득한다고 보기 어렵다.[28]

(2) 양수의 범위 및 판단기준

도시정비법 제39조 제2항 본문의 '양수'는 매매 · 증여, 그 밖의 권리의 변동을 수반하는 일체의 행위를 포함하나, 상속 · 이혼으로 인한 양도 · 양수의 경우는 제외한다(법 제39조 제2항 본문 괄호 부분). 이 규정의 목적은 재개발사업 · 재건축사업에 대한 투기수요를 차단하는데 있으므로 당사자의 의사와 상관없이 권리가 변동되는 경매(강제집행신청에 의한 매각) 등의 경우에는 양수에 해당되지 않는다고 볼 여지도 있으나,[29] 도시정비법 제39조 제2항은 대표적인 포괄승계사유인 상속도 '권리의 변동을 수반하는 일체의 행위'에 해당되는 것을 전제로 양수의 범위에서 명시적으로 제외하고 있고, 금융기관 등의 채무불이행으로 인한 경매 또는 공매는 별도의 예외사유(시행령 제37조 제3항 제5호)로 정하고 있는 입법취지상 경매 등은 원칙적으로 양수에 포함된다고 보는 것이 타당하다.[30]

이 규정의 '양도'의 시점은 계약체결시, 중도금 지급시, 잔금지급 지급 또는 등기시 등

27 서울동부지방법원 2015. 4. 16. 선고 2014가합11381 판결, 서울동부지방법원 2015. 7. 22. 선고 2014가합11398 판결, 서울남부지방법원 2018. 6. 29. 선고 2015가단211313 판결 등.

28 서울동부지방법원 2015. 6. 2. 선고 2014가합11350 판결.

29 서울행정법원 2007. 7. 4. 선고 2007구합1033 판결.

30 서울행정법원 2019. 4. 25. 선고 2018구합64351 판결. 다만 이같이 보면 일반채권자의 강제집행으로 매각절차가 진행되더라도 그 매수인은 분양신청하지 못하고 현금청산에 이르는 것이어서 매각이 계속 유찰되거나 매가가격이 현저히 떨어지는 문제가 있다.

으로 생각해 볼 수 있다. 그러나 부동산인 건축물에 관해서는 그 소유권이전등기가 마쳐진 때에 양도가 이루어진다고 해석하는 것이 양도의 사전적 의미 및 물권변동에 관한 민법 제186조의 규정 등에 부합하고,[31] 이 규정은 조합원 지위의 양도를 허용하지 않거나 예외적으로 허용하는 취지이므로 문언을 엄격하게 해석할 필요가 있는데 그 양도 시점은 객관적으로 확인이 가능한 소유권이전등기일로 해석하는 것이 입법목적이 부합하므로, 원칙적으로 등기가 있은 때 양도가 된 것으로 보는 것이 타당하다.[32]

⑶ 공유지분만을 양수하는 경우 조합원 지위 인정 여부

투기과열지구에서 조합원 1인으로 산정되는 토지 또는 건축물 전부를 양도하는 것이 아니라 그 공유지분만을 양도하는 경우 양도인 또는 양수인이 조합원 지위를 갖는 것인지 문제된다.

① 양도인의 경우, 도시정비법 제39조 제2항의 취지는 양수인이 조합원 자격을 취득할 수 없다는 것이므로, 양도인은 잔존 지분에 대해 여전히 조합원의 지위를 갖는다고 보는 것이 타당하다.[33]

② 양수인의 경우 ⓐ 공유지분만 양수한 양수인에게 조합원 지위를 인정한다 하더라도, 그 토지 또는 건축물 전부에 대해서는 다른 토지등소유자와 함께 조합원 1인으로 산정되며 분양받을 주택 수도 달라지지 않으므로 도시정비법 제39조 제2항이 금지하는 경우에 해당되지 않는다고 볼 여지가 있다.[34] 그러나, ⓑ 도시정비법 제39조 제2항은 조합설립인가 후 투기과열지구로 지정된 재건축사업구역내 부동산의 양수인에게 조합원 지위를 취득하지 못하도록 규정하고 있을 뿐 공유지분 일부를 이전받는 경우 특별히 조합원 지위를 인정하여야 한다고 규정하고 있지 않고, 만일 이를 허용하면 그 양수인이 조합원 지위의 공유자로서 분양을 받을 수 있게 되어 위 도시정비법 제39조 제2항의 입법취지에 반하므로, 조합원 및 분양대상자의 지위를 인정하지 않는 것이 타당하다.[35·36]

---

31 '양도'의 사전적 의미는 '권리나 재산, 법률에서의 지위 따위를 남에게 넘겨 줌. 또는 그런 일'이다(국립국어원 표준국어대사전, "양도", https://stdict.korean.go.kr/main/main.do).

32 소유권이전등기를 마친 때를 해당 건축물 또는 토지를 양수하여 조합원 자격을 취득할 수 없는 것이 확정된 때로 본 사례로 서울동부지방법원 2015. 4. 16. 선고 2014가합11381 판결, 서울동부지방법원 2015. 7. 22. 선고 2014가합11398 판결, 서울남부지방법원 2018. 6. 29. 선고 2015가단211313 판결 등.

33 법제처 2018. 4. 16. 17-0691 해석례.

34 국토교통부(주택정비과)는 "투기과열지구내에서 원 조합원의 100% 지분을 일부분 배우자에게 부분증여로 지분율 각각 50%씩 공동으로 해 공동명의 조합원으로 하는 것이 가능한지"에 대한 질의에 대해 2021. 2. 24. "도시정비법 제39조 제2항에 따르면, ... 이는 투기과열지구 내에서 조합원 지위 양도를 제한하는 것으로 조합원이 변경되지 않는 경우의 지분 양도는 별도로 제한하고 있지 않음"으로 회신한 바 있다(국토교통부 2017. 10. 18.자 및 2017. 12. 29.자 질의회신, 차흥권, 187에서 재인용).

35 서울고등법원 2019. 9. 19. 선고 2018누71207 판결.

36 법제처 2021. 3. 19. 20-0622 해석례는 이 경우 지분 양수인이 조합원 자격을 취득할 수 없는 것은 분명하

양수한 주택의 일부 지분에 대해서만 도시정비법 제39조 제2항 단서, 부칙 등의 예외에 해당하는 경우에는, 예외가 인정되는 지분에 관하여 조합원 지위를 인정하고 나머지 지분은 현금청산된다고 보는 것이 타당하다.[37]

다. 상속 또는 이혼으로 인한 양도 · 양수에 따른 예외

도시정비법 제39조 제2항의 양수에서 상속 · 이혼으로 인한 양도 · 양수는 제외되므로(법 제39조 제2항 본문 괄호 부분), 투기과열지구라 하더라도 상속 또는 이혼으로 종전 조합원의 토지 또는 건축물을 취득한 자는 조합원이 될 수 있다.

상속 및 이혼의 경우에는 한 차례 더 양도할 수 있도록 특례가 마련되어 있다.

① 투기과열지구 양수인의 조합원 지위 취득 제한 규정(구법 제19조 제2항 본문)은 도시정비법이 2003. 12. 31. 법률 제7056호로 개정되면서 신설된 것으로서, 위 일부개정법률의 시행일인 2003. 12. 31. 전에 조합설립인가를 받은 재건축사업에서 위 2003. 12. 31. 이전에 건축물 또는 토지를 취득한 토지등소유자로부터 건축물 또는 토지를 양수한 자는 조합원 자격을 취득할 수 있다(법 부칙(2017. 2. 8.) 제32조). 따라서 위 부칙 규정의 토지등소유자는 1회 양도할 수 있다.

② 그런데 위 ①의 양도의 원인이 상속 · 이혼이라면 이는 사망 · 이혼이라는 사실로 바로 양도가 이루어진 것이므로 위 부칙 규정의 토지등소유자는 위 부칙 규정에 따라 매매 등의 방법으로 1회 양도(매각)하여 처분할 수 있는 기회를 상실한다. 이에 시행령이 2005. 5. 18. 대통령령 제18830호로 개정되면서 "법률 제7056호 도시및주거환경정비법중개정법률 부칙 제2항의 규정에 의한 토지등소유자로부터 상속 · 이혼으로 인하여 토지 또는 건축물을 소유한 자"로부터 양수한 자는 조합원이 될 수 있도록 하였고(구 시행령 제30조 제3항 제4호), 현행 시행령 제37조 제3항 제4호가 동일하게 규정하고 있다. 즉, 피상속인 또는 종전 배우자에게 부칙 규정에 따라 1회 보장된 양도(매각)의 기회가 상속 · 이혼이라는 법률의 규정에 의한 물권변동에 의해 상실된 경우 그 상속인 또는 이혼 배우자가 다시 1회 양도(매각)할 수 있도록 기회를 부여한 것이다.[38 · 39] 따라서 위 ①의 양도의 원인이 상속 · 이혼인 경우 그 양수인에

다고 하면서도, 양수인은 조합원인 양도인을 통해 분양신청 등 권리를 행사할 수 있으므로 도시정비법 제73조 제3항에 따른 손실보상 대상은 아니라고 보았다.

37 서울고등법원 2016. 1. 29. 선고 2015나18888 판결(제1심은 서울동부지방법원 2015. 6. 2. 선고 2014가합11350 판결).

38 유삼술 · 이종만, 418은 시행령 제37조 제3항 제4호(구 시행령 제30조 제3항 제4호)의 취지를 "제도 도입 이전에 토지 또는 건축물을 소유하고 있어 1회 전매 기회가 있는 사람으로부터 다시 상속 · 이혼으로 불가피하게 소유권을 이전받은 사람은 다시 1회에 한해 전매할 수 있도록 기회를 부여한 것이다"라고 설명하고 있다.

39 국토교통부의 2017. 12. 6.자 「정비사업의 조합원 지위 양도 관련 Q&A」는 "상속받은 자가 매도하는 물건을 취득한 경우 – 조합원 지위 양도 불가"로 보면서 "2003. 12. 31. 이전에 설립된 조합에서 2003. 12. 31. 이전부터 소유하고 있던 토지등소유자로부터 상속받은 것을 매도하는 경우는 조합원 지위 양도 가능"으로 보고 있다.

해당하는 상속인 또는 이혼 배우자로부터 양수한 자는 양수의 원인을 불문하고 조합원이 될 수 있다.

라. 도시정비법 제39조 제2항 본문에 대한 부칙에 따른 예외

(1) 2003. 12. 31. 이전 조합설립인가를 받은 재건축사업에 대한 예외

투기과열지구 양수인의 조합원 지위 취득 제한 규정(구법 제19조 제2항 본문)은 도시정비법이 2003. 12. 31. 법률 제7056호로 개정되면서 시행된 것으로서, 위 2003. 12. 31. 이전에 조합설립인가를 받은 재건축조합의 토지등소유자(위 2003. 12. 31. 이전에 건축물 또는 토지를 취득한 자에 한한다)로부터 건축물 또는 토지를 양수한 자는 조합원 자격을 취득할 수 있다(법 부칙(2017. 2. 8.) 제32조).[40]

2003. 12. 31. 이후 조합설립변경인가의 방법으로 기존 주택재건축정비사업의 사업부지에 새로 편입된 토지등소유자는, 위 2003. 12. 31. 이후 새로 조합을 설립한 투기과열지구내 토지등소유자들이 조합원 지위의 양도가 인정되지 않는 것에 비추어 위 부칙이 적용되지 않는다(대법원 2008. 4. 24. 선고 2007두25855 판결).

(2) 2018. 1. 25. 이전 사업시행계획인가를 신청한 재개발사업에 대한 예외

도시정비법이 2003. 12. 31. 법률 제7056호로 개정되면서 신설된 투기과열지구 양수인의 조합원 지위 취득 제한 규정(구법 제19조 제2항)은 재건축사업을 적용대상으로 하였으나, 다시 도시정비법이 2017. 10. 24. 법률 제14943호로 개정되면서 재개발사업도 적용대상에 포함하였다. 위 개정규정은 위 일부개정법률의 공포후 3개월이 경과한 날인 2018. 1. 25.부터 이후 최초로 사업시행계획인가를 신청하는 경우부터 적용된다(구법 부칙(2017. 10. 24.) 제1조 단서, 제2조).[41]

따라서 투기과열지구의 재개발사업이라 하더라도 위 개정규정의 시행일인 2018. 1. 25. 이전에 이미 사업시행계획인가를 신청한 정비사업은 관리처분계획인가가 있더라도 양수인의 조합원 지위 취득이 제한되지 않는다.

---

40 2003. 12. 31. 법률 제7056호로 개정된 도시정비법 부칙은 그 양도인을 조합원["조합원(이 법 시행전에 조합원의 지위를 취득한 자에 한한다)"]으로 한정하였으나[구법 부칙(2003. 12. 31.) 제2항(2005. 3. 18. 법률 제7392호로 개정되기 전의 것)], 조합설립에 동의하지 않은 토지등소유자로부터 양수한 자도 조합원 자격을 취득할 수 있도록 도시정비법이 2005. 3. 18. 법률 제7392호로 개정되면서 위 부칙을 개정하여 그 양도인을 토지등소유자["토지등소유자(2003년 12월 31일 전에 건축물 또는 토지를 취득한 자에 한한다)"]로 변경하였다[구법 부칙(2003. 12. 31.) 제2항(2005. 3. 18. 법률 제7392호로 개정된 것)].

41 위 2017. 10. 24. 개정 당시 아직 시행되지 않은 2017년 전부개정법률도 같이 개정되었다. 따라서 위 2018. 1. 25.부터 2018. 2. 8.까지는 구법 제19조 제2항이 적용되고[구법 부칙(2017. 10. 24.) 제1항 단서], 2018. 2. 9.부터는 2017. 2. 8. 법률 제14567호로 전부 개정되어 2018. 2. 9. 시행된 2017년 전부개정법률의 제39조 제2항이 직접 적용된다[구법 부칙(2017. 10. 24.) 제1항 단서 중 "법률 제14567호 도시 및 주거환경정비법 전부개정법률 제39조 제2항...의 개정규정은 2018년 2월 8일부터 시행된다" 부분, 법 부칙(2017. 2. 8.) 제1조]. 2017년 전부개정법률 부칙에는 2017년 일부개정법률과 같은 적용례를 따로 두지 않았으나 종전 적용례의 효력을 상실시키는 취지는 아니므로 적용대상은 전부 개정 전과 동일하게 볼 수 있다(법제처 2019. 6. 5. 19-0079 해석례).

마. 도시정비법 제39조 제2항 단서 각 호에 따른 예외

(1) 양도인의 세대원 모두가 근무 또는 생업상의 사정 등으로 이전하는 경우(제1호)

양도인의 세대원(세대주가 포함된 세대의 구성원)의 근무상 또는 생업상의 사정이나 질병치료 · 취학 · 결혼으로 세대원이 모두 해당 사업구역에 위치하지 아니한 특별시 · 광역시 · 특별자치시 · 특별자치도 · 시 또는 군으로 이전하는 경우에는 그 양도인으로부터 토지 또는 건축물을 양수한 자는 조합원이 될 수 있다(법 제39조 제2항 단서 제1호).[42] 질병치료는 의료법 제3조에 따른 의료기관의 장이 1년 이상의 치료나 요양이 필요하다고 인정하는 경우로 한정한다. 문언상 투기과열지구 지정 전에 이전한 경우는 해당되지 않는 것으로 해석된다.[43]

(2) 양도인의 세대원 모두가 상속으로 취득한 주택으로 이전하는 경우(제2호)

양도인이 상속으로 취득한 주택으로 세대원 모두 이전하는 경우에는 그 양도인으로부터 토지 또는 건축물을 양수한 자는 조합원이 될 수 있다(법 제39조 제2항 단서 제2호). 이 규정의 취지는 양도인이 투기과열지구인 정비구역의 주택을 소유하고 있었으나 다른 곳에 있는 피상속인의 주택을 상속받게 되어 세대원 모두가 그 상속받은 주택으로 이전하는 경우에 종전 투기과열지구인 정비구역의 주택의 양수인은 조합원이 될 수 있다는 것으로 볼 수 있다.[44·45]

(3) 양도인의 세대원 모두가 해외로 이주하거나 2년 이상 해외에 체류하려는 경우(제3호)

양도인의 세대원 모두가 해외로 이주하거나 세대원 모두 2년 이상 해외에 체류하려는 경우 그 양도인으로부터 토지 또는 건축물을 양수한 자는 조합원이 될 수 있다(법 제39조 제2항 단서 제3호).[46]

---

42 구 도시정비법(2009. 2. 6. 법률 제9444호로 개정되기 전의 것) 제19조 제2항 제1호는 "(사업구역이 수도권정비계획법 제2조 제1호의 규정에 의한 수도권에 위치한 경우에는 수도권 밖으로 이전하는 경우에 한한다)"고 하여 수도권 밖으로 이전하는 경우만 인정하였다.

43 법제처 2019. 7. 25. 19-0241 해석례는 문언상 투기과열지구 지정 전에 이미 이전을 완료한 경우는 이 규정의 예외사유에 해당되지 않는다고 보면서, 그 명시적인 규정이 없음에도 이를 인정할 경우 적용대상 범위가 지나치게 확장될 수 있어 입법목적 달성이 어려워질 수 있다는 점도 근거로 제시하고 있다; 국토교통부의 2017. 12. 6.자 「정비사업의 조합원 지위 양도 관련 Q&A」는 "투기과열지구 지정 전에 세대원 전원이 지방으로 이전한 경우 – 조합원 지위 양도 불가, 매도 목적이 근무, 생업상의 사정, 질병치료, 취학, 결혼 등이어야 하며, 매도 시기도 이 사유에 적합한 시기임을 증빙하여야 함"으로 보고 있다. 투기과열지구 지정 전에 세대원 전원이 이미 지방으로 이전한 경우는 이 예외에 해당되지 않고, 투기과열지구 지정 후 근무상 또는 생업상의 사정이나 질병치료 · 취학 · 결혼 등의 사유로 이전하는 경우만 적용된다는 취지로 보인다.

44 국토교통부의 2017. 12. 6.자 「정비사업의 조합원 지위 양도 관련 Q&A」는 이 규정의 의미에 대해 "상속에 의하여 취득한 주택으로 세대원 전원이 이전하는 경우 – 정비구역내 주택으로 이전하는 것이 아니라, 정비구역 외의 지역에 있는 상속주택으로 이전하기 위해 매도하는 경우를 의미함"으로 설명하고 있다.

45 안광순(상), 533.

46 국토교통부의 2017. 12. 6.자 「정비사업의 조합원 지위 양도 관련 Q&A」는 "세대원 전원이 이미 해외에 나가 있는 경우 – 매도시기로부터 2년 이상 체류하고자 한다는 증빙을 하여야 가능"하다고 보고 있다. 투기과열지구 지정 전에 이미 세대원 전원이 해외에 나가 있는 경우는 '세대원 모두가 해외로 이주'에 해당하지는 않고, '세대원 모두 2년 이상 해외에 체류하려는 경우'로서 양도시기로부터 2년 이상 체류하고자 하는 증빙을

⑷ 양도인이 1세대 1주택자로서 양도하는 주택에 대해 일정기간 이상 소유 및 거주한 경우(제4호)

양도인이 1세대 1주택자로서 양도하는 주택에 대해 10년 이상 소유하고 5년 이상 거주한 경우, 그 양도인으로부터 토지 또는 건축물을 양수한 자는 조합원이 될 수 있다(법 제39조 제2항 단서 제4호, 시행령 제37조 제1항). 도시정비법이 2017. 10. 24. 법률 제14943호로 개정되면서 신설된 예외규정으로서 위 일부개정법률의 공포후 3개월이 경과한 날인 2018. 1. 25.부터 시행된다(구법 부칙(2017. 10. 24.) 제1조 단서).

이 규정은 도시정비법 제39조 제2항 단서 각 호 및 시행령 제37조 제1항 각 호의 예외사유 중 실제 가장 많이 적용되는 것이나, 1세대 1주택 또는 양도와 관련하여 해석상 다툼의 여지가 크다.

① 이 규정의 '1세대'는 도시정비법 제39조 제1항 제2호에 따라 1세대에 속하는 때를 의미하는 것으로서, 원칙적으로 주민등록법상 세대별 주민등록표상 하나의 세대로 등재되어 있는 자를 의미하나, ⓐ 배우자 또는 미혼인 19세 미만의 직계비속은 그 등재 여부와 상관없이 1세대로 보며, ⓑ 1세대로 구성된 여러 명의 토지등소유자가 조합설립인가 후 세대를 분리한 경우 이혼 및 19세 이상의 자녀의 분가(세대별 주민등록을 달리하고, 실거주지를 분가한 경우로 한정한다)를 제외하고는 1세대로 본다(법 제39조 제1항 단서 제2호 후단).

② 이 규정의 '주택'이 반드시 단독소유의 주택만을 의미한다고 볼 수 없으므로, 양도인이 여러 주택의 지분을 보유한 경우에는 여기의 '1주택'에 해당되지 않는 것으로 생각된다. 양도인이 양도대상 주택(ⓐ)과 다른 주택(ⓑ)의 지분을 소유한 경우, ⓑ에 대한 공유도 소유의 한 형태로서 여기의 '주택'에서 제외된다고 볼 근거는 없고, ⓑ의 과반 또는 절대다수의 공유 지분을 보유한 경우 2주택 이상을 보유한 것과 다르게 볼 이유가 없기 때문이다.[47]

③ '1세대 1주택자'이라는 요건이 10년의 소유기간 및 5년의 거주기간 내내 충족되어야 하는지 아니면 10년의 소유기간 및 5년의 거주기간을 충족하였으면 양도 당시에 1세대 1주택자이면 되는 것인지는 명확하지 않으나, 장기보유에 대한 특례라는 점에서 양도 당시에 1세대 1주택자이면 될 것으로 생각된다.[48]

④ 1세대 1주택자가 그 주택을 양도하기 전에 거주할 다른 주택을 취득하게 되면서 발생하는 '일시적 2주택자'에 대해 소득세법령은 일정한 기간내에 종전 주택을 양도하는 경

하여야 양수인의 조합원 지위가 인정된다는 취지로 보인다.

47 서울행정법원 2021. 6. 25. 선고 2020구합67780 판결.

48 서울행정법원 2019. 11. 22. 선고 2019구합65702 판결, 서울행정법원 2019. 12. 3. 선고 2019구합61700 판결은 양도 당시에 1세대 1주택인지 여부로 판단하고 있다. 참고로, 소득세법 시행령 제154조 제1항은 양도소득세 비과세대상인 '1세대가 1주택을 보유하는 경우로서 대통령령으로 정하는 요건을 충족하는 주택'(소득세법 제89조 제1항 제3항 ㈎목)에 대해 1세대가 '양도일 현재' 국내에 1주택을 보유하고 있는 경우로서 해당 주택의 보유기간이 2년 이상이 경우 등을 정하고 있다.

우 1세대 1주택으로 보는 규정을 두고 있으나(소득세법 시행령 제155조 제1항), 도시정비법령은 그와 같은 내용을 정하거나 소득세법 시행령 규정 등을 준용하지 않으므로 일시적 2주택자에 대해 예외를 인정하기는 어려울 것으로 생각된다. 다만, 이 규정에 따른 예외는 투기적 수요가 없는 조합원이 실제 거주지를 이전할 목적으로 재건축 대상 부동산을 양도할 수 있도록 한 것인데, 양도인이 양도 후 새로운 거주지를 마련하는 과정에서 등기의 선후에 따라 일시적으로 2주택자가 된다고 하여 도시정비법 제39조 제2항에서 금지하는 양수에 해당된다고 보기 어렵고 양수인에게 그에 따른 불이익을 가하는 것은 타당하지 않으므로 1세대 1주택자의 기준시점은 매매계약 체결후 중도금을 지급하여 양도인이 그 주택에 대한 실질적인 처분권을 상실한 때로 볼 필요도 있을 것으로 생각된다.[49]

⑤ 소유자가 피상속인으로부터 주택을 상속받아 소유권을 취득한 경우에는 피상속인의 주택의 소유기간 및 거주기간을 합산하고(시행령 제37조 제1항 후단), 거주기간은 주민등록법 제7조에 따른 주민등록표를 기준으로 하며, 소유자가 거주하지 아니하고 소유자의 배우자나 직계존비속이 해당 주택에 거주한 경우에는 그 기간을 합산한다(시행령 제37조 제1항 제2호). 이 규정의 "양도하는 주택에 대한 소유기간 및 거주기간이 대통령령으로 정하는 기간 이상인 경우"의 문언상 양도인이 소유기간 및 거주기간을 모두 갖추어야 하는 것으로 해석된다.[50]

⑸ 지분형주택을 공급받기 위해 지분을 양도하는 경우(제5호)

사업시행자가 토지주택공사등인 경우 분양대상자와 사업시행자가 공동 소유하는 방식의 지분형주택을 공급할 수 있다(법 제80조). 양도인이 위 지분형주택을 공급받기 위하여 건축물 또는 토지를 토지주택공사등과 공유하는 경우, 그 양도인으로부터 지분을 공유받은 토지주택공사등은 조합원이 될 수 있다(법 제39조 제2항 단서 제5호).[51]

⑹ 공공재개발 사업시행자에게 양도하려는 경우(제6호)

공공임대주택, 공공주택특별법에 따른 공공분양주택의 공급, 공공재개발사업 시행자가 상가를 임대하는 사업을 목적으로 건축물 또는 토지를 양수하려는 공공재개발사업 시행자에게 양도하려는 경우에는 양수인인 공공재개발사업 시행자는 조합원이 될

---

49 서울행정법원 2019. 11. 22. 선고 2019구합65702 판결, 서울행정법원 2019. 12. 3. 선고 2019구합61700 판결; '양도'의 개념을 달리 본다기보다 이 규정이 명확히 정하지 않은 1세대 1주택의 '기준시점'을 유연하게 보는 취지로도 볼 수 있다. 위 2019구합65702 판결 등의 취지를 도시정비법 제39조 제2항 제4호 이외에 다른 규정까지 확대하여 적용하기 어렵다.

50 법제처 2021. 7. 20. 21-0442 해석례.

51 도시정비법이 2021. 4. 13. 법률 제18046호로 개정되면서 신설된 도시정비법 제39조 제2항 단서 제5호, 제6호의 입법취지는 공공시행자가 임대주택 등의 공급을 목표로 건축물 등을 양수하는 경우에 관리처분계획인가 이후라 하더라도 조합원의 지위를 인정하여 임대주택의 공급을 확대하고자 하는 것이다[천준호의원 발의, "도시 및 주거환경정비법 일부개정법률안", 2103422, (2020. 9. 1.), 3; 최시억, "도시 및 주거환경정비법 일부개정법률안 검토보고", 국토교통위원회 (2020. 11.), 36]. 즉 공공시행자가 양수받는 경우를 의미한다.

수 있다(법 제39조 제2항 단서 제6호).

바. 시행령으로 정하는 불가피한 사정으로 양도하는 경우의 예외

시행령 제37조 제3항은 도시정비법 제39조 제2항 제7호의 위임에 따라 그 밖의 불가피한 사정으로 양도하는 경우에 대한 예외를 정하고 있다.

(1) 재건축사업에서 조합설립인가일로부터 3년 이상 사업시행계획인가 신청이 없는 경우(제1호)

조합설립인가일부터 3년 이상 사업시행계획인가 신청이 없는 재건축사업의 건축물을 3년 이상 계속하여 소유하고 있는 자가 사업시행계획인가 신청 전에 양도하는 경우, 그 양도인으로부터 그 양도인으로부터 토지 또는 건축물을 양수한 자는 조합원이 될 수 있다(법 제39조 제2항 단서 제7호, 시행령 제37조 제3항 제1호). 소유기간을 산정할 때 소유자가 피상속인으로부터 상속받아 소유권을 취득한 경우 피상속인의 소유기간을 합산하고, 그 소유기간은 계약체결시점이 아니라 계약이행이 완료되어 권리가 변동되는 날(등기일)을 기준으로 판단하는 것이 타당하다.[52]

시행령이 2017. 9. 29. 대통령령 제28351호로 개정되어 종전의 조합설립인가일로부터 2년 이상을 3년 이상으로, 소유기간을 2년 이상에서 3년 이상으로 강화하면서 부칙에 일정한 경우 조합원 지위를 인정하는 특례를 두었다(구 시행령 부칙(2017. 9. 29.) 제3조 제1항). 현행 시행령 부칙(2018. 2. 9.) 제9조 제1항은 시행령이 전부 개정되면서 종전 부칙을 옮겨온 것이다.

> 시행령 부칙(2018. 2. 9.) 제9조(투기과열지구 내 조합원 지위양도 제한에 관한 특례) ① 제37조 제2항 제1호의 개정규정에도 불구하고 다음 각 호의 사항을 모두 충족하는 양도자로부터 건축물을 양수한 자는 조합원이 될 수 있다.
> 1. 대통령령 제28351호 도시 및 주거환경정비법 시행령 일부개정령 시행 당시[53] 조합설립인가일부터 2년 이상 사업시행인가 신청이 없는 주택재건축사업의 건축물을 소유할 것[54]
> 2. 양도자가 양도 당시 건축물을 2년 이상 계속하여 소유(소유기간을 산정할 때 소유자가 피상속인으로부터 상속받아 소유권을 취득한 경우에는 피상속인의 소유기간을 합산한다. 이하 제2항에서 같다)하고 있을 것
> 3. 사업시행인가 신청 전에 건축물을 양도할 것

---

52 시행령 제37조 제3항 제3호의 소유기간에 관한 법제처 2021. 9. 29. 21-0408 해석례 참고.

53 2017. 9. 29. 대통령령 제28351호로 개정된 구 시행령의 시행일인 2017. 9. 29.를 의미한다[구 시행령 부칙(2017. 9. 29.) 제1조].

54 종전 2년을 그대로 적용하는 취지이므로, 2017. 9. 29. 대통령령 제28351호로 개정된 구 시행령의 시행일인 2017. 9. 29.[구 시행령 부칙(2017. 9. 29.) 제1조]로부터 역산하여 2년인 2015. 9. 29. 전에 조합설립인가를 받고 위 2017. 9. 29. 당시에 사업시행계획인가 신청에 이르지 못하여 2년의 기간을 채운 경우가 이에 해당한다고 볼 수 있다(시행령 제37조 제2항 제2호의 특례 해석에 대한 법제처 2020. 1. 31. 19-0689 해석례 참고).

⑵ 재건축사업에서 사업시행계획인가일로부터 3년 이내에 착공하지 못한 경우(제2호)

사업시행계획인가일부터 3년 이내에 착공하지 못한 재건축사업의 토지 또는 건축물을 3년 이상 계속하여 소유하고 있는 자가 착공 전에 양도하는 경우, 그 양도인으로부터 그 양도인으로부터 토지 또는 건축물을 양수한 자는 조합원이 될 수 있다(법 제39조 제2항 단서 제7호, 시행령 제37조 제3항 제2호). 소유기간을 산정할 때 소유자가 피상속인으로부터 상속받아 소유권을 취득한 경우 피상속인의 소유기간을 합산하고, 그 소유기간은 계약체결시점이 아니라 계약이행이 완료되어 권리가 변동되는 날(등기일)을 기준으로 판단하는 것이 타당하다.[55]

시행령이 2017. 9. 29. 대통령령 제28351호로 개정되어 종전의 사업시행인가일부터 2년 이상을 3년 이상으로, 소유기간을 2년 이상에서 3년 이상으로 강화하면서 부칙에 일정한 경우 조합원 지위를 인정하는 특례를 두었다(구 시행령 부칙(2017. 9. 29.) 제3조 제2항). 현행 시행령 부칙(2018. 2. 9.) 제9조 제2항은 시행령이 전부 개정되면서 종전 부칙을 옮겨온 것이다.

> 시행령 부칙(2018. 2. 9.) 제9조(투기과열지구 내 조합원 지위양도 제한에 관한 특례) ② 제37조 제2항 제2호의 개정규정에도 불구하고 다음 각 호의 사항을 모두 충족하는 양도자로부터 토지 또는 건축물을 양수한 자는 조합원이 될 수 있다.
> 1. 대통령령 제28351호 도시 및 주거환경정비법 시행령 일부개정령 시행 당시 사업시행인가일부터 2년 이상 착공하지 못한 주택재건축사업의 토지 또는 건축물을 소유할 것[56]
> 2. 양도자가 양도 당시 토지 또는 건축물을 2년 이상 계속하여 소유하고 있을 것
> 3. 착공 전에 토지 또는 건축물을 양도할 것

⑶ 재개발사업 · 재건축사업에서 착공일로부터 3년 이상 준공되지 못한 경우(제3호)

착공일부터 3년 이상 준공되지 않은 재개발사업 · 재건축사업의 토지를 3년 이상 계속하여 소유하고 있는 경우, 그 양도인으로부터 그 양도인으로부터 토지 또는 건축물을 양수한 자는 조합원이 될 수 있다(법 제39조 제2항 단서 제7호, 시행령 제37조 제3항 제3호). 소유기간을 산정할 때 소유자가 피상속인으로부터 상속받아 소유권을 취득한 경우 피상속인의 소유기간을 합산하고, 그 소유기간은 계약체결시점이 아니라 계약이행이 완료되어 권리가 변동되는 날(등기일)을 기준으로 판단하는 것이 타당하다.[57]

종전에는 재건축사업으로 한정하고 있었으나, 시행령이 2020. 6. 23. 대통령령 제

55 시행령 제37조 제3항 제3호의 소유기간에 대한 법제처 2021. 9. 29. 21-0408 해석례 참고.

56 종전 2년을 그대로 적용하는 취지이므로, 2017. 9. 29. 대통령령 제28351호로 개정된 구 시행령의 시행일인 2017. 9. 29.[구 시행령 부칙(2017. 9. 29.) 제1조]로부터 역산하여 2년인 2015. 9. 29. 전에 사업시행계획인가를 받고 위 2017. 9. 29. 당시에 착공에 이르지 못하여 2년의 기간을 채운 경우가 이에 해당한다고 볼 수 있다(법제처 2020. 1. 31. 19-0689 해석례).

57 법제처 2021. 9. 29. 21-0408 해석례.

30797호로 개정되면서 재개발사업도 포함하였다. 위 개정규정은 위 일부개정령의 시행일인 2020. 9. 24. 이후 재개발사업의 토지 또는 건축물을 양도한 경우부터 적용한다(시행령 부칙(2020. 6. 23.) 제2조).

(4) 법률 제7056호 도시및주거환경정비법 일부개정법률 부칙 제2항에 따른 토지등소유자로부터 상속 · 이혼으로 인하여 토지 또는 건축물을 소유한 자

이 부분은 **II.4.다.상속 또는 이혼으로 인한 양도·양수에 따른 예외** 참고.

(5) 금융기관 등에 대한 채무불이행으로 경매 또는 공매되는 경우(제5호)

국가 · 지방자치단체 및 금융기관(주택법 시행령 제71조 제1호 각 목의 금융기관)에 대한 채무를 이행하지 못하여 재개발사업 · 재건축사업의 토지 또는 건축물이 경매 또는 공매되는 경우, 그 경매 또는 공매로 토지 또는 건축물을 양수한 자는 조합원이 될 수 있다(법 제39조 제2항 단서 제7호, 시행령 제37조 제3항 제5호). 종전에는 재건축사업으로 한정하고 있었으나, 시행령이 2020. 6. 23. 대통령령 제30797호로 개정되면서 재개발사업도 포함하였다. 위 개정규정은 위 일부개정령의 시행일인 2020. 9. 24. 이후 재개발사업의 토지 또는 건축물을 양도한 경우부터 적용한다(시행령 부칙(2020. 6. 23.) 제2조).

이 규정이 명시적으로 국가 · 지방자치단체 및 금융기관에 대한 채무불이행으로 인한 경매 또는 공매로 한정하고 있으므로, 금융기관 등이 아닌 개인에 대한 채무불이행으로 인한 경매는 문언상 이 규정의 예외에 해당하지 않는다.[58] 도시정비법 제39조 제1항의 '양수'에 경매도 포함되는지 다툼이 있으나, 이 규정에서 명시적으로 그 예외를 정함으로써 위 '양수'에 경매가 제외된다고 보기 어려울 것으로 생각된다.

(6) 투기과열지구 지정 전 양도계약을 체결한 경우(제6호)

투기과열지구로 지정되기 전에 건축물 또는 토지를 양도하기 위한 계약(계약금 지급 내역 등으로 계약일을 확인할 수 있는 경우로 한정한다)을 체결하고 투기과열지구로 지정된 날부터 60일 이내에 부동산거래신고법 제3조에 따라 부동산 거래의 신고를 한 경우에는, 그 계약으로 토지 또는 건축물을 양수한 자는 조합원이 될 수 있다(법 제39조 제2항 단서 제7호, 시행령 제37조 제3항 제6호).

투기과열지구가 사전예고 없이 지정되는 점을 고려하여 그 지정 전에 계약을 체결한 경우 양수인이 조합원이 될 수 있는 일정한 예외를 마련한 것이다. 시행령이 2017. 9. 29. 대통령령 제28351호로 개정되면서 신설된 규정으로(구 시행령 제30조 제3항 제6호), 위 일부개정령 시행 전에

---

58 국토교통부의 2017. 12. 6.자「정비사업의 조합원 지위 양도 관련 Q&A」는 "개인이 경매신청을 한 경우는 조합원 지위 양도 불가, 국가, 지방자치단체, 금융기관이 경매신청한 경우에만 적용"으로 보고 있다. 위 Q&A는 "시행령 제30조 제3항 각 호의 사유에 적합한 경우에는 개인이 경매신청한 것도 가능"으로 보고 있으나, 시행령 제37조(구 시행령 제30조) 제3항 각 호의 "조합설립인가일로부터 2년 이내에 사업시행인가 신청이 없는 주택재건축사업의 건축물을 2년 이상 계속하여 소유하고 있는 경우" 등은 그 양도의 원인이 특별히 제한되는 것이 아니어서 경매의 예외로 보기 어렵다.

투기과열지구로 지정된 지정된 지역에 대해서도 적용된다(시행령 부칙(2018. 2. 9.) 제4조).

사. 조합원 자격을 취득할 수 없는 양수인에 대한 조치

(1) 도시정비법 제73조를 준용한 현금청산

투기과열지구의 양수인이 도시정비법 제39조 제2항 본문에 따라 조합원의 자격을 취득할 수 없는 경우 정비사업의 토지, 건축물 그 밖의 권리를 취득한 자에게 분양신청을 하지 아니한 자 등에 대한 현금청산을 정한 도시정비법 제73조를 준용하여 손실보상을 하여야 한다(법 제73조 제3항).

관리처분계획인가 전 양수로 인하여 현금청산대상자가 된 경우에는, 도시정비법 제73조가 정하는 대로 관리처분계획이 인가 · 고시된 다음 날부터 90일간 협의를 거친 후, 그 협의가 성립하지 않으면 60일 이내에 수용재결을 신청하거나 매도청구소송을 제기하면 될 것이다.

그런데 관리처분계획인가 후 양수로 인하여 현금청산대상자가 된 경우에는 관리처분계획 인가 · 고시 이후 곧바로 협의를 진행할 수 없었으므로, 조합이 양도 · 양수를 안 날을 기산점으로 협의절차 등을 진행할 수 있다고 보는 타당한 것으로 생각된다.[59]

(2) 현금청산 기준일

도시정비법이 2009. 2. 6. 법률 제9444호로 개정되기 전에는 청산금액은 조합설립인가일을 기준으로 한다고 정하고 있었다(구법 제19조 제3항 후단). 이는 주택공급을 받지 못하는 것을 알면서도 재건축아파트를 구입한 투기수요자에게 청산시점의 감정평가액으로 협의하도록 하면 조합원과 동일한 대우를 받게 되는 것이어서 불합리하다는 취지에서 규정한 것인데, 거래과정에서 청산시기나 조합원 자격 취득 여부를 알지 못하고 매수하는 선의의 피해자가 발생함에 따라 도시정비법이 2009. 2. 6. 법률 제9444호로 개정되면서 청산기준일에 관한 위 후단 규정을 삭제하였다.[60 · 61]

도시정비법 제73조(구법 제47조)에 의한 현금청산은 분양신청기간내에 분양신청을 하지 않거나 분양신청을 철회한 자는 그 분양신청기간의 종료일 다음 날, 인가된 관리처분계획에 따라 분양대상에서 제외된 자는 그 인가일의 다음 날 조합원의 지위를 상실하고 그 날이 현금청산 기준일이 된다. 투기과열지구의 양수인은 다른 예외사유가 없다면 양수가 이루어

---

59 안광순(상), 537.

60 유삼술 · 이종만, 419.

61 위 일부개정법률은 위 개정규정에 대한 별도의 적용례나 경과조치를 두지 않았다. 위 일부개정법률은 2009. 2. 6.부터 시행되는데, 조합원 자격을 취득할 수 없다는 점이 확정되어 양수인이 현금청산대상자가 되는 양수일(=매도청구에 따른 매매계약 성립 의제일)을 기준으로 보아, 양수일이 위 2009. 2. 6. 이후라면 위 양수일을 기준으로 현금청산하는 것이 타당할 것으로 생각된다.

진 때 곧바로 조합원 자격을 취득할 수 없다는 것이 확정되므로, 양수일, 즉 해당 건축물 또는 토지를 양수하여 소유권이전등기를 마친 때 현금청산대상자가 된다고 보는 것이 타당하다. 현금청산 기준시점 또는 매매계약 성립 의제일은 ⓐ 현금청산대상자가 된 양수일로 보는 것이 일응 타당하나,[62] ⓑ 투기과열지구의 정비사업에서 분양신청을 할 수 없는 자와 마찬가지로 처음부터 분양신청을 하지 않는 자에 해당하여 분양신청기간 종료일 다음 날로 볼 여지도 있을 것으로 생각된다.[63·64]

Ⅲ. 조합원 지위의 양도

1. 소유 부동산 양도에 따른 조합원 지위의 양도

종전 토지등소유자가 소유하는 토지 또는 건축물의 소유권이 양도되면 양수인은 해당 정비사업의 토지등소유자가 되고, 조합설립 이후에는 조합원의 지위도 당연히 양수인에게 이전된다. 정관에서도 양도 · 상속 · 증여 및 판결 등으로 조합원의 권리가 이전된 때에는 조합원의 권리를 취득한 자로 조합원이 변경된 것으로 본다고 정하고 있다(구 표준정관 제9조 제4항).[65]

2. 조합원 지위 양도의 절차

가. 변경 신고

조합원이 그 권리를 양도한 경우 그 양수인 또는 변경 당사자는 그 행위의 종료일부터 14일이내에 조합에 그 변경내용을 신고하여야 하고, 신고하지 아니하여 발생되는 불이익 등에 대하여 해당 조합원은 조합에 이의를 제기할 수 없다(구 표준정관 제10조 제3항, 제47조 제1항). 양수인은 등기부 등본 등 증명서류를 첨부하여 조합에 신고하여야 하며, 신고하지 아니하면 조합에 대항할 수 없다(구 표준정관 제47조 제2항).

조합원의 지위는 토지 또는 건축물에 대한 소유권이 이전되는 때 양도되는 것이므로, 변경신고를 하지 않더라도 조합원이 아니라고 볼 수 없다. 이 규정은 총회에서 의결권을 행사하거나 총회 소집 통지, 분양신청 통지 등을 받는데 있어서 변경신고를 하지 않은데

62 서울동부지방법원 2015. 4. 16. 선고 2014가합11381 판결, 서울동부지방법원 2015. 7. 22. 선고 2014가합11398 판결, 서울남부지방법원 2018. 6. 29. 선고 2015가단211313 판결 등.

63 서울고등법원 2020. 7. 2. 선고 2019나2056723 판결.

64 인가된 관리처분계획에서 분양대상에서 제외된 자로 보아야 한다는 견해로 안광순(하), 289. 다만 위 서울고등법원 2019나2056723 판결은 관리처분계획 인가 단계에서 비로소 조합원의 자격을 상실하는 것이 아니라는 이유로 관리처분계획 인가일 다음 날을 기준으로 하여야 한다는 주장을 배척하였다.

65 구 시행령(2018. 2. 9. 대통령령 제28628호로 전부 개정되기 전의 것) 제30조 제2항은 "법 제16조 제1항 내지 제3항의 규정에 의한 조합의 설립인가 후 양도 · 증여 · 판결등으로 인하여 조합원의 권리가 이전된 때에는 조합원의 권리를 취득한 자를 조합원으로 본다"고 하여 이 점을 재차 확인하고 있었다.

따른 불이익은 스스로 감수해야 한다는 취지로 볼 수 있다.

나. 거래시 설명의무

토지등소유자는 자신이 소유하는 정비구역내 토지 또는 건축물에 대하여 매매 · 전세 · 임대차 또는 지상권 설정 등 부동산 거래를 위한 계약을 체결하는 경우 해당 정비사업의 추진단계 등을 거래 상대방에게 설명 · 고지하고, 거래 계약서에 기재 후 서명 · 날인하여야 한다(법 제122조 제1항, 시행령 제92조). 정관상으로도 조합원 지위의 양도인은 양수인에게 조합원의 권리와 의무, 자신이 행하였거나 조합이 자신에게 행한 처분 · 절차, 청산시 권리의무에 범위 등이 포괄승계됨을 명확히 하여 양도하도록 정하고 있다(구 표준정관 제47조 제1항).[66]

위와 같이 토지등소유자가 거래 상대방에게 설명할 사항은 공인중개사법 제25조 제1항 제2호의 '법령의 규정에 의한 거래 또는 이용제한사항'에 해당하므로, 개업공인중개사는 위 사항을 확인하여 이를 해당 중개대상물에 관한 권리를 취득하고자 하는 중개의뢰인에게 성실 · 정확하게 설명하고, 토지대장 등본 또는 부동산종합증명서, 등기사항증명서 등 설명의 근거자료를 제시하여야 한다(법 제122조 제1항, 공인중개사법 제25조 제1항).

조합원 지위 양도를 위한 매매계약 및 분양권양도계약은 양수인은 조합원의 지위를 적법하게 취득하여 향후 분양신청을 하기 위한 것이므로, 공유 또는 양도로 인한 조합원의 자격, 투기과열지구 양수인에 대한 예외 적용 여부, 분양대상자별 분담금의 추산액 등은 그 매매계약의 중요내용을 이룬다.

다. 조합설립변경신고

토지 또는 건축물의 매매 등으로 조합원의 권리가 이전된 경우의 조합원의 교체 또는 신규가입은 조합설립인가내용의 경미한 사항으로서, 시장 · 군수등에게 신고하고 변경할 수 있다(법 제35조 제5항 단서, 시행령 제31조 제2호).

3. 조합원 지위 양도의 제한

가. 시기의 제한

정비사업의 토지등소유자는 조합설립 이후 조합원이 되는 것이므로, 토지 또는 건축물의 양도가 조합설립 이후 이루어진 경우에는 조합원의 지위도 당연히 양도되는 것으로 볼 수 있다.

이전고시가 있으면 인가된 관리처분계획에 따라 대지 또는 건축물을 분양받을 자는 그

---

66 양도인에게 위와 같은 고지의무가 있으므로, 조합이 권리변동신고전 양도인에게 적법하게 분양신청통지를 한 이상 그 이후 양수인이 권리변동신고를 하였다 하더라도 그 양수인에게 재차 분양신청통지를 하거나 권리변동신고 당시 양수인에게 분양신청에 관한 별도의 추가적인 안내를 하여야 한다고 볼 수 없다[서울고등법원 2020. 8. 20. 선고 2020누30100 판결(제1심은 서울행정법원 2019. 12. 13. 선고 2018구합78626 판결)].

고시가 있은 날의 다음 날 그 대지 또는 건축물의 소유권을 취득하는데(법 제86조 제2항), 이 경우 종전 조합원은 그 대지 또는 건축물을 원시취득하고 종전 조합원의 지위는 조합의 청산을 위한 범위내에서 유지된다고 볼 수 있다(구 도시재개발법의 분양처분에 관한 대법원 2003. 9. 26. 선고 2001다64479 판결 참고). 따라서 이전고시 이후의 양수인은 조합원의 지위를 곧바로 취득한다고 할 수 없고, 양도인과 양수인간 조합원 지위 승계에 대한 별도의 특약이 있고 정관 등이 정하는 변경신고 등의 방법으로 승계사실을 신고하고 조합이 이를 승낙한 경우에 양수인이 조합원의 권리를 행사할 수 있을 것이다(위 대법원 2001다64479 판결).[67]·[68]

나. 투기과열지구내 양수인의 조합원 자격 취득 제한

투기과열지구로 지정한 지역에서 재건축사업은 조합설립인가 후, 재개발사업은 관리처분계획의 인가 후 해당 정비사업의 건축물 또는 토지를 양수한 자는 도시정비법 제39조 각 호에서 정한 예외에 해당하지 않는 한 조합원이 될 수 없다(법 제39조 제2항 본문). 이 규정은 투기과열지구의 건축물 또는 토지 소유권 양도 자체를 금지한 것이 아니라 그 양수인이 조합원이 될 수 없다는 것을 정한 것으로서, 양수인은 분양신청은 물론 종전 조합원의 지위 양수를 전제로 한 조합원의 권리 · 의무를 행사할 수 없으며 그 소유 또는 토지 또는 건축물은 현금청산의 대상이 된다.[69]

4. 조합원 지위 양도의 효력

새로 조합원이 된 자는 종전 조합원의 권리 · 의무를 취득하고, 새로 조합원이 된 자는 종전 조합원이 행하였거나 조합이 종전 조합원에게 행한 처분, 청산에 따른 권리 · 의무 등을 포괄승계한다(법 제129조, 구 표준정관 제9조 제4항).

재건축사업에서 양도인이 조합설립 동의를 하여 조합원이 되었다면 양수인은 그 조합원의 지위를 승계하며, 양도인이 조합설립 동의를 하지 않았다 하더라도 양수인은 정관에 따라 분양신청기간까지 조합설립 동의서를 제출하여 조합원이 될 수 있다.[70]

---

67 위 대법원 2001다64479 판결은 구 도시재개발법의 분양처분에 관한 판결이나, 도시정비법의 이전고시의 법적 성격은 구 도시재개발법의 분양처분과 다르지 않으므로(대법원 2012. 3. 22. 선고 2011두6400 전원합의체 판결), 도시정비법상 이전고시도 동일하게 볼 수 있다. 도시정비법상 이전고시 이후 조합원 지위에 관한 사례로 서울남부지방법원 2012. 12. 14. 선고 2012가단57891 판결, 서울고등법원 2015. 5. 8. 선고 2014나2042712 판결(제1심은 서울중앙지방법원 2014. 10. 16. 선고 2013가합13776 판결), 서울고등법원 2015. 12. 4. 선고 2015나5288 판결 등 참고.

68 신축 아파트의 소유권과 조합원의 지위는 분리될 수 있는 것이므로, 이전고시 이후 보존등기가 마쳐진 주택을 다른 사람에게 매도하면서 조합원의 지위는 별도로 양도하지 않으면, 그 주택의 소유권은 소유권이전등기로 매수인에게 귀속하되, 조합 청산에 따른 환급금은 매도인이 받을 수 있다.

69 자세한 내용은 **II.4.투기과열지구내 양수인의 조합원 자격 취득 제한** 참고.

70 구 표준정관 제9조(조합원의 자격 등) ① 조합원은 법 제2조 제9호 나목의 규정에 의한 토지등소유자(이하 "토지등소유자"라 한다)로서 조합설립에 동의한 자로 한다. 다만, 조합설립에 동의하지 아니한 자는 제44조

양도인이 종전에 분양신청을 하였다면 그 분양신청의 효력은 새로 조합원이 된 양수인에게도 미치므로 양수인은 별도의 분양신청을 하지 않더라도 그 분양신청에 관한 효력을 승계한다(구 도시재개발법의 분양신청에 관한 대법원 1999. 4. 13. 선고 98두19230 판결 참고). 반대로 양도인이 분양신청을 하지 않아 분양신청기간 종료일의 다음 날 현금청산대상자가 되었다면 그로부터 토지 또는 건축물을 양수받은 양수인도 양도인으로부터 현금청산대상자의 지위를 이전받았다고 볼 것이다.[71]

Ⅳ. 조합원 지위의 상실

1. 조합원 지위 양도

조합설립인가 후 양도 · 증여 · 판결 등으로 인하여 조합원의 권리가 이전된 때에는 조합원의 권리를 취득한 자를 조합원으로 보며, 그 양도인은 즉시 조합원의 자격을 상실한다(구 표준정관 제9조 제4항, 제11조 제1항).[72]

투기과열지구로 지정한 지역에서 재건축사업은 조합설립인가 후, 재개발사업은 관리처분계획의 인가 후 해당 정비사업의 건축물 또는 토지를 양수한 자는 도시정비법 제39조 각 호에서 정한 예외에 해당하지 않는 한 조합원이 될 수 없는데(법 제39조 제2항 본문), 이때 양도인은 그 양도를 한 때 조합원의 지위를 상실한다.

2. 분양대상 제외

조합원이 분양신청기간내 분양신청을 하지 않거나 분양신청을 철회하면 그 분양신청기간 종료일의 다음 날 조합원 지위를 상실한다. 인가받은 관리처분계획에 따라 분양대상에서 제외된 자는 그 인가의 다음 날 조합원의 지위를 상실한다. 종전에 분양신청을 한 조합원이 분양계약체결기간내에 분양계약을 체결하지 않으면 그 분양계약체결기간 종료일의 다음 날 조합원의 지위를 상실한다.

3. 조합원의 제명

가. 제명에 관한 규정

제명은 조합 내부의 의사결정으로 조합원을 그 의사에 반하여 조합관계에서 배제하는

의 규정에 의한 분양신청기한까지 다음 각호의 사항이 기재된 별지 1의 동의서를 조합에 제출하여 조합원이 될 수 있다.

71 서울고등법원 2012. 8. 22. 선고 2011누26185 판결(제1심은 서울행정법원 2011. 7. 7. 선고 2010구합17885 판결).

72 구 표준정관 제11조 제1항이 '즉시' 상실된다고 정한 것은 그 상실 사유가 발생하였을 때 총회, 대의원회 의결 또는 변경신고, 인가 등의 행정절차를 받을 때까지 조합원의 지위가 유지되지 않는다는 점을 명확하게 하기 위한 것이다(구 표준정관의 주석 참고).

것을 의미한다.[73]

도시정비법은 '조합원의 제명 · 탈퇴 및 교체'를 정관의 필요적 기재사항으로 정하고 있으나(법 제40조 제1항 제3호), 그 사유나 절차는 별도로 정하고 있지 않다. 통상 정관에는 구 표준정관에 따라 "조합원으로서 고의 또는 중대한 과실 및 의무불이행 등으로 조합에 대하여 막대한 손해를 입힌 경우에는 총회의 의결에 따라 조합원을 제명할 수 있다. 이 경우 제명전에 해당 조합원에 대해 청문등 소명기회를 부여하여야 하며, 청문등 소명기회를 부여하였음에도 이에 응하지 아니한 경우에는 소명기회를 부여한 것으로 본다"와 같이 정하고 있다(구 표준정관 제11조 제3항).

나. 제명의 사유

단체의 구성원에 대한 제명은 그 구성원의 의사에 반하여 그 구성원의 지위를 박탈하는 것이므로 단체의 이익을 위하여 불가피한 경우에 최종적인 수단으로만 인정되어야 하거나(민법상 법인에 관한 대법원 1994. 5. 10. 선고 93다21750 판결, 대법원 2004. 11. 12. 선고 2003다69942 판결 등 참고), 구성원의 행위가 단체의 본질적 기능을 침해하고 단체의 존재의 의의를 부인할 정도에 이르러야 한다(노동조합에 관한 대법원 2004. 6. 10. 선고 2004다11032 판결 참고). 또한 제명사유의 존재 여부에 관한 증명책임은 제명처분이 정당하다고 주장하는 단체에 있다고 볼 수 있으므로,[74·75] 조합은 조합원 제명이 조합의 이익을 위하여 불가피한 경우라는 점을 증명할 수 있어야 한다.

구 표준정관 제11조 제3항의 "조합원으로서 고의 또는 중대한 과실 및 의무불이행 등으로 조합에 대하여 막대한 손해를 입힌 경우"는 통상적인 단체의 정관, 규약에서도 정하는 제명사유이다. '막대한 손해'를 반드시 민사적 손해배상과 같이 구체적인 손해 발생 및 금액이 입증되어야 한다고 보기 어렵고 정비사업에 상당한 지장을 초래한 경우도 포함된다고 볼 것이나, 제명은 단체의 이익을 위하여 불가피한 경우에 최종적인 수단으로만 인정되어야 하므로 그 손해 등은 엄격히 판단할 필요가 있다. 특히 비대위에 대한 견제 수단으로 제명이 활용되기도 하는데, 단체의 구성원이 단체의 총회 또는 이사회 의결이 관련 법규 또는 정관에 위반된다고 주장하면서 관련 기관에 탄원서를 제출하거나 법원에 그 의결의 무효확인소송을 제기하는 등의 행위를 한 것은 원칙적으로 구성원의 권리행사에 속하는 것이어서(축산업협동조합 제명처분에 관한 대법원 1996. 9. 6. 선고 95다31522 판결 참고), 그 자체로 만연히 제명이 적법하다고 보기 어렵다.

---

73 이우재(상), 687.

74 대법원 2003. 2. 26. 선고 2002다27613 판결이 제명사유의 존재 여부에 관한 증명책임이 단체에 있다는 설시로 인용되고 있으나, 위 대법원 2002다27613 판결에 증명책임에 대한 직접적인 판단은 없다. 다만 단체 결의가 적법 · 유효하게 이루어졌다는 점은 이를 주장하는 자가 입증하여야 하는 것이고(대법원 2007. 6. 29.자 2007마224 결정), 위 대법원 2002다27613 판결은 단체(대구경북시멘트공업협동조합)가 주장하는 제명사유만으로 원고를 제명한 것은 지나치게 가혹하여 상당성을 결여하였다고 본 것으로서 단체에 제명결의의 적법 · 유효에 대한 증명책임이 있다는 판단으로 볼 수 있다.

75 수원지방법원 안양지원 2016. 1. 18.자 2015카합10098 결정, 대구지방법원 2018. 6. 26.자 2018카합10180 결정, 대구지방법원 2020. 8. 4.자 2020카합10249 결정 등.

다. 제명의 절차

(1) 청문 등 소명기회 부여

정관에 "제명전에 해당 조합원에 대해 청문등 소명기회를 부여하여야 하며, 청문등 소명기회를 부여하였음에도 이에 응하지 아니한 경우에는 소명기회를 부여한 것으로 본다"와 같이 청문 등 소명기회를 부여하고 있다(구 표준정관 제11조 제3항).

정관에 청문 등 소명기회를 부여하도록 있음에도 그 기회를 부여하지 않거나 실질적으로 소명할 기회가 없는 경우 제명 의결은 절차상 하자로 효력이 없다고 볼 수 있다.[76] 다만 소명 기회를 부여하면 되는 것이지 그 소명 등이 충분히 이루어져야 하는 것은 아니다.

(2) 제명을 위한 총회 등 의결

도시정비법은 제명 절차에 대해 정하고 있지 않고, 통상 조합 정관에는 구 표준정관 제11조 제3항과 같이 "총회의 의결에 따라 조합원을 제명할 수 있다"고 정하면서 달리 특별 의결정족수를 정하고 있지 않다. 조합에 따라서는 대의원회 의결로 제명할 수 있도록 정하기도 하는데, 조합원 제명의 중대성에 비추어 바람직하지 않으나, 도시정비법이 제명 절차 등은 정관에서 정하도록 하고 있을 뿐 달리 반드시 총회 의결로만 하여야 한다고 볼 근거는 없으므로 그 자체로 위법하다고 보기 어려울 것으로 생각된다.

정관에 별도의 규정이 없는 경우에도 제명의 본질상 조합원 2/3 이상의 찬성 등 특별 의결정족수가 필요한지가 문제된다.

① 정관의 기재사항인 '조합원의 제명 · 탈퇴 및 교체'를 변경하는 것은 조합원 2/3 이상의 찬성으로 의결하여야 하는데(법 제40조 제3항 단서), 제명은 조합원의 의사에 반하여 그 지위를 박탈하는 처분이라는 점에서 위 규정을 유추 적용하여 조합원 2/3 이상의 찬성이 필요하다고 볼 여지가 있다.[77]

② 그러나 정관에서 제명결의의 특별 의결정족수를 새로이 정하거나 다른 절차를 정할 때 조합원 2/3 이상의 찬성이 필요한 것은 별론으로 하고, 정관에서 제명 의결에 대해 별도로 정하지 않았다면 원칙대로 조합원 과반수의 출석과 출석 과반수의 찬성의 일반 의결정족수를 적용하여야 한다고 보는 것이 타당하다(법 제45조 제3항, 구 표준정관 제22조 제1항).[78]

제명 대상 조합원은 총회에 출석하여 변명할 기회를 보장받아야 하므로 의사정족수에는 포함되나, 자신에 대한 제명 안건의 의결정족수에서 제외된다.[79] 조합원 2명 이상을 제

---

76 대구지방법원 서부지원 2020. 11. 19.자 2020카합5281 결정, 전주지방법원 군산지원 2021. 5. 14.자 2021카합1042 결정, 전주지방법원 군산지원 2021. 8. 26.자 2021카합1087 결정.

77 안광순(상), 542.

78 구 주택건설촉진법상 재건축조합의 제명에 관한 대법원 2006. 2. 24. 선고 2005다64392 판결은 조합의 규약에 따라 재적조합원 과반수 출석과 출석 조합원 과반수의 찬성으로 제명을 의결한 것은 적법하다고 보았다.

79 조합에 관하여 준용되는 민법 중 사단법인에 관한 규정 중 민법 제74조는 "사단법인과 어느 사원과의 관계

명하는 경우에는 그 2명 이상의 구성원을 동시에 배제할 수 없고 조합원별로 이루어지는 제명 의결에서 해당 조합원만 의결에서 배제된다고 보는 것이 타당하다.[80]

라. 제명에 따른 효과

제명은 조합과 조합원 사이의 법률관계로서 총회 의결로서 바로 효력이 발생할 수 있으므로, 제명 대상 조합원은 제명 의결이 있은 때 조합원의 지위를 상실한다(대법원 2013. 11. 28. 선고 2012다110477, 110484 판결).

조합원이 조합에서 제명되거나 탈퇴하는 등 후발적인 사정으로 그 지위를 상실하는 경우 처음부터 분양신청을 하지 아니하거나 철회하는 경우와 마찬가지로 현금청산대상자가 되고, 제명 의결로서 조합원 지위를 상실한 때 도시정비법 제73조(구법 제47조)에서 정한 현금청산 대상자에 해당하게 된다(위 대법원 2012다110477 판결). 따라서 재건축사업의 경우 별도의 최고나 행사 없이 매도청구를 행사한 후 제명 의결된 날을 기준으로 현금청산하면 될 것이다.[81]

4. 조합원의 탈퇴

조합원 강제가입제를 취하는 재개발사업의 조합원은 임의탈퇴할 수 없다. 조합원 임의가입제를 취하는 재건축사업에서 토지등소유자가 조합설립에 동의한 후에도 동의를 철회하는 방법으로 탈퇴할 수 있으나 철회 시기 제한에 따라는 탈퇴도 제한을 받게 된다. 다만, 도시정비법에 따라 분양신청기간에 분양신청을 하지 않거나 그 분양신청을 철회하거나, 또는 정관에 따라 분양계약체결기간에 분양계약을 체결하지 않으면 현금청산되는 방법으로 실질적인 탈퇴의 기회는 부여되어 있다.

도시정비법은 '조합원의 제명 · 탈퇴 및 교체'를 정관의 필요적 기재사항으로 정하고 있고(법 제40조 제1항 제3호), 통상 정관에는 "조합원은 임의로 조합을 탈퇴할 수 없다. 다만, 부득이한 사유가 발생한 경우 총회 또는 대의원회의 의결에 따라 탈퇴할 수 있다"와 같이 정하고 있다(구 표준정관 제11조 제3항). 정비사업의 특성상 조합원의 임의탈퇴를 인정하면 정비사업의 시행이 불가능하거나 현저히 곤란하게 되고 조합원은 그 지위를 양도하거나 또는 분양신청을 하지 않아 현금청산을 받은 방법으로도 탈퇴가 가능하므로, 도시정비법이 예정하고 정관에서 정하는 탈퇴는 부득이한 사유가 발생하는 등 예외적인 경우에 인정되는 것을 의미한다고 볼 것이다. 그 부득이한 사유는 조합이 조합원 전체의 이익을 고려하여 총회 또는 대의원회에서 결정할 사항에 해당한다.

조합원은 탈퇴 의결이 있거나 그 탈퇴가 확정된 날 조합원의 지위를 상실하여 현금청

사항을 의결하는 경우에는 그 사원은 결의권이 없다"라고 정하고 있으므로, 정관에서 다르게 정하지 않았다면 제명 대상 조합원은 제명 의결에 의결권이 없다고 볼 것이다.

80 서울지방법원 2003. 6. 10. 선고 2002가합85577 판결; 이렇게 보지 않으면 소수의 구성원이 나머지 다수의 구성원을 일괄제명할 수 있게 되는 불합리한 결과가 초래된다.

81 서울행정법원 2015. 7. 16. 선고 2014구합10660 판결, 대구고등법원 2020. 6. 25. 선고 2019나24996 판결.

산대상자가 된다(대법원 2013. 11. 28. 선고 2012다110477, 110484 판결).

V. 조합원 지위에 대한 쟁송

1. 조합원 또는 수분양자 지위 확인소송

가. 관할 및 쟁송 형태

조합과 조합원의 관계는 사단법인과 사원의 관계로서, 조합원 지위에 대한 다툼은 기본적으로 사법상 법률관계로 볼 수 있다. 정비사업조합이 행정주체의 지위를 부여받은 공법인이라는 사정만으로 조합과 조합원의 관계가 공법상 법률관계라고 보기는 어렵다. 대법원 2009. 9. 24.자 2009마168, 169 결정은 조합임원의 해임 · 선임 등에 관해, 도시정비법상 재개발조합과 조합장 및 조합임원의 관계는 특별히 공법상의 근무관계로 설정되어 있지 않으므로 조합과 조합임원 사이의 선임 · 해임 등의 둘러싼 법률관계는 사법상 법률관계로서 민사소송에 의하여야 한다고 본 바 있다.

조합원이 분양신청 이전에 조합원 지위 확인을 구하는 경우는 주로 제명인데, 조합이 총회 의결로 조합원을 제명하는 것은 단체 내부의 의사결정에 따른 것일 뿐 공권(公權) 또는 공법상의 법률관계에 관한 것이거나 행정처분에 이르는 절차적 요건의 존재 여부나 효력 유무에 관한 것이 아니므로, 제명결의는 사법상의 법률관계이다(대법원 2016. 10. 14.자 2015무575 결정). 따라서 제명에 따른 조합원 지위를 다투는 것은 민사소송으로 하여야 할 것으로 생각된다.[82]

한편 조합원은 조합이라는 단체 구성원을 넘어 도시정비법 및 정관에 따라 신축 아파트를 분양받게 되는데, 분양에 관한 조합원의 권리 · 의무는 조합이 행정주체의 지위에서 도시정비법, 정관 및 관리처분계획에 따라 부여하는 공권적 작용으로 볼 여지가 있다. 구 도시재개발법의 재개발사업에 관해 대법원 1996. 2. 15. 선고 94다31235 전원합의체 판결은 재개발조합은 행정주체로서 국가의 감독에 따라 그 존립 목적인 특정한 공공사무를 행하고 있다고 볼 수 있는 범위 내에서는 공법상의 권리의무 관계에 있고, 조합원이 조합을 상대로 자격 확인을 구하는 것은 공법상 당사자소송에 의한다고 보았다. 현행 도시정비법에서도 위 대법원 94다31235 전원합의체 판결의 취지대로 조합원 지위 또는 수분양자 지위(수분양권) 확인을 구하는 것은 공법상 당사자소송에 의하는 것으로 보고 있다.[83]

---

82 서울고등법원 2009. 2. 6. 선고 2008나41910 판결 등; 실무적으로도 관리처분계획 수립을 위한 총회결의와 달리 제명 결의는 민사소송으로 다툰다는 점은 특별한 의문이 없는 것으로 생각된다.

83 실무적으로 분양에 관한 조합원 지위 확인은 공법상 당사자소송에 의하며(대법원 2011. 3. 10. 선고 2010두12361 판결 등), 민사소송으로 제기된 확인소송을 행정법원으로 이송하기도 한다(서울고등법원 2018. 7. 12. 선고 2018나2023733 판결, 서울고등법원 2019. 6. 12. 선고 2018나2041700 판결).

나. 조합원 지위 확인 등의 쟁송형태

(1) 조합원 지위 확인 등의 소의 이익에 관한 대법원 판결

대법원 1996. 2. 15. 선고 94다31235 전원합의체 판결은 조합원이 조합을 상대로 조합원 자격의 확인을 구하고자 하는 경우, ⓐ 관리처분계획 등 조합의 어떠한 처분이 개입될 여지가 없는 경우에는 공법상 당사자소송으로 조합원 자격의 확인을 구할 수 있으나, ⓑ 관리처분계획에서 분양대상자에서 제외하거나 원하는 내용의 분양대상자로 결정하지 않은 경우 구체적인 수분양권이 직접 발생한 것이라고 볼 수 없어 조합원이 곧바로 조합을 상대로 민사소송이나 공법상 당사자소송으로 수분양권의 확인을 구할 수 없다고 보았다. 위 대법원 94다31235 전원합의체 판결은 구 도시재개발법이 적용되는 재개발사업에 대한 판단이나 도시정비법에서도 동일하게 볼 수 있다.

한편 대법원 1999. 2. 5. 선고 97누14606 판결, 대법원 2015. 10. 29. 선고 2013두12669 판결은 관리처분계획이 확정되었다 하더라도 조합원 지위 확인을 구할 소의 이익이 있다고 보았고, 대법원 2019. 12. 13. 선고 2019두39277 판결은 관리처분계획이 수립되기 전에 조합을 상대로 수분양권의 범위와 내용을 확인을 구하는 것은 장래의 권리 · 법률관계의 확인을 구하는 것으로서 부적법하다고 보았다.

(2) 청구 내용에 따른 쟁송형태의 구분

위 대법원 94다31235 전원합의체 판결은 관리처분계획의 수립 또는 확정(인가 · 고시)을 기준으로 당사자소송과 항고소송(관리처분계획취소소송)으로 구분한다는 취지로 설명된다. 그러나 위 대법원 97누14606 판결 등 다른 판결의 취지까지 종합적으로 고려한다면, 쟁송형태는 관리처분계획의 수립 · 인가 여부가 아니라 청구의 내용에 따라 나누어 보는 것이 타당하다.[84]

① 조합이 조합원 지위 자체를 부인하여 조합원의 권리를 행사할 수 없는 경우 조합원이 조합을 상대로 (단독)조합원 지위를 구하는 것은 관리처분계획 수립 · 인가 전후를 불문하고 소의 이익이 있다.[85]

② 조합이 조합원 지위는 인정하면서도 당사자가 원하는 수분양자 지위(수분양권)는 인정하지 않는 경우, ⓐ 분양대상자 지위는 관리처분계획이 확정되어 발생하는 것이므로 관리처분계획이 인가 · 고시되기 전에 수분양자 지위 확인을 구하는 것은 장래의 권리관계

84 서울행정법원 실무연구회, 90–91.

85 부산지방법원 2020. 11. 27. 선고 2020구합21204 판결, 대구지방법원 2021. 5. 12. 선고 2020구합20202 판결; 관리처분계획 수립 · 인가와 무관하게 소의 이익이 있다고 보는 이유는, 그와 같은 관리처분계획은 당해 조합원의 지위를 인정하지 않는 전제로 수립되어 당해 조합원과 무관한 내용이어서 관리처분계획의 공정력이 미치지 않기 때문이라고 본다[박형순, "사건유형별 행정소송실무", 법관연수 공법소송실무 (2020), 30, 서울행정법원 실무연구회, 91에서 재인용].

확인을 구하는 것이어서 부적법하고,[86] ⓑ 관리처분계획이 인가 · 고시된 이후에는 관리처분계획을 직접 항고소송으로 다투어야 하므로 공법상 당사자소송으로 수분양자 지위 확인을 구할 수 없다.[87]

2. 관리처분계획취소소송 등

가. 관리처분계획취소 등 항고소송

조합원의 분양 여부, 구체적인 분양대상은 관리처분계획의 인가 · 고시로 결정되는 것이므로, 관리처분계획의 인가 · 고시 이후에는 수분양권에 대해 다툼이 있는 조합원은 관리처분계획에 대한 취소 또는 무효확인소송 등 항고소송으로 직접 다투어야 한다(대법원 1996. 2. 15. 선고 94다31235 전원합의체 판결).

나. 관리처분계획 총회결의무효확인 등 당사자소송

관리처분계획안에 대한 총회결의의 효력을 다투는 소송은 공법상 법률관계에 관한 당사자소송이다. 관리처분계획이 인가 · 고시된 이후에는 항고소송을 제기할 수 있으나, 관리처분계획이 인가 · 고시되기 전이라도 위법한 총회결의에 대해 무효확인 판결을 받아 이를 관할 행정청에 자료로 제출하거나 조합으로 하여금 새로이 적법한 관리처분계획안을 마련하여 다시 총회결의를 거치도록 함으로써 하자 있는 관리처분계획이 인가 · 고시되어 행정처분으로서 효력이 발생하는 단계에까지 나아가지 못하도록 저지할 필요가 있으므로 관리처분계획에 대한 총회결의의 무효확인을 구하는 당사자소송은 인정된다(대법원 2009. 9. 17. 선고 2007다2428 전원합의체 판결 등).

86 이는 결국 조합이 장래에 일정한 내용의 처분을 할 것 또는 하지 못하도록 할 것을 구하는 것으로서 현행 행정소송법이 허용하지 않는 의무이행소송, 의무확인소송 또는 예방적 금지소송에 해당하기 때문이다(대법원 2019. 12. 13. 선고 2019두39277 판결).

87 다만 단독조합원 지위 확인청구의 경우, 공동조합원으로 취급되어 단독조합원의 절차적, 실체적 권리를 행사하지 못하는 것을 배제하기 위한 것이므로 수분양자 또는 수분양권을 다투는 것이라 하더라도 확인의 이익이 인정될 수 있을 것으로 생각된다.

[10] 조합 정관

I. 정관의 법적 성격과 효력

1. 정관의 법적 성격

정관은 정비사업조합의 조직, 활동, 조합원의 권리의무관계 등 단체법적 법률관계를 규율하는 것으로서 공법인인 정비사업조합과 조합원에 대하여 구속력을 가지는 자치법규이다(대법원 2016. 5. 12. 선고 2013다49381 판결, 대법원 2019. 10. 31. 선고 2017다282438 판결 등). 도시정비법, 시행령 및 조례 등은 일정한 사항을 정관에 위임하고 있는데, 정관에서 정한 사항은 상위법령과 결합되어 조합 및 조합원을 구속하는 법규적 효력을 갖는다.

2. 표준정관

2002년 제정된 도시정비법은 건설교통부장관은 표준정관을 작성하여 보급할 수 있다고 정하고 있었고(구법 제20조 제2항), 건설교통부장관은 제정 도시정비법의 시행에 맞춰 2003. 6. 30. '주택재건축정비사업조합 표준정관'과 '주택재개발정비사업조합 표준정관'을 공표하였다. 그 중 재건축 표준정관은 2006. 8. 25. 한 차례 개정되었다.[1] 이후 도시정비법이 2019. 4. 23. 법률 제16383호로 개정되면서 표준정관의 작성 · 보급주체를 시 · 도지사로 변경하였으나(법 제40조 제2항),[2] 거의 모든 조합은 종전의 국토교통부 표준정관을 기초로 정관을 작성하여 시행하고 있다.[3]

---

1 구 재건축 표준정관만 한 차례 개정되면서 구 재개발 표준정관과 구 재건축 표준정관의 내용이 약간 다르며, 통상 '국토교통부 표준정관'으로 언급하는 것은 구 재건축 표준정관인 경우가 많다.

2 개정 취지는 지방자치단체의 특성(조례로 정한 사항 포함)에 맞는 내용으로 표준정관을 작성 · 보급하기 위한 것이라고 한다[장대섭, "도시 및 주거환경정비법 일부개정법률안 검토보고", 국토교통위원회(2018. 11.), 51, 윤관석의원 대표발의안(2016298, 2018. 11. 2.) 부분]. 부산광역시는 2020. 12. 9. 부산광역시 고시 제2020-488호로 재개발사업과 재건축사업의 표준정관을 작성하여 고시하였다.

3 표준정관(안)은 국토교통부 표준정관 이외에도 한국도시정비협회와 한국주택정비사업조합협회에서 공동으

구 표준정관은 하나의 예시에 불과하여 그 자체로 법규적 효력이 없다.[4] 추진위원회의 경우 국토교통부장관이 도시정비법 제34조 제1항의 위임에 따라 고시하는 '정비사업 조합 설립추진위원회 운영규정' 중 고시 부분(운영규정 고시)은 법규적 효력이 있으나,[5] 구 표준정관은 별도의 고시 없이 국토교통부장관이 제정 · 공표한 것이어서 법규적 효력의 근거가 없다.[6] 따라서 조합은 도시정비법령에 위반되지 않는 범위에서 구 표준정관과 다르게 정관을 제정 · 개정할 수 있다.[7]

다만 대부분의 조합 정관이 구 표준정관을 기초로 작성되었으므로 정관 해석에 관해 문구가 동일한 다른 조합의 사례를 상당 부분 참고할 수 있고, 구 표준정관과 다르게 작성된 정관 규정의 해석은 구 표준정관의 내용이나 주석을 참고할 수 있을 것이다.

3. 정관의 효력

가. 조합 및 조합원에 대한 내부적 구속력

정관은 정비사업조합의 조직, 활동, 조합원의 권리의무관계 등 단체법적 법률관계를 규율하는 것으로서 공법인인 정비사업조합과 조합원에 대하여 구속력을 가지는 자치법규로서, 이에 위반하는 활동은 원칙적으로 허용되지 않는다(대법원 2016. 5. 12. 선고 2013다49381 판결). 따라서 정관은 도시정비법령 또는 조례에서 필요적 기재사항으로 정하거나 구체적인 방법을 위임한 사항을 해야 하고, 상위법령에 위반되지 않는 범위에서 조합의 필요에 따라 자치적으로 결정할 수 있는 사항을 정할 수 있다.

다만 정관의 내용을 조합원들이 총회 의결로 정한 것이라 하더라도, 일단 작성 · 변경된 정관의 해석은 객관적인 기준에 따라 그 규범적인 의미 내용을 확정하는 법규해석의 방법으로 해석되어야 하는 것이지, 작성자의 주관이나 해석 당시의 조합원의 다수결에 의한 방법으로 자의적으로 해석될 수는 없다. 따라서 어느 시점의 조합원들이 정관의 규범적인 의미 내용과 다른 해석을 총회 의결의 방법으로 표명하였다 하더라도 그 결의에 의한 해석은 조합원이나 법원을 구속하는 효력이 없다(사단법인의 정관 해석에 관한 대법원 2000. 11. 24. 선고 99다12437 판결 참고).

로 제정한 표준정관 개정(안) 등이 있다.

4 이우재(상), 709; 개정된 도시정비법 제40조 제2항의 취지는 시 · 도지사의 감독권에 기초하여 표준정관 제정을 위임한 것이므로 법규적 효력을 갖는다는 견해로 안광순(상), 548.

5 자세한 내용은 **[6]추진위원회 조직과 운영 II.8.가.(3)운영규정 고시 및 표준운영규정의 법적 성격** 참고.

6 서울시 정비조례 제20조 제1항 제4호는 "정관은 법 제40조 제2항에 따른 표준정관을 준용하여 작성함을 원칙으로 한다"고 정하고 있으나 이는 가급적 표준규정대로 작성하라는 취지일 뿐 구 표준정관에 법규적 효력을 부여하는 것으로 보기 어렵다. 다만 인가관청의 담당자가 구 표준정관과 다른 정관 변경에 대해서는 심사를 엄격하게 하는 경우가 많아서 사실상 강제성을 갖기도 한다.

7 서울서부지방법원 2009. 9. 25.자 2009카합1983 결정, 서울고등법원 2010. 11. 23. 선고 2010누18880 판결.

나. 대외적인 효력

정관은 단체법적 법률관계를 규율하는 자치법규로서 정관에서 정한 사항은 원칙적으로 조합과 조합원을 위한 규정이고 조합 외부의 제3자를 보호하거나 제3자를 위한 규정이라고 볼 것은 아니다(대법원 2019. 10. 31. 선고 2017다282438 판결).

따라서 조합이 정관 규정을 위반하였다 하더라도 정관 위반행위만으로 바로 제3자에게 불법행위에 따른 손해배상책임을 부담한다고 할 수 없다(위 대법원 2017다282438 판결).[8] 제3자는 조합의 정관 위반행위 자체가 아니라 조합의 최종적인 의사결정인 총회 또는 (총회의 권한을 대행하는) 대의원회의 결의가 정관 위반으로 무효가 된다면 그에 따른 원상회복 또는 채무불이행, 불법행위책임을 구할 수 있을 뿐이다.

다. 강행법규 등에 위반된 정관 규정의 효력

(1) 정관의 한계

정관은 도시정비법령, 조례 등의 상위규범을 위반하지 않아야 한다. 이때 상위규범을 위반한 것인지는 관련된 규범이 정관으로 다르게 정하는 것을 금지하는 강행규정인지 여부를 살펴야 한다.

한편 정관은 단체법적 법률관계를 규율하는 자치법규로서 상위규범을 위반하지 않는 한 조합원들이 자율적으로 정할 수 있을 것이다. 대법원은 정관에 대한 조합원들의 재량을 상당히 넓게 보아, 단체의 설립목적을 달성하기 위하여 수행하는 사업 또는 활동의 절차·방식·내용 등을 정한 단체 내부의 규정은 선량한 풍속 기타 사회질서에 위반되는 등 사회관념상 현저히 타당성을 잃은 것이라는 등의 특별한 사정이 없는 한 효력이 있다고 보았다(대법원 2007. 7. 24.자 2006마635 결정 등). 단체의 조직이나 기관의 구성에 관한 사항도 단체 구성원의 자발적 의사에 기초를 두는 민주적 구성원리에 본질적으로 반하거나 일부 구성원에 대한 부당한 차별 등으로 정의의 원칙에 반하여 우리 법질서상 도저히 용인될 수 없다고 볼 정도가 아닌 한 마찬가지로 효력이 있다(법인 정관에 관한 대법원 2013. 12. 26. 선고 2011다86089 판결 참고).

(2) 강행법규 위반의 범위

도시정비법령 등 상위규범으로 정한 사항이 정관으로 달리 정하는 것을 금지하는 강행규정으로 해석된다면 이에 반하는 정관 규정은 무효로서 효력이 없다. 개정된 법령 규정이

---

8 위 대법원 2017다282438 판결 사안은 조합장이 대의원회 결의 없이 이사회 결의만으로 법무사를 선정하자 종전에 계약을 체결하고 등기업무를 수행하고 있던 다른 법무사가 조합 및 조합장을 상대로 손해배상을 청구한 것이다. 파기환송전 원심(서울중앙지방법원 2017. 10. 24. 선고 2017나30230 판결)에서 피고 조합은 종전 계약에 근거하여 채무불이행으로 인한 손해배상책임이 인정되어 상고심 이후로는 불법행위책임이 다루어지지 않았고, 위 상고심은 피고 조합이 아닌 피고 조합장의 불법행위책임에 대해 판시한 것이나, 조합도 불법행위책임이 문제된다면 조합장과 동일하게 볼 수 있을 것이다.

강행규정이라면 그에 반하는 종전 정관 규정은 개정 법령이 시행되면 더 이상 효력이 없다(사립학교법 개정에 따른 종전 정관 규정의 효력에 관한 대법원 1994. 10. 25. 선고 93다50635 판결 참고).[9] 이같이 도시정비법령의 관련 규정이 강행규정인지는 해당 규정의 내용, 법령 개정 경위, 부칙 규정 등의 내용을 살펴야 한다.

정관 등의 내용이 강행규정에 반하여 무효라고 본 사례는 ⓐ 선거관리규정으로 조합임원 또는 대의원의 자격을 조합설립에 동의한 자로 제한한 경우,[10] ⓑ 정관에서 도시정비법 제43조 제4항(구법 제23조 제4항)에 의한 해임총회의 발의요건 또는 출석요건을 강화한 경우[11] 등을 참고할 수 있다.

이에 반하여, 정관 등의 내용이 관련 규정의 해석상 상위법령을 위반하지 않았다고 본 사례는 ⓐ 조합 해산결의를 의한 의결정족수는 도시정비법상 해산결의의 최소요건을 규정하지 않고 있는 점에 비추어 통상의 결의 요건에도 미달하는 등 현저히 타당성이 없는 경우가 아닌 한 민법 제78조를 유추한 조합원 3/4 이상의 동의보다 완화하여 규정하는 것도 가능하다고 본 경우,[12] ⓑ 정관에서 조합임원 · 대의원의 자격 요건을 도시정비법이 정한 것보다 강화하여 정한 경우,[13] ⓒ 정관에서 "도시 및 주거환경정비법 또는 조합 업무와 관련된 사항(사문서 위조, 공금유용 · 횡령 · 배임, 업체로부터의 뇌물수수, 명예훼손)을 위반하여 벌금 100만원 이상의 형을 선고받고 5년이 지나지 아니한 자"의 조합임원 피선임권을 제한한 경우[14] 등을 참고할 수 있다.

(3) 사회관념상 현저히 타당성의 범위

대법원은 정관이 선량한 풍속 기타 사회질서에 위반되는 등 사회관념상 현저히 타당성을 잃은 것이라는 등의 특별한 사정이 없는 한 무효로 볼 수 없다고 하여 상당한 재량과 자율성을 인정하고 있다. 다만 사회관념상 현저히 타당성을 잃는 경우 등 예외적인 사유의 기준이 명확하지 않은데, 관련된 사례를 참고해 볼 수 있을 것이다.

정관의 규정이 사회관념상 현저히 타당성을 잃어 무효라고 본 사례는 ⓐ 총회 안건 중 조합원의 비용부담이나 시공자와의 계약에 포함될 내용이 당초 재건축결의시 채택한 조합

---

9 통상 조합 정관에도 "이 정관이 법령의 개정으로 변경하여야 할 경우 정관의 개정절차와 관계없이 변경되는 것으로 본다. 그러나 관계법령의 내용이 임의규정인 경우에는 그러하지 아니하다"와 같이 정하고 있다(구 표준정관 제65조 제3항).

10 대법원 2018. 6. 15. 선고 2018다212498 판결.

11 서울서부지방법원 2009. 11. 23.자 2009카합2331 결정; 도시정비법 제43조 제4항(구법 제22조 제4항)은 정관으로도 해임사유를 제한하지 못하도록 하는 강행규정으로서 해임사유를 정한 정관 규정은 강행규정에 위반하여 무효라고 본 사례로 서울고등법원 2010. 7. 14.자 2009라2485 결정, 광주고등법원 2020. 2. 26.자 2019라1074 결정, 부산고등법원(울산) 2021. 8. 19.자 2021라10008 결정.

12 대법원 2007. 7. 24.자 2006마635 결정.

13 서울서부지방법원 2009. 9. 25.자 2009카합1983 결정, 서울고등법원 2009. 10. 28.자 2009라1008 결정.

14 서울서부지방법원 2017. 4. 25.자 2017카합104 결정.

원의 비용분담 조건을 변경하는 것인 때에는, 비록 그것이 정관 변경에 대한 절차가 아니라 할지라도 정관 변경에 관한 규정을 유추적용하여 조합원 2/3 이상의 동의를 필요로 하는데, 정관에 조합원 2/3 이상의 의결정족수에 못 미치는 동의로도 가결될 수 있도록 한 경우,[15] ⓑ 정관으로 총회 의결권을 토지등소유자의 세대수만큼 부여하도록 정한 경우[16] 등을 참고할 수 있다.

이에 반하여 정관의 규정이 사회관념상 현저히 타당성을 잃은 것이거나 정의에 어긋나지 않는다고 본 사례는 ⓐ 정관으로 다른 조합의 조합장을 역임하였거나 정비사업전문관리업자의 대표로 재임하였거나 현재 재임하고 있는 조합원의 조합장 피선거권을 제한한 경우,[17] ⓑ 정관에서 직무와 관련하여 발생하는 모든 형사사건으로 기소된 조합임원의 직무수행자격을 정지하는 취지로 정한 경우,[18] ⓒ 선거관리규정에서 조합임원의 결격사유로 "재개발사업의 업무를 방해하여 형사사건으로 벌금형 이상을 받은 자"를 추가한 경우,[19] ⓓ 조합 청산위원회 운영규칙에서 "청산위원회의 청산위원 중 유고가 발생하는 경우 존속하는 청산위원을 재적위원으로 청산위원회를 운영한다"고 정한 경우[20] 등을 참고할 수 있다.

Ⅱ. 정관의 기재사항

1. 필요적 기재사항

도시정비법 제40조 제1항 각 호 및 시행령 제38조 각 호는 정관의 필요적 기재사항을 정하고, 시행령 제39조 각 호는 그 중 경미한 변경사항을 정하고 있다. 정관의 필요적 기재사항의 변경을 위한 의결정족수 등 변경방법은 다음과 같다.

표 9 ▎정관의 필요적 기재사항 및 변경 방법

정관의 필요적 기재사항 (법 제40조 제1항 각 호, 시행령 제38조 각 호)	변경 의결정족수, 경미한 변경(시행령 제39조)
정비사업의 종류 및 명칭 (령 제38조 제1호)	조합원 과반수 찬성

15 대법원 2009. 1. 30. 선고 2007다31884 판결, 대법원 2012. 8. 23. 선고 2010두13463 판결, 대법원 2012. 9. 27. 선고 2011두17882 판결 등.

16 창원지방법원 2015. 4. 29.자 2014카합10135 결정.

17 서울고등법원 2020. 5. 29. 선고 2020나2000221 판결; 다만 위 서울고등법원 2020나2000221 판결의 정관 내용은 정비사업 관련 전·현직자의 조합장 피선거권을 무기한 제한하는 것이어서 다툼의 여지가 있다.

18 서울서부지방법원 2011. 9. 15.자 2011카합1035 결정.

19 전주지방법원 2012. 6. 13. 선고 2011가합572 판결.

20 서울고등법원 2017. 9. 15. 선고 2017나2006045 판결.

조합의 명칭 및 사무소의 소재지 (법 제40조 제1항 제1호)	경미한 변경 (령 제39조 제1호)
조합원의 자격 (법 제40조 제1항 제2호)	조합원 2/3 이상의 찬성
조합원의 제명 · 탈퇴 및 교체 (법 제40조 제1항 제3호)	
조합원의 권리 · 의무에 관한 사항 (령 제38조 제15호)	조합원 과반수 찬성
정비구역의 위치 및 면적 (법 제40조 제1항 제4호)	조합원 2/3 이상의 찬성
조합임원의 권리 · 의무 · 보수 · 선임방법 · 변경 및 해임 (법 제40조 제1항 제6호)	조합원 과반수 찬성
조합임원의 수 및 업무의 범위 (법 제40조 제1항 제5호)	경미한 변경 (령 제39조 제2호, 제5호, 제11호)
임원의 임기, 업무의 분담 및 대행 등에 관한 사항 (령 제38조 제2호)	
조합직원의 채용 및 임원 중 상근임원의 지정에 관한 사항과 직원 및 상근임원의 보수에 관한 사항 (령 제38조 제16호)	
대의원의 수, 선임방법, 선임절차 및 대의원회의 의결방법 (법 제40조 제1항 제7호)	조합원 과반수 찬성
대의원회의 구성, 개회와 기능, 의결권의 행사방법 및 그 밖에 회의의 운영에 관한 사항 (령 제38조 제3호)	경미한 변경 (령 제39조 제6호)
조합의 비용부담 및 조합의 회계 (법 제40조 제1항 제8호)	조합원 2/3 이상의 찬성
정비사업의 시행에 따른 회계 및 계약에 관한 사항 (령 제38조 제6호)	조합원 과반수 찬성
정비기반시설 및 공동이용시설의 부담에 관한 개략적인 사항 (령 제38조 제7호)	
정비사업의 시행연도 및 시행방법 (법 제40조 제1항 제9호)	조합원 과반수 찬성
법 제24조 및 제25조에 따른 정비사업의 공동시행에 관한 사항 (령 제38조 제4호)	
총회의 소집 절차 · 시기 및 의결 방법 (법 제40조 제1항 제10호)	경미한 변경 (령 제39조 제4호, 제8호, 제10호)
공고 · 공람 및 통지의 방법 (령 제38조 제8호)	
총회의 의결을 거쳐야 할 사항의 범위 (령 제38조 제14호)	
총회의 개최 및 조합원의 총회소집 요구 (법 제40조 제1항 제11호)	조합원 과반수 찬성
사업시행계획서의 변경에 관한 사항 (령 제38조 제11호)	조합원 과반수 찬성
토지 및 건축물 등에 관한 권리의 평가방법에 관한 사항 (령 제38조 제9호)	조합원 과반수 찬성
법 제74조 제1항에 따른 관리처분계획 및 청산에 관한 사항 (령 제38조 제10호)	
법 제73조 제3항에 따른 이자 지급 (법 제40조 제1항 제12호)	
임대주택의 건설 및 처분에 관한 사항 (령 제38조 제13호)	경미한 변경 (령 제39조 제9호)

정비사업비의 부담 시기 및 절차 (법 제40조 제1항 제13호)	조합원 2/3 이상의 찬성
조합의 합병 또는 해산에 관한 사항 (령 제38조 제12호)	조합원 과반수 찬성
정비사업이 종결된 때의 청산절차 (법 제40조 제1항 제14호)	
청산금의 징수 · 지급의 방법 및 절차 (법 제40조 제1항 제15호)	
시공자 · 설계자의 선정 및 계약서에 포함될 내용 (법 제40조 제1항 제16호)	조합원 2/3 이상의 찬성
정관의 변경절차 (법 제40조 제1항 제17호)	조합원 과반수 찬성
정비사업전문관리업자에 관한 사항 (령 제38조 제5호)	경미한 변경 (령 제39조 제7호)
착오 · 오기 또는 누락임이 명백한 사항	경미한 변경 (령 제39조 제12호)
법 제16조에 따른 정비구역 또는 정비계획의 변경에 따라 변경되어야 하는 사항	경미한 변경 (령 제39조 제13호)

시행령 제38조 제17호는 정관의 기재사항으로 '그 밖에 시 · 도조례로 정하는 사항'을 정하고 있고, 서울시 정비조례 제22조는 각 호에서 다음의 사항을 정하고 있다. 조례에서 정한 기재사항도 법령의 위임에 따라 정한 것이므로 필요적 기재사항이다.

서울시 정비조례 제22조(조합정관에 정할 사항) 영 제38조 제17호에서 "그 밖에 시·도조례로 정하는 사항"이란 다음 각 호의 사항을 말한다.

1. 이사회의 설치 및 소집, 사무, 의결방법 등 이사회 운영에 관한 사항
2. 특정무허가건축물 소유자의 조합원 자격에 관한 사항
3. 공유지분 소유권자의 대표자 선정에 관한 사항
4. 단독 또는 다가구주택을 건축물 준공 이후 다세대주택으로 전환한 주택을 취득한 자에 대한 분양권 부여에 관한 사항
5. 재정비촉진지구의 도시계획사업으로 철거되는 주택을 소유한 자 중 구청장이 선정한 자에 대한 주택의 특별공급에 관한 사항
6. 융자금액 상환에 관한 사항
7. 융자 신청 당시 담보 등을 제공한 조합장 등이 변경될 경우 채무 승계에 관한 사항
8. 정비구역내 공가 발생 시 안전조치 및 보고 사항
9. 법 제87조에 따른 권리의 확정, 법 제88조에 따른 등기 절차, 법 제89조에 따른 청산금 등의 징수 및 지급이 완료된 후 조합 해산을 위한 총회 또는 대의원회의 소집 일정에 관한 사항

2. 임의적 기재사항

정관에는 도시정비법 제40조 제1항 및 시행령 제38조 등이 정하는 필요적 기재사항 이외에도 도시정비법령에 위반되지 않는 범위에서 조합 내부의 단체규범에 관한 사항을 정할 수 있다. 임의적 기재사항은 조합에서 자율적으로 정할 수 있는 것이나, 일단 정관에 기재되면 필요적 기재사항과 동일하게 정관의 변경절차로 변경하여야 한다.

Ⅲ. 정관의 작성

조합설립 단계에서 정관은 조합설립 동의서에 포함되고 조합설립인가신청서에 첨부되어야 하는 것으로서 조합설립행위의 주요한 내용을 이룬다. 정관(안)은 추진위원회가 구 표준정관 등을 참고하여 작성하며, 조합설립을 위해 작성한 정관은 시장 · 군수등의 인가가 있기 전이라도 조합설립을 위한 내부관계에서는 효력을 인정할 수 있다고 생각된다.

Ⅳ. 정관의 변경

1. 정관 변경 절차의 개요

정관 변경은 총회에서 조합원 과반수 또는 조합원 2/3 이상의 찬성으로 의결한 후 시장 · 군수등의 인가를 받아야 한다(법 제40조 제3항). 경미한 사항의 변경은 도시정비법 또는 정관이 정하는 방법(총회 또는 대의원회 의결)으로 변경하고 시장 · 군수등에게 신고하는 방법으로 할 수 있다(법 제40조 제4항).

구 도시정비법(2009. 2. 6. 법률 제9444호로 개정되기 전의 것) 제20조 제3항은 정관 변경은 총회 의결이 아닌 조합원 과반수 또는 2/3 이상의 서면동의를 얻고 경미한 사항의 변경만 총회 의결로서 하도록 하였으나, 도시정비법이 2009. 2. 6. 법률 제9444호로 개정되면서 현재와 같이 총회 의결로 하도록 변경하였다.[21] 도시정비법령은 동의서 방식과 총회 의결 방식을 준별하고 있으므로 동의서로 총회 의결에 의한 동의를 갈음할 수 없다(조합설립변경인가에 관한 대법원 2013. 10. 24. 선고 2012두12853 판결 참고).

정관에는 조합원의 자격, 조합의 비용부담, 정비사업의 부담 시기 및 절차 등 조합원

---

21 정관 작성행위는 조합설립행위에 포함되는데, 종전에 조합설립변경인가를 신청하려면 조합설립인가신청과 동일하게 토지등소유자의 동의를 받아야 했으므로(구법 제16조 제1항 후단, 제2항 후단 등) 위 2009년 일부개정법률은 총회 의결로 정관을 변경할 수 있도록 하면서 조합설립변경행위로서 토지등소유자의 동의가 별도로 필요하지 않다는 것을 명확히 하기 위해 "제16조 제1항부터 제3항까지에도 불구하고 ... 총회를 개최하여 조합원 과반수의 얻어[야 한다]"고 정하였다(구법 제20조 제3항). 도시정비법이 2017. 2. 8. 법률 제14567호로 전부 개정되면서 조합설립인가의 변경도 총회 의결로서 하도록 변경하였는데(법 제40조 제5항), 여전히 종전과 같이 "제35조 제2항부터 제5항까지의 규정에도 불구하고"라는 문언은 남아 있다.

의 권리 · 의무에 직접 중대한 영향을 미치는 사항이 포함되어야 하나, 정관은 일반적인 내용을 담은 규범으로서 조합의 비용부담 등의 구체적인 내용을 미리 정하기 어렵다. 실제 구체적인 조합의 비용부담 등은 총회 의결로 정하게 되는데, 이 경우 그 총회 의결은 직접적으로 정관을 변경하지는 않으나 실질적으로 정관을 변경하는 내용의 의결이므로(사실상의 정관변경) 총회 의결을 위한 의결정족수는 정관 변경에 관한 규정을 유추적용하여 조합원 2/3 이상의 찬성 등이 필요하다고 보았다.

2. 정관 변경을 위한 의결정족수

가. 조합원 2/3 이상의 찬성

도시정비법 제40조 제1항 각 호의 정관의 기재사항 중 조합원의 자격, 조합원의 제명 · 탈퇴 및 교체, 정비구역의 위치 및 면적, 조합의 비용부담 및 조합의 회계, 정비사업비의 부담 시기 및 절차, 시공자 · 설계자의 선정 및 계약서에 포함될 내용의 변경은 조합원 2/3 이상의 찬성으로 의결하여야 한다(법 제40조 제3항 단서).

(1) 조합원의 자격(제2호)

도시정비법 제39조와 시행령 제37조는 조합원의 자격을 정하고 있고, 각 조합의 정관에는 위 도시정비법령의 내용을 좇아 조합원의 자격을 정하고 있다(구 표준정관 제9조 등). 조합원의 자격을 강행규정을 위반하여 부여하거나 박탈하는 것은 그 자체로 상위법령을 위반한 것이어서 효력이 없을 것이나, 도시정비법령 중 임의규정으로 해석되거나 조합에서 자율적으로 정할 수 있는 부분에서 조합원의 자격을 유지하거나 부여하는 경우에도 조합원 2/3 찬성이 필요한지 문제된다.

① 무허가건축물의 소유자는 적법하게 설립된 재개발조합이 각자의 사정 내지는 필요에 따라 일정한 범위 내에서 조합원 자격을 부여하도록 정관으로 정하는 경우에 비로소 조합원의 자격을 인정받을 수 있는데(대법원 2009. 9. 24.자 2009마168, 169 결정 등), 무허가건축물 소유자에게 조합원 자격을 부여하는 정관 개정은 조합원 2/3 이상의 찬성을 받아야 하는 것으로 볼 수 있다.[22]

② 정관으로 정하고 있거나 총회의 의결을 거친 경우 분양신청을 하지 않아 현금청산 대상자가 된 토지등소유자에게 분양신청을 다시 하게 될 수 있다(법 제72조 제5항). 그 의결정족수에 대해서는 별도의 규정이 없는데 ⓐ 이는 정관의 기재사항인 '조합원의 자격'에 관한 사항으로서 정관 변경에 준하여 조합원 2/3 이상의 찬성이 필요하다고 보거나, ⓑ 추가분양신청도 결국 관리처분계획의 내용을 이룬다는 점에서 관리처분계획 총회 의결정족수를 정한 도시정비법 제45조 제1항 제4호에 따라 조합원 과반수의 찬성이 필요하다고 보거나, ⓒ 추

22 안광순(상), 551.

가분양신청은 관리처분계획의 수립을 위한 절차이므로 정관에서 다르게 정하지 않는 한 일반 의결정족수로 가능하다고 볼 수 있을 것이다. 그러나 위 규정이 신설되기 전, 현금청산대상자들에게 다시 분양신청기회를 부여하는 내용을 포함하는 총회결의는 조합원의 자격에 관한 사항으로서 정관 변경에 관한 규정을 준용하여 조합원 2/3 이상의 찬성을 필요로 한다고 본 대법원 2014. 8. 20. 선고 2012두5572 판결 등의 취지까지 감안하면,[23] 현금청산대상자들에게 다시 분양신청 기회를 부여하는 것은 정관의 기재사항 중 조합원의 자격에 관한 사항(법 제40조 제1항 제2호)을 변경하는 것으로서 정관 변경에 관한 도시정비법 제40조 제3항 단서를 유추 적용하여 조합원 2/3 이상의 찬성이 필요하다고 보는 것이 타당하다.

③ 재건축사업의 부대시설 · 복리시설 소유자도 기존 부대시설 · 복리시설의 가액이 분양주택 중 최소분양단위규모의 추산액에 정관등으로 정하는 비율을 곱한 가액보다 큰 경우 등에는 주택을 공급받을 수 있고, 그 비율은 정관으로 정하되 정관등으로 정하지 않는 경우 1로 한다(시행령 제63조 제2항 제2호 (가)목, (나)목). 이때 정관에서 그 비율을 1보다 낮게 정하는 것에 특별 의결정족수가 필요한지 문제된다. 부대시설 · 복리시설 소유자가 주택 또는 부대시설 · 복리시설을 선택하여 공급받을 수 있는 것이라면 그 자체로 조합원 자격이 문제될 것이 아닐 것이나, 새로운 부대시설 · 복리시설을 건설하지 않는 경우 부대시설 · 복리시설 소유자가 주택을 공급받지 못하면 인가된 관리처분계획에 따라 조합원의 지위를 상실하게 되어 조합원의 자격의 문제로 이어진다. ⓐ 조합원의 자격에 관한 사항의 정관 변경은 조합원 2/3 이상의 찬성을 필요하다고 정한 것은 조합원 자격의 박탈 등 불이익한 상황에서 조합원을 보호하려는 취지로 보이는데, 조합원의 지위를 상실할 것이 예상되는 조합원들에게 그 지위를 유지하도록 경우까지 가중된 의결정족수를 요구하는 것은 이 규정의 취지에 맞지 않는다고 볼 여지가 있다. ⓑ 그러나 그 결의에 따라 조합원의 자격과 구성, 인원수 등 조합의 본질적인 사항과 조합원 분담금 등이 달라진다면 역시 조합원의 자격에 관한 사항으로 볼 수 있을 것이다.[24] 따라서 분양대상자 여부가 달라질 수 있는 정관 개정을 하거나, 조합

---

23 대법원 2014. 8. 20. 선고 2012두5572 판결(관리처분계획취소)과 대법원 2014. 8. 20. 선고 2012두23686 판결(관리처분계획무효)은 같은 사건에 대한 판결로서 판단이 동일하다. 위 대법원 2012두5572 판결 등은 평형우선 배정 및 추가분양신청 등에 관한 관리처분계획은 조합원 2/3 이상의 찬성을 필요로 하나, 그 전 총회 결의에서 이미 특별다수에 의한 결의에 준하는 조합원의 총의가 확인되어 적법하다고 판단하였다. 의결정족수에 관해서는 각 원심의 판단이 달랐는데, 위 대법원 2012두23686 판결의 원심인 서울고등법원 2012. 9. 25. 선고 2012누15731 판결은 조합원의 지위를 상실한 경우에도 다시 조합원의 지위를 부여할 수 있으나, 이 경우 조합원 자격에 관한 사항에 해당하므로 조합원 2/3 이상의 동의가 필요하다고 보았다.

24 서울고등법원 2019. 10. 2. 선고 2019누32285 판결은 새로운 부대시설 · 복리시설을 건설하지 않아 관리처분계획상 총회에서 정하는 비율(총회에서 총회에서 정하지 않으면 1로 하도록 되어 있다)에 따라 부대시설 · 복리시설 소유자의 조합원 지위 여부가 달라지는 사안에서, 총회 의결로 상가소유자 중 일부는 조합원 자격의 유지 여부가 결정되고, 나머지 조합원은 이 사건 사업에 이해관계를 같이 하는 조합원 인원수의 감소폭이 달라지는 등 재건축결의 당시의 법적 · 사실적 상태의 큰 변경을 맞이하므로 조합원 2/3 이상의 찬성을

원의 자격과 구성, 인원수 및 조합원 분담금을 당초 조합설립 당시와 비교하여 조합원의 이해관계에 중대한 영향을 미칠 정도로 실질적으로 변경하는 총회 의결을 할 때는 조합원 2/3 이상의 찬성을 받아야 하는 것으로 생각된다.

⑵ 조합원의 제명 · 탈퇴 · 교체(제3호)

조합의 정관에는 구 표준정관에 따라 조합원의 교체, 제명, 탈퇴의 요건과 방법을 정하고 있다(구 표준정관 제9조 제4항, 제11조 제3항, 제4항).

정관에는 통상 조합원의 제명에 관해 "조합원으로서 고의 또는 중대한 과실 및 의무불이행 등으로 조합에 대하여 막대한 손해를 입힌 경우에는 총회의 의결에 따라 조합원을 제명할 수 있다. 이 경우 제명전에 해당 조합원에 대해 청문등 소명기회를 부여하여야 하며, 청문등 소명기회를 부여하였음에도 이에 응하지 아니한 경우에는 소명기회를 부여한 것으로 본다"와 같이 정하고 있다(구 표준정관 제11조 제3항). 정관에서 제명의결의 특별 의결정족수를 정하거나 다른 절차를 추가하고자 한다면 조합원 2/3 이상의 찬성이 필요하다.[25]

⑶ 정비구역의 위치 및 면적(제4호)

정관의 기재사항 중 정비구역의 위치 및 면적의 변경은 조합원 2/3 이상의 찬성을 받아 의결하여야 하나(법 제40조 제1항 제4호, 제3항 단서), 도시정비법 제16조에 따른 정비구역 또는 정비계획의 변경에 따라 변경되어야 하는 사항은 경미한 변경사항이다(시행령 제39조 제13호).

한편, 조합설립인가의 내용 중 정비구역 또는 정비계획의 변경에 따라 변경되어야 하는 사항은 경미한 변경사항으로서 반드시 총회 의결이나 인가를 필요로 하지 않으나, 정비구역 면적이 10% 이상의 범위에서 변경되는 경우는 경미한 변경사항에서 제외되어 다시 총회에서 조합원 2/3 이상의 찬성으로 의결하고 시장 · 군수등의 인가를 받아야 한다(법 제35조 제5항, 시행령 제31조 제8호).

위와 같이 정관 또는 조합설립인가에서 정비구역 또는 정비계획에 따라 변경되어야 하는 사항은 모두 경미한 변경사항으로 반드시 총회 의결을 받을 필요가 없으나,[26] 정비구역 면적이 10% 이상 범위에서 변경되는 경우에는 조합설립변경인가에 관한 규정을 적용하여

받아야 한다고 보았다.

25 제명 의결 자체는 '조합원의 제명에 관한 정관의 변경'이 아니고, 정관에 다른 규정이 없다면 일반 의결정족수로 의결 가능한 것으로 생각된다. 자세한 내용은 **[9]조합원 지위 및 자격 IV.3.다.(2)제명을 위한 총회 등 의결** 참고.

26 이렇게 본다면 조합원 2/3 이상의 찬성을 받아야 하는 정비구역의 위치 및 면적의 적용대상은 조합의 합병 · 해산 등 예외적인 경우로 한정될 것이다; 도시정비법 제40조 제1항 제4호 및 제3항은 정비계획이 변경되지 않은 단계에서 도시정비법 제14조에 따른 정비계획의 입안 제안을 위한 토지등소유자의 동의방법으로서 총회 의결을 의미하는 것이고, 도시정비법 제35조 제5항 및 시행령 제31조 제8호는 정비계획 및 정비구역이 변경된 후 이에 구속되어 사업을 시행해야 하는 조합이 신고로써 조합설립변경을 하는 것을 의미한다는 견해로 안광순(상), 552.

총회 의결 및 인가가 필요하다고 볼지, 아니면 정관의 변경에 관한 규정을 우선적용하여[27] 경미한 변경으로 가능하다고 할 수 있을지 해석상 다툼이 있을 것으로 생각된다.

(4) 조합의 비용부담 및 조합의 회계(제8호), 정비사업비의 부담 시기 및 절차(제13호), 시공자 · 설계자의 선정 및 계약서에 포함될 내용(제16호)

정관의 기재사항 중 조합의 비용부담 및 조합의 회계, 정비사업비의 부담 시기 및 절차, 시공자 · 설계자의 선정 및 계약서에 포함될 내용을 변경하려면 조합원 2/3 이상의 찬성을 받아 의결하여야 한다(법 제40조 제1항 제8호, 제13호, 제16호, 제3항 단서). 그러나 조합의 비용부담 등을 정관에서 구체적으로 정하기 어렵고, 주로 관리처분계획 수립 · 변경, 공사도급계약 체결 · 변경 등 구체적인 총회 의결에서 다루어진다. 총회 의결이 조합의 비용부담 등을 실질적으로 변경하는 것인 때에는 정관 변경에 준하여 조합원 2/3 이상의 찬성을 받아야 한다.[28]

나. 조합원 과반수의 찬성

(1) 조합원 과반수의 찬성이 필요한 사항

도시정비법 제40조 제1항 각 호의 사항 중 조합임원의 권리 · 의무 · 보수 · 선임방법 · 변경 및 해임(제6호),[29] 대의원의 수, 선임방법, 선임절차 및 대의원회의 의결방법(제7호), 정비사업의 시행연도 및 시행방법(제9호), 총회의 개최 및 조합원의 총회소집 요구(제11호), 도시정비법 제73조 제3항에 따른 이자 지급(제12호), 정비사업이 종결된 때의 청산절차(제14호), 청산금의 징수 · 지급의 방법 및 절차(제15호), 정관의 변경절차(제17호)의 변경은 조합원 과반수의 찬성으로 의결하여야 한다(법 제40조 제3항 본문).

시행령 제38조 각 호의 정관의 기재사항 중 정비사업의 종류 및 명칭(제1호), 도시정비법 제24조 및 제25조에 따른 정비사업의 공동시행에 관한 사항(제4호), 정비사업의 시행에 따른 회계 및 계약에 관한 사항(제6호), 정비기반시설 및 공동이용시설의 부담에 관한 개략적인 사항(제7호), 토지 및 건축물 등에 관한 권리의 평가방법에 관한 사항(제9호), 관리처분계획 및 청산(분할징수 또는 납입에 관한 사항을 포함한다)에 관한 사항(제10호), 사업시행계획서의 변경에 관한 사항(제11호), 조합의 합병 또는 해산에 관한 사항(제12호), 조합원의 권리 · 의무에 관한 사항(제15호) 등의 변경은 조합원 과반수의 찬성으로 의결하여야 한다(법 제40조 제3항 본문).

---

27 도시정비법 제40조 제3항은 "제35조 제2항부터 제5항까지의 규정에도 불구하고"라고 정하여 정관의 변경은 조합설립변경인가에 대한 규정보다 우선하여 적용하도록 하고 있다.

28 자세한 내용은 **[15]총회의 의결 III.3.나.(2)정관 변경에 준하여 적용하는 2/3 이상 찬성의 특별 의결정족수** 참고.

29 종전에는 경미한 변경사항이었으나, 조합임원이 총회가 아닌 대의원회 의결로 조합임원에게 유리한 방향으로 정관을 변경하는 문제로 인해 시행령이 2019. 6. 18. 대통령령 제29876호로 개정되면서 경미한 변경사항에서 제외되었다(구 시행령 제39조 제3호 삭제).

⑵ 관리처분계획에 관한 사항(제10호), 사업시행계획서의 변경에 관한 사항(제11호)

관리처분계획에 관한 사항(제10호)과 사업시행계획서의 변경에 관한 사항(제11호)은 정관에 기재된 사항을 변경하려면 조합원 과반수의 찬성을 받아야 한다. 그런데 조합 총회에서 조합원 2/3 이상의 찬성, 조합원 과반수 찬성의 의결을 받거나 경미한 변경으로 관리처분계획 또는 사업시행계획을 변경할 수 있는데(법 제45조 제1항 제9호, 제10호, 제4항), 총회 의결로 변경하는 경우에는 총회 의결에 관한 도시정비법 제45조 제4항을 우선적용하면 될 것으로 생각된다.[30]

⑶ 조합원의 권리 · 의무에 관한 사항(제15호)

정관 중 '조합원의 권리 · 의무에 관한 사항'을 변경하려면 조합원 과반수의 찬성이 필요하다(시행령 제38조 제1항 제15호). 그런데 조합의 조직 및 활동에 관한 사항 대부분은 조합원의 권리 · 의무에 영향을 미치므로 '조합원의 권리 · 의무에 관한 사항'을 문언 그대로 적용하면 사실상 대부분의 정관 변경은 최소한 조합원 과반수의 찬성이 필요하다는 결론에 이르게 된다.

도시정비법령이 '조합원의 권리 · 의무에 관한 사항'을 다른 사항과 별도로 정관에 정할 사항으로 규정한 점에 비추어 보면, 여기서 '조합원의 권리 · 의무에 관한 사항'은 조합원의 조합에 대한 일반적인 권리 · 의무에 관한 사항만을 의미하고, 조합원의 권리 · 의무에 다소 영향이 있더라도 도시정비법령의 다른 규정에서 별도의 정관 기재사항으로 정하는 사항은 '조합원의 권리 · 의무에 관한 사항'에 포함되지 않는다고 보는 것이 타당하다.[31]

다. 경미한 변경

도시정비법 제40조 제1항 각 호의 정관의 기재사항 중 조합의 명칭 및 사무소의 소재지(제1호), 조합임원의 수 및 업무의 범위(제5호), 총회의 소집 절차 · 시기 및 의결 방법(제10호), 시행령 제38조 각 호의 정관의 기재사항 중 조합임원의 임기, 업무의 분담 및 대행 등에 관한 사항(제2호), 대의원회의 구성, 개회와 기능, 의결권의 행사방법 및 그 밖에 회의의 운영에 관한 사항(제3호), 정비사업전문관리업자에 관한 사항(제5호), 총회의 공고 · 공람 및 통지의 방법(제8호), 임대주택의 건설 및 처분에 관한 사항(제13호), 총회의 의결을 거쳐야 할 사항의 범위(제14호), 조합직원의 채용 및 임원 중 상근임원의 지정에 관한 사항과 직원 및 상근임원의 보수에 관한 사항(제16호) 및 시행령 제39조에서 추가된 사항으로 착오 · 오기 또는 누락임이 명백한 사항(시행령 제39조 제12호),[32] 도시정비법 제16조에 따른 정비구역 또는 정비계획의 변경에 따라 변경되어야 하는 사항(시행령 제39조 제13호),[33] 그 밖에 시 · 도조례로 정하는 사항

---

30 안광순(상), 554.

31 부산지방법원 동부지원 2016. 6. 23. 선고 2015가합1191 판결, 광주고등법원 2020. 2. 26.자 2019라1074 결정 등.

32 시행령이 2019. 6. 18. 대통령령 제29876호로 개정되면서 경미한 변경사항으로 추가되었다.

33 시행령이 2019. 6. 18. 대통령령 제29876호로 개정되면서 경미한 변경사항으로 추가되었다.

(시행령 제39조 제14호)의 변경은 정관의 경미한 변경사항으로서 도시정비법 또는 정관으로 정하는 방법에 따라 변경하고 시장 · 군수등에게 신고하여야 한다(시행령 제39조).

라. 의결정족수 구분의 필요성

정관 변경 안건을 상정할 때 조합원 2/3 이상의 찬성, 조합원 과반수 찬성, 경미한 변경을 특별히 구분하지 않고 가장 가중된 의결정족수에 맞춰 일괄적으로 의결하는 경우가 많다. 정관 변경에 실제 조합원 2/3 이상의 찬성을 받았다면 문제될 것이 없겠으나, 조합원 2/3 이상의 찬성이 필요한 정관 변경사항이 있음에도 조합원 과반수 찬성만을 받은 경우 조합원 과반수 찬성이 필요한 변경사항도 적법하게 의결된 것인지 문제된다.

대법원 2019. 1. 31. 선고 2018다227520 판결은 "조합이 총회에서 가결 요건이 다른 여러 정관 조항을 변경하려 할 때에는 사전에 조합원들에게 각 조항별로 변경에 필요한 의결정족수에 관하여 설명하여야 하고, 의결정족수가 동일한 조항별로 나누어서 표결이 이루어지도록 하는 등의 방법으로 각 조항별 가결 여부를 명확히 알 수 있도록 하여야 한다. 이와 다르게 조항별 가결 요건에 대한 사전설명도 없이 의결정족수가 다른 여러 조항을 구분하지 않고 일괄하여 표결하도록 한 경우, 만약 그 표결 결과 일부 조항에 대해서는 변경에 필요한 의결정족수를 채우지 못하였다면, 특별한 사정이 없는 한 정관 개정안 전체가 부결되었다고 보아야 하고 의결정족수가 충족된 조항만 따로 분리하여 그 부분만 가결되었다고 볼 수는 없다"고 판단하여 그 전부가 효력이 없다고 보았다. 단체법적 법률관계를 규율하는 정관의 변경은 객관적이고 명확하게 결정되어야 하기 때문인데, 정관 변경을 일괄 표결하면서 그 의결정족수에 따라 일부 조항은 유효하게 의결된 것으로 보고, 나머지는 부결된 것으로 본다면 구체적으로 어느 조항이 의결되었는지 명확하지 않고, 명확성, 법적 안정성, 예측가능성을 해쳐 또 다른 분쟁을 유발할 우려가 있다. 정관 변경에 대하여 일괄하여 표결을 한 이상 조합원들은 조합원 2/3 이상의 동의가 필요한 조항이 포함된 정관 변경 전체에 대하여 하나의 집단적 의사를 표시한 것으로 보아야 하고, 의결정족수를 달리하는 조항별로 나누어 그 집단적 의사를 달리 표시한 것으로 볼 수 없다.[34]

34 자세한 논거는 위 대법원 2018다227520 판결의 제1심인 서울북부지방법원 2017. 7. 20. 선고 2015가합2229 판결 참고; 위 판결 사안은 총회 의결 당시 각 조항별 의결정족수를 구분하여 설명하지 않은 것은 물론, 조합장이 총회 말미에 "정관 변경안 중 2/3 이상의 동의를 요하는 내용은 부결되었고 나머지는 가결되었다"는 취지의 선언만 하였을 뿐 각 조항별 변경 여부도 안내하지 않는 등 조합원들이 가결 · 부결된 조항을 전혀 알기 어려운 것이었다.

3. 정관 변경의 절차 및 효력 발생 시기

가. 정관 중 시장 · 군수등의 인가를 받아야 하는 사항의 변경

(1) 인가에 따른 효력 발생

정관 중 경미한 변경사항이 아닌 사항의 변경은 총회에서 조합원 과반수 또는 2/3 이상의 찬성으로 의결하고 시장 · 군수등의 인가를 받아야 한다(법 제40조 제3항). 이때의 인가는 강학상 인가로서, 정관 변경의 효력은 시장 · 군수등이 인가한 때 비로소 발생하고 총회의 의결이 있었던 때로 소급하지 않는 것이 원칙이다(대법원 2007. 7. 24.자 2006마635 결정, 대법원 2014. 7. 10. 선고 2013도11532 판결).

(2) 조합 내부관계의 효력

정관 변경에 대한 인가를 받기 전이라도 총회 의결이 있은 이상 조합 내부관계에서는 변경된 정관이 효력을 갖는 것이 아닌지 문제된다.

① 시장 · 군수등의 인가는 기본행위인 정관의 변경에 대해 외적인 효력을 완성시켜주는 보충적 행위이므로 조합 내부관계에서는 총회 의결이 있은 때 효력이 있는 것으로 볼 여지도 있을 것이다. 대법원은 구 주택건설촉진법에 따른 재건축사업에서 조합설립변경에 대한 인가의 유무에 따라 기본행위의 효력이 문제되는 것은 구 주택건설촉진법과 관련한 공법상의 관계에서이지 주택조합과 조합원, 또는 조합원들 사이의 내부적인 사법관계에까지 영향을 미치는 것은 아니라고 보아 인가를 받기 전이라도 총회에서 이루어진 조합규약의 개정에 따른 동호수 배정은 적법하다고 보았고(대법원 2010. 1. 28. 선고 2008다90347 판결), 도시정비법에 따른 재건축사업에서 정관에서 정할 사항인 상가 독립정산제에 대한 약정을 정관 변경의 형식을 갖추지 않고 의결하였더라도 적어도 조합 내부적으로는 업무집행기관을 구속하는 규범으로서 효력을 갖는다고 보았는데(대법원 2018. 3. 13. 선고 2016두35281 판결), 대외적인 관계가 아닌 조합 내부관계는 효력이 있다고 볼 수 있다.[35]

② 그러나 만약 인가를 받지 못한다면 변경된 정관은 그 자체로 효력을 갖지 못하게 되는데, 인가가 있기 전 조합 내부에서 규범적 효력을 갖는다고 볼 경우 이는 장래 인가를 받지 못할 것을 해제조건으로 하는 것이어서 단체적 법률관계를 불완전하게 하는 문제가 있다. 통상 조합임원 선임을 위한 총회에서 임원의 피선출권에 대한 정관 변경을 먼저 의결한 후 그 변경된 정관을 곧바로 적용하여 조합임원 선임 의결을 하는 경우가 문제된다. 시행령이 2019. 6. 18. 대통령령 제29876호로 개정되기 전에는 정관의 기재사항 중 조합임원의 권리 · 의무 · 보수 · 선임방법 · 변경 및 해임(법 제40조 제1항 제6호)은 경미한 변경사항으로서 총회 의결이 있은 때 효력이 발생하는 것으로 보아 변경된 정관에 따른 조합임원 선임을 후속안건

---

35 위 대법원 2008다90347 판결, 위 대법원 2016두35281 판결 등의 취지를, 정관변경이 인가를 받아야 설계업자의 선정, 조합해산 등 대외적인 효력이 발생하나, 인가를 받지 않아도 총회 의결을 한 때 동 · 호수 추첨, 사업비 분담기준 등 내부적인 효력은 발생한다는 견해로 안광순(상), 559.

으로 처리할 수 있었으나,[36] 현행 도시정비법령에서는 조합원 과반수의 찬성에 의한 총회 의결 및 시장 · 군수등의 인가가 필요하므로 정관 변경 및 인가가 먼저 이루어져야 변경 정관에 따른 조합임원 선임이 가능한 것으로 생각된다.[37]

나. 정관의 경미한 사항의 변경

(1) 변경 절차

정관 중 경미한 사항의 변경은 도시정비법 또는 정관으로 정하는 방법에 따라 변경하고 시장 · 군수등에게 신고하여야 한다(법 제40조 제4항).

통상 정관에는 총회에서 일반 의결정족수(조합원 과반수의 출석과 출석조합원 과반수의 찬성)로 의결하거나 대의원회에서 의결하도록 정하고 있다. 이사회는 조합장을 보좌하여 조합 사무를 분담하는 사무집행기관일 뿐 의사결정기관이 아니므로 정관의 경미한 사항의 변경을 의결하기는 적절하지 않다.[38]

시장 · 군수등에 대한 신고는 종전에 강학상 자기완결적 신고(수리를 요하지 않는 신고)로서 관할관청에 대한 정보제공의 성격을 갖는 것으로 보아 정관에 따른 총회 또는 대의원회 의결이 이루어졌다면 신고 수리 여부와 상관없이 변경된 정관이 효력이 있다고 볼 수 있었다.[39] 그러나 도시정비법이 2021. 3. 16. 법률 제17943호로 개정되면서 정관의 경미한 변경에 대한 신고는 수리를 요하는 신고임을 명확히 하였다(법 제40조 제5항, 제6항).[40]

(2) 변경 정관의 효력 발생 시기

① 정관 변경의 신고를 수리를 요하지 않는 신고로 본다면 신고수리 여부와 상관없이 효력이 발생한다. 다만 도시정비법 제40조 제4항은 경미한 사항의 변경절차를 정한 것일 뿐 그 시행시기까지 직접 정한 것으로 볼 수 없고, 경미한 사항의 변경이라면 조합의 자율성이 존중되어야 하므로 경미한 사항의 변경에 관한 정관 규정이나 변경 정관의 부칙에서 그 시행시기를 다르게 정할 수 있다.[41]

② 정관 변경의 신고를 수리를 요하는 신고로 본다면 신고수리가 있은 때 정관변경의 효력이 발생한다.

---

36 서울고등법원 2011. 11. 10. 선고 2011누23865 판결.

37 맹신균, 271.

38 안광순(상), 555.

39 서울고등법원 2011. 11. 10. 선고 2011누23865 판결.

40 자세한 내용은 **[7]조합 설립 VI.1.도시정비법상 신고의 법적 성격** 참고.

41 서울고등법원 2020. 5. 29. 선고 2020나2000221 판결, 의정부지방법원 2021. 2. 18.자 2021카합5059 결정.

V. 정관 효력에 대한 쟁송

단체의 구성원이 단체 내부 규정의 효력을 다투는 소는 당사자 사이의 구체적인 권리 또는 법률관계의 존재 확인을 구하는 것이 아니므로 부적법하다(법인 정관의 무효확인의 소에 대한 대법원 1992. 8. 18. 선고 92다13875, 13882, 13899 판결, 대법원 1995. 12. 22. 선고 93다61567 판결 등 참고). 따라서 정관 규정 자체의 무효확인을 구하거나 정관 무효확인을 구하는 취지로 정관변경행위의 무효확인을 구하는 것은 부적법하다.[42]

그러나 조합원은 변경 정관 자체로 권리 · 의무의 제한을 받을 수 있으므로, 청구취지가 단순히 변경 정관 자체의 무효확인만을 구하는 것이 아니라면 변경된 정관에 관한 쟁송은 허용될 수 있다. 정관을 변경한 총회결의가 도시정비법에 따른 의결정족수 등을 충족하지 못한 절차상 하자나 정관의 내용이 강행규정 위반 등 실체적 하자가 있다고 주장하면서 총회결의의 무효확인을 구할 수 있다. 또는 변경된 정관 규정이 무효라는 전제에서 무효인 정관에 따른 총회 또는 대의원회 결의가 무효라거나 무효인 정관에 의해 침해받은 자신의 지위나 권리를 다툴 수 있을 것이다. 다만 정관 변경에 대한 시장 · 군수등의 인가나 신고수리행위는 단순히 정관 변경의 효력을 발생시키는 처분에 불과하므로 정관 변경의 위법을 이유로 인가나 신고수리행위를 별도로 다툴 수 없다.

변경된 정관에 대한 쟁송은 단체 내부의 법률관계에 관한 것이므로 민사소송의 방법으로 다투어야 한다.

42 서울고등법원 2009. 7. 7. 선고 2008나87749 판결, 서울고등법원 2011. 4. 19.자 2010라1817 결정 등.

[11] 대의원회, 이사회

I. 조합의 회의체 기관

1. 총회, 대의원회 및 이사회의 구성 및 지위

조합원 전원으로 구성되는 총회는 조합의 최고의사결정기관으로서, 조합 업무에 관하여 폭넓은 범위에서 의결할 수 있는 자율성과 형성의 재량을 갖는다. 총회의 권한은 도시정비법 제45조 제1항에서 정한 총회 의결사항으로 한정되지 않고, 정관 또는 총회 의결로서 조합장, 대의원회, 이사회에 위임한 사항을 제외한 나머지 사항을 총회에서 의결로서 결정할 수 있다.

대의원회는 조합원 수가 100명 이상인 경우 조합원의 1/10 이상의 수로 선임된 대의원으로 구성되는 의결기관이다(법 제46조). 대의원회는 대의기관의 성격을 갖는 의결기관으로서, 총회 의결사항 중 일부를 대행하여 사업의 효율성을 도모하고, 조합의 업무집행에 대한 감시와 견제의 기능을 수행하여 조합업무의 적정성과 공정성을 담보하는 기능을 수행한다. 도시정비법령에서 대의원회의 권한을 직접 정하고 있지 않으나, 위임을 금지한 사항을 제외하고는 총회의 권한을 대행하여 의결할 수 있다. 대의원회는 총회의 권한대행기관이자 조합원 전체의 대의기관의 성격을 갖는다(대법원 2010. 5. 27. 선고 2008다53430 판결).

이사회는 의사결정기관이 아니고 조합장을 보좌하여 조합 사무를 분담하는 사무집행기관이며(대법원 2020. 11. 5. 선고 2020다210679 판결), 법령이 아닌 정관에 따라 비로소 설치되는 기관이다. 민법상 법인의 이사는 각자 법인을 대표하는 법인의 기관인데 반해(민법 제58조, 제59조), 조합은 조합장만이 조합을 대표하는 기관으로서(법 제42조 제1항), 이사는 조합장을 보좌하여 조합의 사무를 분장하고 조합 사무를 집행하는 지위에 머무른다.

2. 총회, 대의원회 및 이사회의 권한 범위

총회의 다수결은 모든 조합원을 구속하고 단체 내부의 의사결정에 불과한 대의원회나 이사회의 의결내용에 구속되지 않는다. 따라서 대의원회나 이사회의 결의와 달리 의결할 수 있고, 대의원회 또는 이사회 의결의 하자가 바로 총회결의의 효력에 영향을 미치지 않는다.

대의원회 또는 이사회 결의는 대의원회가 총회의 권한을 대행하여 의결하는 것을 제외하면 총회 의결이 있은 때 비로소 효력이 발생하는 것이므로, 대의원회 또는 이사회 결의의 하자는 총회결의의 절차상 하자로서 다툴 수 있다. 다만 대의원회가 총회의 권한을 대행하여 의결하거나, 총회가 개최되기 전 대의원회 또는 이사회의 결의의 하자를 다투어 총회 진행을 저지할 필요가 있는 경우에는 대의원회 또는 이사회 결의를 별도로 다툴 실익이 있다.

한편 대의원회와 이사회의 관계에서도, 대의원회는 다수의 대의원으로 구성되고 총회의 권한을 대행할 수 있는 의결기관으로서 그 대표성, 구성원의 수, 기능 등에서 이사회보다 우위에 있으므로, 대의원회는 이사회 의결과 달리 의결할 수 있으며, 이사회가 대의원회의 의결 결과와 다른 내용으로 대의원회 개최 여부 등을 결정할 권한은 없다.[1]

Ⅱ. 대의원회

1. 대의원회의 구성

가. 대의원회

조합원의 수가 100명 이상인 조합은 대의원회를 두어야 한다(법 제46조 제1항).[2] 대의원회는 조합원의 1/10 이상으로 구성하되, 조합원의 1/10이 100명을 넘는 경우에는 조합원의 1/10의 범위에서 100명 이상으로 정관으로 정한다(법 제46조 제2항, 제5항, 시행령 제44조 제3항).[3] 도시정비법에서 대의원회의 법정 재적대의원 수를 정한 것은 총회 권한대행기관으로서 대표성을 확보하고, 조합의 업무집행에 대한 감시 및 견제 기능을 수행할 수 있도록 적정 인원수를 갖추도록 하려는 취지로 볼 수 있다.

나. 대의원

(1) 대의원의 자격

대의원은 조합원 중에서 선출한다(시행령 제44조 제1항). 대의원의 결격사유는 조합임원의 결격사유(법 제43조 제1항)와 달리 법령에서 정하지 않고, 정관에서 별도로 정할 수 있다.

조합장은 대의원회의 의장이며, 대의원회에서 의장직을 수행하는 경우에는 대의원으

1 서울북부지방법원 2010. 7. 23.자 2010카합843 결정.

2 도시정비법이 2009. 2. 6. 법률 제9444호로 개정되기 이전에는 임의적 기관이었다.

3 통상 정관에서 '110~130명'과 같이 일정한 범위로 정하게 된다.

로 보아 대의원회의 정족수에 포함된다(법 제42조 제2항).[4] 조합장이 아닌 조합임원은 대의원이 될 수 없다(법 제46조 제3항). 대의원의 자격요건은 법령에 반하지 않는 한 자체 판단으로 정관 등으로 정할 수 있는데(조합임원 자격요건에 대한 대법원 2017. 6. 19. 선고 2015다70679 판결 참고), 정관 등의 규정이 조합원의 권리를 필요하고 합리적인 범위를 벗어나 과도하게 침해 내지 제한하거나 조합원들의 피선거권의 평등을 현저하게 침해하는 경우에는 무효로 보아야 한다.

⑵ 대의원의 선임 및 해임

대의원의 선임 및 해임은 대의원회에서 대행할 수 없는 총회 권한으로서 그 선임 및 해임은 총회에서 이루어져야 한다(법 제46조 제4항, 시행령 제43조 제6호 본문). 다만 대의원이 임기중 궐위된 경우 그 보궐선임은 정관에서 정하는 경우 대의원회에서 할 수 있다(시행령 제43조 제6호 단서).[5] 그 이외의 대의원의 선임 및 해임 절차 등은 정관에서 정하는 바에 따른다(법 제46조 제5항, 시행령 제44조 제2항).

대의원의 선임, 해임 등의 변경은 조합설립변경인가의 경미한 변경으로서 시장 · 군수 등에게 신고하고 변경할 수 있다(법 제35조 제5항 단서, 시행령 제31조 제4호).

⑶ 대의원의 해임사유 및 절차

정관에서 대의원의 해임에 관해 조합임원의 해임에 관한 규정을 준용하는 경우 그 해임은 "직무유기 및 태만 또는 관계법령 및 이 정관을 위반하여 조합에 부당한 손해를 초래한 경우" 등의 사유가 있어야 할 것이나 일단 총회 의결이 이루어졌다면 그 사유는 폭넓게 보는 것이 타당하다. 만약 정관에 별도의 규정이 없다면 위임의 법리에 따라 언제든 일반 의결정족수로 해임할 수 있되 해임결의가 권리의 남용인 경우 그 결의의 효력을 다툴 수 있다고 보는 것이 타당하다.[6]

조합원들이 조합임원 해임을 위한 총회를 소집하면서 조합임원과 함께 대의원에 대한 해임 안건도 상정하는 경우가 있다. 그러나 도시정비법 제43조 제4항은 통상의 총회와 발의 · 소집 요건, 의결정족수 등을 달리하여 조합임원을 해임할 수 있도록 한 특례규정으로서 대의원 해임에는 적용되지 않는다고 보는 것이 타당하다.[7] 따라서 대의원은 도시정비

4 종전에도 조합장은 대의원회의 의장이었으나(구법 제22조 제1항) 대의원회의 정족수에 포함되는 것인지는 다툼이 있었다. 법제처는 대의원은 조합원 중에서 선출하여야 하는데 조합장은 조합원 아닌 자 중에서도 선임될 수 있으므로, 정관에 따라 대의원으로 선임되지 않은 경우라면 당연히 대의원에 해당하지 않는다는 법령해석을 제시하기도 하였다(법제처 2010. 10. 18. 회신 10-0268 해석례). 그 이후 도시정비법이 2017. 2. 8. 법률 제14567호로 전부 개정되면서 "조합장이 대의원의 의장이 되는 경우 대의원으로 본다"라는 제42조 제2항 규정을 신설하였다.

5 조합 정관에서도 "궐위된 대의원의 보선은 대의원 5인 이상의 추천을 받아 대의원회에서 선출한다"(구 표준정관 제24조 제4항 단서)와 같이 정하고 있다.

6 부산지방법원 동부지원 2012. 10. 12.자 2012카합366 결정.

7 서울남부지방법원 2017. 10. 19. 선고 2017가합104164 판결, 대구지방법원 2018. 9. 7.자 2018카합10327 결정.

법 제43조 제4항에 따라 조합원 1/10 이상의 발의로 발의자 대표가 소집하는 해임총회에서 해임 의결을 할 수 없고, 통상의 임시총회와 같이 조합원 1/5 이상이 조합장에게 대의원 해임에 관한 총회 소집을 요구하는 절차를 밟아야 한다. 도시정비법 제43조 제4항에 따른 해임총회가 조합원 1/5 이상의 발의로 이루어진 것이라 하더라도, 조합임원 해임총회와 대의원 해임총회는 소집권자가 다르므로 조합임원 해임총회의 발의자 대표가 대의원 해임총회까지 소집 · 개최할 수 없는 것으로 생각된다.

(4) 대의원의 임기

도시정비법령은 대의원의 임기에 대해 별도로 정하고 있지 않으므로 각 조합 정관에서 자율적으로 정할 수 있다. 통상 조합임원과 같이 3년으로 정하고 있다.[8]

2. 대의원회의 권한

가. 대의원회의 권한 근거

조합의 모든 사무는 정관으로 이사 등에게 위임한 사항을 제외하고는 모두 최고의사결정기관인 총회의 결의에 의한다(민법 제68조). 도시정비법은 대의기관의 성격을 갖는 대의원회를 필수적 기관으로 정하면서도 대의원회의 기본 권한은 정하지 않은 채, 대의원회가 총회 의결사항 중 시행령으로 정하는 사항 이외에는 총회의 권한을 대행할 수 있다는 정도만 정하고 있다(법 제46조 제4항).

대의원회 권한에 대한 도시정비법의 취지는 의사결정의 효율성을 도모하기 위해 대의원회가 총회의 권한을 대행하여 의결할 수 있도록 하되, 민주적 · 절차적 정당성이 특히 요구되는 사항은 총회의 전속적 의결사항으로 정하여 대의원회가 대행하지 못하도록 한 것으로 볼 수 있다(법 제46조 제4항, 시행령 제43조). 결국 대의원회의 권한은 총회 결의 또는 정관 규정 등 총회의 의사결정에 따른다. 이와 같이 대의원회의 권한은 본질적으로 총회 권한에서 나온 것이므로, 총회에서 대의원회 의결사항도 직접 의결할 수 있고 하자 있는 대의원회 의결을 총회 의결로 추인하는 것도 가능하다고 볼 수 있다.

나. 총회의 위임에 따른 권한

(1) 총회 의결사항 중 대의원회가 대행할 수 있는 사항

조합의 모든 사무는 총회의 결의에 의하는 것이나, 대의원회는 총회 의결사항 중 총회의 전속적 의결사항을 제외하고는 대행할 수 있으므로(법 제46조 제4항), 총회의 위임이 있으면 대의원회

---

8 조합임원의 임기를 3년으로 정한 구 도시정비법(2016. 1. 19. 법률 제13792호로 개정된 것) 제21조 제5항이 신설되기 전인 2015. 5. 7. 제정 · 고시된 서울시 표준선거관리규정에서 제7조 제2항의 주석으로 "조합임원 · 대의원의 임기는 3년 이하의 범위 내에서 조합 정관에서 정하는 바에 따라 명문화하고"라고 정함에 따라 각 조합에서 조합임원 및 대의원의 임기를 3년으로 하는 정관 개정이 이루어지기도 하였다.

가 총회의 권한을 대행할 수 있다. 통상 총회에서 대의원회에 위임할 사항을 정하여 의결하고, 대의원회의 의결에 따른 업무집행에 대해 다시 총회의 인준을 받는 방식으로 한다.

총회의 포괄적 권한에 비추어, 대의원회는 시행령 제43조 각 호 또는 정관에서 대행을 금지한 사항이 아니라면 그 권한을 위임받아 대행할 수 있다.

> 시행령 제43조(대의원회가 총회의 권한을 대행할 수 없는 사항) 법 제46조 제4항에서 "대통령령으로 정하는 사항"이란 다음 각 호의 사항을 말한다.
> 1. 법 제45조 제1항 제1호에 따른 정관의 변경에 관한 사항(법 제40조 제4항에 따른 경미한 사항의 변경은 법 또는 정관에서 총회의결사항으로 정한 경우로 한정한다)
> 2. 법 제45조 제1항 제2호에 따른 자금의 차입과 그 방법·이자율 및 상환방법에 관한 사항
> 3. 법 제45조 제1항 제4호에 따른 예산으로 정한 사항 외에 조합원에게 부담이 되는 계약에 관한 사항
> 4. 법 제45조 제1항 제5호에 따른 시공자·설계자 또는 감정평가업자(법 제74조 제2항에 따라 시장·군수등이 선정·계약하는 감정평가업자는 제외한다)의 선정 및 변경에 관한 사항
> 5. 법 제45조 제1항 제6호에 따른 정비사업전문관리업자의 선정 및 변경에 관한 사항
> 6. 법 제45조 제1항 제7호에 따른 조합임원의 선임 및 해임과 제42조 제1항 제2호에 따른 대의원의 선임 및 해임에 관한 사항. 다만, 정관으로 정하는 바에 따라 임기중 궐위된 자(조합장은 제외한다)를 보궐선임하는 경우를 제외한다.
> 7. 법 제45조 제1항 제9호에 따른 사업시행계획서의 작성 및 변경에 관한 사항(법 제50조 제1항 본문에 따른 정비사업의 중지 또는 폐지에 관한 사항을 포함하며, 같은 항 단서에 따른 경미한 변경은 제외한다)
> 8. 법 제45조 제1항 제10호에 따른 관리처분계획의 수립 및 변경에 관한 사항(법 제74조 제1항 각 호 외의 부분 단서에 따른 경미한 변경은 제외한다)
> 9. 법 제45조 제2항에 따라 총회에 상정하여야 하는 사항
> 10. 제42조 제1항 제1호에 따른 조합의 합병 또는 해산에 관한 사항. 다만, 사업완료로 인한 해산의 경우는 제외한다.
> 11. 제42조 제1항 제3호에 따른 건설되는 건축물의 설계 개요의 변경에 관한 사항
> 12. 제42조 제1항 제4호에 따른 정비사업비의 변경에 관한 사항

(2) 기타 총회로부터 위임받은 사항

대의원회가 권한을 대행할 수 없는 사항 등 본질적으로 총회에서 의결해야 할 사항이 아니라면 총회의 위임 의결에 따라 대의원회가 의결로서 결정할 수 있다. 정관에도 대의원회의 의결사항으로 '총회로부터 위임받은 사항' 등을 정하고 있다(구 표준정관 제25조 제1항 제3호).

다. 정관의 위임규정에 따른 권한

(1) 총회를 갈음하여 대의원회가 의결하는 사항

조합 정관에서 총회 소집 결과 정족수에 미달하는 때에는 재소집해야 하고, 재소집하였음에도 다시 정족수에 미달하는 때에는 대의원회가 일정 사항을 제외하고는 총회를 갈음할 수 있다고 정한다(구 표준정관 제22조 제6항). 총회가 개최되기 어려운 경우 정비사업의 원활한 진행을 위해 일정한 범위에서 대의원회가 총회를 대신하여 의결할 수 있도록 한 것으로서, 총회의 권한이 정관에 따라 바로 대의원회에 위임된 것이다.

다만 총회의 전속적 의결사항 등 법령으로 그 위임이 금지되어 있거나 조합원의 권익에 직결되는 사항은 대의원회가 갈음할 수 없다(구 표준정관 제22조 제6항 단서).[9]

(2) 조합임원 및 대의원의 보궐선임

조합임원 및 대의원의 선임 · 해임은 총회의 전속적 의결사항이나 보궐선임은 정관으로 정한다면 대의원회가 총회의 권한을 대행하여 할 수 있다(시행령 제43조 제6항 단서). 통상 조합의 정관에는 궐위된 임원 및 대의원의 보궐선임을 대의원회의 의결사항으로 두고 있다(구 표준정관 제25조 제1항 제1호).

보궐선임의 요건인 궐위는 조합임원 또는 대의원이 일시적으로 직무를 수행할 수 없는 것이 아니라 사임, 해임, 당연퇴임, 사망 등으로 그 직위를 상실한 경우를 의미하는 것이며, 보궐선임된 조합임원 또는 대의원의 임기는 종전 조합임원 또는 대의원의 잔여임기로 보아야 한다.

(3) 예산 및 결산의 승인에 관한 방법

당해 연도 예산(안) 수립은 총회 의결사항이며, 전년도 결산은 총회에서 승인을 받는다. 대의원회는 총회 의결(승인)을 받아야 하는 예산 및 결산을 미리 심사하고 총회 승인 방법을 결정한다.

(4) 총회 부의 안건의 사전심의

다수의 조합원이 모이는 총회는 충실한 정보교환 및 토론에 제약이 생길 수 있으므로, 대의원회가 해당 안건을 대상으로 충분한 사전심의를 하여 그 결과를 총회에 제공함으로써 조합원들이 적정한 의결권을 행사할 수 있도록 하기 위한 것이다. 다만 이러한 사전심의 절차를 의무적인 절차로 볼 수 없으므로, 대의원회의 사전심의를 거치지 않은 사유가 바로 총회의 중대한 절차위반은 아니라고 보는 것이 타당하다.[10]

---

9 구 표준정관 제22조 제6항 단서("단, 제21조 제1호 · 제2호 · 제5호 · 제6호 · 제8호 · 제10호 및 제12호에 관한 사항은 그러하지 아니하다")의 사항은 대의원회가 총회 권한을 대행할 수 없는 사항(시행령 제43조 각 호)에 해당한다.

10 자세한 내용은 **[14]총회의 소집 III.2.다.대의회의 사전심의를 거치지 않고 소집된 총회의 효력** 참고.

⑸ 총회 의결로 정한 예산의 범위에서 용역계약 등

예산으로 정한 사항 외에 조합원에게 부담이 되는 계약에 관한 사항은 총회의 전속적 의결사항으로 대의원회가 대행할 수 없으나(법 제45조 제1항 제4호, 시행령 제43조 제3호), 이미 수립된 예산의 범위에서 계약을 체결하는 것이라면 대의원회가 대행할 수 있다. 대의원회에 위임하는 별도의 결의가 없더라도 정관으로서 위임한 것으로 볼 수 있으나, 대의원회의 권한범위를 명확하게 하기 위해 총회에서 용역계약 등의 범위를 정하여 위임하는 것이 필요한 것으로 생각된다.

3. 대의원회의 소집 및 운영

가. 대의원회의 소집

⑴ 대의원회의 소집권자

대의원회는 조합장이 필요하다고 인정하는 때에 소집한다(시행령 제44조 제4항 본문).

다만 정관으로 정하는 바에 조합원 등의 소집청구가 있거나[11] 대의원의 1/3 이상(정관으로 달리 정한 경우에는 그에 따른다)이 회의의 목적사항을 제기하여 청구하는 때에는 조합장은 해당일로부터 14일 이내에 대의원회를 소집하여야 한다(시행령 제44조 제4항 단서).

위 소집 청구에 있는 경우로서 조합장이 해당일로부터 14일 이내에 정당한 이유 없이 대의원회를 소집하지 아니한 때에는 감사가 지체 없이 소집하여야 한다.[12] 감사가 소집하지 아니하는 때에는 소집을 청구한 사람의 대표가 시장 · 군수등의 승인을 받아 소집한다. 이때 감사 또는 소집을 청구한 사람의 대표가 의장의 직무를 대행한다(시행령 제44조 제5항, 제6항).

⑵ 대의원회 소집통지

대의원회의 소집은 집회 7일 전까지 그 회의의 목적 · 안건 · 일시 및 장소를 기재한 서면을 대의원에게 통지하는 방법에 따른다. 이 경우 정관으로 정하는 바에 따라 대의원회의 소집내용을 공고하여야 한다(시행령 제44조 제7항). 정관에서 사업추진상 시급히 대의원회 의결을 요하는 사안이 발생하는 경우에는 회의 개최 3일 전에 통지하고 대의원회에서 안건상정여부를 묻고 의결할 수 있도록 하고 있다(구 표준정관 제24조 제7항 단서).

위와 같이 시행령에서 7일의 유예기간을 두고 소집통지를 하도록 한 것은 토의권과 의결권의 행사를 보장하기 위한 것으로서, 대의원에 대한 소집통지가 단순히 법정기한을 다

---

11 조합 정관에서 "조합원 1/10 이상이 총회의 목적사항을 제시하여 소집을 청구한 때"(구 표준정관 제24조 제5항 제1호) 등으로 정하고 있다.

12 감사가 2인 이상인 경우 반드시 공동으로 대의원회를 소집하여야 할 필요는 없는 것으로 생각된다(수원지방법원 2014. 3. 7.자 2014카합50 결정). 또한 위 규정의 취지에 비추어 소집요구일로부터 14일이 경과하지 않더라도 조합장이 정당한 이유 없이 대의원회 소집 거절의 의사를 명확히 표시하는 경우에는 감사가 소집요구일로부터 14일이 경과할 것을 기다릴 필요 없이 바로 대의원회를 소집할 수 있다고 보는 것이 타당하다(서울북부지방법원 2012. 5. 18.자 2012카합359 결정).

소 지연하였을 뿐이고 대의원들이 사전에 회의 목적사항을 알고 있었다는 등의 사정이 있다면 대의원의 토의권 및 결의권의 적정한 행사는 방해되지 아니한 것이므로 총회결의의 하자가 되지 않는다고 보는 것이 타당하다.[13]

나. 대의원회의 회의 운영

조합장이 대의원회의 의장이 된다(법 제42조 제1항)는 것 이외에 도시정비법령에 대의원회 운영에 대한 별도의 규정은 없으며, 정관에서 총회 운영에 관한 규정을 준용하도록 하고 있다(구 표준정관 제26조 제3항).

다. 대의원회의 의결 방법

(1) 기본 의결 방법

대의원회는 집회 7일전까지 서면으로 통지한 안건만 의결할 수 있다. 다만 사전에 통지하지 아니한 안건으로서 대의원회의 회의에서 정관으로 정하는 바에 따라 채택된 안건의 경우에는 그러하지 아니하다(시행령 제44조 제9항).

조합 정관으로 사업추진상 시급히 대의원회 의결을 요하는 사안이 발생하는 경우에는 회의 개최 3일 전에 통지하고 대의원회에서 안건상정 여부를 묻고 의결하거나, 통지후 시급히 의결할 사항이 발생한 경우 의장의 발의와 출석대의원 과반수 이상 동의를 얻어 안건으로 채택한 경우에는 그 사항을 의결할 수 있도록 하고 있다(구 표준정관 제24조 제7항 단서, 제25조 제2항).

대의원회는 재적대의원 과반수의 출석과 출석대의원 과반수의 찬성으로 의결하나, 정관으로 의사 · 의결정족수를 가중할 수 있다(시행령 제44조 제8항). 특정 대의원의 이해와 관련된 사항에 대해서는 그 대의원은 의결권을 행사할 수 없다(시행령 제44조 제1항).

그 이외의 의결방법은 조합 정관이 정하는 바에 따른다. 정관은 대의원은 대리인을 통해 출석할 수 없으나, 서면으로 출석하거나 의결권을 행사할 수 있도록 하고 있다(구 표준정관 제26조 제2항).

(2) 정관에 따른 의결정족수의 가중

대의원회는 재적대의원 과반수의 출석과 출석대의원 과반수의 찬성으로 의결하나, 정관으로 의사 · 의결정족수를 가중할 수 있다(시행령 제44조 제8항).

정관에서 총회를 재소집하였으나 다시 정족수에 미달하는 때에는 대의원회가 일정 사항을 제외하고는 총회를 갈음할 수 있다고 하면서, 그 의결사항은 재적대의원 2/3 이상의 출석과 출석대의원 2/3 이상의 동의를 얻어야 한다고 정한다(구 표준정관 제26조 제1항 단서).

라. 의사록의 작성 및 공개

조합은 대의원회의 의사록에 의사의 경과, 요령 및 결과를 기재하고 의장 및 출석한 이사가 기명날인하여야 한다.[14] 다만 속기사의 속기록인 경우에는 이를 적용하지 않는다(구 표준정관 제31조 제1호).

---

13 서울고등법원 2013. 3. 13.자 2012라912 결정.

14 이사는 대의원회의 구성원이 아님에도 불구하고, 구 표준정관 제31조나 「서울특별시 정비사업 의사진행 표

조합임원은 대의원회 의사록이 작성되거나 변경된 후 15일 이내에 조합원이 알 수 있도록 인터넷과 그 밖의 방법을 병행하여 공개하여야 하고, 대의원회 의사록 및 관련 자료와 용역 계약(변경계약을 포함) 및 업체 선정, 또는 조합임원 · 대의원의 선임 · 해임 · 징계 및 조합원 자격에 관한 대의원회 회의록은 속기록 · 녹음 또는 영상자료를 만들어 청산시까지 보관하여야 한다(법 제124조 제1항 제3호, 제125조 제1항, 시행령 제94조 제2항 각 호).

4. 대의원회 결의의 효력

가. 대의원회 결의의 법적 성격

대의원회가 총회의 권한을 대행하여 하는 의결은 총회를 대신하여 조합의 의사를 결정하는 것으로서 총회 의결과 같이 조합의 종국적인 의사표시로 볼 수 있다.

한편 대의원회의 총회안건 사전심의, 시공자 입찰대상자 선정, 선거관리위원회 구성 등은 총회 의결을 위한 절차로서 결국 총회 의결이 있어야 효력이 발생한다. 이 경우 대의원회 의결은 그 자체로 대외적인 효력이 발생하지 않고 총회결의의 절차상 하자로서 문제된다고 볼 수 있다.

나. 법정 재적대의원 수에 미달하는 대의원회 결의의 효력

(1) 대의원의 수가 법 및 정관이 정한 정원에 미달하는 경우의 문제

대의원회는 조합원의 1/10 이상으로 구성하되, 조합원의 1/10이 100명을 넘는 경우에는 조합원의 1/10의 범위에서 100명 이상으로 정관으로 정한다(법 제46조 제2항, 제5항, 시행령 제44조 제3항). 이는 대의원회가 총회의 권한대행기관으로서 조합원의 대표성을 확보하도록 하기 위한 공익의 요청에 의한 강행규정이라고 해석된다. 따라서 일부 대의원이 소유 부동산을 매각하여 조합원의 지위를 상실하거나 사임하여 대의원 수가 법 및 정관이 정한 최소 정원에 미달하는 경우 그 대의원회의 결의가 효력이 있는지 문제된다.

정원에 미달하는 대의원회의 결의가 무효라고 보게 되면, 대의원회가 대의원을 보궐선임할 수도 없으므로, 대의원 수가 정원에서 1명만 부족해도 대의원회가 정상적으로 기능할 수 없게 된다. 특히 조합 선거관리규정상 조합임원 및 대의원의 선임을 위한 선거관리위원회의 구성을 대의원회에서 하도록 하고 있는데, 정원에 미달하는 대의원회의 결의가 효력이 없다면 총회에서 대의원 보궐선임을 하고자 하여도 선거관리위원회 구성 등 정관에 따른 절차를 지키기 어렵게 되는 문제가 있다.

준운영규정」 제32조는 총회, 대의원회, 이사회를 구분하지 않고 의장(조합장) 및 출석한 이사(및 감사)가 기명날인하도록 정하고 있다. 통상 조합의 모든 회의에 참석하는 상근이사(총무이사, 관리이사)가 실무자로서 기명날인하면 될 것이다.

⑵ 대의원회가 총회 권한을 대행하여 의결하는 경우

법 및 정관이 정한 정원에 미달하는 대의원회가 총회의 권한을 대행하여 한 결의는 대의원회 구성에 중대한 하자가 있어 무효로 보는 것이 타당하다.[15] 도시정비법 제46조 제2항은 조합의 조합원 수가 100인 이상의 다수인 경우 총회소집, 결의의 곤란으로 인하여 조합의 존립 등과 관련된 핵심사항 이외의 사항에 대해서는 총회의 권한을 대행할 수 있는 대의원회를 둘 수 있도록 하는 한편, 대의원회가 조합원 총회의 의사결정을 대신할 수 있을 정도의 대표성을 갖추도록 하기 위하여 조합원 총수의 1/10 이상 또는 100인 이상의 대의원으로 구성되어야 한다는 요건을 설정한 것으로서 대의원 최소 인원수에 관한 도시정비법 제46조 제2항의 규정은 공익의 요청에 의한 강행규정이므로, 대의원회가 도시정비법 제46조 제2항에 따라 총회의 권한을 대행하기 위해서는 도시정비법이 규정하고 있는 대의원 수를 충족하여 대의원회를 구성하여야 한다는 것이다.

따라서 조합임원 · 대의원 보궐선임,[16·17] 조합해산, 청산인 선임 등 조합 청산에 대한 의결[18] 등 법정 재적대의원 수에 미달하는 대의원회가 총회의 권한을 대행하는 결의는 대의원회 구성에 중대한 하자가 있어 무효로 보는 것이 타당하다.

⑶ 선거관리위원회 구성 등 총회의 권한을 대행하는 것이 아닌 정관 등의 절차에 따라 의결하는 경우

대의원회는 정관에 따라 총회 부의안건을 사전심의하며(구 표준정관 제25조 제1항 제3호), 조합이 공사, 용역, 물품구매 및 제조 등의 계약을 체결할 때 입찰대상자 또는 계약체결대상자의 선정, 입찰참가자격의 제한, 선정 무효 등을 의결할 수 있다(계약업무 처리기준 제12조, 제15조, 제17조 등). 또한 조합 선거관리규정은 대의원회가 선거관리위원 입후보 등록, 선관위원의 선임 등 선거관리위원회를 구성하도록 하고 있다(서울시 표준선거관리규정 제7조 제3항).

이와 같이 대의원회 의결이 총회의 권한을 대행하는 것이 아니라 정관, 선거관리규정 등에서 정한 절차로서 이루어지는 경우에는 법정 재적대의원 수에 미달하더라도 유효로

---

15 대구고등법원 2012. 1. 13. 선고 2011나4224 판결(대법원 2012. 5. 10.자 2012다15824 판결로 심리불속행 기각) 등.

16 부산지방법원 동부지원 2014. 9. 4.자 2014카합50 결정, 서울고등법원 2015. 3. 20. 선고 2014나45715 판결, 서울동부지방법원 2015. 4. 29. 선고 2015가합12 판결 등; 반대로 보궐선임은 대의원회가 정관에 따라 위임받은 권한으로서 법정 재적대의원 수에 미달하더라도 보궐선임할 수 있다고 본 사례로 서울고등법원 2013. 7. 9.자 2013라401 결정.

17 서울시 표준선거관리규정 제48조 제2항 단서도 대의원 수가 법정 대의원 수에 미달하는 경우 총회에서 보궐선임하도록 정하고 있고, 법제처 2015. 2. 12. 15-0006 해석례도 법정 대의원수에 미달하는 대의원회는 대의원을 보궐선임할 수 없다는 입장을 제시하였다.

18 대구고등법원 2012. 1. 13. 선고 2011나4224 판결, 서울중앙지방법원 2012. 10. 15.자 2012카합1795 결정, 서울중앙지방법원 2013. 6. 20. 선고 2012가합97555 판결 등.

보는 것이 타당하다.[19] 대의원회 의결이 절차에 불과한 경우 사전심의할 부의안건, 시공자 선정, 조합임원 등의 선임은 결국 총회의 의결로 이루어지게 되는 것인데, 조합의 최고의 사결정기관인 총회는 단체 내부의 의사결정에 불과한 대의원회의 의결내용에 구속되지 않고, 대의원회 결의에 어떠한 하자가 있다고 하여 바로 총회결의를 무효라고 보기는 어렵기 때문이다. 대의원회가 선거관리위원회 구성도 할 수 없다고 본다면 총회에서 대의원을 보궐선임하여도 선거관리위원회 구성의 문제로 다시 선임결의의 효력이 다투어지는 문제가 발생한다. 따라서 대의원회가 총회 부의안건을 사전심의하는 경우,[20] 시공자의 입찰대상자를 선정하는 경우,[21] 선거관리위원회를 구성하는 경우[22] 등은 법정 재적대의원 수에 미달한다고 하여 바로 총회결의에 중대한 하자가 있다고 보기 어려운 것으로 생각된다.

(4) 임기만료 또는 사임한 대의원을 포함하면 법정 재적대의원 수를 충족하는 경우

임기만료 또는 사임한 대의원을 재적대의원에 포함하여 대의원회 결의의 효력을 인정할 수 있는지 문제된다. 임기만료되거나 사임한 이사라도 그 임무를 수행함이 부적당하다고 인정할 만한 특별한 사정이 없는 한 후임 이사가 선임될 때까지 이사의 직무를 계속 수행할 수 있는데(대법원 1996. 10. 25. 선고 95다56866 판결 참고), 조합원과 대의원의 관계도 일응 위임자와 수임자의 법률행위에 해당한다고 볼 수 있고, 대의원회가 정원 미달로 정상적인 활동을 중단하게 되는 상태에 처하는 경우 민법 제691조에 규정된 위임종료의 경우에 급박한 사정이 있는 때에 해당한다고 보는 것이다.[23]

대의원 수가 법정 재적대의원 수에서 1명이라도 미달할 경우 대의원 보궐선임도 할 수 없어 대의원회 기능 자체가 마비되는 문제가 발생하는데, 대의원이 임기만료 또는 사임하였다 하더라도 급박한 사정이 있는 경우 종전 대의원의 직무를 계속 수행할 여지도 있다는 점에서 타당한 것으로 생각된다.[24] 다만 민법 제691조를 유추적용하여 인정되는 업무수행권은 임기만료 또는 사임한 대의원이 구성원 부족 등을 이유로 실제로 행사한 업무수행권

---

19 맹신균, 462; 안광순(상), 652.

20 대구지방법원 2011. 1. 12. 선고 2009구합3868 판결, 수원지방법원 안양지원 2012. 7. 20.자 2012카합89 결정, 서울고등법원 2013. 5. 30. 선고 2012나3403 판결 등.

21 수원지방법원 2013. 2. 22. 선고 2012가합14282 판결; 입찰에 참가한 건설업자등이 6인 미만인 때에는 모두 총회에 상정하여야 하므로(계약업무 처리기준 제33조 제2항 단서) 대의원회 구성의 하자를 계약업무 처리기준 위반과 연결 짓기도 어렵다.

22 수원지방법원 2013. 2. 22. 선고 2012가합14282 판결; 반대로 선거관리위원회 구성까지 무효라는 판단은 서울북부지방법원 2014. 8. 21. 선고 2014가합1694 판결.

23 서울동부지방법원 2016. 1. 11.자 2015카합10241 결정, 서울고등법원 2016. 9. 21. 선고 2016나2030508 판결, 서울중앙지방법원 2021. 4. 22.자 2021카합20457 결정 등.

24 차흥권, 285; 이와는 달리 종전 대의원은 민법 제691조를 유추적용하더라도 긴급 업무수행권이 인정되는 것일 뿐 사임 또는 퇴임하여 업무수행을 기대하기 어려운 종전 대의원에게 그 지위를 계속 인정할 수 없고 대의원 수에 관한 도시정비법 규정은 강행규정이므로 법정 재적대의원 수를 인정할 수 없다는 견해로 문선희, 154.

이 사후적으로 유효하다고 평가하기 위한 것이므로, 임기만료 또는 사임한 대의원이 실제 대의원회에 참석하여 의결하지도 않고 참석할 기회도 부여받지 않았다면 권한 행사 가능성을 전제로 한 대의원회 구성의 적법성은 인정되기 어려울 것으로 생각된다.[25]

조합 집행부를 반대하는 조합원 측이 조합의 업무를 일단 저지하기 위해 대의원 몇 명을 사임시켜 법정 재적대의원 수에 미달하도록 하기도 하는데, 이 경우 대의원회가 여전히 의결할 수 있는지를 놓고 계속 다툼이 있을 것으로 생각된다.

5. 대의원회 결의에 대한 쟁송

대의원회가 총회의 권한을 대행하여 의결하는 경우 그 의결은 총회를 대신하여 한 조합의 종국적인 의사결정으로서, 대의원회 의결에 따른 후속조치가 이루어졌다 하더라도, 그 결의가 효력이 없다면 후속조치에도 영향을 미치므로 대의원회 결의의 무효확인을 구할 확인의 이익이 있다.

한편 대의원회의 의결이 총회 의결을 위한 절차에 불과한 경우 대의원회 의결의 하자는 총회 의결의 절차상 하자에 해당하므로 총회결의의 효력을 다투는 쟁송에서 다투는 것이 일반적이다. 대의원회 결의만을 별도로 다투어 그 무효확인을 받는다 하더라도 대의원회 결의의 하자가 곧바로 총회결의가 무효로 볼 만한 중대한 절차상의 하자라고 단정할 수는 없으므로 대의원회 결의를 별도로 다툴 확인의 이익이 없다. 다만 총회가 아직 개최되지 않은 상태에서는 그 절차인 대의원회 결의의 효력정지 또는 무효확인을 구하여 총회의 의결절차를 중단시킬 수 있을 것이다.

대의원회 결의에 하자가 있다 하더라도 총회에서 대의원회 결의와 동일한 내용으로 결의를 하였다면 종전 대의원회 결의는 총회에 의해 추인된 것으로서, 종전 대의원회 결의의 무효확인을 구하는 것은 과거의 법률관계 또는 권리관계의 확인을 구하는 것이어서 확인의 이익이 없어 부적법하다(대법원 2004. 7. 9. 선고 2004다19449 판결).

Ⅲ. 이사회

1. 이사회의 구성

도시정비법은 이사회 구성을 정하고 있지 않으나,[26] 정관으로 조합의 사무를 집행하기 위한 이사회를 두고 있다(구 표준정관 제27조 제1항). 정관상 이사회는 조합장과 이사로 구성되며, 감사는 이

25 서울고등법원 2016. 9. 21. 선고 2016나2030508 판결, 의정부지방법원 2021. 8. 25.자 2021카합5277 결정.

26 도시정비법령은 의사록의 공개(법 제124조 제1항 제3호)와 속기록 보관(법 제125조 제1항, 시행령 제94조 제3항)에서만 이사회를 예정하고 있다.

사회에 출석하여 의견을 진술할 수 있으나 의결권을 가지지 않는다(구 표준정관 제27조 제1항, 제30조 제1항). 이사회의 설치 및 소집, 사무, 의결방법 등은 조합 정관 등에서 정하고 있다(구 표준정관 제27조 내지 제30조, 서울시 정비조례 제22조 제1호).

2. 이사회의 권한

정관은 이사회의 사무 집행을 ⓐ 조합의 예산 및 통상업무에 관한 사항, ⓑ 총회 및 대의원회의 상정안건의 심의 · 결정에 관한 사항, ⓒ 업무규정 등 조합 내부규정의 제정 및 개정안 작성에 필요한 사항, ⓓ 그 밖의 조합의 운영 및 사업시행에 관하여 필요한 사항 등으로 정한다(구 표준정관 제28조).

이사회는 사무집행기관으로서 그 권한은 조합사무의 집행에 한정되며, 집행행위에 해당하지 않는 사무는 조합의 의사결정기관인 총회 또는 대의원회로부터 명시적이고 구체적으로 위임받아야 한다. 이사회가 총회 또는 대의원회의 의사결정을 대신하거나 총회 또는 대의원회의 의결결과와 다른 내용으로 총회 또는 대의원회의 개최 등을 결정할 권한은 없다고 보는 것이 타당하다.[27]

3. 이사회의 소집 및 운영

가. 이사회의 소집

이사회는 조합장이 소집한다(구 표준정관 제27조 제2항). 이사회 소집절차는 정관에서 정하지 않고 운영규정 등 하위규정으로 정하게 되는데, 「서울특별시 정비사업 의사진행 표준운영규정」 제10조는 이사회는 회의개최 7일전에 회의목적 · 안건 · 일시 · 장소 등을 조합 게시판 및 클린업 시스템에 게시(공고)하고,[28] 각 이사에게 등기우편으로 기재한 통지서와 회의자료를 발송 · 통지하되 사업추진상 시급히 이사회 심의를 요하는 사안이 발생한 경우 회의개최 2일 전까지 유선 등으로 통지할 수 있도록 하고 있다.

미리 소집통지 등을 하는 것은 이사들로 하여금 회의의 목적사항을 알 수 있게 함으로써 이사회 참석 여부를 결정하거나 적정한 심의권 행사를 위하여 필요한 준비를 할 수 있도록 하는 데 취지가 있는 것이므로 소집통지에 포함될 회의의 목적사항은 이사들의 회의 참석에 관한 의사결정이나 준비를 가능하게 할 정도이면 충분하고(학교법인의 이사회 소집절차에 관한 대법원 2012. 1. 27. 선고 2011두9164 판결 등 참고). 이사는 소수의 인원으로 상시적으로 연락이 가능하므로 소집통지 절차도 간소화할 수 있을 것으로 생각된다.

---

27 대의원회의 종전 의결과 다르게 이사회가 대의원회 안건을 상정하거나 재의하도록 할 수 없다고 본 판단으로 서울북부지방법원 2010. 7. 23.자 2010카합843 결정.

28 현재는 사업비 및 분담금 추정 프로그램, 서울시 정비조합 e-조합 시스템과 함께 정비사업 종합정보관리시스템(https://cleanup.seoul.go.kr)으로 통합되어 있다.

나. 이사회의 회의 운영

조합장은 이사회의 의장으로서 이사회를 진행한다(구 표준정관 제27조 제2항). 정관 또는 운영규정상 이사회 운영을 총회 또는 대의원회의 운영에 관한 규정을 준용하는 경우 그에 따르면 되고, 준용하는 규정이 없더라도 일반적인 회의의 성격에 맞게 운영하면 될 것으로 생각된다.

감사는 이사회에 출석하여 의견을 진술할 수 있으나, 이사회의 구성원이 아니므로 의결권은 행사할 수 없다(구 표준정관 제30조 제1항).

다. 이사회의 의결 방법

이사회는 구성원 과반수 출석으로 개의하고 출석 구성원 과반수의 찬성으로 의결한다(구 표준정관 제29조 제1항). 조합장 또는 이사는 자신과 관련된 사항에 대해서는 의결권을 행사할 수 없는데(구 표준정관 제29조 제2항), 의사정족수의 출석에는 포함되고 해당 안건의 의결정족수의 출석에는 포함되지 않는다(사단법인 이사회에 관한 대법원 2009. 4. 9. 선고 2008다1521 판결 참고).

이사회의 의결방법과 관련하여 정관은 통상적인 법인의 이사와 같이 대리인을 통한 출석은 금지하되, 서면에 의한 출석이나 의결권 행사는 가능하도록 정하고 있다(구 표준정관 제29조 제3항, 제26조 제2항).[29] 다만 조합의 이사는 조합장을 보좌하여 사무를 집행하는 지위에 불과하므로, 정관이 금지하지 않는 범위에서 의결하는 것도 가능한 것으로 생각된다.[30]

라. 의사록의 작성 및 공개

조합은 이사회의 의사록에 의사의 경과, 요령 및 결과를 기재하고 의장 및 출석한 이사가 기명날인하여야 한다. 다만 속기사의 속기록인 경우에는 이를 적용하지 않는다(구 표준정관 제31조 제1호).

조합임원은 이사회 의사록이 작성되거나 변경된 후 15일 이내에 조합원이 알 수 있도록 인터넷과 그 밖의 방법을 병행하여 공개하여야 하고, 이사회 의사록 및 관련 자료와 용역 계약(변경계약 포함) 및 업체 선정, 또는 조합임원 · 대의원의 선임 · 해임 · 징계 및 조합원 자격에 관한 이사회 회의록은 속기록 · 녹음 또는 영상자료를 만들어 청산시까지 보관하여야 한다(법 제124조 제1항 제3호, 제125조 제1항, 시행령 제94조 제2항 각 호).

4. 이사회 결의의 효력

이사회는 조합의 의사결정기관이 아니고 조합장을 보좌하여 조합 사무를 분담하는 사

29 상법상 회사 등은 이사가 법인의 기관인 점을 중시하여, 이사는 직접 이사회에 출석하여야 하고 대리인 또는 위임이 금지되며(회사에 관한 대법원 1982. 7. 13. 선고 80다2441 판결 참고), 서면에 의한 의결권 행사도 일반적으로 금지된다고 보고 있다.

30 대법원 2005. 6. 9. 선고 2005다2554 판결은 민법상 법인에서 이사회결의를 요하는 사항에 관하여 이사들에게 개별적으로 결의사항의 내용을 설명하고 동의를 받은 후 미리 작성한 이사회 회의록에 날인받는 방식을 정관에서 금지하고 있지 않으므로 정관에 위반하여 무효라고 할 수 없다고 보았다.

무집행기관에 해당한다(대법원 2020. 11. 5. 선고 2020다210679 판결). 정관 등에서 이사회 의결 등의 절차를 정하고 있다 하더라도, 이사회 의결 자체로 바로 어떠한 효력이 발생하는 것이 아니고 총회 의결, 또는 총회의 권한을 대행하는 대의원회의 의결이 있은 때 비로소 효력이 완성된다. 이사회 결의의 하자는 총회 또는 대의원회 결의의 절차상 하자에 해당하므로 총회결의 등의 효력을 다투는 쟁송에서 다투는 것이 일반적이다. 이사회 결의만을 별도로 다투어 그 무효확인을 받는다 하더라도 곧바로 총회결의가 무효로 볼 중대한 절차상의 하자라고 볼 수는 없으므로 이사회 결의를 별도로 다툴 실익도 없다. 다만 총회가 아직 개최되지 않은 상태에서는 그 이사회 결의의 효력정지 또는 무효확인을 구하여 총회의 의결절차를 중단시킬 수 있을 것이다.

이사회 결의는 단체 내부의 의사결정에 불과하여 그 의결의 하자가 바로 총회결의를 무효로 할 만한 중대한 절차상의 하자가 된다고 볼 수 없다. 대법원 2020. 11. 5. 선고 2020다210679 판결은 조합장이 의사회 의결을 거치지 않고 총회를 소집한 경우 그 총회의 결의가 무효인지 여부는, 총회 소집 · 개최 시 이사회 의결을 거치도록 정한 정관 규정을 위반하게 된 경위, 구체적인 위반 내용, 이사회 의결에 존재하는 하자의 내용과 정도, 총회 소집과 관련하여 대의원회 등 조합 내부 다른 기관의 사전심의나 의결 등이 존재하는지 여부, 위 정관 규정을 위반한 하자가 전체 조합원들의 총회 참여기회나 의결권 행사 등에 미친 영향, 조합 내부의 기관으로 두고 있는 총회, 대의원회 등과 이사회의 관계 및 각 기관의 기능, 역할과 성격, 총회의 소집 주체, 목적과 경위 및 총회 참석 조합원들의 결의 과정과 내용 등 여러 사정을 종합적으로 고려하여, 위 정관 규정을 위반한 하자가 총회결의의 효력을 무효로 할 만한 중대한 소집절차상의 하자라고 볼 수 있는지에 따라 판단하여야 한다고 보았다. 통상 총회 소집과정에서 이사회의 의결을 받지 않거나 그 의결에 하자가 있더라도 총회 상정안건에 대해서는 대의원회에서 별도의 결의를 거치고, 실제 총회에서 적법하게 의결이 이루어진 경우 달리 이사회 결의의 하자가 조합원들의 임시총회 참여기회나 의결권 행사 등에 미쳤다고 보기는 어려울 것이기 때문에, 이사회 결의의 하자를 총회결의를 무효로 볼 만한 중대한 소집절차상의 하자로 보기는 어려운 경우가 많을 것이다.

[12] 조합임원의 구성, 자격 및 권한

I. 조합임원의 구성

1. 조합장

조합은 조합장 1인을 두어야 한다(법 제41조 제1항). 조합장은 조합의 대표기관으로서 조합을 대표하고 사무를 총괄한다(법 제42조 제1항).

조합장은 조합의 기관인 총회, 대의원회, 이사회를 소집할 수 있고, 각 회의의 의장이 된다(법 제42조 제1항, 제44조 제2항, 시행령 제4항 제4항, 구 표준정관 제27조 제2항). 조합장은 별도로 대의원으로 선임되지 않더라도 대의원회 의장이 되는 경우 대의원으로 보아 대의원회의 의사 · 의결정족수에 포함된다(법 제42조 제2항).

2. 이사

조합은 이사를 두어야 하고, 이사의 수는 3명 이상으로 하되 토지등소유자의 수가 100인을 초과하는 경우에는 5명 이상으로 하는 범위에서 정관에서 정한다(법 제41조 제1항, 제2항, 시행령 제40조).

조합은 조합장만이 대표하므로(법 제42조 제1항), 조합의 이사는 대표권을 갖지 못하며, 조합장과 이사로 구성되는 이사회는 의결기관이 아니고 조합장을 보좌하여 조합 사무를 분담하는 사무집행기관이다(대법원 2020. 11. 5. 선고 2020다210679 판결). 따라서 조합의 이사는 조합의 대표기관인 조합장을 보좌하여 총회, 대의원회 결의에 따른 조합의 업무를 분담하여 집행하는 역할을 하며, 대의원이 될 수 없다(법 제46조 제3항).

3. 감사

조합은 감사를 두어야 하고, 감사의 수는 1명 이상 3명 이하의 범위에서 정관으로 정한다(법 제41조 제1항, 제2항, 시행령 제40조). 감사는 조합의 사무 및 재산상태와 회계에 대해 감사하는 업무(구 표준정관 제16조 제3항 등)

이외에도 일정한 범위에서 조합을 대표하는 지위를 갖는다.[1]

감사는 이사회에 출석하여 의견을 진술할 수 있으나 의결권은 가지지 않는다(구 표준정관 제30조 제1항).

Ⅱ. 조합임원의 자격과 임기

1. 조합임원의 자격요건

가. 도시정비법 등에 따른 자격요건

(1) 조합원의 자격

조합임원은 조합원 중에서 선임되므로 조합원의 자격이 있어야 한다(구 표준정관 제15조 제2항).

조합임원이 소유 부동산을 양도하여 소유권을 상실하면 조합원의 지위를 상실하므로, 조합임원의 지위도 당연히 갖지 못한다. 여러 공유자가 있는 경우 대표자로 선정된 자가 조합원의 권한을 행사하는 것이므로 원칙적으로 대표조합원이 조합원으로서 조합임원이 될 수 있으나, 대표조합원이 아닌 토지등소유자도 조합원 지위는 그대로 유지하므로 조합임원이 될 수 있다고 볼 수 있다.[2] 임의가입제인 재건축사업에서는 조합설립에 동의한 토지등소유자(조합원)에 한하여 조합임원에 선출될 자격이 있다.

조합원이 법인인 경우 법인의 대리인으로 지정한 자가 조합임원 또는 대의원으로 선임될 수 있다(법 제45조 제5항 제3호).

(2) 거주 또는 소유요건

종전에는 조합임원의 자격을 정관으로 정하고 있었으나(구 표준정관 제15조 제2항), 도시정비법이 2019. 4. 23. 법률 제16383호로 개정되면서 법률에서 조합임원의 자격요건을 정하게 되었다(법 제41조 제1항).[3] 각 조합의 정관은 구 표준정관에 따라 자격요건을 정하고 있는 경우가 많은데, 구 표준정관과 도시정비법 제41조 제1항의 내용은 다소 다르다.

---

1 자세한 내용은 Ⅲ.2.가.**감사의 대표권** 참고.

2 서울서부지방법원 2010. 6. 4.자 2010카합808 결정, 부산지방법원 2018. 10. 26. 선고 2018구합22853 판결, 서울고등법원 2019. 10. 10.자 2019라20204 결정.

3 위 개정규정은 위 일부개정법률의 시행일인 2019. 10. 24. 이후 조합임원을 선임(연임을 포함한다)하는 경우부터 적용한다[법 부칙(2019. 4. 23.) 제3조].

표 10 ▌ 표준정관과 도시정비법의 조합임원 자격요건

구분	규정 내용
구 재개발 · 재건축 표준정관 (2003. 6. 30. 공표) 제15조	② 조합임원은 총회에서 조합원 과반수 출석과 출석 조합원 2/3 이상의 동의를 얻어 조합원(조합설립인가일 현재 사업시행구역안에 1년 이상 거주하고 있는 자에 한한다)중에서 선임한다(후략)
구 재건축 표준정관 (2006. 8. 25. 개정 · 공표) 제15조[4]	② 조합임원은 총회에서 조합원 과반수 출석과 출석 조합원 과반수의 동의를 얻어 다음 각호의 1에 해당하는 조합원 중에서 선임한다(후략) 1. 피선출일 현재 사업시행구역 안에서 3년 이내 1년 이상 거주하고 있는 자(다만, 거주의 목적이 아닌 상가 등의 건축물에서 영업 등을 하고 있는 경우 영업 등은 거주로 본다) 2. 피선출일 현재 사업시행구역 안에서 5년 이상 건축물 및 그 부속토지를 소유한 자
2019. 4. 23. 법률 제16383호 일부개정법률 제41조	① 조합은 다음 각 호의 어느 하나의 요건을 갖춘 조합장 1명과 이사, 감사를 임원으로 둔다. 이 경우 조합장은 선임일부터 제74조 제1항에 따른 관리처분계획인가를 받을 때까지는 해당 정비구역에서 거주(영업을 하는 자의 경우 영업을 말한다. 이하 이 조 및 제43조에서 같다)하여야 한다. 1. 정비구역에서 거주하고 있는 자로서 선임일 직전 3년 동안 정비구역 내 거주 기간이 1년 이상일 것 2. 정비구역에 위치한 건축물 또는 토지(재건축사업의 경우에는 건축물과 그 부속토지를 말한다)를 5년 이상 소유하고 있을 것

도시정비법 제41조 제1항이 정하는 바에 따르면, 조합임원은 정비구역에서 거주하고 있는 자로서 선임일 직전 3년 동안 정비구역내 거주기간이 1년 이상이거나, 정비구역에 위치한 건축물 또는 토지(재건축사업의 경우에는 건축물과 그 부속토지를 말한다)를 5년 이상 소유하고 있어야 한다. 조합장은 선임일부터 관리처분계획인가를 받을 때까지 해당 정비구역에서 거주(영업)하여야 한다(법 제41조 제1항). 이 같은 자격요건에서 주로 거주요건이 문제된다.

① 거주요건의 '선임일'(구 표준정관상 '피선출일')은 그 문언상 임기개시시점이 아닌 총회(선임) 또는 대의원회(보궐선임)에서 선출된 날을 의미한다. 구 재개발 · 재건축 표준정관(2003. 6. 30. 공표된 것)과 같이 조합설립인가일 등을 기준으로 거주요건을 정하면 조합설립 이후에 조합원이 된 자는 조합임원의 피선임권이 박탈되는 문제가 있었다.[5]

4 건설교통부장관은 제정 도시정비법의 시행에 맞춰 2003. 6. 30. 재개발 표준정관과 재건축 표준정관을 공표하였으며, 그 중 재건축 표준정관은 2006. 8. 25. 한 차례 개정되었다.

5 다만, 정관에서 조합임원의 자격을 구 표준정관에 따라 "조합설립인가일 현재 사업시행구역안에 1년 이상 거주하고 있는 자"로 정한 것은 조합설립인가 이전 일정 기간 동안 사업시행구역 내에 거주하고 있었던 토지등소유자의 대표성을 확보하고 그들의 이해와 요구를 반영하여 주택재개발사업이 적정하고 효율적으로 추진될 수 있도록 하기 위한 것으로서 나름대로 합리성과 상당한 이유가 있다고 보는 등(서울고등법원

② 거주기간 '1년 이상'은 반드시 연속적일 필요는 없이 거주기간의 합이 1년 이상인 경우로 해석하는 것이 합리적이다.[6] 구 재건축 표준정관은 '피선출일 현재'로 정하여 피선출일 당일에도 거주요건을 충족해야 하는지 다툼이 있었는데 '3년 이내 1년 이상 거주'라는 문언과의 합리적 해석상 피선출일 당일에도 거주하여야 한다고 보기는 어렵고,[7] 도시정비법 제41조 제1항 제1호의 '선임일 직전'은 문언의 의미가 더욱 분명하여 반드시 선임일에 거주할 필요는 없다. 단, 조합장은 선임일 당일에 거주하여야 한다(법 제41조 제1항 후단).

③ 관리처분계획인가 후 이주가 시작되면 거주요건을 충족하기 어려우나, 조합임원은 거주요건과 소유요건 중 어느 하나를 갖추면 되므로 그 기간동안 5년 이상 소유요건을 갖추면 될 것이다. 다만 조합장은 소유요건과는 별도로 선임일로부터 임기만료일 또는 관리처분계획인가일까지 해당 정비구역에 계속 거주(영업)하여야 한다(법 제41조 제1항 후단).

조합임원이 임기 중 거주 · 소유요건을 상실하면 당연퇴임하여 그 지위를 상실한다(법 제43조 제2항 제2호).

나. 정관 등에 따른 자격요건 제한

(1) 정관 등에 따른 자격요건 제한의 가능 여부

구 표준정관 제15조 제2항은 조합임원의 자격요건을 "피선출일 현재 사업시행구역 안에서 3년 이내 1년 이상 거주하고 있는 자(다만, 거주의 목적이 아닌 상가 등의 건축물에서 영업 등을 하고 있는 경우 영업 등은 거주로 본다), 피선출일 현재 사업시행구역 안에서 5년 이상 건축물 및 그 부속토지를 소유한 자"로 정하였고, 상당수의 조합 정관도 구 표준정관 규정을 근거로 자격요건을 정하였다. 다만 각 조합의 사정에 따라 정관 또는 선거관리규정으로 자격요건을 강화 또는 완화하는 경우가 많고, 관리처분계획인가 후 이주가 시작되면 거주요건을 충족할 수 없으므로 이주를 즈음하여 거주요건을 완화하거나 삭제하였다.

조합임원의 자격요건은 법령에 반하지 않는 한 자체 판단으로 정관 등으로 정할 수 있다(대법원 2014. 5. 29. 선고 2012두17780 판결, 대법원 2017. 6. 19. 선고 2015다70679 판결). 자격요건은 선임을 위한 기준 또는 요건으로서 정관의 기재사항인 '조합임원의 선임방법'(법 제40조 제1항 제6호)에 포함된다.[8]

정관이 아닌 선거관리규정으로 조합임원의 자격요건(입후보자격)을 제한할 수 있는지 문제되는데, 선거관리규정도 조합의 내부규정으로서 자율성을 갖고 총회에서 승인을 받는다는 점에서 정관과 마찬가지로 자격요건을 제한할 수 있을 것이나,[9] 정관에 조합임원의 자

2009. 10. 28.자 2009라1008 결정 등) 대체로 적법하다고 보았다.

6 서울고등법원 2012. 9. 20. 선고 2012나16041 판결.

7 서울고등법원 2012. 9. 20. 선고 2012나16041 판결.

8 광주고등법원 2020. 2. 26.자 2019라1074 결정; 법제처 2013. 2. 28. 13-0023 해석례, 법제처 2016. 11. 7. 16-0394 해석례.

9 비영리법인의 내부규정에 관한 대법원 1992. 11. 24. 선고 91다29026 판결은 '단체내부의 규정'을 '법인

격요건을 직접 정하고 있음에도 불구하고 단지 "조합임원 · 대의원의 선임방법, 선거절차 등"을 위임받은 선거관리규정이 다시 별도의 자격요건을 정할 수 있다고 본다면 엄격한 절차로 변경되는 정관 규정을 우회하는 결과가 초래된다. 따라서 선거관리규정에서 정할 수 있는 것은 후보자추천 등 선거절차로 볼 수 있는 사항으로 한정하는 것이 바람직하고, 조합임원의 자격요건을 선거관리규정으로 제한하는 것은 정관으로 제한하는 것보다 위법성을 더욱 엄격히 판단할 필요가 있다.

⑵ 법령의 제한

조합임원의 자격요건을 정관으로 정하는 것은 법령에 반하지 않아야 한다(대법원 2017. 6. 19. 선고 2015다70679 판결).

종전에는 조합임원의 자격요건을 정관으로 정하고 있었으나 도시정비법이 2019. 4. 23. 법률 제16383호로 개정되면서 법률에서 정하는 사항이 되었고, 위 개정규정은 위 일부개정법률의 시행일인 2019. 10. 24. 이후 조합임원을 선임 · 연임하는 경우부터 적용된다(법 부칙(2019. 4. 23.) 제3조). 각 조합에서 새로운 조합임원을 선임하기 전에 개정된 법률에 맞춰 종전의 정관을 변경한다면 문제없겠으나, 정관을 변경하지 않거나 도시정비법 제41조 제1항보다 강화 또는 완화하는 경우 그 정관 규정 및 조합임원 선임결의의 효력이 문제될 수 있다. 이 부분은 다음 정도의 논의가 가능할 것으로 생각된다.

① 조합임원의 자격을 직접 법률에 정한 취지상 도시정비법 제41조 제1항은 강행규정으로 볼 여지가 많다. 이렇게 보면 개별 정관에서 다르게 정할 수 없고, 개별 정관의 내용에 상관없이 개정된 법률에 따라 자격요건을 판단하여야 한다.

② 도시정비법 제41조 제1항을 만연히 임의규정으로 보기는 어렵다. 다만, 이주후 준공까지 3년 이상이 소요되거나 공사가 중간에 중단된 경우는 거주요건을 충족하기 어렵고, 외부에서 영입한 인사(다른 조합의 조합장 등)를 조합장으로 선임하고자 하더라도 거주요건과 소유요건이 걸림돌이 되기 때문에 조합 사정에 따라 일정 부분 완화할 필요는 있다.

③ 도시정비법 제41조 제1항이 정한 자격요건이 제한적으로 열거된 것이 아니라면, 정관으로 자격요건을 추가하는 것은 가능하다고 볼 여지도 있다.[10] 이 경우 개정규정에 비해 강화(추가)된 부분은 그 내용의 합리적 필요성 등에 따라 효력이 있다고 볼 수 있다.

의 정관이나 그에 따른 세부사업을 위한 규정 등'으로 보아 반드시 정관(규약)으로 한정하지 않고, 대법원 2017. 6. 19. 선고 2015다70679 판결은 선거관리규정으로 자격요건을 제한한 사안에서 그 제한이 조합원의 피선거권을 과도하게 제한하거나 평등을 현저하게 침해하는 것은 아니어서 적법하다고 보아 선거관리규정에 의한 자격요건 제한도 가능한 것으로 보아 왔다.

10 조합임원의 자격요건과 달리 결격사유는 당초부터 법률에서 정하고 있었는데, 정관 등에서 추가로 결격사유를 정하는 것은 가능한 것으로 해석되어 왔다. 자세한 내용은 II.2.나.(1)정관 등에 따른 결격사유 추가 가능 여부 참고.

(3) 내용의 제한

정관의 규정이 사회관념상 현저히 타당성을 잃은 것이거나 결정 절차가 현저히 정의에 어긋난 것으로 인정되는 경우가 아니라면 유효로 볼 것이므로(비영리법인의 내부규정에 관한 대법원 1992. 11. 24. 선고 91다29026 판결 참고), 정관 등으로 조합임원의 자격을 정하는 것에는 상당한 재량이 있다. 그러나 정관 등의 규정이 조합원의 권리를 필요하고 합리적인 범위를 벗어나 과도하게 침해 내지 제한하거나 조합원들의 피선거권의 평등을 현저하게 침해하는 경우에는 무효로 보아야 할 것이므로(대법원 2011. 4. 28. 선고 2010다106269 판결), 정관 등으로 조합임원의 자격 등을 제한하는 것은 다른 사항에 비해 좀 더 엄격한 심사가 필요한 것으로 생각된다.

조합임원 또는 대의원의 자격제한에 있어 실무적으로 문제되어 온 쟁점은 다음과 같다.[11]

① 조합설립 동의 여부와 상관없이 조합원이 되는 재개발사업의 정관에서 조합임원 또는 대의원의 자격을 '조합설립에 동의한 조합원'으로 제한하는 것은 정비사업의 원활한 진행을 위해 합리적인 필요성이 있어 적법하다고 볼 수 있다(대법원 2014. 5. 29. 선고 2012두17780 판결).[12] 그러나, 조합설립에 동의하지 않은 조합원의 피선임권이 원천적으로 봉쇄되는데 반해 굳이 조합설립 동의 여부로 정비사업 추진 의사를 확인할 합리적인 필요는 없는 것으로 생각된다. 대법원 2018. 6. 15. 선고 2018다212498 판결은 선거관리규정으로 조합임원 또는 대의원을 자격을 조합설립에 동의한 자로 제한하는 것은 모든 조합원들에게 평등하게 부여되어야 할 피선거권을 합리적인 사유 없이 제한하는 것이어서 무효라고 판단하였다.

② 정관 또는 선거관리규정에서 조합임원 입후자에게 일정한 추천을 받도록 하는 경우[13] 추천받아야 할 조합원의 숫자가 전체 조합원의 숫자에 비추어 소수 조합원의 권리를 침해할 정도에 이르지 않는다면 적법하다고 볼 수 있다(대법원 2017. 6. 19. 선고 2015다70679 판결). 다만, 복수추천을 금지하면서[14] 과도한 추천인 수를 요구하여 1인의 입후보자가 다수의 추천을 받으면 다른 사

11 다만 아래의 논의는 2019. 4. 23. 법률 제16383호로 개정된 도시정비법 제41조 제1항이 시행되기 이전의 것으로서, 위 개정규정의 시행일인 2019. 10. 24. 이후에 (보궐)선임되는 경우에는 위 개정규정의 강행규정성에 따른 정관의 효력이 먼저 다루어져야 한다.

12 서울시 표준선거관리규정 제7조 제3항은 선거관리위원의 자격을 조합설립에 동의한 자로 한정하고 있다.

13 정관이 아닌 선거관리규정에서 추천절차를 정하고 있다 하더라도, 조합임원의 선출방법 등에 관한 기본적인 내용을 모두 정관에 규정하고 있고 후보자추천 등 구체적인 후보자등록절차를 총회에서 인준받은 선거관리규정에서 정하는 것은 적법하다(대법원 2019. 2. 28. 선고 2018다252311 판결). 서울시 표준선거관리규정 제24조는 조합임원 · 대의원 선거에 입후보하고자 하는 자는 선거관리규정에서 정하는 기준에 따라 선거인의 추천을 받도록 하고 있다.

14 복수추천 금지 자체는 추천인 수가 과도하지 않고 추전 조합원에게 직접 문의하는 방법 등으로 중복추천 여부를 확인할 수 있다면 피선임권을 침해하여 위법하다고 볼 수 없다(대법원 2019. 2. 28. 선고 2018다252311 판결). 선거관리규정에 중복 추천을 금지(해당 추천을 무효)하고 있음에도 선거관리위원회가 임의로 중복 추천을 인정할 수 없을 것이나, 그렇다고 하여 선거관리위원회의 중복 추천 허용 결정에 따라 추천을 받은 후보자에게 별도의 보완기회를 부여하지 않고 바로 후보자 자격이 없다고 판단한 것은 선거관리상의

람의 입후보 자체가 불가능하게 되는 정도에 이른다면 후보자추천을 정한 선거관리규정은 무효라고 보아야 한다(대법원 2011. 4. 28. 선고 2010다106269 판결).[15]

③ 겸직금지와 유사하게, 정관으로 다른 조합의 조합장, 정비사업전문관리업자의 임원이었던 자 등에 대해 조합장 등의 피선임권을 제한하는 것도 합리적인 범위에서 인정될 수 있을 것이다.[16]

2. 조합임원의 결격사유

가. 도시정비법 등에 따른 결격사유

(1) 도시정비법 제43조의 결격사유

조합임원의 자격요건을 갖추고 있더라도 결격사유가 있으면 조합임원이 될 수 없고, 선임 당시 결격사유에 해당하는 자이었음이 밝혀지거나 선임 이후 결격사유에 해당하게 되면 조합임원은 당연퇴임하여 지위를 상실한다(법 제43조 제1항, 제2항 제1호).

> 법 제43조(조합임원 등의 결격사유 및 해임) ① 다음 각 호의 어느 하나에 해당하는 자는 조합임원 또는 전문조합관리인이 될 수 없다.
> 1. 미성년자·피성년후견인 또는 피한정후견인
> 2. 파산선고를 받고 복권되지 아니한 자
> 3. 금고 이상의 실형을 선고받고 그 집행이 종료(종료된 것으로 보는 경우를 포함한다)되거나 집행이 면제된 날부터 2년이 지나지 아니한 자
> 4. 금고 이상의 형의 집행유예를 받고 그 유예기간 중에 있는 자
> 5. 이 법을 위반하여 벌금 100만원 이상의 형을 선고받고 10년이 지나지 아니한 자[17]

중대한 하자에 해당한다(서울고등법원 2012. 10. 11. 선고 2011나54657 판결).

15 위 대법원 2015다70679 판결과 위 대법원 2010다106269 판결 사안은 공통적으로 조합설립에 동의한 조합원만이 추천할 수 있도록 한 내용도 문제되었다. 위 대법원 2015다70679 판결 사안은 요구되는 추천인 수가 20명에 불과하여 조합설립 동의 여부가 추천에 별다른 영향을 미치지 못했던 반면, 위 대법원 2010다106269 판결 사안은 전체 조합원 438명 중 조합설립에 동의한 조합원은 200명인 상황에서 100명 이상의 추천을 받도록 하여 조합설립에 대한 동의 여부가 후보자추천요건에 직접 영향을 미치는 것이었다.

16 서울고등법원 2020. 5. 29. 선고 2020나2000221 판결은 조합임원의 자격을 "조합장은 정비사업 목적의 다른 조합의 조합장을 역임한 사실이 없는 자이거나 정비사업전문관리업을 하는 법인의 대표에 재임하지 않았거나 현재 재임하지 않는 자"로 제한한 정관 규정을 유효로 본 것인데, 어느 정도 제한할 필요성이 있고 피선임권 제한이 조합장으로 한정되는 것이기는 하나, 기간의 제한도 두지 않는 것은 다툼의 여지가 있다.

17 종전에는 5년으로 정하였으나, 도시정비법이 2019. 4. 23. 법률 제16383호로 개정되면서 10년으로 강화되었다. 위 개정규정은 위 일부개정법률의 시행일인 2019. 10. 24. 이후 조합임원을 선임(연임을 포함한다)하는 경우부터 적용한다[법 부칙(2019. 4. 23.) 제3조].

(2) 이 법을 위반하여 벌금 100만원 이상의 형을 선고받고 10년이 지나지 아니한 자

도시정비법 제43조 제1항 각 호 사유 중 제5호의 해석과 관련하여 다음과 같이 문제될 수 있다.

① 이 규정은 "이 법을 위반하여"로 정하고 있으므로 정관에서 추가로 정하지 않는 한 도시및주거환경정비법위반행위로 한정된다.[18]

② 이 규정이 "형을 선고받고"로 정하고 있어 형의 확정이 아닌 선고로서 결격사유가 발생하는 것처럼 볼 여지가 있다. 그러나, 벌금 100만원 이상의 형을 선고받은 사실로서 당연퇴임한다면 이후 상급심에서 무죄 또는 벌금 100만원 미만의 형이 확정되더라도 당연복직되는 것이 아니므로 당사자의 권리를 부당하게 침해하고, 정관에는 조합임원이 직무위배행위로 형사기소된 경우 확정판결이 있을 때까지 이사회 또는 대의원회 결의에 따라 직무를 정지할 수 있도록 하고 있으므로(구 표준정관 제17조 제4항), 무죄추정의 원칙도 감안하여 벌금형이 확정된 때 비로소 자격이 상실되는 것으로 보는 것이 타당하다.[19]

③ 조합임원은 도시및주거환경정비법위반으로 벌금 100만원 이상의 형이 확정되면 당연퇴임하여 조합임원의 지위를 상실하는 한편 10년 동안 조합임원이 될 수 없다. 그런데 도시및주거환경정비법위반죄가 다른 범죄와 같이 기소되어 경합범이 되는 경우 도시및주거환경정비법위반을 분리하여 선고하는 별도의 규정이 없어 다른 범죄로 인해 결격사유 여부가 달라지는 불합리한 문제가 발생하였다.[20] 이에 도시정비법이 2021. 8. 10. 법률 제18388호로 개정되어 벌금형은 분리하여 선고할 수 있도록 하였다. 위 개정규정은 위 일부개정법률의 시행일인 2021. 11. 11. 이후 발생한 범죄행위로 형벌을 받은 사람부터 적용한다(법 부칙(2021. 8. 10.) 제2조).

법 제43조의2(벌금형의 분리 선고) 「형법」 제38조에도 불구하고 이 법 제135조부터 제138조까지에 규정된 죄와 다른 죄의 경합범(競合犯)에 대하여 벌금형을 선고하는 경우에는 이를 분리하여 선고하여야 한다.

18 서울고등법원 2018. 6. 22. 선고 2018나2000747 판결 등.

19 서울북부지방법원 2013. 7. 22.자 2013카합189 결정, 서울서부지방법원 2018. 3. 16.자 2017카합50499 결정, 광주지방법원 2018. 7. 30.자 2018카합50277 결정 등.

20 국가공무원법 제33조의2, 지방공무원법 제31조의2, 새마을금고법 제21조의2, 농업협동조합법 제49조의2 등은 임원의 결격사유와 관련하여 벌금형 선고는 분리하도록 정하고 있다. 분리 선고 규정이 없었던 구 새마을금고법(2011. 3. 8. 법률 제10437호로 개정되기 전의 것) 제21조는 과잉금지원칙에 반하여 직업선택의 자유 및 평등원칙을 침해하는 것으로서 헌법불합치 결정되었다(헌법재판소 2014. 9. 25. 선고 2013헌바208 전원재판부 결정). 도시및주거환경정비법위반죄도 분리 선고할 필요는 있었으나, 형법 제38조의 적용을 배제할 명문의 규정이 없어 분리 선고할 수 없었다.

나. 정관 등에서 추가로 정하는 결격사유

(1) 정관 등에 따른 결격사유 추가 가능 여부

조합임원의 결격사유는 법률에서 직접 정하고 있는데(법 제43조 제1항), 정관에서 법률이 정한 사항 이외에 추가로 결격사유를 정할 수 있는지 문제된다.

도시정비법 제43조 제1항이 정하는 결격사유는 도시정비법이 정하는 모든 형태의 정비사업에 공통적으로 적용되는 결격사유를 법률에서 명시적으로 정한 것이고, 도시정비법상 정관의 필요적 기재사항인 "조합임원의 권리 · 의무 · 보수 · 선임방법 · 변경 및 해임"(법 제40조 제1항 제6호) 중 '조합임원의 선임방법'은 정관에서 조합임원의 자격요건 또는 결격사유를 정할 수 있는 근거가 될 수 있으므로, 개별 조합의 필요에 따라 결격사유를 추가할 수 있다고 보는 것이 타당하다.[21·22]

(2) 내용의 제한

원칙적으로 조합임원의 자격을 정관으로 정하는 것에 재량이 있다 하더라도, 조합원의 권리를 필요하고 합리적인 범위를 벗어나 과도하게 침해 내지 제한하거나 조합원들의 피선거권의 평등을 현저하게 침해하는 경우에는 무효이므로(대법원 2011. 4. 28. 선고 2010다106269 판결), 그 내용에는 일정한 제한이 있다.

① 벌금 100만원 이상의 형의 선고와 관련하여 "이 법"(도시정비법) 이외에 횡령 · 배임 · 뇌물수수 등을 범한 경우도 결격사유로 정하는 것은 필요성이 인정될 수 있고, 대상범죄가 특정되고 달리 특정인을 조합임원에서 배제하고자 만든 것이라는 등의 사정이 없다면 정관 규정이 무효라고 보기는 어려울 것이다.[23]

② 정관에서 "면직의 처분을 받은 때로부터 2년이 경과되지 않은 자"(구 표준정관 제17조 제1항 제5호), "해임된 자" 등과 같이 종전에 조합임원의 지위를 상실한 자가 다시 조합임원선거에 출마하지 못하게 하더라도 이는 합리적인 범위의 제한이어서 가능한 것으로 생각된다.[24]

③ 다만 정관이 아닌 선거관리규정으로 결격사유를 추가한 경우, 정관의 내용을 보완

---

21 법제처 2016. 11. 7. 16-0394 해석례; 도시정비법 제43조(구법 제23조)의 결격사유를 제한적인 열거사항으로 볼 수 없다는 판단으로 수원지방법원 안양지원 2010. 10. 22.자 2010카합139 결정, 전주지방법원 2012. 6. 13. 선고 2011가합572 판결.

22 구 표준정관도 "법 또는 관련 법률에 의해 징계에 의하여 면직의 처분을 받은 때로부터 2년이 경과되지 않은 자"와 같이 별도의 결격사유를 정하고 있다(구 표준정관 제17조 제1항 제5호).

23 서울서부지방법원 2017. 4. 25.자 2017카합104 결정; 위 서울서부지방법원 2017카합104 결정 사안은 정관에 "도시 및 주거환경정비법 또는 조합 업무와 관련된 사항(사문서 위조, 공금유용 · 횡령 · 배임, 업체로부터 뇌물수수, 명예훼손)을 위반하여 벌금 100만원 이상의 형을 선고받고 5년이 지나지 아니한 자"라는 결격사유를 정한 것이다. 다만 '공금유용'은 다소 포괄적이고 명예훼손은 일상적으로 사소한 점도 문제될 수 있다는 점에서 형법 또는 특별법의 중대한 범죄에 한해 그 죄명을 특정하는 것이 필요한 것으로 생각된다.

24 수원지방법원 안양지원 2010. 10. 22.자 2010카합139 결정.

하는 정도가 아니라면 그 효력에 다툼이 있을 것으로 생각된다.[25]

3. 조합임원의 겸직금지의무

조합임원은 같은 목적의 정비사업을 하는 다른 조합의 임원 또는 직원을 겸할 수 없다(법 제42조 제4항). 정관에도 조합 · 추진위원회 또는 해당 사업과 관련된 시공자 · 설계자 · 정비사업전문관리업자 등 관련단체의 임원 · 위원 또는 직원을 겸할 수 없다는 규정을 두고 있다(구 표준정관 제16조 제8항).

겸직금지규정은 조합임원이 임무를 충실히 수행하도록 하고, 동일한 사업 목적을 갖는 다른 조합의 사무를 처리하는 과정에서 직면할 수 있는 이익충돌의 상황을 회피함으로써 조합원의 이익을 보호하기 위하여 부과된 의무이다. 따라서 조합임원은 겸직상태라면 조속히 겸직상태를 해소할 의무를 부담하고, 이를 이행하지 않는 경우 해임 또는 조합에 손해배상책임을 부담하게 될 수 있다.[26]

조합임원의 겸직금지의무위반을 결격사유로 볼 수 있는지에 관해, 정관 등에서 겸직을 별도의 결격사유로 정한 것이 아니라면[27] 조합임원에게 부과되는 겸직금지의무를 바로 결격사유로 보기는 어려운 것으로 생각된다.[28] 이렇게 본다면 선임 당시 겸직상태였다 하더라도 당선이 무효가 되는 것은 아니라 조속히 겸직상태를 해소할 의무를 부담하고, 그 위반시 직무수행이 부적절한 것으로 보아 해당 조합임원의 직무를 정지하거나 해임시키는 절차를 진행하는 것이 필요한 것으로 생각된다.

4. 조합임원의 임기

가. 임기의 기간

(1) 도시정비법 제41조에 따른 임기의 제한

조합임원의 임기는 3년 이하의 범위에서 정관으로 정한다(법 제41조 제4항).

종전에는 도시정비법에 조합임원의 임기를 별도로 정하지 않고 조합정관으로 정하도

---

25 서울시 표준선거관리규정은 다른 조합의 임원, 시공자 · 정비사업전문관리업자 등의 임원 · 직원 등을 결격사유로 정하고 있다.

26 서울중앙지방법원 2007. 6. 21. 선고 2006가합74728 판결.

27 도시정비법 제42조 제4항 및 구 표준정관 제16조 제8항은 해당 조합의 임원이 다른 조합의 임원 등을 할 수 없다는 것일 뿐, 다른 조합의 임원 등인 자가 해당 조합의 임원이 될 수 없다는 것은 아니다. 한편 서울시 표준선거관리규정 제6조 제2항 제7호는 "같은 목적의 사업을 시행하는 다른 조합 · 추진위원회 또는 당해 사업과 관련한 시공자 · 설계자 · 정비사업전문관리업자 등 관련단체의 임원 · 위원 · 직원으로 소속된 자"를 결격사유로 정하고 있다.

28 선임될 당시 겸직상태에 있었다 하더라도 조속히 겸직상태를 해소할 의무만을 부담할 뿐 겸직사실만으로 조합임원의 결격사유이거나 선임이 무효라고 볼 수 없다는 본 사례로 서울중앙지방법원 2007. 6. 21. 선고 2006가합74728 판결, 서울서부지방법원 2019. 2. 21. 선고 2018가합38355 판결.

록 하고 있었는데 이를 악용하여 소수 특정인이 조합임원의 임기를 장기간 독점하는 사례가 빈번하게 발생하자, 도시정비법이 2016. 1. 19. 법률 제13792호로 개정되면서 조합임원의 임기는 3년 이하의 범위에서 정관으로 정하도록 하였다. 위 개정규정은 위 일부개정법률의 시행일인 2016. 1. 19. 이후 최초로 조합임원을 선출하는 경우부터 적용한다(법 부칙(2017. 2. 8.) 제33조). 위 규정의 '3년'은 임기의 한도를 정한 강행규정으로 해석되므로 정관에서 임기를 3년보다 장기로 정한 것은 무효로 보는 것이 타당하다.

⑵ 임기의 적용

총회에서 선임되는 조합임원의 임기는 정관이 정하는 임기가 적용된다. 다만 대의원회에서 조합장을 제외한 조합임원을 보궐선임하는 경우 보궐선임된 조합임원의 임기는 전임자의 잔임기간으로 한다(구 표준정관 제15조 제4항).

⑶ 정관 변경에 따른 임기의 적용

조합임원의 임기는 정관의 경미한 변경사항으로서 정관에 따른 변경절차를 거친 후 시장·군수등에게 신고하여야 한다(법 제40조 제4항, 시행령 제39조 제3호). ⓐ 신고가 수리를 요하지 않는 신고라면 신고수리 여부와 상관없이 효력이 발생하므로 정관 변경 이후에 선임된 조합임원은 그 변경된 임기가 적용되나, ⓑ 수리를 요하는 신고라면 그 신고수리가 있은 때 정관변경의 효력이 발생하는 것이므로 신고수리 이전에 선임된 조합임원은 변경전 임기가 적용된다고 보는 것이 타당하다.[29]

나. 임기의 개시일

단체의 임원 선출을 위한 투표에서 별도의 규정이 없는 한 개표가 완료되어 정관 등에서 정하고 있는 이상의 득표를 하였으면 당연히 그 후보가 임원으로 선출된다고 본다(사단법인에 대한 대법원 1995. 4. 14. 선고 94다52225 판결 참고). 따라서 새로 선임된 조합임원의 개시일은 정관에서 달리 정하고 있지 않은 이상 원칙적으로 총회에서 선임된 때(구 표준정관 제15조 제3항)로 볼 수 있다. 선임되는 상황에 따른 임기의 개시일은 다음과 같다.

① 창립총회에서 선출된 조합임원의 임기의 개시일은 창립총회에서 선임한 때, 조합설립인가를 받은 때, 또는 조합설립등기를 한 때 등으로 볼 수 있으나, 조합은 설립등기를 하여야 성립하므로(법 제38조 제2항), 조합설립등기를 한 때로 보는 것이 타당하다.[30]

② 전임 조합임원의 임기만료 이전에 선임 또는 연임된 조합임원은 전임 조합임원의

29 조합임원의 임기 등 정관의 경미한 변경에 대한 신고는 종전에 수리를 요하지 않는 신고로 보았으나(서울고등법원 2011. 11. 10. 선고 2011누23865 판결), 도시정비법이 2021. 3. 16. 법률 제17943호로 개정되면서 정관의 경미한 변경에 대한 신고는 수리를 요하는 신고임을 명확히 하였다(법 제40조 제5항, 제6항, 시행일 2021. 3. 16.). 자세한 내용은 **[7]조합 설립 VI.1.도시정비법상 신고의 법적 성격** 참고.

30 문선희, 30; 안광순(상), 569; 서울동부지방법원 2011. 8. 26. 선고 2010가합4910 판결.

임기가 만료된 때로부터 임기가 개시된다.[31]

③ 전임 조합임원의 임기만료 이후에 선임된 조합임원은 총회에서 선임한 때로부터 임기가 개시된다.[32] 전임 조합임원이 사임 또는 해임 등으로 인해 궐위된 이후에 (보궐)선임된 경우도 동일하게 볼 것이다. 전임 조합임원의 임기만료 이후에 연임결의를 한 것이라면, 연임결의시에 새로운 임기가 다시 개시된다고 보는 것보다 종전 임기가 만료된 이후 곧바로 새로운 임기가 개시된다고 보는 것이 합리적이다.[33]

한편 조합임원 또는 대의원의 변경은 조합설립인가내용의 경미한 변경사항이므로 총회에서 조합임원 등을 선임하면 조합설립변경신고를 마쳐야 하는데(법 제35조 제4항 단서, 시행령 제31조 제4항), 신고를 요하는 수리로 본다면 행정청의 수리행위가 있어야 그 변경의 효력이 있다. 다만 이러한 인가 또는 신고수리 유무에 따라 효력이 문제되는 것은 공법상 관계이고 조합과 조합임원, 조합원 사이의 내부적인 사법관계에는 영향이 없으므로, 그 수리여부에 상관없이 선임한 때 선임의 효력이 발생한다고 볼 것이다.[34]

Ⅲ. 조합의 대표권

1. 조합장의 대표권

가. 조합장의 포괄적 대표권

조합장은 조합의 대표기관으로서 조합을 대표하고, 조합의 대내외적인 사무를 총괄한다(법 제42조 제1항). 민법상 법인의 이사가 원칙적으로 각자 법인을 대표하는 것(민법 제59조 제1항)과 달리 정비사업조합에서는 조합장만이 조합을 대표한다.

조합장은 도시정비법이나 민법 중 사단법인에 관한 규정에서 달리 정하지 않는 한 조합의 사무에 관하여 재판상 또는 재판 외의 모든 행위를 할 수 있다(대법원 2012. 3. 15. 선고 2011다95779 판결). 따라서 조합장은 스스로 조합을 대표하여 소송행위를 적법하게 할 수 있고, 총회 의결을 받지 않아 무효인 소송위임에 따른 소송행위도 유효하게 추인할 수 있다(위 대법원 2011다95779 판결).

나. 조합장의 대표권의 제한

조합장이 도시정비법상 총회의 의결을 받아야 하는 사항에 대해 적법한 총회의 의결을 받지 않고 조합을 대표하여 계약을 체결한 것은 강행규정 위반으로서 무효이다. 상대방이 그러한 법적 제한이 있다는 사실을 몰랐다거나 총회결의가 유효하기 위한 정족수 또는 유

---

31 문선희, 31; 안광순(상), 569.

32 문선희, 30; 안광순(상), 569.

33 자세한 내용은 [13]조합임원의 선임 및 종임 I.3.나.연임의 절차 및 연임된 조합임원의 임기 참고.

34 서울고등법원 2011. 11. 10. 선고 2011누23865 판결.

효한 총회결의가 있었는지에 관하여 잘못 알았더라도 계약이 무효이며, 상대방이 선의·무과실이라 하더라도 민법 제107조의 비진의표시 또는 표현법리의 법리가 적용될 수 없다(대법원 2016. 5. 12. 선고 2013다49381 판결).

민법상 이사의 대표권에 대한 제한은 정관에 기재하지 않는 한 효력이 없고 그 제한은 등기하지 않으면 제3자에게 대항할 수 없다(민법 제41조, 제60조 제1항). 도시정비법령도 임원의 대표권을 제한하는 등기를 예정하고 있고(시행령 제36조 제6호), 민법 중 사단법인에 관한 규정이 준용되므로 정관 및 등기에 의해 대표권 제한이 문제될 수 있으나, 앞서 본 바와 같이 총회의 의결을 받아야 하는 사항에 대해 적법한 총회 의결을 받지 않고 계약을 체결하는 것은 강행법규 위반으로서 무효이고 표현법리가 적용되지도 않으므로, 주로 강행법규 위반에 따른 무효 문제로 귀결된다.

2. 조합장의 직무수행권한 일시적 배제

가. 감사의 대표권

감사는 조합의 사무 및 재산상태와 회계에 대해 감사하는 업무 이외에도 일정한 범위에서 조합을 대표하는 지위를 갖는다.

① 조합원 등의 총회 또는 대의원회 소집 요구에도 불구하고 조합장이 총회 또는 대의원회를 소집하지 않는 경우 감사가 지체 없이 총회를 소집한다(시행령 제44조 제5항, 구 표준정관 제20조 제5항).

② 조합장 또는 이사가 자기를 위하여 조합과 계약이나 소송을 할 때에는 감사가 조합을 대표한다(법 제42조 제3항).[35] 이는 조합장 또는 이사와 조합 사이에는 이해의 충돌이 있기 쉬우므로 그 충돌을 방지하고 공정한 업무수행을 확보하기 위하여 비교적 객관적 지위에 있는 감사가 조합장 또는 이사와 조합 사이의 계약의 체결이나 이행 및 조합장 또는 이사와 조합 사이의 소송을 수행하도록 한 것이므로, 조합이 조합장 또는 이사를 상대로 소송을 제기하는 경우도 감사가 조합을 대표할 수 있고, 이 경우 감사는 총회나 이사회 결의의 유무에 상관없이 독립적으로 자기의 의사에 따라 소송을 제기할 것인지 여부를 결정할 수 있다고 보는 것이 타당하다.[36·37] 이 규정에 따라 조합을 대표할 감사가 있는 때에는 조합장이 없거

---

35 다만 해임된 조합장이 조합을 상대로 해임결의무효확인을 구하는 경우에는 이 규정이 적용되지 않고, 피고 조합의 대표자는 정관에 따라 이사 중 조합장 직무대행자를 선임할 수 있으면 그 직무대행자가, 직무대행자를 선임할 수 없으면 신청에 의해 특별대리인으로 선임된 발의자 대표를 피고 조합을 대표하는 것이 타당하고 생각된다. 이에 대한 자세한 내용은 **[13]조합임원의 선임 및 종임 III.2.나.(3)피고의 대표자** 참고.

36 서울고등법원 2019. 10. 18. 선고 2019나2024269 판결; 상법상 회사의 경우 회사가 이사에 대하여 또는 이사가 회사에 대하여 소를 제기하는 경우에 감사는 그 소에 관하여 회사를 대표하고(상법 제394조 제1항), 감사가 소제기 결정도 단독으로 할 수 있다고 보는 것이 통설이다. 도시정비법 제42조 제3항의 문언이 상법 제394조 제1항과는 다르나 감사의 역할에 비추어 달리 볼 것은 아닌 것으로 생각된다.

37 다만 이렇게 보더라도 조합이 이사가 아닌 자를 상대로 소를 제기하는 경우까지 감사가 조합을 대표할 수는 없을 것이다(서울고등법원 2019. 10. 18. 선고 2019나2024269 판결).

나 조합장이 대표권을 행사할 수 없는 사정이 있더라도 특별대리인을 선임할 수 없으며, 수소법원이 이를 간과하고 특별대리인을 선임하였더라도 특별대리인은 이사가 제기한 소에 관하여 조합을 대표할 권한이 없다(대법원 2015. 4. 9. 선고 2013다89372 판결).[38]

나. 발의자 대표가 소집하는 총회와 관련된 조합장의 총회소집권한 배제

조합원이 직접 총회를 소집할 수 있는 것은 ⓐ 조합원 1/5 이상 또는 대의원 2/3 이상이 총회 소집을 요구하였음에도 조합장 및 감사가 지체 없이 총회를 소집하지 않는 경우(법 제44조 제2항, 구 표준정관 제20조 제4항), ⓑ 조합임원을 해임하기 위해 조합원 1/10 이상의 요구가 있는 경우(법 제43조 제4항), ⓒ 민법의 사단법인에 관한 규정을 준용하여 조합원 1/5 이상이 회의의 목적사항을 제시하여 임시총회 소집을 청구하였음에도 조합장이 2주간내에 총회 소집 절차를 밟지 않는 경우(민법 제70조 제2항, 제3항) 등이 있다.

발의자 대표는 총회 소집 및 진행에서 조합장의 권한을 대행한다. 이때 발의자 대표는 조합의 기관으로서 총회를 소집하는 것이므로, 조합장은 위 임시총회와 같은 날 다른 임시총회를 소집할 권한은 없다.[39]

다만 발의자 대표가 총회 소집 및 진행에서 조합장의 권한을 대행한다 하더라도 그 이후 총회결의에 대한 쟁송에서 조합을 대표한다고 볼 근거는 없고, 조합장이 없고 조합장 직무대행자도 선임하기 어려운 경우에 특별대리인으로 선임되어 조합을 대표할 여지가 있다.

다. 정관에 따른 조합장의 대표권 및 직무집행권한 배제

정관상 조합장의 해임에 관한 사항 등은 상근이사 또는 이사 중 연장자 순으로 조합을 대표하도록 정하고 있다(구 표준정관 제16조 제6항).[40] 이 경우는 조합장이 유고 등으로 인하여 그 직무를 수행할 수 없는 경우와 달리 조합장이 특정 사안에 한정하여 일시로 직무권한이 배제된다.

3. 조합장의 직무대행자 선임

가. 정관에 따른 직무대행자 선임

(1) 정관에 따른 직무대행자 선임

정관에는 조합장이 유고 등으로 인하여 그 직무를 수행할 수 없는 경우 상근이사 또는 이사 중 연장자 순으로 조합을 대표하도록 정하고 있다(구 표준정관 제16조 제6항). 조합은 대표기관인 조합

---

38 이 경우 특별대리인을 대표자로 한 조합을 상대로 제기한 소는 부적법하므로 당사자표시정정으로 조합의 대표자를 감사로 정정하도록 하여야 한다(위 대법원 2013다89372 판결).

39 자세한 내용은 **[14]총회의 소집 II.1.다.소수 조합원 등의 소집 요구에 의해 발의자 대표가 소집하는 총회와 중복되는 임시총회 소집권한 배제** 참고.

40 구 표준정관 제16조 제6항 제2호는 "조합장이 자기를 위한 조합과의 계약이나 소송 등에 관련되었을 경우"도 정하고 있으나, 도시정비법 제42조 제3항은 이 경우 감사가 조합을 대표하도록 되어 있다.

장에 의하여 행위를 하여야 하는데 유고 등의 사유가 발생한 경우 이사 등이 조합장의 직무를 대행하여 조합을 대표하도록 한 것이다.

정관에 일정한 순서대로 조합을 대표하도록 되어 있으므로 별도의 선임행위 없이 당연히 직무대행자가 되는 것으로 볼 여지가 있으나, 이사 본인의 의사에 반하여 직무대행을 강제할 수 없으므로 직무대행을 성실히 수행하겠다는 취지의 취임 수락행위는 필요한 것으로 생각된다. 따라서 이사들 사이에서 정관에 따른 순서대로 수락의사를 묻는 절차를 거쳐야 직무대행자가 확정될 것으로 생각된다.

(2) 유고의 범위

직무대행자 선임 사유인 '유고'는 임기만료 전에 사망, 질병 등 기타 부득이한 사정으로 그 직무를 집행할 수 없는 경우를 의미한다(재단법인 이사장의 유고에 관한 대법원 2008. 12. 11. 선고 2006다57131 판결 등 참고).

① 조합장이 도시및주거환경정비법위반으로 벌금형을 선고받는 등 도시정비법 등이 정한 결격사유에 해당하면 당연퇴임하므로 이는 유고에 해당한다.[41] 그러나 조합장이 형사범죄로 실형을 선고받아 미결수용되어 장기간 옥중에서 직무를 수행하는 경우, 아직 확정판결에 따른 결격사유가 발생하지 않았고 옥중에서도 직무수행이 가능하므로 이를 유고로 단정하기 어렵고, 조합장이 그와 같은 사유로 바로 대표권을 상실한다고 볼 수 없으므로 이를 유고로 보기 어려운 것으로 생각된다.[42] 이 경우에는 정관에 따라 이사회 또는 대의원회에서 조합장의 직무수행을 정지하고 직무대행자를 선임하거나(구 표준정관 제18조 제4항), 총회에서 조합장을 해임하는 방법으로 직무집행에서 배제하여야 한다.

② 조합장이 임기가 만료되더라도 이는 유고에 해당하지 않고[43] 조합의 대표권은 조합장에게만 있으므로 종전 조합장이 정관 또는 민법 제691조에 따라 일정한 범위에서 계속 업무를 수행한다. 다만, 종전 조합장이 업무를 수행하던 중 직무집행정지가처분 결정이 있거나 형사판결 확정 등의 결격사유가 발생한 경우에는 임기만료한 조합장이 그 직무를 수행할 수 없는 사정이 발생한 것이므로 유고에 준하여 다른 이사가 직무대행을 하여야 한다(재단법인 이사장의 유고에 관한 대법원 2008. 12. 11. 선고 2006다57131 판결 참고).[44] 대표자가 단체와 이해상반되는 지위에 있다 하더라도 직무집행정지 가처분결정이 있다는 등의 사정이 없는 이상 곧바로 유고라고 볼 수 없다(종중에 관한 대법원 2010. 5. 13. 선고 2010다3384 판결 참고).

③ 조합장이 사임하거나 별도의 직무집행정지 의결 없이 해임된 경우에도 조합의 업무

---

41 부산고등법원 2018. 5. 24. 선고 2017나53449 판결.

42 서울동부지방법원 2015. 7. 17.자 2015카합10097 결정.

43 서울서부지방법원 2019. 2. 21. 선고 2018가합38355 판결; 추진위원장이 임기만료 후 사망한 경우는 운영규정이 정한 유고에 해당하지 않으므로 부위원장이 추진위원장의 직무를 대행할 수 없다고 본 사례로 서울북부지방법원 2016. 1. 29.자 2016카합20010 결정.

44 서울고등법원 2017. 1. 23.자 2016라20786 결정.

를 수행케 함이 부적당하다고 인정할 만한 특별한 사정이 없다면 업무를 계속 수행할 수 있을 것이나, 새로운 조합임원이 선임 · 취임할 때까지 그 직무를 수행하는 것이 적합하지 않을 경우에는 이사회 또는 대의원회 결의에 따라 조합장의 직무수행을 정지할 수 있고 이사 중 상근이사 또는 연장자순으로 조합장의 직무를 대행한다(구 표준정관 제18조 제4항 단서). 조합장, 감사 등이 모두 사임하거나 해임된 후 실제 조합장의 직무를 수행하지 않는다면 조합장 직무대행을 선임할 유고에 해당한다고 볼 수 있다.[45]

(3) 업무범위

정관에 따라 선임된 조합장 직무대행자는 법원의 가처분명령에 의해 선임되는 직무대행자와 달리 민법 제60조의2가 적용되지 않으므로 정관에서 별도로 제한하지 않는 한 업무범위가 통상사무에 한정되지 않는다고 보는 것이 타당하다.[46] 이렇게 본다면 조합장 직무대행자가 법원에 상무외행위허가를 구할 필요나 법률상 근거도 없다.[47]

나. 법원의 가처분 결정에 따른 직무대행자의 선임

조합장 지위의 부존재나 그 선임결의의 효력을 다투면서 보전처분으로서 채무자를 조합장으로 하는 직무집행정지 가처분을 신청할 수 있고, 직무집행정지 가처분 신청에 부수하여 직무대행자 선임도 신청하고 있다. 정관이 정하는 바에 따라 상근이사 또는 이사 중 연장자가 조합장의 직무대행을 할 수 있다 하더라도 그 직무대행자에게 공정한 직무대행을 기대하기 어렵다는 등의 사정이 있으면 별도의 직무대행자를 선임하는 결정을 할 수 있다.

법원의 가처분 결정에 따라 선임되는 직무대행자는 정관에 따라 선임되는 직무대행자와 달리 가처분 명령에서 따로 정하지 않았다면 통상사무로 그 업무가 한정되고, 통상사무의 범위를 벗어난 행위는 법원의 허가를 받아야 한다.[48]

다. 법원의 결정에 따른 임시조합장 선임

(1) 임시이사 선임 청구 사유

조합장을 포함한 조합임원이 모두 사임, 해임하여 조합장을 직무대행할 이사가 없는 경우 민법 제63조를 준용하여 임시조합장을 선임하기 위해 법원에 임시이사 선임을 청구

---

45 부산지방법원 동부지원 2021. 2. 8.자 2020카합100596 결정.

46 정관에 따른 직무대행자의 업무가 통상사무에 한정되지 않는다고 본 사례로 서울고등법원 2006. 6. 30.자 2006라222 결정, 서울남부지방법원 2010. 7. 23.자 2010비합73 결정, 서울고등법원 2015. 10. 23. 선고 2015나17274 판결 등; 반대로, 정관에 따른 직무대행자는 임시의 지위에 있으므로 통상사무를 벗어난 행위까지 임의로 할 수 없다고 본 사례로 서울고등법원 2008. 5. 15. 선고 2007나67151 판결, 서울서부지방법원 2018. 7. 5. 선고 2016가합38801 판결.

47 서울남부지방법원 2010. 7. 23.자 2010비합73 결정, 서울남부지방법원 2012. 3. 29. 선고 2011가합11239 판결.

48 자세한 내용은 [13]조합임원의 선임 및 종임 III.4.나.법원이 선임한 직무대행자의 권한 참고.

할 수 있다.

민법 제63조에 따른 임시이사 선임 청구의 요건인 "이사가 없거나 결원이 있는 경우"는 이사가 전혀 없거나 정관에서 정한 인원수에 부족이 있는 경우를 의미하고, "이로 인하여 손해가 생길 염려가 있는 때"는 통상의 이사선임절차에 따라 이사가 선임되기를 기다릴 때에 법인이나 제3자에게 손해가 생길 우려가 있는 것을 의미한다고 해석된다(비법인사단의 임시이사 선임에 관한 대법원 2009. 11. 19.자 2008마699 전원합의체 결정 등 참고). 다만 조합의 경우 조합장만이 조합을 대표하고 이사는 조합장을 보좌하여 조합의 업무를 분담하여 집행하는 역할에 불과하며 이사회는 사무집행기관으로서 이사회 결의 없이 총회를 개최하더라도 총회결의가 적법할 수 있는 점을 놓고 보면, 이사가 각자 법인을 대표하거나 이사회가 의결기관인 다른 법인과 달리 조합은 이사에 일부 결원되었다고 하여 곧바로 조합에게 손해가 생길 우려가 있다고 보기 어렵다. 결국 조합에서 임시이사 선임이 필요한 경우는 조합의 대표자인 조합장이나 그 직무대행을 할 이사가 없고, 종전이사로 하여금 조합의 업무를 수행하게 하는 것이 부적당하고, 통상의 절차에 따른 새로운 조합장의 선임이 극히 곤란하여 조합이나 타인에게 손해가 생길 염려가 있는 경우로 보는 것이 타당한 것으로 생각된다.[49]

⑵ 임시이사 선임 청구 절차

조합원 등의 이해관계인이 조합의 주된 사무소 소재지의 지방법원 합의부에 신청을 할 수 있다(민법 제63조, 비송사건절차법 제33조 제1항).[50] 신청인이 임시이사 후보자를 특정할 수 있으나, 법원이 이에 기속되지 않는다. 실무상 재판부가 지방변호사회 등에 추천의뢰 공문을 보내 추천을 받기도 한다.

임시이사 선임결정에 대한 불복은 통상항고의 방법으로 하며, 일반 민사소송절차에서 무효를 주장할 수 없다(재단법인에 관한 대법원 1976. 10. 26. 선고 76다1771 판결 참고). 가처분절차로 임시이사의 선임을 구하는 것도 부적법하다.[51]

⑶ 임시이사의 권한

민법 제63조에 의하여 법원이 선임한 임시이사는 특별히 법원의 결정에 따라 그 권한에 제한이 없는 이상 일반 이사와 동일한 권한이 있고, 가처분 결정으로 선임된 직무대행자와 달리 권한이 통상사무에 속한 것으로 제한받지 않는다(대법원 1968. 5. 22.자 68마119 결정 등 참고).

따라서 조합을 대표할 이사 1인(임시조합장)으로 선임되거나 선임된 여러 이사 중 정관

49 서울고등법원 2010. 9. 29.자 2010라258 결정, 서울고등법원 2017. 1. 23.자 2016라20786 결정; 통상 조합장 직무를 수행할 임시이사 1인을 선임하고 있으나, 정관에 따른 이사 정원 수에 맞춰 임시이사 선임결정을 하기도 한다.

50 이해관계인이란 임시이사가 선임되는 것에 관하여 법률상의 이해관계가 있는 자로서 사건본인의 다른 이사, 사원, 채권자 등이 포함된다(대법원 1976. 12. 10.자 76마394 결정).

51 서울서부지방법원 2012. 6. 11.자 2012카합279 결정.

에 정하는 순서에 따라 조합장 직무대행자가 될 자는 정식 조합장과 동일하게 임시총회 소집 등을 할 수 있다.[52] 임시이사도 총회 의결을 받아야 하는 사항에 대해서는 총회 의결을 받아야 하므로, 그 총회 의결을 거치지 않고 사업을 임의로 추진한 경우 정식이사와 동일하게 형사처벌의 대상이 된다(대법원 2016. 10. 27. 선고 2016도138 판결).

임시이사의 권한은 정식의 이사가 선임되면 당연히 소멸되는 것으로 해석된다. 임시이사 선임 결정 후 사정변경에 생겨 그 선임결정이 부당하다고 인정될 때에는 선임결정을 취소 또는 변경할 수 있다(비송사건절차법 제19조).

참고자료

김은유, "정비사업 조합 임원의 선임 및 해임에 따른 법률문제", 사법 제23호 (2013)

52 서울행정법원 2012. 11. 2. 선고 2012구합3552 판결, 서울북부지방법원 2012. 11. 16. 선고 2012가합932 판결, 인천지방법원 부천지원 2016. 7. 22.자 2016카합160 결정 등.

[13] 조합임원의 선임 및 종임

I. 조합임원의 선임

1. 선임

가. 선임의 방법

조합임원이 임기만료, 당연퇴임, 사임, 해임으로 종임된 경우 그 후임자는 입후보절차를 거친 통상적인 선임방법으로 선임한다.[1] 조합임원의 선임은 총회의 전속적 의결사항이다(법 제45조 제1항 제7호, 제46조 제4항, 시행령 제32조 제6호 본문). 따라서 대의원회가 정관에 따라 조합장이 아닌 조합임원을 보궐선임하는 경우를 제외하고는 총회 의결로 선임하여야 한다.[2]

조합임원의 선임방법 등은 정관으로 정하는데(법 제40조 제1항 제6호, 제41조 제5항 본문),[3] 실제 상세한 선임방법은 정관이 아닌 선거관리규정에서 정하게 된다. 선거관리위원회가 서면결의서 접수 등 선거관리의 상세한 방법을 별도의 시행세칙(선거관리계획) 등으로 정하기도 한다.

나. 선임 의결

(1) 총회 의결에 의한 조합임원 선임

조합임원의 선임은 조합장, 감사, 이사 등 각 직위에 대해 입후보자들을 상대로 투표하여 선거하되, 총회에서 조합원들이 다수득표한 특정인을 조합장 등에 선임한다는 의사결정이 이루어진다는 점에서 선임은 총회 의결로서 이루어진다.

---

1 조합임원이 임기만료전 당연퇴임, 사임, 해임 등으로 궐위되는 경우 그 후임자의 선임은 보궐선임이라고 하나, 대의원회에서 보궐선임하는 경우(시행령 제43조 제6항 단서)를 제외한 보궐선임은 통상의 선임과 다르지 않다.

2 총회 의결로 조합임원을 선임할 권한을 조합장에게 위임하여 조합장이 조합임원을 선임하는 것은 형식적으로 총회의 의결을 거쳤다 하더라도 그 위임의 결의가 무효이므로 효력이 없다(대법원 2009. 3. 12. 선고 2008도10826 판결).

3 종전에는 경미한 변경사항이었으나 시행령이 2019. 6. 18. 대통령령 제29876호로 개정되면서 경미한 변경사항에서 제외되었다.

따라서 선임 의결은 총회 의결로서 조합원 10/100 이상이 직접 출석해야 하는 것은 물론(법 제45조 제6항), 정관에서 다르게 정하지 않는 한 출석 조합원 과반수의 찬성에 의하여야 한다(법 제41조 제5항, 제45조 제3항). 입후보한 자의 수가 선임하려는 직위의 수보다 적거나 같다면 각 후보자에 대해 찬성 또는 반대를 표결하여 개별 입후보자별로 출석 조합원 과반수의 찬성이 있으면 선임되며, 이때의 찬성 또는 반대의 표결은 후보자 전원에 대하여 일괄적으로 할 수 없고 후보자별로 이루어져야 한다.

다만, 입후보자한 자의 수가 선임하려는 직위의 수보다 많은 경우 개별 입후보자들이 출석 조합원 과반수의 찬성을 받기 어려우므로 다득표순 또는 결선투표의 방식이 요구된다. 이는 총회 의결 방법을 달리 정하는 것이므로 원칙적으로 정관에 별도의 규정이 있어야 한다.[4·5] 조합임원의 선임방법은 정관의 경미한 변경사항이 아니므로, 정관 중 조합임원의 선임방법에 대한 내용을 변경하더라도 시장 · 군수등으로부터 인가를 받은 이후의 조합임원 선임부터 적용될 수 있다.[6]

(2) 다득표 방식의 선임

감사, 이사와 같이 여러 수의 직위를 한 번에 선임하는 경우 선임하려는 수만큼 출석 조합원 과반수의 찬성을 받기 어려우므로, 정관에서 선임하려는 수만큼 득표수가 많은 순서대로 선임하도록 정할 수 있다.

(3) 결선투표 방식의 선임

정관에서 조합장은 다수의 입후보자가 있는 경우 결선투표에 의하도록 정한 경우가 많은데, 1차 표결에서 어느 입후보자도 출석 조합원 과반수의 찬성을 받지 못한 경우 상위 2명을 놓고 결선투표에 부쳐 결선투표 당시 서면결의서를 제출하였거나 회의장에 남아 있

---

4 구 도시정비법(2009. 2. 6. 법률 제9444호로 개정되기 전의 것) 제21조 제3항은 "조합임원은 총회에서 조합원 과반수의 출석과 출석 조합원 과반수의 동의를 얻어 조합원중에서 정관이 정하는 바에 따라 선임한다"라고 정하여 정관으로도 의결정족수를 다르게 정할 수 없었다(서울동부지방법원 2005. 1. 20. 선고 2004가합10426 판결 등). 그러나 도시정비법이 2009. 2. 6. 법률 제9444호로 개정되면서 구법 제21조 제3항이 삭제되어 정관으로 다르게 정할 수 있게 되었다.

5 정관에서 총회 의결은 조합원 과반수의 출석과 출석 조합원 과반수 찬성으로 의결한다는 점 이외에 별도의 규정을 두지 않은 경우, 정관에서 정하지 않은 다득표자나 결선투표 방식으로 선임할 수 없다고 본 사례로 서울동부지방법원 2012. 7. 11.자 2012카합736 결정.

6 시행령이 2019. 6. 18. 대통령령 제29876호로 개정되기 전에는 '조합임원의 권리 · 의무 · 보수 · 선임방법 · 변경 및 해임'은 정관의 경미한 변경사항으로서(구 시행령 제39조 제3호), 경미한 변경에 대한 신고는 수리를 요하지 않는 신고로서 변경에 대한 총회 의결이 있은 때 효력이 발생한다고 보아 총회에서 선임방법에 대한 정관 변경 안건을 먼저 의결한 후 그 변경된 정관에 따른 조합임원 선임이 가능하였다(서울고등법원 2011. 11. 10. 선고 2011누23865 판결). 그러나 시행령이 2019. 6. 18. 대통령령 제29876호로 개정되면서 '조합임원의 권리 · 의무 · 보수 · 선임방법 · 변경 및 해임'을 경미한 변경사항에서 제외하였다(2019. 6. 18. 시행).

는 출석 조합원[7] 중 과반수의 찬성을 받거나 다득표한 자를 조합장으로 선임하는 방식으로 정하고 있다.

다만 상당수의 조합원은 서면결의서를 제출하는 방법으로 의결권을 행사하게 되는데, 종전에 제출된 서면결의서 중 1위와 2위 득표자에 대한 서면결의서는 결선투표에 그대로 반영하더라도 3위 이하 득표자에 대한 서면결의서는 1위나 2위 득표자에 대한 찬성의사로 간주할 수 없으므로 결선투표에서 1위 득표자가 과반수 찬성을 받기 어려운 문제가 있다.[8] 결선투표를 위해 다시 총회를 개최하는 것은 현실적으로 어려우므로 결선투표 방식을 정하였다면 결선투표에서 다득표한 자를 선임한다고 정하는 것이 합리적이다.

그러나 정관에서 별도의 규정을 두지 않아 출석 조합원 과반수의 찬성이 필요한 경우,[9] 예비적으로 결선투표가 진행되는 것을 대비하여 후보자 A, B, C 중 1인을 선택하는 1차 투표와 함께 결선투표 상황(A와 B 중 1인, B와 C 중 1인, A와 C 중 1인)에 대해 선택하도록 하는 2차 투표가 같이 진행하는 방법도 1차 · 2차 투표가 같이 진행되는 이유와 투표방법이 사전에 충분히 설명되었고 조합원들의 의사가 왜곡되었다고 볼 사정이 없다면 가능한 것으로 생각된다.[10]

2. 보궐선임

가. 도시정비법상의 보궐선임

보궐선임은 전임 조합임원이 임기만료전 궐위되었을 때 후임임원을 선임하여 그 자리를 보충하기 위한 것이다. 보궐선임이 ⓐ 단순히 궐위가 발생하여 후임자를 선출하는 의미인 경우에는 통상의 선임과 동일하게 보아 후임자는 선임된 때 새로운 임기가 시작되는 것이나, ⓑ 보궐선임이 전임자의 궐위를 보충하여 충원하는 의미인 경우에는 후임자의 임기는 전임자의 잔여임기로 한정된다고 볼 수 있다. 국회, 지방의회와 같이 여러 사람으로 구성되는 회의체 기관에서 일부 구성원이 궐위되었다고 하여 새로 선출하게 되면 각 구성원마다 임기만료일이 달라져 기관의 구성이 통일되지 않고 선거를 자주 치러야 하는 번거로

7 총회 의결정족수의 출석 조합원은 당초 총회에 참석한 모든 조합원이 아니라 문제가 된 결의 당시 회의장에 남아 있는 조합원만을 의미하므로 회의 도중 스스로 회의장에서 퇴장한 조합원은 출석 조합원에 포함되지 않는다(대법원 2010. 4. 29. 선고 2008두5568 판결 등).

8 서면결의서가 무효 · 기권이라 하더라도 출석 조합원에 산정되므로 '출석 조합원 과반수의 찬성'은 유효투표수의 과반수가 아니라 무효 · 기권을 포함한 총투표수의 과반수를 의미한다고 보아야 한다(노동조합 임원 선거의 '과반수 득표'에 대한 대법원 1995. 8. 29.자 95마645 결정 참고). 3위 이하 득표자에 대한 종전 서면결의서를 결선투표 과정에서 무효로 처리하면 총투표수의 과반수는 달성하게 어렵게 된다.

9 여러 정관에서 조합임원 선임은 이미 다득표 또는 결선투표를 정하고 있어 주로 시공자 선정에서 문제된다.

10 조합임원 선임에 대한 사례로 서울서부지방법원 2013. 6. 20. 선고 2012가합6950 판결, 시공자 선정에 대한 사례로 서울고등법원 2015. 10. 22. 선고 2014누71612 판결(제1심은 서울행정법원 2014. 11. 6. 선고 2014구합6241 판결).

움이 있으므로, 이런 경우는 기관의 구성원을 보충하는 의미에서 전임자의 임기로 한정하는 것이 타당하다.[11]

도시정비법령은 조합장을 제외한 조합임원의 보궐선임은 정관으로 정하는 바에 따라 총회가 아닌 대의원회에서 의결할 수 있도록 하고 있고, 정관에서 대의원회에서 보궐선임된 조합임원의 임기는 전임자의 잔임기간으로 한정하고 있다(시행령 제43조 제6호 단서, 구 표준정관 제15조 제4항). 도시정비법령 및 정관이 정하는 보궐선임은 조합임원 등 기관의 구성원을 보충하는 취지로 생각된다.

나. 보궐선임의 요건

보궐선임의 요건인 '궐위'는 단순히 전임 조합임원이 직무를 수행할 수 없는 사정이 있다는 것만으로는 부족하고 해임, 사임, 당연퇴임, 자격상실 등으로 조합임원의 지위를 상실하는 것을 의미한다.

전임 조합임원이 임기만료된 경우에는 통상의 선임을 하면 되는 것이므로, 도시정비법령 및 정관이 정하는 보궐선임은 전임자의 임기가 남아있는 상태에서 궐위된 경우에 할 수 있다(구 표준정관 제15조 제2항, 제4항). 따라서 전임자의 임기가 만료된 경우에는 대의원회에서 보궐선임을 할 수 없다고 보는 것이 타당하다.[12]

조합장은 대의원회에서 보궐선임할 수 없으므로, 전임 조합장이 임기 중 궐위되더라도 후임 조합장은 총회에서 선임하여야 한다(시행령 제43조 제6호 단서).[13]

다. 보궐선임의 절차 및 보궐선임된 조합임원의 임기

(1) 대의원회에서 보궐선임하는 경우

조합임원의 선임은 총회의 전속적 의결사항이나, 조합장을 제외한 조합임원은 정관이 정하는 바에 따라 대의원회에서 보궐선임할 수 있다(시행령 제43조 제6호 단서, 구 표준정관 제15조 제2항, 제4항). 이때 대의원회는 총회의 권한을 대행하는 것이므로 대의원의 수가 법정 재적대의원 수에 미달하는 경우에

---

11 이는 결국 보궐선임(선거)에 관한 규정에서 정할 사항이다. 가령 공직선거법 제14조는 보궐선거로 당선된 국회의원, 지방의회의원, 지방자치단체의 장의 임기는 전임자의 잔임기간으로 한정하는 반면(제2항, 제3항), 보궐선거로 당선된 대통령의 임기에 대해서는 별도의 규정을 두지 않아(제1항) 본래의 임기인 5년이 적용되는 것으로 본다.

12 서울중앙지방법원 2010. 12. 9. 선고 2010가합66533 판결(대의원 추가 선임 사안), 서울고등법원 2020. 5. 29. 선고 2020나2000221 판결(제1심은 서울서부지방법원 2019. 12. 5. 선고 2019가합34534 판결).

13 구 시행령(2010. 7. 15. 대통령령 제22277호로 개정되기 전의 것) 제35조 제2호 단서는 "다만, 정관이 정하는 바에 따라 임기중 궐위된 자를 보궐선임하는 경우를 제외한다"고만 정하여 조합장도 대의원회에서 보궐선임할 수 있다고 볼 여지도 있었으나, 구법 제15조 제1항 및 구 시행령 제27조 제2의2호에 따르면 조합장의 변경은 조합설립변경인가내용의 경미한 변경이 아니어서 총회의 의결을 받아야 하므로, 조합장을 대의원회에서 보궐선임할 수 있는지 다툼이 있었다. 시행령이 2010. 7. 15. 대통령령 제22277호로 개정되면서 조합장은 대의원회에서 보궐선임할 수 있는 대상에서 제외하였다.

는 조합임원을 보궐선임할 수 없다고 보는 것이 타당하다.[14]

대의원회의 보궐선임도 총회의 선임과 같이 입후보절차 등을 거쳐야 하나, 대의원회에서 의결로서 선임하는 것이므로 선거인은 대의원이고 선거관리위원도 대의원 중에서 구성할 수 있다(서울시 표준선거관리규정 제48조 제1항).

보궐선임된 조합임원은 전임자가 이미 궐위된 상태이므로 선임이 있은 때 바로 조합임원의 지위를 갖는다고 볼 수 있으나, 그 임기는 전임자의 잔임기간으로 한정된다(구 표준정관 제15조 제4항).

(2) 총회에서 보궐선임하는 경우

조합장은 대의원회에서 보궐선임할 수 없으므로 총회에서 선임하여야 한다(시행령 제43조 제6호). 전임 조합장이 궐위되어 후임 조합장을 선임하는 것은 그 명칭을 보궐선임으로 하더라도 시행령 제46조 제6호 단서에 따른 보궐선임은 아니므로 그 임기에 관한 정관 규정(구 표준정관 제15조 제2항, 제4항)이 직접 적용되지 않는다. 따라서 전임자의 잔임기간으로 한정되는 보궐선임이라고 볼 수 없는 한 그 임기는 정관이 정한 본래의 임기가 적용된다고 보는 것이 타당하다.[15]

조합장이 아닌 조합임원, 대의원도 대의원회가 아닌 총회에서 직접 보궐선임할 수 있다고 보는 것이 타당하다.[16] 정관에서 "대의원회가 이를 보궐선임한다"와 같이 정하고 있더라도, 이는 조합이 신속하고 효율적인 의사결정 및 비용절감 등을 위하여 원칙적으로 총회의 의결사항에 해당하는 것을 편의상 대의원회에 그 권한을 부여한 것에 불과하므로, 상위기관인 총회에서 조합임원을 선임할 권한을 여전히 가지고 있기 때문이다. 이때의 보궐선임은 시행령 제43조 제6호 단서에 따른 보궐선임은 아니므로 그 임기에 관한 정관 규정(구 표준정관 제15조 제2항, 제4항)이 직접 적용되지 않는다. 따라서 전임자의 잔임기간으로 한정되는 보궐선임이라고 볼 수 없는 한 그 임기는 정관이 정한 본래의 임기가 적용된다고 보는 것이 타당하다.[17]

3. 연임

가. 연임의 요건

연임은 종전 임기가 만료된 후 곧바로 이어 종전과 동일한 기간동안 재임(再任)하는 것이다. 입후보절차 등 별도의 절차를 거칠 필요 없이 종전 조합임원의 연임에 대해 조합원들이 찬성 또는 반대의 의사표시를 하여 그 결의로서 선임의 효력을 갖는 것이다. 도시정

---

14 서울시 표준선거관리규정 제48조 제2항 단서도 대의원 수가 법정 대의원 수에 미달하는 경우 총회에서 보궐선임하도록 정하고 있다. 자세한 내용은 **[11]대의원회, 이사회 II.4.나.법정 재적대의원 수에 미달하는 대의원회 결의의 효력** 참고.

15 서울고등법원 2010. 3. 18.자 2009라1892 결정.

16 서울동부지방법원 2015. 9. 18.자 2015카합625 결정, 서울서부지방법원 2019. 4. 11.자 2019카합50194 결정, 수원지방법원 안양지원 2020. 2. 10.자 2019카합10141 결정 등.

17 서울동부지방법원 2015. 9. 18.자 2015카합625 결정.

비법 제41조 제4항은 연임의 방식을 예정하고 있고, 정관에도 총회의 의결을 거쳐 연임할 수 있다고 정하고 있다(구 표준정관 제15조 제3항).

연임은 종전 조합임원만을 대상으로 하는 것이므로 종전 조합임원이 아닌 조합원의 피선거권이나 조합원들의 선거권이 제한되는 문제가 있다. 그러나 대법원 2010. 11. 11. 선고 2009다89337 판결은 추진위원회의 추진위원장 및 감사에 대한 연임결의에 대해 새로운 입후보등록공고 등의 절차를 밟아 선임 안건을 상정할지 아니면 연임 안건을 상정할지는 추진위원회가 선택할 수 있고, 연임 안건이 부결되면 다시 새로운 선임절차를 진행할 수 있으므로 토지등소유자의 선출권 또는 피선출권을 침해하지 않는다고 보았고, 조합임원의 경우에도 위 대법원 2009다89337 판결을 근거로 선임과 연임을 자유롭게 선택할 수 있는 것으로 보고 있다.

종전 조합임원의 임기가 만료된 후 상당한 기간이 지났더라도 연임결의가 가능하고,[18] 통상 정관에 연임할 수 있다는 점 이외에는 별도로 사유를 정하지 않으므로 연임으로 하여야 할 시급하거나 부득이한 사정이 반드시 필요하다고 볼 수 없다.

나. 연임의 절차 및 연임된 조합임원의 임기

연임은 총회에서 종전 조합임원별로 조합원들이 찬성 또는 반대의 의사표시를 하는 방식으로 이루어지며, 정관에서 다르게 정하지 않는 한 출석조합원 과반수의 찬성이 있으면 의결된 것으로 볼 수 있다. 단지 찬성 또는 반대만을 묻는 것이므로 연임 절차에 반드시 후보자등록절차를 거쳐야 하는 것도 아니다.[19] 임기가 만료된 종전 조합장이 소집한 총회에서 연임결의가 이루어졌다 하더라도 이는 달리 종전 조합장이 조합의 업무를 수행하는 것이 부적당하다고 인정될 사정이 없다면 그 총회의 소집은 종전 조합장이 계속 수행할 수 있는 업무범위에 포함된다고 볼 수 있다.[20]

연임은 종전 임기가 만료된 후 곧바로 이어 종전과 동일한 임기동안 재임하는 것이므로, 연임된 조합임원의 임기는 종전과 동일하다고 볼 수 있다. 다만 그 임기의 개시일은 정관에서 별도로 정하지 않았다면 연임의 성격에 비추어 판단해야 한다.

① 종전 조합임원의 임기가 만료되기 전에 미리 연임결의가 이루어진 것이라면, 연임

---

18 위 대법원 2009다89337 판결 사안은 임기가 만료된 추진위원장 및 감사에 대해 연임결의가 이루어진 것으로서 임기만료 후의 연임결의가 적법하다고 판단하고 있다. 조합임원도 위 대법원 2009다89337 판결을 근거로 일반적으로 임기만료 후에도 연임결의가 가능한 것으로 보고 있다. 다만 이와 같이 본다면 새로운 임기는 종전 임기가 만료된 이후 곧바로 시작된다고 보는 것이 합리적이다.

19 부산지방법원 2015. 9. 11.자 2015카합10418 결정, 광주지방법원 2017. 1. 12.자 2016카합50442 결정, 서울서부지방법원 2017. 9. 1.자 2017카합50339 결정.

20 광주지방법원 2017. 1. 12.자 2016카합50442 결정.

의 취지상 종전 임기가 만료된 다음 날에 새로운 임기가 시작되는 것으로 볼 수 있다.[21]

② 종전 조합임원의 임기가 만료된 후 연임결의가 이루어진 것이라면, ⓐ 조합임원의 임기는 원칙적으로 선임된 날부터 개시되는 것이므로(구 표준정관 제15조 제3항), 연임결의일로부터 새로운 임기가 시작된다고 볼 여지도 있을 것이나,[22] ⓑ 연임의 본래 종전 임기에 곧바로 이어 재임하는 것이고, 임기만료 후에도 연임결의가 가능하다고 보기 위해서는 종전 임기가 만료된 이후 곧바로 새로운 임기가 시작된다고 보는 것이 합리적이다.[23]

4. 선거관리규정과 선임절차

가. 선거관리규정 등 관련 규정

(1) 선거관리규정 등의 효력

조합임원의 선임방법은 정관의 필수적 기재사항이나, 상세한 선임방법은 정관이 아닌 선거관리규정에서 정하고 있다. 선거관리위원회가 서면결의서 접수 등 선거관리의 상세한 방법을 별도의 시행세칙(선거관리계획) 등으로 정하기도 한다.

선거관리규정은 정관의 위임에 따라 제정되고 통상 총회의 인준까지 받고 있으므로 자치적 법규범의 효력은 인정할 수 있다(노동조합의 선거관리규정에 대한 대법원 1998. 2. 27. 선고 97다43567 판결 등 참고). 그러나 정관에서 "선임방법, 선거절차 등과 관련하여 별도의 선거관리규정을 정하여 운영할 수 있다" 정도로만 정하여 선거관리규정에 위임하는 경우가 많아 선거관리규정이 어느 범위까지 정할 수 있는지 의문이 있다. 특히 정관 변경은 미리 총회 의결을 받은 후 인가 또는 신고수리를 거쳐야 비로소 효력이 발생하는데 반해, 선거관리규정의 제 · 개정은 대의원회에서 의결하여 해당 조합임원 선거에 바로 적용한 후 조합임원 선임을 위한 총회에서 선거관리위원회의 기존 수행 업무와 함께 의결(추인, 인준)받으면서 사실상 소급적용되는 등 개정 절차나 효력 발생 방법이 다르다. 선거관리규정을 소급적용하였다는 사실만으로 위법한 것은 아니나,[24] 선거

---

21 부산고등법원 2017. 12. 8. 선고 2017누21425 판결.

22 서울시 표준선거관리규정 제47조의 주석은 임기개시일을 정관 등으로 반드시 정할 필요가 있다고 하면서 그 예시로 "연임은 연임총회일로부터"로 정하고 있다. 실제 정관이나 총회 의결로서 명확히 정한다면 그에 따라야 한다. 서울고등법원 2017. 11. 24.자 2017라20839 결정은 연임결의 당시 그 임기를 "의결한 때로부터 2년"으로 명시하였으므로 채무자의 임기가 이미 종료되었다고 단정하기 어렵다고 보았다.

23 서울고등법원 2020. 5. 29. 선고 2020나2000221 판결(제1심은 서울서부지방법원 2019. 12. 5. 선고 2019가합34534 판결), 의정부지방법원 2021. 2. 18.자 2021카합5059 결정; 이렇게 보지 않으면 종전 조합임원의 임기가 부당하게 연장되어 조합원들의 피선임권이 침해되는 문제가 발생한다.

24 서울서부지방법원 2011. 9. 7.자 2011카합833 결정은 선거관리규정은 임원 또는 대의원을 공정하게 선출하기 위한 방법과 절차를 규정하는 것으로 개정된 선거관리규정으로 인하여 이미 과거에 완성된 사실 또는 법률 관계의 변동을 가져오는 것이 아닐 뿐만 아니라 그 내용상 특정 조합원의 권리를 침해한다고 볼 수도 없으므로, 효력발생의 시기를 소급하여 정하였다고 하여 개정된 선거관리규정이 무효라고 볼 수는 없다고 판단하였다.

관리규정에 부여되는 민주적 정당성은 정관보다 낮으므로, 정관과 같은 정도의 재량을 인정하기 어려운 것으로 생각된다.

(2) 서울시 표준선거관리규정

서울특별시는 정비사업 공공지원의 한 방법으로 「서울특별시 정비사업 표준선거관리규정」(이하 '서울시 표준선거관리규정 고시')을 제정 · 고시하고 있다. 조합 또는 추진위원회는 위 고시의 [별표] 「정비사업조합(조합설립추진위원회) 선거관리규정(안)」(이하 '서울시 표준선거관리규정')을 기본으로 하여 선거관리규정을 작성하여야 하고(서울시 표준선거관리규정 고시 제4조), 조합 또는 추진위원회에서 작성한 선거관리규정이 위 고시에 위배되는 사항이 있으면 위 고시 시행일로부터 1년 이내에 추진위원회, 대의원회, 총회를 거쳐 개정된 규정에 적합하게 선거관리규정을 개정하여야 한다(서울시 표준선거관리규정 고시 부칙 제2조).[25]

서울지역 조합은 서울시 표준선거관리규정안의 내용을 거의 그대로 반영하여 선거관리규정을 제 · 개정하여 시행하고 있다. 해당 조합의 선거관리규정의 내용이 서울시 표준선거관리규정안의 내용과 다르거나 일부가 누락된 경우 서울시 표준선거관리규정안을 해당 조합의 선거에 바로 적용할 수 있는지 문제되나, 서울시 표준선거관리규정안은 하나의 예시로서 조합 또는 추진위원회는 서울시 표준선거관리규정안을 기본으로 하여 선거관리규정을 작성하는 것에 불과하므로, 해당 조합 또는 추진위원회가 서울시 표준선거관리규정안의 내용에 맞추어 개별 선거관리규정을 제 · 개정하지 않는 한 서울시 표준선거관리규정안이 곧바로 각종 선거에 적용된다고 보기 어렵다.[26]

(3) 선거관리규정 등의 해석

선거관리규정 및 시행세칙(선거관리계획)의 해석과 적용은 일차적으로 선거관리위원회가 한다(서울시 표준선거관리규정 제54조).

선거관리규정에서 투표의 유 · 무효에 관한 기준 규정을 공식적으로 해석할 권한을 선거관리위원회에 부여한 이상, 선거관리위원회의 해석이 해당 규정의 문자적 의미에 명백히 반하지 않고 그 해석에 따른 무효사유를 객관적으로 명확히 하여 투표 실시 전에 선거인인 조합원들이 주지할 수 있도록 충분히 알린 것이라면, 조합원들의 투표의사를 해할 우려가 없으므로 선거관리위원회가 사전에 정한 해석 내용에 따라 투표의 유효 여부를 판정하는 것은 타당하다(노동조합의 선거관리규정에 대한 대법원 1998. 2. 27. 선고 97다43567 판결 참고).[27]

25 위 고시는 2015. 5. 7. 서울특별시 고시 제2015-120호로 제정(시행일 2015. 5. 7.)된 이래 2017. 7. 6. 서울특별시 고시 제2017-243호로 한 차례 개정(시행일 2017. 7. 6.)되었다.

26 서울고등법원 2017. 11. 8.자 2017라21029 결정, 서울고등법원 2019. 6. 26. 선고 2019나2003897 판결.

27 위 대법원 97다43567 판결 사안에서 노동조합의 선거관리위원회가 투표용지를 당초 지정된 방법 이외의 방법으로 접은 것을 투표용지 훼손으로 판단한 것은 훼손의 사전적 의미와는 거리가 있으나, 선거관리위원

따라서 선거관리위원회의 결정은 가급적 존중해야 할 것이나, 법원은 여전히 선거관리위원회의 결정이 정관, 선거관리규정 등이 정한 절차와 방법에 따라 이루어지지 않았는지 여부 등을 판단할 수 있는 것이어서, 결국 선거관리규정 또는 객관적으로 확인될 수 있는 조합원 본인의 의사를 기준으로 서면결의서 또는 투표의 유·무효 등을 판단하게 될 것이다.

⑷ 선거관리규정 등 위반의 효력

조합임원 선임에 선거관리규정을 위반한 하자가 있다고 하여 그 선임이 무효라고 보기 어렵고, 그 하자로 인하여 자유로운 판단에 의한 투표를 방해하여 자유와 공정을 현저히 침해하고 선출 결과에 영향을 미쳤는지 여부로 선임결의의 효력을 판단하여야 한다.

나. 선임절차

서울시 표준선거관리규정의 내용을 중심으로 선거절차를 살펴보기로 한다.

⑴ 선거관리위원회의 구성

선거관리위원회는 조합임원 등 기존의 기관과 독립적으로 선거관리에 관한 업무를 총괄한다. 선거관리위원장은 선거관리위원회를 대표하고 총회에서 조합임원·대의원 선임 안건에서 임시의장이 된다.

조합장은 조합임원·대의원 임기만료 60일전까지 선거관리위원회 구성을 위한 선거관리위원 후보자 등록을 공고 및 게시하고,[28] 대의원회는 선거관리위원 후보자 중에서 선거관리위원을 선임하여 선거관리위원회를 구성한다(서울시 표준선거관리규정 제7조 제2항, 제3항).[29] 선거관리위원회 구성의 하자는 조합임원 선임결의의 절차상 하자에 해당한다.

① 선거관리위원의 임기는 총회의 조합임원 또는 대의원 선출 이후 당선자 공고와 동

회가 부정투표에 대한 우려를 감안하여 투표용지의 무효 판정 기준을 미리 명확하게 공고하여 조합원들이 유·무효 여부를 충분히 알 수 있었던 것이었다. 실제 정비사업에서는 조합원들이 총회 책자에 첨부되는 선거관리규정 또는 시행세칙(선거관리계획)만으로는 서면결의서 또는 투표의 무효사유를 충분히 알기 어렵다. 다만, 선거공고 또는 서면결의서 작성 예시 등을 통해 서면결의서 작성방법, 제출방법의 제한, 중복접수 서면결의서의 처리방법 등이 고지되었다면 위 대법원 97다43567 판결과 같이 선거관리위원회의 해석을 그대로 인정할 여지가 있을 것이다.

28 정관에는 조합원의 권리·의무에 관한 사항에 대한 고지·공고방법은 정관에서 따로 정하는 경우를 제외하고는 등기우편 발송 등으로 정하고 있는데(구 표준정관 제7조 제2항), 선거관리위원 후보자 등록에 대한 등기우편 발송 등 개별 고지를 하지 않았다 하더라도, 정관의 위임에 따른 선거관리규정에서 개별통지를 하도록 되어 있지는 않으므로 등기우편 발송 등을 하지 않았다고 하여 정관 또는 선거관리규정을 위반하였다고 보기 어려울 것이다[서울서부지방법원 2011. 6. 9.자 2011카합809 결정, 서울고등법원 2020. 5. 29. 선고 2020나2000221 판결(제1심은 서울서부지방법원 2019. 12. 5. 선고 2019가합34534 판결)].

29 서울시 표준선거관리규정 제7조 제3항은 선거관리위원을 조합설립에 동의한 자로 한정하고 있다. 다만 조합임원 또는 대의원의 피선거권을 조합설립에 동의한 자로 한정하는 것은 피선거권을 합리적인 사유 없이 제한하는 것으로서 무효로 보는 것이 타당하다. 자세한 내용은 **[12]조합임원의 구성, 자격 및 권한 II.1.나.(3)내용의 제한** 참고.

시에 종료된다(서울시 표준선거관리규정 제7조 제5항). 종전에 선임한 선거관리위원의 임기가 종료되었다면 그 이후의 조합임원 선임은 새로이 선거관리위원을 선임하여 진행하여야 하고, 임기가 종료된 선거관리위원이 선거를 관리하였다면 그 조합임원 선임결의는 절차상 하자가 있어 효력이 없다(대법원 2014. 12. 11. 선고 2013다204690 판결).

② 서울시 표준선거관리규정은 대의원회가 선거관리위원회를 구성하도록 되어 있는데, 대의원회의 구성이 위법한 경우에는 그 대의원회에서 구성한 선거관리위원회가 주관한 조합임원 선임결의도 원칙적으로 위법하다고 보는 것이 타당하다. 다만 대의원회가 법정 재적대의원 수에 미달하더라도 이는 총회의 권한을 대행하는 것이 아니므로 대의원회가 그 선임 및 의결을 할 수 있다고 보는 것이 타당하다.[30]

(2) 입후보 등록절차

선거관리위원회는 선거인명부를 확정하고(서울시 표준선거관리규정 제20조 내지 제22조), 후보자등록 기간, 요건 등 후보자등록에 관한 사항을 조합 홈페이지가 공고하고 클린업시스템에 게시한다(서울시 표준선거관리규정 제25조). 후보자등록기간은 공고일 다음 날부터 5일 이상(공휴일 제외)으로 하고, 등록한 후보자가 정수에 미달하는 경우 선거관리위원회는 선거관리계획에 따라 등록기간을 연장 또는 재설정할 수 있다(서울시 표준선거관리규정 제23조).

선거관리규정에서 선거의 절차로서 조합원들로부터 후보자 추천을 받도록 하고 있는데(서울시 표준선거관리규정 제24조), 그 추천의 수 및 방법이 소수 조합원의 권리를 침해할 정도에 이른다면 조합임원의 피선거권(자격요건)을 합리적 이유 없이 제한하여 침해한 것으로서 무효가 될 수 있다.[31]

입후보과정에서 "선정 결과에 대하여 승복하고 일체 이의를 제기하지 않음"과 같은 서약서를 제출하기도 하는데, 이를 부제소합의로 보더라도 중대한 하자가 있는 경우까지 소를 제기할 수 없다고 해석할 수는 없고,[32] 해당 후보자가 아닌 다른 조합원이 조합임원 선임결의의 효력을 다투는 것까지 금지되지 않는다.

(3) 선거운동 방법의 제한

선거관리규정에서 선거운동의 방법은 공직선거법 등의 경우처럼 일정한 범위로 제한하고 있다(서울시 표준선거관리규정 제28조 내지 제33조). 선거운동 방법 제한을 위반한 경우 선거관리위원회가 당선무

---

30 자세한 내용은 **[11]대의원회, 이사회 II.4.나.법정 재적대의원 수에 미달하는 대의원회 결의의 효력** 참고.

31 자세한 내용은 **[12]조합임원의 구성, 자격 및 권한 II.1.나.(3)내용의 제한** 참고.

32 서울고등법원 2012. 9. 20. 선고 2012나16041 판결은 임원선임결의에 중대한 하자가 없다고 보아 부제소합의에 따라 소를 각하하였으나, 「선거관리규정 준수 동의 및 공명선거 실천 서약서」(서울시 표준선거관리규정 제25조 제2항 [별지 제10호 서식]) 등 각종 서약서의 내용은 선언적인 것으로서 부제소합의의 효력을 직접 인정하기 어려운 것으로 생각된다.

효 등의 결정을 할 수 있다.

조합임원의 선임과 관련하여 금품, 향응 또는 그 밖의 재산상 이익을 제공하거나, 제공의사를 표시하거나, 제공을 약속하는 행위 또는 금품, 향응 그 밖의 재산상 이익을 제공받거나, 제공의사 표시를 승낙하는 행위 등을 할 수 없고, 그 위반시 5년 이하의 징역 또는 5천만원 이하의 벌금의 형사처벌의 대상이 된다(법 제135조 제2호, 제132조).

⑷ 조합임원 선임에 관한 서면결의서 접수 및 처리

조합원은 총회 당일 현장에서 투표하는 것 이외에 사전투표, 우편투표 등의 방법으로 조합임원 선임 안건에 대해 투표할 수 있고, 조합원은 서면결의서에 사전에 기표하여 선거관리위원회 사무실에 접수하거나 우편으로 접수할 수 있는데, 실무상 서면결의서의 접수 및 처리가 문제된다.

선거관리위원회는 조합임원 등 기존의 기관과 독립적으로 선거관리에 관한 업무를 총괄하여, 해당 총회에서 조합임원 선임 이외에 다른 안건을 같이 의결하더라도 조합임원 선임에 관한 서면결의서는 선거관리위원회가 접수 · 관리한다. 서면결의서 접수 등에 대해서는 선거관리계획(세부지침)으로 별도로 정하고 그 중 제출 방법 · 시기 제한 등 중요한 내용은 선거 공고 등을 통해 따로 알린다.

선거관리규정에 직접 또는 우편제출 방식만 인정하는 경우, 조합원의 가족 등이 단순한 사자(使者)로서 접수만을 하는 것은 조합원 본인의 위임이 있었고 그 서면결의서가 본인의 의사대로 작성된 것이라면 유효하다고 볼 수 있으나,[33] 조합원의 가족, 친지 등 투표에 부당한 영향을 미치지 않을 것이 명백한 자가 아닌 제3자가 조합원으로부터 서면결의서를 전달받아 우편제출하는 것은 선거관리규정의 취지에 반하므로 그 서면결의서는 무효로 보는 것이 타당한 것으로 생각된다.[34]

1명의 조합원 명의로 여러 서면결의서가 접수된 경우(중복접수) 해당 조합원의 최종적인 의사를 확인할 수 있다면 그에 따르면 될 것이나, 여러 서면결의서를 일일이 확인하기 어렵고 오히려 확인과정에서 공정성 문제가 발생할 수 있으므로 선거관리위원회가 시행세칙 등에서 접수 처리기준을 정해 놓는 경우가 많다. 여러 서면결의서가 조합원 본인의 의사에 의해 작성된 것이라면 그 중 가장 늦게 작성된 서면결의서가 해당 조합원의 최종적인 의사에 따른 것으로서 앞의 것은 철회되었다고 볼 수 있으나, 작성일자를 쓰지 않거나 제3자가 사후적으로 보충하는 경우도 많아서 작성일자로 최종 의사를 판단하기 어렵다. 따라

33 조합원 본인의 위임이나 진정성립은 접수 당시 확인하기 어려운 것이어서 나중에 선임결의의 효력을 놓고 사후적으로 다툼의 여지가 계속 발생하게 될 것이나, 서면결의서의 외관상 별다른 하자가 없고 본인의 의사대로 작성된 것이라면 그 서면결의서를 달리 무효로 볼 이유는 없는 것으로 생각된다.

34 서울남부지방법원 2010. 7. 7.자 2010카합445 결정. 홍보요원이 접수한 서면결의서의 효력에 대해서는 [15] 총회의 의결 I.3.가.(4)홍보요원을 통한 서면결의서 제출 참고.

서 선거관리위원회가 접수순서 등 하나의 일관된 기준을 정해 처리하는 것은 부득이한 것으로 생각된다. 이 경우 시행세칙에서 중복 접수된 서면결의서를 전부 무효로 보거나, 먼저 또는 나중에 접수된 서면결의서만 유효로 보더라도 시행세칙이 서면투표 과정에서 야기될 수 있는 혼란과 분쟁을 방지하기 위한 기준으로 나름대로 합리적인 근거가 있다면 그 시행세칙에 따른 처리를 위법하다고 할 수 없다.[35]

5. 선거관리절차의 하자에 따른 선임결의의 효력

가. 선임결의 무효의 판단기준

재건축 · 재개발조합의 임원 선출에 관한 선거관리 절차상에 일부 잘못이 있는 경우에, 그 잘못으로 인하여 자유로운 판단에 의한 투표를 방해하여 자유와 공정을 현저히 침해하고 그로 인하여 선출결의의 결과에 영향을 미쳤다고 인정되는지 여부 등을 참작하여 선출결의의 무효 여부를 판단하여야 한다(대법원 2012. 10. 25. 선고 2010다102533 판결, 대법원 2014. 12. 11. 선고 2013다204690 판결, 대법원 2018. 6. 15. 선고 2018다212498 판결 등).

즉, 선거관리 절차상의 하자로 인해 선임결의가 무효가 되기 위해서는 원칙적으로 ⓐ 선거관리 절차상의 하자가 중대한 하자이어야 하고, ⓑ 그 하자가 선출결과에 영향을 미칠 것으로 요한다. ⓐ 총회결의가 절차상 하자로 무효가 되기 위해서는 그 결의를 무효로 할 정도로 중대한 하자이어야 하는데, 선거관리에 관해서는 조합원들의 자유로운 판단에 의한 투표를 방해하여 자유와 공정을 현저히 침해할 정도의 더욱 중대한 하자이어야 한다. 그런데 ⓑ 선거관리 절차상의 하자가 선출 결과에 영향을 미쳤는지와 관련하여 당선자와 낙선자의 득표 차이가 적다면 그 인과관계를 인정하기 쉬울 것이나 득표 차이가 크다면 중대한 하자가 있다 하더라도 선임결의의 효력을 그대로 인정해야 하는지가 다투어진다. 구체적 타당성의 측면에서는 그 인과관계를 완화하여 볼 필요가 있는데, 중대한 하자가 있는 경우 득표 차이가 크더라도 "선출 결과에 영향을 미치지 않았다고 단정하기 어렵다"고 보는 경우가 많다.

한편 법령을 위반한 하자도 '선거관리 절차상의 하자'로서 법령 위반으로 바로 선임결의가 무효가 되는 것은 아니고, 조합원의 자유로운 판단에 의한 투표를 방해하여 선거의 기본이념인 선거의 자유와 공정을 현저히 침해하고 그로 인하여 선거의 결과에 영향을 미쳤다고 인정될 때에만 선임결의가 무효라고 볼 수 있다(농업협동조합에 관한 대법원 2003. 12. 26. 선고 2003다11837 판결, 대법원 2010. 7. 15. 선고 2009다100258 판결 등 참고). '선거관리 절차상의 하자'는 주로 선거관리규정의 적용에서 문제되고 선거관리규정을 위반한 행위는 위와 같이 판단할 수 있다. 그러나 도시정비법령 또는 정관에서 직접 정한 자격요건 · 결격사유 또는 총회 의결방식을 위반한 것은 그 자체로 총회결의가 효력이 없

35 최초 접수된 서면결의서만 인정하는 시행세칙이 유효하다고 본 사례로 서울고등법원 2017. 12. 8. 선고 2017나2028465 판결(제1심은 서울서부지방법원 2017. 5. 11. 선고 2016가합32681 판결).

는 것이어서 구체적인 선거절차에 관한 선거관리규정 위반과는 동일하게 볼 수 없다.

나. 선임결의 무효의 구체적 판단기준

(1) 선임권 · 피선임권의 제한

조합원의 선임권 · 피선임권을 현저하게 침해하는 정관 또는 선거관리규정을 근거로 한 선임결의는 효력이 없다.

① 선거관리규정으로 조합설립에 동의한 자로 조합임원 입후보자격을 제한한 것은 피선거권을 합리적인 사유 없이 제한한 것이어서 무효이고(대법원 2018. 6. 15. 선고 2018다212498 판결),[36] 선거관리규정으로 조합설립에 동의한 자로 조합임원 추천권을 제한한 것은 평등하게 부여되어야 할 조합임원 선출권을 합리적인 사유 없이 제한한 것으로서 무효이다(대법원 2011. 4. 28. 선고 2010다106269 판결).

② 후보자등록을 위해 일정수 이상의 조합원 추천을 받도록 한 것은 선거절차의 하나로 볼 수 있으나, 과도한 추천인 수를 요구하는 것이라면 피선거권을 침해하는 것으로 볼 수 있다.[37]

(2) 입후보등록절차상의 문제

입후보등록 절차와 관련하여 등록기간이 지나치게 짧거나 그 통지가 등기우편 발송 등의 방법으로 이루어지지 않은 경우도 실무상 자주 문제된다.

① 입후보등록기간이 지나치게 짧아 실질적인 입후보 기회를 충분히 부여받지 못하는 경우 피선거권을 중대하게 제한하여 선임결의를 무효로 볼 수 있을 것이다.[38·39]

② 정관상 '조합원의 권리 · 의무에 관한 사항'의 고지(통지)는 정관에서 다르게 정하지 않는 한 등기우편 발송으로 하여야 하는데(구 표준정관 제7조 제2항), 정관의 위임에 따른 선거관리규정에서 별도로 등기우편 발송 등을 정하고 있지 않다면 정관에서 다르게 정하는 경우로서 그 절차가 정관을 위반하였다고 볼 이유는 없는 것으로 생각된다.[40·41] 정관 등에 따라 일정한 방식의

---

36 자세한 내용은 **[12]조합임원의 구성, 자격 및 권한 II.1.나.정관 등에 따른 자격요건 제한** 참고.

37 자세한 내용은 **[12]조합임원의 구성, 자격 및 권한 II.1.나.정관 등에 따른 자격요건 제한** 참고.

38 수원지방법원 2017. 11. 23.자 2017카합126 결정.

39 서울시 표준선거관리규정은 후보자등록기간을 "후보자 등록 공고일 다음 날부터 5일 이상(공휴일은 제외한다)"으로 정하고 있다(제23조 제1항). 실제 조합임원에 입후보하려는 조합원은 물론 공고 즈음에 이미 등록기간을 알 수 있을 것이나, 조합원 추천서 및 입후보를 위한 필요서류를 갖추는데는 부족한 기간으로 생각된다. 서울시 표준선거관리규정에 따라 입후보등록을 공고하였다 하더라도 연휴 등을 고려한 실질적인 등록기간, 개별 통지의 도달 시점, 추천인 수 등 다른 사정에 따라 실질적인 입후보 기회의 부여 여부가 다르게 판단될 것으로 생각된다.

40 서울고등법원(인천) 2019. 8. 26.자 2019라10017 결정, 대전고등법원 2020. 2. 11.자 2019라240 결정, 서울고등법원 2020. 5. 29. 선고 2020나2000221 판결(제1심은 서울서부지방법원 2019. 12. 5. 선고 2019가합34534 판결) 등.

41 선거에 관한 모든 절차에 정관이 정한 등기우편 발송을 하여야 한다는 것도 합리적이지 않다. 서울시 표준선거관리규정은 총회 등 개최 안내문, 우편 투표용지가 동봉된 선거공보에서만 등기우편 발송을 정하고(제30

통지가 이루어져야 한다고 보는 경우, 정관 등이 정한 통지가 이루어지지 않았거나 문자메시지 발송, 구역내 게시판 게시 등만 이루어진 경우 선임권 · 피선임권이 침해되었다고 볼 수 있으나,[42] 통지 절차에 일부 누락이 있었더라도 이를 보완할 수 있는 공고가 이루어졌고 서면결의서가 다수 제출되었다면 조합원들이 충분히 선임 안건을 인식하고 실제 의결에 참여한 것으로서 선임권 · 피선임권을 중대하게 침해하지 않았다고 볼 수도 있을 것이다.[43]

(3) 선거관리위원회의 구성

선거관리위원회 임기가 종료되었음에도 선거관리위원회를 새로이 구성하지 않고 선거를 진행하는 것은 선임결의를 무효로 볼 절차상 하자에 해당한다(대법원 2014. 12. 11. 선고 2013다204690 판결).

특히 실무적으로 문제되는 것은 선거관리규정상 선거관리위원은 대의원회에서 선임하도록 되어 있음에도 대의원회가 법정 재적대의원 수에 미달하거나 조합이 장기간 파행적으로 운영되면서 대의원회를 개최하지 못해 조합장이나 이사회가 선거관리위원을 선임하는 경우이다. 선거관리규정상 대의원회 의결이 없으면 조합임원이나 대의원을 선임하기 위한 전제인 선거관리위원회 구성 자체를 할 수 없기 때문에, 대의원회 구성이 문제되거나 정상적으로 소집할 수 없는 경우에는 선거관리규정대로라면 어떠한 선임도 할 수 없다는 악순환에 봉착한다.

① 대의원의 수가 법정 재적대의원 수에 미달하는 문제라면, 대의원회가 선거관리위원회를 구성하는 것은 총회의 권한을 대행하는 것이 아니라 선거관리규정이 정한 절차로 하는 것이므로 그 대의원회가 구성한 선거관리위원회도 유효로 보는 것이 타당하다.[44]

② 조합 운영상의 문제라면 조합을 다시 정상적으로 운영하기 위해서는 선거관리규정을 벗어나더라도 선거관리위원회를 구성하여 조합임원 등을 선임하여야 할 필요가 있다. 조합임원의 선임은 조합의 최고의사결정기관인 총회의 권한이라는 점에서 총회에서 선거관리위원회 구성을 추인하여 절차상 하자를 치유할 여지가 있을 것으로 생각된다. 대의원회를 다시 적법하게 구성하거나 개최하기 위해 실질적이고 상당한 노력을 하였음에도 그 구성이나 개최가 현실적으로 어려운 상황에서 조합의 정상적인 운영을 위해 부득이하게 조합장 또는 이사회가 선거관리위원을 나름 합리적이고 공정한 방법에 의해 선임하였고 총회에서 선거관리위원회 구성을 추인하였다는 특별한 사정이 있다면 그 선임결의는 적법

조 제4항), 선거관리위원 입후보 등록, 선거인명부 열람 · 정정 · 확정, 후보자등록기간 결정 · 연장 공고, 선거일 공고 등 각종 절차는 홈페이지 공고 및 클린업시스템 게시의 방법으로 공고하도록 정하고 있다(제7조 제2항, 제21조 제1항, 제22조 제1항, 제23조 제3항, 제25조 제1항). 통상 조합 소식지의 형태로 선거진행상황이 공고되므로 등기우편에 의하지 않더라도 조합원들이 진행상황을 아는데 큰 지장은 없을 것이다.

42 대구고등법원 2020. 4. 24. 선고 2019나26848 판결.

43 수원지방법원 안양지원 2015. 5. 19.자 2015카합21 결정.

44 자세한 내용은 [11]대의원회, 이사회 II.4.나.(3)선거관리위원회 구성 등 총회의 권한을 대행하는 것이 아닌 정관 등의 절차에 따라 의결하는 경우 참고.

하게 볼 수 있을 것으로 생각된다.[45]

⑷ 선거절차의 공정성 위반

비밀투표 원칙을 침해하는 경우, 선거관리위원회가 후보자등록 취소 결정을 하면서 해당 후보자에게 선거관리규정이 정한 소명기회를 부여하지 않은 경우,[46] 조합장이 차기 조합장 선거에 단독으로 입후보한 후 선거관리위원회 등 중립적인 제3자로 하여금 선임절차를 관장하도록 하지 않고 조합원들에게 서면결의서 제출을 독촉하는 등 선임 절차에 적극 개입하거나 다른 안건을 자신의 선임안건에 결부시키는 등 조합원들의 선거 의사를 왜곡시키는 경우[47] 등은 선거절차의 공정성 · 투명성을 위반한 것으로서 선임결의가 무효가 될 수 있다.

⑸ 선거관리규정이 정한 방식 위반

선거관리규정은 서면결의서 작성 · 제출, 투 · 개표 등에 관한 많은 사항을 정하고 있는데, 실제 선거관리과정에서 일부 절차를 누락하는 경우도 많다.

선거의 공정성을 담보하기 어려운 정도로 절차가 누락된 경우라면 총회결의의 중대한 하자가 있다고 볼 수 있다.

그러나 단순히 절차의 문제인 경우에는 그 절차위반을 이유로 선임결의가 무효라고 보기는 어려울 것이다. 선거관리위원회가 선거관리규정에 정한 서면결의서 검열을 직접 하지 않았다는 사정만으로 선거결과에 어떤 영향을 미쳤다고 보기는 어렵다(대법원 2012. 10. 25. 선고 2010다102533 판결). 선거관리규정에 서면결의서, 서면투표용지, 투표용지에 선거관리위원장의 직인을 날인하도록 하였으나 일부 직인이 누락되어 있다 하더라도 조합원들의 투표에 대한 의사표시가 왜곡되었다고 보기는 어렵고,[48] 후보자가 선거관리규정에서 정한 일부 서류를 제출하지 않거나 위 규정이 정한 방식으로 발급되지 않은 것이라 하더라도 이는 결격사유 등을 확인하기 위한 기초자료로서 달리 결격사유가 확인되지 않았다면 서류 미비를 이유로 선거관리위원회의 후보자 확정 등을 위법하다고 볼 수는 없을 것이다.

---

45 수원지방법원 2017. 11. 23.자 2017카합126 결정, 서울북부지방법원 2018. 5. 18.자 2018카합20135 결정, 서울고등법원 2018. 8. 30.자 2018라20637 결정 등.

46 대전고등법원 2018. 7. 11. 선고 2017나12507 판결.

47 서울서부지방법원 2016. 8. 25. 선고 2015가합33762 판결.

48 서울행정법원 2014. 10. 30. 선고 2014구합53933 판결, 서울고등법원 2017. 11. 8.자 2017라21029 결정(제1심은 서울서부지방법원 2017. 8. 22.자 2017카합50308 결정).

Ⅱ. 조합임원의 종임

1. 임기만료

조합임원은 그 임기가 만료된 때 당연퇴임한다. 임기의 기간은 정관에 정해져 있으므로 임기만료는 주로 임기의 기산점 및 임기만료 후의 업무수행에 관하여 문제가 된다.

2. 사임

조합과 조합임원은 위임관계에 있으므로 수임자인 조합임원은 언제든지 사임할 수 있다(민법 제689조 제1항). 정관에서 그 방법과 절차를 별도로 정하지 않았다면, 사임의 의사표시는 대표자인 조합장에게 도달함으로서 효력이 발생하고, 대표자인 조합장의 사임의 의사표시는 그 사임으로 권한을 대행하게 될 자에게 도달한 때 효력이 발생한다(종중 회장 사임에 관한 대법원 2006. 10. 27. 선고 2006다23695 판결 등 참고). 다만 정관에 사임절차나 사임의 의사표시의 효력발생시기 등에 관하여 특별한 규정을 둔 경우에는 정관에 정하는 바에 따라 사임의 효력이 발생한다(법인 이사 사임에 관한 대법원 2008. 9. 25. 선고 2007다17109 판결 참고).

사임의 의사표시가 대표자 등에게 도달하여 효력이 발생한 뒤에는 철회할 수 없다(위 대법원 2006다23695 판결 등 참고). 다만, 정관에 사임절차나 사임의 의사표시의 효력발생시기 등에 관하여 특별한 규정을 두어 정관에 정하는 절차를 거쳐야 사임의 효력이 발생하는 경우(위 대법원 2007다17109 판결), 사임서 제출 당시 즉각적인 철회권유로 사임서 제출을 미루거나 대표자에게 사임의 처리를 일임한 경우 또는 사임서의 작성일자를 제출일 이후로 기재한 경우 등 사임의사가 즉각적이라고 볼 수 없는 특별한 사정이 있어 별도의 사임서 제출이나 대표자의 수리행위 등이 있어야 사임의 효력이 발생하는 경우(학교법인 이사 사임에 관한 대법원 2006. 6. 15. 선고 2004다10909 판결 참고) 등에는 사임 효력이 발생하기 전에 사임의사를 철회할 수 있다.

3. 해임

조합임원의 해임은 정관의 필요적 기재사항이며, 통상 정관에는 "임원이 직무유기 및 태만 또는 관계법령 및 이 정관에 위반하여 조합에 부당한 손해를 초래한 경우에는 해임할 수 있다. 이 경우 사전에 해당 임원에 대해 청문 등 소명기회를 부여하여야 하며, 청문 등 소명기회를 부여하였음에도 이에 응하지 아니한 경우에는 소명기회를 부여한 것으로 본다"고 하여 해임의 사유 및 소명절차 등을 정하고 있다(구 표준정관 제18조 제1항).[49]

조합원 1/10 이상이 발의하여 소집하는 해임총회의 해임 의결은 도시정비법 개정 취지

---

49 소명절차는 [16]해임총회 Ⅲ.2.소명기회 부여 참고, 해임 의결에 직무집행정지 등을 부수하여 의결할 수 있는지 여부는 [16]해임총회 Ⅳ.2.직무집행정지 등 부수 안건 참고.

상 정관으로도 해임사유를 제한할 수 없다고 볼 여지가 있다.[50] 그러나 일반적인 절차로 소집하는 총회에서 하는 해임 의결은 정관의 해임사유를 제한하여 볼 근거가 없고, 도시정비법상 조합임원의 해임은 총회 의결로 한다는 것 이외에는 정관에 위임되어 있으므로(법 제40조 제1항 제6호, 제45조 제1항 제7호), 정관에 정해진 해임사유를 일단 충족하여야 할 것으로 생각된다(사단법인 이사 해임에 관한 대법원 2013. 11. 28. 선고 2011다41741 판결 참고). 다만 통상 정관에서 정하는 해임사유인 "직무유기 및 태만 또는 관계 법령 및 정관에 위반하여 조합에 부당한 손실을 초래한 경우"는 조합임원 등이 선량한 주의의무를 위반하여 피고와 조합원의 신뢰를 깨뜨린 경우도 포함되는 것이어서(대의원 해임에 대한 대법원 2020. 6. 11. 선고 2016다277385 판결 참고), 해임결의의 적법성을 인정할 여지가 크다.

조합원 1/10 이상이 발의하여 소집하는 해임총회에서 해임대상 조합임원에게 반드시 소명 기회를 부여하여야 하는지 다툼이 있으나, 마찬가지로 일반적인 절차로 소집하는 총회에서 조합임원 해임 안건을 의결하는 경우 정관에 따라 소명 절차를 거쳐야 할 것으로 생각된다.

4. 자격상실 · 결격사유에 의한 당연퇴임

조합임원이 도시정비법 제43조 제1항 각 호 또는 정관에서 정하는 결격사유 중 하나에 해당하게 되거나 선임 당시 그에 해당하는 자였음이 밝혀진 경우, 또는 도시정비법 제41조 제1항 등에 따른 자격요건을 갖추지 못한 경우에는 당연퇴임한다(법 제43조 제2항, 구 표준정관 제17조 제2항). 당연퇴임한 임원이 퇴임 전에 관여한 행위는 그 효력을 잃지 않는다(법 제43조 제3항, 구 표준정관 제17조 제3항).

5. 임기만료 또는 사임한 조합임원의 업무수행권

가. 임기만료 또는 사임한 조합임원의 지위

조합과 조합임원은 위임관계에 있는 것으로서 수임자인 조합임원이 임기만료 등으로 종임하면 그 위임관계는 종료된다. 그러나 후임 조합임원을 선임하지 않아 조합을 대표할 기관이 없다면 조합이 정상적으로 정비사업을 영위하기 어려우므로 종전 조합임원이 일정한 범위에서 계속 업무를 수행할 필요가 있다.

민법 제691조는 위임종료의 경우에 급박한 사정이 있는 때에는 수임인은 위임인이 위임사무를 처리할 수 있을 때까지 그 사무의 처리를 계속하여야 한다고 정하고 있고, 정관에도 "임기가 만료된 임원은 그 후임자가 선임될 때까지 그 직무를 수행한다"와 같은 규정을 두고 있다(구 표준정관 제15조 제5항).

다만 이러한 업무수행권은 임기종료후에 종전과 같은 직무수행권을 포괄적으로 부여받는 것이 아니라 단지 일단 수행한 업무를 사후에 개별적 · 구체적으로 가려 예외적으로

50 자세한 내용은 [16]해임총회 IV.1.나.해임사유 참고.

그 효력을 인정하는데 취지가 있으므로, 종전의 조합임원은 이미 임기만료로 그 지위를 상실하였고 종전과 같은 조합장 또는 이사의 지위에 있지 않다. 이 경우 종전 조합장 등이 그 지위에 있지 않다는 확인을 구하거나[51] 그 직무수행이 부적절한 경우 직무집행정지가처분 신청을 제기하여 직무에서 배제할 수 있으나, 해임은 종전 지위에 있음을 전제로 하는 것이어서 해임 의결을 하더라도 해임의 효력은 없다.

나. 업무수행권한의 범위

민법 제691조에 따른 계속 업무수행의 경우, 종전 대표자로 하여금 조합의 업무를 수행케 함이 부적당하다고 인정할 만한 특별한 사정이 없고 종전의 직무를 종전 대표자로 하여금 처리하게 할 필요가 있는 경우에 한하여 후임 대표자가 선임될 때까지 임기만료된 종전 대표자에게 대표자의 직무를 수행할 수 있는 업무수행권이 인정되나, 그 업무수행권은 급박한 사정을 해소하기 위하여 그로 하여금 업무를 수행하게 할 필요가 있는지를 개별적·구체적으로 가려 인정할 수 있는 것이지 임기만료 후 후임자가 아직 선출되지 않았다는 사정만으로 당연히 포괄적으로 부여되지 않는다(대법원 2003. 7. 8. 선고 2002다74817 판결 등).

다만 정관에서 계속 업무수행을 직접 정한 경우 민법 제691조를 유추적용할 필요 없이 원칙적으로 정관 규정에 따르면 되는 것인데, 구 표준정관 제15조 제5항은 계속 업무수행의 범위를 특별히 제한하고 있지 않으므로 종전 조합임원의 업무범위는 제한이 없다고 볼 여지는 있다.[52] 그러나 구 표준정관 제15조 제5항과 같은 정관 규정은 민법 제691조와 마찬가지로 대표자의 부재로 인한 조합 업무의 공백 상태를 방지하여 조합에 손해가 발생하는 것을 막기 위한 취지이고, 위임관계의 당연한 법리를 확인하는 것을 넘어 종전 조합임원에게 포괄적인 업무수행권을 부여하는 것은 아니라고 보는 것이 타당하다.[53]

① 후임 조합임원 선임 또는 연임을 위한 총회 절차의 진행[54] 등은 임기만료된 대표자의 업무수행권 범위에 포함되므로 종전 대표자로 하여금 조합 업무를 수행하게 하는 것이 부적당하다고 볼 사정이 없는 한 적법하다.

② 시공자·정비사업전문관리업자의 선정 등 조합 및 조합원들의 이익에 중대한 영향을 미치는 사안이면서 새로운 조합임원 선출 전에 결정되어야 할 급박한 사정이 없는 경

51 대구지방법원 2009. 1. 8. 선고 2008가합2146 판결, 인천지방법원 2011. 7. 8. 선고 2010가합13080 판결, 대구지방법원 2015. 1. 23. 선고 2014가합2819 판결.

52 안광순(상), 571.

53 대구지방법원 2009. 1. 8. 선고 2008가합2146 판결, 서울고등법원 2012. 2. 2. 선고 2011나61976 판결(제1심은 인천지방법원 2011. 7. 8. 선고 2010가합13080 판결), 의정부지방법원 2021. 2. 18.자 2021카합5059 결정 등.

54 광주지방법원 2017. 1. 12.자 2016카합50442 결정.

우,[55] 조합 해산을 급박하게 의결할 이유가 없음에도 대의원회를 소집한 경우[56] 등은 임기만료된 대표자의 업무수행에 포함되기 어려울 것으로 생각된다. 조합임원이 종전 조합임원 선임결의에 다툼이 있거나 임기만료 후 후임 조합임원 선임을 미룬 채 장기간 계속 업무를 수행하는 경우[57] 등은 그 자체로 업무수행이 부적절하고 종전 업무를 계속 처리하게 할 필요성이 없다고 볼 여지가 높은 것으로 생각된다.

다. 업무수행의 배제

조합임원은 임기가 만료됨으로써 종전 조합임원의 지위를 상실하고 단지 필요에 따라 계속 업무를 수행하는 지위에 불과하다. 따라서 임기만료된 조합임원의 계속적 업무수행을 배제하고자 하는 경우, 종전 지위에 있음을 전제로 하는 해임 의결은 해임의 효력이 없고 대의원회 또는 이사회의 직무집행정지 의결 또는 법원에 의한 직무집행정지 가처분 결정으로 하여야 한다.

Ⅲ. 조합임원의 지위에 관한 쟁송

1. 쟁송방법의 개관

조합설립인가로 공법상 지위를 부여받아 행정행위의 주체가 된 조합이 정비사업 시행을 위해 작성 · 수립하는 사업시행계획, 관리처분계획 등에 대한 다툼은 공법상의 법률관계로서 사업시행계획, 관리처분계획에 대한 총회결의는 공법상 당사자소송으로 다툰다. 그러나 조합과 조합임원 사이의 선임 · 해임 등을 둘러싼 법률관계는 사법상의 법률관계이므로 그 지위를 다투는 소송 등은 민사소송에 의한다(대법원 2009. 9. 24.자 2009마168, 169 결정).

선임 또는 해임결의에 하자가 있는 경우 조합(단체)을 상대로 그 결의의 무효확인을 구하거나(선임결의무효확인 등), 조합(단체)을 상대로 조합임원의 자격상실 · 결격사유 등에 의한 당연퇴임, 해임 또는 선임 또는 해임결의의 무효를 원인으로 하여 조합임원 지위를 존재 또는 부존재의 확인을 구하는 방법(조합장지위부존재확인 등)으로 다툴 수 있다.

위 본안소송에 대한 가처분으로는, 종전 조합임원이 자신이 여전히 조합임원의 지위에 있음을 이유로 다투는 경우 조합을 상대로 조합임원의 지위를 임시로 정하거나 해임결의의 효력정지를 구할 수 있을 것이다. 다만 종전 조합임원이 그 지위에 없음을 이유로 다투는 경우에는 선임결의의 효력정지를 구하는 것보다 민법이 예정한 직무집행정지가처분으

---

55 서울북부지방법원 2017. 6. 16.자 2017카합118 결정.

56 서울동부지방법원 2021. 11. 4.자 2021카합10317 결정.

57 의정부지방법원 2017. 11. 28.자 2017카합5095 결정, 서울북부지방법원 2018. 1. 19.자 2017카합230 결정, 서울북부지방법원 2018. 7. 4.자 2018카합20124 결정.

로 구하는 것이 권리보호에 직접적이며, 실제로 소극적 지위 확인에 대한 가처분은 직무집행정지가처분으로 하고 있다.

2. 조합임원 지위에 관한 본안소송

가. 쟁송의 형태

(1) 선임 · 해임결의 무효확인

조합임원을 선임 또는 해임한 총회결의에 도시정비법령 또는 정관 등을 위반한 하자가 있는 경우 조합을 상대로 결의의 무효확인을 구하는 방법으로 다툴 수 있다.

(2) 조합임원지위 존재 · 부존재 확인

조합임원이 부적법하게 선임되거나 사임, 해임, 자격상실 · 결격사유에 의한 당연퇴임 등이 있는 경우에는 당연퇴임해야 하는 조합임원의 지위부존재 확인청구를 할 수 있고, 부적법하게 해임되어 그 지위에 다툼이 있는 조합임원은 지위존재 확인청구를 할 수 있다. 조합임원의 선임결의 또는 해임결의에 하자가 있는 경우 그 결의의 무효확인의 소를 제기할 수 있지만, 결의무효를 원인으로 직접 조합임원지위 존재 또는 부존재의 확인을 구할 수도 있다. 그러나 조합을 상대로 직접 조합임원의 직무정지를 구하는 것은 조합임원의 직무권한 박탈이라는 형성적 효력을 발생시키는 형성의 소로서 법률의 근거가 없으므로 부적법하다.[58]

나. 쟁송의 당사자

(1) 원고

조합임원으로 선임되지 않는 후보자는 조합임원 지위에 직접 이해관계가 있고, 후보자가 아닌 조합원이라 하더라도 조합의 적법한 구성에 대해 법률상 이해관계가 있으므로 확인의 소를 제기할 수 있다.

임기만료된 조합장, 직무대행자도 조합을 대표하여 소를 제기할 권한이 있으며, 조합설립변경에 대해 인가나 신고수리를 받기 전이라도 조합과 조합원들 사이의 관계에서는 조합을 대표할 권한이 있다.[59]

(2) 피고

선임 · 해임결의 무효확인 또는 조합임원지위 존재 · 부존재 확인의 소는 해당 조합임원(개인)이 아닌 조합(단체)을 피고로 제기하여야 한다. 조합 총회의 결의는 조합 내부의 의사결정으로서 그로 인한 법률관계의 주체는 조합이므로 조합을 상대로 하여 총회결의의

---

58 서울고등법원 2014. 8. 22. 선고 2014나811 판결, 수원지방법원 안양지원 2019. 1. 23.자 2018카합10122 결정.

59 서울고등법원 2011. 11. 10. 선고 2011누23865 판결.

존재 여부나 효력 유무의 확인판결을 받아야 그 결의로 인한 조합원의 권리 또는 법률상 지위에 대한 위험이나 불안을 유효적절하게 제거할 수 있고, 조합임원 개인을 상대로 한 확인판결은 그 판결이 확정되더라도 조합에게 그 판결의 효력이 미치지 않아 확인의 이익이 없으므로(합명회사의 사원총회 결의에 대한 대법원 1991. 6. 25. 선고 90다14058 판결, 학교법인 이사 선임결의에 대한 대법원 2010. 10. 28. 선고 2010다30676, 30683 판결 등 참고),[60] 해당 조합임원(개인)에 대한 소는 확인의 이익이 없어 부적법하다. 본안소송을 직무집행정지가처분 사건의 제소명령에 따라 제기한 것이라 하더라도 본래 직무집행정지가처분의 채무자는 본안소송의 피고와 일치하지 않는 것이므로 확인의 이익이 없다는 점은 달라지지 않는다.[61]

(3) 피고의 대표자

피고 조합의 대표자는 조합장 또는 조합장 직무대행자이며, 조합장이 무효확인 청구의 대상이 된 결의에 의해 선임되었다 하더라도 그 소송에서 조합을 대표할 수 있다는 점은 달라지지 않는다(주식회사 이사 선임결의에 대한 대법원 1983. 3. 22. 선고 82다카1810 전원합의체 판결 참고).

조합장이 자신에 대한 해임결의를 다투는 경우 피고 조합의 대표자는 ⓐ 도시정비법 제42조 제3항에 따른 감사, ⓑ 특별대리인으로 선임된 발의자 대표, ⓒ 정관에 따른 조합장 직무대행자 등을 생각해 볼 수 있다. 이 중 ⓐ 도시정비법 제42조 제3항에 따라 감사가 조합을 대표하는 것은 조합장 또는 이사가 그 지위를 유지하면서 조합을 상대로 소송을 하는 경우 발생할 이해충돌을 방지하고 공정한 업무수행을 확보하기 위한 것으로서 조합장이 이미 해임결의로 지위를 상실했다면 위 규정이 적용되어야 한다고 보기 어렵다. ⓑ 발의자 대표를 특별대리인으로 선임하여 발의자 대표가 조합을 대표하여 해임결의의 적법성을 다투는 것이 가장 합리적이나, 정관에 따라 이사 중 조합장 직무대행자를 선임할 수 있다면 소송절차에서 대표자가 없거나 대표권을 없는 경우에 해당하지 않아 특별대리인 선임요건을 갖추지 못한다.[62] 결국 정관에 따라 이사 중 조합장 직무대행자를 선임할 수 있다면 그 직무대행자가, 직무대행자를 선임할 수 없다면 신청에 따라 특별대리인으로 선임된 발의자 대표가 조합을 대표하도록 하는 것이 타당하다.

---

60 법인이 아닌 임원 개인을 상대로 한 확인판결은 그 판결이 확정되더라도 법인에게 그 판결의 효력이 미치지 않는다(학교법인 이사회 이사선임결의에 대한 대법원 2010. 10. 28. 선고 2010다30676, 30683 판결 참고).

61 서울고등법원 2016. 4. 28. 선고 2015나2063624 판결.

62 법인 또는 비법인사단 · 재단의 특별대리인을 선임하기 위해서는 법인 또는 비법인사단 · 재단의 대표자나 관리인이 없거나 대표권을 행사할 수 없는 경우이어야 한다(민사소송법 제62조, 제64조). 해임되지 않고 남은 이사가 있다면 그 이사가 조합을 대표하고 앞서 특별대리인 선임 결정이 있었다 하여도 특별대리인 선임요건에 해당하지 않아 효력이 없으므로 조합의 대표자를 남은 이사로 하여 신청을 제기하여야 한다고 본 사례로 의정부지방법원 2021. 4. 5.자 2020카합5512 결정.

다. 판결의 효력

도시정비법은 상법과 같이 총회결의 효력을 다투는 본안소송에 대세적 효력을 인정하는 명문을 규정을 두고 있지 않다.[63] 따라서 민법상 일반적인 단체의 결의와 같이, 결의무효확인소송이 제기되어 승소판결을 받았다 하더라도 그 판결의 효력은 당사자 사이에서만 발생하는 것이지 대세적 효력은 없다(재단법인 이사회결의 무효확인판결에 대한 대법원 2000. 2. 11. 선고 99다30039 판결 등 참고).

따라서 조합을 피고로 하여 선임 · 해임결의 무효확인 또는 조합임원지위 존재 · 부존재확인 판결을 받아 확정되더라도 그 판결의 효력은 원고와 피고 조합 사이에서만 미치는 것이 원칙이나, 단체의 이사 선임결의가 무효로 확정되는 경우 선임된 이사의 직무수행 근거가 소멸되는 등 단체에 대한 판결은 그 기관인 이사 등에 대하여도 일정한 효력을 가진다고 볼 수 있다.[64] 종전 조합임원이 확정판결과 다르게 지위의 존속을 주장하기도 어려우므로, 결국 조합 내부에서 사실상의 구속력을 갖는 것으로 볼 수 있다.

라. 임원선임결의 추인 또는 후임임원 선임에 따른 권리보호이익 결여

당초 총회에서 임원선임결의가 있은 후 다시 개최된 총회에서 위 종전 결의를 그대로 인준하는 결의를 한 경우에는 설사 당초의 임원선임결의가 무효라고 할지라도 새로운 총회결의가 하자로 인하여 부존재 또는 무효임이 인정되거나 그 결의가 취소되는 등의 특별한 사정이 없는 한 종전 총회결의의 무효에 대한 확인을 구하는 것은 과거의 법률관계 내지 권리관계의 확인을 구하는 것에 불과하여 권리보호의 요건을 결여하여 부적법하다(대법원 2003. 9. 26. 선고 2001다64479 판결, 대법원 2007. 3. 30. 선고 2005다45698 판결, 대법원 2010. 10. 28. 선고 2009다63694 판결). 재개발조합 총회의 조합장 등 임원을 선임하거나 해임하는 당초 결의가 부존재 또는 무효라고 할지라도 새로운 총회결의에 의하여 후임 임원이 선임된 경우도 동일하다(대법원 1998. 12. 22. 선고 98다35754 판결 등). 해임결의가 무효라 하더라도 그와 같은 사정만으로 특별한 사정이 없는 한 후속 선임결의가 당연 무효라고 보기 어렵다(대법원 2021. 3. 25. 선고 2017다240502, 240519 판결).[65]

이 경우 새로운 총회가 소집권한 없는 자에 의해 소집된 것으로서 그 총회결의가 무효인지도 다투어질 수 있으나, 대법원은 이를 무효사유로 본다면 최초의 임원선임결의의 무

---

63 상법상 주주총회 결의취소의 소, 결의무효의 소, 결의부존재확인의 소의 판결은 제3자에 대해서도 효력이 미친다(상법 제376조, 제380조, 제190조 본문).

64 사법연수원, 법원실무제요 민사집행[Ⅴ] –보전처분– (2020), 472.

65 해임결의가 무효이면, 그 이후의 선임결의도 당초 선임할 수 있는 조합임원을 선임한 것이 아니어서 무효라고 보는 것이 타당한 것으로 생각된다. 다만 위 대법원 2017다240502 판결의 취지까지 종합하면, 일부 조합임원을 해임하고 새롭게 조합임원을 선임한 경우 ⓐ 선행 해임결의 무효확인을 구하는 것은 과거의 법률관계 내지 권리관계의 확인을 구하는 것이어서 부적법하고(위 대법원 98다35754 판결 등), ⓑ 선행 해임결의에 의결정족수를 충족하지 못하여 무효라 하더라도 그와 같은 사정만으로 특별한 사정이 없는 한 후행 선임결의가 당연무효가 되지 않는 것으로서(위 대법원 2017다240502 판결), 후행 선임결의가 무효가 되기 위해서는 특별한 사정이 있어야 한다.

효로 인하여 연쇄적으로 그 후의 결의가 모두 무효로 되는 결과가 되어 법률관계의 혼란을 초래하고 법적 안정성을 현저히 해하게 되기 때문에 독립적 무효사유로 볼 수 없다고 판단하였다(대법원 1998. 12. 22. 선고 98다35754 판결, 대법원 2003. 9. 26. 선고 2001다64479 판결, 대법원 2010. 10. 28. 선고 2009다63694 판결 등).[66]

3. 조합임원 지위에 관한 가처분

가. 조합임원의 지위를 임시로 정하는 가처분

총회에서 자신이 조합임원으로 적법하게 선임되었음에도 조합 선거관리위원회가 다른 후보자를 당선자로 공고하여 자신이 조합임원이 아닌 것과 같은 외관을 형성하거나, 다른 후보자에 대한 찬성표 중 무효표를 제외하면 자신이 당선자에 해당하는 경우, 해당 후보자는 적법하게 당선된 조합임원이 자신이라는 것의 확인을 구하는 조합임원지위확인청구권을 피보전권리로 하여 조합임원의 지위를 임시적으로 정하는 가처분을 신청할 수 있다.

조합임원의 지위를 임시적으로 정하는 가처분은 조합을 채무자로 하여 다음과 같은 신청취지로 구할 수 있다.

1. 채권자의 채무자에 대한 ○○지방법원 2021가합123456 ○○○○○○ 사건의 판결 확정시까지 채권자가 채무자의 이사 지위에 있음을 임시로 정한다. 2. 집행관은 제1항 명령의 취지를 적당한 방법으로 공시하여야 한다.

조합임원의 지위를 임시적으로 정하더라도 종전에 위법·부당하게 선임된 외관이 형성된 다른 후보자에 직무를 배제하는 것이 가장 명확한 방법이므로 다른 후보자에 대해 직무집행정지가처분을 같이 제기하는 것도 가능할 것으로 생각된다.

나. 선임결의 효력정지 가처분

조합임원의 지위 존재 여부를 다투는 본안소송은 선임결의의 무효확인을 구하는 방법으로 가능하므로, 총회결의를 다투는 통상의 경우처럼 그 보전처분 역시 조합을 상대로 선임결의의 효력정지를 구하는 것으로 할 수 있을지 문제된다.

이에 대해 선임결의무효확인청구권 또는 조합임원지위존재·부존재확인청구권을 피보전권리로 하는 가처분은 민법이 예정하고 있는 직무집행정지가처분으로 목적 달성이 가능하므로 그 실효성이 담보되기 어려운 별도의 선임결의 효력정지 신청은 보전의 필요성이 없다고 보는 것이 일반적이다. 그 이유로는 ⓐ 선임결의 효력정지가처분을 허용하면 이는 사실상 단체를 상대로 한 직무집행가처분을 인정하는 것과 동일한 결과가 되고, ⓑ 선임결의 효력정지가처분은 직무집행정지가처분과 달리 직무대행자를 선임할 근거가 없으므

66 다만 이러한 법리는 예외적으로 적용되어야 한다. 자세한 내용은 **[14]총회의 소집 II.1.가.조합장의 소집권한** 참고.

로 그 효력이 정지되더라도 누가 어떠한 방법으로 적법하게 새로 이사를 선임할 수 있는지에 대한 적법한 해결책을 상정하기 어려워 이사 선임을 둘러싼 법인 내부의 혼란이 가중될 개연성이 적지 않고, ⓒ 직무집행정지 및 직무대행자 선임 가처분이 발령되면 법원의 촉탁에 의해 그 사항이 법인등기부에 등재되어 외부에 공시되는 반면, 선임결의 효력정지가처분은 그에 대응하는 등기절차가 법문에 규정되어 있지 않아 법인과 거래하는 제3자의 안전을 해할 가능성이 높다는 점을 들고 있다.[67]

실무적으로 피보전권리를 총회결의무효확인청구권으로 하는 경우에도 그 보전처분은 선임결의의 효력정지가 아닌 직무집행정지를 구하는 가처분으로 제기하고 있다.

다. 해임결의 효력정지 가처분

조합임원이 자신에 대한 해임결의의 효력을 다투는 경우 그 보전처분으로서 조합을 상대로 해임결의의 효력정지를 구하는 가처분을 제기할 수 있다.

선임결의와 달리 해임결의는 직무집행정지가처분으로 보전처분이 이루어지기 어려우므로, 통상의 총회결의와 같이 해임을 의결한 총회결의의 효력정지를 구하는 가처분의 형태로 제기되고 있다. 다만, 해임결의와 선임결의가 같은 총회에서 이루어지거나 해임결의가 위법하여 그 이후의 선임결의가 효력이 없다고 보는 경우 해임결의 효력정지와 함께 새로 선임된 조합임원의 직무집행정지를 같이 구할 수 있을 것이다.

라. 가처분 결정의 효력

보전처분의 효력은 그 재판이 고지된 때에 발생하므로(민사소송법 제221조, 민사집행규칙 제203조의4), 직무집행정지 또는 직무대행자 선임 결정은 결정문이 채무자에게 도달한 때 그 효력이 발생한다. 다만 가처분 결정은 잠정적 효력을 갖는 것에 불과하므로, 가처분 결정에서 그 기한을 정하지 않았다 하더라도 본안판결이 확정된 때 가처분 결정의 효력은 당연히 소멸한다.

4. 직무집행정지 및 직무대행자 선임 가처분

가. 직무집행정지 가처분

(1) 쟁송의 당사자

본안소송인 선임결의무효확인소송 또는 조합임원지위존재 · 부존재확인소송의 원고적격을 가지는 자가 직무집행정지 가처분의 채권자가 될 수 있다. 해당 선임결의 또는 해임결의의 당사자가 아니더라도 조합원은 조합의 적법한 구성에 대해 법률상 이해관계를 가지므로 본안소송 및 가처분을 제기할 수 있다.

민사집행법 제300조 제2항에 정한 임시의 지위를 정하기 위한 가처분은 그 가처분의

---

67 서울고등법원 2010. 6. 21.자 2009라2534 결정, 서울고등법원 2010. 11. 8.자 2009라1251 결정.

성질상 그 주장 자체에 의하여 다툼이 있는 권리관계에 관한 정당한 이익이 있는 자가 가처분의 신청을 할 수 있으며, 피신청인은 주장 자체에 의하여 신청인과 저촉되는 지위에 있는 자이어야 한다(정당에 관한 대법원 1997. 7. 25. 선고 96다15916 판결 등 참고). 따라서 직무집행정지가처분 사건의 채무자는 다투는 지위에 관한 조합임원(개인)만이 해당하고 조합(단체)은 채무자가 될 수 없다.

(2) 피보전권리

직무집행정지가처분은 조합임원 선임결의의 하자(총회결의무효확인청구권), 조합임원의 임기만료, 사임, 해임 또는 자격상실 · 결격사유에 의한 당연퇴임 등(조합임원지위부존재확인청구권)을 피보전권리로 하여 제기할 수 있다.

① 직무집행정지가 주로 문제되는 것은 임기만료, 사임, 해임된 조합임원이 후임임원이 선임되지 않았음을 이유로 업무를 계속 수행하는 경우이다. 종전 조합임원이 임기만료 후 장기간 계속 업무를 수행하거나 종전 조합임원 선임결의에 다툼이 있는 경우, 종전 조합임원이 조합의 업무를 계속 수행하는 것이 부적절하고 업무를 계속 처리하게 할 필요성이 없는 경우 등은 직무집행정지를 구할 피보전권리가 인정될 수 있다.[68]

② 조합임원이 법령 또는 정관 위반, 비위나 무능력 등 그 업무에 관하여 위법 · 부당행위를 하였다는 사정은 그 자체로 조합임원의 지위를 상실하는 것은 아니고 해임사유에 불과하며, 도시정비법은 해임사유가 있으면 총회 의결로서 해임할 수 있도록 정하고 있을 뿐 조합원에게 해임청구권을 명문의 규정으로 인정하지 않는다. 해임사유를 이유로 한 직무집행정지가처분은 형성의 소인 해임청구권을 피보전권리로 하는 것인데 도시정비법상 해임청구를 할 수 있는 명문의 규정을 두고 있지 않으므로 허용되지 않는다(법인 이사에 대한 대법원 1997. 10. 27.자 97마2269 결정, 대법원 2001. 1. 16. 선고 2000다45020 판결 등 참고). 다수의 조합원들이 해임을 요구하거나 동의한다 하더라도 총회에서 실제 해임 의결을 하면 되는 것일 뿐 그 자체로 직무집행을 정지시킬 만한 피보전권리가 되기 어렵다.[69]

③ 도시정비법 또는 정관이 정한 결격사유가 발생하였음에도 조합임원이 직무를 계속 수행하면 직무집행정지를 구할 필요가 있다. 도시정비법 제43조 제1항 제5호는 "이 법을 위반하여 벌금 100만원 이상의 형을 선고받고 10년이 지나지 아니한 자"를 결격사유로 정하고 있어 벌금 100만원 이상의 형의 확정이 아닌 선고로서 결격사유가 발생하는 것으로 볼 여지가 있으나, 무죄추정의 원칙까지 감안하여 엄격하게 해석하면 벌금형이 확정된 때 비로소 자격이 상실되는 것으로 보는 것이 타당하다.[70]

---

68 의정부지방법원 2017. 11. 28.자 2017카합5095 결정, 서울북부지방법원 2018. 1. 19.자 2017카합230 결정, 서울북부지방법원 2018. 7. 4.자 2018카합20124 결정.

69 서울서부지방법원 2018. 8. 29.자 2018카합135 결정.

70 자세한 내용은 **[12]조합임원의 구성, 자격 및 권한 II.2.가. 도시정비법 등에 따른 결격사유** 참고.

④ 정관에서 "임원 또는 대의원으로 선임된 후 그 직무에 관련한 형사사건으로 기소될 경우에는 확정 판결이 있을 때까지 직무수행자격이 정지된다"고 정한 경우[71] 그 취지상 '직무와 관련된 형사사건'은 조속히 정비사업을 추진하여 사업을 종결해야 할 필요성과의 비교형량을 통하여 직무집행정지가 정당화될 수 있을 정도로 조합에 미치는 위해가 현저하고 급박한 경우만을 의미하는 것으로 엄격하게 해석하여야 하고, 직무수행에서 발생하는 모든 형사사건으로 포괄적으로 해석할 수 없다고 보는 것이 타당하다.[72]

(3) 보전의 필요성

임시의 지위를 정하기 위한 가처분이 필요한지 여부는 해당 가처분신청의 인용 여부에 따른 당사자 쌍방의 이해득실관계, 본안소송의 장래 승패의 예상 등 여러 사정을 고려하여 법원의 재량에 따라 합목적적으로 판단하여야 하고, 단체의 대표자 선임결의의 하자를 원인으로 하는 가처분신청은 장차 채권자가 본안에서 승소하여 적법한 선임결의가 있을 경우 채무자가 다시 대표자로 선임될 개연성이 있는지 여부도 참작하여야 한다(종중 대표자에 대한 직무집행정지가처분에 관한 대법원 1997. 10. 14.자 97마1473 결정 등 참고). 또한 임시의 지위를 정하기 위한 가처분은 다툼 있는 권리관계에 관하여 그것이 본안소송에 의하여 확정되기까지 가처분권리자가 현재의 현저한 손해를 피하거나 급박한 위험을 막기 위하여, 또는 그 밖의 필요한 이유가 있는 경우에 허용되는 응급적·잠정적인 처분이므로, 본안판결 전에 채권자에게 만족을 주는 경우도 있어 채무자의 고통이 크다고 볼 수 있으므로 그 필요성의 인정에 신중을 기해야 한다(대법원 2006. 7. 4.자 2006마164, 165 결정).[73]

(4) 직무대행자 선임 결정

조합임원에 대한 직무집행정지와 함께 직무대행자 선임을 가처분으로 같이 신청한 경우, 법원은 직무집행을 정지하여 대표자의 직무를 행할 자가 없거나 정관에 의한 직무대행자에게 공정한 직무대행을 기대하기 어렵다는 등의 사정이 있으면 직무대행자를 선임하는 결정을 할 수 있다. 법원은 후견적 지위에서 직무대행자 선임에 재량이 있으므로, 정관상 조합장의 직무대행자가 정해져 있다 하더라도 공정한 제3자를 직무대행자로 선임할 필요

71 구 표준정관 제17조 제4항은 "임원으로 선임된 후 직무위배행위로 인한 형사사건으로 기소된 경우에는 그 내용에 따라 확정판결이 있을 때까지 제18조 제4항의 절차에 따라 그 자격을 정지할 수 있다"와 같이 이사회 또는 대의원회가 그 내용과 정도에 따라 판단할 수 있도록 정하고 있는데, 이 경우는 이사회 또는 대의원회의 별도의 의결이 있어야 직무집행정지가 가능하다.

72 서울고등법원 2007. 7. 12.자 2006라1331 결정, 전주지방법원 2012. 2. 23.자 2012카합28 결정.

73 이와 관련하여 사법연수원, 앞의 책, 474는 "피보전권리의 존재가 명백하게 인정되는 경우에 보전의 필요성만을 들어 가처분신청을 배척하는 데에는 신중을 기해야 할 것이나, 실제에 있어서 절차의 하자 등이 의심되는 경우에도 그것이 곧바로 결의의 취소나 무효사유가 되는 것은 아니어서 본안소송에서의 승패의 예상이 불분명한 경우가 많고, 특히 단체 구성원 전체의 총의에 의해 가처분의 원인이 된 결의의 내용과 동일한 내용의 결의가 이루어질 개연성이 있는 사안 등에서는 보전의 필요성이 보다 엄격하게 심사할 필요가 있다"라고 보고 있다.

가 있거나 정관상의 직무대행자가 직무집행정지가처분의 원인이 되는 결의에 의해 선임되어 동일한 하자를 안고 있는 경우 법원이 별도로 직무대행자를 선임할 수 있다.[74]

직무대행자 선임 결정은 직무집행정지 가처분 결정과 같이 이루어지거나, 일단 직무집행정지 가처분 결정을 일부결정으로 먼저 한 후 별도로 직무대행자 선임 결정을 하기도 한다. 실무적으로 채권자 및 채무자로 하여금 후보자 명단을 제출하도록 하여 접점을 찾거나, 채권자 및 채무자와 무관한 변호사를 선임하고 있다.

⑸ 직무대행자의 개임

법원은 일단 선임한 직무대행자가 부적당하다고 인정한 때에는 직권으로 언제든 개입할 수 있다. 어떤 단체 대표자의 직무집행을 정지하고 그 대행자를 선임하는 가처분을 하는 경우 어느 특정한 사람을 그 직무대행자로 선임할 것인가는 법원의 자유재량에 속하는 것이어서 당사자에게 개임신청권은 인정되지 않으므로, 개임을 구하는 서면을 제출하더라도 이는 법원의 직권발동을 촉구하는 것에 불과하여 이에 대해 판단할 필요가 없고 당사자가 명시적인 판단을 구하면 신청을 각하하며, 법원이 개임신청을 받아들이지 않았다 하더라도 불복할 수 없다(대법원 1979. 7. 19.자 79마198 결정 참고).

⑹ 가처분 결정의 효력

보전처분의 효력은 그 재판이 고지된 때에 발생하므로(민사소송법 제221조, 민사집행규칙 제203조의4), 직무집행정지 또는 직무대행자 선임 결정은 결정문이 채무자에게 도달한 때 그 효력이 발생한다. 직무집행정지 또는 직무대행자 선임 결정의 효력이 발생하면 해당 조합임원의 직무집행이 정지되고, 직무집행이 정지된 대표자가 그 정지기간 중에 체결한 계약은 절대적으로 무효이고 추후 가처분 집행에 취소되었다 하더라도 무효인 계약이 소급하여 유효가 되지 않는다(주식회사의 대표이사에 관한 대법원 2008. 5. 29. 선고 2008다4537 판결 참고). 다만, 그 지위나 자격을 박탈하는 것은 아니므로 그 임기가 정지되거나 가처분결정이 존속하는 기간만큼 연장되지 않는다(주식회사의 이사에 관한 대법원 2020. 8. 20. 선고 2018다249148 판결 등 참고).

법인의 대표자 그 밖의 임원으로 등기된 사람에 대하여 직무의 집행을 정지하거나 그 직무대행자를 선임하는 경우에는 이를 등기하여야 하는데(민법 제52조의2), 민법상 법인의 등기는 가처분 결정의 집행방법이 아니고 제3자에 대한 대항요건이므로(민법 제54조 제1항), 직무집행정지 및 직무대행자 선임 가처분 결정은 등기가 되지 않더라도 그 내용에 따른 효력이 발생한다

74 서울고등법원 2006. 6. 30.자 2006라222 결정은 정관에 따른 직무대행자가 있으므로 법원에서 별도로 직무대행자를 선임할 수 없다는 주장에 대해 "직무집행정지시의 조합장 직무대행자는 가처분의 잠정성에 비추어 상무(常務)에 속한 행위 밖에 할 수 없음에 반하여 정관에 의한 직무대행자는 조합장의 모든 권한을 행사할 수 있으므로, 직무집행정지가처분을 하면서 정관상의 직무대행자를 인정하는 것은 직무집행정지가처분의 취지에 반하며, 이 사건의 진행경과 등에 비추어 부조합장 중 최연장자인 L은 조합장인 피신청인과 이해관계를 같이 한다고 보이므로 L을 조합장 직무대행자로 인정할 경우 오히려 조합 내부의 분쟁이 악화될 우려가 많은 점" 등을 이유로 그 주장을 배척하였다.

(주식회사의 대표이사 등에 대한 직무집행정지가처분 결정에 관한 대법원 2014. 3. 27. 선고 2013다39551 판결 등 참고). 다만 그 등기가 되어야 제3자에게 대항할 수 있다.[75]

본안소송인 선임 · 해임결의무효확인의 소 또는 조합임원지위존재 · 부존재확인의 소는 대세적 효력이 없으므로 그 보전처분인 직무집행정지가처분 결정도 대세적 효력이 없는 것인지 문제될 수 있다. 주식회사 이사의 직무집행을 정지하고 직무대행자를 선임하는 가처분은 성질상 당사자 사이뿐만 아니라 제3자에 대한 관계에서도 효력이 미치고(대법원 2014. 3. 27. 선고 2013다39551 판결, 대법원 2020. 8. 20. 선고 2018다249148 판결 등 참고), 직무집행정지 가처분 결정을 등기하면 제3자에게 대항할 수 있다는 점에서 직무집행정지 가처분에 반하여 이루어진 행위는 제3자에 대한 관계에서도 무효라고 보는 것이 타당하다.

나. 법원이 선임한 직무대행자의 권한

(1) 직무대행자의 직무대행기간

직무집행정지 가처분은 임시의 지위를 정하는 가처분으로서 통상 본안사건의 판결 확정시까지 등으로 그 시기를 제한하는데,[76] 직무대행자 선임 결정도 "피신청인의 직무집행정지기간 중 ○○○를 조합장 직무대행자로 선임한다"와 같이 직무집행정지의 기간에 맞춰 이루어지고 있다. 직무집행정지 및 직무대행자 선임 가처분 결정에서 그 기간을 정하지 않았더라도 본안승소판결의 확정과 동시에 그 목적을 달성한 것이 되어 당연히 효력을 상실한다(주식회사 대표이사의 직무집행정지에 관한 대법원 1989. 9. 12. 선고 87다카2691 판결 등 참고).

직무집행정지 및 직무대행자 선임 가처분 결정이 본안판결 선고 등으로 실효되지 않는 이상, 법원의 직무대행자 선임 결정은 그 취소 결정 또는 가처분 신청의 취하가 있어야 효력을 상실한다.[77] 따라서 조합장에 대하여 직무집행을 정지하고 직무대행자를 선임하는 가처분결정이 있은 후 그 직무대행자에 의하여 소집된 임시총회에서 직무집행이 정지된 종전 조합장이 다시 조합장으로 선임되었다 하더라도 위 가처분결정이 취소되지 아니한 이상 직무대행자만이 적법하게 조합을 대표할 수 있고, 다시 조합장으로 선임된 종전 조합장은 그 선임결의의 적법 여부에 관계없이 대표권을 가지지 못한다(대법원 2000. 2. 22. 선고 99다62890 판결 등). 새로운 조합임원이 선임된 경우에는 가처분 신청을 취하하거나 사정변경을 이유로 한 가처분취소

---

75 위 대법원 2013다39551 판결은 상법이 적용되는 사안으로서, 상법 제37조 제1항은 민법 제54조 제1항과 달리 등기를 선의의 제3자에 대한 대항요건으로 한정하고 있기 때문에 등기가 불가능하게 되었다 하더라도 악의의 제3자인 직무집행정지된 이사에게는 가처분결정의 효력이 미친다고 본 것이다. 조합에 적용되는 민법 제54조 제1항은 선의 · 악의를 불문하고 등기하여야 대항할 수 있다고 정하고 있다. 조합관계에서 위 대법원 2013다39551 판결은 가처분 결정의 효력이 등기하여야 발생하는 것은 아니라는 취지로 이해할 수 있을 것이다.

76 직무집행정지가처분 사건의 채무자의 지위에 다툼이 있어 본안사건이 진행중인 경우 그 본안판결의 판결선고시까지로 정할 수 있고, 조합장 등이 임기만료된 상태에서 계속 업무를 수행하는 것에 대해 직무집행정지 가처분 결정이 있는 경우라면 후임임원 선임시까지 등으로 정할 수 있을 것이다.

77 본안판결이 확정되기 전이라도 채권자가 가처분신청을 취하하면 직무대행자 선임의 근거가 소멸하므로 직무대행자도 그 권한을 상실하게 된다(사법연수원, 앞의 책, 483).

신청을 하여야 한다(민사집행법 제301조, 제288조 제1항 제1항).[78]

(2) 직무대행자가 할 수 있는 통상사무의 판단기준

법원이 선임한 직무대행자의 업무범위는 가처분명령에서 다르게 정하지 않는 한 법인의 통상사무에 한정되고(대법원 2000. 2. 11. 선고 99두2949 판결, 대법원 2005. 1. 29.자 2004그113 결정 등 참고), 통상사무에 속하지 않는 행위는 법원의 허가를 얻어야 한다(민법 제60조의2). 정관에 따른 직무대행자는 그 업무범위가 정관이 정하는 범위 또는 민법 제691조에 따른 급박한 사정이 있는 경우 등으로 제한되고 그 행위에 별도의 법원허가를 받을 필요가 없다는 점과 차이가 있다.[79]

직무대행자가 법원의 허가 없이 할 수 있는 통상사무는 "법인을 종전과 같이 그대로 유지하면서 관리하는 한도내의 사무" 또는 "일반적으로 회사에서 일상 행해져야 하는 사무, 회사가 영업을 계속함에 있어서 통상 행하는 영업범위 내의 사무 또는 회사경영에 중요한 영향을 주지 않는 통상의 업무"로서, "이사회의 구성 자체를 변경하는 행위"나 "회사의 경영 및 지배에 영향을 미칠 수 있는 행위"는 통상사무에 해당하지 않는다(재단법인의 직무대행자에 대한 대법원 2000. 2. 11. 선고 99다30039 판결, 주식회사에 관한 대법원 2007. 6. 28. 선고 2006다62362 판결 등 참고). 총회 소집은 직무대행자의 일반적인 업무범위로도 볼 수 있으나, 통상사무로 볼 수 없는 사항이 총회 안건에 포함되어 있으면 그 안건의 범위에서 총회 소집이 통상사무에 해당되지 않는다(위 대법원 2006다62362 판결 참고).

다만 통상사무의 범위는 명확히 구분하기 어렵고 특히 개별적 · 구체적인 사안에서 판단이 쉽지 않다. 실무적으로도 통상사무에 해당하는지가 불분명하면 일단 법원에 상무외행위허가신청을 하는데, 법원허가 여부에 따른 효력 문제를 남겨놓을 필요가 없다는 점에서 통상사무인지를 떠나 일단 총회 소집절차를 진행하기 전에 상무외행위허가를 받는 것이 타당하다.

---

78 이때 가처분취소신청을 누가 제기할 수 있는지가 문제된다. 일반적으로 가처분의 취소신청은 가처분의 채무자가 하는 것이므로, 가처분에 의하여 직무집행이 정지된 대표자는 그 임기가 만료되어 새로운 대표자가 선임되었다 하더라도 그 가처분이 존재하는 한 여전히 취소신청을 할 수 있는 반면(대법원 1995. 3. 10. 선고 94다56708 판결), 가처분 사건의 당사자가 아닌 법인(조합)은 그 취소신청을 할 수 없다(대법원 1997. 10. 10. 선고 97다27404 판결). 다만, 가처분에 의하여 직무집행이 정지된 종전 대표자가 새로 선임된 조합임원의 직무집행을 위하여 가처분취소를 신청할 것을 기대하기 어려운데, 이 경우 가처분 목적물의 양수인이 사정변경으로 인한 가처분결정의 취소를 구할 수 있다는 점(대법원 1968. 1. 31. 선고 66다842 판결, 대법원 2006. 9. 22. 선고 2004다50235 판결 등)에 비추어 새로 선임된 조합장이나 이사가 가처분채무자의 조합장 또는 이사의 특정승계인으로서 직접 사정변경을 원인으로 한 가처분취소신청을 제기할 적격이 있다고 볼 수도 있을 것이다(사법연수원, 앞의 책, 484). 물론, 가처분 신청 취하가 가능하다면 취하하여 집행을 종료하는 것이 가장 간편하다.

79 정관에 따른 직무대행자가 법원에 상무외행위허가를 신청할 근거도 없다(서울남부지방법원 2010. 7. 23.자 2010비합73 결정).

(3) 총회 소집에 관한 통상사무의 범위

직무대행자의 주된 업무는 총회를 소집 · 개최하여 조합장 등 조합임원을 선임함으로써 조합이 다시 정상적으로 운영하도록 하기 위한 것이나, 직무대행자 선임 결정에 그 업무로 명시되어 있지 않으면 결국 상무외행위로서 법원의 허가를 받아야 할 것으로 보인다.

① 일반적으로 조합임원의 선임 등은 법인 등의 근간인 임원진의 구성을 변경하는 것이어서 통상사무에 해당하지 않는다고 보고 있다(재단법인에 관한 대법원 2000. 2. 11. 선고 99두2949 판결, 회사에 관한 대법원 2007. 6. 28. 선고 2006다62362 판결, 재건축조합에 관한 대법원 2011. 9. 20.자 2011마1438 결정 등 참고).[80]

② 정관의 변경이나 조합장 · 이사 · 대의원회의 해임 및 새로운 조합임원의 선임, 선거관리위원회의 구성은 통상사무에 해당하지 않는다(대법원 2011. 9. 20.자 2011마1438 결정).

③ 직무대행자가 예산안을 총회에서 의결받은 것은 조합을 종전과 같이 유지하기 위한 것이고 준예산 상태를 피하기 위해 전년도에 준하여 예산을 수립한 것이라면 통상사무에 해당된다고 생각되나, 예산안 수립 · 의결도 통상사무에 해당하지 않는다고 보기도 한다.

④ 정관에 따라 조합원 1/5 이상의 소집요구가 있으면 조합장은 총회 소집 요구의 필요성과 타당성에 대하여 판단할 수 없고 그 요구에 따른 총회를 개최할 의무만을 부담한다. 그러나 이 같은 소수 조합원의 총회 소집요구가 있다 하더라도, 직무대행자가 조합임원의 선임 또는 해임 등 임원진 구성을 변경하기 위한 임시총회를 소집하는 것은 통상사무에 해당하지 않는다(대법원 2011. 9. 20.자 2011마1438 결정).

(4) 조합의 업무에 관한 통상사무의 범위

직무대행자가 "법인을 종전과 같이 그대로 유지하면서 관리하는 한도내의 사무"로서 조합의 업무를 하는 것은 좀 더 넓게 인정될 수 있을 것이다.

① 직무대행자가 조합을 위해 변호사에게 소송대리를 위임하고 그 보수계약을 체결하거나 그와 관련하여 반소제기를 위임하는 경우,[81] 소송과정에서 분쟁을 원만히 해결하고 정비사업을 조속히 추진하기 위해 객관적이고 상당한 방법으로 합의하는 경우[82] 등은 통상

80 다만 피대행자나 다른 조합임원에 대한 별도의 해임결의 없이 피대행자 등 종전임원의 사임, 임기만료 등으로 인해 그 후임임원을 선임만 하는 것이라면 통상사무에 해당될 여지가 있는 것으로 생각된다. 대법원은, 종중 회장 직무대행자가 피대행자들의 임기가 만료된 후 후임임원 선임을 위해 총회를 소집하는 것은 직무대행자가 피대행자의 후임자를 선임하는 결의에 직접 참가하거나 피대행자의 임기가 아직 만료되지 않았음에도 불구하고 후임자 선출을 위한 회의를 소집하는 경우와 달리 종중의 통상사무에 해당한다고 보았다(대법원 1999. 10. 22. 선고 99다28449, 28456 판결, 대법원 2018. 12. 28. 선고 2016다260400, 260417 판결). 법인 등의 근간인 임원진의 구성을 변경하는 것은 통상사무에 해당되지 않는다고 본 위 대법원 99두2949 판결, 위 대법원 2006다62362 판결, 위 대법원 2011마1438 결정은 해임 및 선임결의가 같이 이루어진 사안에 대한 판단이다. 그러나 실무적으로 해임 없이 단순히 선임만 의결하는 경우도 위 대법원 99두2949 판결의 일반론에 따라 상무외행위로 보는 경우가 많다.

81 주식회사에 관한 대법원 1989. 9. 12. 선고 87다카2691 판결 참고.

82 대법원 2000. 2. 22. 선고 99다62890 판결; 위 대법원 99다62890 판결은 직무대행자가 이주를 거부하는 아

사무로 볼 수 있다.

② 시공자와 새로운 약정을 체결하는 경우 등은 조합을 종전과 같이 유지하고 관리하는 범위를 벗어나는 것으로서 통상사무로 볼 수 없다.

③ 가처분결정에 의해 선임된 직무대행자가 그 가처분의 본안소송에서 항소권을 포기하는 경우,[83] 직무대행자가 후임임원의 선임 등에 직접 관여하는 경우[84] 등은 분쟁의 내용이 된 권리관계 자체를 스스로 소멸시켜 당초 가처분결정에서 정해진 임시의 지위를 변경하는 결과를 가져오는 것으로서 통상사무에 해당하지 않는다고 볼 것이다.

⑸ 상무외행위에 대한 법원의 허가

직무대행자는 통상사무에 속하지 않는 행위를 하기 위해서는 법원으로부터 허가를 받아야 한다(민법 제60조의2).[85] 이러한 상무외행위허가신청은 직무대행자를 선임한 가처분 법원이 한다(대법원 2005. 1. 29.자 2004그113 결정).[86]

상무외행위를 허가할 것인지는 해당 상무외행위의 필요성과 단체의 경영과 업무 및 재산에 미치는 영향을 종합적으로 고려하여 결정한다(주식회사에 관한 대법원 2008. 4. 14.자 2008마277 결정 참고).

⑹ 업무범위를 벗어난 직무대행자 행위의 효력

직무대행자가 통상사무에 속하지 않는 행위에 대해 법원의 허가를 받지 않은 경우 그 행위는 대표권 없는 자에 이루어진 것으로서 원칙적으로 효력이 없다. 다만, 통상사무에 해당하는지 여부가 불분명하고 상무외행위에 대한 법원의 허가는 등기사항이 아니어서 그 유무를 제3자가 알 수 없으므로, 직무대행자가 법원의 허가 없이 상무외행위를 하였더라도 조합은 선의의 제3자에 대하여 책임을 진다(민법 제60조의2 제2항).

직무대행자가 총회를 소집하면서 통상사무에 속하지 않는 행위를 안건에 포함시켜 소집

파트 소유자와 법원이 선임한 감정인이 평가한 시가로 매수하기로 합의한 것이다. 대법원 1975. 5. 27. 선고 75다120 판결은 주식회사 대표이사의 직무대행자가 법원의 허가 없이 소송에서 청구를 인낙한 것은 통상사무에 해당되지 않는다고 보았다.

83 학교법인 이사에 관한 대법원 2006. 1. 26. 선고 2003다36225 판결 참고.

84 대법원 1995. 4. 14. 선고 94다12371 판결은 이사를 이사회에서 선임하는 학교법인 사안으로서, 법원이 선임한 이사 직무대행자가 이사회에 참가하여 사임한 피대행자의 후임이사를 직접 선임하거나 피대행자를 해임하고 그 후임이사를 선임하는 데 가담한 것을 통상사무의 범위를 벗어난 것이라고 보았다.

85 법인의 직무대행자의 선임 및 권한을 정한 민법 제52조의2, 제60조의2는 민법이 2001. 12. 29. 법률 제6544호로 개정되면서 신설된 것이나, 비송사건절차법에는 민법상 직무대행자의 상무외행위 허가에 대한 규정을 별도로 두지 않았기 때문에 상법상 법인의 직무대행자에 관한 비송사건절차법 제85조를 사실상 준용하여 처리하고 있다. 상무외행위허가신청을 각하한 재판에 대해서는 보통항고를, 인용한 재판에 대해서는 즉시항고를 할 수 있으며, 즉시항고는 집행정지의 효력이 있다(비송사건절차법 제85조 제2항, 제3항).

86 제1심결정을 취소하고 주식회사 이사직무 집행정지 등 가처분결정과 직무대행자 선임결정을 한 항고법원은 그에 대한 가처분이의로 인해 당해 사건이 계속 중인 법원으로서 그 사건의 견련사건인 직무대행자의 상무외행위 허가사건의 관할법원이 될 수 있다(대법원 2008. 4. 14.자 2008마277 결정).

을 통지하였다면 이를 안건으로 한 총회의 소집에 관하여 직무대행자 선임 가처분명령에서 정하였거나 법원의 허가를 얻지 아니한 이상, 그 안건에 관한 총회의 결의는 권한이 없는 자에 의하여 소집된 총회에서 한 부적법한 결의로서 효력이 없다(주식회사에 관한 대법원 2007. 6. 28. 선고 2006다62362 판결 등 참고).

참고자료

김은유, "정비사업 조합 임원의 선임 및 해임에 따른 법률문제", 사법 제23호 (2013)
법원행정처, 법원실무제요 소년·비송 (2000)
사법연수원, 법원실무제요 민사집행[V] -보전처분- (2020)

[14] 총회의 소집

I. 총회의 의의 및 구성

1. 최고의사결정기관의 권한

조합원 전원으로 구성되는 총회는 조합의 최고의사결정기관으로서, 원칙적으로 그 직무에 속하는 모든 사항에 관하여 결정권을 갖는다(민법 제68조). 다만 법률 및 정관에 위반하여 조합원의 기본적인 권리를 침해할 수는 없다.

총회의 권한 중 법 또는 정관으로 대의원회에 위임하거나 총회 의결로서 조합장, 대의원회, 이사회에 위임한 사항을 제외한 나머지 사항은 총회에서 의결할 수 있다. 총회의 다수결은 모든 조합원을 구속하고 단체 내부의 의사결정에 불과한 대의원회나 이사회의 의결내용에 구속되지 않는다.

총회는 조합원 전원으로 구성된다(법 제44조 제1항, 구 표준정관 제20조 제1항). 총회는 의결기관으로서 조합의 의사결정을 위한 의결만을 할 수 있고, 총회 의결의 집행은 조합의 대표기관인 조합장이 한다.

2. 회의체의 구성

총회는 조합의 구성원인 조합원이 의결을 위해 집회하는 회의로서 조합장이 소집하며, 그 소집 절차 · 시기 등에 필요한 사항은 정관으로 정한다(법 제44조). 정관은 총회를 ⓐ 매년 1회 개최하는 정기총회와 ⓑ 조합장 등이 필요하다고 인정하여 소집하는 임시총회로 구분한다. 그 중 ⓐ 정기총회는 매년 1회 회계연도 종료일로부터 2월 이내에 개최하되, 부득이한 사정이 있는 경우에는 3월 범위 내에서 사유와 기간을 명시하여 일시를 변경할 수 있다(구 표준정관 제20조).

Ⅱ. 총회 소집권자

1. 조합장의 총회 소집

가. 조합장의 소집권한

총회는 조합장이 직권으로 소집하거나 조합원 1/5 이상(정관의 기재사항 중 도시정비법 제40조 제1항 제6호에 따른 조합임원의 권리 · 의무 · 보수 · 선임방법 · 변경 및 해임에 관한 사항을 변경하기 위한 총회의 경우는 1/10 이상) 또는 대의원 2/3 이상의 요구로 조합장이 소집한다(법 제44조 제2항).

나. 임기만료된 종전 조합장의 소집권한

조합장이 임기만료, 사임, 해임, 당연퇴직 등으로 그 직위를 상실하였다면 정관이 정하는 방법으로 선임된 직무대행자가 조합장의 권한을 대행할 수 있다. 다만 정관에 직무대행에 대한 규정을 두고 있지 않거나 직무대행자가 될 자가 없는 경우, 후임 조합장 선임시까지 조합장이 존재하지 않는다면 기관에 의하여 행위를 할 수밖에 없는 법인으로서는 당장 정상적인 활동을 중단하지 않을 수 없는 상태에 처하게 되고 이는 민법 제691조에 규정된 위임종료의 경우에 급박한 사정이 있는 때와 같이 볼 수 있으므로, 임기만료되거나 사임한 조합장이라 하더라도 그 임무를 수행함이 부적당하다고 인정할 만한 특별한 사정이 없는 한 후임 조합장이 선임될 때까지 총회소집 등 조합장의 직무를 계속 수행할 수 있다(대법원 1996. 10. 25. 선고 95다56866 판결 등). 다만 임기만료된 대표자의 업무수행권은 급박한 사정을 해소하기 위하여 그로 하여금 업무를 수행하게 할 필요가 있는지를 개별적 · 구체적으로 가려서 인정할 수 있는 것이지 임기만료 후 후임자가 아직 선출되지 않았다는 사정만으로 당연히 포괄적으로 부여되는 것은 아니다(대법원 1996. 12. 10. 선고 96다37206 판결 등 참고).

다. 소수 조합원 등의 소집 요구에 의해 발의자 대표가 소집하는 총회와 중복되는 임시총회 소집권한 배제

소수 조합원의 소집 요구 또는 발의에 따라 소집되는 임시총회(해임총회)는 발의자 대표가 조합의 기관으로서 소집하는 것이므로, 조합장은 먼저 소집된 임시총회와 같은 날 또는 그 직전 다른 임시총회를 소집할 권한이 없다(법원의 허가를 받아 소집한 종중 임시총회에 관한 대법원 1993. 10. 12. 선고 92다50799 판결 참고).[1] 발의자 대표 역시 조합장이 먼저 소집한 총회와 같은 날 임시총회를 소집할 수 없다고 보는 것이 타당하다.[2]

---

1 서울중앙지방법원 2014. 2. 11.자 2014카합153 결정, 수원지방법원 안양지원 2016. 12. 13.자 2016카합10138 결정, 의정부지방법원 고양지원 2018. 10. 12.자 2018카합5194 결정 등.

2 대구지방법원 2018. 9. 7.자 2018카합10327 결정, 의정부지방법원 2021. 7. 12.자 2021카합5315 결정.

조합장 또는 발의자 대표는 같은 안건 또는 배치되는 안건으로 소집할 수 없는 것은 물론, 안건 자체가 다르더라도 같은 날 다른 임시총회를 개최하면 필연적으로 조합원들이 임시총회에서 총회 출석 · 발언 및 의결권을 행사하는데 상당한 제약이 가해지므로 안건에 관계없이 다른 임시총회를 개최할 권한은 없다고 생각된다.

2. 소수 조합원 또는 대의원의 요구에 따른 총회 소집

구 표준정관은 소수 조합원 또는 대의원이 총회 소집을 요구하였음에도 조합장이 응하지 않는 경우 감사 또는 발의자 대표가 직접 총회를 소집할 수 있도록 정하고 있다.

가. 소수 조합원 또는 대의원회의 총회 소집 요구

(1) 소수 조합원 등의 소집 요구에 따른 조합장의 총회 소집 의무

조합장은 ⓐ 조합원 1/5 이상(정관의 기재사항 중 도시정비법 제40조 제1항 제6호에 따른 조합임원의 권리 · 의무 · 보수 · 선임방법 · 변경 및 해임에 관한 사항을 변경하기 위한 총회의 경우는 1/10 이상) 또는 ⓑ 대의원 2/3 이상이 총회 소집을 요구하는 경우 총회를 소집한다(법 제44조 제2항). 구 표준정관은 절차를 보완하여 ⓐ 조합원 1/5 이상이 총회의 목적사항을 제시하여 청구하거나 ⓑ 대의원 2/3 이상으로부터 개최요구가 있는 때 조합장은 해당일로부터 2월 이내에 총회를 개최해야 한다고 정하고 있다(구 표준정관 제20조 제4항).

위 정관과 같은 규정은 소수 조합원들의 총회개최권을 보장하기 위한 것으로서 조합장 등은 소수 조합원의 청구에 따라 총회를 개최할 의무를 부담한다(대법원 2007. 9. 4.자 2007마701 결정). 따라서 소수 조합원의 청구가 권리의 남용이라는 등의 예외적인 경우가 아닌 한, 조합장이 총회 소집의 필요성과 타당성을 실질적으로 판단하여 총회 소집 여부를 결정할 수 없다.[3]

따라서 소수 조합원은 안건이 무엇인가를 알기에 족한 정도로 목적사항을 제시하여 청구하면 되고,[4] 조합장이 목적사항이 타당하지 않거나 조합에 이익에 합치되지 않는다는 이유로 총회 소집을 거부할 수 없다.

---

3 광주지방법원 2015. 6. 16.자 2015카합50078 결정, 수원지방법원 안양지원 2016. 12. 13.자 2016카합10138 결정; '권리남용 등 예외적인 경우' 총회 소집요구가 인정되지 않는다는 것은 소수 조합원에게 총회 소집요구권을 인정한 취지와 목적에 근거한 것이거나[송현진 · 유동규, 506; 이우재(상), 774], 구 표준정관 제20조 제5항 본문의 '정당한 이유 없이'의 한 예로 볼 수 있다.

4 도시정비법 또는 정관상 반드시 서면으로 청구하여야 한다고 볼 수 없으나, 민법 제71조("회의의 목적사항을 기재한 통지를 발하고")에 따라 서면으로 통지하여야 한다고 보기도 한다[이우재(상), 778]. 목적사항의 제시, 소집 요구 사실 등을 명확히 하기 위해 서면으로 할 필요가 있고, 실제 내용증명으로 요구하는 경우가 많다.

(2) 총회 소집 요구의 방법 및 절차

도시정비법령은 소집요구(발의)서 작성 등 소집 요구의 방법을 특별히 정하고 있지 않으므로, 조합원 본인의 진정한 의사를 확인할 수 있는 방법으로 작성하면 될 것이다.

정관에 소집요구(발의)서에 인감증명서 등을 첨부하도록 하는 등 사실상 소집 요구를 제약할 목적으로 소집요구의 방법을 정하는 경우가 있는데, 정관에서 정한 것이므로 일응 정관이 정한 방법에 따라야 한다. 그러나 인감증명서 첨부 등의 취지가 소집요구 의사를 진실성 · 진정성을 담보하기 위한 것이라고 볼 때, 소집요구한 조합원 수, 총회에 실제 참석하여 의결한 조합원의 수, 소집요구(발의)서 진정성립에 대한 다툼의 정도 등을 따져 소집요구(발의)서에 정관이 정한 인감증명서 첨부 등을 누락하였다 하더라도 총회결의를 무효로 할 정도의 중대한 하자가 아니라고 볼 여지도 있다.[5]

나. 감사의 총회 소집

소수 조합원의 소집 청구 또는 대의원회 소집 요구가 있는 경우로서 조합장이 2월 이내에 정당한 이유 없이 총회를 소집하지 아니하는 때에는 감사는 지체 없이 총회를 소집하여야 한다(구 표준정관 제20조 제5항 전문).[6]

조합장은 소수 조합원 등의 청구가 권리의 남용에 의한 때와 같이 예외적인 경우가 아닌 한(정당한 이유 없이) 소집요구의 필요성 및 타당성 유무를 심사할 권한이 없이 총회 개최 의무만을 부담하므로, 조합장이 2월 이내에 총회를 소집하지 않는다는 사정이 있으면 감사가 바로 총회를 소집할 수 있을 것이다. 이때 감사의 총회 소집 권한은 소수 조합원 등이 총회 소집을 청구하였을 때 감사가 그 총회를 소집할 수 있다는 것이지, 감사가 소수 조합원 등을 배제한 채 조합장 직무대행자의 지위에서 대의원회 의결 등을 거쳐 별도의 총회를 소집할 수 있다는 의미는 아니라고 보는 것이 타당하다.[7]

조합장이 유고인 상황에서 정관에 의하여 그 직무를 대행할 사람도 존재하지 않아 총회의 소집권자가 없는 경우에도 위 정관 규정에 근거하여 감사에게 총회 소집을 요구할 수 있는지에 관하여, 조합장은 소수 조합원 등의 소집 요구에 따라 총회를 개최할 의무를 부담하고 감사는 조합장이 그 의무를 불이행하는 경우 소수 조합원 등으로부터 요구받은 대로 총회를 소집하는 것일 뿐이므로, 그 과정을 단축하여 감사에게 바로 총회 소집을 요구

---

5 서울동부지방법원 2015. 1. 21.자 2014카합10149 결정.

6 2개월이 지나지 않았더라도 조합장이 총회 소집 요구를 거부할 의사를 명확히 하였다면, 불필요하게 무조건 2개월의 기간 경과를 요구할 이유가 없으므로 소수 조합원이 바로 감사에게 소집을 청구할 수 있다고 보는 것이 타당하다(대전지방법원 2020. 8. 3.자 2020카합50456 결정, 부산지방법원 동부지원 2021. 1. 28.자 2021카합100016 결정).

7 서울북부지방법원 2018. 6. 12.자 2018카합20166 결정.

할 수 있다고 생각된다.[8]

다. 발의자 대표의 총회 소집

소수 조합원의 소집 청구 또는 대의원회 소집 요구가 있는 경우로서 조합장이 2월 이내에 정당한 이유 없이 총회를 소집하지 않고 감사도 지체 없이 총회를 소집하지 않는 때에는 총회 소집을 요구한 조합원 또는 대의원의 대표가 시장 · 군수등의 승인을 얻어 총회를 소집한다(구 표준정관 제20조 제5항 후문).[9]

조합장은 소수 조합원 등의 소집 요구에 따른 총회 개최 의무만을 부담하고, 감사는 요구받은 총회를 개최하여야 하는 것이므로, 조합장 및 감사가 총회를 소집하지 않았다는 사정만 있으면 바로 소수 조합원 등의 발의자 대표가 시장 · 군수등의 승인을 얻어 총회를 직접 소집할 수 있다. 이때 발의자 대표는 조합의 기관으로서 총회를 소집하는 것이다(법원의 허가를 받아 소집한 종중 임시총회에 관한 대법원 1993. 10. 12. 선고 92다50799 판결 참고).

통상 여럿의 조합원이 공동으로 발의자 대표로서 소집 요구에 대한 동의를 받아 총회 소집에 이르게 되나, 발의자 대표 중 1인이 나머지 대표와 공동하지 않은 채 단독으로 총회를 소집하였다 하더라도 특단의 사정이 없는 한 그 총회의 결의가 부존재라거나 무효라고 할 정도의 중대한 하자라고 볼 수는 없다(비법인사단의 총회에 관한 대법원 1993. 1. 26. 선고 92다11008 판결 등 참고).

3. 법원의 허가에 따른 총회 소집

민법의 사단법인은 총 사원의 1/5 이상이 회의의 목적사항을 제시하여 임시총회 소집을 청구할 수 있으며, 위 청구가 있은 때로부터 2주간내에 이사가 총회 소집 절차를 밟지 않은 경우 청구한 사원은 법원의 허가를 얻어 소집할 수 있다(민법 제70조 제2항, 제3항). 민법 중 사단법인에 관한 규정은 조합에 관하여 준용되고(법 제49조), 도시정비법 제44조 제2항은 조합원 1/5 이상의 요구로 조합장이 총회를 소집한다고 하고 있을 뿐 다른 절차를 정하고 있지 않으므로 정비사업조합에서도 위 법 규정을 준용하여 임시총회를 소집할 수 있다.

임시총회 소집을 요구한 1/5 이상의 조합원이 조합의 주된 사무소 소재지의 법원(지방법원 합의부)에 조합장이 그 소집을 게을리한 사실을 소명하여 임시총회소집허가신청을 하면,[10] 법

8 이 경우 감사에게 바로 소집을 청구하여 감사가 총회를 소집할 수 있다고 본 사례로 서울중앙지방법원 2018. 11. 29.자 2018카합21697 결정, 위 규정이 적용되지 않으므로 감사에게 소집 청구할 필요 없이 시장 · 군수등의 승인을 받아 소집할 수 있다고 본 사례로 서울북부지방법원 2018. 6. 12.자 2018카합20166 결정.

9 소집요구(발의)는 소집절차 개시의 요건이므로, 소집공고 또는 소집통지 이후에 일부 조합원이 소집요구(발의)를 철회하더라도 소집은 적법하다고 볼 수 있다(의정부지방법원 고양지원 2021. 4. 29.자 2021카합5229 결정, 서울남부지방법원 2021. 5. 28.자 2021카합20238 결정 등).

10 비송사건에는 선정당사자에 관한 민사소송법 규정이 준용 또는 유추적용되지 않으므로, 선정당사자를 선정하였다 하더라도 선정당사자가 단독으로 신청한 것에 불과하다(대법원 1990. 12. 7.자 90마674, 90마카11 결정 참고).

원이 회의의 목적사항을 명시하여 소집을 허가하는 결정을 할 수 있다(비송사건절차법 제34조, 제80조, 제81조). 다만 임시총회소집허가 사건은 법원이 형식적으로 임시총회 소집의 정족수를 충족시키고 있는가 여부를 판단하는 데 그치는 것이 아니라, 법원 스스로 임시총회 소집의 필요성, 소집을 허가하였을 때와 허가하지 아니하였을 때 법인 기타 구성원에 미치는 영향 등 실질적 요건까지 심리하여 허가 여부를 판단하는 것이므로[11] 법원의 후견적 판단에 따라 임시총회소집허가신청이 기각될 수 있다. 법원이 총회 소집을 허가한 결정에 대해서는 불복할 수 없다(비송사건절차법 제34조, 제81조).

4. 시장 · 군수등의 총회 소집

조합임원의 사임, 해임 또는 임기만료 후 6월 이상 조합임원이 선임되지 아니한 경우에는 시장 · 군수등이 조합임원 선출을 위한 총회를 소집할 수 있다(법 제44조 제3항).[12] 시장 · 군수등이 소집하는 총회는 조합임원 선출을 위한 안건으로 한정된다.

5. 소집권한 없는 자가 소집한 총회의 효력

소집권한 없는 자가 소집한 총회의 결의는 무효이다(대법원 1990. 11. 13. 선고 90다카11971 판결 참고).

다만 예외적으로, 대법원은 부존재 또는 무효인 종전 임원선임결의에 대해 재인준하는 결의를 한 경우 재인준하는 총회가 무권리자에 의하여 소집된 사정만으로는 독립적 무효사유로 볼 수 없다고 판단하였다. 이를 무효사유로 본다면 최초의 임원선임결의의 무효로 인하여 연쇄적으로 그 후의 결의가 모두 무효로 되는 결과가 되어 법률관계의 혼란을 초래하고 법적 안정성을 현저히 해하게 되기 때문이다(대법원 1998. 12. 22. 선고 98다35754 판결, 대법원 2003. 9. 26. 선고 2001다64479 판결, 대법원 2010. 10. 28. 선고 2009다63694 판결 등). 그러나 위 대법원 98다35753 판결 등은 총회 소집권자의 하자에 대한 것으로 제한적으로 해석되어야 한다.[13] 위 법리는 종전 총회의 임원선임결의를 그대로 재인준하거나 다시 같은 내용의 임원선임결의를 한 경우에 적용되는 것이지, 조합의 사업추진과 관련된 내용 또는 조합정관이나 규정을 변경하는 내용 등의 안건을 의결한 총회결의까지 확장하여 적용되지 않는다(대법원 2014. 10. 27. 선고 2011다37360 판결). 또한 법원의 직무집행정지 결정을 받은 조합장이 그

11 서울고등법원 2007. 1. 23.자 2006라952 결정, 서울고등법원 2010. 8. 12.자 2010라437 결정.

12 종전에는 '조합임원의 퇴임 또는 해임'으로 정하였는데 '퇴임'이 임기중 퇴임(사임)을 의미하는 것인지 임기만료 후 퇴임도 포함하는지가 불분명하였다. 도시정비법이 2017. 2. 8. 법률 제14567호로 전부 개정되면서 '사임, 해임 또는 임기만료'로 명확하게 규정하였다(강신은, 149).

13 위 대법원 판결 사안을 보면, 무효인 총회에서 선임된 조합장이 사임한 후 그 직무대행자가 소집한 총회에서 종전과 동일하게 선임결의를 한 경우(대법원 1998. 12. 22. 선고 98다35754 판결), 무효인 총회에서 선임된 조합장이 소집한 총회에서 종전의 무효인 선임결의를 재인준한 경우(대법원 2003. 9. 26. 선고 2001다64479 판결), 또는 종전 조합장이 무효인 해임결의에 해임된 후 직무대행자가 소집한 총회에서 종전의 무효인 해임결의를 추인한 경우(대법원 2010. 10. 28. 선고 2009다63694 판결) 등이다.

결정에 반하여 직접 총회를 소집하여 추인결의를 받은 경우, 외관상 전혀 소집권자의 요건을 갖추지 못한 자가 임의로 총회를 소집하여 후임자를 선출하거나 종전 선임결의를 추인하는 경우 등은 명백히 소집권자 아닌 자에 의해 소집된 총회결의로서 무효이다.[14]

Ⅲ. 총회 소집 절차

1. 소집권자의 소집 결정

앞서 Ⅱ.**총회 소집권자**에서 살펴본 바와 같이 도시정비법 및 정관에 따라 조합장, 감사, 소수 조합원 등의 발의자 대표, 시장 · 군수등이 총회를 소집할 수 있다.

2. 이사회 의결 또는 대의원회 사전심의

가. 총회소집을 위한 이사회의 의결 및 총회 상정안건에 대한 이사회 · 대의원회의 사전심의

조합 정관상 조합장이 직권으로 총회를 소집하여 개최하거나 일시를 변경하는 경우 총회의 목적 · 안건 · 일시 · 장소 · 변경사유 등에 관하여 미리 이사회의 의결을 거쳐야 한다(구 표준정관 제20조 제6항 본문).[15] 이사회의 사무집행에는 총회 상정안건의 심의 · 결정도 포함되므로(구 표준정관 제28조 제2호), 조합장은 총회 소집을 위해 이사회를 개최하여 총회의 목적 · 안건 · 일시 · 장소 · 변경사유 등에 대한 심의 및 의결을 받아야 한다.

또한 대의원회의 의결사항에는 총회 부의안건에 대한 사전심의가 포함되므로(구 표준정관 제25조 제1항 제3호), 조합장은 총회 소집을 위해 대의원회를 개최하여 총회의 안건에 대한 사전심의를 하여야 한다. 이때 사전심의가 반드시 찬성 의결을 의미하지는 않으므로 대의원회에서 부결되었다고 하더라도 사전심의는 거친 것으로 볼 수 있다.[16]

조합원 1/5 이상의 소집요구에 조합장 및 감사가 응하지 않아 발의자 대표가 소집하는 총회는 이사회 의결을 거칠 필요가 없다(구 표준정관 제20조 제6항 단서). 조합원 1/5 이상의 소집요구에 따라 조합장이 총회를 소집하는 경우 조합장은 총회개최의무만을 부담할 뿐이므로 이사회 의결을 거치지 않아도 총회가 적법하다(대법원 2007. 9. 4.자 2007마701 결정). 대의원회 사전심의 역시 동일하게 볼 수 있을 것으로 생각된다.

---

14 안광순(상), 592.

15 소수 조합원 또는 대의원이 총회 소집을 요구하였음에도 조합장이 총회를 개최하지 않아 소수 조합원 등의 발의자 대표가 소집하는 총회는 미리 이사회 의결을 거쳐야 하는 것이 아니며(구 표준정관 제20조 제6항 단서), 조합장이 위 소집 요구에 따라 총회를 소집하는 경우도 미리 이사회 의결을 거칠 필요가 없다(대법원 2007. 9. 4.자 2007마701 결정).

16 서울고등법원 2013. 3. 15.자 2011라1914 결정, 서울중앙지방법원 2016. 2. 4. 선고 2015가합543936 판결, 서울북부지방법원 2021. 4. 30.자 2021카합20111 결정.

나. 이사회 의결을 거치지 않고 소집된 총회의 효력

조합 정관상 조합장이 총회를 소집 · 개최하는 경우 총회의 목적 · 안건 · 일시 · 장소 등에 관하여 미리 이사회의 의결을 거쳐야 한다(구 표준정관 제20조 제6항 본문). 조합장이 이사회 의결을 거치지 않고 총회를 소집한 경우 그 총회의 결의가 무효인지 여부는, 총회 소집 · 개최 시 이사회 의결을 거치도록 정한 정관 규정을 위반하게 된 경위, 구체적인 위반 내용, 이사회 의결에 존재하는 하자의 내용과 정도, 총회 소집과 관련하여 대의원회 등 조합 내부 다른 기관의 사전심의나 의결 등이 존재하는지 여부, 위 정관 규정을 위반한 하자가 전체 조합원들의 총회 참여기회나 의결권 행사 등에 미친 영향, 조합 내부의 기관으로 두고 있는 총회, 대의원회 등과 이사회의 관계 및 각 기관의 기능, 역할과 성격, 총회의 소집 주체, 목적과 경위 및 총회 참석 조합원들의 결의 과정과 내용 등 여러 사정을 종합적으로 고려하여, 위 정관 규정을 위반한 하자가 총회결의의 효력을 무효로 할 만한 중대한 소집절차상의 하자라고 볼 수 있는지에 따라 판단하여야 한다(대법원 2020. 11. 5. 선고 2020다210679 판결).

통상 총회 소집과정에서 이사회의 의결을 받지 않거나 그 의결에 하자가 있더라도 총회 상정안건에 대해서는 대의원회에서 별도의 결의를 거치고, 실제 총회에서 적법하게 의결이 이루어진 경우 달리 이사회 결의의 하자가 조합원들의 임시총회 참여 기회나 의결권 행사 등에 미쳤다고 보기는 어려울 것이기 때문에, 이사회 결의의 하자를 총회결의를 무효로 볼 만한 중대한 소집절차상의 하자로 보기는 어려운 경우가 많을 것이다.[17]

다. 대의회의 사전심의를 거치지 않고 소집된 총회의 효력

조합장은 총회 소집을 위해 대의원회를 개최하여 총회의 안건에 대한 사전심의를 의결하여야 한다(구 표준정관 제25조 제1항 제3호). 이같이 대의원회의 사전심의를 정한 취지는 다수의 조합원이 모이는 총회는 충실한 정보교환 및 토론에 제약이 생길 염려가 있으므로 대의원회가 해당 안건을 대상으로 충분한 사전심의 및 의결을 거쳐 그 결과를 제공함으로써 조합원들이 적정한 의결권을 행사할 수 있도록 하기 위한 것이다.[18]

다만 총회는 조합의 최고의사결정기관으로서 총회의 다수결은 모든 조합원을 구속하고 단체 내부의 의사결정에 불과한 대의원회의 의결내용에 구속되지 않는다. 대의원회는 조합장이 필요하다고 인정하는 때 소집하는 것이고 정관상 총회의 의결사항을 대의원회에서 사전심의 · 의결한 안건으로 제한하고 있지 않으므로, 총회 개최 이전에 그 안건에 대해

---

17 위 대법원 2020다210679 판결이 선고되기 전에도 대의원회 사전심의와 마찬가지로 이사회의 심의 · 의결은 단체 내부의 의사결정에 불과하거나 이사회의 업무범위 및 권한을 정한 정관 규정만으로 총회 안건은 언제나 이사회의 심의 · 의결을 거쳐야 한다고 보기 어렵다는 판단이 다수적인 입장이었다(수원지방법원 안양지원 2012. 7. 20.자 2012카합89 결정, 서울중앙지방법원 2015. 4. 23. 선고 2014가합20863 판결 등).

18 서울고등법원 2013. 3. 15.자 2011라1914 결정, 부산지방법원 2015. 10. 15.자 2015카합850 결정, 서울북부지방법원 2016. 6. 24.자 2016카합20123 결정 등.

반드시 대의원회를 소집하여 사전심의 · 의결을 거쳐야 한다고 보기 어렵다. 따라서 대의원회의 사전심의를 반드시 의무적인 절차로 해석하기 어렵고, 대의원회의 사전심의에 대한 정관 규정은 총회에서 의결이 원활하게 이루어질 수 있도록 대의원회에 총회 부의 안건의 적정성 등을 사전에 심의할 수 있게 하는 대의원회의 업무범위나 권한을 정한 것으로 볼 수 있다.

따라서 단순히 총회 안건에 대해 대의원회의 사전심의를 거치지 않은 사유가 바로 총회의 중대한 절차위반은 아니라고 보는 것이 타당하다.[19·20] 다만 이사회 의결에 관한 대법원 2020. 11. 5. 선고 2020다210679 판결이 선고된 이상 종전과 같이 대의원회 사전심의가 의무적이지 않다는 이유만으로 적법하다고 보기는 어렵고, 위 대법원 2020다210679 판결이 판시한 여러 사정을 종합적으로 판단하여야 할 것으로 생각된다.

그러나 대의원회 사전심의는 정관에 따라 총회 소집을 위해 거쳐야 하는 절차로서, 대의원회 사전심의를 거치지 않은 총회결의가 만연히 적법하다고 볼 수 없다. 적법하게 대의원회를 소집하여 사전심의를 할 수 있었음에도 대의원들의 이견 · 비협조를 이유로 소집 자체를 하지 않는 경우, 대의원들이 토의 · 발언기회를 부여받지 못하고 형식적인 의결만 한 경우 등은 조합원들의 적절한 의결권 행사를 보장하기 위한 사전심의 절차의 취지에 반하는 것이므로 소집절차의 중대한 하자에 해당하고 총회 개최 자체를 금지할 수도 있을 것이다.

3. 회의 목적 · 안건 · 일시 및 장소 등의 공고 · 통지

가. 총회 목적사항의 기재

총회를 소집함에 있어 그 회의의 목적사항을 기재하도록 하는 취지는 조합원으로 하여금 의결을 할 사항이 사전에 무엇인가를 알아 회의 참석 여부나 결의사항에 대한 찬반의사를 미리 준비하게 하는데 있으므로 회의의 목적사항을 빠짐없이 상세하게 기재하여야 하는 것은 아니나, 조합원이 안건이 무엇인가를 알기에 족한 정도로 구체적으로는 기재하여야 한다(대법원 1993. 10. 12. 선고 92다50799 판결, 대법원 2013. 2. 14. 선고 2010다102403 판결 등 참고).

조합 총회는 안건의 상세 내용을 담은 총회 책자가 서면결의서와 함께 조합원들에게 미리 발송되므로, 소집 공고 · 통지에 목적사항을 구체적으로 기재하지 않더라도 조합원들

---

19 수원지방법원 2013. 2. 22. 선고 2012가합14282 판결, 서울서부지방법원 2015. 8. 28.자 2015카합50399 결정, 서울고등법원 2015. 9. 15.자 2015라20409 결정 등.

20 대의원회가 도시정비법이 정한 정족수인 조합원 1/10 이상에 미달하는 경우 총회의 권한을 대행하여 결의할 수 없을 것이나, 총회 안건의 사전심의는 조합원들의 적절한 의결권 행사를 보장하기 위한 것이므로 정족수에 미달한다는 사정만으로 총회결의의 중대한 하자라고 보기 어려울 것이다. 자세한 내용은 **[11]대의원회, 이사회 II.4.나.법정 재적대의원 수에 미달하는 대의원회 결의의 효력** 참고.

이 해당 안건의 내용을 알 수 있었다고 볼 수 있다.

총회는 조합원들에게 통지한 사항에 관해서만 결의할 수 있다(민법 제72조, 구 표준정관 제20조 제7항). 회의의 목적사항을 열거한 다음 '기타 사항'이라고 기재한 경우 위 취지 등에 비추어 볼 때 '기타 사항'이란 회의의 기본적인 목적사항과 관계가 되는 사항과 일상적인 운영을 위하여 필요한 사항에 국한된다(대법원 1996. 10. 11. 선고 95다36800 판결, 대법원 2004. 5. 27. 선고 2004다12349 판결 등 참고). 회의의 목적사항을 '조합장 선임, 기타 사항'으로 기재하여 통지한 경우 조합장 이외의 임원 선출은 목적사항에 해당한다고 보기 어렵다(대법원 1996. 10. 11. 선고 95다36800 판결 참고).

나. 총회 개최전 공고 · 통지

조합장 등 총회를 소집하려는 자는 총회가 개최되기 7일전까지 회의 목적 · 안건 · 일시 및 장소와 도시정비법 제45조 제5항에 따른 서면의결권의 행사기간 및 장소 등 서면의결권 행사에 필요한 사항을 정하여 조합원에게 통지하여야 한다(법 제44조 제4항).[21] 구 표준정관 제20조 제6항은 소집 절차를 ⓐ 공고와 ⓑ 통지로 나누어 ⓐ 회의 개최 14일전부터 회의 목적 · 안건 · 일시 및 장소 등을 게시판에 게시하고, ⓑ 각 조합원에게는 회의 개최 7일전까지 등기우편으로 이를 발송 · 통지하도록 하고 있다.

소집권자가 ⓐ 14일전 회의 목적사항 등을 공고하지 않으면 그 총회 소집 절차는 정관에 위배되고, ⓑ 7일전 회의 목적사항 등을 통지하지 않으면 그 총회 소집 절차는 도시정비법 및 정관에 위배되는 하자가 있다. 구 표준정관 제20조 제5항은 도시정비법에 따른 통지는 등기우편으로 발송 · 통지하도록 정하고 있는바, 등기우편 발송 · 통지를 하지 않으면 그 총회 소집 절차는 정관에 위배되는 하자가 있다고 볼 것이다.

총회 개최 14일전 또는 7일전의 기간(유예기간)의 계산은 총회 당일은 제외하고(초일불산입) 그 전날로부터 만 14일 또는 7일 되는 날의 오전 0시에 그 기간이 만료되는 것이므로, 총회일로부터 15일 또는 8일전까지 공고 · 통지가 이루어져야 한다.[22·23] 도시정비법 및 정관에서 정한 유예기한을 넘어 공고 · 통지한 경우 총회결의는 원칙적으로 소집절차의 하자

---

21 회의 목적 · 안건 · 일시 및 장소 이외에 '서면의결권의 행사기간 및 장소 등 서면의결권 행사에 필요한 사항'도 통지하도록 한 것은 도시정비법이 2021. 8. 10. 법률 제18388호로 개정되면서 도입된 것이다(시행일 2021. 11. 11.).

22 총회 소집의 "7일전 ... 통지하여야 한다"를 발신주의로 해석하는 것이 타당하다. 조합에 관해 준용될 수 있는 민법 제71조("총회의 소집은 1주간전에 그 회의의 목적사항을 기재한 통지를 발[한다]")도 명시적으로 발신주의를 채택하고 있다. 이를 도달주의로 본다면, 총회소집과 같이 다수인에게 동일한 통지를 하여야 하는 경우에 1인 또는 수인에게 통지가 도달되지 않았다고 하여 총회가 열리지 못하거나 무효로 되는 불합리가 생기게 된다.

23 예를 들어, 2021. 8. 18.로부터 역산하여 7일은 2021. 8. 11. 오전 0시에 만료되므로 그 전날인 2021. 8. 10. 24:00까지 발송되어야 한다. 간단히 유예기간의 일수에 1을 더하여 뺀 날짜로 계산하면 된다(위 예에서는, 18−8=10).

로 인해 효력이 없다고 볼 수 있다.[24] 다만 대법원은 비법인사단의 총회 소집 통지에 관하여 통지가 단순히 1일이나 2일 지연하였고 회원들이 사전에 충분히 총회의 목적사항을 숙지하고 있다는 등 특별한 사정이 있다면 회원들의 토의권 및 결의권의 적정한 행사는 방해되지 않은 것이어서 총회결의가 유효하다고 보았는데(대법원 1995. 11. 7. 선고 94다24794 판결, 대법원 1999. 6. 25. 선고 99다10363 판결 등 참고), 조합 총회도 소집통지가 지연된 기간이 1일 정도에 불과하고, 조합원들이 총회 개최 사실 및 상정 안건을 충분히 알 수 있었고 실제로 상당수의 조합원들이 총회에서 의결권을 행사하였다면 총회결의를 유효하게 볼 수 있을 것이다.[25]

다. 통지 · 공고 방법

정관상 총회 소집 통지는 회의 개최 7일전까지 등기우편으로 발송하도록 되어 있다(구 표준정관 제20조 제6항). 한편, 조합 정관상 조합원의 권리 · 의무에 관한 사항에 대한 일반적인 통지 · 공고 방법은 등기우편 발송, 반송시 1회에 한하여 일반우편 추가 발송하도록 하고 있는데(구 표준정관 제7조 제2항), 총회 소집을 위한 통지에도 일반우편 추가 발송이 적용되어야 하는지 문제된다. 그러나 정관상 회의 개최 7일전까지 등기우편 발송하도록 되어 있음에도 그 반송시 다시 일반우편 발송까지 해야 한다면 총회 개최 전까지 통지절차를 마칠 수 없고, 총회 소집 통지에 관한 정관 규정은 일반적인 통지 · 공고에 관한 규정의 예외로서 "이 정관에서 따로 정한 경우"에 해당하므로 반드시 일반우편 추가 발송을 할 필요는 없다고 보는 것이 타당하다.[26]

총회 소집 공고는 단순히 "게시판에 게시한다"고 정하고 있으나, 조합원의 권리 · 의무에 관한 사항의 공고는 조합 사무실 게시판, 인터넷 홈페이지, 또는 서울시 클린업시스템[27] 등에 게시하도록 정하고 있다(구 표준정관 제7조 제2항). 통상 총회 소집의 공고도 조합원의 권리 · 의무에 관한 사항에 준하여 공고하고 있다. 공고는 통지를 보완하는 절차에 불과하므로 인터넷 홈페이지, 서울시 클린업시스템 등에 대한 공고를 일부 누락하였다 하더라도 개별 통지 절차를 이행하였다면 소집 절차상의 중대한 하자가 있다고 보기는 어려운 것으로 생각된다.

---

24 종중 총회가 5일전 소집통지된 경우 그 총회는 민법 제71조에 위반되어 효력이 없다고 본 사례로 대법원 1995. 11. 7. 선고 94다7669 판결 참고.

25 인천지방법원 2010. 5. 24.자 2010카합313 결정, 수원지방법원 안양지원 2010. 10. 1.자 2010카합106 결정, 서울동부지방법원 2014. 9. 17. 선고 2014가합5010 판결.

26 서울고등법원 2010. 7. 14. 선고 2009라2485 결정.

27 현재는 사업비 및 분담금 추정 프로그램, 서울시 정비조합 e-조합 시스템과 함께 정비사업 정비사업 종합정보관리시스템(https://cleanup.seoul.go.kr)으로 통합되어 있다.

라. 통지 · 공고의 누락

조합원 총회의 소집통지는 회의 개최 7일전까지 등기우편 발송 등 정관이 정하는 방법으로 모든 조합원에게 이루어져야 하고, 일부 조합원에게 소집통지를 결여한 채 개최된 총회의 결의는 원칙적으로 효력이 없다.

다만 조합원이 주소 변경 신고를 하지 않아 우편물이 도달하지 않는 등 통지 누락을 조합의 책임으로 돌릴 수 없는 경우는 소집절차에 하자가 있다고 볼 수 없다. 또한 소집통지를 받지 아니한 조합원이 다른 방법으로 이를 알게 되어 총회의 토의와 의결에 참여할 수 있는 기회가 실질적으로 보장된 것으로 평가할 수 있는 경우,[28] 소집 통지가 누락된 조합원이 극히 일부에 불과하고 조합원 명부에 기재된 조합원을 대상으로 소집 통지를 한 것이어서 고의적인 누락으로 보기 어렵고 누락된 조합원을 제외하더라도 총회 의결을 위한 출석 및 찬성 요건은 넉넉히 충족되는 경우[29] 등은 공고가 일부 누락되거나 지연되었다 하더라도 개별 통지 절차를 이행하였다면 단순한 보완적 절차에 불과한 공고절차의 하자를 이유로 소집 절차상의 중대한 하자가 있다고 보기는 어려운 것으로 생각된다.

4. 소집의 철회 · 취소

도시정비법 및 구 표준정관은 소집권자가 총회 소집을 철회하거나 취소하는 경우에 대해 별도의 규정을 두고 있지 않으나, 소집된 총회가 개최되기 전에 당초 그 총회의 소집이 필요하거나 가능하였던 기초 사정에 변경이 생겼을 경우에는, 특별한 사정이 없는 한 소집권자는 통지 · 공고한 총회의 소집을 철회 · 취소할 수 있다(비법인사단의 총회 소집에 관한 대법원 2007. 4. 12. 선고 2006다77593 판결 참고).

소집권자가 총회의 소집을 철회 · 취소하는 경우에는 반드시 총회의 소집과 동일한 방식으로 그 철회 · 취소를 총회 구성원들에게 통지하여야 할 필요는 없고, 총회 구성원들에게 소집의 철회 · 취소결정이 있었음이 알려질 수 있는 적절한 조치가 취하여지는 것으로써 충분히 소집 철회 · 취소의 효력이 발생한다(대법원 2007. 4. 12. 선고 2006다77593 판결, 대법원 2011. 6. 24. 선고 2009다35033 판결 참고).[30]

5. 소집의 연기 · 변경

가. 총회의 연기

일시와 장소를 정하여 총회를 소집하였으나 총회가 개최되기 전에 당초 총회의 소집이

---

28 서울고등법원 2010. 7. 14.자 2009라2485 결정.

29 서울행정법원 2018. 8. 17. 선고 2017구합5430 판결, 서울고등법원 2020. 6. 4. 선고 2019누52913 판결 등.

30 위 대법원 2009다35033 판결 사안은 주식회사 대표이사가 이사회결의를 거쳐 주주들에게 임시주주총회 소집통지서를 발송하였다가 다시 이를 철회하기로 하는 이사회결의를 거친 후 총회 개최장소 출입문에 총회 소집이 철회되었다는 취지의 공고문을 부착하고, 이사회에 참석하지 않은 주주들에게는 퀵서비스를 이용하여 총회 소집이 철회되었다는 내용의 소집철회통지서를 보내는 한편, 전보와 휴대전화로도 같은 취지의 통지를 한 것이었다.

필요하거나 가능하였던 기초 사정에 변경이 생겼을 경우에는 특별한 사정이 없는 한 소집권자는 소집 통지 · 공고한 총회의 개최를 연기할 수 있다(비법인사단의 총회 소집에 관한 대법원 2007. 4. 12. 선고 2006다77593 판결 참고). 따라서 종전에 소집한 총회를 개최할 사정에 변경이 생겼고 달리 총회가 연기됨으로써 조합원의 총의에 중대한 변화가 생겼다는 등의 특별한 사정이 없는 한[31] 소집권자는 총회의 성공적인 개최를 위해 적법하게 총회를 연기할 수 있을 것이다. 다만 정관에서 일시 변경에 대해 이사회 의결을 거치도록 한 경우 그 절차도 준수하여야 한다.[32]

적법하게 연기된 총회는 단지 일시만을 변경하는 것이므로 개최 이전까지의 절차는 그대로 유지되는 것으로 볼 수 있고, 별도의 새로운 총회로서 발의요건을 새로 갖추어야 한다거나 서면결의서를 다시 받아야 한다고 보기는 어려울 것이다.[33] 당초 총회 공고 등에 서면결의서 제출기한을 특정하였다 하더라도, 정관상 서면결의서는 총회 전일까지 제출할 수 있도록 되어 있고 총회일이 변경되어도 무조건 종전 제출기한까지 제출된 서면결의서만 효력을 인정하겠다는 취지는 아닐 것이므로, 연기된 총회일까지 추가로 제출된 서면결의서도 적법한 것으로 볼 수 있을 것이다.[34]

다만 총회 연기를 위한 통지 · 공고 방법은 ⓐ 연기와 ⓑ 변경을 구분하여 볼 필요가 있다. ⓐ 종전에 공고 · 통지된 일자를 일단 연기만 하는 것은 총회의 소집 철회와 다르지 않으므로[35] 반드시 총회의 소집과 동일한 방식으로 통지할 필요는 없이 그 연기가 있었음이

31 총회가 연기되면 종전에 서면결의서를 제출한 조합원의 의사가 왜곡된다는 우려도 있으나 조합원이 서면결의서를 철회하거나 총회 안건이 바뀌지 않았다면 종전 서면결의서로 표시한 의사는 그대로 유지된다고 보는 것이 타당하다. 수원지방법원 안양지원 2018. 12. 6.자 2018카합10111 결정은 "해임총회가 연기되어 해임찬성 서면결의서를 추가로 받을 수 있다 하더라도, 조합원들은 총회 개최 전날까지 조합에 서면결의 철회의사를 밝힐 수 있으므로 해임찬성 서면결의서의 철회서나 해임반대 서면결의서를 받을 수 있는 시간적 여유가 늘어났다고 볼 수 있으므로, 해임총회가 연기된 것이 해임 대상자들에게 불리한 것이라거나 조합원들의 총의가 왜곡되었다고 단정하기도 어렵다"고 보았고, 위 사건의 항고심인 서울고등법원 2019. 4. 19.자 2018라21523 결정은 제1심 판단에 덧붙여 "수 개월에 걸쳐 서면결의서를 제출받았다는 사정만으로 조합원의 심의 · 의결권, 토론권이 배제되고 조합원들의 의사가 왜곡된다고 보기도 어렵다"고 보았다.

32 구 표준정관 제20조 제6항은 총회의 일시를 변경하는 경우 미리 이사회의 의결을 거쳐야 하나(본문), 소수조합원의 소집 요구에 따라 발의자 대표가 직접 소집하는 경우는 이사회 의결을 필요로 하지 않는다고 정하고 있다(단서).

33 서울북부지방법원 2017. 8. 7.자 2017비합1011 결정, 서울고등법원 2019. 4. 19.자 2018라21523 결정, 의정부지방법원 2020. 9. 25.자 2020카합5359 결정 등; 서면결의서 양식에 "총회가 연기되는 경우 서면결의서를 재사용하는데 동의합니다"라고 기재해 놓기도 한다.

34 서울중앙지방법원 2009. 11. 10.자 2009카합2931 결정, 서울고등법원 2019. 4. 19.자 2018라21523 결정 등; 서면결의서 철회가 연기된 총회일까지 가능한 점과도 형평을 맞출 필요도 있다. 다만 최근에는 소집 공고, 서면결의서 등에 총회 일자 변경 가능성 등을 예정해 두는 경우도 있다.

35 대법원 2007. 4. 12. 선고 2006다77593 판결은 소집권자가 총회 소집의 철회 · 취소 · 연기를 할 수 있다고 보면서 그 절차에 대해서는 철회 · 취소만을 언급하고 있으나, 종전에 공고 · 통지된 일자를 일단 연기하는 것은 철회와 다르지 않은 것으로 생각된다.

알려질 수 있는 적절한 조치가 취하여지는 것으로써 충분하다고 보인다.[36] 다만 ⓑ 연기와 동시에 새로운 일자로 변경하거나, 일단 연기한 후 추후 새로운 일자로 변경할 때 변경된 일자에 대한 총회 소집 공고 · 통지는 조합원들의 총회에 출석하여 발언 및 의결권을 적절히 행사할 수 있도록 당초 소집 공고 · 통지와 같은 절차로 연기(변경) 공고 · 통지를 하는 것이 타당하다.

나. 총회 일시 · 장소의 급박한 변경

총회 소집 통지 및 공고가 이루어진 후 민원, 코로나19로 인한 대관 취소, 비대위의 물리적 방해 등으로 인하여 당초의 소집장소에서 개회를 하기 어려운 상황이 종종 발생한다. 특히 보통 대관취소 등의 사유는 소집예정일 며칠 전 또는 당일 확인되기 때문에 별도의 소집 공고 및 통지 절차를 거치기 어려운 경우가 많다.

소집통지 및 공고가 적법하게 이루어진 이후에 당초의 소집장소에서 개회를 하여 소집장소를 변경하기로 하는 결의조차 할 수 없는 부득이한 사정이 발생한 경우, 소집권자가 대체 장소를 정한 다음 당초의 소집장소에 출석한 조합원들로 하여금 변경된 장소에 모일 수 있도록 상당한 방법으로 알리고 이동에 필요한 조치를 다한 때에 한하여 적법하게 소집장소가 변경되었다고 볼 수 있다(주식회사 주주총회에 대한 대법원 2003. 7. 11. 선고 2001다45584 판결 참고).

구체적인 판단 기준을 살펴보면, ⓐ 총회 장소를 급박하게 변경하여 할 부득이한 사유가 있었고, ⓑ 종전 총회장소에 장소가 변경되었다는 공고문을 부착하고 안내원을 배치하여 종전 총회장소로 찾아온 조합원의 총회가 종료되기 이전에 변경된 장소로 도착할 수 있도록 하는 한편, 장소 변경에 대한 안내문, 문자메시지 발송 등을 통해 조합원들이 장소 변경 사실을 충분히 인지할 수 있도록 하고,[37] ⓒ 변경된 총회 장소가 기존의 총회 장소와 멀지 않은 곳에 있거나, 다소 거리가 있더라도 차량 등 이동수단을 제공하여 이동에 필요한 조치가 충분히 취해졌다면 조합원들의 의결권 행사가 실질적으로 보장된 것으로서 그 총회의 의결은 적법하다고 볼 수 있다.[38]

그러나 ⓐ 회의 개최가 방해되었다거나 그 밖에 장소를 변경해야 할 부득이한 사정이 증명되지 않고 ⓑ 장소 변경에 대한 안내문 게시 등이 제한적이고, 당일 고지, 안내방송, 문자메시지 발송 등이 충분히 이루어졌다는 점이 입증되지 않거나 ⓒ 변경된 총회 장소까

---

36 서울고등법원 2019. 4. 19.자 2018라21523 결정, 의정부지방법원 2020. 6. 23.자 2020카합5155 결정; 총회 소집은 14일전 공고, 7일전 통지가 이루어져야 하는데, 연기도 총회 소집과 동일한 절차로 해야 한다면 연기할 사항이 당초 예정일로부터 14일이 안 남은 기간에 발생했다면 적법하게 연기할 수 없다는 문제가 발생한다.

37 조합원들이 시간 · 장소 변경 사실을 충분히 인지하였다는 점은 결국 참석율로 뒷받침될 것이다.

38 서울북부지방법원 2011. 8. 25. 선고 2011가합2207 판결, 서울남부지방법원 2011. 11. 22.자 2011카합750 결정, 서울동부지방법원 2014. 9. 17. 선고 2014가합5010 판결, 서울중앙지방법원 2020. 12. 18.자 2020카합22297 결정 등.

지의 이동거리에 비해 대체 장소가 결정된 때로부터 실제 총회가 개최된 때까지 시간적 간격이 촉박하였다면 그 총회는 조합원들이 임시총회에 참여할 실질적인 기회를 박탈한 채 이루어진 것으로서 위법하다고 판단될 수 있다.[39]

참고자료

이형석, "재개발·재건축 관련 분쟁일반 -조합원 총회를 중심으로-", 제257기 건설법(재개발·재건축) 특별연수, 대한변호사협회 변호사연수원 (2018. 8. 11. 발표)

---

39 인천지방법원 2007. 5. 23. 선고 2006가합8494 판결, 서울북부지방법원 2011. 8. 25. 선고 2011가합2207 판결, 대구지방법원 2017. 7. 14. 선고 2016구합23501 판결, 부산지방법원 동부지원 2020. 9. 25.자 2020카합100455 결정 등.

[15] 총회의 의결

I. 조합원의 출석 및 의결권의 행사

1. 조합원의 출석 및 의결권 행사

조합원 본인이 총회에 직접 출석하면 신분확인을 거쳐 참석자명부에 기명날인하고, 이미 서면결의서를 제출하였으면 그 서면결의서를 그대로 유지하거나, 서면결의서를 철회하고 총회 현장에서 직접 의결할 수 있다.

토지 등을 공유하는 여러 토지등소유자가 총회에서 의결권을 행사하기 위해서는, 공유자들 전원이 총회에 참석하여 동일한 내용의 의결권을 행사하거나 동일한 내용의 서면결의서를 제출하는 등의 특별한 사정이 없는 한 대표조합원을 지정하여 조합에 대표조합원 선임동의서를 제출해야 그 대표조합원이 조합원으로서 의결권을 행사할 수 있다. 대표조합원 선임동의서가 제출되지 않은 상태에서 일부 공유자가 단독으로 참석한 것은 적법한 참석으로 인정되지 않는다(대법원 2021. 9. 30. 선고 2021다227759 판결).

2. 대리인에 의한 의결권의 행사

가. 대리인에 의한 의결권의 행사

조합원을 대리인을 통하여 의결권을 행사할 수 있으며(법 제45조 제5항),[1] 이 경우 조합원 본인이 출석하여 의결한 것으로 인정된다. 총회의 개의 요건으로 일정 비율 이상 조합원의 직접 출석이 필요한 경우 대리인이 참석한 것도 조합원이 직접 출석한 것으로 볼 수 있을 것이다.[2]

1 종전에는 대리인의 자격을 정관에서 정하고 있었으나(구 표준정관 제10조 제2항), 도시정비법이 2015. 9. 1. 법률 제13508호로 개정되면서 현재와 같이 법률에 규정하였다.

2 계약업무 처리기준 제35조 제1항 후단은 시공자 선정을 위한 총회는 대리인은 직접 출석한 것으로 본다는 명문의 규정을 두고 있다.

나. 대리인 자격

도시정비법은 조합원이 아닌 외부인의 관여로 총회의 의사가 왜곡되는 것을 방지하기 위해 대리인의 자격 등을 제한하고 있다. 조합원이 대리인을 통하여 의결권을 행사하기 위해서는 ⓐ 조합원이 권한을 행사할 수 없어 배우자, 직계존비속 또는 형제자매 중에서 성년자를 대리인으로 정한 경우 ⓑ 조합원이 해외에 거주하는 경우, ⓒ 법인인 토지등소유자가 대리인을 지정한 경우이어야 한다(법 제45조 제5항 각 호).

도시정비법 또는 정관에 정한 대리인의 자격을 갖추지 못한 경우에는 대리인의 의결권 행사는 효력이 없다고 보아야 한다.

다. 대리권한 증명

대리인이 총회에 출석하여 조합원 본인의 의결권을 행사하기 위해서는 대리권 수여사실을 증명하는 서면(위임장), 본인과의 관계를 증명하는 서면(주민등록등본, 가족관계증명서), 본인의 해외거주 사실을 증명하는 서면 등을 제출하여야 한다(법 제45조 제5항 제1호, 구 표준정관 제10조 제2항, 제22조 제3항). 위임장 양식은 총회책자에 첨부되어 위임장 작성 방법과 함께 안내된다.

① 도시정비법 및 정관에서 위임장을 제출하도록 한 것은 대리권 존재 여부에 관한 법률관계를 명확히 하여 총회결의의 성립을 원활하게 하는데 목적이 있는 것이므로, 조합원은 위임장을 제출하여야만 대리인을 통해 의결권을 행사할 수 있고 의장 등이 위임장을 제출하지 않은 대리인을 출석하거나 적법하게 의결권을 행사한 것으로 처리할 수 없다(대법원 2021. 9. 30. 선고 2021다227759 판결, 대법원 2021. 9. 30. 선고 2021다230144 판결).

② 위임장은 위조나 변조 여부를 쉽게 식별할 수 있는 원본이어야 하므로 소집 공고 등에서 다르게 정하지 않는 이상 사본이나 팩스로 출력한 팩스본만으로 적법한 위임을 받았다고 보기 어렵다.[3]

③ 총회소집 공고문, 총회책자 등에서 위임장 작성 방식 등을 정하고 있는 경우, 이는 대리인이 조합원을 대리할 정당한 권한이 있는지를 담보하기 위한 것임과 동시에 총회의 원활한 의사진행을 위한 것이므로, 그와 같은 방법을 따르지 않았더라도 다른 방법으로 위임 사실을 확인할 수 있다면 대리권을 인정할 수 있을 것이다(주식회사의 주주총회 의결권에 관한 대법원 2009. 4. 23. 선고 2005다22701, 22718 판결 등 참고). 조합 정관에 위임장에 조합원 본인의 인감증명서를 첨부하도록 하거나 조합에 등록된 사용인감으로 대리인계를 작성하도록 하였으나 총회 당시 그 요건을 갖추지 못한 경우에도 위임장의 인감날인 등 기재에 의해 자격을 갖춘 자에 대한 적법한 위임이 있다는 사정이

3 상법 제368조 제3항은 대리인은 대리권을 증명하는 서면을 총회에 제출하여야 한다고 정하고 있고, 주식회사의 주주총회 의결권 위임에 관한 대법원 2004. 4. 27. 선고 2003다29616 판결은 위 규정의 취지상 대리권을 증명하는 서면은 위조나 변조 여부를 쉽게 식별할 수 있는 원본이어야 하고, 특별한 사정이 없는 한 사본이나 팩스를 통하여 출력된 팩스본은 위 서면 원본에 해당하지 않는다고 보았다.

있으면 대리인의 의결권 행사를 인정할 수 있을 것이다(대법원 2007. 7. 26. 선고 2007도3453 판결 등).[4]

라. 대리권의 범위

조합원의 대리인에게 의결권 행사를 위임하였다 하더라도 해당 총회에서 대리인이 의결권을 행사하기 전까지 위임을 철회할 수 있고, 위임의 철회는 조합이 철회 사실을 알 수 있는 방법으로 하면 될 것으로 생각된다.

위임하는 의결권을 특정하지 않거나 대리인에게 포괄적으로 위임하였다 하더라도, 대리인은 조합원 본인과 배우자, 직계존비속 등 특수관계에 있는 자로 한정되고 조합 본인은 그 의사에 따라 언제든 위임을 철회할 수 있는 것이므로, 당초의 위임을 철회하였다는 사정이 없는 한 대리인이 계속 의결권을 행사할 수 있을 것으로 생각된다.[5]

3. 서면에 의한 의결권 행사

가. 서면에 의한 의결권 행사

(1) 서면결의서에 의한 의결권 행사

조합원은 서면으로 의결권을 행사할 수 있고, 이 경우 정족수 산정에 관하여 출석한 것으로 본다(법 제45조 제5항). 다수의 조합원이 총회에 직접 참석하기 어려운 점을 감안하여 서면으로 의사표시와 출석을 인정하는 것이다.

다만 총회의 개의 요건으로 일정 비율 이상 조합원의 직접 출석이 필요한 경우, 서면결의서를 제출한 것만으로는 직접 출석으로 인정되지 않는다. 따라서 조합원이 서면결의서를 제출하였더라도 총회 현장에 참석하여야 직접 출석으로 인정되고, 시공자 선정을 위한 총회는 조합원이 총회에 출석한 후 종전 서면결의서를 철회하고 직접 의결하여야 한다(계약업무 처리기준 제35조 제2항 후문).

(2) 서면결의서의 작성

서면결의서는 통상 조합원을 식별할 수 있는 성명, 생년월일, 권리 물건 등을 기재하고 안건별로 찬성, 반대를 표시한 후 조합원(서면결의자)의 성명, 서명 또는 지장·도장 날인을 하도록 되어 있다.

서면결의서는 총회 안건별로 찬성·반대를 표시할 수 있어야 하므로, 안건 전체에 대해 일괄적으로 찬성·반대만을 표시하도록 하는 것은 조합원으로 하여금 각 안건에 대한 의사표시를 할 수 있는 기회를 박탈하는 것이므로 그 서면결의는 무효이다.[6] 또한 서면결

---

4 서울고등법원 2010. 7. 14.자 2009라2485 결정, 수원지방법원 안양지원 2015. 4. 23. 선고 2014가합101694 판결, 대구지방법원 2017. 7. 20.자 2017카합10095 결정 등.

5 수원지방법원 안양지원 2015. 4. 23. 선고 2014가합101694 판결.

6 수원지방법원 안양지원 2011. 5. 11.자 2011카합61 결정, 수원지방법원 2013. 2. 15.자 2013카합40 결정.

의서에 단지 '총회 의결에 따름'과 같이 기재하도록 되어 있는 것 역시 조합원들의 의사가 정확히 반영될 수 없으므로 그 서면결의는 무효이다.[7]

소집 공고, 총회책자 등을 통해 서면결의서 양식에 자필서명 등 일정한 요건을 추가하기도 하는데, 해당 서면결의서가 조합원 본인의 진정한 의사에 의해 작성된 것이라면 자필서명 등을 누락하였다고 하여 해당 서면결의서를 바로 무효로 보기는 어려울 수 있다.

⑶ 서면결의서의 제출 방법

서면결의서 제출방법은 법령 또는 정관상 특별한 제한이 없어 조합 사무실 또는 선거관리위원회 사무실에 우편으로 발송하거나,[8] 본인 또는 대리인(사자)이 사무실을 찾아와 제출하거나, 또는 조합에서 징구 업무를 위탁받은 홍보요원 등에게 전달하는 방법 등으로 제출할 수 있다.

선거관리규정 또는 총회책자의 제출안내에서 서면결의서 제출 방법을 제한할 수 있다. 선거관리규정 등에서 정한 방식을 위반하여 제출된 서면결의서는 무효로 처리하게 되나, 조합원이 본인의 의사에 따라 해당 서면결의서를 작성한 것이라는 점이 뒷받침되면 그 서면결의서를 반드시 무효로 볼 수는 없을 것으로 생각된다.[9]

서면결의서는 위조나 변조 여부를 쉽게 식별할 수 있도록 배부한 양식에 작성한 원본으로 제출하는 것이 원칙이다. 정관 또는 소집 공고에 팩스, SNS 등 전자적 방법으로 제출하도록 정하고 접수처에서 즉시 진정성립과 제출 여부를 확인할 수 있다는 등의 사정이 있다면 사본으로 제출된 서면결의서도 유효하게 처리할 수 있을 것이나,[10] 조합원이 진정한 의사로서 작성한 것인지, 접수처에서 선별하여 접수하거나 실제 접수된 것인지를 놓고 다툼의 여지가 큰 것으로 보인다.

⑷ 홍보요원을 통한 서면결의서 제출

총회 의결정족수를 채우기 위해서는 조합원을 찾아 다니면서 직접 서면결의서를 받는 업무가 필수적이다. 통상 조합이 고용한 홍보요원(OS)들이 서면결의서 접수(징구) 업무를 하게 되는데, 홍보요원이 특정 투표를 유도하거나 서면결의서를 대신 작성하거나 심지어 위·변조하는 문제로 인해 많은 제한이 뒤따랐다. 통상 선거관리규정은 현장 직접 투표 이외에 서면으로 하는 투표는 사전투표, 우편투표만을 정하고 있는데(서울시 표준선거관리규정 제5장 내지 제7장), 홍보

---

7 인천지방법원 2009. 5. 27.자 2009카합464 결정, 서울서부지방법원 2010. 7. 28.자 2010카합1137 결정.

8 통상 서면결의서를 총회 책자와 함께 조합원들에게 우편발송하면서 회송용 봉투도 같이 담게 된다.

9 서울고등법원 2010. 7. 14.자 2009라2485 결정.

10 서울고등법원 2012. 7. 20. 선고 2011나107339 판결, 서울중앙지방법원 2020. 5. 22.자 2020카합21007 결정; 정관에서 제출 방법을 정하지는 않으므로 주로 소집 공고(안내문)에서 정하게 될 것인데, 소집 공고에서 팩스, SNS 제출 등을 허용하더라도 서면결의서 진위 확인을 위해 원본은 별도로 제출하되 그에 앞선 의사표시 정도로 보완적으로 운영하는 것이 타당한 것으로 생각된다.

요원이 서면투표 용지를 받아 접수하는 것은 금지되는 것으로 해석하거나, 총회책자의 제출안내에서는 조합 홍보요원 이외의 제3자에 의한 제출을 명시적으로 금지하기도 한다.

선거관리규정에서 구체적인 투표 방법을 정하면서 그 방법을 위반한 투표는 무효처리한다고 정할 수 있고, 조합임원 · 대의원 선거의 공정성을 기하기 위해 홍보요원의 접수를 금지하더라도 적법한 것으로 생각된다. 다만 선거관리규정에 명확한 금지규정이 없다면, 서울시 표준선거관리규정과 같은 선거관리규정의 내용을 홍보요원의 접수를 금지하는 취지로 해석할 수 있는지 문제된다. ⓐ 제출 방법을 특정하여 정한 선거관리규정의 취지는 조합 집행부에 의하여 고용된 홍보요원이 특정후보자 지지를 호소하고 서면결의를 유도하는 등 서면결의제도를 악용하여 홍보요원을 통한 부정선거의 위험이 상존하기 때문에 서면투표는 사전투표, 우편투표만 인정하고 홍보요원 등 제3자를 통한 투표용지 제출을 금지하는 것으로 보아, 홍보요원을 통한 서면결의서 제출은 선거관리규정 등이 허용한 제출 방법이 아니므로 부적법하다고 볼 여지도 있다.[11] ⓑ 그러나 선거관리규정의 내용이 서면투표의 방법을 명시적으로 제한한 것으로 보기 어렵고, 조합원의 수가 많은 대부분의 조합에서는 총회 무산을 방지하기 위하여 홍보요원을 사용하여 총회 참석을 독려하고 총회 참석이 어려울 경우 조합원의 집을 방문하여 서면결의서를 제출받을 필요성이 있으므로 이를 금지할 이유를 찾기 어렵다고 보는 것이 타당하다.[12]

개별 조합의 선거관리규정에서 제출방법을 제한하였다고 볼 만한 별도의 규정이 없거나 선거관리규정이 적용되지 않는 일반 안건에 대한 서면결의는 정관에 별도로 정하지 않는 한 홍보요원을 통한 제출이 금지된다고 볼 근거는 없다고 보는 것이 타당하다.

⑸ 서면결의서의 제출 기한

정관에 조합원이 출석을 서면으로 하는 때에는 안건 내용에 대한 의사를 표시하여 총회 전일까지 조합에 도착하여야 한다고 정하고 있으며(구 표준정관 제22조 제4항), 통상 소집공고 및 안내에는 총회 전날 18:00까지 제출하도록 정하고 있다.[13] 정관에 따른 의결권 행사방법의 제한이므로 총회 전날까지 서면결의서를 직접 제출하거나 우편으로 도달되도록 하여야 한다.

그러나 대법원 2004. 6. 11. 선고 2003다46710 판결은 위 정관 규정의 취지는 조합 총회의 원활한 의사진행을 위한 것으로서 총회 당일 해당 안건의 결의 전까지 서면이 제출된

11 서울고등법원 2018. 12. 5. 선고 2017나2076341 판결.

12 서울고등법원(인천) 2021. 1. 4.자 2020라10013 결정, 부산지방법원 동부지원 2021. 3. 31.자 2020카합100575 결정.

13 정관이 정한 접수기한인 '총회 전날'을 자정(24:00)이 아닌 18:00 등 일과시간으로 제한하는 것은 적법한 것으로 생각된다. 우편물 접수 등 총회 관련 업무는 통상적인 업무시간에 수행된다고 기대하는 것이 합리적이고, 제출기간을 일(日)로 정한 것이 아니므로 민법 제159조를 그대로 적용하여야 한다고 볼 이유도 없다. 「서울특별시 정비사업 의사진행 표준운영규정」 제21조 제2항도 "회의개최 전일 18시까지 조합등에 도착하도록 하여야 한다"고 정하고 있다.

경우에 일률적으로 의결권 행사를 부정하는 취지로 해석할 수 없고, 총회 당일 제출된 서면결의서가 총회의 원활한 의사진행을 방해하였다는 사정이 없다면 유효하다고 판단하였다. 위 대법원 2003다46710 판결의 취지를 총회를 소집 · 진행하는 조합장 등이 기한을 넘겨 제출된 서면결의서를 임의로 유효처리할 수 있다고 볼 수는 없고, 어떠한 사정으로 인해 안건 의결전까지 제출된 서면결의서까지 집계하는 것으로 합의되고 공지된 경우[14] 등 합리적이고 객관적인 기준으로 유효처리한 것이 총회결의를 무효로 볼 정도의 중대한 하자가 아니라는 취지로 보는 것이 타당하다.

나. 서면결의서의 철회

(1) 서면결의서의 철회 방법

서면결의서 등에 의한 의결권 행사는 총회결의가 유효하게 성립하기 전까지 철회할 수 있고, 철회의 의사표시는 정관에서 다르게 정하지 않는 이상 반드시 일정한 절차와 방식에 따라서만 하여야 하는 것은 아니며, 그 철회의 의사를 분명히 추단할 수 있는 행위나 외관이 있는 것으로 충분하다(재건축결의 동의에 관한 대법원 2008. 8. 21. 선고 2007다83533, 83540 판결 참고).

조합원이 이미 서면결의서를 제출하였다 하더라도 총회에 직접 참석하여 안건 상정전까지 종전 서면결의서를 철회하는 것은 유효하다. 이 경우 해당 조합원의 신분확인을 거쳐 참석자 명부에 '철회' 등을 기재하고 해당 서면결의서를 의사 · 의결정족수에서 제외하면 될 것이다.

조합원이 서면(서면결의 철회서)의 방법으로 종전 서면결의를 철회하는 것도 위 대법원 2007다83533 판결의 취지에 비추어 조합원 본인의 철회 의사가 분명히 확인될 수 있으면 적법하게 철회할 수 있다고 보는 것이 타당하다. 다만 정관은 물론이고 총회 안내책자 등에 철회서의 양식을 따로 정하는 경우는 거의 없는데, 철회서에 철회 대상 및 취지, 조합원 본인의 기명날인, 신분증명서 사본 등 조합원이 본인의 의사에 따라 철회한다는 것이 확인되면 일응 유효하다고 볼 수 있다.

(2) 서면결의 철회서의 제출 시기 제한

조합 정관에는 서면결의서 철회의 시기나 방법에 대해 명시적으로 정하고 있지 않으나, 총회 소집공고나 안내책자에서 서면결의서의 철회는 총회 전날 18:00까지 조합(발의자 대표) 사무실에 제출되어야 한다고 정하기도 한다. 이 경우 서면결의서의 철회가 안내책자 등에 안내된 것처럼 총회 전날까지 제출되어야 유효한지가 문제된다.

정관상 출석을 서면으로 하는 때에는 안건 내용에 대한 의사를 표시하여 총회 전일까지 조합에 도착되도록 하여야 하는데(구 표준정관 제22조 제4항), 서면결의의 철회 역시 제출과 동일하게 서

---

14 대구지방법원 2020. 11. 27.자 2020카합10503 결정 등.

면에 의한 의사표시라는 점에서 철회서 역시 총회 전날까지 제출되어야 유효한 것으로 볼 여지가 있다. 해임총회 등의 개최를 무산시키기 위해 서면결의 철회서를 미리 받아놓은 후 총회 당일 대리인이 현장에서 제출하는 경우가 많은데, 서면결의서가 총회 전날까지 제출 가능한 것과의 형평상 그 철회서 역시 총회 전날까지 제출가능한 것으로 정관을 해석 · 적용하는 것이 타당한 것으로 생각된다.

다만 정관에서 철회 기한을 명시적으로 제한하고 있지 않다면 총회 당일도 서면에 의한 철회가 가능하다고 보는 것이 일반적이다.[15] 철회의 의사표시는 그 의결이 성립하기 전까지 할 수 있고 정관에서 다르게 정하지 않는 한 반드시 일정한 절차나 방식을 따라야 하는 것은 아니므로(위 대법원 2007다83533 판결), 서면결의서 또한 결의가 성립하기 전까지 서면의 형식으로 철회가 허용되고, 서면결의서 제출에 관한 정관 규정을 서면결의 철회기한으로 보기는 어렵다는 것을 이유로 한다.

(3) 서면결의 철회서의 제출 방법 제한

총회 소집공고나 안내책자에서 서면결의서의 철회는 총회 당일 회의장에 본인이 직접 참석하여 철회하는 경우만 가능하다고 정하는 경우도 있다.

정관에서 서면결의 철회 방법을 별도로 정한 것이 아니라면,[16] 서면결의서는 조합원이 총회에 직접 참석하지 않고 안건에 대한 의사를 표시하기 위한 것임에도 이를 철회하기 위해서 직접 총회에 참석할 것을 요구하는 것은 조합원의 의사표시를 지나치게 제한하는 것이고, 서면결의 철회서로도 충분히 철회의사의 진정성을 확인할 수 있으므로, 위 제한에 반하여 서면결의 철회서가 제출되었다 하더라도 철회의 효력을 인정하는 것이 타당하다.[17]

(4) 서면결의 철회서에 대한 수령 거절

총회를 소집 · 개최하는 조합임원 또는 발의자 대표 등이 철회서를 고의로 수령거절하는 경우도 많다. 그러나 철회는 그 의사를 분명히 추단할 수 있는 행위나 외관이 있는 것으로 충분하고(위 대법원 2007다83533 판결), 상대방 있는 의사표시가 효력이 발생하는 도달은 사회통념상 상대방이 통지의 내용을 알 수 있는 객관적 상태에 놓여 있는 경우를 가리키는 것으로서, 상

15 서울고등법원 2018. 4. 6. 선고 2017나2044269 판결(제1심은 서울북부지방법원 2017. 7. 20. 선고 2015가합2229 판결), 인천지방법원 2020. 1. 15.자 2019카합10566 결정, 서울중앙지방법원 2021. 2. 8.자 2020카합22332 결정 등.

16 정관에서 "서면에 의한 의결권행사는 철회할 수 없고, 다만 서면결의서를 제출한 조합원이 총회에 직접 참석하여 제출한 서면결의서를 무효로 하고 직접 투표를 요구하고 투표용지를 교부받은 경우에는 그러하지 아니하다"와 같이 정한 경우, 소집 공고 등에서 정한 경우와 마찬가지로 철회 의사표시를 제한하는 문제가 있으나 정관에서 정한 것이라는 점에서 다르게 볼 여지가 있다. 위와 같은 정관 규정이 적법하다고 본 사례로 서울중앙지방법원 2020. 12. 4.자 2020카합20994 결정.

17 광주지방법원 2017. 9. 14.자 2017카합50283 결정, 인천지방법원 2020. 1. 15.자 2019카합10566 결정, 서울고등법원 2021. 7. 27.자 2021라20701 결정.

대방이 통지를 현실적으로 수령하거나 통지의 내용을 알 것까지는 필요로 하지 않으므로, 상대방이 정당한 사유 없이 통지의 수령을 거절한 경우에는 상대방이 그 통지의 내용을 알 수 있는 객관적 상태에 놓여 있는 때에 의사표시의 효력이 생기는 것으로 보아야 한다(대법원 2008. 6. 12. 선고 2008다19973 판결 등 참고). 총회 소집권자가 부당하게 등기취급 우편물의 수취를 거부함으로써 우편물의 내용을 알 수 있는 객관적인 상태의 형성을 방해한 것이 신의성실의 원칙에 반할 경우 그 수취거부시에 의사표시의 효력이 생긴 것으로 보아야 한다(재결신청청구에 관한 대법원 2020. 8. 20. 선고 2019두34630 판결 참고).

총회 소집권자 측이 철회서를 현실적으로 수령하지 않았다 하더라도 철회서 제출을 위임받은 자가 철회서를 제출하고자 하는 것임을 소집권자 측에서 충분히 알 수 있는 객관적인 상태에 있었다면 서면결의 철회서는 제출된 것으로 보아 그 수만큼 의사 · 의결정족수에서 제외해야 한다고 보는 것이 타당하다.[18]

(5) 서면결의 철회의 철회

총회를 앞두고 서면결의서를 철회하거나 또는 그 철회를 다시 철회하여 의사 · 의결정족수를 다투는 경우가 많다. 서면결의서 제출에 따른 총회 출석 및 의결권 행사의 효과는 총회 의결이 성립할 때 발생하므로, 총회 의결이 있을 때까지 서면결의를 철회할 수 있고, 마찬가지로 총회 의결이 있을 때까지 철회를 다시 철회하여 총회 의결시에는 최종적으로 서면결의서를 제출한 것으로 취급하겠다는 것이다. 조합원이 최종적으로 서면결의서를 제출하는 의사라면 서면결의서를 다시 제출하면 되는 것이나, 서면결의철회서에 대응하여 재철회서를 받으면서 이 같은 문제가 발생한다. 철회의사를 다시 철회하는 것이 금지된다고 볼 수 없고, 철회의 철회는 결국 서면결의서를 다시 제출하는 것을 갈음하는 것으로도 볼 수 있다.

재철회서는 서면결의철회서와 마찬가지로 재철회의 대상 및 취지, 조합원 본인의 기명날인, 신분증명서 사본 등 조합원이 본인의 의사에 따라 재철회한다는 것이 확인되면 일응 유효하다고 볼 수 있다.[19]

다만 서면결의철회서에 대한 철회(재철회) 역시 서면으로 하다 보니, 조합원 본인의 의사를 알기 어려운 경우가 많다. 총회를 소집하는 조합원 측에서 서면결의철회서를 제출한 조합원으로부터 다시 재철회서를 받거나, 심지어 서면결의서를 받으면서 재철회서를 미리 같이 받아두기도 한다. 이에 대응하여 총회 개최를 저지하고자 하는 조합원 측은 재철회에

18 광주지방법원 2017. 9. 14.자 2017카합50283 결정, 대구지방법원 서부지원 2019. 9. 26. 선고 2019가합50056 판결.

19 서면결의철회서나 재철회서 양식에 (재)철회할 수 없다거나 해당 (재)철회서가 조합원의 최종적인 의사라는 점을 기재하기도 하나, 이를 두고 해당 조합원이 사인의 공법행위인 의결권 행사에 대한 (재)철회를 완전히 포기하였다고 보기 어렵다. 결국 서면결의철회서나 재철회서 기재에도 불구하고 조합원 본인의 최종적이고 진정한 의사를 가려 판단하여야 할 것으로 생각된다.

대한 철회서를 받거나 총회를 소집하는 조합원 측이 재철회서를 받지 못하도록 조합원들로부터 받아 놓은 서면결의철회서를 총회 개최 직전에 제출하기도 한다.

단지 현장의 관행이라고 하기에는 매우 부적절한 것으로 보이나, 철회 또는 철회의 철회에 특별한 제한은 없으므로 그 자체로 위법하다고 보기 어렵다. 한 조합원으로부터 서면결의서, 서면결의철회서, 재철회서, 재재철회서 등이 각각 제출된 경우 진정성립이 인정되지 않은 것을 제외하고 결국 최종적으로 제출·표시된 것을 기준으로 해당 조합원의 제출 여부를 판단하여야 할 것으로 생각된다.

다. 총회가 연기된 경우 서면결의서 재사용, 제출 및 철회

(1) 서면결의서의 재사용

일자와 장소를 정하여 총회를 소집하였으나 그 총회가 개최되기 전에 당초 그 총회의 소집이 필요하거나 가능하였던 기초 사정에 변경이 생겼을 경우에는 특별한 사정이 없는 한 그 소집권자는 소집된 총회의 개최를 연기할 수 있다(대법원 2007. 4. 12. 선고 2006다77593 판결). 적법하게 연기된 총회는 종전의 총회와 목적사항이 동일하고 단지 일시만을 변경한 것이어서 종전의 총회와 별개의 것으로 볼 수 없고, 조합원들도 특정한 일시에 소집되는 총회에 대해서만 서면결의서를 제출한 의사는 아닐 것이므로 연기된 총회일까지 서면결의서를 철회하였다는 등의 사정이 없는 한 연기된 총회에 종전 서면결의서를 그대로 사용할 수 있다고 보는 것이 타당하다.[20] 다만 단순히 연기된 것이 아니라, 당초 예정된 총회가 법원의 가처분 결정으로 개최가 금지되거나 동일한 총회로 볼 수 없다면 소집절차부터 다시 갖춰야 하므로 종전 서면결의서도 재사용할 수 없을 것으로 생각된다.

(2) 서면결의서의 제출 및 철회

총회가 연기되었다 하더라도 그 연기된 총회일의 전날까지 서면결의서를 제출할 수 있다고 보는 것이 타당하다.[21] 연기된 총회는 종전의 총회와 목적사항이 동일하고 단지 일시만을 변경한 것이어서 종전의 총회와 별개의 것으로 볼 수 없고, 조합 정관에서 서면에 의한 의사표시는 총회 전날까지 조합에 도착하도록 하고 있으며, 소집통지, 서면결의서 양식 등에 종전 총회 일자를 기준으로 제출기한을 특정하여 기재하였다 하더라도 이는 제출을 안내하는 정도의 의미이고 당초 특정한 날짜까지 제출된 서면결의서만의 효력을 인정하겠

---

20 서울북부지방법원 2017. 8. 7.자 2017비합1011 결정, 서울고등법원 2019. 4. 19.자 2018라21523 결정, 의정부지방법원 2020. 9. 25.자 2020카합5359 결정 등; 서면결의서 양식에 "총회가 연기되는 경우 서면결의서를 재사용하는데 동의합니다"라고 기재해 놓기도 한다.

21 서울중앙지방법원 2009. 11. 10.자 2009카합2931 결정, 서울고등법원 2019. 4. 19.자 2018라21523 결정 등; 서면결의서 철회가 연기된 총회일까지 가능한 점과도 형평을 맞출 필요도 있다. 다만 최근에는 소집 공고, 서면결의서 등에 총회 일자 변경 가능성 등을 예정해 두는 경우도 있다.

다는 취지로 볼 수 없기 때문이다.

마찬가지로 서면결의의 철회 역시 연기된 총회일까지 가능한 것으로 보는 것이 타당하다.

라. 시공자 선정 총회의 서면결의서에 관한 특칙

시공자 선정 총회의 서면결의서는 계약업무 처리기준에 별도의 규정이 있다.

조합원은 서면으로 의결권을 행사할 수 있으나, 조합원 과반수의 직접 출석에 관해서는 서면결의서를 철회하고 총회에 직접 출석하여 의결하지 않는 한 직접 참석자에는 포함되지 않는다(계약업무 처리기준 제35조 제2항).

시공자 선정을 위한 서면결의서 행사는 조합에서 지정한 기간 · 시간 및 장소에서 서면결의서를 배부받아 제출하여야 하고, 조합은 조합원 수를 고려하여 서면결의서 제출기간 · 시간 및 장소를 정하여 운영하여야 하며, 시공자 선정을 위한 총회 개최 안내시 서면결의서 제출요령을 충분히 고지하여야 한다(계약업무 처리기준 제35조 제3항, 제4항).

마. 서면결의서에 의한 출석 및 찬성 의결

(1) 의사 · 의결정족수 산정의 출석

조합원이 서면결의서를 제출하면 직접 출석을 제외한 의사 · 의결정족수의 '출석조합원'으로 산정된다. 서면결의서에 각 안건에 대한 찬성 · 반대 표시가 없거나 잘못되어 있더라도 이는 단순히 기권 · 무효에 해당하는 것이므로, 서면결의서의 본인확인란 또는 서명란을 통해 해당 서면결의서를 제출한 조합원이 누구인지 알 수 있는 경우라면 출석조합원으로 산정하는 것이 타당하다.[22]

통상 서면결의서에는 여러 안건을 모아 안건별로 찬성 · 반대를 표시하도록 하고 있는데, 일부 안건에 찬성 · 반대를 표시하지 않았다 하더라도 이는 해당 안건의 기권 · 무효에 해당하는 것이고, 서면결의서 제출 자체로 전체 안건에 출석한 것으로 볼 수 있을 것이다. 다만 조합임원 · 대의원 선임 안건을 다른 일반 안건과 분리하여 별도의 서면결의서 양식에 작성하는 경우 조합임원 · 대의원 선임 안건과 나머지 안건은 별개의 안건이므로 조합원들이 다른 안건에 관한 서면결의서를 제출하였다고 하여 조합임원 선임안건에 참여한 것으로 볼 수 없어 출석조합원으로 산정되지 않는다(대법원 2011. 4. 28. 선고 2010다106269 판결).

한 조합원 명의로 여러 장의 서면결의서가 중복 제출된 경우 중복제출된 서면결의서를 모두 무효로 볼지, 나중에 제출된 서면결의서만 유효한 것으로 볼지 여부에 대해 다툼이 있을 것이나, 모든 서면결의서가 위조된 것이 아니라면 서면결의서 제출 사실은 확인되므로 의사 · 의결정족수를 위한 출석은 인정하는 것이 타당한 것으로 생각된다.[23]

---

22 차흥권, 276; 부산지방법원 2009. 5. 13. 선고 2008가합10313 판결, 부산지방법원 2020. 5. 27. 선고 2019가합44268, 52184 판결.

23 부산지방법원 2009. 5. 13. 선고 2008가합10313 판결.

⑵ 안건에 대한 찬성

서면결의서는 안건별로 찬성 또는 반대를 명시적으로 표시해야 한다. 찬성, 반대 모두 표시하거나 모두 표시하지 않는 것은 무효 또는 기권에 해당하며 찬성으로 간주할 수 없다. 모든 안건에 대해 일괄적으로 찬성 또는 반대만을 표시하도록 하거나 '총회 의결에 따름'과 같이 표시하는 것은 조합원이 각 안건에 대해 의사표시를 할 수 있는 기회를 박탈하는 것이어서 그 서면결의는 무효이고 찬성으로 산정되지 않는다.

바. 서면결의서의 공개

총회의 참석자 명부와 서면결의서는 의사록이 진정하게 작성되었는지 여부, 의사정족수와 의결정족수가 충족되었는지 여부, 조합원 등의 의사결정내용이 올바르게 반영되었는지 여부 등을 판단하기 위해 필요한 것으로서, 도시정비법 제124조 제1항 제3호에 따라 조합임원이 공개하여야 하는 '총회 의사록 관련 자료'에 해당한다(대법원 2012. 2. 23. 선고 2010도8981 판결).

따라서 조합장 등 조합임원은 조합원이 사용목적을 기재한 서면으로 서면결의서의 공개 및 열람 · 복사를 신청하면 주민등록번호를 제외하고 15일이내에 공개하여야 한다(법 제124조 제3항, 제4항). 소수 조합원의 발의에 의해 소집한 총회의 경우, 발의자 대표는 총회 소집 및 운영에서만 조합장의 권한을 대행하는 것이므로 총회가 종료되면 서면결의서 등을 조합에 인계하여야 한다.

4. 전자적 방법에 의한 의결권 행사

서울시 표준선거관리규정 제46조는 조합 정관으로 정하는 바에 따라 전자적 방법(전자정보처리조직을 사용하거나 그 밖에 정보통신기술을 이용하는 방법)에 의한 전자투표를 의결권 행사의 한 방법으로 예정하고 있으나, 실제 정관에서 전자투표의 방법을 정하는 경우는 많지 않다.

도시정비법이 2021. 8. 10. 법률 제18388호로 개정되면서 재난안전법 제3조 제1호에 따른 재난의 발생 등 시행령으로 정하는 사유가 발생하여 시장 · 군수등이 조합원의 직접 출석이 어렵다고 인정하는 경우에는 전자적 방법으로 의결권을 행사할 수 있고, 정족수를 산정할 때에는 직접 출석한 것으로 본다는 내용을 신설하였다(법 제45조 제8항). 코로나19 등으로 인해 다수의 조합원이 모이기 어려운 상황에서 직접 출석을 요하는 총회를 개최하기 위한 특례로서, 시행령은 그 사유를 재난안전법 제3조 제1호에 따른 재난,[24] 감염병예방법 49조 제1항 제2호에 따른 집합 제한 또는 금지 조치로 정하고 있다(시행령 제42조 제3항). 위 개정규정은 위 일부개정법률의 시행일인 2021. 11. 11. 이후 소집되는 총회부터 적용된다(법 부칙(2021. 8. 10.) 제3조).

---

24 재난안전법 제3조 제1호에 따른 '재난'은 태풍, 홍수, 호우, 강풍 등의 자연재난, 화재 · 붕괴 · 폭발 · 교통사고, 간염병, 미세먼지 등으로 인한 피해 등의 사회재난으로서 해당하는 경우가 한정적이다.

종전 서울시 표준선거관리규정에 의하면 전자투표의 사유는 특별한 제한이 없이 정관에 규정이 있으면 가능한 것으로 볼 수 있었으나, 도시정비법이 직접 그 사유를 제한적으로 정하게 되면서 전자투표는 재난 등 제한적인 상황에서만 예외적으로 할 수 있다고 해석될 것으로 보인다. 전자투표를 서면결의의 한 방법으로 보기도 어렵다.[25]

Ⅱ. 총회 의결사항

1. 총회 의결의 범위

가. 총회결의의 법적 성격 및 취지

총회결의는 의사결정기관인 총회의 의사를 결정하는 법률행위로서, 단독행위, 계약 또는 합동행위에 속하지 않는 단체법상의 특수한 법률행위로 볼 수 있다.[26] 총회결의는 소정의 절차에 따라 결의의 성립이 선언됨으로써 관계자에 대하여 구속력을 가지는 결의가 외형적으로 존재하게 된다(대법원 2008. 2. 14. 선고 2007다62437 판결 등).

총회결의는 단체법상의 특수한 법률행위로서, 조합원 개개인의 의결권에 사기, 강박 등 의사표시의 하자가 있더라도 그로 인하여 바로 결의가 무효가 되지 않고 개개의 의결권의 행사가 무효로 되어 결의에 필요한 다수를 흠결한 때 비로소 무효가 된다. 또한 총회결의에 하자가 있다고 하더라도 바로 총회결의의 효력이 없다고 보지 않고, 결의가 부존재하거나 무효라고 할 정도의 중대한 하자인 경우에만 총회결의의 무효 또는 부존재가 인정된다(비법인사단의 총회결의에 대한 대법원 1992. 12. 8. 선고 91다23981 판결, 대법원 1999. 6. 25. 선고 99다10363 판결 등 참고).

나. 총회 의결의 한계

사단법인의 총회는 최고의사결정기관으로서 사단법인의 모든 사무에 대해 의결할 수 있고(민법 제68조), 단체규범인 정관도 총회 의결로 스스로 변경할 수 있다. 따라서 총회는 조합과 관련된 업무에 관하여 폭넓은 범위에서 의결할 수 있는 자율성과 형성의 재량을 갖는다(대법원 2018. 3. 13. 선고 2016두35281 판결, 대법원 2020. 9. 3. 선고 2017다218987, 218994 판결, 대법원 2021. 2. 10. 선고 2020두48031 판결 등).

① 총회 의결은 도시정비법 등 관련 법령에서 위배되지 않는 범위에서 이루어져야 한다. 강행규정을 위반한 총회결의는 효력이 없다(대법원 1999. 3. 9. 선고 98다60118 판결 참고).

---

25 부산고등법원 2021. 10. 26.자 2021라5130 결정 등; 명문의 규정이 없는 한 의결권 행사 방법인 '서면'에 전자문서가 포함된다고 볼 수 없는데(집합건물의 관리단집회 의결에 관한 대법원 2012. 3. 29. 선고 2009다45320 판결 참고), 전자적 방법을 정한 도시정비법 제45조 제8항은 "제5항에도 불구하고"라고 하여 전자적 방법(제8항)은 서면결의(제5항)와 구분되는 것으로 전제하고 있다.

26 김용담 편집대표, 주석 민법 총칙(1)(제4판), 한국사법행정학회 (2010), 780; 이형석, "재개발 · 재건축 관련 분쟁일반 -조합원 총회를 중심으로-", 제257기 건설법(재개발 · 재건축) 특별연수, 대한변호사협회 변호사연수원 (2018. 8. 11. 발표), 193.

② 총회 의결은 폭넓은 자율성과 형성의 재량을 가지며, 새로운 총회 의결로써 종전 총회 의결의 내용을 철회하거나 변경할 수 있다. 그러나 조합 내부 규범을 변경하는 총회결의가 적법하려면 ⓐ 총회결의가 상위법령 및 정관에서 정한 절차와 의결정족수를 갖추어야 하고, ⓑ 총회결의의 내용이 상위법령 및 정관에 위배되지 않아야 하고, ⓒ 내부 규범 변경을 통해 달성하려는 이익이 종전 내부 규범의 존속을 신뢰한 조합원들의 이익보다 우월하여야 한다(대법원 2018. 3. 13. 선고 2016두35281 판결, 대법원 2020. 6. 25. 선고 2018두34732 판결).

③ 총회 의결의 자율성과 형성의 재량은 무제한적일 수 없고 신의성실의 원칙이나 형평에 관념에 반한다고 볼 만한 특별한 사정이 있는 때에는 적당하다고 인정되는 범위를 벗어난 부분은 효력이 없다(대법원 2020. 9. 3. 선고 2017다218987, 218994 판결).[27]

2. 정관의 변경

정관 변경을 위한 총회 의결 등은 도시정비법 제40조에서 정하고 있다. 도시정비법 제45조 제1항 제1호의 '정관의 변경'은 도시정비법 제40조 등의 내용을 주의적으로 정한 것으로 볼 수 있다.[28]

3. 자금의 차입과 그 방법 · 이자율 및 상환방법

가. 의결의 대상

조합은 정비사업비를 자체 조달할 수 없으므로 시공자, 정비사업전문관리업자, 그 밖의 협력업체로부터 자금을 차입하여 진행한 후 관리처분계획 이후에 금융기관으로부터 대출을 받거나 일반분양수입금으로 공사비 등 정비사업비를 충당하게 된다. 조합의 정비사업비 차입은 조합원들의 부담이 되는 것이므로 자금의 차입과 그 방법 · 이자율 및 상환방법을 총회의 전속적 의결사항으로 정하였다(법 제45조 제1항 제2호, 시행령 제43조 제2호).

① 조합이 자금 차입을 위해 소비대차계약을 체결하려면 당연히 총회 의결을 받아야 한다.

② 소비대차계약 등에는 이자율, 이자 지급시기 등이 포함된다. 자금 차입에 따라 부담

27 위 대법원 2017다218987 판결은 조합임원의 인센티브 지급에 관한 내용은 정비사업의 수행에 대한 신뢰성이나 공정성의 문제와도 밀접하게 연관되어 있고 여러 가지 부작용과 문제점을 불러일으킬 수 있으므로 단순히 사적 자치에 따른 단체의 의사결정에만 맡겨둘 수는 없고, 조합임원들이 업무를 수행한 기간, 업무수행 경과와 난이도, 실제 기울인 노력의 정도, 조합원들이 재건축사업의 결과로 얻게 되는 이익의 규모, 재건축사업으로 손실이 발생할 경우 조합임원들이 보상액을 지급하기로 하였다면 그 손실보상액의 한도, 총회결의 이후 재건축사업 진행 경과에 따라 조합원들이 예상할 수 없는 사정변경이 있었는지 여부, 그 밖에 변론에 나타난 여러 사정을 종합적으로 고려하여 인센티브의 내용이 부당하게 과다한지를 판단하여야 한다고 보았다.

28 정관 변경에 대한 자세한 내용은 **[10]조합 정관 IV.정관의 변경** 참고.

하는 이자가 예산에 계상되어 있지 않았다면 '예산으로 정한 사항 외에 조합원에게 부담이 되는 계약'(법 제45조 제1항 제4호)으로서도 총회 의결을 받아야 한다. 사업비 대출계약을 연장하면서 종전 계약에는 존재하지 않았던 연장 수수료를 지급한 것은 이 규정의 '자금의 차입과 그 방법 · 이자율 및 상환방법' 및 '예산으로 정한 사항 외에 조합원에게 부담이 되는 계약'으로서 총회 의결을 받아야 한다(대법원 2012. 3. 29. 선고 2010도13848 판결).[29]

③ 상환방법을 변경하는 것도 총회 의결이 있어야 한다. 조합이 본래 조합원들이 상환할 이주비 대여금을 분양대금 등의 충당순서에 포함시켜 대위변제하는 경우[30] 등은 당초 총회 의결을 받은 내용과 다르게 상환하는 것이어서 별도의 총회 의결을 받아야 한다.

나. 의결의 방법

(1) 의결의 방법 및 요건

자금의 차입과 그 방법 · 이자율 및 상환방법에 대한 총회 의결은 정관에 다른 규정이 없으면 일반 의결정족수(조합원 과반수 출석과 출석조합원 과반수 찬성)에 의하며(법 제45조 제3항), 총회의 전속적 의결사항으로서 대의원회가 대행하여 의결할 수 없다(법 제46조 제4항, 시행령 제43조 제2호).

(2) 차입 방법 등의 제시

조합은 정비사업 진행 과정에서 상시적으로 자금을 조달하여야 하는데, 자금을 조달할 때마다 총회를 개최하여 의결을 받기는 어렵다. 이 같은 문제로 인해 포괄적으로 차입 결의를 하는 경우도 많은데, 정비사업의 성격상 조합이 추진하는 모든 업무의 구체적 내용을 총회에서 사전에 의결하기 어렵다 하더라도 총회에서 추진하려는 계약의 목적과 내용, 그로 인하여 조합원들이 부담하게 될 부담의 정도를 개략적으로 밝혀야 사전의결로 볼 수 있다(대법원 2012. 3. 29. 선고 2010도13848 판결 등). 따라서 ⓐ 차입기관,[31] ⓑ 차입의 목적(용도),[32] ⓒ 차입금의 한도, ⓓ

---

29 위 대법원 2010도13848 판결 사안은, 당초 총회 의결을 받은 대출계약에 만기연장에 대한 규정이 있었고, 착공이 지연된 상황에서 만기가 다가오자 대출금 상환을 대신하여 수수료를 지급하고 연장한 것이어서, 이를 형사처벌할 정도의 것으로 볼 수 있는지 의문이 있다. 제1심인 서울서부지방법원 2010. 6. 15. 선고 2009고정2879 판결은 변제기의 유예를 받은 것이 총회 의결을 받아야 하는 '자금의 상환방법'인지 의문이고, 연장수수료는 대출기간 연장에 소요된 비용으로서 본래의 목적인 대출기간 연장과 인위적으로 분리하여 그 부분만 포착하여 총회 의결이 필요하다고 보는 것은 적절하지 않다는 이유로 이 부분에 대해 무죄 판결을 선고하였다. 그러나 항소심인 서울서부지방법원 2010. 10. 5. 선고 2010노692 판결은 당초 총회결의에 대출기간 연장 및 수수료 지급에 대해 조합장에게 위임한 취지까지 포함된다고 보이지 않고, 종전 대출약정을 연장함으로써 조합원들이 다른 금융기관을 선택할 기회가 원천적으로 배제되고 기존 계약에 존재하지 않았던 수수료로 인해 향후 조합원의 부담을 발생시킬 여지가 있어 총회결의를 요하는 자금 차입 등에 해당한다고 보았고, 위 대법원 2010도13848 판결은 원심의 판단을 그대로 수긍하였다.

30 대법원 2021. 10. 14. 선고 2020도17058 판결.

31 서울북부지방법원 2018. 5. 25. 선고 2018고정330 판결(서울특별시로부터 자금을 차입하기로 총회 의결을 받았으나 서울특별시로부터 융자가 거절되자 총회 의결 없이 협력업체로부터 자금을 차입한 사안).

32 서울중앙지방법원 2019. 6. 12. 선고 2018고정2238 판결(차입자금의 한도와 이율에 대한 총회 의결은 있었

이율의 한도나 기준, ⓔ 대략적인 상환 방법 정도는 구체화하여 의결을 받아야 할 것으로 생각된다.[33]

4. 정비사업비의 세부 항목별 사용계획이 포함된 예산안 및 예산의 사용내역

가. 의결의 대상

(1) 정비사업비의 사용

구 도시정비법(2019. 4. 23. 법률 제16383호로 개정되기 전의 것) 제45조 제1항 제3호는 총회 의결사항으로 '정비사업비의 사용'을 정하고 있었다. 조합의 모든 활동은 정비사업비를 사용하는 것이므로 총회 의결을 받아야 하는 범위가 어디까지인지가 문제된다.

① 정비사업비는 회계연도마다 수립한 예산에 따라 사용(집행)하여야 하므로, 그 전제로서 예산에 대한 총회 의결이 필요하다.[34]

② 항목별로 정해진 예산에 대해, 누구와 계약을 맺거나 누구에게 지급해야 하는지를 구체적으로 정하는 것은 그 자체로 '정비사업비의 사용'에 해당된다고 볼 수 있다. 그러나 이미 총회의 의결을 거친 예산의 구체적 집행은 그 예산의 범위를 벗어나지 않는 이상 총회 의결을 거쳐야 하는 정비사업비의 사용에 포함되지 않고(대법원 2010. 10. 28. 선고 2009도13620 판결),[35·36] 총회 의결로 정한 예산의 범위내에서 용역계약 등을 체결하는 것은 정관에서 대의원회에 위임하고 있다(구 표준정관 제25조 제1항 제4호). 따라서 이 규정은 결국 예산에 포함되지 않거나 예산을 초과하는 사항에서 정비사업비를 사용하려면 총회 의결을 받아야 한다는 취지로 볼 수 있다.[37]

(2) 정비사업비의 세부 항목별 사용계획이 포함된 예산안 및 예산의 사용내역

도시정비법이 2019. 4. 23. 법률 제16383호로 개정되면서 도시정비법 제45조 제1항 제

으나, 총회 의결 당시 제시한 용도를 벗어나 금전소비대차계약을 체결한 사안).

33 일정한 자금 대여를 전제로 총회에서 시공자 선정 의결을 하였더라도, 자금차입의 방법 · 이율 및 상환방법에 대한 승인 의결까지 있다고 보기 어렵고(서울서부지방법원 2013. 12. 5. 선고 2013노960 판결, 대구지방법원 2014. 5. 15. 선고 2013노3324 판결, 서울서부지방법원 2015. 5. 15. 선고 2014노1768 판결 등), 입찰제안에 따른 차입이 이루어졌더라도 입찰제안대로 소비대차계약이 체결되는 것도 아니고 입찰제안에서 자금의 규모나 상환방법을 구체적으로 정할 수도 없으므로 별도의 총회 의결이 필요할 것이다(청주지방법원 2013. 5. 30. 선고 2013고정239 판결, 서울남부지방법원 2015. 1. 30. 선고 2014노376 판결).

34 정관에서도 '정비사업의 사용계획 등 예산안'을 총회 의결사항으로 정하고 있다(구 표준정관 제21조 제4호).

35 해당 회계연도의 예산안은 통상 2~4월에 개최되는 정기총회에서 의결되므로 그 이전의 지출된 부분은 결과적으로 사후추인의 형태가 되어 총회의 사전의결을 받지 않은 점에 대한 도시및주거환경정위반죄가 문제될 수는 있다. 그러나 통상 소모되는 경비나 준예산의 범위에서 지출한 것이라면 도시정비법을 규정을 위반한 것이라고 평가할 수 없을 것이다(서울동부지방법원 2013. 12. 19. 선고 2013노543 판결).

36 집행행위는 예산의 범위로 한정되는 것이므로, 행정청이 부과처분한 세금, 부담금, 공과금을 납부하는 경우라도 미리 예산에 포함되어 있지 않다면 별도의 총회 의결을 받아야 한다(서울서부지방법원 2020. 11. 23. 선고 2020노146 판결).

37 서울서부지방법원 2020. 11. 23. 선고 2020노146 판결.

3호가 '정비사업의 사용'에서 '정비사업비의 세부 항목별 사용계획이 포함된 예산안 및 예산의 사용내역'으로 변경되었다. 개정 취지는 "총회 의결대상에 포함된 '정비사업비의 사용'을 '정비사업비의 세부 항목별 사용계획이 포함된 예산안 및 예산의 사용내역'으로 명확하게 규정[한다]"는 것인데,[38] 이는 종전 '정비사업비의 사용'의 해석에 대한 대법원 판결 등의 취지를 명확하게 하기 위한 것으로서 종전과 다르게 볼 이유가 없다(대법원 2021. 10. 14. 선고 2020도17058 판결).[39] 다만 '예산의 사용내역'은 문언상 '결산'으로 보이기도 하는데, 총회 의결사항을 종전처럼 보기 위해서는 세부항목별로 정해진 예산의 구체적인 사용방법(계약 체결, 지급 등)으로 해석하는 것이 타당한 것으로 생각된다.

나. 의결의 방법

정비사업비의 세부 항목별 사용계획이 포함된 예산안 및 예산의 사용내역에 대한 총회 의결은 정관에 다른 규정이 없으면 일반 의결정족수(조합원 과반수 출석과 출석조합원 과반수 찬성)에 의한다(법 제45조 제3항).

이 규정의 '정비사업비의 세부 항목별 사용계획이 포함된 예산안 및 예산의 사용내역'은 종전 '정비사업비의 사용'과 같이 대의원회가 대행하여 의결할 수 있는 사항에는 포함된다(법 제45조 제4항, 시행령 제32조 각 호).

① 예산으로 정한 사항 외에 조합원에게 부담이 되는 계약(법 제45조 제1항 제4호)이 총회의 전속적 의결사항인 점에 비추어 그 전제인 예산안(예산 수립)은 대의원회가 대행할 수 없는 총회의 전속적 의결사항에 해당한다고 볼 수도 있으나,[40] 정관상 총회가 소집되지 못하는 경우 대의원회가 총회를 갈음하여 의결할 수 있는 사항에 예산안이 포함되고(구 표준정관 제22조 제5항 단서), 총회를 개최하기 어려운 경우 대의원회가 예산안을 의결할 필요도 있기 때문에 종전 정비사업비의 사용과 동일하게 해석하여 대의원회가 대행할 수 있다고 보는 것이 타당한 것으로 생각된다.

② '예산의 사용내역'은 종전처럼 대의원회가 대행하여 의결할 수 있는 사항에 해당한다. 각 조합 정관에는 '총회의결로 정한 예산의 범위내에서의 용역계약 등'을 대의원회 의결사항으로 정하여 총회의 권한을 정관으로 대의원회에 위임하고 있고(구 표준정관 제25조 제1항 제4호), 계약업무 처리기준도 같은 취지에서 총회의 의결을 받아야 하는 계약(예산으로 정한 사항 외에 조합원에게 부담이 되는 계약, 시공자 · 설계자 · 감정평가법인등 · 정비사업전문관리업자의 선정 · 변경)이 아닌 계약은 대의원회의 의결을 거치도록 정하고 있다(계약업무 처리기준 제15조 제1항).

---

38 장대섭, "도시 및 주거환경정비법 일부개정법률안 검토보고", 국회교통위원회 (2018. 11.), 51, 윤관석의원 대표발의안(2016298, 2018. 11. 2.) 부분.

39 위 대법원 2020도17058 판결의 원심인 서울서부지방법원 2020. 11. 23. 선고 2020노146 판결은 개정규정은 종전 규정 해석에 대한 판례의 태도를 명확히 한 것이지 종전 규정에 따른 처벌이 부당하다는 반성적 고려에서 개정된 것은 아니라고 보았다.

40 개정과정상 입법적 오류로 보인다는 견해로 안광순(상), 612.

5. 예산으로 정한 사항 외에 조합원에게 부담이 되는 계약

가. 의결의 대상

'예산으로 정한 사항 외에 조합원에게 부담이 되는 계약'은 조합의 예산으로 정해진 항목과 범위를 벗어나서 금원을 지출을 하거나 채무를 짐으로써 조합원에게 그 비용에 대한 부담이 되는 계약을 의미한다(대법원 2011. 4. 28. 선고 2010다105112 판결). 이를 총회 의결사항으로 정한 취지는 조합원들의 권리 · 의무에 직접적인 영향을 미치는 사항이므로 조합원들의 의사가 반영될 수 있도록 절차적으로 보장하려는 것이며(대법원 2011. 4. 28. 선고 2010다105112 판결, 대법원 2015. 9. 10. 선고 2015도9533 판결 등), 대의원회가 대행할 수 없는 총회의 전속적 의결사항이다(시행령 제43조 제3호).

이와는 반대로 해당 계약이 예산으로 정한 사항, 즉 예산의 범위라면 ⓐ 특정 협력업체와 계약을 체결하는 것은 총회 의결사항인 예산의 사용내역(법 제45조 제1항 제3호)으로서 총회 의결을 받아야 하나, 대의원회가 대행할 수 있는 사항이고 정관 또는 총회 의결로 대의원회에 위임하고 있으므로 대의원회 의결로 가능하고, ⓑ 이미 총회 또는 대의원회 의결에 따라 계약을 체결한 상태에서 단순히 그 계약에 따른 예산을 집행하는 것은 별도의 총회 의결이 필요하지 않다(대법원 2010. 10. 28. 선고 2009도13620 판결).

나. 예산으로 정한 사항 외의 범위

(1) 예산으로 정한 사항

도시정비법 제45조 제1항 제4호의 '예산'은 정관에서 정한 1회계연도의 수입 · 지출 계획을 의미한다(대법원 2015. 5. 14. 선고 2014도8096 판결 등). 따라서, 1회계연도와 무관하게 정비사업비의 지출예정액에 관하여 사업비 예산이라는 명목으로 총회의 의결을 받은 것이나 총회 의결을 받은 관리처분계획에 포함된 총사업비 추정금액은 여기의 예산에 해당하지 않는다(대법원 2012. 12. 27. 선고 2012도13380 판결, 대법원 2015. 5. 14. 선고 2014도8096 판결 등).

(2) 예비비

예비비는 예측할 수 없는 예산외의 지출 또는 예산의 초과지출에 충당하기 위한 것으로서, 조합은 통상 예비비를 제외한 지출예산의 10% 범위에서 사업비와 운영비별로 예비비 항을 편성하고 있다.[41]

예상하지 못한 긴급한 사무를 처리하기 위해 예비비에서 사업경비를 사용하였고 그 집행금액 또한 경미하다면 적법한 예비비의 집행이라고 볼 수 있고(대법원 2009. 3. 12. 선고 2008도10826 판결), 이는 예

41 「서울특별시 정비사업 조합 등 예산 · 회계규정」 제16조는 예비비는 사업비 및 운영비 각 총 지출예산의 10% 범위에서 편성할 수 있도록 하면서, 예측할 수 없는 예산외의 지출 또는 예산의 초과지출에 충당하기 위해 사용할 수 있으나 업무추진비, 상근임 · 직원 인건비, 복리후생비는 예비비 예산으로 집행할 수 없다고 정하고 있다.

산내의 사용(법 제45조 제1항 제3호의 '예산의 사용내역')으로서 통상 권한을 위임받은 대의원회 의결로 계약 체결 등이 가능하다고 볼 수 있다. 다만 예비비 항목이 모두 지출되어 소진되었다면, 통상 예비비 항목의 예산으로 지출되어 온 업무에 대한 지출 내지 계약 체결이라고 하더라도 이는 '예산으로 정한 사항 외에 조합원에게 부담이 되는 계약'에 해당하여 조합원 총회를 거치지 아니한 이상 무효이다(대법원 2011. 4. 28. 선고 2010다105112 판결).

예비비를 사용하려면 예비비의 본질적 속성인 긴급성, 예비성 등을 갖추어야 한다.

① 긴급한 업무를 위해 예비비에서 용역계약을 체결한 경우,[42] 총회 개최 등을 위한 해당 연도 예산에 대한 총회 의결이 없는 준예산 상태에서 전년도 예비비에서 총회대행업무 용역계약을 체결한 경우[43] 등 예상치 못한 긴급한 사무를 위해 경미한 금액을 지출하는 것은 적법한 예비비 사용으로 인정될 수 있을 것이다.

② 긴급한 사정에 대처하기 위해 총회결의를 거칠 시간적인 여유가 없다고 보이지 않거나 예비비에서 집행하고자 하는 경비가 당초 배정된 예산에 버금가거나 이를 능가하는 다액임에도 단순히 총회결의를 얻기에 시간이 걸린다거나 총회 소집 절차가 번거롭다는 사정만을 들어 총회결의 절차를 잠탈하기 위한 수단으로 남용되는 것은 위법하다고 볼 것이다. 따라서 매년 총회에서 충분한 예산을 계상하여 총회 의결을 받을 수 있었음에도 수년간 변호사 및 기타수수료 항목에 배정된 예산을 훨씬 초과하여 예비비로 지출한 경우,[44] 예비비의 대략적인 용도가 정해져 있는 상태에서 종전에도 예산으로 계상되었던 공사비 항목에 대해 상당한 금액을 예비비로 지출한 경우,[45] 예산을 계상하여 총회 의결을 받을 시간적 여유가 있음에도 나중에 계약을 체결하면서 예비비로 지출한 경우[46] 등은 예산으로 정한 사항 외에 조합원에게 부담이 되는 계약으로서 별도의 총회 의결이 필요하다.

(3) 예산의 전용

예산은 관 · 항 · 목으로 구분하여 편성된다. 조합의 예산은 크게 사업비와 운영비로 구분하고, 사업비 관 중 공사비 항에 건축시설공사비, 건축물철거비, 정비기반시설공사비 등의 목 또는 세목을 두는 방식으로 구분한다. 예산은 원칙적으로 정해진 목적 외에 사용할 수 없는 것이므로 조합 내부규정으로 별도의 예외를 두지 않는 한, 관 · 항 · (세)목간 서로

42 대법원 2009. 3. 12. 선고 2008도10826 판결; 다만 위 대법원 2008도10826 판결은 관리처분계획의 정비사업비 예산의 예비비 항목에서 지출한 것을 적법하게 인정한 것인데, 그 이후 선고된 대법원 2015. 5. 14. 선고 2014도8096 판결이 이 규정의 예산을 1회계연도의 수입 · 지출 계획으로 명확히 규정하였기 때문에 현재는 동일하게 볼 수 없다.

43 대전지방법원 2018. 11. 8. 선고 2018노1203 판결.

44 서울서부지방법원 2015. 8. 27. 선고 2015노28 판결, 부산지방법원 2017. 4. 6. 선고 2016고정3539 판결.

45 서울서부지방법원 2012. 7. 19. 선고 2012노237 판결, 서울서부지방법원 2014. 5. 15. 선고 2014노55 판결 등.

46 대전지방법원 2013. 10. 30. 선고 2013노195 판결, 서울남부지방법원 2018. 5. 31. 선고 2017노1331 판결 등.

전용할 수 없고,[47] 전용을 하려면 예산을 변경하여야 하기 때문에 예산 수립에 준하여 총회 의결이 필요하다고 볼 수 있다.

다만 현실적으로 시급하게 지급하여야 하거나 항목간 구분이 명백하지 않아 다른 항목을 사용하는 경우도 있다. 대법원 2010. 10. 28. 선고 2009도13620 판결은 조합임원들이 직무집행정지가처분에 응소하기 위해 이사회 결의를 거쳐 변호사 선임비용을 회의비 명목에서 지출한 것은 "조합의 긴급한 업무수행을 위하여 총회에서 의결된 예산의 범위 내에서 구체적으로 예산을 집행한 것에 불과하다고 봄이 상당하고, 그 사용의 규모와 시기에 비추어 볼 때 예산의 용도가 엄격하게 제한되어 있다고 볼 아무런 증거가 없는 이상 그 항목을 전용하여 지출하였다고 하여 달리 볼 것은 아니다"라고 보았으나, 통상 조합이 예산 · 회계 규정을 정하는 경우 관 · 항 · (세)목간 전용을 금지하기 때문에 예산의 용도가 제한되어 있다고 볼 것이어서, 위 대법원 2009도13620 판결을 전용이 넓게 인정되는 것처럼 인용할 수 없다.[48]

(4) 준예산

예산은 매 회계연도마다 성립하여야 하는 것이나, 정기총회를 개최하기 어려운 사정이 있어 예산이 성립하지 못하는 경우 전년도 예산에 준하여 집행할 수 있다. 「서울특별시 정비사업 조합 등 표준 예산 · 회계규정」 제18조는 준예산은 대의원회 의결을 거쳐 1년으로 범위에서 전년도에 준하여 집행하되, 1년을 초과하여 집행하는 경우 사무실 운영을 위한 제세 · 공과금, 임차료, 수도광열비 등 불가피한 경비와 예산편성을 위한 총회비용의 집행은 할 수 있고 추후 총회에서 추인 또는 승인을 받도록 하고 있다.

소송, 조합 내분으로 인하여 조합이 몇 년간 정상적으로 운영되지 못하는 경우도 있는데, 이 경우 다시 총회를 개최하기 위해서는 총회업무대행용역 등이 필수적이다. 조합의 예산 · 회계 규정에 준예산이 있다면 그에 따르면 될 것이나,[49] 규정이 없거나 규정에 다소 맞지 않더라도 종전에 의결받았던 예산 항목의 범위에서 총회업무대행용역 등 필수적인 계약에 한정되는 것이라면, 조합원들이 총회 개최를 위해 용역계약을 체결할 것과 일정한 범위에서 비용을 부담하게 될 것이라는 점은 충분히 예상할 수 있으므로 사전 의결을 거쳤

47 「서울특별시 정비사업 조합등 예산 · 회계규정」 제17조는 총회 의결이 없는 한 예산을 전용할 수 없다고 정하면서, 다만 운영비는 공과금 등 불가피하게 지출되어야 하는 경우가 많고 통상 소액인 점을 감안하여 동일 항(項) 내의 목(目)간에는 전용할 수 있도록 하고 있다. 서울지역 조합이 예산 · 회계 규정을 제 · 개정할 때 위 제17조는 다르게 정할 수 없는 것이 원칙이다(서울특별시 고시 제2015-79호, "서울특별시 정비사업 조합 등 표준 예산 · 회계규정 개정 고시", 도시재생본부(2015. 3. 19.), 제4조 제1항 제1호 참고).

48 개별 사안의 구체적 타당성에 기초하여 적법하다고 인정할 수 있는 경우이거나 총회에서 항목간 전용을 의결한 경우 등 특별한 사정이 있는 때에는 허용될 수 있다는 견해로 안광순(상), 613.

49 예산 · 회계 규정이 총회 의결을 거친 이상 준예산제도에 따른 정비사업비의 사용도 총회의 의결을 거친 적법한 행위라는 견해로 안광순(상), 614.

다고 볼 여지가 있을 것으로 생각된다.[50]

다. 조합원에게 부담이 되는 계약의 범위

⑴ 계약 체결 당시를 기준으로 조합원에게 부담이 발생하는 의무부담행위

'예산으로 정한 사항 외에 조합원에게 부담이 되는 계약'이라 함은 조합의 예산으로 정해진 항목과 범위를 벗어나서 금원을 지출하거나 채무를 짐으로써 조합원에게 그 비용에 대한 부담이 되는 계약을 의미한다(대법원 2011. 4. 28. 선고 2010다105112 판결, 대법원 2013. 5. 23. 선고 2010다64112 판결).

수년에 걸쳐 유지되는 계약은 1회계연도 예산으로 계약의 내용을 담기기 어려우므로 이 규정에 따라 총회 의결을 받아야 한다. 계약에 따른 채무의 효력이 1회계연도에 한정되고 그 회계연도 내에 채무의 변제가 완료되는 것이라도 예산으로 정한 범위 외에 조합원에게 부담이 되는 계약으로서 총회의 의결을 받아야 한다(대법원 2008. 1. 10. 선고 2005도8426 판결).

종전에 적법하게 체결한 계약을 변경하면서 발생한 추가비용이 당시의 회계연도 예산에 반영되어 있지 않은 경우,[51] 계약이 조합원의 더 큰 피해를 방지하기 위한 것이거나 취득세 감면 등 오히려 조합원의 부담을 줄이기 위한 계약이라 하더라도 계약 체결에 따라 일단 비용을 부담하는 경우[52] 등은 계약 체결 당시를 기준으로 보면 조합원이 계약으로 인한 비용을 부담하는 것이므로 이 규정에 해당된다.

⑵ 선정행위와 계약체결행위의 구분

계약체결 대상자를 정하는 선정행위와 구속력있는 권리 · 의무관계를 정하는 계약체결행위는 구분된다. 도시정비법 제45조 제1항이 예산으로 정한 사항 외에 조합원에게 부담이 되는 계약은 문언상 계약체결행위를 총회 의결사항으로 정하면서(제4호), 선정 및 변경은 시공자 · 설계자 · 감정평가법인등 · 정비사업전문관리업자에 한하여 총회 의결사항으로 정하기 때문에(제5호, 제6호), 예산으로 정한 사항 외의 계약에 관한 선정행위는 반드시 총회 의결을 받아도 되지 않는 것으로 볼 여지가 있었다. 그러나 계약업무 처리기준 제15조 제1항은 계약 체결 대상의 선정방법을 정하면서 예산으로 정한 사항 외의 계약(법 제45조 제1항 제4호)은 총회의 의결을 거치도록 하여 그 선정 및 계약체결은 모두 총회 의결을 거쳐야 하는 것으로 해석된다.[53]

---

50 대전지방법원 2018. 11. 8. 선고 2018노1203 판결(전년도 예비비의 범위내에서 총회개최를 위해 총회업무대행계약을 체결한 것을 무죄로 판단한 사안), 인천지방법원 2018. 11. 21. 선고 2018노3072 판결(장기간 총회를 개최하지 못한 상태에서, 종전에 의결받은 예산 항목의 금액을 넘지 않는 범위에서 총회 개최를 위해 불가피한 총회업무대행용역 계약을 체결한 것을 무죄로 판단한 사안).

51 대법원 2012. 3. 29. 선고 2010도13848 판결(대출약정 연장에 따른 연장수수료 지급).

52 서울중앙지방법원 2014. 4. 3. 선고 2013노4118 판결.

53 안광순(상), 616; 예산의 범위내에서 선정 및 계약체결은 대의원회가 대행가능한 총회 의결사항이고 정관으로 대의원회에 위임되어 있다(법 제45조 제1항 제3호, 구 표준정관 제25조 제12항 제4호). 계약업무 처리

따라서 예산으로 정한 사항 외의 계약을 체결하기 위해서는 ⓐ 계약 대상자의 선정은 도시정비법 제29조 제1항 및 계약업무 처리기준 제15조 제1항에 따라 총회 의결을 거쳐야 하고, ⓑ 선정된 대상자와의 계약 체결은 도시정비법 제45조 제1항 제4호에 따라 총회 의결을 받아야 한다.

다만 선정행위는 향후 계약체결이 예정된 것이므로 선정에 대한 총회 의결로서 예산 외에 조합원에게 부담이 될 계약에 대한 조합원의 사전의결을 거친 것으로 볼 수 있을 것이다. 사전에 총회에서 추진하려는 계약의 목적과 내용, 그로 인하여 조합원들이 부담하게 될 부담의 정도를 개략적으로 밝히고 그에 관하여 총회의 의결을 거쳤다면 사전 의결을 거친 것으로 볼 수 있다(대법원 2010. 6. 24. 선고 2009도14296 판결 등). 용역업체 선정을 위한 총회에서 용역의 개요가 포함된 입찰공고 내용, 입찰에 참여한 업체들의 수주실적 및 입찰금액 등을 밝히고 그 중 한 업체를 선정하였다면 조합과 용역업체 사이에 용역계약이 체결될 것이라는 사정과 아울러 체결될 용역계약의 개략적인 목적과 내용은 물론 입찰금액에 기초한 계약금액의 결정 내지는 그에 따른 조합원들의 향후 부담 정도에 관하여 충분히 알 수 있었으므로 사전 의결을 거친 것으로 볼 수 있다(대법원 2015. 9. 10. 선고 2015도9533 판결, 대법원 2020. 1. 9. 선고 2018다299211 판결 등). 조합이 차입할 자금의 한도와 이율을 구체적으로 정하여 대의원회에 그 권한을 위임한 후 그 범위에서 소비대차계약을 체결하거나(대법원 2018. 6. 15. 선고 2018도1202 판결), 용역비 증액요청에 대해 그 사유와 한도를 명시하여 총회 의결을 거친 후 변경계약이 체결되었다면(대법원 2020. 1. 9. 선고 2018다299211 판결), 계약 체결을 위한 사전의결이 이루어진 것으로 볼 수 있다.

라. 의결의 방법

예산으로 정한 사항 외에 조합원에게 부담이 되는 계약 체결에 대한 총회 의결은 정관에 다른 규정이 없으면 일반 의결정족수(조합원 과반수 출석과 출석조합원 과반수 찬성)에 의한다(법 제45조 제3항). 이는 대의원회가 대행할 수 없는 총회의 전속적 의결사항이다(시행령 제43조 제3호).

사전의결의 원칙상 계약체결에 앞서 총회 의결을 받아야 할 것이나, 정비사업의 성격상 조합이 추진하는 모든 업무의 구체적 내용을 총회에서 사전에 의결하기는 어려운 것이므로, 사전에 총회에서 추진하려는 계약의 목적과 내용, 그로 인하여 조합원들이 부담하게 될 부담의 정도를 개략적으로 밝히고 그에 관하여 총회의 의결을 거쳤다면 사전 의결을 거친 것으로 볼 수 있다(대법원 2010. 6. 24. 선고 2009도14296 판결 등).

기준 제15조 제1항도 예산으로 정한 사항 외에 조합원에게 부담이 되는 계약(법 제45조 제1항 제4호), 시공자 · 설계자 · 감정평가법인등 · 정비사업전문관리업자의 선정 및 변경(법 제45조 제1항 제5호, 제6호) 이외의 계약은 대의원회 의결사항으로 정하고 있다.

6. 시공자 · 설계자 · 감정평가법인등 · 정비사업전문관리업자의 선정 및 변경

가. 의결의 대상

(1) 시공자 · 설계자 · 감정평가법인등 · 정비사업전문관리업자의 선정 및 변경

조합이 공사, 용역, 물품구매 및 제조 등의 계약을 체결하기 위해서는 원칙적으로 경쟁입찰의 방법에 의하여야 하며(법 제29조), 시공자 · 설계자 · 감정평가법인등 · 정비사업전문관리업자의 4가지 협력업체 선정은 총회의 의결로 입찰자 중에서 선정하여야 한다(법 제45조 제1항 제5호, 제6호).[54] 수립되어 있는 예산의 범위 내이더라도 대의원회가 대행할 수 없다(시행령 제43조 제4호, 제5호).

종전 업체 선정을 취소하면서 새로운 업체를 선정하는 '변경'도 총회의 의결대상이다. 통상 시공자 등을 변경할 경우 종전 시공자의 선정을 취소한 후 다시 입찰절차를 진행하게 되므로 선정취소만 먼저 의결하게 되는데, 선정에 총회 의결 등 엄격한 절차를 요구하는 취지에 비추어 선정취소도 총회 의결에 의하여야 한다고 볼 것이다.

(2) 계약체결행위

계약체결 대상자를 정하는 선정행위와 구속력있는 권리 · 의무관계를 정하는 계약체결행위는 구분된다. 도시정비법 제45조 제1항 제5호, 제6호는 선정 및 변경에 대한 것이므로 선정된 계약체결 대상자와 계약을 체결하는 것은 이 규정에 해당되지 않는다.

그러나, 공사도급계약 등은 장기간에 걸쳐 이행되면서 상당한 대금이 당해 연도 예산을 넘어 지급되므로 예산으로 정한 사항 외에 조합원에게 부담이 되는 계약(법 제45조 제1항 제4호)에 해당하여 총회 의결이 필요하다. 또한 계약업무 처리기준 제15조 제1항은 계약 체결 대상의 선정방법을 정하면서 시공자 · 설계자 · 감정평가법인등 · 정비사업전문관리업자 및 예산으로 정한 사항 외에 조합원에게 부담이 되는 계약은 모두 총회 의결을 거치도록 하고 있고, 정관은 시공자 · 설계자 · 정비사업전문관리업자 등의 계약체결 또는 변경계약 체결은 사업시행 전반에 대한 내용을 협의한 후 미리 총회의 인준을 받도록 정하고 있다(구 표준정관 제12조 내지 제14조).

따라서 시공자 · 설계자 · 감정평가법인등 · 정비사업전문관리업자와의 계약체결은 선정과 별도로 사전에 총회 의결이 필요한 것으로 볼 수 있다. 다만 선정과정에서 계약의 개요가 포함된 입찰공고 내용, 입찰에 참여한 업체들의 수주실적 및 입찰금액 등을 밝히고 그 중 한 업체를 선정하였다면 조합과 용역업체 사이에 용역계약이 체결될 것이라는 사정과 아울러 체결될 용역계약의 개략적인 목적과 내용은 물론 입찰금액에 기초한 계약금액의 결정 내지는 그에 따른 조합원들의 향후 부담 정도에 관하여 충분히 알 수 있었으므로 사전 의결을 거친 것으로 볼 수 있을 것이다.[55]

---

54 종전에는 감정평가법인과 감정평가사를 통칭하여 '감정평가업자'라는 용어를 사용하였으나 감정평가법이 2020. 4. 7. 법률 제17219호로 개정되면서 '감정평가법인등'이라는 용어로 대체되었다.

55 자세한 내용은 II.5.다.(2)선정행위와 계약체결행위의 구분 참고.

⑶ 감정평가법인등에 대한 예외

관리처분계획 수립을 위한 감정평가법인등을 선정하려면, 주거환경개선사업과 재개발사업은 시장 · 군수등이 2인 이상의 감정평가법인등을 선정 · 계약하고, 재건축사업은 시장 · 군수등이 1인 이상의 감정평가법인등을 선정 · 계약한다(법 제74조 제4항 제1호). 이때 시장 · 군수등이 선정 · 계약하는 감정평가법인등은 총회 의결대상이 아니다(법 제45조 제1항 제5호 본문).

감정평가법인등의 선정과 변경은 총회의 의결을 거쳐 시장 · 군수등에게 위탁할 수 있다(법 제45조 제1항 제5호 단서).

나. 의결의 방법

시공자 · 설계자 · 감정평가법인등 · 정비사업전문관리업자의 선정 및 변경에 대한 총회 의결은 정관에 다른 규정이 없으면 일반 의결정족수(조합원 과반수 출석과 출석조합원 과반수 찬성)에 의한다(법 제45조 제3항). 이는 대의원회가 대행할 수 없는 총회의 전속적 의결사항이다(시행령 제43조 제4호, 제5호).

설계자 · 감정평가법인등 · 정비사업전문관리업자의 선정 및 변경에 대한 총회 의결은 다른 의결과 같이 조합원 10/100 이상이 직접 출석하여야 하나, 시공자의 선정 및 변경은 조합원 과반수가 직접 출석하여야 하고, 서면결의자는 서면결의서를 철회하고 직접 출석하지 않는 한 직접 참석자에 포함되지 않는다(계약업무 처리기준 제35조).

다. 추진위원회 선정행위의 승계 여부

시공자 선정은 추진위원회 업무가 아니라 조합 총회의 고유권한이므로 추진위원회가 시공자를 선정한 결의는 무효이다(대법원 2008. 6. 12. 선고 2008다6298 판결 등). 조합 총회에서 추진위원회의 종전 시공자 선정행위를 추인할 수 있는 경우는 구 도시정비법(2005. 3. 18. 법률 제7392호로 개정되어 2006. 5. 24. 법률 제7960호로 개정되기 전의 것) 제11조가 적용되는 경우로 한정하여 보아야 한다.[56]

설계자, 정비사업전문관리업자의 선정 및 변경은 추진위원회의 업무에 해당하는데, 추진위원회에서 설계자, 정비사업전문관리업자를 선정한 것이 조합에도 승계되는지, 즉 조합 총회에서 별도의 선정 의결을 하지 않더라도 종전에 선정한 설계자, 정비사업전문관리업자의 계약이 그대로 유지되는지 문제된다. 이 중 ⓐ 설계자는 도시정비법 및 운영규정 고시 개정 경위에 비추어 보면 추진위원회가 선정할 수 있는 설계자는 추진위원회 단계로 국한하는 것이 아니라고 볼 수 있다.[57] 그러나 ⓑ 정비사업전문관리업자는 조합 총회 권한과 비교하여 승계되는지 다툼이 있다.[58]

---

56 자세한 내용은 [6]추진위원회 조직과 운영 II.5.시공자의 선정 참고.

57 자세한 내용은 [6]추진위원회 조직과 운영 II.3.나.추진위원회에서 선정한 설계자의 조합 승계 여부 참고.

58 자세한 내용은 [6]추진위원회 조직과 운영 II.2.다.추진위원회에서 선정한 정비사업전문관리업자의 조합 승계 여부 참고.

7. 조합임원 · 대의원의 선임 및 해임

조합임원 · 대의원의 선임 또는 해임에 대한 총회 의결은 정관에 다른 규정이 없으면 일반 의결정족수(조합원 과반수 출석과 출석조합원 과반수 찬성)에 의하며(법 제45조 제3항), 총회의 전속적 의결사항으로 대의원회가 대행하여 의결할 수 없다(법 제45조 제1항 제7호, 시행령 제42조 제1항 제2호, 제43조 제6호 본문).

다만 조합장을 제외한 조합임원과 대의원의 보궐선임은 정관에 정하는 바에 따라 대의원회에서 의결할 수 있다(시행령 제43조 제6호 단서). 그러나 법 및 정관이 정한 정원에 미달하는 대의원회는 총회의 권한을 대행할 수 없으므로 조합임원 · 대의원의 보궐선임을 할 수 없다고 보는 것이 타당하다.[59]

조합임원 · 대의원의 선임 또는 해임은 통상의 총회 의결로서 조합원 10/100 이상의 직접 출석을 필요로 한다. 종전 대법원 2014. 9. 4. 선고 2012다4145 판결은 조합원 1/10 이상의 발의로 소집되는 해임총회는 조합원 10/100 이상의 직접 출석이 필요없다고 보았으나, 현행 도시정비법 제43조 제4항이 적용되는 경우는 다른 의결과 마찬가지로 조합원 10/100 이상의 직접 출석이 필요하다고 보는 것이 타당하다.[60]

8. 정비사업비의 조합원별 분담내역, 청산금의 징수 · 지급, 부과금의 금액 및 징수방법

도시정비법 제89조에 따른 청산금의 징수 · 지급, 도시정비법 제93조에 따른 부과금의 부과 · 징수는 관리처분계획으로 구체화되는 정비사업비의 조합원별 분담내역(법 제74조 제1항 제6호)에 관한 것이다. 도시정비법은 조합원별 분담금 산출기준이 되는 관리처분계획은 총회의 전속적 의결사항으로 정하면서, 다른 총회 의결사항인 구체적인 분담내역, 청산금, 부과금은 대의원회가 대행하여 의결할 수 있도록 하였다(법 45조 제1항 제8호, 제11호, 제12호, 제46조 제4항, 시행령 제43조).

9. 사업시행계획서의 작성 및 변경

가. 사업시행계획의 작성 · 변경(경미한 변경 제외) · 중지 · 폐지

사업시행계획은 다수 조합원의 이해관계에 중대한 영향을 미치므로, 조합은 시장 · 군수등에게 사업시행계획의 작성 · 변경(경미한 변경 제외) · 중지 · 폐지의 인가를 신청하기 전에 미리 총회의 의결을 거쳐야 한다(법 제50조 제1항, 제5항).

사업시행계획의 작성 · 변경(경미한 변경 제외) · 중지 · 폐지에 대한 총회 의결은 조합원 과반수의 찬성이 필요하며, 정비사업비가 10/100(생산자물가상승분률, 법 제73조에 따른 손실보상 금액은 제외한다) 이상 늘어나는 경우에는 조합원 2/3 이상의 찬성으로 의결하여야 한다

59 자세한 내용은 [11]대의원회, 이사회 II.4.나.법정 재적대의원 수에 미달하는 대의원회 결의의 효력 참고.
60 자세한 내용은 [16]해임총회 III.1.나.직접 출석 요건 참고.

(법 제45조 제1항 제9호, 제4항).[61] 사업시행계획의 작성 · 변경을 위하여 개최되는 총회는 조합원 20/100 이상이 직접 출석하여야 한다(법 제45조 제6항 단서, 시행령 제42조 제2항 제2호).

사업시행계획의 작성 · 변경(경미한 변경 제외) · 중지 · 폐지는 총회의 전속적 의결사항으로서 대의원회가 대행하여 의결할 수 없다(법 제46조 제4항, 시행령 제43조 제7호).

나. 사업시행계획의 경미한 변경

(1) 사업시행계획의 경미한 사항의 변경

시행령 제46조 각 호에서 정하는 사업시행계획의 경미한 사항의 변경은 총회의 의결 및 시장 · 군수등의 인가절차를 거칠 필요 없이 시장 · 군수등에게 신고하면 되는 것으로서, 총회의 의결사항에서 제외되어 있다(법 제45조 제1항 제9호, 제50조 제1항 단서, 제5항 단서).

대법원 2012. 5. 24. 선고 2009두22140 판결은 관리처분계획의 경미한 변경은 대통령령(시행령 제49조 각 호)으로 정하는 사항에 한정되는 것이 아니라 변경대상이 되는 관리처분계획의 내용을 구체적 · 개별적으로 살펴보아 조합총회의 의결을 거치지 않더라도 변경내용이 객관적으로 조합원 등 이해관계인의 의사에 충분히 들어맞고 그 권리의무나 법적 지위를 침해하지 않거나, 분양대상자인지에 대한 확정판결에 따라 관리처분계획의 내용을 변경하는 때와 같이 조합총회의 의결을 거친다고 하더라도 변경내용과 다르게 의결할 수 있는 여지가 없는 경우 등도 포함한다고 보았다. 사업시행계획도 위 대법원 2009두22140 판결의 취지를 인용하여 경미한 변경사항을 확대할 여지도 있을 것이나, 그 경미한 변경사항의 범위가 관리처분계획에 비해 더 넓은 편이고 불필요한 다툼의 여지를 남길 필요는 없기 때문에 부득이한 경우가 아니라면 경미한 변경사항을 확대하여 적용할 필요는 없을 것으로 생각된다.

(2) 사업시행계획의 경미한 변경에 총회 의결이 필요한 경우

사업시행계획인가의 경미한 사항의 변경이어서 신고절차를 거치면 족하더라도 법령이나 정관에서 총회의 의결대상으로 규정한 때에는 신고에 앞서 그러한 총회 의결을 거쳐야 한다(대법원 2014. 5. 29. 선고 2011두33051 판결).

시행령 제42조 제1항 각 호는 도시정비법 제45조 제1항 제13호의 위임에 따라 별도의 총회 의결사항을 정하고 있는데, 그 중 사업시행계획서의 내용에 해당하는 '건설되는 건축물의 설계 개요'(제3호), '정비사업비의 변경'(제4호)은 총회의 전속적 의결사항으로서 대의원

---

61 사업시행계획을 작성할 때는 조합설립동의 당시의 정비사업비를 기준으로, 사업시행계획을 변경할 때는 그 직전의 조합설립(변경)인가, 사업시행계획(변경)인가, 관리처분계획(변경)인가 당시의 정비사업비를 기준으로 10/100 이상 늘어난 것을 의미한다(관리처분계획을 수립할 때 정비사업비가 조합원들의 이해관계에 중대한 영향을 미칠 정도로 실질적으로 변경된 경우에 해당하는지 판단하는 방법에 관한 대법원 2014. 6. 12. 선고 2012누28520 판결 참고).

회가 대행하여 의결할 수 없다(시행령 제42조 제11호, 제12호). 따라서 사업시행계획에서 건축물의 설계 개요를 경미하게 변경하거나 정비사업비를 10%의 범위에서 변경하는 경우에는 시장 · 군수등에 대한 신고로 족하다 하더라도 그 신고에 앞서 조합 총회의 의결을 받아야 하는 것으로 해석된다.[62] 건설되는 건축물의 설계 개요 또는 정비사업비의 변경에 대한 총회 의결을 조합원 10/100 이상이 직접 출석한 총회에서 정관에서 다르게 정하지 않았다면 일반 의결정족수(조합원 과반수 출석과 출석조합원 과반수의 찬성)로 의결하면 될 것이다.

10. 관리처분계획의 수립 및 변경

가. 관리처분계획의 수립 · 변경(경미한 변경 제외)

조합은 시장 · 군수등에게 관리처분계획의 수립 · 변경(경미한 변경 제외) · 중지 · 폐지하는 경우 시장 · 군수등의 인가를 받아야 한다(법 제74조 제1항 본문). 관리처분계획의 수립 또는 변경은 조합원 등에 대한 소유권 이전 등 권리귀속 및 비용부담에 관한 사항을 확정하는 행정처분에 해당하므로 그로 인하여 자신의 권리의무와 법적 지위에 커다란 영향을 받게 되는 조합원 등의 의사가 충분히 반영되어야 할 필요가 있기 때문에 총회 의결사항으로 정하고 있다(대법원 2012. 5. 24. 선고 2009두22140 판결). 관리처분계획의 수립 · 변경에 대한 총회 의결은 조합원 과반수의 찬성이 필요하며, 정비사업비가 10/100(생산자물가상승분률, 도시정비법 제73조에 따른 손실보상 금액 제외) 이상 늘어나는 경우에는 조합원 2/3 이상의 찬성으로 의결하여야 한다(법 제45조 제1항 제10호, 제4항).[63]

관리처분계획의 수립 · 변경을 위하여 개최되는 총회는 조합원 20/100 이상이 직접 출석하여야 하고(법 제45조 제6항 단서, 시행령 제42조 제2항 제3호), 조합은 총회의 개최일로부터 1개월 전에 분양대상자별 분양예정인 대지 또는 건축물의 추산액 등을 각 조합원에게 문서로 통지하여야 한다(법 제74조 제6항). 관리처분계획의 수립 · 변경(경미한 변경 제외)은 총회의 전속적 의결사항으로서 대의원회가 대행하여 의결할 수 없다(법 제46조 제4항, 시행령 제43조 제8호).

나. 관리처분계획의 경미한 변경

시행령 제61조 각 호에서 정하는 관리처분계획의 경미한 사항의 변경은 총회의 의결 및 시장 · 군수등의 인가절차를 거칠 필요 없이 시장 · 군수등에게 신고하면 되는 것으로서, 총회의 의결사항에서 제외되어 있다(법 제74조 제1항 단서, 시행령 제61조 각 호).

---

62 정비사업비가 10% 범위를 초과하여 변경되는 것은 사업시행계획의 일반적인 변경사항으로서, 그 변경을 위한 총회 의결은 조합원 2/3 이상의 찬성으로 의결하여야 한다(법 제45조 제4항 단서).

63 관리처분계획을 수립할 때는 사업시행(변경)계획 당시의 정비사업비를 기준으로, 관리처분계획을 변경할 때는 그 직전의 조합설립(변경)인가, 사업시행계획(변경)인가, 관리처분계획(변경)인가 당시의 정비사업비를 기준으로 10/100 이상 늘어난 것을 의미한다(관리처분계획을 수립할 때 정비사업비가 조합원들의 이해관계에 중대한 영향을 미칠 정도로 실질적으로 변경된 경우에 해당하는지 판단하는 방법에 관한 대법원 2014. 6. 12. 선고 2012두28520 판결 참고).

시행령 제61조 각 호의 경미한 변경사항은 사업시행계획과 달리 계산착오 · 오기 · 누락, 매도청구에 대한 판결로 관리처분계획을 변경하는 경우 등과 같이 관리처분계획을 불가피하게 변경하거나 조합원 등의 권리의무를 침해하지 않고 오히려 이해관계에 들어 맞는 경우를 정한 것으로 해석된다. 이와 같이 총회 의결이 필요 없는 관리처분계획의 경미한 변경사항은 시행령 제61조 각 호에서 규정한 사항들로 한정되는 것이 아니라, 변경대상이 되는 관리처분계획의 내용을 구체적 · 개별적으로 살펴보아 조합총회의 의결을 거치지 않더라도 변경내용이 객관적으로 조합원 등 이해관계인의 의사에 충분히 들어맞고 그 권리의무나 법적 지위를 침해하지 않거나, 분양대상자인지에 대한 확정판결에 따라 관리처분계획의 내용을 변경하는 때와 같이 조합총회의 의결을 거친다고 하더라도 변경내용과 다르게 의결할 수 있는 여지가 없는 경우 등도 포함된다(대법원 2012. 5. 24. 선고 2009두22140 판결).

11. 조합의 합병 · 해산

가. 합병

조합의 합병은 존속 조합의 조합원의 자격, 정비구역의 위치 및 면적 등의 변경이 수반되는 것으로서 조합설립변경인가사유에도 해당한다. 따라서 총회 의결사항인 조합의 합병은 조합설립변경인가를 위해 조합원 2/3 이상의 찬성으로 의결하여야 한다(법 제35조 제5항, 제45조 제1항 제13호, 시행령 제42조 제1항). 조합의 합병 의결은 대의원회가 대행할 수 없다(시행령 제43조 제10호).

나. 해산

정비사업이 완료되기 전 조합이 임의로 해산할 때의 해산 결의는 총회의 전속적 의결사항으로 대의원회가 대행할 수 없다(시행령 제42조 제1항 제1호, 제43조 제10호 본문). 도시정비법령이 해산 의결의 의결정족수를 정하고 있지 않은데, 정관에서 별도로 정하지 않았다면[64] 민법 제78조에 따라 조합원 3/4 이상의 찬성이 있어야 의결할 수 있다고 본다.[65]

사업완료로 인한 해산은 총회 의결사항이나 대의원회가 대행할 수 있고(시행령 제42조 제1항 제1호, 제43조 제10호 단서), 준공 및 이전고시 이후에는 대의원회 결의로 해산 및 청산을 할 수 있도록 총회 의결 또는 정관으로 미리 위임해 두고 있다(구 표준정관 제56조 제1항). 이때 대의원회가 법적 재적대의원 수에 미달하면 총회의 의결사항을 대행하여 의결할 수 없으므로,[66] 이때는 부득이 총회를 소집하여 의결하여야 한다. 그런데 도시정비법이 2022. 6. 10. 법률 제18941호로 개정되어 해산을 총회 의결사항으로 직접 정하는 한편, 조합장이 이전고시를

64 정관에서 해산 의결 요건을 총 조합원 3/4 이상의 동의보다 완화하여 규정하는 것도 가능하고, 통상의 결의 요건에도 미달하는 등 현저히 타당성이 없는 경우가 아닌 한 유효하다(대법원 2007. 7. 24.자 2006마635 결정).

65 맹신균, 520; 안광순(상), 634.

66 대구고등법원 2012. 1. 13. 선고 2011나4224 판결, 서울중앙지방법원 2012. 10. 15.자 2012카합1795 결정, 서울중앙지방법원 2013. 6. 20. 선고 2012가합97555 판결 등.

받은 날부터 1년 이내에 조합 해산을 안건으로 하는 총회를 개최하도록 의무화하고, 조합장이 총회를 소집하지 않는 경우 조합원 1/5 이상의 요구로 직접 총회를 소집하여 해산을 의결하도록 하였다(법 제86조의2).

12. 건설되는 건축물의 설계 개요의 변경, 정비사업비의 변경

'건설되는 건축물의 설계 개요'와 '정비사업비'는 조합설립 동의서의 필요적 기재사항으로 조합설립 동의의 내용에 해당하고(시행령 제30조 제2항 제1호, 제2호), 사업시행계획과 관리처분계획의 내용에도 해당한다.

조합설립인가내용을 변경하려면 총회에서 조합원 2/3 이상이 찬성하여 의결하여야 하고(법 제35조 제5항), 사업시행계획 또는 관리처분계획의 변경은 조합원 과반수의 찬성을 필요로 하고 정비사업비가 10/100 이상 늘어나는 경우에는 조합원 2/3 이상의 찬성으로 의결하여야 한다(법 제45조 제4항). 시행령 제42조 제1항 제3호, 제4호는 '건설되는 건축물의 설계 개요'와 '정비사업비'를 별도의 총회 의결사항으로 정하고 있으나, 조합설립변경인가, 사업시행계획 또는 관리처분계획 변경인가를 위한 총회 의결에 위 사항에 대한 총회 의결이 내포되므로 별도의 의결은 필요없는 것으로 생각된다. 다만 사업시행계획 또는 관리처분계획의 경미한 변경에 해당하는 경우에는, 사업시행계획 자체를 변경하기 위해 반드시 총회 의결을 거칠 필요가 없지만 '건설되는 건축물의 설계 개요' 또는 '정비사업비'에 대해서는 별도의 총회 의결을 거쳐야 하는 것으로 해석된다.[67]

13. 정관에 따른 총회 의결사항

조합원 전원으로 구성되는 총회는 조합의 최고의사결정기관으로서, 원칙적으로 조합에 관한 모든 업무에 관하여 결정권을 가지며, 정관에서 총회 의결사항으로 명시한 것은 총회 의결이 있어야 한다. 구 표준정관에서 총회 의결사항으로 정한 사항은 다음과 같다.

① 조합원으로서 고의 또는 중대한 과실 및 의무불이행 등으로 조합에 대하여 막대한 손해를 입힌 경우에는 총회의 의결에 따라 조합원을 제명할 수 있다(구 표준정관 제11조 제3항).

② 조합원은 임의로 조합을 탈퇴할 수 없다. 다만, 부득이한 사유가 발생한 경우 총회 또는 대의원회의 의결에 따라 탈퇴할 수 있다(구 표준정관 제11조 제4항).

③ 조합은 선정된 시공자와 그 업무범위 및 관련사업비의 부담 등 사업시행 전반에 대한 내용을 협의한 후 미리 총회의 의결을 거쳐 별도의 계약을 체결하여야 한다(구 표준정관 제12조 제2항).

④ 조합은 상근하는 임원 및 유급직원에 대하여 조합이 정하는 별도의 보수규정에 따라 보수를 지급하여야 한다. 이 경우 보수규정은 미리 총회의 의결을 거쳐야 한다(구 표준정관 제19조 제2항).

---

67 안광순(상), 637.

⑤ 조합의 예산 · 회계는 기업회계의 원칙에 따르되 조합은 필요하다고 인정하는 때에는 다음 사항에 관하여 별도의 회계규정을 정하여 운영할 수 있다.[68] 이 경우 회계규정을 정할 때는 미리 총회의 인준을 받아야 한다(구 표준정관 제32조 제2항).

⑥ 조합원이 변상할 손해금액과 징수방법 등은 대의원회에서 정하여 총회의 승인을 얻어 해당 조합원에게 부과한다(구 표준정관 제37조 제6항).

Ⅲ. 총회의 의결 방법

1. 사전 의결

도시정비법은 총회 의결을 거쳐야 하는 사항을 정하면서 총회 의결을 거치지 않고 사업을 임의로 추진하는 조합임원은 형사처벌하도록 하고 있다(법 제45조 제1항, 제137조 제6호). 이처럼 도시정비법이 일정한 사항에 관하여 총회의 의결을 거치도록 하고 이를 위반한 조합임원을 처벌하는 벌칙규정까지 둔 취지는 조합원들의 권리 · 의무에 직접적인 영향을 미치는 사항에 대하여 조합원들의 의사가 반영될 수 있도록 절차적 참여 기회를 보장하고 조합임원에 의한 전횡을 방지하기 위한 것이다(대법원 2010. 6. 24. 선고 2009도14296 판결, 대법원 2016. 10. 27. 선고 2016도138 판결 등).

총회의 의결은 원칙적으로 사전 의결을 의미하며, 추후에 이루어지는 총회에서 추인 의결이 부결된 때 범행이 성립한다거나, 추후 총회에서 추인 의결이 이루어진다고 해서 그 범행이 소급적으로 불성립하게 된다고 볼 수 없다(대법원 2010. 6. 24. 선고 2009도14296 판결, 대법원 2015. 9. 10. 선고 2015도9533 판결 등).

2. 개의 요건

가. 의사정족수

(1) 도시정비법 또는 정관에 따른 의사정족수

의사정족수는 합의체 기관에서 회의를 진행하는데 필요한 최소한의 구성원 수로서, 개의정족수라는 의미에서 총회 개시시부터 종료시까지 계속 유지되어야 한다. 정관에서 "총회는 법, 이 정관에서 특별히 정한 경우를 제외하고는 조합원 과반수 출석으로 개의[한다]"고 정하고 있고(구 표준정관 제22조 제1항), 의결을 하려면 조합원 과반수의 출석이 필요하기도 하다. 다른 일반적인 회의체와 마찬가지로, 총회 진행을 위해 구성원인 조합원 과반수 출석이 필요하다는 점은 큰 의문 없이 받아들여진다.

(2) 의결정족수의 출석 요건과의 구분

개의정족수를 의미하는 의사정족수는 의결정족수의 출석 요건과는 구분된다. 의사정

68 서울시 정비조례가 2015. 1. 2. 서울특별시조례 제5792호로 개정되면서 회계 · 예산규정을 의무적으로 두도록 하였다(제50조의4 신설).

족수와 의결정족수를 명시적으로 구분하는 국회법을 보면 ⓐ 본회의는 재적의원 1/5 이상의 출석으로 개의하고 회의중 위 정족수에 미치지 못할 경우 회의의 중지 또는 산회가 선포되어야 하기 때문에, 재적의원 1/5 이상의 출석이라는 요건은 회의 중 계속 유지되어야 하는 정족수인데 반해(국회법 제73조), ⓑ 의결은 헌법 및 국회법에 특별한 규정이 없는 한 재적의원 과반수의 출석과 출석의원 과반수의 찬성으로 한다고 하여 의결시에는 재적의원 1/5 이상을 넘어 과반수가 출석하여야 한다(국회법 제109조).

도시정비법령, 정관은 의사정족수와 의결정족수의 출석을 명확히 구분하고 있지 않으나, 실무적으로도 조합원 과반수 출석을 확인하여 개회한 후 회의 중간 성원보고를 하며, 각 의결시에 조합원 과반수의 출석(서면결의서 제출 포함)과 출석 조합원 과반수의 찬성 여부 등을 확인함으로써 조합원 과반수 출석을 자연스럽게 의사정족수 및 의결정족수로 이해하고 있다.

의사정족수는 원칙적으로 회의의 개회, 토의 또는 안건 심의 및 결의 등 전체 과정을 통하여 유지되어야 한다. 조합 총회는 일반 의결정족수의 출석요건이 의사정족수와 동일하기 때문에 각 의결을 할 때마다 의사정족수도 충족되므로 문제가 없다. 그러나 개회선언 당시 참석자가 의사정족수에 다소 미달한 상태였다거나 회의 과정에서 일시적으로 참석인원이 의사정족수를 유지하지 못하였다면 의사정족수를 충족하지 못하여 해당 총회의 모든 결의가 무효인지가 문제될 수 있는데, 안건에 대한 토론과 심의 등의 회의 진행 대부분의 과정에서 의사정족수에 해당하는 구성원이 회의에 참여하였고 결의 당시 의사정족수를 넘는 사람들이 회의 장소에 있었다면 그 결의의 효력을 무효로 돌릴 정도의 중대한 하자가 되지 않는다고 보는 것이 타당하다.[69]

⑶ 의사정족수의 확인

실무적으로도 조합원 과반수 출석을 확인하여 개회선언을 한 뒤 참석 인원에 대한 문제제기가 없으면 그대로 총회를 진행하다가 의결을 할 때 안건별로 출석 및 찬성 수(비율)에 대한 확인을 하는 방법으로 의사정족수를 확인하고 있다.

개회에 앞서 참석인원을 확인할 때, 조합원 본인이 참석한 경우 본인의 신분확인을 거치고, 대리인이 참석한 경우 대리인의 신분확인과 위임장 등에 대한 확인을 거쳐 참석자 명부에 기재한 후 참석자의 서명을 받게 된다. 참석한 조합원이 이미 서면결의서를 제출하였으면 별도의 투표지를 배부하지 않으나, 해당 조합원이 종전 서면결의서 철회를 원하면 참석자 명부와 종전 서면결의서 봉투 등에 '철회' 등을 기재하여 분류한 후 현장 투표지를 배부하게 된다. 서면결의서는 해당 조합원이 철회서를 제출하였거나 현장에 직접 출석하여 철회 또는 직접 참석한 것을 제외한 나머지를 출석한 것으로 산정한다.

---

69 서울고등법원 2020. 9. 1.자 2020라20736 결정.

의사의 경과요령 및 결과 등은 의사록을 작성하지 못하였다든가 또는 이를 분실하였다는 등의 특단의 사정이 없는 한 의사록에 의하여서만 증명되고(대법원 1984. 5. 15. 선고 83다카1565 판결, 대법원 2010. 4. 29. 선고 2008두5568 판결 등 참고), 의사의 증명력을 부인할 만한 특별한 사정은 결의의 효력을 다투는 측에서 구체적으로 주장 · 입증하여야 한다(대법원 2011. 10. 27. 선고 2010다88682 판결). 조합 또는 총회를 소집한 조합원 측이 의사록을 제출하거나 의사의 경과를 담은 녹음 · 녹화자료 또는 녹취서 등을 제출한 때에는, 그러한 의사록 등이 사실과 다르게 다른 내용으로 작성되었다거나 부당하게 편집, 왜곡되어 증명력을 인정할 수 없다고 볼 만한 특별한 사정이 없는 한 의사정족수 등은 의사록 등의 기재로 판단하여야 하고(위 대법원 2010다88682 판결), 현장 사진 · 녹화자료로 출석한 조합원이 극히 적다는 점에 명확히 드러나지 않는 이상 단순한 의사정족수 미달 주장은 받아들여지기 어렵다. 참석자 명부, 서면결의서, 사실확인서 등으로 개별 조합원의 출석을 따지면서 의사정족수를 다투기도 한다.

(4) 전체 조합원의 산정

의사 · 의결정족수의 기준인 '전체 조합원'은 총회 당시 조합원의 자격을 갖고 있는 자를 의미한다. 주로 분양신청과 관리처분계획인가 이후 조합원의 지위를 상실한 토지등소유자(현금청산대상자)를 전체 조합원 수에서 제외하는 시점이 문제된다. ⓐ 조합원이 분양신청을 하지 않았거나 철회하면 분양신청기간 종료일 다음 날 조합원의 지위를 상실하므로, 분양신청을 하지 아니한 기존의 조합원들은 분양신청기간이 종료한 후 개최되는 조합원 총회의 의사 · 의결정족수 산정을 위한 총 조합원 수에서 제외한다(대법원 2012. 3. 29. 선고 2010두7765 판결).[70] ⓑ 조합원이 소유하는 종전의 토지 및 건축물의 가액이 분양용 최소규모 공동주택 1세대의 추산액보다 적은 경우 인가된 관리처분계획에 따라 분양대상에서 제외되므로, 관리처분계획의 인가 · 고시일 이후 개최되는 조합원 총회의 의사 · 의결정족수 산정을 위한 총 조합원 수에서 제외한다.[71]

나. 조합원의 직접 출석

(1) 직접 출석 요건의 취지

도시정비법 등은 총회에서 일정 비율 이상의 조합원은 총회 현장에 직접 출석하도록 정하고 있다. 이는 서면결의서를 제출한 경우 총회에 출석한 것으로 의제하는 것을 이용해

70 관할관청이나 조합에서 조합원변경신고를 완료하기 전까지는 조합원으로 인정하여 총회를 진행하는 것으로 해석하는 경우가 있는데, 위 대법원 2010두7765 판결에 따라 조합원변경신고와는 무관하게 분양신청기간 만료일을 기준으로 조합원 수를 파악하는 것이 타당하다(차흥권, 279).

71 대법원 2013. 11. 14. 선고 2011다22085 판결은 조례에 종전자산평가액이 분양용 최소규모 공동주택 1세대의 추산액보다 적더라도 현금청산하지 않고 주택을 공급할 수 있는 예외를 두고 있음에도 분양용 최소규모 공동주택 1세대의 추산액보다 적은 경우 일괄적으로 현금청산대상자로 취급하여 동의자 수에서 제외한 것은 위법하다고 보았다.

조합이 조합원들로부터 서면결의서만을 제출받고 실제로 총회를 개최하지 아니한 채 총회 운영을 형식적으로 진행해 온 종전의 폐해를 방지하고, 총회의 현실적 개최를 유도하여 조합원 의사를 명확하게 반영하기 위한 취지이다. 위와 같이 직접 출석 요건을 정한 취지상 직접 출석은 의사정족수와 의결정족수에 모두 적용되어 안건 의결시는 물론 회의 중에도 계속 유지되어야 할 것으로 생각된다.

⑵ 직접 출석 요건의 적용 대상

직접 출석 요건의 적용대상은 다음과 같이 구분할 수 있다.

① 총회에서 의결을 하는 경우 그 안건과 상관없이 기본적으로 조합원의 1/10 이상이 직접 출석하여야 한다(법 제45조 제6항 본문). 종전 대법원 2014. 9. 4. 선고 2012다4145 판결은 조합원 1/10 이상의 발의로 소집되는 해임총회는 조합원 10/100 이상의 직접 출석이 필요없다고 보았으나, 현행 도시정비법 제43조 제4항이 적용되는 경우는 다른 의결과 마찬가지로 조합원 10/100 이상의 직접 출석이 필요하다고 보는 것이 타당하다.[72]

② 창립총회, 사업시행계획서의 작성 및 변경을 위하여 개최되는 총회, 관리처분계획의 수립 및 변경을 위하여 개최되는 총회, 정비사업비의 사용 및 변경을 위하여 개최되는 총회는 조합원의 20/100 이상이 직접 출석하여야 한다(법 제45조 제6항, 시행령 제42조 제2항). 사업시행계획 · 관리처분계획의 경미한 변경은 본래 총회 의결을 필요로 하는 사항이 아니므로 총회 의결로서 그 변경을 하더라도 통상의 안건으로서 조합원 10/100 이상이 직접 출석하면 될 것으로 생각된다.[73] 다만 다음의 (3)항에서 보는 바와 같이 정비사업비의 사용 및 변경(제4호)이 넓게 적용되면 사실상 거의 모든 총회는 조합원 20/100 이상이 직접 출석해야 하는 것으로 보게 될 수 있다.

③ 시공자 선정을 위한 총회는 조합원 과반수가 직접 출석하여 의결하여야 한다(계약업무 처리기준 제35조 제1항).

⑶ 조합원 20/100 이상의 직접 출석이 필요한 정비사업비의 사용 및 변경의 적용 범위

시행령이 2018. 2. 9. 대통령령 제28628호로 전부 개정되면서 정비사업의 사용 및 변경을 위하여 개최되는 총회도 조합원 20/100 이상의 직접 출석을 필요로 하게 되었다(시행령 제42조 제2항 제4호).

이때 '정비사업비'를 조합설립, 사업시행계획 작성 · 변경, 관리처분계획 수립 · 변경 단계에서 정하는 정비사업비가 아닌 회계연도별로 수립되는 예산까지 포함하는 의미로 보면, 통상 조합이 1년에 한 차례 총회를 열어 예산안을 의결하는 점에 비추어 사실상 대부

72 자세한 내용은 [16]해임총회 III.1.나.직접 출석 요건 참고.

73 안광순(상), 608.

분의 총회가 조합원 20/100 이상의 직접 출석이 필요하다고 보게 되고, 시행령 제42조 제2항 제1호 내지 제3호가 전체 정비사업비를 정하는 조합설립, 사업시행계획 작성 · 변경, 관리처분계획 수립 · 변경을 위한 총회에서 직접 출석 요건을 가중하는 것과 형평에 맞지 않는다. 또한 총회 의결사항인 '정비사업비의 사용'(구법 제45조 제1항 제3호)은 항목별로 정해진 예산의 구체적인 사용방법(계약 체결, 지급 등)을 의미하는데,[74] 이 규정의 '정비사업비의 사용'을 위 도시정비법 제45조 제1항 제3호와 같이 해석할 경우 대의원회에서 대행이 가능한 선정 및 계약 체결을 총회에서 직접 의결하면 오히려 조합원 20/100 이상의 직접 출석이 필요하게 되는 문제가 발생할 수도 있다.

이 규정의 정비사업비의 사용 및 변경은 조합설립변경과 같이 제1호 내지 제3호에서 정하지 않은 사유로 정비사업비를 변경하는 경우로 한정하는 것이 타당하다고 생각되나,[75] 도시정비법령상 정비사업비를 위와 같이 한정적으로 해석할 분명한 근거가 없다는 이유로 예산안 의결,[76] 용역계약 체결 등에 대한 인준 · 추인 의결[77] 등에서 조합원 20/100 이상의 직접 출석이 필요하다고 보기도 하므로 실무 운영상의 주의를 요한다.

(4) 직접 출석으로 인정되는 경우

조합원 본인 이외에 대리인이 총회 현장에 참석한 경우도 직접 출석으로 인정되지만(대법원 2022. 5. 12. 선고 2021두56350 판결), 서면으로 의결권을 행사하는 경우는 직접 출석에 해당하지 않는다고 보는 것이 타당하다.

다만 조합원이 미리 서면결의서를 제출하였더라도 해당 조합원이 직접 총회에 참석하였다면 직접 출석으로 보는 것이 타당하다.[78] 일정 수 이상의 조합원이 총회에 출석하여 상정된 안건 등에 관하여 논의를 거치는 등 총회가 현실적으로 개최되었다면 직접 출석 요건을 정한 입법취지가 달성되었다고 할 것이고, 조합원은 서면결의서를 철회하고 다시 현장에서 직접 의결할 수도 있으므로 종전 서면결의서로 의결권 행사를 인정하는 것은 단지 절차적 편의를 위한 것으로 볼 수 있으며, 관련 규정이 현실적인 출석을 넘어 의결권까지 직

---

74 도시정비법이 2019. 4. 23. 법률 제16383호로 개정되면서 '정비사업비의 세부 항목별 사용계획이 포함된 예산안 및 예산의 사용내역'로 변경되었으나 그 의미는 종전 '정비사업비의 사용'과 동일하다고 보고 있다. 자세한 내용은 **II.4.정비사업비의 세부 항목별 사용계획이 포함된 예산안 및 예산의 사용내역** 참고.

75 대법원 2014. 6. 12. 선고 2012두28520 판결은 관리처분계획을 수립할 때에 의결한 정비사업비가 조합원들의 이해관계에 중대한 영향을 미칠 정도로 실질적으로 변경된 것인지를 판단할 때 그 정비사업비는 조합설립인가, 사업시행계획, 관리처분계획 단계별로 의결된 정비사업비로 비교하여야 한다고 보았다.

76 서울서부지방법원 2020. 7. 2. 선고 2017가합38884 판결, 서울고등법원 2020. 11. 26. 선고 2019나2052196 판결(제1심은 서울서부지방법원 2019. 10. 31. 선고 2018가합35875 판결).

77 서울서부지방법원 2020. 7. 2. 선고 2017가합38884 판결.

78 서울행정법원 2010. 12. 16. 선고 2010구합35050 판결, 서울행정법원 2012. 9. 6. 선고 2010구합47763 판결, 서울고등법원 2018. 7. 13. 선고 2017누70689 판결 등; 법제처 2020. 4. 21. 19-0716 해석례.

접 행사하여야 한다고 보기 어려운 것으로 생각된다.

시공자 선정을 위한 총회는 서면결의서를 철회하고 직접 출석하여 의결하여야 직접 참석자에 포함된다는 명문의 규정을 두고 있다(계약업무 처리기준 제35조 제2항). 이 규정은 시공자 선정 총회에 대한 것이고 다른 총회의 직접 출석까지 확대하여 적용할 근거는 없다.[79]

3. 의결정족수

가. 법에 따른 의결정족수

(1) 일반 의결정족수

총회의 일반 의결정족수는 조합원 과반수 출석과 출석 조합원 과반수의 찬성이다(법 제45조 제3항). 조합원의 출석과 찬성은 안건별로 갖추어야 한다.

(2) 조합원 과반수 찬성

① 도시정비법 제40조 제1항 각 호의 정관의 기재사항 중 그 변경을 위해 조합원 2/3 이상의 찬성이 필요한 사항과 경미한 변경사항이 아닌 것은 조합원 과반수 찬성으로 의결하여야 한다(법 제40조 제3항 본문).

② 도시정비법 제54조에 따른 사업시행계획의 작성 · 변경 · 중지 · 폐지는 경미한 변경 또는 정비사업비가 10/100 이상 늘어나는 경우가 아닌 한 조합원 과반수의 찬성으로 의결하여야 한다(법 제45조 제1항 제9호, 제4항 본문).

③ 도시정비법 제74조에 따른 관리처분계획의 수립 · 변경은 경미한 변경 또는 정비사업비가 10/100 이상 늘어나는 경우가 아닌 한 조합원 과반수의 찬성으로 의결하여야 한다(법 제45조 제4항 본문, 제1항 제10호).

(3) 조합원 2/3 이상의 찬성

① 도시정비법 제40조 제1항 각 호의 정관의 기재사항 중 조합원의 자격, 조합원의 제명 · 탈퇴 및 교체, 정비구역의 위치 및 면적, 조합의 비용부담 및 조합의 회계, 정비사업비의 부담 시기 및 절차, 시공자 · 설계자의 선정 및 계약서에 포함될 내용의 변경은 조합원 2/3 이상의 찬성으로 의결하여야 한다(법 제40조 제3항 단서).

② 도시정비법 제54조에 따른 사업시행계획의 작성 · 변경 · 중지 · 폐지가 정비사업비

79 안광순(상), 607; 구 시공자 선정기준은 "조합원은 제1항에 따른 총회 직접 참석이 어려운 경우 서면으로 의결권을 행사할 수 있으나, 제1항에 따른 직접 참석자의 수에는 포함되지 아니한다"고 정하였을 뿐 현행 계약업무 처리기준 제35조 제2항과 같은 별도의 규정을 두지 않았다. 서울고등법원 2012. 3. 29. 선고 2011나60515 판결(제1심은 서울북부지방법원 2011. 7. 8. 선고 2010가합7236 판결)은 구 시공자 선정기준이 적용되는 사안에서, 서면결의서를 제출하였으나 이를 철회하지 않은 채 총회에 출석한 조합원들도 직접 총회에 참석함으로써 총회 참석권 및 발언권 등을 실질적으로 보장받은 것이므로 직접 출석자 수에 포함된다고 보았다.

가 10/100 이상 늘어나는 경우(생산자물가상승률분, 도시정비법 제73조에 따른 손실보상 금액 제외) 조합원 2/3 이상의 찬성으로 의결하여야 한다(법 제45조 제4항 단서).

③ 도시정비법 제74조에 따른 관리처분계획의 수립 · 변경이 정비사업비가 10/100 이상 늘어나는 경우(생산자물가상승률분, 도시정비법 제73조에 따른 손실보상 금액 제외) 조합원 2/3 이상의 찬성으로 의결하여야 한다(법 제45조 제4항 단서).

④ 조합의 합병은 조합설립변경인가에도 해당하여 현행 도시정비법에 따라 조합원 2/3 이상의 찬성으로 의결하여야 한다고 볼 수 있다.[80]

나. 정관 또는 해석에 따른 특별 의결정족수

(1) 정관에 따른 특별 의결정족수

조합은 정관으로 일반 의결정족수(조합원 과반수 출석과 출석 조합원 과반수의 찬성)와 다른 의결정족수를 정할 수 있다(법 제45조 제4항 본문). 다만 도시정비법령에서 특별 의결정족수로 정한 의결사항의 의결정족수를 완화할 수 없고, 일반 의결정족수가 회의체의 일반적인 의결정족수임에 비추어 그보다 더 완화한 의결정족수를 정하기 어려울 것이다.

정관으로 일반 의결정족수보다 출석 또는 찬성 정족수를 가중할 수 있을 것이나(구 표준정관 제22조 제2항), 정족수를 가중하는 의결사항이 명확하지 않거나 이사회 또는 대의원회에 재량 판단의 여지를 남겨 놓는다면 총회결의의 효력을 놓고 다툼이 발생할 수 있다.

대법원은 정관으로 "조합원의 재산권 및 비용부담에 관한 사항 중 이사회나 대의원회에서 상정하는 사항은 재적조합원 2/3 이상의 출석과 출석 조합원 2/3 이상의 찬성으로 의결한다"와 같이 정한 사안에서, 이사회나 대의원회의 의결을 거쳐 안건을 상정하는 것이 총회 본래의 모습이므로 위 규정은 이사회나 대의원회가 특별 의결정족수의 대상인지를 임의로 결정할 수 있다는 것으로 볼 수 없고, 총회에 상정된 안건이 객관적으로 '조합원의 재산권 및 비용부담에 관한 사항'에 해당하는 때에는 원칙적으로 특별 의결정족수에 따라야 하되, 다만 이미 특별 의결정족수로 의결된 '조합원의 재산권 및 비용부담에 관한 사항'을 경미한 범위 내에서 수정하는 경우나 다른 안건에 관한 결의 등을 통하여 위 사항에 관하여 특별결의에 준하는 조합원의 총의가 확인된 경우 등과 같은 특별한 사정이 있는 때에는 예외가 인정될 수 있다고 보았다(대법원 2012. 11. 15. 선고 2010다7430 판결, 대법원 2014. 5. 29. 선고 2011두33051 판결). 특별 의결정족수로 의결된 사항을 경미하게 변경하거나 다른 안건에 대한 의결을 통해 특별결의에 준하는 조합원의 총의가 확인된 것인지는 여전히 다툼이 있을 수밖에 없으므로, 정관에서 특별 의결정족수를 정하는 것은 신중을 기할 필요가 있다.

---

80 자세한 내용은 II.11.조합의 합병·해산 참고.

⑵ 정관 변경에 준하여 적용하는 2/3 이상 찬성의 특별 의결정족수

총회 안건이 당초 조합설립 동의(재건축 결의)시에 채택한 조합원의 비용분담 조건을 변경하는 것인 때에는 비록 직접적으로 정관 변경을 하는 결의가 아니더라도 실질적으로는 정관을 변경하는 결의이므로 의결정족수는 정관변경에 관한 규정인 도시정비법 제40조 제3항 단서, 제1항 제16호(구법 제20조 제3항, 제1항 제15호)의 규정을 유추적용하여 조합원의 2/3 이상의 동의가 필요하다(대법원 2009. 1. 30. 선고 2007다31884 판결 등). 정관으로 위 2/3 이상 동의보다 완화된 의결정족수를 정한 것은 사회관념상 현저히 타당성을 잃은 것이어서 효력이 없다(대법원 2009. 1. 30. 선고 2007다31884 판결, 대법원 2012. 8. 23. 선고 2010두13463 판결).

따라서, 공사도급계약을 지분제 또는 도급제로 변경하거나 그 변경과정에서 조합원의 부담이 늘어나 조합원의 비용분담 조건이 실질적으로 변경된 경우(대법원 2009. 1. 30. 선고 2007다31884 판결, 대법원 2015. 7. 9. 선고 2014다72203 판결 등) 사업시행계획을 변경하면서 세대수, 주택규모가 당초 재건축결의 당시 통상 예상할 수 있었던 범위를 넘은 경우(대법원 2012. 8. 23. 선고 2010두13463 판결), 상가 독립정산제를 내용으로 하는 관리처분계획을 의결하는 경우(대법원 2018. 3. 13. 선고 2016두35281 판결) 등은 정관 변경에 준하여 조합원 2/3 이상의 동의가 필요하다.

다만 이미 특별다수에 의한 결의방법에 따라 의결된 '조합의 비용부담' 등을 경미한 범위 내에서 수정하는 경우나 다른 안건에 관한 결의 등을 통하여 위 사항에 관하여 특별다수에 의한 결의에 준하는 조합원의 총의가 확인된 경우 등과 같은 특별한 사정이 있는 때에는 법령 또는 정관의 규정상 해당 안건의 결의에 필요한 의결정족수를 충족하면 된다(대법원 2012. 11. 15. 선고 2010다7430 판결, 대법원 2013. 11. 14. 선고 2011다22085 판결, 대법원 2014. 5. 29. 선고 2011두33051 판결, 대법원 2014. 8. 20. 선고 2012두5572 판결).

⑶ 조합설립 동의요건 준용 여부

총회 의결로 정관 중 조합의 비용부담에 관한 내용을 변경하여 특정 조합원의 이해관계에 직접 영향을 미치는 경우 조합설립 동의요건(재건축사업의 경우 공동주택의 각 동별 구분소유자의 과반수 동의와 주택단지 전체 구분소유자 3/4 이상 및 토지면적의 3/4 이상의 토지등소유자의 동의)에 관한 도시정비법 제35조(구법 제16조)를 적용하여야 한다는 주장도 있을 수 있으나, 정관에서 도시정비법이 정한 것보다 더 엄격한 요건을 정하지 않는 이상 그 정관 변경을 위한 총회 의결은 조합원 2/3 이상의 의결정족수가 적용되고 조합설립에 관한 규정이 적용되거나 유추적용되지 않는다(대법원 2020. 6. 25. 선고 2018두34732 판결).

⑷ 재건축 결의 변경을 위한 조합원 4/5 이상의 동의 준용 여부

구 주택건설촉진법에 따른 재건축결의는 주택단지안의 각 동별 구분소유자 및 의결권의 각 2/3 이상의 결의와 주택단지안의 전체 구분소유자 및 의결권의 각 4/5 이상의 결의가 있어야 하고, 찬성 결의는 재건축에 대한 합의로 보았다(구 주택건설촉진법 제44조의3 제7항, 집합건물법 제49조). 구 주택건설촉진법 및 집합건물법은 재건축 결의를 변경하는 요건을 정하고 있지 않았으나, 구성원인 조합원의

이해관계에 미치는 영향이 비추어 재건축 결의시의 의결정족수를 규정한 집합건물법 제47조 제2항을 유추적용하여 조합원 4/5 이상의 결의가 필요하다고 보았다(대법원 2005. 4. 21. 선고 2003다4969 전원합의체 판결 등).

도시정비법에 따른 관리처분계획 변경 등이 재건축 결의 변경에 해당한다고 보아 위 대법원 2003다4969 전원합의체 판결을 인용하며 조합원 4/5 이상의 결의가 필요하다는 주장도 있다. 도시정비법은 구 주택건설촉진법 및 집합건물법과 달리 조합설립변경, 사업시행계획의 작성 · 변경, 관리처분계획의 수립 · 변경을 위한 총회 의결정족수를 각각 정하고 있고, 도시정비법이 정하는 특별 의결정족수 중 가장 가중된 것이 조합원 2/3 이상의 찬성이라는 점에 비추어 보더라도 구 주택건설촉진법에 따른 조합원 4/5 이상의 결의가 필요하다고 볼 수 없다.[81] 대법원 2009. 11. 26. 선고 2008다41383 판결 등도 총회 의결사항이 당초 재건축결의 당시와 비교하여 볼 때 조합원들의 이해관계에 중대한 영향을 미칠 정도로 실질적으로 변경된 경우에도 정관 변경에 관한 규정을 유추적용하여 조합원 2/3 이상의 동의를 충족하면 된다고 보면서, 조합원 4/5 이상의 동의가 필요하다는 주장을 배척하였다(대법원 2009. 11. 26. 선고 2008다41383 판결, 대법원 2014. 2. 13. 선고 2011두21652 판결). 구 주택건설촉진법이 적용되던 재건축사업에서 상가 독립정산제를 시행하는 경우 상가 조합원 4/5 이상의 동의를 받아 대의원회가 인준할 수 있다고 보았으나(대법원 2010. 5. 27. 선고 2008다53430 판결), 도시정비법에서 상가 독립정산제는 정관의 필요적 기재사항인 조합원의 비용부담을 변경하는 것으로서 정관 변경 또는 그에 준하여 전체 조합원 2/3 이상의 동의를 받으면 된다(대법원 2018. 3. 13. 선고 2016두35281 판결).

다. 의결정족수 판단 시점

각 의결이 의결정족수를 갖추었는지는 각 의결시마다 별도로 판단해야 한다. 의결정족수를 정하는 기준이 되는 출석조합원은 당초 총회에 참석한 모든 조합원을 의미하는 것이 아니라 문제가 된 결의 당시 회의장에 남아 있던 조합원만을 의미하고, 회의 도중 스스로 회의장에서 퇴장한 조합원은 이에 포함되지 않는다(대법원 2010. 4. 29. 선고 2008두5568 판결, 대법원 2011. 4. 28. 선고 2010다106269 판결 등).

4. 결의의 성립

총회결의는 의사결정기관인 총회의 의사를 결정하는 법률행위로서, 소정의 절차에 따라 결의의 성립이 선언됨으로써 관계자에 대하여 구속력을 가지는 결의가 외형적으로 존재하게 된다(대법원 2008. 2. 14. 선고 2007다62437 판결 등). 통상 총회 안건에 대한 투표를 마친 후 안건별로 사회자가 집계결과를 발표하고 의장이 가결 · 부결을 선포하는 방식으로 진행되므로, 의장이 가결을 선포하면 결의가 성립한 것으로 볼 수 있다.

결의의 효력을 다투기 위해서는 그에 앞서 결의의 존재를 인정할 수 있는 어떤 외관적

---

81 송현진 · 유동규, 406-410.

인 징표가 있어야 하는데, ⓐ 서면결의서로 안건에 대한 찬성, 반대가 의결될 수 있다 하더라도 실제 표결을 실시하지 않은 경우,[82] ⓑ 안건이 철회되어 실제 결의가 이루어지지 않은 경우,[83] ⓒ 의장이 결의 성립의 선언을 보류한 채 폐회선언한 경우[84] 등은 결의가 성립했다고 보기 어려워 결의의 효력을 다투는 소는 부적법하다.

Ⅳ. 총회결의의 하자

1. 총회결의의 하자

가. 하자 있는 총회결의 효력

상법은 주주총회 결의는 원칙적으로 소(訴)로만 다투도록 하면서 하자의 유형에 따라 결의취소의 소, 결의무효확인의 소, 결의부존재확인의 소, 부당결의 취소 · 변경의 소로 구분하고 있다(상법 제376조, 제380조, 제381조 등). 이에 반해 민법은 사단법인 총회결의의 하자에 대해 별도로 정하고 있지 않은데, 통상 절차 · 내용 등 하자의 유형을 구분하지 않고 하자의 정도(결의의 성립)에 따라 결의무효 또는 결의부존재 확인을 다툴 수 있는 것으로 보고 있다. 총회결의취소의 소는 인정할 법률상 근거가 없으므로 부적법하다(비법인사단 총회결의에 대한 대법원 1993. 10. 12. 선고 92다50799 판결 참고).

도시정비법에도 별도의 규정이 없으므로 정비사업조합 총회의 결의도 사단법인 총회의 결의와 동일하게 취급할 수 있다. 총회결의는 민사소송으로 무효 또는 부존재확인을 구하거나 행정소송의 선결문제로서 무효확인을 다툴 수 있다. 하자가 중대하여 결의가 외관상 존재하지 않는다고 볼 정도라면 부존재확인을 구할 수 있으나, 각종 절차를 거친 총회결의가 부존재에 이르는 것은 예외적이고 무효확인과 효력에서 차이가 없으므로 굳이 구분할 실익은 없다. 총회결의의 취소를 구하는 것은 형성의 소로서 법률의 근거가 없으므로 부적법하다.[85]

나. 결의 무효 또는 부존재의 판단

총회결의는 도시정비법 및 정관이 정하는 범위(내용) 및 절차에 따라 이루어져야 하므로, 소집절차, 총회진행(토의 · 토론), 의결방법 또는 결의의 내용이 도시정비법 및 정관을 위반한다면 총회결의는 하자가 있다고 볼 수 있다.

총회결의에 하자가 있다고 하더라도 바로 총회결의의 효력이 없다고 볼 수 없고, 결의가 부존재하거나 무효라고 할 정도의 중대한 하자인 경우에만 총회결의의 무효 또는 부존

82 서울동부지방법원 2008. 11. 14. 선고 2008가합5705 판결, 서울고등법원 2009. 7. 7. 선고 2008나87749 판결.

83 서울북부지방법원 2009. 4. 17. 선고 2008가합9529 판결.

84 대법원 2008. 2. 14. 선고 2007다62437 판결.

85 부산지방법원 2016. 9. 30.자 2016카합10417 결정, 전주지방법원 군산지원 2016. 12. 9. 선고 2016가합10140 판결 등.

재가 인정된다(비법인사단의 총회결의에 대한 대법원 1992. 12. 8. 선고 91다23981 판결, 대법원 1999. 6. 25. 선고 99다10363 판결 등 참고). 총회에 소집공고 등 절차상 흠이 있다 하더라도 조합원의 총회 참여에 실질적인 지장이 없었다면 절차상 흠은 경미한 것이어서 그것만으로 총회결의가 위법하다고 볼 수 없으며(대법원 2020. 6. 25. 선고 2018두34732 판결), 총회의 결의에 자격 없는 자가 참여한 흠이 있다 하더라도 의사진행의 경과, 자격 없는 자의 표결을 제외하더라도 그 결의에 필요한 의결정족수를 충족하는 점 등 여러 가지 사정에 비추어 그와 같은 흠이 총회결의의 결과에 영향을 미치지 않았다고 인정되는 때에는 그 총회결의가 위법하다고 볼 것은 아니다(대법원 2021. 2. 10. 선고 2020두48031 판결 등).

따라서 하자가 결의를 무효 또는 부존재로 볼 정도로 중대한 경우에만 총회결의의 효력이 없다고 볼 것이다. 다만 절차상 하자가 중대하여 결의가 무효인 경우에는 압도적 다수의 조합원이 찬성을 하였다 하더라도 하자가 추인 또는 치유된다고 볼 수 없다.[86]

총회결의의 효력을 다투는 쟁송에서 총회결의 자체가 있었다는 점은 단체인 조합이 증명책임을 부담하지만, 결의에 하자가 있다는 점은 결의의 효력을 다투는 측이 증명책임을 부담한다(주주총회 결의에 대한 대법원 2010. 7. 22. 선고 2008다37193 판결 참고).

다. 총회결의 무효 등의 효력

총회결의에 대한 쟁송은 총회의 의사를 결정하는 법률행위의 무효 또는 부존재 확인을 구하는 것이므로, 조합원 등 이해관계인은 언제든지 어떤 방법으로든 무효를 주장할 수 있다. 상법 제190조와 같이 결의무효확인의 소의 대세효를 인정하는 규정이 없기 때문에 결의무효확인 판결의 효력은 소송 당사자에게만 미치지만(주식회사 이사회의 결의무효확인소송에 대한 대법원 1988. 4. 25. 선고 87누399 판결 등 참고), 소송 당사자인 조합이 판결 내용에 구속되어 판결 효력이 사실상 조합원 모두에게 미치는 것으로 볼 수 있다.

2. 하자 있는 총회결의의 추인

가. 추인결의

실무상 종전 총회결의에 하자가 있거나 하자에 관한 논란이 있는 경우 새로 개최된 총회에서 종전 총회결의를 그대로 인준 또는 추인하는 결의(이하 '추인결의')를 한다. 민법 제139조의 무효행위의 추인에 근거한 것으로 보이는 추인결의는 추인결의 자체에 무효 사유가 없는 한 추인의 효력이 발생한다(대법원 2014. 5. 29. 선고 2013다38961 판결 등).

추인결의는 다시 새로운 총회를 적법하게 개최하여 종전 총회결의에서 하자로 지적된 소집 절차, 의결 방법 등을 완전히 구비한 후 인준 또는 추인에 대한 의결을 하는 방식으로 이루어지는데, 실제 추인 의결을 하는 취지는 하자 치유에 좀 더 가까운 것으로 보인다.

---

86 서울고등법원 2019. 10. 2. 선고 2019누32285 판결.

종전 총회결의에 하자가 있는 경우 인준 또는 추인의 형식이 아니라 아예 종전 총회결의와 동일한 내용으로 다시 의결할 수도 있을 것이나, 추인결의는 종전 총회결의에 대한 인준 또는 추인의 찬성 · 반대만을 묻는 것으로서 원활한 사업진행이라는 명분으로 찬성 의결이 좀 더 쉽게 이루어지고, 조합의 최고의사결정기관인 총회에서 종전 총회결의에 따라 이루어진 업무의 정당성을 인정함으로써 논란을 최소화할 수 있는 장점이 있다.

나. 추인결의의 방법 및 효력

(1) 추인결의의 대상

추인결의는 종전 총회의 절차상 하자로 한정되는 것이 타당한 것으로 생각된다. 종전 총회결의가 법 또는 정관을 위반한 내용상 하자가 있는 경우 그와 동일한 새로운 총회결의를 하더라도 법 또는 정관에 위반한 하자는 그대로 남는 것이므로 추인결의 자체가 적법하지 않다.

다만 추인결의는 단지 종전 총회결의의 인준 또는 추인의 찬성 · 반대만을 묻는 것이어서, 모든 절차상 하자에 대해 추인결의가 가능하다고 보기는 어렵다. 추인결의를 하는 대표적인 경우는 하자가 있는 종전 조합임원 선임결의의 결과를 그대로 인준 또는 추인하는 것인데, 종전 조합임원 선임결의의 하자가 단순히 소집절차상의 하자가 아니라 선임 결과에 영향을 미칠 수 있는 것이라면 찬성 · 반대만을 묻는 추인결의만으로 종전 조합임원 선임결의의 결과를 인정하기는 어려운 것으로 생각된다.

(2) 추인결의의 요건

추인결의는 그 자체로 적법한 결의이어야 한다. 추인결의가 하자로 인하여 부존재 또는 무효임이 인정되거나 그 결의가 취소된다면 추인결의의 효력을 인정할 수 없다(대법원 2003. 9. 26. 선고 2001다64479 판결 등). 종전의 무효사유가 제기되지 않는 한 추인을 하더라도 유효가 되지 않는다(대법원 2017. 5. 30. 선고 2014다61340 판결).

추인결의는 종전 총회결의에서 하자로 지적된 절차 이외에도 통상의 총회에서 요구되는 소집 절차, 의결방법 등의 절차를 모두 밟아야 한다. 따라서 ⓐ 보궐선임결의가 이미 임기만료된 조합임원에 대한 것이어서 무효라면 그 보궐선임결의를 추인하더라도 그 당시에 여전히 임기가 만료된 상태이므로 추인은 적법하지 않으며,[87] ⓑ 시공자 선정결의가 경쟁입찰에 관한 강행규정을 위반하여 무효라면 다시 경쟁입찰을 하여 무효사유를 제거하지 않는 한 추인도 할 수 없다고 보는 것이 타당하다.[88]

임원선임을 의결하기 위해서는 입후보절차, 시공자 선정결의를 위해서는 입찰절차 등

---

87 서울고등법원 2020. 5. 29. 선고 2020나2000221 판결.

88 서울고등법원 2012. 5. 10. 선고 2011나44629 판결.

을 거쳐야 하는데, ⓐ 종전 총회결의에서 입후보절차 등은 하자 없이 적법하게 진행하였고 절차를 새로 진행하더라도 결과가 바뀌지 않는 경우라면 조합원들이 찬성 또는 반대의 의사표시를 하여 재인준 또는 추인하는 것은 적법하다고 볼 여지가 있다.[89] ⓑ 다만 원칙적으로 추인결의는 새로운 결의의 요건을 갖추어야 하므로 입후보절차 등을 다시 거치지 않은 채 단순히 찬성 또는 반대로만 재인준 또는 추인결의를 하는 것은 효력이 없다고 볼 여지가 큰 것으로 생각된다.[90]

무효인 법률행위를 추인에 의하여 새로운 법률행위로 보기 위해서는 당사자가 이전의 법률행위가 무효임을 알고 그 행위에 대하여 추인하여야 하고(민법 제139조), 이러한 법리는 단체의 의사를 결정하는 법률행위인 단체 내지 그 단체의 의사결정기관의 결의에도 적용될 수 있다(비법인사단의 결의에 관한 대법원 1995. 4. 11. 선고 94다53419 판결, 대법원 2014. 3. 27. 선고 2012다106607 판결 참고). 민법상 무효행위의 추인은 무효임을 알고 있는 경우 뿐만 아니라 무효임을 의심하면서 한 추인도 유효한 것인데, 추인결의 역시 종전 총회결의가 확정적으로 무효가 아니더라도 무효일 가능성을 염두에 두고 논란을 해소하기 위해 하는 것도 가능하다고 볼 수 있다.[91]

(3) 추인결의의 소급효 인정 여부

총회에서 추인결의를 한 경우 종전 총회결의로 형성된 법률관계는 소급적으로 유효한 것인지가 문제된다.

정비사업조합의 총회결의에 대해 명시적으로 판단한 사례는 찾기 어렵고, 대법원은 소집절차에 하자가 있는 종중의 총회결의에 대한 추인결의(대법원 1995. 6. 16. 선고 94다53563 판결, 대법원 1996. 6. 14. 선고 96다2729 판결), 취소의 원인이 있는 주주총회 결의에 대한 추인결의(대법원 2000. 11. 28. 선고 2000다34242 판결) 등의 소급효를 인정하기도 하였다. 다만 원칙적으로 무효인 결의의 추인은 무효행위 추인과 마찬가지로 소급효를 인정하는 법률규정이 없는 한 새로운 법률행위를 한 것으로 보아야 하므로(비법인사단의 추인결의에 관한 대법원 1995. 4. 11. 선고 94다53419 판결, 주식회사 주주총회에 관한 대법원 2011. 6. 24. 선고 2009다35033 판결 등 참고), 조합 총회의 결의에 대한 추인도 소급효를 인정하기 어려운 것으로 생각된다. 대법원 2003. 9. 26. 선고 2001다64479 판결 등은 종전 임원선임결의를 새로 개최된 총회에서 추인한 경우 새로운 총회가 당초 무효인 임원선임결의에 의해 선임된 임원에 대해 소집된 총회로서 무권리자에 의하여 소집된 총회인지에 대하여, 이를 무효로 본다면 최초의 임원선임결의의 무효로 인하여 연쇄적으로 그 후의 결의가 모두 무효

89 서울동부지방법원 2009. 5. 14. 선고 2007가합18223 판결 등.

90 서울고등법원 2013. 5. 30. 선고 2012나3403 판결 등; 위 서울고등법원 2012나3403 판결은 "만일 위와 같은 방식의 추인결의를 유효하다고 보게 되면, 경쟁입찰의 방법 등 정관에서 규정한 절차를 지키지 아니하여 무효인 결의를 추인결의의 형식을 빌려 얼마든지 유효하게 함으로써 정관 규정을 위반할 수 있게 된다"는 점을 지적하고 있다.

91 서울중앙지방법원 2008. 12. 18. 선고 2008가합69140 판결, 부산고등법원 2019. 5. 1. 선고 2018나58533 판결, 서울서부지방법원 2020. 7. 2. 선고 2017가합38884 판결 등.

로 되는 결과가 되어 법률관계의 혼란을 초래하고 법적 안정성을 현저히 해하게 되기 때문에 독립된 무효사유가 아니라고 판단하였는데, 만약 추인결의에 소급효가 인정될 수 있다면 새로 소집된 총회는 소급적으로 적법한 선임으로 인정받은 임원에 의해 소집된 것이므로 굳이 독립적 무효사유 여부를 논할 필요가 없다는 점에서 위 대법원 2001다64479 판결 등은 추인의 효력이 소급하지 않는다는 것을 전제한 것으로 생각된다.

따라서 추인결의는 원칙적으로 결의가 있은 때 효력이 발생한다. 다만 조합 내부관계에서는 종전 총회결의에 따라 형성된 법률관계를 인정하는 것으로 볼 수 있을 것으로 생각된다.

다. 추인결의에 따른 쟁송의 대상

종전 하자있는 총회결의를 인준 또는 추인하는 추인결의가 있는 경우 종전 총회결의와 동일한 내용으로 새로운 결의가 이루어진 것이므로 종전 총회결의는 별도로 다툴 실익이 없다. 대법원은 임원선임결의를 다시 개최된 총회에서 그대로 재인준하는 결의를 한 경우(대법원 2003. 9. 26. 선고 2001다64479 판결 등), 추진위원회의 시공자 선정결의를 그 후 설립된 조합에서 총회를 열어 그대로 인준 또는 추인하는 결의를 하는 경우(대법원 2012. 4. 12. 선고 2010다10986 판결), 창립총회에서 추진위원회 수행업무 추인에 대해 의결한 후 다시 개최된 창립총회에서 종전 결의를 그대로 인준 또는 추인하거나 재차 같은 안건에 대하여 새로운 결의를 한 경우(대법원 2017. 8. 29. 선고 2014다19462 판결), 새로운 총회결의가 하자로 인하여 부존재 또는 무효임이 인정되거나 그 결의가 취소되는 등의 특별한 사정이 없는 한 종전 총회결의의 무효에 대한 확인을 구하는 것은 과거의 법률관계 내지 권리관계의 확인을 구하는 것에 불과하여 권리보호의 요건을 결여한 것이라고 판단하였다.

3. 무효인 총회결의에 기한 계약의 효력

가. 계약의 절대적 무효

도시정비법령의 총회 의결사항에 대해 적법한 총회 의결을 거치지 않고 계약을 체결한 것은 무효로서 효력이 없다(대법원 2011. 4. 28. 선고 2010다105112 판결 등). 계약 상대방이 조합원인 경우도 동일하다(구 도시재개발법의 재개발사업에 관한 대법원 2001. 3. 23. 선고 2000다61008 판결 참고).

계약체결의 요건을 규정하고 있는 강행법규에 위반한 계약은 무효이므로 계약상대방이 선의 · 무과실이라 하더라도 민법 제107조의 비진의표시의 법리 또는 표현대리 법리가 적용될 여지는 없다. 따라서 정비사업조합의 대표자가 법령의 강행규정에 위반하여 적법한 총회 의결 없이 계약을 체결한 경우에는 상대방이 그러한 법적 제한이 있다는 사실을 몰랐다거나 총회결의가 유효하기 위한 정족수 또는 유효한 총회결의가 있었는지에 관하여 잘못 알았다고 하더라도 그 계약이 무효라는 것은 변함이 없다(대법원 2016. 5. 12. 선고 2013다49381 판결). 또한 법령에서 해당 사항의 의결정족수를 직접 정하고 있지 않더라도 다른 강행규정이 유추적용되어 가중된 의결정족수가 필요하다고 인정되는 경우에도 그 결의 없이 체결된 계약에 대하여 비진의표시 또는 표현대리의 법리가 유추적용될 수 없는 것은 마찬가지이다. 강행규정이 유추적용되는 경우라고 하여 강행법규의 명문 규정이 직접 적용되는 경우와 그 효력을 달리 볼 수는 없기 때문이다(대법원 2016. 5. 12. 선고 2013다49381 판결). 또한 총회결의 없이 체결한 계약의 무효를 주장하는 것이 신의칙에 반하지 않는다(주택법상 주택조합에 관한 대법원 2003. 7. 11. 선고 2001다73626 판결 참고).

나. 부당이득반환 관계

(1) 부당이득반환 관계의 성립

총회결의가 무효인 경우, 종전 계약에 따라 지급된 금원은 법률상 원인 없이 급부된 것이므로 부당이득으로서 반환청구할 수 있다. 따라서 조합이 이미 지급한 용역대금이나 금융기관, 협력업체가 조합에 대여한 금원은 원금에 수익자의 선의 · 악의에 따라 이자를 가산하여 그 반환을 구할 수 있다.[92]

반대로, 협력업체가 실제 공사, 용역, 물품구매 또는 제조와 같은 급부(이하 '용역 등')를 하였으나 그 대가를 받지 못한 경우, 조합은 법률상 원인 없이 타인의 재산 또는 노무로 인하여 이익을 얻은 것이므로 협력업체에게 일정한 부당이득을 반환하여야 한다.

따라서 용역 등의 경우, 협력업체는 미지급받은 용역 등 대금을 부당이득으로 반환청구할 수 있고, 반대로 조합은 이미 지급한 대금을 부당이득으로 반환청구할 수 있으나 협력업체가 구한 부당이득의 범위 내에서는 상계하여 소멸한다.

(2) 부당이득반환 범위

부당이득반환청구권을 행사하기 위해서는 원칙적으로 반환청구자가 법률상 원인의 흠결, 수익자의 수익, 반환청구자의 손해를 증명해야 하고, 이자를 가산하기 위해서 수익자의 악의도 증명해야 한다. 그런데 정비사업전문관리업자, 설계업자 등의 용역대금은 단계별로 지급율을 정하는 성공보수의 성격을 갖는 경우가 많고, 용역업무 특성상 단계별 용역의 난이도나 가치를 수치적 · 계량적으로 특정하기 어렵기 때문에[93] 용역 제공에 따른 이익

---

92 수익자는 선의의 수익자로서 그 받은 이익의 현존한 한도내에서 반환의무를 부담한다고 주장할 수 있으나, 법률상 원인 없이 취득한 것이 금전상의 이득인 때에는 이를 취득한 자가 소비하였는지를 불문하고 그 이득은 현존하는 것으로 추정한다(대법원 1969. 9. 30. 선고 69다1093 판결, 대법원 1996. 12. 10. 선고 96다32881 판결 등). 그 이외에 악의의 비채변제, 도의관념에 적합한 비채변제 등 부당이득에 대한 각종 주장에 대해서는 서울중앙지방법원 2017. 12. 1. 선고 2014가합550265 판결 참고.

93 "불법행위로 인한 손해배상청구소송에 있어, 재산적 손해의 발생사실이 인정되나 그 구체적인 손해의 액수를 증명하는 것이 사안의 성질상 곤란한 경우, 법원은 증거조사의 결과와 변론 전체의 취지에 의하여 밝혀진 당사자들 사이의 관계, 불법행위와 그로 인한 재산적 손해가 발생하게 된 경위, 손해의 성격, 손해가 발생한 이후의 제반 정황 등의 관련된 모든 간접사실들을 종합하여 상당인과관계 있는 손해의 범위인 수액을 판단할 수 있다"는 취지의 대법원 2016. 11. 10. 선고 2014다64530 판결 등의 법리는 부당이득반환청구의 경우에도 적용할 수 있을 것이다.

과 손실을 증명하기가 쉽지 않다. 다만 이 경우는 종전 계약의 무효를 원인으로 한 부당이득으로서, 상대방이 얻은 계약상 급부는 다른 특별한 사정이 없는 한 당연히 부당이득으로 반환해야 하는 급부부당이득에 해당하므로(대법원 2010. 3. 11. 선고 2009다98706 판결 참고), 침해부당이득과 같이 손실자가 지출한 비용(실비)의 범위내에서 수익자가 실질적으로 취득한 이익의 객관적 가치를 산정하기보다는 당초 계약에 따라 서로 지급하여야 할 범위에서 부당이득을 인정하는 것이 타당하다.[94]

① 종전 계약금액이 과다하게 책정되었다고 볼 수 있는지 여부 등을 따져 그 금액이 적정하고 합리적이라면 종전 계약금액에서 실제 수행한 용역 비율 등을 따져 금액을 산정할 수 있을 것이다. 종전 용역계약의 용역대금이 특별히 과다하게 책정되었다고 보이지 않는 경우, 실제 협력업체가 용역을 주도적으로 수행하여 일정한 단계(인가)까지 완수한 경우 종전 용역계약의 지급조건에 따라 산정한 용역대금을 부당이득으로 인정하거나,[95] 전체 용역대금 중 실제 수행한 면적 또는 건수에 따른 금액을 부당이득으로 인정할 수 있을 것이다.[96] 종전 용역계약상 단계 또는 면적에 따른 구분이 어렵다면 부득이 협력업체가 실제 수행한 용역을 정비사업 전체 과정에 비추어 그 비율을 산정해야 할 수 있다.[97]

② 종전 계약금액이 높은 수준이어서 그대로 인정하기 어렵다면, 조합이 실제 다른 업체와 체결한 계약이나 소송중 감정결과를 토대로 금액을 산정할 수 있을 것이다.[98] 다만 부

---

94 서울고등법원 2017. 8. 11. 선고 2015나2042207 판결은 설계업자가 용역을 제공하기 위하여 지출한 비용의 범위 내에서 조합이 설계업자의 용역 제공으로 인하여 실질적으로 취득한 이익의 객관적 가치를 산정하는 방식으로 감정이 이루어졌어야 한다는 주장에 대해, 위 감정방식은 손실자의 권리가 객관적으로 침해당하였을 때 그 대가의 반환을 구하는 이른바 침해부당이득관계에서 정당한 감정방식이고, 손실자가 스스로 이행한 급부의 청산을 구하는 급부부당이득관계에서는 정당한 감정방식으로 보이지 않는다고 판단하였다. 용역업체 직원이 직접 업무를 수행한 경우 '실비'를 산정하기도 어렵다.

95 대법원 2015. 10. 29. 선고 2013다90976 판결(정비사업전문관리업자가 실제 업무를 주도하여 관리처분계획인가까지 받은 경우 관리처분계획인가시 90%의 용역대금을 지급하도록 되어 있는 종전 용역계약에 따른 부당이득금을 인정한 사안), 서울중앙지방법원 2017. 12. 1. 선고 2014가합550265 판결(정비사업전문관리업자가 자신의 인력과 비용을 투입하고 다른 업체를 이행보조자로 사용하여 조합설립동의서를 받은 용역에 대해 용역계약에서 정한 용역대금을 인정한 사안).

96 수원지방법원 안양지원 2017. 7. 13. 선고 2016가단17741 판결(종전 계약금액에서 용역업체가 실제 수행한 철거공사의 면적 비율에 따라 부당이득액을 산정한 사안), 서울서부지방법원 2019. 2. 19. 선고 2017나38581 판결(국·공유지 매수계약 1건당 단가를 정한 경우 실제 용역업체가 수행한 것으로 입증되는 계약의 건수에 따라 산정한 용역대금을 부당이득액으로 산정한 사안).

97 용역계약상 단계별로 용역대금 지급 비율이 정해져 있지 않아 실제 수행한 용역을 전체 정비사업 과정에 비추어 조합설립설립인가시까지 약 40%(서울고등법원 2015. 10. 7. 선고 2014나48479 판결), 관리처분계획인가신청시까지 60%(서울중앙지방법원 2011. 9. 22. 선고 2009가합107377 판결)와 같이 일정한 비율로 정하는 경우도 있다. 다만 위 판결에서 인정한 비율은 해당 사안의 여러 사정을 고려한 것이므로 다른 사안에서 일반화하기 어렵다는 것을 유의하여야 한다.

98 서울고등법원 2013. 3. 27. 선고 2012나21999, 22008 판결(당초 용역대금이 법령에 정한 절차에 따라 정당하게 계약을 체결하였을 경우보다 높은 수준으로 보인다고 보아, 조합이 다른 설계업체와 체결한 설계용역

당이득을 청구하는 협력업체가 실제 수행한 업무범위를 가릴 필요가 있고, 특히 정비사업 전문관리업자는 업무 자체가 매우 포괄적이기 때문에 실제 수행한 업무를 놓고 다툼의 여지가 크다.

③ 이미 지급된 부가가치세는 실제 용역 제공에 따라 지급된 것이어서 부가가치세 납부대상이고 부가가치세 과세대상 사업자도 매출세액에서 공제하거나 환급받을 수 있는 것이어서, 부가가치세 상당의 손해는 없다고 볼 수 있어 부당이득의 반환범위에서 제외된다(대법원 2015. 10. 29. 선고 2013다90976 판결).

V. 총회결의에 대한 쟁송

1. 쟁송 당사자

가. 원고 또는 채권자

(1) 조합원

총회결의가 유효하게 성립하면 조합원은 그 총회결의에 구속되므로 총회의 소집절차나 의결방법, 총회결의 내용이 법령이나 정관에 위반되는 하자가 있어 총회결의에 무효사유가 있다면 조합원은 특별한 사정이 없는 한 총회결의의 효력을 다툴 법률상 이익이 있다(구 도시재개발법의 재개발조합에 관한 대법원 2004. 7. 22. 선고 2004다13694 판결 참고).[99] 조합원은 조합의 구성원이라는 지위만으로 총의 결의의 효력을 다툴 수 있는 것이므로, 총회결의가 조합원의 개별적 이해관계에 직접적인 관련이 없거나 해당 안건에 찬성하였다 하더라도 여전히 무효확인 등을 구할 수 있을 것으로 생각된다.

(2) 조합

총회결의무효확인청구의 피고적격은 단체인 조합에게 있으므로 조합은 특별한 사정이 없는 한 스스로 총회결의무효확인 등을 구할 수 없다. 총회개최금지가처분 등의 피보전권리는 총회결의무효확인청구권으로서, 향후 본안에서 상대방이 되어 효력을 받을 조합이 스스로 가처분을 신청하는 것은 당사자적격이 없는 자가 신청한 것이어서 부적법하다.[100]

조합이 원고 또는 채권자로서 총회결의를 다투는 경우는 주로 소수조합원의 발의자 대표가 직접 소집하는 총회에 대해 조합의 현재 임원 측이 총회 소집절차의 위법을 이유로

계약의 대금을 기초로 부당이득액을 산정한 사안), 서울고등법원 2017. 8. 11. 선고 2015나2042207 판결(감정에 따른 설계용역 대금을 인정한 사안).

99 반대로 조합원이 총회결의무효확인을 구하는 것 이외에 직접 또는 조합을 대위하여 조합의 대표기관이 제3자와 체결한 계약의 무효를 주장할 법률상 이해관계나 확인의 이익은 없다(구 도시재개발법의 재개발조합에 관한 대법원 2005. 4. 29. 선고 2005다9463 판결 참고).

100 부산지방법원 2017. 6. 7.자 2017카합117 결정, 서울남부지방법원 2020. 7. 24.자 2020카합20302 결정, 부산지방법원 동부지원 2021. 3. 17.자 2021카합100098 결정 등.

총회개최금지를 구하면서 조합을 채권자에 포함하는 것이다. 발의자 대표의 총회 소집이 적법한 총회 소집을 갖추지 않은 무권한자에 의한 것으로서 조합의 행위로 볼 수 없다는 전제에서, 조합이 자신의 적법한 업무수행권을 피보전권리로 하여 조합원 개인(발의자 대표)의 부적법한 행위에 대한 방해금지를 구하는 취지에서는 조합이 적극적 당사자로 나설 수 있다고 볼 수 있으나,[101] 해당 신청 사건의 채권자에 개인 조합원도 포함되어 있다면 당사자적격을 다툴 실익은 크지 않은 것으로 생각된다.

⑶ 협력업체 등 총회결의의 이해관계인

확인의 소는 오로지 원고와 피고 사이의 권리관계만이 대상이 되는 것이 아니고 필요에 따라 다른 사람들 사이의 권리관계 존재 여부의 확인을 구할 수도 있으나, 그 권리관계에 관하여 원고와 피고 사이에 다툼이 있어서 원고의 권리관계에 불안이나 위험이 초래되고, 피고에 대한 관계에서 법률관계를 확정시키는 것이 원고의 권리관계에 대한 불안이나 위험을 제거할 수 있는 유효 · 적절한 수단이 되는 경우에 한하여 확인의 이익이 있다(대법원 2003. 1. 10. 선고 2001다1171 판결 등 참고). 조합의 경우, 총회에서 선정취소 · 계약해지 등을 의결한 경우 시공자 등 계약상대방(이하 '협력업체')이 직접 총회결의의 무효확인을 구할 수 있는지가 문제된다.

협력업체는 조합의 구성원이 아니고 조합과 계약을 체결한 것에 불과하여 조합의 내부 의사결정인 총회 의결만으로 권리 · 의무나 법적 지위에 직접 변동이 발생한다고 보기 어렵다. 조합이 내부 의사결정 이후 협력업체에게 계약해지 등의 의사표시를 할 때 비로소 권리 · 의무에 변동이 발생하므로, 협력업체가 법적 불안을 해소하기 위해 법률관계의 확인을 구한다 하더라도 계약해지의 적법 여부를 다투면 되는 것이지 총회결의 자체를 다툴 법률상 이익이 있다고 보기 어렵다.[102] 협력업체가 조합을 상대로 총회결의 무효확인 판결을 받더라도 바로 계약해지 의사표시 자체가 무효라고 볼 수 있는 것은 아니다.

그러나 일정한 경우 바로 총회결의의 무효확인을 구할 법률상 이익이 있을 수 있다. 계약이 체결되기 전 선정취소를 의결하거나 선정취소 의결 자체를 계약해지로 볼 수 있는 경우 등은 법적 불안을 해소하기 위한 확인의 이익이 인정될 여지가 있을 것으로 생각된다.

나. 피고 또는 채무자

⑴ 조합

총회결의무효확인의 소 등은 조합(단체)을 피고로 하여 제기하여야 한다. 조합 총회의 결의는 조합 내부의 의사결정으로서 그로 인한 법률관계의 주체는 조합이므로 조합을 상

---

101 서울중앙지방법원 2019. 6. 27.자 2019카합21017 결정, 서울동부지방법원 2020. 3. 6.자 2020카합10058 결정, 서울서부지방법원 2020. 6. 4.자 2020카합50343 결정 등.

102 서울북부지방법원 2015. 3. 27.자 2015카합20072 결정, 부산고등법원 2020. 10. 30.자 2020라5160 결정, 의정부지방법원 고양지원 2021. 9. 14.자 2021카합5477 결정 등.

대로 하여 총회결의의 존재 여부나 효력 유무의 확인판결을 받음으로써만 그 결의로 인한 조합원의 권리 또는 법률상 지위에 대한 위험이나 불안을 유효적절하게 제거할 수 있다.

(2) 총회 소집권자

임시의 지위를 정하는 가처분은 주장 자체에 의하여 다툼이 있는 권리관계에 관한 정당한 이익이 있는 자가 가처분의 신청을 할 수 있으며, 주장 자체에 의하여 신청인과 저촉되는 지위에 있는 자를 피신청인으로 하여야 한다(대법원 1997. 7. 25. 선고 96다15916 판결 등 참고). 총회개최금지 또는 총회결의효력정지를 구하는 가처분 신청의 피보전권리는 총회결의무효확인청구권으로서 채권자가 주장하는 법률상 지위와 정면으로 저촉되는 지위에 있는 사람은 총회를 개최하여 의결한 법률상 주체인 조합이다. 따라서 총회개최금지 또는 총회결의효력정지가처분에서도 원칙적으로 조합이 채무자이고, 조합을 대표하는 조합장 등은 피고 조합의 대표자로 표시될 뿐 대표권 자체에 다툼이 없는 한 별도로 피고가 될 이유는 없다.

다만 소수조합원의 발의자 대표가 직접 소집하는 총회에 대한 개최금지를 구하는 경우 통상 발의자 대표들을 채무자로 한다. 이는 채무자인 발의자 대표의 구체적인 개최행위 자체를 금지한다는 취지로 보거나 발의자 대표가 조합의 기관이 아니라는 점을 전제한 것으로 보인다. ⓐ 발의자 대표가 적법하게 소집한 총회에서 의결이 이루어지면 그 결의의 법적주체는 조합이므로 원칙적으로 조합을 상대로 무효확인 등을 구해야 하고 발의자 대표에 대한 청구는 인용된다 하더라도 조합에 효력을 미치지 못하므로 원칙적으로 발의자 대표에 대한 신청을 부적법하다고 볼 수 있다. ⓑ 그러나 발의자 대표가 적법한 소집권한이 없다는 것을 다투는 것이라면, 조합의 적법한 대표자가 총회를 개최하는 경우와 달리 무권한자가 개최하는 경우는 조합 자체의 행위가 성립할 수 없고 무권한자 개인의 행위만이 다툼의 대상이 될 수 있으며[103] 이런 점에서는 채무자에 발의자 대표가 포함되어야 한다. 총회결의무효확인청구권이 아니라 조합원의 의사결정권과 조합임원의 업무수행권을 피보전권리로 하여 행위금지가처분의 일종으로 개최금지를 구하는 취지로도 볼 수 있다.[104]

(3) 조합임원 등 총회결의의 이해관계인

조합임원의 선임 또는 해임과 같이 결의가 특정 조합임원 등 조합원 개인을 대상으로 하는 것이라 하더라도, 총회결의는 조합의 의사결정을 위한 것으로서 법률관계의 주체는 조합이므로 조합을 상대로 총회결의의 존재 여부나 효력 유무의 확인을 구해야 한다. 임원 개인을 피고로 한 확인판결은 조합에 판결의 효력이 미치지 않으므로 즉시확정의 이익이

103 서울중앙지방법원 2009. 4. 6.자 2009카합1147 결정, 서울북부지방법원 2013. 11. 27.자 2013카합892 결정, 인천지방법원 2019. 4. 26.자 2019카합76 결정 등.

104 청주지방법원 2019. 12. 26.자 2019카합50280 결정, 의정부지방법원 2021. 6. 24.자 2021카합5288 결정, 부산지방법원 2021. 8. 27.자 2021카합10496 결정 등.

없어 부적법하다(학교법인 이사 지위 부존재 확인청구에 대한 대법원 2010. 10. 28. 선고 2010다30676, 30683 판결 참고).

2. 권리보호이익

당초 총회에서 임원선임결의가 있은 후 다시 개최된 총회에서 위 종전 결의를 그대로 인준하는 결의를 한 경우에는 설사 당초의 임원선임결의가 무효라고 할지라도 새로운 총회결의가 하자로 인하여 부존재 또는 무효임이 인정되거나 그 결의가 취소되는 등의 특별한 사정이 없는 한 종전 총회결의의 무효에 대한 확인을 구하는 것은 과거의 법률관계 내지 권리관계의 확인을 구하는 것에 불과하여 권리보호의 요건을 결여하여 부적법하다(대법원 2003. 9. 26. 선고 2001다64479 판결, 대법원 2007. 3. 30. 선고 2005다45698 판결, 대법원 2010. 10. 28. 선고 2009다63694 판결). 조합장 등 조합임원을 선임하거나 해임하는 당초 결의가 부존재 또는 무효라고 할지라도 새로운 총회결의에 의하여 후임 임원이 선임된 경우도 동일하다(대법원 1998. 12. 22. 선고 98다35754 판결 등).[105]

3. 총회결의무효확인 등 본안소송

총회결의 무효확인 또는 부존재확인의 소는 총회결의를 한 주체인 조합(단체)을 상대로 제기한다. 조합원 등 이해관계인은 언제든지 또한 어떤 방법에 의하든지 총회결의의 무효를 주장할 수 있으나, 대세효를 인정하는 규정이 없으므로 총회결의무효확인 판결의 효력은 소송당사자에게만 미치지만, 소송당사자인 조합이 판결 내용에 구속되면서 판결 효력이 사실상 조합원 모두에게 미치는 것으로 볼 수 있다.

4. 총회개최금지가처분, 총회결의효력정지가처분 등 보전처분

가. 총회결의를 다투는 사전 · 사후 가처분

총회결의무효확인청구 등을 본안으로 하여 임시의 지위를 정하는 가처분은 사전 가처분으로서 총회개최금지가처분(안건상정금지가처분), 사후 가처분으로 총회결의효력정지가처분이 제기된다.

나. 피보전권리, 보전의 필요성의 주장 · 소명

(1) 임시의 지위를 정하는 가처분의 주장 · 소명

민사집행법 제300조 제2항에 따른 임시의 지위를 정하기 위한 가처분은 다툼있는 권리

---

105 이 경우 새로운 총회가 소집권한 없는 자에 의해 소집된 것으로서 그 총회결의가 무효인지도 다투어질 수 있으나, 대법원은 이를 무효사유로 본다면 최초의 임원선임결의의 무효로 인하여 연쇄적으로 그 후의 결의가 모두 무효로 되는 결과가 되어 법률관계의 혼란을 초래하고 법적 안정성을 현저히 해하게 되기 때문에 독립적 무효사유로 볼 수 없다고 판단하였다(대법원 1998. 12. 22. 선고 98다35754 판결, 대법원 2003. 9. 26. 선고 2001다64479 판결, 대법원 2010. 10. 28. 선고 2009다63694 판결 등). 다만 이러한 법리는 예외적으로 적용되어야 한다. 자세한 내용은 **[14]총회의 소집 II.1.가.조합장의 소집권한** 참고.

관계에 관하여 그것이 본안소송에 의하여 확정되기까지 가처분권리자가 계속하는 권리관계에 끼칠 현저한 손해를 피하거나 급박한 위험을 방지하기 위하여, 또는 기타의 이유가 있는 때에 한하여 허용되는 응급적 · 잠정적인 처분이다. 따라서 이러한 가처분의 필요성은 해당 가처분신청의 인용 여부에 따른 당사자 쌍방의 이해득실관계, 본안소송의 장래 승패의 예상, 기타의 제반 사정을 고려하여 법원의 재량에 따라 합목적적으로 결정하여야 한다. 더욱이 가처분채무자에 대하여 본안판결에서 명하는 것과 같은 내용의 부작위의무를 부담시키는 이른바 만족적 가처분일 경우에는, 그에 대한 보전의 필요성 유무를 판단할 때에 위에서 본 바와 같은 제반 사정을 참작하여 더욱 신중하게 결정하여야 한다(대법원 2003. 11. 28. 선고 2003다30265 판결, 대법원 2005. 8. 12.자 2004마913 결정 등 참고).

(2) 피보전권리의 주장 · 소명

총회개최금지 또는 총회효력정지가처분은 총회결의무효확인청구권을 피보전권리로 하는 가처분으로서, 가처분결정으로 신청한 부작위의무를 부담시키는 만족적 가처분이므로 피보전권리에 대한 고도의 소명이 요구된다.

특히 총회 개최 자체를 금지하는 총회개최금지가처분은 총회의 소집 절차가 중대하게 법령 또는 정관을 위반한 중대한 하자가 있거나 그 총회에서 결의할 안건의 제출 및 의결에 법령 또는 정관을 중대하게 위반하여 무효로 볼 정도의 하자가 존재하여야 한다. 총회개최금지가처분 신청은 총회 개최가 명백하게 위법하고, 그로 인하여 다른 법률 분쟁을 초래할 염려가 있는 등 피보전권리 및 보전의 필요성에 대한 고도의 소명을 갖춘 경우에만 제한적으로 인용된다.

(3) 보전의 필요성의 주장 · 소명

총회개최금지 또는 총회효력정지가처분은 가처분결정으로 신청한 부작위의무를 부담시키는 만족적 가처분이므로 보전의 필요성에 대한 고도의 소명이 요구된다.

특히 총회개최금지가처분은 보전의 필요성이 더욱 엄격하게 요구된다. 총회 개최가 금지되지 않더라도 채권자들은 판단에 따라 총회에 참석하지 않아 의사정족수 미달로 총회가 개최되지 않도록 하거나, 참석하여 상정된 안건 반대하여 의견을 표명할 수 있고, 안건들이 가결되더라도 결의의 효력을 다툴 수 있는 구제방법이 열려 있다. 따라서 결의로 인하여 해결하기 어려운 추가적인 분쟁이 발생한다거나 어느 당사자가 회복할 수 없는 심각한 손해를 입게 되는 등의 특별한 사정이 고도로 소명되지 않으면 보전의 필요성을 인정하기 어렵다.[106]

106 서울고등법원 2020. 11. 26.자 2020카합20129 결정은 "특히 재건축조합이 업무상 필요에 의하여 총회를 개최할지 여부 및 총회에서 어떠한 안건을 상정하여 결의할 것인지에 관한 결정은 매우 특별한 사정이 없는 이상 사적자치의 원칙에 비추어 조합의 의사를 충분히 존중하여 이를 보장하여야 한다. 따라서 비록 그 결의

5. 청구 · 신청의 인낙

조합장 등 조합임원이 자신에 대한 해임결의를 다투면서 조합장 직무대행자가 대표하는 조합이 사실상 답변을 하지 않는 방법으로 청구 인용을 유도하는 경우가 있는데, 직무대행자가 남아 있어 해당 해임총회를 소집한 발의자 대표를 특별대리인으로 선임하기 어려운 상황이라면 발의자 대표가 조합의 승소를 위해 보조참가할 필요가 있다. 한편, 피고(채무자)인 조합이 재판에서 청구 · 신청을 명시적으로 인낙하는 경우도 문제될 수 있다.

우선 총회결의무효확인청구를 인낙할 수 있는지 살펴보면, 청구의 인낙은 당사자가 처분할 수 있는 권리를 대상으로 하는데, ⓐ 총회결의의 무효는 법원의 재판으로 장차 형성될 법률관계라는 점에서 인낙할 수 없다고 볼 여지도 있으나,[107] ⓑ 조합은 새로운 총회결의로 종전 총회결의의 내용을 철회하거나 변경할 수 있는 자율성과 형성의 재량을 가지므로 결의의 무효를 인낙할 수 있는 것으로 생각된다.

다만 총회결의무효확인청구를 인낙하는 것은 총회 의결로 이미 형성된 법률관계를 번복하고 새로운 법률관계를 형성하는 것인데, 새로 형성된 법률관계가 조합임원의 선임 · 해임 등 그 자체로 총회 의결을 필요로 하는 사항이거나 동일한 효과를 갖는 것이라면, 인낙에도 별도의 총회 의결을 갖추어야 한다고 보는 것이 타당하다.[108]

참고자료

김용담 편집대표, 주석 민법 총칙(1)(제4판), 한국사법행정학회 (2010)

이형석, "재개발 · 재건축 관련 분쟁일반 –조합원 총회를 중심으로–", 제257기 건설법(재개발 · 재건축) 특별연수, 대한변호사협회 변호사연수원 (2018. 8. 11. 발표)

내용이 합리적인 조합의 자율성과 재량의 범위를 넘어 사회적 타당성을 결여하거나 신의칙에 반하는 경우 사후적으로 그 전부나 일부를 무효로 함으로써 사법통제의 대상으로 삼을 수는 있으나, 이를 넘어 그 결의 자체를 사전에 차단하는 것은 그 결의로 인하여 해결하기 어려운 추가적인 분쟁이 발생한다거나 어느 당사자가 회복할 수 없는 심각한 손해를 입게 되는 된다는 등의 특별한 사정이 고도로 소명되지 않는 이상 보전의 필요성을 쉽게 인정하기 어렵다"고 보아 보전의 필요성을 구체적으로 판시하였다.

107 서울고등법원 2018. 6. 29.자 2018라20386 결정, 대전지방법원 2021. 1. 8.자 2021카합50008 결정; 위 서울고등법원 2018라20386 결정은 임시의 지위를 정하는 가처분은 가처분신청 범위 내에서 신청의 목적을 달성할 수 있기 위해 필요하다고 인정되는 범위 안에서 피보전권리의 성격 · 내용과 가처분사유의 내용 등 제반 사정을 고려하여 법원이 정하는 것으로서 조합이 처분할 수 없는 법률관계에 관한 것으로 보았다.

108 서울고등법원 2018. 6. 29.자 2018라20386 결정은 해임결의의 효력을 정지시키는 것은 종전에 해임된 조합임원의 지위를 복귀시키는 것으로서 총회 의결사항인 '조합임원의 선임 및 해임'에 해당하므로 인낙에 별도의 총회 의결이 필요하다고 보았다.

[16] 해임총회

I. 해임총회의 의의

1. 도시정비법 제44조 제2항에 따른 해임총회의 취지

통상의 임시총회는 조합장의 직권, 조합원 1/5 이상 또는 대의원 2/3 이상의 요구로 조합장이 소집하며(법 제44조 제2항), 조합장 또는 감사가 조합원 등의 소집요구에 응하지 않은 경우 발의자 대표가 정관에 따라 직접 총회를 소집할 수 있다(구 표준정관 제18조 제3항, 제20조 제4항, 제5항).

그러나 도시정비법은 조합임원 해임에 대해서는 별도의 특례를 두어, 총회 소집에 관한 위 도시정비법 제44조 제2항의 적용을 배제하고 조합원 1/10 이상의 요구로 소집한 총회에서 조합원 과반수의 출석과 출석 조합원 과반수의 동의로 해임 의결을 할 수 있고, 이 경우 발의자 대표(요구자 대표로 선출된 자)가 해임총회의 소집 및 진행을 할 때 조합장의 권한을 대행하도록 정하고 있다(구법 제23조 제4항, 법 제43조 제4항).[1] 조합장이 아닌 발의자 대표에게 예외적으로 총회소집권을 부여하는 이 규정의 취지는 조합임원에게 명백한 해임사유가 있음에도 조합장이 총회소집권을 보유함을 기화로 조합임원 해임을 위한 총회의 소집 자체를 거부할 경우를 대비하여 소극적으로 조합임원을 해임하는 것까지는 허용함으로써 조합에게 회복하기 어려운 손해가 발생하는 것을 막기 위한 것이다.[2]

2. 해임총회 관련 규정의 개정

해임총회에 관한 규정은 대체로 해임총회를 더 용이하게 소집하고 진행할 수 있는 방

1 조합임원 해임 안건은 조합장이 직권으로, 또는 조합원 1/5 이상, 대의원 2/3 이상의 요구에 따라 상정할 수 있으나, 실제로는 도시정비법 제43조 제4항에 따라 조합원 1/10 이상의 요구에 따라 발의자 대표가 소집하는 총회에서 해임 의결이 이루어진다. 여기서는 '해임총회'를 도시정비법 제43조 제4항에 따라 해임 안건을 의결하기 위해 소집하는 총회의 의미로 쓰기로 한다.

2 서울고등법원 2016. 8. 4.자 2016라20355 결정.

향으로 개정되었다. 특히 해임총회의 소집 및 발의 요건을 법률에 직접 정한 취지는 2009년 개정 과정에서 명확히 드러난다.

종전에는 법률에서 발의 요건 및 의결정족수를 정하면서도 "정관에서 해임에 관하여 별도로 정한 경우에는 정관이 정하는 바에 의한다"고 하여 정관에서 요건과 절차 등을 별도로 정할 수 있도록 하였는데, 정관으로 해임요건을 강화하여 사실상 해임이 불가능하도록 하는 경우가 있었다. 이에 도시정비법이 2009. 2. 6. 법률 제9444호로 개정되면서 정관에서 정하도록 한 규정을 삭제하는 한편, 총회 소집절차 · 시기 및 의결방법 등을 일부 정하면서 정관에서 다시 정하도록 한 구 도시정비법 제24조의 적용을 배제하였다. 이는 종전에 정관으로 조합임원의 해임요건을 강화함으로써 조합임원의 해임이 사실상 불가능하였던 폐단을 없애고자 정관으로 도시정비법과 다른 조합임원의 해임요건을 규정하지 못하도록 명문화한 것으로서 강행규정으로 보아야 한다.[3]

또한 종전에는 발의자 대표가 해임총회의 의장이 된다고만 정하여 해임총회는 여전히 조합장이 소집하는 것으로 해석되었는데, 이렇게 보면 해임총회가 불필요하게 지연되고 조합임원 측에 의해 해임 안건이 공정하게 처리되지 못하는 문제가 있었다. 이에 도시정비법이 2009. 2. 6. 법률 제9444호로 개정되면서 조합장의 총회 소집절차에 대한 구 도시정비법 제23조의 적용을 배제하는 한편 발의자 대표가 총회 운영 이외에 소집에서도 조합장의 권한을 대행한다고 정하여 발의자 대표가 곧바로 소집까지 할 수 있는 것으로 정하였다.

표 11 ▌해임총회 관련 규정의 개정 경과

개정 법	해임총회 관련 규정
2002. 12. 30. 법률 제6852호 제정법률 제23조	④ 조합임원의 해임은 조합원 10분의 1 이상의 발의로 소집된 총회에서 조합원 2분의 1 이상의 출석과 출석 조합원 3분의 2 이상의 동의를 얻어 할 수 있다. 다만, 정관에서 해임에 관하여 별도로 정한 경우에는 정관이 정하는 바에 의한다. ⑤ 제4항의 규정에 의한 총회에 있어서는 제22조 제1항의 규정에 불구하고 그 발의자 대표의 임시 사회로 선출된 자가 그 의장이 된다.
2005. 3. 18. 법률 제7392호 일부개정 법률 제23조	④ 조합임원의 해임은 조합원 10분의 1 이상의 발의로 소집된 총회에서 조합원 과반수의 출석과 출석 조합원 과반수의 동의를 얻어 할 수 있다. 다만, 정관에서 해임에 관하여 별도로 정한 경우에는 정관이 정하는 바에 의한다. ⑤ 제4항의 규정에 의한 총회에 있어서는 제22조 제1항의 규정에 불구하고 그 발의자 대표의 임시 사회로 선출된 자가 그 의장이 된다.

3 서울동부지방법원 2010. 4. 30.자 2010카합428 결정, 서울고등법원 2010. 7. 14.자 2009라2485 결정, 광주고등법원 2020. 2. 26.자 2019라1074 결정 등.

2009. 2. 6. 법률 제9444호 일부개정 법률 제23조	④ 조합임원의 해임은 제24조에도 불구하고[4] 조합원 10분의 1 이상의 발의로 소집된 총회에서 조합원 과반수의 출석과 출석 조합원 과반수의 동의를 얻어 할 수 있다. ~~다만, 정관에서 해임에 관하여 별도로 정한 경우에는 정관이 정하는 바에 의한다.~~ 이 경우 발의자 대표로 선출된 자가 해임 총회의 소집 및 진행에 있어 조합장의 권한을 대행한다.
2017. 2. 8. 법률 제14567호 전부개정 법률 제43조	제43조 ④ 조합임원은 제44조 제2항에도 불구하고[5] 조합원 10분의 1 이상의 요구로 소집된 총회에서 조합원 과반수의 출석과 출석 조합원 과반수의 동의를 받아 해임할 수 있다. 이 경우 요구자 대표로 선출된 자가 해임 총회의 소집 및 진행을 할 때에는 조합장의 권한을 대행한다.

Ⅱ. 총회의 소집

1. 해임총회의 소집

가. 조합원 1/10 이상의 해임총회 소집 요구

해임총회를 소집하기 위해서는 조합원 1/10 이상의 소집요구가 있어야 한다. 통상 해임을 주도하거나 발의자 대표가 될 조합원들이 해임대상 조합임원 등 안건을 정한 뒤 다른 조합원들로부터 소집요구(발의)서를 받는다. 해임총회 소집요구(발의)서에는 해임대상 조합임원과 해임사유, 발의자 대표 등을 기재한다.[6]

조합원의 해임총회 소집요구는 법상 특별한 제한을 두고 있지 않으므로 조합원 본인의 신분과 진정한 의사를 확인할 수 있는 정도의 방법으로 작성하면 될 것이다. 소집요구에 인감증명서 첨부 등 별도의 방식을 갖출 것을 정관으로 정한 경우 그 방식이 소집요구를 제한하는 정도에 이른다면 효력이 없다고 볼 수 있다.[7]

4 구 도시정비법 제24조(총회개최 및 의결사항)는 현행 도시정비법 제44조(총회의 소집)와 제45조(총회의 의결)에 해당하는 규정이다.

5 도시정비법 제44조(총회의 소집) ② 총회는 조합장이 직권으로 소집하거나 조합원 5분의 1 이상(정관의 기재사항 중 제40조 제1항 제6호에 따른 조합임원의 권리 · 의무 · 보수 · 선임방법 · 변경 및 해임에 관한 사항을 변경하기 위한 총회의 경우는 10분의 1 이상으로 한다) 또는 대의원 3분의 2 이상의 요구로 조합장이 소집한다.

6 소집요구(발의)는 소집절차 개시의 요건이므로, 소집공고 또는 소집통지 이후에 일부 조합원이 소집요구(발의)를 철회하더라도 소집은 적법하다고 볼 수 있다(의정부지방법원 고양지원 2021. 4. 29.자 2021카합5229 결정, 서울남부지방법원 2021. 5. 28.자 2021카합20238 결정 등).

7 서울고등법원 2021. 5. 11.자 2021라20070 결정은 해임총회 소집 발의서에 인감증명서를 첨부하도록 한 정관 규정이 적법하다는 것을 전제로, 발의서에 인감증명서를 첨부하지 않은 것은 총회결의를 무효로 볼 정도의 중대한 하자가 아니라고 보았다.

나. 발의자 대표의 해임총회 소집

조합임원은 "제44조 제2항에도 불구하고" 조합원 1/10 이상의 요구로 소집된 총회에서 해임될 수 있다(법 제43조 제4항 전단). 통상의 총회는 조합장이 직권, 조합원 1/5 이상 또는 대의원 2/3 이상의 요구로 소집하지만(법 제44조 제2항) 조합임원 해임 안건을 의결하기 위한 총회는 조합원 1/10 이상의 요구로 소집할 수 있으며, 발의자 대표(요구자 대표로 선출된 자)가 해임총회의 소집 및 진행에서 조합장의 권한을 대행한다(법 제43조 제4항 후단).

이 규정은 해임총회의 소집 요건을 완화하는 것 이외에도, 조합장의 소집권한을 배제하고 발의자 대표가 직접 총회를 소집할 수 있도록 한 취지로 볼 수 있다. 사단법인의 구성원이 관련 법령 또는 정관(규약)에 따라 직접 임시총회를 소집하는 경우 발의자 대표가 단체의 기관으로서 소집하는 것으로 해석되며(법원의 허가를 받아 소집한 종중 임시총회에 관한 대법원 1993. 10. 12. 선고 92다50799 판결 참고), 도시정비법 제43조 제4항 후단은 발의자 대표가 '소집 및 진행'에서 조합장의 권한을 대행한다고 하여 발의자 대표가 조합의 기관으로서 소집하다는 것을 확인하고 있다.[8]

다. 소집요구 또는 임시총회소집허가 등 절차 필요 여부

(1) 조합장에 대한 소집 요구 절차 필요 여부

발의자 대표는 조합의 기관으로서 해임총회를 소집하는 것이므로, 그 범위에서 조합장의 총회 소집권한은 배제되고,[9] 발의자 대표가 직접 해임총회 소집 통지 · 공고를 할 수 있다.

정관에서 구 표준정관에 따라 해임총회 소집 절차를 조합원 1/5 이상의 요구로 소집하는 총회와 유사하게 규정하기도 하는데,[10] 이로 인하여 도시정비법 제43조 제4항에 따라 해임총회를 소집하는 경우에도 발의자 대표(1/10 이상의 조합원)가 정관에 따라 조합장 및 감사에게 총회 소집을 요구하고 조합장 및 감사가 총회를 소집하지 않아야 비로소 발의자 대표가 해임총회를 소집할 수 있는지 문제된다.

① 정관 규정에 따르면 해임총회는 소집요건을 완화하는 것일 뿐 소집절차 자체를 다르게 볼 이유가 없고, 정관(구 표준정관 제20조 제4항, 제5항)에 따른 소집요구를 거치지 않으면 해임총회는 아

---

8 구 도시정비법(2009. 2. 6. 법률 제9444호로 개정되기 전의 것) 제23조 제5항은 "제4항의 규정에 의한 총회에 있어서는 제22조 제1항의 규정에도 불구하고 그 발의자 대표의 임시 사회로 선출된 자가 그 의장이 된다"고만 정하여 조합장이 여전히 해임총회 소집권한이 있는 것인지(즉, 해임총회의 경우 그 발의요건만 1/10로 완화된 것일 뿐 그 소집절차에서 여전히 조합장에게 먼저 소집요구를 할 필요가 있는지) 여부에 대해 논란이 있었으나, 도시정비법이 2009. 2. 6. 법률 9444호로 개정되면서 "발의자 대표로 선출된 자가 해임 총회의 소집 및 진행에 있어 조합장의 권한을 대행한다"고 정하여 논란을 해소하였다(구법 제23조 제4항).

9 따라서 조합장은 소집된 해임총회와 같은 날 다른 임시총회를 소집할 수 없다. 자세한 내용은 **[14]총회의 소집 II.1.다.소수 조합원 등의 소집 요구에 의해 발의자 대표가 소집하는 총회와 중복되는 임시총회 소집권한 배제** 참고.

10 구 표준정관 제18조(임원의 해임 등) ③ 임원의 해임은 조합원 10분의 1 이상 또는 대의원 3분의 2 이상의 발의로 조합장(조합장이 해임 대상인 경우는 발의자 공동명의로 한다)이 소집한 총회에서 조합원 과반수의 출석과 출석조합원 과반수의 동의를 얻어 해임할 수 있다. 조합장이 해임 대상인 경우 발의자 대표의 임시사회로 선출된 자가 그 의장이 된다.

무런 제한 없이 계속적 · 반복적으로 소집할 수 있게 되어 단체법적으로 큰 혼란이 발생할 수 있으므로, 소집요구 절차를 거치지 않은 해임총회 소집은 위법하다고 보기도 한다.[11]

② 그러나 도시정비법상 발의자 대표는 총회 소집 및 진행에서 조합장을 대행하는 것으로서(법 제43조 제4항 후단), 발의자 대표가 조합의 기관으로서 해임총회를 소집하는 이상 조합장에 대한 소집요구 등을 절차를 거칠 필요가 없다고 보는 것이 타당하다.[12] 도시정비법 제43조 제4항의 취지는 소집절차 및 요건을 완화하여 조합 내부의 건전성과 소수조합원의 견제 기능을 도모하기 위한 것인데, 발의자 대표가 총회의 진행 이외에 소집에서도 조합장의 권한을 대행하도록 하고 있으므로 통상의 총회 소집에 관한 정관 규정은 적용되지 않는다고 볼 수 있다. 발의자 대표가 직접 소집하는 총회에 조합장 등이 관여할 필요가 없고, 만약 조합장이 소집요구에 따라 해임총회를 소집하겠다고 하면 실제 해임총회는 누가 소집하여 진행하는 것인지도 문제된다.[13] 해임총회 소집 요건을 확인하는 절차가 없어 해임총회 소집이 남용되는 문제가 있으나, 이는 도시정비법이 해임총회를 별도 절차로 진행하도록 정하였기 때문에 부득이하게 발생하는 것으로서, 결국 총회에 대한 쟁송으로 다툴 문제이고 조합장에 대한 소집요구 등을 하여야 한다고 해석할 이유는 없다고 생각된다.

(2) 발의요건, 발의자 대표의 표시 필요 여부

해임총회는 조합장이 아닌 사람이 소집하는 예외적인 상황이므로, 소집권자인 발의자 대표는 소집 단계에서 전체 조합원 1/10 이상의 소집요구가 있었다는 것과 누가 발의자 대표로서 소집하는 것인지를 밝힐 필요가 있다.

① 조합원 1/10 이상의 소집요구는 총회 개최를 위한 기본 요건이므로 발의자 명단을 소집 공고 등에 첨부하여 알 수 있도록 하여야 한다고 보기도 하나,[14] 도시정비법령 또는 정관에 발의자 명단을 미리 공고하거나 통지할 것을 요구하지 않고, 소집요구(발의)서 접수 및 발의 과정에서 조합원 1/10 이상의 발의로 소집된다는 점은 충분히 알 수 있는 경우라면 그 사유만으로 총회결의에 중대한 하자가 있다고 보기 어려울 것으로 생각된다.[15]

---

11 서울동부지방법원 2010. 4. 30.자 2010카합428 결정, 창원지방법원 마산지원 2021. 1. 29.자 2021카합20001 결정, 인천지방법원 2021. 3. 2.자 2021카합10090 결정.

12 서울서부지방법원 2009. 5. 25.자 2009카합1020 결정, 인천지방법원 부천지원 2011. 12. 16.자 2011카합1056 결정, 광주지방법원 2017. 4. 14.자 2017카합50158 결정 등.

13 조합원의 소집 요구에 따라 조합장이 임시총회를 소집하는 것은 도시정비법 제44조 제2항 및 정관에 따른 절차로도 가능하다. 이렇게 보면, 해임총회에서 조합장 등에게 '소집요구'를 하더라도 이는 실제 소집할 것을 요구하는 것이 아니라 확인절차 정도에 불과한 것으로 생각된다.

14 서울남부지방법원 2020. 7. 24.자 2020카합20302 결정, 서울남부지방법원 2021. 4. 16.자 2021카합20032 결정, 부산지방법원 2021. 9. 2.자 2021카합10506 결정.

15 서울북부지방법원 2013. 11. 15.자 2013카합835 결정, 부산지방법원 동부지원 2020. 11. 26.자 2020카합100627 결정, 서울남부지방법원 2021. 5. 28.자 2021카합20238 결정.

② 도시정비법 제43조 제4항은 "요구자 대표로 선출된 자"가 해임총회의 소집 및 진행에서 조합장을 권한을 대행한다고 정하고 있으므로, 조합원(요구자)들이 대표자를 선출하는 행위가 필요하다거나 대표 선출에 관한 소명이 요구된다는 주장도 있다. 그러나 실제 해임총회 소집을 요구한 조합원들이 따로 모여 대표를 선출하는 것이 아니고 해임총회 소집을 준비하는 조합원이 스스로를 발의자 대표로 하여 소집요구(발의)서를 받아 소집요건을 갖추게 되는데, 조합원이 발의자 대표가 기재된 소집요구(발의)서에 서명날인함으로서 대표 선출행위가 있다고 볼 수 있고, 발의자 대표는 소집요구(발의)서를 받는 과정과 소집공고 등을 통해서도 충분히 알 수 있으므로 대표를 별도로 선출해야 한다고 볼 수 없다.[16]

③ '발의'는 해임총회를 소집하겠다는 의사를 조합 내부적으로 표시하는 행위로서, 전체 조합원 1/10 이상이 발의자 대표에게 총회 소집 의사를 표시하였다면 발의로서 요건을 충족하고, 발의자 대표가 조합장에게 소집요구서, 발의자 명단 등을 제시하면서 발의의사를 밝히거나 발의요건을 소명하여야 한다고 볼 근거는 없다.[17]

⑶ 법원의 임시총회소집허가 필요 여부

민법상 사단법인은 총사원 1/5 이상이 회의의 목적사항을 제시하여 임시총회 소집을 청구하였음에도 이사가 2주내에 총회소집의 절차를 밟지 않는 경우 청구한 사원이 법원의 허가를 얻어 임시총회를 소집할 수 있도록 하고 있다(민법 제70조 제2항, 제3항, 비송사건절차법 제34조). 해임총회 소집의 경우에도 위 사단법인에 관한 민법규정을 적용하여 별도로 법원의 허가를 거쳐야 하는지 문제되어 왔다.

그러나 ⓐ 민법 중 사단법인에 관한 규정은 도시정비법에 별도의 규정이 없는 경우에만 보충적으로 적용되는 것인데(법 제49조), 도시정비법 제43조 제4항 후단은 "이 경우 발의자 대표로 선출된 자가 해임 총회의 소집 및 진행에 있어 조합장의 권한을 대행한다"라고 규정하여 발의자 대표가 대행하는 조합장의 권한에는 조합원 1/10 이상의 발의로 조합임원의 해임을 위하여 개최되는 총회의 소집에 관한 권한도 포함되어 있다고 할 것이어서 민법 중 사단법인에 관한 규정이 보충적으로 적용된다고 보기 어렵다. ⓑ 민법 제70조 제3항은 같은 조 제2항에 의하여 사단법인의 총사원의 1/5 이상이 회의의 목적사항을 제시하여 이사에게 임시총회의 소집을 청구하였음에도 이사가 2주간 내에 총회소집의 절차를 밟지 아니한 경우에 적용되는 규정임에 반하여, 해임총회는 조합원 1/10 이상이 조합장을 포함한 조합임원들을 해임할 목적으로 도시정비법 제43조 제4항에 따라 발의하고, 임시총회의 소집권한을 가진 발의자 대표가 소집하여 개최되는 것이므로 민법 제70조 제3항이 적용될 여

---

16 부산지방법원 동부지원 2021. 6. 8.자 2021카합100084 결정.

17 서울중앙지방법원 2011. 11. 8.자 2011카합2688 결정, 서울북부지방법원 2013. 11. 15.자 2013카합835 결정.

지가 없다고 보는 것이 타당하다.[18]

(4) 발의자 대표의 해임총회 소집에 대한 통제 방안

발의자 대표가 조합장 등에 대한 소집요구 또는 법원의 임시총회소집허가가 없이도 바로 해임총회를 소집할 수 있다고 보면, 적법한 발의요건을 갖추었는지를 총회 개최 이전에 심사할 방법이 없어 해임결의의 효력을 놓고 다툼이 계속되는 문제가 발생한다. 특히 해임총회가 남발되는 현실까지 고려하면, 총회의 소집 자체의 적법성에 대한 분쟁을 방지하기 위하여 법원이 후견적인 입장에서 총회의 소집절차부터 관여할 필요성이 있다고 볼 수 있다.

그러나 해임총회는 소수 조합원들이 조합임원을 직접 견제할 수 있는 사실상 유일한 방법으로서, 해임사유나 절차를 정관으로도 제한할 수 없고 오로지 조합원 1/10 이상의 발의만 있으면 발의자 대표가 해임총회를 직접 소집할 수 있도록 한 도시정비법의 취지로 보면 법원이 후견적으로 해임총회 개최 여부를 판단하여야 한다고 보기는 어렵다. 다소 소모적이더라도 조합의 1/10 이상의 요구로 일응 소집되는 총회의 개최금지 또는 효력정지 등을 구하는 방법으로 다투어야 할 것으로 생각된다.

2. 이사회 의결 또는 대의원회 사전심의

조합장이 직권으로 총회를 소집하여 개최하는 경우 정관에 따라 총회의 목적 · 안건 · 일시 · 장소 · 변경사유 등에 관하여 미리 이사회의 의결을 거치고, 대의원회에서 총회 부의안건에 대해 사전심의를 하여야 한다(구 표준정관 제20조 제6항 본문, 제25조 제1항 제3호). 다만 조합장이 총회를 소집하면서 이사회 의결 또는 대의원회 사전심의를 거치지 않았다 하더라도 총회결의에 중대한 하자가 있다고 보기 어렵다.

도시정비법 제43조 제4항에 따라 발의자 대표가 소집하는 해임총회의 경우, ⓐ 조합원 1/5 이상이 총회소집을 요구하는 경우 조합장은 단지 총회개최의무만을 부담할 뿐이므로 이사회 의결을 거칠 필요가 없다고 해석되는데(대법원 2007. 9. 4.자 2007마701 결정), 해임총회 역시 발의자 대표가 조합원 1/10 이상의 요구에 따라 소집하여 요구된 해임 안건 그대로 상정하여 의결하는 것이므로 안건 상정 여부 등을 심사할 이유가 없고, ⓑ 이사회, 대의원회는 조합장이 소집하는 기관이고, 조합장의 총회소집권한을 배제하고 발의자 대표가 직접 소집하는 해임총회에 이사회, 대의원회에 관한 규정을 적용하기 어렵다는 점에서 이사회 의결, 대의원회 사전심의를 거칠 필요가 없는 것으로 생각된다.[19]

---

18 서울고등법원 2011. 12. 14.자 2011라856 결정, 서울고등법원 2012. 8. 16. 선고 2011나37058 판결, 서울북부지방법원 2017. 3. 3.자 2017카합20040 결정 등; 반대로 법원의 허가가 필요하다는 판단으로 서울동부지방법원 2011. 7. 20.자 2011카합1330 결정 등.

19 이사회 의결이 필요없다는 판단으로 서울남부지방법원 2014. 12. 4. 선고 2014가합6290 판결.

3. 회의 목적 · 안건 · 일시 및 장소 등의 공고 · 통지

도시정비법상 조합장이 총회를 소집하기 위해서는 총회가 개최되기 7일전까지 회의 목적 · 안건 · 일시 및 장소 등을 조합원에게 통지하여야 하고(법 제44조 제4항), 정관이 정한 통지, 공고 등의 절차를 거쳐야 한다(구 표준정관 제20조 제7항). 조합원 1/5 이상의 요구에 의해 발의자 대표가 조합장에 대한 소집요구 등을 절차를 거쳐 직접 소집하는 총회도 정관에 따라 조합장의 총회 소집절차에 관한 같이 적용하고 있다(구 표준정관 제20조 제7항).

그러나 해임총회 소집절차는 도시정비법 또는 정관에서 별도로 정하고 있지 않다. ⓐ 총회 소집 공고 · 통지 등 절차에 관한 정관 규정은 도시정비법 제43조 제4항에 따른 해임총회 소집에 직접 적용되지 않으므로,[20] 해임총회에 반드시 정관에 따른 통지 · 공고 절차를 준수하여야 한다고 해석할 이유는 없을 수 있다.[21] 그러나 ⓑ 해임총회에 관한 도시정비법 제43조 제4항은 소집 요건, 의사 · 의결정족수 및 소집권자에 대해서만 별도의 규정을 둔 것일 뿐, 도시정비법 제44조 제4항, 제5항 및 정관의 적용을 배제하는 취지로 볼 수 없으므로,[22] 소집 공고 및 통지, 총회의 진행은 통상의 총회와 동일하게 적용하는 것이 타당하다. 위 ⓐ와 같이 정관에 따른 통지 · 공고 절차를 그대로 적용하지 않아도 된다고 보더라도, 총회 의결이 적법하게 성립하기 위해서는 조합원의 의결권, 토의권이 보장되어야 하므로 결국 정관에 정하는 방법에 준하여 통지, 공고 절차가 이루어져야 하는 것이 타당하다.[23]

Ⅲ. 총회 의결 방법

1. 개의 요건

가. 의사정족수

도시정비법 및 정관상 해임총회의 의사정족수에 대해 별도로 정하고 있지 않으나, 해임 안건의 의결정족수(조합원 과반수의 출석과 출석 과반수의 동의)를 고려하면 조합원 과반수 출석으로 개의할 수 있을 것으로 생각된다.

---

20 총회 소집 통지 · 공고 절차를 정한 구 표준정관 제20조 제7항이 적용되는 "제2항 내지 제5항의 규정에 의하여 총회를 소집하는 경우"는 조합장이 직접 소집하는 경우(제2항 내지 제4항), 발의자 대표가 소집하는 경우(제5항)로서 도시정비법 제43조 제4항에 따른 해임총회는 예정하고 있지 않다.

21 의정부지방법원 2020. 6. 23.자 2020카합5155 결정, 인천지방법원 2021. 11. 16.자 2021카합10490 결정 등.

22 인천지방법원 2010. 7. 29.자 2010카합739 결정, 수원지방법원 성남지원 2021. 2. 19.자 2020카합50213 결정, 부산고등법원 2021. 10. 26.자 2021라5130 결정 등.

23 서울고등법원 2019. 4. 19.자 2018라21523 결정은 통지 · 공고에 대한 정관 규정이 적용되지 않지만 등기우편, 문자메시지 발송 등 정관의 절차가 사실상 준수된 점을 기초로 총회결의가 적법하다고 보았다. 이렇게 본다면 논의의 실익은 ⓐ의 경우 통지, 공고절차 중 일부가 누락되었디 히더라도 그 하자의 정도가 ⓑ에 비해 낮다는 것이다.

나. 직접 출석 요건

(1) 2017년 전부 개정 전 논의

통상의 총회는 조합원 10/100 이상이 직접 출석하여야 하는데(법 제45조 제6항), 해임총회에도 이 같은 직접 출석 요건이 적용되는지가 문제된다.

이에 대해 종전에 하급심 판례에서 엇갈린 입장이 있었으나, 대법원 2014. 9. 4. 선고 2012다4145 판결은 "구 도시정비법 제23조 제4항은 조합원 10분의 1 이상의 발의로 조합임원을 해임하는 경우에 관한 특별 규정으로서 위 규정에 따라 조합임원의 해임을 위하여 소집된 조합 총회의 경우에는 해임결의를 위하여 조합원 과반수의 출석과 출석 조합원 과반수의 동의만 있으면 되는 것이지 여기에 구 도시정비법 제24조 제5항 단서에 따라 조합원의 100분의 10 이상이 직접 출석하는 것까지 요구되는 것은 아니다"라고 판단하여 해임총회 10/100 이상의 직접 출석이 필요없다고 판단하였다.

(2) 2017년 전부개정법률에 따른 직접출석 요건

위 대법원 2012다4145 판결은 개정 전 도시정비법이 적용된 사안으로서,[24] 현행 도시정비법에서 조합원 10/100 이상의 직접 출석이 필요한지는 여전히 다툼의 여지가 있다.

① 여전히 직접 출석 요건이 필요없다는 입장은, ⓐ 도시정비법 제43조 제4항은 구 도시정비법 제23조 제4항과 마찬가지로 공법인인 정비사업조합의 공공성과 공익성을 고려하여 해임총회의 소집요건을 완화한 특별규정이므로 위 대법원 2012다4145 판결의 취지처럼 도시정비법 제45조 제6항이 적용되지 않는다고 해석하는 것이 타당하고, ⓑ 도시정비법 제45조 제6항이 일정 비율 이상 조합원의 직접 출석을 요구하는 것은 총회 의결시 조합원의 의사를 명확하게 반영하기 위한 것인데, 해임총회를 소집 · 발의하기 위해서는 조합원 1/10 이상의 요구가 있어야 하므로 일정 비율 이상 조합원의 직접 출석을 요구하지 않더라도 이미 조합원의 의사가 명확하게 반영되었다고 볼 수 있고, ⓒ 도시정비법 제43조 제4항이 "제44조 제2항에 불구하고"라고 규정하고 있기는 하나, 위 도시정비법 제44조 제2항 이외의 다른 규정의 적용이 배제되는 것인지는 문언뿐 아니라 개정 과정과 입법취지 등 여러 사정을 종합하여 합목적적으로 해석하여야 한다고 본다.[25]

② 개정법에서 10/100 이상의 직접 출석이 필요하다는 입장은, ⓐ 구 도시정비법 제23조 제4항은 해임총회의 소집 및 의결에서 구 도시정비법 제24조를 배제하여 직접 출석 요건에 관한 구 도시정비법 제24조 제6항이 적용되지 않는다고 볼 수 있었으나, 현행 도시정

24 구 도시정비법 제23조 제5항은 "조합임원의 해임은 제24조에도 불구하고 …"로 규정하여 직접 출석에 관한 제24조 제6항도 배제하였으나, 2017. 2. 8. 법률 제14567호로 전부 개정된 도시정비법 제43조 제5항은 "조합임원은 제44조 제2항에도 불구하고 …"로 하여 직접 출석에 관한 제45조 제6항은 배제하지 않았다.

25 문선희, 89; 서울고등법원 2019. 4. 19.자 2018라21523 결정, 서울고등법원 2021. 5. 11.자 2021라20070 결정, 부산고등법원(울산) 2021. 8. 19.자 2021라10008 결정 등.

비법 제24조는 총회 소집 요건에 관한 도시정비법 제44조 제2항만을 배제하므로 직접 출석 요건에 관한 도시정비법 제45조 제6항은 그대로 적용되어야 하고, ⓑ 도시정비법 제45조 제6항이 일정 비율 이상 조합원의 직접 출석을 요구하는 것은 총회 의결시 조합원의 의사를 명확하게 반영하고 조합원들의 의결권을 실질적으로 보장하여 총회의 실질화를 꾀하는데 취지가 있는데, 조합의 최고의사결정기관인 총회의 중요성에 비추어 위 규정은 일반적인 총회뿐만 아니라 해임총회에도 적용되어야 한다고 보고 있다.[26]

도시정비법 제43조 제4항은 해임총회의 소집 요건, 소집권자 및 의사 · 의결정족수에 관한 특별규정으로서, 통상의 총회 소집에 관한 다른 도시정비법 규정은 위 도시정비법 제43조 제4항이 명시적으로 배제하거나 해임총회에 적용할 수 없는 것이 아닌 한 그대로 적용되어야 한다고 생각된다. 소수의 조합원들이 서면결의서를 모아 해임 의결을 남발하는 현실을 고려할 때 직접 출석은 총회 의사결정의 정당성을 확보하기 위한 최소한의 요건으로 생각된다.

2. 소명기회 부여

통상 정관에는 해임사유와 소명절차 등을 정하고 있는데(구 표준정관 제19조 제1항), 소명절차는 "이 경우 사전에 해당 임원에 대해 청문 등 소명기회를 부여하여야 하며, 청문 등 소명기회를 부여하였음에도 이에 응하지 아니한 경우에는 소명기회를 부여한 것으로 본다"와 같이 일정한 기회를 부여하는 것에 취지를 두고 있다.

통상의 총회에서 조합임원을 해임하기 위해서는 당연히 정관이 정하는 바에 따라 소명의 기회를 부여해야 한다. 그런데 도시정비법 제43조 제4항에 따른 해임총회는 정관으로도 그 사유나 절차를 제한할 수 없는 것으로 해석되고, 이때 정관에 따른 소명절차까지 배제될 수 있는지가 문제된다.

도시정비법 제43조 제4항의 취지는 각 당사자가 언제든지 해지할 수 있는 위임의 법리에 따라 조합원의 의사에 따른 조합임원의 해임을 원활하게 하기 위하여 둔 규정이고, 정관의 소명절차는 도시정비법 제43조 제4항에 따른 해임 의결을 제한하는 취지로 볼 수 없으므로 도시정비법 제43조 제4항에 따라 해임하려는 조합임원에게 정관에 따른 소명의 기회를 반드시 부여할 의무가 있다고 보기는 어렵다.[27] 다만 해임결의의 정당성을 확보하기 위해 의결에 방해가 되지 않는 범위에서 일정한 소명의 기회는 부여하여야 할 것으로 생각된다.

---

26 안광순(상), 575; 서울고등법원 2021. 6. 22.자 2021라20389 결정.

27 서울고등법원 2012. 8. 16. 선고 2011나37058 판결, 서울북부지방법원 2016. 8. 29.자 2016카합20200 결정, 부산지방법원 2020. 5. 27. 선고 2019가합44268, 52184 판결 등.

3. 의결정족수

해임총회의 해임 안건은 조합원 과반수의 출석과 출석 과반수의 동의로 의결할 수 있다(법 제43조 제4항). 도시정비법이 2009. 2. 6. 법률 제9444호로 개정되면서 "정관에서 해임에 관하여 별도로 정한 경우에는 정관이 정하는 바에 의한다"는 종전 단서 조항을 삭제한 취지에 비추어 보면, 도시정비법 제43조 제4항의 의결정족수는 강행규정으로서 정관으로도 변경할 수 없다고 보는 것이 타당하다.[28]

Ⅳ. 총회 의결사항

1. 조합임원 해임

가. 해임 대상

(1) 임기중인 조합임원

도시정비법 제43조 제4항에 따른 해임 의결의 대상은 조합임원이다.

임기만료된 조합임원에게 후임 조합임원의 선임시까지 업무수행권을 인정할 필요가 있는 경우에 해당한다 하더라도 조합임원의 지위가 인정되는 것은 아니므로(재단법인 이사에 관한 대법원 1996. 12. 10. 선고 96다37206 판결 참고), 임기가 만료된 조합임원을 대상으로 해임결의를 하더라도 그 해임의 효력이 발생하지 않는다.[29] 따라서 임기가 만료된 조합임원이 업무수행을 계속하는 것을 저지하기 위해서는 해임이 아닌 직무집행정지 의결이 이루어져야 한다.

(2) 해임총회에서 대의원에 대한 해임 의결 가능 여부

조합원들이 조합임원 해임을 위한 총회를 소집하면서 조합임원과 함께 대의원에 대해서도 해임 의결을 상정하는 경우가 있다. 그러나 도시정비법 제43조 제4항은 통상의 총회와 발의·소집 요건, 의결정족수 등을 달리하여 조합임원을 해임할 수 있도록 한 특례규정으로서 명문으로 정하지 않은 대의원 해임에는 적용되지 않는다고 보는 것이 타당하다.[30]

따라서 대의원은 도시정비법 제43조 제4항에 따라 조합원 1/10 이상의 발의로 발의자 대표가 소집하는 해임총회에서 해임 의결을 할 수 없고, 통상의 임시총회와 같이 조합원 1/5 이상이 조합장에게 대의원 해임에 관한 총회 소집을 요구하는 절차를 밟아야 한다. 도시정비법 제43조 제4항에 따른 해임총회가 조합원 1/5 이상의 발의로 이루어진 것이라 하더라도, 조합임원 해임총회와 대의원 해임총회는 소집절차가 다르므로 조합임원 해임총회

28 서울고등법원 2010. 7. 14.자 2009라2485 결정, 서울고등법원 2021. 5. 11.자 2021라20070 결정.

29 울산지방법원 2017. 3. 23.자 2017카합86 결정 등.

30 서울남부지방법원 2017. 10. 19. 선고 2017가합104164 판결, 대구지방법원 2018. 9. 7.자 2018카합10327 결정, 서울남부지방법원 2019. 3. 21.자 2019카합20080 결정.

의 발의자 대표가 대의원 해임총회까지 소집 · 개최할 수 없는 것으로 생각된다.

나. 해임사유

(1) 정관이 정한 해임사유가 있어야 하는지 여부

구 표준정관 제18조 제1항은 "임원이 직무유기 및 태만 또는 관계법령 및 이 정관에 위반하여 부당한 손실을 초래한 경우에는 해임할 수 있다"고 정하고 있었고, 조합 정관은 위 표준정관 규정과 같이 일정한 해임사유를 정하고 있다. 도시정비법 제43조 제4항에 따른 임원 해임에 위와 같은 해임사유가 필요하다고 볼 경우, '직무유기 및 태만 또는 관계법령 및 정관 위반', '부당한 손실 초래' 등의 요건이 소명 · 입증되지 않으면 해임결의의 효력이 없다고 볼 수 있다.

① 이에 대해, 도시정비법 및 조합 정관에 조합임원의 임기를 정하고 있고 정관상 해임사유를 "임원이 직무유기 및 태만 또는 관계법령 및 이 정관에 위반하여 부당한 손실을 초래한 경우"로 한정한 것은 조합임원이 조합업무에 전념할 수 있도록 직무유기 등 일정한 해임사유가 있는 경우에만 해임이 가능한 것으로 해석될 여지는 있다.[31]

② 그러나 ⓐ 구 도시정비법이 2009. 2. 6. 법률 제9444호로 개정되면서 해임에 관해 정관에 위임한 구 도시정비법 제23조 제4항 단서를 삭제한 것은 종전에 조합 정관에 조합임원의 해임사유를 제한하는 규정을 둠으로써 조합임원들과 조합원들 사이의 신뢰관계가 이미 파탄되었음에도 조합원들이 조합임원을 해임하는 것을 어렵게 하였던 과거의 폐단을 없애기 위하여 조합의 정관으로 조합임원의 해임사유를 제한하지 못하도록 명문화한 것으로 볼 수 있다. ⓑ 조합임원과 조합 사이의 관계는 일종의 위임관계로서 서로 간의 신뢰가 중시되는 관계인데, 만일 그 신뢰가 파탄되어 조합원 다수가 새로운 조합임원을 선출하기를 원한다면 조합원 총회에서 다수의 의사에 따라 그 조합임원을 해임하고 다른 조합원을 조합임원으로 선임할 수 있게 함이 바람직한 것으로 보이므로, 정관에 정한 해임사유가 있는지 여부를 불문하고 도시정비법 제43조 제4항에 따른 요건을 갖추어 해임할 수 있다는 것이 타당하다.[32]

③ 정관에서 구 표준정관과 같은 해임사유를 정하고 있다 하더라도 그 문언은 주의적 규정에 불과하여 넓게 보거나,[33] 조합원들이 자치적인 판단에 따라 그 조합임원을 해임할

---

31 서울서부지방법원 2009. 5. 25.자 2009카합1020 결정 등.

32 서울중앙지방법원 2014. 2. 11.자 2014카합199 결정, 서울고등법원 2014. 6. 20. 선고 2013나79797 판결, 서울고등법원 2014. 10. 10. 선고 2013나79988 판결 등; 도시정비법 제43조 제4항(구법 제23조 제4항)은 정관으로도 해임사유를 제한하지 못하도록 하는 강행규정으로서 해임사유를 정한 정관 규정은 강행규정에 위반하여 무효라고 본 사례로 서울고등법원 2010. 7. 14.자 2009라2485 결정, 광주고등법원 2020. 2. 26.자 2019라1074 결정, 부산고등법원(울산) 2021. 8. 19.자 2021라10008 결정.

33 서울고등법원 2011. 10. 13. 선고 2011나10596 판결, 서울북부지방법원 2014. 4. 2. 선고 2013가합22601

지 여부를 표결로써 결정하면 족한 것으로 볼 수 있을 것이다.[34]

⑵ 해임사유의 개별적 제시

해임은 해임대상 조합임원별로 해임사유를 판단하여 의결이 이루어져야 하므로, 해임대상 조합임원 전원을 일괄적으로 해임 찬성, 반대로 의결하는 것은 위법하다.[35] 통상 조합장 및 다수의 이사를 동시에 해임하는 경우 동일한 해임사유를 적용하거나, 조합장의 해임사유만 특정하고 이사는 조합장을 저지하지 못하거나 공모하였다는 것을 막연한 해임사유로 제시하기도 하나, 해임사유는 해임대상 조합임원별로 특정하여야 한다는 점에서 위와 같은 해임결의는 다툼의 여지가 있다.

2. 직무집행정지 등 부수 안건

가. 직무집행정지 안건

⑴ 해임된 조합임원의 직무집행 정지 여부

해임된 조합임원은 사임한 경우와 마찬가지로 민법 제691조를 유추적용하여 조합 업무를 수행하는 것이 부적당하다는 사정이 없다면 계속 업무를 수행할 수 있다고 볼 수 있고, 정관도 해임된 조합임원의 직무수행이 적합하지 않으면 이사회 또는 대의원회에서 별도의 직무수행정지 의결을 하여야 하는 것으로 정하고 있다(구 표준정관 제18조 제4항).[36] 따라서 조합임원이 해임되었더라도 별도의 직무수행정지 의결 등이 없는 한 종전 조합임원의 업무를 계속할 수 있다고 볼 수 있다.[37]

그러나 총회에서 해임된 조합임원의 직무수행이 별도의 이사회 의결 등이 있어야만 정지된다고 보는 것은 사임한 경우와 달리 조합임원이 본인이 의사에 반하여 강제로 그 직을 사임하게 한다는 해임의 본질에 어긋날 뿐 아니라 단체 내부의 의사결정에 불과한 이사회 의결이 조합의 최고의사결정기관인 총회결의의 효력 범위를 결정하게 되는 부당한 결과를 초래할 수 있다. 따라서 총회 의결로 해임된 조합임원은 다른 절차를 거칠 필요 없이 바로

판결, 대구지방법원 2014. 6. 19. 선고 2013가합7107 판결.

34 서울중앙지방법원 2011. 11. 8.자 2011카합2688 결정, 수원지방법원 안양지원 2012. 7. 30.자 2012카합63 결정, 서울북부지방법원 2016. 8. 29.자 2016카합20200 결정 등.

35 서울서부지방법원 2009. 5. 25.자 2009카합1020 결정.

36 구 표준정관 제18조(임원의 해임 등) ④ 제2항의 규정에 의하여 사임하거나 또는 해임되는 임원의 새로운 임원이 선임, 취임할 때까지 직무를 수행하는 것이 적합하지 아니하다고 인정될 때에는 이사회 또는 대의원회 의결에 따라 그의 직무수행을 정지하고 조합장이 임원의 직무를 수행할 자를 임시로 선임할 수 있다. 다만, 조합장이 사임하거나 퇴임 · 해임되는 경우에는 제16조 제6항을 준용한다.

37 서울서부지방법원 2009. 5. 29.자 2009카합1065 결정, 수원지방법원 2012. 3. 15.자 2012카합81 결정, 부산지방법원 2021. 7. 2.자 2021카합10393 결정 등.

그 직무수행이 정지된다고 보는 것이 해임결의의 취지에 부합하는 것으로 생각된다.[38]

다만 해임된 조합임원이 해임결의에는 승복하되 일정 범위에서 시급한 조합업무를 처리하여야 할 필요도 있을 수 있고, 해임된 조합임원의 계속업무수행이나 이사회 또는 대의원회의 직무수행정지 의결 절차에 관한 정관 규정(구 표준정관 제18조 제4항)으로 인해 해임된 조합임원이 직무를 수행할 수 없는지 계속 다툼이 있게 된다. 따라서 다음에서 보는 것처럼 해임 의결과 함께 직무수행정지 의결을 하거나, 사후적으로 이사회 또는 대의원회의 직무수행정지 의결 또는 법원의 직무집행정지가처분 결정으로 더 이상 직무수행을 하지 못하도록 할 필요가 있다.

⑵ 해임총회에서 해임 안건에 부수된 직무집행정지 의결

정관상 해임된 조합임원의 직무수행정지는 이사회 또는 대의원회가 의결할 수 있도록 되어 있으나(구 표준정관 제18조 제4항), 위 정관 규정을 이유로 조합의 최고의사결정기관인 총회의 권한이 제한된다고 볼 이유는 없으므로 총회에서 조합임원에 대한 직무수행정지도 의결할 수 있다고 보는 것이 타당하다. 조합장이 소집하거나 조합원 1/5 이상의 요구로 발의자 대표가 소집하는 총회는 상정하는 안건에 제한이 없으므로 직무수행정지 안건도 당연히 의결할 수 있으나, 도시정비법 제43조 제4항에 따른 해임총회는 조합임원 해임으로 안건이 제한되어 있어 다툼의 여지가 있다.

① 도시정비법 제43조 제4항은 조합임원의 해임을 안건으로 하는 총회의 소집 및 진행에 관하여 규정하고 있을 뿐 해임될 조합임원의 직무정지는 정하고 있지 않으며, 정관에도 해임총회에서 직무집행정지 의결을 할 수 있는 근거를 두고 있지 않으므로 해임 안건에 부수하여 직무집행정지 의결을 할 수 없다고 볼 여지가 있다.[39]

② 그러나 해임 의결로서 직무수행이 정지된다고 보는 것이 해임의 취지에 부합하고, 총회에서 해임된 조합임원의 직무집행을 정지하기 위해 별도의 이사회 또는 대의원회 의결이 있어야 한다면 최고의사결정기관인 총회결의의 효력을 부정하는 부당한 결과를 초래하므로, 직무수행정지 의결은 해임결의의 효과를 확인하는 부수적인 안건으로서 해임총회에서 같이 의결할 수 있다고 보는 것이 타당하다.[40]

---

38 의정부지방법원 2017. 8. 3.자 2017카합5227 결정, 서울북부지방법원 2017. 8. 7.자 2017비합1011 결정, 대전고등법원 2021. 1. 11.자 2020라233 결정 등.

39 서울중앙지방법원 2014. 2. 11.자 2014카합199 결정, 서울중앙지방법원 2016. 6. 24.자 2017카합80764 결정 등.

40 서울북부지방법원 2016. 8. 29.자 2016카합20200 결정, 수원지방법원 안양지원 2016. 12. 21.자 2016카합10134 결정, 서울중앙지방법원 2019. 5. 13.자 2019카합20283 결정 등.

나. 후임 조합임원 또는 직무대행자 선임 안건

도시정비법 제43조 제4항이 발의자 대표에게 총회소집권을 부여한 것은 조합임원에게 명백한 해임사유가 있음에도 조합장이 총회소집권을 보유함을 기화로 조합임원 해임을 위한 총회의 소집 자체를 거부할 경우를 대비하여 소극적으로 조합임원을 해임하는 것까지는 허용함으로써 조합에게 회복하기 어려운 손해가 발생하는 것을 막기 위한 제도이다. 제도의 취지를 감안하면 해임총회에서 의결이 허용되는 안건의 범위는 엄격하게 해석하는 것이 타당하다. 도시정비법 제43조 제4항은 조합임원의 해임을 안건으로 하는 총회의 소집 및 진행에 관하여 규정하고 있을 뿐 별도의 조합임원 선임이나 직무대행자 선임은 정하고 있지 않으며, 예외적인 소집권자가 소집하는 총회에서 의결할 수 있는 안건은 법 규정에 명시된 사유인 그 안건 자체 및 그 안건을 위해 필수적인 부수 안건으로 한정하는 것이 조합의 통일적인 업무수행을 위해 바람직하다.

따라서 해임총회에서 조합임원 해임 의결과 동시에 후임 조합임원을 선임하는 결의,[41] 직무대행자를 선임하는 결의[42] 등은 효력이 없다고 보는 것이 타당하다. 조합장 해임 이후의 업무 공백은 정관이 정하는 순서에 따라 이사 중 직무대행자를 선임하거나, 직무를 대행할 이사가 없으면 법원에 임시이사선임을 신청하는 방법에 의하여야 할 것으로 생각된다.

다. 총회비용

해임총회는 발의자 대표가 조합의 기관으로서 소집하는 것이므로, 발의 요건을 적법하게 갖춘 이상 총회 개최에 소요된 비용은 조합이 부담해야 한다. 해임총회에서 총회 비용 집행(비용 승인) 안건을 의결하는 경우가 많은데, 조합이 부담할 비용이라는 점을 명시적으로 확인하는 취지에서 총회 비용 안건은 해임 안건에 부수하여 할 수 있는 안건으로 볼 수 있다.[43] 그러나 비용의 구체적인 근거가 미리 검토되거나 확인되지 않은 채 이루어지는 총회결의를 확정된 금액에 대한 비용상환의무를 그대로 인정한 것으로 보기는 어렵고, 실제 조합이 상환의무를 부담할 범위에 대해서는 다툼의 여지가 있을 것으로 생각된다.

---

41 서울서부지방법원 2009. 5. 25.자 2009카합1020 결정, 서울고등법원 2011. 12. 13. 선고 2011나22193 판결, 서울고등법원 2016. 8. 4.자 2016라20355 결정.

42 서울서부지방법원 2009. 5. 25.자 2009카합1020 결정, 서울중앙지방법원 2014. 2. 11.자 2014카합199 결정, 서울서부지방법원 2020. 6. 4.자 2020카합50343 결정 등.

43 서울북부지방법원 2016. 8. 29.자 2016카합20200 결정, 서울남부지방법원 2018. 6. 11.자 2018카합20129 결정, 서울중앙지방법원 2019. 5. 13.자 2019카합20283 결정 등.

[17] 계약

I. 적용 규정

1. 도시정비법 제29조 등

추진위원회 또는 사업시행자가 공사, 용역, 물품구매 및 제조 등의 계약을 하려면 원칙적으로 일반경쟁입찰로 하되, 예외적으로 지명경쟁입찰 또는 수의계약으로 할 수 있으며(법 제29조), 위 계약의 방법을 위반하여 계약을 체결한 추진위원장, 조합임원은 형사처벌의 대상이 된다(법 제136조 제1호). 또한 누구든지 위 계약 체결과 관련하여 금품, 향응 또는 그 밖의 재산상 이익을 제공하거나 제공을 약속할 수 없으며, 이를 위반한 경우 형사처벌의 대상이 된다(법 제132조, 제135조 제2호).

도시정비법 제29조(구법 제11조) 제1항 본문은 강행규정으로서 이를 위반하여 경쟁입찰의 방법이 아닌 방법으로 이루어진 입찰과 시공자 선정결의는 당연히 무효이며, 형식적으로는 경쟁입찰의 방법에 따라 조합총회에서 시공자의 선정 의결을 하였다고 하더라도 실질적으로 경쟁입찰에 의하여 시공자를 정하도록 한 취지를 잠탈하는 경우도 이 규정을 위반하여 무효이다(대법원 2017. 5. 30. 선고 2014다61340 판결 등).

2. 계약업무 처리기준

가. 계약업무 처리기준의 연혁

2002년 제정된 도시정비법은 정관이 정하는 경쟁입찰의 방법으로 시공자를 선정하도록 하였으나, 도시정비법이 2006. 5. 24. 법률 제7960호로 개정되면서 정관이 아닌 건설교통부장관이 정하는 경쟁입찰의 방법으로 시공자를 선정하도록 하였고 이에 건설교통부 고시로 「정비사업의 시공자 선정기준」이 제정 · 고시되었다. 그 이외에는 추진위원회가 추진위원회 승인을 얻은 후 국토교통부장관이 정하는 경쟁입찰의 방법으로 정비사업전문관리리업자를 선정하여야 하거나(구법 제14조 제2항, 정비사업전문관리업자 선정기준), 조합이 설계자 · 감정평가업자 · 정비사업전문관리업자를 선정 또는 변경하거나, 예산으로 정한 사항 외에 조합원에게 부담이 되는 계약은 총회의 의결을 받도록 정한 것(구법 제24조 제3항 제5호, 제6호, 제7호) 정도의 제한만 두었다.

도시정비법이 2017. 8. 9. 법률 제14857호로 개정되면서 경쟁입찰 등의 적용을 시공자 선정이 아닌 모든 계약으로 확대하는 한편 전자조달시스템 이용에 대한 내용을 구체화하였다. 도시정비법 제29조 제3항의 위임에 따라 계약의 방법 및 절차 등에 필요한 사항을 정한 계약업무 처리기준이 2018. 2. 9. 국토교통부 고시 제2018-101호로 제정 · 고시되었는데,[1] 종전과 달리 계약업무 처리기준은 조합 등 사업시행자가 체결하는 모든 계약에 적용되고, 선정 및 계약체결 절차를 더욱 상세하게 정하였다.

나. 법적 성격

계약업무 처리기준은 도시정비법 제29조 제3항의 위임에 따라 계약의 방법 및 절차 등에 필요한 사항을 정한 것이다. 법령의 위임에 따라 수임 행정기관이 법령의 내용을 정한 고시는 위임 법령과 결합하여 대외적으로 구속력이 있는 법규명령으로서 효력을 가지는데(대법원 2004. 4. 9. 선고 2003두1592 판결 등 참고), 계약업무 처리기준도 법규명령을 보충하는 행정규칙으로서 법규적 효력을 갖는다고 보는 것이 타당하다.[2·3] 다만 그 법규적 효력은 도시정비법 제29조 제3항의 위임에 근거한 것이므로 위임의 범위를 벗어난 내용은 법규적 효력이 인정되기 어려울 것이나,[4] 자치법규인 조합 정관에 시공자의 선정 · 변경은 계약업무 처리기준에 따르도록 정하고 있다면, 계약업무 처리기준의 해당 내용이 적법한 위임 범위 내인지 상관없이 정관의 효력으로서 계약업무 처리기준이 정하는 방법과 절차를 준수하여야 할 것으로 생각된다.[5]

---

1 종전의 정비사업의 시공자 선정기준, 정비사업전문관리업자 선정 기준은 위 계약업무 처리기준의 제정으로서 폐지되었다.

2 구 시공자 선정기준도 계약업무 처리기준과 같이 도시정비법의 위임에 따라 제정된 고시로서 그 법적 성격은 동일하게 볼 수 있다.

3 맹신균, 545; 전재우, 109; 구 시공자 선정기준에 대해서는 이우재(상), 222.

4 구 시공자 선정기준에 관해 부산지방법원 2013. 5. 30. 선고 2012구합2932 판결은 구 도시정비법 제11조 제1항 본문은 국토교통부정관에서 "경쟁입찰의 방법"을 위임하고 있을 뿐 시공자 선정총회 의결방법은 위임하고 있지 않은데, 구 시공자 선정기준 제14조 제1항이 시공자 선정 의결에 조합원 과반수의 직접 참석을 요구하는 것은 법령의 위임 범위를 벗어나 대외적 구속력이 인정되지 않는다고 보았다. 현재 시행되는 계약업무 처리기준은 법령에서 "계약의 방법 및 절차 등에 필요한 사항"을 위임받아 제정된 것으로서 그 위임의 범위가 더욱 넓기는 하나, 여전히 이 부분에서 다툼의 여지는 있는 것으로 생각된다.

5 구 시공자 선정기준에 관한 서울동부지방법원 2015. 1. 21.자 2014카합10149 결정.

다. 적용범위

(1) 계약업무 처리기준이 적용되는 계약의 범위

계약업무 처리기준의 적용을 받는 주체는 추진위원장 또는 사업시행자(청산인 포함)이다(법 제29조 제1항, 계약업무 처리기준 제5조, 이하 '사업시행자등'). 따라서 토지등소유자가 시행하는 재개발사업(구 도시환경정비사업)은 제외하고,[6] 조합이 시행하는 재개발사업 · 재건축사업, 공공시행자 또는 지정개발자가 시행 또는 대행하는 정비사업의 계약에는 모두 계약업무 처리기준이 적용된다. 다만 공공시행자나 지정개발자가 시행하는 경우에는 주민대표회의 또는 토지등소유자 전체회의가 시행령 제24조 제4항이 정하는 방법으로 추천한 시공자를 선정하여야 하므로 이 범위에서는 계약업무 처리기준이 적용되지 않는다.

계약업무 처리기준이 적용되는 대상은 "공사, 용역, 물품구매 및 제조 등"으로서 원칙적으로 사업시행자등이 체결하는 모든 계약이다(법 제29조 제1항, 계약업무 처리기준 제5조). 국토교통부는 조합의 사업부 및 이주비 등 금융기관 선정은 계약업무 처리기준에 따른 계약에 해당하지 않는다고 유권해석하는 등[7] 그 구체적 적용범위에 대해 다툼이 있을 수 있으나, 사업시행자등이 제3자와의 약정으로 일정한 의무를 부담하는 행위는 계약업무 처리기준의 계약으로 보아야 할 것으로 생각된다.

(2) 계약업무 처리기준 적용에 관한 경과규정

2017. 8. 9. 법률 제14857호로 일부개정된 도시정비법 제29조 및 계약업무 처리기준은 위 각 개정법률 및 고시의 시행일인 2018. 2. 9. 이후 최초로 계약을 체결하는 경우부터 적용되지만, 시공자나 정비사업전문관리업자의 경우 위 2018. 2. 9. 이후 최초로 시공자나 정비사업전문관리업자를 선정하는 경우부터 적용된다(법 부칙(2017. 8. 9.) 제2조, 계약업무 처리기준 부칙(2018. 2. 9) 제2조).[8]

① 시공자나 정비사업전문관리업자가 아닌 협력업체의 선정 및 계약 체결은 2018. 2. 9. 이후 최초로 "계약을 체결"하는 경우부터 계약업무 처리기준이 적용되므로, 위 2018. 2. 9. 당시 선정이 상당부분 진행되었더라도 계약을 체결하기 전이라면 계약업무 처리기준에 따른 절차에 따라 다시 선정부터 진행되어야 한다고 보는 것이 타당하다.[9]

② 시공자나 정비사업전문관리업자는 2018. 2. 9. 이후 최초로 '선정'하는 경우부터 계

---

6 계약업무 처리기준은 도시정비법 제29조 제1항(경쟁입찰 등)에 따라 체결하는 계약의 방법 및 절차를 위임받아 정한 것인데, 토지등소유자가 시행하는 재개발사업(구 도시환경정비사업)은 제29조 제1항이 적용되지 않으므로 계약업무 처리기준이 적용되지 않는다.

7 국토교통부 2018. 4. 4.자 전자민원 회신 등.

8 안광순(상), 236은 이같이 달리 정한 것은 구 도시정비법이 다른 협력업체의 선정과 계약체결은 아무런 제한 없이 자유롭게 할 수 있도록 하였던 것에 반해, 시공자와 정비사업전문관리업자는 구 도시정비법에서도 엄격한 경쟁입찰과 절차 등을 적용하여 비교적 공정하게 선정될 수 있도록 하였으므로 구 도시정비법에 따른 선정을 유효한 것으로 유지하고 계약을 체결할 수 있도록 한 것이라고 보고 있다.

9 법제처 2018. 8. 29. 18-0369 해석례.

약업무 처리기준이 적용되므로 계약업무 처리기준이 적용되지 않는 범위를 더 넓게 볼 수 있다. 위 '선정'은 ⓐ 문언상으로는 선정행위, 즉 시공자나 정비사업전문관리업자를 선정하는 총회 의결을 의미한다고 볼 수도 있으나,[10] ⓑ 정비사업 추진과정에서 상대적으로 파급효과가 큰 시공자와 정비사업전문관리업자에 대해 부칙에서 별도로 정한 취지를 고려하면 이미 입찰공고 등 선정 절차를 시작하였다면 종전 규정에 따라 그 절차를 그대로 진행할 수 있다고 보는 것이 타당한 것으로 생각된다.[11] 국토교통부는 "최초로 선정하는 경우"는 "선정을 위한 최초의 대외적인 절차인 입찰공고 등의 절차를 이 법 시행 이후 추진하는 경우"를 의미한다는 유권해석을 제시한 바 있다.[12] 다만 위 2018. 2. 9. 이전의 선정이 무효이거나 해지되어 유지되지 않아 새로운 입찰절차를 진행해야 한다면 이때는 계약업무 처리기준이 적용되어야 한다고 보는 것이 타당하다.[13]

3. 공공지원 시공자 선정기준 등

가. 시장 · 군수등의 공공지원을 위한 고시

시장 · 군수등은 정비사업의 투명성 강화 및 효율성 제고를 위하여 정비사업의 사업시행 과정을 지원(공공지원)할 수 있고, 공공지원의 시행을 위한 방법과 절차, 기준 등은 시 · 도조례로 정한다(법 제118조 제1항, 제6항).

서울시 정비조례는 공공지원 대상사업을 조합이 시행하는 정비사업으로 정하면서 시공자 선정, 건설사업관리자 등 그 밖의 용역업체 선정 방법 등에 관한 업무의 지원, 공동사업시행에 따른 협약 및 시공자 선정 등을 공공지원 업무로 정하고 있다(서울시 정비조례 제73조, 제75조 제2호, 제8호, 제77조, 제78조 등). 서울특별시는 서울시 정비조례에 따른 공공지원 업무를 위해 「공공지원 정비사업전문관리업자 선정기준」, 「공공지원 설계자 선정기준」, 「공공지원 시공자 선정기준」, 「공동사업시행 건설업자 선정기준」, 「정비사업의 표준공동사업시행협약서」 등을 고시하여 시행하고 있다.

나. 도시정비법령, 계약업무 처리기준 등과의 관계

공공지원 시공자 선정기준 등은 시장 · 군수등의 공공지원을 위해 도시정비법의 위임 및 시 · 도조례에 따라 제정된 것으로서 그 위임의 범위에서 효력을 갖고, 상위법인 도시정

---

10 계약업무 처리기준 부칙(2018. 2. 9.) 제2조가 "선정하는 경우부터 적용한다"고 정한 것과 달리, 계약업무 처리기준 부칙(2020. 12. 16.) 제2조 단서, 소규모주택정비사업의 시공자 및 정비사업전문관리업자 선정기준 부칙(2018. 2. 23.) 제2조, 구 정비사업전문관리업자 선정기준 부칙(2012. 8. 2.)은 "이 기준 시행후 최초로 입찰공고하는 하는 경우부터 적용된다"와 같이 정하여 개정 기준은 입찰공고를 하는 경우부터 적용된다는 점을 명확히 밝히고 있다.

11 법제처 2018. 8. 29. 18-0369 해석례.

12 국토교통부의 2018. 2. 6.자 전자민원 회신 등.

13 차흥권, 99; 서울북부지방법원 2019. 3. 15.자 2019카합20084 결정.

비법 및 그 위임에 따른 국토교통부고시인 계약업무 처리기준 등에 위배되지 않아야 한다.

서울지역 조합의 시공자 선정의 경우 상위법인 도시정비법령은 일반경쟁입찰 · 지명경쟁입찰 · 수의계약의 요건과 방법을, 계약업무 처리기준은 입찰절차 및 입찰자의 홍보에 관한 사항을, 공공지원 시공자 선정기준은 계약업무 처리기준을 보완하여 입찰의 세부절차와 입찰참여 안내서 서식 등을 각각 정하고 있어 상호보완적으로 운용되는 것으로 보인다.

Ⅱ. 입찰 방법

1. 입찰방법의 구분

사업시행자등이 계약을 체결하기 위해서는 원칙적으로 일반경쟁입찰에 부쳐야 하고, 예외적으로 일정한 경우 지명경쟁입찰이나 수의계약이 가능하다(법 제29조 제1항, 시행령 제24조 제1항). 또한 일정한 경우 입찰은 전자조달시스템을 이용하여야 한다(법 제29조 제2항, 시행령 제24조 제2항). 계약의 성질 또는 목적에 비추어 특수한 설비 · 기술 · 자재 · 물품 또는 실적이 있는 자가 아니면 계약의 목적을 달성하기 곤란한 경우로서 입찰대상자가 10인 이내인 경우로서 지명경쟁입찰을 할 수 있는 경우(시행령 제24조 제1항 제1호 (가)목), 소송, 재난복구 등 예측하지 못한 긴급한 상황에 대응하기 위하여 경쟁에 부칠 여유가 없는 경우, 또는 일반경쟁입찰이 입찰자가 없거나 단독 응찰의 사유로 2회 이상 유찰된 경우로서 수의계약을 할 수 있는 경우(시행령 제24조 제1항 제2호 (마)목, (바)목) 이외에는 추정가격에 따른 입찰방법을 제한을 받는다.

표 12 ❙ 계약의 유형 및 금액별 입찰방법

	공사			용역 등
	건설공사	전문공사	그 밖의 공사	
전자입찰	6억원 초과	2억원 초과	2억원 초과	2억원 초과
지명경쟁	3억원 이하	1억원 이하	1억원 이하	1억원 이하
수의계약	2억원 이하	1억원 이하	8,000만원 이하	5,000만원 이하

시행령 제24조 제1항 및 제2항은 '추정가격'에 따라 입찰방법을 구분하고 있는데, 도시정비법령은 '추정가격'을 별도로 정의하거나 지방계약법령 등을 명시적으로 준용하지 않고 있다.

① 공공조달에서 '추정가격'은 "예산에 계상된 금액이나 해당 목적물의 규격서 · 설계서 등에 따라 산출된 금액을 기준으로 하여 관급자재로 공급될 부분의 가격을 제외하고 산정한 금액"으로 정하고 있는데(국가계약법 시행령 제2조, 제7조, 지방계약법 시행령 제2조, 제7조), 정비사업의 추정가격도 예산 또는 목적물의 규격서 · 설계서 등에 따라 산출한 금액 정도로 볼 수 있다.

② 공공조달의 추정가격은 부가가치세가 포함되지 않은 것으로 해석되므로[14] 도시정비법 시행령 제24조의 추정가격 역시 부가가치세는 포함되지 않은 것으로 보는 것이 타당하다.[15]

③ 추정가격은 예산에 따라 산출되고 추정가격을 기준으로 입찰의 방법이 정해지는 것이므로, 계약은 추정가격으로 정한 범위에서 체결되어야 한다. 소송위임과 같이 계약금액이 착수금과 성공보수로 이루어져 있다면 계약 체결 당시에는 착수금 및 성공보수를 합산한 금액이 추정가격 이내이어야 한다고 보는 것이 타당하다.

2. 일반경쟁입찰

가. 일반경쟁입찰의 요건

일반경쟁입찰은 입찰참여 자격을 제한하지 않고 불특정 다수의 입찰자가 입찰에 참여하여 그 중 가장 유리한 조건을 제시한 자를 선정하는 방식이다.

일반경쟁입찰이 원칙이고 지명경쟁입찰은 제한적으로 인정되기 때문에, 통상 일반경쟁입찰로 입찰에 부치고 유찰이 되면 수의계약으로 진행하게 된다. 일반경쟁입찰은 입찰참여 자격을 제한하지 않는다는 점에서 원칙적으로 허용되지 않는 제한경쟁입찰과 다른 것이나, 실무상 입찰참여를 위해서는 이행실적, 기술능력, 재무상태 등의 자료를 제출해야 하고, 입찰보증금 납부, 컨소시엄 가부 등에 대한 제한을 두는 경우가 많아 제한경쟁입찰과의 구분이 모호한 문제가 있다.

나. 일반경쟁입찰의 적용 범위

(1) 입찰조건의 일반경쟁입찰원칙 위반 여부

일반경쟁입찰은 입찰참가 자격을 제한하지 않는다는 점에서 제한경쟁입찰과 구분되는 것이나, 각종 입찰조건이 사실상 입찰참가 자격을 제한하는 것이라면 일반경쟁입찰원칙에 위반되어 입찰절차가 무효로 될 수 있다.

제한경쟁입찰에서 제한하는 입찰참가 자격은 시공능력평가액, 신용등급, 공사실적, 기술 보유현황 등인데,[16] 통상적인 일반경쟁입찰에서도 이행실적, 기술능력, 재무상태 등을 제출하도록 하고 있다. 일정한 이행실적 등을 충족하지 못하면 입찰참가를 할 수 없는 것

14 지방계약법령 등은 '추정금액'을 "추정가격에 부가가치세법에 따른 부가가치세와 관급재료로 공급될 부분의 가격을 합한 금액"으로 정의하여 같은 법령의 추정가격은 부가가치세가 포함되지 않은 것으로 정의하고 있다(국가계약법 시행규칙 제2조 제2호, 지방계약법 시행규칙 제2조 제2호).

15 국토교통부도 2018. 4. 6.자 전자민원 회신 등에서 "동 법령 및 시행령에서 규정한 추정금액에는 부가세가 포함되지 않으며, 추정금액 산정에 대한 별도 기준은 없음을 알려드립니다"는 입장을 밝히고 있다.

16 지방계약법 시행령 제20조, 구 시공자 선정기준 제6조 제1항 등 참고.

이라면 제한경쟁입찰로서 무효가 될 수 있으나,[17] 입찰참가 자체를 제한하지 않을 정도의 평가기준으로만 작용한다면 바로 제한경쟁입찰로 보기 어려운 것이다.

실무적으로 입찰공고 및 입찰지침서에서 현장설명회의 필수적 참석, 홍보지침 준수, 입찰보증금 납부, 컨소시엄 불가 등의 조건을 제시하는데, 대체로 입찰참가 자격이라기보다는 입찰의 방법 또는 절차의 문제로 볼 수 있을 것이나, 개별 사안에 대해 다툼의 여지는 있다.

⑵ 공동수급(컨소시엄) 불가 조건

조합이 입찰공고에서 공동수급(컨소시엄) 불가를 입찰 조건으로 제시하는 경우 건설업자가 공동수급체를 구성하여 입찰에 참가할 수 없게 되므로, 이 경우 입찰참가 자격의 제한으로서 일반경쟁입찰원칙에 위반되는 것은 아닌지 문제된다. 공공조달은 계약의 목적 및 성질상 공동계약에 따르는 것이 부적절하다고 인정되는 경우를 제외하고는 가능한 한 공동계약에 따르고 공동계약의 이행방식도 입찰공고에 명시하는데(지방계약법 제29조, 지방계약법 시행령 제88조 등), 정비사업에서는 공동수급체의 분담이행으로 인한 아파트 브랜드 차이, 사업지연 가능성, 특히 하자보수에 대한 우려로 인해 조합원들이 공동수급체를 꺼리는 경우가 많다.

구 시공자 선정기준은 시공능력평가액 등으로 건설업자등의 자격을 제한하는 제한경쟁입찰을 허용하면서도 공동참여는 1인으로 본다는 별도의 규정을 두고 있었다.[18] 구 시공자 선정기준이 적용되는 사안에서, 일반경쟁입찰에서 공동수급 불가(공동참여 불가) 조건을 부가하였더라도 별도로 공동수급을 허용하지 않았다면 입찰참가 자격 제한에 해당하지 않는다거나,[19] 제한경쟁입찰에서 공동수급 불가 조건은 구 시공자 선정기준에서 제시하는 적법한 입찰참가 자격의 제한이 될 수 없다고 보기도 하였다.[20] 현행 도시정비법은 제한경쟁입찰을 인정하고 있지 않으므로 결국 공동수급 불가 조건이 일반경쟁입찰에서 불가능한 입찰참가 조건의 제한에 해당되는지가 문제된다.

① 공동수급 불가 조건이 위법하다고 보는 입장은, ⓐ 공동수급을 금지하는 것은 입찰참가 주체를 제한하는 것으로서 단순히 입찰 방법을 제한하는 것으로 볼 수 없고, ⓑ 사실상 입찰 건설업자의 시공능력이나 공사실적을 제한하게 되므로 결과적으로 제한경쟁입찰에 해당한다는 점을 근거로 볼 수 있다.

---

17 서울동부지방법원 2010. 3. 10.자 2010카합528 결정.

18 구 시공자 선정기준 제6조(제한경쟁에 의한 입찰) ① 조합은 제5조의 규정에 의하여 건설업자등의 자격을 시공능력평가액, 신용평가등급(회사채 기준), 해당 공사와 같은 종류의 공사실적, 그 밖에 조합의 신청으로 시장 · 군수 · 구청장이 따로 인정한 것으로만 제한할 수 있으며, 5인 이상의 입찰참가 신청이 있어야 한다. 이 경우 공동참여의 경우에는 1인으로 본다.

19 서울동부지방법원 2012. 5. 24.자 2012카합850 결정.

20 서울동부지방법원 2018. 1. 26.자 2018카합10042 결정.

② 공동수급 불가 조건이 적법하다고 보는 입장은 ⓐ 공동수급 불가 조건에도 불구하고 '건설업자'가 단독으로 입찰에 참여하는 것 자체는 가능하므로 입찰참가 자격의 제한으로 볼 수 없고, ⓑ 공공조달은 지방자치단체의 장 또는 계약담당자가 필요하다고 인정하는 경우에 공동계약이 가능하고 공동계약이 가능한 경우를 제한경쟁입찰로 한정하고 있지 않은데(지방계약법 제29조 제1항 등), 정비사업에 적용되는 계약업무 처리기준도 입찰공고에 '공동참여 여부'를 포함하도록 함으로써(계약업무 처리기준 제10조 제3항), 공동수급 불가는 발주자인 조합이 선택할 수 있는 입찰 방법의 제한에 해당한다는 점을 근거로 볼 수 있다.[21]

현행 계약업무 처리기준에 대한 충분한 판단을 찾기 어려우나,[22] 계약업무 처리기준 등 관련 규정상 공동수급 제한 조건이 반드시 일반경쟁입찰에 위반된다고 보기는 어려운 것으로 생각된다. 다만 정비사업은 시공자가 조합에 상당한 규모의 사업비와 운영비를 대여하면서 사업운영에 따른 부담이 크고, 대규모사업장에서 공동수급을 제한할 경우 참여할 수 있는 건설업자가 적어 조합원의 선택권이 제한받는다는 점에서 바람직하지 않는 것으로 생각된다.

⑶ 과도한 입찰보증금

입찰보증금은 낙찰자의 계약체결의무이행의 담보하기 위한 것이나 낙찰후 대여금으로 전환하여 조합의 초기 사업비를 확보하기 위한 목적으로 사용된다. 입찰보즘금 자체를 입찰참가 자격의 제한으로 보기는 어려울 것이나, 입찰보증금의 금액이 과도하고 대여금으로 전환되어 상당기간 상환받기 어려운 것이라면 결국 입찰자의 재정상태에 따른 입찰제한의 효과를 갖는 것이어서 일반경쟁입찰 방식에 위반된다고 볼 수 있을 것으로 생각된다.[23]

---

21 전재우, 123.

22 이 쟁점에 관해 언급되는 판례들은 주로 구 시공자 선정기준이 적용되는 사안으로 논의의 평면이 다소 다르다. 서울동부지방법원 2018. 1. 26.자 2018카합10042 결정은 공동수급 금지 조건이 제한경쟁입찰의 입찰참가 자격 제한으로 적법한지에 관한 것이고, 서울동부지방법원 2012. 5. 24.자 2012카합850 결정은 구 시공자 선정기준에 따라 구청장의 검토를 받아 공동참여 불가 조건을 제시한 것이 입찰참가 자격의 부당한 제한으로 보기 어렵다는 것이다. 서울고등법원 2013. 3. 13.자 2012라912 결정(제1심은 수원지방법원 안양지원 2012. 6. 5.자 2012카합55 결정)은 조합이 컨소시엄 불가 조건은 제한경쟁입찰로만 가능하다는 유권해석을 받아 대의원회 의결을 거쳐 위 조건이 없는 일반경쟁입찰로 입찰공고한 것이 위법한지가 문제된 사안으로서, 컨소시엄 불가 조건에 대한 직접적인 판단으로 보기는 어렵다; 국토교통부의 2018. 2. 19.자 전자민원회신 등은 "도시정비법 및 하위규정에서 귀하의 질의에 같이 시공자 선정을 위한 일반경쟁 입찰공고시 공동도급의 여부에 대하여 별도로 규정하고 있지 않기 때문에 공동도급을 허용할지 여부는 해당 사업시행자가 판단할 사안입니다"는 입장을 밝히기도 하는데, 공동수급 불가 조건이 가능하다는 견해로도 보인다.

23 부산고등법원 2020. 1. 16. 선고 2019나54255 판결.

3. 제한경쟁입찰

제한경쟁입찰이란 계약의 목적, 성질, 규모 등에 비추어 필요한 경우에 입찰참가자격을 시공능력공시액, 실적, 기술보유상황, 재무상태 등으로 제한하여 입찰에 참가하도록 하는 것으로서 일정한 자격을 가진 불특정 다수의 희망자를 경쟁입찰에 참가하도록 하는 일반경쟁입찰과는 구별되는 입찰방식이다.

구 도시정비법에 따라 경쟁입찰의 방법을 정한 국토교통부 고시인 구 시공자 선정기준과 구 정비사업전문관리업자 선정 기준은 제한경쟁입찰을 입찰의 한 방법으로 정하고 있었다. 그러나 2017. 8. 9. 법률 제14857호로 개정된 도시정비법 제29조 제1항은 입찰방법을 일반경쟁입찰, 지명경쟁입찰, 수의계약으로 한정하였고, 계약업무 처리기준도 이에 따른다.[24]

따라서 현행 도시정비법에서 입찰참여 자격을 제한하는 제한경쟁입찰은 허용되지 않는다. 다만 공공시행자 또는 지정개발자가 시행하는 재개발사업 · 재건축사업이나 관리처분방식의 주거환경개선사업에서 주민대표회의, 토지등소유자 전체회의가 시공자를 추천할 때는 일반경쟁입찰 · 제한경쟁입찰 또는 지명경쟁입찰 중 하나의 방법으로 할 수 있어서 제한경쟁입찰이 예외적으로 허용된다(법 제29조 제7항, 시행령 제24조 제4항 제1호).

4. 지명경쟁입찰

지명경쟁입찰은 해당 업무를 수행하기에 적합하다고 인정되는 자를 경쟁입찰참가자로 지명하여 입찰하게 하는 방식이다.

도시정비법령상 지명경쟁입찰은, ⓐ 계약의 성질 또는 목적에 비추어 특수한 설비 · 기술 · 자재 · 물품 또는 실적이 있는 자가 아니면 계약의 목적을 달성하기 곤란한 경우로서 입찰대상자가 10인 이내인 경우, ⓑ 건설산업기본법에 따른 건설공사(전문공사 제외)로서 추정가격이 3억원 이하인 공사인 경우,[25] ⓒ 건설산업기본법에 따른 전문공사로서 추정가격이 1억원 이하인 공사인 경우, ⓓ 공사관련 법령(건설산업기본법 제외)에 따른 공사로서 추정가격이 1억원 이하인 공사인 경우, ⓔ 추정가격 1억원 이하의 물품 제조 · 구매, 용역, 그 밖의 계약인 경우에 허용된다(법 제29조 제1항 단서, 시행령 제24조 제1항 제1호).

지명경쟁입찰을 하기 위해서는 대의원회 의결로 4인 이상의 입찰대상자를 지명하여야 하고, 그 중 3인 이상이 입찰참가 신청을 하여야 한다(계약업무 처리기준 제7조).

---

24 강신은, 209는 조합이 제한경쟁입찰시 참여조건을 자의적으로 부여하여 조합임원들이 원하는 업체만 참여하게 되는 비리가 많았다는 점에 기인한 것이지만 제한경쟁입찰 자체를 금지한 것은 재고의 여지가 있다고 보고 있다.

25 시행령 제24조 제1항 제1호 ㈏목은 종합공사에 대해서도 정하고 있으나, 아파트 신축공사 등 종합공사는 추정가격이 3억원 이하이기가 어려우므로 결국 일반경쟁입찰으로 하여야 한다.

5. 수의계약

가. 수의계약의 적용대상 및 절차

수의계약은 경쟁입찰 없이 특정인과 계약을 체결하는 방식이다. 종전에는 도시정비법령에서 정하지 않고 구 시공자 선정기준, 구 정비사업전문관리업자 선정 기준에서 수의계약이 가능한 경우를 정하고 있었으나, 도시정비법이 2017. 2. 8. 법률 제14567호로 전부개정되면서 조합의 시공자 선정 · 추천, 추진위원회의 정비사업전문관리업자 선정 등에서 "경쟁입찰 또는 수의계약(2회 이상 경쟁입찰이 유찰된 경우로 한정한다)의 방법으로 ... 선정하여야 한다"와 같이 정하여 수의계약의 법률상 근거를 마련하였고,[26] 도시정비법이 다시 2017. 8. 9. 법률 제14857호로 개정되면서 현재와 같이 수의계약의 요건과 적용범위를 명시적으로 정하였다(법 제29조 제1항, 시행령 제24조).

도시정비법상 수의계약은 ⓐ 건설산업기본법에 따른 건설공사로서 추정가격이 2억원 이하인 공사인 경우, ⓑ 건설산업기본법에 따른 전문공사로서 추정가격이 1억원 이하인 공사인 경우, ⓒ 공사관련 법령(건설산업기본법 제외)에 따른 공사로서 추정가격이 8천만원 이하인 공사인 경우, ⓓ 추정가격 5천만원 이하인 물품의 제조 · 구매, 용역, 그 밖의 계약인 경우, ⓔ 소송, 재난복구 등 예측하지 못한 긴급한 상황에 대응하기 위하여 경쟁에 부칠 여유가 없는 경우, ⓕ 일반경쟁입찰이 입찰자가 없거나 단독 응찰의 사유로 2회 이상 유찰된 경우에 허용된다(법 제29조 제1항 단서, 시행령 제24조 제1항 제2호).

도시정비법령 및 계약업무 처리기준은 일반경쟁입찰이 입찰자가 없거나 단독 응찰의 사유로 2회 이상 유찰된 경우 수의계약할 수 있고(법 제29조 제4항 등, 계약업무 처리기준 제6조 제1항), 수의계약을 하는 경우 보증금과 기한을 제외하고는 최초 입찰에 부칠 때에 정한 가격 및 기타 조건을 변경할 수 없다는 점(계약업무 처리기준 제8조) 이외에는 별도의 절차를 정하고 있지 않다.

나. 예측하지 못한 긴급한 상황에 대응하기 위한 수의계약

소송, 재난복구 등 예측하지 못한 긴급한 상황에 대응하기 위하여 경쟁에 부칠 여유가 없는 경우에는 수의계약 방식으로 계약을 체결할 수 있다(법 제29조 제1항 단서, 시행령 제24조 제1항 제2호 (바)목). 통상 예산 중 소송및법무용역비나 예비비 항목에서 집행하는 것이어서 대의원회 의결로 그 선정이 가능할 것이나, 예비비의 한도를 초과하거나 그 용도를 벗어나면 총회 의결을 받지 않은 것에 관한 문제가 발생할 수 있다.

---

26 구 시공자 선정기준은 "3회 이상 유찰"로 정하고 있었으나, 통상 1차 입찰에서 유찰되면 2차, 3차까지 계속 유찰되어 결국 수의계약에 이르기 때문에 위 전부개정법률은 유찰 횟수를 2회로 낮추었다. 2013~2015년 재건축사업에서 시공자를 선정한 현황을 보면, 총 164건 중 1차 입찰공고에서 선정한 사례가 127건, 수의계약으로 선정한 사례가 37건으로 2차 및 3차 입찰공고에서 시공자를 선정한 사례는 없었다[김수홍, "도시 및 주거환경정비법 일부 · 전부개정법률안 검토보고", 국토교통위원회 (2016. 11.), 29, 민홍철의원 대표발의안(2001642, 2016. 8. 18.) 부분].

다. 일반경쟁입찰이 2회 이상 유찰된 경우의 수의계약

(1) 일반경쟁입찰의 2회 이상 유찰

도시정비법은 '경쟁입찰'이 유찰된 경우 수의계약을 할 수 있다고 하여 지명경쟁입찰도 포함되는 것처럼 볼 여지도 있으나(법 제29조 제4항, 제7항, 제32조 제2항), 시행령은 '일반경쟁입찰'로 그 범위를 제한하고 있으므로(시행령 제24조 제1항 제2호 (바)목), 지명경쟁입찰이 2회 이상 유찰되더라도 수의계약은 할 수 없고 다시 일반경쟁입찰로 하여야 할 것으로 해석된다.

'유찰'은 실질적으로 업체간 경합이 이루어지는 경쟁입찰이 없었던 경우로 제한적으로 해석해야 하므로, 다수의 업체가 응찰하였으나 조합의 사정으로 선정이 이루어지지 못해 응찰자들이 입찰을 철회하거나, 한 업체를 선정하였으나 그 선정을 철회한 사정으로는 유찰이 되지 못한다고 보는 것이 타당하다.[27] 유찰된 입찰과 수의계약 사이에 상당한 기간이 있었다 하더라도 입찰조건이 동일하다면 다시 경쟁입찰공고를 해야 한다고 볼 수 없다.[28] 경쟁입찰로 업체를 선정하기 어려운 경우 향후 수의계약 체결을 염두에 두고 형식적으로 입찰공고를 진행하여 2회 이상 유찰이 되도록 하는데, 이 경우에도 일반경쟁입찰을 위한 절차를 준수하여야 한다.

(2) 보증금, 기한 이외의 입찰 조건의 동일성 유지

수의계약을 하는 경우 보증금과 기한을 제외하고는 최초 입찰에 부칠 때에 정한 가격 및 기타 조건을 변경할 수 없다(계약업무 처리기준 제8조). 구 시공자 선정기준에는 이 같은 규정이 없었으나, 공공조달에서 수의계약은 보증금과 기한을 제외하고는 최초로 입찰에 부칠 때에 정한 가격 및 기타 조건을 변경할 수 없고(국가계약법 시행령 제27조 제2항, 지방계약법 시행령 제26조 제2항), 입찰조건의 변경을 인정할 경우 경쟁입찰의 취지를 잠탈할 우려가 있으므로 정비사업의 수의계약도 입찰조건이 유지되어야 하는지 다툼이 있었는데,[29] 2018. 2. 9. 국토교통부 고시 제2018-101호로 제정된 계약업무 처리기준은 공공조달과 같은 내용을 명시하였다.

구 시공자 선정기준이 적용되는 사안에서, 입찰조건의 동일성이 유지되어야 한다는 명문의 규정이 없었으므로 반드시 입찰조건이 동일해야 한다고 단정하기는 어렵고, 종전 경쟁입찰의 유찰과 수의계약 체결 사이의 경과를 따져 수의계약이 부득이한 사정에 의해 체결된 것으로 경쟁입찰의 취지를 잠탈하는 것이 아니라면 시공자 선정을 한 총회결의는 유

---

27 서울고등법원 2012. 5. 25. 선고 2011나33605 판결.

28 대구고등법원 2019. 5. 2. 선고 2018나22405 판결; 다만 상당한 기간이 지났다면 정비계획 또는 사업시행계획 변경에 따라 사업계획 등의 입찰조건이 변경되어 종전 유찰의 효력을 유지하기 어려울 것이다.

29 국토교통부와 법제처(법제처 2015. 6. 17. 15-0330 해석례, 법제처 2016. 7. 11. 16-0305 해석례)는 유찰된 입찰에서 공고된 사업계획의 내용이 변경되면 수의계약을 체결할 수 없고, 유찰된 입찰 사이에서도 공고의 동일성이 유지되어야 한다고 보았다.

효하다고 보았다.[30]

그러나 현재 시행되는 계약업무 처리기준은 보증금과 기한을 제외하고는 다른 조건은 그대로 유지되어야 한다는 점이 명문으로 정해져 있으므로 달리 해석하기 어렵다.[31] '최초' 입찰 조건이 유지되어야 하는 것이므로, 1차 입찰, 2차 입찰 및 수의계약의 입찰조건이 보증금과 기한을 제외하고는 모두 동일해야 한다고 해석된다.

⑶ 수의계약의 상대방

종전 입찰에 참여하지 않았던 업체와 수의계약을 체결할 수 있는지가 문제된다. 도시정비법령 및 계약업무 처리기준, 또는 공공조달 관련 법령에도 이에 관한 제한은 없으므로 수의계약을 체결하기 위해서는 종전 입찰에 참여해야 한다고 볼 근거는 없는 것으로 생각된다.[32]

Ⅲ. 일반 계약의 처리기준

여기서는 계약업무 처리기준 제2장 일반 계약 처리기준에 따른 내용을 살펴보기로 한다.

1. 입찰방법의 결정

일반경쟁입찰이 원칙이나, 시행령 제24조 제1항에 해당하는 경우 지명경쟁이나 수의계약으로 할 수 있다(계약업무 처리기준 제6조).

2. 입찰공고

가. 입찰의 공고 등

일반경쟁입찰인 경우 입찰서 제출마감일(현장설명회를 개최하는 경우 현장설명회 개최일) 7일 전까지 전자조달시스템 또는 1회 이상 일간신문(전국 또는 해당 지방을 주된 보급지역으로 하는 일간신문)에 입찰을 공고하고, 지명경쟁입찰인 경우 입찰서 제출마감일(현장설명회를 개최하는 경우 현장설명회 개최일) 7일 전까지 내용증명우편으로 입찰대상자에게 통지(도달)하여야 한다(계약업무 처리기준 제9조 제1항, 제2항).

30 울산지방법원 2015. 1. 23.자 2015카합10007 결정, 서울서부지방법원 2015. 11. 24.자 2015카합50471 결정, 대구지방법원 2019. 3. 21. 선고 2018가합205319 판결 등.

31 다만 입찰공고할 내용인 '사업계획의 개요(공사규모, 면적 등)'은 정비계획, 사업시행계획에 따라 계속 변동될 수밖에 없는 것인데, 사소한 내용이 변경된 경우까지 입찰을 처음부터 다시 해야 한다면 오히려 형식적인 입찰절차를 강요하는 문제가 있다.

32 서울북부지방법원 2019. 3. 15.자 2019카합20083 결정.

건설산업기본법에 따른 건설공사 및 전문공사 입찰로서 현장설명회를 실시하지 않는 경우에는 입찰서 제출마감일로부터 추정가격이 10억원 이상 50억원 미만인 경우에는 15일 전, 추정가격이 50억원 이상인 경우에는 40일 전에 공고하여야 한다(계약업무 처리기준 제9조 제3항).

재입찰을 하거나 긴급한 재해예상 복구 등을 위하여 필요한 경우에는 입찰서 제출마감일 5일 전까지 공고할 수 있다(계약업무 처리기준 제9조 제4항).

나. 입찰공고할 내용

입찰공고에는 사업계획의 개요(공사규모, 면적 등), 입찰의 일시 및 장소, 입찰의 방법(경쟁입찰 방법, 공동참여 여부 등), 현장설명회를 개최하는 경우 현장설명회 일시 및 장소, 부정당업자의 입찰 참가자격 제한에 관한 사항, 입찰참가에 따른 준수사항 및 위반시 자격 박탈에 관한 사항, 그 밖에 사업시행자등이 정하는 사항 등을 포함하여 공고하여야 한다(계약업무 처리기준 제10조).

입찰공고할 내용 중 부정당업자의 입찰 참가자격 제한은 대의원회 의결로 결정해야 한다. 부정당업자의 입찰 참가자격 제한을 받을 수 있는 대상은 금품, 향응 또는 그 밖의 재산상 이익을 제공하거나 제공의사를 표시하거나 제공을 약속하여 처벌을 받았거나, 입찰 또는 선정이 무효 또는 취소된 자(소속 임직원 포함), 입찰신청서류가 거짓 또는 부정한 방법으로 작성되어 선정 또는 계약이 취소된 자이다(계약업무 처리기준 제12조).

3. 현장설명회

시공자 선정에서는 현장설명회가 필수적이지만(계약업무 처리기준 제31조), 일반 계약에서는 임의적인 절차이다. 사업시행자등이 현장설명회를 개최할 경우 현장설명에는 정비구역 현황, 입찰서 작성방법 · 제출서류 · 접수방법 및 입찰유의사항, 계약대상자 선정 방법, 계약에 관한 사항, 그 밖에 입찰에 관하여 필요한 사항이 포함되어야 한다(계약업무 처리기준 제11조).

실무적으로 위와 같이 구체적인 입찰방법은 입찰지침서로 작성되어 현장설명회에서 배포되거나, 현장설명회를 개최하지 않는 경우에는 입찰공고에 첨부되어 공개된다.

4. 입찰의 성립

일반경쟁입찰은 2인 이상의 유효한 입찰참가 신청이 있으면 입찰이 성립되고, 지명경쟁입찰은 지명된 4인 이상의 입찰대상자 중 3인 이상의 입찰참가 신청이 있어야 입찰이 성립한다(계약업무 처리기준 제6조 제2항, 제7조 제1항). 2인 또는 3인 이상의 유효한 입찰참가 신청이 입찰마감시까지 있으면 입찰이 성립하는 것이므로 그 이후 일부 입찰자가 입찰을 포기하였다고 하여 이미 성립한 입찰이 무효가 되는 것은 아니라고 보는 것이 타당하다.[33]

---

33 서울북부지방법원 2012. 6. 13.자 2011카합874 결정(구 공공관리 정비사업전문관리업자 선정기준 사안).

사업시행자등은 밀봉된 상태로 입찰서(사업 참여제안서 포함)를 접수하여야 하고, 접수한 입찰서를 개봉하고자 할 때에는 입찰서를 제출한 입찰참여자의 대표(대리인을 지정한 경우에는 그 대리인)와 사업시행자등의 임원 등 관련자, 그 밖에 이해관계자 각 1인이 참여한 공개된 장소에서 개봉하여야 한다. 사업시행자등은 입찰서 개봉 시에는 일시와 장소를 입찰참여자에게 통지하여야 한다(계약업무 처리기준 제13조).

5. 입찰참여자의 홍보 등

사업시행자등은 입찰에 참여한 설계업자, 정비사업전문관리업자 등을 선정하고자 할 때에는 이를 조합원(토지등소유자)이 쉽게 접할 수 있는 일정한 장소의 게시판에 7일 이상 공고하고 인터넷 등에 병행하여 공개하여야 한다(계약업무 처리기준 제14조 제1항).[34]

사업시행자등은 필요한 경우 입찰참여자의 합동홍보설명회를 개최할 수 있으며, 이 경우 개최 7일 전까지 일시 및 장소를 정하여 조합원(토지등소유자)에게 통지하여야 한다(계약업무 처리기준 제14조 제2항, 제3항).

입찰에 참여한 자는 토지등소유자 등을 상대로 개별적인 홍보(홍보관 · 쉼터 설치, 홍보책자 배부, 세대별 방문, 개인에 대한 정보통신망을 통한 부호 · 문언 · 음향 · 영상 송신행위 등)를 할 수 없으며, 홍보를 목적으로 토지등소유자 등에게 사은품 등 물품 · 금품 · 재산상의 이익을 제공하거나 제공을 약속하여서는 아니 된다(계약업무 처리기준 제14조 제4항).

6. 계약 체결 대상의 선정

가. 총회의 선정

도시정비법상 총회 의결을 받아야 하는 예산으로 정한 사항 외에 조합원에게 부담이 되는 계약, 시공자 · 설계자 · 감정평가법인등 · 정비사업전문관리업자의 선정(법 제45조 제1항 제4호, 제5호, 제6호)은 총회(조합 총회, 토지등소유자 전체회의, 추진위원회 운영규정에 따른 주민총회, 토지등소유자가 시행하는 재개발사업에서 규약에 따른 총회)의 의결을 거쳐야 한다(계약업무 처리기준 제15조 제1항).

계약 체결 대상의 선정에 총회의 의결을 거쳐야 하는 경우 대의원회에서 총회에 상정할 4인 이상의 입찰대상자를 선정하여야 한다. 다만, 입찰에 참가한 입찰대상자가 4인 미만인 때에는 모두 총회에 상정하여야 한다(계약업무 처리기준 제15조 제2항). 구 계약업무 처리기준(2020. 12. 16. 국토교통부 고시 제2020-985호로 개정되기 전의 것) 제15조 제2항은 '입찰대상자'가 아닌 '건설업자등'으로 정하고 있었고 설계자, 정비사업전문관리업자 등 건설업자등이 아닌 경우는 위 제15조 제2항이 적용되지 않으므로 대의원회에서 반드시 4인 이상을 총회에 상정하여야

34 계약업무 처리기준 제14조에 '정비사업전문관리업자 등'의 정의는 없으나, 설계업자, 정비사업전문관리업자 이외의 공사 · 물품 · 용역계약도 물론 포함된다.

하는 것은 아니라고 보기도 하였다.[35] 현행 계약업무 처리기준에는 문언 그대로 대의원회는 4인 이상의 입찰대상자를 선정하여 총회에 상정하여야 한다.

나. 대의원회의 선정

예산으로 정한 사항 외에 조합원에게 부담이 되는 계약, 시공자 · 설계자 및 감정평가법인등 또는 정비사업전문관리업자의 선정은 총회의 전속적 의결사항이나, 그 이외의 협력업체는 대의원회가 정관의 위임에 따라 선정할 수 있다. 계약업무 처리기준 제15조 제1항은 도시정비법 제45조 제1항 제4호부터 제6호까지의 규정에 해당하지 않는 계약의 체결대상은 대의원회 의결로서 선정하도록 명시하고 있다.

계약업무 처리기준은 대의원회의 입찰대상자 상정 및 선정 절차를 별도로 정하고 있지 않으므로, 대의원회가 일반 의결방법으로 입찰에 참가한 입찰대상자를 선정하면 될 것으로 생각된다.

7. 입찰 무효 등

토지등소유자를 상대로 개별적인 홍보를 하는 행위가 적발된 건수의 합이 3회 이상인 경우 해당 입찰은 무효로 본다(계약업무 처리기준 제16조 제1항). 시공자 선정과 관련하여, 입찰참가업체가 금품 제공 등 부정한 행위를 하였다더라도 그 부정행위가 시공자 선정에 관한 총회 의결 결과에 영향을 미쳤다고 볼 수 있는 경우에 그 선정이 무효가 되는 것이지만, 계약업무 처리기준은 부정행위에 이르지 않더라도 위 기준이 금지한 개별적 홍보 행위가 적발된 건수가 3회 이상이면 일률적으로 무효로 처리하도록 정한 것이다. 개별적인 홍보행위를 강력하게 금지하기 위한 취지이나, 입찰 무효 판단에 대한 재량이 없기 때문에 조합이 그만큼 더 개별적 홍보행위로 적발(판단)하는데 소극적이게 되는 문제가 있다.

일반경쟁입찰 또는 지명경쟁입찰은 2인 이상의 유효한 입찰참가 신청이 있어야 하나, 위와 같이 해당 입찰이 무효로 됨에 따라 단독 응찰된 경우에는 유효한 경쟁입찰로 본다(계약업무 처리기준 제16조 제2항).

---

35 계약업무 처리기준의 '건설업자등'은 건설산업기본법 제9조에 따른 건설업자 또는 주택법 제7조 제1항에 따라 건설업자로 보는 등록사업자이다(계약업무 처리기준 제2조 제2호). 시공자는 대의원회에서 총회에 상정할 6인 이상의 건설업자등을 선정하도록 별도의 규정이 있으므로(계약업무 처리기준 제33조 제2항), 입법적 오류가 아니라면 구 계약업무 처리기준 제15조 제2항의 '건설업자등'은 아파트 신축공사가 아닌 부대공사를 수행하는 건설업자로 그 의미가 축소된다. 다만 종전에 위 규정을 문언대로 적용하여 대의원회가 반드시 4인 이상의 설계사, 정비사업전문관리업자 선정할 의무나 확립된 관행은 없다고 본 사례로 대전고등법원 2021. 7. 7. 선고 2020나15582 판결(제1심은 대전지방법원 2020. 11. 11. 선고 2020가합101717 판결) 등.

8. 계약의 체결 및 선정의 무효

사업시행자등은 총회 또는 대의원회에서 선정된 자가 정당한 이유 없이 3개월 이내에 계약을 체결하지 아니하는 경우에는, 총회에서 선정된 자는 총회 의결로, 대의원회에서 선정된 자는 대의원회 의결로 해당 선정을 무효로 할 수 있다(계약업무 처리기준 제17조). 계약업무 처리기준에는 총회 또는 대의원회 의결방법에 대해 별도로 정하고 있지 않은데, 선정 무효에 대한 찬성 또는 반대를 묻는 것이므로 일반 의결정족수로 의결하면 될 것으로 생각된다.

Ⅳ. 전자입찰 계약의 처리기준

여기서는 계약업무 처리기준 제3장 전자입찰 계약 처리기준에 따른 내용을 제2장 일반계약 처리기준과 중복되지 않는 범위에서 살펴보기로 한다.

1. 입찰방법의 결정

전자입찰은 일반경쟁의 방법으로 입찰에 부쳐야 한다. 다만, 시행령 제24조 제1항 ㈎목(계약의 성질 또는 목적에 비추어 특수한 설비 · 기술 · 자재 · 물품 또는 실적이 있는 자가 아니면 계약의 목적을 달성하기 곤란한 경우로서 입찰대상자가 10인 이내인 경우)에 해당하는 경우에는 지명경쟁의 방법으로 입찰을 부칠 수 있다(계약업무 처리기준 제19조 제1항).

전자입찰을 통한 계약대상자의 선정 방법은 ⓐ 투찰 및 개찰 후 최저가로 입찰한 자를 선정하는 최저가방식, ⓑ 입찰가격과 실적 · 재무상태 · 신인도 등 비가격요소 등을 종합적으로 심사하여 선정하는 적격심사방식, ⓒ 입찰가격과 사업참여제안서 등을 평가하여 선정하는 제안서평가방식이 있다(계약업무 처리기준 제19조 제2항). 대부분 ⓑ 적격심사방식으로 입찰을 진행하고 있다.

전자입찰을 하는 경우 2인 이상의 유효한 입찰참가 신청이 있어야 한다(계약업무 처리기준 제19조 제3항, 제6조).

2. 입찰공고

가. 전자입찰 공고

일반경쟁입찰인 경우 입찰서 제출마감일(현장설명회를 개최하는 경우 현장설명회 개최일) 7일 전까지 전자조달시스템에 입찰을 공고하고, 지명경쟁입찰인 경우 입찰서 제출마감일(현장설명회를 개최하는 경우 현장설명회 개최일) 7일 전까지 내용증명우편으로 입찰대상자에게 통지(도달)하여야 한다(계약업무 처리기준 제20조, 제9조 제2항).

나. 입찰공고할 내용

입찰공고에는 사업계획의 개요(공사규모, 면적 등), 입찰의 일시 및 장소, 입찰의 방법(경쟁입찰 방법, 공동참여 여부 등), 현장설명회를 개최하는 경우 현장설명회 일시 및 장소, 부정당업자의 입찰 참가자격 제한에 관한 사항, 입찰참가에 따른 준수사항 및 위반시 자격 박탈에 관한 사항, 그 밖에 사업시행자등이 정하는 사항 등을 포함하여 공고하여야 하고, 적격심사방식 및 제안서평가방식에 따라 계약대상자를 선정하는 경우 평가항목별 배점표를 작성하여 입찰 공고 시 이를 공개하여야 한다(계약업무 처리기준 제21조).

전자입찰의 부정당업자의 입찰 참가자격 제한은 일반 계약 처리기준과 같다(계약업무 처리기준 제24조, 제12조).

3. 현장설명회

전자입찰의 현장설명회는 일반 계약 처리기준과 같다(계약업무 처리기준 제24조, 제11조).

4. 입찰의 성립

일반경쟁입찰은 2인 이상의 유효한 입찰참가 신청이 있으면 입찰이 성립한다(계약업무 처리기준 제19조 제3항, 제6조 제2항).

사업시행자등은 전자조달시스템을 통해 입찰서를 접수하여야 하고, 입찰서 이외에 입찰 부속서류는 밀봉된 상태로 접수하여야 한다.[36] 입찰 부속서류를 개봉하고자 하는 경우에는 부속서류를 제출한 입찰참여자의 대표(대리인을 지정한 경우에는 그 대리인)와 사업시행자등의 임원 등 관련자, 그 밖에 이해관계자 각 1인이 참여한 공개된 장소에서 개봉하여야 한다. 사업시행자등은 입찰 부속서류 개봉 시에는 일시와 장소를 입찰참여자에게 통지하여야 한다(계약업무 처리기준 제22조).

5. 입찰참여자의 홍보 등

전자입찰의 입찰 공개 및 합동홍보설명회는 일반 계약 처리기준과 같다(계약업무 처리기준 제24조, 제14조).

6. 계약 체결 대상의 선정

전자입찰의 계약 체결 대상의 선정 방법은 일반 계약 처리기준과 같다(계약업무 처리기준 제24조, 제15조).

7. 입찰 무효 등

전자입찰의 입찰 무효는 일반 계약 처리기준과 같다(계약업무 처리기준 제24조, 제16조).

8. 계약의 체결 및 선정의 무효

사업시행자등은 전자입찰을 통해 계약대상자가 선정될 경우 전자조달시스템에 따라

---

36 통상 전자입찰 입력 마감시까지 조합사무실로 직접 방문하여 접수하도록 공고하고 있다.

계약을 체결할 수 있고, 그 계약된 사항에 대해서는 전자조달시스템에서 그 결과를 공개하여야 한다(계약업무 처리기준 제23조).

전자입찰의 선정의 무효는 일반 계약 처리기준과 같다(계약업무 처리기준 제24조, 제16조).

[18] 시공자 선정

I. 시공자 선정 시기 및 방법의 개관

1. 정비사업 유형별 시공자 선정 시기 및 방법

가. 조합이 시행하는 재개발사업 · 재건축사업

조합은 조합설립인가를 받은 후 총회에서 계약업무 처리기준 등이 정하는 경쟁입찰 등의 방법으로 시공자를 선정하여야 한다(법 제29조 제4항 본문).

다만 조합원 100인 이하의 정비사업은 총회에서 정관이 정하는 바에 따라 선정할 수 있다(법 제29조 제4항 단서). 서울지역은 서울시 정비조례에 따라 사업시행계획인가를 받은 이후에 시공자를 선정할 수 있다(법 제118조 제6항, 서울시 정비조례 제77조 제1항).

나. 조합이 건설업자와 공동시행하는 재개발사업 · 재건축사업

조합은 조합원 과반수의 동의를 받아 건설업자와 공동으로 재개발사업 · 재건축사업을 시행할 수 있다(법 제25조 제1항 제1호, 제2항). 조합은 조합설립인가 후 조합원 과반수의 동의를 받아 건설업자와 공동사업시행에 관한 협약을 체결하면 그 건설업자를 시공자로 본다(법 제118조 제7항 제1호). 다만 서울지역은 건축심의를 받은 후에 시공자를 선정할 수 있다(서울시 정비조례 제77조 제5항, 공동사업시행 건설업자 선정기준 제11조).

다. 토지등소유자가 시행하는 재개발사업

조합을 구성하지 않고 토지등소유자가 직접 재개발사업을 시행하는 경우, 해당 토지등소유자는 사업시행계획인가를 받은 때 비로소 사업시행자의 지위를 취득한다. 이와 같이 토지등소유자가 시행하는 재개발사업(구 도시환경정비사업 또는 토지등소유자가 20인 미만인 재개발사업)은 사업시행계획인가를 받은 후 규약에 따라 시공자를 선정하여야 한다(법 제29조 제5항).

라. 공공시행자 또는 지정개발자가 시행하는 재개발사업 · 재건축사업 등

시장 · 군수등이 직접 정비사업을 시행하거나 사업시행자로 지정받은 토지주택공사등 또는 지정개발자가 사업을 시행하는 경우, 주민대표회의 또는 토지등소유자 전체회의는 일반경쟁입찰·제한경쟁입찰 또는 지명경쟁입찰 또는 수의계약의 방법으로 시공자를 추천할 수 있으며, 사업시행자는 추천받은 자를 시공자로 선정하여야 한다(법 제29조 제7항, 제8항, 시행령 제24조 제5항).

공공시행자 또는 지정개발자가 시행하는 경우에도 계약업무 처리기준이 적용되나(법 제29조 제6항), 주민대표회의 또는 토지등소유자 전체회의의 시공자 추천 등에 대해 별도로 정하고 있으므로, 계약업무 처리기준은 시공자 추천 관련 규정에서 정하지 않는 사항에 대해서만 보충적으로 적용된다.

마. 공공시행자 또는 지정개발자가 대행하는 재개발사업 · 재건축사업 등

도시정비법 제28조에 따라 시장·군수등이 직접 또는 토지주택공사등 또는 지정개발자가 조합 또는 토지등소유자를 대행하여 정비사업을 시행하는 경우, 사업시행자는 여전히 조합 또는 토지등소유자이므로 도시정비법 제29조 제4항, 제5항이 적용된다. 따라서 조합이 시행하는 재개발사업·재건축사업은 조합설립인가 후 총회에서 계약업무 처리기준 등이 정하는 경쟁입찰 등의 방법으로 시공자를 선정하여야 하고, 토지등소유자가 시행하는 재개발사업(구 도시환경정비사업)은 사업시행계획인가를 받은 후 규약에 따라 시공자를 선정하여야 한다.

다만 서울지역에서 조합이 시행하는 재개발사업·재건축사업은 서울시 정비조례 등에 따라 사업시행계획인가 후 또는 건축심의후 비로소 시공자를 선정할 수 있는데, 공공시행자 또는 지정개발자가 대행하는 경우에는 위 서울시 정비조례 등에도 불구하고 조합원 과반수의 동의를 받아 조합설립인가이후에 시공자를 선정할 수 있다(법 제118조 제7항 제2호).

2. 시공자 선정 시기 및 방법의 법령 개정 관련 쟁점

가. 시공자 선정 시기 및 방법

(1) 2002년 제정법률

종전의 재개발사업과 재건축사업은 공동사업시행자인 시공자를 총회에서 선정한다는 것 이외에는 특별한 제한을 두지 않았으나,[1] 구 도시정비법(2002. 12. 30. 법률 제6852호로 제정되어 2005. 3. 18. 법률 제7392호로 개정되기 이전의 것) 제11조는 조합 또는 토지등소유자는 사업시행인가를 받은 후 조합의 정관등이 정하는 경쟁입찰의 방법으로 선정하여야 한다고 정하였다.

위 제정법률은 2003. 7. 1.부터 시행되었으나 경과규정을 두어, ⓐ 조합설립인가를 받은 조합이 토지등소유자 1/2 이상의 동의를 얻어 시공자를 선정하여 이미 시공계약을 체결하였거나, ⓑ 주택재건축사업에서 2002. 8. 9. 이전에 토지등소유자 1/2 이상의 동의를 얻

1 구 도시재개발법 제8조 제2항, 제18조 제1항 제6호, 구 재건축조합 표준규약 제11조.

어 시공자를 선정하고 위 제정법률의 시행일인 2003. 7. 1. 이후 2월내에 건설교통부령이 정하는 정하는 방법 및 절차에 따라 시장 · 군수에게 신고한 경우에는 해당 시공자를 위 제정법률 본칙 제11조의 규정에 의하여 선정된 시공자로 보도록 하였다(구법 부칙(2002. 12. 30.) 제7조 제2항).

① 위 부칙의 전단과 후단은 상호 독립된 별개의 요건을 규정한 것이므로, 위 부칙 전단의 토지등소유자 1/2 이상의 동의는 후단의 2002. 8. 9. 이전에 받아야 한다고 볼 수 없다. 또한 위 부칙 전단의 '이미'라는 문언의 의미상 시공계약이 구 도시정비법이 시행되기 이전에 체결될 것을 요구할 뿐 조합설립인가를 받은 후에 체결될 것을 의미하지는 않으므로, 구 도시정비법이 시행되기 전에 조합설립인가, 토지등소유자 1/2 이상의 동의를 받아 시공자 선정, 시공계약 체결 요건이 모두 갖추어지면 그 선후에 관계없이 위 부칙 전단의 요건을 충족하였다고 본다(대법원 2015. 4. 23. 선고 2013두8585 판결).[2]

② 위 부칙 후단의 "토지등소유자 1/2 이상의 동의"는 창립총회에 참석한 토지등소유자가 아니라 정비구역 전체 토지등소유자의 1/2 이상의 동의를 의미하고, 위 부칙의 해석상 2002. 8. 9. 이전에 그 토지등소유자 1/2 이상의 동의를 얻어야 하는 것이지 그 이후에 추가로 동의서를 받은 것은 허용되지 않는다(대법원 2013. 2. 14. 선고 2012두9000 판결).[3]

위 부칙 규정이 정하는 요건을 갖추지 못하면 종전 총회의 시공자 선정결의는 효력이 없어 구 도시정비법에 따른 시공자 선정절차를 다시 거쳐야 하지만, 시공자 선정 불수리처분을 받았다가 행정심판 재결에 따라 수리가 신고되었다면 그 수리처분이 당연무효이거나 행정쟁송에서 취소되지 않는 한 적법하게 시공자로 선정된 것으로 볼 수 있다(대법원 2008. 1. 10. 선고 2005도8426 판결, 대법원 2008. 7. 24. 선고 2008도4488 판결).

⑵ 2005년 일부개정법률

구 도시정비법(2005. 3. 18. 법률 제7392호로 개정되어 2006. 5. 24. 법률 제7960호로 개정되기 이전의 것) 제11조는 종전의 시공자 선정의 시기와 방법은 재건축사업으로 한정하고, 재개발사업에는 아무런 제한을 두지 않았다. 재개발사업은 재건축사업에 비해 사업성이 부족하여 주민자력에 의한 사업추진이 사실상 곤란하므로 건설업자와 공동사업시행이 가능하도록 제8조 제1항을 개정하면서 시공자 선정 시기 및 방법을 제한한 제11조에서 재개발사업을 제외한 것이다. 따라서 재개발사업은 단순히 정관이 정하는 방법에 따라 총회 의결로서

2 자세한 논거는 서울고등법원 2013. 4. 2. 선고 2012누30211 판결(위 대법원 2013두8585 판결의 원심), 서울고등법원 2013. 12. 12. 선고 2013누18751 판결 참고.

3 전체 토지등소유자 1/2 이상의 동의를 갖추지 못한 상태에서 한 구청장의 시공자 선정 수리처분은 그 하자가 중대 · 명백하여 당연무효이나, 전체 토지등소유자 1/2 이상의 동의를 갖추지 못하였더라도 시공자 선정 수리 거부처분이 행정심판에 의하여 취소하고 그 재결의 기속력에 따라 행정청이 그 신고를 수리하는 재처분을 한 경우라면 재처분(신고수리처분) 당시를 기준으로 볼 때 그 하자가 객관적으로 명백하지 않으므로 당연무효라고 볼 수는 없다(대법원 2013. 2. 14. 선고 2012두9000 판결, 대법원 2016. 7. 27. 선고 2015두38863 판결).

시공자를 선정할 수 있었다(대법원 2012. 5. 10. 선고 2010다38366 판결, 대법원 2013. 11. 14. 선고 2011다22085 판결 등).

이후 도시정비법이 2006. 5. 24. 법률 제7960호로 개정되면서 재개발사업도 다시 조합설립인가인가를 받은 후 건설교통부장관이 정하는 경쟁입찰의 방법으로 선정하도록 정하였으나, 경과규정을 두어 주택재개발사업과 구 도시환경정비사업의 경우는 위 2006년 일부개정법률 시행일인 2006. 8. 25. 이후 최초로 추진위원회의 승인을 얻은 분부터 적용하도록 하였다(구법 부칙(2006. 5. 24.) 제2항). 따라서 주택재개발사업과 구 도시환경정비사업에서 위 2006. 8. 25. 이전에 추진위원회 승인을 받은 경우는 시공자 선정 시기 및 방법에 관해 법상 제한을 받지 않고 정관에 따라 선정하면 되었다.

시공자 선정은 총회의 전속적 의결사항으로서 추진위원회가 시공자를 선정하는 것은 무효이고 총회에서 경쟁입찰을 거치지 않고 종전 추진위원회의 시공자 선정을 그대로 추인할 수 없으나, 위와 같이 시공자 선정 시기 및 방법에 제한을 받지 않는 예외적인 경우에는 총회의 추인결의가 정관에 따른 시공자 선정으로서 적법하다(대법원 2012. 4. 12. 선고 2009다26787 판결 등).[4]

(3) 2006년 일부개정법률

종전에 재개발사업(주택재개발사업 및 도시환경정비사업)은 시공자 선정 시기 및 방법에 대한 제한을 받지 않아 추진위원회가 시공자를 내정한 후 사후에 조합의 승인을 받은 형식을 취하여도 처벌할 수 없어 적절한 제재를 가하지 못하였다. 이에 시공자 선정과정의 투명성을 제고하기 위해 재개발사업은 조합설립 이후에 시공자를 경쟁입찰의 방법으로 선정하도록 도시정비법이 개정되었다.[5·6]

구 도시정비법(2006. 5. 24. 법률 제7960호로 개정되어 2009. 2. 6. 법률 제9444호로 개정되기 전의 것) 제11조는 정관이 아닌 건설교통부장관이 정하는 경쟁입찰의 방법으로 시공자를 선정하도록 하였는데, 위 일부개정법률에 따라 2006. 8. 25. 건설교통부 고시 제2006-331호로 「정비사업의 시공자 선정기준」이, 2010. 9. 16. 국토해양부 고시 제2010-632호로 「정비사업전문관리업자 선정기준」이 각 제정 · 고시되었다.

(4) 2009년 일부개정법률

종전에 재건축사업은 사업시행계획인가 이후에 시공자를 선정할 수 있었으나 시공자 선정시기를 앞당겨 사업 초기의 자금 확보를 원활하게 하기 위해, 구 도시정비법(2009. 2.

---

4 자세한 내용은 [6]추진위원회 조직과 운영 II.5.나.(1)재개발사업에서 2006. 8. 25. 이전에 구성승인을 받은 추진위원회가 한 시공자 선정행위의 추인결의 참고.

5 유병곤, "도시 및 주거환경정비법 일부개정법률안 검토보고", 건설교통위원회 (2006. 4.), 18, 윤호중의원 대표발의안(174204, 2006. 4. 6.) 부분; 경과규정으로 2006. 8. 25. 이전에 추진위원회 승인을 받은 경우는 종전법에 따르도록 한 점은 앞서 설명한 바와 같다.

6 시공자 선정과정의 투명성을 제고하기 위해 경쟁입찰 등 시공자 선정방법을 정한 구 도시정비법 제11조를 위반한 행위에 대한 벌칙규정(구법 제84조의2 제1호)도 신설하였다.

6. 법률 제9444호로 개정되어 2017. 2. 8. 법률 제14567호로 전부 개정되기 전의 것) 제11조는 재개발사업과 재건축사업 모두 조합설립인가 이후에 시공자를 선정하는 것으로 개정되었다.

또한 조합원 100명 이하의 정비사업 등 시행령으로 정하는 규모 이하의 정비사업의 경우에는 조합총회에서 정관으로 정하는 바에 따라 선정할 수 있도록 예외를 두었고,[7] 토지등소유자가 시행하는 재개발사업(구 도시환경정비사업)은 본래의 절차에 맞게 사업시행계획인가 이후에 선정하는 것으로 정하였다.

⑸ 2017년 전부 · 일부개정법률

도시정비법이 2017. 2. 8. 법률 제14567호로 전부 개정되었으나(시행일 2018. 2. 9.) 조문을 제11조에서 제29조로 옮기면서 내용을 정비하고 수의계약 방식을 명문으로 정한 것 이외에는 종전과 동일했다. 위 전부개정법률이 시행되기 전인 2017. 8. 9. 법률 제14857호로 도시정비법이 다시 한 차례 개정되면서(시행일 2018. 2. 9.), 경쟁입찰의 방법 등을 세분화하여 정하였다.

도시정비법 제29조 제3항에 따른 계약의 방법 및 절차 등에 필요한 사항을 정하기 위해 2018. 2. 9. 국토교통부 고시 제2018-101호로 「정비사업 계약업무 처리기준」이 제정 · 고시되었으며,[8] 구체적인 시공자 선정 절차는 위 계약업무 처리기준에 따른다.

나. 조합과 건설업자의 공동시행

도시정비법이 제정되기 이전의 재개발사업(구 도시재개발법)과 재건축사업(구 주택건설촉진법)은 건설업자(주택건설사업자)가 공동시행자 또는 참여조합원으로서 정비사업을 공동으로 시행하였다. 그러나 건설업자의 자금지원에 따른 재건축사업의 과열 등을 문제가 발생하자 2002. 12. 30. 법률 제6852호로 제정된 도시정비법은 사업시행인가를 받은 후에 시공자를 선정할 수 있도록 하면서 시장 · 군수등, 토지주택공사등이 아닌 건설업자의 공동시행을 금지하였다(구법 제11조).

그런데 재개발사업은 재건축사업에 비해 사업성이 부족하여 주민자력에 의한 사업추진이 사실상 곤란하였고, 도시정비법이 2005. 3. 18. 법률 제7392호로 개정되면서 재개발사업은 시장 · 군수등, 토지주택공사등 이외에도 건설업자와 공동사업시행이 가능하도록 제8조 제1항을 개정하였다.[9]

---

7 시행령이 위 일부개정법률 시행에 맞춰 2009. 8. 11. 대통령령 제21679호로 개정되면서 제19조의2를 신설하여 "조합원이 100명 이하인 정비사업"을 예외로 정한 이래 현재까지 유지되고 있다(시행령 제24조 제3항).

8 종전의 정비사업의 시공자 선정기준, 정비사업전문관리업자 선정 기준은 위 계약업무 처리기준의 제정으로서 폐지되었다.

9 이 부분 경위는 안병옥, "도시및주거환경정비법중개정법률안 검토보고", 건설교통위원회 (2004. 12.), 10, 정부 제출안(170698, 2004. 11. 2.) 부분 참고.

이후 도시정비법이 2015. 9. 1. 제13508호로 개정되면서 재건축사업도 건설업자와 공동사업시행이 가능하도록 제8조 제2항을 개정하였다.

다. 서울지역 시공자 선정 시기

도시정비법이 2010. 4. 15. 법률 제10268호로 개정되면서 정비사업의 공공관리에 관한 제77조의4를 신설하여 시공자 선정 방법 등에 대한 지원 등 공공관리 시행을 위한 방법과 절차를 시 · 도조례로 정할 수 있도록 하였는데, 위 일부개정법률에 따라 2010. 7. 15. 서울특별시 조례 제5007호로 개정된 구 서울시 정비조례는 조합이 시행하는 정비사업을 모두 공공관리 대상사업으로 정하면서 조합이 시공자를 선정할 때는 인가된 사업시행계획서를 반영한 설계도서를 작성하여 입찰절차를 진행하도록 정하여(구 서울시 정비조례 제44조, 제48조 제2항, 공공지원 시공자 선정기준 제4조, 제11조) 서울지역의 조합방식 사업장은 구 도시정비법 제11조의 규정에도 불구하고 모두 사업시행계획인가 이후에 비로소 시공자를 선정할 수 있게 되었다.[10]

서울지역 조합이 시공자 선정이 지연되어 사업자금 마련에 어려움을 겪는 문제가 발생하자, 도시정비법이 다시 2015. 9. 1. 법률 제13508호로 개정되면서 제77조의4 제8항을 신설하여 조합이 건설업자와 공동으로 정비사업을 시행하는 경우로서 조합과 건설업자간 협약을 체결하는 경우에는 "토지등소유자(제16조에 따라 조합을 설립한 경우에는 조합원을 말한다)의 과반수 동의를 얻어 제11조 제1항에 따라 시공자를 선정할 수 있다"고 정하여, 건설업자와 공동시행하는 경우에는 구 도시정비법 제11조 제1항에 따라 조합설립인가이후에 시공자를 선정할 수 있도록 하였다.

그러나 조합과 공동으로 사업을 시행할 건설업자의 선정 및 협약에 관한 사항을 정하기 위해 2016. 11. 10. 서울특별시 고시 제2016-355호로 제정 · 고시된 「공동사업시행 건설업자 선정기준」은 건축심의를 통과한 후에 공동사업시행자를 선정할 수 있도록 정함으로써(제11조) 건설업자와 공동시행하는 경우에도 조합설립인가이후가 아닌 사업시행계획인가 신청의 전 단계인 건축심의 이후에 비로소 시공자를 선정할 수 있게 되었다.

표 13 ❙ 재개발사업 · 재건축사업의 시공자 선정 시기와 방법

법 개정	분류	재개발사업	재건축사업
구 도시재개발법, 구 주택건설촉진법	시기 · 방법	총회결의	
	건설업자 공동시행	총회 의결로서 공동사업주체인 시공자를 선정	

10 공공관리에 관해 시 · 도조례에 위임하는 사항에 "시공자 선정 시기"가 추가된 것은 도시정비법이 2012. 2. 1. 법률 제11293호로 개정되면서이다.

2002. 12. 30. 법률 제6852호 제정법률 제11조	시기 · 방법	사업시행인가를 받은 후 정관등이 정하는 경쟁입찰의 방법으로 선정	
	건설업자 공동시행	(불가)	
2005. 3. 18. 법률 제7392호 일부개정 법률 제8조, 제11조	시기 · 방법	정관이 정하는 방법	사업시행인가를 받은 후 정관등이 정하는 경쟁입찰의 방법으로 선정
	건설업자 공동시행	(가능)	(불가)
2006. 5. 24. 법률 제7960호 일부개정 법률 제11조	시기 · 방법	조합설립인가인가를 받은 후 건설교통부장관이 정하는 경쟁입찰의 방법으로 선정	사업시행인가를 받은 후 건설교통부장관이 정하는 경쟁입찰의 방법으로 선정
2009. 2. 6. 법률 제9444호 일부개정 법률 제11조	시기 · 방법	조합설립인가를 받은 후 국토교통부장관이 정하는 경쟁입찰의 방법으로 선정 토지등소유자가 시행하는 도시환경정비사업은 사업시행인가를 받은 후 규약이 정하는 바에 따라 선정	
2015. 9. 1. 법률 제13508호 일부개정 법률 제8조, 제11조	건설업자 공동시행	(재개발사업, 재건축사업 모두 가능)	
2017. 2. 8. 법률 제14567호 전부개정 법률 제11조	시기 · 방법	조합설립인가를 받은 후 제29조 제1항 및 국토교통부장관 고시로 정하는 방법으로 시공자를 선정 토지등소유자가 시행하는 재개발사업(구 도시환경정비사업)은 사업시행인가를 받은 후 규약이 정하는 바에 따라 선정	

Ⅱ. 시공자 선정 절차

1. 입찰방법의 결정

사업시행자등은 일반경쟁 또는 지명경쟁의 방법으로 건설업자등을 시공자로 선정하여야 하고, 일반경쟁입찰이 미응찰 또는 단독 응찰의 사유로 2회 이상 유찰된 경우에는 총회의 의결을 거쳐 수의계약의 방법으로 건설업자등을 시공자로 선정할 수 있다(계약업무 처리 기준 제26조).

시공자가 수행하는 아파트 신축공사가 "계약의 성질 또는 목적에 비추어 특수한 설비 · 기술 · 자재 · 물품 또는 실적이 있는 자가 아니면 계약의 목적을 달성하기 곤란한 경우"이거나 "추정가격이 3억원 이하"이기는 어려우므로 지명경쟁입찰은 어렵고, 결국 일반경쟁입찰로 하되 2회 이상 유찰된 경우 수의계약의 방법으로 시공자를 선정하게 된다.[11]

11 이하에서는 지명경쟁입찰에 의한 시공자 선정에 대한 설명은 생략하도록 한다.

서울지역 조합은 ⓐ 입찰참여자격, 입찰방법에 관한 사항, 시공자 선정방법 및 일정에 관한 사항, 합동홍보설명회 개최 및 개별 홍보 금지 등에 관한 사항, 입찰기준 등 위반자에 대한 입찰 무효 또는 시공자 선정 취소에 관한 사항, 기타 시공자 선정에 관하여 필요한 사항 등이 포함된 선정계획안을 작성하여 이사회 의결을 거쳐야 하며, ⓑ 이사회가 의결한 선정계획안에 대해 서울시 정비조례 제72조 제1호에 따른 공공지원자의 검토를 받아야 하며, ⓒ 공공지원자의 검토를 거친 시공자 선정계획을 대의원회에서 의결하여야 한다(공공지원 시공자 선정기준 제7조).

2. 입찰공고

가. 입찰공고할 내용

시공자 선정은 그 추정가격이 6억원을 초과하므로 일반경쟁입찰 및 전자입찰에 의하여야 하고 현장설명회가 필수적이다. 따라서 사업시행자등은 일반경쟁입찰의 방법으로 시공자를 선정하기 위해 현장설명회 7일전까지 전자조달시스템 또는 1회 이상 일간신문에 공고하여야 한다(계약업무 처리기준 제28조). 서울지역 조합은 입찰공고를 클린업시스템에 공개하여야 한다(공공지원 시공자 선정기준 제8조).

입찰공고에는 사업계획의 개요(공사규모, 면적 등), 입찰의 일시 및 장소, 현장설명회 일시 및 장소, 부정당업자의 입찰 참가자격 제한에 관한 사항, 입찰참가에 따른 준수사항 및 위반(제34조 위반 포함)시 자격 박탈에 관한 사항, 그 밖에 사업시행자등이 정하는 사항 등을 포함하여 공고하여야 한다(계약업무 처리기준 제29조 제1항).

나. 부정당업자의 입찰 참가자격 제한에 관한 사항

입찰공고할 내용 중 부정당업자의 입찰 참가자격 제한은 대의원회 의결로서 결정해야 한다. 부정당업자의 입찰 참가자격 제한을 받을 수 있는 대상은 금품, 향응 또는 그 밖의 재산상 이익을 제공하거나 제공의사를 표시하거나 제공을 약속하여 처벌을 받았거나, 입찰 또는 선정이 무효 또는 취소된 자(소속 임직원 포함), 입찰신청서류가 거짓 또는 부정한 방법으로 작성되어 선정 또는 계약이 취소된 자이다(계약업무 처리기준 제12조).

서울지역 조합은 부정당업자의 입찰참가자격을 제한하는 경우 지체 없이 해당 업체명과 부정당사유 및 일자를 공공지원자와 시장에게 제출하여야 한다(공공지원 시공자 선정기준 제10조).

3. 현장설명회

시공자 선정에서 현장설명회는 필수적 절차이다.[12] 조합은 입찰서 제출마감일 20일전

12 시공자 선정 입찰공고 등의 내용을 정한 계약업무 처리기준 제29조 제1항 중 제3호는 일반 계약(제10조 제4호), 전자입찰 계약(제21조 제1항 제4호)과 동일하게 "현장설명회의 일시 및 장소(현장설명회를 개최하는 경우에

까지(비용산출내역서 및 물량산출내역서 등을 제출해야 하는 내역입찰의 경우에는 45일 전까지) 설계도서(사업시행계획인가를 받은 경우 사업시행계획인가서를 포함하여야 한다), 입찰서 작성 · 제출서류 · 접수방법 및 입찰유의사항, 건설업자등의 공동홍보방법, 시공자 결정방법, 계약에 관한 사항, 기타 입찰에 관하여 필요한 사항을 포함하여 현장설명회를 개최해야 한다(계약업무 처리기준 제31조).

서울지역 조합은 입찰서 제출마감일 45일전까지 사업시행계획서의 내용을 반영한 설계도서와 입찰에 필요한 입찰참여안내서, 공사도급계약서 작성에 관한 사항 등을 포함하여 현장설명회를 개최해야 한다(공공지원 시공자 선정기준 제11조 제1항).

4. 건설업자등의 입찰서 작성

입찰에 참여하려는 건설업자는 조합의 입찰공고, 입찰지침서 등에 따라 입찰서를 작성하여야 한다. 이때 입찰서에는 시공과 관련이 없는 사항에 대한 금전 또는 재산상 이익 제공에 관한 제안이 포함되어서는 안 된다(계약업무 처리기준 제30조).[13]

조합은 별도로 선정한 설계자가 작성한 원안설계(기본설계)를 바탕으로 입찰을 진행하는데, 입찰에 참여하는 건설업자는 차별점을 내세우기 위해 기본설계가 오래 되어 최신 경향에 맞지 않거나 조합원들의 요구에 맞춘다는 이유로 원안설계와는 다른 대안설계(혁신설계, 특화설계 등)를 제안하는 것이 통상적이다. 사업시행자등은 건설업자등이 설계를 제안하는 경우 제출하는 입찰서에 포함된 설계도서, 공사비 명세서, 물량산출 근거, 시공방법, 자재사용서 등 시공 내역의 적정성을 검토해야 한다(계약업무 처리기준 제29조 제3항).

서울지역 조합의 시공자 선정에서 건설업자가 대안설계를 제안하는 경우, 대안설계는 원안설계에 대하여 사업시행계획의 경미한 변경의 범위에서만 가능하고, 대안설계를 제안하는 경우 원안이 아닌 제안 내용으로 입찰에 참여한 것으로 간주되고, 원안설계와 비교할 수 있도록 원안 공사비 내역서를 함께 제출하는 한편 대안설계에 따라 후속절차가 이행되는 과정에서 기간 연장, 공사비 증액 등으로 추가 발생하는 비용은 건설업자등이 부담하여야 한다(공공지원 시공자 선정기준 제9조).[14]

한한다)"로 정하고 있으나, 입법적 오류로 보인다.

13 자세한 내용은 V.1.나.시공과 관련이 없는 사항에 대한 금전 또는 재산상 이익 제공 등(계약업무 처리기준 제30조) 참고.

14 공공지원 시공자 선정기준이 2019. 5. 30. 서울특별시 고시 제2019-159호로 개정되면서 신설된 내용이다. 건설업자들이 정비사업 수주 과정에서 과도한 설계변경을 제안하고 이로 인하여 공사비가 부풀려지거나 조합원 부담과 갈등이 커지는 문제를 해결하기 위한 도입된 것이나[서울특별시 보도자료, "서울시, 정비사업 시공사 과도한 설계변경 금지해 조합원 권익보호", 주택건축본부 주거정비과(2019. 5. 30.)].

5. 입찰의 성립

일반경쟁입찰은 2인 이상의 유효한 입찰참가 신청이 있으면 입찰이 성립한다(계약업무 처리기준 제19조 제3항, 제6조 제2항). 2인 이상의 유효한 입찰참가 신청이 입찰마감시까지 있으면 입찰이 성립하는 것이므로 그 이후 일부 입찰자가 입찰을 포기하였다고 하여 이미 성립한 입찰이 무효가 되는 것은 아니라고 보는 것이 타당하다.[15]

사업시행자등은 전자조달시스템을 통해 입찰서를 접수하여야 하고, 입찰서 이외에 입찰 부속서류는 밀봉된 상태로 접수하여야 한다.[16] 입찰 부속서류를 개봉하고자 하는 경우에는 부속서류를 제출한 입찰참여자의 대표(대리인을 지정한 경우에는 그 대리인)와 사업시행자등의 임원 등 관련자, 그 밖에 이해관계자 각 1인이 참여한 공개된 장소에서 개봉하여야 한다. 사업시행자등은 입찰 부속서류 개봉 시에는 일시와 장소를 입찰참여자에게 통지하여야 한다(계약업무 처리기준 제32조, 제22조).

입찰 부속서류 개봉시에 입찰참여자들이 입찰제안서 등 부속서류를 상호간 확인한 후 날인하는 절차로 진행하는데, 다른 입찰참여자의 입찰제안 내용이 입찰지침 등을 위반하였다고 이의를 제기하면서 날인을 거부하기도 한다. 입찰 부속서류 개봉시에 입찰참여자 등을 참여시키는 것은 절차적 공정성을 담보하기 위한 것이므로, 참여 기회가 부여되었다면 입찰참여자의 대리인이 참석하지 않거나 확인서 등에 날인하지 않았다고 하여 입찰절차에 영향은 없다고 보는 것이 타당하다.

6. 총회에 상정할 건설업자등을 선정하는 대의원회 의결

가. 대의원회 의결 절차

조합은 제출된 입찰서를 모두 대의원회에 상정하여야 한다(계약업무 처리기준 제33조 제1항). 서울 지역 조합은 입찰제안서 비교표를 작성하여 건설업자등과 각각 확인 · 날인을 받은 후 대의원회 개최 전에 미리 대의원에게 통지하여야 한다(공공지원 시공자 선정기준 제13조, 제14조 제2항).

① 입찰에 참가한 건설업자가 6인 이상인 때에는 대의원회가 총회에 상정할 6인 이상의 건설업자를 선정하여야 하는데, 대의원회는 재적의원 과반수가 직접 출석하여 참여한 회의에서 비밀투표의 방법으로 총회에 상정할 건설업자등을 선정하여야 한다(계약업무 처리기준 제33조 제2항 본문, 제3항).[17]

② 입찰에 참가한 건설업자가 6인 미만인 때에는 모두 총회에 상정하여야 한다(계약업무 처리기준 제33조 제2항 단서). 대의원회는 해당 건설업자등을 모두 총회에 상정해야 하므로, 계약업무 처리기준 제

---

15 서울북부지방법원 2012. 6. 13.자 2011카합874 결정(구 공공관리 정비사업전문관리업자 선정기준 사안).

16 조합원들에게 배부되는 입찰제안서를 포함한 입찰 부속서류는 밀봉하여 조합사무실로 직접 방문하여 접수한다.

17 서면결의서 또는 대리인을 통한 투표는 인정되지 않는다(계약업무 처리기준 제33조 제3항 후문).

33조 제3항에 의한 비밀투표나 직접 출석 등의 방법으로 의결할 필요가 없다고 보는 것이 타당하다.[18]

나. 대의원회의 총회 상정 여부 등에 대한 의결

(1) 대의원회의 입찰참가자격 판단

입찰참가자격이 없거나 입찰지침에 따른 서류를 제출하지 않은 입찰자의 입찰은 무효이나, 조합은 제출된 입찰서를 모두 대의원회에 상정해야 하므로(계약업무 처리기준 제33조 제1항), 결국 입찰참가자격 등에 대한 판단은 대의원회에서 이루어져야 한다. 계약업무 처리기준의 해석상 입찰무효 등의 결정권한은 일반적으로 대의원회에 있다고 볼 것이므로,[19] 입찰지침 등에 별도의 규정이 없다 하더라도 대의원회는 그 의결로서 특정 입찰자의 입찰참가자격 등을 판단하여 총회 상정 여부를 결정할 수 있다고 보는 것이 타당하다.

물론 대의원회의 자유재량으로 볼 수는 없고, 입찰절차의 공정성 즉, 적어도 입찰참여 대상자에게 동일한 기준을 적용하고 동일한 정보를 제공함으로써 실제로 입찰에 참여할 의사결정의 기회를 동등하게 부여하는 것은 준수되어야 하는 것이므로 대의원회가 사후에 관련 규정을 변경하여 무효인 입찰참여를 유효로 만드는 것은 허용되지 않는다.[20]

(2) 대의원회 총회 상정 여부 등에 대한 판단

2인 이상의 유효한 입찰참가 신청이 있어 입찰이 성립하였음에도 대의원회가 총회에 상정하지 않는 의결을 할 수 있는지가 문제된다. 입찰서를 제출한 건설업자 중 시공자를 선정할지 여부는 결국 조합이 선택하는 것이므로, 총회에서 시공자로 선정할 만한 입찰자가 없다고 판단되어 선정 안건을 부결하고 입찰 자체를 취소할 수 있을 것이다. 이 쟁점은 결국 대의원회가 별도의 총회를 개최하지 않고 그에 앞서 입찰의 진행 여부를 결정할 수 있는지 여부이다.

① 대의원회가 총회에 상정하지 않는 의결을 할 수 없다는 입장에서는, ⓐ 계약업무 처리기준 제33조 제2항(구 시공자 선정기준 제12조 제2항)은 "대의원회는 총회에 상정할 6인 이상의 건설업자등을 선정하여야 한다. 다만, 입찰에 참가한 건설업자등이 6인 미만인 때에는 모두 총회에 상정하여야 한다"고 정하여 일정 수 이상의 건설업자를 총회에 상정하는 것은 의무적으로 해석되며, ⓑ 입찰이 유효하게 성립하였음에도 대의원회가 임의로 상정 여부까지 결정하면 조합원들이 총회에서 시공자를 선정할 권리를 침해하는 결과에 이르게 되므로 대의원회가

---

18 서울고등법원 2015. 10. 22. 선고 2014누71612 판결(제1심은 서울행정법원 2014. 11. 6. 선고 2014구합6241 판결), 부산지방법원 2020. 12. 16. 선고 2020가합47799 판결 등.

19 입찰 무효 결정권한에 대해서는 V.2.가.특정 입찰자에 대한 입찰무효 결정 참고.

20 서울동부지방법원 2010. 7. 2.자 2010카합1471 결정.

시공자 선정 안건의 상정 여부까지 결정할 권한은 없다고 본다.[21]

② 대의원회가 총회 상정 여부도 의결할 수 있다는 입장에서는, ⓐ 계약업무 처리기준 제33조의 기본 취지는 시공자 선정 과정의 투명성을 높이고 실질적인 경쟁을 도모하기 위한 것으로서, 시공자 선정을 위한 입찰에 복수의 건설업자가 참여한 경우 그 건설업자 중에서 조합원 총회에 상정할 건설업자를 상정 기준을 정한 것이지 대의원회에 시공자 선정을 위한 입찰에 참여한 건설업자를 총회에 상정할 의무를 부과하기 위한 것으로까지 볼 수 없고, ⓑ 입찰공고는 청약의 유인으로서 청약인 입찰에 따라 낙찰자를 선정할지 여부는 결국 조합이 선택할 수 있는 것이고, 대의기관인 대의원회는 입찰의 구체적인 방법과 절차를 결정할 수 있으므로(계약업무 처리기준 제3조 제2항), 별도의 총회를 개최하여 선정 안건을 취소하지 않더라도 대의원회가 입찰에 참가한 업체를 조합원 총회에 상정할지 아니면 입찰을 취소하고 시공자 선정기준을 새로이 정하여 다시 입찰공고를 할지를 결정할 수 있는 것으로 보아야 하므로, 계약업무 처리기준 제33조 제2항은 총회 상정을 강제하는 취지라기보다 대의원회가 그 의결을 거쳐 조합원의 이익에 부합하는 복수의 건설업자를 선정하여 조합원 총회에 상정하라는 취지로 보아야 한다는 것이다.[22]

총회에서 입찰자 중 시공자를 선정할 수 없다고 판단되어 선정 안건 자체를 취소할 수 있는데, 대의원회는 대의기관이고 입찰에서는 구체적인 방법과 절차에 대한 의사결정권한을 가진 기관으로서 별도의 총회를 개최하지 않더라도 그에 앞서 입찰 진행 여부를 결정할 수 있다고 생각된다.

⑶ 대의원회의 입찰 연기, 재입찰 등에 대한 판단

통상 입찰지침서(입찰참여 안내서)에는 입찰의 연기 또는 재입찰 사유를 정하고 있고, 공공지원 시공자 선정기준 [별지 제4호 서식] 입찰참여 안내서의 시공자 선정 입찰 참여규정 제6조는 ⓐ 입찰자의 설명 요구사항의 내용이 중대하여 연기가 불가피한 경우, 기타 불가피한 사유로 인하여 지정된 일시에 현장설명회 또는 입찰을 실시하지 못하는 경우 입찰제안서 제출마감 일시를 연기하거나,[23] ⓑ 입찰자가 없거나 발주자가 제시한 입찰참여조건과 입찰자의 제안내용이 현격한 차이가 있어 재입찰이 불가피한 경우 발주자는 재입찰을 하도록 정하고 있다.

---

21 수원지방법원 안양지원 2013. 5. 23.자 2013카합45 결정.

22 수원지방법원 안양지원 2011. 6. 8.자 2011카합86 결정, 광주고등법원(전주) 2012. 12. 20.자 2011라82 결정.

23 "기타 불가피한 사유로 인하여 지정된 일시에 입찰을 실시하지 못하는 경우"는 입찰방해 기타 소란 행위 등 조합 측의 사정으로 인하여 입찰참여 대상업체로 하여금 사실상 입찰의 기회를 부여할 수 없었거나 이에 준하는 사유로 인하여 실제로 입찰을 실시할 수 없는 특별한 사정을 의미하는 것이고, 입찰마감일까지 입찰조건에 따른 입찰자가 없는 사정은 유찰사유일 뿐 연기사유로 보기는 어렵다(서울동부지방법원 2010. 7. 2.자 2010카합1471 결정).

입찰지침서 등에 입찰의 연기 또는 재입찰 결정절차에 대한 별도의 명문 규정이 없더라도, 조합의 계약 체결과 관련하여 관계 법령, 계약업무 처리기준 및 정관 등으로 정하지 않은 구체적인 방법 및 절차는 대의원회에서 정하는 바에 따르는 것이므로(계약업무 처리기준 제3조 제2항), 연기 또는 재입찰(재공고)은 대의원회가 의결로서 결정할 수 있고, 또한 대의원회 의결을 거쳐야 한다고 보는 것이 타당하다.[24]

7. 입찰참여자의 홍보

사업시행자등은 총회에 상정될 건설업자등이 결정된 때에는 조합원(토지등소유자)에게 이를 통지하여야 한다(계약업무 처리기준 제34조 제1항)

사업시행자등은 건설업자등의 합동홍보설명회는 2회 이상 개최하여야 하고,[25] 개최 7일전까지 일시 및 장소를 정하여 조합원에게 통보하며, 건설업자등이 제출한 입찰제안서에 대하여 시공능력, 공사비 등이 포함되는 객관적인 비교표를 작성하여 조합원에게 제공하여야 한다. 사업시행자등은 최초 합동홍보설명회 개최 이후 건설업자등의 신청을 받아 정비구역 내 또는 인근에 개방된 형태의 홍보공간을 1개소 제공할 수 있다(계약업무 처리기준 제2조 내지 제4조).

건설업자등의 임직원, 시공자 선정과 관련하여 홍보 등을 위해 계약한 용역업체의 임직원 등은 토지등소유자 등을 상대로 개별적인 홍보를 할 수 없으며, 홍보를 목적으로 토지등소유자 또는 정비사업전문관리업자 등에게 사은품 등 물품 · 금품 · 재산상의 이익을 제공하거나 제공을 약속하여서는 아니 된다. 사업시행자등이 제공한 홍보공간에서는 개별적인 홍보가 가능하고, 이 경우 미리 홍보직원의 명단을 사업시행자등에 등록하여야 하며, 홍보직원의 명단을 등록하기 이전에 홍보를 하거나, 등록하지 않은 홍보직원이 홍보를 하여서는 아니 된다. 이 경우 사업시행자등은 등록된 홍보직원의 명단을 토지등소유자에게 알릴 수 있다(계약업무 처리기준 제34조 제3항 내지 제5항).

8. 선정 의결

가. 직접 출석 요건

(1) 시공자 선정 의결

총회는 일반 의사정족수로서 조합원 과반수 출석이 필요하다고 해석되나, 시공자 선정 총회는 조합원 과반수가 직접 출석해야 한다(계약업무 처리기준 제35조 제1항 전단).[26]

---

24 서울북부지방법원 2009. 6. 1.자 2009카합616 결정, 수원지방법원 2011. 4. 15.자 2011카합108 결정, 전주지방법원 2012. 5. 2.자 2012카합52 결정.

25 통상 2회의 합동홍보설명회 중 1회는 총회 전에 별도로 개최하고, 나머지 1회는 시공자 선정 총회 당일 총회장에서 2부 총회에 앞선 1부 행사로 진행하고 있다.

26 이 규정은 구 시공자 선정기준이 2006. 8. 25. 제정될 당시부터 있었다. 서울동부지방법원 2015. 1. 21.자

조합원 본인 또는 대리인이 총회에 출석하여 의결한 것만 직접 출석으로 인정된다. 조합원은 서면으로 의결권을 행사할 수 있으나, 서면결의서를 철회하고 시공자선정 총회에 직접 출석하여 의결하지 않는 이상 직접 참석자에 포함되지 않는다(계약업무 처리기준 제35조 제1항 후단, 제2항).[27]

시공자를 변경하는 것은 기존의 시공자에 대한 선정 철회와 새로운 시공자 선정이 결합된 것이고, 정관에서 시공자 변경에 대해 정한 경우에는 계약업무 처리기준에 따르도록 되어 있어 시공자 변경 의결은 선정 의결과 마찬가지로 조합원 과반수의 출석이 필요하다고 볼 수 있다. 다만 별도의 입찰절차를 거쳐야 하는 선정절차를 종전 시공자 철회와 동시에 의결하기는 어려울 것이다.

⑵ 공사도급계약 체결에 대한 인준 의결

시공자로 선정된 건설업자와의 공사도급계약은 통상 대의원회에서 심의하여 확정한 후 계약 체결에 앞서 미리 총회의 의결을 받도록 하고 있는데(구 표준정관 제12조 제2항), 공사도급계약 체결 인준을 위한 총회 의결은 별도의 선정행위가 아니고, 계약업무 처리기준은 시공자 선정절차(제35조)와 계약 체결(제36조)을 구분하고 있다는 점에서 계약 체결에 대한 인준 의결은 시공자 선정 의결과 같은 과반수 직접 출석을 필요로 하지 않는 것으로 생각된다.[28]

⑶ 수의계약 방식에 의한 시공자 선정 의결

계약업무 처리기준 제35조 제1항은 경쟁입찰과 수의계약을 구분하지 않으며, 과반수의 직접 출석을 요구함으로써 총회 의결의 실질을 보장하려는 이 규정의 목적은 건설업자 1인을 대상으로 하는 수의계약에서 더욱 강하게 요구된다는 점에서, 정관에서 다르게 정하지 않는 한 수의계약 방식으로 시공자를 선정할 때도 조합원 과반수의 직접 출석이 필요하다고 보는 것이 타당하다.[29]

2014카합10149 결정 등은 조합원 과반수의 직접출석을 정하게 된 배경에 대해 "이 사건 선정기준 제14조는 과거 재건축정비사업조합 등이 시공자를 선정함에 있어 건설업체나 업체 관련자가 시공자 선정에 관한 서면결의서를 미리 매수하여 총회에 제출함으로써 총회의 결의를 거치기도 전에 시공자로 선정되는 것이 관행처럼 굳어져 있었고, 이러한 과정에서 주민의사의 왜곡, 막대한 로비자금의 지출, 서면결의서 사전 징구에 의한 총회 의결기능 무력화 등의 문제점이 발생함에 따라 총회의 의결기능의 실효성을 확보하고, 궁극적으로는 조합원의 부담으로 전가될 로비자금을 사전예방하기 위하여 조합원의 과반수가 직접 출석한 경우에 시공자 선정을 위한 총회의 의사를 진행할 수 있도록 규정한 것이다"와 같이 설명하고 있다. 한편 국토교통부 고시로 조합원 과반수의 직접 출석을 정한 것이 적법한지에 대해서는 **[17]계약 I.2.나.법적 성격** 참고.

27 사전 서면결의서를 제출하고 출석만 확인한 후 퇴장함으로써 사실상 서면결의에 의한 의결권행사가 이루어지고 있음에도 이를 직접 참석자에 포함시키는 실무상 부당한 관행을 개선하고자 하는 것이다[안광순(상), 261].

28 구 시공자 선정기준에 대해서도 선정행위와 계약체결 행위는 구분된다고 본 사례로 서울동부지방법원 2015. 1. 21.자 2014카합10149 결정, 대구지방법원 2016. 10. 6. 선고 2016가합121 판결, 서울중앙지방법원 2018. 9. 4.자 2018카합20790 결정.

29 구 시공자 선정기준에 관한 사례로 대구고등법원 2019. 5. 2. 선고 2018나22405 판결.

나. 선정 의결의 의결정족수

(1) 일반 의결정족수의 적용

시공자 선정은 총회 의결로서 하는 것이므로 정관에서 다르게 정하지 않는 한 선정을 위한 총회 의결은 일반 의결정족수인 조합원 과반수의 출석과 출석 조합원 과반수의 찬성으로 이루어진다(법 제45조 제3항).[30]

(2) 다득표, 결선투표 방식의 적용

시공자는 다수의 입찰자 중 1인의 건설업자를 선택하는 것이므로 많게는 6인 이상의 건설업자를 대상으로 하는 시공자 선정이 일반 의결정족수로 의결되기 어렵다. 따라서 다득표 또는 결선투표 방식이 필요할 것이나, 이는 총회 의결 방법을 달리 정하는 것이므로 원칙적으로 정관에 별도의 규정이 있어야 한다.[31] 정관의 기재사항인 '시공자의 선정 및 계약서에 포함될 내용'은 경미한 변경사항이 아니므로(법 제40조 제1항 제16호), 그 변경은 시장 · 군수등으로부터 인가를 받은 이후에 효력이 발생하고, 따라서 시공자 선정 총회에 앞선 총회에서 미리 정관 변경을 의결하여 인가를 받아야 시공자 선정 총회에 적용할 수 있다.

이에 관해, 서울지역 조합에 적용되는 공공지원 시공자 선정기준 제15조 제3항은 일반 의결정족수를 충족하지 못하는 경우 ⓐ 정관, ⓑ 정관에서 다르게 정하지 않았다면 총회 의결에 따라 선정할 수 있다고 정하고 있다.[32] 그러나 정관에서 미리 다득표나 결선투표를 정하지 않았다면 단순한 총회 의결로 시공자 선정 안건을 일반 의결정족수와 다르게 의결할 수 없고, 위 공공지원 시공자 선정기준 규정이 정관 변경을 갈음하는 효력이 있다고 볼 수도 없다. 따라서 다득표 또는 결선투표를 하기 위해서는 결국 정관 변경이 선행되어야 할 것으로 생각된다.

정관에서 별도의 규정을 두지 않아 출석 조합원 과반수의 찬성이 필요한 경우, 예비적

---

30 사업시행계획서의 수립 및 변경시 정비사업비가 10/100 이상 늘어나는 경우에는 조합원 2/3 이상의 동의를 받도록 되어 있는데(법 제45조 제4항 단서), 시공자 선정으로 인해 정비사업비가 10/100 이상 늘어나게 된다고 하더라도 도시정비법 제45조 제4항 단서를 유추적용하여 시공자 선정에 조합원 2/3 이상의 동의를 받아야 한다고 볼 것은 아니다(법제처 2016. 6. 2. 15-0865 해석례). 다만 시공자 선정 의결이 도급제 또는 지분제 등 사업방식의 변경까지 수반하는 것이라면 정관의 기재사항 중 '조합의 비용부담', '시공자 · 설계자의 선정 및 계약서에 포함될 내용에 관한 사항' 등이 조합원들의 이해관계에 중대한 영향을 미칠 정도로 실질적으로 변경되는 경우에는 정관변경 규정을 유추적용하여 조합원 2/3 이상의 동의를 필요로 한다고 볼 것이다. 자세한 내용은 **[15]총회의 의결 III.3.나.(2)정관 변경에 준하여 적용하는 2/3 이상 찬성의 특별 의결정족수** 참고.

31 자주 이루어지는 조합임원 선임에 관해서는 정관을 변경하여 다득표 또는 결선투표를 정해놓게 되나, 시공자 선정은 미리 변경해두지 못하는 경우가 많다.

32 공공지원 시공자 선정기준 제15조 제3항은 "총회에 상정된 건설업자들 중 어느 하나도 과반수 동의를 얻지 못하는 경우에는 조합의 정관에서 정한 바에 따르며, 정관에서 특별히 정하지 않은 경우에는 총회 의결에 따라 시공자를 선정한다"고 정하면서, 제4항은 "제3항에 따라 재투표하는 경우 재투표를 하기 전에 조합원 과반수 직접 출석 여부를 확인하여야 한다"고 하여 재투표에 관한 규정까지 두고 있다.

으로 결선투표가 진행되는 것을 대비하여 후보자 A, B, C 중 1인을 선택하는 1차 투표와 함께 결선투표 상황(A와 B 중 1인, B와 C 중 1인, A와 C 중 1인)에 대해 선택하도록 하는 2차 투표가 같이 진행하는 방법도 1차 · 2차 투표가 같이 진행되는 이유와 투표방법이 사전에 충분히 설명되었고 조합원들의 의사가 왜곡되었다고 볼 사정이 없다면 적법한 것으로 생각된다.[33]

다. 선정 이외 의결의 의결정족수

시공자 선정에 따른 공사도급계약 체결은 정관에 따라 미리 총회의 의결을 받아야 하고(구 표준정관 제12조 제2항), 수의계약도 시공자를 선정하는 것이므로 총회의 의결을 받아야 한다(법 제45조 제1항 제5호). 위와 같이 선정 이외의 의결은 해당 안건의 가부만을 묻는 것이므로 정관에서 다르게 정하지 않는 한 일반 의결정족수를 적용하는 것이 타당한 것으로 생각된다.

라. 선정 총회의 서면결의서 제출 방법의 제한

조합원의 서면결의권 행사는 조합에서 지정한 기간 · 시간 및 장소에서 서면결의서를 배부받아 제출하여야 하며, 조합은 조합원 수 등을 고려하여 서면결의서 제출기간 · 시간 및 장소를 정하여 운영하여야 하고, 시공자 선정을 위한 총회 개최 안내시 서면결의서 제출요령을 충분히 고지하여야 한다(계약업무 처리기준 제35조 제2항, 제3항). 우편이나 제3자를 통해 제출되는 서면결의서는 매표의 가능성이 있으므로 조합원이 정해진 기간동안 정해진 장소에서 직접 서면결의서를 제출하도록 정한 것이다.

9. 입찰보증금의 귀속

가. 입찰보증금의 취지 및 관련 규정

시공자나 정비사업전문관리업자 선정을 위한 입찰에서 일정한 입찰보증금을 납부하도록 하는 경우가 많다. 입찰보증금은 본래 낙찰자의 계약체결의무이행의 확보를 목적으로 하여 그 불이행시에 이를 귀속시켜 발주자의 손해를 전보하는 손해배상 예정의 성격을 갖는 것이나(예산회계법상 입찰보증금에 대한 대법원 1983. 12. 27. 선고 81누366 판결 등 참고), 정비사업에서는 입찰지침 등을 통해 입찰자가 입찰지침 또는 홍보지침을 위반하여 입찰 무효가 될 경우 입찰보증금 전부 또는 일부를 조합이 귀속할 수 있다고 정하여 입찰지침의 준수를 강제하는 한편, 해당 건설업자가 시공자로 선정되면 입찰보증금을 바로 대여금으로 전환함으로써 조합의 초기 사업비를 확보하려고 한다.

도시정비법령 및 종전 계약업무 처리기준에서는 입찰보증금에 대해 특별히 정하지 않

---

33 임원 선임에 대한 사례로 서울서부지방법원 2013. 6. 20. 선고 2012가합6950 판결, 시공자 선정에 대한 사례로 서울고등법원 2015. 10. 22. 선고 2014누71612 판결(제1심은 서울행정법원 2014. 11. 6. 선고 2014구합6241 판결).

았으나, 계약업무 처리기준이 2020. 12. 16. 국토교통부 고시 제2020-985호로 개정되면서 제10조의2를 신설하여, 입찰보증금은 현금 또는 보증서로 납부하게 할 수 있고 입찰마감일부터 5일 이전까지 입찰보증금을 납부하도록 요구하여서는 안 된다는 규정을 두었다. 한편 공공지원 시공자 선정기준은 2010. 9. 16. 서울특별시 고시 제2010-326호로 제정될 당시부터 입찰보증금에 관한 규정을 두고 있었고 실무상 운용도 거의 동일하다.

> 공공지원 시공자 선정기준 제17조(입찰보증금) ① 조합은 계약업무 처리기준 제26조에 따른 입찰시 입찰에 참여한 건설업자등에게 입찰보증금을 미리 납입하게 할 수 있다.
> ② 제1항에 따른 입찰보증금은 현금 또는 「지방자치단체를 당사자로 하는 계약에 관한 법률 시행령」 제37조 제2항 각 호의 보증서 등으로 납부하게 할 수 있다.
>
> 공공지원 시공자 선정기준 제18조(입찰보증금의 예입조치) ① 조합장은 총회에서 선정된 건설업자등이 정당한 사유 없이 계약을 체결하지 아니하거나 입찰참여 규정 등을 위반하여 조합에 손해가 발생한 경우 해당 건설업자등의 입찰보증금을 해당 조합에 귀속시킬 수 있다. 이 경우 조합은 미리 그 뜻을 해당 건설업자등에게 통지하여야 한다.
> ② 제1항에 따른 입찰보증금의 예입조치 사유가 발생한 때에는 지체 없이 그 뜻을 해당 금융기관 또는 보증기관 등에게 통지하고 당해 입찰보증금을 현금으로 징수하게 하거나 조합 소유 유가증권으로 전환하게 할 수 있다.
> ③ 조합은 해당 건설업자등에게 다음 각 호에 따라 입찰보증금을 환급하여야 한다.
> 1. 총회 상정할 업체 결정에서 제외된 건설업자등 : 대의원회 개최일부터 14일 이내
> 2. 총회에서 시공자로 선정된 건설업자등 : 계약일부터 14일 이내(단, 조합이 시공자와 협의한 경우 대여금으로 전환이 가능하다.)
> 3. 제1호와 제2호 외의 건설업자등 : 총회 개최일부터 14일 이내
>
> ④ 계약업무 처리기준 제36조 제2항에 따라 총회에서 시공자 선정이 무효로 된 경우에는 입찰보증금을 제1항과 제2항의 방법 및 절차에 따라 조합에 귀속시킬 수 있다.

나. 입찰보증금의 예치, 환급, 대여금 전환

통상 입찰지침서에는 일정한 금액의 입찰보증금을 입찰제안서 제출마감일전까지 현금 또는 보증서로 납부하도록 하고 있고, 입찰보증금 예치 확인자료는 입찰참여 신청 서류 중 하나로서 입찰지침에서 정한 입찰보증금을 납부하지 않으면 유효한 입찰이 될 수 없다. 입찰보증금은 통상 현금으로 납부하나, 금액이 큰 경우 그 중 일부를 건설공제조합 등이 발행한 보증서로 대체하면서 시공자로 선정되었을 때 일정한 기간내에 보증서로 대체된 금액을 현금으로 납부한다.

총회에서 시공자가 선정되면 시공자로 선정되지 않은 건설업자가 예치한 입찰보증금은 그 건설업자에게 반환된다. 시공자로 선정된 건설업자가 예치한 입찰보증금도 환급할 수 있으나 통상 무이자 대여금으로 전환된다. 조합은 입찰지침과 이행각서 등을 통해 입찰보증금의 대여금 전환을 거듭 확인하고, 시공자 선정 총회에서 입찰보증금을 대여금으로 전환하는 것에 대한 총회 의결을 받는다.

다. 입찰보증금의 몰취 등

(1) 입찰보증금 몰취, 지급청구

입찰지침에는 "총회에서 선정된 건설업자등이 정당한 사유 없이 계약을 체결하지 아니하거나 입찰참여 규정 등을 위반하여 조합에 손해가 발생한 경우 해당 건설업자등의 입찰보증금을 해당 조합에 귀속시킬 수 있다"(공공지원 시공자 선정기준 제18조 제1항)와 같이 일정한 경우 입찰보증금의 전부 또는 일부를 몰취하여 조합에 귀속시킬 수 있다고 정하고 있다. 따라서 조합은 몰취 사유가 발생한 경우 입찰보증금을 조합의 재산으로 귀속시키거나 아직 지급되지 않거나 보증보험으로 담보된 부분은 지급청구할 수 있다.

입찰보증금은 일종의 손해배상액의 예정으로서,[34] 입찰보증금을 몰취하기 위해서는 채무자인 입찰자의 귀책사유가 필요하다. 그런데 입찰지침 및 계약업무 처리기준의 입찰무효 사유는 명확하게 해석하기 어려운 부분이 많고, 선정된 건설업자가 정당한 사유 없이 계약을 체결하지 않거나 입찰지침 또는 홍보지침을 위반한 것인지는 다툼의 여지가 크다. 입찰지침 등의 입찰보증금 몰수 사유는 입찰자의 홍보지침 위반 등의 행위가 입찰자의 입찰자격을 박탈할 정도로 중대한 경우로 한정하여 보는 것이 타당하다.[35]

(2) 부제소합의 등 인정 여부

입찰지침 등을 통해 "조합이 입찰보증금을 몰수할 경우 입찰자는 이에 대해 일체의 이의제기를 할 수 없고 입찰보증금 반환청구 등 민 · 형사상의 법적 행위를 할 수 없다"고 정하고, 입찰자가 조합에 제출하는 이행각서(서약서)에도 같은 내용이 포함된다. 이러한 내용은 그 자체로 입찰보증금 몰취에 대한 부제소합의이므로, 입찰자가 입찰보증금 몰취결정을 소로서 다툴 수 없다고 볼 수 있다.[36]

---

34 위약금이 위약벌로 해석되기 위해서는 특별한 사정이 주장 · 입증되어야 하는데(대법원 2000. 12. 8. 선고 2000다35771 판결, 대법원 2001. 1. 19. 선고 2000다42632 판결 등 참고), 통상 입찰지침에는 입찰보증금이 위약벌이라고 명시되거나 별도의 손해배상 규정을 두고 있지 않고, 손해배상액의 예정을 넘어 위약벌로 볼 만한 사정은 없을 것으로 생각된다.

35 서울중앙지방법원 2017. 2. 9. 선고 2016가합7345 판결; 입찰보증금이 수백억원에 이르는 경우도 많은데, 향후 관련 소송에서 몰취한 입찰보증금의 전부 또는 일부에 대한 반환의무가 인정되는 경우 지연이자 부담도 상당하기 때문에 실제 입찰보증금 몰취 결정은 신중할 수밖에 없다.

36 서울고등법원 2014. 12. 4. 선고 2014나12517 판결.

그러나 부제소합의는 당사자가 처분할 수 있는 특정된 법률관계에 관해 합의 당시 각 당사자가 예상할 수 있는 상황에 관한 것으로 한정되는 등 엄격하게 인정되어야 하는데(노동조합의 부제소합의에 관한 대법원 2002. 2. 22. 선고 2000다65086 판결 등 참고), 위와 같은 내용만으로 입찰당시 입찰자와 조합의 법률 쟁송에 대하여 일체의 재판청구권을 포기하였다고 보기 어렵다.[37] 이행각서 등에는 입찰자의 각종 의무와 권리포기의 내용이 포괄적이고 추상적으로 기재되어 있고, 입찰자는 입찰에 참여하기 위해서는 조합이 제시하는 이행각서를 그대로 제출해야 하는 것에 불과하므로, 이행각서로 입찰보증금에 대한 부제소합의를 한 것으로 단정하기 어렵다.[38] 부제소합의를 인정하여 소를 각하할 것인지 여부는, 종전의 선정결의가 입찰의 공정성을 해하고 조합원의 자유로운 선택권을 침해하여 무효에 이른 것인지, 즉 몰취사유가 입찰 당시 당사자의 의사로 보더라도 명백하게 발생한 것인지를 같이 심리하여 판단하게 될 것으로 생각된다.

Ⅲ. 공사도급계약 체결 등

1. 공사도급계약 체결

가. 시공자로 선정된 건설업자의 지위

공공조달 등 입찰에서 낙찰자 결정은 입찰과 낙찰행위가 있은 후에 더 나아가 요식행위인 본계약을 따로 체결한다는 취지로서 계약의 편무예약에 해당한다(구 국가계약법에 대한 대법원 2006. 6. 29. 선고 2005다41603 판결 등 참고). 입찰공고에서 계약의 주요한 내용과 조건이 이미 확정되었으므로 조합이 계약의 세부사항을 조정하는 정도를 넘어서 계약의 주요한 내용과 조건을 입찰조건과 달리 변경하거나 새로운 조건을 추가하는 것은 이미 성립된 예약에 대한 승낙의무에 반하는 것으로서 특별한 사정이 없는 한 허용될 수 없다(위 대법원 2005다41603 판결 등 참고). 다만 낙찰행위로 공사도급계약이 성립하는 것은 아니므로, 발주자가 정당한 이유 없이 본계약체결을 거절하는 경우 예약채무불이행을 이유로 한 손해배상을 구할 수 있을 뿐 곧바로 수급인의 지위에 있다고 볼 수 있는 것이 아니다.

도시정비법은 시공자 선정과정의 투명성을 제고하고 조합원 간의 분쟁을 예방하기 위한 취지에서 총회에서 경쟁입찰의 방법으로 시공자를 선정한다고 정하고 있을 뿐(법 제29조 제4항), 경쟁입찰로 선정된 시공자에게 어떠한 지위를 부여하지는 않는다. 또한 공공조달은 입찰공고에서 계약의 주요한 내용과 조건이 정해지므로 입찰공고 및 낙찰로서 예약이 성립한다고 볼 수 있는데 반해, 정비사업은 시공자의 종전 입찰제안에 기초하여 별도의 공사도급

37 서울중앙지방법원 2017. 2. 9. 선고 2016가합7345 판결.

38 입찰과정에서 제출하는 서약서, 이행각서 등에는 조합의 각종 결정, 낙찰자 선정 결과에 다투지 않겠다는 내용도 포함되지만 선정결의를 다투지 못한다고 보지 않는다.

계약을 체결하여야 비로소 공사의 구체적인 내용이 정해지고 공사도급계약 체결 전에 총회 의결을 다시 받아야 한다. 사법상 입찰 및 도급은 사적자치가 적용되는 영역으로 낙찰자 또는 수급인에게 배타적인 지위가 인정되지 않고 다만 신뢰 내지 기대, 또는 신의칙에 근거하여 일정한 범위에서 입찰 또는 도급관계를 다툴 법률상 이익이 인정되는데, 정비사업의 시공자 선정도 도시정비법에 따라 총회에서 경쟁입찰로 선정하는 등 절차에 일부 제약을 받을 뿐 본질적으로 사법상 입찰 및 도급과 다르지 않은 것으로 생각된다.

따라서 건설업자가 조합과 공사도급계약을 체결하여 수급인의 지위를 취득하기 전에 총회 의결로 시공자로 선정된 상태는 우선협상대상자 정도의 지위에 있는 것으로 생각된다. 조합이 정당한 이유 없이 공사도급계약 체결이나 그 협상을 거절하면 손해배상을 구할 수 있을 것이나, 시공자가 조합에 구체적인 공사도급계약 체결을 요구할 수 있다거나, 조합이 시공자와 선정된 건설업자와 공사도급계약을 반드시 체결할 의무를 부담한다고 보기 어렵다.

나. 공사도급계약의 체결 절차

(1) 선정행위와 계약체결행위의 구분

시공자 선정은 특정 건설업자에 우선협상대상자 정도의 지위를 부여하는 것인데 반해 공사도급계약 체결은 조합과 건설업자간 구체적인 권리 · 의무관계를 정하는 것으로서 서로 구분된다. 계약업무 처리기준은 선정과 계약체결을 별도로 정하고 있고, 정관에서도 선정 이후 협의를 거쳐 미리 총회의 의결을 받아 별도의 계약을 체결하도록 정하고 있다(구 표준정관 제12조 제1항).[39] 따라서 공사도급계약 체결을 위해서는 원칙적으로 선정과 별도로 총회 의결(인준)이 필요하다.

(2) 대의원회의 공사도급계약 협상 및 가계약의 체결

통상 시공자 선정 총회에서 시공자 선정과 함께 '시공사 계약체결 위임의 건'과 같이 대의원회에 계약 협상에 관한 사항을 위임한다. 공사도급계약은 예산으로 정한 사항 외에 조합원에게 부담이 되는 계약으로서 총회의 전속적 의결사항이며 정관에서도 공사도급계약 체결에 앞서 미리 총회 의결을 받도록 하고 있으므로, 계약 체결로서 효력이 발생하는 본계약 체결은 총회의 권한이다. 시공자 선정 총회에서 대의원회에 위임되는 것은 대의원회가 계약내용을 협의한 후 총회에서 계약 체결에 대한 결의가 이루어질 경우 대의원회가

39 구 표준정관 제12조(시공자의 선정 및 계약) ② 조합은 제1항의 규정에 의하여 선정된 시공자와 그 업무범위 및 관련사업비의 부담 등 사업시행 전반에 대한 내용을 협의한 후 미리 총회의 의결을 거쳐 별도의 계약을 체결하여야 하며, 그 계약내용에 따라 상호간의 권리와 의무가 부여된다. 계약내용을 변경하는 경우도 같다. 다만, 금전적인 부담이 수반되지 아니하는 사항의 변경은 대의원회(대의원회가 없는 경우 이사회)의 의결을 거쳐야 한다.

마련한 공사도급계약안에 따라 계약을 체결한다는 취지로 한정해서 보아야 한다.[40·41]

대의원회는 일부 대의원 등으로 협상단을 꾸려 시공자(낙찰자)와 협상을 진행하고 가계약을 체결하는 경우가 많다. 공사도급 본계약 체결은 총회의 의결을 받아야 하기 때문에 미리 체결되는 가계약은 원칙적으로 향후 총회의 의결을 받을 것을 조건으로 하는 잠정적인 것이어서 하나, 본계약에 준하는 가계약을 체결하거나 본계약 수준에 이르지 않더라도 본계약의 중요부분을 확정하면 예약 또는 조건부 계약의 효력이 발생할 수 있다. 특히 계약체결 협상부터 총회 인준까지 상당한 시간이 소요되고 사업시행계획인가 이후에 비로소 공사도급의 구체적인 내용이 정해지기 때문에 본계약 체결이 늦어질 수밖에 없는데, 시공자 대여금으로 사업을 운영해야 하는 정비사업의 특성상 가계약에서 바로 자금대여를 정하게 된다.

가계약의 내용과 규정형식과 기재내용에 따라 조합이 일정한 의무를 곧바로 부담하게 되는 경우, 시공자의 사업제안서 및 선정과정에서 계약 대상 및 공사대금이 알려져 있었고 실제로 가계약의 내용으로 본계약이 의결 및 체결되었다 하더라도 이는 총회의 사전의결 없이 '예산으로 정한 사항 외에 조합원에게 부담이 되는 계약'을 체결한 것으로서 도시및주거환경정비법위반죄가 성립할 여지가 있다.[42] 특히 가계약 중 사업비 대여 부분은 총회 의결을 받아야 하는 '예산으로 정한 사항 외에 조합원에게 부담이 되는 계약' 및 '자금의 차입과 그 방법 · 이자율 및 상환방법'으로서 시공자 선정 총회에서 추진하려는 계약의 목적과 내용, 그로 인하여 조합원들이 부담하게 될 부담의 정도를 개략적으로 밝히고 그에 관하여 총회의 의결을 거쳤다고 평가되지 않는다면 총회의 사전의결을 받지 않고 의무 등을 부담하는 것으로서 도시및주거환경정비법위반죄가 성립할 수 있다.[43·44]

(3) 공사도급계약의 체결

사업시행자등은 총회에서 선정된 시공자와 계약을 체결하는 경우 계약의 목적, 이행기간, 지체상금, 실비정산방법, 기타 필요한 사유 등을 기재한 계약서를 작성하여 기명날인하여야 한다(계약업무 처리기준 제36조 제1항). 종전에 국토교통부장관이나 서울특별시장이 공사표준계약서 등

40 서울동부지방법원 2010. 8. 27.자 2010카합1903 결정, 수원지방법원 2011. 4. 15.자 2011카합108 결정.

41 가계약은 본계약 체결시까지 잠정적인 관계를 정하는 것이므로, 추후 총회 의결을 거쳐 본계약을 체결한 이상 가계약 체결 권한을 위임하거나 가계약을 추인한 총회결의가 무효라 하더라도 그 효력을 다투는 것은 과거의 법률관계 내지 권리관계의 확인을 구하는 것에 불과하여 권리보호 이익이 없다고 볼 수 있다(대전지방법원 천안지원 2016. 7. 8. 선고 2015가합102883 판결).

42 서울서부지방법원 2015. 5. 15. 선고 2014노1768 판결.

43 서울동부지방법원 2013. 4. 11. 선고 2012고단1290 판결, 서울서부지방법원 2015. 5. 15. 선고 2014노1768 판결.

44 입찰자가 유 · 무이자 대여금의 총액 및 이율, 상환방법을 정하여 입찰제안하고 그 입찰제안에 따라 시공자를 선정하는 것이므로, 시공자 선정 의결 과정에서 대여금으로 인해 조합원들이 부담하게 될 부담의 정도가 개략적으로 확인되고 그에 관해 총회 의결을 거쳤다고 볼 여지가 있을 것이다. 또한 입찰보증금을 대여금으로 전환하면서 그에 대한 별도의 의결을 받는 경우도 많다.

을 보급한 바 있고, 해당 시공자의 공사도급계약서 양식을 토대로 조합과 시공자가 협의하여 정하게 된다.

⑷ 계약체결 지연으로 인한 선정 무효 등

사업시행자등은 총회에서 선정된 시공자가 정당한 이유 없이 3개월 이내에 계약을 체결하지 않는 경우 총회의 의결을 거쳐 해당 선정을 무효로 할 수 있다(계약업무 처리기준 제36조 제2항). 건설업자가 시공자로 선정된 후 유리한 협상을 위해 계약 체결을 지연하는 것을 방지하기 위한 규정이다. 시공자가 정당한 이유 없이 계약을 체결하지 않는 것은 통상 입찰지침 등에서 정하는 입찰보증금 몰취(귀속) 사유에도 해당한다(공공지원 시공자 선정기준 제18조 제1항).

다. 공사도급계약에 포함되어야 하는 사항

사업시행자(사업대행자 포함)는 도시정비법 제29조 제4항부터 제8항까지의 규정에 따라 선정된 시공자와 공사에 관한 계약을 체결할 때에는 기존 건축물의 철거 공사(석면안전관리법에 따른 석면 조사 · 해체 · 제거 포함)에 관한 사항을 포함시켜야 한다(법 제29조 제9항). 공사도급계약에 포함하여 할 사항은 다음과 같다.

① 도시정비법 제29조 제9항은 같은 조 제4항부터 제8항까지의 규정에 따라 선정된 시공자에 대해 적용되므로, 조합이 시행하는 재개발사업 · 재건축사업, 토지등소유자가 시행하는 재개발사업(구 도시환경정비사업), 공공시행자 또는 지정개발자가 시행 또는 대행하는 재개발사업 · 재건축사업 등 모든 경우에 적용된다.

② '기존 건축물의 철거 공사'는 도시정비법이 2010. 4. 15. 법률 제10268호로 개정되면서 구 도시정비법 제11조 제4항으로 신설된 것으로서,[45] 위 일부개정법률 시행일인 2010. 4. 15. 이후 최초로 조합이 설립인가를 받은 분부터 적용되었다(구법 부칙(2010. 4. 15.) 제2항).

③ '석면 조사 · 해체 · 제거'는 도시정비법이 2017. 2. 8. 법률 제14567호로 전부 개정되면서 신설된 것으로서, 위 전부개정법률의 시행일인 2018. 2. 9. 이후 시공자를 선정하는 경우에 적용된다(법 부칙(2017. 2. 8.) 제1조). 따라서 2018. 2. 9. 이후 시공자를 선정하는 경우 석면 조사 · 해체 · 제거는 공사도급계약에 포함되어야 한다.[46]

④ 지장물 철거 · 이설 공사는 종전에 석면 조사 · 해체 · 제거와 함께 '기존 건축물 철거'에 해당되어 시공자와의 공사도급계약에 포함되어야 하는지가 문제되어 왔으나, 석면조사 · 해체 · 제거와 달리 여전히 명문의 규정을 두고 있지 않다. 문언상 지장물인 수도 · 가

---

45 철거공사와 관련된 각종 부조리와 용산참사 등 철거용역업체의 무리한 철거작업 강행이 사회적 문제로 대두됨에 따라 자본력과 책임성을 갖춘 시공자의 책임으로 철거공사를 하도록 하기 위한 것이다.

46 산업안전보건법 제119조 제1항에 따라 사업시행자인 조합에게 석면조사의무가 부여되어 있으나, 위 규정을 이유로 공사도급계약에 기존 건축물에 대한 석면 조사를 공사 범위에서 제외할 수 없다(법제처 2022. 1. 19. 21-0663 해석례).

스 · 전기 · 통신 등의 공급시설이 '건축물'에 포함된다고 보기 어렵고, 공정상으로도 기존 건축물 철거에 선행되는 것으로서 별도의 면허와 대관, 협의업무가 필요한 점을 놓고 보면 명문의 규정이 없는 지장물 철거 · 이설 공사가 반드시 공사도급계약에 포함되어야 한다고 보지 않는 것이 타당하다.[47]

2. 공사비 검증 요청

2018. 2. 9. 국토교통부 고시 제2018-101호로 제정 · 고시된 계약업무 처리기준 제36조 제3항은 사업시행자가 한국감정원(한국부동산원)에 공사비 검증을 요청할 수 있다고 정하였으나, 임의규정에 불과하여 실제 위 규정에 따라 공사비 검증을 요청한 사례는 거의 없었다. 이에 도시정비법이 2019. 4. 23. 법률 제16383호로 개정되면서 공사비 검증에 관한 규정을 신설하여 사업시행자는 일정한 경우 의무적으로 공사비 검증을 요청하도록 하였다(법 제29조의2 제1항).[48]

재개발사업 · 재건축사업의 사업시행자(시장 · 군수등 또는 토지주택공사등이 단독 또는 공동으로 정비사업을 시행하는 경우는 제외)는 시공자와 계약 체결 후 ⓐ 토지등소유자 또는 조합원 1/5 이상이 사업시행자에게 검증 의뢰를 요청하는 경우, ⓑ 공사비의 증액 비율(당초 계약금액 대비 누적 증액 규모의 비율로서 생산자물가상승률은 제외)이 사업시행계획인가 이전에 시공자를 선정한 경우에는 10/100 이상, 사업시행계획인가 이후에 시공자를 선정한 경우에는 5/100 이상, ⓒ 제1호 또는 제2호에 따른 공사비 검증이 완료된 이후 공사비의 증액 비율(검증 당시 계약금액 대비 누적 증액 규모의 비율로서 생산자물가상승률은 제외)이 3/100 이상이 경우 중 어느 하나에 해당하는 때에는 정비사업 지원기구에 공사비 검증을 요청하여야 한다(법 제29조의2 제1항). 사업시행자는 도시정비법 제29조의2 제1항 각 호의 사유에 해당하는 경우 의무적으로 공사비 검증을 요청하여야 하며, 위 개정규정은 위 일부개정법률 시행일인 2019.

47 의정부지방법원 고양지원 2015. 7. 1. 선고 2014가합53769 판결, 서울고등법원 2018. 12. 13.자 2018라20991 결정, 서울서부지방법원 2020. 2. 6. 선고 2016가합32742, 2018가합33787 판결.

48 계약업무 처리기준의 임의적 검증 요청에 대한 규정(제36조 제3항 내지 제5항)은 도시정비법이 의무적 검증 요청에 대한 규정을 신설한 이후에도 여전히 남아 있다. 계약업무 처리기준의 검증 요청 사유와 도시정비법상의 검증 요청 사유는 상당부분 중복되는데, 계약업무 처리기준의 임의적 규정에도 불구하고 사업시행자는 도시정비법 제29조의2 제1항 각 호가 정한 사유에 해당하면 법률을 우선 적용하여 의무적으로 공사비 검증 요청을 하여야 한다. 임의적 검증 요청 사유에만 해당하는 부분(계약업무 처리기준 제36조 제3항 각 호의 임의적 검증 요청 사유가 도시정비법 제29조의2 제1항 각 호의 의무적 검증 요청 사유를 초과하는 부분)인 토지등소유자 1/10 이상 1/5 미만이 사업시행자등에 공사비 증액 검증을 요청하는 경우, 공사비 검증이 완료된 후 공사비가 3/100 미만으로 증액되는 경우, 그 밖의 사유로 사업시행자등이 공사비 검증을 요청하는 경우는 사업시행자가 임의적으로 한국부동산원에 검증 요청을 할 수 있다고도 해석된다. 그러나 공사비가 문제가 되는 것은 주로 관리처분계획 단계로서, 관리처분계획의 타당성 검증(법 제78조 제3항)이 가능하므로 계약업무 처리기준에 따른 임의적 공사비 검증 요청은 실효성이 없을 것으로 생각된다.

10. 24. 이후 공사비를 증액하거나 토지등소유자 또는 조합원의 검증 의뢰에 따라 사업시행자가 공사비 검증을 요청하는 경우부터 적용된다(법 부칙(2019. 4. 23.) 제2조).

공사비 검증의 방법 및 절차, 검증 수수료, 그 밖에 필요한 사항을 정한 「정비사업 공사비 검증 기준」이 2019. 11. 18. 국토교통부 고시 제2019-647호로 제정 · 고시되었다. 한국부동산원, LH가 공사비 검증업무를 수행하며, 사업시행자는 시공자와 계약을 체결한 후 또는 변경계약 체결 전에 검증을 신청하여야 하고, 검증 보고서를 총회에서 공개하여야 한다(정비사업 공사비 검증 기준 제2조, 제3조, 제11조 등).

3. 시공보증

시공보증은 시공자가 공사의 계약상 의무를 이행하지 못하거나 의무이행을 하지 않는 경우 보증기관에서 시공자를 대신하여 계약의무를 이행하도록 하거나 일정 금액을 사업시행자에게 납부할 것을 보증하는 제도를 의미한다. 일반 분양분의 수분양자(분양계약자)는 사업시행자인 조합이 체결해야 하는 주택분양보증으로 보호되나, 조합의 구성원인 조합원은 결국 시공자로부터 그 시공을 담보받아야 하는 것이므로 2002년 제정된 도시정비법은 시공보증을 의무적으로 하도록 하였다(구법 제51조).

조합이 정비사업의 시행을 위하여 시장 · 군수등 또는 토지주택공사등이 아닌 자를 시공자로 선정(공동사업시행자 포함)한 경우 그 시공자는 공사의 시공보증을 위하여 주택도시보증공사 등이 발행한 시공보증서를 조합에 제출하여야 한다(법 제82조 제1항, 시행규칙 제14조). 위 시공보증은 시공자가 공사의 계약상 의무를 이행하지 못하거나 의무이행을 하지 아니할 경우 ⓐ 보증기관에서 시공자를 대신하여 계약이행의무를 부담하거나, ⓑ 시행령으로 정하는 비율인 총 공사대금의 30/100 이상[49] 및 총 공사금액의 50/100 이하의 범위에서 사업시행자가 정하는 금액을 납부할 것을 보증하는 것을 말한다(법 제82조 제1항, 시행령 제73조).

시장 · 군수등은 건축법 제21조의 규정에 의한 착공신고를 받는 경우에는 시공보증서 제출여부를 확인하여야 한다(법 제82조 제2항).

---

49 종전에는 단순히 '일정금액'으로만 정하여 보증기관마다 보증금액의 상한 · 하한이 달라 시공자가 과다한 보증료를 부담하거나 시공보증이 실효성이 없다는 비판이 제기됨에 따라, 도시정비법 2009. 2. 6. 법률 제9444호로 개정되면서 보증금액은 총 공사금액에서 시행령으로 정하는 비율 이상 및 50/100 이하의 범위에서 정하도록 하였다(구법 제51조 제1항). 시행령에서 정하는 보증금액 하한의 비율은 2009. 8. 11. 대통령령 제21679호로 개정된 시행령 제54조의2가 '총 공사금액의 100분의 30 이상'으로 정한 이래 현재까지 유지되고 있다(시행령 제73조).

Ⅳ. 시공자 선정 철회

1. 총회 의결의 필요 여부

가. 시공자 선정 철회 및 공사도급계약 해제에 대한 총회 의결

(1) 시공자 선정 철회에 대한 총회 의결

종전의 시공자 선정을 철회(취소, 무효, 타절)하는 경우도 총회의 의결을 받아야 하는 것으로 해석된다. 도시정비법령 및 계약업무 처리기준이 철회 의결에 대해 직접 정하고 있지는 않으나, 총회 의결사항인 '시공자의 선정 및 변경'의 '변경'에는 철회도 내포된 것으로 볼 수 있고, 총회 의결로 형성된 조합의 의사를 철회 · 취소하기 위해서는 마찬가지로 총회 의결이 필요하다고 보아야 하며, 계약업무 처리기준 제36조 제2항도 총회 의결이 필요하다는 것을 당연 전제한 것으로 볼 수 있다.[50]

(2) 공사도급계약 해제 등에 대한 총회 의결

종전에 체결한 공사도급계약을 약정해제사유 또는 민법 제673조에 기해 해제 · 해지하는 경우 대여금 반환, 위약금 등 손해배상 등의 일정한 의무를 부담하게 된다. 이는 조합이 시공자로부터 차용한 대여금의 상환방법(법 제45조 제1항 제2호)이나 건축물의 신축비용 변경에 따른 정비사업비의 변경(법 제45조 제1항 제13호, 시행령 제42조 제1항 제4호)으로서 총회의 의결사항에 해당할 수 있다.[51] 시공자 선정 철회 결의에 공사도급계약 해제 결의도 포함된다고 볼 수 있으나, 공사도급계약 해제에 따른 손해배상 등을 조합원들에게 명시적으로 설명하여 의결을 받아야 하므로 시공자 선정 철회와 함께 약정해제사유 또는 민법 제673조 등의 해제사유에 따른 해제임을 명시하여 의결받아야 할 것으로 생각된다.[52]

한편, 공사도급계약의 약정해제사유가 명백하지 않은 경우 예비적으로 민법 제673조에 기한 도급인의 임의해제권을 해제사유로 내세우게 된다.[53] 민법 제673조를 근거로 해제하면 이행이익 상당의 손해배상을 하여야 하므로 조합원들의 이해관계에 중대한 영향을

---

50 계약업무 처리기준 제36조(계약의 체결 및 계약사항의 관리) ② 사업시행자등은 제35조에 따라 선정된 시공자가 정당한 이유 없이 3개월 이내에 계약을 체결하지 아니하는 경우에는 총회의 의결을 거쳐 해당 선정을 무효로 할 수 있다.

51 서울고등법원 2018. 2. 1. 선고 2017나2024470 판결, 서울고등법원 2019. 2. 12. 선고 2018나2038483, 2038490 판결.

52 도급인이 해제사유로 민법 제673조를 명확하게 내세우지 않고 채무불이행에 따른 약정해제만을 주장하였다 하더라도 민법 제673조의 해제는 특별히 이유를 묻지 않기 때문에 도급인이 민법 제673조의 해제까지 의욕하였고 수급인에게 예상할 수 없는 손해가 발생하는 경우가 아니라면 채무불이행 주장 속에 민법 제673조의 사유도 포함하는 것으로 해석할 수 있을 것이다(서울중앙지방법원 2014. 5. 9. 선고 2013가합43494 판결, 서울서부지방법원 2019. 11. 22.자 2019카합50563 결정, 서울고등법원 2020. 3. 26.자 2019라21271 결정).

53 민법 제673조(완성전의 도급인의 해제권) 수급인이 일을 완성하기 전에는 도급인은 손해를 배상하고 계약을 해제할 수 있다.

미치게 되어 민법 제673조에 따라 손해를 배상하고 공사도급계약을 해제할지 여부에 대해 사전에 총회 의결로서 조합원들의 의사를 분명하게 확인하여야 한다.[54] 따라서 해제에 따라 부담할 수 있는 손해배상의 금액이 어느 정도 구체적으로 산정되고 조합원들에게 그 자료가 제공되어 조합원들이 이를 기초로 민법 제673조에 다른 공사계약의 해제에 찬성할 것인지를 결정할 수 있어야 정비사업비의 변경 등에 관한 유효한 총회결의로 볼 수 있을 것이다.[55]

나. 계약체결 지연에 따른 선정 무효 의결

사업시행자등은 총회에서 선정된 시공자가 정당한 이유 없이 3개월 이내에 계약을 체결하지 않는 경우 총회의 의결을 거쳐 해당 선정을 무효로 할 수 있다(계약업무 처리기준 제36조 제2항). 선정 철회·취소를 위해서는 총회 의결이 필요하다는 전제에서 일정한 기간내에 계약을 체결하도록 강제하려는 취지이다.

2. 총회 의결의 의사·의결정족수

가. 직접 출석 요건

(1) 시공자 선정 철회 및 공사도급계약 해제 의결

시공자 선정을 철회하고 공사도급계약을 해제하는 경우에도 조합원 과반수의 직접 출석이 필요한지 문제된다.

① 선정 철회의 경우에도 조합원 과반수의 직접 출석이 필요하다는 입장은 ⓐ 조합이 일정한 사유가 있는 경우 선정을 무효화하기 위해서는 선정과 동일한 방식의 총회 의결을 거치도록 정하고 있는 구 시공자 선정기준 제15조의 규정 취지에 비추어 보면 조합의 일방적인 시공자 선정 철회를 위해서도 구 시공자 선정기준 제14조에 따른 총회의 의결이 필요한 것으로 보이고, ⓑ 만일 시공자 선정의 철회를 일반 의사정족수에 의해 자유롭게 할 수 있다면 구 시공자 선정기준 제15조에 의한 제한을 잠탈할 우려가 있다는 점을 근거로 들고 있다.[56]

---

54 서울고등법원 2018. 2. 1. 선고 2017나2024470 판결, 서울중앙지방법원 2020. 2. 26.자 2020카합20255 결정, 대구지방법원 2021. 7. 14.자 2021카합10222 결정 등; 민법 제673조에 따라 해제하여 도급인이 부담하는 손해배상은 이행이익으로서 통상 "도급계약의 공사가격내역서에 따라 미완성 부분의 공사대금에서 미완성 부분을 완공하는데 소요되는 비용을 공제하는 방법으로 미완성 부분을 완성하였더라면 얻었을 이익"으로 산정한다(대법원 2013. 5. 24. 선고 2012다39769, 39776 판결 등 참고). 이행이익 입증이 쉽지 않기는 하나, 공사원가계산에서 관리비, 이윤 등을 통상 10~15% 정도로 계상하는 것을 감안하면 총회에서 가정적으로라도 상당한 손해배상 가능성을 전제로 의결하여야 할 것으로 생각된다.

55 서울고등법원 2018. 2. 1. 선고 2017나2024470 판결, 대구지방법원 2021. 7. 14.자 2021카합10222 결정, 서울고등법원 2021. 10. 6. 선고 2021나2011839 판결.

56 서울북부지방법원 2011. 8. 25. 선고 2011가합2207 판결, 서울중앙지방법원 2013. 11. 21. 선고 2013가

② 조합원의 과반수 직접 출석이 필요없다는 입장은 ⓐ 정비사업조합이 시공자의 채무불이행 등을 이유로 계약을 해지할 것인지 여부에 관한 조합의 내부의사를 결정하기 위해 총회를 개최하는 경우 시공자 선정 과정과 같은 문제점이 발생한다고 보기 어렵고, ⓑ 철회의 경우까지 조합원 과반수 직접 출석을 요할 경우 채무불이행 등 해제 · 해지사유가 발생한 경우에도 해제권 행사가 제한되어 오히려 조합의 내부적인 의사결정의 자유를 제한하고 조합원의 이익에도 반할 수 있는 점, ⓒ 조합 정관에 시공자의 선정 및 변경에 대해서만 정하고 있고, 구 시공자 선정기준 제14조, 제15조는 '시공자의 선정'과 '선정된 시공자가 정당한 이유 없이 3개월 이내에 계약을 체결하지 않는 아니하여 선정을 무효로 하는 경우'에 관하여만 규정하고 있으므로 철회를 선정과 동일하게 볼 수 없으며, ⓓ 선정 철회는 시공자의 변경을 예정한 것이기는 하나 철회 자체에 변경의 효력이 있다고 보기 어렵고, 선정 철회 이후 다시 시공자를 선정할 때는 조합원 과반수 직접 출석이 요구되므로 계약업무 처리기준(구 시공자 선정기준)의 취지를 잠탈할 우려도 없다는 점을 근거로 들고 있다.[57]

구 시공자 선정기준 및 계약업무 처리기준의 조합원 과반수 직접 출석은 그 문언상 시공자 선정의 경우에 적용되는 것이고, 철회까지 유추해석하여 적용할 경우 오히려 조합의 의사결정의 자유를 제한하는 결과가 초래되므로 시공자 철회의 경우에는 일반 의사정족수로도 가능하다고 보는 것이 타당하다.[58] 특히 현행 계약업무 처리기준 제36조 제2항은 시공자가 정당한 이유 없이 3개월 이내에 계약을 체결하지 않는 경우 단지 '총회의 의결'을 거쳐 선정을 무효로 할 수 있도록 정하고 있을 뿐 구 시공자 선정기준과 같이 선정에 관한 규정을 준용하고 있지 않으므로, 과반수 직접 출석이 필요하다고 본 종전 판례의 입장을 쫓을 필요는 없는 것으로 생각된다.

한편 종전의 시공자와 이미 공사도급(가)계약을 체결한 경우, 선정 철회와 함께 계약의 해제 · 해지에 관한 의결도 동시에 이루어지는 것이 일반적이다. 계약의 해제 · 해지 의결을 선정 철회 의결 이후 별도로 하더라도 시공자의 선정 · 철회와 계약의 체결 · 해제 등은 구별되는 것이므로 그 의결에 선정과 같은 조합원 과반수의 직접 출석이 필요하다고 볼 근거는 없는 것으로 생각된다.

합25151 판결, 서울고등법원 2019. 2. 12. 선고 2018나2038483, 2038490 판결(제1심은 서울남부지방법원 2018. 6. 28. 선고 2017가합108333, 114147 판결) 등.

57 서울동부지방법원 2015. 1. 21.자 2014카합10149 결정, 서울고등법원 2020. 3. 26.자 2019라21271 결정(제1심은 서울서부지방법원 2019. 11. 29.자 2019카합50610 결정), 서울중앙지방법원 2021. 7. 8. 선고 2019가합592608 판결 등.

58 가계약이 체결되었는지 여부에 따라 달리 볼 수 있다는 견해도 있으나, 가계약의 체결 · 해제는 시공자의 선정 · 철회와 구분되는 것이고 그 체결 · 해제에 계약업무 처리기준에 따른 의사정족수가 적용된다고 볼 근거는 없는 것으로 생각된다.

⑵ 계약체결 지연에 따른 선정 무효 의결

사업시행자등은 총회에서 선정된 시공자가 정당한 이유 없이 3개월 이내에 계약을 체결하지 않는 경우 총회의 의결을 거쳐 해당 선정을 무효로 할 수 있다(계약업무 처리기준 제36조 제2항). 구 시공자 선정기준 제15조는 "…제14조의 규정에 의한 총회의 의결을 거쳐 당해 선정을 무효로 할 수 있다"라고 정하여 선정무효 의결에 구 시공자 선정기준 제14조에 따른 조합원 과반수 출석이 필요한 것으로 해석되었으나, 현재 시행되는 계약업무 처리기준 제36조 제2항은 단순히 "…총회의 의결을 거쳐 해당 선정을 무효로 할 수 있다"라고 정하여 그 의결에 조합원 과반수 출석이 필요하지 않은 것으로 해석된다.

나. 의결정족수

시공자 선정을 철회(취소), 무효 의결하거나 공사도급계약을 해제하는 것은 해당 안건의 가부만을 묻는 것이므로 정관에서 다르게 정하지 않는 한 일반 의결정족수를 적용하는 것이 타당한 것으로 생각된다.

V. 입찰 또는 선정결의의 무효

1. 계약업무 처리기준, 입찰지침 등에 따른 입찰행위의 제한

가. 계약업무 처리기준, 입찰지침 등에 따른 입찰행위의 제한

계약업무 처리기준은 입찰참여자 · 건설업자등의 홍보, 건설업자등의 금품 등 제공 금지 등의 행위제한을 직접적으로 정하고 있고(계약업무 처리기준 제14조, 제30조, 제34조 등), 개별 입찰의 입찰지침서(입찰참여 안내서)에서 공공조달의 입찰무효 사유와 유사하게 구체적인 입찰무효 사유를 제시하고 있다. 계약업무 처리기준, 공공지원 시공자 선정기준, 입찰지침 등의 각종 절차도 입찰자에 대한 행위제한 규정으로 볼 수 있다.

도시정비법, 계약업무 처리기준은 금지행위 위반에 따른 입찰무효 등의 제재를 구체적으로 정하고 있지 않으나,[59] 개별 입찰의 입찰지침서에서 계약업무 처리기준 또는 입찰무효 사유를 위반한 경우 입찰을 무효로 한다고 정하고 있고, 낙찰자가 금지행위를 한 것이 입찰의 공정성을 해하는 정도에 이를 경우 선정결의가 무효로 될 수 있다. 따라서 계약업무 처리기준, 입찰지침 등에 따른 행위제한은 조합의 입찰무효 결정, 법원의 재판에 의한 선정결의 무효 등의 근거가 된다.

59 계약업무 처리기준은 제16조 제1항에서 조합원을 상대로 하는 개별적인 홍보를 하는 행위가 적발된 건수의 합의 3회 이상인 경우 해당 입찰을 무효로 한다는 정도의 규정만 두고 있다.

나. 시공과 관련이 없는 사항에 대한 금전 또는 재산상 이익 제공 등(계약업무 처리기준 제30조)

(1) 계약업무 처리기준 제30조

계약업무 처리기준은 시공자 선정과정에서 과도한 경쟁을 막기 위해 입찰서에 시공과 관련이 없는 사항에 대한 금전이나 재산상 이익 제공을 금지하는 규정을 두었다.

건설업자등은 입찰서 작성시 이사비, 이주비, 이주촉진비, 재건축이익환수법 제2조 제3호에 따른 재건축부담금, 그 밖에 시공과 관련이 없는 사항에 대한 금전이나 재산상 이익을 제공하는 제안을 하여서는 아니 된다(계약업무 처리기준 제30조 제1항). 다만 기본이주비(종전 토지 또는 건축물을 담보로 한 금융기관의 이주비 대출)는 금융기관의 이주비 대출에 대한 이자를 사업시행자등에 대여하는 것을 제안할 수 있고, 추가이주비(기본이주비 이외의 이주비)는 재개발사업에 한하여 금융기관으로부터 조달하는 금리 수준으로 사업시행자등에 대여하는 것을 제안할 수 있다(계약업무 처리기준 제30조 제2항).[60]

도시정비법상 조합임원 선임, 시공자 선정 등과 관련하여 금품, 향응 또는 그 밖의 재산상 이익을 제공하거나 제공의사를 표시하거나 제공을 약속하는 행위를 할 수 없고, 그 행위를 한 자는 형사처벌의 대상이 된다(법 제135조 제2호, 제132조). 도시정비법 제132조 등은 뇌물죄의 가벌성을 확대하여 임원 선임, 시공자 선정 등의 매표행위를 처벌하기 위한 것으로서, 계약업무 처리기준은 조합원을 상대로 한 구체적인 매표행위가 아니라 다수의 조합원을 대상으로 한 입찰제안사항을 일반적으로 제한한 취지로 해석된다. 계약업무 처리기준 제30조를 위반하였다 하더라도 입찰무효 또는 선정결의의 무효가 될 뿐 형사처벌의 대상은 되지 않는다.

(2) 시공과 관련이 없는 사항에 대한 금전 또는 재산상 이익 제공의 범위

계약업무 처리기준 제30조 제1항이 "시공과 관련이 없는 사항"에 대한 금전 또는 재산상 이익 제공을 금지한 것은 시공에 관련된 사항인 공사대금, 공법, 마감재, 제공품목 등으로 경쟁하도록 하기 위한 취지로 보인다. 그러나 "시공과 관련이 없는 사항"의 구체적인 범위를 알기 어렵다.[61] 입찰자는 서로 경쟁적으로 좋은 입찰조건을 제시할 수밖에 없는데,

---

60 국토교통부는 재개발사업에서 추가이주비 지원을 허용한 것에 대해 "영세거주자가 많은 점을 고려하여 건설사가 이주비를 융자 또는 보증하는 것은 허용된다. 이 경우, 건설사는 조합이 은행으로부터 조달하는 금리 수준으로 유상 지원만 할 수 있게 된다"고 설명하고 있다[국토교통부 보도자료, "정비사업 시공사 선정제도 전면 개선방안 마련", 주택정비과 · 재생협력과(2017. 10. 30.)].

61 도시정비법이 2022. 6. 10. 법률 제18941호로 개정되면서 정비사업의 과열행위를 더욱 엄격하게 억제하기 위해 계약업무 처리기준 제30조 제1항과 유사한 제132조 제2항을 신설하고 이를 과태료 부과 대상으로 정하였다(시행일 2022. 12. 11.). 그러나 그 행위태양은 시행령에 위임되어 있으므로 시행령에서 어느 정도 구체적으로 정할지에 따라 시공과 관련이 없는 사항의 범위가 차츰 특정될 수 있을 것으로 보인다.

계약업무 처리기준에 위반될 경우 입찰이 무효가 될 수 있다는 점에서 이 규정의 위반여부를 놓고 계속 다툼이 있을 수밖에 없다.

① 유형물과 관련하여, 시공과 관련이 있는 입찰제안의 내용이 신축되는 아파트와 불가분적으로 결합되거나 종물, 부속물로 한정되어야 하는지, 통상 제공하는 가전 · 생활용품(이른바 무상제공품목)은 어느 범위까지 허용되는 것인지 알기 어렵다.

② 금전지급 또는 금융지원과 관련하여, 이사비, 이주촉진비, 재건축부담금에 관한 제안은 금지되고 이주비는 일정 범위에서만 허용된다는 점은 일단 문언상 분명하다.[62] 이른바 민원처리비 등 위 규정에서 정하지 않는 명목의 금원이라 하더라도 시공과 무관하게 지급되는 것이라면 여전히 금지되는 것으로 해석된다.[63]

③ 조합은 시공자로부터 상당한 금액의 사업비 및 운영비를 대여받아야 하는데, 사업비 · 운영비에 관한 대여금이 무이자이면 안 되는 것인지, 유이자이어야 한다면 어느 수준까지 허용되는 것인지 기준을 명확하게 정하기 어렵다. 조합이 금융기관으로 이주비, 현금청산금 등을 대출받을 때 시공자의 신용공여로 이율을 낮추는 것은 일반적으로 통용되는 것이나, 입찰제안하는 내용에 따라서는 시공과 관련이 없는 사항으로 볼 여지도 있을 것이다. 또한 시공자는 조합원 분담금(분양대금)에서 공사대금을 지급받게 되는데, 그 분담금의 이자를 지원하거나 지급을 늦추는 것은 공사대금 지급에 관련된 것이어서 반드시 시공과 관련이 없다고 단정하기도 어렵다.[64]

④ 선정 총회의 비용을 건설업자에게 부담시키는 것에 관해 국토교통부 등은 시공자 선정을 위한 총회 비용은 시공과 관련이 없는 사항이므로 건설업자에게 부담시킬 수 없다는 입장을 보인 바 있다. 조합이 본래 자신의 운영비로 부담하여야 할 총회 비용을 발주자의 우월적 지위에서 건설업자에게 전가하는 것은 바람직하지 않은 것으로 생각된다. 다만 건설업자가 총회 비용을 부담하게 된 것은 어디까지나 조합이 입찰지침서 등에서 그 비용을 부담하도록 하였기 때문이고, 이는 모든 입찰자들이 공개적으로 요구받는 것으로서 어느 특정 건설업자가 자신이 선정되도록 유리한 조건을 제시하는 것도 아니므로, 건설업자가 조합의 요구에 따라 총회 비용을 부담하였다고 하더라도 시공과 관련이 없는 사항에 대

---

62 서울서부지방법원 2019. 12. 12.자 2019카합50613 결정은 "세대당 2억원의 최저 이주비 보장, 최저 이주비 이자 전액 무이자 대여" 제안은 계약업무 처리기준 제30조 제2항, 제3항에 의하여 예외적으로 허용되는 경우에 해당되지 않는다고 보았다.

63 부산지방법원 동부지원 2021. 2. 8.자 2020카합100596 결정은 "세대당 민원처리비 3,000만원 지급" 제안은 시공과 무관하게 조합원에게 일괄지급되는 것으로서 위 규정에서 금지하는 재산상 이익에 해당하고, 위 제안이 시공자 선정 결과에 영향을 미쳤다고 보아 시공자 선정결의의 효력정지신청을 인용하였다.

64 부산지방법원 2018. 5. 25.자 2018카합10248 결정은 "조합원 분담금 금융비용 무이자 대여"는 시공과 관련이 있는 것이어서 계약업무 처리기준에 위반되지 않는다고 보았으나, 구체적인 제안 내용은 알기 어렵다. 위 사안에서 앞서 진행된 입찰에서는 행정청이 "분양계약금 무이자 대여"가 계약업무 처리기준에 위반된다고 판단하여 조합이 입찰을 무효로 하고 재입찰을 진행하였다.

해 금품 제공을 한 것으로 보기는 어려울 것으로 생각된다.[65]

⑶ 계약업무 처리기준 제30조 및 도시정비법 제132조의 관계

도시정비법 제132조는 누구든지 추진위원, 조합임원의 선임 또는 시공자 선정 등과 관련하여 금품, 향응 또는 그 밖의 재산상 이익을 제공하거나 제공받을 수 없다고 정하면서 벌칙규정으로 도시정비법 제135조 제2호를 두고 있다.

계약업무 처리기준 제30조와 도시정비법 제132조의 주된(예정된) 행위주체는 건설업자이고, 금품(금전) 또는 재산상 이익 제공 등 행위태양도 유사하여 계약업무 처리기준 제30조를 위반한 행위가 도시정비법 제132조 위반에도 해당되는 것인지 문제되기도 한다. 그러나 도시정비법 제132조 등은 조합임원에게만 공무원의제로 적용되는 뇌물죄의 가벌성을 확대하여 시공자의 선정 등과 관련한 부정행위를 금지 · 처벌하기 위한 것이고, 계약업무 처리기준 제30조는 건설업자가 입찰제안할 수 있는 사항을 제한한 것으로서 그 성격이 다르다. 계약업무 처리기준은 도시정비법 제132조에 해당하는 내용은 제4조 제3항에서 다시 별도로 정하고 있다. 따라서 조합 및 전체 조합원을 대상으로 하는 입찰제안사항에 금전 또는 재산상 이익 제공에 관한 내용이 포함되었다 하더라도 이를 도시정비법 제132조 위반에 관한 도시및주거환경정정비법위반으로 볼 이유는 없을 것으로 생각된다.

다. 개별적 홍보행위(계약업무 처리기준 제34조)

⑴ 계약업무 처리기준 제34조

건설업자등의 임직원, 시공자 선정과 관련하여 홍보 등을 위해 계약한 용역업체의 임직원 등은 토지등소유자 등을 상대로 개별적인 홍보(홍보관 · 쉼터 설치, 홍보책자 배부, 세대별 방문, 인터넷 홍보 등 포함)를 할 수 없으며, 홍보를 목적으로 토지등소유자 또는 정비사업전문관리업자 등에게 사은품 등 물품 · 금품 · 재산상의 이익을 제공하거나 제공을 약속하여서는 아니 된다(계약업무 처리기준 제34조 제3항).[66]

계약업무 처리기준상 개별적인 홍보행위는 홍보공간 1개소 이외에는 일체 금지되며, 조합원 또는 토지등소유자를 상대로 하는 것이면 보관 · 쉼터 설치, 홍보책자 배부, 세대별

---

65 국토교통부의 2018. 3. 2.자 전자민원 회신은 "우리 부에서는 지난 2월 시공자 선정을 위한 총회 비용은 시공과는 직접 관련이 없기 때문에 시공자 선정과정에서 건설업자등에게 요구하여서는 아니될 것으로 판단된다고 회신한 바 있습니다. 다만, 최근 이에 대한 내부 검토 등의 과정을 통해 일률적인 비용부담을 금지하기보다는 비용부담의 목적(뇌물성 여부 등), 부담항목 등을 종합적으로 검토하여 판단해야 한다는 결론이 있었음을 알려드리는 바, 업무에 참고하시기 바랍니다"라고 하였는바, 단순히 총회 비용 부담 자체로 계약업무 처리기준 위반으로 보기는 어려울 것으로 생각된다.

66 구 시공자 선정기준 제13조 제3항도 유사한 규정을 두고 있었고, 계약업무 처리기준이 제정되면서 개별적인 홍보를 하는 행위가 적발된 건수의 합이 3회 이상인 경우 해당 입찰은 무효로 한다는 규정을 추가하였다(계약업무 처리기준 제16조 제1항).

방문, 인터넷 홍보 등 그 유형을 불문하고 일체 허용되지 않는다고 해석된다.[67] 개별적인 홍보를 하는 행위가 적발된 건수의 합이 3회 이상인 경우 해당 입찰은 무효이다(계약업무 처리기준 제16조 제1항). 위 규정의 취지상 조합을 통해서 조합원들에게 배포되는 것은 계약업무 처리기준상 금지되지 않으나, 조합의 입찰지침 등에서 그 횟수 및 방법을 제한하는 경우가 많다.

(2) 개별적인 홍보행위 3회 이상 적발에 따른 입찰 무효 등

계약업무 처리기준 제16조 제1항은 개별적인 홍보행위를 하는 행위가 적발된 건수의 합이 3회 이상인 경우 해당 입찰은 무효로 한다고 정하고 있다. 시공자 선정과 관련하여, 입찰참가업체가 금품 제공 등 부정한 행위를 하였더라도 그 부정행위가 시공자 선정에 관한 총회 의결 결과에 영향을 미쳤다고 볼 수 있는 경우에 비로소 선정이 무효가 되는 것이지만, 계약업무 처리기준은 부정행위에 이르지 않더라도 위 기준이 금지한 개별적 홍보 행위가 적발된 건수가 3회 이상이면 일률적으로 무효로 처리하도록 정한 것이다. 입찰 무효 등에 관한 결정은 통상 대의원회의 의결사항이나 계약업무 처리기준의 해석상 대의원회의 재량은 없고 3회 이상 적발이면 입찰 무효 의결을 하여야 한다. 개별적인 홍보행위를 강력하게 금지하기 위한 취지이나, 3회 이상 적발하면 입찰을 무효로 해야 하기 때문에 조합이 그만큼 더 개별적 홍보행위로 적발(판단)하는데 소극적이게 되는 문제가 있다.

입찰공고 이전의 개별적 홍보행위도 계약업무 처리기준에 위반되는 것인지, 또는 입찰 무효 사유인 개별적 홍보행위 '3회' 위반은 언제부터 산정되는 것인지가 실무적으로 다툼이 있다.

① 개별적 홍보행위를 강력하게 금지하는 계약업무 처리기준이 실효성을 갖기 위해서는 입찰공고 이전에도 개별적 홍보행위는 금지된다고 볼 필요가 있다. 입찰공고 이전에 개별적 홍보행위가 가능하다고 보면 오히려 입찰공고전에 각종 탈법적 행위가 난무할 가능성이 있다. 국토교통부도 "동 규정은 정비사업 시행 기간에 모두 적용되는 규정이기 때문에 추진위원회에서도 개별 홍보 등을 할 수 없습니다"는 입장을 일관하고 있다.[68]

② 그러나 입찰자라는 지위는 입찰서를 제출한 때 비로소 형성되는 것이므로 입찰서 제출, 그보다 시기를 앞당긴다 하더라도 입찰의 내용과 입찰지침 · 홍보지침을 통해 금지 또는 허용되는 홍보행위가 구체화되는 입찰공고 이후에 비로소 개별적 홍보행위 금지 규정이 실효성을 갖는다고 볼 수 있다. 계약업무 처리기준 제14조도 그 주체를 "입찰에 참여

67 '세대별 방문'은 '개별적 홍보'의 한 유형으로서, 세대별 방문을 통하여 홍보행위가 이루어진 경우를 의미하고 홍보행위를 포함하지 않는 방문만으로는 개별적 홍보행위에 해당된다고 보기 어렵다(대구지방법원 서부지원 2019. 11. 28. 선고 2019가합50896 판결). 세대별 방문에서 홍보행위를 하였다는 증명이 없다면 개별적 홍보행위에 해당된다고 보기 어려울 것이다.

68 국토교통부 2018. 4. 27.자 전자민원 회신 등.

한 자"로 정하고 있고, 입찰지침 · 홍보지침에도 "입찰공고 이후 개별적 홍보활동 일체 금지"와 같이 금지행위의 수범자인 입찰자의 지위가 어느 정도 구체화된 이후에서야 개별적 홍보행위에 따른 제재가 가능하는 것을 전제하고 있다.

⑶ 개별적인 홍보행위에 의한 선정결의 무효

조합이 개별적인 홍보행위를 3회 이상 적발하면 해당 건설업자의 입찰을 무효로 하여야 한다. 조합이 입찰과정에서 개별적 홍보행위로 판단하지 않거나 입찰무효 결정 없이 그대로 총회에서 시공자 선정 의결을 하였다 하더라도 총회결의무효확인소송에서 계약업무 처리기준, 입찰지침 · 홍보지침 위반을 이유로 선정결의가 무효로 판단될 수 있다.

문언상 개별적 홍보행위가 3회 이상 적발되면 다른 재량판단의 여지없이 입찰 무효 결정을 해야 하는 것으로 볼 수 있으나, '개별적 홍보행위'의 판단과 '적발'의 절차를 예정하고 있으므로 사후적으로 개별적 홍보행위가 3회 이상 인정된다고 하여 바로 입찰 및 선정이 무효라고 보기 어렵고, 결국 계약업무 처리기준 등을 위반한 홍보행위가 부정행위로서 선정 결과에 영향을 미쳤다고 볼 수 있는지 여부 등으로 판단하게 될 것으로 보인다.[69] 다만 계약업무 처리기준의 규정 및 문언상 개별적인 홍보행위는 좀 더 엄격한 무효 사유로 판단될 필요가 있는 것으로 생각된다.

라. 허위사실 기재 등 입찰지침에 따른 입찰무효사유

개별 입찰의 입찰지침서(입찰참여 안내서)에서 공공조달의 입찰무효 사유와 유사하게 구체적인 입찰무효 사유를 제시하고 있고, 준수 서약서, 이행각서를 통해 계약업무 처리기준 또는 공공지원 시공자 선정기준 위반시 입찰자격을 박탈한다고 정한다. 공공지원 시공자 선정기준 [별지 제4호 서식] 「입찰참여 안내서」에서 정하는 입찰무효 사유는 다음과 같다. 시공자가 입찰과정에서 경쟁적으로 홍보하면서 중요 부분의 불분명, 허위사실 기재, 입찰제안서 제출후 제안내용과 다르게 홍보하는지 여부 등이 문제된다.

입찰참여 안내서【제5조】입찰의 무효

1. 입찰제안서 제출 마감일시까지 소정 장소에 도착하지 아니한 때
2. 예정가격 이상으로 입찰금액을 제시한 업체
3. 현장설명회 후 개별 홍보 등 관련 규정을 위반한 때
4. 입찰제안서의 중요한 부분이 불분명하거나 정정한 후 날인을 누락한 업체
5. 담합·타사의 참여 방해 또는 조합의 입찰 업무집행을 방해한 자가 속한 업체
6. 이행각서의 내용을 위반한 때
7. 입찰참여안내서에 따른 참여규정(제한사항) 및 제반 조건을 위반한 때

69 서울중앙지방법원 2021. 8. 19. 선고 2018가합544602 판결.

8. 현장설명회에 참여하지 않았거나 입찰참여안내서를 미수령한 업체
9. 우편 또는 FAX로 접수된 입찰제안서
10. 허위 사실을 기재하였거나 구비서류가 누락된 입찰제안서
11. 2개 이상의 상이한 입찰제안서를 제출한 회사
12. 입찰제안서 제출후 제안내용과 다르게 홍보한 업체
13. 국토교통부 고시 '계약업무 처리기준' 제29조 제2항 규정을 위반하여 시공과 관련이 없는 사항에 대한 금전이나 재산상 이익 제공을 제안한 업체

2. 입찰무효 결정

가. 특정 입찰자에 대한 입찰무효 결정

공공조달에 관한 법령은 입찰참가의 자격이 없는 자가 한 입찰, 공동계약의 방법에 위반한 입찰 등 입찰무효 사유를 자세히 정하면서, 입찰무효사유에 해당하는 입찰은 무효로 한다고 정하고 있다(국가계약법 시행규칙 제44조 제1항, (계약예규) 공사입찰유의서 제15조 등).

도시정비법, 계약업무 처리기준 등은 조합원을 상대로 하는 개별적인 홍보를 하는 행위가 적발된 건수의 합의 3회 이상인 경우 해당 입찰을 무효로 한다는 정도의 규정만 두고 있으나(계약업무 처리기준 제16조 제1항), 개별 입찰의 입찰지침서(입찰참여 안내서)에서 구체적인 입찰무효 사유를 제시하고 있고, 준수 서약서, 이행각서를 통해 계약업무 처리기준 또는 공공지원 시공자 선정기준 위반시 입찰자격을 박탈한다고 정한다.

입찰은 사법상 법률관계로서 사적자치가 적용되므로 발주자가 특정 입찰자가 입찰무효사유에 해당된다는 이유로 입찰참가의 효력을 상실시키는 입찰무효 결정을 할 수 있으며, 관련 규정에서 달리 정한 것이 아니라면[70] 조합이 입찰무효 사유에 해당하는지, 입찰무효 결정을 할 것인지를 재량으로 판단할 수 있다.[71] 다만, 입찰절차의 공정성 · 적정성은 준수되어야 하므로 대의원회가 사후에 관련 규정을 변경하여 무효인 입찰참여를 유효로 만드는 것은 허용되지 않는다.[72]

나. 입찰무효 결정의 절차

도시정비법령 및 계약업무 처리기준을 특정 입찰을 무효로 하는 절차에 대해 정하고

70 계약업무 처리기준 제16조 제1항은 개별적 홍보행위가 적발된 건수의 합의 3회 이상이면 입찰을 무효로 한다고 하여 문언상 다른 재량판단의 여지없이 입찰 무효 결정을 해야 하는 것처럼 볼 수도 있으나, '개별적 홍보행위'의 판단과 '적발'의 절차를 예정하고 있으므로 사후적으로 개별적 홍보행위가 3회 이상 인정된다고 하여 바로 입찰 및 선정이 무효라고 보기 어렵고, 결국 계약업무 처리기준 등을 위반한 홍보행위가 부정행위로서 선정 결과에 영향을 미쳤다고 볼 수 있는지 여부 등으로 판단하게 될 것으로 보인다.

71 인천지방법원 2017. 7. 5.자 2017카합10138 결정.

72 서울동부지방법원 2010. 7. 2.자 2010카합1471 결정.

있지 않으며, 정관에서 이를 정하기도 어렵다. 그러나 계약업무 처리기준은 조합의 계약 체결과 관련하여 관계 법령, 계약업무 처리기준 및 정관 등으로 정하지 않은 구체적인 방법 및 절차는 대의원회에서 정하는 바에 따르고 대의원회 의결로서 입찰이 무효가 된 업체의 입찰 자격을 제한할 수 있도록 정하고 있으므로(계약업무 처리기준 제3조 제2항, 제12조) 입찰참가 자격 박탈의 전제가 되는 입찰 무효 여부에 관해서도 대의원회가 결정할 수 있다고 보는 것이 타당하다.[73] 또한 입찰참여안내서(시공자 선정 입찰 참여 규정 등)에 "대의원회 의결을 거쳐 입찰을 무효로 할 수 있다"와 같은 규정을 두고 있다면, 대의원회의 입찰 무효 결정이 대의원회의 권한을 벗어난 것이라는 주장은 받아들여지기 어려운 것으로 생각된다.

3. 선정결의의 무효확인

가. 총회 의결 절차 위반을 이유로 한 무효

시공자 선정결의는 총회 의결로서 총회 소집, 의결 절차 등이 도시정비법, 계약업무 처리기준 및 정관에 따라야 한다. 주로 입찰자의 총회 상정 절차, 직접 출석 요건, 의결정족수 등이 쟁점이 된다.

나. 입찰 공정성 위반 등을 이유로 한 무효

(1) 입찰 절차에 관한 입찰 및 선정결의의 무효 사유

입찰은 사법상 계약을 체결하기 위한 것이므로, 입찰절차에 입찰의 공정성을 해하는 하자가 있다 하더라도 그 하자가 중대한 경우에만 입찰을 무효로 볼 수 있다. 조합이 총회 의결로서 시공자를 선정할 때 그 총회 의결이 도시정비법령 및 정관이 정하는 요건을 갖추지 못하였다면 일응 무효라고 볼 것이나, 입찰의 공정성을 해하는 하자가 있다면 어느 정도의 하자가 있어야 무효라고 보아야 하는지가 문제된다.

이에 대해 대법원은, 비록 형식적으로는 경쟁입찰의 방법에 따라 조합총회에서 시공자의 선정 의결을 하였다고 하더라도, 조합이나 입찰 참가업체가 시공자 선정과정에서 조합원들에게 금품을 제공하여 시공자 선정동의서를 매수하는 등 법령, 고시, 정관, 입찰참여지침서나 홍보지침서 등에서 정한 절차나 금지사항을 위반하는 부정한 행위를 하였고, 이러한 부정행위가 시공자 선정에 관한 총회결의 결과에 영향을 미쳤다고 볼 수 있는 경우에는, 입찰과 시공자 선정결의가 강행규정인 도시정비법 제29조(구법 제11조)에 위반하여 경쟁입찰이 아닌 방법으로 이루어진 것으로서 무효라고 보았다(대법원 2016. 8. 29. 선고 2013다50466 판결, 대법원 2016. 11. 24. 선고 2013다37494 판결, 대법원 2017. 5. 30. 선고 2014다61340 판결 등).[74]

---

73 서울서부지방법원 2019. 12. 12.자 2019카합50613 결정.

74 구 도시정비법(2017. 8 .9. 법률 제14857호로 개정되기 전의 것) 제11조는 조합이 시공자를 선정하는 경우에 대해서만 정하고 있었고, 위 대법원 2014다61340 판결 등은 시공자 선정에 대한 사안이다. 구 도시정비법(2017. 2. 8. 법률 제14567호로 전부 개정되기 전의 것) 제14조 제2항은 추진위원회는 국토교통부장관이 정하는 경쟁입찰의 방법으로 정비사업전문관리업자를 선정하도록 하였는데, 대법원 2016. 6. 23. 선고 2013

따라서 조합 총회 의결로 특정 건설업자를 시공자로 선정하였다 하더라도 법령, 고시, 정관 등을 위반한 부정행위가 그 선정 결과에 영향을 미쳤다고 볼 수 있는 경우에는 시공자 선정결의가 법원에 의해 무효로 판단될 수 있다. 정비사업의 입찰무효사유는 도시정비법, 정관, 계약업무 처리기준 등에는 정한 것이 아니라 개별 입찰에서 조합이 제시한 입찰참여규정에서 정한 것이고, 입찰참여규정 등은 조합이 내부절차를 거쳐 자율적인 판단에 따라 입찰무효 여부를 결정할 수 있도록 되어 있다. 조합이 별도의 입찰 무효 결정을 하지 않았음에도 법원이 그 선정결의를 무효를 판단할 수 있는지 다툼이 있을 수는 있으나, 선정결의가 무효가 되는 경우는 입찰의 공정을 해하고 조합원들의 자유로운 결정권이나 선택권을 침해할 정도에 이르는 금품, 향응 제공행위가 있어 입찰절차를 거치지 않은 것과 마찬가지로 평가되는 것이고, 강행법규위반에 이를 정도의 법률행위의 효력까지 조합이 자율적으로 결정할 수 있도록 한다면 강행법규의 입법목적을 달성할 수 없게 되므로 법원에 의해 선정결의의 무효가 확인되는 것에는 장애가 없을 것이다.[75]

⑵ 법령, 고시, 정관, 입찰지침 등에서 정한 절차나 금지사항을 위반하는 부정한 행위

건설업자 등 입찰 관계자들이 시공자 선정에 관하여 일정한 부정행위를 하여야 한다. 건설업자 등이 금품, 향응 등을 제공하여 조합임원에 관한 증뢰죄나 조합원들에 대한 도시및주거환경정비법위반죄(법 제135조 제2호, 제132조), 입찰방해죄 등 형사범죄에 이르는 경우라면 여기서 언급되는 부정행위에 해당한다는 점은 특별히 의문이 없다.

① 부정행위가 범죄행위를 구성하지 않는다 하더라도 계약업무 처리기준(구 시공자 선정기준), 입찰지침 또는 홍보지침 등 입찰에 관한 규정을 위반한 경우도 선정결의 무효에 관한 부정행위에 해당한다고 볼 것이다(대법원 2016. 11. 24. 선고 2013다37494 판결, 대법원 2017. 5. 30. 선고 2014다61340 판결).[76]

② 입찰공고 또는 입찰참여안내서 등에서 제시한 입찰조건을 위반하거나 중요사항이 누락 또는 불분명하다면 입찰무효 사유가 될 수 있고, 입찰지침 등을 위반한 홍보는 부정행위의 개연성도 있다.[77] 다만 조합(대의원회)이 입찰지침 등에 따라 해당 입찰자의 입찰을

다58613 판결 등은 구법 제14조 제2항은 강행규정으로서 위 규정에 위반하여 체결된 계약은 효력이 없다고 판단하였다. 현행 도시정비법 제29조는 추진위원회, 조합(사업시행자)이 공사, 용역, 물품구매 및 제조 등 일체의 계약을 체결하는 경우에 대해 정하고 있는데, 경쟁입찰을 하지 않거나 경쟁입찰의 취지를 잠탈한 계약은 무효라고 본 위 대법원 2014다61340 판결 등의 판시는 동일하게 볼 수 있다.

75 서울고등법원 2012. 5. 10. 선고 2011나44629 판결, 서울북부지방법원 2012. 6. 14. 선고 2011가합9505 판결.

76 위 대법원 2013다37494 판결과 위 대법원 2014다61340 판결은 구 시공자 선정기준이 적용되는 사안으로서, 입찰자 등의 금품, 향응 제공이 구 시공자 선정기준이 금지하는 조합원을 상대로 한 개별적 홍보행위, 홍보를 목적으로 한 재산상 이익 제공 등에 해당한다고 보면서, 구 시공자 선정기준, 입찰지침 등을 위반한 행위를 부정행위로 보았다. 현재 도시정비법 제132조에서는 위와 같은 행위는 형사처벌대상이므로 부정행위에 해당한다는 점은 더 의문이 없을 것이다.

77 다만 입찰조건을 위반한 것인지, 실제 그 위반한 내용으로 홍보를 한 것인지 등의 사실관계는 상당한 다툼이 있을 것이다.

무효로 결정하는 것은 별론으로 하고, 선정 결과에 영향을 미쳤다고 볼 정도의 중요한 위반이라고 보기 어려운 경우가 많다.

③ 건설업자의 직원이 아닌 그 홍보업체 직원들이 부정행위를 한 경우 건설업자의 임직원이 부정행위를 지시하거나 알았음에도 묵인하였다고 볼 만한 입증이 없는 이상 그 부정행위를 입찰참가자의 부정행위로 단정하기 어려운 문제가 있었다. 도시정비법이 2018. 6. 12. 법률 제15676호로 개정되면서 제132조의2를 신설하여 건설업자는 시공자 선정과 관련하여 홍보 등을 위하여 계약한 용역업체의 임직원이 제132조를 위반하지 아니하도록 교육, 용역비 집행 점검, 용역업체 관리 · 감독 등 필요한 조치를 하도록 정하고 있으므로 이후에는 건설업자의 부정행위로 볼 여지가 더 크다.

④ 입찰지침 등에서 정한 서면결의서 접수 방법을 위반하여 건설업자의 홍보요원들이 직접 서면결의를 접수받아 자신들에게 유리한 내용의 서면결의서를 일괄 우편발송한 것도 계약업무 처리기준 또는 입찰지침을 위반한 부정행위로 볼 수 있을 것이다.[78]

⑶ 부정행위가 선정 결과에 영향을 미쳤다고 볼 수 있는 것

대법원 2016. 8. 29. 선고 2013다50466 판결 등은 선정결의의 무효 요건으로 "부정행위가 시공자 선정에 관한 총회결의 결과에 영향을 미쳤다고 볼 수 있는 경우"로 판시하여 원칙적으로 부정행위는 선정 결과에 영향을 미치는 것이어야 한다고 볼 수 있다. 매표 등 부정행위가 이루어진 의결권의 수가 입찰자간 표 차이보다 크다면 당연히 선정결과에 영향을 미칠 수 있었다는 점은 특별히 의문이 없을 것이다.

① 다만 계량적인 인과관계가 아니라 하더라도, 계약업무 처리기준 등을 위반한 행위가 그 태양이나 정도, 중요도, 광범위성 등에 비추어 입찰의 공정을 해하고 조합원들의 자유로운 결정권이나 선택권을 침해할 정도에 이르렀다고 인정되는 경우에는 선정결과에 영향을 미칠 수 있었던 것으로 볼 수 있을 것이다(대법원 2016. 11. 24. 선고 2013다37494 판결).[79]

---

78 서울고등법원 2012. 5. 10. 선고 2011나44629 판결(제1심은 수원지방법원 2011. 5. 20. 선고 2010가합14929 판결). 계약업무 처리기준 제35조 제3항은 총회 출석에 갈음하는 서면결의서는 조합원이 직접 조합이 지정한 일시와 장소에 따라 제출하여야 하므로 홍보요원 등이 서면결의서를 받아 접수한 것은 계약업무 처리기준 위반으로 볼 것이다.

79 입찰자의 뇌물 공여 및 금품제공행위가 시공자 선정 결과(득표 차이)에 영향을 미쳤다고 인정할 증거가 없다는 주장에 대해, 서울고등법원 2014. 1. 17. 선고 2013나17980 판결, 서울고등법원 2014. 7. 31. 선고 2013나42511 판결 등은 "정비사업에 있어서 시공자 선정이 차지하는 비중이나 중요성, [구] 도시정비법 제11조 제1항의 입법취지나 [구 시공자 선정기준]이 마련된 취지, [구] 도시정비법 제84조의3 제1호가 위 제11조 규정에 위반하여 시공자를 선정한 조합 및 선정된 시공자를 처벌하도록 규정하고 있는 점 등을 고려할 때, 시공자로 선정된 자가 [구] 도시정비법 제11조 제1항에 위반한 행위를 한 경우 그 위반행위가 시공자 선정에 영향을 미쳤는지 여부와 관계없이 무효라고 봄이 타당하다"고 보아 그 주장을 배척하였다. 위 서울고등법원 2013나42511 판결의 상고심인 대법원 2017. 5. 30. 선고 2014다61340 판결은 부정행위가 시공자 선정에 관한 총회 결과에 영향을 미쳤다고 볼 수 있어야 한다고 보면서도 "위반행위의 태양이나 정도, 범죄행위로서

② 부정행위에 대한 소명 · 입증 자체가 부족한 경우에는, 그 부정행위가 있었다고 보더라도 선정 결과에 영향을 미쳤다고 보기가 더 어려울 것이다. 원고(채권자)가 주장하는 부정행위가 있었다 하더라도 금품을 제공받은 조합원들이 다른 입찰자에게도 투표하거나 득표 차이가 적지 않은 경우[80] 등은 선정 결과에 영향을 미쳤다고 보기 어려울 것이다.

③ 입찰참여 견적서나 입찰제안서에 일부 불분명하거나 잘못 기재된 내용이 있어 입찰참여규정을 위반한 것으로 볼 사정이 있다 하더라도, 조합원들은 여러 입찰조건을 종합적으로 고려하여 시공자를 선정하는 것이므로 문제된 입찰조건의 비중이나 규정위반에 이르게 된 경위를 따져 그 위반행위가 입찰의 공정을 해하고 조합원들의 자유로운 시공자 선택권을 침해할 정도에 이르렀다고 인정될 정도인지를 판단하여야 한다.[81]

④ 개별적 홍보행위 금지규정을 위반하였다 하더라도 그 위법의 정도가 입찰절차의 공공성과 공정성을 현저히 침해할 정도로 중대한 것이 아닌 한 선정결의를 무효로 단정하기 어렵다.

Ⅵ. 도시정비법 제132조 관련 쟁점

1. 도시정비법 제132조의 적용대상

가. 규정 및 입법 취지

도시정비법 제132조는 추진위원, 조합임원의 선임 또는 시공자 선정 등과 관련하여 누구든지 금품, 향응 또는 그 밖의 재산상 이익을 제공하거나 제공받을 수 없다고 정하면서 벌칙규정으로 도시정비법 제135조 제2호를 두고 있다.

> 법 제132조(조합임원 등의 선임·선정 시 행위제한) 누구든지 추진위원, 조합임원의 선임 또는 제29조에 따른 계약 체결과 관련하여 다음 각 호의 행위를 하여서는 아니 된다.
> 1. 금품, 향응 또는 그 밖의 재산상 이익을 제공하거나 제공의사를 표시하거나 제공을 약속하는 행위
> 2. 금품, 향응 또는 그 밖의 재산상 이익을 제공받거나 제공의사 표시를 승낙하는 행위
> 3. 제3자를 통하여 제1호 또는 제2호에 해당하는 행위를 하는 행위

의 중대성 등에 비추어 시공자 선정 입찰의 공정을 침해하고 조합원들의 시공자에 관한 자유로운 결정권이나 선택권을 침해할 정도에 이르[러 무효이다]"는 원심의 판단을 정당하다고 보아 인과관계를 보다 넓게 인정할 수 있을 것으로 생각된다.

80 서울고등법원 2019. 1. 17. 선고 2018나2049896 판결, 부산고등법원 2019. 8. 28. 선고 2018나57240 판결.

81 입찰자가 입찰지침에서 금지하는 대안설계(혁신설계, 특화설계 등)를 홍보하면서 유 · 무상(공사비용 증가)에 대해 명시적으로 밝히지 않거나 입장을 변경하였다 하더라도 총회 결과에 영향을 미칠 정도에 이르지 않았다고 본 사례로 서울고등법원 2020. 2. 6. 선고 2019나2033171 판결(제1심은 서울동부지방법원 2019. 7. 17. 선고 2018가합110040 판결).

> 법 제135조(벌칙) 다음 각 호의 어느 하나에 해당하는 자는 5년 이하의 징역 또는 5천만원 이하의 벌금에 처한다.
> 2. 제132조 각 호의 어느 하나를 위반하여 금품, 향응 또는 그 밖의 재산상 이익을 제공하거나 제공의사를 표시하거나 제공을 약속하는 행위를 하거나 제공을 받거나 제공의사 표시를 승낙한 자

조합임원은 형법상 수뢰죄 등의 적용에 있어 공무원으로 의제되므로(법 제134조) 시공자 선정 등에 관하여 금품, 향응 등을 제공받는 경우 수뢰죄로 처벌받게 되나, 조합원은 금품, 향응 등을 제공받았더라도 총회 의결권 행사는 자기의 사무이므로 타인의 사무를 처리하는 자의 지위에 있지 않아 배임수재죄가 성립하기 어렵다. 조합임원 선임, 시공자 선정 등에 관련한 부정행위에 대하여 조합임원이 아닌 사람에 대해서까지 처벌 범위를 확장하기 위해 도시정비법이 2012. 2. 1. 법률 제11293호로 개정되면서 시공자, 설계자, 정비사업전문관리업자의 선정에 관해 구 도시정비법 제11조 제4항, 추진위원회 위원 또는 조합임원의 선출에 관해 구 도시정비법 제21조 제4항, 벌칙규정으로 구 도시정비법 제84조의2 제1호, 제3호를 각 신설하였다. 이후 도시정비법이 2017. 2. 8. 법률 제14567호로 전부 개정되면서 구 도시정비법 제11조 제4항 및 제21조 제4항이 현재의 도시정비법 제132조로 통합되고, 벌칙규정인 구 도시정비법 제84조의2 제1호, 제3호는 현재의 도시정비법 제135조 제2호로 옮겨져 현재에 이르고 있다.[82]

나. 적용범위

도시정비법 제132조 및 제135조는 그 문언상 금지하는 행위의 범위가 상당히 넓게 해석될 수 있다. 문언으로만 보면 "누구든지"가 문언 그대로 특정한 신분이나 지위로 제한되지 않는 모든 사람이나 단체를 의미하는 것은 물론, "제29조에 따른 계약 체결과 관련하여"는 금품 또는 재산상 이익의 제공이 시공자 선정의 대가 또는 사례에 해당하거나, 그렇지 않다 하더라도 시공자 선정에서 금품 제공 등이 어떠한 형태로든 영향을 미칠 수 있는 경우를 의미한다고 볼 여지가 있다. 그러나 도시정비법 제132조를 위와 같이 넓게 보면 경쟁입찰에서 입찰자들이 경쟁적으로 품목 제공이나 감액 · 환급을 제안하는 경우, 조합이 사업비 · 운영비 등을 마련하기 위해 제3자로부터 자금을 대여받았는데 그 제3자가 향후 입찰에 참여하는 업체와 관련이 있는 경우에는 개별적인 선정행위에 대한 대가성이 없다 하더라도 형사처벌의 대상이 될 수 있는 문제가 발생한다. 도시정비법 제132조 등의 입법취지는 기존에 조합임원에 대해서만 공무원으로 의제하여 수뢰죄로 처벌하던 것을 시공자

82 종전에는 그 적용대상을 "시공자, 설계자, 정비사업전문관리업자의 선정"으로 정하였으나, 도시정비법이 2017. 8. 9. 법률 14567호로 개정되면서 종전의 도시정비법 제29조(구법 제11조)를 시공자 선정이 아닌 계약 일반에 관한 규정으로 확장함에 따라 적용대상을 "제29조에 따른 계약 체결"로 개정하였다.

의 선정 등과 관련한 부정행위에 대하여 조합임원이 아닌 사람에 대해서까지 처벌 범위를 확장한 것이므로(대법원 2016. 10. 27. 선고 2016도9954 판결), 도시정비법 제132조는 "개별적인 재산상 이익 제공 등의 부정행위", "매표행위" 등을 금지 · 처벌하기 위한 규정으로 해석하는 것이 타당하다고 생각된다.[83] 다만 수뢰죄(형법 제129조 제1항)와 문언이 달라 구성요건을 직무 관련성, 대가관계에 있는 부정한 이익으로 구분하기는 어렵고 결국 "추진위원, 조합임원의 선임 또는 제29조에 따른 계약 체결과 관련하여"에서 관련성의 의미를 합리적으로 해석하여야 할 것으로 생각된다.[84]

① 건설업자 또는 홍보업체의 직원들이 조합원들에게 선물이나 식사를 제공한 경우,[85] 조합임원에게 업체 선정과 관련하여 잘 봐달라는 취지로 금품을 제공한 경우[86] 등은 당연히 본래의 입법취지에 따라 처벌된다는 점에는 의문이 없다. 다만 조합장이 조합원들의 식사비용을 부담한 것이 특정 건설업자로부터 비용을 제공받거나 특정 시공자를 선정하기 위해 제공하였다는 등 시공자 선정과 관련이 있다고 볼 수 없는 경우[87] 등은 도시및주거환경정비법위반으로 보기 어려울 것이다.

② 조합은 시공자 선정 전까지는 정비사업전문관리업자나 용역업체로부터 사업비를 대여받아야 하는데, 협력업체로 선정되기 전에 자금을 대여하는 것은 선정에 대한 반대급부로 판단될 가능성이 높다. 자금대여가 선정에 영향을 미친 점이나 협력업체의 선정에 대한 기대를 부인하기 어렵기 때문에, 선정 전의 자금대여는 도시및주거환경정비법위반에 해당될 여지가 큰 것으로 생각된다.[88]

---

83 이 점에서 계약업무 처리기준 제30조(건설업자등의 금품 등 제공 금지 등) 위반을 도시정비법 제132조 위반과 동일시할 수 없다. 자세한 내용은 **V.1.나.(3)계약업무 처리기준 제30조 및 도시정비법 제132조의 관계** 참고.

84 대법원 2019. 2. 14. 선고 2016도6497 판결은 구 도시정비법 제21조 제4항, 제84조의2 제3호(법 제132조, 제135조 제2호)는 추진위원장 선출과 관련하여 금품 등을 수수하는 행위를 금지 · 처벌할 뿐 그 밖의 구성요건적 행위의 구체적인 태양에 관해서는 별달리 제한을 두지 않고 있는데, 이 부분 도시및주거환경정비법위반을 직무 관련성, 대가성, 선출의 공정성 훼손 여부로 판단한 원심(부산지방법원 2016. 4. 21. 선고 2016노615 판결)이 일부 미흡한 부분이 있지만 공소사실을 유죄로 판단한 결론이 수긍할 수 있다고 보았다. 도시정비법 제132조 등이 구성요건을 구체적으로 정하고 있지 않으나 입법취지에 맞게 해석하기 위해서는 "관련하여" 해석과 관련하여 일정한 대가성 등을 필요로 할 것으로 생각된다.

85 수원지방법원 안산지원 2014. 7. 3. 선고 2013고단2867 판결, 부산지방법원 서부지원 2018. 2. 13. 선고 2017고정351 판결, 서울남부지방법원 2018. 5. 17. 선고 2018고단86 판결.

86 서울북부지방법원 2014. 8. 29. 선고 2014고합167 판결, 광주지방법원 2018. 2. 22. 선고 2017노1359 판결, 서울고등법원 2019. 2. 1. 선고 2018노2225 판결.

87 서울서부지방법원 2016. 1. 15. 선고 2015노1356 판결.

88 무죄로 본 경우인 대구지방법원 2017. 7. 21. 선고 2016노5158 판결(조합 사업비를 조합장 개인 명의로 대여받으면서 선정 여부와 무관하게 반환하는 대여금임이 명확하고 실제 선정되지도 않은 사안), 서울중앙지방법원 2016. 9. 30. 선고 2016노792 판결(계약을 해지당한 정비사업전문관리업자가 임시총회 비용을 제공한 것이 해지 철회 및 미지급 용역비 지급을 위한 것이라고 증명되었다고 보기 어렵다고 판단한 사안) 등은

③ 조합 또는 조합원이 아닌 자에게 시공자 선정 알선 등에 대가로 금품을 제공하거나 인센티브를 약속받는 것은 도시정비법 제132조의 주체가 반드시 조합원으로 한정되지는 않는 것이기는 하나 시공자 선정에 대한 관여 정도 등을 구체적으로 판단하여야 할 것으로 생각된다.[89]

④ 시공자를 구하는 조합으로부터 건설업자 물색에 대한 소개수수료를 받은 것을 도시및주거환경정비법위반으로 본 경우도 있으나,[90] 경쟁입찰이 유찰되어 수의계약으로라도 시공자를 선정해야 하는 조합이 PM업체 등과 용역계약을 체결하여 시공자 물색을 의뢰하는 것은 정당한 업무범위에 해당하므로 구체적인 사실관계를 살펴야 할 것으로 생각된다.

⑤ 통상 총회는 조합원 참여를 독려하기 위해 참석수당 등을 지급하고 있고 특히 시공자 선정을 위해서는 조합원 과반수가 직접 출석하여야 하기 때문에 참석을 독려할 필요가 크다. 이때 참석을 독려하거나 총회에서 일정한 다과 · 수당 등을 지급하는 것과 관련하여, 그 비용이 과다하거나 이례적이라 보기 어렵고 조합 또는 입찰자가 총회 비용을 부담하도록 되어 있는 입찰지침에 따라 입찰자들이 부담한 경우,[91] 조합원들이 어떠한 의사표시를 하였는지와 무관하게 총회참석수당이 단지 총회 무산을 방지하기 위해 지급된 경우[92] 등은 특정 시공자와 관련이 없으므로 도시및주거환경정비법위반이 성립하지 않는다고 보는 것이 타당하다. 입찰자가 선정 총회 비용을 부담할 수 있는지 다툼이 있으나, 도시및주거환경정비법위반 여부와 관련하여 입찰지침에 따라 미리 정해진대로 총회비용을 부담하게 된 것이라면 총회 비용 부담을 시공자 선정에 관한 금품 또는 재산상 이익 제공으로 볼 이유는 없는 것으로 생각된다. 다만 수의계약과 같이 선정대상이 정해져 있는 경우에는 총회 참석을 독려하면서 금품 등을 제공하는 것이 특정 건설업자를 시공자로 선정하는 것과 관련되었다고 볼 여지가 클 것이나, 단순히 참석을 독려하기 위한 것만으로는 도시및주거환경정비법위반이 성립하지 않는다고 다툴 여지가 있다.[93]

선정의 대가라는 점이 합리적 의심 없이 증명되지 못한 것이다.

89 조합원 아닌 제3자와 사이에 시공자 선정 알선의 대가로 인센티브를 약속받은 것을 도시및주거환경정비법위반으로 본 사례로 서울북부지방법원 2014. 8. 29. 선고 2014고합167 판결.

90 춘천지방법원 원주지원 2017. 8. 9. 선고 2017고정101 판결.

91 서울서부지방법원 2016. 1. 15. 선고 2015노1356 판결; 시공자 선정 총회결의에 대한 효력이 다투어진 사건에서 수원지방법원 안양지원 2015. 11. 13. 선고 2014가합5482 판결, 대구고등법원 2019. 5. 2. 선고 2018나22405 판결 등은 참석수당 · 선물은 조합이 조합원에게 지급하는 것으로서 결과적으로 건설업자가 총회비용으로서 부담하였다 하더라도 건설업자가 제공한 것으로 볼 수 없고, 교통비 지급은 총회 참석을 독려하기 위한 것으로서 사전에 특정한 시공자 후보가 부담하기로 한 것이 아닌 이상 조합원들의 의사가 부당하게 왜곡된다고 보기 어려우므로 선정결의의 무효사유가 될 수 없다고 보았다.

92 인천지방법원 2018. 4. 6. 선고 2017노3316 판결, 서울서부지방법원 2017. 8. 10. 선고 2017노593 판결.

93 조합장이 조합원들에게 건설업사가 총회 여비를 지급할 것을 알리면서 참석을 독려하는 것을 도시및주거환경정비법위반으로 본 사례로 대구지방법원 2015. 12. 23. 선고 2015고정2323 판결.

2. 도시정비법 제132조 위반에 따른 제재

가. 형사처벌

도시정비법 제132조의 금지규정의 실효성은 도시정비법 제135조의 벌칙규정으로 담보된다. 도시정비법 제132조 각 호의 어느 하나를 위반하여 금품, 향응 또는 그 밖의 재산상 이익을 제공하거나 제공의사를 표시하거나 제공을 약속하는 행위를 하거나 제공을 받거나 제공의사 표시를 승낙한 자는 5년 이하의 징역 또는 5천만원 이하의 벌금에 처한다(법 제135조 제2호). 도시정비법의 벌칙 규정 중 가장 높은 법정형이 적용된다.

또한 건설업자는 시공자 선정과 관련하여 홍보 등을 위하여 계약한 용역업체의 임직원이 제132조를 위반하지 아니하도록 교육, 용역비 집행 점검, 용역업체 관리 · 감독 등 필요한 조치를 하여야 하며, 건설업자가 위 조치를 소홀히 하여 용역업체의 임직원이 제132조 각 호의 어느 하나를 위반한 경우 그 건설업자는 5천만원 이하의 벌금에 처한다(법 제132조의2, 제138조 제2항).

위 각 벌칙이 적용되는 경우 형사처벌을 받는 것 이외에도 형사처벌에서 인정된 사실관계를 기초로 시 · 도지사의 시공자 선정 취소명령, 과징금 부과, 입찰참가자격 제한 등의 처분이 있을 수 있어 주의를 요한다.

나. 시공자 선정 취소, 과징금, 입찰참가자격 제한 등 행정처분

도시정비법이 2018. 6. 12. 법률 제15676호로 개정되면서 시공자 선정 취소 명령 또는 과징금 부과에 관한 도시정비법 제113조의2, 건설업자의 입찰참가 제한에 관한 도시정비법 제113조의3을 신설하였다(시행일 2018. 10. 13.).

시 · 도지사는 건설업자가 도시정비법 제132조를 위반한 경우 또는 건설업자가 도시정비법 제132조의2를 위반하여 관리 · 감독 등 필요한 조치를 하지 아니한 경우로서 용역업체의 임직원(건설업자가 고용한 개인 포함)이 도시정비법 제132조를 위반한 경우 ① 건설업자의 해당 정비사업에 대한 시공자 선정을 취소할 것을 명하거나 ② 그 건설업자에게 사업시행자와 시공자 사이의 계약서상 공사비의 20/100 이하에 해당하는 금액의 범위에서 과징금을 부과할 수 있고(법 제113조의2), ③ 2년의 범위에서 입찰참가를 제한할 수 있다(법 제113조의3). 위 각 처분은 문언상 시 · 도지사의 재량으로 해석되며, 그 처분을 하려는 경우 청문을 하여야 한다(법 제121조 제3호, 제4호).

① 시공자 입찰의 입찰자가 계약업무 처리기준 등을 위반한 경우 시장 · 군수등의 관할 관청이 조합에 대한 행정지도를 통해 시공자 선정을 철회(취소)하도록 하여 왔으나, 도시정비법 제132조를 위반한 경우 사업시행자는 시 · 도지사의 시공자 취소 명령에 따라 그 선정을 취소하여야 한다(법 제113조의2 제1항 후단).

② 시 · 도지사는 과징금을 부과하려는 경우 그 위반행위, 처분의 종류 및 과징금의 금액을 적어 서면으로 통지하여야 하고, 과징금 부과 통지를 받은 자는 통지가 있은 날부터 20일 또는 시 · 도지사가 20일 이상의 범위에서 따로 정한 기간 이내에 시 · 도지사가 정하는 수납기관에 과징금을 납부하여야 한다(시행령 제89조의2 제2항, 제3항). 과징금의 부과기준은 시행령 제89조의2 제1항 [별표 5의2] 「과징금의 부과기준 및 정비사업의 입찰참가 제한기준」으로 정해져 있다.

③ 시 · 도지사는 건설업자에 대한 정비사업의 입찰참가를 제한하려는 경우에는 업체(상호)명 · 성명(법인인 경우 대표자의 성명) 및 사업자등록번호(법인인 경우 법인등록번호), 입찰참가자격 제한기간, 입찰참가자격을 제한하는 구체적인 사유를 지체 없이 해당 지방자치단체의 공보에 게재하고 일반인이 해당 내용을 열람할 수 있도록 인터넷 홈페이지에 입찰참가 제한기간 동안 게시하여야 하며, 입찰제한과 관련된 내용을 지체 없이 관할 구역의 시장, 군수 또는 구청장 및 사업시행자에게 통보하여야 한다(법 제113조의3 제1항, 제2항 전단, 시행령 제89조의3). 통보를 받은 사업시행자는 해당 건설업자의 입찰 참가자격을 제한하여야 하며, 입찰참가를 제한받은 건설업자와 계약(수의계약 포함)을 체결해서는 아니 된다(법 제113조의3 제2항 후단, 제3항). 입찰참가 제한기간은 시행령 제89조의2 제1항 [별표 5의2] 「과징금의 부과기준 및 정비사업의 입찰참가 제한기준」으로 정해져 있다.

3. 허위 · 과장 정보제공에 대한 제재

도시정비법이 2022. 6. 10. 법률 제18941호로 개정되면서 제132조의3을 신설하여 건설업자, 등록사업자 및 정비사업전문관리업자가 토지등소유자에게 정비사업에 관한 정보를 제공함에 있어 사실과 다르게 정보를 제공하거나 사실을 부풀려 정보를 제공하는 행위를 하거나 사실을 숨기거나 축소하는 방법으로 정보를 제공하는 행위를 금지하고, 그 위반에 따른 손해배상책임을 정하였다(시행일 2022. 12. 11.). 정비사업 입찰과정에서 건설업자, 정비사업전문관리업자 등이 허위 · 과장 정보를 제공하더라도 이는 통상 입찰자격의 문제나 사법상의 채무불이행에 해당하고 그 자체로 표시광고법의 표시 · 광고에 해당된다고 보기 어려운데, 위 일부개정법률은 가맹사업법 제9조, 대부업법 제9조의3 등 유사 입법례를 참고하여 일정한 행위를 금지하고 그 위반에 따른 손해배상책임과 함께 1,000만원 이하의 과태료를 부과할 수 있도록 하였다(법 제140조 제1항 제2호, 제3호).[94]

---

94 최시억, "도시 및 주거환경정비법 일부개정법률안 검토보고", 국토교통위원회 (2022. 4.), 56-64, 천준호의원 대표발의안(2112940, 2021. 10. 25.) 부분.

제 5 장

사업시행계획

[19] 사업시행계획인가

I. 사업시행계획인가의 법적 성격

1. 법적 성격 및 쟁송 방법

가. 법적 성격

(1) 사업시행계획의 법적 성격

사업시행계획은 사업시행자가 정비계획에 따라 정비사업 시행을 위한 토지이용계획, 정비기반시설 등의 설치계획, 건축계획, 이주대책 등 정비사업의 포괄적이고 구체적인 계획을 의미한다. 조합이 행정주체의 지위에서 도시정비법에 기초하여 사업시행계획을 수립하며, 인가 · 고시된 사업시행계획은 이해관계인에 대한 구속적 행정계획으로서 독립된 행정처분에 해당한다(대법원 2009. 11. 2.자 2009마596 결정, 대법원 2010. 12. 9. 선고 2009두4913 판결).

(2) 사업시행계획인가의 법적 성격

사업시행계획인가의 법적 성격에 대해서는 ⓐ 강학상 허가 내지 특허, 또는 ⓑ 강학상 인가로 보는 견해가 나누어진다. ⓐ 강학상 허가 또는 특허로 보는 견해는, 사업시행계획 인가의 고시가 있게 되면 사업시행자가 정비사업을 시행할 수 있는 지위 또는 권리를 부여받고 토지보상법상 사업인정의 고시가 의제되어 수용권한을 갖게 되고 주택법상 사업계획 승인, 건축법상 건축허가 등 각종 인 · 허가가 의제되므로 인가처분은 일종의 설권적 처분이라는 것이다.[1] ⓑ 강학상 인가로 보는 견해는, 인가처분에 선행되는 사업시행계획은 조합이 행정주체의 지위에서 수립하는 독립된 행정처분에 해당하므로 그 인가처분은 기본행위인 사업시행계획을 보충하는 보충행위로 본다. 사업시행계획인가의 법적 성격에 따라 사업시행계획 및 그 인가처분에 대한 쟁송방법을 달리하게 된다.

---

1 차흥권, 297; 부관을 부가할 수 있는 재량행위의 관점에서 강학상 특허로 보는 견해로 유삼술 · 이종만, 442.

대법원은, 조합은 관할 행정청의 감독 아래 도시정비법상 정비사업을 시행하는 공법인으로서 그 목적범위내에서 법령이 정하는 바에 따라 일정한 행정작용을 행하는 행정주체의 지위를 가지므로, 조합이 이러한 행정주체의 지위에서 도시정비법에 기초하여 수립한 사업시행계획은 인가 · 고시를 통해 확정되면 이해관계인에 대한 구속적 행정계획으로서 독립된 행정처분에 해당하고, 사업시행계획을 인가하는 행정청의 행위는 조합의 사업시행계획에 대한 법률상의 효력을 완성시키는 보충행위에 해당한다고 보았다(대법원 2008. 1. 10. 선고 2007두16691 판결, 대법원 2010. 12. 9. 선고 2009두4913 판결 등).

다만, 토지등소유자가 시행하는 재개발사업(구 도시환경정비사업)은 사업을 시행하려는 토지등소유자가 사업시행계획인가를 받은 때 비로소 정비사업의 사업시행자 지위를 취득하는 것으로서 그 인가처분은 행정주체의 지위를 부여하는 일종의 설권적 처분의 성격을 갖는다(대법원 2013. 6. 13. 선고 2011두19994 판결).[2]

나. 쟁송방법의 개관

(1) 사업시행계획에 대한 쟁송방법

사업시행계획안에 대한 총회결의는 그 행정처분에 이르는 절차적 요건 중 하나에 불과하여 그 계획이 확정된 후에는 항고소송의 방법으로 계획의 취소 또는 무효확인을 구할 수 있을 뿐, 절차적 요건에 불과한 총회결의 부분만을 대상으로 그 효력 유무를 다투는 확인의 소를 제기하는 것은 허용되지 않는다(대법원 2009. 11. 2.자 2009마596 결정, 대법원 2016. 10. 13. 선고 2012두24481 판결).

따라서 인가 · 고시가 있기 전에는 당사자소송으로서 사업시행계획을 의결한 총회결의를 다툴 수 있지만(대법원 2009. 10. 15. 선고 2008다93001 판결, 대법원 2010. 2. 25. 선고 2007다73598 판결 등), 인가 · 고시 이후에는 사업시행계획에 대한 취소 또는 무효확인의 항고소송으로 다투어야 한다. 총회결의를 다투는 당사자소송을 제기한 후 인가처분이 있으면 항고소송으로 소변경을 해야 한다.

다만, 토지등소유자가 시행하는 재개발사업(구 도시환경정비사업)에서 사업시행계획인가는 행정주체의 지위를 부여하는 일종의 설권적 처분의 성격을 갖으므로, 사업시행계획의 내용이나 동의율 등의 하자는 인가처분 자체의 하자로서 행정청을 상대로 그 사업시행계획인가를 다투어야 하고, 사업시행자(토지등소유자)가 행정주체의 지위를 가지기 전에 수립한 사업시행계획은 인가처분의 요건 중 하나에 불과할 뿐 항고소송의 대상이 되는 독립된 행정처분에 해당하지 않는다(대법원 2013. 6. 13. 선고 2011두19994 판결).[3]

(2) 사업시행계획인가에 대한 쟁송방법

기본행위가 적법 · 유효하고 보충행위인 인가처분 자체에만 흠이 있다면 그 인가처분

---

2 자세한 내용은 [3]토지등소유자가 시행하는 재개발사업 III.1.사업시행계획인가의 성격 참고.

3 자세한 내용은 [3]토지등소유자가 시행하는 재개발사업 III.1.사업시행계획인가의 성격 참고.

의 무효나 취소를 주장할 수 있다고 할 것이지만, 인가처분에 흠이 없다면 기본행위에 흠이 있다 하더라도 따로 그 기본행위의 흠을 다투는 것은 별론으로 하고 기본행위의 무효를 내세워 바로 그에 대한 인가처분의 무효확인 또는 취소를 구할 수 없다(대법원 2001. 12. 11. 선고 2001두7541 판결, 대법원 2010. 12. 9. 선고 2009두4913 판결 등).[4] 따라서 조합이 사업시행계획을 재건축결의에서 결정된 내용과 달리 작성한 경우, 도시정비법상 요구되는 각종 동의요건을 갖추지 못한 경우 등의 하자는 기본행위인 사업시행계획 작성행위의 하자이므로 그 사업시행계획을 다투어야 하고, 사업시행계획인가의 취소를 구하는 사유가 되지 못한다(대법원 2008. 1. 10. 선고 2007두16691 판결, 대법원 2010. 12. 9. 선고 2010두1248 판결).[5]

2. 선행 · 후행절차와의 관계

가. 정비사업 단계별 처분의 하자 승계 여부

두 개 이상의 행정처분이 연속적으로 행하여지는 경우 선행처분과 후행처분이 서로 결합하여 1개의 법률효과를 완성하는 때에는 선행처분에 하자가 있으면 그 하자는 후행처분에 승계되므로 선행처분에 불가쟁력이 생겨 그 효력을 다툴 수 없게 된 경우에도 선행처분의 하자를 이유로 후행처분의 효력을 다툴 수 있는 반면, 선행처분과 후행처분이 서로 독립하여 별개의 법률효과를 목적으로 하는 때에는 선행처분에 불가쟁력이 생겨 그 효력을 다툴 수 없게 된 경우에는 선행처분의 하자가 중대하고 명백하여 당연무효인 경우를 제외하고는 선행처분의 하자를 이유로 후행처분의 효력을 다툴 수 없는 것이 원칙이다(양도소득세부과처분에 관한 대법원 1994. 1. 25. 선고 93누8542 판결 등 참고).

정비구역지정처분, 조합설립인가, 사업시행계획, 관리처분계획은 각각 서로 독립하여 별개의 법률효과를 목적으로 하는 것이므로 선행처분에 하자가 있어도 그 하자가 중대 · 명백하여 처분이 당연무효가 되는 것이 아닌 한 제소기간이 도과하면 불가쟁력이 발생하므로, 선행처분의 단순 위법의 하자를 이유로 후행처분의 취소를 구할 수 없다고 보는 것이 타당하다.[6]

---

4 위 대법원 2001두7541 판결은 사업시행계획의 하자로 인가처분에 대한 취소 또는 무효확인을 구하는 것은 법률상 이익이 없다고 보아 소각하사유로 보았으나, 위 대법원 2009두4913 판결 이후로는 청구기각사유로 보고 있다(서울행정법원 실무연구회, 55).

5 사업시행계획인가에 고유한 하자가 없음에도 기본행위의 무효를 내세워 인가처분의 취소를 구할 경우 법원은 조합을 새로운 피고로 하여 사업시행계획 자체의 취소를 구하는 소송으로 경정할 것인지에 대해 석명권을 행사하여 적법한 소송형태를 갖추도록 해야 한다(대법원 2010. 12. 9. 선고 2010두1248 판결). 다만 인가처분의 고유한 하자인지가 불분명하면 조합과 인가관청을 모두 피고로 하여 사업시행계획 및 사업시행계획인가를 다투고 법원이 인가처분의 고유한 하자가 없다고 판단되면 인가처분에 대한 청구는 기각하면 되는 것이므로 이때는 별도의 피고경정이 필요 없을 것으로 생각된다.

6 정비구역지정처분의 하자가 사업시행계획 또는 인가처분에 승계되지 않는다고 본 사례로 서울고등법원 2012. 2. 2. 선고 2011누16133 판결.

나. 조합설립인가의 하자에 따른 사업시행계획의 효력

조합설립인가가 법원에 의해 취소되거나 무효확인된 경우 조합설립인가는 소급하여 효력을 상실하고 해당 조합도 조합설립인가 당시로 소급하여 도시정비법상 정비사업을 시행할 수 있는 행정주체인 공법인의 지위를 상실하므로, 해당 조합이 조합설립인가 취소 전에 도시정비법상 적법한 행정주체 또는 사업시행자로서 한 사업시행계획 등의 처분은 특별한 사정이 없는 한 소급하여 효력을 상실하며(대법원 2014. 5. 16. 선고 2011두27094 판결, 대법원 2016. 12. 15. 선고 2015두51309 판결 등), 다시 적법하게 정비구역지정처분 또는 조합설립(변경)인가처분을 받더라도 종전의 사업시행계획의 하자가 치유되어 적법하게 되는 것은 아니다(대법원 2016. 12. 1. 선고 2016두34905 판결).

따라서 사업시행계획, 관리처분계획 등을 다시 수립하여야 하나(대법원 2016. 12. 15. 선고 2015두51309 판결), 종전의 하자 있는 조합설립인가를 보완한 조합설립변경인가에 따라 적법하게 설립된 조합이 선행 사업시행계획을 대체하는 새로운 사업시행계획으로 변경계획을 수립한 경우(대법원 2016. 12. 1. 선고 2016두34905 판결) 등은 여전히 사업시행계획으로 효력이 있을 수 있다.

다. 사업시행계획의 하자에 따른 관리처분계획의 효력

사업시행계획과 관리처분계획은 서로 독립하여 별개의 법적 효과를 발생시키는 것으로서 사업시행계획의 수립에 관한 취소사유인 하자가 관리처분계획에 승계되지 않으므로, 사업시행계획의 취소사유를 들어 관리처분계획의 적법 여부를 다툴 수 없다(대법원 2012. 8. 23. 선고 2010두13463 판결, 대법원 2014. 6. 12. 선고 2012두28520 판결).

그러나 사업시행계획에 중대 · 명백하여 당연무효인 하자가 있거나 제소기간내 취소소송이 제기되어 취소된 경우에는 조합은 사업시행계획을 새로이 수립하여 관할관청으로부터 인가를 받은 후 다시 분양신청을 받아 관리처분계획을 수립하여야 한다(대법원 2011. 12. 8. 선고 2008두18342 판결).

라. 사업시행계획 또는 인가처분의 하자에 따른 수용재결의 효력

사업시행자는 토지보상법상 사업인정의 고시로 의제되는 사업시행계획인가의 고시로서 수용재결을 신청할 수 있는 것이므로, 사업시행계획 및 그 인가처분에 당연무효의 하자가 있거나 제소기간내 취소소송이 제기되어 취소된 경우에는 수용재결신청은 효력을 상실한다. 그러나 사업시행계획 및 그 인가처분에 중대 · 명백한 정도에 이르지 않는 하자가 있는 것에 불과하고 제소기간이 도과하였다면, 그 불가쟁력에 따라 사업시행계획인가 고시에 위법이 있다는 이유로 수용재결처분의 취소를 구할 수 없다(구 도시재개발법상 사업시행인가에 기한 수용재결에 대한 대법원 1989. 6. 27. 선고 87누743 판결, 대법원 1993. 3. 9. 선고 92누16287 판결 등 참고).

3. 사업시행계획인가에 대한 부관

가. 부관의 적법성

(1) 사업시행계획인가에 대한 부관의 적법성

사업시행계획인가에 조건이나 부담을 부과할 수 있는지 문제된다. 사업시행계획인가를 강학상 인가로 본다면 기본행위인 사업시행계획이 법령상 적법한 요건을 갖춘 때에는 행정청이 인가처분을 해야 하는 기속행위로 보아 부관을 부가할 수 없고, 사업시행계획인가를 조합이 공법적 권한을 부여하는 강학상 허가 또는 특허로 본다면 그 재량에 의해 부관을 부가할 수 있다고 보는 것이 논리적으로 좀 더 자연스럽다. 다만 기속행위라 하더라도 일정한 범위에서 부관을 부가할 수 있고, 도시정비법 제51조 제1항은 사업시행계획인가에 부가하는 기부채납에 대해 정하고 있고, 시행령 제46조 제6호는 사업시행계획인가의 경미한 변경사항으로 "사업시행계획인가의 조건으로 부과된 사항의 이행에 따라 변경하는 때"를 정하여 일정한 부관 부가를 예정하고 있다.

대법원은 사업시행계획인가를 보충행위로 보면서도, 위 인가는 상대방에게 권리나 이익을 부여하는 효과를 가진 이른바 수익적 행정처분으로서 법령에 행정처분의 요건에 관하여 일의적으로 규정되어 있지 아니한 이상 행정청의 재량행위에 속하므로, 처분청은 법령에 별도의 근거가 없더라도 공익상 필요 등에 의하여 필요한 범위 내에서 여러 조건(부담)을 부과할 수 있다고 보았다(대법원 2007. 7. 12. 선고 2007두6663 판결, 대법원 2014. 2. 21. 선고 2012다78818 판결 등).[7] 따라서 행정청은 공익상 필요에 의해 필요한 범위에서 사업시행계획인가에 조건이나 부담을 부가할 수 있다.

(2) 사후부관, 부관의 사후변경의 적법성

행정행위를 한 후에 발하는 강학상 사후부관은 법령에 근거가 있거나 사후부관의 가능성이 있는 경우 또는 상대방의 동의가 있는 경우에 예외적으로 가능하다. 행정처분에 이미 부담이 부가되어 있는 상태에서 그 의무의 범위 또는 내용 등을 변경하는 부관의 사후변경은, 법률에 명문의 규정이 있거나 그 변경이 미리 유보되어 있는 경우 또는 상대방의 동의가 있는 경우에 한하여 허용되는 것이 원칙이지만, 사정변경으로 인하여 당초에 부담을 부가한 목적을 달성할 수 없게 된 경우에도 그 목적달성에 필요한 범위 내에서 예외적으로 허용된다(토지굴착허가처분 중 부담에 대한 대법원 1997. 5. 30. 선고 97누2627 판결 참고).

용도폐지되어 사업시행자에게 무상양도되는 종전 정비기반시설의 대상과 범위는 인가관청이 사업시행계획서 등을 심사하여 사업시행계획인가를 하면서 무상양도 대상인 종전 기반시설을 결정하고 그에 해당하지 아니하는 종전 기반시설은 유상매수하도록 하는 부관

---

7 관리처분계획인가에는 기부채납과 같은 조건을 붙일 수 없다(대법원 2012. 8. 30. 선고 2010두24951 판결). 자세한 내용은 **[24]관리처분계획인가 I.3.관리처분계획인가에 대한 부관** 참고.

(부담)을 부가하는 데 따라 결정될 것이지만, 사업시행계획인가 이후 따로 결정할 것을 유보한 경우에는 나중에 사후부담의 부관을 부가하거나 변경처분을 함으로써 달리 정할 수 있다(대법원 2014. 2. 21. 선고 2011두20871 판결).[8]

나. 인가조건의 해석

행정청이 사업시행계획인가에 조건이나 부담을 부가하기 위해서는 부관의 내용이 이행 가능하고 비례의 원칙 및 평등의 원칙에 적합하며 행정처분의 본질적 효력을 저해하지 않아야 한다. 특히 부관은 행정청의 행정활동과 실질적인 관련이 없는 반대급부를 결부시켜서는 안 된다는 부당결부금지원칙이 준수되어야 한다(주택건설사업계획변경승인에 대한 대법원 1997. 3. 11. 선고 96다49650 판결, 대법원 2009. 10. 29. 선고 2008두9829 판결 등 참고). 정비사업은 주로 정비기반시설의 기부채납에서 부관이 문제된다.

사업시행계획인가는 재량행위로 보아 폭넓게 부관을 부가할 수 있는 것으로 운용되면서 인가서에 별지를 붙여 여러 이행조건을 정하는 경우가 많다.

① 이행조건을 준수하지 않으면 사업시행계획인가가 당연 실효되는 취지라면 이행조건은 사업시행계획인가의 해제조건으로서 사업시행계획인가의 실효가 문제될 수 있으나, 인가조건을 성실히 이행하도록 의무를 부여하면서 인가조건을 불이행하는 경우 직권취소 등 불이익처분을 할 수 있다는 취지라면 이행조건은 부담부 행정행위에 불과하여 사업시행계획인가가 곧바로 실효되지 않는다(대법원 2008. 11. 27. 선고 2007두24289 판결, 대법원 2019. 3. 14. 선고 2018두56787 판결).[9] 행정행위에 부가된 부관이 조건인지 부담인지 명백하지 아니한 경우에는 비례원칙에 의하여 상대방에게 덜 불이익한 부담으로 보는 것이 타당하나, 결국 인가처분의 효력과 결부된 것인지에 대한 의사해석이 우선될 것이다.

② 이행조건이 사업시행계획인가의 당연실효, 직권취소 등과 결부되지 않는 법령 준수, 민원 해소 등 단순한 의무사항인 경우에는 단순한 부담이나 행정지도로 보아 그 이행조건을 준수하지 않더라도 인가처분의 효력에 영향이 없다.

③ 철거를 위한 강제퇴거 과정에서 많은 문제가 발생하면서 사업시행계획인가서에 동

---

8 위 대법원 2011두20871 판결 사안은 인가관청이 사업시행계획인가를 하면서 쟁점이 되는 용도폐지되는 정비기반시설은 주차장을 무상양도 대상인지 유상매각 대상인지 여부에 대해 결정을 하지 않고, 용도폐지되는 정비기반시설 중 무상양도의 대상 및 그 가액에 대하여는 추후 측량 및 감정을 거쳐 재협의하도록 하는 조항을 두어 부담의 사후변경을 유보해 둔 것이다.

9 위 대법원 2018두56787 판결의 제1심인 서울행정법원 2017. 6. 30. 선고 2015구합80345 판결은 조합설립인가에 부가된 "사업계획 승인 신청 전까지 공유물분할을 완료할 것"이라는 조건은 그 인가조건을 준수하지 않은 경우 조합설립인가가 당연히 실효된다는 내용이 명시적으로 규정되어 있지 않아 인가조건의 불이행을 조합설립인가에 대한 해제조건을 정한 것으로 단정하기 어렵고, 오히려 인가조건을 성실히 이행을 의무를 부여하면서 인가조건을 불이행하는 경우에는 직권취소 등 불이익 처분을 할 수 있음을 명시하고 있으므로 당연실효를 전제하고 있지 않고 일정한 작위의무를 지우는 부담부 행정행위로 보는 것이 상당하다고 보았다.

절기 강제철거 제한, 철거전 사전협의체 구성 · 운영 등의 조건을 부가하기도 한다. 서울특별시는 조례 등을 통해 사업시행자가 사업손실보상 협의대상자, 세입자 등과 사전협의체를 구성하고 관리처분계획 수립을 위한 총회 전까지 3회 이상 운영하도록 하고 있다(서울시 정비조례 제67조, 서울특별시 고시 「협의체 구성 및 운영 기준 고시」 등).

다. 부관에 대한 쟁송

(1) 사업시행계획인가 조건 등에 대한 쟁송

부관이 일정한 의무를 부과하는 부담으로서 행정행위의 불가분적인 관계에 있는 것이 아니라면 그 부관(부담)만을 대상으로 취소 또는 무효확인소송을 제기할 수 있으나(공유수면매립허가에 관한 대법원 1992. 1. 21. 선고 91누1264 판결 등 참고), 그 이외에 부관은 행정행위의 일반적인 효력이나 효과를 제한하기 위하여 의사표시의 주된 내용에 부가되는 종된 의사표시이지 그 자체로서 직접 법적 효과를 발생하는 독립된 처분이 아니므로 사업시행계획인가 전부를 대상으로 취소 또는 무효확인의 소를 제기하여야 한다(도로점용허가에 관한 대법원 1985. 7. 9. 선고 84누604 판결 등 참고).

사업시행계획인가는 인가 · 고시가 있은 후 5일이 경과한 날부터 효력이 발생하므로 위 5일이 경과한 때 이해관계인이 그 처분이 있음을 알았다고 할 것이고, 부담 또는 조건부 사업시행계획인가에 대한 취소소송의 제소기간은 인가 · 고시가 있은 후 5일이 경과한 때부터 기산한다. 그러나 사업시행계획인가에서 향후 결정하기로 유보한 부담에 대해 사후부담 또는 부담의 변경처분이 있는 경우, 그 처분에 대한 취소소송은 종전에 유보된 부담에 대한 행정청의 확정적인 의사표시(결정)가 있은 때를 기준으로 하며, 이는 해당 처분서의 이유 기재 등 문언을 통하여 행정청의 의사가 처분의 상대방에게 명확하게 표명되었는지, 그 결과 처분의 상대방이 처분서에 따라 불복의 대상과 범위를 특정할 수 있는지 등 제반 사정을 종합적으로 고려하여 판단해야 한다(대법원 2014. 2. 21. 선고 2011두20871 판결).

(2) 부관에 따른 사법상 계약에 관한 쟁송

사업시행계획인가에 기부채납 등 부담을 부가하고 그 부담의 이행으로 사법상 매매 등의 법률행위를 한 경우, 부관은 법률행위를 하게 된 동기 내지 연유로 작용하였을 뿐이므로, 부관의 하자는 매매 등 법률행위의 취소사유가 될 수 있다는 것은 별론으로 하고 법률행위 자체가 당히 무효가 되는 것은 아니다. 또한, 행정처분에 붙은 부담인 부관이 제소기간의 도과로 확정되어 이미 불가쟁력이 생겼다면 그 하자가 중대하고 명백하여 당연 무효로 보아야 할 경우 외에는 누구나 그 효력을 부인할 수 없을 것이지만, 부담의 이행으로서 하게 된 사법상 매매 등의 법률행위는 부담을 붙인 행정처분과는 어디까지나 별개의 법률행위이므로 부담의 불가쟁력과는 별도로 법률행위가 사회질서 위반이나 강행규정에 위반되는지 여부 등을 따져 효력을 판단하여야 한다(대법원 2009. 6. 25. 선고 2006다18174 판결).

따라서 도시정비법 제97조 제2항에 따라 용도폐지되는 종전 정비기반시설이 사업시행자에게 무상양도되도록 한 도시정비법 제97조 제2항 후단 규정에 반하여 사업시행자와 국가 또는 지방자치단체 사이에 체결된 매매계약은 무효이며(대법원 2009. 6. 11. 선고 2008다20768 판결 등), 매매계약 체결 당시 새로 설치될 정비기반시설의 설치비용이 확정되지 않았다거나 용도폐지될 정비기반시설에 대한 점유 · 사용권의 취득이 필요하다는 사정만으로 그 매매계약이 유효로 되지 않는다(대법원 2009. 6. 25. 선고 2006다18174 판결).

Ⅱ. 사업시행계획의 내용

1. 사업시행계획서의 작성

사업시행계획서는 사업시행자가 정비계획에 따라 정비사업 시행을 위한 토지이용계획, 정비기반시설 등의 설치계획, 건축계획, 이주대책 등 정비사업의 포괄적이고 구체적인 계획을 의미한다. 사업시행자는 토지이용계획 등 일정한 내용을 포함하여 사업시행계획서를 작성하여야 한다(법 제52조).

법 제52조(사업시행계획서의 작성) ① 사업시행자는 정비계획에 따라 다음 각 호의 사항을 포함하는 사업시행계획서를 작성하여야 한다.

1. 토지이용계획(건축물배치계획을 포함한다)
2. 정비기반시설 및 공동이용시설의 설치계획
3. 임시거주시설을 포함한 주민이주대책
4. 세입자의 주거 및 이주 대책
5. 사업시행기간 동안 정비구역 내 가로등 설치, 폐쇄회로 텔레비전 설치 등 범죄예방대책
6. 제10조에 따른 임대주택의 건설계획(재건축사업의 경우는 제외한다)
7. 제54조 제4항, 제101조의5 및 제101조의6에 따른 국민주택규모 주택의 건설계획(주거환경개선사업의 경우는 제외한다)
8. 공공지원민간임대주택 또는 임대관리 위탁주택의 건설계획(필요한 경우로 한정한다)
9. 건축물의 높이 및 용적률 등에 관한 건축계획
10. 정비사업의 시행과정에서 발생하는 폐기물의 처리계획
11. 교육시설의 교육환경 보호에 관한 계획(정비구역부터 200미터 이내에 교육시설이 설치되어 있는 경우로 한정한다)
12. 정비사업비
13. 그 밖에 사업시행을 위한 사항으로서 대통령령으로 정하는 바에 따라 시·도조례로 정하는 사항

시행령 제47조 제2항 각 호에서 정하는 사항은 시 · 도조례로 정하는 경우에 사업시행계획에 포함된다.

> 시행령 제47조(사업시행계획서의 작성) ② 법 제52조 제1항 제13호에서 "대통령령으로 정하는 바에 따라 시·도조례로 정하는 사항"이란 다음 각 호의 사항 중 시·도조례로 정하는 사항을 말한다.
> 1. 정비사업의 종류·명칭 및 시행기간
> 2. 정비구역의 위치 및 면적
> 3. 사업시행자의 성명 및 주소
> 4. 설계도서
> 5. 자금계획
> 6. 철거할 필요는 없으나 개·보수할 필요가 있다고 인정되는 건축물의 명세 및 개·보수계획
> 7. 정비사업의 시행에 지장이 있다고 인정되는 정비구역의 건축물 또는 공작물 등의 명세
> 8. 토지 또는 건축물 등에 관한 권리자 및 그 권리의 명세
> 9. 공동구의 설치에 관한 사항
> 10. 정비사업의 시행으로 법 제97조 제1항에 따라 용도가 폐지되는 정비기반시설의 조서·도면과 새로 설치할 정비기반시설의 조서·도면(토지주택공사등이 사업시행자인 경우만 해당한다)
> 11. 정비사업의 시행으로 법 제97조 제2항에 따라 용도가 폐지되는 정비기반시설의 조서·도면 및 그 정비기반시설에 대한 둘 이상의 감정평가업자의 감정평가서와 새로 설치할 정비기반시설의 조서·도면 및 그 설치비용 계산서
> 12. 사업시행자에게 무상으로 양여되는 국·공유지의 조서
> 13. 「물의 재이용 촉진 및 지원에 관한 법률」에 따른 빗물처리계획
> 14. 기존주택의 철거계획서(석면을 함유한 건축자재가 사용된 경우에는 그 현황과 해당 자재의 철거 및 처리계획을 포함한다)
> 15. 정비사업 완료 후 상가세입자에 대한 우선 분양 등에 관한 사항

2. 사업시행기간

가. 사업시행기간의 취지

사업시행계획서의 내용인 사업시행기간은 문언 그대로 정비사업을 시행하는 기간을 의미하나, 정비사업을 진행하면서 사업시행계획을 변경하여 언제든 연장할 수 있으므로 사실상 예정기간 정도의 취지이다. 실제 사업시행기간은 수용재결신청의 종기로서 의미를 갖는다.

사업시행기간은 시 · 도조례로 정하는 경우에 사업시행계획에 포함되는 사항이 되므로(법 제52조 제1항 제11호, 시행령 제47조 제2항 제1호), 도시정비법령상 반드시 사업시행계획에 포함되어야 하는 것은 아니다.

그러나 행정청이 사업시행계획을 인가하여 고시할 때는 시행기간을 공보에 고시하여야 하고(법 제50조 제9항, 시행령 제10조 제3항 제1호 ㈑목), 수용 또는 사용에 대한 재결의 신청은 사업시행계획인가를 할 때 정한 사업시행기간 이내에 하여야 하므로(법 제65조 제3항), 법령이 임의적으로 정하고 있지만 사업시행계획의 인가에 사업시행기간을 누락하기는 어렵다.

나. 사업시행기간의 연장

사업시행기간은 최초 사업시행계획인가를 할 때 통상 사업시행계획인가일로부터 48개월 또는 60개월 정도로 정하고, 정비사업의 진행정도에 따라 연장이 필요한 경우 사업시행계획을 변경하여 일정 기간을 정하여 연장하게 된다. 사업시행기간의 변경은 “사업시행계획인가일로부터 48개월”을 “사업시행계획인가일로부터 72개월”로 변경하는 것처럼 연장되는 기간을 명시할 필요가 있다. “사업시행계획인가일로부터 48개월” 등 종전 문구를 변경하지 않고 그대로 유지하는 경우 종전 사업시행기간 만료를 앞두고 사업시행계획을 변경하는 것이라면 변경인가일로부터 새로 기간이 기산되는 것을 의도한 것일 수도 있으나, 총회 의결이나 실제 사업시행이 사업시행기간 연장을 전제로 이루어졌다는 사정이 충분히 뒷받침되지 않으면 최초 사업시행계획인가일을 기준으로 하여 이미 사업시행기간이 도과되었다고 판단될 가능성이 높다.[10]

사업시행기간이 거의 만료되었거나 이미 도과된 상태에서 사업시행기간을 연장하려면 사업시행계획을 변경해야 하는데, 이때 경미한 변경사항으로 보아 총회 의결 없이 변경이 가능한지 문제되나, 사업시행기간은 시행령 제46조 각 호가 정한 경미한 변경사항에 해당하지 않으므로 경미한 사항으로 변경할 수 없고 인가를 요하는 변경사항으로서 총회 의결을 받아야 한다고 보는 것이 타당하다.[11]

다. 사업시행기간 도과에 따른 사업시행계획 등의 실효 여부

(1) 사업시행계획의 실효 여부

사업시행(변경)계획에서 정한 사업시행기간이 도과하였을 때 사업시행(변경)계획이 실효되는지가 문제된다. 사업시행기간이 도과하면 사업시행(변경)계획이 실효되어 무효라고 본다면, 사업시행계획 변경의 방법으로 사업시행기간을 연장할 수 없고 다시 최초 사업시행계획 수립과 동일한 방법으로 사업시행계획을 수립하여야 한다.

① 사업시행계획인가의 고시와 같이 토지보상법상 사업인정의 고시로 간주되는 학교시설사업촉진법상 학교시설사업시행계획 또는 도시계획법상 도시계획시설의 실시계획은 그 계획에서 정한 사업시행기간이 도과하면 실효되는 것이므로(학교시설사업시행계획에 관한 대법원 2001. 11. 13. 선고 2000두1706 판결, 도시계획시설의

10 서울고등법원 2015. 8. 13. 선고 2015누30410 판결, 서울행정법원 2015. 8. 21. 선고 2015구합55189 판결, 서울고등법원 2017. 5. 26. 선고 2016누82081 판결 등.

11 서울행정법원 2011. 7. 15. 선고 2011구합2583 판결.

실시계획에 관한 대법원 2005. 7. 28. 선고 2003두9312 판결 등 참고), 도시정비법상의 사업시행계획도 그 사업시행기간이 도과하면 실효되는 것으로 볼 여지가 있다.[12·13]

② 그러나 도시정비법에 따른 정비사업의 경우, ⓐ 조합은 사업시행계획 변경을 통해 사업시행기간을 상당기간 연장할 수 있으므로 사업시행기간은 주로 수용재결신청의 종기로서 의미를 갖는 것인데, ⓑ 장기간에 걸쳐 단계적으로 이루어지면서 다수의 이해관계인을 형성하는 정비사업에서 사업시행기간이 지났다는 이유만으로 사업시행기간을 연장할 수 없다면 사업시행계획이 유효함을 전제로 이루어진 후속행위들까지 모두 무효가 됨으로써 정비사업의 계속 추진이 어려울 뿐만 아니라 다수 이해관계인들의 권리관계에 혼란을 초래하게 될 것이고, ⓒ 사업시행기간을 수용재결신청의 종기(예정기간)라는 실질적 의미를 넘어 사업시행계획 자체의 유효기간까지 의미한다고 볼 법령상 · 해석상 근거는 없는 것으로 생각된다.[14]

이 쟁점에 대한 대법원의 판단은 단언하기 어렵다. ① 사업시행기간이 도과하였다고 하여 종전의 유효한 사업시행계획에 기초한 토지의 매수 · 수용을 비롯한 사업시행의 법적 효과가 소급하여 효력을 상실하지 않는다고 본 대법원 2016. 12. 1. 선고 2016두34905 판결은 사업시행계획이 장래를 향하여 효력을 상실하는 실효되는 것을 전제한 것으로 보이고,[15] 대법원 2021. 2. 10. 선고 2020두48031 판결은 사업시행계획의 실효의 원인으로 사업시행기간의 만료를 들고 있다.[16] ② 반면, 대법원 2016. 12. 15. 선고 2015두51354 판결과 대법원 2017. 6. 19. 선고 2015다70679 판결은 사업시행기간이 도과하였다고 하여 사업시행계획이 실효되는 것이 아니라는 원심의 판단이 정당하다고 보았는데, 사업시행기간을 사업시행계획의 유효 · 효력요건으로는 보지 않은 취지로 생각된다.

다만 위 ①과 같이 사업시행계획이 실효된다고 보더라도 그 실효는 장래를 향하여 효

---

12 서울고등법원 2015. 4. 16. 선고 2014누58558 판결(대법원 2015. 8. 27.자 2015두41920 판결로 심리불속행기각)은 위 대법원 2003두9312 판결의 설시를 인용하여 정비사업에서도 사업시행기간의 도과로 사업시행계획은 실효되고 그 이후에 단지 사업시행기간만을 연장하는 사업시행계획은 새로운 사업시행계획의 효력이 없다고 보았다.

13 학교시설사업시행계획 또는 도시계획시설실시계획에 따른 수용재결신청은 정비사업과 마찬가지로 그 사업시행기간내에 할 수 있다(학교시설사업촉진법 제10조 제3항 단서, 구 도시계획법 제68조 제2항 단서).

14 서울고등법원 2015. 8. 13. 선고 2015누30427 판결(대법원 2016. 12. 15. 선고 2015두51354 판결의 원심), 부산지방법원 2015. 10. 23. 선고 2011나24514 판결(대법원 2017. 6. 19. 선고 2015다70679 판결의 원심), 서울고등법원 2016. 5. 27. 선고 2015누51059 판결 등.

15 위 대법원 2016두34905 판결은, 원심인 서울고등법원 2016. 1. 19. 선고 2015누57118 판결이 사업시행기간이 도과하였다 하더라도 사업시행계획이 무효로 되지 않는다고 판단한 것에 대해, 사업시행계획 등이 소급하여 효력을 상실하지 않는 것이나 그 청구를 기각한 원심의 결론은 수긍할 수 있고 사업시행계획의 실효 및 당연무효 등에 관한 법리를 오해하여 판결에 영향을 미친 위법이 없다고 본 것이다.

16 위 대법원 2020두48031 판결은 앞선 대법원 2016두34905 판결을 인용하며 "사업시행계획이 사업시행기간 만료나 폐지 등으로 실효된다고 하더라도 이는 장래에 향하여 효력이 발생[한다]"고 본 것인데, 실제 위 대법원 2020두48031 판결 사안은 사업시행계획이 인가 폐지되어 실효된 것이다.

력이 상실되는 것을 의미하므로(학교시설사업시행계획에 관한 대법원 2001. 11. 13. 선고 2000두1706 판결 참고), 사업시행계획의 사업시행기간이 도과하였다 하더라도 유효하게 수립된 종전 사업시행계획 및 그에 기초하여 사업시행기간 내에 이루어진 토지의 매수 · 수용을 비롯한 사업시행의 법적 효과가 소급하여 효력을 상실하여 무효로 되지는 않을 것이다(대법원 2016. 12. 1. 선고 2016두34905 판결). 결국 이 부분 쟁점은 사업시행자가 새로운 수용재결신청 등을 하기 위해 사업시행기간 연장이 필요한 경우 종전 사업시행계획이 실효되었음을 이유로 최초 사업시행계획 수립과 동일한 방법으로 사업시행계획을 변경하여 하는지,[17] 아니면 종전 사업시행계획이 실효되지 않았다고 보아 사업시행기간을 연장하는 사업시행계획의 변경으로 후행 사업을 할 수 있는지 여부로 볼 수 있을 것이다.

(2) 수용재결 신청 등 사업시행의 실효 여부

사업시행계획에서 정한 사업시행기간이 도과하였더라도, 유효하게 수립된 사업시행계획 및 그에 기초하여 사업시행기간 내에 이루어진 토지의 매수 · 수용을 비롯한 사업시행의 법적 효과가 소급하여 효력을 상실하여 무효로 된다고 할 수 없다(대법원 2016. 12. 1. 선고 2016두34905 판결).

분양신청절차의 근거가 된 사업시행계획이 사업시행기간 만료 등으로 실효된다고 하더라도 이는 장래에 향하여 효력이 발생할 뿐이므로 그 이전에 발생한 조합관계 탈퇴라는 법적 효과가 소급적으로 소멸하거나 이미 상실된 조합원의 지위가 자동적으로 회복된다고 볼 수 없다(대법원 2021. 2. 10. 선고 2020두48031 판결). 따라서 사업시행계획 또는 관리처분계획이 취소 또는 무효확인되는 경우와 달리 분양신청절차를 다시 할 이유는 없다고 보는 것이 타당하다.[18]

Ⅲ. 사업시행계획인가

1. 사업시행계획인가의 절차

가. 사업시행계획서의 작성

사업시행자는 설계도서 등 구체적인 건축계획을 작성한 후 환경영향평가, 교통영향평가, 재해영향평가, 경관심의, 건축심의 등 관계 법령에 의하여 요구되는 사전심의를 거쳐 건축계획을 보완한다. 이후 도시정비법 제52조 등에서 정하는 건축계획, 이주대책, 정비사

17 도시계획시설의 실시계획에 관한 대법원 2005. 7. 28. 선고 2003두9312 판결은 사업시행기간이 도과하여 종전 실시계획인가는 실효되었으므로, 새로운 실시계획인가의 요건을 갖춘 변경인가의 방법에 의하여야 한다고 보았다.

18 안광순(하), 116; 구 도시재개발법에 관한 대법원 2007. 3. 29. 선고 2004두6235 판결은 사업시행계획이 사업시행기간 만료로 실효된 이후에 다시 새로운 사업시행계획인가의 요건을 갖추어 변경인가를 받았다면 그 변경인가에 따라 분양신청절차를 다시 밟아야 한다고 보았으나, 위 대법원 2004두6235 판결과 같이 새로운 사업시행계획인가의 요건을 갖춘 변경인가로 하는 것이 아니라면 종전 분양신청절차가 소급하여 효력을 상실한다고 볼 이유는 없을 것으로 생각된다.

업비 등의 내용이 포함된 사업시행계획서를 작성한다.

나. 총회 의결

(1) 의사 · 의결정족수

사업시행자는 사업시행계획(변경)인가를 신청하기 전에 미리 총회의 의결을 거쳐야 한다(법 제50조 제5항). 사업시행계획서의 작성 및 변경은 총회의 전속적 의결사항으로서 대의원회가 대행하여 의결할 수 없다(법 제45조 제1항 제9호, 시행령 제43조 제7호). 사업시행계획의 작성 또는 변경을 위하여 개최되는 총회는 조합원 20/100 이상이 직접 출석하여야 한다(법 제45조 제6항 단서, 시행령 제42조 제2항 제2호).

사업시행계획서의 작성 또는 변경을 위한 총회 의결은 조합원 과반수의 찬성으로 의결하되,[19] 정비사업비가 10/100(생산자물가상승률분, 도시정비법 제73조에 따른 손실보상 금액 제외) 이상 늘어나는 경우에는 조합원 2/3 이상의 찬성으로 의결하여야 한다(법 제45조 제4항).

(2) 조합원 2/3 이상의 찬성을 필요로 하는 경우

작성 또는 변경하려는 사업시행계획의 정비사업비가 10/100(생산자물가상승률분, 도시정비법 제73조에 따른 손실보상 금액 제외) 이상 늘어나는 경우에는 조합원 2/3 이상의 찬성으로 의결하여야 한다(법 제45조 제4항).[20]

종전에는 사업시행계획인가 작성 · 변경을 위한 의결정족수로 조합원 과반수 찬성만을 정하고 있었는데, 사업시행계획이 조합설립 동의시(재건축 결의시)와 비교하여 용적률, 세대수, 신축아파트 규모 등이 대폭 변경된 경우 '조합의 비용부담'이나 '시공자 · 설계자의 선정 및 계약서에 포함될 내용'에 관한 사항이 재건축결의 당시와 비교하여 조합원들의 이해관계에 중대한 영향을 미칠 정도로 실질적으로 변경된 경우 정관 변경에 준하여 조합원 2/3 이상의 동의를 얻어야 한다고 보았다(대법원 2012. 8. 23. 선고 2010두13463 판결, 대법원 2014. 3. 27. 선고 2011두3692 판결 등). 그 즈음 정비사업비가 사업시행단계 또는 관리처분단계에서 과도하게 상승하여 갈등이 야기되는 사례가 잇따르자 도시정비법 2012. 2. 1. 법률 제11293호로 개정되면서 구 도시정비법 제24조 제6항을 신설하여 정비사업비 10% 이상 증가된 경우 조합원 2/3 이상의 동의를 받도록 정하였다. 위 대법원 2010두13463 판결 등이 조합원 2/3 이상의 동의가 필요하다고 본 "'조합의 비용부담'이나 '시공자 · 설계자의 선정 및 계약서에 포함될 내용'에 관한 사항이 재건축결

---

19 구 도시정비법(2005. 3. 18. 법률 제7392호로 개정되어 2009. 2. 6. 법률 제9444호로 개정되기 전의 것) 제28조 제4항은 사업시행계획인가의 신청에 정관 등이 정하는 바에 따라 토지등소유자(재건축사업의 조합원)의 동의(서면동의서)를 받도록 하였으나, 동의율을 정관에 위임하는 문제점을 해소하고 절차를 간소화하기 위해 도시정비법이 2009. 2. 6. 법률 제9444호로 개정되면서 현재와 같이 총회에서 조합원 과반수의 동의를 얻도록 하였다.

20 도시정비법이 2012. 2. 1. 법률 제11293호로 개정되면서 이 규정이 신설될 때에는 생산자물가상승률분만 제외하도록 하였으나, 이후 2013. 12. 24. 법률 제12116호로 개정되면서 손실보상금도 제외하도록 하였다(구법 제24조 제6항 단서).

의 당시와 비교하여 조합원들의 이해관계에 중대한 영향을 미칠 정도로 실질적으로 변경된 경우"는 대부분 정비사업비가 10% 이상 증가되는 것이어서 어느 정도 입법으로 해결되었다고 볼 수 있다.

정비사업비는 조합설립(변경)인가, 사업시행계획(변경)인가, 관리처분계획(변경)인가의 각 단계마다 정비사업비에 관한 내용을 포함하여 토지등소유자의 동의 또는 총회 의결을 받아 잠정적으로 정해지는 것이므로,[21] 사업시행계획(변경)인가에서 조합원 2/3 이상의 동의를 필요로 하는 정비사업비가 10% 이상 늘어난 것인지 여부는 그 직전의 조합설립(변경)인가, 사업시행계획(변경)인가 또는 관리처분계획(변경)인가 등에서 정한 정비사업비를 기준으로 비교하여 판단하면 될 것이다(대법원 2014. 6. 12. 선고 2012두28520 판결, 대법원 2014. 8. 20. 선고 2012두5572 판결).[22]

다만 이미 특별다수에 의한 결의방법에 따라 의결된 '조합의 비용부담' 등을 경미한 범위 내에서 수정하는 경우나 다른 안건에 관한 결의 등을 통하여 위 사항에 관하여 특별다수에 의한 결의에 준하는 조합원의 총의가 확인된 경우 등과 같은 특별한 사정이 있는 때에는 법령 또는 정관의 규정상 해당 안건의 결의에 필요한 의결정족수를 충족하면 된다(대법원 2012. 11. 15. 선고 2010다7430 판결, 대법원 2013. 11. 14. 선고 2011다22085 판결, 대법원 2014. 5. 29. 선고 2011두33051 판결, 대법원 2014. 8. 20. 선고 2012두5572 판결).

다. 인가신청

사업시행자는 정비사업을 시행하려는 경우 도시정비법 제52조 등이 정한 내용을 포함하여 작성한 사업시행계획서에 정관, 총회의결서 사본, 의제되는 인·허가에 따라 제출하여야 하는 서류, 재개발사업인 경우에는 수용 또는 사용할 토지 또는 건축물의 명세 및 소유권 외의 권리 명세서를 첨부하여 시장·군수등에게 제출하고 사업시행계획인가를 신청하여야 한다(법 제50조 제1항, 시행령 제10조 제2항 제1호 각 목). 시행규칙 제10조 제1항 [별지 제8호 서식]으로「사업시행계획(인가, 변경·중지, 폐지인가)신청서」의 법정신청서 서식이 정해져 있다.

라. 인가절차

(1) 심사범위

사업시행자가 사업시행계획인가신청을 한 경우 행정청은 사업시행계획인가신청서에 첨부된 시행규칙 제10조 제2항 제1호 각 목(구 시행규칙 제9조 제1항 각 호)에서 정한 서류가 적법하게 제출되었는지 여부를 심사하는 방식으로 관계 법령에서 정한 요건 등을 갖추었는지 심사하여야 하며, 제출된 서류에 하자가 있을 경우에는 보완을 명하거나 인가신청을 반려하여야 한다.

---

21 정비사업비(공사비 등 정비사업에 드는 비용)는 조합설립인가의 내용(법 제35조 제2항 내지 제4항, 시행령 제30조 제2항 제2호), 사업시행계획서의 내용(법 제52조 제1항 제12호), 관리처분계획의 내용(법 제74조 제1항 제6호)에 포함되어 토지등소유자의 동의 또는 총회 의결을 받게 된다.

22 관리처분계획을 수립할 때 정비사업비가 조합원들의 이해관계에 중대한 영향을 미칠 정도로 실질적으로 변경된 경우에 해당하는지 판단하는 방법에 관한 대법원 2014. 6. 12. 선고 2012두28520 판결 참고.

행정청이 심사를 게을리하여 제출된 서류의 하자를 간과하고 인가처분이 이루어졌다면 인가처분에는 고유한 하자가 있다고 볼 수 있다. 그러나 행정청이 사업시행계획인가신청서 및 그 첨부서류 이외에 첨부된 정관이 적법한 변경절차를 거쳤는지 여부 등 그 실체적 내용까지 전부 심사할 의무가 있다고 보기는 어려울 것으로 생각된다.[23]

조합원 과반수 또는 2/3 이상 동의요건과 관련하여, 종전에 총회 의결이 아닌 서면동의서 방식에 의할 때는 행정청이 동의요건을 심사하여야 하고 동의요건의 하자는 인가처분의 고유한 하자로 보는 경우도 많았으나,[24] 현재 총회 의결 방식에서는 사업시행계획인가신청서에 첨부할 총회 의결서 사본이 누락되거나 기재 자체로 총회 의결을 갖추지 못하는 것이 확인되지 않은 이상, 행정청이 조합원들의 동의 여부까지 실질 심사하여야 한다거나 그 심사를 하지 않을 것을 인가처분의 고유한 하자로 보기는 어려울 것으로 생각된다.

(2) 공람 및 의견청취

시장 · 군수등은 사업시행계획인가를 하거나 사업시행계획서를 작성하려는 경우에는[25] 사업시행계획인가 또는 사업시행계획서 작성과 관련된 서류의 요지와 공람장소를 해당 지방자치단체의 공보 등에 공람하고 토지등소유자에게 공고내용을 통지하여야 하며,[26] 관계서류의 사본을 14일 이상 일반인이 공람할 수 있게 하여야 한다(법 제56조 제1항, 시행령 제49조). 공람에 대한 공고 및 통지절차는 의무사항으로서 그 절차를 누락한 것은 사업시행계획인가의 고유한

23 대법원 2012. 8. 23. 선고 2010두13463 판결은 관할 행정청으로 하여금 그 정관의 개정 여부를 비롯하여 적법한 정관변경 절차를 거쳤는지 여부까지 실질적으로 심사하도록 요구하고 있지 않으므로 제출된 정관이 그 변경절차를 거치지 않았다는 사정만으로 사업시행계획에 대한 인가처분이 무효라거나 관리처분계획이 위법하다고 보기 어렵다고 판단하였다. 이에 앞서 부산고등법원 2010. 1. 29. 선고 2009누2863 판결은 시장 · 군수는 최소한 사업시행계획서와 정관이 서로 모순되는 점이 없는지 심사 · 검토하여야 한다고 보았는데, 이 사안에서 쟁점이 되는 사업시행계획은 조합설립인가 당시보다 정비구역 면적이 34%가 확대되어 종전의 개략적인 사업시행계획에 기초한 동의서가 유효한지 다투어졌고 이에 대한 조합원들의 의견제출 및 민원이 지속되는 상황에서 행정청이 정관 등의 심사를 하지 않은 것도 위법사유로 판단한 것으로서 일반화하기 어려운 것으로 생각된다.

24 구 도시정비법(2005. 3. 18. 법률 제7392호로 개정되어 2009. 2. 6. 법률 제9444호로 개정되기 전의 것) 제28조 제4항은 사업시행계획인가의 신청에 총회 의결이 아닌 토지등소유자의 동의(서면동의서)를 받도록 하였는데, 이에 관해 행정청이 사업시행계획인가신청서에 첨부되는 동의서를 확인하여 동의요건이 충족되었는지를 심사하여야 하고 동의요건의 하자는 인가처분의 고유한 하자로 보는 경우가 많았다(서울행정법원 2009. 8. 13. 선고 2008구합35699 판결, 의정부지방법원 2009. 10. 20. 선고 2008구합2199 판결, 서울행정법원 2010. 8. 26. 선고 2009구합34204 판결). 그러나 사업시행계획에 대한 토지등소유자(조합원)의 동의는 인가처분이 아닌 사업시행계획의 하자로 보는 것이 타당하다(위 의정부지방법원 2008구합2199 판결의 항소심인 서울고등법원 2010. 12. 22. 선고 2009누34336 판결 참고).

25 시장 · 군수등이 사업시행자가 되어 직접 사업시행계획서를 작성하는 경우에는 인가처분이 필요하지 않으므로 작성시에 공람하도록 한 것이다.

26 구 시행령(2010. 7. 15. 대통령령 제22277호로 개정되기 전의 것) 제42조는 통지대상을 "주택재개발사업 · 주거환경개선사업 및 도시환경정비사업"을 정하여 재건축사업은 제외하였으나, 시행령이 위 2010. 7. 15. 대통령령 제22277호로 개정되면서 통지대상을 재건축사업까지 확대하였다.

하자로서 위법사유에 해당한다.[27]

토지등소유자 또는 조합원, 그 밖에 정비사업과 관련하여 이해관계를 가지는 자는 공람기간 이내에 시장 · 군수등에게 서면으로 의견을 제출할 수 있고, 시장 · 군수등은 제출된 의견을 심사하여 채택할 필요가 있다고 인정하는 때에는 이를 채택하고, 그러하지 아니한 경우에는 의견을 제출한 자에게 그 사유를 알려주어야 한다(법 제56조 제2항, 제3항).[28] 시장 · 군수등은 그 재량으로 토지등소유자가 제출한 의견을 채택할지 여부를 결정하는 것이므로 그 의견을 채택하지 않았더라도 사업시행계획인가의 하자가 되지 않는다.

⑶ 관계행정기관의 장 및 교육감 또는 교육장과의 협의

시장 · 군수등은 사업시행계획인가를 하거나 사업시행계획을 작성하려는 경우[29] 도시정비법 제57조 제1항 각 호 및 제2항 각 호에 따라 의제되는 인 · 허가등에 해당하는 사항이 있는 때에는 미리 관계 행정기관의 장과 협의하여야 하고, 협의를 요청받은 관계 행정기관의 장은 요청받은 날부터[30] 30일 이내에 의견을 제출하여야 한다. 이 경우 관계 행정기관의 장이 30일 이내에 의견을 제출하지 아니하면 협의된 것으로 본다(법 제57조 제4항).

시장 · 군수등은 정비구역부터 200m 이내에 교육시설이 설치되어 있는 때에는 해당 지방자치단체의 교육감 또는 교육장과 협의하여야 한다(법 제57조 제5항).

시장 · 군수등은 천재지변이나 그 밖의 불가피한 사유로 긴급히 정비사업을 시행할 필요가 있다고 인정하는 때에는 관계행정기관의 장 및 교육감 또는 교육장과 협의를 마치기 전에 사업시행계획인가를 할 수 있다. 이 경우 협의를 마칠 때까지는 인 · 허가를 받은 것으로 보지 않는다(법 제57조 제6항).

⑷ 인가 및 고시

시장 · 군수등은 특별한 사유가 없으면 사업시행계획서의 제출이 있은 날부터 60일 이내에 인가 여부를 결정하여 사업시행자에게 통보하여야 한다(법 제50조 제4항).[31] 정비사업의 신속한

27 서울행정법원 2009. 8. 13. 선고 2008구합35699 판결, 서울고등법원 2017. 5. 26. 선고 2016누82081 판결; 위 서울고등법원 2016누82081 판결은 인가권자가 공람기간에 제출한 의견을 반드시 따라야 하는 것은 아니고 이를 채택하지 않을 수 있으므로, 공람, 공고 및 통지절차를 이행하지 않았다는 사정만으로 사업시행계획변경인가에 중대하고 명백한 하자가 있다고 할 수 없다고 보았다.

28 이 규정의 취지는 "구역안의 상황을 충분히 조사하고 주민의견을 충분히 반영하도록 함으로써 사업시행단계에서 일어날 수 있는 분쟁의 요인을 최소화하기 위한 것"[이우재(하), 18]으로 볼 수 있다.

29 시장 · 군수등이 사업시행자가 되어 직접 사업시행계획서를 작성하는 경우에는 인가처분이 필요하지 않으므로 작성시에 협의하도록 한 것이다.

30 사업시행계획인가를 신청할 때 시공자가 선정되어 있지 아니하여 의제되는 인 · 허가에 대한 관한 서류를 제출할 수 없는 경우에는 시장 · 군수등이 정하는 기간까지 관계 서류를 제출할 수 있으며(법 제57조 제3항 단서), 이때는 서류가 관계행정기관의 장에게 도달된 날을 의미한다.

31 도시정비법이 2017. 2. 8. 법률 제14567호로 전부 개정되면서 신설된 것이며, 위 전부개정법률의 시행일인

추진을 위한 규정이나, 위 기한은 효력규정이 아닌 훈시규정으로 해석되므로 60일이 도과하였다고 하여 인가가 의제되거나 행정청이 법적인 책임을 부담하지 않는다.[32]

시장 · 군수등은 사업시행계획인가를 하는 경우 정비사업의 종류 및 명칭, 정비구역의 위치 및 면적, 사업시행자의 성명 및 주소(법인인 경우에는 법인의 명칭 및 주된 사무소의 소재지와 대표자의 성명 및 주소), 정비사업의 시행기간, 사업시행계획인가일, 수용 또는 사용할 토지 또는 건축물의 명세 및 소유권 외의 권리의 명세(해당하는 사업을 시행하는 경우로 한정), 건축물의 대지면적 · 건폐율 · 용적률 · 높이 · 용도 등 건축계획에 관한 사항, 주택의 규모 등 주택건설계획, 도시정비법 제97조에 따른 정비기반시설 및 토지 등의 귀속에 관한 사항을 해당 지방자치단체의 공보에 고시하여야 한다(법 제50조 제9항, 시행규칙 제10조 제3항 제1호).

(5) 사업시행계획인가의 시기 조정

특별시장 · 광역시장 또는 도지사는 정비사업의 시행으로 정비구역 주변 지역에 주택이 현저하게 부족하거나 주택시장이 불안정하게 되는 등 특별시 · 광역시 또는 도의 조례로 정하는 사유가 발생하는 경우에는 시 · 도 주거정책심의위원회의 심의를 거쳐 사업시행계획인가 또는 관리처분계획인가의 시기를 조정하도록 인가청인 해당 시장, 군수 또는 구청장에게 요청하는 방법으로 그 시기를 조정할 수 있다(법 제75조).[33]

2. 사업시행계획인가 · 고시의 효력

가. 사업시행계획의 확정

정비사업조합이 수립한 사업시행계획은 행정청의 인가 · 고시가 있으면 확정되어 이해관계인에 대한 구속적 행정계획으로서 독립된 행정처분의 지위를 갖는다. 인가 · 고시가 있기 전에는 당사자소송으로서 사업시행계획을 의결한 총회결의를 다툴 수 있지만, 인가 · 고시 이후에는 사업시행계획에 대한 취소 또는 무효확인의 항고소송으로 다투어야 한다.

나. 인 · 허가 의제

사업시행자는 사업시행계획인가를 받은 때 도시정비법 제57조 제1항 각 호(공장이 포함된 재개발사업의 경우에는 도시정비법 제57조 제2항 각 호를 포함)의 주택법, 건축법, 도로법 등의 인 · 허가등이 있은 것으로 보며, 그 고시가 있은 때 위 각 호의 인 · 허가등이 고시 · 공고된 것으로 본다(법 제57조 제1항, 제2항).

사업시행자는 의제되는 인 · 허가를 받으려는 경우에는 사업시행계획인가를 신청할 때

2018. 2. 9. 이후 사업시행계획(변경)인가를 신청하는 경우부터 적용된다[법 부칙(2017. 2. 8.) 제10조 제1항].

32 강신은, 155.

33 자세한 내용은 [24]관리처분계획인가 II.1.사.(5)관리처분계획인가의 시기 조정 참고.

해당 법률에서 정하는 관계 서류를 함께 제출하여야 한다. 다만, 사업시행계획인가를 신청한 때에 시공자가 선정되어 있지 아니하여 관계 서류를 제출할 수 없는 경우 등에는 시장 · 군수등이 정하는 기한까지 제출할 수 있다(법 제57조 제3항).

다. 수용 · 사용을 위한 사업인정의 고시 의제

사업시행계획인가 고시가 있은 때에는 토지보상법 제20조 제1항, 제22조 제1항에 따른 사업인정의 고시가 있는 것으로 보아(법 제65조 제2항) 정비사업을 시행하기 위하여 토지보상법 제3조에 따른 토지 · 물건 또는 그 밖의 권리를 취득하거나 사용할 수 있다(법 제63조).

라. 종전자산평가의 기준일 등 시점

(1) 매도청구를 위한 최고의 시점

재건축사업의 사업시행자는 사업시행계획인가의 고시가 있은 날부터 30일 이내에 미동의자들에게 동의여부를 촉구하여야 한다(법 제64조 제1항).

(2) 분양신청 절차 개시의 시점

사업시행자는 사업시행계획인가의 고시가 있은 날(사업시행계획인가 이후 시공자를 선정한 경우에는 시공자와 계약을 체결한 날)부터 120일 이내에 분양대상자별 종전자산가격, 분양대상자별 분담금의 추산액, 분양신청기간 등을 토지등소유자에게 통지하고 일간신문에 공고하여야 한다(법 제72조 제1항).

(3) 종전자산평가의 기준일

관리처분계획의 종전자산가격은 사업시행계획인가 고시일을 기준으로 평가한다(법 제74조 제1항 제5호).

(4) 국 · 공유지 매각가격 평가 기준일

정비사업을 목적으로 사업시행자등에게 우선하여 매각 또는 임대할 수 있는 국유 · 공유재산은 사업시행계획인가의 고시가 있은 날부터 종전의 용도가 폐지된 것으로 보며, 우선 매각하는 국 · 공유지의 매각가격은 사업시행계획 고시가 있은 날을 기준으로 평가한다(법 제89조 제5항, 제6항).

Ⅳ. 사업시행계획의 변경

1. 인가사항과 신고사항의 구분

사업시행계획의 변경에 인가를 요하는 사항은 그 변경에 총회에서 조합원 과반수 또는 2/3 이상의 찬성을 받아 의결하여야 하고 시장 · 군수등의 인가를 받아야 한다. 반면 사업시행계획의 경미한 변경은 반드시 총회 의결을 필요로 하지 않으며 시장 · 군수등에게 신고하면 된다. 사업시행계획 변경의 경미한 사항은 시행령 제46조에서 정하고 있다.

시행령 제46조(사업시행계획인가의 경미한 변경) 법 제50조 제1항 단서에서 "대통령령으로 정하는 경미한 사항을 변경하려는 때"란 다음 각 호의 어느 하나에 해당하는 때를 말한다.

1. 정비사업비를 10퍼센트의 범위에서 변경하거나 관리처분계획의 인가에 따라 변경하는 때. 다만, 「주택법」 제2조 제5호에 따른 국민주택을 건설하는 사업인 경우에는 「주택도시기금법」에 따른 주택도시기금의 지원금액이 증가되지 아니하는 경우만 해당한다.
2. 건축물이 아닌 부대시설·복리시설의 설치규모를 확대하는 때(위치가 변경되는 경우는 제외한다)
3. 대지면적을 10퍼센트의 범위에서 변경하는 때
4. 세대수와 세대당 주거전용면적을 변경하지 않고 세대당 주거전용면적의 10퍼센트의 범위에서 세대 내부구조의 위치 또는 면적을 변경하는 때
5. 내장재료 또는 외장재료를 변경하는 때
6. 사업시행계획인가의 조건으로 부과된 사항의 이행에 따라 변경하는 때
7. 건축물의 설계와 용도별 위치를 변경하지 아니하는 범위에서 건축물의 배치 및 주택단지 안의 도로선형을 변경하는 때
8. 「건축법 시행령」 제12조 제3항 각 호의 어느 하나에 해당하는 사항을 변경하는 때[34]
9. 사업시행자의 명칭 또는 사무소 소재지를 변경하는 때
10. 정비구역 또는 정비계획의 변경에 따라 사업시행계획서를 변경하는 때
11. 법 제35조 제5항 본문에 따른 조합설립변경 인가에 따라 사업시행계획서를 변경하는 때
12. 그 밖에 시·도조례로 정하는 사항을 변경하는 때[35]

---

34 건축법 시행령 제12조(허가 · 신고사항의 변경 등) ③ 법 제16조 제2항에서 "대통령령으로 정하는 사항"이란 다음 각 호의 어느 하나에 해당하는 사항을 말한다.

1. 건축물의 동수나 층수를 변경하지 아니하면서 변경되는 부분의 바닥면적의 합계가 50제곱미터 이하인 경우로서 다음 각 목의 요건을 모두 갖춘 경우
   가. 변경되는 부분의 높이가 1미터 이하이거나 전체 높이의 10분의 1 이하일 것
   나. 허가를 받거나 신고를 하고 건축 중인 부분의 위치 변경범위가 1미터 이내일 것
   다. 법 제14조 제1항에 따라 신고를 하면 법 제11조에 따른 건축허가를 받은 것으로 보는 규모에서 건축허가를 받아야 하는 규모로의 변경이 아닐 것
2. 건축물의 동수나 층수를 변경하지 아니하면서 변경되는 부분이 연면적 합계의 10분의 1 이하인 경우(연면적이 5천 제곱미터 이상인 건축물은 각 층의 바닥면적이 50제곱미터 이하의 범위에서 변경되는 경우만 해당한다). 다만, 제4호 본문 및 제5호 본문에 따른 범위의 변경인 경우만 해당한다.
3. 대수선에 해당하는 경우
4. 건축물의 층수를 변경하지 아니하면서 변경되는 부분의 높이가 1미터 이하이거나 전체 높이의 10분의 1 이하인 경우. 다만, 변경되는 부분이 제1호 본문, 제2호 본문 및 제5호 본문에 따른 범위의 변경인 경우만 해당한다.
5. 허가를 받거나 신고를 하고 건축 중인 부분의 위치가 1미터 이내에서 변경되는 경우. 다만, 변경되는 부분이 제1호 본문, 제2호 본문 및 제4호 본문에 따른 범위의 변경인 경우만 해당한다.

35 서울시 정비조례 제25조는 사업시행자의 대표자, 토지 또는 건축물 등에 관한 권리자 및 그 권리의 명세 등을 경미한 사항으로 정하고 있다.

도시정비법이 변경인가사항과 신고사항을 구분하는 이유는 중요한 사항의 변경은 인가절차를, 경미한 사항의 변경은 신고절차를 거치도록 하는 등 변경 대상의 중요도에 따라 처분의 형식을 달리하고자 하는 데 있을 뿐이므로, 경미한 사항의 변경이어서 신고절차를 거치면 족한 경우에도 법령이나 정관에서 총회의 의결대상으로 규정한 때에는 신고에 앞서 총회의 의결을 거쳐야 한다(대법원 2014. 5. 29. 선고 2011두33051 판결). 시행령 제42조 제1항 각 호 중 건설되는 건축물의 설계 개요(제3호), 정비사업비의 변경(제4호)은 사업시행계획의 내용에 해당하는데, 이는 총회의 전속적 의결사항으로서 대의원회가 대행하여 의결할 수 없다(시행령 제42조 제11호, 제12호). 따라서 사업시행계획에서 건축물의 설계 개요를 경미하게 변경하거나 정비사업비를 10%의 범위에서 변경하는 경우에는 비록 시장·군수등의 인가를 받지 않고 신고로서 족하다 하더라도 그 신고에 앞서 총회의 의결을 받아야 하는 것으로 해석된다.[36]

대법원 2012. 5. 24. 선고 2009두22140 판결은 관리처분계획의 경미한 변경은 대통령령(시행령 제49조 각 호)으로 정하는 사항에 한정되는 것이 아니라 변경대상이 되는 관리처분계획의 내용을 구체적·개별적으로 살펴보아 총회의 의결을 거치지 않더라도 변경내용이 객관적으로 조합원 등 이해관계인의 의사에 충분히 들어맞고 그 권리의무나 법적 지위를 침해하지 않거나, 분양대상자인지에 대한 확정판결에 따라 관리처분계획의 내용을 변경하는 때와 같이 총회의 의결을 거친다고 하더라도 변경내용과 다르게 의결할 수 있는 여지가 없는 경우 등도 포함한다고 보았다. 사업시행계획도 위 대법원 2009두22140 판결의 취지를 인용하여 경미한 변경사항을 확대할 여지도 있을 것이나, 그 경미한 변경사항의 범위가 관리처분계획에 비해 더 넓은 편이고 불필요한 다툼의 여지를 남길 필요는 없기 때문에 부득이한 경우가 아니라면 경미한 변경사항을 확대하여 적용할 필요는 없을 것으로 생각된다.

2. 사업시행계획의 변경인가

가. 변경인가의 법적 성격

사업시행계획에 대한 변경인가는 최초 사업시행계획인가와 동일하게 조합이 행정주체의 지위에서 변경한 사업시행계획의 법률상의 효력을 완성시키는 보충행위에 해당한다. 따라서 사업시행계획을 의결한 총회결의는 인가·고시가 있기 전에는 당사자소송으로서 다투고, 인가·고시 이후에는 사업시행계획에 대한 취소 또는 무효확인의 항고소송으로 다투어야 한다. 행정청의 사업시행계획변경인가는 인가처분 자체의 고유한 하자를 이유로만 다툴 수 있고, 기본행위인 사업시행계획의 하자는 사업시행계획인가의 취소를 구하는 사유가 되지 못한다.

36 자세한 내용은 [15]총회의 의결 II.9.나.(2)사업시행계획의 경미한 변경에 총회 의결이 필요한 경우 참고.

나. 변경을 위한 총회 의결

사업시행자는 인가받은 사업시행계획을 변경하기 전에 미리 총회의 의결을 거쳐야 하는데(법 제50조 제1항 본문), 사업시행계획 변경을 위한 총회 의결의 요건은 사업시행계획을 작성하는 경우와 동일하다.[37]

3. 사업시행계획의 변경신고

가. 신고의 법적 성격

신고는 강학상 수리를 요하는 신고와 수리를 요하지 않는 신고로 구분되고, 사업시행계획은 인 · 허가의제, 수용 · 사용 등 대외적인 관계에 직접 영향을 미친다는 점에서 그 변경의 신고는 대체로 수리를 요하는 신고로 보았다. 도시정비법이 2021. 3. 16. 법률 제17943호로 개정되면서 조합설립인가내용, 정관, 사업시행계획 및 관리처분계획의 각 경미한 변경에 대한 신고에 대해 수리 통지 의무 및 수리간주 규정을 신설함으로써 수리를 요하는 신고라는 것을 명확히 하였으므로, 사업시행계획의 경미한 변경에 대한 신고는 수리를 요하는 신고로서 그 수리행위가 있은 때 효력이 발생한다(법 제50조 제2항, 제3항).[38]

나. 변경을 위한 총회 또는 대의원회 의결

사업시행계획의 경미한 사항의 변경은 반드시 총회의 의결을 필요로 하지 않으므로,[39] 정관에서 대의원회 의결로 변경할 수 있다고 정하였다면 대의원회 의결로, 그 이외에는 총회 의결로 변경할 수 있다. 총회 의결로 사업시행계획을 변경하는 경우는 정관에서 다르게 정하지 않았다면 일반 의결정족수(조합원 과반수의 출석과 출석 조합원 과반수의 찬성)로 의결한다.

V. 사업시행계획 및 인가에 대한 쟁송

1. 원고적격

조합원은 자신의 부담으로 귀결되는 정비사업이 적법하고 적절하게 시행되는데 법률상 이해관계가 있으므로 사업시행계획 및 인가처분의 효력을 다툴 법률상 이익이 있다.

분양신청을 하지 않아 조합원의 지위를 상실한 토지등소유자라 하더라도, 사업시행계획에 당연무효인 하자가 있는 경우에는 조합은 사업시행계획을 새로이 수립하여 관할관청

37 자세한 내용은 [19]사업시행계획인가 III.1.나.총회 의결 참고.

38 자세한 내용은 [7]조합 설립 VI.1.도시정비법상 신고의 법적 성격 참고.

39 다만 경미한 사항의 변경이어서 신고절차를 거치면 족한 경우에도 법령이나 정관에서 조합 총회의 결의대상으로 규정한 때에는 신고에 앞서 해당 사항에 대해 별도의 조합 총회의 결의를 거쳐야 한다(대법원 2014. 5. 29. 선고 2011두33051 판결).

에게서 인가를 받은 후 다시 분양신청을 받아 관리처분계획을 수립하여야 하고, 조합원의 지위를 상실한 토지등소유자도 그때 분양신청을 함으로써 건축물 등을 분양받을 수 있으므로 사업시행계획의 무효확인 또는 취소를 구할 법률상 이익이 있다(대법원 2014. 2. 27. 선고 2011두25173 판결 등).

정비구역내 토지를 소유자의 승낙을 받아 사용하는 것에 불과한 경우에는 조합원 또는 토지등소유자가 아니어서 사업시행계획인가의 다툴 법률상 이익이 없다고 본 사례도 있으나,[40] 토지등소유자가 아닌 임차인도 사업시행계획인가에 따라 자신의 권리를 수용당할 수 있으므로[41] 토지등소유자가 아닌 경우에 일률적으로 법률상 이익이 없다고 보기 어렵다.

2. 쟁송의 대상, 방법 및 소의 이익

가. 사업시행계획 총회결의 및 사업시행계획

사업시행계획이 인가 · 고시되기 전이라면 사업시행계획 작성 · 변경에 대한 총회결의에 대해 행정소송법상 당사자소송으로 총회결의 무효확인을 구할 수 있다. 다만 사업시행계획의 인가 · 고시가 이루어지면 사업시행계획은 행정처분으로서 효력이 발생하므로, 총회결의의 하자를 이유로 하여 행정처분의 효력을 다투는 항고소송의 방법으로 사업시행계획의 취소 또는 무효확인을 구하여야 하고, 그와 별도로 행정처분에 이르는 절차적 요건 중 하나에 불과한 총회결의 부분만을 따로 떼어내어 효력 유무를 다투는 확인의 소를 제기하는 것은 특별한 사정이 없는 한 허용되지 않는다(대법원 2016. 10. 13. 선고 2012두24481 판결).

나. 사업시행변경계획

(1) 선행 사업시행(변경)계획과 후행 사업시행(변경)계획의 관계

종전 행정처분(이하 '종전처분')을 변경하는 내용의 행정처분(이하 '변경처분')이 뒤따르는 경우, ⓐ 종전처분이 변경처분에 흡수되거나, ⓑ 종전처분은 변경처분에 의해 변경되지 않은 범위에서, 변경처분은 변경된 범위에서 각각 병존하거나, 또는 ⓒ 반대로 변경처분이 종전처분에 역으로 흡수되는 관계를 생각해 볼 수 있고, 과세처분 쟁송에서는 다양한 상황에 대한 논의와 판례가 축적되어 있다. 종전처분과 변경처분의 관계는 소의 이익과 제소기간의 문제로 귀결된다.

변경처분과 종전처분의 관계에 대한 일반론을 판시한 대법원 2015. 11. 19. 선고 2015두295 전원합의체 판결[42] 선고 이전의 대법원 판결도 ⓐ 인가받은 선행 사업시행계획의 내

---

40 부산고등법원 2007. 11. 23. 선고 2007누2852 판결(교회가 목사 명의로 등기가 된 교회건물을 사용하면서 소유자의 승낙을 받아 사용하였거나 계약명의신탁이라고 주장한 사안).

41 재개발사업의 임차인도 조합설립인가를 받은 조합이 사업시행자로서 사업시행계획인가를 받게 되면 그 권리를 수용당할 수 있으므로 조합설립인가의 무효확인을 구할 법률상 이익이 있다고 본 사례로 서울고등법원 2010. 11. 25. 선고 2010누7989 판결.

42 대법원 2015. 11. 19. 선고 2015두295 전원합의체 판결은 "기존의 행정처분을 변경하는 내용의 행정처분

용 중 경미한 사항을 변경하여 이를 신고한 경우는 물론, 그 밖의 사항을 변경하여 후행인가를 받은 경우에도 선행 사업시행계획 중 변경되지 아니한 부분은 여전히 존재하여 그 효력을 유지함이 원칙이나(대법원 2014. 2. 27. 선고 2011두25173 판결), ⓑ 선행 사업시행계획의 흠을 바로잡기 위하여 선행 사업시행계획과 동일한 요건, 절차를 거쳐 새로운 사업시행계획을 수립하여 시장 · 군수등으로부터 인가받은 경우 또는 선행 사업시행계획의 주요 부분을 실질적으로 변경하는 내용으로 새로운 사업시행계획을 수립하여 시장 · 군수의 인가를 받음으로써 후행 사업시행계획이 선행 사업시행계획을 대체하였다고 평가할 수 있는 경우에는 선행 사업시행계획은 효력을 상실한다고 보았다(대법원 2014. 2. 27. 선고 2011두25173 판결).

따라서 ⓐ 후행 사업시행(변경)계획이 선행 사업시행(변경)계획을 완전히 대체하거나 주요 내용을 실질적으로 변경한 정도에 이르지 않는다면 선행 사업시행(변경)계획은 후행 사업시행(변경)계획에 의해 변경되지 않은 범위에서, 후행 사업시행(변경)계획은 변경된 범위에서 각 병존한다고 볼 수 있고, ⓑ 후행 사업시행(변경)계획이 선행 사업시행(변경)계획을 완전히 대체하거나 주요 내용을 실질적으로 변경한 것이라면 선행 사업시행(변경)계획은 실효되고 후행 사업시행(변경)계획을 다투어야 한다.

⑵ 후행 사업시행(변경)계획이 선행 사업시행(변경)계획의 일부만 변경한 경우

인가받은 선행 사업시행계획의 내용 중 경미한 사항을 변경하여 이를 신고한 경우는 물론, 그 밖의 사항을 변경하여 후행인가를 받은 경우에도 선행 사업시행계획 중 변경되지 아니한 부분은 여전히 존재하여 그 효력을 유지함이 원칙이다(대법원 2010. 12. 9. 선고 2009두4913 판결, 대법원 2014. 2. 27. 선고 2011두25173 판결). 따라서 후행 사업시행(변경)계획이 선행 사업시행(변경)계획의 일부만 변경한 경우에는 선행 사업시행(변경)계획은 후행 사업시행(변경)계획에 의해 변경되지 않은 범위에서, 후행 사업시행(변경)계획은 변경된 범위에서 각 병존하는 것이므로 다투고자 하는 내용에 따라 소를 제기할 사업시행(변경)계획이 달라진다.

⑶ 후행 사업시행(변경)계획이 선행 사업시행(변경)계획을 완전히 대체하거나 주요 부분을 실질적으로 변경하는 경우

조합이 ⓐ 선행 사업시행계획의 흠을 바로잡기 위하여 선행 사업시행계획과 동일한 요건, 절차를 거쳐 새로운 사업시행계획을 수립하여 시장 · 군수등으로부터 인가받은 경우 또는 ⓑ 선행 사업시행계획의 주요 부분을 실질적으로 변경하는 내용으로 새로운 사업시

이 뒤따르는 경우, 후속처분이 종전 처분을 완전히 대체하는 것이거나 주요 부분을 실질적으로 변경하는 내용인 경우에는 특별한 사정이 없는 한 종전처분은 효력을 상실하고 후속처분만이 항고소송의 대상이 되지만, 후속처분의 내용이 종전처분의 유효를 전제로 내용 중 일부만을 추가 · 철회 · 변경하는 것이고 추가 · 철회 · 변경된 부분이 내용과 성질상 나머지 부분과 불가분적인 것이 아닌 경우에는, 후속처분에도 불구하고 종전처분이 여전히 항고소송의 대상이 된다"는 일반론을 판시하였다.

행계획을 수립하여 시장 · 군수등의 인가를 받음으로써 후행 사업시행계획이 선행 사업시행계획을 대체하였다고 평가할 수 있는 경우에는 선행 사업시행계획은 효력을 상실한다(대법원 2014. 2. 27. 선고 2011두25173 판결). 선행 사업시행계획이 후행 사업시행계획으로 대체되어 실효되었다면, 선행 사업시행계획의 취소나 무효확인을 구할 법률상 이익은 없다고 볼 것이다.

그러나 ⓒ 선행 사업시행계획을 실질적으로 변경하였다 하더라도 일률적으로 소의 이익이 없다고 보기 어렵다. 선행 사업시행계획인가의 유효를 전제로 분양공고 및 분양신청 절차, 분양신청을 하지 않은 조합원에 대한 수용절차, 관리처분계획의 수립 및 그에 대한 인가 등 후속 행위가 있었다면 선행 사업시행계획이 무효로 확인되거나 취소될 경우 그것이 유효하게 존재하는 것을 전제로 이루어진 위와 같은 일련의 후속 행위 역시 소급하여 효력을 상실하게 되므로, 그 후속 행위로 토지등소유자의 권리 · 의무에 영향을 미칠 정도의 공법상의 법률관계를 형성시키는 외관이 만들어졌는지 또는 존속되고 있는지 등을 개별적으로 따져야 한다(대법원 2013. 11. 28. 선고 2011두30199 판결).[43]

이때 후행 사업시행(변경)계획이 선행 사업시행(변경)계획의 주요 부분을 실질적으로 변경하는 것인지 여부는, 사업시행계획 중 변경된 내용, 변경의 원인 및 그 정도, 당초 사업시행계획과 변경 사업시행계획 사이의 기간, 당초 사업시행계획의 유효를 전제로 이루어진 후속행위의 내용 및 그 진행 정도 등을 종합적으로 고려하여 판단하여야 한다(대법원 2014. 2. 27. 선고 2011두25173 판결). 이때 '실효'는 후행 사업시행계획 변경 시점을 기준으로 선행 사업시행계획이 장래를 향하여 실효되었다는 것을 의미한다(대법원 2015. 11. 26. 선고 2014두15528 판결).

3. 무효와 취소

가. 중대 · 명백한 하자의 기준

사업시행계획 또는 인가처분의 제소기간이 도과하거나 민사소송에서 사업시행계획의 위법을 다투기 위해서는 사업시행계획이 당연무효이어야 한다. 이때 행정처분이 당연무효라고 하기 위해서는 처분에 위법사유가 있다는 것만으로는 부족하고 그 하자가 법규의 중요한 부분을 위반한 중대한 것으로서 객관적으로 명백한 것이어야 하며 하자가 중대하고 명백한 것인지 여부를 판별할 때에는 그 법규의 목적, 의미, 기능 등을 목적론적으로 고찰함과 동시에 구체적 사안 자체의 특수성에 관하여도 합리적으로 고찰하여야 한다(대법원 1997. 6. 19. 선고 95누8669 전원합의체 판결, 대법원 2002. 12. 10. 선고 2001두4566 판결 등 참고). 행정처분의 당연무효를 주장하여 그 무효확인을 구하는 행정소송에서 행정처분이 무효인 사유를 주장 · 증명할 책임은 원고에게 있다(대법원 1992. 3. 10. 선고 91누6030 판결, 대법원 2010. 5. 13. 선고 2009두

43 위 대법원 2011두30199 판결은 사업시행계획 및 관리처분계획이 실질적으로 변경되었고, 수용절차 등 후속 행위가 없었거나 후속 행위가 있었더라도 이에 대한 변경 내지 대체 절차가 이루어짐으로 인하여 이 사건 사업시행계획이 현재 조합원들의 권리 · 의무에 영향을 미치고 있지 않다면 선행 사업시행계획 등의 무효확인을 구할 법률상 이익이 없다고 보았다.

3460 판결 등 참고).

행정청이 어느 법률관계나 사실관계에 대하여 어느 법률의 규정을 적용하여 행정처분을 한 경우에 그 법률관계나 사실관계에 대하여는 그 법률의 규정을 적용할 수 없다는 법리가 명백히 밝혀져 그 해석에 다툼의 여지가 없음에도 불구하고 행정청이 위 규정을 적용하여 처분을 한 때에는 그 하자가 중대하고 명백하다고 할 것이나, 법률관계나 사실관계에 대하여 그 법령의 규정을 적용할 수 없다는 법리가 명백히 밝혀지지 아니하여 그 해석에 다툼의 여지가 있는 때에는 행정관청이 이를 잘못 해석하여 행정처분을 하였더라도 이는 그 처분 요건사실을 오인한 것에 불과하여 그 하자가 명백하다고 할 수 없다(대법원 2010. 9. 30. 선고 2010두9358 판결, 대법원 2015. 5. 28. 선고 2012두18554 판결 등 참고).

나. 취소소송 제소기간

(1) 사업시행계획인가

취소소송은 처분등이 있음을 안 날로부터 90일이내에 제기하여야 하는데(행정소송법 제20조 제1항 본문), 고시 또는 공고에 의하여 행정처분을 하는 경우에는 그 처분의 상대방이 불특정 다수인이고 그 처분의 효력이 불특정 다수인에게 일률적으로 적용되는 것이므로, 그 행정처분에 이해관계를 갖는 자는 고시 또는 공고가 효력을 발생하는 날에 그 행정처분이 있음을 알았다고 보아야 한다. 사업시행계획인가는 「행정 효율과 협업 촉진에 관한 규정」[44] 제6조 제3항(구 사무관리규정 제8조 제2항)에 의하여 사업시행계획인가 및 고시가 있은 후 5일이 경과한 날부터 효력이 발생한다고 할 것이므로,[45] 이해관계인은 특별한 사정이 없는 한 그 때 처분이 있음을 알았다고 할 것이고 인가취소를 구하는 소의 제소기간인 90일은 그 때부터 기산한다(대법원 2010. 12. 9. 선고 2009두4913 판결, 대법원 2013. 3. 14. 선고 2010두2623 판결 등).

(2) 사업시행계획

사업시행계획은 총회에서 의결한 때 성립(작성 · 변경)하는 것이므로 총회 당일 처분이 있음을 알았다고 보아 그날부터 제소기간이 진행된다고 볼 여지도 있다. 그러나 사업시행계획은 그에 대한 인가처분이 있기 전에는 조합원 등 이해관계인에게 아무런 법률상의 효력을 미치지 않고, 이후 인가처분이 있게 되면 완전한 효력을 발생하게 되나 만약 인가를 받지 못하게 되면 당초부터 사업시행계획에서 정하지 않았던 것과 마찬가지의 상태가 된

---

44 정부조직법에 따른 시행령으로서, 구 「사무관리규정」이 2011. 12. 21. 대통령령 제23383호로 전부 개정되면서 명칭이 변경되었다.

45 행정 효율과 협업 촉진에 관한 규정 제6조(문서의 성립 및 효력 발생) ② 문서는 수신자에게 도달(전자문서의 경우는 수신자가 관리하거나 지정한 전자적 시스템 등에 입력되는 것을 말한다)됨으로써 효력을 발생한다.
③ 제2항에도 불구하고 공고문서는 그 문서에서 효력발생 시기를 구체적으로 밝히고 있지 않으면 그 고시 또는 공고 등이 있은 날부터 5일이 경과한 때에 효력이 발생한다.

다는 점에서, 총회의 의결로 일응 사업시행계획이 성립하더라도 그것이 완전한 법률상의 효력을 가지는 행정처분으로 확정되는 것은 그에 대한 인가처분이 있은 때라는 점을 감안하여 보면, 사업시행계획 자체를 다투는 항고소송도 인가처분의 취소를 구하는 경우와 마찬가지로, 사업시행계획의 인가 · 고시가 있은 후 그 고시가 효력을 발생하는 날인 5일이 경과한 날에 처분이 있음을 알았다고 보아 그 때로부터 제소기간이 기산된다고 보는 것이 타당하다.[46]

46 사업시행계획의 제소기간에 관한 판단으로 서울행정법원 2008. 4. 18. 선고 2007구합44696 판결; 관리처분계획의 제소기간에 관한 판단으로 서울고등법원 2008. 7. 18. 선고 2007누728 판결, 서울고등법원 2008. 11. 4. 선고 2008누8651 판결, 부산고등법원 2017. 7. 14. 선고 2017누21388 판결 등.

[20] 정비기반시설의 귀속

I. 정비기반시설의 설치

1. 정비기반시설의 범위

도시정비법상의 '정비기반시설'은 도로 · 상하수도 · 구거(도랑) · 공원 · 공용주차장 · 공동구, 그 밖에 주민의 생활에 필요한 열 · 가스 등의 공급시설로서 녹지, 하천, 공공공지, 광장, 소방용수시설, 비상대피시설, 가스공급시설, 지역난방시설 등을 의미한다(법 제2조 제4호, 시행령 제3조 각 호). 이때 공동구는 국토계획법 제2조 제9호에 따른 공동구를 의미하고,[1] 주거환경개선사업을 위하여 지정 · 고시된 정비구역에 설치하는 공동이용시설로서 사업시행계획서에 시장 · 군수등이 관리하는 것으로 포함된 것도 정비기반시설에 해당한다(시행령 제3조 제9호).

국토계획법은 교통시설, 공간시설, 유통 · 공급시설 등의 '기반시설'을 정하면서 기반시설 중 개발행위나 도시계획시설사업에 수반하여 공적용도로 사용하기 위해 설치하는 시설을 '공공시설'로 정의하고 있다(국토계획법 제2조 제13호). 새로 설치한 공공시설은 관리청에 무상귀속되고, 공공시설 등을 설치하여 제공(기부채납)하는 경우 건폐율 · 용적률 및 높이제한을 완화하여 적용받을 수 있다(국토계획법 제52조 제3항, 제65조, 국토계획법 시행령 제46조). 도시정비법의 정비기반시설은 국토계획법의 공공시설과 범위가 다소 다르고 무상양도의 방법이 다르다는 점에서 차이가 있다.

2. 정비기반시설의 설치

가. 정비계획의 정비기반시설 설치계획

기본계획을 수립할 때에는 정비기반시설계획 · 공동이용시설설치계획 및 교통계획, 녹지 · 조경 · 에너지공급 · 폐기물처리 등에 관한 환경계획 등 관련 계획을 종합적으로 고려

---

1 국토계획법 제2조(정의) 이 법에서 사용하는 용어의 뜻은 다음과 같다.

9. "공동구"란 전기 · 가스 · 수도 등의 공급설비, 통신시설, 하수도시설 등 지하매설물을 공동 수용함으로써 미관의 개선, 도로구조의 보전 및 교통의 원활한 소통을 위하여 지하에 설치하는 시설물을 말한다.

하며(법 제5조 제1항), 정비계획 수립시에도 도시 · 군계획시설의 설치에 관한 계획, 공동이용시설 설치계획, 정비기반시설의 설치계획 등을 포함하게 된다(법 제9조 제1항, 시행령 제8조 제3항). 정비계획상 정비기반시설 설치계획은 사업시행계획에서 건축물의 주용도 · 건폐율 · 용적률 등이 확정되면 구체적으로 정할 수 있다.

나. 사업시행계획의 정비기반시설 설치계획

사업시행자는 사업시행계획서에 정비기반시설 및 공동이용시설의 설치계획, 공동구의 설치에 관한 사항, 정비사업의 시행으로 용도가 폐지되는 정비기반시설의 조서 · 도면 및 그 정비기반시설에 대한 둘 이상의 감정평가업자의 감정평가서와 새로 설치할 정비기반시설의 조서 · 도면 및 그 설치비용 계산서를 포함하여야 한다(법 제52조 제2호, 시행령 제47조 제1항 제9호, 제11호). 시장 · 군수등은 정비기반시설의 귀속 및 양도에 관한 사항이 포함된 정비사업을 시행하거나 그 시행을 인가(변경)하려는 경우에는 미리 그 관리청의 의견을 들어야 한다(법 제97조 제4항).

다. 설치의무 및 비용부담

사업시행자는 관할 지방자치단체의 장과의 협의를 거쳐 정비구역에 정비기반시설(주거환경개선사업의 경우에는 공동이용시설을 포함)을 설치하여야 한다(법 제96조).

정비사업비는 도시정비법 또는 다른 법령에 특별한 규정이 있는 경우를 제외하고는 사업시행자가 부담하므로(법 제92조 제1항), 정비기반시설의 설치비용도 사업시행자가 부담하는 것이 원칙이다. 다만 시장 · 군수등은 정비계획에 따라 설치되는 주요 정비기반시설 및 공동이용시설에 대하여는 그 건설에 드는 비용을 전부 또는 일부를 부담할 수 있고(법 제92조 제2항), 사업시행자는 공동구를 설치하는 경우에는 다른 법령에 따라 그 공동구에 수용될 시설을 설치할 의무가 있는 자에게 공동구의 설치에 드는 비용을 부담시킬 수 있다(법 제94조 제2항).[2]

Ⅱ. 정비기반시설의 귀속

1. 정비기반시설의 무상귀속 및 무상양도

가. 도시정비법의 무상귀속 및 무상양도

정비사업이 시행되면 정비구역내 존재하는 기존의 정비기반시설은 철거되고 새로운 정비기반시설이 설치된다. 이렇게 정비사업으로 용도폐지되는 정비기반시설과 정비사업으로 새롭게 설치되는 정비기반시설의 소유관계를 정리하기 위해 도시정비법은 정비기반시설의 무상귀속 및 무상양도를 정하고 있다(법 제97조).

국토계획법 제65조, 도시개발법 제66조 등도 공공시설의 무상귀속을 정하면서 민간시

2 공동구 설치비용 부담 등 관리에 관해서는 시행규칙 제16조 내지 제18조 참고.

행의 경우는 새로 설치한 공공시설의 설치비용에 상당하는 범위에서 무상으로 귀속시킬 수 있다고 정하고 있는데,[3] 이는 임의적 규정으로서 관할관청의 재량으로 무상귀속의 범위가 결정된다. 그러나 도시정비법 제97조의 무상귀속 및 무상양도는 의무규정이며, ① 공공시행자 또는 지정개발자가 시행하는 정비사업(제1항)과 ② 민간이 시행하는 정비사업(제2항)은 무상양도의 범위가 다르다.

① 시장 · 군수등 또는 토지주택공사등이 정비사업의 시행으로 새로 정비기반시설을 설치하거나 기존의 정비기반시설을 대체하는 정비기반시설을 설치한 경우에는 국유재산법 및 공유재산법에도 불구하고 종래의 정비기반시설은 사업시행자에게 무상으로 귀속되고, 새로 설치된 정비기반시설은 그 시설을 관리할 국가 또는 지방자치단체에 무상으로 귀속된다(법 제97조 제1항). 종래의 정비기반시설은 그 범위를 묻지 않고 사업시행자에게 무상으로 귀속되도록 한 것은 전체적으로 볼 때 공공재산에 변동이 없고 공공시행으로 인한 공익성이 담보되기 때문이다.[4]

② 시장 · 군수등 또는 토지주택공사등이 아닌 사업시행자가 정비사업의 시행으로 새로 설치한 정비기반시설은 그 시설을 관리할 국가 또는 지방자치단체에 무상으로 귀속되고, 정비사업의 시행으로 용도가 폐지되는 국가 또는 지방자치단체 소유의 정비기반시설은 사업시행자가 새로 설치한 정비기반시설의 설치비용에 상당하는 범위에서 그에게 무상으로 양도된다(법 제97조 제2항). 민간 사업시행자에 대해 종전 정비기반시설을 제한 없이 무상양도할 경우 국 · 공유재산의 손실이 발생할 뿐 아니라, 과도한 개발이익과 특혜 소지가 있기 때문에 새로 정비기반시설을 설치하는데 소요된 비용의 범위에서 무상양도하도록 정한 것이다.[5]

나. 도시정비법 제97조 제2항 후단에 따른 무상양도의 성격

(1) 무상양도의 취지

도시정비법 제97조 제2항 후단(이하 '후단 규정')에 의한 무상양도는 사업시행자가 새로 설치하는 정비기반시설이 도시정비법 제97조 제2항 전단(이하 '전단 규정')에 따라 관리청에

3 국토계획법 제65조(개발행위에 따른 공공시설 등의 귀속) ② 개발행위허가를 받은 자가 행정청이 아닌 경우 개발행위허가를 받은 자가 새로 설치한 공공시설은 그 시설을 관리할 관리청에 무상으로 귀속되고, 개발행위로 용도가 폐지되는 공공시설은 「국유재산법」과 「공유재산 및 물품 관리법」에도 불구하고 새로 설치한 공공시설의 설치비용에 상당하는 범위에서 개발행위허가를 받은 자에게 무상으로 양도할 수 있다.
도시개발법 제66조(공공시설의 귀속 등) ② 제11조 제1항 제5호부터 제11호까지의 규정에 따른 시행자가 새로 설치한 공공시설은 그 관리청에 무상으로 귀속되며, 도시개발사업의 시행으로 용도가 폐지되는 행정청의 공공시설은 「국유재산법」과 「공유재산 및 물품 관리법」 등에도 불구하고 새로 설치한 공공시설의 설치비용에 상당하는 범위에서 시행자에게 무상으로 귀속시킬 수 있다.

4 유삼술 · 이종만, 782.

5 유삼술 · 이종만, 784.

무상으로 귀속됨으로 인해 야기되는 사업시행자의 재산상 손실을 고려하여, 그 사업시행자가 새로 설치한 정비기반시설의 설치비용에 상당하는 범위 안에서 정비사업의 시행으로 용도가 폐지되는 국가 또는 지방자치단체 소유의 정비기반시설을 그 사업시행자에게 무상으로 양도되도록 하여 위와 같은 재산상의 손실을 합리적인 범위 안에서 보전해 주고자 하는 데 입법 취지가 있다(대법원 2007. 4. 13. 선고 2006두11149 판결 등). 다만, 새로 설치한 정비기반시설의 설치비용이 용도폐지되는 정비기반시설의 평가가액을 초과하더라도 사업시행자가 사업시행 인가관청이나 관리청을 상대로 그 초과액을 정산해 줄 것을 요구하거나 이를 부당이득으로 반환해 줄 것을 요구할 권리가 있다고 볼 수 없다(대법원 2019. 1. 31. 선고 2017다205523 판결).

무상양도의 범위를 제한하는 것은 일종의 '비용 상계'의 의미로 볼 수 있다.[6] 통상 종전의 정비기반시설의 가액보다 새로 설치되는 정비기반시설의 설치비용이 더 많이 소요되므로 용도폐지되는 종전 정비기반시설은 대부분 사업시행자에게 무상양도된다. 반대로 용도폐지되는 종전 정비기반시설의 가액이 더 크다면, 인가관청은 사업시행계획의 인가조건을 통해 유상매수하도록 하여야 한다.

(2) 강행규정성

무상양도를 정한 도시정비법 제97조 제2항(구법 제65조 제2항)에서 ⓐ 전단 규정은 사업지구 안의 공공시설 등의 소유관계를 정함으로써 사업시행자의 지위를 장래를 향하여 획일적으로 확정하고자 하는 강행규정이며, ⓑ 후단 규정은 민간 사업시행자에 의하여 새로 설치될 정비기반시설의 설치비용에 상당하는 범위 안에서 용도폐지될 정비기반시설의 무상양도를 강제하는 강행규정이다(대법원 2007. 7. 12. 선고 2007두6663 판결, 대법원 2008. 12. 11. 선고 2007두14312 판결, 대법원 2008. 12. 11. 선고 2008두815 판결, 대법원 2014. 1. 29. 선고 2013다200483 판결).

따라서 후단 규정에 반하여 사업시행자와 국가 또는 지방자치단체 사이에 체결된 매매계약은 무효이며(대법원 2009. 6. 11. 선고 2008다20751 판결, 대법원 2009. 6. 11. 선고 2008다20768 판결, 대법원 2009. 6. 25. 선고 2006다18174 판결, 대법원 2018. 5. 11. 선고 2015다41671 판결),[7] 행정청이 사업시행자 사이에 사업시행자가 정비기반시설 설치에 대한 보상으로 용적률 제한의 완화와 같은 다른 이익을 얻는 대신 후단 규정을 적용하지 않기로 합의하였다 하더라도 이는 강행규정에 위반되는 것으로서 후단 규정의 적용을 배제할 수 없다(대법원 2008. 12. 11. 선고 2007두14312 판결, 대법원 2008. 12. 11. 선고 2008두815 판결). 도시정비법 제97조 제4항에 따른 관리청의 의견을 듣지 않거나 같은 조 제6항에 따른 통지를 하지 않았다고 하여 같은 조 제2항을 위반하여 체결한 매매계약이 유효가 되는 것도 아니며, 매매계약 체결 당시 새로 설치될 정비기반시설의 설치비용이 확정되지 않았다거나 용도폐지될 정비기반시설에 대한 점유 · 사용권의 취득이 필요하다는 사정만으로 그 매매

6 유삼술 · 이종만, 784.

7 새로 설치한 정비기반시설의 설치비용에 상당하는 범위에서 무효인 것이므로 경우에 따라서는 일부무효가 될 수도 있으나, 매매계약의 매매대상 중 무효가 되는 부분을 특정하기 어려우므로 전부무효로 보게 될 가능성이 높다(위 대법원 2008다20768 판결 참고).

계약이 유효로 되지 않는다(대법원 2009. 6. 25. 선고 2006다18174 판결).

새로 설치하는 정비기반시설의 설치비용이 용도폐지되는 종전 정비기반시설의 가액을 초과하는 경우, 사업시행 인가관청이 사업시행계획인가 등을 통해 그 중 일부를 무상양도 대상에서 제외하는 것은 특별한 사정이 없는 한 위법하며(대법원 2014. 2. 21. 선고 2011두20871 판결), 사업시행 인가관청이 그 가액이 미달한다고 보아 한 차액 상당의 정산금부과처분은 무효이므로 그 부과처분에 따라 납부한 정산금 상당에 대하여 부당이득반환을 청구할 수 있다(대법원 2014. 2. 21. 선고 2012다82466 판결).

⑶ 새로 설치되는 정비기반시설의 설치비용의 산정

사업시행자는 사업시행계획서에 정비기반시설 및 공동이용시설의 설치계획, 공동구의 설치에 관한 사항, 정비사업의 시행으로 용도가 폐지되는 정비기반시설의 조서 · 도면 및 그 정비기반시설에 대한 둘 이상의 감정평가업자의 감정평가서와 새로 설치할 정비기반시설의 조서 · 도면 및 그 설치비용 계산서를 포함하여야 한다(법 제52조 제2호, 시행령 제47조 제1항 제9호, 제11호). 따라서 무상양도의 대상인 용도폐지되는 종전 정비기반시설의 대상과 범위는 인가관청이 사업시행계획서 등을 심사하여 사업시행계획인가를 하면서 무상양도 대상인 종전 기반시설을 결정하고 그에 해당하지 않는 종전 기반시설은 유상매수하도록 하는 부관(부담)을 부가하는 데 따라 결정될 것이지만, 사업시행계획인가 이후 따로 결정할 것을 유보한 경우에는 나중에 사후부담의 부관을 부가하거나 변경처분을 함으로써 달리 정할 수 있다(대법원 2014. 2. 21. 선고 2011두20871 판결).

① 용도폐지되는 종전의 도로나 공원이 사업시행자인 조합이 새로 설치하는 도로나 공원에 그대로 편입되는 경우가 있는데 이때 편입된 종전 정비기반시설(이하 '중복 정비기반시설')을 설치비용 산정에 관하여, 대법원은 중복 정비기반시설이 사업시행자가 매입할 대상인지 여부로 구분하여 ⓐ 중복 정비기반시설도 사업시행자가 매입할 대상으로 본다면 사업시행자는 중복 정비기반시설을 매입하여 국가 등에 무상으로 귀속시키게 되므로, 후단 규정의 '사업시행자가 새로 설치한 정비기반시설의 설치비용'에 중복 정비기반시설의 가액을 포함하여야 할 것이고, ⓑ 중복 정비기반시설은 그대로 신설 정비기반시설로 사용될 예정이어서 사업시행자가 매입할 대상이 아니라고 본다면, 중복 정비기반시설의 가액을 후단 규정의 '사업시행자가 새로 설치한 정비기반시설의 설치비용'에서 제외하여야 할 것으로 보았다(대법원 2013. 10. 24. 선고 2011두21157 판결).[8·9]

---

8 국토계획법 시행령 제97조 제6항 제6호는 도시 · 군계획시설사업으로 새로 설치하는 공공시설의 토지와 종래의 공공시설이 설치되어 있는 토지가 같은 토지인 경우에는 그 토지가격을 뺀 설치비용만 계산하도록 하고 있으나, 위 대법원 2011두21157 판결은 국토계획법의 도시계획시설사업과 도시정비법의 정비사업은 사업목적이나 기능이 같다고 할 수 없으므로 위 국토계획법 시행령 규정이 그대로 적용되지 않는다고 보았다.

9 위 대법원 2011두21157 판결 사안은 쟁점이 되는 중복 정비기반시설(도로)을 사업시행자가 유상매수한 것으로서, 그 토지(도로)의 가격을 새로 설치한 정비기반시설의 설치비용에서 뺀 사업시행계획인가조건은 위법하다고 판단하였다.

② 무상양도의 대상인 "국가 또는 지방자치단체 소유의 정비기반시설"은 정비사업 시행 이전에 이미 국토계획법에 따라 도시관리계획으로 결정되어 설치된 국가 또는 지방자치단체 소유의 기반시설을 의미하고, 그 현황이 도로나 공원 등으로 사실상 공중에 제공되고 있다는 사정만으로 사업시행자에게 무상으로 양도되는 정비기반시설이라고 할 수는 없는데(대법원 2011. 2. 24. 선고 2010두22498 판결, 대법원 2013. 7. 12. 선고 2012두27671 판결),[10] 이같이 도시관리계획 결정이 있었다가 용도폐지되는 정비기반시설로서 사업시행자에게 무상으로 양도되는 정비기반시설이라는 사실에 대한 증명책임은 사업시행자에게 있다(대법원 2015. 10. 29. 선고 2012두19410 판결).

③ 무상귀속의 대상인 새로 설치하는 정비기반시설은 도시정비법이 시행되기 전에 다른 법에 근거하여 사업계획승인을 받은 경우에는 국토계획법에 의한 도시관리계획에 따라 기반시설로 결정되어 설치된 시설을, 도시정비법에 근거하여 사업시행계획인가를 받은 경우에는 도시정비법상 정비계획에 따라 정비기반시설로 결정되어 새로 설치된 시설을 의미한다. 따라서 국토계획법상 도시관리계획 결정이 없었거나 결정이 간주되는 것으로 볼 수 없는 공공보도 등은 무상귀속의 대상이 아니고, 그 설치비용도 사업시행자에게 무상양도되는 정비기반시설의 범위를 정함에 있어 포함할 수 없다(대법원 2011. 7. 14. 선고 2009다97628 판결).

다. 무상귀속 또는 무상양도되는 정비기반시설 관련 쟁점

후단 규정에 따른 무상양도는 강행규정이고 인가관청의 재량이 부여되어 있지 않으나 실무상 무상양도에서 제외되는 범위를 놓고 많은 다툼이 있었다. 이에 대해 크게 문제되었던 내용을 위주로 살펴보기로 한다.

(1) 관련 법에 따라 당연히 설치의무가 인정되는 정비기반시설이 무상양도 대상에 포함되는지 여부

사업시행자가 새로 설치한 정비기반시설 중 관련 법에 따라 당연히 설치의무가 인정되는 것이라 하더라도, 후단 규정의 '새로 설치한 정비기반시설'은 전단 규정의 '사업시행자가 정비사업의 시행으로 새로 설치한 정비기반시설'과 동일한 것이므로 관련 법에 따라 당연히 설치의무가 인정되는 정비기반시설은 후단 규정에 따른 무상양도 대상에서 제외되지 않는다(대법원 2007. 4. 13. 선고 2006두11149 판결).

관련법에 따라 공사에 요하는 비용 중 전부 또는 일부를 사업시행자등에게 부담시킬 수 있다 하더라도 그 설치비용을 제외해서는 안 된다(대법원 2014. 2. 21. 선고 2012다82466 판결).[11]

---

10 다만 현황도로는 도시정비법이 개정되면서 일정한 범위에서 무상양도 대상에 포함되었다.

11 위 대법원 2012다82466 판결은 하수도법상 공공하수도에 관한 공사에 요하는 비용의 전부 또는 일부를 사업시행자에게 부담시킬 수 있음을 이유로 하수암거의 이설공사비를 새로 설치한 정비기반시설의 설치비용에서 제외한 사안이다.

⑵ 용도폐지되는 종전 정비기반시설이 새로 설치되는 정비기반시설과 같은 용도이어야 하는지 여부

용도폐지되는 종래의 정비기반시설이 새로 설치되는 정비기반시설과 같은 용도인 경우(기능의 대체성)에만 그 설치비용 범위 내에서 무상양도되는 것인지에 대해, 대법원은 후단 규정(구법 제65조 제2항 후단)은 '용도가 폐지되는 정비기반시설은 새로 설치한 정비기반시설의 설치비용에 상당하는 범위 내에서' 사업시행자에게 무상양도하도록 규정하고 있을 뿐 반드시 용도폐지되는 정비기반시설에 대체되는, 즉 같은 종류의 정비기반시설의 설치비용 범위 내에서 무상양도하라고 한정하고 있지 아니하고, 달리 위 후단 규정의 정비기반시설을 '같은 종류'의 정비기반시설이라고 한정하여 해석할 근거가 없으므로, '용도폐지되는 정비기반시설'로서 무상양도되는 범위는 같은 용도로 대체되어 새로 설치되는 정비기반시설의 설치비용으로 한정할 수 없다고 판단하였다(대법원 2007. 7. 12. 선고 2007두6663 판결).

⑶ 정비구역 밖의 정비기반시설이 무상양도의 대상인지 여부

시장 · 군수등이 사업시행계획인가시에 사업시행자에게 정비구역 밖의 정비기반시설을 매입한 후 새로 정비기반시설을 설치하여 기부채납하도록 인가조건을 붙이는 경우가 있다.

이 경우도 무상양도의 대상에 해당하는지에 관하여, 대법원은 도시정비법 제96조(구법 제64조 제1항)가 "사업시행자는 관할지방자치단체장과의 협의를 거쳐 정비구역 안에 정비기반시설을 설치하여야 한다"라고 규정하고 있고, 도시정비법 제2조 제2호가 정비사업에 대하여 도시기능을 회복하기 위하여 '정비구역 안에서' 정비기반시설을 정비하고 주택 등 건축물을 개량하거나 건설하는 주택재건축 사업 등의 사업을 말하는 것으로 정의하고 있는 점에 비추어 보면, 후단 규정(구법 제65조 제2항 후단)에서 말하는 '정비사업의 시행으로 인하여 용도가 폐지되는 국가 또는 지방자치단체 소유의 정비기반시설'이라 함은 '정비구역 안에서 정비사업의 시행으로 인하여 용도가 폐지되는 국가 또는 지방자치단체 소유의 정비기반시설을 의미하는 것이므로, 정비구역 밖의 정비기반시설은 무상양도의 대상이 되지 않는다고 보았다(대법원 2012. 8. 30. 선고 2010두24951 판결, 대법원 2014. 2. 21. 선고 2012다78818 판결).

정비구역내 정비기반시설에 대한 부관 또는 약정이 강행규정인 도시정비법 제97조 제2항을 위반한 경우 당연무효인데 반해, 정비구역밖의 정비기반시설에 대한 부관, 약정은 다른 법률의 규정에 위반되거나 부당결부금지의 원칙 또는 비례의 원칙에 반하여 위법하다고 볼 사정이 없는 한 인가조건의 내용에 따라 해당 정비기반시설은 무상으로 또는 정산을 거쳐 시설을 관리할 국가 또는 지방자치단체에 귀속될 수 있다(대법원 2012. 8. 30. 선고 2010두24951 판결, 대법원 2014. 2. 21. 선고 2012다78818 판결).

⑷ 현황도로 등이 무상양도 대상에 포함되는지 여부

현황도로와 같이 도시관리계획의 결정 없이 사실상 기반시설로 이용되어 온 것이 무상양도의 대상인 정비기반시설인지에 관해, 종전에 대법원은 후단 규정(구법 제65조 제2항 후단)의 '사업시행

자에게 무상으로 양도되는 국가 또는 지방자치단체 소유의 정비기반시설'은 정비사업시행인가 전에 이미 국토계획법에 의하여 도시관리계획으로 결정되어 설치된 국가 또는 지방자치단체 소유의 기반시설을 의미하고, 그 현황이 도로나 공원 등으로 사실상 공중에 제공되고 있다는 사정만으로 사업시행자에게 무상으로 양도되는 정비기반시설이라고 할 수는 없다고 보았다(대법원 2008. 11. 27. 선고 2007두24289 판결, 대법원 2013. 7. 12. 선고 2012두20571 판결, 대법원 2015. 10. 29. 선고 2012두19410 판결, 대법원 2019. 6. 27. 선고 2016다241072 판결 등).[12]

그러나 ⓐ 현황도로가 도시관리계획으로 결정되지 않은 것은 도시관리계획 수립절차상의 하자 등 도로로 사용하겠다는 목적과 무관한 것이 많은데, 외형상 일반적인 도로로 사용되고 있고 관리청의 의사도 장래에도 지속적으로 도로로 제공하겠다는 것임에도 도시관리계획 결정이 없다는 이유로 무상양도의 범위에서 제외하는 것은 불합리하고, ⓑ 도시정비법 제92조(구법 제65조)는 사업시행자의 재산상 손실을 합리적인 범위 안에서 보전하는데 목적이 있는 것으로서 국토계획법, 도시개발법과 달리 정비기반시설의 무상양도를 강행규정으로 두고 있는데 현황도로를 제외하는 것은 입법취지에 맞지 않고, ⓒ 무상양도의 대상이 되는 정비기반시설이라는 점은 사업시행자가 입증하여야 하는데, 원래부터 도시계획시설 결정이 없었던 현황도로뿐만 아니라 도시계획시설이 있었을 것으로 추정되나 고시 등의 근거를 찾을 수 없는 현황도로도 도시계획시설 결정이 있었음을 입증하여 못하여 무상귀속 또는 양도받을 수 없는 문제가 있었다.[13]

이후 도시정비법이 2015. 9. 1. 법률 제13508호로 개정되면서 시장 · 군수등 또는 토지주택공사등이 정비사업을 시행하는 경우(구법 제65조 제1항)에 정비기반시설에 도로에 현황도로가 포함되도록 하였고, 도시정비법이 2017. 2. 8. 법률 제14567호로 전부 개정되면서 민간이 정비사업을 시행하는 경우도 포함되도록 하였다(법 제97조 제3항 제4호). 위 개정규정은 위 전부개정법률의 시행일인 2018. 2. 9. 이후 최초로 사업시행계획인가를 신청하는 경우부터 적용된다(법 부칙(2017. 2. 8.) 제21조).

> 법 제97조(정비기반시설 및 토지 등의 귀속) ③ 제1항 및 제2항의 정비기반시설에 해당하는 도로는 다음 각 호의 어느 하나에 해당하는 도로를 말한다.
> 1. 「국토의 계획 및 이용에 관한 법률」 제30조에 따라 도시·군관리계획으로 결정되어 설치된 도로
> 2. 「도로법」 제23조에 따라 도로관리청이 관리하는 도로
> 3. 「도시개발법」 등 다른 법률에 따라 설치된 국가 또는 지방자치단체 소유의 도로
> 4. 그 밖에 「공유재산 및 물품 관리법」에 따른 공유재산 중 일반인의 교통을 위하여 제공되고 있는 부지. 이 경우 부지의 사용 형태, 규모, 기능 등 구체적인 기준은 시·도조례로 정할 수 있다.

12 다만 그 대상을 좀 더 넓게 보아, 도로의 부지를 지방자치단체가 도시계획사업의 일환으로 토지구획정리사업을 시행하여 설치한 경우에는 국토계획법상 기본시설에 관한 도시관리계획 결정도 있는 것으로 간주되어 도로법에 따라 노선의 지정 · 인정 공고와 도로구역 결정 · 고시가 되었는지와 상관없이 도시정비법 제97조 제2항 후단(구법 제65조 제2항 후단)이 적용된다고 보았다(대법원 2018. 5. 11. 선고 2015다41671 판결).

13 강신은, 181; 유삼술 · 이종반, 788; 차흥권, 323.

다만 현황도로의 구체적인 기준을 전부 시·조례에 위임하고 있어서, 만약 조례에서 무상양도 대상인 현황도로의 범위를 좁게 정할 경우 위 일부·전부개정법률의 취지가 몰각될 위험은 있다. 현재 각 시·도조례는 현황도로의 기준을 "일반인의 통행에 제공되어 실제 도로로 이용하고 있는 부지", "시장은 무상양도(귀속)에 필요한 도로의 기준 등을 정할 수 있다" 정도로 정하고 있다(서울시 정비조례 제49조, 부산시 정비조례 제49조 등).

⑸ 용적률 등 인센티브를 받은 경우 무상양도의 대상에서 제외되는지 여부

정비사업의 사업시행자는 대지의 일부를 공공시설 등의 부지로 제공하거나 공공시설 등을 설치하여 제공하는 경우 건폐율·용적률 및 높이제한을 완화하여 적용받을 수 있다(국토계획법 제52조 제3항, 국토계획법 시행령 제46조). 종전에는 실무상 기부채납 형태로 무상 제공되는 토지 또는 기반시설의 양을 산정하여 용적률을 제공하는 방식으로 정비사업의 용적률 체계를 운영하여 왔다. 이때 기부채납 대상인 공공시설 등이 정비기반시설에 해당하는 경우 건폐율·용적률 인센티브와 폐지되는 정비기반시설의 무상양도의 혜택을 이중으로 받게 되는 문제가 있으므로, 사업시행계획인가조건에서 용적률 인센티브를 받은 부분은 제외하고 설치비용을 산정하였다.[14]

그러나 대법원은, 행정청이 사업시행자 사이에 사업시행자가 정비기반시설 설치에 대한 보상으로 용적률 제한의 완화와 같은 다른 이익을 얻는 대신 후단 규정을 적용하지 않기로 합의하고 그에 따라 실제 다른 이익을 얻은 경우에도 후단 규정은 무상양도를 강제하는 강행규정인데, 법령에 근거도 없이 행정청과 사업시행자의 합의에 의해 후단규정의 적용을 배제할 수 있다면 행정청이 우월적 지위에 있는 행정법관계의 특수성에 비추어 볼 때 후단 규정의 입법 취지가 몰각될 우려가 있는 점 등을 근거로 그 합의가 있다 하더라도 후단 규정의 적용을 배제할 수 없다고 보아(대법원 2008. 12. 11. 선고 2007두14312 판결) 용적률 인센티브 산정에 포함된 정비기반시설도 무상양도의 대상이 된다고 보았다.

위 대법원 2007두14312 판결 등이 선고된 이후에는 지방자치단체별로 순부담(관리청에 무상귀속되는 신설 정비기반시설 면적에서 사업시행자에게 무상양도되는 종전 정비기반시설 면적을 뺀 부분)을 고려한 용적률 인센티브를 적용하고 있다.

⑹ 무상귀속되는 새로 설치된 정비기반시설이 도시관리계획 결정에 의하여 새로 설치된 기반시설로 한정되는지 여부

전단 규정에 따라 국가 또는 지방자치단체에 무상으로 귀속되는 정비기반시설은 '정비사업의 시행'으로 인해 새로 설치된 것이어야 하는데, 사업시행계획인가를 받기 위한 사업시행계획서에는 정비기반시설 설치계획이 포함되어야 하고 그 설치계획은 국토계획법상 도시관리계획에 해당하는 정비계획에 해당하는 정비계획에 따르는 것이므로, 무상귀속 대

---

14 구「서울시 공동주택 건립에 따른 지구단위계획 수립기준」,「지방자치단체 공유재산 관리·처분 기준」등.

상인 '정비기반시설'은 도시정비법이 시행되기 전에 다른 법에 근거하여 사업계획승인을 받은 경우는 국토계획법에 의한 도시관리계획에 따라 기반시설로 결정되어 설치된 시설을, 도시정비법에 근거하여 사업시행계획인가를 받은 경우는 도시정비법상 정비계획에 따라 정비기반시설로 결정되어 새로 설치된 시설을 의미한다(대법원 2011. 7. 14. 선고 2009다97628 판결).

따라서 보행녹도만 조성된 채 기부채납되지 않고 국토계획법상 도시관리계획 결정이 없었거나 결정이 간주되는 것으로 볼 수 없는 공공보도는 국가 또는 지방자치단체에 무상귀속되지 않으며, 사업시행자에게 무상양도되는 정비기반시설의 범위를 정함에 있어 그 설치비용에 상당하는 부분도 제외되어야 한다(대법원 2011. 7. 14. 선고 2009다97628 판결).

2. 정비기반시설의 귀속 절차

가. 관리청의 의견청취

시장 · 군수등은 정비기반시설의 귀속 및 양도에 관한 사항이 포함된 정비사업을 시행하거나 그 시행을 인가(변경)하려는 경우에는 미리 그 관리청의 의견을 들어야 한다(법 제97조 제4항). 이 규정은 인가청으로 하여금 이해관계의 조정을 위하여 미리 관리청의 의견을 듣도록 규정한 것에 불과하고, 정비기반시설의 무상양도 및 무상귀속 여부는 도시정비법 제97조 제2항에 의하여 결정되는 것이므로 의견청취 절차를 거치지 않았다고 하여 용도폐지되는 정비기반시설이 무상양도의 대상이 되지 않는 것이 아니다(대법원 2009. 6. 25. 선고 2006다18174 판결).

나. 소유권취득

사업시행자는 관리청에 귀속될 정비기반시설과 사업시행자에게 귀속 또는 양도될 재산의 종류와 세목을 정비사업의 준공 전에 관리청에 통지하여야 하며, 해당 정비기반시설은 그 정비사업이 준공인가되어 관리청에 준공인가통지를 한 때에 국가 또는 지방자치단체에 귀속되거나 사업시행자에게 귀속 또는 양도된 것으로 본다(법 제97조 제5항).

① 국가 또는 지방자치단체에 대한 무상귀속은 강행규정인 도시정비법 제97조에 따른 물권변동으로서 원시취득이며(대법원 2019. 1. 31. 선고 2017다205523 판결), 사업완료(준공검사)시에 그 물권변동이 발생하는 것으로 볼 수 있다(도시계획사업의 공공시설에 대한 대법원 1999. 4. 15. 선고 96다24897 전원합의체 판결 참고).[15]

---

15 도시정비법 제97조 제5항은 "관리청에 준공인가통지를 한 때에 ... 귀속 또는 양도된 것으로 본다"고 하여 문언상 준공인가가 아닌 그 통지시에 소유권변동이 이루어지는 것으로 볼 여지가 있다. 그러나 위 대법원 96다24897 전원합의체 판결(다수의견)은 위 도시정비법 제97조 제5항과 내용이 거의 동일한 구 도시계획법 제83조 제5항의 "제2항의 규정에 의하여 관리청에 귀속될 공공시설과 시행자에게 양도될 재산에 관하여 시행자는 그 도시계획사업의 완료 전에 그 종류와 세목을 관리청에 통지하여야 하며 그 사업이 완료되어 준공검사를 필한 후에 시행자가 사업완료통지를 관리청에 함으로써 관리청에의 귀속과 그 시행자에의 양도가 된 것으로 본다"의 '통지'는 관리권 귀속의 일반적 규정으로서 권리귀속에 관한 기준시점을 정한 것이 아니라고 보았다.

② 도시정비법 제97조 제2항 후단에 따른 사업시행자에 대한 무상양도는 다른 경우와 달리 '귀속'이 아닌 '양도'로 되어 있으나 그 문언으로만 엄밀히 구분된다고 보기는 어렵고,[16] 도시정비법 제97조 제5항은 "...국가 또는 지방자치단체에 귀속되거나 사업시행자에게 귀속 또는 양도된 것으로 본다"고 하고 있으므로 무상양도는 법률의 의한 물권변동이므로 앞서의 무상귀속과 동일하게 볼 여지가 있다.[17] 다만 대법원은 용도폐지되어 무상양도받은 종전 정비기반시설에 대한 취득세의 과세요건과 관련하여, 위 무상양도는 대가를 출연하거나 소유권을 창설적으로 취득하는 것이 아니므로 무상의 승계취득이고(대법원 2019. 4. 3. 선고 2017두66824 판결),[18] 취득세 납세의무 성립일인 취득시기는 도시정비법 제97조 제5항에서 정한 "정비사업이 준공되어 관리청에 준공인가통지를 한 때"로 보았다(대법원 2020. 1. 26. 선고 2019두53075 판결).

국가 또는 지방자치단체는 새로 설치되는 정비기반시설을 원시취득하는 것이고, 그 무상의 원시취득으로 형성되는 국가 또는 지방자치단체와 사업시행자의 관계는 공법관계로서 뚜렷한 법령상 또는 계약상 근거 없이는 사법상 하자담보책임을 물을 수 없다(택지개발사업시행자가 새로 설치한 공공시설의 하자담보책임에 대한 대법원 2011. 12. 27. 선고 2009다56993 판결 참고).

다. 등기원인 서류

정비기반시설에 대한 등기는 정비사업의 시행인가서와 준공인가서(시장 · 군수등이 직접 정비사업을 시행하는 경우에는 도시정비법 제50조 제9항에 따른 사업시행계획인가의 고시와 도시정비법 제83조 제4항에 따른 공사완료의 고시)로 부동산등기법에 따른 등기원인을 증명하는 서류를 갈음한다(법 제97조 제6항).

Ⅲ. 정비기반시설의 기부채납

시장 · 군수등은 사업시행계획을 인가하는 경우 사업시행자가 제출하는 사업시행계획에 해당 정비사업과 직접적으로 관련이 없거나 과도한 정비기반시설의 기부채납을 요구하여서는 아니 되고, 국토교통부장관은 정비기반시설의 기부채납과 관련하여 정비기반시설의 기부채납 부담의 원칙 및 수준, 정비기반시설의 설치기준 등이 포함된 운영기준을 작성

---

16 도시정비법 제97조는 새로 설치한 정비기반시설이 국가 또는 지방자치단체에 귀속되는 경우(제1항 전단, 제2항 전단)는 물론, (공공)사업시행자에게 용도가 폐지되는 종전 정비기반시설이 귀속되는 경우(제1항 후단)를 전부 '귀속'으로 표현하고 있다. 다만 제2항 후단과 같이 (민간)사업시행자가 무상으로 귀속 또는 양도받는 경우에 대해 국토계획법 제65조 제2항 후단은 '양도', 도시개발법 제66조 제2항 후단은 '귀속'으로 표현하고 있어 문언으로 차이가 있다고 해석하기는 어려운 것으로 생각된다.

17 유삼술 · 이종만, 795.

18 즉, 국가 또는 지방자치단체가 무상귀속받는 경우와 같이 원시취득으로 볼 수 없다는 것이다. 대법원 2019. 4. 11. 선고 2018두35841 판결도 같은 판시를 하며 무상의 원시취득에 해당한다고 본 원심의 판단 부분을 파기하였다.

하여 고시할 수 있다(법 제51조 제1항, 제2항).

기부채납이 부당결부금지원칙 또는 비례의 원칙 등에 위반되지 않아야 한다는 것은 당연한 것으로서, 도시정비법 제51조의 규정은 명문으로 그 원칙을 확인하는 한편 국토교통부장관이 정하는 구체적인 운영기준으로서 그 한계를 명확히 하려는 데 있다고 보인다. 다만 현재까지 국토교통부정관이 운영기준을 제정 · 고시하지 않고 있다.[19] 도시정비법 제51조는 주택법 제17조를 참고하여 신설된 것인데,[20] 위 주택법에 따른 운영기준인 「주택건설사업 기반시설 기부채납 운영기준」은 기반시설 기부채납 부담수준은 해당 사업부지 면적(국가 및 지방자치단체 등으로부터 무상 양여받은 국유지 · 공유지는 제외)의 8% 범위내로 하고, 기부채납은 기반시설의 부지를 제공하는 것을 원칙으로 하되 도로 · 공원 · 녹지 · 주차장의 경우에는 부지 및 시설을 함께 기부채납할 수 있도록 하는 등 기부채납의 기준을 정하고 있다.

Ⅳ. 용도폐지되는 정비기반시설에 대한 대부료 면제

국유 · 공유재산은 행정재산과 일반재산으로 구분되는데, 행정재산을 사용하고자 할 때는 사용허가를 받고 사용료 또는 점용료를 납부하여야 하고(국유재산법 제30조, 제32조, 공유재산법 제20조, 제22조), 일반재산은 계약의 방법으로 대부 또는 처분할 수 있고 대부료를 납부하여야 한다(국유재산법 제41조, 제47조, 공유재산법 제28조, 제32조). 이중 행정재산의 사용과 관련하여, 도시정비법은 사업시행자가 사업시행계획에 대한 인가 · 고시를 받아 도시정비법 제57조 제1항 각 호에 정한 인 · 허가등을 받은 것으로 보는 경우에는 관계 법률 또는 시 · 도조례에 따라 해당 인 · 허가등의 대가로 부과되는 수수료와 해당 국 · 공유지의 사용 또는 점용에 따른 사용료 또는 점용료를 면제한다고 정하고 있었다(법 제57조 제7항).

도로 등 행정재산이 용도가 폐지되면 일반재산으로 전환되는데, 이같이 용도가 폐지되는 정비기반시설에 대해서는 사용료 또는 점용료가 면제되는지 다툼이 있었고, 종전 대법

---

19 이 규정은 도시정비법이 2017. 2. 8. 법률 제14567호로 전부 개정되면서 신설된 규정으로서, 위 전부개정법률의 시행일인 2018. 2. 9. 이후 사업시행계획(변경인가 포함)을 신청하는 경우부터 적용되나[법 부칙(2017. 2. 8.) 제11조], 구체적인 운영기준이 없다면 일반 법원칙을 재확인한 도시정비법 제51조 제1항의 시행만으로는 별다른 의미를 갖지 못할 것으로 보인다.

20 주택법 제17조(기반시설의 기부채납) ① 사업계획승인권자는 제15조 제1항 또는 제3항에 따라 사업계획을 승인할 때 사업주체가 제출하는 사업계획에 해당 주택건설사업 또는 대지조성사업과 직접적으로 관련이 없거나 과도한 기반시설의 기부채납(寄附採納)을 요구하여서는 아니 된다.
② 국토교통부장관은 기부채납 등과 관련하여 다음 각 호의 사항이 포함된 운영기준을 작성하여 고시할 수 있다.
1. 주택건설사업의 기반시설 기부채납 부담의 원칙 및 수준에 관한 사항
2. 주택건설사업의 기반시설의 설치기준 등에 관한 사항
③ 사업계획승인권자는 제2항에 따른 운영기준의 범위에서 지역여건 및 사업의 특성 등을 고려하여 자체 실정에 맞는 별도의 기준을 마련하여 운영할 수 있으며, 이 경우 미리 국토교통부장관에게 보고하여야 한다.

원 2011. 2. 24. 선고 2010두22252 판결 등은 재건축사업과 관련하여, 주된 인 · 허가가 있으면 다른 법률에 의한 인 · 허가가 있는 것으로 보는데 그치고 더 나아가 다른 법률에 의하여 인 · 허가를 받았음을 전제로 한 다른 법률의 모든 규정들까지 적용되지 않는다는 전제에서, 재건축사업은 국유재산법 및 지방재정법에 의한 사용 · 수익허가가 의제되지 않고, 개발행위로 인하여 용도가 폐지되는 공공시설의 귀속 및 해당 공공시설의 점용 또는 사용에 따른 점용료 또는 사용료는 면제된 것으로 보는 국토계획법 제65조를 준용한다는 규정을 두고 있지 않으므로 도시정비법 제57조 제7항(구법 제32조 제6항)에 따라 면제될 수 없다고 보았다(대법원 2011. 2. 24. 선고 2010두22252 판결, 대법원 2021. 7. 15. 선고 2019다269385 판결).

이에 도시정비법이 2017. 2. 8. 법률 제14567호로 전부 개정되면서 정비사업의 시행으로 용도가 폐지되는 국가 또는 지방자치단체 소유의 정비기반시설의 경우 정비사업의 시행 기간 동안 해당 시설의 대부료는 면제된다고 명확히 정하였다(법 제97조 제7항). 다만 위 전부개정법률은 위 개정규정이 소급적용될 수 있는 명확한 경과규정을 두지 않으므로, 도시정비법 부칙(2017. 2. 8.) 제1조에 따라 위 전부개정법률의 시행일인 2018. 2. 9. 이후에만 위 개정규정이 적용되고 소급적용된다고 볼 근거는 없다(대법원 2021. 7. 15. 선고 2019다269385 판결, 대법원 2021. 7. 29. 선고 2020다209723 판결 등).

[21] 국유·공유재산의 처분

Ⅰ. 국유 · 공유재산에 대한 도시정비법의 규정

도시정비법은 사업시행계획이 인가 · 고시되면 국유 · 공유재산은 국유재산법 또는 공유재산법 등의 용도폐지 절차 없이도 그 고시가 있은 날부터 종전의 용도가 폐지된 것으로 보고, 정비구역이 지정되면 국유 · 공유재산은 정비사업 외의 목적으로 매각되거나 양도될 수 없고 국 · 공유지는 국유재산법, 공유재산법 등의 규정에도 불구하고 사업시행자등이 우선하여 매수 또는 임대받을 수 있도록 하여 국 · 공유지 처분절차를 간소화하고 있다.

정비계획의 입안권자는 정비기반시설 및 국유 · 공유재산의 귀속 및 처분에 관한 사항이 포함된 정비계획을 입안하려면 미리 해당 정비기반시설 및 국유 · 공유재산의 관리청의 의견을 들어야 한다(법 제15조 제4항). 또한 시장 · 군수등은 인가하려는 사업시행계획 또는 직접 작성하려는 사업시행계획서에 국유 · 공유재산의 처분에 관한 내용이 포함되어 있는 때에는 미리 관리청과 협의하여야 하며, 협의를 받은 관리청은 20일이내에 의견을 제시하도록 함으로써(법 제98조 제1항, 제2항), 국유 · 공유재산의 관리청은 정비계획 입안 및 사업시행계획인가 과정에서 향후 용도가 폐지되고 처분이 제한될 국유 · 공유재산에 대한 우선 매수, 무상귀속 · 무상양도, 점용료 · 사용료에 대한 사항을 협의할 수 있을 것이다.

Ⅱ. 국유 · 공유재산의 처분

1. 정비사업 외 목적의 매각 · 양도 제한

정비구역의 국유 · 공유재산은 정비사업 외의 목적으로 매각되거나 양도될 수 없다(법 제98조 제3항).

2. 사업시행자 등의 우선 매수 · 임대

가. 수의계약에 의한 매각 또는 임대

정비구역의 국유 · 공유재산은 국유재산법 제9조 또는 공유재산법 제10조에 따른 국유재산종합계획 또는 공유재산관리계획과 국유재산법 제43조 및 공유재산법 제29조에 따른 계약의 방법에도 불구하고 사업시행자 또는 점유자 및 사용자에게 다른 사람에 우선하여 수의계약으로 매각 또는 임대될 수 있다(법 제98조 제4항).

나. 매각가격의 평가기준

정비사업을 목적으로 우선하여 매각하는 국 · 공유지는 사업시행계획인가의 고시가 있은 날을 기준으로 평가하며, 주거환경개선사업의 경우 매각가격은 평가금액의 80/100으로 한다. 다만, 사업시행계획인가의 고시가 있은 날부터 3년 이내에 매매계약을 체결하지 아니한 국 · 공유지는 국유재산법 또는 공유재산법에서 정한다(법 제98조 제6항).

감정평가를 위해서는 기준시점, 용도지역등, 이용상황, 도시 · 군계획시설 저촉 여부 등의 여러 요인을 정해야 하는데, 도시정비법 제98조 제6항에서 정하는 사업시행계획인가 고시일이 기준시점만을 의미하는 것인지, 용도지역등 평가방법까지 포함하는 취지인지 다툼이 있었다.

대법원 2010. 1. 28. 선고 2009다69548 판결은 도시정비법 제98조 제6항(구법 제66조 제6항)에서 사업시행계획인가의 고시일을 기준으로 정한 것은 국유 · 공유재산에 대한 수의계약이 체결되는 구체적인 시기에 따라 매수부담이 달라지는 것을 방지하기 위해 어느 시기에 수의계약이 체결되더라도 그 가액은 사업시행계획인가의 고시가 있은 날을 기준시기로 이를 평가하도록 규정한 취지라고 보일 뿐, 반드시 그 기준시기의 현황에 의하여 평가하도록 하는 평가방법까지 함께 규정한 것이라고 해석하기는 어렵다고 보아 사업시행계획인가고시일은 기준시점에 한정되는 것임을 명확히 하였다.

따라서 감정평가의 기준시점은 사업시행계획인가고시일로 하되, 용도지역, 현실적 이용상황 등의 요인은 반드시 사업시행계획인가고시일을 기준으로 하여야 하는 것은 아니고 국유재산법, 공유재산법 또는 토지보상법 및 관련 규정에 따라 평가하게 된다. 현황기준의 원칙상 대상물건의 이용현황 및 공법상 제한 상태 등은 기준시점을 기준으로 하는 것이 원칙이므로, 위 대법원 2009다69548 판결의 취지는 기준시점이 아닌 이용현황 등을 사업시행계획인가고시일의 현황을 기준으로 하지 않았다는 이유만으로 위법한 것은 아니라는 취지로 볼 수 있다.[1]

---

1 위 대법원 2009다69548 판결은 이용현황도 도시정비법 제98조 제6항에 따라 사업시행계획인가고시일의 현황을 기준으로 하여야 한다고 본 원심(부산고등법원 2009. 8. 13. 선고 2009나4176 판결)의 판단이 잘못되었다고 본 것이었고, 그 이후에 선고된 부산고등법원 2015. 6. 4. 선고 2013나9406 판결은 사업시행계획인가고시일 당

감정평가법 제3조 제3항, 감정평가에 관한 규칙 제28조에 따라 감정평가의 구체적인 기준을 정하는 국토교통부 고시인 「감정평가 실무기준」은 국유 · 공유재산의 처분을 위한 감정평가 기준을 다음과 같이 정하고 있다.

> 감정평가 실무기준 3.3 국·공유재산의 처분을 위한 감정평가
> 국·공유재산의 처분을 위한 감정평가는 사업시행인가고시가 있은 날의 현황을 기준으로 감정평가하되, 다음 각 호의 어느 하나에 해당하는 경우에는 그에 따를 수 있다.
> 1. 재개발사업등의 사업구역 안에 있는 국·공유지를 사업시행자에게 매각하는 경우로서 도로 등의 지목을 "대"로 변경하여 감정평가를 의뢰한 경우에는 "대"를 기준으로 그 국·공유지의 위치·형상·환경 등 토지의 객관적 가치형성에 영향을 미치는 개별적인 요인을 고려한 가액으로 감정평가한다.[2]
> 2. 재건축사업구역 안에 있는 국·공유지는 공부상 지목에도 불구하고 "대"를 기준으로 그 국·공유지의 위치·형상·환경 등 토지의 객관적 가치형성에 영향을 미치는 개별적인 요인 등을 고려한 가액으로 감정평가한다.
> 3. 도정법 제66조 제6항 단서에 따라 사업시행인가고시가 있은 날부터 3년이 지난 후에 매매계약을 체결하기 위한 국·공유재산의 감정평가는 가격조사 완료일의 현황을 기준으로 감정평가한다.

3. 국유 · 공유재산의 임대

도시정비법은 임대주택과 관련하여 국유 · 공유재산 임대에 대한 특례를 두고 있다. 주거환경개선구역 또는 재개발구역에서 임대주택을 건설하는 경우 국 · 공유지를 임대할 수 있도록 함으로써 임대주택의 건설을 활성화하고, 세입자 및 저소득 주민의 주거안정 및 사업비 경감을 통한 사업추진의 활성화를 도모하기 위한 것이다.[3]

지방자치단체 또는 토지주택공사등은 주거환경 · 개선구역 및 재개발구역에서 임대주택을 건설하는 경우에는 국유재산법 제46조 제1항 또는 공유재산법 제31조에도 불구하고 국 · 공유지 관리청과 협의하여 정한 기간 동안 국 · 공유지를 임대할 수 있다. 국 · 공유지

시의 현황인 도로가 아닌 대지로 평가한 것은 위법하다는 원고의 주장을 같은 이유로 배척하였다.

2 사업시행자가 종전 도로의 현황을 대지로 하여 감정의뢰를 할 수 있다. 이에 대해 한국감정평가협회 · 한국감정원, 감정평가 실무기준 해설서(Ⅰ) (2014), 582는 "국 · 공유재산의 처분을 위한 감정평가는 사업시행인가고시가 있은 날의 현황을 기준으로 평가함이 원칙이다. 그러나 국가와 지자체에서는 「도정법」 제66조 제6항에서와 같이 국 · 공유재산은 당해 사업시행인가고시일로부터 용도가 폐지된 것으로 보게 되므로, 이에 대한 감정평가는 도로 등의 경우 대부분 용도폐지가 되면 대지로 이용하게 될 것이므로 종래의 국 · 공유지의 상태(도로, 구거 등)가 아닌 '대'를 기준으로 평가할 것으로 요청한다.... 다만, 재개발사업등의 경우에는 사업시행자의 요청으로 현황에 불구하고 '대'를 기준으로 감정평가 의뢰받는 경우 대지로 평가한다는 점을 유의하여야 하고, 이 때에도 국 · 공유지의 위치 · 형상 · 환경 등 토지의 객관적인 가치형성에 영향을 미치는 개별적인 요인을 고려하여 평가하여야 할 것이다"와 같이 설명하고 있다.

3 국토해양부, 도시 및 주거환경정비법안(입법참고자료집) (2002), 299, 유삼술 · 이종만, 814에서 재인용.

의 임대료는 국유재산법 또는 공유재산법에서 정한다(법 제99조 제1항, 제3항).

시장 · 군수등은 국유재산법 제18조 제1항 또는 공유재산법 제13조에도 불구하고 제1항에 따라 임대하는 국 · 공유지 위에 공동주택, 그 밖의 영구시설물을 축조하게 할 수 있고, 이 경우 해당 시설물의 임대기간이 종료되는 때에는 임대한 국 · 공유지 관리청에 기부 또는 원상으로 회복하여 반환하거나 국 · 공유지 관리청으로부터 매입하여야 한다(법 제99조 제2항).

Ⅲ. 국 · 공유지에 대한 사용료 · 점용료 면제

재개발사업의 사업시행자는 사업시행계획인가를 받은 때 행정재산에 대해서는 국유재산법 제30조에 따른 사용허가, 공유재산법 제20조에 따른 사용 · 수익허가를 받은 것으로 보고, 국 · 공유지의 사용 또는 점용에 따른 사용료 또는 점용료를 면제받는다(법 제57조 제1항 제13호, 제14호, 제7항).

따라서 재개발사업의 사업시행자가 기존 공공시설의 점유에 관하여 관리청의 점용료 부과시에는 이를 납부하겠다는 취지의 각서를 작성하였다 하더라도 점용료부과처분이 적법하다고 볼 수 없다(구 도시재개발법의 재개발사업에 대한 대법원 2000. 1. 18. 선고 97누19267 판결 참고). 대법원은 행정청이 정비사업의 시행자에게 '무상양도되지 않는 구역 내 국유지를 착공신고 전까지 매입'하도록 한 부관을 붙여 사업시행계획인가를 하였으나 시행자가 국유지를 매수하지 않고 점용한 사안에서, 그 부관은 국유지에 관해 사업시행계획인가의 효력을 저지하는 조건이 아니라 작위의무를 부과하는 부담이고 사업시행계획인가를 받은 때에 국유지에 대해 국유재산법 제24조의 규정에 의한 사용 · 수익 허가를 받은 것이어서 무단점유를 이유로 한 변상금 부과처분은 위법하다고 보았다(대법원 2008. 11. 27. 선고 2007두24289 판결).

Ⅳ. 국 · 공유지의 무상양여

1. 무상양여의 취지

주거환경개선사업은 다른 정비사업보다 기반시설이 극히 열악하고 저소득 주민이 많은데, 공공시행자만 주거환경개산사업을 시행할 수 있으므로 국 · 공유지를 사업시행자에게 무상양여하고 토지의 처분대금을 주거환경개선사업의 용도로 사용하게 함으로서 위 사업에 대한 지원을 정한 것이다.[4]

2. 무상양여의 대상 및 범위

국가 또는 지방자치단체가 소유하는 토지가 국유재산법, 공유재산법 및 그 밖에 국 ·

4 유삼술 · 이종만, 815.

공유지의 관리 및 처분에 관하여 규정한 관계 법령에도 불구하고 해당 사업시행자에게 무상으로 양여되는 구역은 ⓐ 주거환경개선구역, ⓑ 국가 또는 지방자치단체가 도시영세민을 이주시켜 형성된 낙후지역으로서 토지보상법 제4조에 따른 공익사업의 시행으로 다른 지역으로 이주하게 된 자가 집단으로 정착한 지역으로서 이주 당시 300세대 이상의 주택을 건설하여 정착한 재개발구역, 정비구역 전체 건축물 중 준공 후 20년이 지난 건축물의 비율이 50/100 이상인 재개발구역이다(법 제101조 제1항, 시행령 제80조 제2항, 제79조 제2항). 이중 ⓑ는 무상양여 대상에서 국유지는 제외하고, 공유지는 시장 · 군수등 또는 토지주택공사등이 단독으로 사업시행자가 되는 경우로 한정한다.[5]

3. 무상양여의 절차

시장 · 군수등은 무상양여의 대상이 되는 국 · 공유지를 소유 또는 관리하고 있는 국가 또는 지방자치단체와 협의를 하여야 한다(법 제101조 제4항).

국가 또는 지방자치단체로부터 토지를 무상으로 양여받은 사업시행자는 사업시행계획인가 고시문 사본을 그 토지의 관리청 또는 지방자치단체의 장에게 제출하여 그 토지에 대한 소유권이전등기절차의 이행을 요청하고, 그 요청을 받은 관리청 또는 지방자치단체의 장은 즉시 소유권이전등기에 필요한 서류를 사업시행자에게 교부하여야 한다(시행령 제80조).

4. 국 · 공유지의 처분제한 등

정비구역의 국유 · 공유재산은 정비사업 외의 목적으로 매각되거나 양도될 수 없으므로(법 제98조 제3항),[6] 무상양여의 대상인 국 · 공유지는 정비구역 지정 고시 이후에 정비사업 외의 목적으로 매각되거나 양도될 수 없다.

무상양여된 토지의 사용수익 또는 처분으로 발생한 수입은 주거환경개선사업 또는 재개발사업 외의 용도로 사용할 수 없고, 사업시행자에게 양여된 토지의 관리처분에 필요한 사항은 국토교통부장관의 승인을 받아 해당 시 · 도조례 또는 토지주택공사등의 시행규정으로 정한다(법 제101조 제3항, 제5항).

---

5 도시영세민을 이주시켜 형성된 낙후된 재개발사업에 관한 무상양여는 도시정비법이 2016. 1. 27. 법률 제13912호로 개정되면서 신설되었다.

6 구 도시정비법(2021. 8. 10. 법률 제18388호로 개정되기 전의 것) 제101조 제2항은 국 · 공유지의 무상양여 등이 이루어지는 주거환경개선구역 등에서 국가 또는 지방자치단체가 소유하는 토지는 '정비구역지정의 고시가 있은 날부터' 정비사업 외의 목적으로 양도되거나 매각될 수 없다고 정하고 있었으나, 도시정비법 제98조 제3항과 중복된 내용이어서 도시정비법이 위 2021. 8. 10. 법률 제18388호로 개정되면서 삭제되었다[최시억, "도시 및 주거환경정비법 일부개정법률안 검토보고", 국토교통위원회 (2021. 6.), 11-12, 유경준의원 대표발의안(2108627, 2021. 3. 8.) 부분].

제 6 장

관리처분계획

[22] 분양신청

I. 분양신청절차의 취지

분양신청은 권리조정의 객체인 종전 토지등소유자가 권리조정의 주체가 되는 사업시행자에게 향후 사업시행에 따른 권리조정에 대비하여 분양예정 대지 및 건축시설을 분양받고자 하는 의사를 표시하면서 소유하고 있는 권리를 신고하는 절차이다.[1] 정비사업은 조합원이 종전자산을 출자하고 구 주택의 철거와 공사비 등을 투입하여 공동주택 등을 새로이 건설한 후 조합원에게 배분되고 남는 공동주택 등을 일반에게 분양하여 발생한 개발이익을 조합원들 사이의 출자 비율에 따라 나누어 가지는 사업이라는 점에서, 분양신청은 정비사업에서 가장 본질적이고 중대한 절차에 해당한다.

조합원이 분양신청기간내에 분양신청을 하지 않으면 분양신청기간 종료일의 다음 날 조합원 지위를 상실하고 현금청산대상자가 된다는 점에서 분양신청절차는 조합 구성원의 지위를 유지하면서 정비사업에 계속 참여할지를 결정하는 의미도 갖는다.

Ⅱ. 분양신청 통지 · 공고

1. 분양신청 통지 · 공고의 취지

사업시행자는 사업시행계획인가의 고시가 있은 날(사업시행계획인가 이후 시공자를 선정한 경우에는 시공자와 계약을 체결한 날)부터 120일이내 분양대상자별 종전자산가격, 분담금의 추산액, 분양신청기간 등을 토지등소유자에게 통지하여야 하고, 분양의 대상이 되는 대지 또는 건축물의 내용 등을 해당 지역에서 발간되는 일간신문에 공고하여야 한다(법 제72조 제1항).

분양신청 통지 · 공고는 정비구역 내의 토지등소유자에게 분양신청의 기회를 보장해 주기 위한 것으로서 관리처분계획을 수립하기 위해서는 반드시 거쳐야 하는 필수적 절차

1 송현진 · 유동규, 972; 이우재(하), 187.

이다(대법원 2011. 1. 27. 선고 2008두14340 판결, 대법원 2014. 11. 13. 선고 2011두2446 판결). 따라서 도시정비법 및 정관에서 정한 통지 절차 등을 제대로 거치지 않고 수립한 관리처분계획은 위법하며(대법원 2011. 1. 27. 선고 2008두14340 판결), 통지 절차 등을 제대로 거치지 않고 이루어진 수용재결도 위법하다(구 도시재개발법의 분양신청에 대한 대법원 2007. 3. 29. 선고 2004두6235 판결 참고).

분양신청 통지 · 공고는 관리처분계획 수립을 위한 절차 중 하나에 해당하는 것이고, 그 자체로는 조합원들의 구체적인 권리 · 의무에 직접 변동을 초래하는 행정처분에 해당하지 않는다. 따라서 분양신청에 대한 적법한 통지를 받지 못해 분양신청을 하지 못하였음을 이유로 여전히 조합원(수분양자) 지위에 있음을 다투기 위해서는 관리처분계획 중 자신을 현금청산대상자로 정한 부분의 취소를 구하는 형태로 다투어야 한다.

2. 분양신청 통지 · 공고의 시기

사업시행자는 ⓐ 사업시행계획인가 전에 시공자를 선정한 경우에는 사업시행계획인가의 고시가 있은 날로부터 120일 이내에, ⓑ 사업시행계획인가 후에 시공자를 선정한 경우에는 시공자와 계약을 체결한 날부터 120일 이내에 분양신청을 통지 및 공고하여야 한다(법 제72조 제1항 본문). 다만 토지등소유자 1인이 시행하는 재개발사업의 경우에는 그러하지 아니하다(법 제72조 제1항 단서).[2]

표 14 ▎분양신청 통지 · 공고의 시기

개정 법률	통지 · 공고의 시기
2002. 12. 30. 법률 제6852호 제정법률 제46조 제1항	사업시행인가의 고시가 있은 날부터 21일 이내에 통지 · 공고
2005. 3. 18. 법률 제7392호 일부개정법률 제46조 제1항	사업시행인가의 고시가 있은 날(주택재건축사업의 경우에는 제11조의 규정에 의하여 시공자를 선정하여 계약을 체결한 날)부터 21일 이내에 통지 · 공고
2009. 2. 6. 법률 제9444호 일부개정법률 제46조 제1항	사업시행인가의 고시가 있은 날(사업시행인가 이후 시공자를 선정한 경우에는 시공자와 계약을 체결한 날)부터 60일 이내에 통지 · 공고
2017. 2. 8. 법률 제14567호 전부개정법률 제72조 제1항	사업시행계획인가의 고시가 있은 날(사업시행계획인가 이후 시공자를 선정한 경우에는 시공자와 계약을 체결한 날)부터 120일 이내에 통지 · 공고[3]

2 사업시행자인 토지등소유자 이외에 다른 이해관계인이 없는 경우 당연히 분양신청절차가 필요 없으므로 이를 재확인한 규정이다(강신은, 167). 토지등소유자가 시행하는 재개발사업(구 도시환경정비사업)도 여전히 분양신청절차가 필요하므로, 위 단서의 '토지등소유자 1인이 시행하는 재개발사업'은 재개발사업에서 사업시행자가 토지등소유자 1인인 경우를 의미하는 것이 아니고 재개발사업의 전체 토지등소유자 자체가 1인인 경우를 의미한다고 보아야 한다.

3 종전에 분양신청 전에 종전 · 종후자산평가액도 통지하여야 하는지 다툼이 있었고, 도시정비법이 2017. 2. 8. 법률 제14567호로 전부 개정되면서 사업시행자가 종전자산 가액을 감정평가를 통해 우선 확정하고 이를 기

사업시행계획인가 이후 시공자를 선정한 경우 시공자와 계약을 체결한 날부터 120일을 기산하는 이유는 공사계약이 체결된 이후에야 공사비에 따른 조합원별 분담금의 추산액 등이 구체적으로 산정될 수 있기 때문이다.[4] 문언상 공사도급계약이 분양 통지 · 공고 이후에 체결된 경우 일응 관리처분계획에 절차상 하자가 있다고 볼 수 있다.

① 분양 통지 · 공고 이전에 공사도급계약에 필요한 기본적인 사항들이 모두 합의된 상태에서 조합원들간 이견으로 절차가 지연되자 분양신청 통지 · 공고 및 분양신청 절차 이후 총회 의결을 거쳐 관리처분계획 인가를 받은 사안에서, 대법원은 위 분양신청 통지 · 공고로 도시정비법령이 규정한 사항들은 조합원들에게 충분히 고지되었으므로 단순히 시공자와의 계약체결이 분양신청 공고 · 통지 후에 이루어졌다는 사정만으로 관리처분계획이 위법하다고 볼 수 없다고 판단하였다(대법원 2012. 8. 23. 선고 2010두13463 판결).

② 분양신청 절차가 이루어진 이후에 시공자가 변경되거나 공사도급계약의 효력에 다툼이 있는 경우 종전 분양신청 통지 · 공고가 그대로 유효한지 문제가 될 수 있으나, 이 규정의 취지는 사업시행자가 분양신청을 앞둔 조합원들에게 상당한 비용을 부담하면서 분양신청을 할 것인지 아니면 현금으로 청산 받을지를 선택하도록 하기 위해 개략적인 분담금(분담금 추산액)을 통지하라는 것이므로, 종전 분양신청 통지 · 공고로 분담금 추산액에 대한 충분한 정보가 제공되었다면 종전 공사도급계약의 효력이 달라졌다 하더라도 관리처분계획이 위법하다고 보기 어려운 것으로 생각된다.[5]

분양신청 통지 · 공고가 사업시행계획인가의 고시일 또는 공사도급계약 체결일로부터 120일을 도과한 경우 그 통지 · 공고가 적법한지 다툼이 있을 수 있는데, 분양신청 통지 · 공고 등의 절차는 분양신청을 위해 필수적인 절차인데 위 기간을 도과하였다고 하여 통지 · 공고를 할 수 없거나 부적법하다면, 아무런 하자가 없는 종전의 사업시행계획과 동일한 내용으로 다시 사업시행계획을 수립하여 인가받는 방법 이외에는 분양신청 자체를 진행할 수 없다는 결론에 이르게 되므로 위 기간은 훈시규정으로 보는 것이 타당한 것으로 생각된다.[6]

초로 분양대상자별 분담금의 추산액을 산정하여 분양신청 통지 · 공고 및 분양신청절차를 진행하도록 하였다. 이에 종전자산평가에 소요되는 시간을 고려하여 종전의 60일을 120일로 연장한 것이다(강신은, 166). 위 개정규정은 위 전부개정법률의 시행일인 2018. 2. 9. 이후 최초로 사업시행계획인가를 신청하는 경우부터 적용된다[법 부칙(2017. 2. 8.) 제17조].

4 안광순(하), 263; 이우재(하), 185.

5 서울고등법원 2013. 12. 19. 선고 2012누37465 판결, 서울고등법원 2018. 11. 8. 선고 2018누52589 판결(제1심은 수원지방법원 2018. 6. 20. 선고 2017구합71742 판결); 분양신청 통지 · 공고절차부터 다시 해야 한다고 보더라도, 현행법상 세대수 또는 주택규모 변경의 사업시행계획 변경이 없다면 단지 시공자 변경을 이유로 분양절차를 다시 할 수 있는지도 의문이 있다.

6 부산고등법원 2012. 10. 24. 선고 2012누447, 461 판결.

3. 분양신청 통지의 방법

가. 통지할 내용

(1) 분양신청 통지의 내용

사업시행자가 토지등소유자에게 통지하여야 할 사항은 ⓐ 분양대상자별 종전의 토지 또는 건축물의 명세 및 사업시행계획인가의 고시가 있은 날을 기준으로 한 가격(사업시행계획인가 전에 도시정비법 제81조 제3항에 따라 철거된 건축물은 시장 · 군수등에게 허가를 받은 날을 기준으로 한 가격), ⓑ 분양대상자별 분담금의 추산액, ⓒ 분양신청기간, ⓓ 사업시행계획인가의 내용, ⓔ 정비사업의 종류 · 명칭 및 정비구역의 위치 · 면적, ⓕ 분양신청기간 및 장소, ⓖ 분양대상 대지 또는 건축물의 내역, ⓗ 분양신청자격, ⓘ 분양신청방법, ⓙ 분양을 신청하지 아니한 자에 대한 조치, ⓚ 분양신청서, ⓛ 그 밖에 시 · 도조례로 정하는 사항이다(법 제72조 제1항 각 호, 시행령 제59조 제2항 각 호).[7]

(2) 종전자산가격 및 분담금 추산액

종전 도시정비법은 분양신청 통지 및 공고의 대상으로 '개략적인 부담금 내역'만을 정한 채 그 부담금 산정의 기초가 되는 종전 · 종후자산가격은 포함하지 않았으며(구법 제46조 제1항, 구 시행령 제47조 제1항 제3호), 그 종전 · 종후자산가액은 관리처분계획 수립을 위한 총회 개최일로부터 1개월 전에 통지하도록 정하고 있었다(구법 제48조 제1항 제3호, 제4호). 이 경우 조합원은 자신이 실제 부담하게 될 분담금의 규모를 알지 못한 채 가정적으로 종전자산가격이 얼마일 경우 평형별로 부담하는 분담금이 얼마인지 정도의 '개략적인 분담금 내역(예시)'만을 기초로 일단 분양신청을 하여야 하는 문제가 있었다. 다만, 도시정비법령상 '개략적인 부담금 내역' 정도만을 통지 및 공고하도록 하고 있고 사업시행계획 인가 · 고시일 이후 60일이내에 분양신청 통지 및 공고를 하도록 한 구 도시정비법상 규정상 위 60일 이내에 종전자산가격에 대한 감정평가가 이루어져야 한다고 볼 근거도 없으므로 분양신청 통지에 종전자산가격 평가액에 대한 내용이 포함되지 않았다고 하여 분양신청 통지나 관리처분계획이 위법하다고 볼 수 없었다(대법원 2016. 2. 18. 선고 2015두2048 판결 등).

이에 도시정비법이 2017. 2. 8. 법률 제14567호로 전부 개정되면서 사업시행자가 종전자산가격에 대한 감정평가를 먼저 실시한 후 이를 기초로 분양대상자별 분담금의 추산액을 산정하여 분양신청 통지 · 공고 및 분양신청절차를 진행하도록 하였으며, 종전자산가격 감정평가에 소요되는 시간을 감안하여 사업시행계획인가의 고시가 있은 후 분양신청 통지를 하여야 하는 날은 종전의 60일에서 120일로 연장하였다(법 제72조 제1항).[8]

---

7 서울시 정비조례 제32조 제2항은 "그 밖에 시 · 도조례로 정하는 사항"으로 "분양신청 안내문", "철거 및 이주 예정일"을 정하고 있다.

8 위 개정규정은 위 전부개정법률의 시행일인 2018. 2. 9. 이후 최초로 사업시행계획인가를 신청하는 경우부

따라서 사업시행자는 분양신청 통지 및 공고에 앞서 종전자산가격에 대한 감정평가를 실시하여 그에 따른 "분양대상자별 종전의 토지 또는 건축물의 사업시행계획인가 고시가 있은 날을 기준으로 한 가격"과 "분양대상자별 분담금을 추산액"을 통지 및 공고하여야 한다.

나. 통지 방법

(1) 정관에 따른 통지 절차의 이행

도시정비법령은 분양신청 통지의 방법에 대해 별도로 정하고 있지 않은데, 정관에서도 별도로 정하지 않고 있다면 조합원의 권리 · 의무에 관한 사항에 대한 고지 · 공고의 방법(구 표준정관 제7조)을 적용하여 등기우편 발송 후 반송 시 일반우편 1회 발송에 의하여야 한다. 특히 분양신청 통지는 분양신청의 기회를 부여하기 위한 것으로서 관리처분계획을 수립하기 위해 반드시 거쳐야 하는 절차이고, 사업시행자인 조합이 분양신청 통지를 하려면 법령의 위임에 따라 정관 규정에서 정한 절차가 준수되어야 하므로, 정관에 따른 통지절차 등을 제대로 거치지 않고 이루어진 관리처분계획은 위법하다(대법원 2011. 1. 27. 선고 2008두14340 판결). 분양신청 통지가 정관에 따라 이루어졌는지는 분양신청권 보호의 측면에서 엄격히 판단된다.

(2) 정관에 따른 적법한 통지 방법

통상 정관에는 조합원의 권리 · 의무에 관한 사항에 대한 일반적인 고지 · 공고 방법을 정해두고 있다(구 표준정관 제7조).

> 구 표준정관 제7조(권리·의무에 관한 사항의 고지·공고 방법) ① 조합은 조합원의 권리·의무에 관한 사항(변동사항을 포함한다. 이하 같다)을 조합원 및 이해관계인에게 성실히 고지·공고하여야 한다.
>
> ② 제1항의 고지·공고방법은 이 정관에서 따로 정하는 경우를 제외하고는 다음 각호의 방법에 따른다.
>
> 1. 관련 조합원에게 등기우편으로 개별 고지하여야 하며, 등기우편이 주소불명, 수취거절 등의 사유로 반송되는 경우에는 1회에 한하여 일반우편으로 추가 발송한다.
> 2. 조합원이 쉽게 접할 수 있는 일정한 장소의 게시판(이하 "게시판"이라 한다)에 14일 이상 공고하고 게시판에 게시한 날부터 3월 이상 조합사무소에 관련서류와 도면 등을 비치하여 조합원이 열람할 수 있도록 한다.
> 3. 인터넷 홈페이지가 있는 경우 이에 게시하여야 한다.[9] 다만, 특정인의 권리에 관계되거나 외부에 공개하는 것이 곤란한 경우에는 그 요지만을 게시할 수 있다.
> 4. 제1호의 등기우편이 발송되고 제2호의 게시판에 공고가 있는 날부터 고지·공고된 것으로 본다.

터 적용된다[법 부칙(2017. 2. 8.) 제17조].

9 서울지역 조합의 경우 정비사업 종합정보관리시스템(구 클린업시스템)에도 공고하도록 하고 있다.

위 정관 규정은 조합원의 주소지 등 적법한 송달장소로 등기우편에 의하여 조합원의 권리 · 의무에 관한 사항을 발송하였으나 송달불능된 경우, 일반우편으로 1회 더 추가로 발송하여야 고지의 효력을 인정하겠다는 의미로 보아야 한다(대법원 2014. 11. 13. 선고 2011두2446 판결). 따라서 등기우편 발송이 송달불능된 이후 일반우편으로 1회 더 추가로 발송하지 않았다면 위 정관 규정에 따른 고지의 효력이 발생하지 않는다.

① 정관에서 다르게 정하지 않는 한 고지간주의 효력은 해당 고지사항의 송달에 한하여 적용될 수 있고, 어느 사항에 관하여 정관 규정에 따른 고지간주의 효력이 발생하였다고 하더라도 다른 사항을 고지하는데 있어서는 정관 규정이 정한 요건과 절차를 다시 갖추어야 고지간주의 효력이 인정된다(대법원 2014. 11. 13. 선고 2011두2446 판결). 분양공고 및 분양신청 안내문, 분양신청기간 연장에 관한 안내문을 각각 등기우편으로 발송하였으나 이사불명으로 모두 반송되었음에도 정관 규정에 따라 다시 일반우편으로 각각 추가 발송하지 않았다면 적법한 통지가 이루어졌다고 볼 수 없다.[10]

② 우편물이 등기취급의 방법으로 발송된 경우 그것이 도중에 유실되었거나 반송되었다는 특별한 사정이 없는 한 그 무렵 수취인에게 배달되었다고 추정할 수 있다(대법원 2017. 3. 9. 선고 2016두60577 판결 등 참고). 따라서 등기우편 조회나 발송대장을 통해 반송되었다는 등의 사정이 확인되지 않는 한 수취인인 토지등소유자에게 도달하였다고 볼 수 있다. 다만, 등기우편을 '반송불요'로 발송하였다면 조합원들에게 송달되었는지 또는 송달되지 않은 사유를 전혀 알 수 없고 일반우편으로 추가 발송할 여지도 없어 고지의 효력이 발생하지 않는다.[11]

③ 분양신청통지서가 승계 전 조합원 앞으로 발송되었는데 승계 전 조합원의 주거지가 아닌 곳으로 발송되어 수령권한 없는 자가 수령한 경우[12] 등은 정관에 따른 분양신청 통지 등 절차가 제대로 이행되지 않은 것으로 보아야 한다.

④ 정관에서 조합원이 주소의 변경을 신고하지 않은데 따른 불이익을 조합원이 부담하도록 정하였다 하더라도(구 표준정관 제10조 제3항),[13] 조합원이 등기부상 주소지에 장기간 거주하지 않아 계속 송달이 되지 않았음에도 별도의 확인 노력 없이 등기부상 주소로만 발송하여 해당 조합원이 분양신청 통지를 받지 못한 경우,[14] 송달불능된 것을 조합원의 책임으로 돌리기 어려

10 대법원 2014. 11. 13. 선고 2011두2446 판결, 서울고등법원 2019. 12. 12. 선고 2019누43360 판결.

11 서울고등법원 2019. 4. 17. 선고 2018누62432 판결, 서울고등법원 2019. 12. 12. 선고 2019누43360 판결.

12 대법원 2011. 1. 27. 선고 2008두14340 판결.

13 구 표준정관 제10조(조합원의 권리 · 의무) ③ 조합원이 그 권리를 양도하거나 주소 또는 인감을 변경하였을 경우에는 그 양수자 또는 변경 당사자는 그 행위의 종료일부터 14일이내에 조합에 그 변경내용을 신고하여야 한다. 이 경우 신고하지 아니하여 발생되는 불이익 등에 대하여 해당 조합원은 조합에 이의를 제기할 수 없다.

14 서울행정법원 2016. 7. 22. 선고 2015구합10056 판결, 부산고등법원 2020. 8. 21. 선고 2019누24176 판결, 수원지방법원 2021. 6. 24. 선고 2020구합76709 판결; 등기부만으로 인적사항이나 상속인을 확인하기 어려워 소재 확인이 현저히 곤란한 경우에는 도시정비법 제71조에 따라 일간신문에 공고하여 처분하는 방법으로

운 사정이 있는 경우[15] 등은 조합원이 주소 변경 신고를 게을리하거나 하지 않았다고 하여 고지가 된 것으로 보기 어렵다. 등기우편이 이사불명으로 반송된 경우 주민등록표 열람 또는 등·초본 발급을 요청하여 해당 조합원의 주소를 파악하고자 시도하거나 소재지를 방문하여 이해관계인을 통하여 해당 조합원의 연락처를 파악하는 노력을 기울여야 한다고 보기도 하나,[16] 관할관청의 협조를 받아 가능한 주민등록 등·초본 발급 등 이외에 적극적으로 소재지까지 파악해야 한다는 것은 다툼의 여지가 있어 보인다.

⑤ 정관이 등기우편으로 발송하도록 한 것은 정비사업 진행과정에서 통지 여부를 둘러싼 분쟁이 발생하는 것을 미연에 방지하기 위한 것으로서, 조합이 정관이 정하는 바에 따라 직접 등기우편으로 통지하지 않았다면 해당 조합원이 다른 사정에 의해 분양신청 사실을 알 수 있었다 하더라도 통지 절차가 위법하다는 것은 달라지기 어려울 것으로 생각된다.[17]

⑥ 공고절차를 이행하였다 하더라도 조합원들에게 대한 개별적인 고지·통지절차를 생략할 수 없다.[18]

다. 통지 대상

분양신청의 통지는 분양신청할 수 있는 조합원에 대해 이루어져야 한다.

재건축사업에서 조합설립에 동의하지 않은 토지등소유자(이하 '미동의자')에게도 통지하여야 하는지, 즉 미동의자에게도 통지하지 않으면 통지절차가 위법한지 다툼이 있는데, ⓐ 도시정비법 제72조 제1항 본문은 "토지등소유자에게 통지"하도록 하고 있어 재건축사업에서 미동의자도 분양신청기한까지 조합설립 동의서를 제출하여 조합원이 될 수 있으므로[19] 미동의자에게도 통지하여야 한다는 견해와[20] ⓑ 법문상의 '토지등소유자'는 조합 외에 공공시행자·지정개발자가 사업시행자인 경우를 예정한 것에 불과하고 분양신청권이 없는 미동의자에게 분양신청을 통지할 필요는 없으므로 미동의자에게 통지할 의무는 없다고 보는

하여야 할 것으로 생각된다.

15 서울고등법원 2019. 4. 17. 선고 2018누62432 판결; 반대로, 서울고등법원 2013. 6. 20. 선고 2012누30259 판결은 1차 분양신청 안내문은 해당 조합원이 직접 수령하였음에도 이후 주소나 전화번호의 변동을 조합에 신고하지 않은 채 장기간 주소지에서 부재하여 그 이후의 분양신청 통지를 받지 못한 경우에는 해당 조합원에게 책임이 있다고 보았다.

16 서울행정법원 2008. 12. 3. 선고 2008구합30588 판결, 서울고등법원 2010. 12. 24. 선고 2010누15683 판결.

17 서울고등법원 2019. 4. 17. 선고 2018누62432 판결, 서울고등법원 2020. 8. 20. 선고 2020누30100 판결.

18 수원지방법원 2020. 2. 6. 선고 2019구합63578 판결.

19 구 표준정관 제9조(조합원의 자격 등) ① 조합원은 법 제2조 제9호 나목의 규정에 의한 토지등소유자로서 조합설립에 동의한 자로 한다. 다만, 조합설립에 동의하지 아니한 자는 제44조의 규정에 의한 분양신청기한까지 다음 각호의 사항이 기재된 별지1의 동의서를 조합에 제출하여 조합원이 될 수 있다.

20 맹신균, 795; 전재우, 452.

견해가 있다.[21]

종전에는 분양신청 절차가 진행되기 전 미동의자에 대한 매도청구를 통해 이미 조합설립 동의 의사를 확인할 수 있었으므로 미동의자에게 재차 분양신청 통지까지 할 이유는 없었고, 분양신청권을 가지지 않는 자들에 대해 통지하지 않았다고 하여 통지절차를 위법하다고 볼 이유는 없는 것으로 생각된다. 통지의무가 없다고 보더라도, 매도청구와 분양대상자에 관한 분쟁을 줄이고 분양신청시까지 조합설립에 동의하여 분양받을 수 있도록 법상의 의무가 아닌 조합가입 기회를 부여하는 차원에서 조합원들에 대한 통지와 같은 기회에 미동의자에 대해서도 통지를 하는 것이 바람직한 것으로 생각된다.[22]

4. 분양신청 공고의 방법

분양신청 공고는 해당 지역(정비구역)에서 발간되는 일간신문에 공고하는 방법에 의한다. 사업시행자가 공고할 내용은 ⓐ 사업시행계획인가의 내용, ⓑ 정비사업의 종류 · 명칭 및 정비구역의 위치 · 면적, ⓒ 분양신청기간 및 장소, ⓓ 분양대상 대지 또는 건축물의 내역, ⓔ 분양신청자격, ⓕ 분양신청방법, ⓖ 토지등소유자외의 권리자의 권리신고방법, ⓗ 분양을 신청하지 아니한 자에 대한 조치, ⓘ 그 밖에 시 · 도조례로 정하는 사항이다(법 제72조 제1항, 시행령 제59조 제2항).[23] 분양신청 통지할 사항 중 개별적으로 통지할 사항인 '분양대상자별 종전의 토지 또는 건축물의 명세 및 사업시행계획인가의 고시가 있은 날을 기준으로 한 가격', '분양대상자별 분담금의 추산액' 및 분양신청서는 공고의 대상이 아니고, 통지와 달리 '토지등소유자외의 권리자의 권리신고방법'은 공고에 포함하여야 한다.

Ⅲ. 분양신청

1. 분양신청의 방법

대지 또는 건축물에 대한 분양을 받으려는 토지등소유자는 통지 · 공고된 분양신청기간에 사업시행자에게 대지 또는 건축물에 대한 분양신청을 하여야 한다(법 제72조 제3항). 분양신청을 하려는 자는 분양신청서에 소유권의 내역을 분명하게 적고, 그 소유의 토지 및 건축물에 관한 등기부등본 또는 환지예정지증명원을 첨부하여 사업시행자에게 제출하여야 한다. 이 경우 우편의 방법으로 분양신청을 하는 때에는 분양신청기간 내에 발송된 것임을 증명

21 송현진 · 유동규, 969; 안광순(하), 266.

22 이우재(하), 186.

23 서울시 정비조례 제32조 제1항은 '그 밖에 시 · 도조례로 정하는 사항'을 '재분양공고 안내', '보류지 분양 처분 내용'으로 정하고 있다.

할 수 있는 우편으로 하여야 한다(시행령 제59조 제3항).[24] 분양신청서를 받은 사업시행자는 전자정부법 제36조 제1항에 따른 행정정보의 공동이용을 통하여 첨부서류를 확인할 수 있는 경우에는 그 확인으로 첨부서류를 갈음하여야 한다(시행령 제59조 제5항).

서울시 정비조례 제32조 제3항은 분양신청서에 종전의 토지 또는 건축물에 관한 소유권의 내역, 분양신청권리를 증명할 수 있는 서류, 도시정비법 제2조 제11호 또는 위 조례에 따른 정관등에서 분양신청자격을 특별히 정한 경우 그 자격을 증명할 수 있는 서류, 분양예정 대지 또는 건축물 중 관리처분계획 기준의 범위에서 희망하는 대상 · 규모에 관한 의견서를 첨부하도록 하고 있다.

2. 분양신청의 기간 및 연장

가. 분양신청기간

⑴ 도시정비법 제72조 제2항의 분양신청기간

분양신청기간은 분양신청을 통지한 날부터 30일 이상 60일 이내로 하여야 한다. 다만 사업시행자는 관리처분계획의 수립에 지장이 없다고 판단하는 경우에는 분양신청기간을 20일의 범위에서 한 차례만 연장할 수 있다(법 제72조 제2항).

종전에는 분양신청기간의 연장 횟수를 제한하지 않았으나 도시정비법이 2017. 2. 8. 법률 제14567호로 전부 개정되면서 "한 차례만" 연장할 수 있다고 명시하였다. 위 개정규정은 위 전부개정법률의 시행일인 2018. 2. 9. 이후 최초로 사업시행계획인가를 신청한 경우부터 적용된다(법 부칙(2017. 2. 8.) 제17조).

⑵ 도시정비법 제72조 제2항에서 정한 기간을 위반한 분양신청절차의 효력

분양신청기간 및 연장기간을 도시정비법 제72조 제2항이 정한 기간보다 단축하는 것은 조합원의 분양신청권을 침해한다는 점에서 위법하다고 보는 것이 타당하다. 반대로 이 규정이 정한 기간보다 더 연장하는 것은 다툼의 여지가 있다.

① 도시정비법 제72조 제2항이 정한 기간보다 더 연장하는 것은 분양신청을 하지 않은 토지등소유자가 조합원 지위를 상실하고 현금청산대상자가 되는 '분양신청기간의 종료일 다음 날'을 예측하기 어렵거나 무한정 연기될 수 있는 문제가 있다. 도시정비법 제72조 제2항은 "30일 이상 60일 이내", "20일의 범위에서"와 같이 명시적으로 기간을 정하고 있으며, 2017. 2. 8. 법률 제14567호로 전부 개정된 도시정비법은 분양신청기간을 "한 차례만" 연장할 수 있다고 하여 분양신청기간을 수차례 연장하는 것을 명시적으로 금지하고 있으므로, 도시정비법 제72조 제2항의 기간은 강행규정 또는 효력규정으로 볼 여지가 있다.[25]

---

24 분양신청을 우편으로 하는 경우 분양신청기간 내에 도달이 아닌 발송하면 되는 것으로 정하고 있다.
25 맹신균, 801.

② 그러나 분양신청기간에 관한 규정을 강행규정이나 효력규정으로 해석할 경우, 그 기간을 그대로 준수하지 못하면 분양신청 절차와 관리처분계획 등이 모두 위법하게 되어 조합은 다시 분양신청 절차를 진행하여야 하는데, 조합이 법령에서 정한 기간을 준수하지 못한 귀책사유의 정도에 비하여 지나치게 많은 시간이 소요되고 불필요한 절차를 반복하는 것이므로, 분양신청기간에 관한 규정은 훈시규정으로 보는 것이 타당하기도 하다.[26·27]

우선 분양신청기간의 연장 횟수는 도시정비법이 2017. 2. 8. 법률 제14567호로 전부 개정되면서 "한 차례만"을 명시적으로 정한 취지상 종전 실무와 달리 한 차례만 연장가능한 것으로 해석된다. 그 이외의 분양신청기간 및 연장기간의 경우 도시정비법 제72조 제2항이 명시적으로 기간의 범위를 정하고 있는 이상 그 기간을 준수하여야 할 것이나, 그보다 더 연장하는 것이 조합원의 분양신청권을 보장하기 위한 것이고 정해진 기간보다 과도하게 연장하는 것이 아닌 한 그 사유만으로 분양신청절차 및 관리처분계획의 위법으로 보기는 어려운 것으로 생각된다.

나. 분양신청기간의 연장

(1) 분양신청기간 연장의 요건

사업시행자는 최초 분양신청기간은 통지한 날부터 30일 이상 60일 이내로 하여야 하나, 관리처분계획의 수립에 지장이 없다고 판단하는 경우에는 분양신청기간을 20일의 범위에서 한 차례만 연장할 수 있다(법 제72조 제2항).

조합은 더 많은 조합원들이 분양신청을 할 수 있도록 관례적으로 분양신청기간을 연장하고 있는데, 분양신청 이후 관리처분계획을 수립할 때까지 상당한 시간이 소요되므로 이 규정의 "관리처분계획의 수립에 지장이 없다고 판단하는 경우"는 조합이 재량으로 판단할 사항을 주의적으로 정한 것으로 생각된다. 종전에는 분양신청기간의 연장 횟수에 명시적인 제한이 없어 수 차례 분양신청기간을 연장하는 방법으로 사실상 추가분양신청을 하기도 하였으나, 도시정비법이 2017. 2. 8. 법률 제14567호로 전부 개정되면서 "한 차례만" 연장할 수 있다고 명시하였으므로 위 개정규정이 적용되는 정비사업은 분양신청기간을 한 차례만 연장할 수 있다고 해석된다.[28]

---

26 대구지방법원 2018. 6. 22. 선고 2017구합24167 판결, 수원지방법원 안산지원 2020. 5. 21. 선고 2018가합8269 판결, 수원지방법원 안산지원 2020. 8. 20. 선고 2018가합8252 판결 등.

27 종전 대법원 2014. 8. 20. 선고 2012두5572 판결 및 도시정비법 제72조 제5항에 따라 추가분양신청도 가능하므로 도시정비법 제72조 제2항의 분양신청기간은 임의규정으로서 총회 의결로서 연장할 수 있다는 견해로 안광순(하), 268.

28 위 개정규정은 위 전부개정법률의 시행일인 2018. 2. 9. 이후 최초로 사업시행계획인가를 신청하는 경우부터 적용한다[법 부칙(2017. 2. 8.) 제17조].

⑵ 분양신청기간 연장의 통지

분양신청기간을 연장한 경우 그 연장된 기간도 도시정비법 제72조 제1항 및 정관이 정하는 방법으로 조합원들에게 개별적으로 통지해야 하는지 문제된다.[29]

① 도시정비법 제72조 제2항 단서는 "다만, 사업시행자는 제74조 제1항에 따른 관리처분계획의 수립에 지장이 없다고 판단하는 경우에는 분양신청기간을 20일의 범위에서 한 차례만 연장할 수 있다"고 정하고 있을 뿐 도시정비법 제72조 제1항 본문에 따른 통지가 이 경우에도 적용되는지 명확하지 않은 면이 있다.[30]

② 그러나, 도시정비법 제72조 제1항 본문의 '분양신청기간'을 최초 분양신청기간으로 한정하여 해석할 근거가 없고 분양신청기간이 연장되어 그 기간이 변경된 경우 변경된 분양신청기간 또한 위 '분양신청기간'에 포함된다고 해석하는 것이 자연스럽다. 분양신청기간의 통지 등 절차는 정비구역내 토지등소유자에게 분양신청의 기회를 보장해주기 위한 것인데(대법원 2011. 1. 27. 선고 2008두14340 판결), 분양신청기간이 연장된 경우에도 분양신청의 기회를 보장해야 한다는 필요성은 동일하며, 분양신청기간의 연장을 통지하지 않아 토지등소유자가 이를 알지 못할 경우 분양신청의 기회를 추가로 보장하기 위해 분양신청기간을 연장한 취지가 몰각될 우려가 있다. 분양신청기간을 비롯한 분양신청에 관한 일체의 사항은 "조합원의 권리 · 의무에 관한 사항(변동사항 포함)"으로서 정관에 따른 고지가 이루어져야 한다고 보는 것이 타당한다.[31]

⑶ 연장된 분양신청기간의 기산점

도시정비법 제72조 제2항은 분양신청기간을 20일의 범위에서 한 차례만 연장할 수 있다고 정하고 있을 뿐, 종전의 분양신청기간의 종료일에 바로 이어서 연장해야 하는 것인지는 명문으로 정하고 있지 않다.

① '연장'의 사전적 의미상 분양신청기간의 연장은 최초 분양신청기간의 종료일 다음 날부터 그 연장된 기간이 시작된다고 볼 수 있고, 종전 분양신청기간과 이어지지 않는 기간을 별도로 정하여 연장할 수 있다면 분양신청을 하지 않은 토지등소유자의 조합원 지위 상실 및 현금청산 기준일인 '분양신청기간의 종료일 다음 날'을 예측하기 어려운 문제가 있

29 통상 분양신청기간 연장도 종전과 동일하게 통지하고 있으므로, 실제 이 쟁점이 문제되는 경우는 최초 분양신청 통지 이후 권리변동신고가 있었으나 이를 간과한 경우 등일 것이다.

30 연장된 분양신청기간의 통지를 다시 해야 하는지가 명확하지 않으므로 그 통지를 하지 않은 것이 위법하다 하더라도 그 하자가 객관적으로 명백하다고 보기 어려워 무효사유가 아닌 취소사유에 불과하다고 본 사례로 서울고등법원 2019. 9. 26. 선고 2019누35871 판결.

31 서울고등법원 2018. 2. 22. 선고 2017누77055 판결, 서울고등법원 2019. 9. 26. 선고 2019누40194 판결, 수원지방법원 2020. 2. 6. 선고 2019구합63578 판결; 다만 위 서울고등법원 2017누77055 판결, 서울고등법원 2019누40194 판결은 개별적으로 통지하여야 하는지에 대해 명시적인 대법원 판결이 없이 하급심의 해석이 엇갈리므로 하자가 객관적으로 명백하다고 보기는 어려워 무효사유가 아닌 취소사유에 불과하다고 보았다.

다.[32] 현재는 실무적으로 종전 분양신청기간의 종료일을 즈음하여 연장 통지 및 공고를 하고 있다.

② 다만 통상 분양신청은 분양신청기간의 종료일을 즈음하여 하는 경우도 많기 때문에 도시정비법 제72조 제2항이 연장의 요건으로 정한 "관리처분계획의 수립에 지장이 없다고 판단하는 경우"는 당초 분양신청기간이 종료된 이후에 비로소 검토가 가능하고, 분양신청기간 연장 여부를 결정하기 위한 이사회, 대의원회를 소집하여 개최하는데 소요되는 시간을 감안하면 '연장'을 사전적 의미대로만 해석하는 것은 불합리하다. 도시정비법 제72조 제2항이 연장 기간이 반드시 당초 분양신청기간의 종료일 다음 날부터 단절되지 아니한 채 곧바로 이어져야 한다는 내용으로 단정하기 어렵고,[33] 위 기간 자체를 훈시규정을 볼 여지도 있다.[34] 관리처분계획 수립에 지장이 있는지 여부를 판단하기 위해서라도 종전 분양신청기간과의 연속성이 훼손되지 않는 범위에서 일정 기간 이후에 연장하는 것도 가능한 것으로 생각된다.

(4) 연장된 분양신청기간의 기간

분양신청기간은 한 차례에 한하여 20일의 범위에서 연장할 수 있는데(법 제72조 제2항 단서), 20일을 초과하여 연장하는 것이 적법한지 문제된다. ⓐ 도시정비법 제72조의 분양신청기간은 강행규정으로서 명문으로 정하고 있는 20일을 초과하여 분양신청기간을 연장하는 것은 위법하다고 볼 여지가 있으나, ⓑ 위 기간을 강행규정으로 해석할 경우, 그 기간을 그대로 준수하지 못하면 분양신청 절차와 관리처분계획 등이 모두 위법하게 되어 조합은 다시 분양신청 절차를 진행하여야 하는데, 조합이 법령에서 정한 기간을 준수하지 못한 귀책사유의 정도에 비하여 지나치게 많은 시간이 소요되고 불필요한 절차를 반복하는 것이 된다. 따라서 위 20일의 기간을 넘어 연장하였다 하더라도 그 사정만으로 분양신청절차 및 관리처분계획이 위법하지 않다고 볼 수 있을 것으로 생각된다.[35]

다. 분양신청기간의 종료

(1) 분양신청기간의 종료

조합원이 분양신청기간 내에 분양신청을 하지 않으면 분양신청기간의 종료일 다음 날 조합원의 지위를 상실하고 현금청산대상자가 되므로, 분양신청기간의 종료일은 중요한 의

---

32 법제처 2011. 10. 13. 11-0548 해석례; 국토교통부 2006. 9. 6.자 질의회신도 "분양신청기간은 법적사무로서 정관에서 따로 정하여 운영할 수 있는 것은 아니며, 이 경우 분양신청기간의 연장은 분양신청기간 내에서 연장할 수 있으며, 분양신청기간 종료 이후에 새로이 분양신청을 할 수 있는 것은 아닙니다"고 보고 있다.

33 대구지방법원 2018. 6. 22. 선고 2017구합24167 판결.

34 부산고등법원 2012. 10. 24. 선고 2012누447, 461 판결.

35 대구지방법원 2018. 6. 22. 선고 2017구합24167 판결.

미를 갖는다.

분양신청기간을 "2016. 6. 13.부터 2016. 8. 12.까지 60일간"처럼 정하여 통지 · 공고하면서 "(일요일 및 공휴일을 제외한 오전 10시부터 오후 6시까지)"처럼 접수에 관한 내용도 같이 기재한다. 분양신청 접수는 통상적인 업무시간에 수행된다고 기대하는 것이 합리적이고 기간의 종료일과 시간까지 명시하였다면 기간을 일(日)로 정한 것이라고 볼 수 없으므로, 이때 분양신청기간의 종기는 종료일의 자정이 아닌 통지 · 공고에서 정한 오후 6시 등으로 볼 수 있다.[36]

⑵ 분양신청기간이 연장된 경우 현금청산 기준일

분양신청기간이 연장된 경우 조합원 지위 상실 및 현금청산 기준시점을 당초 분양신청기간의 종료일 다음 날로 보아야 할지, 아니면 연장된 기간의 종료일 다음 날로 보아야 할지 문제된다.

① 분양신청기간이 당초 분양신청기간에 이어서 연장된 경우 당초 분양신청기간과 연장된 기간은 하나의 분양신청기간으로 볼 수 있으므로, 연장된 분양신청기간 종료일 다음 날을 조합원 지위 상실 및 현금청산 기준시점으로 보아도 될 것으로 생각된다. 현금청산을 위한 감정평가에서 조합이 제시한 기준일인 '연장된 분양신청기간 종료일 다음 날'로 평가하는 것에 특별한 다툼이 없었던 것으로 보인다.[37]

② 분양신청기간이 당초 분양신청기간이 종료된 이후에 비로소 연장된 경우에는 당초 분양신청기간의 종료일 다음 날로 보아야 하는지, 아니면 연장된 분양신청기간의 종료일 다음 날로 볼지 다툼이 있으나 연장된 기간이 종전 분양신청기간과 연속성이 없다면 이미 종전 분양신청기간이 종료됨으로써 분양신청 기회는 일단락된 것이므로 당초 분양신청기간 종료일 다음 날이 현금청산 기준일이 되는 것이 타당하다고 생각된다. 특히 단순히 당초 분양신청기간의 연장이 아니라 추가로 분양신청을 받은 경우에는 이는 도시정비법 또는 정관에 의한 것이 아니라 조합원 분양을 늘리기 위해 임의적 또는 시혜적으로 시행한 것이고, 연장(추가)된 분양신청기간의 종료일 다음 날을 조합원 지위 상실 시점으로 볼 경우 조합이 임의로 추가분양신청을 받음으로써 청산금 지급의무의 발생시기 및 이행기간이 늦춰지는 문제가 발생할 뿐 아니라 조합이 가장 유리한 시점을 선택하여 청산금 지급의무

36 서울고등법원 2019. 7. 12. 선고 2019누36164 판결; 민법 제159조는 기간을 일(日)로 정한 때에는 기간말일의 종료로 기간이 만료된다고 정하고 있으나, 위 민법 제159조는 법률행위에 다른 정한 바가 없을 때 적용되는 것이므로 기간의 종기는 별도로 정할 수 있는 것이고(위 서울고등법원 2019누36164 판결), 분양신청기간을 일수 이외에도 시기와 종기를 시간까지 정하여 통지 · 공고하였으므로 기간을 일(日)로 정하는 경우에도 해당하지 않는다.

37 불과 20여일 차이로 조합원 또는 현금청산대상자 지위에 특별한 쟁점이 생기기 어렵고, 평가시점이 20여일 늦춰진다고 하여 현금청산대상자가 손해를 보는 것도 아니어서 다툴 실익이 없다.

를 발생시키는 것으로 악용될 우려가 있으므로 당초 분양신청기간 종료일 다음 날에 청산금 지급의무가 발생한다고 보는 것이 타당하다.[38]

3. 분양신청의 자격 및 제한

가. 분양신청의 자격 및 승계

(1) 조합원

조합이 시행하는 정비사업에서 분양신청은 조합원이 할 수 있다. 강제가입제를 취하는 주거환경개선사업과 재개발사업은 토지등소유자면 원칙적으로 분양신청을 할 수 있다. 임의가입제를 취하는 재건축사업에서는 조합설립에 동의한 토지등소유자만이 조합원으로서 분양신청을 할 수 있으나, 정관에서 분양신청기간까지 조합설립 동의서를 제출하면 조합원이 될 수 있다고 정한 경우 분양신청기간 종료일 전까지 조합설립 동의서를 제출하고 분양신청을 할 수 있다.[39]

(2) 분양신청의 승계

사업시행자와 정비사업과 관련하여 권리를 갖는 자('권리자')의 변동이 있은 때에는 종전의 사업시행자와 권리자의 권리 · 의무는 새로 사업시행자와 권리자로 된 자가 승계한다(구법 제10조, 법 제129조).

정비구역안의 토지의 전 소유자가 분양신청을 한 후 현 소유자가 전 소유자로부터 위 토지의 소유권을 취득하였다면, 전 소유자의 조합원의 지위는 현 소유자에게 승계 · 이전되고 전 소유자가 한 분양신청의 효력도 현 소유자에게 미치므로, 현 소유자가 다시 분양신청을 하여야 하는 것은 아니다(구 도시재개발법의 분양신청에 대한 대법원 1995. 6. 30. 선고 95다10570 판결, 대법원 1999. 4. 13. 선고 98두19230 판결 등 참고).

나. 투기과열지구내 분양신청의 제한

종전에는 투기과열지구에서 주택법령에 따른 일반분양을 받는 경우에만 재당첨 제한 등의 제한을 두었고(주택공급에 관한 규칙 제54조), 조합원 분양분에 대해서는 별다른 제한을 두지 않음에 따라 투기적 수요 세력이 조합을 달리하여 복수의 정비구역안의 주택을 취득하는 문제가 발생하였다.[40] 이에 투기방지를 목적으로 한 2017년 8 · 2 부동산대책 이후 도시정비법이 2017. 10. 24. 법률 제14943호로 개정되면서, 분양신청 제한(구법 제46조 제3항), 재건축사업의 주택공급 수 제

38 서울고등법원 2012. 6. 15. 선고 2011나23707 판결(서울남부지방법원 2011. 1. 27. 선고 2009가합25778 판결), 서울고등법원 2012. 9. 25. 선고 2012누15731 판결, 서울고등법원 2016. 11. 17. 선고 2016누48579 판결 등.

39 구 표준정관 제9조(조합원의 자격 등) ① 조합원은 법 제2조 제9호 나목의 규정에 의한 토지등소유자로서 조합설립에 동의한 자로 한다. 다만, 조합설립에 동의하지 아니한 자는 제44조의 규정에 의한 분양신청기한까지 다음 각호의 사항이 기재된 별지1의 동의서를 조합에 제출하여 조합원이 될 수 있다.

40 강신은, 234.

한(구법 제48조 제2항 제7호 (나)목)에 관한 규정을 신설하였다.

투기과열지구의 정비사업에서 관리처분계획에 따라 ⓐ 조합원 분양분의 분양대상자(법 제74조 제1항 제2호) 및 그 세대에 속한 자는 최초 관리처분계획인가일로부터,[41] ⓑ 일반 분양분의 분양대상자(법 제74조 제1항 제4호 (가)목) 및 그 세대에 속한 자는 분양대상자 선정일로부터 각 5년 이내에 투기과열지구에서 분양신청을 할 수 없다.[42] 다만, 상속, 결혼, 이혼으로 조합원 자격을 취득한 경우에는 분양신청을 할 수 있다(법 제72조 제6항). 도시정비법 제72조 제6항에 따라 분양신청이 제한되면 분양을 받을 수 없고 관리처분계획 인가 · 고시 후 90일 이내에 현금청산을 받고 소유권을 상실하게 된다.

위 일부개정법률은 경과규정을 두어 위 일부개정법률의 시행일인 2017. 10. 24. 이전의 투기과열지구의 토지등소유자는 종전의 규정을 적용하여 분양신청이 제한되지 않는다(법 부칙(2017. 2. 8.) 제37조의2 본문).[43·44] 다만, 토지등소유자와 그 세대에 속하는 자가 위 일부개정법률 시행일인 2017. 10. 24. 이후 ⓐ 투기과열지구의 (다른) 정비사업구역에 소재한 토지 또는 건축물을 취득하여 해당 정비사업의 관리처분계획에 따라 조합원 분양분의 분양대상자로 선정되거나 ⓑ 투기과열지구의 (다른) 정비사업의 관리처분계획에 따라 일반 분양분의 분양대상자로 선정된 경우에는 일부 · 전부개정법률이 적용되어 분양신청권이 제한된다(법 부칙(2017. 2. 8.) 제37조의2 단서).

국토교통부의 2017. 12. 6.자 "정비사업의 5년 재당첨 제한 관련 Q&A"를 비롯한 각종 행정해석이 있으나, 구체적인 상황에서 위 개정규정 및 부칙을 해석하여 분양신청의 제한 대상인지 여부를 명확히 알기 어려워 다툼의 여지가 큰 것으로 생각된다.[45]

---

41 "그 세대에 속한 자"를 언제로 기준으로 볼 것인지, 현재 진행되는 분양신청시에도 세대가 유지되어야 하는지 해석상 다툼의 여지가 있다. 다만 투기과열지구내 분양신청 자체를 제한하려는 입법 취지상 앞선 투기과열지구의 정비사업에서 분양대상자가 될 당시 동일한 세대를 구성하고 있었다면 분양신청 자격이 없다고 보아야 할 것으로 생각된다(서울행정법원 2020. 10. 16. 선고 2020구합58229 판결).

42 즉, 투기과열지구의 정비사업(A)의 조합원은, 조합원 본인 또는 그 세대원이 5년 이내로 다른 투기과열지구의 정비사업(B)에서 분양을 받았으면 현재의 문제되는 정비사업(A)의 분양신청절차에서 분양신청을 할 수 없다는 취지이다.

43 '2017. 10. 24. 이전의 투기과열지구의 토지등소유자'는 2017. 10. 24. 이전에 토지 또는 건축물의 소유권을 취득하여 토지등소유자가 된 경우를 의미한다(서울행정법원 2020. 10. 16. 선고 2020구합58229 판결).

44 투기과열지구 분양신청권 제한 규정(구법 제46조 제3항)은 2017년 전부개정법률(2017. 2. 8. 법률 제14567호로 전부 개정된 것)이 개정되어 2018. 2. 9. 시행되기 이전인 2017. 10. 24.에 도시정비법 일부개정으로 신설된 것으로서, 그 당시 시행예정인 2017년 전부개정법률도 같이 개정되었다(법 제72조 제6항, 부칙 제37조의2 신설). 따라서 위 신설 규정은 2017. 10. 24.부터 2018. 2. 8.까지는 구법 제46조 제3항으로서, 2018. 2. 9. 이후에는 현행법 제72조 제6항으로서 시행되어 효력이 발생한다[구법 부칙(2017. 10. 24.) 제1조, 제4조, 법 부칙(2017. 2. 8.) 제37조의2].

45 국토교통부의 2017. 12. 6.자 "정비사업의 5년 재당첨 제한 관련 Q&A"
Q1 법 시행(2017. 10. 24.)이후 투기과열지구 내 주택을 취득한 경우
– 법 시행 이전에 취득한 주택에 대하여도 같이 적용함
– 먼저 관리처분인가를 득한 일자를 기준으로 5년 이내에는 분양신청 불가함

4. 분양신청기간 종료에 따른 효력

분양신청기간내에 분양신청을 하지 않은 자는 분양신청기간 종료일의 다음 날 조합원의 지위를 상실하고 현금청산대상자가 되며, 매도청구의 방법으로 현금청산하는 재건축사업에서 분양신청기간 종료일 다음 날이 조합의 청산금 지급의무 발생일과 현금청산 기준일이 된다(대법원 2008. 10. 9. 선고 2008다37780 판결, 대법원 2009. 9. 10. 선고 2009다32850, 32867 판결 등).

사업시행자 입장에서는 분양신청기간이 종료하면 분양대상자를 확정할 수 있으며, 분양신청의 현황을 기초로 분양설계 등 관리처분계획을 수립한다(법 제74조 제1항, 제76조 제1항 제5호). 분양대상 조합원에 해당하는지 여부 판정의 기준일을 '분양신청기간 만료일' 이후로 늦추는 내용의 조합 총회결의는 효력이 없다(대법원 2014. 8. 20. 선고 2012두5572 판결 등)

Ⅳ. 재분양신청

1. 사업시행계획 등의 하자에 따른 재분양신청

분양신청과 분양신청 결과에 기초하여 수립된 관리처분계획은 조합설립인가로서 공권적 지위를 부여받은 조합이 행정주체의 지위에서 작성하여 인가받은 사업시행계획에 근거한 것이므로, 조합설립인가, 사업시행계획 또는 그 인가처분이 당연무효이거나 취소되는 경우 관리처분계획도 효력을 상실한다.

따라서 종전의 조합설립인가가 당연무효이거나 취소된 경우 조합설립인가를 받는 것과 동일한 요건과 절차로 후행 조합설립변경인가를 받은 경우에도 분양신청 등 도시정비법령이 정한 요건과 절차에 따라 관리처분계획을 새롭게 수립하여 인가를 받아야 하며(대법원 2016. 12. 15. 선고 2015두51309 판결, 대법원 2016. 12. 15. 선고 2015두51347 판결), 사업시행계획이 당연무효이거나 취소된 경우 조합은 사업시행계획을 새로이 수립하여 관할관청으로부터 인가를 받은 후 다시 분양신청을 받아 관리처분계획을 수립하여야 한다(대법원 2011. 12. 8. 선고 2008두18342 판결, 대법원 2014. 2. 27. 선고 2011두25173 판결). 분양신청절차에 하자가 있어 관리

Q2 주택법에 의한 일반분양을 받은 경우
- 조합원분양과는 연계되지 않아 재당첨제한 규정 적용 안됨
- 정비사업 일반분양과는 연계되어 5년내 분양신청 불가함

Q3 관리처분인가를 받았거나 정비사업 일반분양에 당첨된 주택을 양수하는 경우
- 재당첨제한 규정 적용 불가

Q4 정비사업 일반분양 미분양분 및 주택이 아닌(상가, 오피스텔 등) 분양분을 양수하는 경우
- 재당첨제한 규정 적용 불가

Q5 일부 지분공유의 경우 법 시행 이후 공유받은 자도 해당되는지
- 공유 주택의 관리처분인가 여부에 따라 결정(관리처분인가 이후 주택을 공유받은 경우 적용 불가)

Q6 관리처분 인가 후 재분양신청을 할 경우
- 재당첨제한 규정 적용

처분계획이 취소 또는 무효확인되는 경우는 당연히 분양신청 통지 · 공고 등 분양신청 절차를 다시 하여야 하고, 종전 분양신청기간이 종료되어 현금청산대상자가 되었던 토지등소유자에게도 분양신청 통지 등 분양신청의 기회를 부여하여야 한다.

다만 종전의 분양신청 현황을 기초로 했다고 하더라도 새로운 관리처분계획 수립 당시 토지등소유자의 분양신청 현황을 기초로 관리처분계획을 수립했다고 평가할 수 있는 예외적인 경우, 즉 ⓐ '분양의 대상이 되는 대지 또는 건축물의 내역', '개략적인 분담금의 내역' 등 법령이 분양신청 통지에 포함시키도록 한 사항 등에 관하여 새로운 사업시행계획과 종전 사업시행계획 사이에 실질적으로 변경된 내용이 없고, ⓑ 사업의 성격이나 규모 등에 비추어 두 사업시행계획 인가일 사이의 시간적 간격이 지나치게 크지 않으며, ⓒ 분양신청 대상자 중 종전 분양신청을 철회 · 변경하겠다거나 새롭게 분양신청을 희망한다는 의사를 조합에 밝힌 사람이 실제 있지 않은 경우 등은, 종전의 분양신청 현황을 기초로 새로운 관리처분계획을 수립하는 것도 허용된다(대법원 2016. 12. 15. 선고 2015두51309 판결, 대법원 2016. 12. 15. 선고 2015두51347 판결).

2. 사업시행계획의 실질적 변경에 따른 재분양신청

선행 사업시행(변경)계획의 주요 부분을 실질적으로 변경하는 내용으로 새로운 사업시행(변경)계획을 수립하여 인가를 받은 경우 선행 사업시행계획은 효력을 상실하는데, 이때 '실효'는 선행 사업시행(변경)계획이 장래를 향하여 실효되었다는 것을 의미한다(대법원 2015. 11. 26. 선고 2014두15528 판결 등). 따라서 원칙적으로 선행 사업시행(변경)계획이 실효되었다고 하여 그 사업시행(변경)계획에 따라 이루어진 후행 절차가 소급하여 효력을 상실하는 것은 아니다. 다만, 선행 사업시행(변경)계획이 실질적으로 변경되어 실효되었다면 그에 기초한 종전의 분양신청 및 관리처분계획의 효력이 그대로 유지될 수 있는 것인지에 다툼이 있다.

최초 사업시행계획인가고시일을 기준으로 종전자산가격의 평가액을 산정한 뒤 장기간에 걸쳐 수 차례 사업시행계획에 변경된 경우 최초 사업시행계획인가고시일을 기준으로 산정한 종전자산가격을 기초로 수립한 관리처분계획이 적법한지에 대해 다툼이 있었고, 이에 대해 대법원은 종전자산평가의 기준일인 '사업시행인가 고시일'은 최초 사업시행계획인가 고시일이라고 보아, 최초 사업시행계획의 주요 부분을 실질적으로 변경하는 사업시행계획 변경인가가 있더라도 최초 사업시행계획인가 고시일을 기준으로 평가한 종전자산가격을 기초로 수립된 관리처분계획은 적법하다고 판단하였다(대법원 2015. 10. 29. 선고 2014두13294 판결, 대법원 2015. 11. 26. 선고 2014두15528 판결 등).

다만 종전자산가격 평가기준일 이외에 정비사업비 변경, 세대수 또는 주택규모의 변경 등으로 인해 조합원의 분담금 등이 크게 달라진 경우 종전 사업시행(변경)계획에 기초한 분양신청이 적법한지는 여전히 다툼이 있고,[46] 이 경우에도 새로운 분양신청 없이 종전의

46 종전자산가격은 조합원들 사이의 상대적 출자비율을 정하기 위한 것으로서 평가시점의 차이로 정비구역 내

사업시행계획에 기초한 분양신청 결과를 그대로 유지하여 강제하는 것은 조합원의 이익을 보호하려는 도시정비법 관계 규정의 취지에 맞지 않으므로 사업시행자인 조합은 토지등소유자를 대상으로 새로운 분양공고 및 분양신청절차를 거쳐야 한다고 본 하급심 판결과 법제처 법령해석 등이 있었다.[47]

① 이에 대해, 사업시행계획이 실질적으로 변경되었다면 종전 사업시행계획 및 인가에 따라 진행한 분양신청 절차에서 받은 분양신청의 내용이 더 이상 유지될 수 없어 효력이 상실되므로, 기존에 분양신청을 한 조합원들에게 분양신청을 철회하거나 그 내용을 변경할 기회를 부여하여야 한다고 볼 수 있을 것이다.[48]

② 그러나 종전 사업시행계획이 실효되었다 하더라도 변경인가 시점을 기준으로 장래를 향하여 실효되는 것이므로 종전 사업시행계획에 근거하여 이루어진 분양신청의 법률효과까지 소급하여 효력을 상실하는 것은 아니고, 분양신청 절차 이후에도 세대수나 주택규모는 언제든 변경될 수 있으므로 분양신청은 그 변동가능성을 인식한 채 정비사업에 참여한다는 추상적인 뜻을 표현하는데 중점을 둔 것이어서 세대수나 주택규모가 변경되었더라도 정비사업에 참여하겠다는 토지등소유자의 본질적인 의사가 효력을 잃는다고 보기 어렵다. 또한 분양신청절차가 종료하면 분양신청기간의 종료일 다음 날 분양신청을 하지 않은 토지등소유자가 조합원 지위를 상실하므로 분양신청절차 종료로 향후 정비사업에 참여할지 여부가 일응 결정되는 것이므로 사업시행계획의 변경에도 불구하고 종전 분양신청에 따른 효력은 그대로 유지된다고 보는 것이 타당한 것으로 생각된다.[49]

현행 도시정비법 제72조는 세대수 또는 주택규모가 달라지는 사업시행계획인가의 변경이 있는 경우 사업시행자가 분양공고 등의 절차를 다시 거칠 수 있다고 하여 재분양신청 절차는 사업시행자의 의무가 아닌 재량임을 명시하고 있다. 따라서 이 부분에서는 어느 정도 입법적으로 정리된 것으로 볼 수 있으나, 분양신청의 기초가 된 종전 사업시행계획이 실효되어 완전히 달라지는 경우 종전 분양신청 결과를 그대로 유지하는 것이 타당한지를 놓고 계속 다툼의 여지가 있을 것으로 생각된다.

종전자산의 가액이 달라져도 반드시 권리가액이 달라진다고 볼 수는 없는 반면, 정비사업비는 조합원의 분담금에 직접적인 영향을 미치므로 달리 볼 수 있을 것이다.

47 서울행정법원 2014. 9. 19. 선고 2013구합19400 판결, 서울행정법원 2015. 7. 3. 선고 2014구합11731 판결; 법제처 2014. 3. 13. 13-0652 해석례.

48 서울고등법원 2015. 1. 7. 선고 2014나2000763 판결, 서울고등법원 2017. 9. 1. 선고 2016나2087443 판결, 서울고등법원 2020. 2. 11. 선고 2019나8186, 8193, 8209, 23734, 2020나10 판결 등.

49 서울행정법원 2019. 5. 3. 선고 2018구합50178 판결, 서울고등법원 2020. 8. 20. 선고 2020누30100 판결.

3. 도시정비법 제72조 제4항 · 제5항에 따른 재분양신청절차

가. 도시정비법 제72조 제4항 · 제5항의 취지

앞서 살펴본 바와 같이 사업시행계획의 하자가 아닌 실질적 변경이 있는 경우에도 일정한 경우 분양신청절차를 다시 해야 한다고 보는 입장이 있었고, 이에 종전 분양신청의 효력에 대해 실무상 논란이 있었다.

이에 도시정비법이 2017. 2. 8. 법률 제14567호로 전부 개정되면서 재분양절차에 관한 도시정비법 제72조 제4항 및 제5항의 규정을 신설하였다. 위 규정에 따라 사업시행자는 분양신청기간 종료 후 세대수 또는 주택규모가 달라지는 사업시행계획인가의 변경이 있는 경우 분양공고 등의 절차를 다시 거칠 수 있고(제4항), 정관으로 정하고 있거나 총회의 의결을 거친 경우 현금청산대상자에게 분양신청을 다시 하게 할 수 있다(제5항).

위 개정규정은 종전에 명시적인 법적 근거 없이 이루어졌던 재분양신청절차의 근거를 마련하는 한편, 재분양신청절차가 사업시행자의 의무가 아닌 재량(선택)임을 명시적으로 정함으로써 종전의 재분양신청절차 의무에 대한 논란을 해소하기 위한 것으로 보인다.[50] 따라서, 세대수 또는 주택규모가 변경되는 등의 사업시행계획의 변경이 있다 하더라도 사업시행자인 조합이 반드시 분양공고 등의 절차를 다시 거쳐야 하는 의무는 없다고 보는 것이 타당하다.[51]

나. 도시정비법 제72조 제4항에 따른 재분양신청절차

(1) 재분양신청절차에 대한 종전의 쟁점

구 도시정비법 제46조는 분양신청절차에 대해 분양신청기간을 연장하는 것 이외에 분양신청절차를 다시 할 수 있는지에 대해 명문의 규정을 두지 않았으나, 조합이 사업상 필요가 있는 경우 총회 의결을 거쳐 임의적으로 분양신청을 다시 할 수 있다는 점에는 큰 의문이 없었고, 현금청산대상자에 대해 잔여분에 대한 추가분양신청 기회를 부여한 총회결의가 적법하다고 본 대법원 2014. 8. 20. 선고 2012두5572 판결 등을 근거로 정관의 규정 또는 총회 의결이 있으면 현금청산대상자에 대해서도 추가분양신청절차를 진행하는 것도 가능하다고 보았다. 재분양신청절차의 사유도 정비사업비, 세대수 변경 등 사업시행계획

---

50 김수홍, "도시 및 주거환경정비법 일부 · 전부개정법률안 검토보고", 국토교통위원회 (2016. 11.), 51, 민홍철의원 대표발의안(2001642, 2016. 8. 18.) 부분은 입법 취지를 "현행법상 조합원의 분양신청은 1회로 한정하고 있으나, 최근 일부 정비사업장에서 분양신청 완료 후 정비사업 규모가 변동되어 사업시행계획을 재수립하는 경우, 이미 종료된 분양신청 결과가 유효한지에 대하여 논란이 발생하고 있음. 이에 개정안은 정비사업 규모의 변동으로 사업시행계획을 다시 수립하는 경우 조합원에게 재분양 신청을 허용함으로써 조합원 간의 갈등을 해소하려는 취지로 필요한 입법조치로 보임"로 설명하고 있다.

51 서울고등법원 2019. 9. 11. 선고 2019누40446 판결, 서울고등법원 2020. 8. 20. 선고 2020누30100 판결, 부산지방법원 2020. 2. 7. 선고 2019구합560 판결; 법제처 2019. 3. 7. 18-0760 해석례.

변경(경미한 변경 포함)에 한정되지 않고 분양신청절차에 대한 논란을 해소할 목적으로 아예 분양신청절차를 다시 하거나 개략적인 분담금 통지 미비 등을 이유로 한 관할관청의 행정지도에 따라 분양신청절차를 다시 하기도 하였다.

도시정비법이 2017. 2. 8. 법률 제14567호로 전부 개정되면서 제72조 제4항을 신설하여 종전에 명확한 근거가 없었던 재분양신청절차에 대한 법적 근거를 마련하였다. 다만 세대수 또는 주택규모 변경이라는 2가지 사유로 한정하여 예외적으로 허용한다는 취지로 보이므로, 재분양신청 사유에 대해서는 여전히 다툼이 있을 것으로 보인다.

⑵ 재분양신청 사유의 범위

도시정비법 제72조 제4항은 재분양신청의 사유를 "사업시행계획인가의 변경(경미한 사항의 변경은 제외한다)으로 세대수 또는 주택규모가 달라지는 경우"로 정하고 있다. 분양신청후 사업시행계획이 변경되어 세대수 또는 주택규모에 변동이 있는 경우 평형변경신청절차를 진행하거나 유사한 평형을 신청한 것으로 간주처리하기도 하나, 조합원의 실제 의사를 최대한 반영할 수 있도록 분양신청절차를 다시 하는 것도 필요하다는 점에서 세대수 또는 주택규모 변경은 대표적인 재분양신청사유에 해당된다. 그러나 위 규정은 재분양신청의 사유를 세대수 또는 주택규모 변경이라는 단 2가지 사유로 한정하면서 사업시행계획의 경미한 변경은 명시적으로 제외하고 있다.[52]

당초 입법 취지는 종전에 분양신청은 1회로 한정되었다는 것을 전제로 사업시행계획을 변경하는 경우 종전 분양신청 결과가 유효한지에 대한 논란을 해소하기 위해 사업시행계획의 변경으로 세대수 또는 주택규모가 달라진 경우 예외적으로 재분양신청을 허용하는 것으로 생각된다.[53] 법제처와 국토교통부도 그 사유를 확대하여 재분양절차를 허용할 경우 종전 분양신청 결과를 신뢰할 수 없게 되는 문제가 발생하므로 일정한 제한이 필요하다는

52 사업시행계획의 경미한 변경 사항 중 세대수 또는 주택규모에 관한 것은 "세대수와 세대당 주거전용면적을 변경하지 않고 세대당 주거전용면적의 10퍼센트의 범위에서 세대 내부구조의 위치 또는 면적을 변경하는 때"로서(시행령 제46조 제4호), 세대수 또는 주택규모 변경은 본래 사업시행계획의 경미한 변경사항에 해당하지 않는다. 위 개정규정은 법제처 2014. 3. 13. 13-0652 해석례의 "... 도정법 제28조 제1항 단서 및 같은 법 시행령 제38조에 따른 경미한 사항의 변경에 해당하지 않는 전체 세대수 및 주택공급면적의 변경은 조합원의 분담금 규모에 영향을 미치게 되고 ..."에서 유래된 것으로 생각된다.

53 2017. 2. 8. 법률 제14567호로 전부 개정된 도시정비법의 개정이유로 "사업시행계획인가의 변경인가로 세대수 · 주택규모가 달라진 경우에는 예외적으로 재분양신청을 허용함"을 제시하고 있다.

입장을 보이고 있다.[54·55]

그러나 재분양신청 절차에 대한 명문의 규정이 없던 종전에도 조합이 총회 의결 등을 거쳐 그 사유에 특별한 제한을 받지 않고 분양신청절차를 다시 할 수 있다는 점에는 별다른 의문이 없었고, 대법원 2014. 8. 20. 선고 2012두5572 판결 등을 근거로 정관 또는 총회 의결에 따라 재분양절차가 가능한 것으로 해석되어 왔는데,[56] 개정규정이 사업시행자에게 재분양신청절차 의무가 아닌 재량을 부여하는 것임에도 굳이 종전보다 그 사유를 한정적으로 해석할 이유는 없는 것으로 생각된다. 특히 사업시행계획의 변경(경미한 변경 포함) 이외에도 조합원의 분양신청권(선택권) 보장, 법적 논란 해소 등 정비사업의 합목적적인 진행을 위해 분양절차를 다시 할 필요도 있는 것인데, 재분양신청 절차가 가능한 사유를 세대수 또는 주택규모 변경으로만 한정하는 것은 타당하지 않다.[57]

따라서 도시정비법 제72조 제4항의 "세대수 또는 주택규모 변경"은 사업시행계획 변경에 따라 분양신청절차를 다시 진행하여야 하는 대표적인 사유를 언급할 것일 뿐 재분양신청 사유 자체를 한정한 것으로 볼 수 없거나,[58] 도시정비법 제72조 제4항에 따른 재분양신청 절차의 사유가 세대수 또는 주택규모 변경으로 한정된다 하더라도 위 규정이 사업시행계획의 실질적 변경이 없는 경우에도 재분양절차를 불허하려는 목적으로 도입된 규정은 아니므로 정관 또는 총회 의결로서 분양신청 절차를 다시 할 수 있다고 볼 수도 있을 것이

---

54 법제처 2020. 2. 13. 19-0613 해석례는 세대수 또는 주택규모가 달라지는 경우가 아니어도 정관 또는 총회 의결로 현금청산대상자들에게 분양신청을 다시 하게 할 수 있는지에 대해 "도시정비법 제72조 제5항은 분양미신청자등에게 분양신청을 허용하는 예외적인 규정인데 이를 확대하여 정비사업 규모가 변경되지 않은 경우에도 정관으로 정하거나 총회의 의결만 거치면 분양신청을 다시 할 수 있다고 해석할 경우 도시정비법 제72조 제3항에 따른 분양신청의 결과를 신뢰할 수 없게 되어 정비사업의 안정적 추진이 어려울 수 있다는 점도 이 사안을 해석할 때 고려해야 합니다"라고 보고 있다.

55 국토교통부 2019. 12. 31.자 관원 회신(정비사업비 변경을 위한 총회 의결 여부 등)은 "사업시행계획의 변경으로 세대수 또는 주택규모가 달라지는 경우만 재분양을 할 수 있는지 여부"의 질의에 대해 "재분양 규정은 조합원의 지위나 이익을 보호하기 위해 분양신청의 주요 전제가 되었던 사항이 변경되는 경우 예외적으로 분양신청을 다시 할 수 있도록 하기 위해 같은 법 전부 개정(2018. 2. 9. 시행)시 도입된 규정으로, 이를 확대하여 적용하는 경우 분양신청이 형식적인 행위가 될 수 있고, 분양신청 결과를 신뢰할 수 없게 되는 문제가 있어, 제한적으로 시행할 필요가 있습니다. 따라서 상기규정에 따른 재분양 신청은 세대수 또는 주택규모가 달라지는 경우 또는 그 밖에 불가피한 상황에 한하여 허용함이 타당한 것으로 판단됩니다"라고 회신하였다.

56 위 대법원 2012두5572 판결 등은 종전 분양신청절차에서 분양신청을 하지 않아 현금청산대상자가 된 토지등소유자들에게 총회 의결에 따라 잔여분에 대해 (후순위) 분양신청의 기회를 다시 부여하는 총회결의를 적법하다고 보았다.

57 대법원 판례가 분양신청절차의 적법성을 대체적으로 토지등소유자의 분양신청권 보호 측면에서 판단하고 있고 사업성과 분담금 변경 등으로 분양신청권을 다시 부여하는 것은 토지등소유자의 권리의 강화하는 것으로 이를 규제할 특별한 이유도 없다는 점에서 세대수 또는 주택규모 변경의 요건을 갖추지 못한 경우에도 사업시행자는 재분양신청절차를 진행할 수 있다는 견해로 안광순(하), 274.

58 수원고등법원 2021. 5. 28. 선고 2020누14195 판결(제1심은 수원지방법원 2020. 9. 17. 선고 2019구합75472 판결).

다.[59] 다만 도시정비법 제72조 제4항의 문언상으로는 재분양신청 사유는 제한적으로 해석되므로, 명시적인 대법원 판결이 없는 한 다른 사유도 가능하다고 일반적으로 해석하기는 어려운 것으로 생각된다.

⑶ 재분양신청 절차

사업시행자는 분양신청 절차를 다시 진행하려는 경우 도시정비법 제72조 제1항부터 제3항까지의 규정에 따른 분양신청 통지 · 공고의 절차 등을 거쳐야 한다(법 제72조 제4항).

도시정비법 제72조 제4항은 제5항과 달리 총회 의결 등의 절차를 별도로 정하지 않은데, 분양신청절차는 관리처분계획 수립을 위한 절차일 뿐 그 자체로 별도의 총회 의결사항은 아니다. 따라서 재분양신청 결과에 따라 수립된 관리처분계획을 총회에서 의결하면 될 것이나, 재분양신청절차는 종전 분양신청 결과를 번복하여 기존에 형성된 조합원들의 기득권에 영향을 미치는 것이어서 정무적인 측면에서 재분양신청에 앞서 별도의 총회 의결로 조합원들의 동의를 받을 필요가 있다고 생각된다.

다. 도시정비법 제72조 제5항에 따른 추가분양신청 절차

⑴ 추가분양신청절차에 대한 종전의 쟁점

이미 분양신청기간이 종료되어 현금청산대상자가 확정되었음에도 분양신청이 저조한 경우 분양신청기간을 수 차례 연장하기도 하며,[60] 현금청산대상자들의 요구나 조합원 확보의 필요가 있는 경우 현금청산대상자를 상대로 추가분양신청절차를 진행하면서, 종전에 분양신청한 조합원들의 기득권 보호를 위해 현금청산대상자들에게 후순위 분양신청 기회를 부여하는 경우도 많았다. 대법원 2014. 8. 20. 선고 2012두5572 판결 등은 이미 조합원의 지위를 상실한 현금청산대상자들에게 잔여분에 대한 분양신청 기회를 부여하는 총회결의가 적법하다고 판단하였고, 위 대법원 2012두5572 판결을 근거로 정관의 규정 또는 총회 의결이 있으면 현금청산대상자에 대해서도 추가분양신청절차를 진행할 수 있다고 해석하여 왔다.

도시정비법이 2017. 2. 8. 법률 제14567호로 전부 개정되면서 위 대법원 2012두5572 판결 등의 취지를 반영하여 도시정비법 제72조 제5항에 별도의 규정을 두어 정관의 규정

---

59 수원고등법원 2021. 5. 28. 선고 2020누13505 판결(제1심은 수원지방법원 2020. 8. 13. 선고 2019구합74059 판결; 위 수원고등법원 2020누13505 판결 사안은 조합이 종전에 분양신청을 하지 않아 현금청산대상자가 된 토지등소유자에게 추가 분양신청 기회를 부여하는 것으로 정관을 변경한 것에 대해 관할관청이 사업시행계획의 변경이 없다는 이유로 반려한 것으로서, 현금청산대상자에 대해서도 정관의 규정 또는 총회의결로서 다시 분양신청의 기회를 부여할 수 있다고 본 대법원 2014. 8. 20. 선고 2012두5572 판결 및 실무를 반영하여 현금청산대상자에게 잔여분에 대한 분양신청을 허용할 필요성이 있다고 보았다.

60 구 도시정비법(2017. 2. 8. 법률 제14567호로 전부 개정되기 전의 것) 제46조는 "한 차례만" 연장할 수 있다는 규정을 두지 않았다.

또는 총회 의결로서 현금청산대상자에게 추가분양신청의 기회를 부여할 수 있도록 하였다. 도시정비법 제72조 제4항에 의하여 다시 분양신청절차를 진행한다 하더라도 이는 원칙적으로 조합원 지위를 유지하고 있는 토지등소유자를 대상으로 하는 것이고 이미 현금청산대상자가 된 토지등소유자에게까지 반드시 분양신청의 기회를 부여하여야 하는 것은 아니나, 사업의 신속한 진행, 조합의 사업비 부담 경감 등을 위하여 이미 현금청산대상자가 된 토지등소유자에게도 조합원 지위를 부여하여 다시 정비사업이 끌어들일 필요가 있는 경우 기존 조합원들과의 이해관계 조정을 위하여 정관 등에서 정하거나 총회의 의결을 거치도록 한 취지로 해석된다.[61]

⑵ 추가분양신청 사유의 범위

도시정비법 제72조 제4항은 재분양신청 사유를 "분양신청기간 종료 후 사업시행계획인가의 변경(경미한 사항의 변경은 제외한다)으로 세대수 또는 주택규모가 달라지는 경우"로 정하고 있다. 이에 반해 도시정비법 제72조 제5항은 정관 또는 총회 의결의 절차적 요건을 추가하면서 그 사유는 별도로 정하지 않은 채 "제4항에 따라 ... 분양신청을 다시 하게 할 수 있다"고 하여 제4항의 재분양신청 사유가 제5항의 추가분양신청절차에도 그대로 적용되는지가 문제된다.

① 현금청산대상자에 대한 추가분양신청절차의 적법성을 인정한 대법원 2014. 8. 20. 선고 2012두5572 판결 등은 그 사유를 별도로 제한하지 않았고, 현금청산대상자에 대해 추가로 분양신청기회를 부여하는 것은 조합원 추가 확보를 통한 초기사업비 부담 감소, 민원 등 다양한 사유가 있을 수 있으므로 정비사업의 합목적적인 진행을 위해 그 사유를 제한하지 않는 것이 합리적이다. 제5항의 "제4항에 따라"는 제4항의 "제1항부터 제3항까지의 규정에 따라" 분양신청 통지 · 공고, 분양신청기간 등을 준용하는 취지라는 견해도 이 같은 정비사업의 합목적성을 반영한 것이다.[62]

② 그러나 법 문언상 도시정비법 제72조 제5항은 제4항의 "분양신청기간 종료 후 사업시행계획인가의 변경(경미한 사항의 변경은 제외한다)으로 세대수 또는 주택규모가 달라지는 경우"를 그대로 준용하는 것으로 해석된다.[63·64]

---

61 수원고등법원 2021. 5. 28. 선고 2020누13505 판결(제1심은 수원지방법원 2020. 8. 13. 선고 2019구합74059 판결.

62 안광순(하), 276.

63 수원고등법원 2021. 5. 28. 선고 2020누13505 판결(제1심은 수원지방법원 2020. 8. 13. 선고 2019구합74059 판결)은 "제4항에 따라"가 제4항의 "제1항부터 제3항까지의 규정에 따라"를 준용하는 취지라는 주장에 대해, 제1항부터 제3항까지의 절차에 관련된 부분만을 원용하려는 의도였다면 이를 바로 적시하면 되지 구태여 제4항을 거쳐 우회할 필요가 없다는 등의 이유로 위 주장을 배척하였다.

64 법제처 2020. 2. 13. 19-0613 해석례; 당초 전부개정법률안은 현행 도시정비법 제72조 제5항이 제4항 후단으로 규정되어 있었으나 검토 과정에서 법문 표현을 명확하게 하기 위해 제5항으로 분리되었다[김수홍, "도

따라서 제72조 제5항에 따른 추가분양신청도 원칙적으로 제4항의 재분양신청과 동일하게 세대수 또는 주택규모 변경의 사유 제한을 받는 것이나, 정비사업의 합목적적인 진행을 위해서는 위 제4항의 사유를 예시적으로 보거나 다른 사유를 위한 재(추가)분양신청 자체를 금지하는 취지는 아니라고 해석하는 방법을 모색하여야 할 것으로 생각된다.[65]

⑶ 추가분양신청의 절차

도시정비법 제72조 제5항은 현금청산대상자를 대상으로 추가분양신청절차를 진행하기 위해서는 정관으로 정하고 있거나 총회의 의결을 거치도록 정하고 있다. 추가분양신청을 예상하여 미리 정관에 규정을 두기는 어려울 것이므로, 결국 추가분양신청절차에 대한 총회 의결 또는 조합원 지위에 관한 정관 변경에 대한 총회 의결로 이루어질 것이다.

그 의결정족수에 대해서는 별도의 규정이 없는데 ⓐ 이는 정관의 필요적 기재사항인 '조합원의 자격'에 관한 사항으로서 정관 변경에 준하여 조합원 2/3 이상의 찬성이 필요하다고 보거나, ⓑ 추가분양신청도 결국 관리처분계획의 내용을 이룬다는 점에서 관리처분계획 총회 의결정족수를 정한 도시정비법 제45조 제1항 제4호에 따라 조합원 과반수의 찬성이 필요하다고 보거나, ⓒ 추가분양신청은 관리처분계획의 수립을 위한 절차이므로 정관에서 다르게 정하지 않는 한 일반 의결정족수로 가능하다고 볼 수 있을 것이다. 그러나 이 규정이 신설되기 전, 현금청산대상자들에게 다시 분양신청기회를 부여하는 내용을 포함하는 총회 의결은 조합원의 자격에 관한 사항으로서 정관 변경에 관한 규정을 준용하여 조합원 2/3 이상의 찬성을 필요로 한다고 본 대법원 2014. 8. 20. 선고 2012두5572 판결 등의 취지까지 감안하면,[66] 현금청산대상자들에게 다시 분양신청 기회를 부여하는 것은 정관의 필요적 기재사항 중 조합원의 자격(법 제40조 제1항 제2호)에 관한 사항을 변경하는 것으로서 정관 변경에 대한 도시정비법 제40조 제3항 단서를 유추 적용하여 조합원 2/3 이상의 찬성이 필요하다고 보는 것이 타당하다.[67]

시 및 주거환경정비법 일부 · 전부개정법률안 검토보고", 국토교통위원회 (2016. 11.), 52, 민홍철의원 대표발의안(2001642, 2016. 8. 18.) 부분]. 입법 과정을 보면 제5항은 제4항의 요건을 그대로 이어받는 것을 의도한 것이다.

65 도시정비법 제72조 제4항의 재분양신청 사유에 해석에 대해서는 **Ⅳ.3.나.(2)재분양신청 사유의 범위** 참고.

66 대법원 2014. 8. 20. 선고 2012두5572 판결(관리처분계획취소)과 대법원 2014. 8. 20. 선고 2012두23686 판결(관리처분계획무효)은 같은 사건에 대한 판결로서 판단이 동일하다. 위 대법원 2012두5572 판결 등은 평형우선 배정 및 추가분양신청 등에 관한 관리처분계획은 조합원 2/3 이상의 찬성을 필요로 하나, 그 전 총회 결의에서 이미 특별다수에 의한 결의에 준하는 조합원의 총의가 확인되어 적법하다고 판단하였다. 의결정족수에 관해서는 각 원심의 판단이 달랐는데, 위 대법원 2012두23686 판결의 원심인 서울고등법원 2012. 9. 25. 선고 2012누15731 판결은 조합원의 지위를 상실한 경우에도 다시 조합원의 지위를 부여할 수 있으나, 이 경우 조합원 자격에 관한 사항에 해당하므로 조합원 2/3 이상의 동의가 필요하다고 보았다.

67 조합원 2/3 이상의 찬성을 필요로 하는 조합원의 자격에 대한 자세한 내용은 **[10]조합 정관 Ⅳ.2.가.(1)조합원의 자격(제2호)** 참고.

총회 의사 · 의결정족수를 산정할 때, 종전의 분양신청절차에서 분양신청을 하지 않거나 철회하여 현금청산대상자가 된 토지등소유자는 조합원의 지위를 상실하였으므로 분양신청기간 종료 후 개최되는 총회에서 의사 · 의결정족수를 산정함에 있어 '전체 조합원'에 포함되지 않는다(대법원 2012. 3. 29. 선고 2010두7765 판결 등).

총회 의결의 시기와 관련하여, ⓐ 분양신청절차는 관리처분계획 수립을 위한 절차이므로 추가분양신청을 진행한 후 그 분양결과에 따라 수립된 관리처분계획을 총회에서 의결하면서 관리처분계획 수립 안건과 같이 또는 그 전에 의결하면 되는 것으로 볼 수도 있을 것이나,[68·69] ⓑ 총회 의결은 사전의결이 원칙이고 도시정비법 제72조 제5항의 "정관으로 정하고 있거나 총회의 의결을 거친 경우 … 분양신청을 다시 하게 할 수 있다"는 추가분양신청절차에 앞서 총회 의결을 거쳐야 하는 것으로 해석될 수도 있을 것으로 생각된다. 다만 어느 입장에서 보더라도, 추가분양신청은 종전 조합원들 사이에서도 논란이 있을 수 있고 향후 총회에서 의결받을 것을 전제로 추가분양신청절차를 진행하는 것은 현금청산대상자의 지위와 그에 대한 현금청산절차를 여전히 불안정한 상태에 두는 것이어서 부득이한 경우가 아니라면 사전의결을 받는 것이 타당하다.

(4) 추가분양신청의 대상

도시정비법 제72조 제5항에 따라 추가분양신청을 할 수 있는 자는 분양신청을 하지 않은 자(법 제73조 제1항 제1호), 분양신청기간 종료 이전에 분양신청을 철회한 자(법 제73조 제1항 제2호)로 제한된다. 투기과열지구에 따라 분양신청이 할 수 없는 자(법 제73조 제1항 제3호)나 인가된 관리처분계획에 따라 분양대상에서 제외된 자(법 제73조 제1항 제4호)는 애초 분양신청의 필요성이 없으므로 그 대상을 명확히 정한 취지로 보인다.

추가분양신청에서 기본 분양신청자와 차등을 두어 잔여분 또는 후순위로 배정하는 것이 적법한지에 대해, 정관의 규정에 의하여 비로소 조합원의 지위가 인정되는 조합원의 권리에 대해서는 차등을 두는 것이 가능하다는 대법원 2014. 8. 20. 선고 2012두5572 판결 등의 판단은 도시정비법 제72조 제5항이 신설된 이후에도 여전히 유효하다고 생각되나, 이를 일반화하여 그대로 적용하기는 어렵고 구체적인 사안에서 조합원의 본질적 권리 침해 여부, 차등의 필요성과 합리성 등을 볼 필요가 있을 것으로 생각된다.[70]

---

68 안광순(하), 227.

69 종전 대법원 2014. 8. 20. 선고 2012두5572 판결 사안은 먼저 추가분양신청을 실시한 후 관리처분계획 수립을 위한 총회에서 추가분양신청 실시에 대한 안건과 관리처분계획 수립에 대한 안건을 각 조합원 2/3 이상의 찬성으로 의결한 것이다.

70 차흥권, 367.

4. 현금청산대상자의 지위

분양신청 이후 조합에 행정주체의 지위를 부여한 조합설립인가, 분양신청의 기초가 된 사업시행계획 또는 관리처분계획이 분양신청절차의 하자를 이유로 무효 확인되거나 취소되는 경우 종전 분양신청 결과를 그대로 유지하여 새로이 관리처분계획을 수립할 수 있는 경우가 아닌 한 분양신청절차를 다시 진행하여야 한다. 이때 종전 분양신청절차에서 분양신청을 하지 않아 현금청산대상자가 된 토지등소유자도 종전 분양신청절차 자체가 실효됨에 따라 다시 조합원의 지위를 회복하여 재분양신청절차에 참여할 수 있다.

사업시행계획이 실질적으로 변경되어 종전 분양신청의 기초가 된 종전 사업시행계획이 실효되거나 조합이 다른 사정으로 분양신청절차를 다시 하는 경우, 이미 현금청산대상자가 된 토지등소유자가 다시 조합원의 지위를 회복한다거나 그 현금청산대상자에게 분양신청 기회를 부여해야 하는지가 문제될 수 있다.

① 일단 현행 도시정비법 제72조는 종전 조합원들에 대한 재분양신청절차(제4항)와 종전 현금청산대상자에 대한 재분양신청절차(제5항)를 구분하고 있으므로, 사업시행자가 도시정비법 제72조 제4항에 따라 조합원을 상대로 분양신청절차를 다시 한다 하더라도 종전 현금청산대상자들이 당연히 다시 분양신청의 기회를 갖는 것은 아니다.[71]

② 위 도시정비법 제72조 제4항 및 제5항이 적용되지 않는 사안에서 사업시행계획이 실질적으로 변경되어 분양신청절차를 다시 해야 한다고 보는 경우에도 사업시행계획이 취소 또는 무효확인되는 경우와 달리 이미 현금청산대상자가 된 토지등소유자에게 반드시 분양신청 기회를 다시 부여하여야 하는 것은 아닌 것으로 생각된다.[72] 사업시행계획이 실질적으로 변경되었다 하더라도 이미 조합원의 지위를 상실한 현금청산대상자들이 조합원의 지위를 소급하여 회복된다고 볼 근거가 없고, 만약 그와 같이 본다면 정비사업에 더 이상 관여하지 않겠다는 의사로 분양신청을 하지 않았던 현금청산대상자들의 의사에 반하여 강제로 다시 조합의 법률관계에 편입되어 종전 분양신청기간 종료일 이후의 총회 의결 등의 규율을 받게 된다는 부당한 결과가 초래되기 때문이다.[73]

위와 같이 종전 분양신청 결과가 그대로 유지될 수 있다고 본다면, 반대로 종전 분양신청절차에서는 분양신청을 하였으나 재분양신청절차에서 분양신청을 하지 않은 경우에도 조합원의 지위를 유지하는지가 문제될 수 있다. 그러나 이 점은 재분양신청절차에서 별

---

71 물론 정관 변경 또는 총회 의결로서 현금청산대상자들에게 분양신청 기회를 다시 부여하면서 종전의 조합원과 차등을 두지 않고 재분양신청절차를 진행할 수도 있을 것이다.

72 차흥권, 352.

73 서울고등법원 2015. 10. 29. 선고 2013나60861 판결, 서울고등법원 2016. 4. 7. 선고 2015누70531 판결(제1심은 서울행정법원 2015. 11. 13. 선고 2015구합69164 판결), 서울고등법원 2020. 2. 11. 선고 2019나8186, 8193, 8209, 23734, 2020나10 판결.

도의 분양신청을 하지 않은 것이 조합원 지위를 유지하려는 것인지에 관한 의사해석의 문제에 가까운 것으로 생각된다. 조합이 조합원들에게 재분양신청절차에서 별도의 분양신청을 하지 않으면 종전 분양신청한 내용으로 새로운 분양신청을 한 것으로 본다고 안내한 경우,[74] 해당 조합원이 분양신청을 철회하거나 그 철회의사가 있다고 볼 만한 사정이 없는 한 종전 분양신청에 따른 조합원 지위가 유지된다고 볼 수 있고, 반대로 사업시행계획에서 세대수 또는 주택규모(전용면적)가 크게 변경되어 평형에 대한 선택을 전체적으로 다시 해야 하는 등의 사정으로 인해 조합이 조합원들에게 재분양신청절차에서 다시 분양신청을 하지 않으면 현금청산대상자가 된다는 점을 지속적으로 고지한 경우 재분양신청절차에서 분양신청을 하지 않으면 종전 분양신청을 철회하는 취지로 보는 것이 타당할 것으로 생각된다.[75]

V. 평형 및 동 · 호수 배정

1. 평형 및 동 · 호수 배정 절차

조합원은 분양신청시 선호하는 평형을 기재하게 되는데, 특정 평형(주택규모)의 세대수보다 신청자가 많아 경합이 발생한 경우 통상 종전자산가격 등을 기준으로 우선 배정하지만, 그 밖의 종전 주택의 평형, 위치(한강조망 등) 등을 고려하여 관리처분계획에서 세부적으로 정할 수 있다.[76] 정관이나 관리처분계획의 내용에 반하거나 종전자산가격 등 형평성에 반하여 조합원의 분양신청권을 침해하는 동 · 호수 배정은 위법하다고 볼 수 있다.[77]

주택의 동 · 호수는 관리처분계획에서 일부 우선배정 등을 별도로 정하지 않는 이상 조

74 이러한 경우는 종전 분양신청자(조합원)에게 평형변경신청과 함께 명시적인 철회의 기회를 같이 부여하는 취지로 볼 수 있다.

75 분양신청은 조합원에게 가장 중요한 절차인데, 조합으로부터 재분양신청절차에서 다시 분양신청을 해야 한다고 수 차례 고지받았음에도 조합원이 스스로 종전 분양신청의 효력이 유지된다는 법적인 판단을 하여 분양신청을 하지 않은 것이니 조합원의 지위가 그대로 유지된다는 식의 주장은 경험칙상 납득하기 어려울 것이다.

76 기존 아파트의 조망이익을 고려하여 등급을 분류한 뒤 차등배정하는 것도 조합설립 경위 등을 종합하여 볼 때 도시정비법 규정이나 형평의 원칙에 반하지 않는다고 본 사례로 서울고등법원 2011. 12. 1. 선고 2011누13929 판결.

77 이에 관해 대법원 2008. 2. 15. 선고 2006다77272 판결은 관리처분계획상 종전자산가격에 따라 일부 조합원들에게 대형평수 우선배정권이 부여되어 있음에도 그 조합원을 배제하거나 우선배정권이 없는 조합원까지 같이 동 · 호수를 추첨하여 배정한 것은 분양신청 조합원들의 동 · 호수 추첨권을 박탈하여 조합원의 기본적인 권리를 침해한 것으로서 동 · 호수 추첨 절차에 중대한 하자가 있어 무효라고 보았다. 한편 대법원 2015. 10. 29. 선고 2013두12669 판결(원심은 서울고등법원 2013. 5. 23. 선고 2012누28423 판결)은 정관에 상가 동 · 호수 배정에 대한 기준이 불분명하여 여러 해석의 여지가 있다 하더라도, 무작위 추첨으로 배정한 것은 정관 내용에 반하어 위법하며, 상가 조합원들이 위법한 동 · 호수 배정(추첨)에 참여하지 않고 분양계약을 체결하지 않았다 하더라도 조합원의 지위를 상실하지 않는다고 보았다.

합원 분양분(우선배정구간)을 대상으로 수기추첨 또는 전산추첨 등의 공개추첨으로 배정한다.[78·79] 상가는 일반분양을 포함한 전체적인 입점 상황이나 핵심점포(key tenant)의 배치에 따라 내부설계를 변경할 일이 많고 필요에 따라 칸막이벽을 설치하거나 구획을 재설정할 수 있기 때문에 관리처분계획에서 기존의 상가 위치, 층수, 종전자산가격 등 다양한 방법과 기준으로 상가 구획지정(동·호수 지정)을 하고 있다.

도시정비법령은 평형 및 동·호수 배정의 시기를 별도로 정하고 있지 않으나, 관리처분계획에는 '분양대상자별 분양예정인 대지 또는 건축물의 추산액'이 포함되어야 하므로(법 제74조 제1항 제3호), 원칙적으로는 평형 및 동·호수를 분양신청 이후 관리처분계획 수립 전에 배정하여 관리처분계획에 반영하여야 한다고 볼 수 있다. 다만 실무적으로는 평형배정만 먼저 하여 평형별 평균분양가를 '추산액'으로 관리처분계획에 포함하고, 관리처분계획인가 후 동·호수 추첨을 하여 이후의 관리처분계획 변경에 반영하고 있다.

2. 평형변경신청

분양신청을 받은 결과 평형별 분양신청자 수가 조합원 공급대상인 평형별 세대수에 미달하거나 조합원들의 요구가 있는 경우 평형변경신청 절차를 진행하기도 한다. 도시정비법상 명문의 허용규정은 없으나, 단지 평형만 변경하는 것일 뿐 분양대상 조합원에 해당하는지 여부가 달라지는 것은 아니므로 달리 도시정비법에 위반된다고 보기 어렵다(대법원 2014. 8. 20. 선고 2012두5572 판결).[80] 평형변경신청은 기존의 분양신청을 전제로 분양받기를 희망하는 아파트 평형을 변경신청하는 절차로서, 분양신청을 할 것인지 여부를 결정하는 분양신청절차와는 구분된다.[81]

한편 사업시행계획 변경으로 인해 세대수 또는 주택규모(전용면적)가 달라진 경우 다시 분양신청절차를 거치지 않고 종전에 신청한 평형과 유사한 평형으로 재배정되거나 평형변경신청만을 받는 경우가 있다. 이에 대해 종전에는, 사업시행계획이 실질적으로 변경되어

78 서울시 정비조례 제38조 제1항 제4호는 "동일규모의 주택분양에 경합이 있는 경우에는 권리가액이 많은 순서로 분양하고, 권리가액이 동일한 경우에는 공개추첨에 따르며, 주택의 동·층 및 호의 결정은 주택규모별 공개추첨에 따른다"고 정하고 있다.

79 동·호수 추첨은 종전에 주택청약업무를 대행하는 금융결제원이 임의로 맡아 진행하여 주었으나, 주택청약 대행업무가 한국부동산원(구 한국감정원)으로 이관되면서 한국부동산원이 동·호수 추첨 업무를 하게 되었다.

80 대법원 2014. 8. 20. 선고 2012두5572 판결은 "분양신청기간 내에 분양신청을 한 조합원들을 대상으로 분양신청 내용의 변경신청을 받은 결과, 각 평형별 분양신청자 수가 조합원 공급대상인 평형별 세대수에 미달하는 이 사건에 있어서, 피고 조합이 분양대상 조합원 자격을 갖추고 분양신청기간 내에 분양신청을 함으로써 분양대상 조합원이 된 사람들에 대하여 관리처분계획 수립을 위한 조합 총회 결의 전에 그 분양신청 내용을 변경할 기회를 부여하였다고 하여 위 법률의 규정을 위반하였다고 볼 수 없다"고 보았다.

81 서울행정법원 2017. 9. 1. 선고 2017구합1063 판결; 통상 평형변경신청을 하지 않은 조합원은 종전에 분양신청한 평형과 유사한(근접한) 평형을 배정하게 되므로, 평형변경을 신청하지 않으면 현금청산대상자로 분류한다는 것과 같이 (재)분양신청과 동일하게 볼 수 있는 경우가 아닌 한 분양신청절차로 보기는 어렵다.

조합원의 분담금 규모가 달라진 경우에는 분양신청절차를 다시 하여야 하고 평형변경신청절차만을 거친 채 그 결과를 기초로 수립한 관리처분계획을 위법하다고 보기도 하였다.[82] 그러나 사업시행계획이 실질적으로 변경되면 분양신청을 다시 해야 하는지는 여전히 다툼이 있고, 특히 도시정비법이 2017. 2. 8. 법률 제14567호로 전부 개정되면서 신설된 도시정비법 제72조 제4항은 사업시행계획 변경에 따라 세대수 또는 주택규모가 달라진 경우에도 재분양신청절차를 진행할지 여부는 사업시행자의 의무가 아닌 재량(선택)으로 명시적으로 정하고 있으므로 평형변경신청절차만을 진행하였다고 하여 관리처분계획이 위법하다고 보기 어려운 것으로 생각된다.

3. 평형 및 동 · 호수 배정에 대한 쟁송

관리처분계획에 반영된 평형 및 동 · 호수 배정이 도시정비법령, 정관, 관리처분계획에서 정한 기준에 위배되거나 현저히 형평에 반하여 위법한 경우에는 항고소송으로 관리처분계획의 취소 또는 무효확인을 구할 수 있다. 민사상 동 · 호수 배정 등의 무효확인을 구할 확인의 이익이 인정될 수도 있다(대법원 2008. 2. 15. 선고 2006다77272 판결).

조합원이 자신이 배정받은 동 · 호수에 대해 다툼이 있는 경우 관리처분계획의 일부취소가 가능할 수도 있으나, 동 · 호수 추첨 및 배정이 무효로 확인될 경우 나머지 후순위 배정도 일부씩 순차적으로 변경이 불가피하므로 모든 동 · 호수 추첨 및 배정이 위법하게 될 수 있다(대법원 2008. 2. 15. 선고 2006다77272 판결). 동 · 호수 배정으로 인해 관리처분계획에 일부 위법이 있다고 하여 동 · 호수 배정을 다시 하는 것은 매우 소모적이므로, 별도의 합의로 보류지를 공급받도록 하거나,[83] 차액에 대한 손해배상을 받도록 하는 등[84] 다른 보완적인 방법으로 권리구제를 받도록 하여야 할 것으로 생각된다.

Ⅵ. 조합원 분양계약

1. 조합원 분양계약의 취지 및 법적 성격

가. 조합원 분양계약의 법적 성격

분양신청결과에 따라 수립한 관리처분계획이 인가되고 동 · 호수 추첨을 마친 후 조합

82 서울행정법원 2014. 9. 19. 선고 2013구합19400 판결, 서울행정법원 2015. 7. 3. 선고 2014구합11731 판결; 법제처 2014. 3. 13. 13-0652 해석례.

83 대법원 2008. 2. 15. 선고 2006다77272 판결은 동 · 호수 추첨 및 배정을 다투었던 조합원이 종전 추첨으로 배정받은 아파트를 포기하고 일반분양분으로 예정되어 있던 아파트를 배정받기로 하는 별도의 약정을 하였다면 동 · 호수 추첨의 무효확인을 구할 소의 이익이 없다고 보았다.

84 대법원 2011. 5. 13. 선고 2011다3268 판결은 조합이 조합원의 종전자산가격을 잘못 산정하여 조합원이 큰 평형 아파트를 배정받지 못한 경우 그 차액에 대한 손해배상을 인정한 사례이다.

과 시공자는 개별 조합원과 배정된 동 · 호수에 대한 분양계약(공급계약)을 체결하고 있다. 관련 법령에 분양계약에 대한 규정은 없으나, 도시정비법이 제정 · 시행되기 전부터 실무에서 이루어지고 있었다. 통상 정관에서 "조합원은 관리처분계획인가 후 ○일 이내에 분양계약체결을 하여야 하며 분양계약체결을 하지 않는 경우 제4항의 규정을 준용한다"라고 하여 조합원의 분양계약 체결의무와 함께 분양계약을 체결하지 않을 경우 현금청산한다는 규정을 두고 있다(구 표준정관 제44조 제5항). 대법원 2008. 12. 24. 선고 2006다73096 판결 등도 조합원 분양계약에 대해 사법상 계약의 효력을 인정한 바 있다.

조합과 조합원이 체결하는 분양계약은 통상적인 주택사업의 분양계약(공급계약)처럼 사업시행자인 조합이 매도인(甲), 조합원이 매수인(乙), 시공자(건설업자)가 시공사(丙)의 지위에서 분양 목적물, 분양대금 및 납부방법, 명도, 계약의 해제 및 해지, 손해배상 등을 정하고 있다. 조합이 일반분양자(수분양자)와 체결하는 공급계약은 통상적인 주택사업과 같이 사업시행자가 매도인의 지위에서 매수인인 일반분양자에게 특정 주택을 공급(매매)하는 것이나, 조합이 조합원과 체결하는 분양계약은 그 주된 내용이 이미 도시정비법령 및 관리처분계획에서 정해진 것으로서 분양계약으로 비로소 분양에 관한 법률관계가 형성되는 것이 아니라는 점에서 차이가 있다. 즉, 조합원 분양계약은 관리처분계획이라는 처분에 의하여 확정된 아파트의 분양권과 분담금을 조합과 조합원 사이에 다시 확인하면서, 분양대금의 지급시기와 지급방법과 같은 세부적인 사항을 정하는 것이다. 아울러 분양계약은 조합원이 분양계약에 따라 분담금을 이전고시 이전에 선납 또는 분할납부하도록 하는 기능도 하고 있다.

나. 조합원 분양계약의 한계

분양계약이 인가된 관리처분계획의 내용에 관한 것이거나 또는 관리처분계획에서 정하지 않는 내용을 담고 있는 것이 효력이 있는지 다툼이 있다.

조합과 조합원 사이의 분양에 관한 권리관계는 분양계약이 아니라 관리처분계획에서 정해지는 것이므로, 분양계약은 인가 · 고시된 관리처분계획과 본질적인 부분에서 다른 내용으로 체결할 수 없다는 내재적 한계가 있으며, 관리처분계획과 다르게 권리관계를 형성한 분양계약은 도시정비법령 등에 위반되어 허용되지 않는다(구 도시재개발법상 재개발사업의 분양계약에 관한 대법원 2008. 12. 24. 선고 2006다73096 판결 등 참고). 이 점에서 관리처분계획의 수립기준에 관한 도시정비법의 규정은 관리처분계획에 따른 조합원 분양의 이행 및 분양금 지급의무의 부여를 위한 사법상 계약인 분양계약의 내용을 형성하는데 있어서 강행규정으로 작용한다.

그러나 도시정비법 및 관리처분계획에서 예정하지 않는 내용의 경우, 분양계약은 시공자에 대한 공사비 지급, 신축건물에 대한 조합원의 입주 및 분양대금 납부 등을 둘러싼 권리 · 의무관계를 원활하게 조정하고 이를 구체화하기 위하여 사법상 계약의 형태로 개별적인 약정을 체결하는 것은 달리 법상 금지되어 있다는 등의 특별한 사정이 없는 한 허용된다(위 대법원 2006다73096 판결 등 참고).[85]

2. 조합원 분양계약의 내용별 효력

조합과 조합원이 체결하는 분양계약은 통상의 주택사업의 분양계약처럼 분양 목적물, 분양대금(부담금)의 금액, 납부방법 및 지연손해금, 계약의 해제 및 해지, 인도 및 입주절차, 손해배상 등을 정하고 있다. 이러한 분양계약의 각 내용의 효력은 관리처분계획에 따른 것인지 여부에 따라 구분하여 볼 수 있다.

가. 관리처분계획에서 정하는 분양대상자, 분양 목적물, 분양대금 및 납부방법 등에 관한 사항

분양계약의 주된 내용인 매수인, 분양 목적물, 분양대금 및 납부 방법 등은 관리처분계획에서 정하는 분양대상자, 분양대상자별 분양예정인 대지 또는 건축물, 분양대상자별 분담금에 해당한다. 조합과 조합원 사이의 분양에 관한 기본적인 법률관계는 도시정비법, 정관, 관리처분계획 및 이전고시 등에 의하여 형성되는 것이지 분양계약에 의하여 비로소 형성되는 것은 아니므로, 이 점에서 분양계약은 조합과 조합원 사이에 관리처분계획 등에 의해 이미 형성된 법률관계를 구체화하고 보충하는 의미를 갖는 것에 불과하다.[86]

① 분양계약에 따라 조합원이 납부할 분양대금은 분양대상 주택의 조합원 공급가액에서 권리가액을 공제한 분담금에 해당하고, 분양계약에 따라 분양대금을 중도금 및 잔금으로 분할하여 납부하는 것은 정관 및 관리처분계획에서 예정한 것으로서 유효하다고 볼 것이다.

② 관리처분계획에 반하는 분양계약은 효력이 없고,[87] 분양계약 체결 이후 관리처분계

---

85 위 대법원 2006다73096 판결은 분양계약을 사법상 계약으로 보고 있으나, 조합과 조합원이 체결하는 분양계약은 관리처분계획을 전제로 하는 공법관계를 구체화하는 계약으로서 당사자들이 명백히 사법상 계약을 체결할 의사였다고 볼 만한 사정이 없는 한 통상 공법상계약으로 보는 것이 옳다는 견해도 있다[이우재(하), 328]. 구분의 실익은 분양계약에 따른 분담금(분양대금)지급의무가 이행되지 않는 경우 그 의무이행을 구하는 방법인데, ⓐ 사법상 계약으로 볼 경우 민사소송으로 청구가 가능하고 청산금, 부과금 징수를 위한 절차가 필요 없고, ⓑ 공법상 계약으로 볼 경우 분담금의 실질은 청산금 분할납부로서 청산금징수절차에 의해 징수할 수 있을 것이다. 다만 어느 쪽이든 계약에 따라 구체적으로 확정된 채권은 별도의 총회 의결이나 부과절차 없이 즉시 채권집행이 가능한 것이어서 실질적인 차이는 없을 수 있다[이우재(하), 329-330].

86 서울고등법원 2014. 10. 15. 선고 2013나35797 판결.

87 서울행정법원 2019. 6. 21. 선고 2018구합6027 판결은 "분양계약은 인가·고시된 관리처분과 그 본질적인 부분에서 다른 내용으로 체결될 수 없다는 내재적인 한계를 지닌다고 보아야 하고, 그렇지 않고 관리처분계획에서 정해진 바와 본질적으로 다른 권리관계를 형성하는 분양계약은 도시정비법령을 포함한 전체 법질서에 비추어 허용될 수 없다"고 보면서 그 근거로 "관리처분계획으로 인하여 형성되는 조합원과 조합 사이의 공법적 분양관계와 사법적 권리관계가 본질적으로 다른 내용으로 형성될 수 있다고 본다면, 도시정비법 및 시행령이 매우 세밀하게 관리처분계획의 수립기준에 대하여 규정하고 있는 이유, 즉 조합원의 재산권과 조합의 사업운영의 자유를 조화시키고 더 나아가서는 보다 공공의 이익에 부합하는 도시정비사업의 진행을 도

획의 주요 부분이 변경된 경우에는 조합과 조합원 사이의 관리관계는 변경된 관리처분계획에 따라 변경되므로 종전의 분양계약은 변경된 관리처분계획과 저촉되는 범위 내에서 그 효력을 상실한다.[88] 변경된 관리처분계획에 따라 추가 분담금을 부담하게 된 경우,[89] 변경된 관리처분계획에 따라 분양받을 대지 지분이 변경된 경우[90] 등은 분양계약을 변경하지 않더라도 변경된 관리처분계획에 따라야 한다.

③ 분양계약에서 매수인인 조합원이 분담금(중도금 · 잔금) 납부를 지체하거나 대출의 기한 이익 상실 사유가 발생한 경우 매도인인 조합이 분양계약을 해제할 수 있도록 정하고 있으나, 조합원이 특정 주택을 분양받는 것에 대한 법률관계는 인가된 관리처분계획에서 정한 것이므로 분양계약상의 해제 · 해지사유가 발생하여 조합이 해제권을 행사하더라도 그 조합원이 바로 조합원의 지위를 상실하여 현금청산대상자가 되지는 않는다고 생각된다.[91] 정관(구 표준정관 제44조 제5항)상 분양계약을 체결하지 않으면 현금청산하도록 한 것은 조합원에게 분양계약체결의무를 부가하면서 조합이 조합원에게 분양계약 체결을 요구하였음에도 그 의무에 위반하여 분양계약을 체결하지 않은 조합원을 현금청산대상자로 한다는 것인데(대법원 2012. 5. 9. 선고 2010다71141 판결 등), 이미 분양계약을 체결한 상태에서 단지 분담금 납부의무만을 지체하는 것을 분양계약을 체결하지 않은 것과 동일하게 보기 어렵고,[92] 달리 정관에 명시적인 규정을 두지 않는 이상[93] 분담금 납부를 지체하였다는 사정만으로 조합의 해제권 행사로 그 조합원이 현금청산대상자가 된다고 보기 어렵다.[94] 물론 분담금 납부의 지체는 인도 · 입주절차를 거

모하는 입법의 취지를 몰각하는 결과를 야기할 수 있다. 결국 관리처분계획의 수립기준에 관한 도시정비법령의 제규정은 최소한 관리처분계획에 따른 조합원분양의 이행 및 분담금 지급의무의 부여를 위한 사법상의 계약인 이른바 분양계약의 내용을 형성함에 있어서는 강행규정이라고 볼 것이다"라는 점을 제시하였다.

88 서울고등법원 2014. 10. 15. 선고 2013나35797 판결, 의정부지방법원 2018. 9. 5. 선고 2017가합51808 판결.

89 의정부지방법원 2017. 12. 1. 선고 2016가합54312 판결, 의정부지방법원 2018. 9. 5. 선고 2017가합51808 판결; 사법상 계약인 분양계약을 따로 변경하지 않더라도 관리처분계획의 내용에 따라야 하는 것이고, 통상 분양계약에는 관리처분계획 변경 또는 정비사업비 증가에 따라 분담금이 변경될 수 있다는 점을 예정하기도 한다.

90 대법원 2014. 11. 13. 선고 2012두2948 판결(원심은 서울고등법원 2011. 12. 23. 선고 2011누5898 판결).

91 서울고등법원 2014. 10. 15. 선고 2013나35797 판결.

92 중도금은 집단대출로서 금융기관에서 조합 · 시공자로 바로 납부되고 잔금은 담보대출 및 조합원 개인의 자산으로 납부하게 되는 것이므로, 분담금 납부를 지체하는 것은 대출을 정상적으로 받지 못하였거나 추가 분담금 금액 등에 다툼이 있기 때문이지 분양을 포기할 의사가 있기 때문이라고 단정하기 어렵다.

93 그러나, 분양계약을 체결하지 않으면 현금청산한다는 정관 규정이 유효한 것은 조합원에게 관리처분계획이 관리처분계획이 인가된 이후라도 조합원 지위에서 이탈하여 현금청산을 받을 기회를 추가로 부여하려는 취지로서 도시정비법에 위반되지 않는다고 보기 때문인데(대법원 2011. 7. 28. 선고 2008다91364 판결), 분양계약상의 분담금 납부의무를 지체한 것이 조합원이 분양을 포기할 의사라고 단정하기 어렵다는 점에서 정관이나 관리처분계획에서 분담금 납부 지연에 따른 분양계약 해제 및 현금청산을 정하였다 하더라도 분양계약을 체결하지 않은 경우와 동일하게 유효하다고 보기는 어려운 것으로 생각된다.

94 반대로 조합원이 분양계약을 해제하는 방법으로 정비사업에서 탈퇴할 수 있는지도 문제될 수 있으나, 조합원의 임의 탈퇴는 허용되지 않고(구 주택건설촉진법상의 재건축사업에 관한 대법원 1997. 5. 30. 선고 96다

절하거나 지연손해금을 가산할 사유는 된다.

나. 관리처분계획에서 정하지 않은 사항

분양계약에서 정관이나 관리처분계획 등에서 예정하지 아니한 급부의무를 정하고 있더라도, 공사비 등의 지급을 위한 조합원의 급부의무의 부담 및 그 내용이 구 도시재개발법을 포함한 전체 법질서에 비추어 허용될 수 있고 그 사법상 계약의 체결에 이르게 된 동기, 경위 및 목적 등에 비추어 필요성과 상당성이 있다고 인정되는 때에는 분양계약도 사법상 계약으로서 유효하다(구 도시재개발법상 재개발사업의 분양계약에 관한 대법원 2008. 12. 24. 선고 2006다73096 판결 참고).

① 분양계약에서 관리처분계획 등에서 정한 분담금 이외의 급부를 정하거나 납부지연에 따른 지연손해금을 정한 경우 도시정비법, 정관 및 관리처분계획의 내용에 반한다는 등의 사정이 없다면 사법상 계약으로서 유효하므로 조합원은 분양계약에 따라 지연손해금 등을 지급할 의무가 있다.[95]

② 분양계약에서 정하는 인도 및 입주절차, 제세공과금의 부담, 입주자대표회의 구성 전까지의 아파트 관리 등에 관한 사항은 정관 및 관리처분계획에서 특별히 정하는 사항이 아니므로 분양계약에서 정하는 바에 따르면 될 것이다.

다. 시공자에 관한 사항

정비사업의 조합원 분양에 관한 법률관계는 조합과 조합원 사이에서 형성되는 것이지만, 시공자도 정비사업의 시행을 위하여 필요한 범위 내에서 조합원에 대하여는 직접적인 권리 · 의무관계를 발생시키는 한편 정비사업조합에 대하여는 이미 발생한 권리 · 의무관계를 보완하기 위하여 위 분양계약의 당사자로 참여할 수 있으며, 이 경우 분양계약에서 정하여진 사항은 도시정비법, 정관 또는 관리처분계획에 저촉되어 그 효력이 부정되어야 하는 경우를 제외하고는 계약 당사자인 조합원, 재개발조합 및 시공자 사이에서 그 효력을 가진다(구 도시재개발법에 관한 대법원 2007. 12. 27. 선고 2004다26256 판결 참고).

① 분양계약서 작성 및 관리, 인도 및 입주절차는 시공자가 조합으로부터 위임받아 대행하고, 그 절차는 분양계약에서 정한다. 시공자는 조합원에게 분양계약서의 내용을 근거로 인도 및 입주를 거절할 수 있다.

② 시공자가 공사대금 지급을 담보하기 위해 조합이 조합원으로부터 상환받을 이주비 대여금, 중도금 이자 후불금액 등을 조합으로부터 채권양도받는 경우, 분양계약에서 채권양도 및 양수채권의 채무자인 조합원의 승낙을 정하여 위 채권에 관한 일정한 권리 · 의무관계를 형성하게 된다.

23887 판결), 분양계약상 조합원의 임의해제를 정하고 있지 않으므로 조합원이 분양계약의 해제를 주장할 근거는 없다.

95 의정부지방법원 2018. 9. 5. 선고 2017가합51808 판결.

③ 분양계약상 발코니 확장, 시스템에어컨 설치 등 유상옵션은 조합이 일괄적으로 산정하는 분양대금(분담금)에 포함하지 않고, 조합원이 개별적으로 선택한 후 대금을 시공자에 직접 지급하도록 하기도 한다. 이 경우 조합원과 시공자 사이에서 직접 유상옵션 공급계약이 성립한다고 볼 수 있다.

3. 분양계약을 체결하지 않는 조합원의 지위

조합은 관리처분계획인가 · 고시 이후 동 · 호수 추첨을 거쳐 각 조합원에게 배정될 주택을 확정한 후 일정한 기간을 분양계약체결기간으로 정하여 조합원이 분양계약을 체결하도록 한다. 조합원이 분양계약체결기간 내에 분양계약을 체결하였다면, 그대로 조합원(분양대상자) 지위를 유지하면서 정관 또는 관리처분계획에서 정하지 않은 사항은 분양계약 체결로서 권리 · 의무가 형성된다.

조합은 정관으로 조합원에게 분양계약체결의무를 부과하고 분양계약을 체결하지 않는 경우 현금청산하도록 정하고 있는데(구 표준정관 제44조 제5항),[96] 도시정비법이 예정한 조합원 지위 상실(현금청산) 사유에는 해당하지 않으나, 위 정관 규정은 조합원으로 하여금 관리처분계획이 인가된 이후라도 조합원 지위에서 이탈하여 현금청산을 받을 기회를 추가로 부여하려는 취지로서 도시정비법에 위반된다고 볼 수 없고 유효하다(대법원 2011. 7. 28. 선고 2008다91364 판결). 조합원이 분양계약체결기간 내에 분양계약을 체결하지 않는 경우 정관 규정에 따라 조합원 지위를 상실하여 현금청산대상자가 되고, 이 경우 조합원 지위 상실 및 청산금 지급의무가 발생하는 시점은 분양계약체결기간 종료일 다음 날로 본다(대법원 2008. 10. 9. 선고 2008다37780 판결, 대법원 2011. 12. 22. 선고 2011두17936 판결 등).

다만 위 정관 규정은 조합이 조합원들에게 분양계약체결을 요구하는데도 그 분양계약 체결 의무에 위반하여 분양계약을 체결하지 아니한 조합원을 현금청산대상자로 한다는 의미로 해석하는 것이 타당하고, 조합이 사업진행상 여러 가지 사정으로 조합원들에게 분양계약체결 자체를 요구하지 아니한 경우에도 정관이 정한 기간 내에 분양계약체결이 이루어지지 않았다고 하여 모든 조합원들이 현금청산대상자가 된다고 볼 것은 아니다(대법원 2012. 5. 9. 선고 2010다71141 판결, 대법원 2013. 7. 11. 선고 2013다13023 판결, 대법원 2016. 12. 15. 선고 2015두51309 판결, 대법원 2018. 12. 27. 선고 2018다260015 판결 등).

---

96 구 표준정관 제44조(분양신청 등) ④ 조합은 조합원이 다음 각호의 1에 해당하는 경우에는 그 해당하게 된 날부터 150일 이내에 건축물 또는 그 밖의 권리에 대하여 현금으로 청산한다. 그 금액은 시장 · 군수가 추천하는 감정평가업자 2 이상이 평가한 금액을 산술평균하여 산정한다.

1. 분양신청을 하지 아니한 자
2. 분양신청을 철회한 자
3. 인가된 관리처분계획에 의하여 분양대상에서 제외된 자

⑤ 조합원은 관리처분계획인가 후 ○일 이내에 분양계약체결을 하여야 하며 분양계약체결을 하지 않는 경우 제4항의 규정을 준용한다.

[23] 현금청산대상자에 대한 조치

I. 현금청산의 개관

1. 도시정비법 제73조가 정한 현금청산의 취지

현금청산 절차는 조합원 입장에서는 분양신청을 하지 않는 등의 방법으로 정비사업에서 탈퇴할 수 있는 기회를 제공받는 것이고, 조합 입장에서는 정비사업에 더 이상 참여하지 않을 토지등소유자를 상대로 청산절차를 진행하여 그 소유 토지 등을 확보하는데 목적이 있다.[1] 현금청산의 시기, 절차 및 지연이자 등을 정하는 도시정비법 제73조(구법 제47조)는 분양신청을 하지 않거나 분양신청을 철회하는 자와 같이 본래 조합원이었으나 후발적인 사유로 조합원의 지위를 상실한 토지등소유자에 대한 청산절차를 정한 것이다.

① 조합원 강제가입제를 취하는 재개발사업에서 토지등소유자는 분양신청 단계에서 비로소 조합에서 탈퇴하여 현금청산의 대상이 되고, 분양신청을 하지 않은 토지등소유자는 토지보상법상 수용의 방법으로 청산이 이루어진다. 수용의 절차, 손실보상금(현금청산금) 산정 등은 토지보상법에 따르므로, 재개발사업에서 도시정비법 제73조는 조합원 지위 상실 시점, 수용재결을 신청하기 전 협의 절차 정도를 정한 취지로 볼 수 있다.

② 조합원 임의가입제를 취하는 재건축사업에서는 조합설립에 동의하지 않은 토지등소유자는 도시정비법 제64조(구법 제39조)에 따른 매도청구로서 손실보상이 이루어지고, 조합설립에 동의하여 조합원이 되었으나 이후 분양신청을 하지 않는 경우에는 도시정비법 제73조(구법 제47조)에 따른 청산절차로서 매도청구의 방법으로 청산이 이루어지면서 손실보상(청산) 절차가 이원화된다. 재건축사업에서 도시정비법 제73조는 조합원 지위 상실 시점, 매도청구의 소를 제기하기 전 협의 절차, 현금청산금 평가시점 등의 의미를 갖는다.

1 도시정비법이 2017. 2. 8. 법률 제14567호로 전부 개정되면서 종전의 '현금청산'을 '손실보상'으로 용어를 변경하였다. 이 책에서는 종전의 용례대로 '현금청산', '현금청산대상자'로 쓰기로 한다.

2. 현금청산에 관한 2017년 전부개정법률의 적용

가. 현금청산의 시기 및 지연이자에 관한 도시정비법의 개정 경과

2002. 12. 30. 법률 제6852호로 제정된 구 도시정비법 제47조는 분양신청을 하지 않는 자 등에 대하여 각 해당하게 된 날부터 150일이내에 현금청산하도록 하고 있었다. 대법원 2008. 10. 9. 선고 2008다37780 판결 등은 위 규정을 해석하여 분양신청을 하지 아니한 자 또는 분양신청을 철회한 자는 분양신청기간의 종료일 다음 조합원의 지위를 상실하고, 그 분양신청기간 종료일 다음 날이 조합의 청산금 지급의무 발생일과 현금청산 기준일이 된다고 판단하였고, 이후 도시정비법이 2012. 2. 1. 법률 제11293호로 개정되면서 위 대법원 2008다37780 판결 등의 취지에 맞춰 현금청산대상자가 된 날의 의미를 구체적으로 정하는 한편(구법 제47조 제1항), 현금청산이 지연되면 정관이 정하는 바에 따라 지연이자를 지급하도록 하였다(구법 제47조 제2항).[2]

그러나 조합이 일반분양을 실시하여 분양수입금을 얻는 것은 관리처분계획 인가 · 고시 후 이주절차가 진행된 이후이므로, 현금청산기간의 시점인 분양신청기간 종료일까지 현금청산대금과 이자를 조달하기는 어려웠다. 이에 현금청산 시기를 관리처분계획인가 시점으로 일원화하고 조합의 현금청산대금 조달을 용이하게 하기 위해 도시정비법이 2013. 12. 24. 법률 제12116호로 개정되면서 현금청산 시기를 "관리처분계획 인가를 받은 날의 다음 날로부터 90일 이내"로 변경하였다(구법 제47조 제1항).[3]

이후 도시정비법이 2017. 2. 8. 법률 제14567호로 전부 개정되면서 종전의 현금청산기간을 손실보상의 협의기간으로 변경하는 한편(법 제73조 제1항),[4] 청산기간내 협의가 이루어지지 않는 경우 재개발사업은 수용재결을 신청할 수 있고, 재건축사업은 구 도시정비법 제39조를 준용하여 매도청구를 할 수 있다는 종전 대법원 판결의 취지를 반영하여 제1항의 협의기간 내에 협의가 성립하지 않으면 그 기간의 만료일 다음 날부터 60일 이내에 수용재결을 신청하거나 매도청구의 소를 제기하여야 한다는 명문의 규정을 두었다(법 제73조 제2항). 아울러 종전에는 지연이자를 정관에서 정하도록 하였으나 실제 지연이자를 정하지 않거나 매우 낮은 이율로 정하는 문제로 인해 실효성이 없다는 지적에 따라 지연이자의 이율을 시행령에서 직접 정하도록 하였다(법 제73조 제3항). 특히 도시정비법 제73조 제3항은 재개발사업에서 토지보상법

---

2 위 제47조 제2항의 개정규정은 위 일부개정법률의 시행일인 2012. 8. 2. 이후 최초로 조합설립인가를 신청하는 정비사업부터 적용되었다[구법 부칙(2012. 2. 1.) 제8조].

3 위 제47조 제1항의 개정규정은 위 일부개정법률의 시행일인 2013. 12. 24. 이후 최초로 조합설립인가를 신청하는 분부터 적용되었다[구법 부칙(2013. 12. 24.) 제4조].

4 아울러 협의기간(종전의 현금청산기간)의 기산점을 "관리처분인가를 받은 날의 다음 날"에서 "관리처분계획이 인가 · 고시된 다음 날"로 변경하였다. 관리처분계획은 그 인가에 대한 고시가 있어야 효력이 발생한다는 점에 따른 것이다. 통상 인가처분과 관보 고시는 같은 날 이루어지고 관보 고시가 늦어진다 하더라도 하루, 이틀 정도이므로 큰 차이는 없을 것이다.

제30조 제3항에 따른 재결신청 지연가산금을 배제하려는 목적으로 입법되었다.[5]

현금청산 협의 시기 및 지연이자 등에 관한 도시정비법의 개정 내용의 요지는 다음과 같다.

표 15 ▌현금청산 협의 시기 및 방법에 관한 법 개정

개정 법률	구분	현금청산 협의 기간 및 방법
2002. 12. 30. 법률 제6852호 제정법률 제47조	시기 방법	현금청산대상자에 해당하게 된 날부터 150일이내에 대통령령이 정하는 절차에 따라 현금으로 청산
	지연 이자	(규정 없음)
2012. 2. 1. 법률 제11293호 일부개정법률 제47조	시기 방법	① 분양신청을 하지 아니한 자 또는 분양신청기간 종료 이전에 분양신청을 철회한 자는 분양신청기간 종료일의 다음 날부터, 인가된 관리처분계획에 따라 분양대상에서 제외된 자는 그 관리처분계획 인가를 받은 날의 다음 날부터 150일 이내에 대통령령으로 정하는 절차에 따라 현금으로 청산
	지연 이자	② 정관등으로 정하는 바에 따라 이자를 지급
2013. 12. 24. 법률 제12116호 일부개정법률 제47조	시기 방법	① 관리처분계획 인가를 받은 날의 다음 날로부터 90일 이내에 대통령령으로 정하는 절차에 따라 현금으로 청산
	지연 이자	② (종전과 동일)
2017. 10. 24. 법률 제14943호 일부개정법률 제47조[6]	시기 방법	① (투기과열지구의 분양신청 자격 제한에 따라 분양신청을 할 수 없는 자를 추가)
	지연 이자	② (종전과 동일)

5 자세한 내용은 I.2.다.**재결신청 지연가산금 제도의 배제** 참고.

6 투기과열지구의 분양신청권을 제한하면서(구법 제46조 제3항 신설), 현금청산대상자에 위 내용을 반영하여 추가하였다(구법 제47조 제1항 개정). 위 일부개정법률은 2017년 전부개정법률(2017. 2. 8. 법률 제14567호로 전부 개정된 것, 2018. 2. 9. 시행)이 개정되어 시행되기 이전인 2017. 10. 24.에 개정되어 시행된 것으로서, 그 당시 시행예정인 2017년 전부개정법률도 같이 개정되었다(현행법 제72조 제6항 신설, 현행법 제73조 제1항 제3호를 제4호로 하고 같은 항에 제3호를 신설).

2017. 2. 8. 법률 제14567호 전부개정법률 제73조	시기 방법	① 관리처분계획이 인가 · 고시된 다음 날(또는 분양신청기간 종료일의 다음 날)부터 90일 이내에 손실보상에 관한 협의
	지연 이자	② 15/100 이하의 범위에서 대통령령으로 정하는 이율을 적용한 이자를 지급

나. 2017년 전부개정법률의 적용에 대한 해석

(1) 종전 2012년, 2013년 일부개정법률의 적용

도시정비법 제73조(구법 제47조)에 관한 주요한 법률 개정 중 앞서 두 차례의 일부개정법률은 개정규정의 적용시기가 명확하다.

① 2012. 2. 1. 법률 제11293호로 개정된 구 도시정비법(이하 '2012년 일부개정법률') 제47조 제2항의 현금청산 지연이자에 관한 개정규정은 위 일부개정법률의 시행일인 2012. 8. 2. 이후 최초로 조합설립인가를 신청한 경우부터 적용되었다(구법 부칙(2012. 2. 1.) 제8조).

② 2013. 12. 24. 법률 제12116호로 개정된 구 도시정비법(이하 '2013년 일부개정법률') 제47조 제1항의 현금청산 시기에 관한 개정규정은 위 일부개정법률의 시행일인 2013. 12. 24. 이후 최초로 조합설립인가를 신청하는 경우부터 적용되었다(구법 부칙(2013. 12. 24.) 제4조).

위 2012년 일부개정법률, 2013년 일부개정법률의 각 적용례는 2017. 2. 8. 법률 제14567호로 전부 개정된 도시정비법(이하 '2017년 전부개정법률')의 부칙으로 옮겨 왔으며(법 부칙(2017. 2. 8.) 제9조, 제19조), 원칙적으로 현행 도시정비법에서도 종전 적용례가 그대로 유지된다고 볼 수 있을 것이다.

그런데 2017년 전부개정법률은 위 2012년 일부개정법률, 2013년 일부개정법률의 각 개정규정을 그대로 이어받은 것이 아니라 전반적인 취지는 유사하지만 일부 내용과 절차를 변경하였고, 그 변경된 내용에 대해 다시 별도의 적용례를 두고 있다(법 부칙(2017. 2. 8.) 제18조). 이로 인하여 위 각 일부 · 전부개정법률의 적용이 명확하지 않게 되었다. 아래에서는 2017년 전부개정법률의 적용을 각 요건별로 설명한다.

(2) 법령의 개정과 종전 부칙의 적용

법령을 제정 또는 개정하여 법질서를 변경하는 경우 새로운 법질서로 전환하는 과정이 부드럽고 순조롭게 진행될 수 있도록 과도적 조치로서 경과조치를 두며, 경과조치를 담은 규정을 '경과규정'이라고 한다. 부칙의 경과규정은 '경과조치'라는 제목으로 "...에는 개정규정에도 불구하고 종전의 규정에 따른다"와 같이 규정한다.

제정 또는 개정된 법령은 시행일부터 효력을 발휘하는데, 시행일을 정하는 것만으로 구체적으로 제정 또는 개정된 법령의 적용 대상과 시기가 명확하지 않은 경우, 새로 시행되는 법령의 부칙에서 해당 법령의 구체적 적용관계를 명확히 하기 위해 시행일 이외에 '적

용례'를 두어 구체적인 적용기준을 정한다. 부칙의 적용례는 '적용례'라는 제목으로 "...의 개정규정은 ... 이후 ... 하는 것부터 적용한다"와 같이 규정한다.[7]

이 같은 부칙의 적용례 또는 경과조치가 그 이후 개정 법령에서 그대로 효력이 존속하는지는 그 개정이 일부 개정인지 또는 전부 개정인지에 따라 달라진다.

① 법령을 일부 개정할 때, 본칙은 개정된 조문이 그 이전까지 개정된 법령에 흡수되는 흡수개정방법에 의하지만, 부칙은 종전의 부칙에 잇달아 새로운 부칙으로 추가되는 방법에 의한다. 따라서 법률 일부 개정시에는 종전 법률의 부칙에 있던 경과조치는 이를 개정하거나 삭제한다는 별도의 규정이 없는 한 효력이 상실되지 않는다(대법원 2002. 7. 26. 선고 2001두11168 판결, 대법원 2008. 11. 27. 선고 2006두19419 판결 참고).

② 법령의 전문을 개정하는 전부 개정은 기존 법령을 폐지하고 새로운 법령을 제정하는 것과 마찬가지이므로, 종전의 본칙은 물론 부칙도 전부 개정시에 모두 소멸하며, 종전 부칙의 경과조치도 특별한 사정이 없는 한 모두 실효된다(위 대법원 2001두11168 판결, 위 대법원 2006두19419 판결 참고).[8] 따라서 종전 법령 부칙의 경과조치 중 전부개정법령에서도 그대로 적용할 필요가 있는 것은 전부개정법령에서 종전 경과조치와 동일한 내용으로 다시 경과조치를 정해야 한다.

2017년 전부개정법률은 종전 적용례 또는 경과조치 중 전부 개정 이후에도 그대로 유지할 필요가 있는 것은 위 전부개정법률의 부칙에서 종전과 동일한 내용으로 정하였다.

표 16 ▌2017년 전부개정법률 부칙의 적용례 예시

2016. 1. 27. 법률 제13912호 일부개정법률
제17조(토지등소유자의 동의방법 등) ② 제1항에 따라 서면동의서를 작성하는 경우 제13조 제2항 및 제16조 제1항부터 제3항까지에 해당하는 때에는 시장 · 군수가 대통령령으로 정하는 방법에 따라 검인(檢印)한 서면동의서를 사용하여야 하며, 검인을 받지 아니한 서면동의서는 그 효력이 발생하지 아니한다. 〈신설 2016. 1. 27.〉 부칙 〈법률 제13912호, 2016. 1. 27.〉 제1조(시행일) 이 법은 공포 후 6개월이 경과한 날부터 시행한다. 제6조(서면동의서 검인에 관한 적용례) ① 제17조 제2항의 개정규정은 이 법 시행 후 최초로 정비계획을 수립하는 분부터 적용한다.

7 적용례와 경과조치는 동전의 양면과 같아 적용례와 경과조치를 구별하여 사용하기가 쉽지 않은데, 구법령의 적용을 받은 경우를 신법령의 적용 대상에서 제외하려는 의도가 명백하다면 경과조치로 두어야 한다. 이상의 설명은 법제처, 법령 입안 · 심사 기준 (2020), 586-587, 599-600 등에 따른 것이다.

8 위 대법원 2006두19419 판결은 종전 부칙이 실효되지 않는 '특별한 사정'은 종전의 부칙을 계속 적용한다는 별도의 규정을 둔 경우는 물론, 이러한 규정이 없더라도 종전의 부칙이 실효되지 않고 계속 적용된다고 보아야 할 예외적인 사정이 있는 경우도 포함된다고 보면서, 그 예외적인 사정은 종전 부칙의 입법경위 및 취지, 전부 개정된 법령의 입법 취지 및 전반적 체계, 종전의 부칙규정이 실효된다고 볼 경우 법률상 공백상태가 발생하는지 여부, 기타 제반 사정 등을 종합적으로 고려하여 개별적 · 구체적으로 판단하여야 한다고 보았다.

2017. 2. 8. 법률 제14567호 전부개정법률
第36조(토지등소유자의 동의방법 등) ③ 제1항 및 제2항에 따라 서면동의서를 작성하는 경우 제31조 제1항 및 제35조 제2항부터 제4항까지의 규정에 해당하는 때에는 시장 · 군수등이 대통령령으로 정하는 방법에 따라 검인(檢印)한 서면동의서를 사용하여야 하며, 검인을 받지 아니한 서면동의서는 그 효력이 발생하지 아니한다. 부칙 〈법률 제14567호, 2017. 2. 8.〉 제1조(시행일) 이 법은 공포 후 1년이 경과한 날부터 시행한다. 제8조(서면동의서 검인에 관한 적용례) ① 제36조 제3항의 개정규정은 법률 제13912호 도시 및 주거환경정비법 일부개정법률의 시행일인 2016년 7월 28일 후 최초로 정비계획을 수립하는 경우부터 적용한다.

(3) 2012년, 2013년, 2017년 일부 · 전부개정법률의 본칙 · 부칙의 규정

현금청산 시기 및 지연이자에 관한 주요한 개정인 2012년 일부개정법률, 2013년 일부개정법률 및 2017년 전부개정법률의 내용은 다음과 같다.

표 17 ▎ 현금청산 시기 및 지연이자에 관한 도시정비법 개정

법 개정		개정 내용
2012년 일부개정 법률	현금 청산 시기	제47조(분양신청을 하지 아니한 자 등에 대한 조치) ① 사업시행자는 토지등소유자가 다음 각 호의 어느 하나에 해당하는 경우에는 다음 각 호의 구분에 따른 날부터 150일 이내에 대통령령으로 정하는 절차에 따라 토지 · 건축물 또는 그 밖의 권리에 대하여 현금으로 청산하여야 한다. 〈개정 2012. 2. 1.〉 1. 분양신청을 하지 아니한 자 또는 분양신청기간 종료 이전에 분양신청을 철회한 자: 제46조 제1항에 따른 분양신청기간 종료일의 다음 날 2. 제48조에 따라 인가된 관리처분계획에 따라 분양대상에서 제외된 자: 그 관리처분계획의 인가를 받은 날의 다음 날 3. 삭제 〈2012. 2. 1.〉
	지연 이자	② 사업시행자는 제1항에 따른 기간 내에 현금으로 청산하지 아니한 경우에는 정관등으로 정하는 바에 따라 해당 토지등소유자에게 이자를 지급하여야 한다. 〈신설 2012. 2. 1.〉
	부칙	제1조(시행일) 이 법은 공포 후 6개월이 경과한 날부터 시행한다. 제8조(분양 신청을 하지 아니한 자 등에 대한 현금 청산 지연에 따른 이자 지급에 관한 적용례) 제20조 제1항 및 제47조 제2항의 개정규정은 이 법 시행 후 최초로 조합 설립인가(제8조 제3항에 따라 도시환경정비사업을 토지등소유자가 시행하는 경우나 제7조 또는 제8조 제4항에 따라 시장 · 군수가 직접 정비사업을 시행하거나 주택공사등을 사업시행자로 지정한 경우에는 사업시행인가를 말한다)를 신청하는 정비사업부터 적용한다.

2013년 일부개정 법률	현금 청산 시기	제47조(분양신청을 하지 아니한 자 등에 대한 조치) ① 사업시행자는 분양신청을 하지 아니한 자, 분양신청기간 종료 이전에 분양신청을 철회한 자 또는 제48조에 따라 인가된 관리처분계획에 따라 분양대상에서 제외된 자에 대해서는 관리처분계획 인가를 받은 날의 다음 날로부터 90일 이내에 대통령령으로 정하는 절차에 따라 토지 · 건축물 또는 그 밖의 권리에 대하여 현금으로 청산하여야 한다. 〈개정 2012. 2. 1., 2013. 12. 24.〉 1. 삭제 〈2013. 12. 24.〉 2. 삭제 〈2013. 12. 24.〉 3. 삭제 〈2013. 12. 24.〉
	지연 이자	② 사업시행자는 제1항에 따른 기간 내에 현금으로 청산하지 아니한 경우에는 정관등으로 정하는 바에 따라 해당 토지등소유자에게 이자를 지급하여야 한다. 〈신설 2012. 2. 1.〉
	부칙	제1조(시행일) 이 법은 공포한 날부터 시행한다. 제4조(현금청산 시기에 관한 적용례) 제47조 제1항의 개정규정은 이 법 시행 후 최초로 조합설립인가를 신청하는 분부터 적용한다.
2017년 전부개정 법률	현금 청산 시기	제73조(분양신청을 하지 아니한 자 등에 대한 조치) ① 사업시행자는 관리처분계획이 인가 · 고시된 다음 날부터 90일 이내에 다음 각 호에서 정하는 자와 토지, 건축물 또는 그 밖의 권리의 손실보상에 관한 협의를 하여야 한다. 다만, 사업시행자는 분양신청기간 종료일의 다음 날부터 협의를 시작할 수 있다. 1. 분양신청을 하지 아니한 자 2. 분양신청기간 종료 이전에 분양신청을 철회한 자 3. 제72조 제6항 본문에 따라 분양신청을 할 수 없는 자 4. 제74조에 따라 인가된 관리처분계획에 따라 분양대상에서 제외된 자 ② 사업시행자는 제1항에 따른 협의가 성립되지 아니하면 그 기간의 만료일 다음 날부터 60일 이내에 수용재결을 신청하거나 매도청구소송을 제기하여야 한다.
	지연 이자	③ 사업시행자는 제2항에 따른 기간을 넘겨서 수용재결을 신청하거나 매도청구소송을 제기한 경우에는 해당 토지등소유자에게 지연일수(遲延日數)에 따른 이자를 지급하여야 한다. 이 경우 이자는 100분의 15 이하의 범위에서 대통령령으로 정하는 이율을 적용하여 산정한다.
	부칙	제1조(시행일) 이 법은 공포 후 1년이 경과한 날부터 시행한다.
		제9조(분양신청을 하지 아니한 자 등에 대한 현금 청산 지연에 따른 이자 지급에 관한 적용례) 제40조 제1항 및 제73조 제3항의 개정규정은 법률 제11293호 도시 및 주거환경정비법 일부개정법률의 시행일인 2012년 8월 2일 이후 최초로 조합 설립인가(같은 개정법률 제8조 제3항의 개정규정에 따라 도시환경정비사업을 토지등소유자가 시행하는 경우나 같은 개정법률 제7조 또는 제8조 제4항의 개정규정에 따라 시장 · 군수가 직접 정비사업을 시행하거나 주택공사등을 사업시행자로 지정한 경우에는 사업시행계획인가를 말한다)를 신청한 정비사업부터 적용한다.

2017년 전부개정 법률	부칙	제18조(분양신청을 하지 아니한 자 등에 대한 조치에 관한 적용례) 제73조의 개정규정은 이 법 시행 후 최초로 관리처분계획인가를 신청하는 경우부터 적용한다. 다만, 토지등소유자가 「공익사업을 위한 토지 등의 취득 및 보상에 관한 법률」 제30조 제1항의 재결 신청을 청구한 경우에는 제73조의 개정규정에도 불구하고 종전의 규정을 적용한다.
		제19조(손실보상 시기에 관한 적용례) 제73조의 개정규정은 법률 제12116호 도시 및 주거환경정비법 일부개정법률의 시행일인 2013년 12월 24일 이후 최초로 조합설립인가를 신청하는 경우부터 적용한다.

(4) 2017년 전부개정법률 부칙 제9조, 제18조, 제19조의 해석과 적용

2017년 전부개정법률은 ⓐ 현금청산의 시기를 종전의 청산기간 90일에서 협의기간 90일 및 수용재결 등 신청기간 60일로 변경하였고(법 제73조 제1항, 제2항), ⓑ 지연이자는 종전에 정관으로 정하도록 한 것을 시행령에서 구체적으로 정하도록 하였다(법 제73조 제3항). 2017년 전부개정법률의 부칙 제18조를 놓고 보면, ⓐ 위 전부개정법률의 시행일인 2018. 2. 9. 이후 최초로 관리처분계획인가를 신청한 경우에는 현행법 제73조(제1항, 제2항, 제3항)가 적용되고, ⓑ 위 전부개정법률의 시행일인 2018. 2. 9. 이전에 이미 관리처분계획인가를 신청한 경우에는 종전 규정인 구 도시정비법 제47조(제1항, 제2항)가 적용되는 것으로 볼 수 있을 것이다.

① 그런데 2017년 전부개정법률의 부칙 제18조와는 별도로, 부칙 제19조는 도시정비법 제73조의 개정규정은 2013. 12. 24. 이후 최초로 조합설립인가를 신청하는 경우부터 적용하고, 부칙 제9조는 도시정비법 제73조 제3항의 개정규정은 2012. 8. 2. 이후 최초로 조합설립인가를 신청하는 정비사업부터 적용한다고 정하고 있다. 위 부칙 제9조와 제19조를 놓고 보면, 2017년 전부개정법률 제73조 중 제1항, 제2항은 2013. 12. 24. 이후 최초로 조합설립인가를 신청하는 경우부터, 제3항은 2012. 8. 2. 이후 최초로 조합설립인가를 신청하는 경우부터 적용된다고 해석되기도 한다.[9] 이렇게 본다면 부칙 제18조가 무의미해지는데, 부칙 제18조 단서가 현금청산 지연이자에 관한 것이므로 위 부칙 제18조의 "제73조의 개정규정"은 도시정비법 제73조 제3항(지연이자)만을 의미한다고 처리할 여지도 있을 것이나,[10] 도시정비법 제73조 제1항, 제2항(현금청산의 시기)이 2013년 일부개정법률의 내용을 상

9 각 사안의 쟁점별로 판단한 사례 중 현행법 제73조 제3항은 2017년 전부개정법률 부칙 제9조에 따라 2012. 8. 2. 이전에 조합설립인가를 신청한 경우에는 적용되지 않는다고 본 사례로 대구지방법원 2019. 6. 20. 선고 2018가합200055 판결, 전주지방법원 2019. 6. 28. 선고 2018가단29902 판결, 수원고등법원 2020. 10. 14. 선고 2020누11950 판결(제1심은 수원지방법원 2020. 5. 28. 선고 2018구합73707 판결). 대법원 2020. 7. 23. 선고 2019두46411 판결은 보다 직접적으로 판단하여, 2012. 8. 2. 이후 최초로 조합설립인가를 신청한 정비사업에는 전부 개정된 도시정비법 제73조 제3항이 적용되므로 토지보상법상 재결신청 지연가산금 제도가 준용되지 않는다고 보았다.

10 대구지방법원 2020. 1. 16. 선고 2018가합211413 판결.

당 부분 변경한 것임에도 종전 2013년 일부개정법률에 대해 아무런 경과규정을 두지 않은 채 곧바로 2017년 전부개정법률이 적용된다고 보면 종전에 진행하여 온 현금청산절차의 안정성을 침해할 수 있다. 2017년 전부개정법률의 부칙 제9조와 제19조는 2012년 일부개정법률의 부칙 제8조, 2013년 일부개정법률의 부칙 제4조를 그대로 옮겨온 것으로서 다르게 취급할 이유가 없다.

② 다시 2017년 전부개정법률의 부칙 제18조에 중점을 둔다면, 위 적용례에 따라 2018. 2. 9. 이후 관리처분계획인가를 신청한 경우이면 조합설립인가 신청시기와 상관없이 2017년 전부개정법률이 적용된다고 보는 견해도 있다.[11] 다만 이렇게 본다면, 종전에 2013. 12. 24. 이전에 조합설립인가를 신청한 조합은 분양신청기간 종료일의 다음 날부터 청산기간 150일이 적용되는 것을 전제로 업무를 진행하여 왔는데, 관리처분계획인가를 2018. 2. 9. 이후에 신청하면 갑자기 관리처분계획 인가 · 고시일의 다음 날부터 협의기간 60일 등이 적용된다고 보는 것은 절차적 안정성을 해할 우려가 있다.

2018. 2. 9. 이후에 관리처분계획인가를 신청하였다는 이유만으로 종전에 진행한 절차와 기대를 무시하고 곧바로 2017년 전부개정법률이 적용된다고 볼 수 없다. 종전의 2012년 일부개정법률, 2013년 일부개정법률에 따라 형성된 법률관계는 그대로 유지하면서, 일정한 요건을 갖춘 어느 특정 시점부터 2017년 전부개정법률이 적용된다고 해석하는 것이 타당하다.

① 2017년 전부개정법률의 부칙 제9조는 2012년 일부개정법률 부칙 제8조 적용례의 효력이 상실되지 않도록 위 전부개정법률에 그대로 옮겨온 것이다.[12] 따라서 2012. 8. 2. 이후 최초로 조합설립인가를 신청한 정비사업은 구 도시정비법 제47조 제2항에 따른 현금청산 지연이자 규정이 적용된다.

② 2017년 전부개정법률의 부칙 제19조는 2013년 일부개정법률 부칙 제4조 적용례의 효력이 상실되지 않도록 위 전부개정법률에 그대로 옮겨온 것이다.[13] 따라서 2013. 12. 24. 이후 최초로 조합설립인가를 신청한 정비사업은 구 도시정비법 제47조 제1항에 따른 관리처분계획 인가를 받은 날의 다음 날부터 90일 이내에 현금청산하여야 한다.

③ 위 ①, ②와 같이 2012. 8. 2. 또는 2013. 12. 24. 이후 조합설립인가를 신청한 정비사업은 종전 규정이 계속 적용되지만, 그 중에서 2018. 2. 9. 이후에 관리처분계획인가를 신청한 경우는 2017년 전부개정법률 부칙 제18조에 따라 현행 도시정비법 제74조가 적용

---

11 강신은, 120.

12 강신은, 115-118; 2017년 전부개정법률의 부칙 제9조는 2012년 일부개정법률의 부칙 제8조와 제목("분양신청을 하지 아니한 자 등에 대한 현금 청산 지연에 따른 이자 지급에 관한 적용례")과 내용이 동일하다.

13 강신은, 115-118; 2017년 전부개정법률의 부칙 제19조는 2013년 일부개정법률의 부칙 제4조에서 제목이 "현금청산 시기에 관한 적용례"에서 "손실보상 시기에 관한 적용례"로 변경되었을 뿐 그 내용은 동일하다.

되어 90일의 협의기간, 60일의 수용재결신청기간, 시행령에 따른 지연이자가 적용된다.

부칙 제9조, 제19조는 경과조치가 아닌 적용례이기 때문에 그 대상을 구법 제47조가 아닌 현행법 제73조로 정하고 있는데, 위 부칙 제9조 및 제19조는 구법 제47조에 대한 적용례이면서 동시에 현행법 제73조에 대해서는 부칙 제18조와 중첩적으로 적용되는 적용례로 해석하는 것이 타당하다고 생각된다.[14·15]

(5) 현금청산 방법 · 절차에 대한 부칙의 적용

2017년 전부개정법률의 부칙 제18조를 현행법 제73조의 기본적인 적용례로 보고 부칙 제9조, 제19조가 구법에 대한 적용례이면서 동시에 현행법에도 적용되는 적용례라는 관점에서 보면, 현금청산 방법 및 절차에 관한 구법 제47조 제1항 및 현행법 제73조 제1항, 제2항은 다음과 같이 적용되는 것으로 볼 수 있다(법 부칙(2017. 2. 8.) 제18조, 제19조).

① 2013. 12. 24. 이후 조합설립인가를 신청하고, 2018. 2. 9. 이후 관리처분계획인가를 신청한 경우에는 현행법 제73조 제1항, 제2항에 따라 관리처분계획인가 · 고시된 다음 날부터 협의기간 90일 및 수용재결 등 신청기간 60일이 적용된다.[16]

② 2013. 12. 24. 이후 조합설립인가를 신청하였으나, 2018. 2. 9. 이전에 이미 관리처

---

14 적용례를 중첩적으로 적용한다는 것은, 가령 현행법 제73조 제3항의 시행령에 따른 현금청산 지연이자 규정은 ⓐ 부칙 제9조에 따라 2012. 2. 1. 이후 최초로 조합설립인가를 신청하고 ⓑ 부칙 제18조에 따라 2018. 2. 9. 관리처분계획인가를 신청한 경우에 적용한다는 것이다. 현금청산 절차 · 방법 및 지연이자에 대한 적용례는 아래에서 다시 별도로 구분하여 설명하였다.

15 2017년 전부개정법률이 종전 2012년 및 2013년 일부개정법률의 내용을 내포한다는 관점에서 부칙을 해석한 사례로 서울고등법원 2020. 7. 2. 선고 2019나2056723 판결 참고. 위 서울고등법원 2019나2056723 판결은 "... 법률 제11293호 도시정비법 제47조 제2항에 의해 최초로 신설되어 법률 제14567호로 도시정비법 제73조 제3항 전단으로 이어진 이자지급 규정은 법률 제11293호 도시정비법의 시행일인 2012. 2. 8. 이후 최초로 조합설립 인가를 신청하는 경우에만 적용된다는 것을 다시 한번 확인하기 위해 법률 제14567호 부칙 제9조가, 법률 제12116호 도시정비법 제47조 제1항에 의해 개정되어 법률 제14567호로 도시정비법 제73조 제1, 2항으로 이어진 현금청산의 시기에 관한 규정은 법률 제12116호 도시정비법의 시행일인 2013. 12. 24. 이후 최초로 조합설립 인가를 신청하는 경우에만 적용된다는 것을 다시 한번 확인하기 위해 법률 제14567호 부칙 제19조가 마련된 것으로 이해함이 상당하다. 즉 법률 제14567호 도시정비법 제9조와 제19조는 법률 제11293호 도시정비법 부칙 제8조와 법률 제12116호 부칙 제4조를 다시 한번 확인하는 것에 그칠 뿐이다. 반면 법률 제14567호 도시정비법 부칙 제18조는 법률 제14567호 도시정비법 제73조가 대폭 개정되면서 새로이 신설된 경과규정으로서, 개정된 제73조의 적용범위는 위 부칙 제18조에 의하여 정해지는 것으로 봄이 상당하므로, 위 제73조는 법률 제14567호 도시정비법의 시행일인 2018. 2. 9. 이후 최초로 관리처분계획 인가를 신청하는 경우에 한한다.... 이상의 논의를 종합하면, 현금청산(손실보상)의 시기 규정인 법률 제14567호 도시정비법 제73조 제1, 2항은 2013. 12. 24. 이후 최초로 조합설립 인가를 신청한 경우로서 2018. 2. 9. 이후 최초로 관리처분계획 인가를 신청하는 경우부터 적용되는 것으로 해석함이 상당하다.... 또한 이자지급 규정인 법률 제14567호 도시정비법 제73조 제3항은 2012. 8. 2. 이후 조합설립 인가를 신청하는 경우로서 2018. 2. 9. 이후 최초로 관리처분계획 인가를 신청하는 경우부터 적용된다고 해석함이 상당하다"고 보았다.

16 서울고등법원 2020. 7. 2. 선고 2019나2056723 판결, 광주고등법원 2021. 11. 10. 선고 2021나20100 판결.

분계획인가를 신청한 경우에는 2013년 일부개정법률 제47조 제1항에 따라 관리처분계획인가일 다음 날부터 150일의 청산기간이 적용된다.

③ 2013. 12. 24. 이전에 조합설립인가를 신청한 경우에는 관리처분계획 인가를 언제 신청하였는지와 상관없이 2017년 전부개정법률이 적용되지 않고, 2013년 일부개정법률도 적용되지 않으므로, 구 도시정비법(2013. 12. 24. 법률 제12116호로 개정되기 전의 것) 제47조 제1항이 적용된다.[17·18]

⑹ 현금청산 지연이자에 대한 부칙의 적용

2017년 전부개정법률의 부칙 제18조를 현행법 제73조의 기본적인 적용례로 보고 부칙 제9조, 제19조가 구법에 대한 적용례이면서 동시에 현행법에도 적용되는 적용례라는 관점에서 보면, 현금청산 지연이자에 대한 구법 제47조 제2항 및 현행법 제73조 제3항은 다음과 같이 적용되는 것으로 볼 수 있다(법 부칙(2017. 2. 8.) 제9조, 제18조).

① 2012. 8. 2. 이후 조합설립인가를 신청하고, 2018. 2. 9. 이후 관리처분계획인가를 신청한 경우에는 현행법 제73조 제3항에 따라 수용재결 등 신청기간 60일을 넘겨서 수용재결 등을 신청하면 15/100 이하의 범위에서 시행령이 정하는 지연이자를 지급하여야 한다.[19·20] 다만 재개발사업의 토지등소유자가 토지보상법 제30조 제1항의 재결신청 청구를 한 경우에는 위 개정규정에도 불구하고 종전의 규정을 적용한다(법 부칙(2017. 2. 8.) 제18조 단서).

② 2012. 8. 2. 이후 조합설립인가를 신청하였으나, 2018. 2. 9. 이전에 이미 관리처분계획인가를 신청한 경우에는 2012년 일부개정법률 제47조에 따라 정관등이 정하는 바에

17 서울고등법원 2020. 7. 2. 선고 2019나2056723 판결, 의정부지방법원 2021. 1. 12. 선고 2019구합11120, 11779 판결.

18 2017년 전부개정법률은 2013. 12. 24. 이후에 조합설립인가를 신청한 경우에 관한 적용례인 부칙 제19조를 두고 있을 뿐, 위 2013. 12. 24. 이전에 조합설립인가를 신청한 경우에 적용될 적용례나 경과조치를 두고 있지 않다. 다만 2017년 전부 개정 전에는 위 2013. 12. 24. 이전에 이미 조합설립인가를 신청한 정비사업은 구 도시정비법(2013. 12. 24. 법률 제12116호로 개정되기 전의 것) 제47조 제1항이 적용되었고[구법 부칙(2013. 12. 24.) 제4조], 2017년 전부개정법률도 부칙 제19조로 종전과 동일한 내용의 적용례를 두고 있으므로, 2017년 전부 개정 전과 마찬가지로 구 도시정비법(2013. 12. 24. 법률 제12116호로 개정되기 전의 것) 제47조 제1항이 그대로 적용된다고 보는 것이 타당하다.

19 서울고등법원 2020. 7. 2. 선고 2019나2056723 판결; 서울행정법원 실무연구회, 79도 2017년 전부개정법률 제73조 중 현금청산 지연이자에 관한 부분은 부칙 제18조, 제19조를 함께 고려하여 2012. 8. 2. 이후 조합설립인가를 신청한 정비사업으로서 2018. 2. 9. 이후 최초로 관리처분계획인가를 신청하는 경우부터 적용된다고 보고 있다.

20 다만 이렇게 본다면, 조합설립인가신청이 2012. 2. 1. 이후 2013. 12. 24. 이전에 있었던 경우에는 현금청산의 시기는 구법 제47조 제1항이, 지연이자는 현행법 제73조 제3항이 적용된다. 이 경우 현행법 제73조 제3항은 현행법 제73조 제1항·제2항의 적용을 전제로 한 것이므로 지연이자 규정 역시 종전의 구법 제47조 제2항을 따라야 한다고 보거나(서울고등법원 2020. 7. 2. 선고 2019나2056723 판결), 지연이자의 가산시점은 구법처럼 청산기간 종료일 다음 날부터 보되 그 이율은 현행법에 따라 시행령 제60조 제2항이 정하는 이율을 적용하는 등의 해석이 가능할 것으로 생각된다.

따라 지연이자를 지급하여야 한다.

③ 2012. 8. 2. 이전에 조합설립인가를 신청한 경우에는 관리처분계획 인가를 언제 신청하였는지와 상관없이 2017년 전부개정법률이 적용되지 않고, 2013년 일부개정법률도 적용되지 않으므로, 구 도시정비법(2012. 2. 1. 법률 제11293호로 개정되기 전의 것) 제47조에 따라 지연이자에 대한 별도의 규정이 적용되지 않는다.[21]

다. 재결신청 지연가산금 제도의 배제

구 도시정비법 제47조 제2항의 현금청산 지연이자 청구권과 토지보상법 제30조 제2항의 재결신청 지연가산금 청구권은 그 근거 규정과 요건 · 효과를 달리하여 각 별도로 성립하는 것으로 볼 수 있었다. 그러나 2017. 2. 8. 법률 제14567호로 전부 개정된 도시정비법 제73조 제3항의 지연이자 청구권은 그 요건이 재결신청 지연가산금과 동일하고 종전의 재결신청 지연가산금의 적용을 배제하려는 취지로 보이므로, 위 개정규정이 적용되는 경우에는 토지보상법상 재결신청 지연가산금 제도가 준용되지 않는다(대법원 2020. 7. 23. 선고 2019두46411 판결, 대법원 2020. 7. 29. 선고 2018두38857 판결 등).[22]

Ⅱ. 현금청산대상자

1. 도시정비법에 따른 현금청산대상자

가. 분양신청을 하지 않은 자

사업시행자가 통지 · 공고한 분양신청기간내에 분양신청을 하지 않은 자(법 제73조 제1항 제1호)는 분양신청기간 종료일 다음 날 조합원의 지위를 상실하고 현금청산대상자가 된다(대법원 2010. 8. 19. 선고 2009다81203 판결, 대법원 2012. 3. 29. 선고 2010두7765 판결 등).

분양신청을 하지 않은 조합원이 분양신청기간 종료일 다음 날에 조합원의 지위를 상실하고 현금청산대상자가 되었다고 보기 위해서는 분양신청절차가 적법하고 분양신청을 하지 않겠다는 조합원의 의사가 명백히 확인되어야 한다.

① 분양신청 통지를 받지 못하였거나 분양신청절차가 위법한 경우 해당 조합원을 현금청산대상자로 볼 수 없을 것이다.

---

21 2017년 전부개정법률은 2012. 8. 2. 이후에 조합설립인가를 신청한 경우에 관한 적용례인 부칙 제9조를 두고 있을 뿐, 위 2012. 8. 2. 이전에 조합설립인가를 신청한 경우에 적용될 적용례나 경과조치를 두고 있지 않다. 다만 2017년 전부 개정 전에도 위 2012. 8. 2. 이전에 이미 조합설립인가를 신청한 정비사업은 구 도시정비법(2012. 2. 1. 법률 제11293호로 개정되기 전의 것) 제47조가 적용되었고[구법 부칙(2012. 2. 1.) 제8조], 2017년 전부개정법률도 부칙 제9조로 종전과 동일한 내용의 적용례를 두고 있으므로, 2017년 전부 개정전과 마찬가지로 구 도시정비법(2012. 2. 1. 법률 제11293호로 개정되기 전의 것) 제47조가 그대로 적용된다고 보는 것이 타당하다.

22 자세한 내용은 [27]수용 V.1.다.현금청산 지연이자와의 관계 참고.

② 분양신청기간이 연장된 경우 ⓐ 종전 분양신청기간에 이어서 연장된 것이라면 그 연장된 기간의 종료일 다음 날 조합원 지위를 상실하고 현금청산 기준일이 된다고 볼 수도 있지만, ⓑ 종전 분양신청기간과 분리되어 연장되거나 추가분양신청하는 경우에는 종전 분양신청기간의 종료일 다음 날을 현금청산 기준일 등으로 보는 것이 타당하다고 생각된다.[23]

③ 조합이 종전 현금청산대상자를 상대로 재분양신청의 기회를 부여하였더라도 이는 정비사업을 원만하게 진행하기 위해 호의적 차원에서 한 것일 뿐 재분양신청기간에도 분양신청을 하지 않았던 현금청산대상자들의 조합원 지위가 회복하는 것은 아니므로, 재분양신청기간이 아닌 종전 분양신청기간의 종료일 다음 날 조합원 지위를 상실한 것으로 보는 것이 타당하다.[24]

④ 분양신청기간을 전후하여 조합과 조합원 사이에 분쟁이 있어서 조합원이 분양신청을 할 수 없었던 경우에는 그 후 추가로 분양신청을 할 수 있게 된 조합원이 최종적으로 분양신청을 하지 않는 등의 사유로 인하여 분양대상자의 지위를 상실하는 때에 현금청산대상자가 된다(대법원 2013. 9. 26. 선고 2011다16127 판결).

나. 분양신청기간 종료 이전에 분양신청을 철회한 자

사업시행자가 통지 · 공고한 분양신청기간내에 분양신청을 하였다가 그 종료일 이전에 분양신청을 철회한 자(법 제73조 제1항 제2호)는 그 분양신청기간 만료일 다음 날 조합원의 지위를 상실하고 현금청산대상자가 된다(대법원 2010. 8. 19. 선고 2009다81203 판결, 대법원 2012. 3. 29. 선고 2010두7765 판결 등).

분양신청기간 종료일 이후에 분양신청 철회 의사를 밝혔다 하더라도 토지등소유자가 분양신청기간 종료 이후 임의로 분양신청을 철회할 수 없으므로 이 규정의 '분양신청기간 종료 이전에 분양신청을 철회한 자'에 해당하지 않는다(대법원 2011. 12. 22. 선고 2011두17936 판결, 대법원 2012. 5. 9. 선고 2010다71141 판결 등).[25] 따라서 분양신청기간 종료 이후 정비사업에서 탈퇴하기 위해서는 이후 진행되는 분양계약체결절차에서 분양계약을 체결하지 않는 등 분양포기 의사를 객관적으로 확인할 수 있는 절차로 하여야 한다.[26]

---

23 자세한 내용은 [22]분양신청 III.2.다.(2)분양신청기간이 연장된 경우 현금청산 기준일 참고.

24 서울고등법원 2013. 8. 29. 선고 2012나79660 판결.

25 구 도시정비법(2012. 2. 1. 법률 제11293호로 개정되기 전의 것) 제47조 제2호는 '분양신청을 철회한 자'로만 정하고 있었으나, 분양신청기간 이후에는 임의로 분양신청을 철회할 수 없다는 위 대법원 2011두17936 판결 등의 취지에 따라 도시정비법이 2012. 2. 1. 법률 제11293호로 개정되면서 '분양신청기간 종료 이전에 분양신청을 철회한 자'로 개정한 후(구법 제47조 제1항 제1호) 현재에 이르고 있다.

26 따라서 이후 진행되는 분양계약체결절차에서 분양계약 체결을 거절하는 방법으로 정비사업에서 이탈하여야 하고, 이 경우 조합원 지위 상실 및 청산금 지급의무는 '분양계약체결기간의 종료일 다음 날' 발생하는 것이므로 이 규정에 따른 현금청산과 현금청산 기준시점이 달라지게 된다. 대법원 2014. 8. 26. 선고 2013두4293 판결은 "분양신청을 한 토지등소유자가 분양신청 기간이 종료된 이후 분양계약 체결기간 내에 분양계

다. 투기과열지구의 정비사업에서 분양신청을 할 수 없는 자

투기과열지구의 정비사업에서 관리처분계획에 따라 ⓐ 조합원 분양분의 분양대상자(법 제74조 제1항 제2호) 및 그 세대에 속한 자는 최초 관리처분계획인가일로부터, ⓑ 일반 분양분의 분양대상자(법 제74조 제1항 제4호 ㈎목) 및 그 세대에 속한 자는 분양대상자 선정일로부터 각 5년 이내에 투기과열지구에서 분양신청을 할 수 없다. 다만 상속, 결혼, 이혼으로 조합원 자격을 취득한 경우에는 분양신청을 할 수 있으며(법 제72조 제6항), 부칙의 경과규정에 따라 2017. 10. 24. 이전의 투기과열지구의 토지등소유자는 일정한 범위에서 분양신청이 제한되지 않는다(법 부칙(2017. 2. 8.) 제37조의2 본문).[27]

투기과열지구의 정비사업에서 분양신청을 할 수 없는 자는 현금청산대상자가 된다(법 제73조 제1항 제3호). 분양신청 자격이 없는지 여부는 분양신청기간을 즈음하여 투기과열지구 지정 여부, 5년 경과 여부 등을 따져 비로소 구체화되는 것이므로, 조합원 지위 상실 및 현금청산 기준시점은 분양신청 자격이 없는 자가 분양신청을 한 경우로서 처음부터 분양신청을 하지 않는 자에 해당하여 분양신청기간 종료일 다음 날로 보는 것이 타당한 것으로 생각된다.[28]

투기과열지구의 양수인은 다른 예외사유가 없다면 양수가 이루어진 때 곧바로 조합원 자격을 취득할 수 없다는 것이 확정되므로, 양수일, 즉 해당 건축물 또는 토지를 양수하여 소유권이전등기를 마친 때 현금청산대상자가 된다고 보는 것이 타당하다. 현금청산 기준시점 또는 매매계약 성립 의제일은 ⓐ 현금청산대상자가 된 양수일로 보는 것이 일응 타당하나,[29] ⓑ 투기과열지구의 정비사업에서 분양신청을 할 수 없는 자와 마찬가지로 처음부터 분양신청을 하지 않는 자에 해당하여 분양신청기간 종료일 다음 날로 볼 여지도 있을 것으로 생각된다.[30·31]

라. 인가된 관리처분계획에 따라 분양대상에서 제외된 자

너무 좁은 토지 또는 건축물이나 정비구역 지정 후 분할되는 토지를 취득한 자는 현금

약을 체결하지 않거나, 사업시행자에게 분양신청을 철회하는 등으로 분양계약의 체결의사가 없음을 명백히 표시하고 사업시행자가 이에 동의한 경우에도 당해 토지등소유자는 현금청산대상자에 해당하게 된다"고 보았는데, 이를 분양신청기간 종료 후에도 조합의 동의가 있으면 철회가 가능하다는 취지로 보기는 어렵다. 위 대법원 2013두4293 판결 사안은 조합원이 분양신청 후 철회의 의사표시를 하면서 조합에 수용재결신청 청구를 하여 분양계약체결절차가 개시되기도 전에 수용절차가 진행된 것으로서, 분양계약체결기간내 분양계약을 체결하지 않은 경우와 동일하게 분양계약체결기간의 종료일 다음 날을 현금청산 기준일로 본 것이다.

27 자세한 내용은 **[22]분양신청 III.3.나.투기과열지구내 분양신청의 제한** 참고.

28 안광순(하), 289; 전재우, 472.

29 서울동부지방법원 2015. 4. 16. 선고 2014가합11381 판결, 서울동부지방법원 2015. 7. 22. 선고 2014가합11398 판결, 서울남부지방법원 2018. 6. 29. 선고 2015가단211313 판결 등.

30 서울고등법원 2020. 7. 2. 선고 2019나2056723 판결.

31 한편 인가된 관리처분계획에서 분양대상에서 제외된 자로 보아야 한다는 견해로 안광순(하), 289. 다만 위 서울고등법원 2019나2056723 판결은 관리처분계획 인가 단계에서 비로소 조합원의 자격을 상실하는 것이 아니라는 이유로 관리처분계획 인가일 다음 날을 기준으로 하여야 한다는 주장을 배척하였다.

으로 청산할 수 있고(법 제76조 제1항 제3호), 시 · 도조례에서 정하는 과소토지 소유자는 관리처분계획에 따라 분양대상에서 제외된다(법 제74조 제4항, 시행령 제63조 제1항 제3호 단서).

과소토지 등을 소유하는 토지등소유자는 조합원 자격은 있으나 시 · 도조례에서 정한 기준에 따라 수립된 관리처분계획에서 분양대상자에서 제외되는 것이므로, 분양대상자에서 제외한 관리처분계획이 효력을 발생하는 관리처분계획인가를 받은 날의 다음 날에 조합원 자격을 상실하고 현금청산대상자가 된다고 보는 것이 타당하다.

2. 정관에 따른 현금청산대상자

가. 분양계약체결기간내 분양계약을 체결하지 않은 조합원

조합은 정관으로 조합원에게 분양계약체결의무를 부과하고 분양계약을 체결하지 않는 경우 현금청산하도록 정하고 있다(구 표준정관 제44조 제5항).[32] 분양계약체결기간 내에 분양계약을 체결하지 않았다는 사정은 도시정비법이 예정한 조합원 지위 상실(현금청산) 사유에는 해당하지 않으나, 위 정관 규정은 조합원으로 하여금 관리처분계획이 인가된 이후라도 조합원 지위에서 이탈하여 현금청산을 받을 기회를 추가로 부여하려는 취지로서 도시정비법에 위반되지 않고 유효하다(대법원 2011. 7. 28. 선고 2008다91364 판결).[33]

조합원이 분양계약체결기간내에 분양계약을 체결하지 않는 경우 정관 규정에 따라 조합원 지위를 상실하여 현금청산대상자가 되고, 이 경우 조합원 지위 상실 및 청산금 지급의무가 발생하는 시점은 분양계약체결기간 종료일 다음 날로 본다(대법원 2013. 7. 11. 선고 2013다13023 판결 등).[34]

나. 제명되거나 탈퇴한 조합원

정관으로 조합원의 제명이나 탈퇴를 정할 수 있는데, 조합원이 조합에서 제명되거나 탈퇴하는 등 후발적인 사정으로 그 지위를 상실하는 경우에도 처음부터 분양신청을 하지 아니하거나 철회하는 경우와 마찬가지로 현금청산대상자가 된다(대법원 2013. 11. 28. 선고 2012다110477, 110484 판결). 제명되거나 탈퇴한 조합원이 조합원 지위를 상실하고 현금청산대상자가 되는 시점은 제명을 의

---

32 구 표준정관 제44조(분양신청 등) ④ 조합은 조합원이 다음 각호의 1에 해당하는 경우에는 그 해당하게 된 날부터 150일 이내에 건축물 또는 그 밖의 권리에 대하여 현금으로 청산한다. 그 금액은 시장 · 군수가 추천하는 감정평가업자 2 이상이 평가한 금액을 산술평균하여 산정한다.

1. 분양신청을 하지 아니한 자
2. 분양신청을 철회한 자
3. 인가된 관리처분계획에 의하여 분양대상에서 제외된 자

⑤ 조합원은 관리처분계획인가 후 ○일 이내에 분양계약체결을 하여야 하며 분양계약체결을 하지 않는 경우 제4항의 규정을 준용한다.

33 대법원 2013. 7. 11. 선고 2013다13023 판결은 "정관이나 관리처분계획에서 ... 일정한 기간 내에 분양계약을 체결할 것을 요구하면서 그 기간 내에 분양계약을 체결하지 아니한 자에 대하여는 그 권리를 현금으로 청산한다는 취지를 정한 경우..."라고 하여 정관이 아닌 관리처분계획에서도 정할 수 있다고 보고 있다.

34 자세한 내용은 [22]분양신청 VI.3.분양계약을 체결하지 않는 조합원의 지위 참고.

결한 날 또는 조합원지위부존재 확인의 소의 승소판결이 확정된 때와 같이 조합원 지위가 없음이 확인된 때이다(위 대법원 2012다110477 판결).

Ⅲ. 현금청산 협의의 절차 및 방법

1. 협의기간

사업시행자는 관리처분계획이 인가 · 고시된 다음 날부터 90일 이내에 현금청산대상자와 토지, 건축물 또는 그 밖의 권리의 손실보상에 관한 협의를 하여야 한다. 다만, 사업시행자는 분양신청기간 종료일의 다음 날부터 협의를 시작할 수 있다(법 제73조 제1항).

종전 규정에 대한 부칙 적용례에 따라, ⓐ 2013. 12. 24. 이전에 조합설립인가를 신청한 정비사업은 분양신청을 하지 아니한 자 또는 분양신청기간 종료 이전에 분양신청을 철회한 자는 분양신청기간 종료일의 다음 날부터, 인가된 관리처분계획에 따라 분양대상에서 제외된 자는 관리처분계획 인가를 받은 날의 다음 날부터 150일 이내에 현금으로 청산하여야 하고, ⓑ 2013. 12. 24. 이후 조합설립인가를 신청하고 2018. 2. 9. 이전에 관리처분계획인가를 신청한 정비사업은 관리처분계획 인가를 받은 날의 다음 날부터 90일 이내에 현금으로 청산하여야 한다(법 부칙(2017. 2. 8.) 제18조, 제19조).

2017년 전부개정 전의 현금청산기간인 '분양신청기간의 종료일의 다음 날 등으로부터 150일' 또는 '관리처분계획 인가를 받은 날의 다음 날로부터 90일'은 현금청산을 위한 협의기간이면서 분양신청기간의 종료일의 다음 날 등에 발생한 조합의 현금청산지급의무의 이행기간에 해당한다. 2017년 전부개정법률은 위 90일의 기간을 협의기간으로 정하면서 수용재결신청 등 현금청산을 위한 절차이행을 위한 기간을 별도로 60일로 정하여 분리하였다.[35]

2. 재개발사업의 협의 절차

가. 2017년 전부 개정 전의 협의 절차

구 시행령(2018. 2. 9. 대통령령 제28628호로 전부 개정되기 전의 것) 제49조는 협의 절차에 관해 "사업시행자가 법 제47조의 규정에 의하여 토지등소유자의 토지 · 건축물 그 밖의 권리에 대하여 현금으로 청산하는 경우 청산금액은 사업시행자와 토지등소유자가 협의하여 산

35 그 이외에도 2017년 전부개정법률은 인가받은 관리처분계획은 고시되어야 효력이 발생하는 점을 감안하여 종전의 "관리처분계획 인가를 받은 날의 다음 날부터"를 "관리처분계획이 인가 · 고시된 다음 날부터"로 변경하였고, 종전의 90일(150일)의 현금청산기간이 손실보상을 위한 협의기간을 성격을 갖는 점(대법원 2015. 12. 23. 선고 2015두50535 판결)을 감안하여 "현금으로 청산하여야 한다"를 "손실보상에 관한 협의를 하여야 한다"고 변경하였다(강신은, 115-116).

정한다. 이 경우 시장 · 군수가 추천하는 감정평가업자 2 이상이 평가한 금액을 산술평균하여 산정한 금액을 기준으로 협의할 수 있다"고 정하고 있었다. 재개발사업의 현금청산 협의 절차에서 토지보상법상의 협의 및 사전절차를 거쳐야 하는지에 대해, 대법원 2015. 11. 27. 선고 2015두48877 판결은 토지보상법은 도시정비법에 특별한 규정이 있는 경우는 제외하고 준용되는데(구법 제40조 제1항 본문), ⓐ 현금청산대상자와 사업시행자 사이의 청산금 협의에 앞서 사업시행계획인가 신청과 그 인가처분 · 고시 및 분양신청 통지 · 공고 절차가 선행하게 되는데, 이를 통하여 수용의 대상이 되는 토지 등의 명세가 작성되고 그 개요가 대외적으로 고시되며, 세부사항이 토지등소유자에게 개별적으로 통지되거나 공고되므로 토지보상법상 토지조서 및 물건조서의 작성(제14조)이나 보상계획의 공고 · 통지 및 열람(제15조)의 절차를 새로이 거쳐야 할 필요가 없고, ⓑ 도시정비법은 협의의 기준이 되는 감정평가액의 산정에 관하여 별도의 규정을 두고 있으므로(구 시행령 제49조), 토지보상법상 감정평가업자를 통한 보상액의 산정(제68조)이나 이를 기초로 한 사업시행자와의 협의(제16조) 절차를 따로 거칠 필요가 없으므로 토지보상법상 협의 및 그 사전절차에 관한 규정은 구 도시정비법 제40조 제1항 본문에서 말하는 '이 법에 특별한 규정이 있는 경우'에 해당하므로 도시정비법상 현금청산대상자인 토지등소유자에 대하여는 준용될 여지가 없다고 판단하였다.

따라서 구 도시정비법상의 협의 절차는 원칙적으로는 토지보상법에 따른 협의 및 그 사전절차를 거칠 필요 없이 사업시행자가 사업시행자가 관리처분계획상의 종전자산 평가금액이나 임의의 청산금액을 정하여 협의할 수 있다.[36]

나. 2017년 전부개정법률에 따른 협의 절차

2017년 전부개정법률 시행에 맞춰 2018. 2. 9. 대통령령 제28628호로 전부 개정된 시행령 제60조 제1항은 협의 절차에 대해 "사업시행자가 법 제73조 제1항에 따라 토지등소유자의 토지, 건축물 또는 그 밖의 권리에 대하여 현금으로 청산하는 경우 청산금액은 사업시행자와 토지등소유자가 협의하여 산정한다. 이 경우 재개발사업의 손실보상액의 산정을 위한 감정평가업자 선정에 관하여는 「공익사업을 위한 토지 등의 취득 및 보상에 관한 법률」 제68조 제1항에 따른다"고 정하고 있다.

현행 도시정비법이 적용되는 경우에도 종전 대법원 2015. 11. 27. 선고 2015두48877 판결의 취지와 같이 토지보상법상 협의의 사전절차인 토지조서 및 물건조서의 작성(제14조), 보상계획의 공고 · 통지 및 열람(제15조), 사업시행자와의 협의(제16조) 절차는 도시정비법에 특별한 규정이 있는 경우에 해당하므로 재개발사업의 수용절차에서 준용될 이유는 원칙적으로

36 구 시행령 제48조 후단의 '시장 · 군수가 추천하는 감정평가업자 2인 이상이 평가한 금액을 산술평균하여 산정한 금액'을 기준으로 한 협의는 사업시행자의 재량이므로 반드시 위와 같이 산정한 금액으로 협의해야 하는 것도 아니다.

없다. 다만 토지보상법상 감정평가업자를 통한 보상액의 산정(제68조)은 시행령 제60조 제1항 후단이 직접 토지보상법 제68조 제1항에 따르도록 정하고 있으므로, 종전과 달리 협의를 위해서는 감정평가사의 감정평가를 거쳐 그 감정평가액을 기준으로 협의를 진행하여야 한다.

따라서, 사업시행자는 토지보상법상 협의 및 그 사전절차를 거칠 필요는 없으나, 협의에 관해서는 감정평가법인등 3인(제2항에 따라 시·도지사와 토지소유자가 모두 감정평가법인등을 추천하지 아니하거나 시·도지사 또는 토지소유자 어느 한쪽이 감정평가법인등을 추천하지 아니하는 경우에는 2인)을 선정하여 토지등의 평가를 의뢰한 후 그 감정평가액을 기준으로 현금청산대상자와 협의하여야 한다(도시정비법 시행령 제60조, 토지보상법 제68조 제1항).

3. 재건축사업의 협의 절차

구 시행령(2018. 2. 9. 대통령령 제28628호로 전부 개정되기 전의 것) 제49조는 협의 절차에 관해 "사업시행자가 법 제47조의 규정에 의하여 토지등소유자의 토지·건축물 그 밖의 권리에 대하여 현금으로 청산하는 경우 청산금액은 사업시행자와 토지등소유자가 협의하여 산정한다. 이 경우 시장·군수가 추천하는 감정평가업자 2 이상이 평가한 금액을 산술평균하여 산정한 금액을 기준으로 협의할 수 있다"라고 정하고 있었고, 재건축사업에는 수용 또는 사용을 위해 토지보상법 규정이 준용되지 않으므로, 사업시행자가 관리처분계획상의 종전자산 평가금액이나 임의의 청산금액을 정하여 협의할 수 있었다.

2017년 전부개정법률 시행에 맞춰 2018. 2. 9. 대통령령 제28628호로 전부 개정된 시행령 제60조 제1항 전단의 "사업시행자가 법 제73조 제1항에 따라 토지등소유자의 토지, 건축물 또는 그 밖의 권리에 대하여 현금으로 청산하는 경우 청산금액은 사업시행자와 토지등소유자가 협의하여 산정한다"는 종전과 차이가 없고, 같은 항 후단은 재개발사업에 적용되는 것이므로 재건축사업은 종전과 동일한 방법으로 협의할 수 있다.[37]

37 협의 절차에서는 원칙적으로는 구체적이고 실질적인 협의가 이루어져야 한다. 구 주택법의 매도청구권 행사를 위한 협의에 대해 대법원은 매도청구권 행사의 사전절차로서 협의는 사업주체와 대지 소유자 사이에서 구체적이고 실질적인 협의를 뜻하는 것으로서, 그와 같은 협의 요건을 갖추었는지를 판단할 때에는, 주택건설사업계획승인을 얻은 사업주체가 매매가격 또는 그 산정을 위한 상당한 근거를 제시하였는지, 사업주체가 협의 진행을 위하여 노력하였는지, 대지 소유자가 협의에 어떠한 태도를 보였는지 등의 여러 사정을 종합적으로 고려하여야 하며, 요건 충족에 대한 증명책임은 사업주체가 부담한다고 보았으나(대법원 2013. 5. 9. 선고 2011다101315, 101322 판결), 한편 그 협의는 소 제기 이후에도 가능하다(대법원 2011. 11. 10. 선고 2010다97068 판결, 대법원 2014. 8. 26. 선고 2013다99256 판결). 조합과 조합원 사이에 시가에 대한 합의가 원만하게 이루어지기는 어려운 것이므로, 위 주택법상의 매도청구에 관한 대법원 판결과 같은 협의 절차가 문제된다 하더라도 융통성 있게 볼 여지가 있을 것으로 생각된다.

Ⅳ. 협의 불성립에 따른 수용재결신청 또는 매도청구의 소 제기

1. 현금청산대상자에 대한 조치의 개요

사업시행자는 관리처분계획이 인가 · 고시된 다음 날부터 90일 이내에 협의가 성립하지 않으면 협의기간 만료일 다음 날부터 60일 이내에 수용재결을 신청하거나 또는 매도청구소송을 제기하여야 한다(법 제73조 제2항).

도시정비법이 2017. 2. 8. 법률 제14567호로 전부 개정되기 전에는 협의가 성립하지 않았을 때에 대한 규정을 별도로 두지 않았으나, 재개발사업의 사업시행자는 구 도시정비법 제38조, 제40조 제1항, 제47조 및 구 시행령 제48조에 근거하여 수용재결 신청을 할 수 있고(대법원 2016. 12. 15. 선고 2015두51309 판결 등), 재건축사업의 사업시행자는 구 도시정비법 제39조를 준용하여 매도청구를 할 수 있다고 보았다(대법원 2010. 12. 23. 선고 2010다73215 판결 등). 2017. 2. 8. 법률 제14567호로 전부 개정된 도시정비법 제73조 제2항은 위 대법원 2010다73215 판결 등의 취지를 명문으로 정한 것이다. 위 협의기간은 사업시행자가 협의를 이유로 장기간 현금청산을 지연하는 것을 방지하고 지연손해금의 기산일을 정하기 위한 것이므로, 협의기간이 지나기 전에 수용재결 신청 또는 매도청구의 소를 제기하였다 하더라도 부적법하다고 볼 수 없다.[38]

2. 재개발사업의 수용재결 신청

재개발사업의 현금청산은 도시정비법이 준용하는 토지보상법에 따라 수용재결의 방법으로 한다.

도시정비법은 수용재결 신청의 대상자(분양신청을 하지 않은 자 등)와 수용재결 신청 전의 협의 절차 이외에는 별도로 정하고 있지 않으므로, 수용재결의 절차, 손실보상금 산정 등은 토지보상법에 따른다. 따라서 현금청산대상자에 대한 청산금(수용보상금)은 분양신청기간 종료일 다음 날 등이 아닌 토지보상법 제67조 제1항에 따라 수용재결일 가격을 기준으로 산정한다(대법원 2016. 12. 15. 선고 2015두51309 판결).[39]

---

38 안광순(하), 295; 앞서 대법원 2011. 11. 24. 선고 2011다68197 판결은 구 도시정비법 제47조가 정하는 청산금액에 관한 협의가 매도청구에 따른 소유권이전등기 청구의 소 제기 요건이 아니라고 보았다.

39 위 대법원 2015두51309 판결은, 도시정비법령은 수용보상금의 가격산정기준일에 관한 규정을 두고 있지 않으므로 현금청산대상자의 토지 등에 대한 수용보상금은 토지보상법 제67조 제1항에 따라 토지 등의 수용재결일 가격을 기준을 산정하여야 한다고 보면서, 분양계약체결기간 종료일 다음 날 기준으로 보상금을 산정해야 한다고 본 원심의 판단을 배척하였다.

3. 재건축사업의 매도청구의 소 제기

가. 2017년 전부개정법률의 적용시기

현행 도시정비법은 구 도시정비법과 달리 협의가 성립하지 않으면 매도청구소송을 제기하여야 한다는 규정을 신설하였으나(법 제73조 제2항), 이는 구 도시정비법 적용 당시의 대법원 판결을 반영한 것으로서 매도청구 행사에 관해서는 본질적인 차이는 없는 것으로 생각된다. 2017. 2. 8. 법률 제14567호로 전부 개정된 도시정비법 제73조 제2항은 위 전부개정법률의 시행일인 2018. 2. 9. 이후 최초로 관리처분계획인가를 신청하는 경우부터 적용된다(법 부칙(2017. 2. 8.) 제18조 본문).

나. 매도청구의 방법 및 절차

(1) 2017년 전부 개정 전의 매도청구의 방법 및 절차

도시정비법이 2017. 2. 8. 법률 제14567호로 전부 개정되기 전에는 협의가 성립하지 않았을 때에 대한 규정을 별도로 두지 않았으나, 대법원은 재건축사업의 사업시행자는 구 도시정비법 제39조를 준용하여 매도청구를 할 수 있다고 보았다(대법원 2010. 12. 23. 선고 2010다73215 판결, 대법원 2013. 9. 26. 선고 2011다16127 판결). 다만, 현금청산대상자에 대한 청산금 지급의무가 발생하는 시기, 현금청산의 목적물인 토지 · 건축물 또는 그 밖의 권리의 가액을 평가하는 기준시점, 현금청산대상자에 대한 매도청구권의 행사로 매매계약의 성립이 의제되는 날은 구 도시정비법 제47조의 규정에 따라 '분양신청기간의 종료일 다음 날'이고, 그와 같이 보는 이상 위 매도청구권의 행사에 관하여는 그 최고절차 및 행사기간에 대하여 구 도시정비법 제39조에서 준용하는 집합건물법 제48조의 규율이 없다(위 대법원 2010다73215 판결 등).

따라서, 분양신청을 하지 않거나 분양신청기간내에 분양신청을 철회하여 현금청산대상자가 된 토지등소유자에 대한 매도청구는 조합설립에 동의하지 않은 토지등소유자에 대한 매도청구(구법 제39조)와 달리 조합설립 동의 여부에 대한 최고절차나 제척기간인 행사기간이 적용되고 않고 현금청산기간이 끝나면 바로 매도청구의 소를 제기할 수 있다.

(2) 2017년 전부개정법률에 따른 매도청구의 방법 및 절차

2017. 2. 8. 법률 제14567호로 전부 개정된 도시정비법 제73조 제2항은 종전의 매도청구를 명문으로 정하면서 조합설립에 동의하지 않은 토지등소유자에 대한 매도청구 규정인 도시정비법 제64조의 각 절차를 준용하고 있지 않고, 이미 분양신청기간, 분양계약체결기간의 종료로 조합원의 지위를 상실하고 현금청산대상자가 된 토지등소유자를 상대로 조합설립 동의 여부에 대한 최고절차 등을 갖출 필요가 없다는 점은 종전과 다르지 않다. 따라서 종전 대법원 2010. 12. 23. 선고 2010다73215 판결 등과 동일하게 최고 절차나 행사

기간의 제한 없이 매도청구의 소를 제기할 수 있다고 볼 것이다.[40] 현행 도시정비법 제73조 제2항의 60일의 기간은 같은 조 제3항의 지연이자를 가산하기 위한 기산점에 불과하고 제척기간으로 해석되지 않는다.[41]

다. 청산금(매매대금) 산정기준일

(1) 2013년 일부 개정 전의 현금청산평가 기준일

2013. 12. 24. 법률 제12116호로 개정되기 전의 구 도시정비법이 적용되는 경우, 종전 대법원 판결에 의해 확립된 사업시행자의 청산금 지급의무 발생일, 현금청산평가 기준일은 다음과 같다.[42]

① 사업시행자가 통지 · 공고한 분양신청기간내에 분양신청을 하지 않거나 분양신청기간내에 분양신청을 철회한 자는 그 분양신청기간 만료일 다음 날 조합원의 지위를 상실하고, 그 분양신청기간 종료일 다음 날이 조합의 청산금 지급의무 발생일과 현금청산평가 기준일이 된다(대법원 2008. 10. 9. 선고 2008다37780 판결, 대법원 2009. 9. 10. 선고 2009다32850, 32867 판결 등).

② 인가된 관리처분계획에서 분양대상에서 제외되는 자는 인가일 다음 날에 조합원의 지위를 상실하고, 그 인가일 다음 날이 조합의 청산금 지급의무 발생일과 현금청산평가 기준일이 된다고 본다.

③ 조합원이 분양계약체결기간 내에 분양계약을 체결하지 않는 경우 정관 규정에 따라 조합원 지위를 상실하여 현금청산대상자가 되고, 이 경우 분양계약체결기간의 종료일 다음 날 조합원의 지위를 상실하고, 그 분양계약체결기간의 종료일 다음 날이 조합의 청산금 지급의무 발생일과 현금청산평가 기준일이 된다(대법원 2008. 10. 9. 선고 2008다37780 판결, 대법원 2011. 12. 22. 선고 2011두17936 판결 등).

④ 조합원이 제명 · 탈퇴로 조합원의 지위를 상실한 경우에는 그 제명 또는 탈퇴한 날(총회 의결일 등)이 조합의 청산금 지급의무 발생일과 현금청산평가 기준일이 된다.

(2) 2013년 일부개정법률에 따른 현금청산평가 기준일

대법원 2008. 10. 9. 선고 2008다37780 판결 등이 판시한 청산금 지급의무 발생과 현금청산평가 기준일은 구 도시정비법(2013. 12. 24. 법률 제12116호로 개정되기 전의 것) 제47조

---

40 2017년 전부 개정 당시 개정안 중 제73조 제2항은 당초 "제64조에 따른 매도청구소송"으로 되어 있었으나, 체계자구심사과정에서 위 규정의 매도청구소송은 분양신청을 하지 아니한 자 등에 대한 일반적 매도청구소송을 의미하는 것으로서 조합설립에 동의하지 아니한 자 등에 대하여 청구하는 매도청구소송과는 다르다는 이유로 "제64조에 따른"을 삭제하였다[남궁석, "도시 및 주거환경정비법 전부개정법률안(대안) 검토보고", 법제사법위원회 (2017. 1. 20.), 5].

41 안광순(하), 299.

42 위 2013년 일부 개정 전에 도시정비법이 2012. 2. 1. 법률 제11293호로 개정되면서 구 도시정비법 제47조(제1항)의 문언이 달라지기는 하였으나 이는 종선 규정에 내한 내법원 2008. 10. 9. 신고 2008다37780 판결 등의 해석을 반영한 것이므로, 2012년 개정 전후의 규정은 동일하게 볼 수 있다.

제1항의 해석에서 도출된 것이다. 구 도시정비법 제47조 제1항은 분양신청을 하지 아니한 자 또는 분양신청기간 종료 이전에 분양신청을 철회한 자는 분양신청기간 종료일의 다음 날부터, 인가된 관리처분계획에 따라 분양대상에서 제외된 자는 그 관리처분계획 인가를 받은 날의 다음 날부터 150일 이내에 현금으로 청산하도록 하고 있을 뿐 청산금 지급의무가 언제 발생하고 청산금은 언제를 기준으로 정하는 것인지는 명문으로 정하고 있지 않았으나, 문언의 해석상 분양신청기간 종료일 등의 다음 날을 기준으로 현금청산금 지급의무가 발생하고 그 현금청산금을 기초로 150일간 협의를 진행하여 지급하여야 한다고 보는 것이 해석상 자연스럽다.

그러나 위와 같은 현금청산평가 기준일 등은 별도의 명문의 규정에 따른 것이 아니라 구 도시정비법 제47조 제1항의 해석에서 도출된 것이므로 다르게 정하거나 관련 규정의 해석에 따라 다르게 볼 여지가 있다. 재건축사업의 현금청산에 관한 대법원 2012. 5. 24. 선고 2010다15141 판결은 "정관이나 관리처분계획에서 달리 규정하지 않는 한" 청산금 평가시점은 청산금 지급의무가 발생하는 분양신청기간의 종료일 다음 날이라고 보고 있고, 현금청산을 수용재결의 방법으로 하는 재개발사업에 관해 대법원 2016. 12. 15. 선고 2015두51309 판결은, 도시정비법령은 수용보상금의 가격산정기준일에 관한 규정을 두고 있지 않으므로 현금청산대상자들의 토지 등에 대한 수용보상금은 토지보상법 제67조 제1항에 따라 토지 등의 수용재결일 가격을 기준을 산정하여야 한다고 보면서, 분양계약체결기간 종료일 다음 날 기준으로 보상금을 산정해야 한다고 본 원심의 판단을 배척하였다.

2013. 12. 24. 법률 제12116호로 개정된 구 도시정비법은 분양신청기간 종료일 등의 다음 날이 아닌 관리처분계획인가일의 다음 날로부터 90일 이내에 현금으로 청산하도록 하였는데, 이 경우 종전과 달리 관리처분계획인가일의 다음 날을 기준으로 현금청산금을 산정해야 하는 것은 아닌지 다툼이 있을 수 있다.

종전에 분양신청을 하지 아니한 자가 분양신청기간 종료일의 다음 날에 조합원 지위를 상실하고 현금청산대상자가 된다고 본 것은 ⓐ 분양신청 이후 이를 토대로 수립되는 관리처분계획에서 조합원이 분양받을 아파트의 내역, 부담하게 될 청산금액 등이 구체적으로 확정됨으로써 현금청산대상자는 조합에 대하여 조합원의 가장 주된 권리인 분양청구권을 행사하지 못하게 되므로 형평의 원칙상 그에 대응하는 조합원의 의무, 즉 사업비 · 청산금 등의 비용납부의무, 철거 · 이주 및 신탁등기 의무 등도 면하게 된다고 보는 것이 타당한 점, ⓑ 분양신청을 하지 않은 것은 입주자로 선정된 지위 등을 조합에 양도한 것과 다름없다고 볼 수 있는 점, ⓒ 조합 가입의 주된 목적을 상실하여 이미 조합의 업무에 관심이 없는 현금청산대상자에게 조합원의 권리 · 의무를 부여하는 것은 당사자의 의사에도 부합하지 않는 점, ⓓ 조합의 입장에서도 현금청산을 통해 법률관계를 간명하게 마무리할 수 있을 뿐만 아니라 향후 관리처분계획을 수립 · 의결함에 있어 현금청산대상자를 의사정족수에서 제외함으로써 정비사업을 더 원활히 추진할 수 있는 점 등을 근거로 한 것이었다(대법원 2010. 8. 19. 선고 2009다81203 판결 등). 위와 같이 분양신청기간 종료일등의 다음 날에 조합원 지위를 상실하고 현금청산대상자가 된다는 점은 현재도 동일하게 볼 수 있다. 또한 2013년 일부 개정 전의 150일은 현금청산의 이행기로서(대법원 2012. 5. 24. 선고 2010다15141 판결, 대법원 2020. 7. 23. 선고 2019두46411 판결), 2013년 일부개정법률의 취지가 조합이 분양신청기간 종료일까지는 분양수입이 없어 현금청산대금 및 이자비용을 자체조달하기 어려우므로 지급시기를 관리처분계획인가 시점으로 일원화하여 늦춘 것이므로,[43] 2013년 일부 개정 전과 단지 현금청산의 이행기(지급시기)만 달라진 것으로 보는 것이 타당하다.[44]

따라서 정관 또는 관리처분계획에서 명백하게 정하지 않았다면 현금청산대상자가 된 날을 기준으로 현금청산금을 산정하여 그 날 지급의무가 발생한다고 보는 것이 여전히 타당한 것으로 생각된다.

⑶ 2017년 전부개정법률에 따른 현금청산평가 기준일

2017년 전부개정법률은 관리처분계획 인가 · 고시 후 90일을 현금청산(손실보상)을 위한 협의기간으로 보는 점은 종전과 동일하다. 2013년 일부개정법률이 적용되는 경우 종전과 같이 분양신청기간 종료일의 다음 날 등을 기준으로 현금청산금을 평가하여야 한다고 본다면, 2017년 전부개정법률이 적용되는 경우도 다르게 볼 이유가 없는 것으로 생각된다.

다만 현행 도시정비법 제73조 제2항은 현금청산의 방법으로 매도청구를 명문화하였는데, 이 경우 매도청구에 따른 현금청산 시점(현금청산 기준일)이 종전과 달라지는지가 문제된다.

① 매도청구권은 본질적으로 형성권이므로, 그 취지에 맞게 형성권이 행사된 때, 즉 매도청구의 소장 부본이 현금청산대상자에게 도달한 때 매매계약이 성립하고 그때를 기준으로 매매대금을 산정하는 것이 타당하다는 견해가 있다.[45]

② 그러나 현행 도시정비법에서도 분양신청을 하지 않거나 분양신청을 철회한 경우 분양신청기간의 종료일 다음 날 조합원의 지위를 상실한다는 점을 동일한데, 도시정비법 제

43 이철우의원 발의, "도시 및 주거환경정비법 일부개정법률안", 1903278, (2013. 1. 9.), 2-3.은 개정 취지를 "조합은 분양신청을 하지 아니한 자 또는 분양신청기간 종료 이전에 분양신청을 철회한 자에 대하여 분양신청기간 종료일의 다음 날부터 150일 이내에, 인가된 관리처분계획에 따라 분양대상에서 제외된 자는 그 인가를 받은 날의 다음 날부터 150일 이내에 현금청산하도록 규정되어 있으나, 이 때에는 조합에 분양수입이 없어 현금청산대금의 조달과 금융비용 부담으로 인해 정상적인 사업마저도 지연 · 중단케 할 우려가 있는 바, 현금청산 기산일을 관리처분계획 인가일로부터 90일 이내로 변경함으로써 조합의 부담을 완화하여 정비사업의 추진을 원활히 하고자 함"로 설명하고 있다.

44 대법원 2016. 12. 15. 선고 2015두51309 판결은 2013년 일부개정법률은 종전과 현금청산 방법 등에 관한 내용이 동일하고 기간만 디르게 정하고 있다고 보았다.

45 안광순(하), 300.

73조가 현금청산금 산정기준일을 명시적으로 정하고 있지 않으므로 현금청산대상자가 조합원의 지위를 상실한 때인 분양신청기간 종료일 다음 날 사업시행자의 현금청산 지급의무가 발생하고 현금청산의 목적물인 토지·건축물 또는 그 밖의 권리를 평가한다는 종전 대법원 2008. 10. 9. 선고 2008다37780 판결 등의 법리를 변경할 만한 특별한 사정 변경이 없는 것으로 보인다. 현행 도시정비법 제73조 제3항은 제2항의 기간(협의기간)을 넘겨서 매도청구의 소를 제기하는 경우 제2항의 기간을 넘긴 시점부터 토지등소유자에게 지연일수에 따른 이자를 지급하도록 하고 있는데, 이는 매도청구의 소 제기 이전에 매매대금(청산금)이 산정된다는 종전의 법리에 따른 것이고, 현행 도시정비법 제73조가 현금청산 방법에 대해 구 도시정비법 제47조와 본질적으로 차이를 두지는 않는 것으로 보이지 않는다.[46]

따라서 현행 도시정비법 제73조에 따른 매도청구도 현금청산 기준일은 종전과 동일하게 보는 것이 타당하다.

라. 청산금(매매대금)의 결정

현금청산 절차를 정하는 시행령 제60조(구 시행령 제48조)는 청산금액은 협의하여 정한다는 점 이외에는 청산금의 결정방법을 별도로 정하고 있지 않다. 구 시행령 제48조는 사업시행자와 토지등소유자가 청산금액을 협의하여 정할 경우의 평가방법에 관한 것이므로, 청산금의 지급을 구하는 소송에서 법원은 적절한 방법으로 청산금액을 평가하면 족하고(대법원 2009. 9. 10. 선고 2009다32850, 32867 판결), 반드시 시가감정에 의하여 평가하여야 하는 것은 아니다(대법원 2012. 5. 10. 선고 2010다47469, 47476, 47483 판결). 통상 매도청구를 행사하여 현금청산하면서 소송절차에서 개발이익을 반영한 시가(市價)를 감정평가하여 나온 금액을 청산금으로 정하게 된다.[47]

4. 현금청산 지연이자

가. 2012년 일부 개정 전의 지연이자 지급의무

구 도시정비법(2012. 2. 1. 법률 제11293호로 개정되기 전의 것) 제47조는 분양신청을 하지 아니한 자 등에 대해 그 해당하게 된 날부터 150일 이내에 시행령이 정하는 절차에 따라 현금으로 청산하도록 하면서, 현금청산 지연에 따른 지연이자는 별도로 정하지 않았다.

조합이 위 규정에 따라 현금청산사유가 발생한 날부터 150일 이내에 지급하여야 하는 현금청산금은 토지등소유자의 종전자산 출자에 대한 반대급부로서 150일은 이행기간에 해당한다(대법원 2012. 5. 24. 선고 2010다15141 판결, 대법원 2020. 7. 23. 선고 2019두46411 판결 등).[48] 따라서 분양신청기간 종료일의 다음 날 등 현금청산

46 수원지방법원 안산지원 2020. 5. 21. 선고 2018가합8269 판결, 수원지방법원 안산지원 2020. 8. 20. 선고 2018가합8258 판결, 서울고등법원 2021. 4. 16. 선고 2020나2031942 판결 등.

47 매도청구 행사에 따른 시가(市價) 등 매매대금의 결정은 **[30]매도청구 IV.2.매매대금의 결정** 참고.

48 대법원 2012. 5. 24. 선고 2010다15141 판결은 구 도시정비법 제47조의 “그 해당하게 된 날부터 150일”은 현금청산금 지급의무의 이행기를 정한 것으로서, 위 150일 이내에 청산금액이 확정되지 아니하였다고 하더

지급의무가 발생한 후 150일의 이행기간내에 현금청산금을 지급하지 아니하면 위 이행기간이 경과한 다음 날부터는 정관에서 특별히 비율을 정하고 있다면 그 비율로, 비율을 정하지 않았다면 민법에서 정한 연 5%의 비율로 계산한 지연이자를 지급할 의무가 있다(대법원 2020. 7. 23. 선고 2019두46411 판결, 대법원 2020. 7. 29. 선고 2018두38857 판결 등).

다만 현금청산 지연이자는 현금청산 지급의무 지체에 따른 것이므로 현금청산대상자가 이행을 지체하면 조합이 지연이자를 부담하지 않을 수 있다. ⓐ 공평의 원칙상 토지등소유자는 권리제한등기가 없는 상태로 토지 등의 소유권을 사업시행자에게 이전할 의무를 부담하고, 이러한 권리제한등기 없는 소유권 이전의무와 사업시행자의 청산금 지급의무는 동시이행관계에 있으므로(대법원 2008. 10. 9. 선고 2008다37780 판결 등), 재건축사업에서 매도청구로 현금청산하는 경우 현금청산대상자가 소유권이전등기의무 등을 지체한 기간 동안 현금청산 지연이자가 발생하지 않는다고 볼 수 있다. ⓑ 재개발사업에서 현금청산대상자가 보상협의 또는 수용재결에서 정한 현금청산금을 지급받은 이후에야 비로소 조합에게 종전자산의 점유를 인도하게 된 경우에는 조합이 해당 토지등소유자에게 현금청산금을 실제 지급한 시점이 현금청산사유가 발생한 날부터 150일의 이행기간이 경과한 시점이라고 하더라도 조합은 150일의 이행기간을 초과한 지연일수에 대하여 현금청산금 지급이 지연된 데에 따른 지체책임을 부담하지는 않는다(대법원 2020. 7. 23. 선고 2019두46411 판결, 대법원 2020. 7. 29. 선고 2018두38857 판결 등).

나. 2012년 일부개정법률에 따른 지연이자 지급의무

도시정비법이 2012. 2. 1. 법률 제11293호로 개정되면서 현금청산기간내에 청산하지 않는 경우 정관등으로 정하는 바에 따라 해당 토지등소유자에게 지연이자를 지급하도록 하는 규정을 신설하였다(구법 제47조 제2항).[49] 2012년 일부개정법률 제47조 제1항은 개정 전 제47조의 "해당하게 된 날부터 150일"의 해석에 대한 대법원 판결 등을 반영하여 개정한 것으로서 현금청산의무 발생시점, 이행기 등은 종전과 동일하게 볼 수 있으며, 제47조 제2항에서 지연이자 등을 정관으로 정하도록 명문으로 정한 것이다.

따라서 분양신청기간 종료일 등의 다음 날부터 150일의 이행기간내에 현금청산금을 지급하지 아니하면 위 이행기간이 경과한 다음 날부터 정관이 정한 이율로 산정한 지연이자를 지급할 의무가 있으며, 현금청산대상자가 이행을 지체한 기간 동안 지연이자가 발생하지 않는다.

다. 2013년 일부개정법률에 따른 지연이자 지급의무

도시정비법 2013. 12. 24. 법률 제12116호로 개정되면서 지연이자에 관한 내용은 변동

라도 다르지 않고, 이행기를 달리 판단하기 위하여는 정관이나 관리처분계획 등에 이에 관한 명백한 규정이 있어야 한다고 보았다.

49 그러나 정관에서 이율을 현저히 낮게 정하여 실효성이 없었다.

이 없었으나, 현금청산의 시기를 "관리처분계획 인가를 받은 날의 다음 날로부터 90일 이내에 ... 현금으로 청산하여야 한다"로 다르게 정하였다(구법 제47조 제1항).

문언 해석상 종전과 같이 볼 때 "관리처분계획 인가를 받은 날의 다음 날부터 90일"은 현금청산의 이행기를 정한 것으로 볼 수 있다. 따라서, 관리처분계획 인가를 받은 날의 다음 날부터 90일의 이행기간내에 현금청산금을 지급하지 아니하면 위 이행기간이 경과한 다음 날부터 정관이 정한 이율로 산정한 지연이자를 지급할 의무가 있다.[50] 현금청산대상자가 이행을 지체한 기간 동안 지연이자가 발생하지 않는다는 점도 동일하게 볼 수 있다.

라. 2017년 전부개정법률에 따른 지연이자 지급의무

2017. 2. 8. 법률 제14567호로 전부 개정된 도시정비법 제73조는 사업시행자는 관리처분계획의 인가·고시된 다음 날부터 90일 이내에 손실보상을 협의를 하여야 하고, 협의가 성립하지 않으면 그 기간의 만료일 다음 날부터 60일 이내에 수용재결을 신청하거나 매도청구소송을 제기하여야 하며, 위 기간을 넘겨 수용재결을 신청하거나 매도청구소송을 제기한 경우에는 해당 토지등소유자에게 시행령으로 정하는 이율을 적용한 이자를 지급하도록 하고 있다.

2017년 전부개정법률에 따른 현금청산 지연이자는 현금청산금 지급이 아닌 수용재결신청 또는 매도청구의 소 제기 등 현금청산절차가 지연된 것에 따른 지체책임을 의미한다. 따라서 관리처분계획의 인가·고시 후 협의기간 90일, 수용재결신청 또는 매도청구의 소 제기 기간 60일이 지나면 그 다음 날부터 지연이자를 부담하고, 수용재결신청 또는 매도청구의 소 제기 지연에 따른 지체책임인 이상 현금청산대상자가 소유권이전등기의무 등을 지체하였더라도 지연이자는 그대로 발생한다고 보는 것이 타당하다고 생각된다.[51]

수용재결신청 또는 매도청구의 소 제기 지연에 따른 이율은 ⓐ 6개월 이내의 지연일수에 따른 이자의 이율은 5%, ⓑ 6개월 초과 12개월 이내의 지연일수에 따른 이자의 이율은 10%, ⓒ 12개월 초과의 지연일수에 따른 이자의 이율은 15%를 각 적용한다(시행령 제60조 제2항).[52] 위

---

50 대구지방법원 2021. 5. 26. 선고 2020구합25009 판결, 대구지방법원 2021. 7. 8. 선고 2020구합21649 판결.

51 도시정비법 제73조 제3항은 토지보상법 제30조 제3항의 재결신청 지연가산금 제도의 적용을 배제하기 위해 입법된 것으로서(강신은, 117), 2017년 전부개정법률이 적용되면 토지보상법상 재결신청 지연가산금 제도는 적용되지 않는다(대법원 2020. 7. 23. 선고 2019두46411 판결 등). 토지보상법상 재결신청 지연가산금은 사업시행자가 재결신청 청구를 받은 날로부터 60일 이내에 수용재결을 신청하지 않았다는 사실 자체로 발생하고, 위 재결신청 지연가산금을 대체하는 도시정비법 제73조 제3항의 현금청산 지연가산금도 문언상 90일의 협의기간이 만료된 후 60일 이내에 수용재결 신청 또는 매도청구의 소 제기가 이루어지지 않은 사실 자체로 발생한다고 해석된다. 따라서 종전과 달리 현금청산대상자의 이행지체는 현금청산 지연가산금 발생에 영향을 미치지 못한다고 보는 것이 타당하다.

52 현금청산자의 권리를 보호하고 신속한 사업 추진을 위해 국세기본법 제48조 제2항 등의 입법례를 참고하여 지연일수에 따라 이율을 세분화하여 규정하였다[국토교통부 주택정비과, 도시 및 주거환경정비법 시행령 전부개정령안 주요 조문별 개정 이유 (2018. 1.), 9].

이율은 법령에서 정한 것으로서 정관으로도 달리 정할 수 없다고 해석된다.

V. 현금청산대상자의 정비사업비 분담

1. 현금청산대상자의 정비사업비 분담에 관한 종전 쟁점

조합원이 분양신청을 하지 않거나 분양신청을 철회하는 경우 분양신청기간의 종료일 다음 날, 분양계약체결기간 내에 분양계약을 체결하지 않은 경우 분양계약체결기간의 다음 날 조합원의 지위를 상실하고 현금청산대상자가 된다. 이때 해당 현금청산대상자가 종전에 조합원의 지위를 유지하고 있었던 기간 동안 조합이 사용한 정비사업비 중 일부를 조합에 반환해야 하거나 청산금에서 공제할 수 있는지가 문제되어 왔다.

앞선 대법원 2009. 9. 10. 선고 2009다32850, 32867 판결은 재건축사업의 현금청산대상자가 조합을 상대로 청산금의 지급을 구한 사건에서 이주비 대출금의 이자를 그 청산금에서 공제하여야 한다는 조합의 주장에 대해, 조합과 조합원 사이의 법률관계는 그 근거 법령이나 정관의 규정, 총회 의결 또는 조합과 조합원 사이의 약정에 따라 규율되는 것으로서 정관, 총회 의결 또는 약정으로 특별히 정하지 않는 이상, 조합원이 조합원의 지위를 상실하였다고 하더라도 조합원의 지위에서 얻은 이익을 당연히 소급하여 반환할 의무가 있는 것은 아니라고 판단하였다.

이후 재건축조합이 조합원에게 지급할 청산금에서 조합원의 지위를 유지하는 기간 동안 발생한 정비사업비 중 일정 비율(조합원별 종전자산가격 비율 등)에 따른 분담금의 공제를 인정한 하급심 판례에 따라 재개발사업 · 재건축사업 모두 현금청산할 때 정비사업비 분담금을 공제하는 것은 가능한 것으로 해석하여 왔고,[53] 대법원은 재개발사업에 관하여 "조합원이 구 도시정비법 제47조나 조합 정관이 정한 요건을 충족하여 현금청산대상자가 된 경우에는 조합원의 지위를 상실하여 더 이상 조합원의 지위에 있지 아니하므로 조합은 현금청산대상자에게 구 도시정비법 제61조 제1항에 따른 부과금을 부과 · 징수할 수 없고, 현금청산대상자가 조합원의 지위를 상실하기 전까지 발생한 조합의 정비사업비 중 일정 부분을 분담하여야 한다는 취지를 조합 정관이나 조합원총회의 결의 또는 조합과 조합원 사이의 약정 등으로 미리 정한 경우 등에 한하여, 조합은 구 도시정비법 제47조에 규정된 청산절차 등에서 이를 청산하거나 별도로 반환을 구할 수 있다고 보는 것이 타당하다"고 보았다(대법원 2014. 12. 24. 선고 2013두19486 판결, 대법원 2021. 4. 29. 선고 2018두51508 판결 등). 대법원은 이후 재건축사업에서도 동일하게 판단하였다

53 서울고등법원 2012. 8. 17. 선고 2011나84580 판결 등; 임의가입제인 재건축사업과 달리 재개발사업은 강제가입제를 채택하여 정비구역내 토지등소유자는 분양신청단계에서 비로소 정비사업에서 탈퇴할 수 있으므로 재건축사업과 달리 볼 여지는 있다. 다만 대법원은 아래 대법원 2013두19486 판결 및 대법원 2015다207785 판결에서 보는 것처럼 차이를 두지 않는다.

(대법원 2016. 8. 30. 선고 2015다207785 판결, 대법원 2016. 12. 27. 선고 2014다203212 판결, 대법원 2016. 12. 29. 선고 2013다217412 판결, 대법원 2021. 4. 29. 선고 2017두48437 판결 등).

위 대법원 2013두19486 판결 등 이후 현금청산대상자가 조합원 지위를 상실하기 전까지 정비사업비 분담에 관한 정관의 규정 또는 총회의 의결(관리처분계획으로 구체화된다)이 있으면 현금청산대상자에게 종전의 정비사업비를 분담시킬 수 있다는 전제에서, 상당수의 조합이 정관 또는 관리처분계획에 "청산금 지급시점부터 이전 기간동안 지출된 정비사업비 부담 등을 고려하여 산술평균하여 산정된 청산금액의 100분의 90을 지급한다",[54] "조합원이 분양미신청 등의 이유로 조합원 자격을 상실하는 경우 조합은 해당 조합원이 조합원 자격을 유지하고 있는 동안 사용된 정비사업비를 종전자산비율로 공제하고 청산금을 지급한다" 등과 같이 정하였다. 그러나 단순히 추상적이고 대략적인 내용만으로 정비사업비를 부담시킬 수 있는 다툼이 있고, 대법원 2021. 4. 29. 선고 2017두48437 판결 등은 정비사업비 중 일부를 부담하도록 하기 위해서는 정관 또는 정관에서 지정하는 방식으로 현금청산대상자가 부담하게 될 비용의 발생 근거, 분담 기준과 내역, 범위 등을 구체적으로 규정하여야 하고, 아울러 현금청산대상자가 부담하는 것이 타당한 범위 내의 합리적 비용으로 한정되어야 한다고 보았다. 다만 위 대법원 2017두48437 판결 등의 설시에 맞춰 구체적인 범위를 미리 정하기는 어려운 것이어서, 정관에 별도의 규정을 두더라도 실제 정비사업비를 분담시키기가 쉽지 않을 것으로 생각된다.[55]

2. 현금청산대상자의 정비사업비 분담을 위한 요건

가. 조합원 지위 상실 전 정비사업비 분담에 관한 구체적인 정관의 규정 또는 총회 의결

조합이 현금청산대상자에게 정비사업비의 분담(공제)을 주장하기 위해서는, 그 현금청산대상자가 조합원 지위를 상실하기 전까지 종전에 발생한 조합의 정비사업비 중 일정 부분을 분담하여야 한다는 취지를 조합 정관, 총회 의결 또는 조합원과의 약정에 의해 미리 정하여야 한다(대법원 2014. 12. 24. 선고 2013두19486 판결 등).

① 현금청산대상자에게 정비사업비 등을 분담시키기 위한 정관 개정 또는 총회 의결은 그 현금청산대상자가 조합원의 지위를 상실하기 전에 이루어져야 한다(위 대법원 2013두19486 판결 등). 종전

54 정비사업비 분담금으로 청산금의 10%를 공제한다는 취지이다.

55 위 대법원 2017두48437 판결 등의 판단과 같이, 정비사업 도중 탈퇴하여 향후 분양수익 등을 누리지 못하는 현금청산대상자에게 그 분양수익 등의 수입을 고려하지 않거나 건물신축에 관한 비용까지 부담시키는 것은 타당하지 않은 것으로 생각된다. 이렇게 본다면 사실상 현금청산대상자에게 정비사업비를 부담시킬 여지가 없게 될 수 있는데, 현금청산대상자의 수분양권을 일반분양으로 전환하면 부동산 경기 및 시장 상황에 따라서는 조합원에 대하여 분양할 경우에 얻는 것보다 더 많은 수익을 얻을 수도 있으므로, 현금청산대상자에게 정비사업비를 분담시키지 않는 것이 불합리한 결과를 초래한다고 단정하기도 어렵다는 점[서울고등법원 2018. 7. 6. 선고 2018누33830 판결(제1심은 서울행정법원 2017. 12. 22. 선고 2017구합70755 판결)] 등을 고려하면 사실 조합에 별다른 손실이 발생하지 않는다고 볼 수 있다.

조합원이 조합원의 지위를 상실한 이후에 비로소 정비사업비를 분담시키는 의결을 하였다 하더라도 이미 현금청산대상자는 조합원이 아니므로 총회결의에 구속받지 않고, 달리 소급하여 적용된다고 볼 근거도 없다.

② 분양신청기간 또는 분양계약체결기간 직전에 현금청산대상자의 정비사업비 분담에 관한 정관 규정을 신설하거나 총회 의결을 하기도 하는데, 조합원 지위를 상실하기 전이라는 점에서는 일응 유효할 것이나, 위 의결 등은 조합 탈퇴 여부에 관한 의사가 이미 어느 정도 결정된 단계에서 조합원의 지위를 유지할 것이 예상되는 다수의 조합원들의 일방적인 의사에 의한 것이고 향후 현금청산대상자가 되면 부담하게 될 정비사업비의 항목 및 액수, 개인별 분담내역 등을 특정하지 못한 채 의결된 것으로서 그 결의의 효력이 다투어질 가능성을 배제하기 어렵다.[56]

통상 정관에 정비사업비 분담에 관한 규정을 두는 경우 청산금에서 공제한다는 취지로 두게 되는데, 위 정관 규정을 근거로 공제가 아닌 별도의 지급청구를 할 수 있는지가 문제될 수 있다. 현금청산대상자에 대한 정비사업비 등의 정산은 도시정비법에 별도의 규정이 없으므로 결국 정관 규정에 근거하여야 하는데, 대법원 2021. 4. 29. 선고 2018두51508 판결은 청산금에서 현금청산 기준일까지 발생한 사업비용을 공제하도록 한 정관 규정은 위 공제방식으로 일부 정비사업비를 부담시키는 것에 불과하고 위 정관 규정에 근거하여 현금청산금이 지급되기 전에 별도로 현금청산대상자에게 정비사업비의 지급을 구하는 근거는 될 수 없다고 보았다. 따라서 현금청산대상자에 대해 정비사업비의 지급을 구하는 것까지 염두에 두는 것이라면 별도로 지급에 관한 규정을 두어야 할 것으로 보인다.

나. 정비사업비 분담을 위한 정관 등의 내용

(1) 분담시킬 정비사업비의 구체적 규정

대법원은, 정비사업비 중 일부를 부담하도록 하기 위해서는 정관 또는 정관에서 지정하는 방식으로 현금청산대상자가 부담하게 될 비용의 발생 근거, 분담 기준과 내역, 범위 등을 구체적으로 규정하여야 하고, 단순히 현금청산대상자가 받을 현금청산금에서 사업비용 등을 공제하고 청산할 수 있다는 추상적인 정관의 조항만으로는 현금청산금에서 사업비용을 공제하는 방식으로 사업비용을 부담하도록 할 수 없다(대법원 2021. 4. 29. 선고 2017두48437 판결, 대법원 2021. 4. 29. 선고 2018두51508 판결 등).

① 정관에 조합원의 의무로 정비사업비 등의 비용납부의무를 정하였다 하더라도[57] 위

---

56 서울고등법원 2018. 7. 6. 선고 2018누33830 판결(제1심은 서울행정법원 2017. 12. 22. 선고 2017구합70755 판결)은 분양신청 당시에는 정비사업비 부담에 관한 규정을 두지 않았으나 분양계약체결기간 직전 정비사업비 부담에 관한 정관 규정을 신설한 사안에서 위 정관 개정에 대한 의결은 효력이 없다고 보면서, 실질적으로 현금청산을 선택할 사람들의 의사가 충분히 반영되지 못하였고, 구체적으로 계산 또는 예측 가능한 명확한 정비사업비 분담 기준과 비율을 정하지 않았다는 점을 근거로 제시하고 있다.

57 구 표준정관 제10조(조합원의 권리 · 의무) ① 조합원은 다음 각호의 권리와 의무를 갖는다.

정관 규정은 일반적인 의무를 정한 것에 불과하고 현금청산대상자가 조합원의 지위를 상실하기 전까지 발생한 정비사업비 중 일정액을 분담하여야 한다는 취지로 볼 수 없다(대법원 2016. 8. 30. 선고 2015다207785 판결, 대법원 2016. 12. 27. 선고 2014다203212 판결). 따라서 현금청산대상자에 대한 별도의 규정으로 정비사업비 분담을 정해야 한다.

② 정관에서 청산금에서 공제할 내용을 단순히 (현금청산하는 시점까지 지출된) "사업비용", "사업제경비"로만 정한 경우에는 현금청산대상자가 부담하여야 할 비용 항목과 부담기준 등을 합리적으로 예측하기 어렵고 도시정비법 또는 정관의 다른 규정을 통해서도 그 범위를 특정하기 어려우므로 그 정관 규정만을 근거로 사업비 분담을 구할 수 없다(대법원 2021. 4. 29. 선고 2017두48512 판결, 대법원 2021. 4. 29. 선고 2018두51508 판결).[58] 분담할 정비사업비를 단순히 청산금의 10%로 단순히 정하는 것은 그 산정의 구체적인 근거가 없으므로 유효하지 않은 것으로 생각된다.

③ 해당 현금청산대상자가 분담할 정비사업비를 전체 정비사업에 대한 종전자산가격의 비율로 정하는 것은 그 분담비율이 합리적이고 현금청산대상자가 예측 가능한 것이어서 합리적인 것으로 생각된다. 그러나 분담할 정비사업비의 비율을 단순히 산술평균하거나 세대수로 나누는 것은 그 부담의 비율이 형평에 맞지 않는 것으로 생각된다.[59]

(2) 분담시킬 수 있는 정비사업비의 범위

정관으로 현금청산대상자에게 정비사업비 중 일정 부분을 부담하도록 정한 경우에는 정비사업의 시행에 따른 손익을 조합원이 부담하게 되는 정비사업의 특성과 현금청산대상자가 정비사업의 종료 이전에 조합관계에서 탈퇴한다는 점을 고려하여 그 비용 항목과 금액은 탈퇴 시점에서 현금청산대상자가 부담하는 것이 타당한 범위 내의 합리적 비용만을 한정하여 규정할 필요가 있다. 정비사업의 시행을 위해 지출되는 사업비용은 기본적으로는 당시 조합원 모두의 이익을 위한 것이라는 점에서 특정 항목의 사업비용이 현금청산대상자에게 부담시킬 수 있는 합리적인 범위 내의 것인지 여부가 명확한 것은 아니다. 이는 기본적으로 그 비용 지출로 인하여 현금청산대상자가 이익을 얻었거나 얻게 되는지 여부 또는 그러한 목적으로 지출되었는지 여부를 기준으로 하되, 비용의 지출 시점이나 경위, 재건축 사업의 진척 상황 등의 여러 사정을 종합적으로 살펴보아야 한다(대법원 2021. 4. 29. 선고 2017두48437 판결).

따라서 ⓐ 현금청산대상자는 정비사업의 중간 단계에서 탈퇴하여 분양수익을 누리지 못하므로 분양수익에만 기여하는 비용은 현금청산대상자에게 부담시킬 수 없으며, ⓑ 잔

5. 정비사업비, 청산금, 부과금과 이에 대한 연체료 및 지연손실금(이주지연, 계약지연, 조합원 분쟁으로 인한 지연 등을 포함함)등의 비용납부의무

58 종전의 서울고등법원 2012. 8. 17. 선고 2011나84580 판결, 서울행정법원 2015. 10. 15. 선고 2014구합72149 판결, 서울행정법원 2017. 9. 15. 선고 2016구합67233, 77681 판결 등은 "(정비)사업비 부담분을 공제한다"와 같은 정관의 규정도 유효하다고 보아 그에 따른 공제를 인정하였다.

59 대구지방법원 2021. 5. 26. 선고 2020구합25009 판결, 대구지방법원 2021. 7. 8. 선고 2020구합21649 판결.

존 조합원들의 이익으로만 귀속되는 비용이나 전적으로 새롭게 건축되는 건물의 형성에만 기여하는 비용 등도 특별한 사정이 없는 한 합리적인 범위 내의 비용으로 보기는 어렵다(위 대법원 2017두48437 판결).

다만 위와 같이 본다면, 정비사업비의 대부분은 정비구역내 새로운 건축물을 건설하는 정비사업의 목적 달성을 위해 지출되는 것이므로 실제 현금청산대상자에게 부담시킬 수 있는 범위는 건축물 신축과 직접 관련이 없는 조합 운영비, 정비사업의 단계별 운영을 위한 용역대금 등으로 한정되는 문제가 있다. 정비사업비의 어떠한 항목이 이에 해당하는지는 알기 어려우나, 종전 '정비사업비'와 같이 대략적으로 정하면 그 중 일부라도 정비사업비 분담을 구할 근거 자체가 될 수 없기 때문에, 정관, 관리처분계획에서 구체적인 항목을 정하여 나열한 후 그 중 일부라도 인정받는 방법에 의하여야 할 것으로 생각된다.

참고자료

법제처, 법령 입안·심사 기준 (2020)

[24] 관리처분계획인가

I. 관리처분계획 및 인가의 법적 성격

1. 관리처분계획 및 인가의 법적 성격과 쟁송 방법

가. 법적 성격

(1) 관리처분계획의 법적 성격

관리처분계획은 정비사업의 시행 결과 조성되는 대지 또는 건축물의 권리귀속에 관한 사항과 조합원의 비용 부담에 관한 사항 등을 정함으로써 조합원의 재산상 권리 · 의무 등에 구체적이고 직접적인 영향을 미치게 되는 구속적 행정계획으로서 독립된 행정처분에 해당한다(대법원 2009. 9. 17. 선고 2007다2428 전원합의체 판결, 대법원 2009. 10. 15. 선고 2009다10638, 10645 판결 등).

관리처분계획은 사업을 시행함에 있어 반드시 수립하여야 하는 법률이 정한 행정계획으로서 토지등소유자의 지위나 권리 · 의무의 인정 자체에 관하여는 재량의 여지가 없지만, 그 구체적인 내용의 수립에 관하여는 이른바 계획재량행위에 해당하여 상당한 재량이 인정된다(대법원 2010. 10. 28. 선고 2009두4029 판결, 대법원 2014. 3. 27. 선고 2011두24057 판결).

(2) 관리처분계획인가의 법적 성격

관리처분계획에 대한 인가처분의 법적 성격은 보충행위로 보고 있다. 대법원도 정비사업조합이 도시정비법에 기초하여 수립한 관리처분계획은 그것이 인가 · 고시를 통해 확정되면 이해관계인에 대한 구속적 행정계획으로서 독립적인 행정처분에 해당하고, 관리처분계획을 인가하는 행정청의 행위는 조합의 관리처분계획에 대한 법률상의 효력을 완성시키는 보충행위로 보고 있다(대법원 2016. 12. 15. 선고 2015두51347 판결).

나. 쟁송방법의 개관

(1) 관리처분계획에 대한 쟁송방법

관리처분계획에 대하여 관할 행정청의 인가 · 고시까지 있게 되면 관리처분계획은 행정처분으로서 효력이 발생하게 되므로, 총회결의의 하자를 이유로 하여 행정처분의 효력을 다투는 항고소송의 방법으로 관리처분계획의 취소 또는 무효확인을 구하여야 하고, 그와 별도로 행정처분에 이르는 절차적 요건 중 하나에 불과한 총회결의 부분만을 따로 떼어내어 효력 유무를 다투는 확인의 소를 제기하는 것은 특별한 사정이 없는 한 허용되지 않는다(대법원 2009. 9. 17. 선고 2007다2428 전원합의체 판결, 대법원 2016. 10. 13. 선고 2012두24481 판결).

따라서 인가 · 고시가 있기 전에는 당사자소송으로서 관리처분계획을 의결한 총회결의를 다툴 수 있지만, 인가 · 고시 이후에는 관리처분계획에 대한 취소 또는 무효확인의 항고소송으로 다투어야 한다(대법원 2009. 9. 17. 선고 2007다2428 전원합의체 판결). 총회결의를 다투는 당사자소송을 제기한 후 인가처분이 있으면 항고소송으로 소변경을 해야 한다.

(2) 관리처분계획인가에 대한 쟁송방법

기본행위인 관리처분계획이 적법 · 유효하고 보충행위인 인가처분 자체에 흠이 있다면 그 인가처분의 무효나 취소를 주장할 수 있다고 할 것이지만, 인가처분에 흠이 없다면 기본행위에 흠이 있다고 하더라도 따로 기본행위의 흠을 다투는 것은 별론으로 하고 기본행위의 흠을 내세워 바로 그에 대한 인가처분의 무효확인 또는 취소를 구할 수 없다(대법원 2001. 12. 11. 선고 2001두7541 판결, 대법원 2010. 12. 9. 선고 2009두4913 판결 등).[1]

2. 관리처분계획과 선행 · 후행절차의 관계

가. 정비사업 단계별 처분의 하자 승계 여부

두 개 이상의 행정처분이 연속적으로 행하여지는 경우 선행처분과 후행처분이 서로 결합하여 1개의 법률효과를 완성하는 때에는 선행처분에 하자가 있으면 그 하자는 후행처분에 승계되므로 선행처분에 불가쟁력이 생겨 그 효력을 다툴 수 없게 된 경우에도 선행처분의 하자를 이유로 후행처분의 효력을 다툴 수 있는 반면, 선행처분과 후행처분이 서로 독립하여 별개의 법률효과를 목적으로 하는 때에는 선행처분에 불가쟁력이 생겨 그 효력을 다툴 수 없게 된 경우에는 선행처분의 하자가 중대하고 명백하여 당연무효인 경우를 제외하고는 선행처분의 하자를 이유로 후행처분의 효력을 다툴 수 없는 것이 원칙이다(양도소득세부과처분에 관한 대법원 1994. 1. 25. 선고 93누8542 판결 등 참고).

1 위 대법원 2001두7541 판결은 사업시행계획의 하자로 인가처분에 대한 취소 또는 무효확인을 구하는 것은 법률상 이익이 없다고 보아 소각하사유로 보았으나, 위 대법원 2009두4913 판결 이후로는 청구기각사유로 보고 있다(서울행정법원 실무연구회, 55).

정비구역지정처분, 조합설립인가, 사업시행계획, 관리처분계획은 각각 서로 독립하여 별개의 법률효과를 목적으로 하는 것이므로 선행처분에 하자가 있어도 그 하자가 중대·명백하여 선행처분이 당연무효가 되는 것이 아닌 한 제소기간이 도과하면 불가쟁력이 발생하므로, 선행처분의 단순 위법의 하자를 이유로 후행처분의 취소를 구할 수 없다고 보는 것이 타당하다.[2]

나. 조합설립인가의 하자에 따른 관리처분계획의 효력

(1) 조합설립인가의 당연무효 하자 또는 취소 판결에 따른 관리처분계획의 효력

종전의 조합설립인가가 당연무효이거나 취소되는 경우에는 종전의 조합설립인가가 유효함을 전제로 수립·인가된 관리처분계획은 소급하여 효력을 잃는다(대법원 2012. 12. 13. 선고 2011두21010 판결, 대법원 2016. 12. 15. 선고 2015두51309 판결 등).

조합이 선행 조합설립인가에 대한 무효확인소송 또는 취소소송이 진행되고 있어 효력 유무 또는 위법 여부 등이 확정되지 않은 상태에서 새로 조합설립인가를 받는 것과 동일한 요건과 절차로 후행 조합설립변경인가를 받은 경우, 후행 조합설립변경인가는 새로운 조합설립인가의 효력을 가지나, 선행 조합설립인가가 당연무효이거나 취소되는 경우에는 선행 조합설립인가가 유효함을 전제로 수립·인가된 관리처분계획은 소급하여 효력을 잃는 것이므로, 선행 조합설립변경인가를 받기 전에 수립·인가된 종전의 관리처분계획에 따라 정비사업을 진행할 수는 없고 도시정비법령이 정한 요건과 절차에 따라 관리처분계획을 새롭게 수립하여 인가를 받아야 한다(대법원 2016. 12. 15. 선고 2015두51309 판결, 대법원 2016. 12. 15. 선고 2015두51347 판결).

(2) 조합설립인가의 취소 또는 무효확인으로 인해 관리처분계획을 새로 수립해야 하는 경우 분양절차도 다시 진행하는지 여부

선행 조합설립인가의 취소 또는 무효확인으로 인해 관리처분계획을 새롭게 수립해야 하는 경우, 조합은 도시정비법이 규정하고 있는 분양신청 통지·공고 등의 절차를 다시 밟거나 분양신청 대상자들(종전 분양신청 절차에서 분양신청을 한 사람들과 이때에는 분양신청을 하지 않았지만 조합원 지위를 상실하지 않은 자를 포함한다)의 분양신청에 관한 의사를 개별적으로 확인하여 그 분양신청 현황을 기초로 관리처분계획을 수립하여야 하고, 조합이 이러한 절차를 밟지 않고 종전 분양신청 현황에 따라 관리처분계획을 수립하였다면 그 관리처분계획은 위법하다(대법원 2016. 12. 15. 선고 2015두51309 판결, 대법원 2016. 12. 15. 선고 2015두51347 판결).

다만 종전의 분양신청 현황을 기초로 했다고 하더라도 새로운 관리처분계획 수립 당시 토지등소유자의 분양신청 현황을 기초로 관리처분계획을 수립했다고 평가할 수 있는 예외

---

2 정비구역지정처분의 하자가 사업시행계획 또는 인가처분에 승계되지 않는다고 본 사례로 서울고등법원 2012. 2. 2. 선고 2011누16133 판결.

적인 경우, 즉 ⓐ '분양의 대상이 되는 대지 또는 건축물의 내역', '개략적인 분담금의 내역' 등 법령이 분양신청 통지에 포함시키도록 한 사항 등에 관하여 새로운 사업시행계획과 종전 사업시행계획 사이에 실질적으로 변경된 내용이 없고, ⓑ 사업의 성격이나 규모 등에 비추어 두 사업시행계획 인가일 사이의 시간적 간격이 지나치게 크지 않으며, ⓒ 분양신청 대상자들 중 종전 분양신청을 철회 · 변경하겠다거나 새롭게 분양신청을 희망한다는 의사를 조합에 밝힌 사람이 실제 있지 않은 경우 등에는, 종전의 분양신청 현황을 기초로 새로운 관리처분계획을 수립하는 것도 허용된다(대법원 2016. 12. 15. 선고 2015두51309 판결, 대법원 2016. 12. 15. 선고 2015두51347 판결).

다. 사업시행계획의 하자에 따른 관리처분계획의 효력

사업시행계획과 관리처분계획은 서로 독립하여 별개의 법적 효과를 발생시키는 것으로서 사업시행계획의 취소사유인 하자가 관리처분계획에 승계되지 않으므로, 사업시행계획의 취소사유를 들어 관리처분계획의 적법 여부를 다툴 수 없다(대법원 2012. 8. 23. 선고 2010두13463 판결, 대법원 2014. 6. 12. 선고 2012두28520 판결).

그러나 사업시행계획에 중대 · 명백하여 당연무효인 하자가 있거나 제소기간내 취소소송이 제기되어 취소된 경우에는 조합은 사업시행계획을 새로이 수립하여 관할관청으로부터 인가를 받은 후 다시 분양신청을 받아 관리처분계획을 수립하여야 한다(대법원 2011. 12. 8. 선고 2008두18342 판결).

라. 관리처분계획의 하자에 따른 수용재결의 효력

관리처분계획과 수용재결처분은 별개의 처분이고 수용재결은 관리처분계획인가가 아닌 사업시행계획인가의 고시를 사업인정의 고시로 보아 하는 것이므로, 관리처분계획의 위법성이 수용재결처분에 직접 영향을 미치기 어렵다고 볼 수도 있다. 그러나 재개발조합은 인가 · 고시된 관리처분계획에서 현금청산대상자로 정해진 토지등소유자를 대상으로 협의절차를 거쳐 수용재결 신청에 이르는 것으로서, 관리처분계획의 하자로 현금청산대상자가 아닌 것으로 판단되면 신청 자체가 잘못된 것이므로 관리처분계획의 하자가 수용재결에 영향을 미친다고 볼 수 있다.

대법원은 관리처분계획의 하자를 다툴 법률상 이익과 관련하여, ⓐ 수용재결이 확정되면 토지 및 건축물을 수용당한 조합원은 그 소유권과 조합원의 지위를 상실하므로 더 이상 관리처분계획의 권리관계에 영향을 받을 개연성이 없어 관리처분계획의 취소를 다툴 법률상 이익이 없으나(대법원 2011. 1. 27. 선고 2008두14340 판결, 대법원 2013. 10. 31. 선고 2012두19007 판결), ⓑ 수용재결취소소송이 계속중이어서 수용재결이 확정되지 않은 경우 수용재결이 취소되어 소유권을 회복할 가능성이 있으므로 관리처분계획의 취소를 구할 법률상 이익이 있다고 보았다(대법원 2011. 1. 27. 선고 2008두14340 판결). 수용재결은 인가 · 고시된 관리처분계획에서 현금청산대상자로 정해진 토지등소유자를 상대로 현금청산 협의 등의 절차를 거쳐 이루어지는 것으로서, 수용재결은 현금청산대상자를 정한 관리처분계획에 터 잡아 이루어진 것이고 관리처분계획이 위법하여 취소된다면 수용재결처분도

존립의 근거를 상실하여 취소될 수 있다고 보는 것이 타당하다.[3]

마. 관리처분계획의 하자에 따른 이전고시의 효력

이전고시는 사업시행이 완료된 이후에 관리처분계획에서 정한대로 정비사업으로 조성된 대지 및 건축물 등의 소유권을 분양받을 자에게 이전하는 행정처분으로서 관리처분계획이 확정한 권리 · 의무관계를 완성하는 집행행위이다. 따라서 관리처분계획이 당연무효이거나 취소된다면 이전고시도 그 효력을 상실하는 것으로 볼 수 있고, 이전고시가 있더라도 관리처분계획의 취소 또는 무효확인을 다툴 법률상 이익은 여전히 있는 것으로 볼 여지가 있다.[4]

그러나 대법원 2012. 3. 22. 선고 2011두6400 전원합의체 판결 등은 이전고시의 효력 발생으로 이미 대다수 조합원 등에 대하여 획일적 · 일률적으로 처리된 권리귀속 관계를 모두 무효화하고 다시 처음부터 관리처분계획을 수립하여 이전고시 절차를 거치도록 하는 것은 정비사업의 공익적 · 단체법적 성격에 배치된다고 할 것이므로, 이전고시가 그 효력을 발생하게 된 이후에는 조합원 등이 관리처분계획의 취소 또는 무효확인을 구할 법률상 이익이 없다고 보았다(대법원 2012. 3. 22. 선고 2011두6400 전원합의체 판결, 대법원 2015. 10. 15. 선고 2012두26197, 26203 판결 등).

따라서 이전고시가 있기 전까지 관리처분계획의 취소 또는 무효확인을 받는 경우라면 관리처분계획의 하자로 인해 이전고시도 효력이 없다고 볼 수 있으나, 이미 이전고시가 이루어졌다면 취소사유가 있는 경우는 물론 중대 · 명백한 하자로서 무효사유가 있는 경우에도 이전고시의 효력에는 영향이 없다고 볼 것이다.

3. 관리처분계획인가에 대한 부관

대법원은 사업시행계획인가는 강학상 인가로 보면서도 수익적 행정행위로서 재량행위에 하므로 처분청이 공익상 필요 등에 의하여 필요한 범위 내에서 여러 조건(부담)을 부과할 수 있다고 보았으나(대법원 2007. 7. 12. 선고 2007두6663 판결), 관리처분계획인가는 강학상 인가로서 그 인가처분에 기부채납과 같은 다른 조건을 붙일 수 없다고 보았다(대법원 2012. 8. 30. 선고 2010두24951 판결).

위 대법원 2010두24951 판결은 도시정비법 제74조 제1항, 제76조(구법 제48조 제1항, 제2항)가 관리처분계획에 포함되어야 할 사항과 관리처분계획의 내용을 정하는 기준을 자세히 규정하고 있고, 관리처분계획에 대한 행정청의 인가는 관리처분계획의 법률상 효력을 완성시키는 보충행위의 성질을 갖는 것으로서, 행정청이 관리처분계획에 대한 인가 여부를 결정할 때에는 그 관리처분계획에 도시정비법 제74조 및 시행령 제62조(구법 제48조 및 구 시행령 제50조)에 규정된 사항이

3 서울고등법원 2011. 6. 14. 선고 2010누40986 판결, 서울행정법원 2021. 7. 2. 선고 2020구합85009 판결, 수원고등법원 2021. 11. 19. 선고 2020누15082 판결.

4 대법원 2012. 3. 22. 선고 2011두6400 전원합의체 판결의 별개의견.

포함되어 있는지, 그 계획의 내용이 도시정비법 제76조(구법 제48조 제2항)의 기준에 부합하는지 여부 등을 심사 · 확인하여 그 인가 여부를 결정할 수 있을 뿐 기부채납과 같은 다른 조건을 붙일 수 없다고 보았다. 사업시행계획인가와 관리처분계획인가에 동일한 내용의 인가조건이 부가되어 있는 경우에도, 사업시행계획인가에 대한 부관은 부당결부금지의 원칙 및 비례의 원칙에 위반되는지를 따져 그 위법여부를 판단할 수 있는 것이나, 관리처분계획인가에 대한 부관은 본래 부관을 부가할 수 없는 행정처분에 부가된 것으로서 그 자체로 중대 · 명백한 하자로서 위법하다(위 대법원 2010두24951 판결).

Ⅱ. 관리처분계획인가

1. 관리처분계획인가의 절차

가. 종전자산가격 감정평가 및 분양신청

사업시행자는 종전자산가격에 대한 감정평가를 먼저 실시한 후 이를 기초로 분양대상자별 분담금의 추산액을 산정하여 분양신청 통지 · 공고 및 분양신청절차를 진행한다.[5] 사업시행자는 분양신청기간이 종료된 때에는 분양신청의 현황을 기초로 관리처분계획을 수립하여야 한다(법 제74조 제1항).

나. 관리처분계획의 수립

사업시행자는 분양설계 등에 관한 사항을 포함하여 관리처분계획을 수립한다(법 제74조 제1항 각 호, 시행령 제62조).[6]

다. 조합원의 종전자산가격 등 통지

조합은 관리처분계획의 수립 또는 변경을 의결하기 위한 총회의 개최일로부터 1개월전에 분양대상자별 분양예정인 대지 또는 건축물의 추산액, 보류지 등의 명세와 추산액 및 처분방법, 분양대상자별 종전의 토지 또는 건축물 명세 및 사업시행계획인가 고시가 있은 날을 기준으로 한 가격, 정비사업비의 추산액 및 그에 따른 조합원의 분담규모 및 분담시기에 과한 사항을 각 조합원에게 문서로 통지하여야 한다(법 제74조 제5항).

권리 및 의무를 확정적으로 배분하는 절차인 관리처분계획의 성격상 총회 개최 전에 각 조합원의 권리에 영향을 미칠 수 있는 종전 · 종후자산에 대한 평가, 조합원의 부담규모 및 부담시기 등의 내용을 조합원에게 고지하도록 하는 것으로서, 위 통지를 하지 않은 것

5 자세한 내용은 [22]분양신청 참고.
6 자세한 내용은 [25]관리처분계획의 내용 및 수립기준 참고.

은 관리처분계획의 하자에 해당한다.[7]

라. 총회 의결

(1) 의사 · 의결정족수

관리처분계획의 수립 및 변경은 총회의 전속적 의결사항으로서 대의원회가 대행하여 의결할 수 없다(법 제45조 제1항 제9호, 시행령 제43조 제8호). 관리처분계획의 수립 또는 변경을 위하여 개최되는 총회는 조합원 20/100 이상이 직접 출석하여야 한다(법 제45조 제6항 단서, 시행령 제42조 제2항 제3호).

관리처분계획 수립 또는 변경은 조합원 과반수의 찬성으로 의결하되, 정비사업비가 10/100(생산자물가상승률분, 도시정비법 제73조에 따른 손실보상 금액 제외) 이상 늘어나는 경우에는 조합원 2/3 이상의 찬성으로 의결하여야 한다(법 제45조 제4항).

(2) 분양대상에서 제외되는 토지등소유자의 의사 · 의결정족수 포함 여부

관리처분계획 수립에 앞서 진행되는 분양신청절차에서 분양신청을 하지 아니한 자와 분양신청기간 종료 이전에 분양신청을 철회한 자는 분양신청기간 종료일 다음 날에 조합원 자격을 상실하므로(대법원 2010. 8. 19. 선고 2009다81203 판결, 대법원 2012. 3. 29. 선고 2010두7765 판결 등), 분양신청기간이 종료된 후 개최되는 총회에서 의사 · 의결정족수를 산정할 때 전체(총) 조합원 수에서 제외된다(대법원 2012. 3. 29. 선고 2010두7765 판결 등).

인가된 관리처분계획에 따라 분양대상에서 제외되는 자는 관리처분계획의 인가가 있은 때 비로소 조합원 자격을 상실하는 것이므로, 그 인가전까지 관리처분계획 수립을 위한 총회 등에서는 조합원으로서 의결권을 행사할 수 있다고 보는 것이 타당하다.[8]

분양계약을 체결하지 않아 조합원 자격을 상실한 자는 분양계약체결기간 종료 이전까지 조합원의 지위를 유지하므로, 그 분양계약체결기간 종료 전까지 관리처분계획 수립을 위한 총회 등에서는 조합원으로서 의결권을 행사할 수 있다고 보는 것이 타당하다.

(3) 조합원 2/3 이상의 찬성을 필요로 하는 경우

수립 또는 변경하려는 관리처분계획의 정비사업비가 10/100(생산자물가상승률분, 도시정비법 제73조에 따른 손실보상 금액 제외) 이상 늘어나는 경우에는 조합원 2/3 이상의 찬성으로 의결하여야 한다(법 제45조 제4항).[9]

---

7 이 규정은 도시정비법이 2009. 5. 27. 법률 제9727호로 개정되면서 구법 제48조 제1항 후단으로 신설된 것이다. 이 규정이 신설되기 전에는 통지에 대한 명문의 규정이 없으므로 총회 개최전에 미리 종전자산가격이나 정비사업비 추산액 등을 통지하여야 하는 것은 아니라고 보았다(대법원 2012. 8. 23. 선고 2010두13463 판결, 대법원 2014. 2. 13. 선고 2011두21652 판결).

8 서울행정법원 2017. 8. 31. 선고 2016구합70864 판결.

9 도시정비법이 2012. 2. 1. 법률 제11293호로 개정되면서 이 규정이 신설될 때에는 생산자물가상승률분만 제외하도록 하였으나, 이후 2013. 12. 24. 법률 제12116호로 개정되면서 손실보상금도 제외하도록 하였다(구법 제24조 제6항 단서).

종전에는 관리처분계획 인가신청을 위한 요건으로 조합원 과반수 찬성만을 정하고 있었는데, 관리처분계획의 정비사업비가 조합설립 동의 당시와 비교하여 당시와 비교하여 조합원들의 이해관계에 중대한 영향을 미칠 정도로 실질적으로 변경된 경우 정관 변경에 준하여 조합원 2/3 이상의 동의를 얻어야 한다고 보았다(대법원 2013. 6. 14. 선고 2012두5022 판결, 대법원 2013. 1. 24. 선고 2011두14111, 14128 판결 등). 그 즈음 정비사업비가 사업시행단계 또는 관리처분단계에서 과도하게 상승하여 갈등이 야기되는 사례가 잇따르자 도시정비법 2012. 2. 1. 법률 제11293호로 개정되면서 구 도시정비법 제24조 제6항을 신설하여 정비사업비 10% 이상 증가된 경우 조합원 2/3 이상의 동의를 받도록 정하였다. 위 대법원 2012두5022 판결 등이 조합원 2/3 이상의 동의가 필요하다고 본 "정비사업비가 조합설립 동의 당시와 비교하여 조합원들의 이해관계에 중대한 영향을 미칠 정도로 실질적으로 변경된 경우"는 대부분 정비사업비가 10% 이상 증가되는 것이어서 어느 정도 입법으로 해결되었다고 볼 수 있다.

정비사업비는 조합설립(변경)인가, 사업시행계획(변경)인가, 관리처분계획(변경)인가의 각 단계마다 정비사업비에 관한 내용을 포함하여 토지등소유자의 동의 또는 총회 의결을 받아 잠정적으로 정해지는 것이므로,[10] 관리처분계획(변경)인가에서 조합원 2/3 이상의 동의를 필요로 하는 정비사업비가 10% 이상 늘어난 것인지 여부는 그 직전의 조합설립(변경)인가, 사업시행계획(변경)인가 또는 관리처분계획(변경)인가 등에서 정비사업비를 정한 경우 그 정비사업비를 기준으로 판단하면 될 것이다(대법원 2014. 6. 12. 선고 2012두28520 판결, 대법원 2014. 8. 20. 선고 2012두5572 판결).[11]

다만 이미 특별다수에 의한 결의방법에 따라 의결된 '조합의 비용부담' 등을 경미한 범위 내에서 수정하는 경우나 다른 안건에 관한 결의 등을 통하여 위 사항에 관하여 특별다수에 의한 결의에 준하는 조합원의 총의가 확인된 경우 등과 같은 특별한 사정이 있는 때에는 법령 또는 정관의 규정상 해당 안건의 결의에 필요한 의결정족수를 충족하면 된다(대법원 2012. 11. 15. 선고 2010다7430 판결, 대법원 2013. 11. 14. 선고 2011다22085 판결, 대법원 2014. 5. 29. 선고 2011두33051 판결, 대법원 2014. 8. 20. 선고 2012두5572 판결).

마. 공람 및 의견청취

(1) 공람 및 의견청취의 취지

사업시행자는 관리처분계획인가를 신청하기 전에 관계 서류의 사본을 30일 이상 토지

---

10 정비사업비(공사비 등 정비사업에 드는 비용)는 조합설립인가의 내용(법 제35조 제2항 내지 제4항, 시행령 제30조 제2항 제2호), 사업시행계획서의 내용(법 제52조 제1항 제12호), 관리처분계획의 내용(법 제74조 제1항 제6호)에 포함되어 토지등소유자의 동의 또는 총회 의결을 받게 된다.

11 종전 대법원 2013. 6. 14. 선고 2012두5022 판결, 대법원 2013. 1. 24. 선고 2011두14111, 14128 판결은 관리처분계획의 정비사업비를 조합설립 동의 당시의 정비사업비와 비교하였으나, 위 대법원 2012두28520 판결은 관리처분계획의 정비사업비를 조합설립 동의 낭시와 바로 비교할 수 없고, 조합설립, 사업시행계획, 관리처분계획 각 단계별로 비교하여 실질적으로 변경된 경우인지를 판단하여야 한다고 보았다.

등소유자에게 공람하게 하고 의견을 들어야 한다.[12] 다만 경미한 사항을 변경하려는 경우에는 토지등소유자의 공람 및 의견청취 절차를 거치지 아니할 수 있다(법 제78조 제1항). 사업시행자는 공람을 실시하려는 경우 공람기간 · 장소 등 공람계획에 관한 사항과 개략적인 공람사항을 미리 토지등소유자에게 통지하여야 한다(시행령 제65조 제1항).[13]

공람 및 통지절차는 조합원의 토의권과 의결권 행사를 보장하기 위한 것으로서 관리처분계획 인가신청 전에 필요적으로 거쳐야 하는 의무사항이며, 공람 및 통지 절차를 누락한 것은 관리처분계획의 하자로서 위법사유가 된다.

토지등소유자는 공람기간에 의견을 제출할 수 있고 사업시행자는 제출된 의견을 채택 여부를 결정할 수 있다. 시장 · 군수등이 하는 사업시행계획에 대한 공람은 그 의견제출을 반드시 서면으로 하여야 하고 시장 · 군수등은 의견을 채택하지 않는 경우에는 그 사유를 통지하여야 하나(법 제56조 제2항, 제3항), 사업시행자가 하는 관리처분계획 공람은 이러한 규정을 별도로 두고 있지 않다. 사업시행자는 그 재량으로 토지등소유자가 제출한 의견을 채택할지 여부를 결정하는 것이므로 그 의견을 채택하지 않았더라도 관리처분계획의 하자가 되지 않는다.

⑵ 공람 및 의견청취의 시기

도시정비법 제78조 제1항은 공람 및 의견청취를 '인가신청전'에 하도록 하고 있을 뿐 관리처분계획 수립 · 변경을 위한 총회와의 선후관계를 명확히 정하고 있지 않다. 다만 문언상으로는 공람 및 의견청취는 총회 의결로서 관리처분계획을 수립한 후 인가신청 전에 하는 것으로 볼 여지가 생각된다.[14] 이에 대해 ⓐ 조합원들이 공람 및 의견청취절차를 거쳐 그 내용을 숙지한 상태에서 총회의 의결로 조합원 등의 권리관계를 정해야 하고, 총회에서 이미 관리처분계획이 의결된 상태에서 공람 및 의견청취절차를 진행하면 그 의견을 제대로 반영하기 어렵고 만약 의견을 반영하여 관리처분계획을 변경한다면 다시 총회 의결을 거쳐야 하므로, 공람 및 의견청취절차는 총회 의결 전에 하여야 한다고 볼 수 있고(사전공람), ⓑ 반대로 총회 의결로 구체적으로 정해진 관리처분계획안을 대상으로 공람 및 의견청취절차를 진행하는 것이 타당하므로, 공람 및 의견청취절차는 총회 의결 후에 하여야 한다고 볼 수도 있을 것이다(사후공람). 어느 쪽이든 공람 및 의견청취절차를 통해 조합원들에게 의견제출의 기회가 부여되었다면 관리처분계획에 하자가 있다고 보기 어려운 것으로 생각된다.[15]

---

12 사업시행계획의 공람 및 통지를 시장 · 군수등이 하지만, 관리처분계획의 공람 및 통지는 사업시행자가 직접 한다.

13 시장 · 군수등이 사업시행자로서 직접 관리처분계획을 수립하는 경우도 공람 및 통지절차를 거쳐야 한다(법 제78조 제6항).

14 서울고등법원 2018. 9. 11. 선고 2017누87960 판결.

15 관련 규정에 관리처분계획 수립을 위한 총회와 공람의 순서를 정하고 있지 않으므로 총회가 공람에 선행

(3) 관리처분계획 변경에 따른 재공람 여부

사후공람으로 진행하는 경우 공람 및 의견청취절차에서 토지등소유자의 의견을 채택하여 관리처분계획을 수정하는 경우 재공람 절차를 거쳐야 하는지에 대해 다툼이 있다. 공람절차의 취지가 다수의 이해관계인의 의사를 반영하기 위한 것이라는 점에 비추어 보면, 총회 의결 이후 인가 신청 전에 경미한 변경을 초과하는 변경이 있다면 다시 총회 의결을 받아야 하고,[16] 이때는 재공람에 대한 명문의 규정이 없다 하더라도 총회 의결에 앞서 공람절차를 다시 거치는 것이 타당한 것으로 생각된다. 반대로, 총회에서 관리처분계획을 의결하면서 그 관리처분계획의 내용으로 추후 공람절차에서 제출된 의견에 따라 경미한 변경의 범위에서 변경할 때 별도의 총회 의결 및 공람절차를 거치지 않고 인가를 받도록 정하였고 실제 관리처분계획도 당초 예정한 경미한 변경의 범위에서 변경된 경우에는 반드시 총회 의결을 거칠 필요가 없으므로 그 의결에 선행되는 공람 절차를 다시 진행할 필요는 없을 것으로 생각된다.[17] 물론 이미 관리처분계획을 인가받았다면 그 변경은 다시 통상의 절차로 공람절차 등을 진행하여야 한다.

바. 인가신청

사업시행자는 관리처분계획의 인가를 받으려는 때에는 시행규칙 제12조 제1항 [별지 제9호 서식] 「관리처분계획(인가 · 변경 · 중지 · 폐지인가)신청서」에 관리처분계획서와 총회의결서 사본을 첨부하여 시장 · 군수등에게 제출하여야 한다(시행규칙 제12조).

사. 인가절차

(1) 심사범위

사업시행자가 관리처분계획인가를 신청한 경우 행정청은 관리처분계획인가신청서와 첨부서류를 기준으로 그 관리처분계획에 도시정비법 제74조 제1항, 시행령 제62조에 규정된 사항이 포함되어 있는지, 관리처분계획의 내용이 구 도시정비법 제76조 제1항의 기준에 부합하는지 등을 심사 · 확인하여 인가 여부를 결정하면 되고, 그 과정에서 행정청은 도

되지 않았다고 하여 관리처분계획이 위법하다고 볼 수 없다고 본 사례로 서울행정법원 2015. 11. 13. 선고 2015구합64732 판결; 관리처분계획에 대한 공람제도는 토지등소유자로 하여금 의견을 개진할 기회를 부여하는데 취지가 있는 것이므로 그 시기에 위법이 있다고 관리처분계획 자체를 취소할 사유는 아니라고 본 사례로 서울고등법원 2018. 9. 11. 선고 2017누87960 판결.

16 경미한 사항을 변경하려는 경우에는 토지등소유자의 공람 및 의견청취 절차를 거치지 아니할 수 있다(법 제78조 제1항).

17 대전고등법원 2019. 1. 17. 선고 2018누10345 판결, 서울고등법원 2019. 11. 14. 선고 2019누38412 판결(제1심은 서울행정법원 2019. 2. 13. 선고 2018구합55708 판결).

시정비법 제111조 제2항,[18] 제113조 제1항[19] 등에서 정한 조치를 통하여 관리처분계획을 실질적으로 심사할 권한이 있다(대법원 2014. 3. 13. 선고 2013다27220 판결). 행정청은 제출된 서류에 하자가 있을 경우에는 보완을 명하거나 인가신청을 반려하여야 한다. 행정청이 그 심사를 게을리하여 제출된 서류의 하자를 간과하고 인가처분이 이루어졌다면 그 인가처분에는 그 자체로 고유한 하자가 있다고 볼 수 있다.

다만 행정청에게 관리처분계획을 실질적으로 심사하는 것을 넘어서, 정비구역 내 토지등소유자의 명단과 관리처분계획상 분양대상자, 현금청산대상자 명단을 하나하나 대조하여 현금청산대상자 중 누락된 사람이 있는지를 확인할 의무까지 부담한다고 볼 수 없다(대법원 2014. 3. 13. 선고 2013다27220 판결).

(2) 관리처분계획에 대한 타당성 검증

관리처분계획 수립 단계에서 설계변경, 정비사업 지연 등으로 인해 조합원의 분담금이 과도하게 증가되어 분쟁이 발생함에 따라, 도시정비법이 2012. 2. 1. 법률 제11293호로 개정되면서 관리처분계획에 대한 타당성 검증에 대한 규정을 신설하였다(구법 제49조 제3항). 그러나 종전 규정은 시장 · 군수등이 필요하다고 인정하는 경우에 검증을 요청할 수 있는 임의규정이어서 실효성 논란이 있자, 도시정비법이 2017. 8. 9. 법률 제14857호로 개정되어 조합원 1/5 이상의 요청 등이 있는 경우 시장 · 군수등이 의무적으로 타당성 검증을 요청하도록 하였다(법 제78조 제3항).[20] 위 개정규정은 위 일부개정법률의 시행일인 2018. 2. 9. 이후 최초로 관리처분계획인가를 신청하는 경우부터 적용한다(법 부칙(2017. 8. 9.) 제3조).

18 도시정비법 제111조(자료의 제출 등) ② 국토교통부장관, 시 · 도지사, 시장, 군수 또는 구청장은 정비사업의 원활한 시행을 감독하기 위하여 필요한 경우로서 다음 각 호의 어느 하나에 해당하는 때에는 추진위원회 · 사업시행자 · 정비사업전문관리업자 · 설계자 및 시공자 등 이 법에 따른 업무를 하는 자에게 그 업무에 관한 사항을 보고하게 하거나 자료의 제출, 그 밖의 필요한 명령을 할 수 있으며, 소속 공무원에게 영업소 등에 출입하여 장부 · 서류 등을 조사 또는 검사하게 할 수 있다.

1. 이 법의 위반 여부를 확인할 필요가 있는 경우
2. 토지등소유자, 조합원, 그 밖에 정비사업과 관련한 이해관계인 사이에 분쟁이 발생된 경우
3. 그 밖에 시 · 도조례로 정하는 경우

19 도시정비법 제113조(감독) ① 정비사업의 시행이 이 법 또는 이 법에 따른 명령 · 처분이나 사업시행계획서 또는 관리처분계획에 위반되었다고 인정되는 때에는 정비사업의 적정한 시행을 위하여 필요한 범위에서 국토교통부장관은 시 · 도지사, 시장, 군수, 구청장, 추진위원회, 주민대표회의, 사업시행자 또는 정비사업전문관리업자에게, 특별시장, 광역시장 또는 도지사는 시장, 군수, 구청장, 추진위원회, 주민대표회의, 사업시행자 또는 정비사업전문관리업자에게, 시장 · 군수는 추진위원회, 주민대표회의, 사업시행자 또는 정비사업전문관리업자에게 처분의 취소 · 변경 또는 정지, 공사의 중지 · 변경, 임원의 개선 권고, 그 밖의 필요한 조치를 취할 수 있다.

20 공사비 검증도 종전에는 계약업무 처리기준에 따라 임의적으로 하는 것이었으나, 도시정비법이 2019. 4. 23. 법률 제16383호로 개정되면서 일정한 경우 사업시행자가 의무적으로 공사비 검증을 요청하도록 하였다(법 제29조의2 제1항).

시장 · 군수등은 ⓐ 도시정비법 제74조 제1항 제6호에 따른 정비사업비가 도시정비법 제52조 제1항 제12호에 따른 정비사업비 기준으로 10/100 이상 늘어나는 경우, ⓑ 도시정비법 제74조 제1항 제6호에 따른 조합원 분담규모가 도시정비법 제72조 제1항 제2호에 따른 분양대상자별 분담금의 추산액 총액 기준으로 20/100 이상 늘어나는 경우, ⓒ 조합원 1/5 이상이 관리처분계획인가 신청이 있은 날부터 15일 이내에 시장 · 군수등에게 타당성 검증을 요청한 경우, ⓓ 그 밖에 시장 · 군수등이 필요하다고 인정하는 경우에는 토지주택공사등, 한국부동산원에 타당성 검증을 요청하여야 하고,[21] 시장 · 군수등은 타당성 검증 비용을 사업시행자에게 부담하게 할 수 있다(법 제78조 제3항, 시행령 제64조).

⑶ 인가 및 고시

시장 · 군수등은 사업시행자의 관리처분계획인가의 신청이 있은 날부터 30일 이내에 인가 여부를 결정하여 사업시행자에게 통보하여야 한다. 다만, 시장 · 군수등은 관리처분계획의 타당성 검증을 요청하는 경우에는 관리처분계획인가의 신청을 받은 날부터 60일 이내에 인가 여부를 결정하여 사업시행자에게 통지하여야 한다(법 제78조 제2항).

시장 · 군수등은 관리처분계획을 인가하는 때에는 정비사업의 종류 및 명칭, 정비구역의 위치 및 면적, 사업시행자의 성명 및 주소(법인인 경우에는 법인의 명칭 및 주된 사무소의 소재지와 대표자의 성명 및 주소), 관리처분계획인가일, 관리처분계획인가의 요지(대지 및 건축물의 규모 등 건축계획, 분양 또는 보류지의 규모 등 분양계획, 신설 또는 폐지하는 정비기반시설의 명세, 기존 건축물의 철거 예정시기 등)가 포함된 관리처분계획의 내용을 지방자치단체의 공보에 고시하여야 한다(법 제78조 제6항, 시행규칙 제13조).

⑷ 분양신청자에 대한 관리처분계획인가 내용의 통지

사업시행자는 관리처분계획의 (변경)인가 · 고시 있은 때 분양신청을 한 자에게 정비사업의 종류 및 명칭, 정비사업 시행구역의 면적, 사업시행자의 성명 및 주소, 관리처분계획의 인가일, 분양대상자별 기존의 토지 또는 건축물의 명세 및 가격과 분양예정인 대지 또는 건축물의 명세 및 추산가액을 통지하여야 한다(법 제78조 제5항, 시행령 제65조 제2항).

⑸ 관리처분계획인가의 시기 조정

도시정비법은 정비사업 시행에 따른 대규모 이주 수요 발생을 분산시켜 전세가격 상승을 방지하기 위해 사업시행계획 및 관리처분계획에 대한 인가 시기를 조정할 수 있도록 하고 있다(법 제75조). 그 절차는 조정권자가 인가권을 갖고 있는지에 따라 구분되어 ① 특별시장 · 광역시장 또는 도지사는 심의를 거쳐 인가권자인 시장, 군수 또는 구청장에게 인가 시기 조정을 요청하면 시장, 군수 또는 구청장은 그 요청에 따르도록 하고, ② 인가권자인 특별자

---

21 실무적으로 한국부동산원(구 한국감정원)이 검증업무를 하고 있다.

치시장 및 특별자치도지사(세종특별자치시장 및 제주특별자치도지사)는 직접 조정할 수 있다.

① 특별시장 · 광역시장 또는 도지사는 정비사업의 시행으로 정비구역 주변 지역에 주택이 현저하게 부족하거나 주택시장이 불안정하게 되는 등 특별시 · 광역시 또는 도의 조례로 정하는 사유가 발생하는 경우에는[22] 주거기본법 제9조에 따른 시 · 도 주거정책심의위원회의 심의를 거쳐 사업시행계획인가 또는 관리처분계획인가의 시기를 조정하도록 해당 시장, 군수 또는 구청장에게 요청할 수 있다. 이 경우 요청을 받은 시장, 군수 또는 구청장은 특별한 사유가 없으면 그 요청에 따라야 하며, 사업시행계획인가 또는 관리처분계획인가의 조정 시기는 인가를 신청한 날부터 1년을 넘을 수 없다(법 제75조 제1항).

② 특별자치시장 및 특별자치도지사는 정비사업의 시행으로 정비구역 주변 지역에 주택이 현저하게 부족하거나 주택시장이 불안정하게 되는 등 특별자치시 및 특별자치도의 조례로 정하는 사유가 발생하는 경우에는[23] 주거기본법 제9조에 따른 시 · 도 주거정책심의위원회의 심의를 거쳐 사업시행계획인가 또는 제74조에 따른 관리처분계획인가의 시기를 조정할 수 있다. 이 경우 사업시행계획인가 또는 관리처분계획인가의 조정 시기는 인가를 신청한 날부터 1년을 넘을 수 없다(법 제75조 제2항).

시기 조정의 방법 및 절차 등에 필요한 사항은 시 · 도조례로 정한다(법 제75조 제3항). 서울시 정비조례는 구청장은 사업시행자가 사업시행계획인가를 신청하는 경우 시기조정자료와 검토의견을 작성하여 시장에게 심의를 신청하여야 하고, 시장은 심의대상구역의 사업시행계획인가 시기에 대하여 주거정책심의회의 심의를 거쳐 조정여부 및 조정기간 등을 결정한 후 60일이내에 구청장에게 서면으로 통보하고, 구청장은 특별한 사유가 없으면 결정사항에 따라야 한다. 구청장은 결정된 조정기간이 경과하면 인가를 할 수 있다(서울시 정비조례 제50조, 제51조).

2. 관리처분계획 인가 · 고시의 효력

가. 권리의 잠정적 변환

사업시행자는 정비사업의 시행으로 조성된 대지 및 건축물은 관리처분계획에 따라 처분 또는 관리하여야 하고, 정비사업의 시행으로 건설된 건축물을 인가받은 관리처분계획

22 서울시 정비조례 제49조는 ⓐ 정비구역의 기존 주택 수가 자치구 주택 재고 수의 1%를 초과하는 경우, ⓑ 정비구역의 기존 주택 수가 2,000호를 초과하는 경우, ⓒ 정비구역의 기존 주택 수가 500호를 초과하고, 같은 법정동에 있는 1개 이상의 다른 정비구역(해당구역의 인가 신청일을 기준으로 최근 6개월 이내 관리처분계획인가를 신청하였거나, 완료된 구역으로 한정한다)의 기존 주택 수를 더한 합계가 2,000호를 초과하는 경우를 심의대상구역으로 정하고, 그 심의대상구역이 ⓐ 주변지역의 주택 멸실량이 공급량을 30퍼센트를 초과하는 경우, ⓑ 주변지역의 주택 멸실량이 공급량을 2,000호를 초과하는 경우, ⓒ 그 밖에 주택시장 불안정 등을 고려하여 주거정책심의회에서 인가 시기의 조정이 필요하다고 인정하는 경우에는 사업시행계획인가 또는 관리처분계획인가 시기조정대상으로 확징(조정대상구역)하도록 하고 있다.

23 다만 세종시 정비조례와 제주도 정비조례는 아직 사유를 별도로 정하고 있지 않다.

에 따라 토지등소유자에게 공급하여야 한다(법 제74조 제1항, 제2항).

관리처분계획이 인가 · 고시되면 분양대상자, 분양가액, 청산금액 등 토지등소유자의 구체적인 분양받을 권리가 확정되고, 종전 토지 및 건축물의 소유권은 신축 건축물을 분양받을 권리로 잠적적으로 변환된다. 이때 '잠정적으로 변환'된다는 의미는, 종전 토지 또는 건축물에 대해 권리를 가지고 있던 조합원은 이전고시가 있은 다음 날에 비로소 새로운 건축물 및 대지에 대한 권리를 취득하는 것이므로, 그 이전까지는 "정차 부동산을 취득할 수 있는 권리"를 갖는 것에 불과하다는 취지이다(구 도시재개발법에 관한 대법원 1993. 11. 23. 선고 93누1633 판결, 대법원 2003. 8. 19. 선고 2001두11090 판결 등 참고).[24]

나. 종전 토지 또는 건축물의 사용 · 수익 금지

관리처분계획이 인가 · 고시되면 종전의 토지 또는 건축물의 소유자 · 지상권자 · 전세권자 · 임차권자 등 권리자는 종전의 토지 또는 건축물을 사용하거나 수익할 수 없다(법 제81조 제1항 본문). 따라서 관리처분계획이 인가 · 고시되면 종전의 토지 또는 건축물에 대한 조합원 또는 현금청산대상자의 사용 · 수익은 정지되고, 사업시행자는 기본적으로 별도의 수용 · 사용재결 없이도 종전의 토지 또는 건축물을 사용 · 수익할 수 있고, 사업시행자가 현금청산대상자 등에게 건물인도를 구할 권원이 된다. 다만, 사업시행자의 동의를 받거나 토지보상법에 따른 손실보상이 완료되지 않으면 권리자는 계속 사용 · 수익할 수 있으므로(법 제81조 제1항 단서), 재개발사업의 현금청산대상자 등은 수용재결에 따른 보상금이 지급 또는 공탁되지 않으면 사업시행자의 인도청구를 거절할 수 있다.[25]

Ⅲ. 관리처분계획의 변경

1. 인가사항과 신고사항의 구분

관리처분계획의 변경에 인가를 요하는 사항은 그 변경에 총회에서 조합원 과반수 또는 2/3 이상의 찬성으로 의결하고 시장 · 군수등의 인가를 받아야 한다. 반면 관리처분계획의 경미한 변경은 반드시 총회 의결을 필요로 하지 않으며 시장 · 군수등에게 신고하면 된다. 관리처분계획의 경미한 변경사항은 시행령 제61조에서 정하고 있다.

> 시행령 제61조(관리처분계획의 경미한 변경) 법 제74조 제1항 각 호 외의 부분 단서에서 "대통령령으로 정하는 경미한 사항을 변경하려는 경우"란 다음 각 호의 어느 하나에 해당하는 경우를 말한다.

24 종전 토지 및 건축물에 대한 권리가 권리자의 의사에 상관없이 정비사업의 시행으로 조성된 대지 및 건축물에 대한 권리로 강제적으로 교환 · 변경된다는 점에서 공용환권으로 볼 수 있다(대법원 2009. 6. 23. 선고 2008다1132 판결).

25 자세한 내용은 [28]건축물의 인도 및 철거 I.1.가.관리처분계획 인가·고시 이후의 인도의무 참고.

1. 계산착오·오기·누락 등에 따른 조서의 단순정정인 경우(불이익을 받는 자가 없는 경우에만 해당한다)
2. 법 제40조 제3항에 따른 정관 및 법 제50조에 따른 사업시행계획인가의 변경에 따라 관리처분계획을 변경하는 경우
3. 법 제64조에 따른 매도청구에 대한 판결에 따라 관리처분계획을 변경하는 경우
4. 법 제129조에 따른 권리·의무의 변동이 있는 경우로서 분양설계의 변경을 수반하지 아니하는 경우
5. 주택분양에 관한 권리를 포기하는 토지등소유자에 대한 임대주택의 공급에 따라 관리처분계획을 변경하는 경우
6. 「민간임대주택에 관한 특별법」 제2조 제7호에 따른 임대사업자의 주소(법인인 경우에는 법인의 소재지와 대표자의 성명 및 주소)를 변경하는 경우

시행령 제61조 각 호에서 정하는 관리처분계획의 경미한 변경사항은 단순정정, 정관 또는 사업시행계획의 변경에 따른 변경, 매도청구에 따른 변경 등으로서, 조합설립인가내용의 경미한 변경사항(시행령 제31조 각 호), 정관의 경미한 변경사항(시행령 제39조 각 호), 사업시행계획의 경미한 변경사항(시행령 제46조 각 호)에 비해 그 범위가 좁다. 위와 같은 관리처분계획의 경미한 변경사항은 위 시행령 제61조 각 호에서 정하는 사항으로 한정되는 것이 아니라 변경대상이 되는 관리처분계획의 내용을 구체적 · 개별적으로 살펴보아 총회의 의결을 거치지 않더라도 변경내용이 객관적으로 조합원 등 이해관계인의 의사에 충분히 들어맞고 그 권리의무나 법적 지위를 침해하지 않거나, 분양대상자인지에 대한 확정판결에 따라 관리처분계획의 내용을 변경하는 때와 같이 총회의 의결을 거친다고 하더라도 변경내용과 다르게 의결할 수 있는 여지가 없는 경우 등도 포함된다(대법원 2012. 5. 24. 선고 2009두22140 판결). 이 점은 총회에서 의결된 관리처분계획의 일부 내용을 행정청의 인가전에 변경하는 경우도 동일하다(대법원 2013. 1. 24. 선고 2011두14111, 14128 판결).[26]

따라서 ⓐ 당초 청산대상자였으나 조정절차나 판결절차를 통해 단독 분양권이 확정된 공유지분권자들에게 보류지를 분양하는 것으로 관리처분계획을 경미한 사항으로 변경하는 경우,[27] ⓑ 당초 의결된 관리처분계획에서 사업비 등을 일부 변경한 후 별도의 총회 의결 없이 인가를 받았다 하더라도 조합원의 권리 · 의무에 변동이 없고 의결된 관리처분계획에서 예비비를 변경하여 비례율을 유지한다든지 변경비율이 일정 미만인 경우 별도의 총회 및 재공람을 하지 않는다고 정하여 경미한 변경으로 처리하기로 정한 경우,[28] ⓒ 종전 분양

26 물론 총회에서 의결된 관리처분계획을 수정하여 인가신청을 하고자 할 때에는 그 전에 다시 수정된 내용에 대하여 총회의 의결을 거쳐야 하는 것이 원칙이다(구 도시재개발법상 관리처분계획에 대한 대법원 2001. 10. 12. 선고 2000두4279 판결 참고).

27 대법원 2012. 5. 24. 선고 2009두22140 판결.

28 대법원 2013. 1. 24. 선고 2011두14111, 14128 판결(원심은 부산고등법원 2011. 5. 20. 선고 2010누3411, 3428 판결. 당초 의결된 관리처분계획에서 총수입금이 0.47%, 총사업비가 7.33% 변경된 내용으로 인가를 받았다 하더라도 조합원의 비례율, 권리가액 및 분양가액에 변동이 없는 사안), 서울고등법원 2018. 9. 11.

대상자가 분양신청을 철회하거나 국공유지 점유자들이 매수의사를 포기하는 등의 사정으로 관리처분계획을 변경하여 신고하는 경우[29] 등은 관리처분계획을 변경하기 위해 반드시 총회 의결을 거쳐야 한다고 보기 어려울 것이다.

2. 관리처분계획의 변경인가

가. 변경인가의 법적 성격

관리처분계획에 대한 변경인가는 최초 관리처분계획인가와 동일하게 조합이 행정주체의 지위에서 변경한 관리처분계획의 법률상의 효력을 완성시키는 보충행위에 해당한다. 따라서 관리처분계획을 의결한 총회결의는 인가·고시가 있기 전에는 당사자소송으로 다투고, 인가·고시 이후에는 관리처분계획에 대한 취소 또는 무효확인의 항고소송으로 다투어야 한다. 행정청의 관리처분계획변경인가는 인가처분 자체의 고유한 하자를 이유로만 다툴 수 있고, 기본행위인 관리처분계획의 하자는 관리처분계획인가의 취소를 구하는 사유가 되지 못한다.

나. 변경을 위한 총회 의결

(1) 인가된 관리처분계획의 변경

사업시행자는 인가받은 관리처분계획을 변경하려면 총회 의결을 받아야 한다(법 제45조 제1항 제10호). 관리처분계획 변경을 위한 총회 의결의 요건은 관리처분계획을 수립하는 경우와 동일하다.

(2) 총회 의결후 인가신청전 관리처분계획의 변경

관리처분계획의 인가신청에 앞서 조합원으로 구성된 총회에서 관리처분계획에 대하여 의결을 거치는 것은 관리처분계획의 입안에 대하여 조합원의 의사를 반영하고 그들 상호간의 이익을 합리적으로 조정하는 데 취지가 있는 것이므로, 총회에서 의결된 관리처분계획을 수정하여 인가신청을 하고자 할 경우에는 그 전에 다시 수정된 내용에 대하여 총회 의결을 거쳐야 한다(구 도시재개발법상 관리처분계획에 대한 대법원 1999. 7. 23. 선고 98두11595 판결, 대법원 2001. 10. 12. 선고 2000두4279 판결 등 참고).[30]

다만 관리처분계획의 경미한 변경이라면 반드시 총회 의결을 받을 필요가 없이 정관이 정하는 대의원회 의결 등으로도 변경이 가능하므로, 총회 의결 이후 경미한 변경의 범위에

선고 2017누87960 판결(당초 의결된 관리처분계획에서 비례율이 미세하게 변경된 사안); 이러한 경우는 시행령 제61조 제1호의 '계산착오·오기·누락 등에 따른 조서의 단순정정'으로 볼 여지도 있을 것이다.

29 서울행정법원 2013. 6. 27. 선고 2011구합32065 판결, 서울고등법원 2019. 11. 14. 선고 2019누38412 판결(제1심은 서울행정법원 2019. 2. 13. 선고 2018구합55708 판결).

30 도시정비법상 관리처분계획에 관한 판단으로 서울고등법원 2008. 11. 4. 선고 2008누8651 판결, 서울고등법원 2008. 11. 4. 선고 2008누13240 판결, 부산고등법원 2015. 9. 11. 선고 2014누22700 판결 등.

서 변경하는 것이라면 별도의 총회 의결이 필요없다.[31] 관리처분계획의 경미한 변경사항은 시행령 제61조 각 호가 정하는 사항 이외에도, 변경대상이 되는 관리처분계획의 내용을 구체적 · 개별적으로 살펴보아 조합총회의 의결을 거치지 않더라도 변경내용이 객관적으로 조합원 등 이해관계인의 의사에 충분히 들어맞고 그 권리의무나 법적 지위를 침해하지 않거나, 분양대상자인지에 대한 확정판결에 따라 관리처분계획의 내용을 변경하는 때와 같이 조합총회의 의결을 거친다고 하더라도 변경내용과 다르게 의결할 수 있는 여지가 없는 경우 등도 포함된다(대법원 2012. 5. 24. 선고 2009두22140 판결). 이 점은 총회에서 의결된 관리처분계획의 일부 내용을 행정청의 인가전에 변경하는 경우도 동일하다(대법원 2013. 1. 24. 선고 2011두14111, 14128 판결).

3. 관리처분계획의 변경신고

가. 신고의 법적 성격

신고는 강학상 수리를 요하는 신고와 수리를 요하지 않는 신고로 구분되고, 관리처분계획의 내용은 조합원뿐 아니라 현금청산대상자, 일반 분양분의 수분양자 등에게 영향을 미친다는 점에서 수리행위를 요하는 신고로 볼 여지가 많았다. 도시정비법이 2021. 3. 16. 법률 제17943호로 개정되면서 조합설립인가내용, 정관, 사업시행계획 및 관리처분계획의 각 경미한 변경에 대한 신고에 대해 수리 통지 의무 및 수리간주 규정을 신설함으로써 수리를 요하는 신고라는 것을 명확히 하였으므로, 관리처분계획의 경미한 변경에 대한 신고는 수리를 요하는 신고로서 그 수리행위가 있은 때 효력이 발생한다(법 제74조 제2항, 제3항).[32]

나. 변경을 위한 총회 또는 대의원회 의결

관리처분계획의 경미한 사항의 변경은 반드시 총회의 의결을 필요로 하지 않으므로, 정관에서 대의원회 의결로 변경할 수 있다고 정하였다면 대의원회 의결로, 그 이외에는 총회 의결로 변경할 수 있다. 총회 의결로 관리처분계획을 변경하는 경우는 정관에서 다르게 정하지 않았다면 일반 의결정족수(조합원 과반수의 출석과 출석 조합원 과반수의 찬성)로 의결한다.

Ⅳ. 관리처분계획 및 인가에 대한 쟁송

1. 원고적격

조합원은 자신의 부담으로 귀결되는 정비사업이 적법하고 적절하게 시행되는데 법률상 이해관계가 있고, 인가 · 고시된 관리처분계획에 따라 권리 · 의무에 직접적인 영향을

31 서울행정법원 2008. 12. 23. 선고 2008구합30618 판결, 부산고등법원 2015. 9. 11. 선고 2014누22700 판결.
32 자세한 내용은 **[7]조합 설립 Ⅵ.1.도시정비법상 신고의 법적 성격** 참고.

받으므로 관리처분계획을 다툴 법률상 이익이 있다.

정비사업에 참여하지 않을 의사로 분양신청을 하지 않거나 철회한 현금청산대상자는 현금청산 액수의 적정 여부에 관해서만 이해관계를 가질 뿐, 관리처분계획에 의하여 그 권리 · 의무에 직접적인 영향을 받는 자에 해당하지 않으므로 관리처분계획을 다툴 법률상 이익이 없다.

그러나 ⓐ 사업시행계획에 중대 · 명백한 하자가 있어 조합이 사업시행계획을 새로이 수립하여 인가를 받은 후 다시 분양신청을 받아 관리처분계획을 수립하여야 하는 경우(대법원 2011. 12. 8. 선고 2008두18342 판결 등), ⓑ 현금청산대상자가 분양신청절차 등에 하자가 있어 관리처분계획이 위법하다고 주장하면서 자신의 조합원 지위를 주장하거나 적법한 절차에 따라 분양신청을 받으면 분양신청할 의사가 있는 경우[33] 등은 종전에 조합원의 지위를 상실한 토지등소유자도 이때 분양신청을 함으로써 건축물 등을 분양받을 수 있으므로 관리처분계획의 무효확인 또는 취소를 구할 법률상 이익이 있다. 다만 이 경우에도 ⓒ 수용재결이 확정되면 토지 및 건축물을 수용당한 조합원은 그 소유권과 조합원의 지위를 상실하므로 더 이상 관리처분계획의 권리관계에 영향을 받을 개연성이 없어 관리처분계획의 취소를 다툴 법률상 이익이 없다(대법원 2011. 1. 27. 선고 2008두14340 판결, 대법원 2013. 10. 31. 선고 2012두19007 판결).

2. 쟁송의 대상, 방법 및 소의 이익

가. 관리처분계획 총회결의 및 관리처분계획

관리처분계획 수립 · 변경에 대한 총회결의는 행정처분인 관리처분계획에 이르는 절차적 요건으로서 관리처분계획의 위법 여부에 직접 영향을 미친다. 따라서 관리처분계획에 대한 총회결의는 공법상 법률관계에 관한 것으로서 행정소송법상 당사자소송으로 무효확인을 구할 수 있다(대법원 2009. 9. 17. 선고 2007다2428 전원합의체 판결 등).

그러나 관리처분계획 인가 · 고시가 이루어지면 관리처분계획은 행정처분으로서 효력이 발생하므로, 총회결의의 하자를 이유로 하여 행정처분의 효력을 다투는 항고소송의 방법으로 관리처분계획의 취소 또는 무효확인을 구하여야 하고, 그와 별도로 행정처분에 이르는 절차적 요건 중 하나에 불과한 총회결의 부분만을 따로 떼어내어 효력 유무를 다투는 확인의 소를 제기하는 것은 특별한 사정이 없는 한 허용되지 않는다(대법원 2009. 9. 17. 선고 2007다2428 전원합의체 판결, 대법원 2012. 3. 29. 선고 2010두7765 판결, 대법원 2016. 10. 13. 선고 2012두24481 판결). 따라서 관리처분계획 총회결의 무효확인의 소를 제기한 이후 관리처분계획 인가 · 고시가 이루어지면 관리처분계획취소소송 등 항고소송으로 소를 변경하여야 한다.

---

33 서울고등법원 2012. 8. 22. 선고 2011누26185 판결(제1심은 서울행정법원 2011. 7. 7. 선고 2010구합17885 판결).

나. 관리처분변경계획

(1) 선행 관리처분(변경)계획과 후행 관리처분(변경)계획의 관계

종전 행정처분(이하 '종전처분')을 변경하는 내용의 행정처분(이하 '변경처분')이 뒤따르는 경우, ⓐ 종전처분이 변경처분에 흡수되거나, ⓑ 종전처분은 변경처분에 의해 변경되지 않은 범위에서, 변경처분은 변경된 범위에서 각각 병존하거나, 또는 ⓒ 반대로 변경처분이 종전처분에 역으로 흡수되는 관계를 생각해 볼 수 있고, 과세처분 쟁송에서는 다양한 상황에 대한 논의와 판례가 축적되어 있다. 종전처분과 변경처분의 관계는 소의 이익과 제소기간의 문제로 귀결된다.

변경처분과 종전처분의 관계에 대한 일반론을 판시한 대법원 2015. 11. 19. 선고 2015두295 전원합의체 판결[34] 선고 이전의 대법원 판결도 선행 관리처분계획의 경미한 사항을 변경하는 경우와는 달리 선행 관리처분계획의 주요 부분을 실질적으로 변경하는 내용으로 새로운 관리처분계획을 수립하여 시장 · 군수등의 인가를 받은 경우에는 선행 관리처분계획은 달리 특별한 사정이 없는 한 효력을 상실한다고 보았다(대법원 2016. 6. 23. 선고 2014다16500 판결 등).

따라서 ⓐ 후행 관리처분(변경)계획이 선행 관리처분(변경)계획을 완전히 대체하거나 주요 내용을 실질적으로 변경한 정도에 이르지 않는다면 선행 관리처분(변경)계획은 후행 관리처분(변경)계획에 의해 변경되지 않은 범위에서, 후행 관리처분(변경)계획은 변경된 범위에서 병존한다고 볼 수 있고, ⓑ 후행 관리처분(변경)계획이 선행 관리처분(변경)계획을 완전히 대체하거나 주요 내용을 실질적으로 변경한 것이라면 선행 관리처분(변경)계획은 실효되고 후행 관리처분(변경)계획을 다투어야 한다.

(2) 후행 관리처분(변경)계획이 선행 관리처분(변경)계획의 일부만 변경한 경우

인가받은 선행 관리처분계획의 내용 중 경미한 사항을 변경하여 이를 신고한 경우는 물론, 그 밖의 사항을 변경하여 후행인가를 받은 경우에도 선행 관리처분계획 중 변경되지 아니한 부분은 여전히 존재하여 그 효력을 유지함이 원칙이다. 따라서 후행 관리처분(변경)계획이 선행 관리처분(변경)계획의 일부만 변경한 경우에는 선행 관리처분(변경)계획은 후행 관리처분(변경)계획에 의해 변경되지 않은 범위에서, 후행 관리처분(변경)계획은 변경된 범위에서 각 병존하는 것이므로 다투고자 하는 내용에 따라 소를 제기할 관리처분(변경)계획이 달라진다. 이때 선행 관리처분(변경)계획 중 후행 관리처분(변경)계획으로 변경

34 대법원 2015. 11. 19. 선고 2015두295 전원합의체 판결은 "기존의 행정처분을 변경하는 내용의 행정처분이 뒤따르는 경우, 후속처분이 종전 처분을 완전히 대체하는 것이거나 주요 부분을 실질적으로 변경하는 내용인 경우에는 특별한 사정이 없는 한 종전처분은 효력을 상실하고 후속처분만이 항고소송의 대상이 되지만, 후속처분의 내용이 종전처분의 유효를 전제로 내용 중 일부만을 추가 · 철회 · 변경하는 것이고 추가 · 철회 · 변경된 부분이 내용과 성질상 나머지 부분과 불가분적인 것이 아닌 경우에는, 후속처분에도 불구하고 종전처분이 여전히 항고소송의 대상이 된다"는 일반론을 판시하였다.

되는 부분은 실효된다.

(3) 후행 관리처분(변경)계획이 선행 관리처분(변경)계획을 완전히 대체하거나 주요 부분을 실질적으로 변경하는 경우

조합이 ⓐ 선행 관리처분계획의 의결 요건에 하자가 있어 이를 보완하는 의미로 선행 관리처분계획에 대해 새로운 관리처분계획으로서 총회의 의결을 거쳐 시장 · 군수등의 인가를 받은 경우(대법원 2013. 12. 26. 선고 2012두6674 판결 등), 또는 ⓑ 선행 관리처분계획의 주요 부분을 실질적으로 변경하는 내용으로 새로운 관리처분계획을 수립하여 시장 · 군수등의 인가를 받은 경우에는 선행 관리처분계획은 효력을 상실한다(대법원 2011. 2. 10. 선고 2010두19799 판결, 대법원 2012. 3. 22. 선고 2011두6400 전원합의체 판결 등). 따라서 이미 실효된 선행 관리처분계획의 취소나 무효확인을 구할 법률상 이익은 없다고 볼 것이다.

이때 '실효'는 이때 선행 관리처분계획이 유효하게 존속하다가 변경 시점을 기준으로 장래를 향하여 실효된다는 의미이지 소급적으로 무효가 된다는 의미가 아니다(대법원 2016. 6. 23. 선고 2014다16500 판결).

3. 무효와 취소

가. 중대 · 명백한 하자의 기준

관리처분계획 또는 인가처분의 제소기간이 도과하거나 민사소송에서 관리처분계획의 위법을 다투기 위해서는 관리처분계획이 당연무효이어야 한다. 이때 행정처분이 당연무효라고 하기 위해서는 처분에 위법사유가 있다는 것만으로는 부족하고 그 하자가 법규의 중요한 부분을 위반한 중대한 것으로서 객관적으로 명백한 것이어야 하며 하자가 중대하고 명백한 것인지 여부를 판별할 때에는 그 법규의 목적, 의미, 기능 등을 목적론적으로 고찰함과 동시에 구체적 사안 자체의 특수성에 관하여도 합리적으로 고찰하여야 한다(대법원 1997. 6. 19. 선고 95누8669 전원합의체 판결, 대법원 2002. 12. 10. 선고 2001두4566 판결 등 참고). 행정처분의 당연무효를 주장하여 그 무효확인을 구하는 행정소송에서 행정처분이 무효인 사유를 주장 · 증명할 책임은 원고에게 있다(대법원 1992. 3. 10. 선고 91누6030 판결, 대법원 2010. 5. 13. 선고 2009두3460 판결 등 참고).

행정청이 어느 법률관계나 사실관계에 대하여 어느 법률의 규정을 적용하여 행정처분을 한 경우에 그 법률관계나 사실관계에 대하여는 그 법률의 규정을 적용할 수 없다는 법리가 명백히 밝혀져 그 해석에 다툼의 여지가 없음에도 불구하고 행정청이 위 규정을 적용하여 처분을 한 때에는 그 하자가 중대하고 명백하다고 할 것이나, 법률관계나 사실관계에 대하여 그 법령의 규정을 적용할 수 없다는 법리가 명백히 밝혀지지 아니하여 그 해석에 다툼의 여지가 있는 때에는 행정관청이 이를 잘못 해석하여 행정처분을 하였더라도 이는 그 처분 요건사실을 오인한 것에 불과하여 그 하자가 명백하다고 할 수 없다(대법원 2010. 9. 30. 선고 2010두9358 판결, 대법원 2015. 5. 28. 선고 2012두18554 판결 등 참고).

나. 취소소송 제소기간

(1) 관리처분계획인가

취소소송은 처분등이 있음을 안 날로부터 90일이내에 제기하여야 하는데(행정소송법 제20조 제1항 본문), 고시 또는 공고에 의하여 행정처분을 하는 경우에는 그 처분의 상대방이 불특정 다수인이고 그 처분의 효력이 불특정 다수인에게 일률적으로 적용되는 것이므로, 그 행정처분에 이해관계를 갖는 자는 고시 또는 공고가 효력을 발생하는 날에 그 행정처분이 있음을 알았다고 보아야 한다. 관리처분계획인가는 「행정 효율과 협업 촉진에 관한 규정」[35] 제6조 제3항(구 사무관리규정 제8조 제2항)에 의하여 관리처분계획인가 및 고시가 있은 후 5일이 경과한 날부터 효력이 발생한다고 할 것이므로,[36] 이해관계인은 특별한 사정이 없는 한 그 때 처분이 있음을 알았다고 할 것이고 인가취소를 구하는 소의 제소기간인 90일은 그 때부터 기산한다(대법원 2010. 12. 9. 선고 2009두4913 판결, 대법원 2013. 3. 14. 선고 2010두2623 판결 등).

(2) 관리처분계획

관리처분계획은 총회에서 의결한 때 성립(수립 · 변경)하는 것이므로 총회 당일 처분이 있음을 알았다고 보아 그날부터 제소기간이 진행된다고 볼 여지도 있다. 그러나 관리처분계획은 그에 대한 인가처분이 있기 전에는 조합원 등 이해관계인에게 아무런 법률상의 효력을 미치지 않고, 이후 인가처분이 있게 되면 완전한 효력을 발생하게 되나 만약 인가를 받지 못하게 되면 당초부터 관리처분계획에서 정하지 않았던 것과 마찬가지의 상태가 된다는 점에서, 총회의 의결로 일응 관리처분계획이 성립하더라도 그것이 완전한 법률상의 효력을 가지는 행정처분으로 확정되는 것은 그에 대한 인가처분이 있은 때라는 점을 감안하여 보면, 관리처분계획 자체를 다투는 항고소송도 인가처분의 취소를 구하는 경우와 마찬가지로, 관리처분계획의 인가 · 고시가 있은 후 그 고시가 효력을 발생하는 날인 5일이 경과한 날에 처분이 있음을 알았다고 보아 그 때로부터 제소기간이 기산된다고 보는 것이 타당하다.[37]

다. 일부취소

외형상 하나의 행정처분이라 하더라도 가분적이거나 처분대상의 일부를 특정할 수 있다면 일부만의 취소도 가능하고 일부의 취소는 해당 취소부분에 관하여 효력이 생긴다

---

35 정부조직법에 따른 시행령으로서, 구 「사무관리규정」이 2011. 12. 21. 대통령령 제23383호로 전부 개정되면서 명칭이 변경되었다.

36 행정 효율과 협업 촉진에 관한 규정 제6조(문서의 성립 및 효력 발생) ② 문서는 수신자에게 도달(전자문서의 경우는 수신자가 관리하거나 지정한 전자적 시스템 등에 입력되는 것을 말한다)됨으로써 효력을 발생한다. ③ 제2항에도 불구하고 공고문서는 그 문서에서 효력발생 시기를 구체적으로 밝히고 있지 않으면 그 고시 또는 공고 등이 있은 날부터 5일이 경과한 때에 효력이 발생한다.

37 서울고등법원 2008. 7. 18. 선고 2007누728 판결, 서울고등법원 2008. 11. 4. 선고 2008누8651 판결, 부산고등법원 2017. 7. 14. 선고 2017누21388 판결 등.

(대법원 1995. 11. 16. 선고 95누8850 전원합의체 판결 등 참고). 관리처분계획 전부에 영향을 미치는 절차상 또는 내용상 하자가 아니라면, 관리처분계획의 전부가 아닌 일부만 취소하는 것도 가능하다.[38]

그러나 취소 또는 당연무효의 하자가 있는 부분에 대한 관리처분계획을 새로이 수립하면 다른 조합원들에 대한 권리가액비율 및 분담금액도 일부 변경된다면, 관리처분계획의 하자는 관리처분계획 전부에 영향을 미쳐 관리처분계획 전부를 취소하여야 한다(대법원 2010. 12. 9. 선고 2010두4407 판결). 조합원이 자신의 종전자산가격 또는 분양목적물을 다투거나 현금청산대상자가 자신의 분양대상자(조합원)의 지위를 인정받기 위해 제기한 관리처분계획 취소 또는 무효확인소송에서 원고가 주장한 하자가 인정되는 경우, 관리처분계획 중 원고 부분만 변경하더라도 전체 종전·종후자산가격이나 총 수입·지출이 변동되고, 다른 조합원들의 권리가격, 부담금 등도 비례율을 매개로 일체로 연결되어 있으므로 결과적으로 영향을 미친다. 따라서 원칙적으로는 관리처분계획 중 권리가격, 분담금에 대한 사항을 전부 취소하여야 한다고 볼 수 있다.

그러나 관리처분계획 중 일부만 취소한 후 해당 조합원에 대해서만 종전자산가격을 변경하거나 분양신청 및 평형변경을 한 후 관리처분계획을 변경하는 방법이 가능하고, 관리처분계획의 하자 부분이 비례율 등에 미치는 영향이 미미하다면 해당 하자 부분을 가분적인 것으로 보아 일부만 취소하는 것도 가능할 것으로 생각된다.[39] 분양대상자의 누락·착오 및 소송 등을 대비하기 위해 보류지를 두고 있는 것이므로 관리처분계획 전부를 취소하지 않더라도 원고의 수분양권을 상당부분 보전할 수 있으며, 일부취소에 따라 관리처분계획을 변경하게 되더라도 경미한 변경이므로 간단한 절차로 처리될 수 있다(대법원 2012. 5. 24. 선고 2009두22140 판결).

상가 독립정산제와 같이 내용 자체로 가분적인 경우[40] 이외에도 조합원이나 현금청산대상자가 자신의 분양대상자 지위에 관한 부분만 다투는 경우,[41] 조합원이 자신의 종전자산가격을 다투는 경우[42] 등도 위법을 다투는 내용도 실질은 원고 자신에 대한 것이어서 취소대

38 구 도시재개발법의 관리처분에 대한 대법원 1995. 7. 14. 선고 93누9118 판결은 일부취소가 불가능한 분양처분(이전고시)과 대비하여 관리처분계획은 이전고시가 이루어지기 전까지는 관리처분계획 일부를 변경하는 것도 가능하므로 일부취소도 가능하다고 보았다.

39 서울고등법원 2020. 12. 24. 선고 2019누55516 판결.

40 상가 독립정산제로 수립된 관리처분계획 중 상가 조합원 부분만 취소한 사례로 수원지방법원 2016. 1. 12. 선고 2014구합58922 판결, 서울행정법원 2018. 8. 31. 선고 2017구합74306 판결 참고. 관리처분계획 중 유치원 부분만 취소한 사례로 서울고등법원 2017. 11. 2. 선고 2017누36221 판결 참고.

41 관리처분계획 중 원고에 대한 부분만 취소한 사례로 서울행정법원 2016. 1. 29. 선고 2015구합67915 판결, 서울행정법원 2016. 10. 19. 선고 2016구합50747 판결, 서울고등법원 2020. 12. 16. 선고 2020누46419 판결(제1심은 서울행정법원 2020. 5. 29. 선고 2019구합80978 판결) 등 참고; 토지등소유자가 자신의 분양대상자 지위 또는 단독조합원 지위를 다투는 경우 대개 관리처분계획 중 자신에 대한 부분만 취소를 구하는 것으로 보인다.

42 다만 이 경우는 "관리처분계획 중 종전 토지 및 건축물의 권리내역, 권리가액, 분양기준가액, 지급액 부분을 취소한다"와 같이 종전자산가격, 비례율을 매개로 연결된 부분을 전부 취소하는 경우가 많은 것으로 보인다.

상을 명확히 특정가능하고, 취소 이후 다시 적법하게 관리처분계획을 변경하더라도 다른 조합원들에게 미치는 영향이 크지 않다면 가분적인 것으로 보아 일부 취소를 적극 인정할 필요가 있는 것으로 생각된다.

4. 집행정지, 효력정지가처분

가. 인가 · 고시된 관리처분계획 등에 대한 집행정지

관리처분계획이 인가 · 고시되면, 관리처분계획 내용에 따라 분양받지 못하는 현금청산대상자인지, 분양받는 조합원이 지위를 유지한다면 어떠한 주택을 공급받게 되는지가 결정되므로, 위법한 관리처분계획에 따라 권리 · 의무를 제한받은 토지등소유자는 관리처분계획에 대한 항고소송과 함께 가구제로서 관리처분계획의 효력정지를 구하는 집행정지를 신청할 수 있다.[43]

행정처분에 대한 집행정지는 ⓐ 취소소송을 제기하여 본안이 적법하게 계속중이고, ⓑ 처분등이나 그 집행 또는 절차의 속행으로 인하여 생길 회복하기 어려운 손해를 예방하기 위하여 긴급한 필요가 있다고 인정되고,[44] ⓒ 본안청구의 승소가능성도 고려하고 본안청구가 이유 없음이 명백하지 않아야 하고, ⓓ 공공의 복리에 중대한 영향을 미칠 우려가 없어야 한다(행정소송법 제23조).[45]

---

43 행정처분의 효력이나 집행 혹은 절차속행 등의 정지를 구하는 신청은 행정소송법상 집행정지신청의 방법으로서만 가능할 뿐 민사소송법상 가처분의 방법으로는 허용될 수 없다(대법원 2009. 11. 2.자 2009마596 결정).

44 행정소송법 제23조 제2항에서 정하고 있는 효력정지 요건인 '회복하기 어려운 손해'란, 특별한 사정이 없는 한 금전으로 보상할 수 없는 손해로서 금전보상이 불가능한 경우 내지는 금전보상으로는 사회관념상 행정처분을 받은 당사자가 참고 견딜 수 없거나 참고 견디기가 현저히 곤란한 경우의 유형, 무형의 손해를 일컫는다. 그리고 '처분 등이나 그 집행 또는 절차의 속행으로 인하여 생길 회복하기 어려운 손해를 예방하기 위하여 긴급한 필요'가 있는지는 처분의 성질과 태양 및 내용, 처분상대방이 입는 손해의 성질 · 내용 및 정도, 원상회복 · 금전배상의 방법 및 난이 등은 물론 본안청구의 승소가능성 정도 등을 종합적으로 고려하여 구체적 · 개별적으로 판단하여야 한다(대법원 2011. 4. 21.자 2010무111 전원합의체 결정).

45 집행정지의 장애사유로서 '공공복리에 중대한 영향을 미칠 우려가 없을 것'을 규정하고 있는 취지는, 집행정지 여부를 결정함에 있어서 신청인의 손해뿐만 아니라 공공복리에 미칠 영향을 아울러 고려하여야 한다는 데 있고, 따라서 공공복리에 미칠 영향이 중대한지의 여부는 절대적 기준에 의하여 판단할 것이 아니라, 신청인의 '회복하기 어려운 손해'와 '공공복리' 양자를 비교 · 교량하여, 전자를 희생하더라도 후자를 옹호하여야 할 필요가 있는지 여부에 따라 상대적 · 개별적으로 판단되어야 한다(대법원 2001. 2. 28.자 2000무45 결정). 이때 '공공복리에 중대한 영향을 미칠 우려'라 함은 일반적 · 추상적인 공익에 대한 침해의 가능성이 아니라 당해 처분의 집행과 관련된 구체적 · 개별적인 공익에 중대한 해를 입힐 개연성을 말하는 것으로서 이러한 집행정지의 소극적 요건에 대한 주장 · 소명책임은 행정청에게 있다(대법원 2004. 5. 12.자 2003무41 결정 등).

나. 인가 · 고시전 관리처분계획 총회결의에 대한 효력정지가처분

(1) 관리처분계획 총회결의에 대한 효력정지가처분의 필요성

관리처분계획이 인가 · 고시되기 전이라면 당사자소송으로서 관리처분계획 총회결의에 대한 무효확인을 다툴 수 있고(대법원 2009. 9. 17. 선고 2007다2428 전원합의체 판결), 총회결의무효확인청구권을 피보전권리로 하는 효력정지가처분을 제기할 수 있다.

당사자소송으로 총회결의 무효확인을 구하는 소를 제기하였다 하더라도 그 이후 관리처분계획이 인가 · 고시되면 관리처분계획에 대한 항고소송으로 소를 변경하여야 하기 때문에 총회결의무효확인의 소를 바로 제기할 실익은 크지 않다. 그러나 인가 · 고시전 효력정지가처분신청이 인용되면 관리처분계획의 효력 발생을 저지할 수 있고, 시장 · 군수등이 법적 쟁송을 이유로 인가처분을 미룰 경우 총회결의무효확인의 본안 판결을 받을 수도 있으므로, 이 점에서 총회결의 무효확인의 소를 제기할 실익이 있다.[46]

(2) 총회결의 효력정지가처분의 요건

당사자소송은 행정소송법 제23조 제2항의 집행정지에 관한 규정이 준용되지 않으므로(행정소송법 제44조 제1항), 당사자소송을 본안으로 하는 가처분은 행정소송법 제8조 제2항에 따라 민사집행법상 가처분에 관한 규정이 준용되어야 한다(대법원 2015. 8. 21.자 2015무26 결정).

따라서 관리처분계획 총회결의의 효력정지를 구하는 가처분은 임시의 지위를 정하는 가처분으로서, 관리처분계획에 대한 총회결의의 중대한 하자가 존재하고(피보전권리), 관리처분계획인가를 기다리거나 총회결의무효확인소송을 제기하여 그 결과가 나올 때까지 총회결의가 유효하게 인정될 경우 현저한 손해 또는 급박한 위험이 발생할 우려(보전의 필요성) 등이 주장 · 소명되어야 한다(민사집행법 제300조 제2항).[47] 가처분신청을 인용한 결정에 대해 즉시항고로 다툴 수 없고 가처분결정을 한 법원에 이의신청을 하여야 하는 등(대법원 2015. 8. 21.자 2015무26 결정), 가처분결정을 다투는 것도 민사집행법에 따른다.

관리처분계획에 따라 분양받지 못하는 현금청산대상자인지, 분양받는 조합원이 지위

---

46 서울고등법원 2010. 12. 29.자 2010루324 결정은 관리처분계획 인가 · 고시전 당사자소송으로 총회결의의 효력을 다툴 필요에 대해 "관리처분계획이 인가 · 고시되기 전이라면 위법한 총회결의에 대해 무효확인 판결을 받아 이를 관할 행정청에 자료로 제출하거나 조합으로 하여금 새로이 적법한 관리처분계획안을 마련하여 다시 총회결의를 거치도록 함으로써 하자 있는 관리처분계획이 인가 · 고시되어 행정처분으로서 효력이 발생하는 단계에까지 나아가지 못하도록 저지할 필요가 있고, 또 총회결의에 대한 무효확인판결에도 불구하고 관리처분계획이 인가고시되는 경우에도 관리처분계획의 효력을 다투는 항고소송에서 총회결의무효확인소송의 판결과 증거들을 소송자료로 활용함으로써 신속하게 분쟁을 해결할 수 있으므로, 관리처분계획에 대한 인가고시가 있기 전에는 허용할 필요가 있다"고 보고 있다.

47 가처분 신청을 행정소송법의 집행정지 요건으로 구성하는 경우도 있으나, 당사자소송을 본안으로 하는 가처분은 민사집행법의 가처분의 규정이 준용되어야 한다는 대법원 2015. 8. 21.자 2015무26 결정의 취지에 따라 피보전권리와 보전의 필요성으로 구성하여야 할 것으로 생각된다.

를 유지한다면 어떠한 주택을 공급받게 되는지가 결정되므로 관리처분계획은 사업시행계획에 비해 효력을 정지시킬 필요성은 더 크다. 그러나 관리처분계획 총회결의 효력정지가처분은 만족적 가처분으로서 피보전권리와 보전의 필요성에 대해 고도의 소명이 필요한데 반해, 가처분의 신청인이 주장하는 관리처분계획의 위법사유는 가처분 심리절차에서 판단하기 적절하지 않는 경우가 많고, 분양대상자 지위를 인정받기 위해 다투는 것이라면 나중에 관리처분계획을 변경하거나 보류지로 해결할 수 있는 것이어서, 장기간의 사업중단을 감수하고 관리처분계획의 효력을 즉시 정지할 정도의 보전의 필요성을 인정하기 어려운 것으로 생각된다.[48]

48 관리처분계획 총회결의 효력정지를 구하는 가처분 신청이 인용된 사례로 인천지방법원 2015. 2. 5.자 2015아10 결정(대법원 2015. 8. 21.자 2015무26 결정의 제1심), 서울행정법원 2019. 12. 27.자 2019아13534 결정(가처분이의 사건에서 서울행정법원 2021. 1. 25.자 2020아10017 결정으로 취소), 서울행정법원 2020. 10. 6.자 2020아12156 결정, 수원고등법원 2020. 10. 16.자 2020아10050 결정 참고.

[25] 관리처분계획의 내용 및 수립기준

I. 관리처분계획의 내용 및 수립기준

1. 관리처분계획의 내용

가. 관리처분계획에 포함되어야 하는 사항

사업시행자는 관리처분계획을 수립할 때 분양설계 등에 관한 사항을 포함하여야 한다(법 제74조 제1항 각 호, 시행령 제62조).

> 법 제74조(관리처분계획의 인가 등) ① 사업시행자는 제72조에 따른 분양신청기간이 종료된 때에는 분양신청의 현황을 기초로 다음 각 호의 사항이 포함된 관리처분계획을 수립하여 시장·군수등의 인가를 받아야 하며, 관리처분계획을 변경·중지 또는 폐지하려는 경우에도 또한 같다. 다만, 대통령령으로 정하는 경미한 사항을 변경하려는 경우에는 시장·군수등에게 신고하여야 한다.
>
> 1. 분양설계
> 2. 분양대상자의 주소 및 성명
> 3. 분양대상자별 분양예정인 대지 또는 건축물의 추산액(임대관리 위탁주택에 관한 내용을 포함한다)
> 4. 다음 각 목에 해당하는 보류지 등의 명세와 추산액 및 처분방법. 다만, 나목의 경우에는 제30조 제1항에 따라 선정된 임대사업자의 성명 및 주소(법인인 경우에는 법인의 명칭 및 소재지와 대표자의 성명 및 주소)를 포함한다.
>   가. 일반 분양분
>   나. 공공지원민간임대주택
>   다. 임대주택
>   라. 그 밖에 부대시설·복리시설 등
> 5. 분양대상자별 종전의 토지 또는 건축물 명세 및 사업시행계획인가 고시가 있은 날을 기준으로 한 가격(사업시행계획인가 전에 제81조 제3항에 따라 철거된 건축물은 시장·군수등에게 허가를 받은 날을 기준으로 한 가격)

6. 정비사업비의 추산액(재건축사업의 경우에는 「재건축초과이익 환수에 관한 법률」에 따른 재건축부담금에 관한 사항을 포함한다) 및 그에 따른 조합원 분담규모 및 분담시기
7. 분양대상자의 종전 토지 또는 건축물에 관한 소유권 외의 권리명세
8. 세입자별 손실보상을 위한 권리명세 및 그 평가액
9. 그 밖에 정비사업과 관련한 권리 등에 관하여 대통령령으로 정하는 사항

시행령 제62조(관리처분계획의 내용) 법 제74조 제1항 제9호에서 "대통령령으로 정하는 사항"이란 다음 각 호의 사항을 말한다.

1. 법 제73조에 따라 현금으로 청산하여야 하는 토지등소유자별 기존의 토지·건축물 또는 그 밖의 권리의 명세와 이에 대한 청산방법
2. 법 제79조 제4항 전단에 따른 보류지 등의 명세와 추산가액 및 처분방법
3. 제63조 제1항 제4호에 따른 비용의 부담비율에 따른 대지 및 건축물의 분양계획과 그 비용부담의 한도·방법 및 시기. 이 경우 비용부담으로 분양받을 수 있는 한도는 정관등에서 따로 정하는 경우를 제외하고는 기존의 토지 또는 건축물의 가격의 비율에 따라 부담할 수 있는 비용의 50퍼센트를 기준으로 정한다.
4. 정비사업의 시행으로 인하여 새롭게 설치되는 정비기반시설의 명세와 용도가 폐지되는 정비기반시설의 명세
5. 기존 건축물의 철거 예정시기
6. 그 밖에 시·도조례로 정하는 사항

서울시 정비조례 제35조는 시행령 제62조 제6호에 따른 시 · 도조례로 정하는 사항을 ⓐ 임대주택 공급대상 세입자 명부(임대주택을 건설하는 정비구역에 한정한다), ⓑ 환지예정지도면, ⓒ 종전 토지의 지적 또는 임야도면, ⓓ 시행령 제59조 제2항 제2호에 따른 분양신청서(권리신고사항 포함) 사본, ⓔ 시행령 제14조 제3항 및 조례 제11조 제3항에 따른 현금납부액 산정을 위한 감정평가서, 납부방법 및 납부기한 등을 포함한 협약 관련 서류, ⓕ 그 밖에 관리처분계획 내용을 증명하는 서류로 정하고 있다.

나. 분양설계

(1) 분양설계

분양설계란 건축계획에 따른 설계기준, 시설의 내역, 분양의 기준 등 관리처분계획에 따라 분양할 토지 및 건축물의 분양에 관한 구체적인 계획으로서, 도시정비법령 및 정관에서 정한 기준의 범위 내에서 관리처분계획 수립에 필요한 항목별 세부 설계기준을 포함한다.[1]

1 맹신균, 835; 이우재(하), 288.

⑵ 분양설계의 수립기준일

사업시행자는 분양신청기간이 종료된 때에는 분양신청의 현황을 기초로 관리처분계획을 수립하여야 한다(법 제74조 제1항), 분양설계에 관한 계획은 분양신청기간이 만료하는 날을 기준으로 하여 수립한다(법 제76조 제1항 제5호).

위 규정의 취지는 관리처분계획에 포함되는 분양대상 토지등소유자에 해당하는지의 여부 판정의 기준일을 '분양신청기간 만료일'이 아니라 그 이후의 '관리처분계획이 수립되는 날' 등으로 사업시행자가 임의로 정하도록 할 경우 정비사업의 진행에 현저한 지장을 초래하고 토지등소유자의 권리관계에 혼란을 초래할 수 있으므로 이를 분양신청기간 만료일을 기준으로 확정하도록 하기 위한 것이므로, 총회 의결이나 관련 법규의 변경을 이유로 분양설계 기준일을 분양신청기간 만료일과 다르게 정할 수 없다(대법원 2010. 10. 28. 선고 2009두4029 판결, 대법원 2016. 3. 24. 선고 2013다70644 판결 등).

다만 ⓐ 분양신청기간 이후의 평형변경신청은 분양대상자인 조합원에게 관리처분계획 수립을 위한 총회 의결 전에 그 분양신청 내용을 변경할 기회를 부여하는 것이므로 위법하다고 볼 수 없으며(대법원 2014. 8. 20. 선고 2012두5572 판결), ⓑ 사업시행계획 변경으로 세대수 또는 주택규모가 달라져 재분양신청의 필요가 있는 경우에는 조합원 또는 현금청산대상자를 상대로 다시 분양신청절차를 진행하여 분양설계 기준일이 달라질 수 있을 것이다(법 제72조 제4항, 제5항).

2. 관리처분계획의 수립기준

도시정비법 제76조 제1항은 관리처분계획의 원칙적 수립기준을 다음과 같이 정하고 있다.[2]

> 법 제76조(관리처분계획의 수립기준) ① 제74조 제1항에 따른 관리처분계획의 내용은 다음 각 호의 기준에 따른다.
> 1. 종전의 토지 또는 건축물의 면적·이용 상황·환경, 그 밖의 사항을 종합적으로 고려하여 대지 또는 건축물이 균형 있게 분양신청자에게 배분되고 합리적으로 이용되도록 한다.
> 2. 지나치게 좁거나 넓은 토지 또는 건축물은 넓히거나 좁혀 대지 또는 건축물이 적정 규모가 되도록 한다.
> 3. 너무 좁은 토지 또는 건축물이나 정비구역 지정 후 분할된 토지를 취득한 자에게는 현금으로 청산할 수 있다.
> 4. 재해 또는 위생상의 위해를 방지하기 위하여 토지의 규모를 조정할 특별한 필요가 있는 때에는 너무 좁은 토지를 넓혀 토지를 갈음하여 보상을 하거나 건축물의 일부와 그 건축물이 있는 대지의 공유지분을 교부할 수 있다.

2 도시정비법 제76조 제2항은 위 관리처분계획의 수립기준 등에 필요한 사항을 시행령에서 정하도록 하고 있으나, 현재 시행령에서 이 부분을 따로 정하고 있지 않다.

정비사업의 관리처분계획은 사업을 시행함에 있어 반드시 수립하여야 하는 법률이 정한 행정계획으로서 토지등소유자의 지위나 권리 · 의무의 인정 자체에 관하여는 재량의 여지가 없다고 하겠지만, 그 구체적인 내용의 수립에 관하여는 이른바 계획재량행위에 해당하여 상당한 재량이 인정된다. 따라서 적법하게 인가된 관리처분계획이 종전의 토지 또는 건축물의 면적 · 이용상황 · 환경 그 밖의 사항을 종합적으로 고려하여 대지 또는 건축물이 균형 있게 분양신청자에게 배분되고 합리적으로 이용되도록 하는 것인 이상, 그로 인하여 토지등소유자들 사이에 다소 불균형이 초래된다고 하더라도 그것이 특정 토지등소유자의 재산권을 본질적으로 침해하는 것이 아닌 한, 이에 따른 손익관계는 종전자산과 종후자산의 적정한 평가 등을 통하여 청산금을 가감함으로써 조정될 것이므로, 그러한 사정만으로 관리처분계획을 위법하다고 볼 수 없다(대법원 2010. 10. 28. 선고 2009두4029 판결, 대법원 2014. 3. 27. 선고 2011두24057 판결).

대규모 재건축사업에서 신건물의 건축과 관련한 관계법령상의 규제, 사업부지의 위치 및 형상, 주변 편의시설에 대한 접근성 등을 고려하여 최적의 효율성과 사업성을 발휘하도록 신건물의 배치 및 설계를 하게 되므로, 그 과정에서 각 구분소유자에게 귀속되는 신건물의 구분소유권은 그 위치, 면적, 층수에 차이가 발생하는 것이 불가피한 면이 있다. 이에 대법원은 "신건물의 구분소유권의 귀속이 각 구분소유자 간의 형평에 반하는지 여부는 단순히 각 구분소유권의 위치, 면적, 층수에 차이가 있다는 점만으로 판단할 것이 아니라, 그와 같은 차이가 발생하게 된 경위, 신건물의 배치 및 설계상의 합리성 및 경제적 타당성, 구분소유권 배분방식의 형평성, 각 구분소유권의 재산적 가치에 대한 불균형의 정도, 그 불균형을 줄일 수 있는 다른 방법의 존재가능성, 불이익을 입은 구분소유자에 대한 적절한 보상 여부 등 제반사정을 종합하여 판단하여야 할 것이다"고 판단하였다(대법원 2007. 9. 20. 선고 2006다9842 판결, 대법원 2010. 10. 14. 선고 2009다95967 판결 등).

Ⅱ. 주택의 공급기준

1. 분양대상자

가. 재개발사업의 분양대상자

너무 좁은 토지 또는 건축물이나 정비구역 지정 후 분할된 토지를 취득한 자에게는 현금으로 청산할 수 있다(법 제76조 제1항 제3호). 재개발사업의 주택 공급대상은 토지등소유자이나, 토지등소유자 중 지상권자는 제외되며, 시 · 도조례로 정하는 금액 · 규모 · 취득 시기 또는 유형에 대한 기준에 부합하지 않는 토지등소유자는 시 · 도조례로 정하는 바에 따라 분양대상에서 제외할 수 있다(시행령 제63조 제1항 제3호).[3]

3 분양대상자는 기본적으로 토지등소유자가 아닌 조합원이다. 도시정비법 제76조 및 시행령 제63조가 '토지

서울시의 경우 재개발사업에서 건립되는 공동주택의 분양대상자는 관리처분계획기준일 현재를 기준으로 다음과 같이 정한다(서울시 정비조례 제36조 제1항).

> 서울시 정비조례 제36조(재개발사업의 분양대상 등) ① 영 제63조 제1항 제3호에 따라 재개발사업으로 건립되는 공동주택의 분양대상자는 관리처분계획기준일 현재 다음 각 호의 어느 하나에 해당하는 토지등소유자로 한다.
>
> 1. 종전의 건축물 중 주택(주거용으로 사용하고 있는 특정무허가건축물 중 조합의 정관등에서 정한 건축물을 포함한다)을 소유한 자
> 2. 분양신청자가 소유하고 있는 종전토지의 총면적이 90제곱미터 이상인 자
> 3. 분양신청자가 소유하고 있는 권리가액이 분양용 최소규모 공동주택 1가구의 추산액 이상인 자. 다만, 분양신청자가 동일한 세대인 경우의 권리가액은 세대원 전원의 가액을 합하여 산정할 수 있다.
> 4. 사업시행방식전환의 경우에는 전환되기 전의 사업방식에 따라 환지를 지정받은 자. 이 경우 제1호부터 제3호까지는 적용하지 아니할 수 있다.
> 5. 도시재정비법 제11조 제4항에 따라 재정비촉진계획에 따른 기반시설을 설치하게 되는 경우로서 종전의 주택(사실상 주거용으로 사용되고 있는 건축물을 포함한다)에 관한 보상을 받은 자
>
> ③ 제1항 제2호의 종전 토지의 총면적 및 제1항 제3호의 권리가액을 산정함에 있어 다음 각 호의 어느 하나에 해당하는 토지는 포함하지 않는다.
>
> 1. 건축법 제2조 제1항 제1호에 따른 하나의 대지범위 안에 속하는 토지가 여러 필지인 경우 권리산정기준일 후에 그 토지의 일부를 취득하였거나 공유지분으로 취득한 토지
> 2. 하나의 건축물이 하나의 대지범위 안에 속하는 토지를 점유하고 있는 경우로서 권리산정기준일 후 그 건축물과 분리하여 취득한 토지
> 3. 1필지의 토지를 권리산정기준일 후 분할하여 취득하거나 공유로 취득한 토지

나. 재건축사업의 분양대상자

재건축사업의 주택 공급대상은 건축물과 그 부속토지를 모두 소유한 토지등소유자이다.

종전 건축물의 용도를 기준으로 주택 소유자에게는 주택을 공급하고, 부대시설 · 복리시설 소유자에게는 부대시설 · 복리시설을 공급하여야 하나, 일정한 경우 부대시설 · 복리시설 소유자에게 1주택을 공급할 수 있다(시행령 제63조 제2항 제2호). 다만 조합이 조합원 전원의 동의를 받아 그 기준을 따로 정할 수 있다(시행령 제63조 제2항 단서).

등소유자'로 규정한 이유는 조합을 구성하지 않고 공공시행자 또는 지정개발자가 정비사업을 시행하는 경우 조합원 지위가 존재하지 않기 때문에 토지등소유자로 넓혀 놓은 것이다(유삼술 · 이종만, 654; 법제처 2010. 2. 22. 10-0010 해석례).

> 시행령 제63조(관리처분의 방법 등) ② 재건축사업의 경우 법 제74조 제4항에 따른 관리처분은 다음 각 호의 방법에 따른다. 다만, 조합이 조합원 전원의 동의를 받아 그 기준을 따로 정하는 경우에는 그에 따른다.
>
> 2. 부대시설·복리시설(부속토지를 포함한다. 이하 이 호에서 같다)의 소유자에게는 부대시설·복리시설을 공급할 것. 다만, 다음 각 목의 어느 하나에 해당하는 경우에는 1주택을 공급할 수 있다.
>   가. 새로운 부대시설·복리시설을 건설하지 아니하는 경우로서 기존 부대시설·복리시설의 가액이 분양주택 중 최소분양단위규모의 추산액에 정관등으로 정하는 비율(정관등으로 정하지 아니하는 경우에는 1로 한다. 이하 나목에서 같다)을 곱한 가액보다 클 것
>   나. 기존 부대시설·복리시설의 가액에서 새로 공급받는 부대시설·복리시설의 추산액을 뺀 금액이 분양주택 중 최소분양단위규모의 추산액에 정관등으로 정하는 비율을 곱한 가액보다 클 것
>   다. 새로 건설한 부대시설·복리시설 중 최소분양단위규모의 추산액이 분양주택 중 최소분양단위규모의 추산액보다 클 것

위 규정의 '정관등으로 정하는 비율'은 정관등으로 정하지 않는 경우 1로 한다고 정하고 있는데, 정관에서 1이 아닌 0.2와 같이 정하는 것에 조합원 2/3 이상의 찬성을 필요로 하는 특별 의결정족수가 필요한지 문제된다. 부대시설·복리시설 소유자가 주택 또는 부대시설·복리시설을 선택하여 공급받을 수 있는 것이라면 그 자체로 조합원 자격이 문제될 것이 아닐 것이나, 새로운 부대시설·복리시설을 건설하지 않는 경우 부대시설·복리시설 소유자가 주택을 공급받지 못하면 인가된 관리처분계획에 따라 조합원의 지위를 상실하게 되어 조합원의 자격의 문제로 이어진다. 이러한 경우 분양대상자 여부가 달라질 수 있는 정관 규정을 변경하거나, 조합원의 자격과 구성, 인원수 및 조합원 분담금이 당초 조합설립 당시와 비교하여 조합원의 자격에 관한 사항이나 조합의 비용부담이 조합원의 이해관계에 중대한 영향을 미칠 정도로 실질적으로 변경하는 총회 의결을 할 때는 조합원 2/3 이상의 찬성을 받아야 하는 것으로 생각된다.[4]

2. 주택공급의 수

가. 1주택 공급

1세대 또는 1명이 하나 이상의 주택 또는 토지를 소유한 경우 1주택을 공급하고, 같은 세대에 속하지 아니하는 2명 이상이 1주택 또는 1토지를 공유한 경우에는 1주택만 공급한

4 자세한 내용은 [10]조합 정관 IV.2.가.(1)조합원의 자격(제2호) 참고.

다(법 제76조 제1항 제6호).[5]

나. 수 개의 주택 공급

(1) 소유한 주택 수만큼 공급

1세대 1주택의 공급의 원칙에도 불구하고 일정한 경우 토지등소유자에게 소유한 주택 수만큼 주택을 공급할 수 있다(법 제76조 제1항 제7호 (나)목).

> 법 제76조(관리처분계획의 수립기준) ① 제74조 제1항에 따른 관리처분계획의 내용은 다음 각 호의 기준에 따른다.
>
> 7. 제6호에도 불구하고 다음 각 목의 경우에는 각 목의 방법에 따라 주택을 공급할 수 있다.
>
> 나. 다음 어느 하나에 해당하는 토지등소유자에게는 소유한 주택 수만큼 공급할 수 있다.
>
> 1) 과밀억제권역에 위치하지 아니한 재건축사업의 토지등소유자. 다만, 투기과열지구 또는 「주택법」 제63조의2 제1항 제1호에 따라 지정된 조정대상지역에서 사업시행계획인가(최초 사업시행계획인가를 말한다)를 신청하는 재건축사업의 토지등소유자는 제외한다.[6]
>
> 2) 근로자(공무원인 근로자를 포함한다) 숙소, 기숙사 용도로 주택을 소유하고 있는 토지등소유자
>
> 3) 국가, 지방자치단체 및 토지주택공사등
>
> 4) 「국가균형발전 특별법」 제18조에 따른 공공기관지방이전 및 혁신도시 활성화를 위한 시책 등에 따라 이전하는 공공기관이 소유한 주택을 양수한 자[7]

---

5 헌법재판소 2012. 3. 29. 선고 2010헌바217 전원재판부 결정은 주택공급조항은 정비구역 안에서 1주택 1분양권 원칙에 따라 정비사업 조합원 사이의 권리관계를 조정하고, 투기과열지구 안에서 주택재개발사업 등에 의하여 공급되는 주택을 다수 취득할 목적으로 이른바 '지분 쪼개기'와 같은 행위를 하는 폐해를 막으며, 재개발주택에 대한 투기수요를 차단하여 국민의 주거 안정을 확보하려는 데에 그 입법목적이 있는 것으로서, 정상적인 정비사업 진행과 정비구역 내 주택에 대한 투기방지라는 공익적 목적을 위해 구분소유권자의 분양권 취득을 합리적인 범위 내에서 제한하고 있을 뿐이어서 입법형성권의 한계를 일탈하지 않고 차별에 합리적인 이유가 있는 것이어서 위헌이라고 할 수 없다고 판단하였다.

6 단서 규정은 도시정비법 2017. 10. 24. 법률 제14943호로 개정되면서 신설된 것으로서(구법 제48조 제2항 제7호 (나)목 1), 위 개정규정은 그 시행일인 2017. 11. 10. 이후 최초로 사업시행계획인가를 신청하는 경우부터 적용된다[구법 부칙(2017. 10. 24.) 제2조, 제1조 단서, 법 부칙(2017. 2. 8.) 제1조]. 위 일부개정법률은 적용례를 두어 2017. 11. 10. 이전에 주택법 제63조의2 제1항 제1호에 따라 지정된 조정대상지역 및 과밀억제권역 외의 투기과열지구에서 1명의 토지등소유자로부터 토지 또는 건축물의 소유권을 양수하여 여러 명이 소유하게 된 경우에는 같은 개정규정에도 불구하고 양도인과 양수인에게 각각 1주택을 공급할 수 있도록 하였고[구법 부칙(2017. 10. 24.) 제3조 제2항], 전부 개정 후에는 도시정비법이 2022. 2. 3. 법률 제18830호로 개정되면서 (다)목에 위 부칙 적용례와 같은 내용을 두었다[법 제47조 제1항 제7호 (다)목, 법 부칙(2022. 2. 3.) 제2조].

7 이 규정은 도시정비법이 2016. 1. 27. 법률 제13912호로 개정되면서 구법 제19조 제1항 단서로 신설된 것으로서 위 개정규정은 위 일부개정법률의 시행일인 2016. 1. 27.부터 2년인 2018. 1. 26.까지만 유효하다[법 부칙(2017. 2. 8.) 제2조].

⑵ 2주택 공급

종전자산가격(도시정비법 제74조 제1항 제5호에 따른 가격)의 범위 또는 종전 주택의 주거전용면적의 범위에서 2주택을 공급할 수 있고, 이 중 1주택은 주거전용면적을 60㎡ 이하로 한다(법 제76조 제1항 제7호 ㈑목 본문).

60㎡ 이하로 공급받은 1주택은 이전고시일 다음 날부터 3년이 지나기 전에는 주택을 전매하거나 전매를 알선할 수 없다. 금지되는 행위는 매매 · 증여나 그 밖에 권리의 변동을 수반하는 모든 행위를 포함하되 상속의 경우는 제외한다(법 제76조 제1항 제7호 ㈑목 단서). 이 규정을 위반하여 주택을 전매하거나 전매를 알선한 자는 3년 이하의 징역 또는 3천만원 이하의 벌금에 처한다(법 제136조 제8호).

⑶ 3주택 공급

과밀억제권역에 위치한 재건축사업의 경우에는 토지등소유자가 소유한 주택수의 범위에서 3주택까지 공급할 수 있다. 다만, 투기과열지구 또는 주택법 제63조의2 제1항 제1호에 따라 지정된 조정대상지역에서 사업시행계획인가(최초 사업시행계획인가를 말한다)를 신청하는 재건축사업의 경우는 해당되지 않는다(법 제76조 제1항 제7호 ㈒목).

3. 조례에 따른 주택공급 특례

가. 다가구주택 공유자

⑴ 다가구주택 공유자의 조합원 및 분양대상자 수 산정

1980년대 도심 주택난이 심화되면서 단독주택을 분할하여 여러 가구가 나누어 거주하는 경우가 늘어났고, 연립주택보다 건축조건을 완화한 다세대주택은 1984년부터 건축법령에 편입되었다. 다세대주택보다 건축조건이 더 완화된 다가구주택은 1990. 4. 21. 건설교통부 지침인 「다가구주택의 건축기준」으로 제도화된 후 1999년 건축법 시행령에 도입되었다. 현재 다세대주택은 구분소유 형태의 공동주택이고, 다가구주택은 공유 형태인 단독주택으로 구분된다.

다가구주택은 단독건물 및 그 대지를 여러 명이 공유하는 것으로서 그 공유자 모두가 1인의 조합원으로 산정되고 1주택만 공급되는 것이 원칙이다(법 제39조 제1항 제1호, 제76조 제1항 제6호).

⑵ 다가구주택 공유자의 분양대상자 지위 인정

서울시의 경우, 1997. 1. 15. 서울특별시 조례 제3372호로 전부 개정된 구 서울특별시 도시재개발사업조례[8] 부칙 제6조에서 분양대상자 지위를 인정한 이래 서울시 정비조례에도

8 구 도시재개발법이 시행되던 당시의 조례로서, 도시정비법 제정 · 시행에 따라 서울시 정비조례가 제정되면서 폐지되었다.

같은 내용을 두고 있다. ⓐ (다가구주택의 건축기준 시행일인) 1990. 4. 21. 이전에 단독주택으로 건축허가를 받아 지분 또는 구분등기를 필한 사실상의 다가구주택이나 ⓑ (구 서울특별시 도시재개발사업조례 부칙으로 분양대상자 지위를 인정한) 1997. 1. 15. 이전에 가구별로 지분 또는 구분소유등기를 필한 다가구주택은 건축허가 받은 가구 수로 한정하여 가구별 각각 1명을 분양대상자로 한다(서울시 정비조례 부칙(2018. 7. 19.) 제28조).[9]

> 서울시 정비조례 부칙(2018. 7. 19.) 제28조(다가구주택의 분양기준에 관한 경과조치) ① 1997년 1월 15일 전에 가구별로 지분 또는 구분소유등기를 필한 다가구주택(1990년 4월 21일 다가구주택 제도 도입 이전에 단독주택으로 건축허가를 받아 지분 또는 구분등기를 필한 사실상의 다가구주택을 포함한다)은 제36조 제2항 제3호의 개정규정에도 불구하고 다가구주택으로 건축허가 받은 가구 수로 한정하여 가구별 각각 1명을 분양대상자로 한다.
> ② 1997년 1월 15일 전에 가구별로 지분 또는 구분소유등기를 필한 다가구주택(1990년 4월 21일 다가구주택 제도 도입 이전에 단독주택으로 건축허가를 받아 지분 또는 구분등기를 필한 사실상의 다가구주택을 포함한다)은 제37조 제2항 제3호의 개정규정에도 불구하고 서울특별시조례 제4768호 서울특별시 도시 및 주거환경 정비조례 일부개정조례 시행 당시 최초로 사업시행인가를 신청하는 분부터 적용하며, 이미 사업시행인가를 받은 조합으로서 사업시행인가를 변경하고자 하는 경우에는 토지등소유자 전원의 동의를 받아야 한다.[10]

위 경과규정의 취지는 다가구주택이 독립된 구조를 가진 가구별로 구분 거래되기도 하는 현실을 반영하여, 설계 및 건축 단계부터 독립된 구조를 가지고 있고 그에 상응한 지분등기가 마쳐짐으로써 그 지분등기를 이전하는 방법에 의하여 사실상 가구별로 독립적 거래가 가능한 경우에는 예외적으로 다가구주택의 가구별로 개별 분양대상자격을 인정하되, 다만 주택재개발사업에 의하여 공급되는 주택을 다수 취득할 목적으로 이른바 '지분 쪼개기'와 같은 행위를 하는 폐해를 방지하기 위해서 일정한 시점까지 지분등기를 마칠 것을 요구하는 것으로서, 위 1997. 1. 15. 이전까지 각 가구에 상응하는 지분 또는 구분소유등기를 경료하여야 분양대상자의 지위가 인정된다(대법원 2009. 4. 23. 선고 2008두22853 판결).

9 2003. 12. 30. 서울특별시 조례 제4167호로 제정된 서울시 정비조례 부칙 제7조는 1997. 1. 15. 이전에 가구별로 지분 또는 구분소유등기를 필한 다가구주택에 대해 가구별로 1인의 분양대상자를 인정하였으며, 서울시 정비조례가 2005. 11. 10. 서울특별시 조례 제4330호로 개정되면서 2003년 제정 조례의 부칙 제7조를 개정하여 1990. 4. 21. 단독주택으로 건축허가를 받아 지분 또는 구분등기를 필한 사실상의 다가구주택에 대해서도 분양대상자를 인정하여 현재에 이르고 있다.

10 단독주택재건축사업에 대해서도 다가구주택에 대한 특례를 인정한 것으로서, 서울시 정비조례가 2009. 4. 22. 서울특별시 조례 제4768호로 개정되어 구 조례 제24조의2로 단독주택재건축사업에 대한 규정을 신설하면서 부칙을 추가하였다. 위 부칙 규정은 위 일부개정조례의 시행일인 2009. 4. 22. 당시 최초로 사업시행계획인가를 신청하는 경우부터 적용된다.

한편 위와 같이 서울시 정비조례 등에 따라 다가구주택의 각 세대(가구)별로 분양대상 자격을 갖는다 하더라도, 재개발사업에서 토지 또는 건축물을 여러 명이 공유하는 경우 원칙적으로 그 공유자 전원에게 1인의 조합원 지위만 부여되는 것이므로 다가구주택의 공유자들이 각각 분양대상자 이외에 단독 조합원의 지위에 있는 것은 아니다(대법원 2011. 3. 10. 선고 2010두12361 판결).[11]

⑶ 다세대전환주택 소유자에 대한 제한적 분양대상자 지위 인정

재개발사업이 추진되는 지역에서 단독 또는 다가구주택을 다세대주택으로 전환하는 이른바 '지분쪼개기'는 분양대상자 증가로 인한 사업성 악화로 이어진다. 도시정비법은 단독주택 또는 다가구주택을 다세대주택으로 전환하더라도 '정비구역지정 고시일' 또는 '시 · 도지사가 투기를 억제하기 위하여 기본계획 수립 후 정비구역 지정 · 고시 전에 따로 정하는 날'의 다음 날을 기준으로 분양받을 권리를 산정하도록 하고 있다(법 제77조 제1항 제2호). 서울시 정비조례도 단독주택 또는 다가구주택을 권리산정기준일 후 다세대주택으로 전환한 경우에는 여러 명의 분양신청자를 1명의 분양대상자로 보도록 하고 있다(서울시 정비조례 제36조 제2항 제1호).

그러나 조례에서 다세대전환주택에 대해 일정한 분양대상자 지위를 인정하고 있기도 하다. 2003. 12. 30. 서울특별시 조례 제4167호로 제정된 서울시 정비조례는 경과규정을 두어 위 제정조례 시행일인 2003. 12. 30. 이전에 단독 또는 다가구주택을 다세대주택으로 전환하여 구분등기를 완료한 주택에 대하여는 전용면적 60㎡ 이하의 주택을 공급하거나 정비구역안의 임대주택을 공급할 수 있도록 하였다(구 서울시 정비조례 부칙(2003. 12. 30.) 제5조). 현행 서울시 정비조례는 종전의 여러 개정 내용을 반영하여 다세대주택으로 전환된 종전 단독 또는 다가구주택에 대한 분양대상자에 관한 경과규정을 두고 있다(서울시 정비조례 부칙(2018. 7. 19.) 제26조 제2항).

> 서울시 정비조례 부칙(2018. 7. 19.) 제26조(분양대상 기준의 적용례 및 경과조치) ② 서울특별시 조례 제4167호 서울특별시도시및주거환경정비조례 시행[12] 전에 단독 또는 다가구주택을 다세대주택으로 전환하여 구분등기를 완료한 주택에 대하여는 제36조 제2항 제1호의 개정규정에도 불구하고 전용면적 60제곱미터 이하의 주택을 공급하거나 정비구역 내 임대주택을 공급할 수 있으며, 다세대주택의 주거전용 총면적이 60제곱미터를 초과하는 경우에는 종전 관련 조례의 규정에 따른

---

11 위 대법원 2010두12361 판결은 위 사안의 조합 정관에 조합원 자격에 대해 도시정비법 제39조(구법 제19조)와 같은 내용을 규정하고 있을 뿐 달리 협동주택의 공유자들에게 단독 조합원의 자격을 부여하고 있지 않다는 점을 근거로 제시하고 있고, 정관에서 조합원의 자격을 정할 수 있으므로(법 제40조 제2항) 정관에서 정한다면 각각 조합원의 지위를 인정할 여지가 있기도 하다. 다만 조합원 자격 및 수 산정에 관한 도시정비법 제39조 제1항은 강행규정으로 보아 그에 위반되는 정관은 효력이 없다고 보는 것이 타당하고, 법상 근거 없이 조례에 의해 분양권이 부여되는 다가구주택의 공유자들에게 그 분양권을 넘어 각각 조합원의 권리까지 인정할 이유는 없는 것으로 생각된다.

12 2003. 12. 30. 서울특별시 조례 제4167호로 제정된 서울시 정비조례의 시행일은 2003. 12. 30.이다.

다.[13] 다만, 하나의 다세대전환주택을 공유지분으로 소유하고 있는 경우에는 주거전용 총면적에 포함시키지 아니하며 전용면적 85제곱미터 이하 주택을 분양신청 조합원에게 배정하고 잔여분이 있는 경우, 전용면적 60제곱미터 이하 주택 배정조합원의 상향요청이 있을 시에는 권리가액 다액 순으로 추가 배정할 수 있다.

위 부칙 제26조(구 서울시 정비조례 부칙(2003. 12. 30.) 제7조)의 '전환'은 지분 또는 구분소유등기의 경료가 아닌 「건축물대장의 기재 및 관리 등에 관한 규칙」에 의한 '건축물대장의 전환'을 의미한다(대법원 2009. 9. 10. 선고 2009두10628 판결). 위 부칙 제26조의 전환을 부칙 제28조(구 서울시 정비조례 부칙(2003. 12. 30.) 제5조)와 동일하게 지분 또는 구분소유등기로 볼 경우, 위 부칙 제28조에 따라 1997. 1. 15. 이전까지 가구별 지분 또는 구분소유등기를 마쳐야 분양대상자의 지위가 인정되는 것임에도 위 1997. 1. 15. 이후 2003. 12. 30.까지 지분 또는 구분소유등기를 마치면 별도의 분양대상자의 지위가 인정된다는 것은 위 부칙 제28조와 양립하지 않는 결과를 초래하기 때문이다.

한편 서울시 정비조례가 2009. 7. 30. 서울특별시 조례 제4824호로 개정되면서 일정한 재개발사업 및 단독주택재건축사업에서 가구 수의 증가 없는 다세대주택은 공급면적 등의 제한 없이 가구별 각각 1명을 분양대상자로 하도록 별도의 경과규정을 두었다(구 서울시 정비조례 부칙(2009. 7. 30.) 제3조). 현행 서울시 정비조례로 이어진 경과규정은 다음과 같다(서울시 정비조례 부칙(2018. 7. 19.) 제27조).

서울시 정비조례 부칙(2018. 7. 19.) 제27조(다세대주택으로 전환된 주택의 분양기준에 관한 경과조치) 제36조 제2항 제1호와 제37조 제2항 제1호의 개정규정에도 불구하고 서울특별시조례 제4824호 서울특별시 도시 및 주거환경 정비조례 일부개정조례 시행 당시[14] 최초로 사업시행인가를 신청하는 분부터 1997년 1월 15일 전에 가구별로 지분 또는 구분소유등기를 필한 다가구주택이 건축허가 받은 가구 수의 증가 없이 다세대주택으로 전환된 경우에는 가구별 각각 1명을 분양대상자로 하여 적용한다.

(4) 협동주택 공유자의 분양대상자 지위 인정

협동주택은 다가구주택 · 다세대주택이 제도화되기 전인 1970년대 초 환지방식으로 시행되는 주택개량재개발사업에서 건축된 것이다. 구 서울특별시주택개량재개발사업시행조례 제4조 제2항은 "주택을 건축하는 경우에는 구획 및 건축계획에 적합한 4가구 이상 입체

13 2000. 5. 20. 서울특별시 조례 제3757호로 개정된 서울특별시도시재개발사업조례 부칙 제2조는 위 조례 시행일인 2000. 5. 20. 이전에 다세대주택으로 전환하여 구분소유 등기를 필한 주택은 제27조 제3항의 개정규정에 불구하고 종전의 규정을 적용하여 가구별 각각 1인의 분양대상자로 한다고 정하여 공급 면적 및 대상에 제한을 두지 않았다.

14 2009. 7. 30. 서울특별시 조례 제4824호로 개정된 구 서울시 정비조례의 시행일은 2009. 7. 30.이다.

화된 협동주택으로 건축함을 원칙으로 한다. 이 경우 협동주택은 단독주택에 준하여 관계 법규를 적용한다"고 정하였다.[15] 협동주택은 다가구주택이 제도화되기 전인 1980년대 후반까지 한시적으로 건축된 주택 형태로서, 건축단계부터 가구별로 독립적인 주거생활을 영위할 수 있는 구조를 갖추고 각 가구에 상응하는 지분등기를 통해 거래가 이루어지는 것으로서 사실상 다가구주택과 동일하다.

서울시 정비조례가 2009. 4. 22. 서울특별시 조례 제4768호로 개정되면서 부칙 제3조로 협동주택의 분양기준에 관한 경과규정을 두어, 위 일부개정조례 시행일인 2009. 4. 22. 이후 최초로 조합설립인가를 신청하는 재개발사업 및 단독주택재건축사업에서 1988. 5. 7. 전에 지분 또는 구분소유등기를 필한 세대는 사실상 구분된 가구수에 한하여 각각 1인을 분양대상자로 한다고 정하였다. 현행 서울시 정비조례로 이어진 경과규정은 다음과 같다(서울시 정비조례 부칙(2018. 7. 19.) 제31조).

서울시 정비조례 부칙(2018. 7. 19.) 제31조(협동주택의 분양기준에 관한 경과조치 등) 제36조 제2항 제3호와 제37조 제2항 제3호의 개정규정에도 불구하고 서울특별시조례 제4768호 서울특별시 도시 및 주거환경 정비조례 일부개정조례 시행 당시[16] 최초로 조합설립인가를 신청하는 분부터 종전의 「서울특별시주택개량재개발사업시행조례」 제4조 제2항에 따라 건축된 협동주택으로서 지분 또는 구분소유등기를 필한 세대는 사실상 구분된 가구 수로 한정하여 각각 1명을 분양대상자로 하여 적용한다.

위와 같이 서울시 정비조례 등에 따라 협동주택의 각 세대(가구)별로 분양대상 자격을 갖는다 하더라도, 재개발사업에서 토지 또는 건축물을 여러 명이 공유하는 경우 원칙적으로 그 공유자 전원에게 1인의 조합원 지위만 부여되는 것이므로 협동주택의 공유자들이 각각 분양대상자 이외에 단독 조합원의 지위에 있는 것은 아니다(대법원 2011. 3. 10. 선고 2010두4377 판결).

나. 토지 공유자

(1) 토지 공유자의 조합원 및 분양대상자 수 산정

토지 공유자는 그 공유자 모두가 1인의 조합원으로 산정되고 1주택만 공급되는 것이 원칙이다(법 제39조 제1항 제1호, 제76조 제1항 제6호).

(2) 토지 공유자에 대한 분양대상자 지위 인정

2명 이상이 1토지를 공유한 경우로서 시 · 도조례로 주택공급을 따로 정하고 있다면

15 구 도시재개발법에 따른 주택개량재개발사업에 관한 조례로 1988. 5. 7. 서울특별시 조례 제2353호로 폐지되었다.

16 2009. 4. 22. 서울특별시 조례 제4768호로 개정된 서울시 정비조례의 시행일인 2009. 4. 22.을 의미한다.

시 · 도조례로 정하는 바에 따라 주택을 공급할 수 있다(법 제76조 제1항 제7호 (가)목). 서울시의 경우, 1주택 또는 1필지의 토지를 여러 명이 소유하고 있는 경우에는 여러 명의 분양신청자를 1명의 분양대상자로 보는 것이 원칙이지만, 권리산정기준일 이전부터 공유로 소유한 토지의 지분이 90㎡ 이상이거나 권리가액이 분양용 최소규모 공동주택 1가구의 추산액 이상에 해당하는 경우에는 각각 분양대상자가 될 수 있다(서울시 정비조례 제36조 제2항 제3호 단서).

2002. 12. 30. 법률 제6852호로 제정된 도시정비법은 1세대 또는 공유자가 주택이 아닌 토지를 공유하고 있는 경우에 대해서는 별도의 규정을 두지 않았으나, 위 제정법률 시행에 맞춰 2003. 12. 30. 서울특별시 조례 제4167호로 제정된 구 서울시 정비조례 제24조 제2항 제3호 단서는 위 제정조례 시행일인 2003. 12. 30. 전부터 공유지분으로 소유한 토지의 지분면적이 「서울특별시 건축 조례」 제25조 제1호의 규정에 의한 규모(주거지역은 90㎡) 이상인 자는 별도의 분양대상자로 산정하도록 하였다. 이후 도시정비법이 2009. 2. 6. 법률 제9444호로 개정되면서 지분쪼개기 등을 방지하기 위해 토지를 주택과 동일하게 취급하는 규정을 신설하는 과정에서, 당시 서울시 정비조례 등이 지분공유자를 보호하고 있는 규정을 두고 있는 점을 감안하여 조례로 별도로 정할 수 있도록 특례 규정을 신설하였다(구법 제48조 제2항 제6호 단서).[17] 다시 서울시 정비조례가 2010. 7. 15. 서울특별시 조례 제5007호로 개정되면서 권리산정기준일 이전부터 공유로 소유한 토지의 지분면적이 90㎡ 이상인 자는 별도의 분양대상자가 될 수 있도록 하였고, 2014. 5. 14. 서울특별시 조례 제5701호로 개정되면서 현재와 같이 정하게 되었다.[18]

다. 환지예정지 지정을 받은 자

사업방식이 변경되기 전 종전의 주택개량재개발사업에서 환지예정지 지정을 받은 자는 비록 정비구역내 특정 토지 또는 건축물의 현재 소유자는 아니나, 해당 정비사업에 대해 일정한 권리와 지위를 취득한 자이므로 도시정비법상 일정한 토지등소유자 및 그에 따른 조합원의 지위가 인정할 필요가 있다.[19] 그러나 도시정비법령은 환지예정지 지정을 받은 자가 분양받을 수 있다는 것을 예정하고 있을 뿐 직접 정하고 있지 않다. 따라서 환지예정지

---

17 서울시 이외에도 인천시, 부산시, 대전시, 광주시 등도 정비조례에 유사한 규정을 두고 있었다[주영진, "도시 및 주거환경정비법 일부개정법률안 검토보고", 국토해양위원회 (2008. 11.), 45-49, 현기완의원 대표발의안(1801705, 2008. 11. 3.) 부분].

18 개정규정의 적용은 2010년 개정과 2014년 개정으로 나누어 볼 수 있다. ⓐ 2010. 7. 15. 서울특별시 조례 제5007호로 개정된 규정은 최초로 기본계획(정비예정구역에 신규로 편입지역 포함)을 수립하는 경우부터 적용하고, ⓑ 위 일부개정조례 시행일인 2010. 7. 16. 이전 기본계획이 수립되어 있는 지역 및 지구단위계획이 결정 · 고시된 지역은 종전규정에 따르되, ⓒ 위 ⓑ를 적용하는 경우 2003. 12. 30. 전부터 공유지분으로 소유한 토지의 권리가액이 분양용 최소규모 공동주택 1가구의 추산액 이상인 자는 종전규정에 따른 분양대상자로 본다[서울시 정비조례 부칙(2018. 7. 19.) 제29조].

19 자세한 내용은 [8]토지등소유자의 동의 IV.4.자.환지예정지 참고.

지정을 받은 자에 대한 주택공급은 시 · 도조례 및 정관 등에 따라야 할 것으로 생각된다.

서울시의 경우, 사업시행방식전환의 경우에는 전환되기 전의 사업방식에 따라 환지를 지정받은 자를 분양대상자로 정하고 있고, 환지면적의 크기, 공동환지 여부에 관계없이 환지를 지정받은 자 전부를 각각 분양대상자로 할 수 있다(서울시 정비조례 제36조 제1항 제4호, 제4항).[20]

위 서울시 정비조례 제36조 제1항 제4호 전단이 환지를 지정받은 자를 분양대상자로 정하면서 후단에서 "이 경우 제1호부터 제3호까지는 적용하지 아니할 수 있다"라고 하고, 같은 조 제4항에서 "제1항부터 제3항까지에도 불구하고 사업시행방식전환의 경우에는 환지면적의 크기, 공동환지 여부에 관계없이 환지를 지정받은 자 전부를 각각 분양대상자로 할 수 있다"라고 하여, 환지예정지 지정을 받은 자를 일반적인 규정대로 여러 명이 토지를 공유하는 것으로 보아 하나의 주택을 공급할지 아니면 각각 단독의 분양대상자로 할지는 결국 조합의 재량에 따른 것으로 해석되므로(대법원 2014. 10. 27. 선고 2014두8179 판결), 환지예정지에 대한 구체적인 주택 공급 기준은 정관 또는 관리처분계획에서 정할 수 있을 것으로 생각된다.

4. 주택 등의 공급순위

가. 주택의 공급순위

주택 및 부대시설 · 복리시설의 공급순위는 기존의 토지 또는 건축물의 가격을 고려하여 정하되, 구체적인 기준은 시 · 도조례로 정한다(시행령 제63조 제1항 제7호). 서울시 정비조례는 주거환경개선사업, 재개발사업 및 단독주택재건축사업의 주택 공급순위 등을 정하고 있다(서울시 정비조례 제38조 제1항).

> 서울시 정비조례 제38조(주택 및 부대·복리시설 공급 기준 등) ① 영 제63조 제1항 제7호에 따라 법 제23조 제1항 제4호의 방법으로 시행하는 주거환경개선사업, 재개발사업 및 단독주택재건축사업의 주택공급에 관한 기준은 다음 각 호와 같다.
>
> 1. 권리가액에 해당하는 분양주택가액의 주택을 분양한다. 이 경우 권리가액이 2개의 분양주택가액의 사이에 해당하는 경우에는 분양대상자의 신청에 따른다.
> 2. 제1호에도 불구하고 정관등으로 정하는 경우 권리가액이 많은 순서로 분양할 수 있다.
> 3. 법 제76조 제1항 제7호 다목에 따라 2주택을 공급하는 경우에는 권리가액에서 1주택 분양신청에 따른 분양주택가액을 제외하고 나머지 권리가액이 많은 순서로 60제곱미터 이하의 주택을 공

20 서울시 정비조례 제36조(재개발사업의 분양대상 등) ① 영 제63조 제1항 제3호에 따라 재개발사업으로 건립되는 공동주택의 분양대상자는 관리처분계획기준일 현재 다음 각 호의 어느 하나에 해당하는 토지등소유자로 한다.

4. 사업시행방식전환의 경우에는 전환되기 전의 사업방식에 따라 환지를 지정받은 자. 이 경우 제1호부터 제3호까지는 적용하지 아니할 수 있다.

④ 제1항부터 제3항까지에도 불구하고 사업시행방식전환의 경우에는 환지면적의 크기, 공동환지 여부에 관계없이 환지를 지정받은 자 전부를 각각 분양대상자로 할 수 있다.

급할 수 있다.
4. 동일규모의 주택분양에 경합이 있는 경우에는 권리가액이 많은 순서로 분양하고, 권리가액이 동일한 경우에는 공개추첨에 따르며, 주택의 동·층 및 호의 결정은 주택규모별 공개추첨에 따른다.

나. 부대시설 · 복리시설의 공급순위

주택 및 부대시설 · 복리시설의 공급순위는 기존의 토지 또는 건축물의 가격을 고려하여 정하되, 구체적인 기준은 시 · 도조례로 정한다(시행령 제63조 제1항 제7호). 서울시 정비조례는 주거환경개선사업, 재개발사업의 부대시설 · 복리시설 공급순위 등을 정하고 있다(서울시 정비조례 제38조 제2항).

서울시 정비조례 제38조(주택 및 부대·복리시설 공급 기준 등) ② 영 제63조 제1항 제7호에 따라 법 제23조 제1항 제4호의 방법으로 시행하는 주거환경개선사업과 재개발사업으로 조성되는 상가 등 부대·복리시설은 관리처분계획기준일 현재 다음 각 호의 순위를 기준으로 공급한다. 이 경우 동일 순위의 상가 등 부대·복리시설에 경합이 있는 경우에는 제1항 제4호에 따라 정한다.

1. 제1순위 : 종전 건축물의 용도가 분양건축물 용도와 동일하거나 비슷한 시설이며 사업자등록(인가·허가 또는 신고 등을 포함한다. 이하 이 항에서 같다)을 하고 영업을 하는 건축물의 소유자로서 권리가액(공동주택을 분양받은 경우에는 그 분양가격을 제외한 가액을 말한다. 이하 이 항에서 같다)이 분양건축물의 최소분양단위규모 추산액 이상인 자
2. 제2순위 : 종전 건축물의 용도가 분양건축물 용도와 동일하거나 비슷한 시설인 건축물의 소유자로서 권리가액이 분양건축물의 최소분양단위규모 추산액 이상인 자
3. 제3순위 : 종전 건축물의 용도가 분양건축물 용도와 동일하거나 비슷한 시설이며 사업자등록을 필한 건축물의 소유자로서 권리가액이 분양건축물의 최소분양단위규모 추산액에 미달되나 공동주택을 분양받지 않은 자
4. 제4순위 : 종전 건축물의 용도가 분양건축물 용도와 동일하거나 비슷한 시설인 건축물의 소유자로서 권리가액이 분양건축물의 최소분양단위규모 추산액에 미달되나 공동주택을 분양받지 않은 자
5. 제5순위 : 공동주택을 분양받지 않은 자로서 권리가액이 분양건축물의 최소분양단위규모 추산액 이상인 자
6. 제6순위 : 공동주택을 분양받은 자로서 권리가액이 분양건축물의 최소분양단위규모 추산액 이상인 자

Ⅲ. 보류지의 처분

1. 보류지의 의의

보류지는 분양대상자의 누락 · 착오 또는 소송 등으로 인하여 관리처분계획을 변경하

여 추가적으로 주택을 공급하게 되는 경우를 대비하여 조합원 분양분을 제외한 잔여분 중 일부를 남겨놓는 것을 의미한다. 도시개발법에 따른 환지방식의 도시개발사업에서 일부 토지는 토지소유자에게 환지하지 않고 보류지로 남겨 그 매각대금으로 사업비용을 충당하거나(체비지) 공공시설 용지로 제공하게 되는데,[21] 도시정비법에 따른 정비사업에서는 조합원 분양분을 제외한 주택 잔여분의 일부를 향후 소송 등을 대비하여 보류지로 남겨 놓고(법 제79조 제4항), 나머지를 체비시설로서 일반분양하여 사업비용을 충당하고 있다.[22]

2. 보류지의 지정

사업시행자는 분양신청을 받은 후 잔여분이 있는 경우 정관등 또는 사업시행계획으로 정하는 목적을 위하여 그 잔여분을 보류지(건축물 포함)로 정할 수 있으며(법 제79조 제4항), 관리처분계획에는 보류지 등의 명세와 추산액 및 처분방법이 포함되어야 한다(법 제74조 제1항 제4호, 시행령 제62조 제2호).

서울시의 경우, 주거환경개선사업, 재개발사업 및 단독주택재건축사업에서 분양대상자의 누락 · 착오 및 소송 등에 대비하여 의한 보류지(건축물 포함)를 토지등소유자에게 분양하는 공동주택 총 건립세대 수의 1% 범위에서 공동주택과 상가 등 부대 · 복리시설의 일부를 정할 수 있으며, 사업시행자가 위 1% 범위를 초과하여 보류지를 정하려면 구청장에게 그 사유 및 증명 서류를 제출하고 인가를 받아야 한다(서울시 정비조례 제44조 제1항).

3. 보류지의 처분

가. 보류지의 처분방법

관리처분계획에는 보류지 등의 처분방법이 포함되어야 한다(법 제74조 제1항 제4호, 시행령 제62조 제2호). 도시정비법은 보류지 처분방법에 대해 별도로 정하고 있지 않으나,[23] 구 도시재개발이 적용되는 사안에서 대법원 2009. 6. 25. 선고 2007다28642, 28659, 28666 판결은 총회 의결로 수립하고 관할관청의 인가를 받는 관리처분계획에서 정하는 처분방법과 다르게 보류지를 처분하는 것은 효력이 없고 그에 반하는 정관 규정 역시 효력이 없다고 보았다. 현행 도시정비법

---

21 보류지는 체비지와 공공시설 용지를 포함하는 개념이나, 실제로 보류지라고 하면 체비지를 제외한 공공시설 용지를 의미하게 된다.

22 서울시 정비조례 제40조는 조합원 분양분과 보류지를 제외한 대지 또는 건축물을 '체비시설'로 정의하면서 일반분양하도록 하고 있다.

23 구 도시재개발법(1995. 12. 29. 법률 제5116호로 전부 개정되기 전의 것) 제23조 제1항 제8호는 '보류지등의 처분방법'을 총회 의결사항으로 정하고 있었으므로, 총회 의결 없이 한 보류지의 처분(분양계약)은 효력이 없다(대법원 1995. 2. 24. 선고 94다31242 판결). 도시재개발법이 1995. 12. 29. 법률 제5116호로 전부 개정되면서 보류지등의 처분방법을 총회 의결사항에서 제외하였으나, 아래 대법원 2007다28642 판결은 관리처분계획에서 보류지 처분을 총회 의결로 하도록 되어 있다면 그 총회 의결 없이 한 보류지 처분행위는 효력이 없다고 보았다.

에서도 위 대법원 2007다28642 판결의 취지는 그대로 적용될 수 있는 것으로서, 관리처분계획에서 보류지의 처분은 총회 의결로서 하도록 한 경우, 총회에서 직접 의결하거나, 총회 의결로 권한을 위임받은 대의원회가 의결을 하는 방법으로 처분하여야 하며, 총회 의결 등을 받지 않거나 총회 의결과 다르게 보류지를 처분하는 것을 효력이 없다고 보는 것이 타당하다.

서울시의 경우, 보류지는 분양대상의 누락 · 착오 및 소송 등에 따른 대상자 또는 도시정비형 재개발사업(구 도시환경정비사업)에서 우선 분양받을 수 있는 적격세입자에게 우선 처분하며, 보류지의 분양가격은 조합원 분양가(법 제74조 제1항 제3호의 '분양대상자별 분양예정인 대지 또는 건축물의 추산액')를 준용한다(서울시 정비조례 제44조 제2항 제1호, 제2호).

나. 보류지 잔여분의 처분

서울시의 경우, 보류지를 처분한 후 잔여분이 있는 경우에는 체비시설과 같이 일반분양의 방법으로 분양하도록 하고 있다(서울시 정비조례 제44조 제2항 제3호). 공동주택, 부대시설 · 복리시설은 관리처분계획에서 정한 일반 분양가로 주택법 및 주택공급에 관한 규칙에 따라 일반에게 분양한다(서울시 정비조례 제40조).

[26] 재건축사업의 상가 처리방안

I. 재건축사업의 상가 처리방안의 개요

재건축사업에서 상가는 사업진행의 중요한 관건이 되어 왔다. 상가는 재건축이 되더라도 주택에 비해 별다른 분양이익을 기대하기 어려운 반면, 당초 임대수익을 목적으로 소유하는 것임에도 재건축사업기간동안 영업(임대) 중단에 따른 손해를 보전받기 어렵기 때문이다. 또한 주택과 상가를 동시에 재건축하면 상가 소유자 측이 대지면적, 용적률 등에서 손해를 볼 수밖에 없다. 재건축사업에서 조합을 설립하기 위해서는 상가 등 복리시설 전체 구분소유자 과반수 이상의 동의(구법상 2/3 이상의 동의)를 받아야 하는데(법 제35조 제2항), 상가 소유자들이 조합설립 협조에 대한 반대급부로 과다한 보상을 요구하거나 재건축사업에 적극 반대하는 경우 재건축사업이 원활히 진행되기 어렵다.

조합설립 동의와 관련하여 구 주택건설촉진법 당시부터 도시정비법에 이르기까지 주택단지안의 복리시설 전체를 하나의 동으로 보아 동별 동의요건을 완화하고 있으나,[1] 여전히 상가 소유자들의 과반수 이상의 동의(구법상 2/3 이상의 동의)를 갖추기는 쉽지 않다.

2002. 12. 30. 법률 제6852호로 제정된 구 도시정비법은 재건축사업의 조합설립에 동의에 관하여 ① 재건축사업에 동의하기 어려운 상가 동을 재건축사업에서 제척할 수 있도록 토지분할 청구에 관한 규정을 신설하고(구법 제41조), ② 존치 또는 리모델링하는 건축물에 관한 사업시행계획인가의 특례를 마련하였으며(구법 제33조), 현행 도시정비법에도 그대로 이어지고 있다.

① 토지분할 청구는 주택단지의 부지를 분할하여 상가 동을 재건축사업에서 제척하면서 해당 상가 동의 동의요건을 갖추지 못하였다 하더라도 그 청구 자체로 조합설립인가 및

1 구 주택건설촉진법 제44조의3 제7항은 재건축사업의 동별 동의요건에서 "복리시설은 하나의 동으로 본다"고 정하였고, 2002. 12. 30. 법률 제6852호로 제정된 구 도시정비법도 "복리시설의 경우에는 주택단지안의 복리시설 전체를 하나의 동으로 본다"는 내용을 유지하였다(구법 제16조 제2항).

사업시행계획인가를 받을 수 있도록 한 것인데, 소송 구조에 대해 여전히 다툼이 있고 다수의 피고를 상대로 하는 소송이어서 소장부본 송달 등 소송진행에 상당한 시간이 소요되는 문제가 있다.

② 상가 동을 존치하여 사업시행계획인가의 특례를 인정받기 위해서는 사업시행계획서를 작성할 때 그 소유자들의 동의를 받아야 할 뿐만 아니라 그에 앞서 조합설립에 대한 동의도 받아야 한다. 재건축사업에 협조할 이유가 거의 없는 존치되는 상가 동의 소유자들로부터 조합설립 또는 사업시행계획에 동의를 받기는 쉽지 않아 실제 널리 활용되기 어렵다.

도시정비법은 상가 처리에 관해 위와 같은 특례를 마련하였으나 상가 분양 등은 특별히 정하지 않아 결국 관리처분계획에서 정하는 바에 따르게 될 것인데, 상가 조합원이 재건축사업에 참여한다 하더라도 아파트 조합원에 비해 소수에 불과하여 관리처분계획에 상가 조합원의 의사와 이해관계가 제대로 반영되기 어렵다. ③ 이에 대한 절충 방안으로 일부 조합에서 상가 독립정산제를 채택하고 있으나, 상가 조합원들로 구성된 상가단체가 별다른 법적 규율을 받지 않은 탓에 여전히 많은 분쟁이 발생한다.

여기서는 재건축사업의 상가 처리방법을 위주로 ① 토지분할 청구(법 제67조), ② 존치 또는 리모델링하는 건축물에 관한 사업시행계획인가의 특례(법 제58조), ③ 상가 독립정산제를 차례로 살펴보기로 한다.

Ⅱ. 토지분할

1. 토지분할의 취지

도시정비법 제67조에 따른 토지분할 청구는 도시정비법이 2002. 12. 30. 법률 제6852호로 제정될 당시 구 도시정비법 제41조로 신설된 것으로서, 재건축사업에 반대하는 토지를 분할함으로써 일부 상가 또는 대형평형 소유자들의 재건축 사업 미동의로 조합설립 및 사업시행계획인가가 지연되는 것을 방지하기 위한 것이다.[2]

민법상 공유물분할은 공유자 전원이 원고 또는 피고로 소송에 참가하여야 하므로, 통상 공유자가 수백명 또는 수천명에 이르는 주택단지의 부지를 민법상 공유물분할의 방법으로 분할하기 어렵다.[3] 도시정비법 제67조는 사업시행자 또는 추진위원회가 일부 토지등소유자를 대위하여 다른 토지등소유자를 상대로 주택단지의 부지 분할을 청구할 수 있도

2 손성태, "도시및주거환경정비법안 검토보고서", 건설교통위원회 (2002. 10.), 23, 정부 제출안(161744, 2002. 9. 18.) 부분.

3 구 도시정비법 제41조가 아닌 민법 제268조의 공유물분할청구로서 토지분할 청구를 한 사례로 서울중앙지방법원 2008. 7. 17. 선고 2003가합75799 판결 참고. 위 사건은 원고가 450여 명, 피고가 350여 명으로, 소장을 접수한 때부터 제1회 변론기일까지 3년 6개월, 판결선고까지 4년 9개월이 소요되었다.

록 한 공유물분할의 특칙으로 해석된다.

도시정비법 제67조에 따른 토지분할은 주로 주택단지의 부지에서 상가 부지 부분을 분할하여 상가 소유자들이 정비사업에서 제척하기 위한 방법으로 사용된다.[4] 도시정비법이 제정되어 시행된 이후 초기의 토지분할 소송은 법적 성격 및 피고의 범위, 집합건물법상의 분할 제한 등을 놓고 많은 다툼이 있고 현재도 명확하게 정리되었다고 보기는 어려우나, 소송의 형태 및 방법은 실무상 많은 부분 정립된 것으로 보인다.

2. 토지분할 청구의 요건

가. 도시정비법 제67조에 따른 토지분할 청구의 요건

(1) 도시정비법 제67조 제1항에 따른 토지분할 청구의 요건

토지분할을 청구하기 위해서는 ⓐ 주택법 제15조 제1항에 따라 사업계획승인을 받아 건설한 둘 이상의 건축물이 있는 주택단지에 재건축사업을 하는 경우로서, ⓑ 도시정비법 제35조 제3항에 따른 조합설립의 동의요건을 충족시키기 위하여 필요한 경우이어야 한다(법 제67조 제1항). 현행 도시정비법 제67조 제1항의 문언이 위 ⓐ, ⓑ 2가지 요건 중 어느 하나에 해당하면 토지분할을 청구할 수 있는 것처럼 읽히기도 하나, ⓐ 요건만으로는 토지분할의 특례를 인정할 이유는 없으므로 종전과 같이 위 ⓐ, ⓑ 2가지 요건을 모두 충족하는 경우에 토지분할을 청구할 수 있다고 보는 것이 타당하다.[5]

토지분할이 청구된 경우 분할되어 나가는 토지 및 건축물과 관련된 토지등소유자가 전체의 1/10 이하이고, 분할되어 나가는 토지 위의 건축물이 분할선 상에 위치하지 않고, 분할되어 나가는 토지가 건축법 제44조에 적합한 경우 시장 · 군수등은 토지분할이 완료되지 않아 조합설립 동의요건이 미달되더라도 건축위원회의 심의를 거쳐 조합설립인가와 사업시행계획인가를 할 수 있다(법 제67조 제4항, 시행령 제56조). 위 도시정비법 제67조 제4항 각 호가 정하는 요건은 토지분할이 완료되기 전 조합설립인가 또는 사업시행계획인가를 받기 위한 요건일 뿐

4 상가 건물 이외에도 재건축사업에서 상대적으로 불리한 대형평형 동, 또는 한강 · 바다 조망권을 확보하고 있는 동 등의 소유자들이 재건축사업에 동의하지 않거나 독자적인 재건축 또는 리모델링을 추진하기도 한다. 서울중앙지방법원 2015. 7. 9. 선고 2010가합87356 판결은 상가가 아닌 일부 동(제4동)의 부지를 분할하기 위해 토지분할의 소를 제기한 사례이다.

5 구 도시정비법(2017. 2. 8. 법률 제14567호로 전부 개정되기 전의 것) 제41조 제1항은 "사업시행자 또는 추진위원회는 「주택법」 제15조 제1항의 규정에 의하여 사업계획승인을 받아 건설한 2 이상의 건축물이 있는 주택단지에 주택재건축사업을 하는 경우, 제16조 제2항의 규정에 의한 조합 설립의 동의요건을 충족시키기 위하여 필요한 경우에는 ... 토지분할을 청구할 수 있다"고 되어 있었는데, 문언이 좀 복잡하기는 하나 '...하는 경우'가 중첩적으로 되어 있어 당연히 위 2가지 요건을 모두 충족하여야 토지분할을 청구할 수 있다고 해석되었다. 위 전부개정법률의 검토보고, 체계지구심사보고서 등에는 문구 수정의 이유가 제시되어 있지 않다. 개정과정의 입법적 오류라는 견해로 안광순(하), 193.

그 자체로 토지분할의 요건은 아니다.[6] 따라서 분할되어 나가는 토지 및 건축물과 관련된 토지등소유자가 전체의 1/10을 초과하여 조합설립인가를 받지 못하더라도 그 자체로 토지분할 청구가 위법한 것은 아니다.[7]

⑵ 주택법 제15조 제1항에 따라 사업계획승인을 받아 건설한 둘 이상의 건축물이 있는 주택단지에 재건축사업을 하는 경우

도시정비법 제67조는 하나의 대지로 이루어진 주택단지에서 일부 동을 제척하기 위해 공유물분할의 특칙을 마련한 것으로서, 주택단지에 둘 이상의 건축물이 있는 경우에 토지분할을 청구할 수 있다.

도시정비법 제67조의 취지를 단지분할이라는 관점에서 필지별로 분할이 가능한 경우에도 이 규정에 따라 분할을 청구할 수 있다고 보는 견해도 있다.[8] 그러나 이 규정은 주택단지가 하나의 대지로 이루어져 그 전부가 정비구역이 되는 경우 '그 주택단지 안의 일부 토지'(법 제67조 제1항)를 제척하기 위해 공유물분할의 특칙을 둔 것으로 보이고, 이와 같이 공유물분할의 특칙으로 보는 입장에서 보면 상가 소유자들이 아파트 소유자들과 대지를 공유하지 않고 별도의 부지를 소유하는 것이라면 분할의 대상이 없으므로 이 규정에 따라 토지분할을 청구할 수 없다고 볼 것이다.[9] 필지별로 분할이 가능하다면 정비계획 변경을 통해 해당 필지를 정비구역에서 제척하는 방법에 의하여야 할 것으로 생각된다.[10]

도시정비법 제67조의 토지분할은 주로 재건축사업에 반대하는 상가 소유자들을 정비사업에서 제척하기 위해 이용된다. 그런데 주택단지의 상가가 주상가, 분산상가 등 여러 동으로 나누어져 있더라도 조합설립 동의에서 주택단지의 복리시설 전체를 하나의 동(이하 '상가 동')으로 보아 상가 동의 구분소유자 과반수 동의(구법상 2/3 이상의 동의)를 받아야 하는데(법 제35조 제3항), 상가 소유자 중 일부는 조합설립에 동의하고 나머지는 반대하여 상가 동의 동

6 전영상, "공동주택재건축사업에 있어서 토지분할청구의 요건에 관한 연구", 석사학위 논문, 건국대학교(2010), 18.

7 서울중앙지방법원 2015. 7. 9. 선고 2010가합87356 판결.

8 이우재(하), 129.

9 전주지방법원 군산지원 2006. 12. 29. 선고 2006가합687 판결, 서울북부지방법원 2019. 7. 4. 선고 2017가합21392 판결.

10 안광순(하), 194; 전영상, 앞의 글, 8은 "주택법 제16조 제1항의 규정에 의하여 사업계획승인을 받아 건설한 2 이상의 건축물이 있는 주택단지 내에 아파트 대지와는 구분되어 별도의 필지 및 그 지상에 건축된 별도의 상가나 유치원, 목욕탕 등이 있는 경우로서 그 부지가 공유토지도 되어 있지 아니한 때에는 도시정비법 제41조가 적용되지 않는다. 이러한 경우는 ① 처음부터 정비계획 수립시 정비구역에서 제척하거나, ② 추진위원회승인 당시에는 적극적으로 참여하여 정비계획을 같이 수립하여 구역지정을 받았더라도 조합설립동의에 대해 무리한 요구 등으로 사업을 지연하는 경우에는 지정된 정비구역의 변경을 받거나, 도시정비법 제34조의 정비구역의 분할제도를 활용할 수 있을 것이고, ③ 도시정비법 제33조에 따른 해당건축물의 존치 또는 리모델링으로의 사업시행인가특례제도를 적용하여 해결할 수 있을 것이다"라고 보고 있다.

의요건을 충족하지 못하는 경우 일부 상가 건물의 부지만 토지분할로 제척할 수 있는지가 문제된다. 도시정비법 제67조 제1항은 분할 대상을 '일부 토지'로 정하면서 그 일부 토지의 요건에 대하여 구체적으로 정하고 있지 않고, 복리시설이 주택단지에 산재하여 있거나 복리시설의 개수가 많은 경우 등 복리시설 전체를 하나로 보고 주택단지에서 분할하는 것이 적절하지 아니한 경우가 있고, 사업시행자는 자신의 사업계획에 따라 동의자의 범위 및 토지분할의 대상 등에 대해 판단할 여지가 있어야 하는 것이므로 복리시설 전체를 반드시 같이 분할하여야 할 이유는 없다고 보는 것이 타당하다.[11]

(3) 도시정비법 제35조 제3항에 따른 조합설립의 동의요건을 충족시키기 위하여 필요한 경우

토지분할로 제척하고자 하는 상가 동을 제외한 나머지 동은 도시정비법 제35조 제3항에 따른 조합설립을 위한 토지등소유자 동의요건을 갖출 수 있다면 도시정비법 제67조의 토지분할을 청구할 수 있다.

상가 중 일부만 토지분할로 제척하는 경우 제척되지 않는 나머지 상가 소유자(구분소유자)들로 복리시설 전체 구분소유자 과반수의 동의(구법상 2/3 이상의 동의)를 충족하면 도시정비법 제67조의 토지분할을 청구할 수 있다.[12]

나. 건축법 제57조에 대한 특례

건축법 제57조는 건축물이 있는 대지의 분할을 제한하는 규정을 두어 건축물이 있는 대지는 건축법 시행령이 정하는 범위에서 해당 지방자치단체의 조례로 정하는 면적에 못 미치게 분할할 수 없고(제1항),[13] 건축물이 있는 대지는 건축법 제44조(대지와 도로의 관계), 제55조(건축물의 건폐율), 제56조(건축물의 용적률), 제58조(대지 안의 공지), 제60조(건축물의 높이 제한) 및 제61조(일조 등의 확보를 위한 건축물의 높이 제한)에 따른 기준에 못 미치게 분할할 수 없도록 하고 있다(제2항).

도시정비법 제67조에 따른 토지분할은 분할하려는 토지면적이 위 건축법 제57조에서 정하고 있는 면적에 미달되더라도 청구할 수 있다(법 제67조 제1항).

다. 집합건물법 등에 의한 토지분할 청구의 제한 여부

(1) 집합건물법 등에 따른 토지분할 청구의 제한 여부

집합건물법 제8조는 "대지 위에 구분소유권의 목적인 건물이 속하는 1동의 건물이 있

---

11 서울중앙지방법원 2014. 12. 5. 선고 2013가합509413 판결, 수원고등법원 2020. 2. 6. 선고 2019나11162 판결(제1심은 수원지방법원 안양지원 2019. 1. 24. 선고 2014가합104440 판결).

12 서울중앙지방법원 2014. 12. 5. 선고 2013가합509413 판결.

13 주거지역의 경우 건축법 시행령 제80조는 60㎡ 이상으로, 「서울특별시 건축 조례」 제29조는 90㎡ 이상으로 정하고 있다.

을 때에는 그 대지의 공유자는 그 건물 사용에 필요한 범위의 대지에 대하여는 분할을 청구하지 못한다"고 정하고 있다. 이 규정은 1동의 건물의 구분소유자들로 하여금 대지의 분할을 금지함으로써 집합건물의 철거 등을 방지하려는 규정이므로, 도시정비법 제67조에 따라 재건축사업 시행을 위해 토지분할을 하는 경우에 적용되지 않는다.[14]

집합건물법 제47조 제1항, 제2항은 구분소유자 및 의결권의 각 4/5 이상의 다수에 의한 결의로서 재건축을 할 수 있다고 하면서, 제1항 단서에서 "다만, 재건축의 내용이 단지 내 다른 건물의 구분소유자에게 특별한 영향을 미칠 때에는 그 구분소유자의 승낙을 받아야 한다"고 규정하고 있다. 이 때 특별한 영향을 받는 단지 내 다른 건물의 구분소유자란 같은 단지 안에서 일부 건물의 재건축이 이루어지는 경우 그 재건축에 참여하지 아니한 다른 건물의 구분소유자를 의미하며, 단지 내의 일부 건물의 재건축 여부는 원칙적으로 단지 내의 다른 건물의 구분소유자에게 특별한 영향을 미치지 않는다고 볼 수 있다.[15]

집합건물법 제47조 제4항은 집합건물의 재건축을 결의할 때 건물의 철거 및 새 건물의 건축에 드는 비용의 분담이나 새 건물의 구분소유권 귀속에 관한 사항은 각 구분소유자 사이에 형평이 유지되도록 정하여야 한다고 규정하고 있는데, 이는 재건축결의를 하는 구분소유자들 사이의 재건축비용의 분담 및 새 건물의 구분소유권 귀속에 관하여 그 중 일부의 구분소유자에게 특히 유리하게 되거나 불리하게 되는 등 형평에 어긋나는 결과를 다수결에 의하여 강요하는 것을 방지하여야 한다는 취지이다. 추진위원회가 상가를 제외하고 재건축 사업을 추진하여 조합설립인가를 받은 이상 위 상가의 구분소유자들은 위 재건축 사업에 참여한 구분소유자가 아니어서 재건축에 관한 결의를 할 수 없으므로 집합건물법 제47조 제4항이 적용될 수 없다(대법원 2015. 10. 29. 선고 2013다79016 판결).

민법 제268조 제3항, 제215조 제1항이 구분건물에 대해서는 공유물분할청구를 할 수 없도록 한 것은 구분건물에서 공용하는 부분의 분할청구를 허용하지 않는 취지이므로, 도시정비법 제67조에 따라 구분건물의 대지의 분할을 청구하는 경우에는 위 민법 규정이 적용되지 않는다.[16]

⑵ 기존 구분소유권에 설정된 제한물권으로 인한 토지분할의 제한 여부

기존 구분소유권에 대한 근저당권 설정, 체납처분, 가압류 집행 등으로 인해 그 대지의 공유지분권에도 제한물권의 효력이 미치는 경우 그 제한물권의 부담이 분할되는 토지에도 효력이 미치는지, 또는 그 제한물권으로 인해 현물분할을 할 수 없는지 등이 문제된다.

---

14 서울고등법원 2013. 8. 16. 선고 2012나9883 판결.

15 대법원 2015. 10. 29. 선고 2013다79016 판결 사안에서 피고들은 위 사건의 재건축이 위 피고들에게 특별한 영향을 미친다고 주장하였으나, 원심인 서울고등법원 2013. 8. 16. 선고 2012나9883 판결은 위 피고들에게 특별한 영향을 미친다고 볼 만한 증거가 없다고 판단하였다.

16 서울중앙지방법원 2015. 7. 9. 선고 2010가합87356 판결.

이에 대해 ⓐ 통상의 공유물분할과 같이 기존 토지에 설정된 근저당권 등 제한물권이 분할되는 면적비율로 이전된다는 견해도 있으나, ⓑ 대지권에 미치는 제한물권은 오로지 전유부분에 대한 제한물권을 통해서만 유지 · 행사될 수 있는 것인데, 도시정비법에 따른 토지분할의 경우 분할된 토지에 제한물권의 효력이 미치지 않는다고 하여 종전 전유부분에 대한 제한물권을 취득한 자의 기대이익을 침해한다고 볼 수 없으므로 제한물권이 분할된 토지에도 미쳐야 할 이유는 없는 것으로 생각된다.[17] 따라서 도시정비법 제67조에 따라 토지분할을 하는 경우 대지권설정 전에 대지권의 목적인 토지에 적법하게 설정되거나 집행된 것이 아니라면 분할 전 토지 중 대지권인 공유지분에 설정된 제한물권을 분할 후의 토지에 미친다고 볼 근거가 없고, 대지권설정 전에 대지권의 목적인 토지에 적법하게 설정되거나 집행된 것인 경우에는 민법 제270조(분할로 인한 담보책임)에 따라 해결할 수 있는 것이어서 공유지분권에 설정된 부담이 분할장애사유에 해당하지 않는다고 보는 것이 타당하다.[18]

3. 토지분할 청구를 위한 협의

사업시행자 또는 추진위원회는 토지분할을 청구하는 때에는 토지분할의 대상이 되는 토지 또는 건축물과 관련된 토지등소유자와 협의하여야 한다(법 제67조 제2항). 민법상 공유물분할 청구의 소도 공유자간 협의가 성립하지 아니한 때 제기할 수 있는 것(민법 제269조 제1항)에 맞춘 것으로 생각된다.

다만 협의가 성립하려면 분할되어 나가는 토지의 여러 토지등소유자들(상가 소유자들)의 의사가 모두 합치해야 하는데, 이해관계를 달리하는 수많은 토지등소유자들의 의사가 합치할 가능성은 없다. 따라서 이때의 협의절차는 분할청구의 소를 제기하기 전 '협의 불성립'이라는 요건을 갖추어야 한다는 취지로 볼 수 있다.[19]

4. 토지분할 청구소송

가. 토지분할 청구소송의 법적 성격

도시정비법 제67조에 의한 토지분할 청구를 구 지적법상 토지분할의 특별규정으로 보

---

17 이우재(하), 138; 차흥권, 218.

18 서울중앙지방법원 2014. 12. 5. 선고 2013가합509413 판결; 서울중앙지방법원 2007. 10. 4. 선고 2005가합90594 판결은 민법상의 공유물분할과는 달리 그 소유관계의 변동을 가져오지는 않고 토지분할시 기존 토지에 설정된 근저당권 등 등기상 권리는 면적 비율로 이전한다고 보았으나, 이는 도시정비법 제67조(구법 제41조)가 구 지적법상 토지분할에 대한 특별규정이라는 입장에서 본 것이고 담보물권으로 인해 토지분할이 불가능하지 않다는 결론은 동일하다.

19 협의 불성립에 대한 자세한 내용은 II.4.라.협의 불성립 참고.

는 견해도 있으나,[20·21] 이는 민법상 공유물분할의 특례를 인정한 것으로 보는 것이 통설 및 실무의 입장이다.

공유물분할청구의 소는 분할을 청구하는 공유자가 원고가 되어 다른 공유자 전부를 공동피고로 하여야 하는 고유필수적 공동소송으로서 분할대상 토지의 공유자 전원이 소송의 당사자가 되어야 한다. 다만 주택단지의 부지는 통상 공유자가 수백명 또는 수천명이 이르기 때문에 통상적인 공유물분할청구의 방법으로는 토지분할을 하기 어려우므로, 도시정비법 제67조는 사업시행자 또는 추진위원회가 일부 공유자를 대위하여 다른 공유자를 상대로 토지분할 청구의 소를 제기할 수 있도록 특례를 마련한 것으로 볼 수 있다.

나. 토지분할 소송의 원고

(1) 토지분할 청구를 하는 사업시행자 또는 추진위원회의 지위

공유물분할청구의 소는 분할을 청구하는 공유자가 원고가 되어 다른 공유자들을 피고로 하여 제기하여야 하는데, 도시정비법 제67조 제1항은 공유자가 아닌 사업시행자 또는 추진위원회가 토지분할을 청구할 수 있도록 특례를 마련하고 있다.

주택단지의 부지는 통상 공유자가 수백명 또는 수천명이 이르기 때문에 통상적인 공유물분할청구의 방법으로는 토지분할을 하기 어려우므로, 도시정비법 제67조는 토지분할이 실제 가능하도록 사업시행자 또는 추진위원회가 토지분할 청구를 할 수 있도록 한 것인데, 공유자가 아닌 사업시행자 또는 추진위원회가 공유물분할청구의 소를 제기하고 그 판결의 효력이 다른 토지등소유자에게 미쳐야 실효성이 있다는 점에서 도시정비법 제67조는 일종의 제3자 소송담당으로서 사업시행자 또는 추진위원회가 다른 토지등소유자를 대위하여 토지분할을 청구할 수 있도록 하는 취지로 보는 것이 타당하다.[22]

이때 사업시행자 또는 추진위원회가 대위할 수 있는 자는 분할되어 남는 토지의 토지등소유자 전부인지, 아니면 그 중에서 조합설립에 동의한 토지등소유자로 한정되는지 다툼이 있다. 사업시행자 또는 추진위원회가 대위할 수 없는 자는 결국 토지분할 청구소송의

---

20 토지소유자는 구 지적법 제19조(공간정보관리법 제79조)에 따라 소유권이전, 매매를 위해 필요한 경우이거나 토지이용상 불합리한 지상경계를 시정하기 위한 경우 소관청에 신청하여 토지를 분할할 수 있다.

21 송현진 · 유동규, 831; 초기 사건 중 서울중앙지방법원 2007. 10. 4. 선고 2005가합90594 판결은 구 도시정비법 제41조를 구 지적법에 대한 특별규정이라고 보면서 "서울 강남구 역삼동 716-1 대 13,655.7㎡를 별지 도면 표시 3, 4, 5, 6, 3의 각 점을 차례로 연결한 선내 ㉮ 부분 716.78㎡와 그 나머지 부분으로 분할한다"로 판결하여 구 지적법상 토지분할로 본 사례로 평가된다(전영상, 앞의 글, 15). 다만 위 판결 이외의 다른 판결은 공유물분할에 따른 주문으로 판결하고 있다.

22 이우재(하), 145; 법원도 제3자 소송담당으로 보는 것으로 생각된다. 토지분할 소송의 판결은 통상 '(추진위원회가 토지등소유자를) 대위하여'로 표현하는데, 채권자대위소송(민법 제404조), 주주대표소송(상법 제403조)이 법정소송담당 중 제3자가 권리관계의 주체인 사람과 함께 소송수행권을 갖는 경우(병존형)의 대표적인 예이다.

피고가 되어야 하므로, 대위하는 대상은 결국 **다. 토지분할 소송의 피고** 문제로 귀결된다.

사업시행자 또는 추진위원회의 제3자 소송담당이 본래의 권리관계 주체인 토지등소유자를 갈음하여 소송수행권을 갖는 취지까지로는 볼 수 없으므로, 사업시행자 또는 추진위원회가 대위한 것으로 보는 토지등소유자도 직접 공동소송적보조참가 등의 방법으로 소송에 참가할 수 있을 것이다.[23] 조합설립에 동의하였거나 동의한 것으로 간주되는 토지등소유자는 추진위원회 또는 조합의 분할청구에 동의하였다고 볼 수 있으므로, 추진위원회 또는 조합이 토지분할을 청구하기 위해 조합설립에 동의한 토지등소유자의 동의를 별도로 받아야 한다고 볼 수 없다.[24]

⑵ 신탁업자가 시행하는 재건축사업에서 토지분할 청구 가능 여부

도시정비법 제67조에 따라 토지분할을 청구할 수 있는 주체는 ⓐ 사업시행자 또는 ⓑ 추진위원회인데, ⓐ 신탁업자는 사업시행자에 해당하기는 하나 위 토지분할은 도시정비법 제35조 제3항의 조합설립의 동의요건을 충족하지 못한 상태에서 조합설립인가 등을 받기 위한 것이므로 신탁업자가 일부 동(棟)의 반대로 도시정비법 제27조 제1항 제3호의 사업시행자 지정 요건을 충족하지 못하는 경우에는 직접 적용되기 어렵다. ⓑ 한편, 종전 추진위원회가 토지분할을 청구하였다 하더라도 신탁업자가 추진위원회의 지위를 포괄승계하는 것이 아니므로 그 토지분할 청구의 효과가 미치지 않는 것은 물론 소송수계를 할 근거도 없다. 신탁업자가 시행하는 재건축사업에서도 토지분할 청구를 할 필요가 있으나, 도시정비법 제67조의 규정을 적용하기는 어려운 것으로 생각된다.[25]

⑶ 조합의 추진위원회 소송수계

토지분할 청구는 토지분할이 완료되기 전이라도 조합설립인가를 받는데 실질적인 목적이 있으므로, 추진위원회가 토지분할 청구의 소를 제기한 후 조합설립인가를 받아 설립된 조합이 추진위원회의 소송상 지위를 승계하여(소송수계) 판결을 받게 된다.

다. 토지분할 소송의 피고

⑴ 분할되어 나가는 토지의 토지등소유자

분할되어 나가는 토지의 토지등소유자(상가 구분소유자)는 조합설립 동의 여부와 상관없이 토지분할로 재건축사업에서 제외되는 것이므로 그 모두가 피고에 포함된다고 보는 것

---

23 안광순(하), 198; 이우재(하), 145.

24 서울고등법원 2013. 8. 16. 선고 2012나9883 판결.

25 사업시행자 지정도 조합설립과 동일한 요건을 갖추어야 하고 정비사업의 활성화를 위해 도입한 신탁업자의 사업시행자 지정제도의 취지에 비추어 사업시행자로 지정 · 고시된 신탁업자가 도시정비법 제67조에 따라 토지분할을 청구할 수 있다는 견해로 안광순(하), 199.

이 타당하다.[26] 분할의 대상은 토지이므로 토지만 소유한 토지등소유자도 피고로 포함되어야 하나, 반대로 토지에 대한 공유지분권 없이 건물만 소유하는 자는 토지분할 소송의 당사자적격이 인정되지 않는다.[27]

(2) 분할되어 남는 토지의 토지등소유자

분할되어 남는 토지의 토지등소유자(아파트 구분소유자) 중 조합설립에 동의한 토지등소유자는 사업시행자 또는 추진위원회가 그들을 대위하여 토지분할을 청구하는 것이므로 피고에 포함될 이유가 없다. 분할되어 남는 토지의 토지등소유자 중 조합설립에 동의하지 않는 토지등소유자를 피고에 포함해야 하는지에 대해 다툼이 있다.

① 도시정비법 제67조는 일반적인 공유물분할청구의 방법으로는 주택단지의 부지를 분할하기 어려운 점을 감안하여 사업시행자가 또는 추진위원회가 제3자 법정소송담당으로서 토지등소유자를 대위하여 토지분할 청구를 할 수 있도록 한 특칙이고, 토지분할은 분할되어 남는 토지와 분할되어 나가는 토지 사이의 공유관계를 해결하기 위한 것이므로 사업시행자가 또는 추진위원회는 조합설립 동의 여부에 상관없이 분할되어 남는 토지의 토지등소유자 모두를 대위한다고 볼 수 있다.[28] 또한 사업시행자 또는 추진위원회는 토지분할의 대상이 되는 토지 및 그 위의 건축물과 관련된 토지등소유자와 협의를 거쳐 법원에 토지분할을 청구하는 것이므로 분할되어 나가는 토지의 토지등소유자만이 분할청구의 상대방이 된다고 볼 여지가 있고, 사업진행에 따라 분양신청을 하지 않은 현금청산대상자 또는 조합원에서 제명되는 사람 등 후발적으로 조합원 지위에서 벗어나는 사람들이 얼마든지 생길 수 있는데, 그때마다 그들을 공동피고로 추가해야 한다면 토지분할 소송의 절차적 안정성을 해할 결과를 초래할 수 있다.[29]

② 이에 반해, 대부분의 판결은 사업시행자 또는 추진위원회가 도시정비법 제67조에 따라 조합설립에 동의한 토지등소유자(구분소유자, 공유자)를 대위하여 원고로서 소를 제기할 수 있다 하더라도, 조합설립에 동의하지 않은 나머지 토지등소유자까지 대위한다고 볼 수 없으므로 그 나머지 토지등소유자는 피고에 포함되어야 한다고 보고 있다.[30] 분할되어 남는 토지의 토지등소유자 중 조합설립에 동의한 토지등소유자는 추진위원회의 토지분할 청구에 동의한 것으로 볼 수 있으므로 추진위원회는 위 토지등소유자를 대위하여 소를 제기할

26 안광순(하), 200.

27 서울고등법원 2013. 8. 16. 선고 2012나9883 판결.

28 안광순(하), 201.

29 서울고등법원 2016. 3. 17. 선고 2015나2007976 판결(항소심 진행 도중 제명된 조합원이 피고에 포함되지 않아 소가 부적법하다는 주장에 대한 판단이다).

30 서울중앙지방법원 2008. 11. 5. 선고 2006가합77567 판결, 서울중앙지방법원 2013. 1. 11. 선고 2011가합54971 판결, 서울중앙지방법원 2014. 12. 5. 선고 2013가합509413 판결 등.

수 있고 위 토지등소유자가 위 소송에 원고로 참가할 필요가 없다는 판단까지 놓고 보면,[31] 사업시행자 또는 추진위원회는 토지등소유자의 동의가 있어야 그 토지등소유자의 토지분할 청구를 대위할 수 있으므로 조합설립에 동의하지 않은 토지등소유자는 대위할 수 없다는 것을 전제한 것으로 보인다.

토지분할 청구의 초기 사건에서 위 ②처럼 보아 조합설립에 동의하지 않은 토지등소유자를 피고로 포함하지 않은 토지분할의 소를 각하함에 따라,[32] 실무적으로는 소송상 다툼의 여지가 없도록 ⓐ 분할되어 남는 토지의 토지등소유자 중 조합설립에 동의하지 않은 토지등소유자도 ⓑ 분할되어 나가는 토지의 토지등소유자와 같이 피고로 하여 소를 제기하여 진행하면서 ⓐ 분할되어 남는 토지의 토지등소유자가 조합설립에 동의하면 그에 대한 소를 취하하는 방식으로 진행되고 있다. 실무상 위와 같은 방법이 정착되어 있으므로 위 2가지 견해는 피고 추가를 할 수 없는 항소심에서 피고 누락이 쟁점이 된 경우에 차이를 보일 수 있는데, 후발적으로 조합설립에 동의하지 않은 토지등소유자가 되는 사유 중 조합설립 동의 철회는 시기상 제한을 받고 임의탈퇴는 불가능하므로 후발적인 사유 중에서는 제명 등 예외적인 상황에서만 문제가 될 것으로 보인다.[33]

(3) 피고의 추가

공유물분할소송은 고유필수적 공동소송이므로 공유자 전원이 소송의 당사자이어야 한다. 도시정비법 제67조에 의한 토지분할 청구는 사업시행자 또는 추진위원회가 분할되어 남는 토지의 토지등소유자 중 조합설립에 동의한 토지등소유자를 대위하여 청구하는 것이므로, 분할되어 나가는 토지의 토지등소유자 및 분할되어 남는 토지의 토지등소유자 중 조합설립에 동의하지 않은 토지등소유자를 모두 피고로 하여야 한다.

토지분할에 관한 소송계속 중 일부 공유자(토지등소유자)의 지분 전부가 제3자에게 양도된 경우 승계참가나 소송인수의 방법으로 그 공유지분 양수인을 소송 당사자로 포함하여야 하며,[34] 변론종결시까지 공유지분의 양수인이 당사자로 참가하지 않으면 소송전부가 부

---

31 서울고등법원 2013. 8. 16. 선고 2012나9883 판결.

32 서울중앙지방법원 2008. 11. 5. 선고 2006가합77567 판결, 서울북부지방법원 2009. 8. 28. 선고 2007가합37 판결.

33 서울고등법원 2016. 3. 17. 선고 2015나2007976 판결은 항소심 진행 도중 제명된 조합원이 피고에 포함되지 않아 소가 부적법하다는 주장에 대해, 토지분할소송의 피고는 상가 구분소유자(분할되어 나가는 토지의 토지등소유자)만이 해당된다고 볼 여지가 있고 후발적인 사유가 발생할 때마다 피고를 추가해야 한다면 토지분할소송의 절차적 안정성을 해하는 결과는 초래된다고 보아 그 주장을 배척하였다.

34 이 경우 공유지분의 양도인인 종전 당사자는 소송탈퇴하여야 하나, 탈퇴하지 않더라도 종전 당사자에 대한 소 부분이 각하되는 것이므로(대법원 2016. 2. 18. 선고 2015다50293 판결 참고), 탈퇴 여부가 소송 자체에는 영향을 미치지 않는다. 다만 공유지분 양도사실을 간과하여 종전 당사자를 공유물분할청구의 당사자로 보아 주문에 포함한 판결은 위법하게 된다(위 대법원 2015다50293 판결).

적법하게 된다(대법원 2014. 1. 29. 선고 2013다78556 판결 참고).

피고를 누락한 경우 원고인 사업시행자 또는 추진위원회의 신청으로 법원의 허가를 받아 피고를 추가할 수 있으나 제1심의 변론을 종결할 때까지만 피고 추가가 가능하므로(민사소송법 제68조 제1항), 제1심의 변론종결 이후 피고 누락이 확인된 경우 판결선고 전에 변론재개를 신청하여 피고를 추가하여야 한다.

라. 협의 불성립

사업시행자 또는 추진위원회가 토지분할의 소를 제기하기 위해서는 토지분할의 대상이 되는 토지 및 그 위의 건축물과 관련된 토지등소유자와 먼저 협의를 거쳐야 하므로(법 제67조 제2항), 협의 불성립은 토지분할 청구를 소로서 하기 위한 요건이다. 협의가 성립하려면 여러 토지등소유자의 의사가 모두 합치해야 하는데, 이해관계를 달리하는 여러 토지등소유자의 의사가 합치할 가능성은 없고 이미 일부 토지등소유자가 명백히 협의에 응하지 않을 의사를 밝혔음에도 추진위원회가 다시 다른 여러 토지등소유자과 일일이 협의해야 한다고 볼 이유는 없으므로 불성립은 넓게 볼 필요가 있는 것으로 생각된다.

따라서, 토지분할 청구의 요건인 협의의 불성립은 사업시행자 또는 추진위원회와 토지분할대상이 되는 토지 및 그 위의 건축물과 관련된 토지등소유자 사이에 분할방법에 관하여 협의가 실제로 진행되었으나 협의가 이루어지지 않은 경우뿐만 아니라 위 협의당사자 중 일부가 협의에 응할 의사가 없음을 명백히 하였다거나 행방불명된 경우처럼 처음부터 협의가 불가능한 경우를 포함한다고 보는 것이 타당하다.[35] 또한 협의가 충분하지 못하거나 구체적으로 이루어지지 않았다 하더라도 토지분할에 대한 추진위원회와 일부 토지등소유자들의 견해가 불일치하여 협의 성립이 사실상 불가능했다면 협의가 성립하지 않아 토지분할을 청구할 수 있다고 보는 것이 타당하다.[36]

마. 분할의 방법

(1) 토지분할의 기준과 방법

본래 공유물분할소송은 형식적 형성의 소로서 분할의 기준과 방법은 법원의 재량에 맡겨져 있다. 공유물분할의 방법은 당사자가 구하는 방법에 구애받지 아니하고 법원이 재량에 의하여 공유관계나 그 객체인 물건의 제반 상황에 따라 공유자의 지분비율에 따른 합리적인 분할을 하면 된다. 원칙적으로 토지분할은 각 공유자가 취득하는 토지의 면적이 그 공유지분의 비율과 같도록 하여야 할 것이나, 반드시 그런 방법으로만 분할하여야 하는 것

35 서울서부지방법원 2009. 1. 7. 선고 2006가합5338 판결, 서울중앙지방법원 2015. 7. 9. 선고 2010가합87356 판결, 서울중앙지방법원 2018. 6. 21. 선고 2016가합544615 판결 등.

36 서울중앙지방법원 2014. 12. 5. 선고 2013가합509413 판결, 수원고등법원 2020. 2. 6. 선고 2019나11162 판결(제1심은 수원지방법원 안양지원 2019. 1. 24. 선고 2014가합104440 판결).

은 아니고, 토지의 형상이나 위치, 그 이용상황이나 경제적 가치가 균등하지 아니할 때에는 이와 같은 제반 사정을 고려하여 경제적 가치가 지분비율에 상응하도록 분할하는 것도 허용된다(대법원 1997. 9. 9. 선고 97다18219 판결, 대법원 2010. 1. 14. 선고 2009다69708 판결 등 참고).

도시정비법 제67조의 토지분할의 경우에도 위와 같이 법원의 재량에 의하여 공유관계의 지분비율에 따른 합리적인 분할을 할 수 있으나, 분할되어 나가는 토지에 관하여 도시정비법 제67조 제4항 각 호의 제한 등을 준수하여야 하고, 분할되는 각 토지가 주택재건축사업의 대상지가 되거나 집합건물의 대지권의 목적인 토지가 되는 경우에는 그러한 사정을 고려하여 분할의 방법을 정하여야 한다(대법원 2015. 10. 29. 선고 2013다79016 판결). 도시정비법 제67조 제4항(구법 제41조 제4항)은 토지분할이 완료되기 전 시장 · 군수등이 조합설립인가 또는 사업시행계획인가를 하기 위해서는 분할되어 나가는 토지 위의 건축물이 분할선상에 위치하지 않고 분할되어 나가는 토지가 건축법 제44조에 적합한 것을 필요로 하는데,[37] 이는 엄밀하게 토지분할이 완료되기 전 조합설립인가 또는 사업시행계획인가를 받기 위한 요건일 뿐 그 자체로 분할의 요건이나 방법은 아니지만, 토지이용관계의 합리적인 조정을 위해 당연히 필요한 것이므로 토지분할의 실질적인 기준으로 기능하는 것으로 보인다.[38]

(2) 현물분할의 방법

도시정비법 제67조에 의한 토지분할은 토지에 대한 지분 비율, 토지의 위치, 면적, 용도, 형상, 분할되어 나가는 토지 위의 건물(이하 '상가')의 위치, 현재의 점유상태, 당사자들의 의사에 더하여, ⓐ 분할 전후의 면적 및 그 가액(감정평가액)에 차이가 없거나 상가 소유자들에게 불리하지 않고, ⓑ 상가가 분할선상에 위치하지 않고, ⓒ 외부에서 상가를 출입하는데 지장이 없다는 점 등이 고려되어야 한다. 그 이외에도 ⓓ 토지분할 이후 상가 단독으로 재건축이 불가능하다고 볼 만한 사정이 없다는 점이 고려되기도 한다.[39]

공유물분할에서 각 공유자가 취득하는 현물의 가격과 지분의 가액에 과부족이 생기지 않도록 하는 합리적인 현물분할 방법이 없고 대금분할을 하는 것도 불합리한 경우 공유지

---

37 건축법 제44조(대지와 도로의 관계) ① 건축물의 대지는 2미터 이상이 도로(자동차만의 통행에 사용되는 도로는 제외한다)에 접하여야 한다. 다만, 다음 각 호의 어느 하나에 해당하면 그러하지 아니하다.
1. 해당 건축물의 출입에 지장이 없다고 인정되는 경우
2. 건축물의 주변에 대통령령으로 정하는 공지가 있는 경우
3. 「농지법」 제2조 제1호 나목에 따른 농막을 건축하는 경우
② 건축물의 대지가 접하는 도로의 너비, 대지가 도로에 접하는 부분의 길이, 그 밖에 대지와 도로의 관계에 관하여 필요한 사항은 대통령령으로 정하는 바에 따른다.

38 토지분할 청구를 인용하는 판결은 분할의 기준으로 건축물이 분할선 상에 위치하지 않고 해당 건축물의 출입에 지장이 없다고 인정될 것을 제시하고 있다.

39 서울중앙지방법원 2015. 7. 9. 선고 2010가합87356 판결, 인천지방법원 2019. 10. 25. 선고 2016가합53912 판결.

분 가액 이상의 현물을 취득하는 공유자가 그 초과부분의 대가를 지급하여 과부족을 조정하게 하는 분할도 현물분할의 한 형태로 허용된다(대법원 1990. 8. 28. 선고 90다카7620 판결 등 참고). 따라서 도시정비법 제67조에 따른 토지분할에서도, 토지 및 상가의 경제적 가치를 극대화하고 상가 건물의 대지의 소유자를 단일하게 하기 위해 상가 소유자들에게 지분비율을 상회하는 토지 면적을 분할하고 그 초과 면적에 상응하는 금액을 아파트 소유자들에게 지급하는 방법으로 분할할 수 있다.[40]

⑶ 청구취지 및 판결 주문

토지분할 청구는 형식적 형성의 소로서 법원이 당사자의 주장에 구속되지 않고 재량에 따라 분할할 수 있으나, 통상 원고가 소장에 대략적인 도면과 분할안을 별지로 첨부하여 청구취지를 특정하여 제시한 후 법원이 측량감정 등을 통해 분할선과 도면을 확정한다.

분할을 명하는 판결은 분할된 경계와 도면을 표시한 후 ⓐ 분할되어 나가는 토지 부분은 그 토지 지분에 해당하는 토지등소유자들의 공유로, ⓑ 분할되어 남는 토지 부분은 그 토지 지분에 해당하는 토지등소유자들의 공유로 분할한다. 사업시행자인 조합이 향후 분할되어 남는 토지 부분은 신탁 등기를 받게 되어 있으므로 조합의 소유로 분할을 청구하는 경우도 있으나, 도시정비법 제67조가 사업시행자 또는 추진위원회에 토지등소유자를 대위하여 토지분할을 청구할 수 있는 권리를 부여한 것에서 더 나아가 분할되는 토지의 소유권을 곧바로 귀속시키는 것을 정하고 있지 않으므로 조합의 소유로 판결할 수 없고 각 토지등소유자들의 공유로 분할할 것을 판결하게 된다.[41]

바. 분할판결의 효력

재판에 의한 공유물분할, 즉 공유물분할의 소는 형성의 소로서 당사자 사이에 다툼의 대상이 된 권리관계를 법원이 확정하는 것이 아니고, 협의에 대신하여 법원이 재량에 따라 합리적인 방법으로 공유자 사이의 기존 권리관계, 즉 공유관계를 폐기하고 적절한 장래의 권리관계를 창설하는 것으로서(대법원 1969. 12. 29. 선고 68다2425 판결 등 참고), 공유물분할 판결이 확정되면 등기가 행하여지지 않아도 판결 내용에 따른 소유권의 변동의 효력이 발생한다(민법 제187조). 다만 재판상 조정에 의하는 경우에는 공유자들이 협의한 바에 따라 토지의 분필절차를 마친 후 각 단독소유로 하기로 한 부분에 관하여 다른 공유자의 공유지분을 이전받아 등기를 마친 때 비로소 소유권을 취득하게 된다(대법원 2013. 11. 21. 선고 2011두1917 전원합의체 판결 참고).

---

40 수원지방법원 안산지원 2011. 10. 12. 선고 2009가단20826 판결, 서울고등법원 2016. 3. 17. 선고 2015나2007976 판결, 수원고등법원 2020. 2. 6. 선고 2019나11162 판결.

41 서울중앙지방법원 2014. 12. 5. 선고 2013가합509413 판결, 수원지방법원 안양지원 2015. 1. 9. 선고 2012가합5648 판결, 서울중앙지방법원 2018. 6. 21. 선고 2016가합544615 판결 등.

사. 토지분할 소송의 진행

토지분할 청구의 청구원인은 간명하고, 항변사항이나 당사자적격 등의 쟁점도 몇 차례 소송을 거치면서 실무상 정리된 것으로 보인다. 토지분할 판결을 위한 측량감정, 시가감정 등을 진행하는 것 이외에는 소송에서 특별히 다툴 쟁점이 많지 않고, 항소를 하려면 인지대 부담이 상당하기 때문에 제1심 판결로 확정되는 경우가 많다.

다만 피고가 매우 많은 탓에 소송 진행 자체가 원활하지 않은 것은 물론 소장 부본 송달부터 상당한 시간이 소요된다. 제1심에서 인용 판결이 선고된 14건을 예로 들면, 피고는 적게는 11명에서 많게는 355명까지 대체로 40여명 정도이고, 소장을 접수한 때로부터 피고들에 대한 소장 부본 송달이 거의 완료된 시점으로 볼 수 있는 제1회 변론기일까지 평균 11개월이 소요되었고, 소장을 접수한 때로부터 제1심 판결 선고까지 평균 2년 5개월이 소요되었다.[42]

5. 토지분할 청구에 따른 조합설립인가 및 사업시행계획인가

가. 조합설립인가 및 사업시행계획인가 신청에 대한 특례의 취지

시장 · 군수등은 토지분할이 청구된 경우에 분할되어 나가는 토지 및 그 위의 건축물이 ⓐ 해당 토지 및 건축물과 관련된 토지등소유자의 수가 전체의 1/10 이하일 것, ⓑ 분할되어 나가는 토지 위의 건축물이 분할선 상에 위치하지 아니할 것, ⓒ 분할되어 나가는 토지가 건축법 제44조에 적합한 경우에는, 토지분할이 완료되지 아니하여 도시정비법 제35조 제3항에 따른 조합설립 동의요건에 미달되더라도 건축법 제4조에 따라 특별자치시 · 특별자치도 · 시 · 군 · 구(자치구)에 설치하는 건축위원회의 심의를 거쳐 조합설립인가와 사업시행계획인가를 할 수 있다(법 제67조 제4항, 시행령 제56조).[43]

---

42 서울중앙지방법원 2006. 4. 19. 선고 2003가합47459 판결, 서울중앙지방법원 2007. 10. 4. 선고 2005가합90594 판결, 서울서부지방법원 2009. 1. 7. 선고 2006가합5338 판결, 서울동부지방법원 2011. 2. 18. 선고 2009가합22554 판결, 서울동부지방법원 2011. 8. 26. 선고 2010가합4910 판결, 수원지방법원 안산지원 2011. 10. 12. 선고 2009가단20826 판결, 전주지방법원 2014. 9. 24. 선고 2012가합3370 판결, 서울중앙지방법원 2014. 12. 5. 선고 2013가합509413 판결, 수원지방법원 안양지원 2015. 1. 9. 선고 2012가합5648 판결, 서울중앙지방법원 2018. 6. 21. 선고 2016가합544615 판결, 서울남부지방법원 2018. 12. 14. 선고 2015가합108322 판결, 수원지방법원 안양지원 2019. 1. 24. 선고 2014가합104440 판결, 인천지방법원 2019. 10. 25. 선고 2016가합53912 판결, 서울동부지방법원 2021. 9. 17. 선고 2018가합114516 판결을 기준으로 것이다. 서울중앙지방법원 2008. 7. 17. 선고 2003가합75799 판결은 소장을 접수한 때부터 제1회 변론기일까지 3년 6개월, 판결선고까지 4년 9개월이 소요되었으나, 도시정비법이 아닌 민법 제268조로 공유물분할청구를 구한 사건이어서 여기서는 제외하였다.

43 구 시행령(2009. 8. 11. 대통령령 제21679호로 개정되기 전의 것) 제45조는 '분할되어 나가는 토지가 「건축법」 제33조의 규정에 적합할 것'(제1호)과 함께 '분할되어 나가는 토지에 대한 권리관계가 명확할 것'(제2호)도 제한사유로 정하고 있었으나 그 취지가 명확하지 않아 구 시행령이 2009. 8. 11. 대통령령 제21679호로 개정되면서 삭제되었다.

도시정비법 제67조는 상가 등 일부 토지등소유자의 반대로 조합설립 동의요건을 갖추지 못한 경우 토지분할 청구를 통해 부지를 분할하도록 하는 한편 일정한 요건을 갖춘 경우 그 청구 자체로 조합설립인가 및 사업시행계획인가를 받을 수 있도록 하여 사업지연을 방지하고 있다. 제한적으로 특례를 인정하는 취지상 관리처분계획인가는 토지분할이 완료되기 전에는 그 인가를 할 수 있는 근거를 찾기 어려운 것으로 생각된다.[44]

나. 토지분할 완료전 조합설립인가 또는 사업시행계획인가를 받기 위한 요건

⑴ 분할되어 나가는 토지 및 그 위의 건축물과 관련된 토지등소유자의 수가 전체의 1/10 이하일 것

재건축사업에서 제외되어 분할되어 나가는 토지 및 건축물에 관련된 토지등소유자의 수가 전체의 1/10 이하이어야 한다(법 제67조 제1항 제1호). 신속한 사업진행만을 위해 무분별하게 주택단지를 분할하는 것을 방지하기 위한 규정이나, 재건축사업에 동의하지 않는 상가 소유자가 전체 1/10을 초과하는 경우 토지분할 자체는 청구할 수 있지만 이 규정에 따른 조합설립인가를 받지 못하게 된다.[45]

⑵ 분할되어 나가는 토지 위의 건축물이 분할선 상에 위치하지 아니할 것

분할되어 나가는 토지 위의 건축물의 효용을 온전하게 확보하기 위한 규정이다. 토지분할 청구의 요건(법 제67조 제1항)은 아니나, 토지분할 청구후 조합설립인가를 받기 위해서는 위 기준에 따른 토지분할을 청구하여야 하며, 현물분할에서 분할의 기준으로 기능한다.

⑶ 분할되어 나가는 토지가 건축법 제44조에 적합할 것

건축법 제44조는 대지와 도로와의 관계를 정하여, 건축물의 대지는 해당 건축물의 출입에 지장이 없다고 인정되는 경우, 건축물의 주변에 시행령으로 정하는 공지가 있는 경우를 제외하고는 2m 이상이 도로(자동차만의 통행에 사용되는 도로는 제외)에 접하여야 하고, 연면적의 합계가 2,000㎡(공장인 경우는 3,000㎡) 이상인 건축물(축사, 작물 재배사, 그 밖에 이와 비슷한 건축물로서 건축조례로 정하는 규모의 건축물은 제외)의 대지는 너비 6m 이상의 도로에 4m 이상 접하여야 한다고 정하고 있다(건축법 제44조, 건축법 시행령 제28조).[46]

---

44 분할이 완료되기 전에는 사업시행자가 사업을 시행할 토지에 대한 처분권한을 확보하지 못하였기 때문에 관리처분계획인가를 할 수 없다는 견해로 안광순(하), 206.

45 전영상, 앞의 글, 55는 상가 구분소유자의 수가 전체 구분소유자의 1/10을 넘더라도 토지분할을 허용하고 있는 마당에 조합설립인가를 내어 주지 못할 이유는 없고, 조합설립에 동의하지 않는다는 의사표시는 토지분할을 수용하겠다는 의사로 보지 못할 바가 아니기 때문에 위 1/10 요건은 사실상 무의미하고 악용의 소지가 있으므로 완화될 필요가 있다고 보고 있다.

46 건축법 시행령 제28조(대지와 도로의 관계) ①법 제44조 제1항 제2호에서 "대통령령으로 정하는 공지"란 광장, 공원, 유원지, 그 밖에 관계 법령에 따라 건축이 금지되고 공중의 통행에 지장이 없는 공지로서 허가권자가 인정한 것을 말한다.

분할되어 나가는 토지가 위 건축법 제44조에 적합하도록 한 것은 분할되어 나가는 토지 위 건축물의 효용을 온전하게 확보하기 위한 규정이다. 토지분할 청구의 요건(법 제67조 제1항)은 아니나, 토지분할 청구후 조합설립인가를 받기 위해서는 위 기준에 따른 토지분할을 청구하여야 하며, 현물분할에서 분할의 기준으로 기능한다.

다. 토지분할 청구에 따른 종전 조합설립 동의 또는 조합설립인가의 효력

추진위원회가 청구한 토지분할에 따라 주택단지의 부지가 분할되는 경우 추진위원회가 당초 조합설립 동의서를 받을 당시의 조합설립 동의(재건축 동의)의 내용인 건설되는 건축물의 설계의 개요, 공사비 등 정비사업에 드는 비용이 변경될 수밖에 없다. 이 경우 추진위원회가 토지분할을 전제로 새로운 조합설립 동의를 다시 받아야 하는지 문제되나, 대법원 2013. 12. 12. 선고 2011두12900 판결 등은 도시정비법 제67조(구법 제41조)에 따라 조합설립인가를 하는 경우에는 그 제3항에 의한 토지분할이 청구되고 분할되어 나갈 토지 및 건축물과 관련된 토지등소유자의 수가 전체의 1/10 이하일 것 등 제4항이 정한 요건이 갖추어지면 되는 것이고, 특별한 사정이 없는 한 토지분할을 전제로 한 새로운 조합설립 동의서나 특별결의, 정관변경 등이 요구되지 않는다고 보았다(대법원 2013. 12. 12. 선고 2011두12900 판결, 대법원 2015. 10. 29. 선고 2013다79016 판결).

추진위원회가 토지분할 청구를 한 후 도시정비법 제67조 제4항에 따라 조합설립인가를 받아 조합이 설립되었으나 그 이후 토지분할 청구가 각하 또는 기각된 경우 조합설립인가가 무효인지도 문제되나, 도시정비법 제67조 제4항(구법 제41조 제4항)은 토지분할이 위 규정 각 호의 요건을 모두 갖추었다면 조합설립인가를 할 수 있다고 규정하고 있을 뿐 위 토지분할 청구가 적법한 것이어야 한다거나 법원에서 인용될 것을 요건으로 하고 있지 않고, 법원의 확정판결이 있기 전까지는 토지분할 청구가 적법한 것인지를 판단할 수 없는데 위 도시정비법 제67조 제4항은 토지분할이 완료되지 않았더라도 토지분할 청구로서 곧바로 조합설립인가가 가능하도록 정하고 있는 점에 비추어 보면, 토지분할 청구가 각하 또는 기각되었다는 사정만으로 조합설립인가가 소급하여 무효가 된다고 보기 어려운 것으로 생각된다.[47]

Ⅲ. 사업시행계획서의 존치 또는 리모델링

1. 존치 또는 리모델링하는 건축물에 대한 사업시행계획의 특례

사업시행자는 사업시행계획서에 일부 건축물의 존치 또는 리모델링에 관한 내용이 포함되는 경우 그 건축물 소유자의 동의를 받아 사업시행계획인가신청을 할 수 있으며, 시

---

47 서울고등법원 2016. 4. 5. 선고 2015누64246 판결; 위 서울고등법원 2015누64246 판결은 아울러 조합설립인가가 토지분할 청구가 적법함을 전제로 한다고 보더라도, 외관상 명백한 하자라고 볼 수 없어 조합설립인가가 당연무효는 아니라고 보았다.

장 · 군수등은 주택법, 건축법 등 건축 관련 기준에 적합하지 않더라도 사업시행계획인가를 할 수 있다(법 제58조).

전면철거 방식의 정비사업에서 역사적 가치가 있거나 철거할 필요가 없는 건축물을 정비계획과 사업시행계획에서 존치로 정할 수 있으나, 이 규정은 특히 상가 등 복리시설의 소유자가 정비사업이 참여하지 않는 경우에 정비사업의 원활한 진행을 위해 적용될 수 있다.[48]

이 방법은 토지분할로 상가 부분을 제척하는 방법과 상가 소유자들이 독립정산제로 재건축사업에 참여하는 방법의 중간 지점으로서, 상가 소유자들이 비용을 부담하여 상가 건물을 신축할 의사는 없으나 조합으로부터 일정한 인센티브를 받는 것을 조건으로 토지분할은 하지 않고 조합설립에 동의하도록 하여 정비사업을 더 원활하게 추진할 수 있다. 사업시행계획서를 작성할 때 존치 또는 리모델링하는 건축물 소유자로부터 동의를 받아야 하는 문제가 있으나, 완전한 분리를 위해 토지분할 청구를 한 것이 아니라면 그 이해관계의 보호를 위해 동의는 필요하다고 볼 수 있고, 도시정비법이 2017. 2. 8. 법률 제14567호로 전부 개정되면서 정비계획에 존치 또는 리모델링하는 것으로 계획된 경우 사업시행계획서 작성을 위해 존치 또는 리모델링하는 건축물 소유자의 동의를 받을 필요가 없도록 하였다(법 제58조 제3항 단서). 실무상 잘 활용되지는 않으나 경우에 따라서는 유용할 수 있을 것으로 생각된다.

2. 존치 또는 리모델링의 내용

정비구역내 해당 건축물의 철거 · 개량 · 보존 또는 존치 여부를 정비계획에 명시하고 사업시행계획서에 '철거 또는 이전요구 대상 건축물', '개수대상 건축물' 등을 분리하여 기재하고 각종 계획에 반영하게 된다.[49]

① 존치는 문언 그대로 종전 건축물이 현재 위치에서 존치하는 것을 의미한다.

② 리모델링은 주택법 제2조 제25호 또는 건축법 제2조 제1항 제10호에 따른 리모델링을 의미하는데(법 제58조 제1항), 정비사업과 리모델링을 동시에 진행하기는 어려우므로 이때의 리모델링은 향후 리모델링을 예정하고 존치한다는 의미 정도로 볼 수 있다. 상가와 같이 공동주택이 아닌 건축물은 향후 리모델링을 할 때 리모델링 활성화 구역은 기존 건축물 연면

---

48 유삼술 · 이종만, 468; 손성태, "도시및주거환경정비법안 검토보고서", 건설교통위원회 (2002. 10.), 20, 정부 제출안(161744, 2002. 9. 18.) 부분은 이 규정의 입법취지를 "건축물 또는 토지소유자의 재건축 동의 여부에 따라 기존 건축물을 존치 또는 리모델링할 수 있도록 하여 다양한 사업시행을 가능하도록 하였으며, 재건축은 주택단지 단위로 하여야 한다는 현행법률의 맹점을 악용하여 높은 보상가격을 요구하면서 사업에 동의하지 않고 사업지연을 초래하는 것을 막을 수 있는 수단을 제공하게 되었[다]"고 제시하고 있다.

49 「도시 · 주거환경 정비계획 수립 지침」 4-6-1. 정비구역 내 해당 건축물의 철거 · 개량 · 보존 또는 존치 여부를 정비계획에 명시하고 향후 사업시행계획서 작성 시 정비 또는 개량하여야 할 범위와 방향을 제시한다.

적 합계의 3/10 범위에서, 그 이외 지역은 기존 건축물 연면적 합계의 1/10 범위에서 건축위원회 심의에서 정한 범위내로 연면적을 증가할 수 있다(건축법 시행규칙 제1항 제1호 (가)목).

사업시행자는 존치 또는 리모델링에 관한 내용이 포함된 사업시행계획서를 작성하여 인가신청을 할 수 있으며, 시장 · 군수등은 일조권 확보를 위한 건축물의 높이제한, 복리시설의 설치기준 등에 관한 건축 관련 기준에 적합하지 않더라도 인가할 수 있다(법 제58조 제1항, 제2항).

법 제58조(사업시행계획인가의 특례) ② 시장·군수등은 존치 또는 리모델링하는 건축물 및 건축물이 있는 토지가 「주택법」 및 「건축법」에 따른 다음 각 호의 건축 관련 기준에 적합하지 아니하더라도 대통령령으로 정하는 기준에 따라 사업시행계획인가를 할 수 있다.

1. 「주택법」 제2조 제12호에 따른 주택단지의 범위
2. 「주택법」 제35조 제1항 제3호 및 제4호에 따른 부대시설 및 복리시설의 설치기준
3. 「건축법」 제44조에 따른 대지와 도로의 관계
4. 「건축법」 제46조에 따른 건축선의 지정
5. 「건축법」 제61조에 따른 일조 등의 확보를 위한 건축물의 높이 제한

시행령 제50조(사업시행계획인가의 특례) 법 제58조 제2항 각 호 외의 부분에서 "대통령령으로 정하는 기준"이란 다음 각 호의 기준을 말한다.

1. 「건축법」 제44조에 따른 대지와 도로의 관계는 존치 또는 리모델링되는 건축물의 출입에 지장이 없다고 인정되는 경우 적용하지 아니할 수 있다.
2. 「건축법」 제46조에 따른 건축선의 지정은 존치 또는 리모델링되는 건축물에 대해서는 적용하지 아니할 수 있다.
3. 「건축법」 제61조에 따른 일조 등의 확보를 위한 건축물의 높이 제한은 리모델링되는 건축물에 대해서는 적용하지 아니할 수 있다.
4. 「주택법」 제2조 제12호에도 불구하고 존치 또는 리모델링(「주택법」 제2조 제25호 또는 「건축법」 제2조 제1항 제10호에 따른 리모델링을 말한다. 이하 같다)되는 건축물도 하나의 주택단지에 있는 것으로 본다.
5. 「주택법」 제35조에 따른 부대시설·복리시설의 설치기준은 존치 또는 리모델링되는 건축물을 포함하여 적용할 수 있다.

3. 존치 또는 리모델링하는 건축물 소유자의 동의

가. 사업시행계획서 작성을 위한 동의

사업시행자는 존치 또는 리모델링에 관한 사업시행계획서를 작성하려는 경우 존치 또는 리모델링하는 건축물 소유자의 동의를 받아야 한다(법 제58조 제3항).

① 존치 또는 리모델링에 대한 동의는 조합설립에 대한 동의와 마찬가지로 방식이 정해진 서면동의에 의하는 것으로서, 토지등소유자가 성명을 적고 지장을 날인한 후 주민등록증, 여권 등 신원을 확인할 수 있는 신분증명서 사본을 첨부하는 동의서를 제출해야 한다(법 제36조 제1항 제11호).

② 위 동의는 집합건물법에 따른 구분소유자가 있는 경우에는 구분소유자 2/3 이상의 동의와 해당 건축물 연면적의 2/3 이상의 구분소유자의 동의로 한다(법 제58조 제1항 본문 괄호 부분). 상가 건물의 소유자들이 구분소유가 아닌 지분으로서 공유하는 경우 존치 또는 리모델링에 대한 동의를 공유물의 처분행위로 보면 원칙적으로 그 소유자 전부가 동의해야 하는 것처럼 볼 수도 있으나, 집합건물법상 구분건물의 등기를 갖추지 못하였으나 구분건물의 실질을 갖춘 경우에는 형식상 공유등기로 마쳤다 하더라도 구분소유권이 성립하여 구분소유자 각각을 조합설립 동의를 할 수 있는 토지등소유자로 본 대법원 2019. 11. 15. 선고 2019두46763 판결 취지 등에 따라 공유자(구분소유자) 2/3 이상의 동의와 해당 건축물 연면적의 2/3 이상의 공유자(구분소유자)의 동의를 갖추면 된다고 보는 것이 타당하다.

③ 당초 사업시행계획서 작성 당시 존치 또는 리모델링하는 건축물 소유자의 동의를 받았으나 이후 사업시행계획이 변경된 경우 다시 그 동의를 받아야 하는지 문제된다. 도시정비법 제58조(구법 제33조)는 사업시행계획을 변경하고자 하는 경우 다시 동의를 받아야 하는지 명시적으로 정하고 있지 않은데, 사업시행계획에서 건축물의 존치 또는 리모델링과 직접 관련된 사항이 작성 또는 변경되어 그 소유자들의 동의를 받아야 하는 실질적인 필요성이 인정되는 정도에 이르지 않는다면 재차 건축물 소유자의 동의를 얻어야 하는 것이 아니라고 보는 것이 타당하다.[50]

④ 도시정비법 제58조 제3항은 사업시행계획서 작성 · 인가 단계에서 존치 또는 리모델링하는 건축물 소유자의 동의를 받도록 한 것일 뿐, 역으로 별도의 규정이 없는 정비구역 지정 단계에서 존치 건축물 소유자의 동의를 받아야 한다는 근거가 될 수 없다.[51]

나. 사업시행계획서 작성을 위해 별도의 동의가 필요없는 경우

정비계획에 존치 또는 리모델링하는 것으로 계획된 경우 사업시행계획서 작성을 위해 존치 또는 리모델링하는 건축물 소유자의 동의를 받을 필요가 없다(법 제58조 제1항 단서). 정비계획에서 특정 건축물을 존치로 결정하였는데 해당 건축물의 소유자가 사업시행계획에 대한 동의를 하지 않는 경우 사업시행계획인가를 신청할 수 없는 문제가 발생하자, 도시정비법이 2017. 2. 8. 법률 제14567호로 전부 개정되면서 위 단서 규정을 신설하였다.[52] 위 개정규정은 위

---

50 서울고등법원 2017. 10. 17. 선고 2017누44383 판결.

51 서울고등법원 2013. 11. 6. 선고 2012누25622 판결.

52 강신은, 160.

전부개정법률의 시행일인 2018. 2. 9. 이후 최초로 사업시행계획인가를 신청하는 경우부터 적용된다(법 부칙(2017. 2. 8.) 제14조).

4. 존치 또는 리모델링하는 건축물 소유자의 지위

존치 또는 리모델링하는 건축물 소유자도 정비구역내 건축물 및 그 부속토지의 소유자(토지 또는 건축물의 소유자)로서 토지등소유자에 해당하고, 달리 토지등소유자의 동의를 받아야 하는 사항에서 존치 또는 리모델링하는 건축물 소유자를 제외할 근거는 없다. 따라서 추진위원회 구성 동의, 조합설립 동의는 물론[53] 조합설립 이후의 정비구역의 해제 동의, 공공시행자 · 지정개발자가 시행하는 정비사업에서 주민대표회의 구성 동의[54] 등에서는 조합원인지 여부와 상관없이 토지등소유자의 지위에서 발생하는 동의권을 행사할 수 있다고 보는 것이 타당하다.

존치 또는 리모델링하는 건축물 소유자는 토지등소유자로서 조합원의 자격이 있고 재건축사업에서 조합설립에 동의하였다면 조합원이라고 볼 것이나,[55] 정비사업에 실질적인 이해관계가 없고 분양대상자도 아니라는 점에서 어느 단계에서는 조합원의 지위를 상실한다고 볼 필요가 있다. 존치 이외에는 정비사업에 별다른 이해관계가 없는데 조합원으로서 총회 의결권을 계속 행사하도록 할 필요가 없고, 반대로 해당 소유자 입장에서도 계속 조합원으로 남아 정비사업비 부담 등의 불안을 감수할 이유가 없다. 존치 또는 리모델링하는 건축물 소유자의 동의를 받아 작성한 사업시행계획이 인가 · 고시되어 더 이상 의사표시를 할 필요성이 없게 된 때, 또는 분양신청기간 종료나 관리처분계획 인가 · 고시로서 분양대상자가 아니라는 점이 확정된 때를 기준으로 조합원 지위를 상실한다고 보는 것이 필요한 것으로 생각되나, 명확한 근거는 찾기 어렵다.

---

53 대법원 2014. 5. 16. 선고 2011두27094 판결은 정비구역내 존치로 되어 있는 여객자동차 정류장 소유자도 정비사업으로 인해 토지의 모양이 일부 변경되어 조합설립에 이해관계가 있으므로 그 토지가 정비구역에 포함되어 있는 이상 동의요건을 판단함에 있어 그 면적을 제외할 수 없다고 보았다. 위 대법원 2011두27094 판결을 일정한 이해관계가 필요한 것으로 해석하더라도, 도시정비법 제58조 제3항이 존치 또는 리모델링하는 건축물 소유자로부터 동의를 받도록 한 것은 존치되는 건축물 소유자도 정비사업의 시행에 일정한 이해관계를 가지고 있음을 전제로 한 것이므로, 존치 또는 리모델링하는 건축물 소유자도 조합설립 동의에 당연히 포함된다고 보는 것이 타당하다; 법제처 2018. 12. 20. 18-0587 해석례.

54 서울고등법원 2009. 8. 10.자 2008라1550 결정.

55 법제처 2018. 12. 20. 18-0775 해석례는 도시정비법상 분양신청권 유무와 토지등소유자, 조합원 해당 여부가 반드시 일치하는 것은 아니므로, 존치 또는 리모델링하는 건축물 소유자가 분양신청권이 없다 하더라도 조합원의 자격이 있는 토지등소유자에 해당한다고 보았다.

Ⅳ. 상가 독립정산제

1. 상가 독립정산제의 개요

상가 소유자는 재건축사업에 적극적으로 참여할 요인이 없고, 재건축사업에 참여한다 하더라도 상가 조합원은 전체 조합원의 5~10% 정도에 불과하여 재건축사업에 상가 조합원의 의사와 이해관계를 제대로 반영하기 어렵다. 조합설립에 대한 상가 소유자들의 동의를 받기 위해 재건축사업에서 아파트와 상가의 이익과 손실을 분리하는 이른바 상가 독립정산제(독립채산제) 방식이 고안되었고, 주로 서울 송파구, 강동구 일대의 대규모 재건축사업장에서 시행되었다.

상가 독립정산제의 방식은 다양하게 있을 수 있으나, 대법원 2018. 3. 13. 선고 2016두35281 판결에서 정리한 것처럼 아파트와 상가를 분리하여 개발이익과 비용을 별도로 정산하고 상가 조합원들로 구성된 상가단체가 상가에 관한 관리처분계획의 내용을 자율적으로 마련하는 것을 보장하는 것이 통상적인 취지라고 볼 수 있다. 이익과 손실의 분리, 상가 관리처분계획안 수립 이외에도 상가 재건축 사업 및 상가 조합원 분양에 따른 정산 등의 내용도 독립정산제 약정에 포함된다.

상가 관리처분계획안 수립 등 재건축사업 중 상가에 관한 부분은 상가 조합원들로 구성된 상가대표단체가 상가 조합원들의 의견을 수렴하여 그 권한을 행사하게 되는데,[56] 상가대표단체는 도시정비법이 예정하지 않은 임의단체에 불과하여 별다른 법적 규제를 받지 않기 때문에 상가대표단체의 구성 및 운영을 놓고 상당한 다툼이 발생하기도 한다. 또한 재건축사업의 대외적인 주체이며 관리처분계획을 수립할 권한을 가진 자는 어디까지나 사업시행자인 재건축조합이므로 상가 관련 계약 체결, 일반분양 등은 모두 재건축조합의 이름으로 진행하여야 하는데, 재건축조합이 상가 업무에 협조하지 않거나, 상가대표단체가 운영비 등 문제로 인해 재건축조합에 종속되거나, 반대로 상가대표단체의 분쟁으로 인해 재건축조합이 상가 관리처분계획안을 그대로 수용하기 어려운 경우도 발생한다.

상가는 공사비, 동·호수 배정(구획지정) 등 분양방법 등이 아파트와 다르고, 재건축이 이루어지는 과정에서 아파트에 비해 대지면적, 용적률을 상대적으로 손해를 볼 위험이 크다. 이 점에서 상가 독립정산제는 상가 소유자들이 재건축사업에 참여할 수 있는 하나의 방법이 될 수 있으나, 오히려 상가대표단체가 분쟁의 시작이 되는 경우가 많다. 상가대표단체를 대의원회, 이사회와 같은 재건축조합의 하부기관으로 두어 도시정비법의 규제 및 관할관청의 감독을 받도록 하거나, 최소한 재건축조합의 정관에 준하는 정도의 상세한 규

56 상가 조합원들로 구성된 상가단체는 상가조합, 상가협의회, 상가재건축위원회 등 다양한 이름으로 불리는데, 여기서는 독립정산제 약정의 한 당사자로서 재건축조합의 총회 의결로 상가 조합원들을 대표하는 일정한 지위를 부여받은 상가단체라는 취지에서 '상가대표단체'로 쓰기로 한다.

약을 갖추도록 할 필요가 있는 것으로 생각된다.

2. 상가대표단체, 상가 조합원 및 재건축조합의 지위

가. 상가 독립정산제 약정

(1) 상가 독립정산제 약정의 성격

상가 독립정산제는 재건축사업 중 아파트 부분과 상가 부분의 이익과 손실을 분리하여 상가 조합원들이 상가에 관한 관리처분계획의 내용을 자율적으로 수립하는 것을 기본 내용으로 한다. 상가 조합원들은 상가 독립정산제를 전제로 조합설립에 동의하는 것이므로 통상 추진위원회 단계에서 추진위원회가 일정한 상가 소유자들과 협의를 거쳐 상가 독립정산제를 합의하고 조합설립 이후에 상가 독립정산제에 관한 일련의 총회 의결을 하고 있다.[57]

통상 추진위원회(재건축조합)와 상가 소유자들 사이에 독립정산제 약정 또는 합의를 체결하게 되는데, 재건축조합의 총회에서 조합원 2/3 이상의 동의를 받는 등 일정한 절차를 거치면 조합 내부적으로 업무집행기관을 구속하는 규범의 효력은 갖는다고 볼 수 있다(대법원 2018. 3. 13. 선고 2016두35281 판결).[58] 다만 그 합의 자체로 재건축조합과 상가 조합원들 사이에 사업비 정산 등에 관한 구체적인 권리 · 의무가 발생하는 합의가 있다고 볼 수 없고, 상가 독립정산제 약정은 '조합원의 권리 · 의무', '임원의 업무의 분담 및 대행 등' 및 '관리처분계획'에 관한 사항에 해당하므로 총회의 의결에 따라 조합의 정관과 관리처분계획에 구체적인 내용으로 반영되면 비로소 그 정관과 관리처분계획의 내용으로서 조합과 아파트 · 상가 조합원들을 구속한다고 보는 것이 타당하다.[59]

(2) 상가 독립정산제 약정의 범위

상가 독립정산제 약정에는 아파트와 상가 부분의 이익 · 손실 분리, 상가대표단체의 상가 관리처분계획안 수립 권한 이외에도 상가 조합원들의 아파트 분양신청 범위, 상가건물

57 상가 독립정산제 약정은 조합 총회 의결사항인 조합원의 정비사업 부담이나 관리처분계획의 수립 및 변경에 관한 사항을 내용으로 하는 것으로서, 추진위원회가 의결한 것만으로는 효력이 없고 조합도 구속되지 않는다(서울고등법원 2017. 6. 13. 선고 2016누34853 판결, 서울고등법원 2019. 10. 18. 선고 2019누31695 판결 등). 따라서 조합이 설립된 후 조합 총회에서 별도로 의결하여야 한다.

58 총회에서 의결한 관리처분계획이 종전에 결의한 상가 독립정산제 약정의 내용이 반영되지 않았거나 위 약정에서 정한 협의절차를 거치지 않았다는 이유로 총회결의의 효력정지 가처분신청을 인용한 사례로 서울행정법원 2020. 10. 6.자 2020아12156 결정; 반대로 해당 사안의 업무협약에서 세부적인 사항을 상호 협의하여 결정하기로 되어 있다 하더라도 관리처분계획의 수립 · 변경의 권한을 가진 조합이 그 논의 결과에 구속된다거나 협의를 거치지 않고 관리처분계획을 수립한 것이 중대한 하자에 해당하지 않는다고 본 사례로 서울중앙지방법원 2017. 12. 22.자 2017카합81763 결정.

59 서울고등법원 2020. 4. 23. 선고 2018나2058876, 2058883 판결.

의 대지 면적, 용적률 변동에 따른 과부족 정산 등의 내용도 담게 된다. 상가 조합원 개인별로 정해지는 아파트 · 상가 분양, 분담금 이외에 약정에 따라 별도로 발생하는 정산금 등 구체적인 채권 · 채무는 일차적으로 그 약정의 당사자인 상가대표단체에게 귀속된다고 볼 수 있을 것이나,[60] 상가 조합원들은 비법인사단인 상가대표단체의 재산을 총유형태로 소유하는 것이므로 관리처분계획에 따른 분담금 조정, 상가대표단체의 잔여재산귀속 등을 통해 상가 조합원들에게 최종 귀속되도록 하여야 한다.

상가 독립정산제의 구체적인 방법은 다양하게 있을 수 있으나, 재건축사업 중 아파트 부분과 상가 부분의 이익과 손실을 분리하지 않고 단순히 상가 조합원들의 권리가액을 더 높게 인정하겠다는 정도의 합의는 통상 언급되는 상가 독립정산제 합의라고 보기 어렵다. 총회에서 그 합의에 관한 내용을 의결받더라도 어디까지나 재건축조합이 수립하는 전체 관리처분계획의 한 내용일 뿐이므로, 그 합의의 구체성, 확정성 등에 따라 신뢰보호원칙 정도가 문제될 것으로 생각된다.[61]

나. 상가대표단체의 구성 및 지위

(1) 상가 조합원을 대표할 상가대표단체의 지위 및 법적 성격

재건축조합은 독립정산제 약정에 따라 총회 의결로서 상가 소유자들에게 도시정비법 및 정관 등에 위반되지 않는 범위에서 정비사업 중 상가에 관한 부분을 자율적으로 수립할 권한을 부여하는데, 구체적인 상가 관리처분계획안, 예산안 수립 등의 권한은 '상가 소유자들'이라는 추상적인 집단이 아닌 상가 소유자들로 구성된 상가단체를 특정하거나 예정하여 부여하는 것이 일반적이다.

상가단체의 설립에 특별한 제한이 있는 것은 아니므로 일부 상가 소유자들이 스스로 상가단체를 구성할 수 있고, 이때 그 상가단체의 구성원은 단체의 구성 · 설립에 동의하거나 참여한 자들이라고 볼 수 있다. 그러나 상가단체 중 재건축조합의 총회 의결로서 상가에 관한 관리처분계획안 수립 등의 권한을 부여받은 단체(이하 '상가대표단체')는 재건축사업의 전체 상가 조합원들의 이해관계를 대표할 권한이 부여된다. 여러 상가단체가 구성되어 있는 경우 통상 과반수 이상의 상가 소유자들이 설립이나 상가대표단체 지정에 동의한 상가단체를 상가 소유자들의 대표단체로 보아 그 권한을 부여하게 된다.

---

60 정산금 등의 귀속주체는 약정에서 정하는 내용마다 다를 것이다. 대법원 2015. 9. 10. 선고 2012다22228 판결은 상가대표단체가 재건축조합으로부터 상가부지를 무상제공받는 것으로 업무를 진행해 온 점을 기초로 관련된 정산금의 귀속주체는 상가대표단체라고 보면서, 정산금채권 등은 비법인사단인 상가대표단체의 총유에 속하고, 상가 조합원들은 상가대표단체를 대위하여 재건축조합을 상대로 정산금채권 등을 행사할 수 있다고 보았다.

61 대법원 2020. 6. 25. 선고 2018두34732 판결, 서울고등법원 2020. 8. 21. 선고 2019누64589 판결(제1심은 서울행정법원 2019. 10. 30. 선고 2018구합71380 판결).

상가대표단체는 상가 소유자들로 구성된 단체로서, 재건축조합의 하부기관으로 두기보다는 상가 소유자들이 별도의 임의단체를 구성하는 방법에 의한다. 상가대표단체는 규약과 의사결정기관, 대표자를 두고 구성원의 가입, 탈퇴 등과 관계없이 단체 자체는 존속하고,[62] 대표의 방법, 총회의 운영, 재산의 관리, 기타 단체의 주요한 사항은 확정되어 있으므로 비법인사단으로 볼 수 있다.[63]

(2) 상가대표단체의 구성원

통상적인 비법인사단이라면 단체에 가입한 자를 그 구성원으로 볼 수 있을 것이나, 상가 조합원은 상가에 관한 권한을 부여받은 상가대표단체를 통해서만 상가 관리처분계획안 수립 등에 참여할 수 있다는 점에서 상가 조합원은 상가대표단체의 의사결정에 참여할 수 있는 지위와 권한을 확보하여야 한다. 이 점에서 상가대표단체의 가입 또는 구성 동의 등은 통상의 비법인사단보다 넓게 보아야 한다.

여러 상가단체가 경쟁적으로 구성되는 과정에서 해당 단체의 규약에 조합의 모든 상가조합원을 구성원으로 한다는 당연가입제와 같은 내용을 두기도 하나, 모든 상가 조합원을 구속하는 재건축조합의 정관에 당연가입제에 관한 규정을 별도로 두지 않았다면 해당 상가단체의 규약만으로 단체 가입행위가 없는 다른 상가 조합원까지 당연히 구성원이 된다고 볼 수 없을 것으로 생각된다.[64] 그럼에도 불구하고 상가 조합원이 상가대표단체에서 의결권 행사 등을 할 수 있는 근거는 ⓐ 독립정산제 약정 및 조합설립 동의 등 재건축사업의 과정에서 상가 조합원들이 상가대표단체의 설립 등에 명시적 또는 묵시적으로 동의 또는 사후 추인하였다고 보거나,[65] ⓑ 별도의 명시적인 가입행위가 없더라도 상가 조합원이면 상

---

62 여러 상가단체 중 특정 상가단체에 상가대표단체의 지위를 부여하는 것은 상가 조합원 과반수로 구성되었다는 등의 사정에 따른 것인데, 종전의 상가대표단체에서 상가 조합원들이 탈퇴하거나 제명당하여 그 과반수를 충족하지 못하는 경우 그 단체가 상가대표단체로서 권한을 정당하게 행사할 수 있는지가 문제될 수 있으나, 그럼에도 불구하고 단체 자체는 그대로 존속한다.

63 해당 사안에서 상가대표단체가 비법인사단으로의 실체를 갖추었다고 판단한 사례로 서울고등법원 2012. 2. 2. 선고 2011나1950 판결, 서울고등법원 2014. 9. 17. 선고 2013나2031241 판결, 대법원 2015. 9. 10. 선고 2012다22228 판결; 상가대표단체가 재건축조합의 하부기관인지 아니면 독립된 단체인지는 여부는 그 권한과 소송상 당사자능력에서 쟁점이 될 수 있다. 재건축조합의 정관에서 상가 조합원의 의결기관을 대의원회, 이사회처럼 재건축조합의 기관으로서 설치하고 정관의 범위내에서 그 활동과 권한을 인정하는 것이라면 하부기관으로 볼 수 있을 것이다. 다만 사단법인의 하부조직이라 하더라도 단체의 실체를 갖추고 독자적인 활동을 하고 있다면 사단법인과는 별개의 독립된 비법인사단으로 볼 수 있는데(대법원 2009. 1. 30. 선고 2006다60908 판결 등 참고), 통상적인 상가대표단체는 그 구성 및 내부의사결정에 재건축조합의 관여를 받지 않는 것을 전제하는 것이므로 대체로 독립된 비법인사단으로 보게 될 가능성이 높은 것으로 생각된다.

64 서울고등법원 2013. 6. 10.자 2013라161 결정.

65 서울고등법원 2012. 2. 2. 선고 2011나1950 판결; 상가 소유자들은 재건축조합 설립에 동의할 때 이미 상가단체가 별도로 구성될 것임을 알고 이를 전제로 조합설립에 동의한 것이므로, 상가대표단체가 설립되면 재건축사업에 동의한 상가의 소유자들은 모두 그 구성원이 된다고 보는 견해로 김종보, "재건축에서 상가단체

가대표단체의 의사결정에 언제든 참여할 수 있다는 취지로 보는 것이 타당한 것으로 생각된다.[66]

상가대표단체는 통상적인 단체와 마찬가지로 규약에서 회원 제명, 탈퇴 등을 정할 수 있고, 상가대표단체의 회원 지위 여부는 그 규약에 따른다고 보는 것이 원칙적인 형태이다. 다만 상가 조합원이 상가대표단체의 회원 지위를 상실한다 하더라도 재건축조합의 조합원 지위는 그대로 남아 있는 있으므로 현금청산대상자가 된다고 볼 수 없고, 상가 조합원은 상가대표단체를 통해서만 상가 재건축사업에 실질적으로 참여할 수 있다는 점에서 본인의 의사에 반하는 제명 등은 단순한 임의단체의 제명이 아닌 조합의 제명과 같은 것으로 보아 매우 제한적으로 인정되어야 할 것으로 생각된다.

⑶ 상가대표단체의 운영

상가대표단체는 규약에 따라 운영되며, 비법인사단이므로 규약에서 별도로 정하지 않은 사항은 민법의 사단법인에 관한 규정 중 법인격을 전제로 하지 않은 규정이 유추적용된다(대법원 2015. 2. 16. 선고 2011다101155 판결 참고).[67]

상가 관리처분계획안 수립 등은 규약이 정하는 의결정족수 등의 절차와 방법에 따라 내부 의사결정을 할 수 있다. 상가대표단체는 도시정비법이 예정한 단체이거나 조합의 하부기관이 아니므로 도시정비법이 적용 또는 준용된다고 볼 근거는 없으나,[68] 상가대표단체는 '조합안의 조합'으로서 상가 소유자들 사이에서는 실질적으로 재건축조합의 역할을 하는 것이므로 총회 소집, 의결권 행사 등은 재건축조합의 정관에 준하여 정할 필요가 있는 것으로 생각된다.

다. 상가 조합원의 지위

⑴ 상가 조합원의 상가 재건축사업에 대한 의결권 행사 등

상가 조합원은 재건축조합의 조합원이면서 상가대표단체의 회원 지위를 갖는다. 상가 조합원은 재건축조합의 총회에서 사업시행계획 작성 · 변경, 관리처분계획 수립 · 변경 등에 대한 의결권을 행사할 수 있으나, 상가 조합원의 의결권의 가치는 전체 조합원 사이에

의 법적 성질과 상가의 관리처분", 행정법연구 제51호 (2017. 12.), 144.

66 서울동부지방법원 2019. 11. 19.자 2019카합10420 결정은 상가대표단체의 운영규정 중 "이 사건 조합의 조합원 중 상가를 소유한 조합원은 별도의 동의 절차 없이 회원의 자격을 취득한다"는 내용이 소극적 결사의 자유를 침해한다는 주장에 대해, 상가 조합원 과반수로 이루어진 상가대표단체가 구성되면 그 상가대표단체가 전체 상가 조합원들을 대표해 상가 재건축사업을 주도하게 된다는 점에서, 해당 단체에 가입하지 않았던 상가 조합원들에게도 회원 자격을 부여해 의사를 반영할 기회를 준다는 취지로 보이므로, 소극적 결사의 자유를 침해한다고 보기 어렵다고 판단하였다.

67 해산, 잔여재산의 귀속에 관한 민법 제77조, 제78조, 제80조는 법인격을 전제로 하는 규정이 아니므로 비법인사단인 상가대표단체에 적용된다고 본 판단으로 서울고등법원 2012. 2. 2. 선고 2011나1950 판결.

68 서울동부지방법원 2019. 11. 19.자 2019카합10420 결정.

서 희석되어 상가 조합원의 의사를 제대로 반영하기 어렵다. 상가 조합원은 상가 관리처분계획 수립 등에 대한 자율적인 권한을 부여받은 상가대표단체 내에서 실질적인 의결권 행사가 가능하다.

(2) 관리처분계획 중 상가 부분을 다툴 법률상 이익

관리처분계획의 내용에 대하여 다툴 수 있는 자는 관리처분계획의 내용에 의하여 권리 의무에 직접적 · 구체적인 영향을 받는 조합원이라고 할 것이므로, 상가 조합원은 관리처분계획 중 상가 부분의 절차 · 내용상 위법을 이유로 관리처분계획의 취소, 무효확인 등을 구할 법률상 이익이 있다.

상가대표단체는 상가 조합원으로 구성된 비법인사단으로서 상가 재건축사업을 실질적으로 수행하고 있다 하더라도, 관리처분계획으로 인하여 상가대표단체 자신의 법률상 이익이 침해된다거나 관리처분계획에 관하여 직접적이고 구체적인 이해관계를 가진다고 볼 수는 없으므로 관리처분계획을 다툴 법률상 이익은 원칙적으로 없다고 보는 것이 타당하다.[69] 독립정산제 약정에 따라 관리처분계획 중 아파트 부분과 상가 부분이 분리된 경우 아파트 조합원은 상가 부분으로 인하여 어떠한 권리내용의 변동이나 추가적인 비용부담 등의 불이익이 있는지에 대한 구체적인 주장 · 입증이 없다면 관리처분계획 총회결의의 무효확인을 구할 권리보호의 이익이 없다고 볼 것이다(대법원 2013. 3. 28. 선고 2012두3385 판결).

라. 상가대표단체의 권한 및 재건축조합의 지위

상가대표단체의 자율적 권한은 도시정비법 등 관련 법령과 재건축조합의 정관, 재건축조합의 총회결의, 정비계획 및 사업시행계획에 부합하고 아파트 조합원들의 비용부담을 수반하지 않는 범위내에서만 가능하다.[70]

상가 재건축을 위한 각종 계약 체결, 상가 일반분양 등에 관한 대외적인 법률행위는 도시정비법상 사업시행자인 재건축조합의 이름으로 이루어지고,[71] 사업시행계획의 작성 · 변경, 관리처분계획 수립 · 변경 등은 어디까지나 재건축조합이 최종적인 권한을 갖는 것이므로, 재건축조합이 상가대표단체의 상가 관리처분계획안을 전체 관리처분계획에 그대로 반영할 의무가 있다고 보기 어렵고, 상가 관리처분계획안은 재건축조합의 전체 관리처분계획에 반영하여 총회 또는 대의원회의 의결을 받아야 확정된다.[72]

---

69 서울행정법원 2015. 9. 11. 선고 2015구합57802 판결.

70 서울고등법원 2018. 1. 19. 선고 2017나2054914 판결(제1심은 서울동부지방법원 2017. 9. 8.자 2016가합111537 판결).

71 대법원 2015. 1. 15. 선고 2014다225588 판결은 상가 일반분양분의 실질적인 사업주체는 재건축조합이므로, 상가 일반분양분 매각으로 인한 부가가치세를 납부할 의무를 부담하는 주체 및 공사비 등을 지출함으로 인한 매입세액을 공제받아야 할 주체도 재건축조합이라고 보았다.

72 서울고등법원 2018. 1. 19. 선고 2017나2054914 판결(제1심은 서울동부지방법원 2017. 9. 8. 선고 2016가

3. 재건축조합의 관리처분계획 수립 등

가. 독립정산제 시행에 관한 재건축조합의 총회 의결

독립정산제 약정의 주된 취지는 ⓐ 아파트와 상가를 분리하여 개발이익과 비용을 별도로 정산하고 ⓑ 상가대표단체가 상가에 관한 관리처분계획안의 내용을 자율적으로 마련하는 것을 보장한다는 것이다. 이 중 ⓐ 부분은 조합원별 부담액에 영향을 미치는 것으로서 정관의 필요적 기재사항 중 '조합의 비용부담' 및 '조합원의 권리 · 의무'에 관한 사항에 해당하고(법 제40조 제1항 제6호, 제8호), ⓑ 부분은 조합 총회에 상정하여 승인받아야 하는 관리처분계획안 중 상가 부분의 작성을 조합의 이사회가 아니라 상가대표단체에 일임한다는 내용으로서 정관의 필요적 기재사항 중 '조합임원의 권리 · 의무', '임원의 업무의 분담 및 대행 등' 및 '관리처분계획'에 관한 사항에 해당하므로(법 제40조 제1항 제6호, 제18호, 시행령 제38조 제2호, 제10호), 독립정산제 약정의 내용은 원칙적으로 조합의 정관에 규정하여야 하는 사항이다(대법원 2018. 3. 13. 선고 2016두35281 판결).

상가 독립정산제를 채택하는 총회 의결이 정관 변경의 요건을 완전히 갖추지 못하여 형식적으로 정관이 변경된 것은 아니지만, 총회결의로서 유효하게 성립하였고 정관 변경을 위한 실질적인 의결정족수를 갖췄다면 적어도 조합 내부적으로 업무집행기관을 구속하는 규범의 효력은 가진다고 보아야 한다. 상가 독립정산에 약정에 관한 사항은 정관의 필요적 기재사항인 '조합의 비용부담' 등에 관한 것으로서, 종전 총회결의와 비교하여 볼 때 조합원들의 이해관계에 중대한 영향을 미칠 정도로 실질적으로 변경된 경우에는 비록 그것이 정관변경 절차는 아니라 하더라도 특별다수의 동의요건을 규정하여 조합원들의 이익을 보호하려는 도시정비법 제40조 제3항 단서, 제1항 제8호의 규정을 유추적용하여 조합원 2/3 이상의 동의를 받아야 한다(대법원 2018. 3. 13. 선고 2016두35281 판결, 대법원 2020. 6. 25. 선고 2018두34732 판결).

상가 독립정산제는 상가 소유자들로부터 조합설립에 대한 동의를 받기 위해 재건축사업 초기단계부터 진행되는데, 장기간 진행되는 재건축사업에서 상가 독립정산제에 관한 총회 의결을 할 때마다 조합원 2/3 이상의 동의를 받기 어렵다. 이미 특별다수의 의한 결의방법에 따라 의결된 '조합의 비용부담' 등을 경미한 범위 내에서 수정하거나 다른 안건에 관한 결의 등을 통하여 위 사항에 관하여 특별다수에 의한 결의에 준하는 조합원의 총의가 확인된 경우 등과 같은 특별한 사정이 있는 때에는 법령 또는 정관의 규정상 해당 안건의 결의에 필요한 의결정족수를 충족하면 되는 것이므로(대법원 2014. 8. 20. 선고 2012두5572 판결 등), 상가 독립정산제를 채택하는 유효한 총회 의결부터 관리처분계획에 대한 총회 의결을 할 때까지 경미한 변경에 해당하거나 다른 안건을 통해 특별다수의 의한 결의에 준하는 조합원의 총회가 확인되었는지 여부로 일반 의결정족수에 따른 총회 의결 또는 정관 등이 정하는 대의원회 의결

합111537 판결).

등으로 관련 안건을 의결할 수 있을 것으로 생각된다.[73]

나. 재건축조합의 관리처분계획 수립 및 의결

(1) 상가대표단체 상가 관리처분계획안을 반영한 전체 관리처분계획 수립

상가대표단체의 상가 관리처분계획안은 재건축조합이 수립하는 관리처분계획의 일부를 이루는 것으로서, 상가대표단체가 자체적인 총회 의결 등을 거쳐 수립한 상가 관리처분계획안은 도시정비법, 정관 등에 반하지 않는 한 가급적 재건축조합의 관리처분계획에 그대로 반영하는 것이 상가 독립정산제 약정의 취지에 부합한다.

재건축사업의 상가 분양에 대해 도시정비법령은 부대시설 · 복리시설의 소유자에게는 부대시설 · 복리시설을 공급하되 일정한 경우 1주택을 공급할 수 있도록 한 것 이외에는 별다른 규정을 두고 있지 않으며(시행령 제63조 제2항), 시 · 도조례도 마찬가지이다. 따라서 관리처분계획 중 상가 분양에 관한 부분은 상당한 광범위한 재량이 있다고 볼 수 있고, 일반분양을 포함한 전체적인 입점 상황이나 핵심점포(key tenant)의 배치에 따라 내부설계를 변경할 일이 많고 필요에 따라 칸막이벽을 설치하거나 구획을 재설정할 수 있기 때문에 관리처분계획에서 기존의 상가 위치, 층수, 종전자산가격 등 다양한 방법과 기준으로 상가 구획지정(동 · 호수 지정)을 하고 있다.

그러나 그 과정에서 상가대표단체의 상가 관리처분계획안이 상가 조합원들의 의사를 반영하여 적법하게 수립된 것인지 여부를 놓고 다툼이 자주 발생하는데, 재건축조합은 관리처분계획 중 상가 부분을 제외하고 의결받을 수도 없고 경우에 따라서는 관련 법령 및 정관에 위반되는 경우도 있을 수 있으므로, 재건축조합이 상가대표단체의 상가 관리처분

---

73 구 주택건설촉진법에 따른 재건축사업의 독립정산제에 관련하여 대법원 2010. 5. 27. 선고 2008다53430 판결은, 조합규약이나 총회에서 재건축결의 사항의 변경을 조합의 대의원회가 일방적으로 결정할 수 있도록 그 권한을 위임할 수 없으나, 서로 이해관계를 달리하는 아파트조합원과 상가조합원들로 구성되어 있어 신축 상가건물의 권리 귀속 등에 관한 사항이 아파트 조합원들의 신축아파트의 권리 귀속 등에 불이익한 영향을 미치지 않고, 아파트 조합원의 의결권 행사에 의하여 그들의 이해와 무관한 신축 상가건물의 권리 귀속 등에 관한 사항이 결정되어 불합리한 결과가 발생할 수 있는 경우에는, 조합규약이나 총회에서 신축 상가건물의 권리 귀속 등에 관한 사항을 아파트 조합원들에게 불이익한 영향을 미치지 않는 한도 내에서 재건축조합과 상가 조합원들 간의 협의 내지 약정을 거쳐 대의원회에서 이를 인준하는 방식으로 결정하도록 하는 것도 허용되고, 대의원회는 상가 조합원들의 특별다수의 동의를 거쳐 성립한 신축 상가건물의 권리 귀속 등에 관한 협의 내지 약정의 내용을 확정하고 그것이 아파트 조합원들에 대하여 불이익한 영향을 미치는지 여부를 심사한 후, 전체 조합원에 대한 관계에서 구속력이 미치도록 조합규약에 정해진 대의원회의 통상의 의결정족수로 인준할 수 있다고 보았다. 위 대법원 2008다53430 판결은 상가 조합원들 사이에는 재건축결의 변경시의 특별다수의 정족수를 유추적용하여 상가 조합원 4/5 이상의 동의를 받아야 한다고 보았으나, 현행 도시정비법상 조합설립 변경, 정관 변경을 위한 특별 의결정족수는 전체 조합원 2/3 이상의 동의이므로 종전의 재건축결의와 같은 4/5 이상의 동의는 필요하지 않으며, 상가 조합원들은 상가대표단체의 규약에서 정한 의결정족수로 상가 관리처분계획안을 의결할 수 있다는 점에서 종전의 위 대법원 2008다53430 판결과 같이 상가 조합원 4/5 이상의 동의를 갖추어야 한다고 볼 이유는 없는 것으로 생각된다.

계획안을 반영하지 않거나 일부 수정하여 전체 관리처분계획안을 수립하여 조합 총회에서 의결받는 상황도 있을 수밖에 없다.

⑵ 상가 관리처분계획안의 변경

독립정산제 약정은 '조합의 비용부담' 등 정관의 필요적 기재사항에 관한 것으로서 비록 정관 변경의 형식을 갖추지 않았더라도, 총회결의로서 유효하게 성립하였고 정관 변경을 위한 실질적인 의결정족수를 갖췄다면 적어도 조합 내부적으로 업무집행기관을 구속하는 규범의 효력은 갖는다(대법원 2018. 3. 13. 선고 2016두35281 판결). 다만 조합의 총회는 조합의 최고의사결정기관이고 정관 변경이나 관리처분계획의 수립·변경은 총회의 의결사항이므로, 조합의 총회는 새로운 총회결의로써 종전 총회결의의 내용을 철회하거나 변경할 수 있는 자율성과 형성의 재량을 가진다. 그러나 이러한 자율성과 재량이 무제한적인 것일 수는 없다. 조합 내부의 규범을 변경하고자 하는 총회결의가 적법하려면 ① 정관 변경에 관한 규정을 유추적용하여 조합원 2/3 이상의 동의를 필요로 하고, ② 총회결의의 내용이 상위법령 및 정관에 위배되지 않아야 하며, ③ 일단 내부 규범이 정립되면 조합원들은 특별한 사정이 없는 한 그것이 존속하리라는 신뢰를 가지게 되므로, 내부 규범 변경을 통해 달성하려는 이익이 종전 내부 규범의 존속을 신뢰한 조합원들의 이익보다 우월하여야 하므로, 조합 내부 규범을 변경하는 총회결의가 신뢰보호원칙에 위반되는지를 판단하기 위해서는, 한편으로는 침해받은 이익의 보호가치, 침해의 중한 정도, 신뢰가 손상된 정도, 신뢰침해의 방법 등과 다른 한편으로는 조합 내부 규범의 변경을 통해 실현하고자 하는 공익적 목적을 종합적으로 비교·형량하여야 한다(대법원 2018. 3. 13. 선고 2016두35281 판결).

이 중 ③의 신뢰보호원칙과 관련하여 ⓐ 상가대표단체의 상가 관리처분계획안 수립에 대해 다툼이 있고 재건축조합이 이에 대한 소명을 요구하였으나 상가대표단체가 별다른 조치를 취하지 않는 상황에서 관리처분계획 전체를 부결시킬 수 없으므로 재건축결의 등에 부합하도록 상가 부분의 관리처분계획의 대강을 정한 후 이후 상가협의회와 협의를 거쳐 상가 관리처분계획을 작성한 다음 다시 조합 총회의 의결을 거쳐 확정할 필요성이 있었고 관리처분계획에 상가 관리처분계획안의 내용이 반영되지 않음으로 인해 침해받는 상가 조합원들의 이익은 실질적으로 크지 않은 점을 들어 재건축조합이 의결한 관리처분계획이 상가 독립정산제에 위배되지 않는다고 본 경우,[74] ⓑ 추진위원회 단계에서 지분제를 전제로 상가 등 부대·복리시설의 권리가액은 아파트와 구분하여 시공자와 합의로 정하도록 하고 이를 이후 설립된 재건축조합의 정관에 반영하였으나, 이후 도급제로 변경되면서 종전의 정관 규정을 삭제하고 권리가액을 아파트와 구분하지 않고 감정평가액으로 산정하여 관리처분계획을 수

74 서울고등법원 2017. 9. 13. 선고 2015누48404 판결, 서울고등법원 2018. 9. 13. 선고 2018누39944 판결(대법원 2018. 3. 13. 선고 2016두35281 판결의 파기환송심), 서울행정법원 2018. 11. 9. 선고 2017구합90339 판결.

립하였다 하더라도, 종전 권리가액에 대한 합의가 원만히 이루어지지 않은 경우까지 상가 소유자들이 요구하는 수준의 권리가액이 관리처분계획에 반영되도록 한 권리를 부여한 것은 아니므로 그 신뢰를 부여한 것으로 볼 수 없다고 본 경우[75] 등을 참고할 수 있다.

참고자료

김종보, "재건축에서 상가단체의 법적 성질과 상가의 관리처분", 행정법연구 제51호 (2017. 12.)
전영상, "공동주택재건축사업에 있어서 토지분할청구의 요건에 관한 연구", 석사학위 논문, 건국대학교 (2010)

75 대법원 2020. 6. 25. 선고 2018두34732 판결. 위 대법원 2018두34732 판결 사안은 확정지분제를 전제로 상가 부분의 권리가액을 확정지분제로 인한 손익의 귀속주체인 시공자와 합의하여 결정할 수 있도록 한 정도의 합의이고 관리처분계획도 일체로 수립된 것으로서, 통상적인 의미의 상가 독립정산제는 아니고 단지 신뢰보호원칙 정도가 문제된 것이다.

제 7 장

토지의 확보

[27] 수용

I. 정비사업의 수용

1. 수용 · 사용권한이 부여되는 정비사업

도시정비법상 수용 · 사용권한은 원칙적으로 주거환경개선사업 및 재개발사업에서 인정된다. 재건축사업의 토지 소유권 확보 또는 현금청산은 매도청구의 방법에 의하며, 재건축사업에서 수용 · 사용은 천재지변, 재난안전법 제27조 또는 시설물안전법 제23조에 따른 사용제한 · 사용금지, 그 밖의 불가피한 사유로 긴급하게 정비사업을 시행할 필요가 있어 공공시행자 또는 지정개발자가 시행하는 경우에만 인정되고(법 제63조), 수용에 관한 규정이 유추적용되지 않는다(대법원 2014. 7. 24. 선고 2012다62561, 62578 판결).

주거환경개선사업 및 재개발사업에서 수용 이외에도, 임시거주시설 · 임시상가의 설치를 위해 필요한 경우 개인의 시설이나 토지를 일시 사용하기 위한 사용재결의 신청이 가능하다(법 제61조, 제62조). 수용은 정비구역 내의 토지 소유권을 확보하기 위한 것으로서 손실보상의 기준 및 절차를 시행령에서 별도로 정할 수 있는데 반해(법 제65조 제1항), 위 임시거주시설 설치를 위한 사용은 정비구역 밖의 시설 또는 토지도 사용할 수 있으며 그 기준 및 절차를 별도로 정하거나 시행령에 위임하고 있지 않으므로 토지보상법령이 정하는 바에 따르게 된다(법 제62조 제3항).[1]

2. 토지보상법의 준용

사업시행자는 정비구역에서 정비사업을 시행하기 위하여 토지보상법 제3조에 따른 토지 · 물건 또는 그 밖의 권리를 취득하거나 사용할 수 있으며, 그 수용 및 사용은 도시정비법에 규정된 사항을 제외하고는 토지보상법을 준용한다(법 제63조, 제65조 제1항).

정비사업과 같이 수용을 수반하는 개발사업은 개별 법률에서 토지보상법을 준용하면

1 세입자는 도시정비법에 따라 임시수용시설을 제공받는다 하더라도 토지보상법령에 따른 주거이전비는 별도로 청구할 수 있다(대법원 2011. 7. 14. 선고 2011두3685 판결).

서 토지보상법과 다른 특례를 별도로 규정한다. 도시정비법령도 토지보상법령과 요건을 달리 하거나 손실보상 등에 관한 별도의 규정을 두고 있다.

수용절차와 관련하여, 정비사업의 사업시행계획의 인가를 토지보상법상 사업시행자에게 수용·사용의 권한을 부여하는 사업인정의 고시로 의제하며(법 제65조 제2항), 수용·사용에 대한 재결의 신청은 사업인정 고시일로부터 1년으로 한정되지 않고 인가받은 사업시행계획에서 정한 사업시행기간 내이면 할 수 있다(법 제65조 제3항). 사업시행자가 수용재결을 신청하거나 현금청산대상자가 재결신청의 청구를 하기 위한 협의 및 그 사전절차는 도시정비법 제73조(구법 제47조)에서 별도로 정하고 있으므로 토지보상법의 규정이 준용되지 않는다(대법원 2015. 11. 27. 선고 2015두48877 판결 등). 2017. 2. 8. 법률 제14567호로 전부 개정된 도시정비법 제73조 제3항은 재결 신청 지연에 따른 지연이자를 별도로 정하여 위 전부개정법률이 적용되면 토지보상법 제30조의 재결신청 지연가산금 제도가 더 이상 준용되지 않는다(대법원 2020. 7. 23. 선고 2019두46411 판결 등).

손실보상의 기준 및 절차는 시행령에서 별도로 정할 수 있는데(법 제65조 제1항), 이주대책대상자 선정, 영업손실 보상, 주거이전비 보상의 기준시점은 사업인정의 고시일이 아닌 정비계획의 공람공고일로 본다(시행령 제54조). 대지 또는 건축물을 현물보상하는 경우에는 수용·사용의 개시일이 아닌 준공인가 이후에 현물보상할 수 있다(법 제65조 제4항).

정비구역안의 세입자 보호를 위해 토지보상법에는 없는 별도의 규정을 마련하여, 정비구역에 거주하는 세입자로서 입주를 희망하는 자에게 임대주택을 공급하여야 하며, 임시거주시설에 거주하게 하거나 주택자금의 융자 알선 등 임시거주에 상응하는 조치를 취하도록 하고 있다(법 제62조, 시행령 제69조.). 사업시행자가 법령이 정한 손실보상의 기준 이상으로 세입자에게 주거이전비를 지급하거나 영업손실을 보상하는 경우, 법령에 따른 손실보상에 더하여 임대주택을 추가로 건설하거나 임대상가를 건설하는 등 추가적인 세입자 손실보상 대책을 수립하여 시행하는 경우에는 해당 정비구역에 적용되는 용적률의 125% 범위에서 조례로 용적률을 완화하여 적용할 수 있다(법 제66조).

Ⅱ. 수용절차

1. 사업시행계획의 인가·고시

가. 사업인정의 고시로 간주되는 사업시행계획인가의 고시

사업시행자는 토지 등을 수용하거나 사용하려면 국토교통부장관의 사업인정을 받아야 하고, 국토교통부장관의 사업인정은 그 고시한 날부터 효력이 발생한다(토지보상법 제20조, 제22조 제3항). 사업인정은 건설부장관이 공익사업의 시행자에게 그 후 일정한 절차를 거칠 것을 조건으로 하여 일정한 내용의 수용권을 설정해 주는 행정처분의 성격을 띠는 것으로서, 그 사업인정을 받음으로써 수용할 목적물의 범위가 확정되고 수용권자로 하여금 목적물에 대한 현재 및 장래의 권리자에게 대항할 수 있는 일종의 공법상의 권리로서 효력을 발생시키는 것이다(대법원 1995. 12. 5. 선고 95누4889 판결 등 참고).

정비사업은 사업시행계획인가 고시(시장 · 군수등이 직접 정비사업을 시행하는 경우에는 사업시행계획서의 고시)가 있은 때 토지보상법 제20조 제1항 및 제22조 제1항에 따른 사업인정 및 그 고시가 있은 것으로 보므로(법 제65조 제2항), 정비사업은 사업시행계획인가의 고시가 있은 때 수용할 목적물이 확정되고 사업시행자로서 수용 · 사용의 권한을 취득한다.

나. 사업시행계획의 취소 · 실효 등에 의한 수용재결신청의 효력

(1) 사업시행계획인가의 취소에 따른 수용재결신청의 효력

사업시행자는 토지보상법상 사업인정의 고시로 의제되는 사업시행계획인가의 고시로서 수용재결을 신청할 수 있는 것이므로, 사업시행계획 및 그 인가처분에 당연무효의 하자가 있거나 제소기간내 취소소송이 제기되어 취소된 경우 의제된 사업인정의 고시도 효력을 상실하므로 수용재결신청도 효력을 상실한다(대법원 2020. 2. 27. 선고 2017두44947 판결). 그러나 사업시행계획 및 그 인가처분에 중대 · 명백한 정도에 이르지 않는 하자가 있는 것에 불과하고 제소기간이 도과하였다면, 그 불가쟁력에 의하여 사업시행계획인가 고시에 위법이 있음을 들어 수용재결처분의 취소를 구할 수 없다(구 도시재개발법상 사업시행인가에 기한 수용재결에 대한 대법원 1989. 6. 27. 선고 87누743 판결, 대법원 1993. 3. 9. 선고 92누16287 판결 등 참고).

(2) 사업시행계획의 변경에 따른 수용재결신청의 효력

특정 토지를 최초로 사업시행 대상 부지로 삼은 최초 사업시행계획인가가 효력을 유지하고 있고 그에 따라 의제된 사업인정의 효력 역시 유지되는 경우라면, 특별한 사정이 없는 한 최초의 사업시행계획인가를 통해 의제된 사업인정은 변경인가에도 불구하고 그 효력이 계속 유지된다(대법원 2018. 7. 26. 선고 2017두33978 판결, 대법원 2019. 5. 30. 선고 2017두62624 판결 등).[2]

사업시행 대상 부지 자체에 관하여 아무런 변경 없이 건축물의 구조나 내용 등 사업시행계획의 내용을 대규모로 변경함으로서 최초 사업시행계획인가의 주요 내용을 실질적으로 변경하는 인가가 있는 경우에도 최초 사업시행계획인가가 유효하게 존속하다가 변경인가시부터 장래를 향하여 실효될 뿐이고, 사업시행 대상부지에 대한 수용의 필요성은 특별한 사정이 없는 한 변경인가 전후에 걸쳐 차이가 없으므로(대법원 2018. 7. 26. 선고 2017두33978 판결, 대법원 2019. 5. 30. 선고 2017두62624 판결 등), 수용재결신청의 효력은 그대로 유지된다고 볼 수 있다.

---

2 사업시행계획변경인가에 따라 사업대상 토지 일부가 제외된 것이라면 그 부분에 한하여 최초 사업시행계획인가로 의제된 사업인정이 일부 효력을 상실하게 되는 것이므로(토지보상법 제24조 제1항, 제5항) 변동 없이 수용의 필요성이 계속 유지되는 토지 부분에 대하여는 최초 사업시행계획인가로 의제된 사업인정의 효력이 그대로 유지된다(위 대법원 2017두62624 판결).

⑶ 사업시행기간 도과에 따른 수용재결신청의 효력

토지보상법 제23조 제1항은 사업시행자가 사업인가의 고시가 된 날부터 1년 이내에 수용 · 사용재결신청을 하지 않으면 그 1년이 되는 날의 다음 날에 사업인정은 효력을 상실한다고 정하고 있다. 도시정비법은 위 토지보상법 제23조 제1항에 대한 특칙을 두어 수용 · 재결의 신청은 사업시행계획(변경)인가를 할 때 정한 사업시행기간내에 하여야 한다고 정하고 있다(법 제65조 제2항). 최초 사업시행계획인가시 사업시행기간은 48개월 또는 60개월 정도로 정해지고 사업시행계획 변경인가를 통해 그 기간을 연장할 수 있으므로, 정비사업에서는 상당히 기간동안 수용재결을 신청할 수 있다. 다만 사업시행계획을 미처 변경하지 못하여 종전의 사업시행기간이 지난 경우 수용재결신청의 효력 등이 문제된다.

① 사업시행계획에서 정한 사업시행기간이 도과하였더라도, 유효하게 수립된 사업시행계획 및 그에 기초하여 사업시행기간 내에 이루어진 토지의 매수 · 수용을 비롯한 사업시행의 법적 효과가 소급하여 효력을 상실하여 무효로 되지 않는다(대법원 2016. 12. 1. 선고 2016두34905 판결).

② 다만 수용재결의 신청은 사업시행(변경)계획에서 정한 사업시행기간내에 하여야 하는 것이므로 그 기간이 지났다면 더 이상 수용재결의 신청 등을 할 수 없다.[3] 이 경우 사업시행기간을 연장해야 하는데, ⓐ 사업시행기간의 도과로 종전 사업시행계획이 실효되었다고 본다면 최초 사업시행계획과 동일한 요건을 갖추어 사업시행계획을 변경해야 하고, ⓑ 사업시행기간을 사업시행계획의 유효 · 효력요건으로 보지 않는다면 사업시행기간을 연장하는 사업시행계획 변경을 하면 될 것이다.[4]

2. 토지 · 물건조서의 작성 및 보상계획의 공고

토지보상법상 사업시행자는 보상에 관한 협의에 앞서, 공익사업의 계획이 확정되었을 때 토지조서 및 물건조서를 작성하여 토지소유자 및 관계인의 서명 또는 날인을 받아야 하고(토지보상법 제26조 제1항, 제14조, 토지보상법 시행령 제7조, 토지보상법 시행규칙 제5조), 공익사업의 개요, 토지조서 및 물건조서의 내용과 보상의 시기 · 방법 및 절차 등이 포함된 보상계획을 공고하고 토지소유자 및 관계인에게 통지하고 일반인이 열람할 수 있도록 하여야 한다(토지보상법 제26조 제1항, 제15조). 또한 공익사업지구 면적이 10만㎡ 이상이고 토지등의 소유자가 50인 이상인 경우 의무적으로 보상협의회를 설치하여 보상액 평가를 위한 사전 의견수렴에 관한 사항 등에 관한 사항을 협의하여야 한다(토지보상법 제82조, 토지보상법 시행령 제44조의2).

---

3 다만 사업시행기간내에 수용재결 신청을 하였다면 그 신청은 여전히 유효하므로, 토지수용위원회가 사업시행기간이 경과한 이후에 위 신청에 따른 수용재결을 할 수 있다(구 도시계획법상 도시계획시설에 관한 대법원 2007. 1. 11. 선고 2004두8538 판결 참고).

4 사업시행기간 도과에 따른 사업시행계획 실효 여부에 대해서는 **[19]사업시행계획인가 II.2.다.사업시행기간 도과에 따른 사업시행계획 등의 실효 여부** 참고.

한편 도시정비법상 사업시행자는 현금청산을 위한 협의에 앞서, 사업시행계획서에 '토지 또는 건축물 등에 관한 권리자 및 그 권리의 명세'가 포함되고(시행령 제47조 제1항 제8호), '수용 또는 사용할 토지 또는 건축물의 명세 및 소유권 외의 권리의 명세' 등을 신청서에 첨부하여 관보에 고시되도록 하고(시행규칙 제10조 제2항 제1호 (라)목, 제3항 제1호 (바)목), 분양신청절차에서 '개략적인 부담금 내역', '분양신청자격', '분양신청방법', '분양을 신청하지 아니한 자에 대한 조치' 등의 사항을 통지하거나 일간신문에 공고하여야 한다(시행령 제59조).

대법원 2015. 11. 27. 선고 2015두48877 판결은 위와 같이 현금청산 협의에 앞서 사업시행계획인가 신청과 그 인가처분 · 고시 및 분양신청 통지 · 공고 절차가 선행되면서 수용의 대상이 되는 토지 등의 명세가 작성되고 그 개요가 대외적으로 고시되며, 세부사항이 토지등소유자에게 개별적으로 통지되거나 공고되므로 토지등소유자에 대하여는 위와 같은 도시정비법 고유의 절차와 별도로 토지보상법상 토지조서 및 물건조서의 작성(제14조)이나 보상계획의 공고 · 통지 및 열람(제15조)의 절차를 새로이 거쳐야 할 필요나 이유가 없으므로, 위 토지보상법 제14조, 제15조에 따른 사전절차는 구 도시정비법 제40조 제1항(법 제65조 제1항)의 "이 법에 특별한 규정이 있는 경우"에 해당하여 도시정비법상 현금청산대상자인 토지등소유자에게 준용될 여지가 없다고 보았다.

3. 수용재결신청 전 협의

가. 정비사업의 수용재결신청을 위한 협의절차 개관

(1) 2017년 전부 개정 전의 협의절차

토지보상법상 사업시행자는 수용재결 신청에 앞서, 보상협의요청서를 토지소유자 및 관계인에게 통지하고, 협의기간은 30일 이상으로 한다(도시정비법 제16조, 도시정비법 시행령 제8조, 토지보상법 제26조 제1항). 이때 협의를 위한 보상금액 평가를 위해 시 · 도지사와 토지소유자가 각 1인씩 추천하는 감정평가법인 등을 포함하여 감정평가법인등 3인을 선정하여 감정평가를 의뢰하여야 한다(토지보상법 제26조 제1항, 제68조).

구 도시정비법(2017. 2. 8. 법률 제14567호로 전부 개정되기 전의 것) 제47조 제1항은 관리처분계획인가를 받은 날의 다음 날부터 90일 이내 시행령으로 정하는 절차에 따라 현금으로 청산하도록 하였고,[5] 위 법률 규정의 위임에 따른 구 시행령(2018. 2. 9. 대통령령 제28628호로 전부 개정되기 전의 것) 제48조는 청산금액은 사업시행자와 토지등소유자가 협의하여 산정하되, 시장 · 군수가 추천하는 감정평가업자 2 이상이 평가한 금액을 산술평균하여 산정한 금

5 2013. 12. 24. 이전에 조합설립인가를 신청한 재개발사업의 경우에는 구 도시정비법(2013. 12. 24. 법률 제12116호로 개정되기 전의 것) 제47조 제1항에 따라 분양신청을 하지 아니한 자 또는 분양신청기간 종료 이전에 분양신청을 철회한 자는 분양신청기간 종료일의 다음 날부터, 인가된 관리처분계획에 따라 분양대상에서 제외된 자는 그 관리처분계획의 인가를 받은 날의 다음 날부터 150일 이내에 현금으로 청산하여야 한다 [구법 부칙(2013. 12. 24.) 제4조].

액을 기준으로 협의할 수 있다는 점 정도만 정하고 있었다.

이에 관해 대법원 2015. 11. 27. 선고 2015두48877 판결은 토지보상법상 손실보상의 협의는 사업시행자와 토지등소유자 사이의 사법상 계약의 실질을 갖는다는 점에서 도시정비법상 협의와 그 성격상 구별된다고 보기 어렵고, 도시정비법은 협의의 기준이 되는 감정평가액의 산정에 관하여 별도의 규정을 두고 있으므로 토지보상법상 감정평가업자를 통한 보상액의 산정(제68조)이나 이를 기초로 한 사업시행자와의 협의(제16조) 절차를 따로 거칠 필요가 없어, 토지보상법상 협의 등에 관한 규정은 구 도시정비법 제40조 제1항(법 제65조 제1항)의 "이 법에 특별한 규정이 있는 경우"에 해당하여 도시정비법상 현금청산대상자인 토지등소유자에게 준용될 여지가 없다고 보았다. 따라서 구 도시정비법에서는 원칙적으로 구 도시정비법 제47조, 구 시행령 제48조가 정하는 범위에서 협의절차를 진행하면 되는 것으로 볼 수 있으나, 토지수용위원회에 의해 토지보상법이 정한 협의절차나 협의보상을 위한 보상액 산정이 적용되어 있다.

(2) 2017년 전부개정법률에 따른 협의절차

현행 도시정비법 제73조 제1항, 제2항은 구 도시정비법 제47조 제1항이 90일의 청산기간을 정한 것과 달리 90일의 손실보상 협의기간 및 60일의 수용재결 신청기간을 정하고 있고, 그 협의 방법을 정한 현행 시행령(2018. 2. 9. 대통령령 제28628호로 전부 개정된 것) 제60조는 청산금액은 사업시행자와 토지등소유자가 협의하여 산정한다고 정한 것은 구 시행령 제48조와 동일하나(전단) "재개발사업의 손실보상액의 산정을 위한 감정평가업자 선정에 관하여는 「공익사업을 위한 토지 등의 취득 및 보상에 관한 법률」 제68조 제1항에 따른다"는 것으로 개정되었다(후단).

현행 도시정비법이 적용되는 경우에도 위 대법원 2015두48877 판결의 취지대로 토지보상법의 협의절차 및 협의보상을 위한 보상액의 산정에 관한 규정이 적용되지 않는지와 관련하여, ⓐ 구 도시정비법 제47조 제1항의 90일의 현금청산기간은 협의를 위한 기간이므로 현행 도시정비법 제73조 제1항의 90일의 손실보상 협의기간도 동일하게 보아 토지보상법 제16조가 적용되지 않는다고 볼 수 있으나,[6] ⓑ 손실보상액의 산정을 위한 감정평가업자 선정에 관하여는 토지보상법 제68조 제1항에 따르도록 개정되었으므로(시행령 제60조 제1항 후단), 구 도시정비법령과 같이 특별한 제한 없이 임의로 협의할 수 없고, 토지보상법 제68조 제1항에 따라 감정평가법인등 3인을 선정하여 토지등의 평가를 의뢰한 후 그 감정평가액을 기준

6 현행 도시정비법 제73조 제1항이 종전의 "현금으로 청산하여야 한다"를 "손실보상에 관한 협의를 하여야 한다"로 개정한 것은 대법원 2015. 12. 23. 선고 2015두50535 판결이 "현금청산에 관한 협의가 성립되지 않은 경우 토지보상법상의 손실보상에 관한 협의를 별도로 거칠 필요 없이 사업시행자에게 수용재결신청을 청구할 수 있다고 보아야 한다"고 판시함에 따라 종전의 현금청산을 손실보상에 관한 협의로 용어를 변경한 것이므로(강신은, 116) 종전과 달리 볼 이유는 없는 것으로 생각된다.

으로 현금청산대상자와 협의하여야 한다는 점에서 구 도시정비법과 다르게 보아야 한다.

나. 협의를 위한 보상금의 산정

(1) 구 시행령에 따른 협의를 위한 보상금 산정

구 시행령(2018. 2. 9. 대통령령 제28628호로 전부 개정되기 전의 것) 제48조는 청산금액은 사업시행자와 토지등소유자가 협의하여 산정하되(전단), "이 경우 시장 · 군수가 추천하는 감정평가업자 2 이상이 평가한 금액을 산술평균하여 산정한 금액을 기준으로 협의할 수 있다"고 정하고 있었다(후단). 위 구 시행령 제48조는 협의에 관해 도시정비법에 특별한 규정이 있는 경우에 해당하여 토지보상법 제68조에 따른 감정평가업자를 통한 보상액의 산정이 재개발사업에 준용되지 않는다(대법원 2015. 11. 27. 선고 2015두48877 판결). 또한 위 구 시행령 제48조 후단에 따른 "감정평가업자 2 이상이 평가한 금액을 산술평균하여 산정한 금액을 기준으로 협의"는 사업시행자의 재량이므로 사업시행자가 반드시 감정평가법인등에 의뢰하여 보상금액을 산정해야 한다고 볼 수 없다.[7]

따라서 수용재결신청을 위한 협의는 원칙적으로, 사업시행자가 임의로 선정한 감정평가법인등이 평가하여 산정한 금액이나 관리처분계획 수립 과정에서 평가한 종전자산가격 등을 기초로 협의할 수 있을 것이나, 지방토지수용위원회가 토지보상법의 협의를 위한 보상금 산정 절차를 준수하지 않았다는 이유로 수용재결신청에 대한 보완지시를 하거나 신청을 반려하는 경우도 많았다.

(2) 현행 시행령에 따른 협의를 위한 보상금 산정

현행 시행령(2018. 2. 9. 대통령령 제28628호로 전부 개정된 것) 제60조는 청산금액은 사업시행자와 토지등소유자가 협의하여 산정한다고 정한 것은 구 시행령 제48조와 동일하나(전단) "재개발사업의 손실보상액의 산정을 위한 감정평가업자 선정에 관하여는 「공익사업을 위한 토지 등의 취득 및 보상에 관한 법률」 제68조 제1항에 따른다"는 것으로 개정되었다(후단).

따라서 현행 시행령이 적용되는 경우에는 종전과 같이 임의로 협의할 수 없고, 토지보상법 제68조 제1항에 따라 감정평가법인등 3인(시 · 도지사와 토지소유자가 모두 감정평가법인등

7 법제처 2016. 11. 7. 16-0331 해석례는 위 후단 규정과 관련하여 "사업시행자는 반드시 도시정비법 시행령 제48조 후단에 따라 시장 · 군수가 추천하는 감정평가업자 2 이상이 평가한 금액을 산술평균하여 산정한 금액을 기준으로 해서만 협의를 할 수 있는 것은 아니라고 할 것이고, 기준금액 없이 협의를 하거나 당사자 중 일방이 임의로 선정한 감정평가업자가 평가하여 산정한 금액을 기준으로 협의를 하거나 당사자 쌍방이 합의하여 선정한 감정평가업자가 평가하여 산정한 금액을 기준으로 협의를 하는 등 다양한 방법으로 협의를 할 수 있다고 할 것이며, 도시정비법 시행령 제48조 후단은 당사자 간에 감정평가업자의 선정에 관하여 협의가 잘 이루어지지 않을 경우를 대비하여 그 감정평가업자의 추천을 시장 · 군수에게 맡길 수 있도록 하려는 취지에서 둔 규정으로 보아야 할 것입니다"라고 보았다.

을 추천하지 아니하거나 시 · 도지사 또는 토지소유자 어느 한쪽이 감정평가법인등을 추천하지 아니하는 경우에는 2인)을 선정하여 토지등의 평가를 의뢰한 후 그 감정평가액을 기준으로 현금청산대상자와 협의하여야 한다. 현행 시행령은 명문으로 현금청산대상자들이 감정평가법인등을 추천할 수 있도록 정하였다.

다. 협의기간

토지보상법은 사업시행자는 특별한 사유가 없으면 30일 이상의 협의기간을 정하여 보상협의요청서를 토지소유자 및 관계인에게 통지하여 협의하도록 하고 있으나(토지보상법 제16조, 토지보상법 시행령 제8조) 도시정비법 제73조 제1항(구법 제47조 제1항)은 협의기간에 대한 별도의 규정을 두고 있으므로 토지보상법 제16조 등의 규정은 준용되지 않고 위 도시정비법 규정에 따라 협의절차를 진행하면 된다(대법원 2015. 11. 27. 선고 2015두48877 판결).

따라서, 재개발사업에서 수용재결신청을 위한 협의 절차는 원칙적으로, 위 도시정비법 73조 제1항(구법 제47조 제1항)이 정하는 대로 관리처분계획이 인가 · 고시된 다음 날부터 90일 이내(관리처분계획 인가를 받은 날의 다음 날로부터 90일 이내, 분양신청기간 종료일의 다음 날 또는 관리처분계획 인가를 받은 날의 다음 날부터 150일 이내)에 협의절차를 진행하면 될 것이다. 다만 토지수용위원회가 위 대법원 2015두48877 판결 등에도 불구하고 토지보상법상 협의 절차 등을 거치도록 하는 경우가 많고 재결신청이 받아들여지기 위해서는 성실한 협의를 거쳐야 하므로(토지보상법 제16조), 토지보상법령에 따라 30일 이상의 협의를 거치고 협의경위서도 작성하고 있다.

라. 협의 성립에 따른 계약 체결

사업시행자는 협의가 성립하였을 때 토지등소유자 및 관계인과 계약을 체결하여야 한다(토지보상법 제17조). 협의취득은 사법상 계약의 실질을 갖는 것으로서 토지보상법이 정하는 손실보상의 기준에 구애받지 않고 매매대금을 결정할 수 있으므로(대법원 2014. 4. 24. 선고 2013다218620 판결) 채무불이행이나 매매대금 과부족에 대한 지급의무도 약정할 수 있다(대법원 2012. 2. 23. 선고 2010다91206 판결). 토지수용위원회의 수용재결이 있은 후라고 하더라도 사업시행자가 토지소유자, 관계인과 다시 협의하여 토지등의 취득이나 사용 및 그에 대한 보상에 관하여 임의로 계약을 체결할 수 있다(대법원 2017. 4. 13. 선고 2016두64241 판결).

사업시행자는 협의가 성립되었을 때 재결신청기간 내에 해당 토지소유자 및 관계인의 동의를 받아 관할 토지수용위원회에 협의 성립의 확인을 신청할 수 있으며, 관할 토지수용위원회가 공증을 받은 신청을 수리하면 협의 성립이 확인된 것으로 본다. 협의 성립의 확인은 재결로 보며, 사업시행자, 토지소유자 및 관계인이 그 확인된 협의의 성립이나 내용을 다툴 수 없다(토지보상법 제29조).[8]

---

8 협의취득은 사법상 매매계약으로서 그 이행으로 인한 소유권 취득도 승계취득인데 반해, 협의 성립의 확인

마. 협의 불성립에 따른 협의경위서 작성

사업시행자는 협의가 성립되지 아니한 경우 협의경위서에 협의의 일시 · 장소 및 방법, 대상 토지의 소재지 · 지번 · 지목 및 면적과 토지에 있는 물건의 종류 · 구조 및 수량, 토지소유자 및 관계인의 성명 또는 명칭 및 주소, 토지소유자 및 관계인의 구체적인 주장내용과 이에 대한 사업시행자의 의견, 그 밖에 협의와 관련된 사항을 적어 토지소유자 및 관계인의 서명 또는 날인을 받아야 한다. 다만, 사업시행자는 토지소유자 및 관계인이 정당한 사유 없이 서명 또는 날인을 거부하거나 토지소유자 및 관계인을 알 수 없거나 그 주소 · 거소, 그 밖에 통지할 장소를 알 수 없는 등의 사유로 서명 또는 날인을 받을 수 없는 경우에는 서명 또는 날인을 받지 아니하되, 해당 협의경위서에 그 사유를 기재하여야 한다(토지보상법 시행령 제8조 제5항).

위 시행령 규정의 취지상 협의경위서는 원칙적으로 협의기간이 경과한 후에 작성하는 것이나, 토지소유자 및 관계인이 협의에 불응할 의사를 명백히 표시하거나 협의기간 만료일까지 기다려도 협의가 성립될 가망이 없을 것이 명백하다면 협의기간이 만료되기 전에 협의경위서가 작성되었다 하더라도 잘못이라 할 수 없다(대법원 1987. 5. 12. 선고 85누755 판결).

4. 재결의 신청

가. 재결신청의 시기 및 방법

정비사업의 사업시행자는 협의가 성립하지 아니하거나 협의를 할 수 없을 때에는 사업시행계획(변경)인가를 할 때 정한 사업시행기간 내에 토지보상법 시행령 제12조가 정하는 바에 따라 관할 토지수용위원회에 재결을 신청할 수 있다(도시정비법 제65조 제3항, 토지보상법 제28조).

사업시행자는 재결을 신청하는 경우 재결신청서(토지보상법 시행규칙 제10조 [별지 제13호 서식])에 공익사업의 종류 및 명칭, 사업인정의 근거 및 고시일, 수용하거나 사용할 토지의 소재지 · 지번 · 지목 및 면적(물건의 경우에는 물건의 소재지 · 지번 · 종류 · 구조 및 수량), 수용하거나 사용할 토지에 물건이 있는 경우에는 물건의 소재지 · 지번 · 종류 · 구조 및 수량, 토지를 사용하려는 경우에는 그 사용의 방법 및 기간, 토지소유자 및 관계인의 성명 또는 명칭 및 주소, 보상액 및 그 명세, 수용 또는 사용의 개시예정일, 청구인의 성명 또는 명칭 및 주소와 청구일(토지보상법 제30조 제2항에 따라 재결을 신청하는 경우로 한정한다), 토지보상법 제21조 제1항 및 제2항에 따른 중앙토지수용위원회와의 협의 결과, 토지소유자 및 관계인과 협의가 성립된 토지나 물건에 관한 토지의 소재지 · 지번 · 지목 · 면적 및 보상금 내역, 물건의 소재지 · 지번 · 종류 · 구조 · 수량 및 보상금 내역을 적어 관할 토지수용위원회에 제출하여야 한다(토지보상법 시행령 제12조 제1항).

재결신청서에는 토지조서 또는 물건조서, 협의경위서, 사업계획서, 사업예정지 및 사

은 재결로 의제됨으로써 수용재결의 경우와 동일하게 원시취득하는 효과를 누리는 것으로서(대법원 2018. 12. 13. 선고 2016두51719 판결), 협의 성립의 확인에 따른 취득은 협의취득과 구분된다.

업계획을 표시한 도면, 토지보상법 제21조 제5항에 따른 중앙토지수용위원회의 의견서를 첨부하여야 한다(토지보상법 시행령 제12조 제2항).

나. 재결신청의 청구

토지소유자 등이 사업시행자에게 재결신청을 청구한 경우 사업시행자는 그 청구를 받은 날로부터 60일 이내에 관할 토지수용위원회에 재결을 신청하여야 하므로(토지보상법 제30조 제2항), 재결신청의 청구에 따라 사업시행자는 재결신청을 할 의무를 부담한다. 사업시행자가 위 60일 이내에 재결신청을 청구하지 않는 경우 그 거부처분 내지 부작위는 위법하며, 위 60일을 넘겨 재결을 신청하면 그 지연된 기간에 대하여 소송촉진법 제3조에 따른 법정이율을 적용한 지연가산금이 발생한다(토지보상법 제30조 제3항).[9]

다. 재결신청내용의 공고와 열람

토지수용위원회는 재결신청서를 접수한 때부터 지체 없이 그 신청서 및 관계 서류의 사본을 토지등의 소재지를 관할하는 시장 · 군수 또는 구청장에게 송부하여 공고 및 열람을 의뢰하여야 하고, 시장 · 군수 또는 구청장은 송부된 서류를 받았을 때에는 지체 없이 재결신청 내용을 시 · 군 · 구의 게시판에 공고하고, 공고한 날부터 14일 이상 그 서류를 일반인이 열람할 수 있도록 하여야 한다(토지보상법 제31조 제1항, 토지보상법 시행령 제15조 제1항, 제2항).

시장 · 군수 · 구청장 또는 관할 토지수용위원회는 공고의 내용과 의견이 있으면 의견서를 제출할 수 있다는 뜻을 토지소유자 및 관계인에게 통지하여야 한다. 토지소유자 또는 관계인은 위 열람기간에 해당 시장 · 군수 · 구청장에 의견서를 제출할 수 있으며, 시장 · 군수 또는 구청장은 열람기간이 끝나면 제출된 의견서를 지체 없이 관할 토지수용위원회에 송부하여야 하며, 제출된 의견서가 없는 경우에는 그 사실을 통지하여야 한다(토지보상법 제31조 제2항, 토지보상법 시행령 제15조 제3항 내지 제6항).

라. 수용재결의 심리

토지수용위원회는 열람기간이 지났을 때에는 지체 없이 해당 신청에 대한 조사 및 심리를 하여야 하고, 그 심리를 시작한 날부터 14일 이내에 재결을 하여야 하고 특별한 사유가 있을 때에는 14일의 범위에서 한 차례만 연장할 수 있다(토지보상법 제32조 제1항, 제35조). 위 심리기간은 재결을 조속히 하도록 하기 위한 훈시규정이므로 그 기간을 지나서 한 재결도 유효하다. 수용재결까지 통상 4~6개월 정도가 소요되고 여러 차례 보완이 이루어지면서 더 오래 걸리기도 한다.

토지수용위원회의 심리는 원칙적으로 서면주의, 비공개주의, 직권주의에 의한다. 다만

---

9 자세한 내용은 **V.재결신청 지연가산금** 참고.

심리에 필요하다고 인정할 때에는 사업시행자, 토지소유자, 관계인 또는 참고인에게 토지수용위원회에 출석하여 진술하게 하거나 그 의견서 또는 자료의 제출을 요구하거나, 감정평가법인등이나 그 밖의 감정인에게 감정평가를 의뢰하거나 토지수용위원회에 출석하여 진술하게 할 수 있으며, 토지수용위원회의 위원 또는 사무기구의 직원이나 지방토지수용위원회의 업무를 담당하는 직원으로 하여금 실지조사를 하게 할 수 있다(토지보상법 제32조 제2항, 제3항, 제58조).

5. 토지수용위원회의 재결

가. 재결의 형식

토지수용위원회의 재결은 서면으로 하며, 재결서에는 주문 및 그 이유와 재결일을 적고, 위원장 및 회의에 참석한 위원이 기명날인한 후 그 정본을 사업시행자, 토지소유자 및 관계인에게 송달하여야 한다(토지보상법 제34조).

나. 재결의 내용

(1) 재결사항

토지수용위원회의 재결사항은 ⓐ 수용하거나 사용할 토지의 구역 및 사용방법, ⓑ 손실보상, ⓒ 수용 또는 사용의 개시일과 기간, ⓓ 그 밖에 이 법 및 다른 법률에서 규정한 사항이다. 토지수용위원회는 사업시행자, 토지소유자 또는 관계인이 신청한 범위에서 재결하여야 한다. 다만 손실보상의 경우에는 증액재결을 할 수 있다(토지보상법 제50조).

(2) 수용재결

수용재결은 ① 부적법한 재결신청에 대해 본안심리를 거절하는 각하재결, ② 본안심리의 결과 재결신청이 이유 없다고 하여 그 신청을 배척하는 기각재결, ③ 본안심리의 결과 재결신청이 이유 있다고 하여 그 신청을 받아들이는 인용재결로 구분된다.

① 각하재결은 신청요건에 흠결이 있는 경우에 하는 것으로서, 중앙토지수용위원회는 각하재결 사유로 ⓐ 사업인정을 받거나 고시를 한 사실이 없는 경우, ⓑ 재결과정 중 사업폐지나 변경으로 사업인정이 실효된 경우, ⓒ 토지보상법 제50조의 재결사항에 해당하지 아니한 경우, ⓓ 토지보상법 제51조의 중앙토지수용위원회의 관할에 속하지 아니한 경우, ⓔ 토지보상법 제28조에서 정한 수용재결신청기간이 경과한 경우, ⓕ 토지소유자 및 관계인과 협의를 거치지 않고 수용재결을 신청한 경우, ⓖ 사업시행자가 아닌 토지소유자 또는 관계인이 직접 수용재결을 신청한 경우, ⓗ 의무적 보상협의회를 설치하지 아니한 경우(토지보상법 시행령 제44조의2) 등을 들고 있다.[10]

② 토지수용위원회는 행정쟁송에 의하여 사업인정이 취소되지 않는 한 그 기능상 사업

10 중앙토지수용위원회, 2021년 토지수용 업무편람 (2021), 572.

인정 자체를 무의미하게 하는, 즉 사업의 시행이 불가능하게 되는 것과 같은 재결은 할 수 없으므로(대법원 2007. 1. 11. 선고 2004두8538 판결), 기각재결은 소유자등의 요구가 없음에도 착오로 사업지구 밖의 토지 또는 물건에 대하여 수용신청을 하는 등 신청요건 및 절차 또는 신청내용에 흠결이 있고 그 흠결에 대해 본안심리가 필요한 경우에 한다.[11]

토지수용위원회가 재개발사업의 현금청산을 위한 수용재결신청에서 토지보상법상 협의 절차 등을 갖추지 못하였다는 이유로 반려처분하는 경우도 있었으나, 토지보상법상 토지수용위원회는 재결신청서를 접수하면 지체 없이 공고 및 열람을 진행한 후 지체 없이 조사 및 심리를 하여야 한다고만 정하고 있을 뿐(토지보상법 제31조, 제32조) 접수단계에서 그 실질적 내용까지 심사하여 접수를 거부할 수 없고, 보완이 가능한 것임에도 그 보완요구를 하지 않은 채 바로 신청을 반려한 것은 위법하다고 보는 것이 타당하다.[12]

⑶ 재결서의 송달

재결서 등 토지보상법의 송달은 해당 서류를 받을 자에게 교부하거나 특별송달의 방법에 의하며(토지보상법 시행령 제4조 제1항, 토지보상법 시행규칙 제33조), 송달받을 자를 알 수 없는 경우 등에는 공시송달을 할 수 있다(토지보상법 시행령 제4조 제3항 내지 제6항).

6. 재결의 효력

가. 보상금의 지급 · 공탁

⑴ 보상금의 지급 또는 공탁

사업시행자는 토지수용위원회가 재결로써 결정한 수용 또는 사용의 개시일까지 관할 토지수용위원회가 재결한 보상금을 지급하여야 한다(토지보상법 제40조 제1항)

다만, 보상금을 받을 자가 그 수령을 거부하거나 보상금을 수령할 수 없을 때, 사업시행자의 과실 없이 보상금을 받을 자를 알 수 없을 때, 관할 토지수용위원회가 재결한 보상금에 대하여 사업시행자가 불복할 때, 압류나 가압류에 의하여 보상금의 지급이 금지되었을 때에는 수용 또는 사용의 개시일까지 수용하거나 사용하려는 토지등의 소재지의 공탁소에 보상금을 공탁하여야 한다(토지보상법 제40조 제2항). 보상금을 수령할 자가 그 보상금의 수령을 거절하거나 거절할 것이 명백하다고 인정되는 경우 사업시행자는 현실제공을 하지 않고 바로 보상금을 공탁할 수 있다(대법원 1995. 6. 13. 선고 94누9085 판결 등).

사업시행자는 관할 토지수용위원회가 재결한 보상금에 대하여 불복한 때에는 보상금을 받은 자에게 자기가 산정한 보상금을 지급하고 그 금액과 토지수용위원회가 재결한 보

---

11 중앙토지수용위원회, 앞의 책, 571.

12 서울행정법원 2019. 5. 17. 선고 2018구합52662 판결, 서울고등법원 2019. 6. 13. 선고 2018누63671 판결(제1심은 서울행정법원 2018. 8. 31. 선고 2018구합52518 판결).

상금과의 차액을 공탁하여야 한다. 이 경우 보상금을 받을 자는 그 불복의 절차가 종결될 때까지 공탁된 보상금을 수령할 수 없다(토지보상법 제40조 제4항).

⑵ 보상금 지급 또는 공탁의 효과

사업시행자가 수용 개시일까지 토지수용위원회가 재결한 보상금을 지급하거나 공탁하면 수용 개시일에 그 토지 또는 물건의 소유권 및 사용권을 취득한다(토지보상법 제45조 제1항). 사업시행자가 수용의 개시일까지 보상급을 지급하거나 공탁함으로서 그 재결에 의한 수용의 효력이 발생한 이후에는 그 재결에 대한 이의신청이나 행정소송의 제기가 있다 하더라도 수용의 효력이 정지되지 않는다(토지보상법 제88조).

⑶ 토지소유자 등의 보상금 또는 공탁금의 수령

사업인정의 고시(사업시행계획인가의 고시)가 있은 후 권리의 변동이 있을 때에는 그 권리를 승계한 자가 보상금 또는 공탁금을 받는다(토지보상법 제40조 제3항). 이 경우 그 보상금 또는 공탁금을 받는 자는 보상금을 받을 권리를 승계한 사실을 증명하는 서류를 사업시행자 또는 공탁공무원에게 제출하여야 한다(토지보상법 시행령 제21조).

보상금 또는 공탁금의 수령은 이의 유보에 따라 재결 승복 여부가 달라지므로 주의를 요한다.

① 토지소유자가 아무런 이의를 유보함이 없이 사업시행자가 지급하는 보상금(공탁금)을 수령하였다면 그 토지의 소유자는 재결에 승복한 것으로 보아 이의재결신청을 할 수 없고(대법원 1983. 2. 22. 선고 81누311 판결), 이의신청이나 행정소송을 제기한 이후라 하더라도 공탁에 대해 아무런 이의를 유보하지 않은 채 수령하면 종전의 수령거절의사를 철회하고 재결에 승복한 것으로 본다(대법원 1990. 10. 23. 선고 90누6125 판결).

② 토지소유자가 이의를 유보하고 공탁을 수령하였다면 토지수용위원회의 재결에 승복한 것으로 볼 수 없다(대법원 1987. 5. 12. 선고 86누498 판결). 이의유보는 사업시행자 또는 공탁공무원에게 그 보상금 또는 공탁금을 수령하기 전에 하여야 하고, "재결에 불복", "보상금 중 일부의 수령" 등 토지수용위원회의 재결에 승복하여 보상금을 수령하는 것이 아니라는 것을 표시해야 한다. 다만 이의신청이나 행정소송을 제기하여 계속중이라는 사실만으로 공탁금 수령에 관한 이의유보의 의사표시가 있는 것으로 볼 수 없다(대법원 1991. 8. 27. 선고 90누7081 판결).

나. 재결의 실효

사업시행자가 수용의 개시일까지 관할 토지수용위원회가 재결한 보상금을 지급하거나 공탁하지 아니하였을 때에는 해당 토지수용위원회의 재결은 효력을 상실한다(토지보상법 제42조 제1항). 사업시행자는 재결의 효력이 상실됨으로 인하여 토지소유자 또는 관계인이 입은 손실을 보상하여야 한다(토지보상법 제42조 제2항, 제3항).

다. 사업시행자의 권리취득

(1) 사업시행자의 소유권 원시취득

사업시행자는 수용의 개시일까지 보상금을 지급하거나 공탁함으로써 수용의 개시일에 토지나 물건의 소유권을 취득하고, 그 토지나 물건에 관한 다른 권리는 토지수용위원회의 재결로 인정된 권리를 제외하고는 이와 동시에 소멸한다(토지보상법 제45조 제1항, 제3항).[13] 그 이후에 이의재결에서 보상액이 늘어났다 하더라도 달리 볼 수 없다(대법원 2017. 3. 30. 선고 2014두43387 판결 등). 재결에 의한 소유권 취득은 법률의 규정에 의한 원시취득으로서 부동산 물권변동에 등기를 요하지 않으며(민법 제187조), 토지소유자가 부담하는 토지의 인도의무에는 수용목적물에 숨은 하자가 있는 경우에도 하자담보책임이 포함되지 않는다(대법원 2001. 1. 16. 선고 98다58511 판결).

(2) 사업시행자의 사용권 취득 및 토지소유자 등의 인도 · 이전의무

사업시행자는 사용의 개시일에 토지나 물건의 사용권을 취득하며, 그 토지나 물건에 관한 다른 권리는 토지수용위원회의 재결로 인정된 권리를 제외하고는 사용 기간 중에는 행사하지 못한다(토지보상법 제45조 제2항, 제3항). 정비사업에서 종전의 토지 또는 건축물의 소유자 · 지상권자 · 전세권자 · 임차권자 등 권리자는 토지보상법에 따른 손실보상이 완료되면 관리처분계획인가의 고시가 있은 때부터 종전의 토지 또는 건축물을 사용하거나 수익할 수 없으므로(도시정비법 제81조 제1항 제2호), 수용의 개시일까지 보상금을 지급 또는 공탁하여야 도시정비법 및 토지보상법에 따른 사용권한을 취득할 수 있다.

토지소유자 및 관계인과 그 밖에 토지소유자나 관계인에 포함되지 아니하는 자로서 수용하거나 사용할 토지나 그 토지에 있는 물건에 관한 권리를 가진 자는 수용 또는 사용의 개시일까지 그 토지나 물건을 사업시행자에게 인도하거나 이전하여야 한다(토지보상법 제43조).[14] 토지소유자가 인도 · 이전을 거부하는 경우 부당이득 또는 손해배상을 부담하거나 토지보상법 제95조의2 제2호에 따른 형사책임을 부담할 수 있다.

(3) 처분효력의 부정지

사업시행자가 수용의 개시일까지 보상금을 지급하거나 공탁함으로서 그 재결에 의한 수용의 효력이 발생한 이후에는 그 재결에 대한 이의신청이나 행정소송의 제기가 있다 하더라도 수용의 효력이 정지되지 않는다(토지보상법 제88조).

---

13 토지나 물건에 관한 (근)저당권 등은 보상금에 대해 물상대위로 남아 보상금채권(공탁금출급청구권)을 압류하는 방법으로 행사하여야 한다(토지보상법 제74조).

14 도시정비법 제81조 제1항의 사용 · 수익의 중지는 반대해석상 사업시행자가 현금청산대상자 등을 상대로 인도를 구할 권원이 되나 토지보상법에 따른 손실보상이 완료되어야 하므로, 결국 위 도시정비법 제81조 제1항에 의한 인도 · 이전청구권도 수용의 개시일까지 보상금을 지급 또는 공탁하여야 효력이 발생한다는 점에서 동일하다.

도시정비법상 종전의 토지 또는 건축물의 소유자 · 지상권자 · 전세권자 · 임차권자 등 권리자는 토지보상법에 따른 손실보상이 완료되면 관리처분계획인가의 고시가 있은 때부터 종전의 건축물을 사용하거나 수익할 수 없는데(도시정비법 제81조 제1항 제2호), 토지수용위원회의 재결에 대해 이의신청이나 행정소송의 제기가 있다 하더라도 위 처분효력의 부정지에 따라 보상금을 지급 또는 공탁한 때 위 도시정비법 제81조 제1항 제2호에서 정한 손실보상이 완료된 것으로 볼 수 있다(대법원 2013. 8. 22. 선고 2012다40097 판결).

Ⅲ. 재결에 대한 불복

1. 이의신청

가. 이의의 신청 및 심리

중앙토지수용위원회의 재결에 이의가 있는 자는 중앙토지수용위원회에 이의를 신청할 수 있고, 지방토지수용위원회의 재결에 이의가 있는 자는 해당 지방토지수용위원회를 거쳐 중앙토지수용위원회에 이의를 신청할 수 있다.[15]

이의신청은 재결서 정본을 받은 날부터 30일 이내에 하여야 한다(토지보상법 제83조). 이의신청을 하려는 자가 이의신청서(토지보상법 시행규칙 제67조 [별지 제21호 서식])에 당사자의 성명 또는 명칭 및 주소, 신청의 요지 및 이유를 적고 해당 토지수용위원회에 제출하면, 지방토지수용위원회는 그 이의신청서 등을 지체 없이 중앙토지수용위원회에 송부하고, 중앙토지수용위원회는 이의신청서를 접수하였을 때 신청인의 상대방에게 그 신청의 요지를 통지하여야 한다(토지보상법 시행령 제45조). 중앙토지수용위원회는 다시 별도의 감정평가를 거쳐 정당한 수용보상금을 산정한다.

나. 이의재결의 내용

(1) 이의재결의 범위

중앙토지수용위원회는 이의신청을 받은 경우 수용재결이 위법하거나 부당하다고 인정할 때에는 그 재결의 전부 또는 일부를 취소하거나 보상액을 변경할 수 있다(토지보상법 제84조 제1항). 다만 사업시행자, 토지소유자 또는 관계인이 신청한 범위에서 재결하여야 한다(토지보상법 제50조).

(2) 이의재결의 종류

이의재결은 ① 이의신청이 부적법한 경우의 각하재결, ② 수용재결이 위법하거나 부당하여 중앙토지수용위원회가 전부취소, 일부취소, 보상금액 변경을 위해 하는 인용재결(취

15 국가 또는 시 · 도가 사업시행자인 사업 또는 수용하거나 사용할 토지가 둘 이상의 시 · 도에 걸쳐 있는 사업은 중앙토지수용위원회가 재결에 관한 사항을 관장하고, 그 외 사업의 재결에 관한 사항은 지방토지수용위원회가 관장한다(토지수용법 제51조). 그 이외에 혁신도시법 제15조 제4항, 철도건설법 제12조 제3항과 같이 개별법에서 중앙토지수용위원회를 관할 토지수용위원회로 정하기도 한다.

소재결 · 변경재결), ③ 이의신청인의 주장이 이유없을 때 하는 기각재결로 구분된다.

이 중 ① 각하재결은 이의신청이 부적법한 경우에 하는 것으로서, 중앙토지수용위원회는 각하재결의 사유로 ⓐ 이의를 유보하지 않고 공탁금을 수령한 경우,[16] ⓑ 토지보상법 제83조 제3항에서 정한 이의신청기간(30일)을 경과하여 이의신청한 경우, ⓒ 해당 토지, 물건, 손실보상 등에 대한 수용재결이 없는 경우, ⓓ 보상금을 공탁하지 아니하여 재결이 실효된 경우, ⓔ 수용재결 후 별도의 계약을 통하여 사업시행자가 소유권 등을 취득한 경우, ⓕ 이의신청이 아닌 자가 이의신청을 한 경우[17] 등을 들고 있다.[18]

중앙토지수용위원회는 수용재결금액과 이의재결 보상평가액을 비교하여 후자가 더 많으면 후자로 변경하는 재결을 하며, 보상금 증액을 요구하는 경우 감정평가 결과 수용재결금액보다 낮게 산정되었더라도 불이익변경 금지의 원칙상 이를 감액하지 못하므로 수용재결금액이 적정한 것으로 보고 이의신청을 기각하게 된다.

다. 이의재결의 효력

(1) 늘어난 보상금의 지급 · 공탁

이의신청에 대한 재결로 보상금이 늘어난 경우 사업시행자는 재결의 취소 또는 변경의 재결서 정본을 받은 날부터 30일 이내에 보상금을 받을 자에게 그 늘어난 보상금을 지급하거나 공탁하여야 한다(토지보상법 제84조 제2항).

사업시행자, 토지소유자 또는 관계인은 이의신청을 거쳤을 때에는 이의신청에 대한 재결서를 받은 날부터 60일 이내에 각각 행정소송을 제기할 수 있으나, 이 경우 사업시행자는 행정소송을 제기하기 전에 제84조에 따라 늘어난 보상금을 공탁하여야 하며, 보상금을 받을 자는 공탁된 보상금을 소송이 종결될 때까지 수령할 수 없다(토지보상법 제85조 제1항). 그러나 사업시행자가 제기한 행정소송이 각하 · 기각 또는 취하된 경우 수용재결 또는 이의재결서의 정본을 받은 날부터 판결일 또는 취하일까지의 기간에 대해 소송촉진법 제3조에 따른 법정이율을 적용하여 산정한 금액을 보상금에 가산하여 지급하여야 한다(토지보상법 제87조).[19]

---

16 토지소유자가 수용재결에서 정한 손실보상금을 수령할 당시 이의유보의 뜻을 표시하였더라도, 이의재결에서 증액된 손실보상금을 수령하면서 이의유보의 뜻을 표시하지 않은 이상 이의재결의 결과에 승복하여 수령한 것으로 보게 된다(대법원 2001. 11. 13. 선고 2000두1003 판결).

17 수용재결절차 진행 도중 소유자가 변동된 경우에 대해 중앙토지수용위원회는 ⓐ 수용재결 이전 또는 이후에 새로운 소유자로 소유권이 변동된 이후에 종전 소유자가 한 이의신청은 권한이 없는 자가 한 것이므로 각하재결하고, ⓑ 수용재결일과 수용의 개시일 사이에 종전 소유자가 이의신청을 한 상태에서 새로운 소유자로 소유권이 변동된 경우에는 새로운 소유자는 종전 소유자의 이의신청을 승계하므로 정당한 이의신청으로 진행하며, ⓒ 사업시행자가 소유권을 취득하는 수용 개시일 이후 소유권이 사업시행자의 동의 없이 변경된 것은 무효이므로 새로운 소유자의 이의신청은 권한이 없는 자가 한 것이므로 각하재결한다고 보고 있다(중앙토지수용위원회, 앞의 책, 563).

18 중앙토지수용위원회, 앞의 책, 578.

19 위 토지보상법 제87조의 취지는 사업시행자가 보상금의 지급을 시연시킬 목적으로 행정소송을 남용하는 것

⑵ 이의재결의 확정

사업시행자, 토지소유자 또는 관계인이 이의재결서를 받은 날부터 60일 이내에 행정소송을 제기하지 아니하거나 그 밖의 사유로 이의신청에 대한 재결이 확정된 때에는 민사소송법상의 확정판결이 있는 것을 보며, 재결서 정본은 집행력 있는 판결의 정본과 동일한 효력을 갖는다(토지보상법 제86조 제1항).

토지소유자가 수용재결에서 정한 손실보상금을 수령할 당시 이의유보의 뜻을 표시하였더라도, 이의재결에서 증액된 손실보상금을 수령하면서 이의유보의 뜻을 표시하지 않은 이상 이의재결의 결과에 승복하여 수령한 것으로 보아야 하고, 위 증액된 손실보상금을 수령할 당시 이의재결을 다투는 행정소송이 계속중이라는 사실만으로 이의유보의 의사표시가 있었다고 볼 수 없다(대법원 2001. 11. 13. 선고 2000두1003 판결).[20]

2. 행정소송의 제기

가. 수용재결취소 또는 무효확인의 항고소송

이의신청은 임의적 절차이며, 토지보상법상 제85조 제1항은 원처분주의를 명문으로 정하고 있다. 따라서 수용재결에 불복하여 취소소송을 제기하는 때에는 이의신청을 거친 경우에도 수용재결을 한 중앙토지수용위원회 또는 지방토지수용위원회를 피고로 하여 수용재결의 취소를 구하여야 하고, 다만 이의신청에 대한 재결 자체에 고유한 위법이 있음을 이유로 하는 경우에는 그 이의재결을 한 중앙토지수용위원회를 피고로 하여 이의재결의 취소를 구할 수 있다(대법원 2010. 1. 28. 선고 2008두1504 판결 등).

사업시행자, 토지소유자 또는 관계인은 수용재결에 불복할 때에는 재결서를 받은 날부터 90일 이내에, 이의신청을 거쳤을 때에는 이의신청에 대한 재결서를 받은 날부터 60일 이내에 각각 행정소송을 제기할 수 있다(토지보상법 제85조 제1항). 토지보상법이 2018. 12. 31. 법률 제16138호로 개정되기 전에는 제소기간이 각 60일 또는 30일이었으며, 위 토지보상법일부개정법률의 시행일인 2019. 7. 1. 이후 최초로 토지보상법 제34조 또는 제84조에 따른 재결서 정본을 받은 자에 대해 위 일부개정법률의 90일 또는 60일이 적용된다(토지보상법 부칙 (2018. 12. 31.) 제4조). 수용재결 또는 이의재결의 중대 · 명백한 하자를 이유로 한 무효확인소송은 제소기간의 적용을 받지 않는다.

을 방지하고 보상금을 수령하지 못하는 기간 동안 토지소유자의 손해를 보전하여 사업시행자와 토지소유자 사이의 형평을 도모하기 위한 것이다(대법원 2019. 1. 17. 선고 2018두54675 판결).

20 이의유보의 의사표시를 묵시적으로 인정할 수도 있으나(대법원 2009. 11. 12. 선고 2006두15462 판결), 다툼이 없도록 이의를 유보한다는 표시는 해두는 것이 필요하다.

나. 보상금의 증액 또는 감액을 구하는 당사자소송

토지보상법 제85조 제2항은 보상금의 증감에 관한 소송을 형식적 당사자소송으로 규정하여 그 소송을 제기하는 자가 토지소유자 또는 관계인인 때에는 사업시행자를, 그 소송을 제기하는 자가 사업시행자인 때에는 토지소유자 또는 관계인을 각각 피고로 하도록 정하고 있다.

손실보상금의 증액 또는 감액을 구하는 소송도 토지보상법상 제85조 제1항에 따라 수용재결에 불복할 때에는 재결서를 받은 날부터 90일 이내에, 이의신청을 거쳤을 때에는 이의신청에 대한 재결서를 받은 날부터 60일 이내에 각각 제기하여야 한다. 재결신청 지연가산금은 보상금에 부수하여 토지보상법이 인정하는 공법상 청구권이므로, 제소기간에 보상금의 증감에 대한 소송을 제기한 이상 위 토지보상법 제85조에서 정한 제소기간에 구애받지 않고 그 소송절차에서 청구취지 변경 등을 통해 청구할 수 있다(대법원 2012. 12. 27. 선고 2010두9457 판결).

현금청산대상자가 수용재결 자체의 위법과 보상금의 증액을 모두 다투면 주위적으로 관할 토지수용위원회를 상대로 수용재결의 취소를 구하고, 예비적으로 사업시행자를 상대로 보상금을 증액을 구하는 소를 제기하게 되나(청구의 주관적 · 예비적 병합), 실제로는 보상금의 적정성을 주로 다투게 된다.

Ⅳ. 손실보상금

1. 수용대상 토지 등에 대한 보상금 산정

가. 손실보상 대상자

재개발사업에서 수용절차로 손실보상을 받는 자는 정비구역내 토지등소유자로서, 도시정비법 제73조 제1항에 따라 분양신청기간 내에 분양신청을 하지 아니한 자, 분양신청기간 종료 이전에 분양신청을 철회한 자, 투기과열지구에서 분양신청을 할 수 없는 자, 인가된 관리처분계획에 따라 분양대상에서 제외된 자 또는 정관에 따라 분양계약체결기간에 분양계약을 체결하지 아니한 자, 제명 · 탈퇴한 자 등이 해당한다.

나. 보상액 평가 기준

(1) 수용재결일 당시의 가격을 기준으로 한 보상액 산정

도시정비법 제73조(구법 제47조)는 현금청산 기준일은 명문으로 정하고 있지 않다. 재건축사업에서 매도청구의 방법으로 현금청산하는 경우 현금청산 기준일은 토지등소유자가 조합원의 지위를 상실하고 현금청산자가 되는 분양신청기간 종료일의 다음 날 등으로 보고 있다. 그러나 재개발사업에서 수용의 방법으로 현금청산하는 경우 도시정비법에 의해 준용되는 토지보상법 제67조 제1항이 수용 재결 당시의 가격을 기준으로 한다고 정하고 있으므로,

현금청산대상자의 토지 등에 대한 수용보상금은 위 토지보상법 제67조 제1항에 따라 토지 등의 수용재결일 가격을 기준으로 산정하여야 한다(대법원 2016. 12. 15. 선고 2015두51309 판결).[21]

해당 공익사업으로 인하여 토지등의 가격이 변동된 것은 보상액 산정에서 고려하지 않으므로(토지보상법 제67조 제2항), 재건축사업의 매도청구와 달리 개발이익은 배제된다.

⑵ 사업시행계획의 취소 · 무효 또는 실효에 따른 사업인정고시일의 변경 여부

토지보상법상 수용재결로 취득하는 토지의 보상액은 사업인정고시일 전의 시점을 공시기준일로 하는 공시지가로서 재결 당시 공시된 공시지가 중 그 사업인정고시일과 가장 가까운 시점에 공시된 공시지가로 한다(토지보상법 제70조 제4항). 위 토지보상법 규정을 준용하는 재개발사업의 경우 사업인정의 고시로 의제되는 사업시행계획인가의 고시일 전의 공시지가를 기준으로 수용재결일까지 시점보정을 하는 방식으로 산정된다.

① 사업시행자는 토지보상법상 사업인정의 고시로 의제되는 사업시행계획인가의 고시로서 수용재결을 신청할 수 있는 것이므로, 사업시행계획 및 그 인가처분에 당연무효의 하자가 있거나 제소기간내 취소소송이 제기되어 취소된 경우에는 수용재결신청은 효력을 상실한다. 따라서 그 이후 사업시행계획을 적법하게 다시 수립하여 인가를 받으면 사업인정 고시로 의제되는 사업시행계획인가의 고시도 변경되어 그에 따라 보상액을 산정해야 한다.

② 최초 사업시행계획인가가 효력을 유지하고 있다면 최초의 사업시행계획인가를 통해 의제된 사업인정은 변경인가에도 불구하고 그 효력이 계속 유지되는 것이므로, 최초 사업시행계획의 주요 내용을 실질적으로 변경하는 사업시행계획변경인가가 있는 경우에도 최초의 사업시행계획인가가 유효하게 존속하다가 변경인가시부터 장래를 향하여 실효될 뿐이고 사업시행 대상부지에 대한 수용의 필요성은 특별한 사정이 없는 한 변경인가 전후에 걸쳐 아무런 차이가 없으므로, 여전히 최초 사업시행계획인가의 고시일을 기준으로 보상금을 산정하여야 한다(대법원 2018. 7. 26. 선고 2017두33978 판결, 대법원 2019. 5. 30. 선고 2017두62624 판결 등).

2. 이주정착금, 주거이전비 및 이사비

가. 주거이전비 등의 지급청구권

⑴ 주거용 건축물 소유자 등의 주거이전비 등 지급청구권

토지보상법은 도시정비법 제63조에 따라 토지등을 수용하거나 사용할 수 있는 사업을 '공익사업'의 하나로 규정하면서(토지보상법 제2조 제2호, 제4조 제8호 [별표 2] (30)), 토지와 함께 공익사업을 위하여 필요한

21 위 대법원 2015두51309 판결은, 도시정비법령은 수용보상금의 가격산정기준일에 관한 규정을 두고 있지 않으므로 현금청산대상자의 토지 등에 대한 수용보상금은 토지보상법 제67조 제1항에 따라 토지 등의 수용재결일 가격을 기준을 산정하여야 한다고 보면서, 분양계약체결기간 종료일 다음 날 기준으로 보상금을 산정해야 한다고 본 원심의 판단을 배척하였다.

건물 등의 소유권을 취득하는 경우에는 토지보상법을 적용한다고 정하고 있다(토지보상법 제3조 제2호). 토지보상법은 이주대책대상자에 대한 이주정착금, 주거용 건물의 거주자에 대한 주거이전비 및 이사비를 지급하도록 하고 있고, 도시정비법의 재개발사업에서도 위 토지보상법을 준용하여 이주정착금, 주거이전비 및 이사비를 지급하여야 한다(대법원 2013. 1. 10. 선고 2011두19031 판결, 대법원 2013. 1. 24. 선고 2011두21720 판결 등).

주거용 건축물의 소유자, 세입자 등의 주거이주비 및 이주비 청구권은 사업시행계획인가가 있은 때 그 보상 방법 및 금액 등의 보상내용이 확정되어 위 고시일에 주거이전비 등 청구권을 취득하여 사업시행자에게 청구할 수 있다.

① 주거이전비 등은 토지보상법 등 관련 법령에서 사회보장적 차원에서 세입자 등을 보호하기 위해 지급하도록 한 것으로서, 주거이주비를 지급받기 위해 먼저 또는 지급과 동시에 이주하여야 하는 것은 아니며(대법원 2017. 10. 26. 선고 2015두46673 판결), 세입자가 주거이전비를 포기하는 취지의 포기각서를 제출하였다 하더라도 그 포기각서의 내용은 강행규정인 토지보상법 시행규칙 제54조 제2항에 위반하여 무효이다(대법원 2011. 7. 14. 선고 2011두3685 판결).

② 채권적 청구권이라는 점에서 볼 때, 주거이전비 등의 지급의무의 이행기에 관하여는 관계 법령에 특별한 규정이 없으므로 주거이전비 및 이사비의 지급의무는 이행기를 정하지 않은 채무로서 채무자인 사업시행자는 이행청구를 받은 다음 날부터 이행지체 책임이 있다(대법원 2012. 4. 26. 선고 2010두7475 판결, 대법원 2020. 1. 30. 선고 2018두66067 판결).

(2) 주거이전비 등에 관한 쟁송 형태

주거이전비 등은 해당 공익사업 시행지구 안에 거주하는 세입자들의 조기이주를 장려하여 사업추진을 원활하게 하려는 정책적인 목적과 주거이전으로 인하여 특별한 어려움을 겪게 될 세입자들을 대상으로 하는 사회보장적인 차원에서 지급되는 금원의 성격을 갖는다. 따라서 적법하게 시행된 공익사업으로 인하여 이주하게 된 주거용 건축물의 소유자 또는 세입자의 이주정착금, 주거이전비, 이사비 보상청구권은 공법상의 권리이고 보상을 둘러싼 쟁송은 민사소송이 아니라 공법상의 법률관계를 대상으로 하는 행정소송에 의하여야 한다(대법원 2019. 4. 23. 선고 2018두55326 판결, 대법원 2021. 6. 30. 선고 2020다291340 판결).

① 주거이전비 등은 토지보상법 등의 요건을 충족하면 당연히 발생하는 것이므로, 주거이전비 등 보상청구소송은 행정소송법 제3조 제2호에 규정된 당사자소송에 의하여야 한다.

② 다만 사업시행자는 사업의 신속한 진행을 위하여 주거이전비 등에 대하여도 재결을 신청할 수 있으며, 주거이전비 등 보상에 관하여 재결이 이루어진 다음 보상금의 증감 부분을 다투는 경우에는 토지보상법 제85조 제2항에 규정된 손실보상금 증감소송으로, 보상금의 증감 이외의 부분을 다투는 경우에는 같은 조 제1항에 규정된 재결의 취소를 구하는 소송으로 권리구제를 받을 수 있다.

주거이전비 등은 도시정비법 제81조 제1항 제1호(구법 제47조 제6항 단서)의 "공익사업을 위한 토지 등의 취득 및 보상에 관한 법률에 따른 손실보상"에 해당하므로 사업시행자가 현금청산대상자 또는 세입자로부터 정비구역내 토지 또는 건축물을 인도받기 위해서는 위 주거이전비 등도 지급하여야 하며, 재결절차 등에 의할 때는 주거이전비 등의 지급절차가 부동산 인도에 선행되어야 한다(대법원 2021. 6. 30. 선고 2019다207813 판결 등). 따라서 사업시행자가 현금청산대상자 등을 상대로 토지나 건축물 등의 인도를 구하는 민사소송에서 현금청산대상자 등이 선이행 항변을 하는 경우 민사법원은 주거이전비 등의 지급대상에 해당하는지, 그 지급절차가 선행되었는지 등을 심리하여야 하나, 주거이전비 보상청구권은 공법상 권리로서 당사자소송 또는 재결에 대한 행정소송에 의하여야 하므로, 민사법원이 직접 주거이전비 등의 지급을 명하거나 주거이전비 등의 보상에 관한 재결에 대한 다툼을 심리 · 판단할 수는 없다(대법원 2021. 8. 26. 선고 2019다235153 판결).

나. 이주정착금 지급 대상 및 기준

(1) 이주정착금 지급 대상

토지보상법상 사업시행자는 공익사업의 시행으로 인하여 주거용 건축물을 제공함에 따라 생활의 근거를 상실하게 되는 자(이하 '이주대책대상자')를 위하여 이주대책을 수립 · 실시하거나 이주정착금을 지급하여야 한다(토지보상법 제78조). 사업시행자는 공익사업시행지구의 인근에 택지 조성에 적합한 토지가 없거나 이주대책에 필요한 비용이 해당 공익사업의 본래의 목적을 위한 소요비용을 초과하는 등 이주대책의 수립 · 실시로 인하여 해당 공익사업의 시행이 사실상 곤란하게 되는 사유로 이주대책을 수립 · 실시하지 않는 경우, 이주대책대상자가 이주정착지가 아닌 다른 지역으로 이주하려는 경우 등에는 이주대책대상자에게 이주정착금을 지급하여야 한다(토지보상법 시행령 제40조 제2항, 제41조). 실무상 공공시행자가 시행하는 경우가 아닌 한 대부분 이주정착금 지급으로 대신하고 있다.

이주정착금 지급 대상인 이주대책대상자는 '공익사업의 시행으로 인하여 주거용 건축물을 제공함에 따라 생활의 근거를 상실하게 되는 자'이나(토지보상법 제78조), 무허가건축물등의 소유자 등은 제외된다(토지보상법 시행령 제40조 제5항).

> 토지보상법 시행령 제40조(이주대책의 수립·실시) ⑤ 다음 각 호의 어느 하나에 해당하는 자는 이주대책대상자에서 제외한다.
> 1. 허가를 받거나 신고를 하고 건축 또는 용도변경을 하여야 하는 건축물을 허가를 받지 아니하거나 신고를 하지 아니하고 건축 또는 용도변경을 한 건축물의 소유자
> 2. 해당 건축물에 공익사업을 위한 관계 법령에 따른 고시 등이 있은 날부터 계약체결일 또는 수용재결일까지 계속하여 거주하고 있지 아니한 건축물의 소유자. 다만, 다음 각 목의 어느 하나에

해당하는 사유로 거주하고 있지 아니한 경우에는 그러하지 아니하다.

가. 질병으로 인한 요양

나. 징집으로 인한 입영

다. 공무

라. 취학

마. 해당 공익사업지구 내 타인이 소유하고 있는 건축물에의 거주

바. 그 밖에 가목부터 라목까지에 준하는 부득이한 사유[22]

3. 타인이 소유하고 있는 건축물에 거주하는 세입자. 다만, 해당 공익사업지구에 주거용 건축물을 소유한 자로서 타인이 소유하고 있는 건축물에 거주하는 세입자는 제외한다.

현금청산대상자는 협의의 성립 여부를 불문하고 이주대책대상자로서 이주정착금 지급 대상이 된다(대법원 2013. 1. 16. 선고 2012두34 판결 등). 세입자는 이주대책대상자에 해당하지 않고(토지보상법 시행규칙 제40조 제5항 제3호), 분양신청을 하여 조합원 지위를 유지하는 토지등소유자는 사업시행자에 준하는 지위를 가지므로 이주대책대상자에 해당되지 않는다고 보는 것이 타당하다. 따라서 이주대책대상자는 정비구역내 주거용 건축물을 소유한 현금청산대상자로 한정된다.

① 무허가건축물등(허가를 받거나 신고를 하고 건축 또는 용도변경을 하여야 하는 건축물을 허가를 받지 아니하거나 신고를 하지 아니하고 건축 또는 용도변경을 한 건축물)의 소유자는 이주대책대상자에서 제외되는데, '주거용 용도가 아닌 다른 용도로 이미 허가를 받거나 신고를 한 건축물을 소유한 자라 하더라도 이주대책기준일 당시를 기준으로 공부상 주거용 용도가 아닌 건축물을 허가를 받거나 신고를 하는 등 적법한 절차에 의하지 않고 임의로 주거용으로 용도를 변경하여 사용하는 자'도 그 무허가건축물등의 소유자에 해당한다(대법원 2011. 6. 10. 선고 2010두26216 판결 참고).

② 정비사업에서 이주대책대상자의 거주 요건은 정비계획 공람공고일부터 협의에 따른 계약체결일[23] 또는 수용재결일까지 거주하고 있지 아니한 건축물의 소유자는 이주대책대상자에서 제외된다(도시정비법 시행령 제54조 제1항 본문). 다만 토지보상법 시행령 제40조 제5항 제2호 단서 각 호 중 (마)목을 제외한 질병으로 인한 요양, 징집으로 인한 입영, 공무, 취학, 그 밖에 (가)목부터 (라)목까지에 준하는 부득이한 사유가 있는 경우에는 이주대책대상자에 해당한다.

22 분양신청을 한 조합원이 이주기간내 정비구역 밖으로 이주하였으나 그 이후 분양계약체결기간내 분양계약을 체결하지 않아 현금청산대상자가 된 경우, 해당 현금청산대상자는 정비사업의 원활한 진행을 위하여 정비구역 밖으로 이주하였다가 자신의 선택으로 현금청산대상자가 된 것이므로 '질병으로 인한 요양, 징집으로 인한 입영, 공무, 취학 그 밖에 이에 준하는 부득이한 사유로 인하여 거주하지 아니한 경우'에 해당하지 않는다(대법원 2016. 12. 15. 선고 2016두49754 판결).

23 현금청산에 관한 협의가 성립되어 사업시행자에게 주거용 건축물의 소유권을 이전하는 자에 대해서도 이주정착금을 지급하여야 한다(대법원 2013. 1. 16. 선고 2012두34 판결).

⑵ 이주정착금 지급 기준

이주정착금은 보상대상인 주거용 건축물에 대한 평가액의 30%에 해당하는 금액으로 하되, 그 금액이 1,200만원 미만인 경우에는 1,200만원으로 하고, 2,400만원을 초과하는 경우에는 2,400만원으로 한다(토지보상법 시행규칙 제54조 제2항).

다. 주거이전비 보상 대상 및 기준

⑴ 주거용 건축물의 소유자

공익사업시행지구에 편입되는 주거용 건축물의 소유자에 대하여는 해당 건축물에 대한 보상을 하는 때에 가구원수에 따라 2개월분의 주거이전비를 보상하여야 한다(토지보상법 시행규칙 제54조 제1항 본문).

① 주거용 건축물의 소유자는 협의 성립 여부를 불문하고 현금청산대상자를 의미한다(대법원 2013. 1. 16. 선고 2012두34 판결 등). 분양신청을 하여 조합원 지위를 유지하고 있는 토지등소유자는 자신의 토지 또는 건축물을 정비사업에 제공하는 대신 정비사업의 시행으로 완공되는 건축물을 분양받고 종전에 소유하고 있던 토지 또는 건축물의 가격과 분양받은 토지 또는 건축물의 가격 사이에 차이가 있는 경우 이를 청산할 의무가 있는 사람으로서 사업시행자에 준하는 지위를 가지므로 주거이전비 보상의 대상이 되지 않는다(대법원 2011. 11. 24. 선고 2009다28394 판결).

② 건축물의 소유자가 해당 건축물 또는 공익사업시행지구 내 타인의 건축물에 실제 거주하고 있지 아니하거나 해당 건축물이 무허가건축물등인 경우에는 주거이전비 보상 대상에서 제외된다(토지보상법 시행규칙 제54조 제1항 단서). '무허가건축물등'은 '건축법 등 관계법령에 의하여 허가를 받거나 신고를 하고 건축 또는 용도변경을 하여야 하는 건축물을 허가를 받지 아니하거나 신고를 하지 아니하고 건축 또는 용도변경한 건축물'로서(토지보상법 시행규칙 제24조), '주거용이 아닌 다른 용도로 허가받거나 신고한 건축물의 소유자가 공익사업시행지구에 편입될 당시 적법한 절차에 의하지 않고 임의로 주거용으로 용도를 변경하여 사용하는 경우'도 포함된다(대법원 2013. 5. 23. 선고 2013두437 판결).

③ 토지보상법 시행규칙 제54조 제1항 단서는 건축물의 소유자가 해당 건축물 또는 공익사업시행지구 내 타인의 건축물에 실제 거주하고 있지 않는 경우 주거이전비 지급 대상에서 제외하고 있는데, 대법원은 그 '거주'의 의미를 이주대책대상자와 동일하게 보아 주거용 건축물의 소유자는 정비계획에 관한 공람 · 공고일부터 해당 건축물에 대한 보상을 하는 때까지 계속하여 소유 및 거주하여야 주거이전비를 보상받을 수 있다고 보았다(대법원 2015. 2. 26. 선고 2012두19519 판결, 대법원 2015. 8. 27. 선고 2015두41050 판결 등).

⑵ 주거용 건축물의 세입자

공익사업의 시행으로 인하여 이주하게 되는 주거용 건축물의 세입자(무상으로 사용하는 거주자를 포함하되, 이주대책대상자인 세입자는 제외한다)로서 정비계획 공람공고일 당시 당해 정비구역안에서 3개월 이상 거주한 자에 대해서는 가구원수에 따라 4개월분의 주거이전비를 보상해야 한다(도시정비법 시행령 제54조 제4항, 토지보상법 시행규칙 제54조 제2항 본문).[24] 다만 무허가건축물등에 입주한 세입자로서 정비계획 공람공고일 당시 당해 정비구역안에서 1년 이상 거주한 세입자에 대해서는 주거이전비를 보상해야 한다(도시정비법 시행령 제54조 제4항, 토지보상법 시행규칙 제54조 제2항 본문).

① 조합원이 사업구역 내 타인 소유의 주거용 건축물에 거주하는 세입자라 하더라도 주거이전비 지급대상이 아니다(대법원 2017. 10. 31. 선고 2017두40068 판결).[25] 임시수용시설을 제공받은 세입자도 주거이전비 지급대상에 포함된다(대법원 2011. 7. 14. 선고 2011두3685 판결).

② 토지보상법 시행규칙 제54조 제2항은 정비구역의 세입자는 정비계획 공람공고일까지 3개월 또는 1년(무허가건축물등 세입자) 이상 거주하여야 한다고 정하고 있을 뿐 정비계획 공람공고일 이후의 거주 요건은 별도로 정하고 있지 않다. 이에 대해 대법원은 도시정비법상 주거용 건축물의 세입자에 대한 주거이전비의 보상은 정비계획에 관한 공람공고일 당시 해당 정비구역 안에서 3월 이상 거주한 자를 대상으로 하되, 그 보상 방법 및 금액 등의

---

24 도시정비법 시행령 제54조 제4항은 "주거이전비를 보상하는 경우 보상대상자의 인정시점은 제13조 제1항에 따른 공람공고일로 본다"라고 하고 있는데, 토지보상법 시행규칙 제54조 제2항의 취지까지 종합하면 "정비계획 공람공고일 당시 당해 정비구역 안에서 거주한 자"이 아닌 "정비계획 공람공고일 당시 당해 정비구역 안에서 3개월 이상 거주한 자"로 보는 것이 타당하다. 대법원 2010. 9. 9. 선고 2009두16824 판결 등도 토지보상법 시행규칙 제54조 제2항 중 "사업인정고시일등 또는 공익사업을 위한 관계 법령에 따른 고시 등이 있은 당시" 부분만 정비계획 공람공고일로 대체한다는 취지로 재개발사업의 주거이전비 지급 대상은 "정비계획에 관한 공람공고일 당시 당해 정비구역 안에서 3개월 이상 거주한 자"로 보고 있다(대법원 2010. 9. 9. 선고 2009두16824 판결, 대법원 2010. 11. 11. 선고 2010두3558 판결, 대법원 2017. 10. 26. 선고 2015두46673 판결 등).

25 위 대법원 2017두40068 판결이 제시한 근거는 조합원에 대한 각종 손실보상금 지급 여부를 판단하는 기준이 될 수 있다. "① 구 토지보상법령의 규정에 의하여 공익사업 시행에 따라 이주하는 주거용 건축물의 세입자에게 지급하는 주거이전비는 공익사업 시행지구 안에 거주하는 세입자들의 조기 이주를 장려하고 사업추진을 원활하게 하려는 정책적인 목적과 주거이전으로 특별한 어려움을 겪게 될 세입자들에게 사회보장적인 차원에서 지급하는 금원이다. 그런데 주택재개발정비사업의 개발이익을 누리는 조합원은 그 자신이 사업의 이해관계인이므로 관련 법령이 정책적으로 조기 이주를 장려하고 있는 대상자에 해당한다고 보기 어렵다. 이러한 조합원이 소유 건축물이 아닌 정비사업구역 내 다른 건축물에 세입자로 거주하다 이전하더라도, 일반 세입자처럼 주거이전으로 특별한 어려움을 겪는다고 보기 어려우므로, 그에게 주거이전비를 지급하는 것은 사회보장급부로서의 성격에 부합하지 않는다. ② 주택재개발사업에서 조합원은 사업 성공으로 인한 개발이익을 누릴 수 있고 그가 가지는 이해관계가 실질적으로는 사업시행자와 유사할 뿐 아니라, 궁극적으로는 공익사업 시행으로 생활의 근거를 상실하게 되는 자와는 차이가 있다. 이러한 특수성은 '소유자 겸 세입자'인 조합원에 대하여 세입자 주거이전비를 인정할 것인지를 고려할 때에도 반영되어야 한다. 더욱이 구 도시정비법 제36조 제1항은 사업시행자가 주택재개발사업 시행으로 철거되는 주택의 소유자 또는 세입자에 대하여 정비구역 내·외에 소재한 임대주택 등의 시설에 임시로 거주하게 하거나 주택자금의 융자알선 등 임시수용에 상응하는 조치를 하여야 한다고 정하고 있고, 이러한 다양한 보상조치와 보호대책은 소유자 겸 세입자에 대해서도 적용될 수 있으므로 최소한의 보호에 공백이 있다고 보기 어렵다. ③ 조합원인 소유자 겸 세입자를 주택재개발정비사업조합의 세입자 주거이전비 지급대상이 된다고 본다면, 지급액은 결국 조합·조합원 모두의 부담으로 귀결될 것인데, 동일한 토지등소유자인 조합원임에도 우연히 정비구역 안의 주택에 세입자로 거주하였다는 이유만으로 다른 조합원들과 비교하여 이익을 누리고, 그 부담이 조합·조합원들의 부담으로 전가되는 결과 역시 타당하다고 볼 수 없다"

보상내용은 원칙적으로 사업시행계획인가의 고시일에 확정되고(대법원 2012. 9. 27. 선고 2010두13890 판결, 대법원 2017. 10. 26. 선고 2015두46673 판결),[26] 세입자가 반드시 관리처분계획인가고시일, 그에 따른 주거이전비에 관한 보상계획의 공고일 내지 산정통보일 또는 수용 개시일까지 계속 거주할 필요 없이 위 사업시행계획인가고시일에 주거이전비 청구권을 취득하여 지급받을 수 있으며(대법원 2012. 2. 23. 선고 2011두23603 판결, 대법원 2017. 10. 26. 선고 2015두46673 판결 등), 주거이주비를 지급받기 위해 먼저 또는 지급과 동시에 이주하여야 하는 것도 아니라고 보았다(대법원 2017. 10. 26. 선고 2015두46673 판결).[27] 또한 정비사업에서는 토지보상법에 따른 보상계획 공고 · 통지가 아닌 도시정비법상 사업시행계획에 관한 공고 · 통지절차를 거치는 것으로 충분하다(대법원 2012. 9. 27. 선고 2010두13890 판결, 대법원 2012. 9. 27. 선고 2011두32966 판결).

(3) 주거이전비의 산정

주거이전비의 보상 방법 및 금액 등의 보상내용은 원칙적으로 사업시행계획인가의 고시일에 확정되는 것이므로 사업시행계획인가의 고시일을 기준으로 산정한다(대법원 2012. 8. 30. 선고 2011두22792 판결, 대법원 2012. 9. 27. 선고 2011두32966 판결 등).

주거이전비는 통계법 제3조 제3호에 따른 통계작성기관이 조사 · 발표하는 가계조사통계의 도시근로자가구의 가구원수별 월평균 명목 가계지출비(이하 '월평균 가계지출비')를 기준으로 산정한다.[28] 이 경우 가구원수가 5인인 경우에는 5인 이상 기준의 월평균 가계지출비를 적용하며, 가구원수가 6인 이상인 경우에는 5인 이상 기준의 월평균 가계지출비에 5인을 초과하는 가구원수에 "1인당 평균비용 = (5인 이상 기준의 도시근로자가구 월평균 가계지출비 − 2인 기준의 도시근로자가구 월평균 가계지출비) ÷ 3" 산식에 의하여 산정한 1인당 평균비용을 곱한 금액을 더한 금액으로 산정한다(토지보상법 시행규칙 제54조 제4항).

라. 이사비 지급 대상 및 기준

(1) 이사비 지급 대상

공익사업시행지구에 편입되는 주거용 건축물의 거주자가 해당 공익사업시행지구 밖으로 이사를 하는 경우에는 토지보상법 시행규칙 [별표 4]의 기준에 의하여 산정한 이사비(가재도구 등 동산의 운반에 필요한 비용)를 보상하여야 한다(토지보상법 시행규칙 제55조 제2항).

---

26 당초 사업시행계획에서 정한 사업시행기간이 도과하여 다시 사업시행계획변경인가를 받았다 하더라도, 당초 유효하게 수립한 사업시행계획 및 그에 기초한 사업시행의 법적 효과가 소급하여 효력을 상실하는 것이 아니므로, 주거이전비 또는 이사비에는 당초 사업시행계획인가의 고시일을 기준으로 산정한다(대법원 2020. 1. 30. 선고 2018두66067 판결).

27 위 대법원 2015두46673 판결은 토지보상법 시행규칙 제54조 제2항은 '공익사업의 시행으로 인하여 이주하게 되는' 세입자를 주거이전비 지급대상으로 정하고 있어 그 문언 자체에서 주거이전비 지급을 위하여 먼저 세입자가 이주하였을 것을 전제하고 있지는 아니하며, 관련 법령의 취지에 따라 사회보장적 차원에서 공익사업 등으로 희생될 수 있는 세입자를 보호할 필요가 있기 때문으로 보았다.

28 국가통계포털(https://kosis.kr)에서 '가구원수별 가구당 월평균 가계지출(도시, 1인 이상)' 항목으로 제공되며, 가구원수는 1인, 2인, 3인, 4인, 5인 이상으로 구분된다.

① 이사비는 정비구역 밖으로 이사하는 경우에만 인정된다(토지보상법 시행규칙 제55조 제3항). 공익사업의 추진을 원활하게 하고 주거를 이전하게 되는 거주자들을 보호하려는 이사비 제도의 취지상 이사비의 보상대상자는 공익사업지구에 편입되는 주거용 건축물의 거주자로서 공익사업의 시행으로 인하여 이주하게 되는 자로 본다(대법원 2010. 11. 11. 선고 2010두5332 판결 등). 따라서 정비구역 안의 주거용 건축물에 전입하여 거주하다가 재개발사업의 시행으로 인하여 이주하게 되는 경우는 이사비 지급대상자가 된다(대법원 2012. 2. 23. 선고 2011두23603 판결, 대법원 2016. 12. 15. 선고 2016두49754 판결).

② 분양신청을 하고 이주의무 이행을 위해 정비구역 밖으로 이주한 후 분양계약체결기간내에 분양계약을 체결하지 않음으로써 현금청산대상자가 된 토지등소유자는 이주정착금 및 주거이전비 지급대상자의 요건을 갖추지 못하지만, 정비사업의 시행으로 인하여 이주하게 된 자로서 이사비 지급대상자가 될 수 있다(대법원 2016. 12. 15. 선고 2016두49754 판결).

③ 이사비는 이주정착금이나 주거이전비와 달리 거주 요건을 별도로 정하고 있지 않다. 사업시행계획인가의 고시로 이사비 보상내역이 확정되므로 반드시 정비사업의 시행에 따른 관리처분계획 인가고시일까지 계속 거주하여야 할 필요는 없으나(대법원 2017. 10. 26. 선고 2015두46673 판결), 사업시행계획인가 고시일 이후에 정비구역 내로 전입한 사람들의 경우 가까운 시일 내에 정비구역 내 건축물들이 철거될 것을 알고 정비구역 내로 전입한 것이므로, 적어도 사업인정의 고시로 의제되는 사업시행계획인가의 고시일 이전에 정비구역내 거주하여야 한다고 보는 것이 타당하다.[29]

⑵ 이사비 보상 기준

이사비는 토지보상법 시행규칙 [별표 4]에서 정하는 바에 따라 거주하던 주택 연면적을 기준으로 노임, 차량운임, 포장비 각 항목을 합산한 금액으로 산정한다(토지보상법 시행규칙 제55조 제2항 [별표 4] 이사비 기준).[30]

3. 영업손실 보상금

가. 영업손실 보상금의 청구

정비구역에서 영업을 하는 임차인 등은 토지보상법 규정을 준용하여 영업손실 보상을 청구할 수 있다. 이때 영업의 폐지 또는 휴업에 따른 영업손실에 대한 보상을 받기 위해서는 토지보상법상 재결절차를 거친 다음 그 재결에 대하여 불복이 있는 때에 비로소 토지보상법 제83조 내지 제85조에 따라 권리구제를 받을 수 있을 뿐, 이러한 재결절차를 거치지 않은 채 곧바로 사업시행자를 상대로 손실보상을 청구하는 것은 허용되지 않는다(대법원 2011. 9. 29. 선고

29 서울고등법원 2018. 12. 13. 선고 2018누63831 판결.

30 노임은 통계법 제3조 제3호에 따른 통계기관이 작성 · 공표한 공사부문 보통인부의 노임을 기준으로 하며, 국가통계포털(https://kosis.kr)에서 '개별직종 노임단가' 항목으로 반기별로 제공된다. 차량운임은 한국교통연구원이 발표하는 최대 적재량이 5톤 화물차자동차의 1일 8시간 운임을 기준으로 하며, 한국교통연구원에서 매년 이사화물취급운송주선업체 조사보고서로 발표하고 있다.

(2009두10963 판결 참고). 따라서 영업손실 보상은 공법상 당사자소송으로 직접 사업시행자에게 청구할 수 없고 수용재결에서 손실보상금의 증액을 구하는 형태로 다투어야 한다.

나. 영업손실 보상의 대상

영업을 폐업하거나 휴업함에 따른 영업손실에 대해서는 영업이익과 시설의 이전비용 등을 고려하여 보상하여야 한다(토지보상법 제77조 제1항). 영업손실을 보상하여야 하는 영업은 ⓐ 정비계획의 공람공고일 전부터 적법한 장소에서 인적 · 물적시설을 갖추고 계속적으로 행하고 있는 영업, 그리고 ⓑ 영업을 행함에 있어 관계법령에 의한 허가등을 필요로 하는 경우에는 정비계획의 공람공고일 전에 허가등을 받아 그 내용대로 행하고 있는 영업 모두에 해당하여야 한다(도시정비법 시행령 제54조 제3항, 토지보상법 시행규칙 제45조).[31] ⓒ 무허가건축물등, 불법형질변경토지, 그 밖에 다른 법령에서 물건을 쌓아놓는 행위가 금지되는 장소에서 하는 영업은 영업손실 보상의 대상이 되지 않으나, 무허가건축물등에서 임차인이 영업하는 경우에는 그 임차인이 정비계획의 공람공고일 1년 이전부터 부가가치세법 제8조에 따른 사업자등록을 하고 행하고 있는 영업은 영업손실 보상의 대상에 해당한다(도시정비법 시행령 제54조 제3항, 토지보상법 시행규칙 제45조 제1호).

공익사업의 시행으로 인하여 영업장소를 이전하여야 하는 경우의 영업손실은 ⓐ 휴업기간에 해당하는 영업이익과 ⓑ 영업장소 이전 후 발생하는 영업이익감소액에 ⓒ 휴업기간중의 영업용 자산에 대한 감가상각비 · 유지관리비와 휴업기간중에도 정상적으로 근무하여야 하는 최소인원에 대한 인건비 등 고정적 비용, ⓓ 영업시설 · 원재료 · 제품 및 상품의 이전에 소요되는 비용 및 그 이전에 따른 감손상당액, ⓔ 이전광고비 및 개업비 등 영업장소를 이전함으로 인하여 소요되는 부대비용을 합한 금액으로 평가한다(토지보상법 시행규칙 제47조 제1항).

정비사업으로 인한 영업의 폐지 또는 휴업에 대하여 손실을 평가하는 경우 영업의 휴업기간은 4개월 이내로 한다. 다만, ⓐ 해당 정비사업을 위한 영업의 금지 또는 제한으로 인하여 4개월 이상의 기간동안 영업을 할 수 없는 경우, ⓑ 영업시설의 규모가 크거나 이전에 고도의 정밀성을 요구하는 등 해당 영업의 고유한 특수성으로 인하여 4개월 이내에 다른 장소로 이전하는 것이 어렵다고 객관적으로 인정되는 경우에는 실제 휴업기간으로 하되, 휴업기간은 2년을 초과할 수 없다(도시정비법 시행령 제54조 제2항).[32]

---

31 도시정비법 시행령 제54조 ③ 제2항에 따라 영업손실을 보상하는 경우 보상대상자의 인정시점은 제13조 제1항에 따른 공람공고일로 본다.

32 현행 토지보상법 시행규칙 제47조 제2항과 내용이 동일하다. 구 토지보상법 시행규칙(2014. 10. 22. 국토교통부령 제131호로 개정되기 전의 것) 제47조 제2항은 휴업기간을 3개월로 정하고 있었고 도시정비법 시행령 제54조 제2항(구 시행규칙 제9조의2 제1항)의 휴업기간 4개월은 위 토지보상법 시행규칙 규정에 대한 특칙이었으나, 위 토지보상법 시행규칙이 2014. 10. 22. 국토교통부령 제131호로 개정되면서 정비사업과 동일하게 휴업기간을 4개월로 정하게 되었다.

4. 손실보상과 부동산인도

재개발조합이 현금청산대상자를 상대로 건물인도 등을 구하기 위해서는 토지보상법에 따른 손실보상이 완료되어야 한다(도시정비법 제81조 제1항 단서, 대법원 2011. 7. 28. 선고 2008다91364 판결). 이때 '토지보상법에 따른 손실보상'은 수용재결에서 인정한 손실보상금, 영업손실 보상금 이외에도 토지보상법에 따라 인정되는 주거이전비, 이주정착금, 이사비도 포함되므로(대법원 2021. 6. 30. 선고 2019다207813 판결), 사업시행자는 주거이전비 등도 공탁하여야 건물명도를 구할 수 있다.[33]

V. 재결신청 지연가산금

1. 재결신청 지연가산금의 개관

가. 재결신청 지연가산금의 의의

토지보상법은 사업시행자에게만 재결신청권을 인정하고, 토지소유자 등에게는 사업시행자에게 재결을 신청할 것을 청구할 수 있는 권리만을 부여하고 있다(토지보상법 제28조 제1항, 제30조 제1항). 이에 토지보상법은 재결신청청구의 실효성을 확보하기 위하여 사업시행자의 재결신청 지연에 대응하는 가산금 지급제도를 두고 있다(토지보상법 제30조 제3항).

재결신청 지연가산금은 사업시행자로 하여금 공익사업법이 정한 기간 이내에 재결신청을 하도록 강제함으로써 재결신청 청구권의 실효성을 확보하고 재결신청이 지연된 데에 따른 토지소유자 및 관계인의 손해를 보전하는 성격을 갖는 금원이다(대법원 1997. 10. 24. 선고 97다31175 판결, 대법원 2017. 4. 7. 선고 2016두63361 판결 등).

사업시행자가 토지소유자 등의 재결신청 청구에도 불구하고 재결신청을 하지 않는 경우 항고소송으로 그 거부처분의 취소를 구하거나 부작위위법확인을 구하여 재결신청을 강제할 수 있지만(대법원 2019. 8. 29. 선고 2018두57865 판결),[34] 지연가산금으로 간접적으로 강제할 수 있다(대법원 1997. 11. 14. 선고 97다13016 판결). 특히 재결신청 청구를 하면 그 지연된 기간만큼 소송촉진법에 따른 연 12~20%의 고율의 지연이자를 가산하여 받을 수 있다는 점에서 현금청산대상자가 수용재결에 따른 손실을 일부라도 회복하는 가장 효율적인 수단으로 이용되었다.

나. 재결신청의 청구를 위한 협의절차에 대한 실무상 쟁점

(1) 대법원 2015두48877 판결 전의 협의절차의 진행

종전에는 구 도시정비법 제47조 제1항의 협의절차와 토지보상법상 수용재결의 전치절차인 수용보상금 협의절차가 구분되는 별개의 절차임을 전제로, 현금청산대상자인 토지등

---

33 자세한 내용은 [28]건축물의 인도 및 철거 I.2.다.토지보상법상 손실보상에 관한 인도거절 항변 참고.

34 민사소송의 방법으로 그 절차이행을 구할 수는 없다(대법원 1997. 11. 14. 선고 97다13016 판결).

소유자는 구 도시정비법상의 현금청산기간인 관리처분계획인가일 다음 날부터 90일(2013. 12. 24. 이전 조합설립인가를 신청한 재개발사업은 분양신청기간 종료일 등의 다음 날부터 150일)이 지났다고 하여 바로 토지등소유자가 곧바로 토지보상법에 따른 재결신청의 청구를 할 수 있는 것이 아니라, 토지보상법상 수용보상금 협의절차 및 그 사전절차로서 토지조서 및 물건조서의 작성(제14조), 보상계획의 공고 · 통지 및 열람(제15조), 감정평가업자를 통한 보상액의 산정(제68조) 및 이를 기초로 한 사업시행자와의 협의(제16조) 등 토지보상법이 정하고 있는 단계별 절차를 모두 거쳤음에도 최종적으로 협의가 성립되지 아니하였을 경우에 비로소 사업시행자에게 재결신청을 청구할 수 있다고 보았다. 토지수용위원회가 도시정비법상의 현금청산대상자에 대한 수용재결 신청도 다른 경우와 동일하게 토지보상법이 그대로 적용된다고 보면서 사업시행자인 조합도 위 토지보상법에 따른 단계별 절차를 모두 거쳐 수용재결을 신청하기에 이른 것이다.

그러나 대법원 2015. 11. 27. 선고 2015두48877 판결은 구 도시정비법 제47조 제1항 및 구 시행령 제48조 등이 정하는 협의 절차는 도시정비법에 특별한 규정이 있는 경우에 해당하므로 도시정비법상 현금청산대상자인 토지등소유자에 대해서는 토지보상법상의 협의 및 그 사전절차가 준용되지 않는다고 보았다. 그 직후 선고된 대법원 2015. 12. 23. 선고 2015두50535 판결은 위 대법원 2015두48877 판결을 인용하면서 더 나아가, 도시정비법상 재개발사업에서 토지등소유자가 현금청산기간이 만료되기 이전에 재결신청의 청구를 하였다고 하더라도 토지등소유자와 사업시행자 사이에 청산금 지급 대상 여부나 청산금의 범위에 관하여 다툼이 심하여 협의가 성립될 가능성이 없다고 볼 수 있는 명백한 사정이 있는 경우에는 그러한 재결신청 청구도 유효하고, 해당 재결신청 청구를 기준으로 가산금을 지급하여야 한다고 보았다.

⑵ 대법원 2015두48877 판결 후의 협의절차의 진행

위 대법원 2015두48877 판결에 따르면 현금청산대상자는 토지보상법상의 손실보상을 위한 협의 절차를 거칠 필요 없이 바로 사업시행자에게 재결신청의 청구를 할 수 있고, 위 대법원 2015두50535 판결의 취지까지 더하면 협의가 성립될 가능성이 없는 경우 현금청산기간이 종료되기 전이라도 재결신청을 청구하여 지연가산금의 기산일을 최대한 앞당길 수 있게 되었다. 구 시행령 제48조에 따른 협의 절차는 사업시행자가 임의로 보상금액을 산정하여 협의할 수 있는 것이어서 당초부터 협의 성립 가능성을 진지하게 염두에 둔 실질적인 협의가 진행되기 어려웠고, 사업시행자가 상당한 기간이 경과하도록 협의기간을 통지하지 않으면 토지소유자가 재결신청을 청구할 수 있다고 본 종전 대법원 1993. 8. 27. 선고 93누9064 판결 등에 위 대법원 2015두50535 판결의 취지까지 더하여 구 도시정비법 제47조 제1항이 정하는 현금청산기간 90일(또는 150일) 동안 별다른 협의가 진행되지 않더라도 그

기간이 지나면 재결신청을 청구할 수 있는 것으로 볼 수 있게 되었다.

그러나 토지수용위원회는 위 대법원 2015두48877 판결 등 선고 이후에도 여전히 수용재결신청을 위해서는 구 도시정비법 이외에도 토지보상법에 따른 협의 등 절차를 먼저 이행하여야 한다고 보았고, 이에 토지보상법상의 협의절차 등이 미비하다는 이유로 보완지시를 하거나, 그 미비를 이유로 수용재결신청을 반려하거나 각하하기도 하였다.

당초 위 대법원 2015두48877 판결 등의 취지에 따르면 현금청산대상자는 토지보상법상의 협의 절차 등을 거치지 않고 바로 재결신청의 청구를 할 수 있으므로, 조합이 수용재결신청을 앞당기도록 하거나 그 지연된 기간만큼 지연가산금을 받음으로써 현금청산대상자의 이익을 더 두텁게 보호할 수 있었을 것이다. 그러나 토지수용위원회가 위 대법원 2015두48877 판결에도 불구하고 다시 별도로 토지보상법상의 협의절차 등을 거치도록 함으로써 수용재결로 보상금을 수령하는 시기 자체는 계속 늦어졌다. 사업시행자는 수용재결신청이 반려되거나 각하되더라도 그 처분을 다투기보다 토지수용위원회의 판단에 따라 토지보상법 협의 절차를 이행하고 재차 수용재결을 신청하는 방법을 택하였는데, 이 경우 수용재결신청 자체가 상당히 늦어졌으나 토지수용위원회가 토지보상법상의 협의절차 미비 등을 이유로 수용재결신청을 반려하는 것은 법상 근거가 없고 수용재결신청을 각하하는 것은 위 대법원 2015두48877 판결의 취지에 반하는 것으로서 그 반려처분이나 각하재결은 당초부터 위법한 것이므로, 재결신청을 지연하였다고 볼 수 없는 특별한 사정이 있는 경우에 해당하여 그 해당기간 동안 지연가산금이 발생하지 않는다고 보는 경우가 많았다.

위와 같이 법원과 토지수용위원회의 입장이 엇갈리면서, 피수용자인 현금청산대상자는 장기간 법적 · 사실적 지위가 불안정하고 각종 제한을 감수하면서도 실질적으로 지연가산금과 같은 보상을 받을 수 없게 되어 재결신청 지연가산금 제도가 유명무실화되는 문제가 발생하였다.[35]

한편 사업시행자인 조합 입장에서도 위 대법원 2015두48877 판결 등에 따르면 필요하지 않은 토지보상법상 협의 절차 등을 이행하느라 수용재결신청이 늦어졌지만 늦어진 것에 대해 특별한 사정을 인정받지 못하면 막대한 지연가산금을 부담하게 하면서 사실상 정비사업을 더 이상 진행하기 어려운 상황까지 초래되었다. 이에 토지수용위원회도 당초 반려처분이나 각하재결을 하던 것에서 한 걸음 물러서 가급적 종전의 신청을 유지하면서 보완의 방법으로 토지보상법상 협의 절차 등을 이행하도록 하였다.

35 이상의 경과와 쟁점은 신준섭, "재개발사업의 수용재결과 지연가산금", 건설법연구 제5호 (2020. 11.), 43-53을 참고한 것이다.

다. 현금청산 지연이자와의 관계

(1) 2017년 전부 개정 전 현금청산 지연이자 제도와의 양립

구 도시정비법 제47조는 "분양신청기간 종료일의 다음 날부터 150일" 또는 "관리처분계획 인가를 받은 날의 다음 날로부터 90일" 이내에 현금으로 청산하도록 정하고 있었는데, 위 150일 또는 90일은 현금청산금 지급의무의 이행기간에 해당한다(대법원 2012. 5. 24. 선고 2010다15141 판결, 대법원 2020. 7. 23. 선고 2019두46411 판결 등). 따라서 조합이 위 150일 또는 90일의 이행기간 내에 현금청산금을 지급하지 아니하면 위 이행기간이 경과한 다음 날부터 정관 등이 정한 이율로 산정한 지연이자를 현금청산대상자에게 지급할 의무가 있으며, 반대로 현금청산대상자가 이행을 지체한 기간 동안에는 지연이자가 발생하지 않는다.

이에 반해, 재결신청 지연가산금은 재결신청이 지연된 데에 따른 토지소유자 및 관계인의 손해를 보전하기 위한 것으로서, 조합이 재결신청 청구를 받은 날로부터 60일을 넘겨 재결을 신청하였을 때에는 그 60일에서 지연된 기간만큼 소송촉진법 제3조에 따른 법정이율을 적용하여 산정한 지연가산금을 토지수용위원회에서 재결한 보상금에 가산하여 지급하여야 한다(법 제30조 제3항). 현금청산대상자의 재결신청 청구와 조합의 재결신청 지연이라는 요건만 갖추면 일정한 지연이자가 발생하는 것으로서, 사업시행자가 재결신청을 지연하였다고 볼 수 없는 특별한 사정이 있는지는 문제되나 현금청산대상자 측의 이행지체 등은 문제되지 않는다.

수용절차로 현금청산을 받은 재개발사업의 현금청산대상자는 토지보상법에 따른 재결신청 지연가산금을 손실보상금으로 지급받을 수 있지만, 현금청산금 지급지연에 따른 현금청산 지연이자도 지급받을 수 있다(대법원 2020. 7. 23. 선고 2019두46411 판결, 대법원 2020. 7. 29. 선고 2018두38857 판결).[36] 현금청산 지연이자와 수용재결 지연가산금의 관계에 대해 대법원 2020. 7. 23. 선고 2019두46411 판결 등은, "구 도시정비법 제47조 제2항에 따른 지연이자 청구권은 현금청산금 지급 지연에 따른 것이고, 토지보상법 제30조 제3항에 따른 재결신청 지연가산금 청구권은 사업시행자가 정해진 기간 내에 재결신청을 하지 않고 지연한 데 대한 제재와 토지소유자 등의 손해에 대한 전보의 성격을 갖는 것으로서 그 근거 규정과 요건·효과를 달리하며, 따라서 각 요건이 충족되면 성립하는 별개의 청구권이다. 다만 재결신청 지연가산금에는 이미 손해 전보라는 요소가 포함되어 있으므로 양자의 청구권을 동시에 행사하면 이중배상의 문제가 발생하므로 토지등소유자는 어느 하나만을 선택적으로 행사할 수 있다"고 보았다(대법원 2020. 7. 23. 선고 2019두46411 판결, 대법원 2020. 7. 29. 선고 2018두38857 판결 등).

---

36 위 대법원 2019두46411 판결 등의 원심은 청산금은 수용재결로서 비로소 정해지는데 사후적으로 확정될 손실보상금에 대해 미리 이자 또는 이자손해금을 부과해야 한다고 보기 어렵고 재결신청 지연가산금으로도 현금청산대상자와 사업시행자의 이해관계는 충분히 규율될 수 있으므로, 현금청산 지연가산금은 협의가 아닌 수용재결에 의한 현금청산에는 적용되지 않는다고 보았다. 위 대법원 2019두46411 판결 등은 원심의 판단을 배척하고 수용재결로 현금청산하는 경우에도 현금청산 지연가산금이 별도로 발생할 수 있다고 보았다.

따라서 현금청산대상자는 재결신청 지연가산금 이외에 구 도시정비법 제47조에 따른 현금청산 지연이자의 지급도 구할 수 있으나, 정관에서 지연이자의 이율을 현저히 낮게 정하는 경우가 많았고 실제 현금청산대상자들은 위 150일 또는 90일의 이행기간 이후 한참 뒤에 비로소 건물을 인도하게 되므로 현금청산대상자의 이행지체로 인해 지연이자가 실제로 발생할 여지는 적었다.[37] 실무상 요건이 명확하고 연 12~20%의 이율이 적용되는 재결신청 지연가산금 위주로만 구하였다.

(2) 2017년 전부개정법률에 따른 재결신청 지연가산금 가능 여부

2017. 2. 8. 법률 제14567호로 전부 개정된 도시정비법 제73조 제3항에 다른 현금청산 지연이자는 같은 조 제2항의 수용재결신청기간 60일을 넘겨 수용재결을 신청하는 경우에 지급하는 것이다. 현금청산 지연이자와 재결신청 지연가산금은 사업시행자가 60일을 넘겨 수용재결을 신청하면 발생하는 것으로서 요건이 동일하고, 청산절차 지연에 따른 손해 전보라는 점에서 그 효과도 사실상 동일하다. 위 개정규정은 재개발사업에서 더 이상 토지보상법 제30조에 따른 재결신청 지연가산금에 관한 규정이 적용되지 않는다는 취지로 볼 수 있고,[38] 대법원 2020. 7. 23. 선고 2019두46411 판결도 위 개정규정이 적용되는 경우에는 토지보상법상 재결신청 지연가산금 제도가 준용되지 않고 도시정비법 제73조 제3항에 따른 지연이자 제도만 적용된다고 보았다.

따라서 2012. 8. 2. 이후 조합설립인가를 신청하고 2018. 2. 9. 이후 관리처분계획인가를 신청한 경우에는[39] 2017년 전부개정법률의 제73조 제3항이 적용되어 토지보상법 제30조 제2항의 재결신청 지연가산금이 적용되지 않고 시행령 제60조 제2항이 정한 이율이 적용된 지연이자만 지급되어야 한다고 보는 것이 타당하다(법 부칙(2017. 2. 8.) 제9조, 제18조 본문).

다만 위 2012. 8. 2. 이전에 조합설립인가를 신청한 재개발사업은 분양신청기간의 종료일 다음 날부터 150일 및 수용재결신청기간 60일이 지난 때부터 고율의 재결신청 지연가산금을 부담하여 왔고, 토지등소유자가 이미 토지보상법 제30조 제1항의 재결신청을 청구한 경우에는 종전의 규정이 적용되므로(법 부칙(2017. 2. 8.) 제18조 단서), 위 2017년 전부개정법률이 시행된 이후에도 상당기간 재결신청 지연가산금 제도는 계속 문제될 것으로 보인다.

---

37 위 대법원 2019두46411 판결 등도 현금청산대상자가 수용재결보상금 지급 · 공탁 이후에 토지 등을 인도하였으므로, 조합이 현금청산금(수용재결보상금)을 실제 지급 · 공탁한 시점이 현금청산사유가 발생한 날부터 150일의 이행기간이 지난 시점이라 하더라도 지체책임에 따른 지연이자를 부담하지 않는다고 판단한 사안이다.

38 강신은, 117; 안광순(하), 304.

39 이는 2017년 전부개정법률의 부칙 제9조, 제18조 및 제19조의 해석 및 적용에 관한 앞선 논의에 따른 것이다(**[23]현금청산대상자에 대한 조치 I.2.나.2017년 전부개정법률의 적용에 대한 해석** 참고). 대법원 2020. 7. 23. 선고 2019두46411 판결, 대법원 2020. 7. 29. 선고 2018두38857 판결은 방론이기는 하나 부칙 제9조만 적용된다는 전제에서 2012. 8. 2. 이후 조합설립인가를 신청한 경우에 위 개정규정이 적용된다고 보고 있다.

2. 재결신청 지연가산금 청구를 위한 요건

가. 협의 불성립

⑴ 도시정비법상의 수용재결 신청을 위한 협의 절차

구 도시정비법 제47조 제1항 및 구 시행령 제48조가 정하는 협의 절차는 도시정비법에 특별한 규정이 있는 경우에 해당하므로 정비사업의 수용에서는 토지보상법상 협의 및 그 사전절차가 준용되지 않는다(대법원 2015. 11. 27. 선고 2015두48877 판결). 따라서 원칙적으로는 구 시행령 제48조에 따라 사업시행자가 실제 감정평가가 이루어졌던 종전자산가격 등 적절한 청산금액을 정하여 토지등소유자와 협의할 수 있을 것이다. 토지보상법상의 손실보상에 관한 협의를 별도로 거칠 필요가 없게 된 이상 그 후 보상 협의 통보를 받은 현금청산대상자가 보상 협의에 응하였다거나 그 과정에서 감정평가업자를 추천하였다고 하여 새로이 토지보상법상 협의 절차를 거쳐야만 수용재결신청의 청구를 할 수 있게 된다고는 볼 수 없다.[40]

다만 토지수용위원회에서 토지보상법상 협의 절차 등을 거치도록 하는 경우가 많아 실제로는 토지보상법에 따른 절차가 일부 이행되기도 하고, 토지보상법 제16조는 "성실하게 협의하여야 한[다]"고 정하고 있으므로 구 시행령 제48조에 따라 적절한 방법으로 협의를 하였더라도 성실한 협의가 없었음을 이유로 재결신청이 각하될 수도 있다.[41] 또한 종전자산가격을 기준으로 협의한 것은 협의 당시의 가격을 기준으로 협의한 것이 아니라는 이유로 재결신청이 부적법하다고 보기도 하는 등 구 시행령 제48조에 따른 협의의 범위를 명확히 정하기 어렵다.[42]

⑵ 협의 절차 등을 거치지 않아도 재결신청 및 그 청구가 가능한 경우

종전에 대법원 1993. 8. 27. 선고 93누9064 판결은 도시계획사업 시행자가 사업실시계획인가의 고시 후 상당한 기간이 경과하도록 협의대상 토지소유자에게 협의기간을 통지하지 아니하였다면 토지소유자가 재결신청의 청구를 할 수 있다고 보았고, 재개발사업에 관한 대법원 2015. 12. 23. 선고 2015두50535 판결은 도시정비법상 재개발사업에서 토지등소유자가 현금청산기간이 만료되기 이전에 재결신청의 청구를 하였다고 하더라도 토지등

---

40 서울고등법원 2017. 3. 9. 선고 2016누32451 판결.

41 중앙토지수용위원회는 도시정비법상의 현금청산절차에는 토지보상법상의 보상평가 및 이를 기준으로 하는 보상액의 산정 등의 절차를 따로 거칠 필요가 없다고 보면서도, 도시정비법상 현금청산을 토지보상법상의 협의로 보아 재결신청을 허용하기 위해서는 현금청산도 '성실한 협의' 요건을 충족하여야 하므로 정비사업의 사업시행자가 제시한 현금청산금액이 '정당한 보상금의 제시'에 해당되지 않아 '성실한 협의'의 요건을 구비하지 못하였다고 인정될 경우는 재결신청은 각하되어야 한다고 보고 있다(중앙토지수용위원회, 앞의 책, 128).

42 2018. 2. 9. 대통령령 제28628호로 전부 개정된 시행령 제60조 후단은 재개발사업의 손실보상액의 산정을 위한 감정평가업자 선정에 관하여는 토지보상법 제68조 제1항에 따라 시 · 도지사와 토지소유자가 각 추천한 감정평가법인등을 포함하여 3인의 감정평가법인등이 평가한 가액을 기준으로 협의하도록 하고 있으므로, 위 개정 시행령이 적용되는 경우는 협의 기준과 절차가 비교적 명확하다.

소유자와 사업시행자 사이에 청산금 지급 대상 여부나 청산금의 범위에 관하여 다툼이 심하여 협의가 성립될 가능성이 없다고 볼 수 있는 명백한 사정이 있는 경우에는 그러한 재결신청 청구도 유효하다고 보아, 협의 절차 등이 진행되지 않았더라도 협의가 성립될 가능성이 없는 경우 재결신청은 적법한 것으로 해석되어 왔다.[43]

협의 절차가 진행되지 않았음에도 토지등소유자가 재결신청의 청구를 한 경우 협의가 성립될 가능성이 없다고 보아 재결신청이 가능한지 문제되나, 현금청산대상자로부터 적법한 재결신청의 청구가 있다면 사업시행자는 재결을 신청할 의무가 있으므로, 그 재결신청에 앞서서 다시 구 도시정비법에 따른 청산금액 협의를 거칠 필요는 없다고 보는 것이 타당하다.[44] 재결신청을 위한 협의 절차와 재결신청의 청구를 위한 협의 절차를 다르게 볼 이유가 없는데, 만일 현금청산기간 종료 후 토지소유자로부터 적법한 재결신청의 청구가 있은 경우에도 사업시행자가 구 도시정비법에 따른 협의 절차를 거치지 않으면 재결신청을 할 수 없다고 한다면, 토지소유자의 재결신청 청구에 응하여 조속히 재결신청을 하여야 할 의무를 부담하는 사업시행자에게 그와 상충되는 의무를 지우는 것과 마찬가지여서 부당하기 때문이다.

사업시행자가 수용 개시일까지 관할 토지수용위원회가 재결한 보상금을 지급하거나 공탁하지 않아 재결신청의 효력이 상실된 후 다시 재결을 신청하는 것인 때에는 원칙적으로 다시 토지소유자 등과 보상협의절차를 거칠 필요는 없다(대법원 2015. 2. 26. 선고 2012두11287 판결, 대법원 2017. 4. 7. 선고 2016두63361 판결 등).

나. 현금청산대상자의 재결신청의 청구

(1) 재결신청 청구의 시기

토지보상법상 재결신청의 청구는 사업인정고시가 된 후 협의가 성립하지 아니하였을 때 토지소유자 및 관계인은 서면으로 사업시행자에게 재결을 신청할 것을 청구할 수 있다고 정하고 있으나(토지보상법 제30조 제1항), 정비사업에서 현금청산의 협의는 관리처분계획인가일의 다음 날부터 90일(2013. 12. 24. 이전 조합설립인가를 신청한 재개발사업은 분양신청기간의 종료일 등의 다음 날부터 150일) 이내에 한다(구법 제47조 제1항).

① 따라서 구 도시정비법 제47조에 따라 현금청산 대상인 토지등소유자는 원칙적으로 위 현금청산기간 90일(또는 150일) 내에 협의가 성립하지 않으면 그 기간의 다음 날부터 사업시행자에게 수용재결신청을 청구할 수 있는 것이 원칙이다.

---

43 위 대법원 2015두50535 판결의 취지를 확장하여 협의 절차가 진행되지 않은 경우에도 재결신청이 적법하다고 보기도 하였으나, 토지보상법상 수용재결을 신청하기 위해서는 성실하게 협의하여야 하므로 일정한 협의를 위한 진지한 시도는 거쳐야 할 것으로 생각된다.

44 서울고등법원 2019. 1. 29. 선고 2018누58273 판결, 서울고등법원 2019. 6. 13. 선고 2018누63671 판결(제1심은 서울행정법원 2018. 8. 31. 선고 2018구합52518 판결), 서울고등법원 2020. 11. 13. 선고 2020누39213 판결.

② 다만, 토지등소유자가 현금청산기간이 만료되기 이전에 재결신청의 청구를 하였더라도 토지등소유자와 사업시행자 사이에 청산금 지급 대상 여부나 청산금의 범위에 관하여 다툼이 심하여 협의가 성립될 가능성이 없다고 볼 수 있는 명백한 사정이 있는 경우에는 그러한 재결신청 청구도 유효하고, 이 경우 토지보상법 제30조 제2항에서 정한 60일은 사업시행자가 수용재결신청 청구를 받은 날이 아니라 현금청산기간의 종료일의 다음 날부터 기산된다(대법원 2015. 12. 23. 선고 2015두50535 판결). 실무적으로는 반드시 명백한 사정까지 이르지 않더라도 현금청산대상자들이 조합이 협의절차를 제대로 진행하지 않는다거나 협의에 응할 의사가 없다는 점을 표시한 후 현금청산기간 종료 전에 미리 재결신청의 청구를 하여 그 현금청산기간 종료일의 다음 날부터 지연가산금이 산정되도록 하고 있다.

③ 분양신청을 한 토지등소유자가 분양계약체결절차에서 분양계약을 체결하지 않는 방법으로 조합원 지위를 상실하고 현금청산대상자가 되는 경우 현금청산기간은 분양계약체결기간의 종료일 다음 날부터 90일(또는 150일)이 된다(대법원 2011. 12. 22. 선고 2011두17936 판결). 따라서 분양신청을 한 토지등소유자가 분양계약체결기간에 이르기도 전에 재결신청의 청구를 하여 그에 따른 수용재결 신청이 이루어진 경우에는, 조합의 위 토지등소유자에 대한 청산금 지급의무가 발생하지 않으므로 위 재결신청의 청구에 따른 지연가산금은 발생하지 않는다(대법원 2013. 1. 24. 선고 2011두22778 판결, 대법원 2014. 8. 26. 선고 2013두4293 판결).

(2) 재결신청 청구의 방식

재결신청청구서에는 사업시행자의 성명 또는 명칭, 공익사업의 종류 및 명칭, 토지소유자 및 관계인의 성명 또는 명칭 및 주소, 대상 토지의 소재지 · 지번 · 지목 및 면적과 토지에 있는 물건의 종류 · 구조 및 수량, 협의가 성립되지 아니한 사유를 적은 후 사업시행자가 직접 제출하거나 내용증명 또는 배달증명의 방법으로 발송하여야 한다(토지보상법 시행령 제14조 제1항, 토지보상법 시행규칙 제12조). 위와 같이 재결신청청구서에 일정한 형식을 요구하는 것은 재결신청을 청구하는 토지소유자 등의 의사를 명확히 하기 위한 것이다.

① 재결신청의 청구는 재결신청을 청구하는 토지소유자의 의사를 명확히 하기 위한 것이고 엄격한 형식을 요하지 않은 서면행위이므로 재결신청청구서로 재결신청청구의 의사를 명백히 표시한 이상 현금청산대상자가 일부 사항을 누락하였다고 하여 재결신청 청구의 효력을 부인할 것은 아니다(대법원 2015. 8. 27. 선고 2014두8506 판결, 대법원 2016. 8. 29. 선고 2014두35980 판결 등). 다만 재결신청청구서에서 토지보상법 시행령 제14조 제1항이 정하는 내용을 재결신청 청구라 볼 수 없을 정도로 누락하였거나 일정한 조건으로 협의할 의사를 밝히는 등 협의의사가 없다는 것을 명백히 표시하지 않은 경우 등은 재결신청 청구가 적법하다고 볼 수 없다.[45]

② 보통우편과 달리 내용증명우편이나 등기우편의 방법으로 발송되고 반송되지 않았

45 서울행정법원 2013. 4. 12. 선고 2012구합31700 판결, 서울행정법원 2015. 5. 21. 선고 2014구합69624 판결.

다면 특별한 사정이 없는 한 우편물은 그 무렵 송달되었다고 볼 수 있다(대법원 2002. 7. 26. 선고 2000다25002 판결, 대법원 2009. 12. 10. 선고 2007두20140 판결 등 참고). 재결신청청구서를 내용증명 또는 배달증명으로 발송하도록 한 것은 재결신청청구 시점에 관한 분쟁을 미연에 방지하기 위한 것이므로, 내용증명 또는 배달증명으로 발송하는 과정에서 다소 불분명한 문제가 발생하였다 하더라도 재결신청청구서 발송·도달 사실 및 도달일자를 특정할 수 있는 다른 정황을 보완하여 적법한 발송으로 인정할 여지도 있을 것으로 생각된다.[46·47]

③ 상대방이 부당하게 등기취급 우편물의 수취를 거부함으로써 우편물의 내용을 알 수 있는 객관적 상태의 형성을 방해한 경우 그러한 상태가 형성되지 아니하였다는 사정만으로 발송인의 의사표시의 효력을 부정하는 것은 신의성실의 원칙에 반하므로 허용되지 아니한다. 이러한 경우에는 부당한 수취 거부가 없었더라면 상대방이 우편물의 내용을 알 수 있는 객관적 상태에 놓일 수 있었던 때, 즉 수취 거부 시에 의사표시의 효력이 생긴 것으로 보아야 한다(대법원 2020. 8. 20. 선고 2019두34630 판결).[48] 따라서 재결신청 청구 시점을 즈음하여 조합이 부당하게 우편물 수취를 거절하였더라도 재결신청청구서는 그 우편물을 통해 조합에 도달한 것으로 볼 수 있다.

④ 사업시행자를 대신하여 협의절차의 업무를 대행하고 있는 자가 따로 있는 경우에는 특별한 사정이 없는 한 재결신청청구서를 그 업무대행자에게도 제출할 수 있는 것이나(대법원 1995. 10. 13. 선고 94누7232 판결 참고), 그 업무대행자가 사업시행자의 대리 또는 이행보조자 정도의 지위에 있어야 할 것으로 생각된다.

다. 사업시행자가 재결신청 청구를 받은 날로부터 60일을 지나 재결을 신청할 것

사업시행자가 재결신청 청구를 받은 날로부터 60일이 지나 재결을 신청한 경우 그 60일에서 지연된 기간만큼 지연가산금이 발생한다. 재결신청의 청구는 내용증명 또는 배달증명의 방법으로 서면에 의하고 사업시행자가 재결신청을 한 일자는 객관적으로 확인되는 것이므로 그 기간 산정의 사실인정 자체는 큰 다툼이 없다.

---

46 서울고등법원 2017. 12. 21. 선고 2017누68846 판결(제1심은 서울행정법원 2017. 8. 21. 선고 2015구합80062 판결).

47 배달증명은 그 우편물이 재결신청청구서라는 점이 그 자체로 증명되지 않으므로 내용증명으로 발송할 필요가 있다. 서울고등법원 2017. 12. 21. 선고 2017누68846 판결(제1심은 서울행정법원 2017. 8. 21. 선고 2015구합80062 판결)은 조합이 배달증명으로 받은 우편물이 재결신청청구서가 아니라고 다툰 것에 대해, 여러 정황을 기초로 그 우편물이 재결신청청구서라고 보아 위 배달증명이 도달한 날을 기준으로 재결신청 청구에 따른 지연가산금을 산정하였다.

48 위 대법원 2019두34630 판결은 우편물의 수취 거부가 신의성실의 원칙에 반하는지는 발송인과 상대방과의 관계, 우편물의 발송 전에 발송인과 상대방 사이에 우편물의 내용과 관련된 법률관계나 의사교환이 있었는지, 상대방이 발송인에 의한 우편물의 발송을 예상할 수 있었는지 등 여러 사정을 종합하여 판단하여야 하고, 우편물의 수취를 거부한 것에 정당한 사유가 있는지에 관해서는 수취 거부를 한 상대방이 이를 증명할 책임이 있다고 보았다.

3. 재결신청 지연가산금의 산정 및 쟁송

가. 재결신청 지연가산금의 성격 및 쟁송 방법

재결신청 지연가산금은 손실보상금에 가산하여 지급되는 것으로서, 수용보상금에 대한 법정 지연손해금의 성격을 갖는다. 재결신청 지연가산금은 사업시행자가 재결신청을 지연하였다는 사정 자체로 발생하는 것이고 수용보상금 지급의무의 이행지체에 따르는 손해배상금이 아니므로, 현금청산대상자가 수용대상 토지의 인도 또는 소유권이전등기 등 반대채무를 이행하지 않았다고 하여 그 발생이 저지되지 않는다.[49]

토지수용위원회는 재결서에 재결신청 지연가산금을 적어야 하고 사업시행자는 수용 또는 사용의 개시일까지 보상금과 함께 지급하여야 한다(토지보상법 제30조 제3항, 토지보상법 시행령 제14조 제2항). 재결신청 지연가산금은 수용보상금에 대한 법정 지연손해금의 성격을 갖는 것이어서 이에 대한 불복은 수용보상금에 대한 불복절차로 한다(대법원 1997. 10. 24. 선고 97다31175 판결). 따라서 재결신청 지연가산금의 증감은 물론, 그 발생 자체를 다투는 경우도 수용보상금 증액 · 감액소송의 형태로 다투는 것이 타당하다.[50]

사업시행자가 수용재결 또는 이의재결에 불복하여 행정소송을 제기하는 경우 사업시행자는 행정소송을 제기하기 전에 이의재결에 따라 늘어난 보상금을 공탁하여야 하나, 보상금을 받을 자는 공탁된 보상금을 소송이 종결될 때까지 수령할 수 없다(토지보상법 제85조 제1항). 그러나 사업시행자가 제기한 행정소송이 각하 · 기각 또는 취하된 경우 수용재결 또는 이의재결서의 정본을 받은 날부터 판결일 또는 취하일까지의 기간에 대해 소송촉진법 제3조에 따른 법정이율을 적용하여 산정한 금액을 보상금에 가산하여 지급하여야 한다(토지보상법 제87조). 위 토지보상법 제87조의 취지는 사업시행자가 보상금의 지급을 지연시킬 목적으로 행정소송을 남용하는 것을 방지하고 보상금을 수령하지 못하는 기간 동안 토지소유자의 손해를 보전하여 사업시행자와 토지소유자 사이의 형평을 도모하려는 것으로서, 재결신청 지연가산금도 재결보상금과 달리 취급할 이유가 없으므로 위 토지보상법 제87조에 따라 지연이자가 가산되는 '보상금'에 해당하여 그 기간만큼 지연이자가 가산된다(대법원 2019. 1. 17. 선고 2018두54675 판결, 대법원 2019. 1. 31. 선고 2018두56510 판결).

나. 재결신청 지연가산금의 산정

(1) 재결신청 지연가산금 산정의 시기 및 종기

사업시행자는 재결신청 청구를 받은 날로부터 60일이 지난 날부터 재결을 신청한 날까

49 서울고등법원 2017. 3. 9. 선고 2016누32451 판결.

50 서울고등법원 2017. 10. 13. 선고 2017누37231 판결; 위 서울고등법원 2017누37231 판결은 토지보상법상 협의 절차 등을 거치지 않았음을 이유로 토지수용위원회가 한 선행 반려처분의 취소를 구하는 청구에 대해, 그 반려처분이 취소된다고 하여 그것만으로 선행 재결신청의 수리가 의제된다고 할 수 없고, 재결신청 지연가산금은 별도로 다툴 수 없으므로 그 취소를 구하는 법률상 이익이 없다고 보았다.

지의 기간에 소송촉진법 제3조에 따른 법정이율을 적용하여 산정한 지연가산금을 토지수용위원회에서 재결한 보상금에 가산하여 지급하여야 한다(법 제30조 제3항). 소송촉진법 제3조의 위임에 따른 법정이율을 정하는 시행령인 「소송촉진 등에 관한 특례법 제3조 제1항 본문의 법정이율에 관한 규정」은 연 12%를 정하고 있다.[51]

① 재결신청의 청구는 내용증명 또는 배달증명의 방법으로 서면에 의하고 사업시행자가 재결신청을 한 일자는 객관적으로 확인되는 것이므로 그 기간 산정의 사실인정 자체는 큰 다툼이 없다. 다만 사업시행계획이 실효되거나 주요 내용이 변경된 경우, 토지수용위원회가 토지보상법상 협의 절차 등을 거치지 않았다는 이유로 각하재결한 경우 등에는 적법한 재결신청을 언제 한 것인지가 쟁점이 된다.

② 토지등소유자가 현금청산기간이 만료되기 이전에 재결신청의 청구를 하였더라도 토지등소유자와 사업시행자 사이에 청산금 지급 대상 여부나 청산금의 범위에 관하여 다툼이 심하여 협의가 성립될 가능성이 없다고 볼 수 있는 명백한 사정이 있는 경우에는 그러한 재결신청 청구도 유효하고, 이 경우 토지보상법 제30조 제2항에서 정한 60일의 기간은 수용재결신청 청구를 받은 날이 아니라 현금청산기간의 만료일부터 기산한다(대법원 2015. 12. 23. 선고 2015두50535 판결).

③ 사업시행자가 현금청산기간 이후에 임의로 협의기간을 정하거나 그 협의기간을 연장하였다 하더라도, 토지등소유자는 구 도시정비법 제47조 제1항이 정하는 현금청산기간 내 협의가 이루어지지 않으면 재결신청의 청구를 할 수 있는 것이므로 그 기간의 기산점을 다르게 볼 이유가 없다.[52]

④ 지연가산금의 종기는 사업시행자인 조합이 재결신청을 한 날이다. 토지보상법상 협의 절차 문제로 인해 오랜 기간 보완이 이루어지면서 재결 자체가 늦어지더라도 토지보상법의 문언상 지연가산금의 종기는 조합이 재결신청을 한 날로 보아야 하고, 토지보상법상 보상협의절차가 완료된 시점이라거나 실제 재결이 이루어진 날로 볼 근거는 없다.

⑵ 지연가산금이 발생하지 않는 재결신청을 지연하였다고 볼 수 없는 특별한 사정이 있는 기간의 범위

재결신청 지연가산금은 사업시행자가 정해진 기간 내에 재결신청을 하지 않고 지연한 데 대한 제재와 토지소유자 등의 손해에 대한 보전이라는 성격을 아울러 가지고 있는 것으로서, 사업시행자가 재결신청을 지연하였다고 볼 수 없는 특별한 사정이 있는 경우에는 그 해당 기간 동안은 지연가산금이 발생하지 않는다(대법원 2017. 4. 7. 선고 2016두63361 판결, 대법원 2020. 8. 20. 선고 2019두34630 판결).

① 재결실효 후 토지등소유자 등과 사업시행자 사이에 보상협의절차를 다시 하기로 합

---

51 1981. 3. 1.부터 연 25%, 2003. 6. 1.부터 연 20%, 2015. 10. 1.부터 15%, 2019. 6. 1.부터 연 12%가 적용된다.

52 서울고등법원 2017. 3. 9. 선고 2016누32451 판결.

의한 데 따라 합의가 진행된 기간이나,[53] 토지수용위원회의 위법한 반려처분이나 각하재결에 따라 지연된 기간은 사업시행자가 재결신청을 지연하였다고 볼 수 없는 특별한 사정이 있는 경우로서 지연가산금이 발생하지 않는다고 볼 수 있다.[54]

② 그러나 사업시행계획의 주요 내용이 실질적으로 변경되어 분양신청절차를 다시 진행할 사정 등이 있었다 하더라도 그 자체로 재결신청이 불가능하다거나 사업시행자가 재결신청을 지연하였다고 볼 수 없는 특별한 사정이 있다고 보기는 어려울 것으로 생각된다.[55]

⑶ 수용 개시일까지 보상금을 지급 또는 공탁하지 않아 선행 수용재결신청이 실효되어 다시 후행 재결신청을 한 경우

사업시행자가 수용 개시일까지 관할 토지수용위원회가 재결한 보상금을 지급하거나 공탁하지 않으면 해당 토지수용위원회의 재결은 효력을 상실하고, 사업시행자의 재결신청도 효력을 상실한다(대법원 1987. 3. 10. 선고 84누158 판결). 이 경우 사업시행자는 다시 재결을 신청하여야 하는데, 이 경우 원칙적으로 다시 토지소유자 등과 보상협의절차를 거칠 필요는 없으며, 선행재결의 실효 전에 토지소유자 등으로부터 토지보상법 제30조 제1항에 따른 재결신청의 청구가 있었던 경우에는 재결이 실효되고 60일 이내, 그러한 재결신청의 청구가 없었던 경우에는 선행 재결 실효 후 토지보상법 제30조 제1항에 따른 재결신청청구가 있은 날부터 60일 이내에 후행 재결을 신청하여야 하고, 그 기간을 경과하여 후행 재결을 신청한 때에는 그 경과한 기간에 대하여 토지보상법 제30조 제3항에 따른 지연가산금을 토지소유자 등에게 지급하여야 한다(대법원 2015. 2. 26. 선고 2012두11287 판결, 대법원 2017. 4. 7. 선고 2016두63361 판결 등).

다만 선행 수용재결이 실효되었으나 그 후 사업시행자와 토지등소유자 사이에 보상협의 절차를 다시 하기로 합의함에 따라 협의가 진행된 기간은 사업시행자가 재결신청을 지연하였다고 볼 수 없는 특별한 사정이 있는 경우로서 지연가산금이 발생하지 않는다(위 대법원 2016두63361 판결).

⑷ 종전 사업시행계획의 사업시행기간이 도과한 경우

사업시행계획에서 정한 사업시행기간이 도과하였다 하더라도, 유효하게 수립된 사업시행계획 및 그에 기초하여 사업시행기간 내에 이루어진 토지의 매수 · 수용을 비롯한 사업시행의 법적 효과가 소급하여 효력을 상실하여 무효로 된다고 할 수 없으므로(대법원 2016. 12. 1. 선고 2016두

53 대법원 2017. 4. 7. 선고 2016두63361 판결.

54 서울행정법원 2018. 11. 30. 선고 2018구합53795 판결, 서울고등법원 2019. 11. 5. 선고 2019누44059 판결(제1심은 수원지방법원 2019. 4. 26. 선고 2018구합53078 판결), 서울고등법원 2020. 11. 13. 선고 2020누39213 판결 등.

55 서울고등법원 2018. 6. 21. 선고 2017누66307, 66314 판결(다만 이 판결은 종전 사업시행계획의 사업시행기간이 도과한 이후에는 재결신청 청구에 따른 수용재결을 신청할 수 없으므로 새로운 사업시행계획의 요건을 갖춘 사업시행계획변경인가일까지는 사업시행자가 재결신청을 지연하였다고 볼 수 없는 특별한 사정이 있다고 보았다).

34905 판결) 사업시행기간 내에 현금청산대상자 지위를 취득한 토지등소유자에게 조합이 토지 등에 관한 손실보상금 및 이에 대한 지연가산금을 지급하여야 할 의무 역시 유효하게 존속하고, 지연가산금도 당초의 재결신청청구시를 기준으로 산정된다고 보는 것이 타당하다.[56]

현금청산대상자를 상대로 수용재결신청을 하지 못한 상태에서 종전 사업시행계획의 사업시행기간이 도과하였다면 현금청산대상자가 재결신청을 청구하더라도 사업시행자가 수용재결신청을 할 수 없는 문제가 발생한다. 이 경우 사업시행자는 사업시행기간을 연장하는 사업시행계획변경인가를 받거나 새로운 사업시행계획인가의 성격을 갖는 사업시행계획변경인가를 받아야 하는데, 선행 사업시행계획의 사업시행기간이 지난 날의 다음 날부터 사업시행계획변경인가일까지는 수용재결신청이 불가능하므로 그 기간만큼은 사업시행자의 재결신청의무를 전제로 한 지연가산금이 발생하지 않는다고 볼 여지가 있다.[57]

(5) 토지보상법상 협의 절차를 이유로 재결신청이 지연된 경우

사업시행자가 도시정비법상 협의 절차를 마치고 수용재결을 신청하였으나 토지수용위원회가 토지보상법상 협의 절차를 준수하도록 보완요구를 하여 그 절차를 이행하느라 재결이 상당기간 지연된 경우 사업시행자의 재결신청은 당초부터 유효·적법하다고 볼 수 있는지가 문제되어 왔으나, 정비사업의 수용절차에는 토지보상법상 협의 절차 등에 관한 규정이 준용되지 않으므로 토지수용위원회의 보완요구로 수용재결 절차가 지연되었다 하더라도 당초 재결신청은 여전히 적법·유효한 것이다.[58]

그러나 토지수용위원회가 토지보상법상 협의 절차 등의 미비를 이유로 선행 재결신청을 각하함에 따라 사업시행자인 조합이 다시 협의 등 절차를 진행하여 후행 재결신청을 하기에 이른 경우에는 지연가산금 발생의 기준인 '재결신청'은 해당 재결 절차의 개시 원인이 된 재결신청을 의미하므로 각하된 선행 재결신청이 아닌 후행 재결신청시를 기준으로 판단하는 것이 타당하다.[59] 다만 이 경우 사업시행자가 구 도시정비법 제47조 등에 따른 적법

56 서울고등법원 2018. 6. 21. 선고 2017누66307, 66314 판결, 서울고등법원 2018. 6. 21. 선고 2017누66321 판결, 서울고등법원 2018. 9. 6. 선고 2018누31292 판결 등; 위 서울고등법원 2017누66307 판결 등이 지적하는 것처럼, 사업시행기간의 경과로 기존에 성립된 지연가산금 채무가 소멸된다고 보면, 사업시행자가 지연가산금 부담을 회피하기 위하여 의도적으로 사업시행기간이 경과되도록 사업을 지연시킨 다음 새로운 사업시행변경인가를 받아 지연가산금 부담을 회피한 상태에서 사업을 진행하는 불합리한 결과를 초래할 수 있다.

57 서울고등법원 2018. 6. 21. 선고 2017누66321 판결, 서울고등법원 2018. 9. 6. 선고 2018누31292 판결.

58 서울행정법원 2019. 4. 16. 선고 2018구합70401 판결.

59 서울고등법원 2019. 6. 13. 선고 2018누63671 판결(제1심은 수원지방법원 2018. 8. 31. 선고 2018구합52518 판결), 서울고등법원 2020. 11. 13. 선고 2020누39213 판결; 위 서울고등법원 2020누39213 판결 등은 선행 재결신청도 지연가산금 판단을 위한 재결신청에 포함된다면 토지수용위원회가 지연가산금 판단을 위해 사업시행자가 당해 재결 절차의 개시 원인이 된 재결신청 이전에 동일한 사업인정을 토대로 재결신청을 한 적이 있었는지 여부 및 그 재결신청의 적법·유효 여부를 조사·판단하게 되어 수용에 관한 권리관계

한 협의 절차를 거쳤다면 선행 반려처분이나 각하재결은 위법한 것이므로 그 지연된 기간만큼 사업시행자가 재결신청을 지연하였다고 볼 수 없는 특별한 사정이 있다고 볼 수 있을 것이다.[60]

참고자료

신준섭, "재개발사업의 수용재결과 지연가산금", 건설법연구 제5호 (2020. 11.)
정기상, "수용절차상 재결신청청구제도에 관한 연구", 인권과 정의 제428호 (2012. 9.)
중앙토지수용위원회, 2021년 토지수용 업무편람 (2021)

를 신속히 확정하려는 재결 절차의 취지에 반하게 된다고 보았다.

60 서울행정법원 2018. 11. 30. 선고 2018구합53795 판결, 서울고등법원 2019. 11. 5. 선고 2019누44059 판결(제1심은 수원지방법원 2019. 4. 26. 선고 2018구합53078 판결), 서울고등법원 2020. 11. 13. 선고 2020누39213 판결 등.

[28] 건축물의 인도 및 철거

I. 건축물의 인도

1. 조합원, 현금청산대상자 등의 건축물 인도의무

가. 관리처분계획 인가 · 고시 이후의 인도의무

관리처분계획이 인가 · 고시되면 종전의 토지 또는 건축물의 소유자 · 지상권자 · 전세권자 · 임차권자 등 권리자는 종전의 토지 또는 건축물을 사용하거나 수익할 수 없다(법 제81조 제1항 본문). 따라서 관리처분계획이 인가 · 고시되면 종전의 토지 또는 건축물에 대한 조합원 또는 현금청산대상자의 사용 · 수익은 정지되고, 사업시행자는 기본적으로 별도의 수용 · 사용재결 없이도 종전의 토지 또는 건축물을 사용 · 수익할 수 있다(대법원 2010. 5. 27. 선고 2009다53635 판결, 대법원 2013. 12. 26. 선고 2011다85352 판결 등). 따라서 관리처분계획이 인가 · 고시되면 사용 · 수익이 정지된 권리자는 사용 · 수익권을 취득한 조합에게 자신이 점유하고 있는 건물 부분을 인도할 의무가 있다(대법원 2014. 7. 24. 선고 2012다62561, 62578 판결 등).

다만 토지보상법에 따른 손실보상이 완료되지 않은 경우 종전의 토지 또는 건축물의 소유자 · 지상권자 · 전세권자 · 임차권자 등 권리자는 계속 사용 · 수익할 수 있으므로(법 제81조 제1항 단서), 재개발사업은 수용재결에 따른 보상금을 지급 또는 공탁하여야 조합원 또는 현금청산대상자의 사용 · 수익이 정지된다.[1] 따라서 재개발사업은 관리처분계획이 인가 · 고시된 것에 더하여 수용재결에 따른 보상금이 지급 또는 공탁까지 되어야 조합원, 현금청산대상자 등이 조합에 건축물 등을 인도할 의무가 있다(대법원 2011. 7. 28. 선고 2008다91364 판결, 대법원 2011. 11. 24. 선고 2009다28394 판결 등).

나. 조합의 소유권 취득에 따른 인도의무

토지보상법상 사업시행자가 수용 개시일까지 토지수용위원회가 재결한 보상금을 지급

---

1 수용 · 사용권한이 부여되지 않는 재건축사업에서 도시정비법 제81조 제1항 단서(구법 제46조 제6항 단서)는 적용되지 않으므로 현금청산대상자 등은 손실보상절차가 완료되지 않았다는 이유로 인도를 거절할 수 없다(대법원 2014. 7. 24. 선고 2012다62561, 62578 판결).

하거나 공탁하면 수용 개시일에 그 토지 또는 물건의 소유권 및 사용권을 취득하고, 그 토지 또는 물건에 관한 권리를 가진 자는 수용 개시일까지 그 토지 또는 물건을 사업시행자에게 인도하거나 이전하여야 한다(토지보상법 제45조 제1항, 제43조). 재개발사업의 사업시행자인 조합은 수용재결에 따른 보상금을 지급 또는 공탁하여 수용 개시일에 종전 토지 또는 건축물의 소유권을 취득한 후, 조합원, 현금청산대상자 등을 상대로 소유권에 기한 방해배제청구로서 인도를 구할 수 있다.

재건축사업의 경우 현금청산대상자는 조합이 행사한 매도청구에 따라 조합의 청산금 지급의무와 상환으로, 토지등소유자의 권리제한등기가 없는 상태로 토지 등의 소유권을 사업시행자에게 이전할 의무와 함께 토지 및 건축물을 인도할 의무를 부담한다.

다. 정관에 따른 조합원의 인도의무

조합원은 정관에 따라 철거 및 이주의무, 이주기간내 퇴거의무 등을 부담한다(구 표준정관 제10조 제1항 제6호, 제37조 제4항).[2]

2. 재개발사업의 건물인도 청구

가. 인도청구 방법

조합이 건축물 등의 인도를 지연하거나 거부하고 있는 조합원, 현금청산대상자 등을 상대로 건축물의 인도를 받기 위해 대집행은 할 수 없고(대법원 2005. 8. 19. 선고 2004다2809 판결 등 참고),[3] 결국 민사소송으로 건물인도(명도)를 구하는 소를 제기하여 그 판결로서 강제집행하게 된다. 재개발사업의 건물인도소송은 청구원인이 명확한데 반해 인도거절 항변이 인정될 여지가 거의 없고, 통상 제1심의 가집행선고에 기해 강제집행이 이루어지므로 제1심 판결로 사건이 종결되는 경우가 많다.

---

2 구 표준정관 제10조(조합원의 권리 · 의무) ① 조합원은 다음 각호의 권리와 의무를 갖는다.
6. 사업시행계획에 의한 철거 및 이주 의무
구 표준정관 제37조(이주대책) ④ 조합원은 조합이 정하여 통지하는 이주기한 내에 당해 건축물에서 퇴거하여야 하며, 세입자 또는 임시거주자 등이 있을 때에는 당해 조합원의 책임으로 함께 퇴거하도록 조치하여야 한다.
⑤ 조합원은 본인 또는 세입자 등이 당해 건축물에서 퇴거하지 아니하여 기존 주택 등의 철거 등 사업시행에 지장을 초래하는 때에는 그에 따라 발생되는 모든 손해에 대하여 변상할 책임을 진다.

3 토지보상법은 토지소유자 · 관계인의 토지 또는 물건의 인도의무를 정하면서, 시장 · 군수 또는 구청장이 사업시행자의 청구에 의해 토지나 물건의 인도 또는 이전을 대행한다고 하여(토지보상법 제43조, 제44조) 행정대집행의 근거 규정을 두고 있다. 재개발사업에서 토지보상법 규정을 준용하여 민사소송이 아닌 대집행으로 건물인도를 받을 수 있는지 문제될 수 있으나, 대법원 2005. 8. 19. 선고 2004다2809 판결은 인도청구에 포함된 '명도'는 직접적인 실력행사가 필요한 것이지 대체적 작위의무가 아니어서 대집행의 대상이 될 수 없다고 보았다.

나. 청구원인

현금청산대상자를 상대로 한 건물인도청구는 도시정비법 제81조 제1항을 근거로 관리처분계획 인가 · 고시에 따른 인도의무를 청구원인으로 하며, 소 제기 전 또는 소송계속 중 수용재결이 이루어져 수용 개시일까지 보상금을 공탁한 경우에는 소유권에 기한 방해배제청구권을 인도를 구하는 청구원인으로 한다. 임차인 등에 대한 퇴거청구도 동일한 청구원인을 근거로 한다.

조합원이 건물 등의 인도를 지연하거나 거절하고 있는 경우 도시정비법 제81조 제1항을 근거로 관리처분계획 인가 · 고시에 따른 인도의무와 함께 정관에 따른 인도의무를 청구원인으로 한다.

다. 토지보상법상 손실보상에 관한 인도거절 항변

실무상 주로 문제되는 것은 토지보상법에 따른 손실보상이 완료되었는지 여부이다. 종전의 토지 또는 건축물의 소유자 · 지상권자 · 전세권자 · 임차권자 등 권리자는 관리처분계획인 인가 · 고시되면 종전의 토지 또는 건축물을 사용 · 수익할 수 없으나 "「공익사업을 위한 토지 등의 취득 및 보상에 관한 법률」에 따른 손실보상이 완료되지 아니한 경우"에는 그러하지 않으므로(법 제81조 제1항 단서), "토지보상법에 따른 손실보상이 완료"되지 않았다는 사정은 주요한 인도거절 항변이 된다.[4]

① 재개발조합이 현금청산대상자를 상대로 건물인도 등을 구하기 위해서는 관리처분계획 인가 · 고시 이외에 협의 또는 수용절차를 거쳐야 하는데, 협의가 성립한다면 조합의 청산금 지급의무와 현금청산대상자의 토지 등 부동산 인도의무는 특별한 사정이 없는 한 동시이행 관계에 있고, 수용절차에 의할 때에는 부동산 인도에 앞서 청산금 등의 지급절차가 이루어져야 하는 선이행 관계에 있다(대법원 2011. 7. 28. 선고 2008다91364 판결, 대법원 2020. 7. 29. 선고 2018두38857 판결 등). 따라서 토지보상법에 따른 손실보상금 등을 먼저 공탁하여야 건물인도 청구가 인용될 수 있다.

② 토지보상법상 사업시행자는 수용 개시일까지 토지수용위원회가 재결한 보상금을 지급하거나 공탁하면 수용 개시일에 소유권을 취득하고, 토지소유자 등은 수용 개시일까지 해당 토지나 물건을 사업시행자에게 인도하거나 이전하여야 하며, 수용재결에 대한 이

---

4 손실보상청구권이 공법상 청구권이기는 하나 형평의 원칙상 건물인도에 대한 선이행 또는 동시이행의 관계에 있다고 볼 수 있고, 도시정비법 제81조 제1항 단서에 의해 손실보상이 완료되어야 인도를 구할 수 있는 점이 더욱 명확해졌다고 볼 수 있다. 손실보상 완료에 관한 단서 규정은 도시정비법이 2009. 5. 27. 법률 제9729호로 개정되면서 신설된 것인데(구법 제46조 단서), 대법원은 종전 규정이 적용되는 사안에서도 "국민의 재산권을 보장하는 헌법에 합치하는 해석"을 위해 선이행 또는 동시이행의 관계를 인정하였다(대법원 2011. 7. 28. 선고 2008다91364 판결, 대법원 2011. 11. 24. 선고 2009다28394 판결). 주거이전비 등도 포함된다고 본 대법원 2021. 6. 30. 선고 2019다207813 판결은 "사업시행자의 현금청산대상자나 세입자에 대한 주거이전비 등의 지급을 실질적으로 보장할 수 있는 방향으로 해석되어야 한다"는 점을 근거로 세시하였다.

의신청이나 행정소송의 제기가 있다 하더라도 수용의 효력을 정지되지 않는다(토지보상법 제43조, 제45조 제1항, 제88조). 따라서 조합이 수용 개시일까지 보상금을 공탁하였으면 토지등소유자가 수용재결처분의 위법이나 보상금 증액을 다투더라도 토지보상법에 따른 손실보상은 완료된 것으로 본다(대법원 2013. 8. 22. 선고 2012다40097 판결).

③ '토지보상법에 따른 손실보상'에 수용재결에서 인정한 손실보상금, 영업손실 보상금이 포함된다는 점은 큰 다툼이 없이 받아들여졌다(대법원 2011. 7. 28. 선고 2008다78415 판결, 대법원 2011. 11. 24. 선고 2009다28394 판결 등). 토지보상법에 따라 인정되는 주거이전비, 이주정착금, 이사비(이하 '주거이전비 등')도 지급 또는 공탁이 이루어지지 않으면 인도를 거절할 수 있는지 상당한 다툼이 있었으나, 대법원 2021. 6. 30. 선고 2019다207813 판결은 주거이전비 등도 도시정비법 제81조 제1항 단서(구법 제49조 제6항 단서)의 '토지보상법에 따른 손실보상'에 해당하므로 주택재개발사업의 사업시행자가 현금청산대상자나 세입자로부터 정비구역 내 토지 또는 건축물을 인도받기 위해서는 협의나 재결절차 등에 의하여 결정되는 주거이전비 등도 지급하여야 한다고 판단하였다(대법원 2021. 6. 30. 선고 2019다207813 판결, 대법원 2021. 7. 29. 선고 2019다300484 판결 등).[5·6]

3. 인도지연에 따른 손해배상

가. 인도의무 불이행 등에 따른 손해배상책임의 성립

(1) 인도의무 불이행에 따른 손해배상책임의 성립 여부

관리처분계획이 인가 · 고시되면 조합원은 조합의 인도청구에 응할 의무가 있고, 정관에 따른 인도의무도 부담한다.[7] 따라서 조합원이 이주기간 이후에도 조합의 인도청구에 응하지 않으면 조합에 대한 채무불이행이 성립한다(대법원 2013. 12. 26. 선고 2011다85352 판결, 대법원 2018. 5. 15. 선고 2017다289712 판결, 대법원 2018. 7. 12. 선고 2014다

---

5 사업시행자에게 주거이전비 등 지급의무가 있는 이상 종전 토지나 건축물을 사용 · 수익하고 있는 현금청산대상자를 상대로 부당이득반환을 구할 수도 없다(대법원 2021. 7. 29. 선고 2019다300484 판결, 대법원 2021. 8. 19. 선고 2019다249336 판결 등).

6 도시정비법 제81조 제1항(구법 제49조 제6항)은 적법한 보상을 받을 때까지 종전자산을 기존대로 사용 · 수익할 수 있다는 것일 뿐, 일단 조합원으로서 종전자산 출자의무를 이행하였으나 그 후 분양계약체결기간 내에 분양계약 체결을 거부하여 현금청산사유가 발생한 경우에도 토지등소유자가 조합을 상대로 기존에 적법하게 출자하여 인도한 종전자산의 반환을 다시 구할 수 있다는 의미는 아니다(대법원 2020. 7. 29. 선고 2016다51170 판결, 대법원 2020. 8. 13. 선고 2017다236022 판결). 따라서 이 경우 조합이 기존에 출자받은 종전자산을 계속 점유하더라도 권원 없는 점유라거나 불법점유라고 볼 수 없다.

7 구 표준정관 제10조(조합원의 권리 · 의무) ① 조합원은 다음 각호의 권리와 의무를 갖는다.
6. 사업시행계획에 의한 철거 및 이주 의무
구 표준정관 제37조(이주대책) ④ 조합원은 조합이 정하여 통지하는 이주기한 내에 당해 건축물에서 퇴거하여야 하며, 세입자 또는 임시거주자 등이 있을 때에는 당해 조합원의 책임으로 함께 퇴거하도록 조치하여야 한다.
⑤ 조합원은 본인 또는 세입자 등이 당해 건축물에서 퇴거하지 아니하여 기존 주택 등의 철거 등 사업시행에 지장을 초래하는 때에는 그에 따라 발생되는 모든 손해에 대하여 변상할 책임을 진다.

88093 판결). 조합원이 조합설립인가의 효력을 잘못 판단하여 인도의무가 없다고 믿고 이행을 거부한 것이라 하더라도 정당한 사유에 해당되지 않는다면 인도의무 불이행에 고의나 과실이 없다고 볼 수 없다(위 대법원 2011다85352 판결, 위 대법원 2014다88093 판결).

현금청산대상자가 인도의무를 이행하지 않는 경우 ⓐ 분양신청기간 종료일 등 이전에 조합원의 지위를 유지하는 기간 동안은 조합원과 마찬가지로 조합에 대한 채무불이행책임이 성립하나, ⓑ 분양신청기간 종료일 다음 날부터는 조합원의 지위를 상실하므로 정관의 인도의무에 근거한 채무불이행책임은 성립하기 어렵다. 그러나 이 경우에도 도시정비법 제81조 제1항 또는 토지보상법 제43조에 따라 조합의 인도청구에 응할 의무가 있으므로,[8] 조합에 대한 불법행위로 평가할 수 있을 것으로 생각된다. 불법행위로 본다면 손해배상을 구하는 조합이 고의·과실에 대한 증명을 하여야 하나, 조합원의 채무불이행책임과 기본적인 사실관계가 크게 다르지 않은 것으로 생각된다.

(2) 인도의무의 불이행

조합원 등의 인도의무는 명도를 포함한 것이고, 조합원이 스스로 인도하거나 조합이 인도판결로서 강제집행하여야 비로소 인도된 것으로 볼 수 있다. 정비사업으로 철거할 예정이고 입주자들이 모두 이사하여 아무도 거주하지 않는 주택이라 하더라도 객관적 성상이 본래 사용목적인 주거용으로 쓰일 수 없는 상태라거나 재물로서 이용가치나 효용이 없는 물건이라고도 할 수 없어 여전히 재물손괴죄의 객체가 되므로, 조합원 등이 이미 이주하여 공실상태라거나 실제 사용·수익하지 않았다는 사정만으로 인도한 것으로 볼 수 없다.[9]

조합원 등은 이주기간내 이주하여 건물을 인도하여야 하므로, 이주기간 종료일의 다음 날부터 실제 인도하는 날까지 인도가 지연된 것으로 볼 수 있다. 다만 피고가 되지 않은 다른 인도지연 조합원 등과의 관계와 손해액의 증명을 고려하여 이주기간 이후 상당한 시점부터 인도지연에 따른 손해배상을 구하게 된다.

(3) 손해배상 채무자들의 관계

여러 명의 조합원 등이 인도의무 지체에 따른 채무불이행으로 조합에 손해를 발생시켰다면, 조합의 손해는 여러 명의 조합원의 이주 지연이 경합하여 발생한 것이므로 부진정연대채무의 관계에 있다고 볼 수 있다.[10]

---

8 토지보상법 제43조(토지 또는 물건의 인도 등) 토지소유자 및 관계인과 그 밖에 토지소유자나 관계인에 포함되지 아니하는 자로서 수용하거나 사용할 토지나 그 토지에 있는 물건에 관한 권리를 가진 자는 수용 또는 사용의 개시일까지 그 토지나 물건을 사업시행자에게 인도하거나 이전하여야 한다.

9 대법원 2018. 7. 12. 선고 2014다88093 판결(원심은 서울고등법원 2014. 10. 30. 선고 2013나76149 판결).

10 서울고등법원 2014. 10. 30. 선고 2013나76149 판결.

그러나 이주기간 내에 인도하지 않는 조합원 또는 현금청산대상자는 많은데, 그들을 전부 피고로 하여 손해배상청구의 소를 제기하기 어렵고, 인도지연 기간이 각자 달라 손해 발생 여부나 손해액 등을 특정하기도 어렵다. 인도지연에 대한 손해배상청구는 본질적으로 압박을 위한 수단으로서, 상당기간 이주하지 않거나 정비사업에 지장을 초래하는 일부 조합원, 현금청산대상자를 상대로 제기하는 것이 일반적이다. 이주기간 내에 인도하지 않은 다수의 조합원, 현금청산대상자 중 일부에 대해서만 손해배상청구를 하더라도, 부진정 연대채무 관계에 있는 채무자(불법행위자) 일부에 대해서만 소를 제기하는 것 자체가 부적법하거나 신의칙에 반한다고 볼 수 없다.[11]

나. 손해배상 범위

인도지연 기간동안 조합이 입게 되는 손해는 사업지연에 따른 대출이자 추가부담, 운영비의 추가부담, 시공자 등 제3자에 대한 손해배상 등을 생각해 볼 수 있다. 다만 손해 발생과의 상당인과관계와 관련하여, 손해배상소송의 피고들을 제외한 나머지 조합원 등은 모두 인도의무를 이행하였고 피고들이 건물 등을 인도하기만 하면 즉시 사업이 진행될 수 있었으나 피고들의 인도지연으로 정비사업 전체가 중단되었다고 볼 정도에 이르러야 될 것으로 생각된다.

① 인도지연 기간 동안 이주비, 사업비에 대한 대출이자를 추가로 부담하는 것은 구체적인 금액 산정이 가능하고 실제 부담하는 것이기 때문에 앞서의 상당인과관계만 입증할 수 있으면 인정될 수 있을 것이다.[12]

② 인도지연으로 인해 시공자 등 제3자에 대해 어떤 채무를 부담하게 되어 피고들에게 같은 금액의 손해배상을 구하게 된 것이라면, 제3자에 대한 채무부담이 현실적 · 확정적이어서 실제로 변제하여야 하는 것이어야 하며, 이때 채무의 부담이 현실적 · 확정적이어서 손해가 현실적으로 발생하였다고 볼 것인지의 여부는 사회통념에 비추어 객관적이고 합리적으로 판단해야 한다(대법원 1992. 11. 27. 선고 92다29948 판결, 대법원 2001. 7. 13. 선고 2001다22833 판결 등 참고). 공사도급계약상 인도지연(이주지연)에 따라 조합이 시공자에 대해 일정한 지연손해금을 부담할 수 있다거나, 인도지연(착공지연)으로 인해 부동산 규제를 새로 적용받거나 보증을 제때 받지 못하여 추가로 비용을 부담

11 대법원 2018. 7. 12. 선고 2014다88093 판결(원심은 서울고등법원 2014. 10. 30. 선고 2013나76149 판결).

12 추가부담한 대출이자 상당 손해에 대해, 이는 제3자에 부담하는 채무로서 그 손해 부담이 현실적 · 확정적이어서 실제로 변제하여야 하는 아니라고 본 경우가 많았으나, 최근에는 실제 손해를 인정하는 사례도 많다. 대법원 2018. 7. 12. 선고 2014다88093 판결(원심은 서울고등법원 2014. 10. 30. 선고 2013나76149 판결)은 기본이주비 대출이자, 기본이주비 미신청 조합원에 대한 환급금, 사업비 대출이자에 대한 손해를, 서울남부지방법원 2019. 5. 10. 선고 2018나56334 판결(대법원 2018. 5. 15. 선고 2017다289712 판결의 파기환송심)은 이주비 대출이자에 대한 손해를, 부산고등법원 2020. 12. 23. 선고 2020나53098 판결(제1심은 울산지방법원 2020. 5. 13. 선고 2018가합27276 판결)은 이주비, 사업비 대출이자에 대한 손해를 인정하였다.

하게 될 수도 있으나 대체로 손해가 현실적 · 확정적으로 발생하였다고 볼 만한 근거는 없는 경우가 많다.[13]

③ 피고들 인도지연 이외에 다른 사정이 개입하였다거나 피고들 이외에 다른 현금청산 대상자들도 인도를 지연하였다 하더라도, 이는 정비사업 지연의 공동원인으로서 피고들의 인도의무 불이행과 사업지연 사이의 상당인과관계 자체를 부정할 것은 아니고 책임 제한에서 고려할 사항으로 볼 수 있다.[14] 다만 상대방의 의무 이행과 무관하게 어차피 생겼을 경제적 부담은 상당인과관계 있는 손해라고 볼 수 없기도 하므로(대법원 2002. 11. 26. 선고 2000다31885 판결 참고), 피고들의 인도지연행위가 정비사업 지연에 중대한 영향을 미친 정도에 이르러야 손해배상책임을 부담시킬 수 있을 것으로 생각된다.

Ⅱ. 건축물의 철거

1. 건축물의 철거

정비구역내 이주가 끝나면 건축물 신축을 위한 철거가 진행된다. 종전 토지 및 건축물에 대한 소유권 등 권리는 관리처분계획의 인가 · 고시로서 잠정적으로 분양받을 권리로 전환되고, 소유권의 대상인 종전 건축물 등은 철거를 통해 물리적으로 소멸시킨다.

도시정비법상 철거에 관한 사항을 미리 사업시행계획서 및 관리처분계획에 반영하여야 한다. 사업시행계획서에 포함되는 "기존주택의 철거계획서(석면을 함유한 건축자재가 사용된 경우에는 그 현황과 해당 자재의 철거 및 처리계획을 포함한다)"(시행령 제47조 제2항 제14호)는 건축물의 신축에 부수하는 내용으로서 포함된 것이고, 관리처분계획에 포함되는 "기존 건축물의 철거 예정시기"(시행령 제62조 제5호)는 토지등소유자, 세입자 등 이해관계인이 미리 준비를 할 수 있도록 정한 것으로 볼 수 있다.[15]

2. 철거의 제한

기존 건축물의 철거는 관리처분계획의 인가를 받은 후에 할 수 있다(법 제81조 제2항).[16] 다만 재난안전법, 주택법, 건축법 등 관계 법령에서 정하는 기존 건축물의 붕괴 등 안전사고의 우

---

13 서울고등법원 2015. 3. 25. 선고 2014나4844 판결(대법원 2013. 12. 26. 선고 2011다85352 판결의 파기환송심); 다만 서울남부지방법원 2019. 5. 10. 선고 2018나56334 판결(대법원 2018. 5. 15. 선고 2017다289712 판결의 파기환송심)은 착공지연에 따른 공사비 증액(물가변경)을 손해로 인정하였다.

14 부산고등법원 2020. 12. 23. 선고 2020나53098 판결.

15 유삼술 · 이종만, 698.

16 관리처분계획 인가전에 철거를 금지한 취지는, 관리처분계획이 인가 · 고시되어야 분양대상자 및 분양관계가 정해지고, 과거 관행처럼 조기 이주를 할 경우 사업이 지연되면 토지등소유자의 주거가 매우 불안정해지기 때문이다(유삼술 · 이종만, 700).

려가 있는 경우, 또는 폐공가(廢空家)의 밀집으로 범죄발생의 우려가 있는 경우에는 기존 건축물 소유자의 동의 및 시장 · 군수등의 허가를 받아 해당 건축물을 철거할 수 있으며, 이 경우 건축물의 철거는 토지등소유자의 권리 · 의무에 영향을 주지 않는다(법 제81조 제3항).[17]

시장 · 군수등은 사업시행자가 기존의 건축물을 철거하는 경우[18] ⓐ 일출 전과 일몰 후, ⓑ 호우, 대설, 폭풍해일, 지진해일, 태풍, 강풍, 풍랑, 한파 등으로 해당 지역에 중대한 재해발생이 예상되어 기상청장이 기상법 제13조에 따라 특보를 발표한 때, ⓒ 재난안전법 제3조에 따른 재난이 발생한 때, ⓓ 제1호부터 제3호까지의 규정에 준하는 시기로 시장 · 군수등이 인정하는 시기에는 건축물의 철거를 제한할 수 있다(법 제81조 제4항). 통상 봄철에 본격적으로 공사를 진행하기에 앞서 겨울철에 강제퇴거를 진행하여 문제가 발생하였는데, 서울시의 경우 동절기(12월~2월)를 위 ⓓ의 '시장 · 군수등이 정하는 시기'로 정하여 원칙적으로 퇴거 및 철거를 금지하고 있으며(서울시 정비조례 제68조 제3항), 구청장이 사업시행계획인가 조건으로 동절기 퇴거 · 철거금지를 제시하기도 한다.

또한 철거작업을 강행하면서 퇴거과정에서 사회적 문제가 대두됨에 따라 자본력과 책임성을 갖춘 시공자의 책임으로 철거공사를 하도록 공사도급계약에 '기존 건축물의 철거공사'에 관한 사항을 포함하도록 하였다(법 제29조 제9항). 정비사업전문관리업자는 동일한 정비사업에 대하여 건출물의 철거 업무를 병행하여 수행할 수 없다(법 제103조 제1호).

17 관리처분계획 인가 · 고시전에 미리 철거하는 것이 토지등소유자의 분양 등 권리관계에 영향을 미치지 않도록, 사업시행자는 건축물을 철거하기 전에 관리처분계획의 수립을 위하여 기존 건축물에 대한 물건조서와 사진 또는 영상자료를 만들어 이를 착공 전까지 보관하여야 하며, 물건조서는 종전 건축물의 가격산정을 위하여 건축물의 연면적, 그 실측평면도, 주요마감재료 등을 첨부하여야 한다(시행령 제72조).

18 임차인(세입자)에 대해 철거 없이 퇴거할 것만을 청구할 수 있으나, 퇴거도 건축물의 철거를 위한 절차로 볼 수 있으므로 세입자에 대한 효과적인 보호를 위해 도시정비법이 2022. 6. 10. 법률 제18941호로 개정되면서 "철거하는 경우"를 "철거(건축물 소유자 또는 세입자의 퇴거에 관한 사항을 포함한다)하는 경우"로 정하였다. 위 개정규정은 위 일부개정법률의 시행일인 2022. 12. 11.부터 시행된다[법 부칙(2022. 6. 10.) 제1조].

[29] 종교부지의 대토

I. 종교시설 처리방법의 개요

정비구역내 토지 또는 건축물을 소유하는 종교단체는 토지등소유자로서 조합원의 자격이 있으나,[1] 통상 조합에서 조합원들에게 공급하는 것은 공동주택, 부대시설 · 복리시설로서 종교시설 또는 종교부지는 관리처분계획상 분양예정 토지 또는 건축물에 해당하지 않는다. 이로 인하여 정비사업에서 종교단체의 지위가 불분명해지며, 대토 또는 추가보상금 지급을 놓고 조합과 종교단체간 협의가 이루어지지 못해 계속 분쟁이 발생하고, 특히 건물명도 과정에서 많은 민원과 충돌이 발생한다.

우선 정비구역내 종교시설의 처리방법을 살펴보면, 종교단체가 그 소유 종교시설 및 부지에 대해 현금청산을 받아 정비구역 밖으로 옮기거나 현재 위치에서 그대로 존치할 수 있다면, 현금청산 또는 존치로 처리하여 정비사업 진행에 특별한 쟁점이 발생하지 않는다.

문제는 종교단체가 정비구역 내에서 위치를 옮기게 되는 경우인데,[2] 상가건물에서 종교활동을 영위하였던 종교단체는 신축될 상가를 분양받아 계속 종교활동을 영위할 수 있을 것이나, 종교시설이 별도의 독립된 건축물인 경우 도시정비법으로 해결이 어렵다. 도시정비법상 조합원이 공급받은 것은 건축물 및 그에 수반하는 토지(대지권)로서 토지 자체만을 공급받는 것은 예정되어 있지 않으므로, 종교단체가 조합으로부터 종교시설 건축물 및 부지를 복리시설로서 공급받는 예외적인 상황이 아닌 한 종교부지만을 공급받는 것은 원칙적으로 불가능하다. 서울시 종교시설 처리방안 등 그간의 실무 관행에 따라 조합이 종교단체에 종전 부지와 같은 면적의 신설 종교부지를 제공하고 건물 신축을 위한 추가보상금

1 여기서는 종교단체의 구성원들로 구성된 법인, 비법인사단이나 유지재단 등 종교시설 및 그 부지의 법적인 소유권자를 '종교단체'로 표현하도록 한다.

2 대토 및 추가보상금 문제가 있어 가급적 현재 위치에서 존치하는 것이 필요하나, 종교시설이 정비구역의 가운데 위치하거나 획지정형화를 위해 필요한 경우 부득이 그 위치를 옮길 수밖에 없다.

을 지급하는 경우가 많으나, 대토에 따른 종교단체의 지위가 여전히 불분명하고 특히 추가보상금 지급을 놓고 많은 다툼이 발생한다.

종교단체를 대토 토지를 공급받는 분양대상자(조합원)의 지위로 보기도 하나, 토지는 정비사업의 공급 대상이 아니라는 점에서 기본적으로 현금청산대상자로 취급하면서, 대토 및 추가보상금 지급을 위한 별도의 합의를 통해 해결하고 있다. 이같이 종교단체에 대해 대토 또는 추가보상금 지급을 하는 것은 도시정비법에 따라 조합이 부담하는 의무는 아니고, 종교단체가 지역사회에서 갖는 특수한 지위를 감안하여 정비사업의 원활한 진행을 위해 총회 의결 등 조합원들의 일정한 동의에 따라 별도의 합의를 통해 다른 조합원 또는 현금청산대상자와 다른 일정한 혜택을 부여하는 것으로 보아야 한다.

Ⅱ. 대토의 처리방안

1. 종교부지 대토에 관한 실무상 처리

가. 서울시 뉴타운지구등 종교시설 처리방안

재개발구역(재정비촉진구역)에서 종교시설의 이전 등을 놓고 상당한 민원과 갈등이 발생하자, 서울특별시 균형발전본부는 2009. 9. 27.「뉴타운지구등 종교시설 처리방안」(이하 '서울시 종교시설 처리방안')을 제정 · 하달하였다. 서울시 종교시설 처리방안은 종교시설에 관한 재정비촉진계획의 수립기준을 제시한 것으로서 서울시의 재정비촉진구역 이외에도 종교시설 처리의 일응의 기준이 되고 있다.

서울시 종교시설 처리방안은 종교시설은 재정비촉진계획 수립시 존치여부 등을 사전에 판단하여 '존치'를 원칙으로 하되, 이전이 불가피할 경우 관련 종교단체와 협의하여 '대토' 등 존치에 준하는 이전계획을 수립하여 관리처분계획 등에 반영하여야 한다. 이전계획에는 사업기간 동안 종교활동에 지장이 없도록 임시장소 마련, 이전비용 등을 조합이 부담하는 내용도 포함되어야 한다.

이전계획 수립기준 - 기존 부지와 이전 예정부지는 "대토" 원칙 - 현 종교시설 실제 건물 연면적에 상당하는 건축비용 조합 부담 (성물 등 가치가 큰 종교물품에 대한 제작 설치비 고려) - 사업기간동안 종교활동에 지장이 없도록 임시장소 마련, 이전비용 등 조합 부담

조합이 수립한 관리처분계획에 서울시 종교시설 처리방안에 따른 이전계획의 내용이 없다는 이유로 관리처분계획의 효력을 다투는 경우가 많으나, 위 서울시 종교시설 처리방

안은 뉴타운(재정비촉진계획)에 관한 것이고 서울시 내부지침이나 일종의 권고에 불과하므로, 조합 등이 곧바로 서울시 종교시설 처리방안에 따라 관리처분계획을 수립하여야 한다고 볼 근거는 없다.[3] 관할관청이 위 서울시 종교시설 처리방안을 따르거나 그에 준하여 종교시설 이전계획을 수립하도록 행정지도함으로써 관리처분계획 등에 반영된다는 취지 정도로 보아야 한다.

나. 종교부지 대토의 실무상 처리

(1) 대토의 의의

서울시 종교시설 처리방안은 종전에 재정비촉진구역의 각 정비사업에서 '대토' 또는 '환지'라는 명목으로 종전 종교부지와 거의 같은 면적의 토지 및 이전비 등을 제공하고 있었던 실무를 반영한 것으로 보인다.[4]

대토(代土)라는 용어는 도시정비법, 국토계획법 등 관련 법령에서는 발견되지 않고 토지보상법 규정에서만 사용한다. 토지보상법상 손실보상은 현금으로 지급하는 것이 원칙이나, 토지소유자가 원하는 경우 공익사업의 시행으로 조성한 토지로 보상받을 수 있고, 이를 '대토보상'이라고 한다(토지보상법 제63조 제1항 단서, 토지보상법 시행령 제50조의2 제1항 제9호). 대토를 환지(換地)와 같은 개념으로 볼 수도 있으나, 도시개발법 등의 환지는 종전의 토지에 대한 권리 · 의무가 환지처분이 공고된 날의 다음 날 환지받은 토지로 그대로 옮겨가고 그 면적도 사업비용을 충당하는 과정에서 종전에 비해 줄어들게 되는데 반해(감보), 여기서 언급하는 대토는 단지 종전 토지와 1:1로 같은 면적의 토지를 제공하는 것이어서 환지의 일반법리를 적용하기 어렵다. 여기서는 대토를 종전 부지와 같은 면적의 새로운 부지를 제공하는 합의 또는 처분 등으로 보기로 한다.

(2) 종교부지 대토 등 처리

종교부지에 대한 대토는 정비사업별로 다양하게 이루어지고 있으나, 대체로 종전 종교부지와 같은 면적의 토지를 대토로 제공하는 것을 원칙으로 하되, 일정한 면적을 추가로 매입하거나 면적의 증감을 별도로 합의하여 정산할 수 있도록 하고 있다. 이러한 대토는 정비사업 초기부터 종교단체별로 정비구역내 존치 의사 등을 미리 확인하여 정비계획 수립 · 변경에서 반영하며, 미리 대토 합의로 일정한 내용을 정한 후 관리처분계획 등에 반영하게 된다.

대토받을 토지의 위치나 잠정적인 면적은 정비계획 수립 · 변경 단계에서 이미 반영되어 있으므로 그 자체는 큰 다툼이 없는 것으로 보인다.

---

3 서울북부지방법원 2017. 12. 12. 선고 2017나34798 판결, 서울행정법원 2018. 5. 18. 선고 2017구합72775 판결, 서울고등법원 2020. 12. 18. 선고 2019누60907 판결 등.

4 서울시 종교시설 처리방안 붙임 2) '종교시설 관리처분 현황' 참고.

문제는 건축비 등 조합이 추가로 지급할 보상금의 금액인데, 서울시 종교시설 처리방안은 "현 종교시설 실제 건물 연면적에 상당하는 건축비용"을 기준으로 제시하고 있으나, 공사비 기준(평당 공사비)이나 성물 비용 등도 합의가 쉽지 않은 것은 물론 종교단체가 종전보다 더 큰 연면적의 종교시설을 기준으로 상당한 보상금을 요구하면서 합의가 성립되지 못하는 경우가 자주 발생한다. 반대로 종교단체 입장에서는 정비사업의 시행으로 인해 부득이 종교시설을 신축하게 되었는데, 토지는 1:1로 대토를 받는다 하더라도 종전 건축물에 대한 감정평가액은 원가법으로 산정되면서 상당부분 감가되어 사실상 무의미하고 조합이 제시하는 보상금은 새로 종교시설을 신축하기에 부족할 수밖에 없다. 이 경우 대토에 관한 합의가 성립하지 못하여 관리처분계획 및 그 이후 건물명도 과정에서 법적 · 사실적 분쟁이 발생하게 된다.

2. 대토의 법적 성격 및 종교단체의 지위

도시정비법이 종교부지에 대한 분양 또는 대토를 예정하고 있지 않지만 실무상 필요로 인해 다양한 방법이 강구되어 왔다. 대토로 인한 종교단체의 지위는 결국 각 정비사업에서 정한 대로 판단하여야 할 것으로 생각된다. 여기서는 일반적인 사례를 중심으로 살펴보기로 한다.

가. 종교부지 분양 방법

(1) 재개발사업의 토지 분양 가능 여부

도시정비법상 재개발사업은 인가받은 관리처분계획에 따라 건축물을 건설하고 공급하는 관리처분방식과 토지를 환지로 공급하는 환지방식을 예정하고 있으나(법 제23조 제3항) 현재 환지방식은 활용되지 않는다.[5] 도시정비법상 관리처분방식에 의하는 재개발사업은 조합원의 종전 토지 또는 건축물에 대한 권리를 관리처분계획에 따라 새로 신축되는 건축물에 대한 권리로 공용환권하고 정비사업에 참여하지 않은 현금청산대상자의 종전 토지 또는 건축물에 대한 권리는 수용의 방법으로 취득하는 것으로서, 조합원이 공급받은 것은 건축물 및 그에 수반하는 토지(대지권)이고 토지 자체만을 공급받는 것은 예정되어 있지 않다. 예외적으로 조합이 종교시설 건물을 복리시설로서 신축하여 그 부지와 함께 종교단체에 공급하는 경우라면 복리시설 공급으로 볼 수 있을 것이다.

대토가 환지와 유사하기는 하나, 현재 모든 재개발사업의 사업시행방식이 환지방식이 아닌 관리처분방식이라는 점에서 종교부지를 환지로 받는다고 보기도 어렵다.

5 구 도시재개발법 당시 자력재개발방식이 시장 · 군수 또는 토지등의 소유자등이 사업구역내 구획을 정리하여 그 토지를 사업구역내 토지등의 소유자들에게 배분하고 토지등의 소유자들이 그 토지에 스스로의 비용으로 건물을 신축하는 일종의 환지방식이었다.

⑵ 종교부지를 대토받은 종교단체의 조합원 지위 인정 여부

도시정비법상 재개발사업에서 토지만 공급(분양)받은 것은 예정되어 있지 않으나, 대토받은 토지가 청산금은 아니므로 가장 이해하기 쉽고 간명한 처리는 종교단체가 토지를 공급받는다고 보는 것이다.[6] 실무상 대토할 토지를 공동주택과 같이 '분양예정 토지 및 건축물'로 처리하여 종교단체가 종교부지에 대한 분양신청을 하는 경우도 상당히 많고, 일단 종교단체의 조합원 지위 자체는 다툼이 없도록 종교부지를 아파트 1채(사택)와 함께 분양신청하기도 한다. 이 경우 관리처분계획상 종교단체를 현금청산대상자가 아닌 분양대상자로 분류하고 종교단체가 계속 조합원 지위를 유지하는 것에 별다른 다툼이 없는 상태라면, 비록 도시정비법과는 괴리가 있으나 종교단체를 일응 종교부지 등을 분양받은 조합원의 지위에 있다고 볼 여지가 있다.[7] 이렇게 보면 대토 자체는 관리처분계획에 따른 분양이고, 대토 합의는 추가보상금 지급에 관한 사법상 계약 정도로 볼 수 있다.

다만 통상 분양목적물에 종교부지가 없으므로 종교단체가 별도로 분양신청을 하지 않고, 관리처분계획에서 종교단체 및 종전 부지는 '현금청산 명세 및 방법' 등으로 분류하고 종전 부지는 현금청산 대상 토지와 함께 종전자산가격 평가액에서 제외하게 되는데, 통상적인 대토 방식에서는 대토할 토지가 분양대상이라거나 종교단체가 대지 또는 건축물을 분양받은 자에 해당한다고 보기 어려울 것으로 생각된다.[8]

나. 토지보상법상 대토보상 방법

토지보상법상 손실보상은 현금지급(현금청산)이 원칙이나, 토지소유자가 원하는 경우로서 사업시행자가 해당 공익사업의 합리적인 토지이용계획과 사업계획 등을 고려하여 토지로 보상이 가능한 경우에는 토지소유자가 받을 보상금 중 현금 또는 채권으로 보상받는 금액을 제외한 부분에 대하여 그 공익사업의 시행으로 조성한 토지로 보상할 수 있다(토지보상법 제63조 제1항). 도시정비법 제65조 제4항도 대지 또는 건축물을 현물보상하는 경우에는 수용 또는 사용의 개시일까지 보상금을 지급 또는 공탁하지 않더라도 재결이 실효되지 않고 준공인가 이후에도 보상할 수 있다고 하여 대토보상이 가능하다고 볼 수 있다.

---

6 이 경우 종전 토지 및 건축물보다 신설될 종교부지의 가액이 더 높으므로 종교단체가 추가로 분담금을 납부해야 하는 경우가 많은데, 대토 합의를 통해 추가 보상금을 지급함으로써 그 분담금 및 종교시설 신축비용을 충당할 수 있다.

7 서울서부지방법원 2017. 9. 14. 선고 2016가합39118 판결은, 종교단체가 합의에 따라 대토 부지를 분양받은 것을 전제로 관리처분계획상 종교단체를 현금청산대상자가 아닌 분양대상자로 분류하여 인가를 받았으며 조합이 종교단체를 조합원으로 취급하였고 종교단체도 이에 이의를 제기하지 않는 사정을 들어 종교단체는 조합원에 해당한다고 보았다.

8 서울특별시행정심판위원회 2019. 2. 25.자 서행심 2018-1255 재결은 위와 같은 이유로 종교단체가 도시정비법 제89조 제1항에 따른 청산금 부과 상대방인 "대지 또는 건축묵을 분양받은 자"에 해당하지 않는다고 보아 조합의 종교단체에 대한 청산금부과처분이 무효임을 확인하였다.

이 점에서 원칙적으로 정비사업에서 대토 및 대토합의는 토지보상법상 대토보상 및 대토보상에 관한 사전합의의 성격을 지닌다고 보는 견해가 있다.[9] 대토에 환지의 개념을 적용하기 어렵고 분양신청에 의하지 않고 대토를 받는 경우를 보상 이외의 것으로 분류하기 어려운 상황에서, 대토합의를 굳이 보상과 절연된 제3의 계약의 형태로 상정할 필요가 없으므로 도시정비법에서 준용하는 토지보상법상 대토보상으로 보는 것이 타당하다는 것이다. 이 경우 대토합의는 수용권 발동이라는 최후의 수단에 이르기 이전 단계의 수용에 관한 협의 또는 협의취득 절차와 유사한 것으로 볼 수 있다.

토지보상법상 대토보상은 피수용자가 받을 보상금을 상한으로 하되, 대토보상의 목적물인 토지의 가격은 다른 법률에 특별한 규정이 있는 경우를 제외하고는 일반 분양가격으로 하는 것이므로(토지보상법 제63조 제1항 단서, 제2호), 토지보상법상 대토보상을 그대로 적용하기 어려운 면이 있다. 그러나 대토합의를 일종의 협의취득 또는 협의취득의 예약으로 본다면 협의취득은 사법상 계약으로서 토지보상법이 정한 손실보상의 요건을 완화하는 약정도 유효하고, 토지보상법상 대토보상을 위한 절차를 엄밀히 거치기 어렵다 하더라도 대토합의의 효력을 무효로 볼 정도의 사정은 아니라고 볼 여지도 있을 것이다.[10] 다만 재건축사업에서는 이 같은 논리 구성이 어렵고, 특히 추가보상금에 대한 합의가 성립하지 않는 경우 종교단체의 지위 및 그 처리를 놓고 상당기간 공백이 발생하게 된다.

다. 현금청산 및 종교부지 별도 처분 방법

대토를 현금청산의 관점에서 간명하게 처리하여, 종교단체의 종전 부지 및 건축물은 전부 현금청산 대상으로서 조합이 종교단체에 감정평가에 따른 손실보상금 및 대토 합의에 의한 추가보상금을 지급하고, 종교단체는 대토 합의에 따라 신설될 종교부지를 일종의 보류지 처분 등의 방법으로 우선매입하는 것으로 볼 수 있다. 즉, 종교단체가 공동주택 또는 상가를 분양받은 것이 아니므로 기본적으로 현금청산대상자의 지위로 보되, 서울시 종교시설 처리방안 등에서 정착된 '1:1 대토 및 건축물 신축 비용 지급'이라는 틀에서 보류지 처분 등 별도의 방법으로 신설 종교부지를 받도록 하고 건물 신축을 위한 추가보상금을 지급하는 것이다.[11·12]

---

9 전진원, "정비사업상 대토의 법적 성격과 효력", 원광법학 제35권 제4호 (2019. 12.), 71–72.

10 전진원, 앞의 글, 73–76.

11 유사한 예로서, LH의 내부규정인 「용지규정 시행세칙」은 종교시설용지 및 시설물을 협의에 의해 양도 및 철거한 종교단체 등에게 택지를 수의계약으로 공급할 수 있고, 그 면적의 차이는 일정한 기준으로 정산하도록 하고 있다(제85조, 제76조).

12 종교부지를 보류지로 볼 수 있는지도 의문이 있다. 다만 다른 적절한 분류를 찾기 어렵고, 종교단체와 협의가 최종 성립하지 않거나 종교단체가 대토를 포기할 경우 당초 대토로 예정된 종교부지를 입찰 등을 통해 일반에 매각하게 되는 경우까지 감안하면 일단 보류지로 보는 것이 타당할 것으로 생각된다.

통상 대토로 예정된 경우 종전 종교시설 및 그 부지는 현금청산 대상으로 처리한다. 종교단체는 그 토지 및 건축물에 대한 감정평가에 따른 손실보상금을 받을 수 있는데, 1:1 대토라는 취지에서 종전 부지와 면적이 동일한 신설될 종교부지를 매입할 수 있고,[13] 종교시설 신축비용은 종전 건축물의 가액에서 추가로 필요한 금액을 조합에서 지급받는 것이다. 이 경우 신설될 종교부지는 일종의 보류지로서 관리처분계획에서 그 처분 방법을 '대토로 처분, 합의 불성립시 일반분양' 등으로 정한 후 합의가 최종 성립하면 관리처분계획에서 정한 대로 종교단체에 처분할 수 있다.

이렇게 보면 대토 합의는 단순한 추가보상금 지급과 보류지 우선매입에 관한 사법상 계약에 해당한다. 조합은 정비계획 수립 · 변경 단계에서 정비구역내 각 종교단체가 정비구역에 계속 남을지 여부를 확인하여 정비계획에 반영한 후 종교단체와 기본적인 내용을 담은 대토 합의를 하게 되는데, 종교단체는 도시정비법 및 관리처분계획상 기본적으로 현금청산대상자로서 ⓐ 합의가 최종 성립하면 그에 따른 추가보상금을 받고 신설 종교부지를 종전 부지 가격으로 우선매입할 수 있지만, ⓑ 합의가 결렬되면 추가보상금 및 신설 종교부지 우선매입 기회를 상실하고 종전의 손실보상금만을 받게 된다.

대토 부지의 구체적인 처분방법에서는 차이가 있으나, 실무상 통상 종교부지를 대토받을 종교단체를 현금청산대상자로 보고, 대토 및 추가보상금에 관한 합의가 성립하지 않으면 수용재결에 따른 손실보상금을 지급하고 건물인도를 구하는 것도 기본적으로 현금청산의 틀에서 보는 것으로 생각된다.

Ⅲ. 대토 관련 쟁점

1. 대토 합의

가. 대토 합의의 취지 및 법적 성격

조합은 정비계획 수립 · 변경 단계에서 정비구역내 종교단체의 존치, 정비구역내 이전, 정비구역외 이전(현금청산) 등의 의사를 파악하여 정비구역내 종교부지를 위한 획지를 마련하고, 종교단체와 대토 및 보상에 관한 잠정적 합의를 체결한다.

대토 합의의 내용은 정비사업마다 다를 것이나, 대체적으로 종전 부지와 같은 면적의 종교부지를 대토하고[14] 추가보상금은 조합과 종교단체가 협의를 하되 총회 의결로서 확정

13 종전 부지와 대토 부지(신설될 종교부지)의 면적이 같다 하더라도 대토 부지의 감정평가액이 종전 부지의 감정평가액보다 높을 수밖에 없는데, 1:1 대토라는 취지에서 종전 부지의 가격대로 매각하거나, 그 차액 상당을 추가보상금에 반영하게 된다.

14 정비계획 및 사업시행계획에 종전 부지의 면적과 유사한 획지(종교부지)가 마련되어 있으므로 대토받을 토지도 특정되어 있다고 볼 수 있다.

하며 정비사업에 적극 협조한다는 정도의 내용을 주로 담게 된다. 정비사업 초기 단계에서 체결하는 대토 합의는 대토 및 보상에 관한 사항을 잠정적으로 정하는 것이고, 조합은 대토 합의의 내용을 정비계획, 사업시행계획 및 관리처분계획 등에 반영하고, 추가보상금에 대한 합의가 최종 성립하면 그 합의에 따라 추가보상금 및 대토 부지를 제공하게 된다.

이렇게 보면, 사업초기 단계의 대토 합의는 종교단체의 정비구역내 이전 여부 의사를 확인하여 정비계획 등에 반영하기 위한 것으로서 잠정적인 성격을 갖는 것에 불과하고, 조합 및 종교단체의 구체적인 권리 · 의무는 관리처분계획 수립 단계에서 대토 및 추가보상금을 확정함으로써 비로소 정해지는 것으로 볼 수 있다.

나. 대토 합의의 효력

조합 및 종교단체가 대토 합의로 대토 및 추가보상금을 정하더라도 대토는 대토 부지가 관리처분계획상 분양대상 또는 보류지 등으로 정해지고 다툼이 없이 이행되어야 비로소 효력을 갖는 것이므로, 대토 합의 자체는 조합 및 종교단체에 일정한 권리 · 의무를 부담지우는 사법상 계약으로 보는 것이 타당한 것으로 생각된다.

조합과 종교단체가 사업 초기단계에서는 대토 여부 및 추가보상금의 대략적인 기준 자체는 합의하였다가 추가보상금의 액수를 놓고 최종적인 합의가 이루어지지 않는 경우가 많다. 대토받을 토지의 위치나 면적은 어느 정도 확정되었다 하더라도 추가보상금에 대한 합의 없이 종교단체가 신설될 종교부지를 그대로 대토받을 의사로 보기 어려우며, 추가보상금의 금액이 확정되지 않은 상태에서 추가보상금을 지급한다는 종전의 막연한 합의만으로 추가보상금 지급의무를 인정하기도 어려울 것이다.[15] 따라서 대토 합의에 따른 일정한 권리 · 의무관계를 인정하기 위해서는 추가보상금의 금액 또는 최소한 잠정적인 범위까지 합의가 이루어져야 할 것으로 생각된다.

특히 대토 합의에 따른 추가보상금 지급 약정은 '예산으로 정한 사항 외에 조합원에게 부담이 되는 계약'으로서 총회 의결을 받아야 하는데, 단순히 추후 협의 또는 합의에 의해 결정한다는 내용 정도로는 부족하고, 대토 및 추가보상금으로 인해 조합원들이 부담하게 될 부담의 정도를 사전에 개략적으로 밝히고 그 의결을 받아야 한다. 대토 합의는 총회 의결을 받을 것을 조건으로 하는 것으로서, 적법한 총회 의결이 없다면 대토 합의는 효력이 없고 종교단체가 종전 합의에 따른 권리를 주장할 수 없을 것이다.[16]

---

15 서울고등법원 2018. 10. 12. 선고 2018나2012160 판결은 종전 대토 합의에 따라 조합에 일정한 보상금 지급의무가 인정된다고 보더라도, 결국 구체적인 보상금액에 대해서는 합의가 이루어지지 못하였으므로 법원이 보상의무만을 들어 조합에 일정한 금액의 보상금 지급을 명하는 것은 사적자치 및 계약자유의 원칙에 반하는 결과가 될 수 있다고 보아 종교단체의 약정금청구를 기각하였다.

16 서울북부지방법원 2016. 2. 17. 선고 2013가합21219, 7725 판결, 서울고등법원 2018. 10. 12. 선고 2018나2012160 판결, 서울고등법원 2021. 10. 14. 선고 2020나2016776, 2016783 판결.

2. 정비계획 수립 · 변경 관련

종교부지로 대토하기 위해서는 정비구역내 종교시설 용지로 별도로 획지가 마련되어야 하므로, 각 종교단체의 의사를 파악하여 정비계획 수립 · 변경 단계에서 이를 반영하도록 할 필요가 있다.

다만 정비사업 규모에 비해 잔존을 희망하는 종교단체가 많거나, 정비계획 변경 과정에서도 그 의사가 명확히 확인되지 않거나 변경되는 경우 잔존하는 모든 종교단체를 위한 획지를 마련할 수 없게 되는데, 도시정비법상 조합이 종교단체에 별도의 종교부지를 마련하여 공급할 의무까지는 없으므로 여러 종교단체를 상대로 적절한 조정이 필요할 것으로 생각된다.

3. 사업시행계획 작성 · 인가 관련

사업시행계획서에는 토지이용계획이 포함되는데(법 제52조 제1항 제1호), 종교단체와의 협의를 통해 정비계획에 반영한 종교부지를 토지이용계획에 별도의 획지로 구분하여 기재하게 된다.[17] 이 점에서 해당 종교단체에 대한 대토가 예정되어 있었다고 볼 수 있다.

관할관청이 사업시행계획을 인가하면서 인가조건으로 "종교단체와 협의하여 원만히 해결하도록 할 것", "관리처분계획에 반영할 것" 등을 부가하기도 한다. 이행조건을 준수하지 않으면 사업시행계획인가가 당연 실효되는 취지라면 이행조건은 사업시행계획인가의 해제조건으로서 사업시행계획인가의 실효가 문제될 수 있으나, 인가조건을 성실히 이행하도록 의무를 부여하면서 인가조건을 불이행하는 경우 직권취소 등 불이익처분을 할 수 있다는 취지라면 이행조건은 부담부 행정행위에 불과하여 사업시행계획인가가 곧바로 실효되지 않는다.[18] 다만 도시정비법령상 사업시행자에게 종교단체에 대토 등 존치에 준하는 이전계획을 관리처분계획에 반영할 의무는 없으므로 사업시행계획인가의 효력과 결부된 해제조건으로 볼 근거는 없고, 대토는 결국 일정한 협의가 성립하여야 하는 것인데 일정한 협의는 거쳤으나 결국 그 합의가 이루어지지 않아 관리처분계획에 대토 등이 반영되지 못한 것이라면 인가조건을 위반하였다거나 인가가 효력을 상실하였다고 보기 어려울 것이다.[19]

---

17 서울시 정비조례 제8조 제2항 제3호는 "종교부지, 분양대상 복리시설 부지는 필요한 경우 획지로 분할하고 적정한 진입로를 확보하도록 하여야 한다"고 하고 있고, 통상 종교부지는 별도의 획지로 분리된다.

18 사업시행계획의 인가조건의 해석에 대한 자세한 내용은 **[19]사업시행계획인가 I.3.나.인가조건의 해석** 참고.

19 서울행정법원 2007. 7. 25. 선고 2006구합35343 판결, 서울행정법원 2019. 8. 16. 선고 2018구합456 판결.

4. 관리처분계획 수립 · 인가 관련

가. 분양신청절차

종교단체는 정비구역내 토지 및 건축물을 소유한 토지등소유자로서 재개발사업의 조합원에 해당하므로 일정한 분양신청절차는 거쳐야 한다. 특히 종전에 조합원이었던 종교단체가 현금청산대상자가 되기 위해서는 분양신청기간내 분양신청을 하지 않은 경우(법 제73조 제1항 제1호)여야 하므로, 분양목적물에 종교부지가 없더라도 분양신청 통지 등의 분양신청 기회가 부여되지 않았다면 그 종교단체를 현금청산대상자로 정한 관리처분계획은 위법하다고 보는 것이 타당하다.[20]

다만 이 같은 분양신청 통지 등의 절차는 종교단체가 토지등소유자라는 일반적인 지위에 기한 것이므로, 대토 등에 대한 협의가 진행중이라 하더라도 분양신청을 하지 않았다면 현금청산대상자임은 부정하기 어려울 것으로 보이고,[21] 조합이 종교부지를 분양대상 대지 또는 건축물에 포함하여 분양신청절차를 진행하여야 한다거나 종교단체와 협의하여 종교부지를 배정할 의무는 없다고 보는 것이 타당하다.[22]

나. 관리처분계획의 내용

(1) 관리처분계획에 종교시설 이전대책이 반드시 포함되어야 하는지 여부

서울시 종교시설 처리방안은 종교시설의 이전이 불가피한 경우 이전계획을 수립하여 관리처분계획에 반영하도록 하고 있고, 그 이전대책을 마련하지 않고 관리처분계획을 수립할 경우 헌법이 정한 정당한 보상 원칙에 반할 우려가 있으므로 관리처분계획에는 종교시설 이전 또는 보상에 관한 내용이 포함되어야 한다는 입장도 있다.[23·24]

---

20 서울행정법원 2016. 4. 22. 선고 2015구합59679 판결.

21 서울고등법원 2017. 7. 12. 선고 2017나2013616 판결, 서울고등법원 2021. 10. 14. 선고 2020나2016776, 2016783 판결.

22 서울북부지방법원 2017. 12. 12. 선고 2017나34798 판결, 서울행정법원 2018. 5. 18. 선고 2017구합72775 판결, 수원고등법원 2021. 8. 20. 선고 2021누10695 판결(제1심은 수원지방법원 2020. 12. 24. 선고 2019구합72152 판결) 등.

23 서울고등법원 2017. 4. 7. 선고 2016누46856 판결이 종교시설 이전대책을 마련하지 않고 수립한 관리처분계획은 위법하다는 취지로 인용되기도 한다. 그러나 위 서울고등법원 2016누46856 판결은 관리처분계획 수립 당시 대토여부가 확정되지 않았음에도 대토를 전제로 작성된 것은 중대한 오류에 해당하고 종교단체가 주장하는 금액은 아니더라도 적어도 조합이 종전의 협의를 통해 산정한 나름의 합리적인 보상액은 관리처분계획에 포함되어야 한다는 점을 주된 위법사유로 본 것이고, 다른 판례와 다르게 법상 의무가 없음에도 종교시설 이전대책을 마련하지 않았다는 이유로 관리처분계획이 위법하다는 취지로 보기는 어렵다.

24 종교단체에 종교시설 또는 부지를 공급하지 않거나 관리처분계획에 종교부지에 대한 내용을 정하지 않는 것은 헌법 제23조 제3항의 정당한 보상에 해당하지 않거나 헌법 제20조 제1항의 종교의 자유를 침해한다는 주장도 있으나, 헌법 제23조 제3항의 정당한 보상은 토지보상법과 도시정비법으로 구체화되는 것이고, 종교단체를 우대조치하는 것은 오히려 다른 일반 국민 사이에서 평등원칙에 배치될 수 있으므로(헌법재판소 2000.

그러나, 도시정비법령은 종교시설의 소유자를 주택이나 상가 소유자와 달리 취급하지 않고 종교부지 등의 공급에 대해 별도로 규정하고 있지 않으며, 정비사업에 참여하지 않는 토지등소유자는 협의 또는 법률에 따른 보상절차가 마련되어 있다. 또한 서울시 종교시설 처리방안은 서울시 내부지침 또는 권고사항에 불과하다.[25] 따라서 도시정비법상 사업시행자인 조합이 종교단체를 위하여 반드시 존치, 대토 내지 존치에 준하는 이전조치나 이전대책을 마련할 의무가 있다고 보기 어렵고, 조합은 그에게 주어진 계획재량에 따라 관리처분계획을 정함에 있어 종교단체의 규모와 그가 소유한 토지면적, 해당 사업부지의 규모, 종교단체에 공급할 수 있는 종교용지의 면적 등을 고려하여 합리적으로 종교용지 공급 여부를 결정할 수 있다고 보는 것이 타당하다.[26]

(2) 관리처분계획에 포함되어야 하는 대토, 보상의 범위

종교부지의 대토 또는 추가보상금 지급에 관한 대토 합의는 '예산으로 정한 사항 외에 조합원에게 부담이 되는 계약'으로서 총회 의결을 받아야 하고(법 제45조 제1항 제4호), 그 합의의 내용은 '정비사업비의 추산액 및 그에 따른 조합원 부담규모 및 부담시기'로서 관리처분계획의 내용을 이루므로(법 제74조 제1항 제6호), 대토 합의의 내용은 총회 의결을 받아야 한다. 조합이 대토 합의에 따라 추가로 지급할 보상금은 통상 수십억원에 이르기 때문에 비례율, 조합원의 비용 분담에 크게 영향을 미친다.

관리처분계획을 수립할 때까지 보상액 합의가 완료되었다면 그 확정된 보상액 및 대토에 관한 사항을 관리처분계획에 반영하여 그에 대한 총회 의결을 받으면 될 것이다. 다만 관리처분계획을 즈음하여서도 보상액 합의가 완료되지 않거나 합의가 결렬될 수 있어 대토 여부조차 불분명하다면 관리처분계획에 어느 정도 반영해야 하는 것인지가 문제된다.

관리처분계획이 대토 관련한 하자로 취소된 사례를 보면 ⓐ 관리처분계획 수립 당시 대토여부가 확정되지 않았음에도 대토를 전제로 작성된 것은 중대한 오류에 해당하고, 종교단체가 주장하는 금액은 아니더라도 적어도 조합이 종전의 협의를 통해 산정한 나름의 합리적인 보상액은 관리처분계획에 포함되어야 하므로 관리처분계획이 위법하다고 본 경

---

1. 27. 선고 98헌바6 전원재판부 결정 등 참고) 종교의 자유를 침해한다고 보기 어렵다; 부산고등법원 2011. 5. 20. 선고 2010누3411, 3428 판결은 "종교시설의 부지 및 건물이 공익사업을 위한 토지수용 · 사용의 대상에 포함되는 것이 교회의 종교의 자유를 침해한다고 볼 수 없고, 이는 중립적이고 일반적으로 적용되는 법률이 우연히 종교시설에 적용된 것에 불과하다"고 보았다.

25 서울북부지방법원 2017. 12. 12. 선고 2017나34798 판결, 서울행정법원 2018. 5. 18. 선고 2017구합72775 판결, 서울고등법원 2020. 12. 18. 선고 2019누60907 판결 등.

26 서울행정법원 2017. 3. 24. 선고 2016구합74347 판결, 서울행정법원 2018. 11. 30. 선고 2017구합86675 판결, 부산지방법원 2020. 5. 14. 선고 2019구합22430 판결, 서울고등법원 2020. 12. 18. 선고 2019누60907 판결 등.

우,[27] ⓑ 종교부지를 분양대상으로 하였음에도 관리처분계획에 공급받게 될 종교부지나 추가로 지급받을 신축비용, 이전비용 등이 전혀 특정되지 않은 채 단지 '추후 협의에 의한다'고 기재한 것은 해당 종교단체에 대한 관리처분계획이 없는 것이나 마찬가지이어서 관리처분계획이 위법하다고 본 경우[28] 등이 있다.

다만 관리처분계획을 수립하여 인가받을 때까지 추가보상금에 대한 합의가 이루어지지 않는 경우가 많고, 조합과 종교단체가 대토 자체는 오래전부터 당연히 합의한 것이라 하더라도 종교단체 입장에서는 적절한 추가보상금 지급 없이 대토만 받는 것은 무의미한 것이어서 실제 관리처분계획에 어느 정도 반영하여야 하는 것인지는 다툼이 있을 수밖에 없다. 종교단체가 정비구역내 이전(대토) 자체를 확정적으로 포기하지 않은 한 관리처분계획은 대토를 전제로 수립하여야 할 것으로 생각된다. 문제가 되는 추가보상금의 경우 관리처분계획에 그 보상액이 확정되어 있지 않더라도, 적정한 범위 내에서 보상금이 지급될 것이 예정되어 있거나 향후 협의로 확정하여 지급할 보상금은 이미 책정되어 있는 예산의 항목에서 집행이 가능한 경우,[29] 향후 최종 합의가 성립하면 관리처분계획을 변경하면 충분한 것으로 볼 수 있는 경우[30] 등은 관리처분계획이 적법하다고 볼 수 있을 것이다.

5. 건물명도

조합이 종교단체와 대토 및 추가보상금에 대한 최종 합의에 이르지 못할 경우 종전 종교시설 및 부지를 인도받지 못해 사업이 지연되며, 특히 철거후 착공에 착수하여야 일반분양을 실시할 수 있다는 점에서 종전 종교부지의 인도는 사업진행에 중대한 영향을 미친다.

재개발사업에서 최종 합의에 이르지 못하는 경우 조합은 수용재결을 신청하여 그 재결에 따른 손실보상금을 공탁한 후 건물명도소송에서 가집행선고 있는 판결을 받아 강제집행할 수 있다.[31] 이 경우 조합은 수용 개시일까지 재결에서 정한 손실보상금을 공탁함으로써 종전 종교시설 및 그 부지에 대한 소유권을 원시취득하고, 도시정비법 제81조 제1항 제2호에 따른 인도거절 항변을 소멸시킬 수 있다. 이때 도시정비법 제81조 제1항 제2호의 손실보상은 토지보상법에 따른 손실보상이므로,[32] 대토 합의가 성립하지 않았더라도 취득한

27 서울고등법원 2017. 4. 7. 선고 2016누46856 판결.

28 서울행정법원 2017. 1. 26. 선고 2016구합57366 판결.

29 서울행정법원 2018. 11. 23. 선고 2018구합51096 판결.

30 서울고등법원 2016. 2. 5. 선고 2015누56900 판결(제1심은 서울행정법원 2015. 8. 21. 선고 2014구합19315 판결), 부산지방법원 2020. 5. 14. 선고 2019구합22430 판결, 대구고등법원 2021. 5. 28. 선고 2020누3381 판결(제1심은 대구지방법원 2020. 7. 16. 선고 2019구합24413 판결).

31 물론 종교시설에 대한 강제집행은 그 자체로 부담될 뿐 아니라 민원, 물리적 저지 등으로 무산되는 경우도 많다.

32 도시정비법 제81조(건축물 등의 사용 · 수익의 중지 및 철거 등) ① 종전의 토지 또는 건축물의 소유사 · 지상권자 · 전세권자 · 임차권자 등 권리자는 제78조 제4항에 따른 관리처분계획인가의 고시가 있은 때에는 제

토지 또는 건축물에 대한 손실보상금, 이사비 등을 지급 또는 공탁하였다면 위 토지보상법에 따른 손실보상을 완료한 것으로 보아 그 명도청구를 인용받을 수 있다.[33]

재건축사업에서 매도청구의 방법으로 소유권이전등기 및 건물 인도를 구하는 경우, 소송상 감정절차에서 산정된 시가 등에 따른 매대대금과 상환으로 인도 등을 하여야 하는 것이 원칙이다. 다만 대토 및 추가보상금 합의가 확정적으로 성립하고 그 합의의 취지가 추가보상금 지급과 동시에 소유권이전등기 및 인도를 하는 것이라면 그 추가보상금 지급 역시 인도에 대한 동시이행항변으로 볼 수 있을 것으로 생각된다.[34]

참고자료

전진원, "정비사업상 대토의 법적 성격과 효력", 원광법학 제35권 제4호 (2019. 12.)

86조에 따른 이전고시가 있는 날까지 종전의 토지 또는 건축물을 사용하거나 수익할 수 없다. 다만, 다음 각 호의 어느 하나에 해당하는 경우에는 그러하지 아니하다.

2. 「공익사업을 위한 토지 등의 취득 및 보상에 관한 법률」에 따른 손실보상이 완료되지 아니한 경우

33 서울서부지방법원 2016. 5. 3. 선고 2015가단244084 판결.

34 서울동부지방법원 2016. 4. 8. 선고 2015나6977 판결은 재건축조합과 종교단체가 대토에 대해 합의하고 추가 보상금은 관리처분계획인가 후 합의하기로 한 사안에서, 추가 보상액의 범위가 확정되지 않았다거나 추가 보상액이 지급되지 않았다는 이유로 건물의 명도를 거절할 수 없다고 보았다.

[30] 매도청구

I. 매도청구의 개관

1. 매도청구의 취지 및 법적 성격

매도청구는, 재건축사업의 사업시행자가 조합설립 또는 사업시행자 지정에 동의하지 않은 토지등소유자, 건축물 또는 토지만 소유한 자에게 건축물 또는 토지의 소유권과 그 밖의 권리를 매도할 것을 청구하는 것이다(법 제64조). 재개발사업과 달리 수용권한이 인정되지 않고 임의가입제를 취하는 재건축사업에서 다수결의 원리를 통하여 재건축에 반대하는 토지등소유자의 반대를 극복하고 다수의 이익을 실현할 수 있는 강제장치라는 점에서 의미가 있다.[1]

매도청구권은 형성권으로서, 사업시행자의 매도청구의 의사표시가 상대방에게 도달하면 상대방의 의사와 관계없이 시가에 의한 사법상 매매계약 체결이 의제된다. 도시정비법 제64조(집합건물법 제48조를 준용하는 구 도시정비법 제39조)는 조합설립 동의에 대한 촉구, 행사기간 등의 절차를 제한하고 있는데, 매도청구권의 행사기간은 매도청구 상대방의 정당한 법적 이익을 보호하고 아울러 재건축을 둘러싼 법률관계를 조속히 확정하기 위한 것이므로, 매도청구권은 그 행사기간 내에 이를 행사하지 아니하면 그 효력을 상실한다(대법원 2008. 2. 29. 선고 2006다56572 판결 등).

2. 매도청구 관련 규정의 개정

가. 구 도시정비법 제39조에 따른 매도청구

구 주택건설촉진법은 재건축조합의 매도청구를 별도로 규정하지 않았으나 위 재건축사업에는 집합건물법이 당연히 적용되는 것으로 보아 집합건물법 제48조에 따른 매도청구를 행사하였으며, 2002. 12. 30. 법률 제6852호로 제정된 도시정비법은 집합건물법 제48

1 맹신균, 890; 이우재(하), 57.

조를 준용하는 규정을 두었다(구법 제39조). 구 도시정비법 제39조가 준용하는 집합건물법 제48조를 도시정비법의 재건축사업에 맞춰서 보면 다음과 같다.

표 18 ▎구 도시정비법 제39조의 매도청구 요건

집합건물법 제48조	구 도시정비법 제39조 (집합건물법 제48조 준용)
① 재건축의 결의가 있으면 집회를 소집한 자는 지체 없이 그 결의에 찬성하지 아니한 구분소유자(그의 승계인을 포함한다)에 대하여 그 결의 내용에 따른 재건축에 참가할 것인지 여부를 회답할 것을 서면으로 촉구하여야 한다.	① 조합설립에 대한 동의(법 제39조 제3호의 경우에는 사업시행자 지정에 대한 동의를 의미한다. 이하 같다)가 있으면 사업시행자는 지체 없이 조합 설립의 동의를 하지 않은 토지등소유자(그의 승계인을 포함한다)에 대하여 조합 설립에 동의할 것인지 여부를 회답할 것을 서면으로 촉구하여야 한다.[2]
② 제1항의 촉구를 받은 구분소유자는 촉구를 받은 날부터 2개월 이내에 회답하여야 한다.	② 제1항의 촉구를 받은 토지등소유자는 촉구를 받은 날부터 2개월 이내에 회답하여야 한다.
③ 제2항의 기간 내에 회답하지 아니한 경우 그 구분소유자는 재건축에 참가하지 아니하겠다는 뜻을 회답한 것으로 본다.	③ 제2항의 기간 내에 회답하지 아니한 경우 그 토지등소유자는 조합 설립에 동의하지 아니하겠다는 뜻을 회답한 것으로 본다.
④ 제2항의 기간이 지나면 재건축 결의에 찬성한 각 구분소유자, 재건축 결의 내용에 따른 재건축에 참가할 뜻을 회답한 각 구분소유자(그의 승계인을 포함한다) 또는 이들 전원의 합의에 따라 구분소유권과 대지사용권을 매수하도록 지정된 자(이하 "매수지정자"라 한다)는 제2항의 기간 만료일부터 2개월 이내에 재건축에 참가하지 아니하겠다는 뜻을 회답한 구분소유자(그의 승계인을 포함한다)에게 구분소유권과 대지사용권을 시가로 매도할 것을 청구할 수 있다. 재건축 결의가 있은 후에 이 구분소유자로부터 대지사용권만을 취득한 자의 대지사용권에 대하여도 또한 같다.	④ 제2항의 기간이 지나면 사업시행자는 제2항의 기간 만료일부터 2개월 이내에 조합 설립에 동의하지 아니하겠다는 뜻을 회답한 토지등소유자(그의 승계인을 포함한다)에게 사업시행구역의 매도청구의 대상이 되는 토지 또는 건축물의 소유권과 그 밖의 권리를 시가로 매도할 것을 청구할 수 있다. 조합 설립에 대한 동의가 있은 후에 이 토지등소유자로부터 대지사용권만을 취득한 자의 대지사용권에 대하여도 또한 같다.

나. 현행 도시정비법에 따른 매도청구

도시정비법이 2017. 2. 8. 법률 제14567호로 전부 개정되면서 집합건물법 제48조를 준용하지 않고 매도청구의 요건을 직접 법률에 정하였다(법 제64조). 매도청구 요건은 종전의 규정

2 주택단지내 건축물 또는 토지만 소유한 자도 매도청구의 상대방이지만 촉구 절차가 필요없으므로, 여기서는 따로 옮겨 쓰지 않았다.

과 대체로 유사하나, 조합설립 동의에 대한 촉구 시기는 종전의 "조합설립 동의가 있는 후 지체 없이"에서 "사업시행계획인가의 고시가 있은 날부터 30일 이내"로 변경되었다.

도시정비법 제64조의 개정규정은 위 전부개정법률의 시행일인 2018. 2. 9. 이후 최초로 조합설립인가를 신청하거나 사업시행자를 지정하는 경우부터 적용되는데(법 부칙(2017. 2. 8.) 제16조), 대부분의 정비구역은 이미 조합설립인가를 마친 상태이기 때문에 상당기간 계속 종전규정이 적용될 것으로 보인다. 개정규정의 적용과 해석은 최근 시작된 소규모주택정비사업에서 쟁점이 되고 있다(소규모주택 정비법 제35조).

표 19 ▎구법과 현행법의 매도청구 요건 비교

	구법의 매도청구	현행법의 매도청구
촉구 시기	조합설립 동의(조합설립등기)가 있은 후 지체 없이	사업시행계획인가의 고시가 있은 날부터 30일 이내
회답 기한, 부동의 간주	촉구를 받은 날부터 2개월 이내에 회답, 2개월 내에 회답하지 아니한 경우 조합 설립에 동의하지 아니하겠다는 뜻을 회답한 것으로 간주	
매도청구 제척기간	회답 기간 만료 후 2개월 이내에 매도청구 행사	
명도의 유예	(집합건물법 제48조 제5항 준용)	(준용하지 않음)
환매	(집합건물법 제48조 제6항, 제7항 준용)	(준용하지 않음)
분양미신청자	(규정 없음)	(법 제73조 제2항)

Ⅱ. 매도청구의 당사자

1. 매도청구의 주체

매도청구는 재건축사업의 사업시행자가 할 수 있다(법 제64조 제1항). 이때 사업시행자는 재건축정비사업조합 이외에도 재건축사업을 시행하는 공공시행자(시장 · 군수등, 토지주택공사등) 또는 신탁업자도 포함된다. 집합건물법 제48조를 준용하는 구 도시정비법 제39조에 따른 매도청구에서도 그 주체는 사업시행자(재건축정비사업조합)라는 점은 이견이 없었다.[3]

3 집합건물법 제48조 제1항의 촉구 주체인 "집회를 소집한 자"는 재건축 결의를 한 관리단집회를 소집한 자를 의미한다. 법상 당연구성되는 관리단이 사실상 실체가 없는 경우 결국 재건축 결의를 위해 관리단집회를 소집하는 구분소유자의 1/5 이상이 최고하여야 하고, 실무상 그 구분소유자들이 구성한 단체인 '재건축추진위원회', '재건축조합'(임의단체)의 대표자 이름으로 최고를 하였다(윤성철, 139). 집합건물법 제48조 제4항은 매도청구 행사 주체를 "재건축 결의에 찬성한 각 구분소유자, 재건축 결의 내용에 따른 재건축에 참가할 뜻을 회답한 각 구분소유자(그의 승계인을 포함한다) 또는 이들 전원의 합의에 따라 구분소유권과 대지사용권을 매수하도록 지정된 자"로 정하고 있는데, 실무상 재건축조합이 구분소유자를 갈음하여 또는 그 매수지정

2. 매도청구의 상대방

가. 조합설립에 동의하지 아니한 자

⑴ 조합설립에 동의하지 아니한 자

재건축사업의 사업시행자는 도시정비법 제35조 제3항부터 제5항까지의 규정에 따른 재건축정비사업조합 설립에 동의하지 않은 자에 대해 매도청구할 수 있다(법 제64조 제1항 제1호).

종전 조합설립인가의 하자를 보완하는 취지에서 조합설립변경인가의 형식으로 새로운 조합설립 동의(재건축 결의)를 할 때 종전 조합설립 당시에는 조합설립에 동의하였으나 조합설립변경과정에서 동의하지 않았다 하더라도 그 토지등소유자가 '조합설립에 동의하지 아니한 자'가 된다거나 조합원의 지위를 상실하는 것은 아니므로(대법원 2011. 1. 13. 선고 2010다57824 판결, 대법원 2013. 9. 26. 선고 2011다16127 판결 등) 매도청구의 상대방이 되지 않는다. 현행 도시정비법은 조합설립인가사항의 변경 방법을 토지등소유자의 동의(서면동의) 방식에서 총회 의결 방식으로 변경하였는데, 조합설립변경을 위한 총회에서 반대 표결행위를 한다고 하여 조합 설립에 동의하지 않은 자로서 매도청구의 대상이 된다고 보기 어려운 것으로 생각된다.[4]

공유자 전원의 동의로 대표자로 선임된 자는 해당 토지 및 건축물에 관한 조합원의 지위를 가지므로 해당 대표자(조합원)에게 매도청구를 행사할 수 있으나, 공유자 중 일부만 조합설립 동의서를 제출한 것은 유효한 조합설립 동의로 볼 수 없으므로(대법원 2017. 2. 3. 선고 2015두50283 판결), 해당 토지 및 건축물 전부가 매도청구의 대상이 되어 그 공유자 전원을 상대로 매도청구를 행사하여야 한다고 보는 것이 타당하다.[5]

⑵ 조합설립에 동의하지 아니한 자의 승계인

사업시행자가 조합설립 동의를 촉구할 즈음 승계인이 피승계인으로부터 그 토지 및 건축물을 양도받아 소유권이전등기까지 마친 상태라면 매도청구의 상대방은 승계인이므로, 조합설립 동의의 촉구 및 매도청구의 행사는 모두 승계인에게 하여야 한다. 이때의 승계는 특정승계와 포괄승계를 구분하지 않으며, 소유권이전등기 등 등기부를 기준으로 승계 여부를 판단한다(집합건물법상 매도청구에 관한 대법원 2000. 6. 23. 선고 99다63084 판결 참고).

사업시행자가 조합설립 동의를 촉구할 즈음 소유자가 피승계인이어서 촉구는 피승계인에 대해 하였으나 그 이후 승계가 이루어진 경우, 처분금지가처분으로 당사자를 항정(恒定)하지 않는 한 매도청구는 승계인에 대하여 하여야 한다. 이 경우 승계인에 대한 매도청구에 앞서 다시 촉구 절차를 거쳐야 하는지가 문제되는데, 구 도시정비법 제39조에 따른

자로서 매도청구를 행사하였다(윤성철, 156). 도시정비법에서는 인가를 받아 설립된 재건축정비사업조합이 매도청구 촉구 및 행사할 수 있다는 점은 의문이 없었다.

4 안광순(하), 163; 차흥권, 393.

5 맹신균, 898; 이우재(하), 86; 진재우, 406.

매도청구는 준용 규정인 집합건물법 제48조에 명문의 규정이 있어 승계인에 대해서도 곧바로 할 수 있었으나,[6] 현행 도시정비법 제64조에 따른 매도청구는 명문의 규정이 없어 다툼의 여지는 있다.[7]

나. 공공시행자 또는 신탁업자의 사업시행자 지정에 동의하지 아니한 자

도시정비법 제26조 제1항에 따라 시장 · 군수등, 토지주택공사등이 시행하는 재건축사업 또는 도시정비법 제27조 제2항에 따라 신탁업자가 시행하는 재건축사업에서 사업시행자 지정에 동의하지 않는 토지등소유자에 대해 매도청구할 수 있다(법 제64조 제1항 제2호).

다. 정비구역내 건축물 또는 토지만 소유한 자

재건축사업에서 조합원이 될 수 있는 토지등소유자는 "건축물 및 그 부속토지의 소유자"이므로(법 제20조 제9호 (나)목), 토지 또는 건축물만 소유한 자는 조합원이 될 수 없어 매도청구의 상대방이 된다(법 제64조 제4항).

다만 촉구절차에서, 촉구의 상대방인 조합설립 등에 동의하지 않은 자는 조합설립 동의권이 있으나 동의하지 않은 자(조합설립 동의의 상대방이 되는 자)를 의미하므로, ⓐ 주택단지내에 토지 또는 건축물만을 소유한 자는 재건축사업의 조합원이 될 수 없을 뿐만 아니라 조합설립 동의의 상대방이 되지 못하므로 촉구를 필요로 하지 않으나, ⓑ 주택단지가 아닌 지역에 토지 또는 건축물만을 소유자는 조합원이 될 수 없더라도 조합 설립에서 동의를 받아야 하는 자에 포함되어 촉구 절차에 대해 법률상 이해관계를 갖는 것이므로, 매도청구 전에 촉구 절차를 거쳐야 한다.[8]

라. 현금청산대상자

구 도시정비법 제39조에 따른 매도청구는 조합설립에 동의하지 않은 자를 상대로 하는 것이어서 조합설립에 동의한 조합원이었던 현금청산대상자에게 바로 적용할 수 없으나, 현금청산대상자는 분양신청을 하지 않는 등의 사유로 인하여 분양대상자의 지위를 상실함에 따라 조합원 지위도 상실하게 되어 조합탈퇴자에 준하는 신분을 가지는 것이므로, 매도청구에 관한 구 도시정비법 제39조를 준용하여 재건축조합은 현금청산대상자를 상대로 소

---

6 구 도시정비법 제39조에 의해 준용되는 집합건물법 제48조 제1항 및 제4항에는 "(그의 승계인을 포함한다)"는 규정을 두고 있다. 재건축조합이 승계인에 대하여 다시 촉구할 필요 없이 곧바로 매도청구권을 행사할 수 있다고 인정하는 취지는 조합설립 또는 조합설립변경인가 당시의 토지등 소유관계가 이후 변동되었을 때 종전 소유자에 대하여 이미 촉구를 하여 매도청구권이 발생하였음에도 또다시 새로운 소유자에 대하여 촉구 등 불필요한 절차가 반복되는 것을 막고, 재건축사업의 효율적이고 신속한 진행을 도모하는 데 있다고 보인다[서울고등법원 2019. 7. 5. 선고 2019나2000652 판결(제1심은 서울동부지방법원 2018. 11. 29. 선고 2015가합104068 판결)].

7 자세한 내용은 III.1.나.(2)조합설립 또는 사업시행자 지정에 동의하지 않은 토지등소유자의 승계인 참고.

8 자세한 내용은 III.1.나.(3)토지 또는 건축물만을 소유한 자 참고.

유권이전등기를 구할 수 있다(대법원 2010. 12. 23. 선고 2010다73215 판결, 대법원 2013. 9. 26. 선고 2011다16127 판결). 이 경우 현금청산대상자에 대한 청산금 지급의무가 발생하는 시기, 현금청산의 목적물인 토지 · 건축물 또는 그 밖의 권리의 가액을 평가하는 기준시점 및 현금청산대상자에 대한 매도청구권의 행사로 매매계약의 성립이 의제되는 날은 모두 '분양신청기간의 종료일 다음 날'이므로 위 매도청구권의 행사에 관하여는 구 도시정비법 제39조에서 준용하는 집합건물법 제48조에 따른 촉구기간과 행사기간이 적용되지 않는다(대법원 2010. 12. 23. 선고 2010다73215 판결).

현행 도시정비법 제73조 제2항은 분양신청을 하지 않은 자 등에 대한 손실보상에 관한 협의가 성립하지 않는 경우 그 기간의 만료일 다음 날부터 60일 이내에 수용재결을 신청하거나 매도청구소송을 제기하여야 한다고 정하여 현금청산에 대한 명문의 근거를 마련하였다.

Ⅲ. 매도청구의 행사

1. 조합설립 동의 여부에 대한 촉구

가. 촉구절차의 취지

조합설립 또는 사업시행자 지정에 동의 여부에 대한 회답을 촉구받은 토지등소유자에 대하여 2개월의 회답기간이 부여되어 있고 사업시행자는 그 기간이 경과한 후에야 비로소 그에 대해 매도청구를 행사할 수 있다. 이같이 촉구(최고)절차를 둔 것은 조합설립에 동의하지 않은 토지등소유자에게 숙려의 기회를 부여하여 보호하기 위한 것이다(대법원 2001. 1. 5. 선고 2000다12099 판결 참고).

나. 촉구의 상대방

(1) 조합설립 또는 사업시행자 지정에 동의하지 않은 토지등소유자

조합설립 등 동의 여부에 대한 회답 촉구는 재건축사업의 조합설립 또는 사업시행자 지정에 동의하지 않은 자에 대하여 하여야 한다(법 제64조 제1항).

공유자 전원의 동의로 대표자로 선임된 자는 해당 토지 및 건축물에 관한 조합원의 지위를 가지므로 해당 대표자(조합원)에게 매도청구를 행사할 수 있다. 공유자 중 일부만 조합설립 동의서를 제출한 것은 유효한 조합설립 동의로 볼 수 없고(대법원 2017. 2. 3. 선고 2015두50283 판결), 해당 토지 및 건축물 전부가 매도청구의 대상이 되므로 공유자 전원을 상대로 촉구하여야 한다.[9]

(2) 조합설립 또는 사업시행자 지정에 동의하지 않은 토지등소유자의 승계인

종전 토지등소유자(이하 '피승계인')가 토지 및 건축물을 다른 사람(이하 '승계인')에게 승계한 경우, 피승계인이 추진위원회 구성 또는 조합 설립에 동의하였다면 승계인은 별도의 반대 의사표시를 하지 않는 이상 조합설립에 동의한 것으로 간주되지만(시행령 제33조 제1항 제3호), 피승계인

9 백신균, 898; 이우재(하), 86; 전재우, 406.

이 조합설립에 동의하지 않았다면 승계인은 조합설립에 동의하지 않은 정비구역내 건축물 및 그 부속토지의 소유자로서 매도청구의 상대방이 된다. 이때의 승계는 특정승계와 포괄승계를 구분하지 않으며,[10] 소유권이전등기 등 등기부를 기준으로 승계 여부를 판단한다(집합건물법상 매도청구에 관한 대법원 2000. 6. 23. 선고 99다63084 판결 참고).

사업시행자가 조합설립 동의에 대한 촉구를 할 즈음 승계인이 피승계인으로부터 그 토지 및 건축물을 양도받아 소유권이전등기까지 마친 상태라면 매도청구의 상대방은 승계인이므로, 조합설립 동의의 촉구 및 매도청구의 행사는 모두 승계인에게 하여야 한다.[11]

사업시행자가 조합설립 동의에 대한 촉구를 할 즈음 소유자가 피승계인이어서 촉구가 피승계인에 대해 이루어졌으나, 촉구 이후 승계가 이루어진 경우 승계인에게 별도의 촉구를 다시 할 필요 없이 바로 매도청구를 행사할 수 있는지가 문제된다.

① 구 도시정비법 제39조에 따른 매도청구의 경우 준용되는 집합건물법 제48조 제4항은 매도청구의 상대방에 관해 "(그의 승계인을 포함한다)"로 정하고 있으므로, 촉구 이후에 승계가 이루어진 경우에도 사업시행자는 그 승계인에 대해서는 다시 새로운 촉구를 할 필요 없이 곧바로 승계인에게 매도청구할 수 있다(집합건물법 제48조 제4항, 대법원 2019. 2. 28. 선고 2016다255613 판결). 이 점은 포괄승계와 특정승계를 구분하지 않는다.

② 현행 도시정비법 제64조에 따른 매도청구의 경우 승계인에 대해 별도로 정하고 있지 않고 집합건물법 제48조 제4항을 준용하지도 않는다. ⓐ 상속 등의 포괄승계가 이루어진 경우, 또는 정관에 따라 포괄승계한 것으로 볼 수 있는 경우[12·13]등은 승계인이 피승계

10 소유권에 관한 포괄승계인(상속 · 포괄유증 · 회사합병 등) 및 특정승계인(매매 · 교환 등)은 포함되지만, 소유권을 취득한 자가 아닌 임차권자나 전세권자 등과 같은 이른바 설정적 승계인은 포함되지 않는다. 소유권을 취득한 자라면 선행의 가압류나 가처분 또는 저당권이나 전세권 같은 권리제한상태에서 취득하더라도 상대방이 되는데 제한이 없다[이우재(하), 84].

11 집합건물법 제48조 제1항의 "(그의 승계인을 포함한다)"는 승계인이 "재건축 결의에 찬성하지 아니한 구분소유자"가 아니더라도 그 승계인에 대해 매도청구의 촉구를 할 수 있다는 점을 명문으로 재확인한 취지로 생각된다.

12 구 표준정관 제9조(조합원의 자격 등) ④ 양도 · 상속 · 증여 및 판결 등으로 조합원의 권리가 이전된 때에는 조합원의 권리를 취득한 자로 조합원이 변경된 것으로 보며, 권리를 양수받은 자는 조합원의 권리와 의무 및 종전의 권리자가 행하였거나 조합이 종전의 권리자에게 행한 처분, 청산시 권리 · 의무에 관한 범위 등을 포괄승계한다.

13 권리자의 권리 · 의무 승계에 관한 도시정비법 제129조(구법 제10조)의 '정비사업과 관련하여 권리를 갖는 자'는 조합원을 가리키는 것으로 해석된다(대법원 2019. 2. 28. 선고 2016다255613 판결). 피승계인이 종전에 조합설립에 동의하여 조합원이었으나 분양신청을 하지 않아 현금청산대상자가 된 이후에 승계한 자는 ⓐ 이미 조합원 지위를 상실한 상태에서 승계한 것이므로 도시정비법 제129조 등에 따른 포괄승계가 적용되지 않는다고 볼 수도 있으나(서울고등법원 2020. 1. 8. 선고 2019나2037005 판결), ⓑ 피승계인이 이미 조합에 대한 관계에서 도시정비법 및 정관에 따라 청산에 관한 권리 · 의무관계가 형성되었으므로 그 승계인은 피승계인의 청산에 관한 권리 · 의무를 포괄승계한다고 볼 필요가 있는 것으로 생각된다(서울고등법원 2020. 2. 11. 선고 2019나8186, 8193, 8209, 23734, 2020나10 판결).

인의 종전 권리 · 의무를 포괄승계하였으므로 별도의 촉구 절차가 필요없다고 볼 수 있다. 그러나 ⓑ 피승계인이 당초부터 조합 설립에 동의하지 않았고 승계인이 매매 등 특정승계만을 한 경우 원래부터 조합원이 아니었으므로 도시정비법 제129조(구법 제10조) 및 정관에 따른 승계가 있다고 보기 어렵고, 집합건물법 제48조 제4항과 같이 별도의 촉구절차 없이 바로 매도청구를 행사할 명시적인 근거가 없다. 다만, 이미 피승계인에 대해 적법한 촉구가 이루어졌고 승계인 역시 매도청구의 대상이라는 점을 알고 그 토지 및 건축물을 양수한 것인데 촉구 이후 승계가 이루어졌다는 사정만으로 다시 촉구절차부터 진행하여야 한다는 것은 타당하지 않고, 종전에도 승계인에 대해 별도의 촉구절차 없이 바로 매도청구할 수 있다고 해석하여 왔는데, 현행 도시정비법이 별도의 규정을 두지 않은 것이 승계인에게 대해 별도의 촉구절차를 다시 거쳐야 한다는 입법적 결단에 의한 것이라고 보기 어렵다. 따라서 특정승계인에 대해서도 별도의 촉구 절차 없이 바로 매도청구를 행사할 수 있다고 보는 해석이 필요한 것으로 생각된다.[14·15]

⑶ 토지 또는 건축물만을 소유한 자

촉구의 상대방인 조합설립 등에 동의하지 않은 자는 조합설립 동의권이 있으나 동의하지 않은 자(조합설립 동의의 상대방이 되는 자)를 의미한다. 따라서 ⓐ 주택단지내에 토지 또는 건축물만을 소유한 자는 재건축사업의 조합원이 될 수 없을 뿐만 아니라 조합설립 동의의 상대방이 되지 못하므로 촉구를 필요로 하지 않으나, ⓑ 주택단지가 아닌 지역에 토지 또는 건축물만을 소유자는 조합원이 될 수 없더라도 조합 설립에서 동의를 받아야 하는 자에 포함되어 촉구 절차에 대해 법률상 이해관계를 갖는 것이므로, 그에 대한 매도청구 전에 촉구(최고) 절차를 거쳐야 한다(대법원 2010. 5. 27. 선고 2009다95516 판결, 대법원 2010. 5. 27. 선고 2009다95578 판결).[16]

위 대법원 2009다95516 판결 등은 종전의 규정이 적용되는 사안이나, 개정규정에서도 촉구의 상대방은 "제35조 제3항부터 제5항까지에 따른 조합설립에 동의하지 아니한 자"이므로(법 제64조 제1항 제1호) 종전과 동일하게 볼 수 있다.[17]

---

14 자세한 논거는 인천지방법원 2019. 5. 16. 선고 2017가단247434 판결 및 그 항소심인 인천지방법원 2020. 11. 6. 선고 2019나62720 판결 참고. 가로주택정비사업에 관한 소규모주택정비법의 매도청구 규정(제35조)도 도시정비법 제64조와 같이 승계인에 대한 명문을 규정을 두지 않았으나, 위 인천지방법원 2019나62720 판결은 사업시행자는 승계인에게 다시 새로운 촉구 절차를 할 필요 없이 곧바로 승계인을 상대로 매도청구권을 행사할 수 있다고 보았다.

15 맹신균, 898은 해석상 미동의자의 승계인도 포함된다고 보고, 안광순(하), 180은 집합건물법을 유추적용하여 별도의 촉구가 필요하지 않다고 보고 있다.

16 재건축사업에서 토지 또는 건축물만을 소유한 자는 조합원이 될 수 없어 위 소유자로서는 조합에 대하여 그 소유의 토지 또는 건축물을 매도하는 것 이외에는 다른 방법이 없으므로, 매도청구에서 '조합 설립의 동의 여부에 대한 최고'는 결국 '매도에 대한 의사확인 및 협의 요청인 최고'가 될 수밖에 없다(서울고등법원 2008. 1. 23. 선고 2007나18296, 18302, 18319 판결).

17 맹신균, 898; 안광순(하), 166.

(4) 촉구 전에 이미 조합설립에 동의하지 아니할 것임을 명백히 한 자

촉구절차는 조합설립에 동의하지 않은 미동의자에 대해 바로 매도청구권을 행사하는 것이 아니라 미동의자의 의사를 다시 확인하고 재고의 기회를 주어 다수의 동의자를 확보하는데 그 취지가 있는 것이므로, 촉구제도의 취지에 비추어 촉구 전에 이미 조합설립에 동의하지 아니할 것임을 명백히 한 자에 대해서는 촉구하지 아니하고 매도청구권을 행사할 수 있다.[18]

다. 구 도시정비법에 따른 촉구 시기

(1) 조합설립에 대한 동의

집합건물법 제48조 제1항에 따른 재건축 결의에 대한 촉구는 재건축결의가 있은 날(재건축 결의에 대한 관리단 집회 개최일)로부터 지체 없이 하여야 한다. 위 집합건물법 제48조 제1항을 준용하는 구 도시정비법 제39조에 따른 매도청구의 촉구는 문언상 "조합설립에 대한 동의가 있으면 지체 없이" 하여야 하는데, 이때 촉구의 기산점인 "조합설립 동의가 있는 날"은 조합설립등기를 마쳐 조합이 설립된 때이다(대법원 2008. 2. 29. 선고 2006다56572 판결).[19]

매도청구에서 일부 토지등소유자를 누락하거나 절차상 하자 등으로 인해 청구가 기각되는 경우 다시 촉구할 근거가 없는 것은 물론 제척기간으로 해석되는 매도청구의 행사기간이 이미 지나 매도청구를 할 수 없게 되는 문제가 있었다. 다만 매도청구권의 행사기간이 도과한 후 조합이 새로이 조합설립인가를 받는 것과 동일한 요건과 절차를 거쳐 조합설립변경인가를 받은 경우 새로운 조합설립인가의 요건을 갖춘 조합설립변경인가에 터 잡아 새로이 매도청구권을 행사할 수 있으므로(대법원 2010. 7. 15. 선고 2009다63380 판결, 대법원 2016. 12. 29. 선고 2015다202162 판결 등),[20] 이때는 조합설립변경인가를 받아 다시 촉구 등의 절차를 거쳐 매도청구를 할 수 있다.

(2) 지체 없이

사업시행자는 조합설립 등기를 마치고 "지체 없이" 조합설립 동의 여부에 대한 촉구를 하여야 한다(구법 제39조 제1항). 다만 조합은 실제 시공자를 선정한 이후에야 매도청구에 따른 매매대금 등 필요한 비용을 마련할 수 있으므로 실무적으로 상당한 시간이 흐른 뒤에 매도청구 절차를 진행하였다. 대법원은 지체 없이 촉구(최고)하도록 한 것은 재건축결의가 이루어진 후 즉시 촉구를 하여야 한다는 의미가 아니라 재건축사업의 진행 정도에 비추어 적절한 시

---

18 이우재(하), 90.

19 위 대법원 2006다56572 판결은 매도청구를 할 수 있는 사업시행자(재건축정비사업조합)는 조합설립인가를 마치고 주된 사무소의 소재지에 등기함으로써 성립하므로 그 설립등기를 마친 때 매도청구를 할 수 있다고 보았다.

20 위 대법원 2015다202162 판결은 재건축조합이 토지등소유자들로부터 조합설립변경에 대한 동의만 받았을 뿐 관할관청으로부터 인가처분을 받지 않았으므로 매도청구권이 발생하지 않아 매도청구가 부적법하다고 보았다.

점에 촉구가 이루어져야 한다는 의미로 넓게 해석하였다(대법원 2009. 1. 15. 선고 2008다40991 판결, 대법원 2014. 12. 11. 선고 2013다10734 판결, 대법원 2015. 2. 12. 선고 2013다15623, 15630 판결, 대법원 2017. 6. 29. 선고 2016다276641 판결). 매도청구의 행사기간은 제척기간으로서 그 기간이 도과하면 매도청구를 행사할 수 없는데, 행사와의 균형상 그에 앞서 진행되는 촉구절차는 상당한 여유를 두게 되었다.

라. 현행 도시정비법상에 따른 촉구 시기

(1) 사업시행계획인가의 고시일

구 도시정비법에 따른 매도청구는 원칙적으로 조합설립등기 이후 촉구절차를 진행하여야 하는데, 재건축정비사업조합이 조합설립 직후 매도청구에 소요되는 비용을 마련하는 것은 사실상 불가능하다. 사업시행계획인가가 있어야 비로소 건축물의 설계, 정비사업비 및 추정분담금 등이 구체화되고 재개발사업에서 사업시행계획인가 고시일 이후에 비로소 수용권 행사가 가능한 점을 고려하여 2017. 2. 8. 법률 제14567호로 전부 개정된 도시정비법은 촉구의 기산점을 사업시행계획인가의 고시일로 변경하였다.[21] 따라서 2018. 2. 9. 이후 최초로 조합설립인가를 신청하거나 사업시행자를 지정하는 경우에는 사업시행계획인가의 고시일로부터 촉구 기간이 기산된다(법 부칙(2017. 2. 8.) 제16조).

구 도시정비법에 따른 매도청구의 경우 매도청구의 행사기간이 도과하였다 하더라도 조합이 새로이 조합설립인가를 받는 것과 동일한 요건과 절차를 거쳐 조합설립변경인가를 받은 경우 그 조합설립변경인가에 터 잡아 새로이 매도청구권을 행사할 수 있다고 보았는데(대법원 2010. 7. 15. 선고 2009다63380 판결 등), 현행 도시정비법에서 동일한 법리를 적용하면 종전에 인가받은 사업시행계획의 내용을 실질적으로 변경하는 새로운 사업시행계획(변경)인가를 받으면 다시 매도청구가 가능하다고 볼 여지는 있을 것이다.[22]

(2) 30일 이내

사업시행자는 사업시행계획인가의 고시일로부터 30일이내에 조합설립 동의 여부를 회답할 것을 촉구하여야 한다(법 제64조 제1항). 종전의 "지체 없이"가 불확정개념으로서 정비사업의 진행과정을 감안하여 상당히 관대하게 해석된 반면, 현행 도시정비법은 그 기산점을 사업시행계획인가의 고시일로 늦추는 대신 "30일 이내에" 촉구하도록 하고 있으므로, 종전과 같이 여유있는 적용은 기대하기 어려운 것으로 생각된다.

---

21 강신은, 72.

22 강신은, 73은 현행 도시정비법은 매도청구의 촉구 및 행사기간이 명확하게 규정되어 있고 사업시행계획에 변경인가를 포함한다는 명시적 규정이 없어 원칙적으로 새로운 사업시행계획변경인가를 통해 새로이 매도청구를 행사할 수는 없으나, 인정되기 쉽지 않지만 사업시행계획 변경인가가 최초 사업시행계획인가의 실질을 갖는다면 대법원 판례가 이를 인정할 여지는 있다고 보고 있다; 안광순(하), 169; 차흥권, 391.

마. 촉구의 방법

촉구는 반드시 서면으로 하여야 한다(법 제64조 제1항). 실무상 촉구서(최고서) 도달일자 및 회답기간을 명확하게 확인할 수 있도록 내용증명으로 발송하고 있다.

촉구의 본래 취지는 촉구를 받은 토지등소유자가 조합설립의 구체적인 사항을 검토하여 재건축사업에 참가할지 여부를 판단하는데 있으므로, 촉구서(최고서)에는 조합설립(재건축결의)에 관한 사항이 구체적으로 적시되어 있어야 한다(대법원 2018. 8. 30. 선고 2015다54080 판결). 실무상 매도청구 소장에 촉구서(최고서)와 조합설립 동의서 서식, 정관 등 조합설립 동의에 필요한 서류를 첨부하고 있다. 다만 촉구서(최고서)에 적시할 사항들이 재건축사업의 추진과정에서 총회의 결의나 재건축 참여 권유 또는 종용 등을 통하여 촉구의 대상자들에게 널리 알려지고, 소송의 변론과정에서도 주장이나 입증 등을 통하여 그 내용이 알려짐에 따라 재건축 참가의 기회가 충분히 부여되었다면 그 참가 촉구는 적법하다고 볼 수 있다(대법원 2018. 8. 30. 선고 2015다54080 판결).

실무상 조합설립 동의 여부에 대한 촉구는 별도의 촉구서로 발송하지 않고, 매도청구(소유권이전등기 청구) 소장에 조합설립 동의 여부(재건축 참여 여부)에 대한 회답 촉구서(최고서)를 첨부하고 그 소장 부본의 송달로서 촉구를 하고 있다. 이 경우 매도청구권 행사는 상대방이 회답기간(최고기간) 내에 재건축사업에 불참가할 것을 정지조건으로 그 회답기간 만료 다음 날 매도청구권을 행사한 것과 동일한 효과가 발생한 것으로 볼 수 있다(대법원 2010. 7. 15. 선고 2009다63380 판결).

상대방 있는 의사표시는 그 통지가 상대방에게 도달한 때 효력이 발생하므로(민법 제111조), 촉구 역시 원칙적으로는 토지등소유자에게 도달한 때 효력이 발생한다고 볼 수 있다.[23] 구 도시정비법 제39조에 따른 매도청구는 회답 촉구를 조합설립 동의가 있은 때(조합설립등기를 마친 때)로부터 '지체 없이' 하도록 하였으나 '지체 없이' 자체가 유연하게 해석되면서 도달시점이 쟁점이 되지 않았고, 주로 매도청구 행사기간인 '회답기간이 만료된 때로부터 2개월'이 문제되어 왔다. 다만 현행 도시정비법 제64조는 회답 촉구 기간을 "사업시행계획인가의 고시가 있은 날부터 30일 이내에"로 명시함으로써 종전의 매도청구 행사기간과 같이 도달 시점이 문제될 수 있다.[24]

23 맹신균, 903; 전재우, 407.

24 매도청구 행사기간에 대한 자세한 내용은 III.3.가.(2)**행사기간 준수여부 판단 기준** 참고. 30일의 기간은 우편 또는 소장 부본 송달에 소요되는 시간을 감안하면 매우 짧은 기간이고 매도청구 행사에 앞서 조합설립에 동의하지 않은 다수의 토지등소유자를 상대로 발송하면서 이사, 폐문부재 등 조합의 책임 없는 사유로 제때 송달되지 못할 가능성이 높으므로 30일 이내에 도달하여야 촉구가 적법하다고 보는 것은 타당하지 않다. 안광순(하), 168은 사업시행계획인가일로부터 30일 이내에 촉구서를 발송하면 되는 것이고 도달하여야 하는 것이 아니라고 보고 있다.

2. 토지등소유자의 회답

가. 회답기간 및 방법

사업시행자로부터 조합 설립 등에 대한 동의 여부에 대한 촉구를 받은 토지등소유자는 촉구를 받은 날부터 2개월 이내에 회답하여야 한다(법 제64조 제2항).

① 회답기간 2개월은 촉구의 상대방을 위한 숙려기간의 의미가 있으므로 그 기간을 연장하는 것은 가능하나 단축하는 것은 불가능하다고 본다.[25] 따라서 회답기간을 2개월 이내로 정하거나 촉구서(최고서)에 별도의 회답기간을 명시하지 않았다 하더라도 촉구서(최고서)를 받은 때로부터 2개월의 회답기간이 보장된다고 보는 것이 타당하다.[26·27]

② 사업시행자가 수 차례 촉구한 경우 회답기간은 최초의 적법한 촉구를 수령한 날부터 기산되고, 촉구에 대하여 일단 불참의 회답을 하였더라도 다시 동의할 수 있을 것이다.[28]

③ 법 문언상 회답은 반드시 서면에 의할 것을 요하지 않는다. 구두로 동의 또는 부동의하였다면 회답기간내 철회나 번복이 가능할 수 있으나,[29] 조합설립 동의서를 제출한 것이라면 조합설립 동의사항이 변경되지 않은 경우에는 철회할 수 없다(시행령 제33조 제2항 제2호 (나)목).

나. 회답기간 만료의 효과

토지등소유자가 촉구를 받은 날로부터 2개월 이내에 회답하지 아니한 경우 그 토지등소유자는 조합설립 또는 사업시행자의 지정에 동의하지 아니하겠다는 뜻을 회답한 것으로 본다(법 제64조 제3항).

다만 미동의 회답 간주에 따라 매도청구소송이 진행되더라도 정관에 따라 분양신청기간까지 조합설립 동의서를 제출하여 조합원이 될 수 있다(구 표준정관 제9조 제1항 단서).

3. 매도청구권의 행사

가. 행사기간

(1) 행사기간의 취지 및 기간 도과의 효과

사업시행자는 2개월의 회답기간이 지나면 그 기간이 만료된 때부터 2개월 이내에 조합설립 또는 사업시행자 지정에 동의하지 아니하겠다는 뜻을 회답한 토지등소유자와 건축물

---

25 맹신균, 905; 이우재(하), 87; 전재우, 408.

26 맹신균, 906.

27 토지등소유자가 재건축 참가에 대한 뜻을 명시적으로 밝히지 않은 채 재건축 결의의 내용에 대한 해명을 요구하면서 그 해명이 있을 때까지 참가 여부에 대한 회답을 요구한 경우에 회답기간이 조합의 해명이 있을 때까지 연장되는 것은 아니다(대법원 2002. 9. 24. 선고 2000다22812 판결).

28 이우재(하), 88.

29 이우재(하), 89; 전재우, 409.

또는 토지만 소유한 자에게 건축물 또는 토지의 소유권과 그 밖의 권리를 매도할 것을 청구할 수 있다(법 제64조 제4항).

위와 같이 행사기간을 정한 취지는 형성권인 매도청구 상대방의 정당한 법적 이익을 보호하고 아울러 재건축을 둘러싼 법률관계를 조속히 확정하기 위한 것이므로 매도청구권은 그 행사기간 내에 이를 행사하지 아니하면 그 효력을 상실한다(대법원 2008. 2. 29. 선고 2006다56572 판결, 대법원 2012. 12. 26. 선고 2012다90047 판결 등). 즉 매도청구의 행사기간은 제척기간으로 해석된다.

⑵ 행사기간 준수여부 판단 기준

매도청구의 행사기간은 형성권의 행사를 제한하는 제척기간인데, 그 기간 내에 소를 제기해야 하는 출소기간(제소기간)으로 해석되지는 않으므로 재판상 또는 재판 외에서 그 기간 내에 행사하면 된다. 다만 이와 같은 형성권 행사의 의사표시는 상대방에게 도달한 때 효력이 발생하고 그 의사표시를 소로서 하는 경우에도 그 소장 부본이 도달한 때 비로소 형성권 행사의 효력이 발생하는 것이 원칙이다(해제권 행사에 관한 대법원 2000. 1. 28. 선고 99다50712 판결 등 참고). 따라서 매도청구권의 행사를 소로서 하는 경우에도 원칙적으로 매도청구의 의사표시를 담은 소장 부본이 행사기간내에 토지등소유자에게 도달하여야 한다고 볼 것이나, 대법원 2003. 5. 27. 선고 2002다14532, 14549 판결은 "매도청구권의 행사에 그 행사 가능시점(촉구서에 대한 회답기간만료일의 익일)으로부터 2월의 제척기간을 둔 취지는 구분소유권 등의 시가가 가장 낮아지는 시기를 임의로 택하여 매도청구를 함으로써 재건축에 참가하지 아니한 구분소유권자의 권익이 부당하게 침해되는 것을 막고 그들의 법적지위가 장기간 불안정하게 되는 것을 피하는 등 그들의 정당한 법적이익을 보호하고 아울러 재건축을 둘러싼 법률관계를 조속히 확정하려는데 있는 점 및 제척기간이 도과되었다고 하여 매도청구권이 소멸하는 것이 아니라 다시 재건축결의 등 절차를 밟아 매도청구권의 행사를 다시 할 수 있는 것이므로 이미 재건축결의에 필요한 정족수를 훨씬 넘겨 놓은 이 사건에서 구태여 그러한 번거로운 절차를 다시 밟게 하여 시일을 지연시킬 필요가 없는 점 등에 비추어 볼 때, 제척기간도과 전에 소를 제기하였음에도 위와 같은 사유로 우연히 소장부본의 송달만이 제척기간도과 후로 되었다고 하여 매도청구권의 행사가 부적법하다고 할 수는 없[다]"고 보아 일정한 예외를 마련하였다.

매도청구의 행사기간(제척기간)인 2개월은 소장 부본 송달에 소요되는 시간, 토지등소유자가 이사 · 폐문부재 등의 사정으로 받지 못할 사정을 고려하면 매우 짧고, 다수의 당사자를 대상으로 한다는 점에서 매도청구의 의사표시가 반드시 그 기간내에 도달하여야 한다고 보는 것은 타당하지 않다. 실무적으로도 다른 특별한 사정이 없는 한 행사기간내에

소가 제기되었다면 일응 적법한 매도청구로 보고 있다.[30·31]

다만 이 부분은 구체적인 사정을 따져 형성권 행사의 예외를 인정한 것이므로 조합이 만연히 행사기간내 소를 제기하기만 하면 된다고 볼 수 없다. 일정한 예외를 인정한 위 대법원 2002다14532 판결의 취지는 "매도청구권을 행사하는 소장이 일반적으로 매도청구권 행사기간 내에 상대방에게 송달되기에 충분한 기간 전에 접수되었으나 법원의 송달이 통상의 경우보다 현저히 늦게 실시되거나 기타 매도청구권을 행사하는 자에게 책임을 돌리기 어려운 우연한 사유로 인하여 행사기간 도과 후 송달되는 경우 등의 특별한 사정이 있는 경우에는 위와 같은 우연한 사정으로 인하여 그 매도청구권의 행사를 부적법한 것으로 돌릴 수 없다"는 것으로 볼 수도 있는 것이어서,[32] 만연히 행사기간 만료 직전에 소장을 접수한 후 그 송달료·인지대 납부도 지연되는 등 정상적으로 송달이 이루어졌다 하더라도 매도청구 행사기간내에 송달될 가능성 자체가 없었던 경우까지 적법하다고 보기는 어려울 것으로 생각된다.[33]

⑶ 촉구절차가 필요 없는 경우의 행사기간 기산점

사업시행자는 조합설립 동의 여부에 대한 2개월의 회답기간이 만료된 때부터 2개월 이내에 매도청구하여야 하는데, 당초 촉구 절차가 필요 없는 경우에 매도청구 행사기간은 언제부터 기산되는지가 문제된다. 아래 대법원 2006다56572 판결처럼 바로 매도청구권을 행

---

30 서울고등법원 2017. 5. 12. 선고 2016나2049441 판결(제1심은 서울서부지방법원 2016. 6. 29. 선고 2012가합13958 판결), 대구고등법원 2018. 9. 5. 선고 2017나24619 판결, 서울고등법원 2018. 12. 14. 선고 2018나2031000 판결(제1심은 서울북부지방법원 2018. 5. 3. 선고 2016가합23308 판결) 등.

31 서울고등법원 2009. 12. 23. 선고 2009나13936 판결은 행사기간 준수 여부에 대해 "소장 부본 송달시점을 기준으로 위 제척기간의 준수 여부를 판단한다면, 재건축에 반대하는 사람들이 의도적으로 그들에게 소장부본이 송달될 수 없는 상황을 연출함으로써 정당한 재건축사업의 추진을 방해할 수 있을 뿐만 아니라, 나아가 이를 이용하여 재건축조합에게 시가보다 높은 가격에 구분소유권 등을 매수할 것을 사실상 강요할 수 있는 점, 매도청구권을 행사하는 내용이 담긴 소장이 제척기간 내에 법원에 접수되었음에도 불구하고 그 소장부본이 위 기간을 도과한 후에 송달되었다는 우연한 사정(많은 수의 당사자가 있는 소송에서는 소송서류의 정리, 당사자의 확정 등에 있어 통상의 경우보다 많은 시간이 소요되어 송달서류의 발송 자체가 늦어질 수 있고, 송달불능·주소보정·재송달을 거치는 과정에서 통상의 경우보다 송달이 늦게 되는 경우도 있다)에 의하여 위 기간을 준수하지 못하였다고 보는 것은 사회·경제적으로 무용한 비용의 추가 지출을 가져오는 점 등의 여러 가지 사정에 비추어 보면, 재건축조합이 적어도 법원에 소의 제기로써 매도청구권을 행사하는 경우에는, 소장 접수시점을 기준으로 위 기간의 준수 여부를 판단하여도 재건축에 참가하지 아니하는 구분소유자들에게 부당한 결과를 가져오지 않는다고 할 것이다"는 근거를 제시하고 있다.

32 서울남부지방법원 2016. 8. 18. 선고 2015가합100731 판결, 수원고등법원 2020. 9. 10. 선고 2019나16594 판결.

33 차흥권, 397은 위 대법원 2002다14532 판결은 분명한 입장을 나타내고 있지 않지만 제척기간이 도과하기 전에 소를 제기하였음에도 재송달의 사유로 소장 부본의 송달만이 제척기간 도과 후로 되었다 하더라도 부적법한 것은 아니라는 판단이므로, 이를 그대로 적용한다면 조합으로서는 최소한 통상적으로 소장 부본이 송달되는 시점을 제척기간의 만료 시점으로 보고 여유 있게 매도청구 소장을 접수하는 것이 필요하다고 보고 있다.

사할 수 있는 때로부터 행사기간이 기산되는 것으로 볼 경우 제척기간인 행사기간이 예기치 못하게 앞당겨지는 문제가 발생한다.

① 대법원은 구 도시정비법 제39조에 따른 매도청구 사안에서, 주택단지내에 토지 또는 건축물만을 소유한 자는 재건축사업의 조합원이 될 수 없을 뿐만 아니라 조합설립 동의의 상대방이 되지 못하여 촉구 절차가 필요하지 않으므로,[34] 조합설립등기를 마친 때로부터 2개월 이내에 매도청구를 하여야 하고 그 행사기간내에 매도청구를 행사하지 않으면 효력을 상실한다고 보았다(대법원 2008. 2. 29. 선고 2006다56572 판결). 현행 도시정비법에서 주택단지내에 토지 또는 건축물만을 소유한 자에 대한 매도청구 행사기간 적용과 관련하여, ⓐ 종전 대법원 2006다56572 판결의 취지를 현행 도시정비법에 적용하여 촉구 및 회답의 절차만을 생략하고 매도청구는 사업시행계획인가 고시일로부터 2개월내에 이루어져야 할 것으로 생각되나,[35] ⓑ 현행 도시정비법 제64조 제4항이 "건축물 또는 토지만 소유한 자"를 "조합설립 또는 사업시행자 지정에 동의하지 아니하겠다는 뜻을 회답한 토지등소유자"와 나란히 매도청구의 상대방으로 규정한 것은 현행 도시정비법 제64조에 따른 30일, 2개월, 2개월이라는 기간을 준수하여 토지등소유자(건축물 및 그 부속토지 소유자)에 대한 매도청구를 할 때 건축물 또는 토지만 소유한 자에 대해서도 동시에 매도청구가 합일적으로 이루어져야 한다고 볼 수도 있다.[36]

② 집합건물법 제48조를 준용하는 구 도시정비법 제39조에 따른 매도청구의 경우, 조합설립 동의 여부에 대한 회답 촉구 후 특정승계가 이루어졌더라도 사업시행자는 승계인에게 다시 새로운 촉구를 할 필요 없이 곧바로 승계인을 상대로 매도청구권을 행사할 수 있다(대법원 2019. 2. 28. 선고 2016다255613 판결). 이 경우 매도청구는 촉구절차가 필요 없으므로 대법원 2008. 2. 29. 선고 2006다56572 판결 취지를 그대로 적용하면 조합설립등기를 마친 때로부터 2개월 이내에 매도청구를 하여야 한다고 볼 수도 있으나, 승계 사실을 알게 되는 것은 조합설립등기를 마친 때로부터 이미 한참 지난 때이므로 종전 조합설립인가를 갈음하는 새로운 조합설립행위로서 조합설립변경인가를 다시 받지 않는 이상[37] 매도청구가 불가능해진다는 문제가 발생한다. 이 경우 조합이 실제 매도청구의 행사가 가능했다고 볼 수 있는 소유권이전

---

34 이에 반해, 주택단지가 아닌 지역이 정비구역에 포함된 때에는 그 지역의 토지 또는 건축물을 소유한 자는 조합설립 동의의 대상에 포함되므로 촉구 절차를 거쳐야 하고, 매도청구는 2개월의 회답기간이 만료된 때부터 2개월 이내에 이루어져야 한다(대법원 2010. 5. 27. 선고 2009다95516 판결).

35 안광순(하), 172.

36 강신은, 77.

37 조합설립변경인가 등의 절차를 밟아 그에 터잡은 매도청구권을 행사하는 경우에는 종전 소유자에 대하여 한 촉구의 효력이 곧바로 승계된다고 보기는 어려우므로, 재건축조합은 원칙적으로 조합설립변경인가 당시의 소유자를 상대로 촉구절차를 거쳐야 한다고 보는 것이 상당하므로[서울고등법원 2019. 7. 5. 선고 2019나2000652 판결(제1심은 서울동부지방법원 2018. 11. 29. 선고 2015가합104068 판결)], 이 경우에는 촉구절차로 인해 매도청구 행사시점이 앞당겨지는 문제가 발생하지 않는다.

등기 등 승계사실을 안 때를 기준으로 행사기간을 기산할 수도 있을 것으로 생각된다.[38]

(4) 조건부 매도청구 의사표시의 효력 발생 시점

매도청구(소유권이전등기 청구) 소장에 조합설립 동의 여부(재건축 참여 여부)에 대한 회답 촉구서(최고서)를 첨부하면서 회답기간이 만료되면 그다음 날 매도청구를 한다는 취지가 기재되어 있는 경우, 매도청구권 행사는 상대방이 회답기간(최고기간) 내에 재건축사업에 불참가할 것을 정지조건으로 그 회답기간 만료 다음 날 매도청구권을 행사한 것과 동일한 효과가 발생한 것으로 볼 수 있다(대법원 2010. 7. 15. 선고 2009다63380 판결).

나. 행사방법

도시정비법은 행사방법에 대해 별도로 정하고 있지 않으므로 문서 또는 구두로 가능하고, 재판상 청구로 해석되지도 않는다.

실무상 매도청구(소유권이전등기 청구) 소장에 조합설립 동의 여부(재건축 참여 여부)에 대한 회답 촉구서(최고서), 조합설립 동의서 서식, 정관 등을 첨부하면서 회답기간이 만료되면 그 다음 날 매도청구를 한다는 취지가 기재함으로써, 상대방이 회답기간(최고기간) 내에 재건축사업에 불참가할 것을 정지조건으로 그 회답기간 만료 다음 날 매도청구권을 행사하는 것으로 보는 방법이 통용되고 있다.

Ⅳ. 매도청구 행사의 효과

1. 매매계약의 성립

가. 매매계약의 성립 의제

매도청구권은 형성권으로서, 매도청구권 행사의 의사표시가 도달함과 동시에 조합설립에 동의하지 않은 토지등소유자 등의 토지나 건축물에 관하여 시가에 의해 매매계약이 성립한다(대법원 2009. 3. 26. 선고 2008다21549, 21556, 21563 판결, 대법원 2014. 12. 11. 선고 2014다41698 판결 등). 다만 사업시행자가 매도청구 대상 토지 및 건축물의 소유권을 확보하는 것은 매도청구에 따른 소유권이전등기를 마친 때이다.

매매계약이 성립하는 시점은 매도청구의 의사표시가 도달한 날이다. 재판상 매도청구를 행사한 경우에는 매도청구 의사표시가 기재된 소장 또는 준비서면 부본이 상대방에게 송달된 때이고, 매도청구(소유권이전등기 청구) 소장에 조합설립 동의 여부에 대한 회답 촉구서 등을 첨부하면서 회답기간이 만료되면 그 다음 날 매도청구를 한다는 취지가 기재한 경우에는 그 회답기간이 만료된 다음 날 매매계약이 성립한다(대법원 2010. 7. 15. 선고 2009다63380 판결).

---

38 안광순(하), 180; 서울고등법원 2019. 9. 25. 선고 2018나2061759 판결.

나. 매매계약 및 소송상 지위의 승계

매도청구권 행사 이후 매도청구 대상 토지 및 건축물의 소유권이 상속, 양도 등으로 제3자에게 이전되기도 한다. 상속 등을 이유로 포괄승계되는 경우, 종전의 촉구 및 매도청구 행사에 따른 매매계약 성립이 의제되고, 종전 피승계인의 소송상 지위도 승계인이 소송수계받는다.

토지 및 건축물의 소유권이 매매 등을 이유로 특정승계되는 경우 그 특정승계전에 처분금지가처분으로 당사자를 항정(恒定)하였다면, 매매계약 및 소송상 지위의 승계 여부와 상관없이 피승계인에 대해 소유권이전등기절차의 이행청구를 인용하는 판결을 받은 후 처분금지가처분등기 이후의 등기를 말소하고 위 판결에 기해 소유권이전등기를 받을 수 있다.

처분금지가처분등기를 하기 전 특정승계가 이루어진 경우, 종전에는 매도청구소송에서 특정승계인에 대한 인수참가신청을 하여 특정승계인을 소송의 당사자로 편입시켜 왔다. 그러나, 대법원 2019. 2. 28. 선고 2016다255613 판결은 ⓐ 구 도시정비법 제39조, 집합건물법 제48조의 규정상 특정승계인에게 다시 새로운 촉구를 할 필요 없이 곧바로 매도청구권을 행사할 수 있으나 특정승계인이 매매계약상의 의무를 승계한다고 정한 것은 아니므로, 사업시행자가 매도청구권을 행사한 이후에 비로소 토지 또는 건축물의 특정승계가 이루어진 경우 이미 성립한 매매계약상의 의무가 그대로 특정승계인에게 승계된다고 볼 수 없고, ⓑ 구 도시정비법 제10조(법 제129조)는 "사업시행자와 정비사업과 관련하여 권리를 갖는 자의 변동이 있은 때에는 종전의 사업시행자와 권리자의 권리 · 의무는 새로이 사업시행자와 권리자로 된 자가 이를 승계한다"고 정하고 있는데, 여기서 정비사업과 관련하여 권리를 갖는 자'는 조합원 등을 가리키는 것이고 사업시행자로부터 매도청구를 받은 토지 또는 건축물 소유자는 이에 포함되지 않으므로, 특정승계인이 이 규정에 따라 매매계약상의 권리 · 의무를 승계한다고 볼 수 없고, ⓒ 토지 또는 건축물에 관한 특정승계를 한 것이 토지 또는 건축물에 관한 소유권이전등기의무를 승계하는 것은 아니므로, 사업시행자는 민사소송법 제82조 제1항에 따라 특정승계인으로 하여금 매도청구소송을 인수하도록 신청할 수 없다고 판단하였다. 따라서 특정승계인이 토지 및 건축물의 소유권을 이전받았다 하더라도 매매계약상의 지위까지 승계되는 것은 아니므로, 이 경우 사업시행자는 그 특정승계인에 대해 다시 매도청구권을 행사하여 별도의 매매계약을 성립시켜야 그 토지 및 건축물을 인도받을 수 있다.[39]

---

39 현행 도시정비법 제64조에 따른 매도청구에서도 승계인에 대해 별도의 촉구 절차가 필요 없다고 볼 수 있는지에 대해서는 III.1.나.(2)**조합설립 또는 사업시행자 지정에 동의하지 않은 토지등소유자의 승계인** 참고. 특정승계인에 대해 다시 매도청구를 행사하는 경우 행사기간의 기산점에 대해서는 III.3.가.(3)**촉구절차가 필요 없는 경우의 행사기간 기산점** 참고.

2. 매매대금의 결정

가. 시가

구 도시정비법 제39조가 준용하는 집합건물법 제48조 제4항은 "시가로 매도할 것을 청구할 수 있다"고 하여 매도청구권 행사에 따라 성립하는 매매계약의 매매대금은 '시가'라는 점을 정하고 있다. 현행 도시정비법 제64조 제4항은 별도로 '시가'를 규정하고 있지 않으나, 2017. 2. 8. 법률 제14567호로 전부 개정된 현행 도시정비법은 종전에 집합건물법 제48조의 규정을 준용하던 것을 도시정비법에 별도의 규정으로 정리한 것으로서 종전과 굳이 달리 볼 이유가 없고, 매도청구는 매매계약 성립을 의제하는 것으로서 그 매매대금은 객관적 거래가격인 시가(市價)로 산정하는 것이 타당하고, 매도청구가 공용수용의 성격을 갖는다는 측면에서는 시가가 상대방의 이익을 고려한 정당한 보상에 해당하는 것이므로,[40] 현행 도시정비법 제64조에 의한 매도청구도 시가로 하여야 할 것으로 생각된다.

시가(市價)란 매도청구권이 행사된 당시의 토지나 건물의 객관적 거래가격으로서, 노후되어 철거될 상태를 전제로 하거나 주택재건축사업이 시행되지 않은 현재의 현황을 전제로 한 거래가격이 아니라 그 토지나 건물에 관하여 주택재건축사업이 시행된다는 것을 전제로 하여 토지나 건축물을 평가한 가격, 즉 재건축으로 인하여 발생할 것으로 예상되는 개발이익이 포함된 가격을 말한다(대법원 2009. 3. 26. 선고 2008다21549, 21556, 21563 판결, 대법원 2014. 5. 29. 선고 2011다46128, 2013다69057 판결 등).

매도청구의 당사자들이 시가를 합의하는 것은 어려우므로 결국 감정평가로 시가를 산정하게 한다. 감정평가할 사항은 대상물건(매도청구 대상 토지 또는 건축물)의 매도청구권 행사에 따른 매매계약 성립일(소장 부본 송달일 또는 회답기간 만료일 다음 날)을 기준시점으로 한 시가(개발이익 포함)이다.[41] 매도청구소송에서 감정평가의 각 개별요인의 높고 낮음을 다투는 경우가 많으나, 개별요인에 대한 평가는 감정평가사의 전문적 지식과 경험에 기초한 것으로서 재량의 여지가 크고, 감정인의 감정 결과는 그 감정 방법 등이 경험칙에 반하거나 합리성이 없는 등의 현저한 잘못이 없는 한 존중하여야 하므로(대법원 2017. 6. 29. 선고 2016다276641 판결 등), 개별요인 산정이 위법하다고 판단되기는 쉽지 않다.

한편 재건축사업은 재개발사업과 달리 사업시행자에게 수용·사용 권한이 부여되어 있지 않고 개발이익을 포함한 시가로 매도청구할 수 있도록 정하고 있으므로 재건축사업에서 토지보상법 규정이 적용 또는 유추 적용되지 않는다(대법원 2014. 7. 24. 선고 2012다62561, 62578 판결). 따라서 매도청

---

40 집합건물법 제48조 제4항에 따른 매도청구에 관한 헌법재판소 1999. 9. 16. 선고 97헌바73, 98헌바62, 98헌바60 전원재판부 결정 등, 집합건물법 제48조를 준용하는 구 도시정비법 제39조에 따른 매도청구에 관한 헌법재판소 2010. 12. 28. 선고 2008헌마571 전원재판부 결정 등, 주택법 제22조(구 주택법 제18조의2)에 따른 매도청구에 관한 헌법재판소 2010. 7. 29. 선고 2009헌바240, 242, 284 전원재판부 결정 등 참고.

41 당사자간 매매계약 성립일에 다툼이 있다 하더라도 일단 감정을 신청한 당사자가 제시하여 감정 의뢰된 날짜를 기준으로 평가한다.

구의 시가에는 토지보상법에 따른 임차권자에 대한 영업손실보상[42] 또는 주거이전비, 이사비, 이주정착금[43] 등은 포함되지 않는다.

나. 개발이익

매도청구의 매매대금인 시가는 "토지나 건물에 관하여 주택재건축사업이 시행된다는 것을 전제로 하여 토지나 건축물을 평가한 가격"으로서 "재건축으로 인하여 발생할 것으로 예상되는 개발이익"을 포함하여야 한다. 이때의 개발이익을 현실화 · 구체화되지 않은 미실현이익이나 장래비용부담을 전제로 한 개발이익으로 산정하는 것은 어렵고,[44] 재건축사업의 진행에 따라 구체화된 매매계약 성립일 당시의 개발이익을 의미한다고 보는 것이 타당하다(주택법상 매도청구에 관한 대법원 2018. 3. 29. 선고 2017다218246 판결 참고).[45]

구분건물(공동주택)은 토지와 건물을 일괄하여 거래사례비교법을 적용하여 평가하는데(감정평가에 관한 규칙 제16조), 일반적으로 부동산중개업소를 통하여 형성된 재건축아파트의 실제거래가격은 개발이익이 반영되어 형성된 것으로서 거래사례비교법을 적용하여 산정한 평가액은 개발이익이 반영된 객관적 거래가격으로 볼 수 있을 것이다(대법원 2005. 6. 24. 선고 2003다55455 판결, 대법원 2006. 2. 23. 선고 2005다19552, 19569 판결). 특히 대상물건은 일체로서 각 개별요인을 적용하여 평가되기 때문에 개발이익 부분을 분리하여 개별요인에 미치는 영향이나 그에 따른 평가금액을 산정하는 것은 어렵고, 기존의 공동주택에 대한 시가 감정에서는 개발이익을 특별히 다투기 어려운 것으로 생각된다.[46]

---

42 대법원 2014. 7. 24. 선고 2012다62561, 62578 판결.

43 서울고등법원 2014. 12. 24. 선고 2013나33845 판결, 광주지방법원 2018. 10. 12. 선고 2017가단24958 판결.

44 한국감정평가협회 · 한국감정원, 감정평가 실무기준 해설서(Ⅰ) (2014), 587은 "... 재건축사업의 주체로서의 조합원이 지는 리스크나 향후 현실화 · 구체화되지 아니한 개발이익까지 개발이익으로 기준시점 당시에 반영하라는 의미로 해석할 수는 없다. 거래사례비교법에 의하는 경우 당해 재건축사업의 적정 리스크를 반영하지 않은 상태에서 인근의 기 사용승인된 아파트부지 표준지와의 단순 비교(매도청구대상이 토지인 경우), 기 입주한 아파트와의 단순 비교(매도청구대상이 공동주택인 경우)를 통한 예상 개발이익 추정은 조합원으로서의 비용부담 및 사업추진에 따른 각종 리스크(부동산 시장의 하락, 일반분양 실패, 정부정책의 변경, 각종 소송 등) 부담을 전제로 함에도 불구하고 이를 반영하기 곤란하[다]..."라고 보아 장래의 시점을 기준으로 한 미실현 개발이익은 실제 산정하기 어렵다는 점을 전제하고 있다.

45 감정평가법 제3조 제3항, 감정평가에 관한 규칙 제28조에 따라 감정평가의 구체적인 기준을 정하는 국토교통부 고시인 「감정평가 실무기준」은 다음과 같이 정하고 있다.
"3.4 매도청구에 따른 감정평가 재건축사업구역 안의 토지 등에 대한 도정법 제39조의 매도청구에 따른 감정평가는 법원에서 제시하는 날을 기준으로 한다. 다만, 기준시점에 현실화 · 구체화되지 아니한 개발이익이나 조합원의 비용부담을 전제로 한 개발이익은 배제하여 감정평가한다"

46 부산고등법원(창원) 2015. 2. 5. 선고 2014나21666 판결, 서울고등법원(춘천) 2016. 7. 20. 선고 2015나2077 판결, 서울고등법원 2019. 7. 5. 선고 2019나2000652 판결(제1심은 서울동부지방법원 2018. 11. 29. 선고 2015가합104068 판결) 등은 거래사례비교법에 따른 평가액에 개발이익이 반영되었다고 보면서, 개발이익이 포함된 감정이라고 하여 반드시 개발이익 부분을 분리하여 그에 상당하는 금액을 별도로 산출하여야 한다거나, 감정평가서에 모든 산정요인의 세세한 부분까지 일일이 설시되거나 그 요인들이 평가에 미치는 영향이 수치적으로 나타날 필요는 없다고 보았다.

실제 개발이익이 인정되는 사례는 현황이 도로인 토지 등을 대지로 평가하는 경우이다. 토지의 현황이 도로이더라도 주택재건축사업이 추진되면 공동주택의 일부가 되는 이상 그 시가는 재건축사업이 시행될 것을 전제로 할 경우의 인근 대지 시가와 동일하게 평가하여 한다. 이 경우 각 토지의 형태, 주요 간선도로와의 접근성, 획지조건 등 개별요인을 고려하여 감액 평가하는 방법으로 산정할 수 있으나, 현황이 도로라는 사정만으로 인근 대지 가액의 1/3로 감액하거나[47] 지목이 구거(도랑)라는 이유만으로 행정조건을 열세로 반영하는 것은 개발이익을 반영하지 않은 것으로 위법하다(대법원 2014. 11. 27. 선고 2013다32260 판결, 대법원 2014. 12. 11. 선고 2014다41698 판결, 대법원 2019. 11. 28. 선고 2019다235566 판결).

3. 권리제한등기와 동시이행항변

가. 매도청구에 대한 동시이행항변 성립

매도청구권 행사에 따라 매매계약이 성립하는 경우, 매도인인 토지등소유자는 공평의 원칙상 매매목적물에 (근)저당권, 대항력 있는 임차인, 가압류·가처분 등기 등 권리제한등기가 없는 상태로 목적물의 소유권을 매수인인 사업시행자에게 이전할 의무를 부담하고, 이러한 토지등소유자의 권리제한등기 없는 소유이전의무 및 인도의무와 사업시행자의 매매대금지급의무는 동시이행관계이다(대법원 2000. 11. 28. 선고 2000다8533 판결, 대법원 2009. 1. 15. 선고 2008다40991 판결). 조합설립에 동의한 토지등소유자가 분양신청을 하지 않거나 분양신청을 철회하여 현금청산 대상이 되는 경우에도 토지등소유자의 권리제한등기가 없는 상태로 토지 등의 소유권을 사업시행자에게 이전할 의무를 부담하고, 토지등소유자의 권리제한등기 없는 소유이전의무 및 사업시행자의 청산금 지급의무는 동시이행관계에 있다(대법원 2008. 10. 9. 선고 2008다37780 판결, 대법원 2015. 11. 19. 선고 2012다114776 전원합의체 판결).

따라서 매도청구권을 행사하여 소유권이전등기를 구하는 소송은 ⓐ 매매대금을 지급받으면서 동시에 권리제한등기를 말소하고 소유권이전등기절차를 이행하도록 청구하거나, ⓑ 매매대금에서 근저당권 채권최고액(확인된 피담보채무액), 전세보증 등 제한물권의 말소에 필요한 금액을 공제한 돈을 지급받으면서 동시에 소유권이전등기절차를 이행하도록 청구하게 된다.[48]

나. 동시이행항변의 범위

(1) (근)저당권

매도청구의 상대방인 토지등소유자가 토지 등에 관한 소유권이전등기 및 인도를 마쳤으나 근저당권설정등기를 말소하지 아니한 경우, 재건축조합은 공평의 관념과 신의칙상

47 토지보상법 시행규칙 제26조 제2호는 사실상의 사도의 부지는 인근토지에 대한 평가액의 1/3 이내로 평가하도록 하고 있다.

48 이 경우 조합은 판결에 따라 소유권이전등기를 받은 후 피담보채무액을 직접 변제하고 소유권에 기하여 근저당권자 등 제한물권자에게 말소등기를 청구하게 된다. 토지등소유자는 사업시행자가 대위변제를 위해 공제한 금액에 대해 동시이행항변권을 행사할 수 없다(대법원 2008. 10. 9. 선고 2008다37780 판결).

말소되지 아니한 근저당권의 채권최고액 또는 채권최고액의 범위 내에서 확정된(확인된) 피담보채무액에 해당하는 청산금에 대하여만 동시이행의 항변권에 기초하여 지급을 거절할 수 있다(대법원 2015. 11. 19. 선고 2012다114776 전원합의체 판결).[49]

(2) 임차보증금

임차인이 인도 · 주민등록(주택), 인도 · 사업자등록(상가건물) 등 대항력을 갖춘 경우 임차건물의 양수인(그 밖에 임대할 권리를 승계한 자 포함)은 임대인의 지위를 승계한다(주택임대차법 제3조 제4항, 상가임대차법 제3조 제2항). 매매계약 체결이 의제되어 임차건물의 소유권을 이전받은 조합은 임차건물의 양수인으로서 임대인의 지위를 승계하므로 임차보증금에 상당하는 금액도 매매대금에서 공제하는 것이 타당하다.

---

49 종전 대법원 2009. 9. 10. 선고 2009다32850, 32867 판결 등은 재건축조합이 청산금 전부에 대해 근저당권설정등기말소와의 동시이행을 주장하여 지급을 거절할 수 있다고 보았으나, 위 대법원 2012다114776 전원합의체 판결로 견해를 변경하였다.

제 8 장

사업의 완료

[31] 준공인가 및 이전고시

I. 준공인가

1. 준공인가의 의의 및 법적 성격

조합 등 사업시행자가 정비사업 공사를 완료한 때에는 시장 · 군수등의 준공인가를 받아야 한다(법 제83조). 준공인가는 주택법 및 건축법의 사용승인에 해당하는 것으로서, 건축허가로 의제되는 사업시행계획인가를 받아 건축된 건물이 사업시행계획인가의 내용대로 완료되어 건축행정 목적에 적합한지 여부를 확인하고 준공인가증을 교부하여 줌으로써 허가받은 자로 하여금 건축한 건물을 사용 · 수익할 수 있게 하는 법률효과를 발생시키는 행정처분이다(주택법의 사용승인처분에 대한 대법원 2014. 7. 24. 선고 2011두30465 판결 등 참고).

준공인가는 사업시행계획의 내용대로 이행되었는지를 확인하는 확인행위이고, 사업시행계획의 내용대로 이행되었다면 준공인가를 거부할 수 없는 기속행위에 해당한다. 다만 사업시행계획의 내용대로 완료되지 않았거나 사업시행계획의 조건 또는 부담을 이행하지 않았다면 준공인가를 받을 수 없고(구 주택건설촉진법의 사용검사에 관한 대법원 1997. 3. 14. 선고 96누16698 판결 등 참고), 준공인가는 건축물을 사용 · 수익할 수 있게 하는 데에 그치므로 준공인가가 이루어졌다 하더라도 관계 법령에 위반한 건축물을 적법하다고 볼 수 없다(주택법의 사용승인처분에 대한 대법원 2014. 7. 24. 선고 2011두30465 판결 등 참고).

2. 준공인가의 절차

조합 등 사업시행자는 준공인가를 받으려는 때에는 준공인가신청서(시행규칙 제15조 제1항 [별지 10조 서식])에 건축물 · 정비기반시설(시행령 제3조 제9호에 해당하는 것은 제외) 및 공동이용시설 등의 설치내역서, 공사감리자의 의견서, 용적률 완화를 위한 현금납부액의 납부증명 서류를 첨부하여 시장 · 군수등에게 제출하여야 한다(법 제83조 제1항, 시행령 제74조 제1항, 시행규칙 제15조 제1항).

준공인가신청을 받은 시장 · 군수등은 지체 없이 준공검사를 실시하여야 한다. 이 경우 시장 · 군수등은 효율적인 준공검사를 위하여 필요한 때에는 관계 행정기관 · 공공기관 · 연구기관, 그 밖의 전문기관 또는 단체에게 준공검사의 실시를 의뢰할 수 있다(법 제83조 제2항).

시장 · 군수등은 준공검사를 실시한 결과 정비사업이 인가받은 사업시행계획대로 완료되었다고 인정되는 때에는 준공인가를 하고 공사의 완료를 해당 지방자치단체의 공보에 고시하고(법 제83조 제2항), 정비사업의 종류 및 명칭, 정비사업 시행구역의 위치 및 명칭, 사업시행자의 성명 및 주소, 준공인가의 내역이 기재된 준공인가증을 사업시행자에게 교부하여야 한다(시행령 제74조 제2항). 사업시행자는 준공인가증을 교부받은 때에는 그 사실을 분양대상자에게 지체 없이 통지하여야 한다(시행령 제74조 제3항).

3. 준공인가의 효과

가. 건축물 등의 사용 · 수익

준공인가는 허가받은 자로 하여금 건축한 건물을 사용 · 수익할 수 있게 하는 법률효과를 발생시키는 행정처분으로서, 그 본질적인 기능은 건축한 건물에 분양대상자가 입주하거나 사용 · 수익하도록 하는데 있다.

준공인가를 받기 전이라도 일정한 요건을 갖추어 사용허가를 받을 수 있으며, 실무상 기반시설 등 일부 공사가 지연되었으나 완공된 건축물이 사용에 지장이 없는 경우 준공인가전 사용허가를 신청하여 사용하고 있다. 시장 · 군수등은 준공인가를 하기 전이라도 사업시행자의 신청이 있으면 ⓐ 완공된 건축물에 전기 · 수도 · 난방 및 상 · 하수도 시설 등이 갖추어져 있어 해당 건축물을 사용하는 데 지장이 없고, ⓑ 완공된 건축물이 관리처분계획에 적합하고, ⓒ 입주자가 공사에 따른 차량통행 · 소음 · 분진 등의 위해로부터 안전하여 완공된 건축물이 사용에 지장이 없는 경우에는 입주예정자가 완공된 건축물을 사용할 수 있도록 사업시행자에게 허가할 수 있으며(법 제83조 제5항 본문, 시행령 제75조 제1항), 이 경우 동별 · 세대별 또는 구획별로 사용허가를 할 수 있다(시행령 제75조 제3항).

나. 인 · 허가등의 의제

시장 · 군수등이 준공인가를 하거나 공사완료를 고시하는 경우 사업시행계획인가로 의제되는 인 · 허가등에 따른 준공검사 · 준공인가 · 사용검사 · 사용승인 등(준공검사 · 인가등)에 관하여 관계 행정기관의 장과 협의한 사항은 해당 준공검사 · 인가등을 받은 것으로 본다(법 제85조 제1항).

시장 · 군수등이 아닌 사업시행자는 준공검사 · 인가등의 의제를 받으려는 경우에는 준공인가를 신청하는 때에 해당 법률에서 정하는 관계 서류를 함께 제출하여야 한다(법 제85조 제2항). 시장 · 군수등은 준공인가를 하거나 공사완료를 고시하는 경우 그 내용에 도시정비법 제57조에 따라 의제되는 인 · 허가등에 따른 준공검사 · 인가등에 해당하는 사항이 있은 때에는 미리 관계 행정기관의 장과 협의하여야 하고, 관계 행정기관의 장은 협의를 요청받은 날부터 10일 이내에 의견을 제출하여야 하며, 그 기간(민원처리법 제20조 제2항에 따라 회신기간을 연장한 경우에는 그 연장된 기간) 내에 의견을 제출하지 아니하면 협의가 이루어진 것으로 본다(법 제85조 제3항, 제4항, 제5항).[1]

Ⅱ. 이전고시

1. 이전고시의 의의 및 법적 성격

사업시행자는 준공인가 또는 공사완료의 고시가 있은 때에는 지체 없이 대지확정측량을 하고 토지의 분할절차를 거쳐 관리처분계획에서 정한 사항을 분양받을 자에게 통지하고 대지 또는 건축물의 소유권을 이전하여야 한다(법 제86조 제1항).

이전고시는 준공인가의 고시로 사업시행이 완료된 이후에 관리처분계획에서 정한 바에 따라 종전의 토지 또는 건축물에 대하여 정비사업으로 조성된 대지 또는 건축물의 위치 및 범위 등을 정하여 소유권을 분양받을 자에게 이전하고 가격의 차액에 상당하는 금액을 청산하거나 대지 또는 건축물을 정하지 않고 금전적으로 청산하는 공법상 처분이다(대법원 2012. 3. 22. 선고 2011두6400 전원합의체 판결, 대법원 2016. 12. 29. 선고 2013다73551 판결).

종전 토지 또는 건축물의 소유권은 관리처분계획의 인가 · 고시로 분양받을 권리로 잠정적으로 변환되었다가 이전고시에 의해 정비사업으로 조성된 대지 및 건축물에 대한 소유권으로 확정적으로 변환된다. 종전 토지 및 건축물에 대한 권리는 관리처분계획 및 이전고시에 따라 권리자의 의사에 상관없이 정비사업의 시행으로 조성된 대지 및 건축물에 대한 권리로 강제적으로 교환 · 변경된다는 점에서 공용환권으로 볼 수 있다(구 도시재개발법의 분양처분에 관한 대법원 1995. 6. 30. 선고 95다10570 판결, 대법원 2009. 6. 23. 선고 2008다1132 판결 등 참고).[2] 종전 부동산과 새로운 부동산이 형태가 일치하고 않고, 새로 취득하는 부동산이 건물과 부지의 지분(대지권)으로서 토지등소유자의 신청에 따라 이루어진다는 점에서 보면 도시개발법상 입체환지와 유사하므로, 도시정비법상 토지등소유자가 분양받은 대지 또는 건축물에 관하여는 도시정비법에서 특별히 규정하는 내용을 제외하고는 원칙적으로 도시개발법상 환지에 관한 법리, 그중에서도 특히 입체환지에 관한 규정이 준용될 수 있다(대법원 2016. 12. 29. 선고 2013다73551 판결).

---

1 민원의 신속한 처리와 행정기관의 적극적인 행정을 도모하기 위해 도시정비법이 2021. 3. 16. 법률 제17943호로 개정되면서 신설된 규정이다. 종전에는 회신기간에 대한 규정을 두지 않아 관계행정기관의 장이 협의사항에 대해 아무런 조치도 취하지 않는다 하더라도 해당 협의를 유도하거나 강제할 수단이 없어 협의가 지연되는 경우가 많았기 때문에 협의기간과 협의 간주 규정을 둔 것이다[최시억, "도시 및 주거환경정비법 일부개정법률안 검토보고", 국토교통위원회 (2020. 11.), 6, 정부 제출안(2102021, 2020. 7. 16.) 부분]. 위 개정규정은 위 일부개정법률의 시행일인 2021. 3. 16. 이후 협의를 요청하는 경우부터 적용한다.

2 도시정비법의 이전고시는 구 도시재개발법의 분양처분과 본질적으로 다르지 않으므로(대법원 2012. 3. 22. 선고 2011두6400 전원합의체 판결) 이하에서는 분양처분에 관한 대법원 판결도 같이 인용하기로 한다.

이전고시는 대인적 처분이 아닌 대물적 처분으로서, 사업시행자가 소유자를 오인하여 종전의 토지 또는 건축물의 소유자가 아닌 다른 사람에게 이전고시를 하였더라도 그 다른 사람이 권리를 취득하게 되는 것은 아니며, 종전의 토지 또는 건축물의 진정한 소유자가 분양된 대지 또는 건축시설의 소유권을 취득하고 이를 행사할 수 있다(구 도시재개발법의 분양처분에 관한 대법원 1995. 6. 30. 선고 95다10570 판결 참고).

2. 이전고시의 절차

가. 대지확정측량 및 토지의 분할절차

사업시행자는 준공인가 또는 공사완료의 고시가 있은 때에는 지체 없이 대지확정측량을 하고 토지의 분할절차를 거쳐 관리처분계획에서 정한 사항을 분양받을 자에게 통지하고 대지 또는 건축물의 소유권을 이전하여야 한다. 다만, 정비사업의 효율적인 추진을 위하여 필요한 경우에는 해당 정비사업에 관한 공사가 전부 완료되기 전이라도 완공된 부분은 준공인가를 받아 대지 또는 건축물별로 분양받을 자에게 소유권을 이전할 수 있다(법 제83조 제1항).

나. 소유권이전의 고시 및 보고

사업시행자는 대지 및 건축물의 소유권을 이전하려는 때에는 그 내용을 해당 지방자치단체의 공보에 고시한 후 시장 · 군수등에게 보고하여야 한다. 이 경우 대지 또는 건축물을 분양받을 자는 고시가 있은 날의 다음 날에 그 대지 또는 건축물의 소유권을 취득한다(법 제86조 제2항).

다. 사업시행자의 등기 신청

사업시행자는 이전고시가 있은 때에는 지체 없이 대지 및 건축물에 관한 등기를 지방법원지원 또는 등기소에 촉탁 또는 신청하여야 한다(법 제88조 제1항). 위 등기에 관해 필요한 사항은 대법원 규칙인 「도시 및 주거환경정비 등기규칙」에 의하며, 이전고시가 있는 날부터 위 등기가 있을 때까지는 저당권 등 다른 등기를 하지 못한다(법 제88조 제2항, 제3항).

3. 이전고시의 효과

가. 분양받을 자의 소유권 취득

대지 또는 건축물을 분양받을 자는 이전고시가 있은 날의 다음 날에 그 대지 또는 건축물의 소유권을 취득한다(법 제86조 제2항 후단).[3] 따라서 관리처분계획상 분양대상인 토지등소유자는 이전고시 다음 날에 분양받은 대지 또는 건축물의 소유권을 취득하고 그 명의로 보존등기를 한다.

도시정비법의 보류지, 체비지(일반에게 분양하는 대지 또는 건축물)는 도시개발법 제33조의

---

3 도시정비법 제87조 제2항은 "토지등소유자에게 분양하는 대지 또는 건축물은 「도시개발법」 제40조에 따라 행하여진 환지로 본다"라고 정하고 있는데, 이는 환지로서 공용환권(입체환지)이 이루어진다는 의미이다. 따라서 종전 토지 및 건축물 등에 대한 권리는 이전고시가 있은 다음 날 소멸한다(도시개발법 제42조 제1항).

규정에 의한 보류지 또는 체비지로 보는데(법 제87조 제3항),[4] 도시개발법상 보류지는 환지계획에서 정한 자가, 체비지는 시행자가 각각 환지처분의 공고가 있은 날의 다음 날에 소유권을 취득하고(이미 처분된 체비지는 해당 체비지를 매입한 자가 소유권이전등기를 마친 때에 이를 취득한다), 환지계획에서 정하여진 환지는 그 환지처분의 공고가 있은 날의 다음 날부터 종전의 토지로 보며, 환지계획에서 환지를 정하지 아니하는 종전의 토지에 존재하던 권리는 그 환지처분이 공고된 날이 끝나는 때에 소멸한다(도시개발법 제42조 제1항, 제5항). 따라서 인가 · 고시된 관리처분계획에서 분양(환지)이 정해지지 않은 보류지, 체비지는 사업시행자가 이전고시가 있은 날의 다음 날 아무런 권리 제한이 없는 상태로 원시취득하고(대법원 2018. 9. 28. 선고 2016다246800 판결, 대법원 2020. 5. 28. 선고 2016다233729 판결), 일반수분양자는 해당 일반분양분에 대한 보존등기를 마친 사업시행자로부터 이전등기를 받아 소유권을 취득하게 된다.

나. 대지 및 건축물에 대한 권리의 이전

대지 또는 건축물을 분양받을 자에게 이전고시에 따라 소유권을 이전한 경우 종전의 토지 또는 건축물에 설정된 지상권 · 전세권 · 저당권 · 임차권 · 가등기담보권 · 가압류 등 등기된 권리 및 주택임대차보호법 제3조 제1항의 요건을 갖춘 임차권은 소유권을 이전받은 대지 또는 건축물에 설정된 것으로 본다(법 제87조 제1항). 정비구역에 포함된 종전의 여러 토지 또는 건축물에 대하여 정비사업으로 조성된 하나의 대지 또는 건축물의 소유권을 분양받을 자에게 이전할 때 종전의 여러 토지 또는 건축물 중 일부에 근저당권이 설정되어 있는 경우, 소유권이 이전되는 대지 또는 건축물에 설정된 것으로 보게 되는 근저당권의 목적물 범위는 도시개발법상 입체환지에 관한 규정을 준용하여 근저당권이 설정되어 있던 종전의 토지 또는 건축물의 지분으로 한정된다(대법원 2016. 12. 29. 선고 2013다73551 판결).

다. 정비구역의 해제

정비구역의 지정은 준공인가의 고시가 있은 날(관리처분계획을 수립하는 경우에는 이전고시가 있은 때)의 다음 날에 해제된 것으로 본다. 이 경우 지방자치단체는 해당 지역을 국토계획법에 따른 지구단위계획으로 관리하여야 한다(법 제84조 제1항).

정비사업의 준공인가 · 이전고시까지 완료되었으면 더 이상 재개발사업 · 재건축사업의 정비구역으로 보기 어려우므로, 2017. 2. 8. 법률 제14567호로 전부 개정된 도시정비법은 도시개발법 제10조, 택지개발촉진법 제16조 제1항 등의 규정을 참고하여 정비구역 해제를 간주하고 지구단위계획으로 관리하여야 한다는 규정을 신설하였다.[5] 위 전부개정법률의

---

4 도시개발법상 보류지는 체비지와 공공시설 용지를 포함하는 개념이나, 실제로 보류지는 주로 체비지를 제외한 공공시설 용지를 의미한다. 도시정비법은 보류지를 조합원 분양분을 제외한 주택 잔여분의 일부를 향후 소송 등을 대비하여 남겨 놓는 의미로 보고 있다(법 제79조 제4항).

5 강신은, 172.

시행일인 2018. 2. 9. 당시 이미 준공인가의 고시(관리처분계획을 수립하는 정비사업의 경우에는 이전고시)가 있은 때에는 해당 정비구역은 위 2018. 2. 9.에 해제된 것으로 본다(법 부칙(2017. 2. 8.) 제29조).

조합은 이전고시 이후에도 청산 등 잔존사무 처리를 위해 존속해야 한다. 도시정비법은 준공인가 · 이전고시에 따른 정비구역 해제는 조합의 존속에 영향을 주지 않는다는 점을 주의적으로 정하고 있다(법 제84조 제2항).

4. 이전고시 관련 쟁송

가. 이전고시에 대한 항고소송

이전고시는 행정처분으로서 그 하자가 있는 경우 항고소송으로 다툴 수 있다. 이전고시는 관리처분계획의 내용을 집행하는 것으로서(대법원 2012. 3. 22. 선고 2011두6400 전원합의체 판결), 인가 · 고시된 관리처분계획의 내용에 반하는 이전고시는 위법하다(구 도시재개발법의 분양처분에 관한 대법원 2007. 1. 11. 선고 2005다70151 판결 참고).

다만 이전고시에 독자적인 하자가 없다면 결국 그에 앞선 관리처분계획 등의 하자를 이유로 다투어야 한다. 그러나 대법원은 이전고시의 효력 발생으로 이미 대다수 조합원 등에 대하여 획일적 · 일률적으로 처리된 권리귀속 관계를 모두 무효화하고 다시 처음부터 관리처분계획을 수립하여 이전고시 절차를 거치도록 하는 것은 정비사업의 공익적 · 단체법적 성격에 배치되므로, 이전고시가 효력을 발생하게 된 이후에는 조합원 등이 조합설립인가,[6] 수용재결 · 이의재결,[7] 관리처분계획[8] 등의 취소 또는 무효확인을 구할 법률상 이익이 없다고 보았다.

또한 이전고시의 효력 발생으로 대다수 조합원 등에 대하여 권리귀속 관계가 획일적 · 일률적으로 처리되는 이상 그 후 일부 내용만을 분리하여 변경할 수 없고, 그렇다고 하여 전체 이전고시를 모두 무효화시켜 처음부터 다시 관리처분계획을 수립하여 이전고시 절차를 거치도록 하는 것도 정비사업의 공익적 · 단체법적 성격에 배치되어 허용될 수 없다(대법원 2014. 9. 25. 선고 2011두20680 판결, 대법원 2017. 3. 16. 선고 2013두11536 판결 등).

나. 소유권 등에 대한 민사소송

이전고시가 효력이 발생하면 이전고시 자체의 하자를 이유로 이전고시 전부가 취소되지 않는 한 항고소송으로 다툴 수 없으므로, 이전고시의 위법을 이유로 민사상의 절차로 권리관계의 존재 여부를 확정하거나 손해배상을 구하는 방법으로 다툴 수밖에 없다(대법원 2012. 3. 22. 선고 2011두6400 전원합의체 판결 등).

---

6 대법원 2014. 9. 25. 선고 2011두20680 판결, 대법원 2015. 2. 16. 선고 2013두10366 판결.

7 대법원 2017. 3. 16. 선고 2013두11536 판결, 대법원 2017. 3. 30. 선고 2013두840 판결, 대법원 2019. 4. 23. 선고 2018두55326 판결.

8 대법원 2012. 3. 22. 선고 2011두6400 전원합의체 핀결.

① 자신이 관리처분계획 및 이전고시에서 분양대상자에서 누락되었다는 점을 이유로 사업시행자를 상대로 소유권이전등기를 구하는 경우, 그 민사소송에서 선결문제인 행정처분의 당연무효를 입증해야 하는데, 이전고시가 효력이 발생하였다면 관리처분계획 등의 무효확인을 구할 법률상 이익이 없고(대법원 2012. 3. 22. 선고 2011두6400 전원합의체 판결 등) 이전고시의 일부 무효를 구할 수도 없으므로(대법원 2014. 9. 25. 선고 2011두20680 판결) 소유권이전등기 등의 청구는 인용되기 어렵다.

② 반면 진정한 소유자가 아닌 제3자에게 이전고시에 따른 소유권보존등기가 이루어진 경우라면, 이전고시는 대인적 처분이 아닌 대물적 처분으로서 종전의 토지 또는 건축물의 진정한 소유자가 분양된 대지 또는 건축시설의 소유권을 취득하는 것이므로(구 도시재개발법의 분양처분에 관한 대법원 1995. 6. 30. 선고 95다10570 판결 참고), 진정한 소유자는 그 제3자를 상대로 소유권의 회복을 구하는 방법으로 자신의 권리를 회복할 수 있을 것이다.

③ 위법한 이전고시로 인해 소유권을 확보하지 못한 자는 결국 사업시행자를 상대로 불법행위를 원인으로 한 손해배상을 구하여야 할 것인데, 이 경우 손해액의 범위를 손실보상액으로 볼지, 시가 상당액으로 볼지 여부는 사안에 따라 다툼의 여지가 있을 것으로 생각된다.

참고자료

노경필, "이전고시에 관한 소고", 사법 제23호 (2013)

찾아보기

ㅈ

판례색인

대법원

고등법원

광주고등법원

대구고등법원

대전고등법원

부산고등법원

서울고등법원

수원고등법원

지방법원

광주지방법원

대구지방법원

대구지방법원 서부지원

대전지방법원

대전지방법원 천안지원

부산지방법원

부산지방법원 동부지원

부산지방법원 서부지원

서울남부지방법원

서울동부지방법원

서울북부지방법원

서울서부지방법원

서울중앙지방법원

서울행정법원

수원지방법원

수원지방법원 성남지원

수원지방법원 안산지원

수원지방법원 안양지원

저자 약력

서울대학교 법과대학 법학부 졸업
제50회 사법시험 합격
사법연수원 제42기 수료
법무법인(유) 세종 파트너변호사

現) 법무법인(유) 한별 파트너변호사

도시정비법의 쟁점

초판발행 2022년 7월 20일
중판발행 2023년 7월 25일

지은이 박지환
펴낸이 안종만·안상준

편 집 사윤지
기획/마케팅 정연환
표지디자인 BEN STORY
제 작 고철민·조영환

펴낸곳 (주) 박영사
서울특별시 금천구 가산디지털2로 53, 210호(가산동, 한라시그마밸리)
등록 1959.3.11. 제300-1959-1호(倫)
전 화 02)733-6771
f a x 02)736-4818
e-mail pys@pybook.co.kr
homepage www.pybook.co.kr
ISBN 979-11-303-4186-6 93360

정 가 52,000원